Bernhard Strauß · Michael Geyer (Hrsg.)

# Psychotherapie in Zeiten der Veränderung

Bernhard Strauß · Michael Geyer (Hrsg.)

# Psychotherapie in Zeiten der Veränderung

*Historische, kulturelle und gesellschaftliche Hintergründe einer Profession*

Westdeutscher Verlag

Die Deutsche Bibliothek – CIP-Einheitsaufnahme
Ein Titeldatensatz für diese Publikation ist bei
Der Deutschen Bibliothek erhältlich



Der Westdeutsche Verlag ist ein Unternehmen der Fachverlagsgruppe BertelsmannSpringer.



www.westdeutschervlg.de

Höchste inhaltliche und technische Qualität unserer Produkte ist unser Ziel. Bei der Produktion und Verbreitung unserer Bücher wollen wir die Umwelt schonen: Dieses Buch ist auf säurefreiem und chlorfrei gebleichtem Papier gedruckt. Die Einschweißfolie besteht aus Polyäthylen und damit aus organischen Grundstoffen, die weder bei der Herstellung noch bei der Verbrennung Schadstoffe freisetzen.

Umschlaggestaltung: Horst Dieter Bürkle, Darmstadt
Umschlagbild: DIPLAN, rot-blau, Volker Henze, 1997

ISBN 978-3-531-13479-6 ISBN 978-3-322-90471-3 (eBook)
DOI 10.1007/978-3-322-90471-3

**Inhalt**

# I Einführung

# Eigenes und Fremdes. Psychotherapie in Zeiten der Veränderung

*Bernhard Strauß und Michael Geyer*

## 1 Ökonomische und gesellschaftliche Herausforderungen an die Psychotherapie

Die Psychotherapie hat in den vergangenen Jahren in Deutschland wahrhaft turbulente Zeiten erlebt. Nachdem sich die etablierten psychotherapeutischen Methoden über viele Jahre geradezu behäbig ihrer Position sicher sein konnten, die nicht-etablierten zwar einen schweren Stand hatten, aber zumindest in Westdeutschland ihre Nischen fanden, wurde das psychotherapeutische Versorgungs- und Wissenschaftssystem mehrmals heftig erschüttert: auf einer gesundheitspolitischen Ebene durch eine deutliche Verknappung der Ressourcen und daraus resultierende Verteilungskämpfe, berufspolitisch durch die Verabschiedung und das In-Kraft-Treten des Psychotherapeutengesetzes mit allen positiven und negativen Folgen, auf einer wissenschaftlichen Ebene durch die vehemente Infragestellung der Wirksamkeit von Psychotherapien und der Existenzberechtigung therapeutischer Schulen (z. B. Dawes 1994; Grawe, Donati & Bernauer 1994), schließlich gesellschaftlich durch die Wiedervereinigung der beiden deutschen Staaten, zu der auch eine Wiedervereinigung zweier psychotherapeutischer Theorie-, Ausbildungs- und Versorgungssysteme gehörte.

## 2 Die Tagung „Eigenes und Fremdes - Psychotherapie in Zeiten der Veränderung" in Weimar

Diese Wiedervereinigung bildet den Ausgangspunkt des hier dokumentierten Projektes, an dessen Anfang die Idee stand, einen Kongress zu veranstalten, der auf die Gemeinsamkeiten und Unterschiede der Psychotherapie in Ost- und Westdeutschland fokussieren sollte. In vielen Gesprächen zu diesem Thema entstand der Eindruck, dass trotz aller Unterschiede erstaunlich viele strukturelle Gemeinsamkeiten im Versorgungs- und Ausbildungssystem der BRD und der DDR festzustellen sind, insbesondere auch im kritischen Sinne: angefangen bei all den Restriktionen und Abhängigkeiten in der psychotherapeutischen Ausbildung, der praktischen Umsetzung von Psychotherapie und ihrer Distanz zum realen Bedarf an psychotherapeutischer Hilfe, bis zu einer gewissen - oft durchaus berechtigten - öffentlichen Skepsis gegenüber der Psychotherapie als Profession.

Es ging uns bei dieser Tagung unter anderem um eine Klärung der Frage, warum es in der Psychotherapie, einer Disziplin, die in ihrer Arbeit die Selbstreflexion als so bedeutend ansieht, so schwer fällt, kritisch selbstreflexiv zu sein - sowohl bezogen auf die eigene Praxis, die Ergebnisse von Forschung als auch auf historische, soziale, gesellschaftliche und kulturelle Realitäten. Die geplante Tagung sollte deshalb auch einen kritischen Blick von außen beinhalten und eine differenzierte Reflexion der Aufgaben, Probleme und der Schwerfälligkeiten von Psychotherapie in einer Zeit gesellschaftlichen und politischen Wandels versuchen.

Die Tatsache, dass Weimar für das Jahr 1999 als „Kulturhauptstadt Europas“ auserkoren war, prädestinierte diese Stadt zum Veranstaltungsort. Die Region Thüringen bot sich zudem an, da mit der Tagung etwas fortgesetzt werden konnte, was (durch Michael Geyer) schon 12 Jahre zuvor begonnen hatte, nämlich die Wiedervereinigung der Psychotherapeuten. 1987 waren in Erfurt erstmalig Psychotherapeuten beider deutscher Teilnationen in größerer Anzahl aufeinander getroffen, um einen Prozess der Annäherung zu beginnen.

Das Kongressprojekt des Jahres 1999 wurde realisiert über die Bildung eines „paritätisch“ (bezogen auf Ost- und Westdeutschland) besetzten wissenschaftlichen Beirats, der sich Anfang 1998 in Weimar zusammenfand. Diesem Beirat gehörten folgende Personen an: Regine Altenstein (Greifswald), Frank Bartuschka (Stadtroda), Karin Bell (Köln), Jochen Eckert (Hamburg), Katharina Ersfeld-Strauß (Weimar), Inge Frohburg (Berlin), Horst Kächele (Ulm), Rainer Krause (Saarbrücken), Irene Misselwitz (Jena), Jürgen Ott (Düsseldorf). Christian Reimer (Gießen), Wolfgang Senf (Essen), Axel Stelzner (Jena) und Margit Venner (Jena).

Wahrscheinlich hat es selten einen Kongress gegeben, der durch so unterschiedliche Vereine und Verbände unterstützt wurde. Wir wurden bei der Vorbereitung unserer Tagung gefördert durch die Deutsche Psychoanalytische Vereinigung (DPV), das Deutsche Kollegium für Psychosomatische Medizin (DKPM), die Deutsche Gesellschaft für Psychoanalyse, Psychotherapie, Psychosomatik und Tiefenpsychologie (DGPT), die Gesellschaft für wissenschaftliche Gesprächspsychotherapie (GwG), die Gesellschaft für Psychotherapie, Psychosomatik und Medizinische Psychologie (GPPMP), die Deutsche Gesellschaft für Transaktionsanalyse (DGTA) sowie die Psychotherapeutischen Weiterbildungskreise in Thüringen, Sachsen und Mecklenburg-Vorpommern, aber auch - vielleicht ebenfalls ein Zeichen der Zeit - durch eine pharmazeutische Firma, Rhône-Poulenc-Rorer (Köln). Allen Förderern des Kongresses sei an dieser Stelle noch einmal herzlich gedankt, ebenso allen Helfern, in erster Linie den Mitarbeiter(inne)n und studentischen Hilfskräften des Instituts für Medizinische Psychologie der Friedrich-Schiller-Universität Jena.

Nur wenige Tage vor Beginn der Tagung ereignete sich der so genannte „Weimarer Kunstskandal“, der sich auf eine Ausstellung bezog, die im Mai 1999 unter dem Titel „*Aufstieg und Fall der Moderne*“ eröffnet wurde. Die Ausstellung versuchte, die Kunst der vergangenen 100 Jahre mit einem Bezug zu Weimar darzustellen und die Entwicklung der Kunst vor dem Hintergrund wechselnder politischer Systeme von der Monarchie über den Faschismus bis zum Sozialismus zu dokumentieren. An den Diskussionen um diese Ausstellung wurden viele Fassetten der deutschen Geschichte und damit auch der Ost-West-Problematik auf den Punkt gebracht. Viele Argumentationen, wenngleich gut nachvollziehbar, reflektieren genau die Schwierigkeit, die wir mit dem Motto unserer Tagung andeuten wollten, nämlich die

Schwierigkeit, offen zu sein für das Fremde und diese Offenheit zur eigenen Bereicherung und Entwicklung zu nutzen.

In den unterschiedlichen Debatten um diese Ausstellung war eine der klügsten Stimmen diejenige einer Journalistin der „*Süddeutschen Zeitung*" (SZ), Beatrix Nobis, die bei einer Diskussion in Weimar darauf hinwies, dass in der deutschen Kunst immer dann etwas bewegt worden sei, wenn Einflüsse von außen aufgenommen wurden, nicht aber, wenn sie sich kleinstaatlerisch gab, was sowohl an der Nazikunst als auch an der Kunst der DDR zu sehen sei. Beide hätten sich isoliert, sich auf das „Deutsche" unterschiedlicher Prägung bezogen und nicht von Anderem, Fremdem lernen wollen. Die Journalistin hatte in einem Bericht über die Ausstellung noch vor deren Eröffnung prophezeit, dass es wohl viel böses Blut geben werde um die beiden benachbarten Ausstellungsteile, welche die Nazikunst und die Kunst der DDR dokumentieren sollten.

> „So aber desavuieren sich zwei verfeindete Ideologien nur durch sich selbst und jede auf ihre Weise. Beide entstanden aus demselben Kleingeist der politischen Abschottung und provinziellen Isolation. Sie verkörpern das (deutsche) Dilemma zwischen Hochfahrenheit und Opportunismus, das in dieser Ausstellung durch keine versöhnliche Geste abgemildert wird."

Auch die Psychotherapie und die psychotherapeutischen Schulen geben sich allzu häufig kleinstaatlerisch. Nicht nur in Diktaturen weist Psychotherapie manchmal Zeichen diktatorischer Strukturen auf und - über ihre Mechanismen der Abschottung und Isolation - einen Anspruch auf „Artgerechtigkeit".

Die Tagung und dieses Buch sollen einen Beitrag dazu leisten, hierüber zu reflektieren und neue Perspektiven zu öffnen, den Dialog zwischen Psychotherapeuten unterschiedlicher Provenienz, unterschiedlicher kultureller und historischer Hintergründe, ein Verständnis der jeweiligen Andersartigkeit und den Dialog mit anderen Wissenschaften zu befördern.

## 3 Zu diesem Buch

Dieses Buch sehen wir in erster Linie als den Versuch, die Weimarer Tagung zu dokumentieren. Dies ist erstaunlich gut gelungen. Nur wenige Referent(inn)en des Kongresses konnten oder wollten keine schriftlichen Beiträge abliefern. Lediglich einen Themenbereich, die Frage nach den biologischen Wirkfaktoren der Psychotherapie, haben wir gezielt ausgeklammert, um ihn in einer wissenschaftlichen Zeitschrift („*Psychotherapie, Psychosomatik, Medizinische Psychologie*", PPmP) in absehbarer Zeit gesondert zu veröffentlichen.

Der Elan, mit dem die Kongressteilnehmer(innen) im Juni 1999 Weimar verließen, hat sich auf die Autorinnen und Autoren dieses Bandes übertragen. Wir möchten ihnen allen danken, dass sie ihre Beiträge so rasch in überarbeiteter Form zur Verfügung stellten und es möglich machten, einen wirklich aktuellen Bericht vorzulegen. Dank schulden wir auch dem Westdeutschen Verlag für die Bereitschaft, dieses Buch zu realisieren und insbesondere Herrn Holger Mühlan, der unermüdlich und zuverlässig die redaktionelle Aufbereitung der einzelnen Beiträge betrieb.

## Literatur

Dawes, R. B. (1994): House of cards. Psychology and psychotherapy built on myth. New York: The free press

Grawe, K., Donati, R. & Bernauer, F. (1994): Psychotherapie im Wandel. Von der Konfession zur Profession. Göttingen: Hogrefe

# Eigenes und Fremdes in der Doppelstadt Jena/ Weimar

*Axel Stelzner*

> *„Gaudeat ingrediens laetetur et aede recedens his qui praetereunt det bona cuncta deus."*

Mit diesem wundervollen Zeugnis neulateinischer Epigrammatik aus dem Jahre 1608 möchte ich Ihnen, meine sehr verehrten Damen und Herren, sehr geehrtes Ehepaar Strauß, einen herzlichen Gruß entbieten. Es ist ein Thüringer Gruß an seine Gäste - ein Spruch, der im Renaissanceschloss zu Dornburg angebracht ist - ideel Jena und Weimar verbindend. Der Text wurde von Johann Wolfgang von Goethe wie folgt ins Deutsche übertragen:

> „Freudig trete herein und froh entferne dich wieder, ziehst du als Wanderer vorbei, segne die Pfade dir Gott."

Dieses Epigramm besitzt eine starke Symbolkraft, weist es doch auf Thüringen als ein Land der Mitte hin, in dem sich Eigenes und Fremdes stets nachhaltig miteinander verband und verbindet. Bei durchaus kritischer Wertung sollte zunächst festgehalten werden, dass ein Begrüßen und ein Aufnehmen von Gästen und Andersartigem im Lande von und für Thüringen zunächst lange Zeit typisch war und wohl auch wieder werden wird.

Eine kurzer Blick in die Thüringer Geschichte wird diese Feststellung erhellen. Bereits etwa vor 2000 Jahren - zu Beginn unserer neueren Geschichte - stießen unsere Vorfahren, die elbgermanischen Hermunduren, auf Alteinheimische und Kelten. Ein friedliches Miteinander, Überschichtungen und Vermischungen mit weiteren germanischen Stammessplittern und Nachbarschaftsvölkern wie den Sachsen, Franken, Langobarden, Friesen, Chatten, Alemannen und anderen führte letztlich zu einer neuen ethnischen Einheit auf Thüringer Boden - den Toringi, den Thüringern. Es folgten Warnen und Angeln, später die Sorben und viele andere. Es ist zwar schwierig - aber doch reizvoll - die Auf- und Annahme neuer Siedler und Zugereister sprachlich zu betrachten. Man stößt auf die Bewahrung alter Namen, auf Anfügungen, Übernahmen, Variationen - lautgeschichtlich die Völkerwanderungszeit in Thüringen - wobei auffällt, dass zwei Volksgruppen in der Mitte unseres Landes erstaunlich sesshaft blieben: die Thüringer und die benachbarten Hessen.

In diesem Thüringen fasste ab 1264 bzw. 1307 (Schlacht bei Lucka) das Geschlecht der Wettiner in Nachfolge der ludowingischen Landgrafen Fuß, was letztlich 1310 von Heinrich VII. definitiv anerkannt wurde.

Weimar - im Jahre 899, also vor genau 1100 Jahren, erstmals erwähnt - geht 1373 in den Besitz dieser Wettiner über - Jena zwischen 830/ 850 im Hersfelder Zehntregister erstmals erwähnt - war bereits 1331 in wettinischen Besitz gekommen. Die Wettiner, seit 1423 Kurfürsten in den deutschen Landen, teilten ihr großes Reich auf, erstmals 1445 in Altenburg, vor allem aber 1485 in Leipzig. Die zwei Linien der Ernestiner und Albertiner standen sich im nachreformatorischen Schmalkaldischen Krieg gegenüber. Die Kurwürde ging nach der von den Ernestinern verlorenen Schlacht bei Mühlberg auf die Albertiner nach Sachsen über, den Ernestinern verblieb im Wesentlichen Thüringen. Aus einer Nebenresidenz heraus wurde 1547/ 1552 Weimar zur Hauptresidenz - dies blieb praktisch bis 1945 so.

An dieser Stelle und heute interessiert nicht so sehr die so große Zersplittertheit Thüringens, welche erst 1990 ihr Ende fand. Wir wollen vielmehr festhalten, dass das Schicksal von Jena und Weimar - von einer kleinen Episode abgesehen (1678 - 1690) - über annähernd 400 Jahre lang eng verbunden war. Beide Städte waren in früher Zeit Zentren der Reformation und fast folgerichtig dem Neuen aufgeschlossen.

Luther - ein Professor in Biblia - lehrte, die soziale Verankerung des Staates wahrzunehmen und entwickelte unter anderem in dieser Region seine Zwei-Reiche-Lehre. Praktisch parallel zur Residenzbestimmung Weimars wurde in Jena 1548 eine Hohe Schule als Folge des Verlustes der 1502 gegründeten Leukorea in Wittenberg gegründet - 1558 erfolgte die Ernennung zur Universität.

So wundert nicht, wenn bei geografischer und politischer Nähe von Weimar und Jena beide Städte oft als besonders verbundene Städte, ja als Doppelstadt verstanden wurden. Goethe beschrieb dies in den „*Xenien*" so:

> „Wohin willst du dich wenden? Nach Weimar-Jena, der großen Stadt, die an beiden Enden viel Gutes hat."

Wenn wir durchaus bedeutende Zeitperioden des 16. und 17. Jahrhunderts heute leider nicht weiter beleuchten können - so etwa die Gründung der Fruchtbringenden Gesellschaft in Weimar im Jahre 1617, das 10-jährige Wirken Johann Sebastian Bachs in Weimar, die Cranachs und die Cranach Schule, wenn wir auch nicht Glanzpunkte der frühen Thüringer Universitätsgeschichte analysieren können - so möchte ich wenigstens einige nicht uncharakteristische Beispiele in Erinnerung bringen, die partiell das Verhalten von Eigenem und Fremdem beleuchten helfen.

Es fällt zunächst im 17. und 18. Jahrhundert in historischen Schriften ein weites Spektrum von Themen auf, welche vom Kosmopolitismus bis hin zum regional gebundenen Patriotismus reichen. In vielen Berichten ist nachzulesen, dass das Fremde (in Thüringen seit Jahrhunderten involviert) oft als das Entlegene verstanden wurde. Stilisierende Überhöhungen sind nicht selten festzustellen. Andere Länder und Landschaften, andere Menschen und ihre Lebensweise wurden mit Interesse wahrgenommen und - wo möglich - auch aufgenommen.

Das galt allerdings nicht nur für das exotische Fremde, das galt auch für das vermeintlich Fremde in der Nähe. Die Befreiung von Vorurteilen, die Achtung von Minderheiten, z. B. auch die Neugestaltung des Verhältnisses von Christen zu Juden, war die Folge. Die Information über das Fremde wurde Teil der Allgemeinbildung, es war Teil einer neuen Orientierung an neuen Inhalten und Beispielen.

„Wer ist der glücklichste Mensch" - fragte Goethe 1798 - „der fremdes Verdienst zu empfinden weiß und am fremden Genuss sich wie am eigenen erfreuen kann" oder: „Die Existenzen fremder Menschen sind der beste Spiegel, worin wir die unsrigen erkennen können" - nur zwei von vielen bedeutsamen Goethe-Zitaten zum Begriff des Fremden.

Lassen Sie mich in diesem Zusammenhang in gebotener Kürze auf zwei Frauengestalten aufmerksam machen, die für das werdende - nicht für das gemachte - Weimar so ungeheuer Bedeutungsvolles leisteten.

Ich möchte zunächst an Anna Amalia erinnern, eine geborene Prinzessin von Braunschweig-Wolfenbüttel. Kein bedeutender Name ist von Weimar ausgegangen, der nicht im Kreis dieser „zugezogenen" Prinzessin gewirkt hätte. Fast noch ein Kind - 16-jährig - kam sie 1756 als Gattin des 18-jährigen Herzogs Ernst August II. nach Weimar. Ein Jahr später bringt sie den Erbprinzen Carl August zur Welt, mit 19 Jahren wird sie - bereits verwitwet - Regentin. Die Ordnung des Staatswesens gelingt ihr erstaunlich gut. Ein „Hofjude" wird mit Jacob Elkan ernannt; dieser darf sich im Fürstentum frei bewegen - weitere jüdische Familien folgen -, der Aufstieg Weimars deutet sich an.

Folgenschwer das Jahr 1772, in welchem Anna Amalia Christoph Martin Wieland, den Erfurter Philosophieprofessor, zum Erzieher ihrer Söhne berief. Ein Gedankengang liegt nahe: ohne Anna Amalia kein Wieland in Weimar, ohne Wieland keine Goethe, Herder, Schiller und die anderen Großen.

Bereits 1775 - noch im November - äußerte sich Wieland wie folgt über Goethe:

> „Und wenn's möglich ist, dass aus Weimar was Gescheites werde, so wird es Goethes Gegenwart wirken."

Und so war es dann wohl auch, denn bereits 1 Jahr später äußerte Hufeland:

> „Dieser junge Dr. Goethe brachte eine wunderbare Revolution in Weimar hervor, das bisher ziemlich philisterhaft war und nun plötzlich genialisiert wurde."

Dass eine etwa 4.200 Bewohner zählende kleine Residenzstadt zu einem geistig-kulturellen Zentrum wurde, dies ist offensichtlich Folge eines besonderen personellen und geistigen Umfeldes, das verstand, Eigenes mit Fremdem zu verbinden.

Gleichzeitig wirkten Landeskinder mit Zugereisten zusammen, die Ideen des aufgeklärten Absolutismus verband über die durchaus nachweisbaren persönlichen Animositäten hinweg. Freiräume wurden genutzt, Geschenke gegeben und dankbar auch angenommen.

Nicht nur der altbekannten Namen sollte man sich erinnern, viele weitere Persönlichkeiten - Gäste, Übersetzer, Hofdamen, Verleger, Märchendichter und viele andere Berufsgruppen und Standesgenossen wie Knebel, Bertuch, Musäus, die Frauen von Göchhausen, von Stein und andere - wären zu nennen. Weltreisende wurden zur Tafelrunde gebeten, erinnert sei an Charles Gore.

Und doch: der Geheime Legationsrat begann von der offiziellen Last seiner Ämter fast erdrückt zu werden. 1786 verließ er fluchtartig Weimar und suchte Glück und Selbstfindung in der Fremde - in Italien. Zwei Jahre später zurückgekehrt, nahm Goethe andere Aufgabenfelder wahr, eine Phase großer literarischer Produktivität setzte ein, nicht zuletzt getragen auch von einem sehr engen Verhältnis zu Christiane Vulpius. Wie viele Anfeindungen und Konflikte mussten von beiden überwunden und gemeistert werden, wenn man z. B. bedenkt, dass allein von fünf geborenen Kindern vier zu Grabe getragen wurden.

Sind in dieser neuen Lebensperiode Goethes „*Iphigenie*" und „*Egmont*" bereits im fernen Italien abgeschlossen worden, „*Torquato Tasso*" wurde erst in Weimar vollendet - der Bogen von Homer über Vergil und Ariost wurde zu Tasso gespannt, die Welt der Dichter wurde neu erschlossen: Im „Tasso" wurde der inneren Welt der Fantasie eine äußere Welt der Erfahrungen gegenübergestellt.

Und zu dieser ganz persönlichen Welt Goethes - in Italien geformt - gesellte sich letztlich auch die europäische Welt Schillers mit der französischen „*Jungfrau von Orleans*", mit dem Russen „*Demetrius*", dem Schweizer „*Wilhelm Tell*" und den anderen bekannten dramatischen Gestalten.

Eben machte ich noch auf Anna Amalia aufmerksam, gestatten Sie mir, wenn ich Eigenes und Fremdes berührend jetzt an die Großherzogin Maria Pawlowna, eine geborene Großfürstin von Russland, erinnere.

Die Enkelin Katharinas der Großen und Tochter Zar Paul I. kam als 18-jährige im Jahre 1804 nach Weimar und bestimmte bis zu ihrem Tod im Jahre 1859 maßgeblich das Weimarer Fluidum. Auf 80 Wagen musste ihre reiche mitgebrachte Ausstattung verteilt werden; dies war ein für alle Weimarer äußeres Zeichen von bisher unbekanntem Reichtum. Viel schwerer aber wog - und wiegt noch heute - die regierungs- und kulturpolitische Tätigkeit von Maria Pawlowna in Weimar, einer Großherzogin, die sich überaus tatkräftig für das Herzogtum engagierte. Besuchen wir heute den alten historischen Friedhof, dann richten wir unsere Schritte zunächst meist auf die Fürstengruft - betrachten wir aber auch deren Rückseite, dann stellen wir eine imposante orthodoxe Kirche fest - eine Kirche der apostolischen Maria Magdalena - ein Zeugnis für die Symbiose einer west-östlichen Lebensgemeinschaft.

Es sei heute und hier kurz ein Datum der Rückerinnerung eingefügt - da es diesen Kongress von ferne begleitet: Maria Pawlowna starb 1859, also vor genau 140 Jahren im Alter von 74 Jahren an einem 23. Juni. Am 26. jenes Monats wurde sie in der Kapelle im Haus an der Ackerwand aufgebahrt, am 27. Juni fand die Beisetzung statt.

Unwillkürlich muss man, wenn man die letzte Lebenszeit von Maria Pawlowna betrachtet, auf Hoffmann von Fallersleben zu sprechen kommen. Dieser hatte zwar das Lied der Deutschen verfasst (1841), aber eben auch seine so genannte „*Unpolitischen Lieder*". Dies führte zum Entzug aller Lehrbefugnisse an der Universität Breslau; über Mecklenburg und den Rheingau kam Hoffmann von Fallersleben 1854 nach Weimar, wo Franz Liszt sein großer Fürsprecher war, Carl Alexander ihm wohl wollend entgegentrat - nicht aber der Hof und die Höflinge. Ein „Neu-Weimar-Verein" konstituierte sich in Nachfolge der „Gesellschaft der Hofräte". Trotz großer Gäste wie Berlioz, Cornelius, Genast, Rietschel und vielen anderen konnte ein erhofftes silbernes Zeitalter von bleibender Dauer in Weimar nicht geformt werden. Sicher, Liszt hatte z. B. in seiner ersten Weimarer Zeit von 1848 - 1858 eine neue Gattung der Programmmusik mit 12 sinfonischen Dichtungen geschaffen - aber enttäuscht verließ er Weimar; Hoffmann von Fallersleben folgt 2 Jahre später im Jahr

1860. 1853 ein steckbrieflich gesuchter Asylant, fand Hoffmann nicht die unmittelbare Bindung an Weimar - hier deuten sich Brüche an, die mehrschichtig sind: Unverstand und bornierte Sichtweiten auf beiden Seiten, übersteigertes Deutschlandbewusstsein kontra Weltsicht.

Diese Brechungen und Reflexionen, Erwartungen und Entfremdungen im Widerstreit verdichten sich am Ende des 19. und zu Beginn des 20. Jahrhunderts. Kommen und Gehen des Bauhauses und seiner Meister legen Zeugnis hiervon ab. Dem kann man heutzutage in Weimar mehrfach nachgehen, auf das soeben eröffnete Haus des Belgiers Henry von der Velde sei beispielsweise hingewiesen.

Wir haben es nicht weit bis zu den Jahren 1924/ 25: das Bauhaus wird vertrieben, die Nazis fassen in Weimar Fuß, die Hitlerjugend wird gegründet, der 2. NSDAP-Parteitag wird abgehalten, nachfolgend die Idee des Konzentrationslagers geboren und verwirklicht. Joseph Goebbels funktionierte - im Kontext mit vielen Mitläufern - das klassische Menschheitsideal um. Am 08. 05. 1933 (2 Tage vor der Bücherverbrennung in Berlin) hielt er eine berühmt-berüchtigte Theaterrede, von einem „Einschmelzen" war die Rede. Den Individualismus, das eigenständige Denken, galt es zu bekämpfen - der kleinste gemeinschaftliche Nenner für Kultur wurde gesucht - wer sich außerhalb dessen stellte, was Goebbels Volk nannte, wurde „eliminiert".

Die Menschen suchten zweifellos einen Führer in dieser Situation - und setzten auf den Falschen. Sollte 1919 Weimar Ausgangspunkt für einen neuen sittlichen Kulturstaat werden, so begann spätestens 1924 das antidemokratische Ressentiment gegen alles Fremde, gleich ob es nah oder fern lag. Toleranzideale gingen in einer terroristischen Diktatur unter - in Begleitung eines vieltausendstimmigen Jubelchores einer verblendeten Bevölkerung. „Juden nicht erwünscht", so leiteten ab 1924 Hitlers Gefolgsleute ihre Versammlungen ein. Die Bürger haben es toleriert, wo blieb die Zivilcourage - das standhafte Rückerinnern - gab es überhaupt kein Korrektiv mehr?

Im Nachkriegsdeutschland begannen nachfolgend und fast folgerichtig die Schwierigkeiten des Sich-Erinnerns und des Sich-Zurechtfindens.

Höhenflüge und Abstürze, Menschlichkeit und Verbrechen, Träume und Illusionen, Lügen und Wahrheiten, Abschied und Ankunft waren und sind die großen Antipoden, die wir unter Eigenem und Fremdem subsumierend und in Weimar sehr differenziert analysieren können und sollten. Diese Stadt war janusköpfig geworden - und einem Buchenwald 1 folgte auch noch ein Buchenwald 2. Beide Lager sind noch längst nicht ausreichend erforscht, wie viele Berichte zur Klassik durchaus auch - denken wir nur an das Wirken und die Berichte von Riemer, Eckermann, Christian August Vulpius und vielen anderen mehr.

Es schmerzt in gewisser Weise, wenn ich selbst als ein Vertreter der Universität Jena (zumindest bis 1980 und erneut seit 1992), die Wege dieser alten ehrwürdigen Universität nicht in gebührender Form darstellen kann. Im Beitragsthema ist eine solche Erörterung zumindest verankert - aber zeitlich sicher nicht befriedigend lösbar. Es mag darüber hinweg trösten, dass die Perioden im Auf und Ab beider Städte und ihrer großen Institutionen zeitgeistliche Ähnlichkeiten aufweisen, so z. B. die Glanzperiode um 1800 (1790 - 1816). Es gibt aber auch Unterschiede - sogar von fundamentaler Art. War der Weimarer Hof a priori musisch, Jena und seine Universität waren es wohl nicht. Hier herrschte eher ein intellektuelles Klima vor, was nicht von ungefähr dazu beitrug, dass Jena zur Geburtsstätte der klassischen idealistischen Philosophie mit einer vom Protestantismus geprägten Sprache wurde.

Auf dem alten Jenaer Friedhof kann man in berührender Weise noch Grabstätten aufsuchen, die an die enge Verbindung von Weimar und Jena zumindest in der klassischen und nachklassischen Zeit erinnern: Karl Ludwig von Knebel, Caroline von Wolzogen, Johanna Schopenhauer, Carl Zeiss und andere.

Wie in Weimar bereits feststellbar, galt für Jena als einer Universitätsstadt in ganz besonderer Weise - sowohl auf seine akademischen Lehrer als auf seine Studenten bezogen - dass eine solche Stadt gleicherweise von Fremdem und Eigenem in verschmelzender Art lebte und lebt und einen universitären Auftrag nur zur Geltung bringen konnte und kann, wenn es das Fremde als Teil des Ganzen aufzunehmen bereit war und ist.

Vielleicht darf ich auszugsweise auf ein besonderes Annus mirabilis verweisen, auf das Jahr 1794. Bei Schillers Antrittsrede *„Was heißt und zu welchem Ende studiert man Universalgeschichte?"* (1789 zu Zeiten des Kantianers Reinhold gehalten), war die Frage des Verhältnisses von philosophischem Kopf zum Brotgelehrten gestellt worden. Fünf Jahre später verließ Reinhold Jena, und Fichte folgte. Jena hatte zu dieser Zeit etwa 4300 Einwohner, annähernd 800 Studenten sowie 18 Ordinaria. Alles spielte sich auf einer Stadtfläche von zirka 400 x 500 Meter ab - draußen vor den Toren lagen Weingüter und Bierdörfer. Der Jenaer „Raufbold" machte von sich reden - ein Gegenstück zum Leipziger „Stutzer". Es blühte aber auch - bei allen studentischen Untugenden (die zumeist köstliche Erinnerungen hinterließen) - die geistige Auseinandersetzung, besonders im Bereich der Philosophie, die ja in Thüringen stets zu großen geistigen Entwicklungen geführt hatte (Scholastik, Mystik, Humanismus, Reformation, Aufklärung).

In jenem bereits erwähnten Jahr 1794 avancierte Fichte in Jena zum beliebtesten Professor. Seine Vorlesungen über die Bestimmung des Gelehrten wurden komplettiert durch Schillers „Spaziergang". Goethe und Schiller kamen sich in Jena nahe - Goethe veröffentlichte seine Unterhaltungen deutscher Ausgewanderter, Schiller seine Briefe über die ästhetische Erziehung des Menschen. Lief das Leben in Jena einerseits in Intimität ab, andererseits so doch auch in besonderer Freiheit. Dieses Klima zog viele Gäste und Fremde an, Männer wie Frauen, denken wir nur an Sophie Mereau und an die romantischen Frauen und Männer der Jenaer Frühromantik.

Die in Jena formulierten Gedanken zur Erziehung des Menschen schlossen und schließen auch heute noch eine erhebliche persönliche Selbsterziehung ein. Wurde bei Goethe (aber auch z. B. beim Jenaer Studenten Friedrich Hölderlin) Politik ins Ästhetische transformiert, so bei Schiller und Fichte ins Ethische. Das legte bei Fichte fast zwangsläufig einen gewissen politischen Radikalismus frei. Sicher war Fichte bei Studenten sehr beliebt, aber merkwürdig war schon, dass er oft morgens zwischen 6 und 7 Uhr las und auch den frühen Sonntag für Vorlesungen benutzte (möglicherweise teilweise sogar irrtümlicherweise) - ein äußerer Vorwand, ihn letztlich „loszuwerden". Der unter „Atheismus-Streit" bekannte Vorgang war höchst widersprüchlich - nur wenige Kollegen traten z. B. für Fichte ein - wie Schelling etwa - es gab vor allem Neid, Missgunst, üble Nachrede in Hülle und Fülle. Fichtes Mitstreiter Niethammer verhielt sich diplomatischer - und überlebte besser.

Aber was muss es bedeutet haben, wenn von einer kleinen, wenn auch bedeutsamen Universitätsstadt aus von den Fürsten Europas die Denkfreiheit zurückgefordert wurde? Fichte hielt viele beachtete Lektionen, da ging es um Religionsphilosophie, vor allem aber um eine kritische Philosophie. Obwohl Goethe im sich anbahnenden Streit zunächst zu vermitteln suchte, waren die Geister doch verfestigt - die Grenzen „einer kritischen Denkweise" wurden offenbar; Fichte wurde relegiert. Es kann nur ein später Trost sein, dass Kuno Fischer, einer seiner Schüler, später im Jahr 1856 nach Jena berufen wurde. Längst aber hatte das Gedankengut von Fichte um die Jahrhundertwende die Studenten erfasst, was nachfolgend unter anderem zur Gründung der deutschen Urburschenschaft in Jena beitrug (1815).

Fichtes Rauswurf - nicht anders kann man es wohl nennen - zog nach sich, dass weitere Professoren Jena ebenfalls verließen - andere aber folgten, so z. B. Friedrich Wilhelm Schelling und Georg Wilhelm Friedrich Hegel. Wohl von Göttingen ausgehend, fasste in Jena eine neue romantische Naturphilosophie Fuß - eine Einheit der Natur jenseits der Vielfalt der Phänomene wurde gesucht.

Die Philosophie - nicht zuletzt in Thüringen geprägt - kann bei einem solchen Suchen eventuell entscheidende Einsichten vermitteln helfen. In diesem Zusammenhang sei z. B. daran erinnert, dass an der Wende vom 19. zum 20. Jahrhundert Friedrich Ludwig Gottlieb Frege (1848 - 1925) in Jena die moderne Logik begründete - Ausgangspunkt für ein weltweit anerkannte neue Wissenschaft. Dies wurde von der Jenaer Fakultät zwar zur Kenntnis genommen, änderte aber am distanzierten Verhältnis zu Frege zunächst wenig: Freges Bedeutung wurde in der Fremde erkannt. Ähnlich ist es wohl Karl Christian Friedrich Kraus ergangen, einem Philosophen, der 1781 in Eisenberg in der Nähe von Jena geboren wurde. Dieser an der Salana relativ unbeachtete Philosoph hat bemerkenswerterweise im 20. Jahrhundert eine beachtliche Fernwirkung entfacht. So führten seine Gedanken z. B. in Südamerika zu einer als „Krausismo" benannten philosophisch-kulturellen und geistig-politischen Bewegung. Noch 1983 berief sich der argentinische Staatspräsident Raul Alfonsin ausdrücklich auf Krauses Ethik - eine Ethik, die nicht in Deutschland, wohl aber in der Fremde ihre Spuren hinterließ - letztlich ein Zeichen dafür, dass eine Universität von Ungewohntem lebend und unkonventionelle Ideen sowohl aufgreifend als auch gebärend - in die Fremde hinein wirkt.

Hier scheint es mir geboten, uns der medizinischen Wissenschaft Ergebene - allerdings auch selbstkritisch zu betrachten. Negative akademische Verhaltensweisen kann man erkennen, die nicht a priori geeignet sind, einer Nachwelt zum Staunen zu verhelfen: Arroganz, Missachtung des Nächsten, Dominanz wachsenden finanziellen Strebens, Machtallüren, die Unfähigkeit, Zuhören zu können und zu wollen - makabre Zeiterscheinungen, die schon in früheren Jahrhunderten beklagt wurden, aber - wie wir selbst - in Renaissance begriffen sind.

Alles Probleme, die von Psychologen, von Psychiatern und, wenn Sie so wollen, auch von Psychotherapeuten schon einmal in Weimar debattiert wurden. Im Jahr 1911, am 21. 09., begann hier in dieser Stadt der Kongress der Internationalen Psychoanalytischen Gesellschaft. Rund 55 Mitglieder aus aller Welt nahmen daran teil, den Vorsitz führte der Schweizer Carl Gustav Jung, als geistiges Oberhaupt galt unumstritten Sigmund Freud. Über jenes Ereignis berichtete unter anderem Lou Salomé, die nicht zuletzt durch Friedrich Nietzsches Schicksal um die Tragik komplexer Seelenvorgänge wusste.

Und was könnte uns bewegen?

- Die Rückbesinnung auf bedeutende Überlieferungen sollte aktiv und kritisch analysiert in unser Tun einfließen.
- Aktuelle und historische Bezüge sollten sorgfältig gegeneinander abgewogen werden, sie könnten hilfreich sein für unser eigenes Tun bzw. für ein solches entwickelt werden.
- Denk- und Handelsweisen in Natur und Gesellschaft sollten in Alternativen formuliert und geprüft werden, wie etwa Demokratisches Verständnis - Diktatur; Herrschsucht - Toleranz; Wissenschaftliche Erkenntnis - Machtrausch; Gemeinschaftssinn - Egozentrismus usw. usf.

Wo kann und sollte man dämpfen oder aktivieren, wo verbinden - wo erkennen wir das Fremde in uns selbst, das Eigene im Fremden? Wo erscheint es möglich, Erinnerung und Sehnsucht, Wirklichkeit und Visionen zu verbinden?

Zu Beginn des Jahrhunderts hat Ernst Bloch *„das Prinzip Hoffnung“* formuliert, *„das Prinzip Verantwortung“* hat nachfolgend Hans Jonas gelehrt. Letzteres bedeutet übersetzt „Handeln für andere“. Das könnten und sollten wir gemeinsam, jeder an seinem ihm gegebenen Ort, versuchen - Eigenes und Fremdes aufspürend und verbindend. „Wem wohl hierbei das Glück die schönste Palme beut? - Wer freudig tut, sich des Getanen freut.“

## Literatur

Deutsche Akademie der Wissenschaften zu Berlin, Akademie der Wissenschaften zu Göttingen und Heidelberger Akademie der Wissenschaften (Hrsg.) (1966): Goethe-Wörterbuch. Stuttgart

Dobel, R. (Hrsg.) (1991): Lexikon der Goethe-Zitate. Augsburg: Weltbild

# II Historische und biografische Ansätze und ihre Bedeutung für die Psychotherapie

# Generationen und Biografien im 20. Jahrhundert

*Jürgen Reulecke*

*„Ein Tag kann eine Perle sein und hundert Jahre - nichts"* (Gottfried Keller).

Deutlicher als in diesem Vers kann man das unter Umständen extreme Spannungsverhältnis zwischen der Geschichtssicht des Individuums und dem allgemeinen Geschichtsablauf wohl kaum auf den Nenner bringen. Was macht eigentlich Geschichte in unserer Kultur und konkret für uns als handelnde Subjekte aus: das, was Generationen von Historikern in mühsamer Detailarbeit und in übergreifenden Zusammenfassungen reflektierend und analysierend zu Stande gebracht haben und was dann in den Geschichtsbüchern steht, oder das, was im Gedächtnis des Ichs abgespeichert ist und aus diesem oder jenem Anlass in jeweils emotionaler Färbung als eigene Geschichte erinnert wird?

Zurzeit deutet sich ein Abschied von jener „modernen", im 18. Jahrhundert entstandenen Geschichtsauffassung an, die davon ausging, es gebe die einheitliche Geschichte als ein großes, durch die erforschende Neugier von Menschen begreifbares Gesamtkontinuum, das Vergangenheit und Gegenwart rational verstehbar (z. B. in Form von nachvollziehbaren Grund-Folge-Verhältnissen) zusammenbindet. Der traditionelle Glaube an die Möglichkeit, diese eine Geschichte forschend und denkend - „wie es eigentlich gewesen" (Ranke 1824 b: V) - rekonstruieren zu können, verschwindet jedoch seit einigen Jahren offensichtlich immer mehr zu Gunsten der Vorstellung von vielen Geschichten, d. h. von unzähligen individuellen Erinnerungspotenzialen, die additiv, aber ohne ein schlüssiges Gesamtbild zu ergeben, nebeneinander oder (mit Blick auf das Kommen und Gehen der Generationen) hintereinander stehen (siehe dazu Wischermann 1996 b). Die Aufgabe, sich in unserer Gesellschaft mit Hilfe der traditionellen Methoden und Kommunikationsformen gemeinsam über kollektive Erfahrungsbestände, historische Erkenntnisziele und identitätsstiftende Geschichtsbilder zu einigen, ist damit zwar keineswegs un-sinnig geworden, doch tritt die erlebte Historizität der Individuen, d. h. ihre in Biografie und Gedächtnis gespeicherte Lebensgeschichte, daneben - dies mit der Konsequenz, beide Formen des deutenden Umgangs mit der Vergangenheit sinnvoll (d. h. sinnstiftend) ins Verhältnis zueinander setzen zu müssen. Beide sind zwar eng verzahnt und bestehen doch oft völlig fremd nebeneinander: Was in dem einen Felde für höchst bedeutsam gehalten wird, war im anderen Felde oft nebensächlich oder gar historisch ohne Sinn und umgekehrt; was hier als augenfällige Kontinuität erscheint, wurde dort nur gebrochen wahrgenommen; was hier aus der Rückschau als große Wende gedeutet wird, hat dort kaum oder keine Spuren hinterlassen ...

Nun sind das kulturelle Gedächtnis einer Gesellschaft mit den von ihr gepflegten Traditionen auf der einen Seite und die sich erinnernden Individuen mit ihren unverwechselbaren Lebensgeschichten und entsprechenden Geschichtsbildern auf der anderen Seite wohl die beiden extremsten Pole auf der Palette der vorhandenen Vergangenheitskonstruktionen. Im ersten Fall wird Geschichte von Institutionen und im institutionellen Rahmen gepflegt, d. h. wissenschaftliche, staatliche und staatsbürgerliche Einrichtungen widmen sich ihr; Gedenktage, Denkmäler aller Art, Schulbücher und Ähnliches transportieren Deutungen ins Volk, die jeweils weit greifend konsensfähig sein und kollektive Identität stiften sollen. Dem stehen andererseits die ständig im Wandel begriffenen Erinnerungsleistungen und -kompetenzen der Individuen gegenüber, die ihr Wissen über Vergangenes subjektiv und selektiv bündeln und als ihren Erfahrungsschatz weiter transportieren, daraus für sich Sinn konstruieren, aber gelegentlich auch angesichts neuer Erfahrungen den Anstoß zu kritischer, manchmal sogar quälerischer Selbstbefragung erhalten können - besonders krass in Deutschland z. B. 1945/ 46 und 1989/ 90. Jedenfalls gehört zur individuellen Identität - so Jörn Rüsen (1993: 59) - ausdrücklich „die Fähigkeit zur Sinnbildung über den eigenen Lebenslauf".

Solche Polarisierung von Geschichte als Wissenschaft bzw. als in einer bestimmten Gesellschaft allgemein anerkanntes Wissen über die Geschichte und die subjektive geschichtliche Reorganisation als Sinnstiftungsleistung des Individuums im Hinblick auf sein konkret gelebtes Leben ist allerdings recht künstlich. Beide Sichten existieren ja auf Grund einer Fülle von vermittelnden Zwischengliedern nicht unabhängig voneinander: Jede sich noch so objektiv gebende historische Forschung ist immer auch von der Subjektivität und Zeitgebundenheit des Forschenden mitbestimmt, und in jede individuelle Lebensgeschichtserzählung fließt - bewusst oder unbewusst - das Wissen über die allgemeinen Geschichtsbilder und -deutungen mit ein.

Mit dem breiten Feld der Vermittlungsweisen und mit den Zwischengliedern zwischen den genannten Polen beschäftigt sich seit geraumer Zeit eine schnell wachsende Zahl von Wissenschaftlern ganz unterschiedlicher Disziplinen, zum einen mehr in eine Richtung, die mit den Begriffen Geschichtskultur, Geschichtspolitik und Erinnerungskultur angedeutet ist, zum anderen mehr im Hinblick auf die Frage nach dem Zusammenwirken von Generationalität, Biografie und Gedächtnis. Die letztgenannte Richtung gilt es im Folgenden exemplarisch vorzustellen; an ihr sind Disziplinen wie die Anthropologie und Ethnologie, die Psychologie, Gerontologie, Pädagogik und Soziologie ebenso beteiligt wie die Mentalitäts- und Kulturgeschichte sowie die Psychohistorie. Im Mittelpunkt soll ein Phänomen stehen, in dem sich Biografie, individuelle Historizität, Erinnerung und allgemeiner Geschichtsablauf besonders eng und augenfällig verzahnen: die „Generationalität". Gemeint ist damit eine spezielle Selbst- oder Fremdverortung von Menschen in ihrer Zeit - ähnlich, wenn auch bezogen auf andere Felder, wie „Regionalität", „Nationalität", „Klassen"- oder „Schichtzugehörigkeit". Es handelt sich hierbei jeweils um Bündel von unverwechselbaren Zuordnungen, Einstellungen und/ oder Blickweisen, die zum einen Teil kollektiv bestimmt, zum anderen Teil durch individuelle Erfahrungen, Klärungsbedürfnisse und Sinnstiftungen eingefärbt sind. Stärker als die genannten anderen Verortungen bezeichnet „Generationalität" jedoch bloß eine Potenzialität: Weder berührt sie alle Menschen einer Altersgruppe und alle Altersgruppen in einer Gesellschaft in gleich durchschlagender Weise, noch ist sie immer regelhaft und selbstverständlich vorhanden. Das bedeutet: Sie ist nur als „Lagerung" auf Abruf zu verstehen und wird nur unter bestimmten Bedingungen und meist auch nur bei Teilen von Altersgruppen, z. B. als Antwort auf besondere Herausforderungen oder Bedürfnislagen, „geschichtsmächtig" und insofern wirksam und nachweisbar (als Überblick über den Diskussionsstand siehe Herrmann 1993 a).

Zugespitzt kann man wohl sagen: In demselben Maße, wie die Zuordnung nach Klassen- und Schichtzugehörigkeit in den letzten Jahrzehnten an Bedeutung verlor, hat das Denken in generationellen Zusammenhängen (wieder einmal) Konjunktur.[1] Im Grunde handelt es sich um ein „modernes" Phänomen, das in größerer Breite erstmalig vor dem Ersten Weltkrieg zu beobachten ist, dann im Abstand von zirka 20 Jahren um 1930, 1946, 1968 wieder verstärkt auftauchte und in jüngster Zeit geradezu inflationär erörtert wird (siehe dazu Jaeger 1977). Dahinter steht etwa folgender Zusammenhang: Die gravierenden - politischen, ökonomischen, sozialen, mentalen - Umbrüche seit dem 19. Jahrhundert und die damit verbundenen raschen „Paradigmenwechsel" - verstanden als vom jeweiligen „Zeitgeist" bestimmte Wandlungen der vorherrschenden Deutungsmuster - haben dazu geführt, dass nicht mehr simpel nur wie in traditionellen Gesellschaften „Ältere" und „Junge" miteinander leben und bei der Festlegung von Zukunftsstrategien konkurrieren, sondern dass es eine größere Zahl konturierter Altersgruppen gibt (oft dem Lebensalter nach nur ein, allenfalls zwei Jahrzehnte auseinander liegend), die ihre je eigene Sicht von „Geschichte" ebenso wie ihre je eigenen Wert- und Normvorstellungen kultivieren und um die gesellschaftliche Deutungsmacht kämpfen.

Das Gespür dafür begann sich bereits im ersten Drittel des 19. Jahrhunderts auszubreiten, auch wenn das Denken in so genannten „politischen Generationen" erst um 1900 seine erste Blüte erlebte. So stellte z. B. Johann Wolfgang von Goethe im Vorwort zu seiner Autobiografie „*Dichtung und Wahrheit*" (geschrieben 1811 - 1814) fest, dass man wohl sagen könne, dass „ein jeder, nur zehn Jahre früher oder später geboren ..., was seine eigene Bildung und die Wirkung nach außen betrifft, ein ganz anderer geworden sein [dürfte]" (ohne Jahr: 9). Und besonders eindeutig hat damals der bekannte Buchhändler Friedrich Perthes (1872: 146 f.) die Generationenkonstellation charakterisiert, als er bemerkte, dass seine Zeit im Vergleich zu früheren Zeiten „das völlig Unvereinbare in den drei jetzt gleichzeitig lebenden Generationen" vereinige:

> „Die ungeheuren Gegensätze der Jahre 1750, 1789 und 1815 entbehren aller Übergänge und erscheinen nicht als ein Nacheinander, sondern als ein Nebeneinander in den jetzt lebenden Menschen, je nachdem dieselben Großväter, Väter oder Enkel sind."

Die so konstituierten Generationen, so hat der Historiker Reinhart Koselleck (1985 a: 367) argumentiert, hätten zwar in einem gemeinsamen „Erfahrungsraum" gelebt, der aber je nach Generationszugehörigkeit und sozialem Standpunkt perspektivisch gebrochen wahrgenommen worden sei.

---

1 Siehe die kritischen Anmerkungen dazu in Nr. 68 der Zeitschrift „*Psychosozial*" zum Thema „*Generation, Unbewusstes und politische Kultur*" (1997: insbesondere 5 ff.).

Dieses Urteil lässt sich auch auf alle späteren Erscheinungsformen verstärkter Generationserfahrung übertragen. An die Stelle der Vorstellung vom regelmäßigen biologisch-natürlichen Kommen und Gehen der Generationen (= „Pulsschlag-Hypothese") trat jedenfalls verstärkt seit den 1870er-Jahren eine andere, die man als „Prägungs-Hypothese" bezeichnen kann und die 1875 Wilhelm Dilthey folgendermaßen formuliert hat:

> „Diejenigen, welche in den Jahren der Empfänglichkeit dieselben leitenden Einwirkungen erfahren, machen zusammen eine Generation aus. So gefasst, bildet eine Generation einen engen Kreis von Individuen, welche durch Abhängigkeit von denselben großen Tatsachen und Veränderungen, wie sie im Zeitalter ihrer Empfänglichkeit auftraten, trotz der Verschiedenheit anderer hinzutretender Faktoren, zu einem homogenen Ganzen verbunden sind" (zitiert nach Jaeger 1977: 432; siehe auch Herrmann 1993 a: 106).

Auf die Fülle der im Anschluss an Dilthey oder parallel zu ihm erscheinenden Generationenanalysen von der Kunstgeschichte bis zur Biologie kann hier nicht eingegangen werden, doch sollen wenigstens einige besonders exemplarische Ansätze kurz genannt werden, da sie die neue Qualität kennzeichnen, die zunächst noch vor dem Ersten Weltkrieg, dann seit Ende der 1920er-Jahre die Generationendebatten bestimmte.

Als ein „Jahrhundertbuch" mit erheblicher Wirksamkeit kann das berühmte, 1902 in die deutsche Sprache übersetzte Buch der schwedischen Lehrerin Ellen Key (geboren 1849) „*Das Jahrhundert des Kindes*" (1978) gelten. Darin heißt es programmatisch, die Schwerter würden erst dann zu Pflugscharen umgeschmiedet, wenn die ganze Menschheit zur „Heiligkeit der Generation" erwache, d. h. wenn sich mit der nun ins 20. Jahrhundert hineingeborenen neuen Generation auch die Menschennatur wandele und im neuen Jahrhundert „dem Kampf ums Dasein edlere Formen [verleihe]" (ebd.: 5). Mit anderen Worten: Generationalität wird hier nicht mehr nur als etwas Registrierbar-Vorhandenes gesehen, sondern als etwas zu Schaffendes, das mit der Vorstellung von einem „neuen Menschen" zu tun hatte. Bei Key handelt es sich also um eine idealistische Variante dessen, was von nun an mehrfach im 20. Jahrhundert unter dem Stichwort „Kampf um die Jugend" firmierte: der intensive Versuch älterer Generationen, bzw. Teile von ihnen, den „Nachwuchs" in spezieller Weise zu „konditionieren" und als Erbe der eigenen Weltsicht zu reklamieren.

Kurze Zeit nach dem Erscheinen von Keys Buch hat auch Sigmund Freud (geboren 1856) begonnen, sich sozial- und massenpsychologisch auf seine Weise mit dem „Generationenerbe" und dessen Wirkungen und Folgen für die Söhnegeneration auseinanderzusetzen. Zwei seiner Kernfragen in seiner berühmten Schrift „*Totem und Tabu*" (1912/ 13; hier zitiert nach der Ausgabe 1962: 176) lauten, „wie viel man der psychischen Kontinuität innerhalb der Generationsreihen zutrauen [könne] und welcher Mittel und Wege sich die eine Generation bedien[e], um ihre psychischen Zustände auf die nächste zu übertragen." Wenn nach Freud schon grundsätzlich gilt, dass „keine Generation im Stande ist, bedeutsamere seelische Vorgänge vor der nächsten zu verbergen", so trifft dieses natürlich in besonders ausgeprägter Weise dann zu, wenn solche seelischen Vorgänge in Folge gravierender historischer Umbrüche besonders erschütternd sind - dies mit den entsprechenden massiven prägenden Folgen für die Nachwuchsgeneration.

Mit Dilthey, Key und Freud waren somit schon vor dem Ersten Weltkrieg die Deutungsmöglichkeiten vorgegeben, die bis heute zur Diskussion stehen. Dabei ist noch auf einen weiteren Theoretiker hinzuweisen, der dann im Jahre 1928 ein besonders anregendes und weiterführendes Konzept zur Erklärung von gesellschaftlichen Generationskonstellationen vorgelegt hat: den 1893 geborenen Soziologen Karl Mannheim. Von ihm stammen jene drei Kernbegriffe, die das Konzept der „politischen Generation" seither theoretisch fundieren und vor allem in der jüngeren fachwissenschaftlichen Debatte seit Beginn der 1980er-Jahre (Fogt, Jaeger, Herrmann und Andere) in differenzierender Weise wieder aufgegriffen und weitergeführt worden sind: Generationslagerung, Generationszusammenhang und Generationseinheit (Mannheim 1928).[2] In jeder Gesellschaft gibt es zwar eine demographisch beschreibbare Altersschichtung, d. h. eine im Wesentlichen quantitativ fassbare Kohortenstruktur von Gruppen Gleichaltriger. Diese Gleichaltrigen sind aber in unterschiedliche historische Kontexte hineingeboren worden und haben, was noch bedeutsamer ist, ihre entscheidende geistige Prägephase, ihre Adoleszenz, unter Umständen höchst unterschiedlich erlebt und verarbeitet. Die damit geschaffene spezifische „Generationslagerung" - dies ist jetzt eine qualitative Aussage - kann dann je nach der lebenslang wirksamen Durchschlagskraft der in dieser Prägephase erlebten und verarbeiteten Erfahrungen zu einem „Generationszusammenhang", d. h. zu einer identifizierbaren Verhaltensdisposition mindestens bei Teilen bestimmter Kohorten führen. Ein eigenes Generationsgedächtnis bzw. -bewusstsein, d. h. ein spezifisches Wir-Gefühl, kann schließlich die Folge sein, das dann auch bewusst in einzelnen „Generationseinheiten" ausgelebt und zum Teil in kollektives Handeln umgesetzt wird. Deren Aktivitäten mögen dann je nach Zeitumständen ausdrücklich provozierend wirken, sozialen Wandel anstoßen, neue Deutungskonzepte produzieren und Ähnliches.

Dass in allen modernen Gesellschaften solche mentalitätsgeschichtlichen Strukturen nachweisbar sind, ist inzwischen eine relativ triviale Feststellung. Infolge der krassen Brüche und Verwerfungen in der deutschen Geschichte des 20. Jahrhunderts waren sie aber hier besonders wirkungsmächtig und von zum Teil gravierender Bedeutung sowohl für vielerlei innergesellschaftliche Konfliktkonstellationen und Lösungsstrategien als auch für die lebenslaufbezogene Sinnstiftung großer Teile einzelner, besonders augenfälliger Altersjahrgänge. Diese beiden Aspekte - d. h. die allgemein-historische Wirksamkeit und die individualgeschichtliche Bedeutsamkeit von „Generationalität" im 20. Jahrhundert - sollen nach dem eher abstrakten ersten Teil nun im zweiten Teil meines Beitrages kurz erörtert werden.

---

2 Dieser Ansatz wurde vor allem weitergeführt von Helmut Fogt (1982). Das beigegebene Schema (Abbildung 1) geht auf Fogt und vor allem Herrmann (1993 a: 111) zurück.

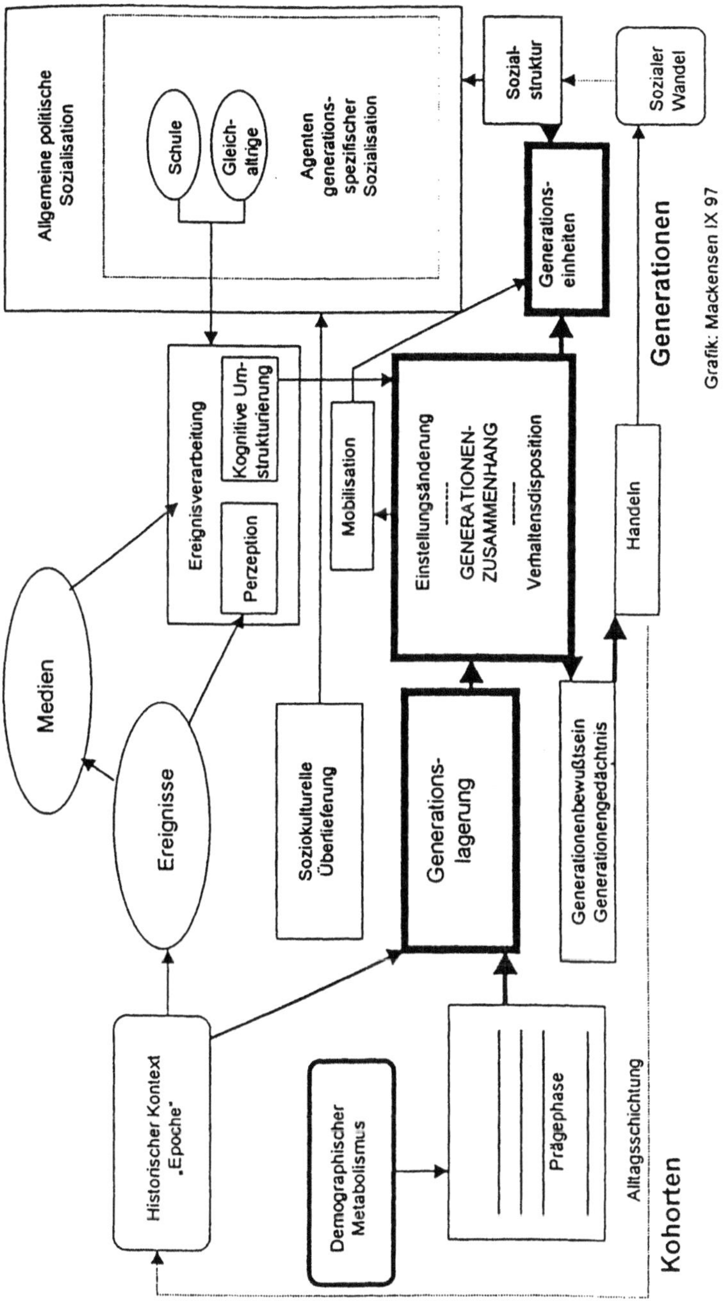


*Abbildung 1*: Kohorten und Generationen (vgl. Hermann 1993 a: 111; nach Mannheim und Fogt)

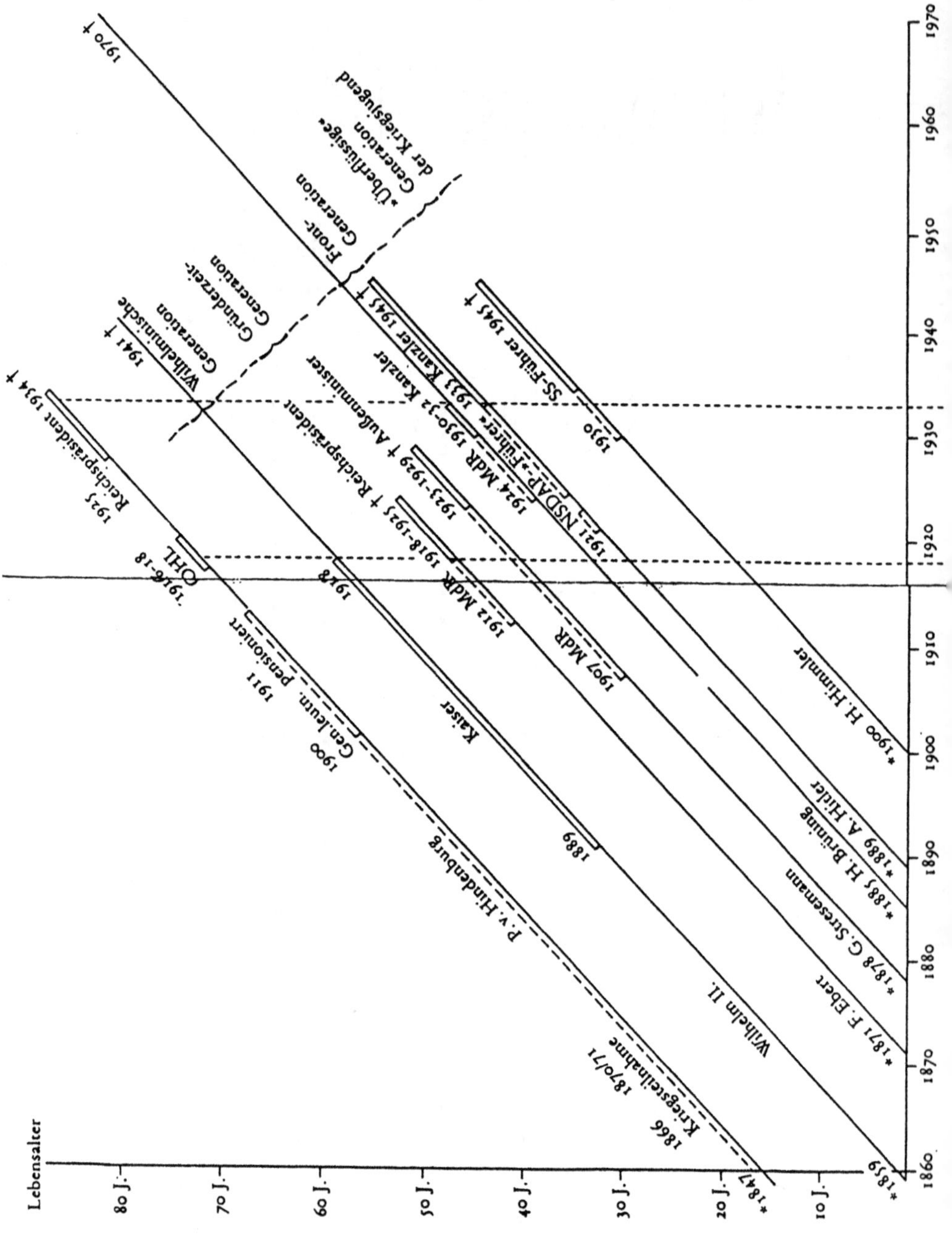


*Abbildung 2*: Die Überlagerung von vier Politikergenerationen in der Zeit der Weimarer Republik (nach Peukert 1987: 28 f.)

Die Identifizierung von so genannten „Generationsgestalten“, von „politischen Generationen“, von „generationellen Haltungsformen“ und Ähnlichem ist bisher nur selten von der Geschichtswissenschaft,[3] dafür umso mehr vor allem von der Soziologie, Politologie und historischen Bildungsforschung betrieben worden.[4] Dementsprechend sind die vorgeschlagenen Typologien - das ist jetzt hier vorauszuschicken - oft entweder pauschal kategorisierend oder allzu idealtypisch ausgefallen. Trotz vieler Unterschiede bei den verschiedenen Autoren im Einzelnen ergibt sich - im Hinblick auf die Kombination von Geburtsjahren und Prägephasen in der Adoleszenz - etwa folgendes Ablaufschema identifizierbarer „Generationsgestalten“ (wobei wichtig ist, dass die Orientierung fast durchgängig an den männlichen Vertretern der jeweiligen Generation erfolgt).

Es beginnt mit den so genannten *Wilhelminern*, geboren zirka 1854 - 1863. Sie wuchsen im nationalen Aufschwung der Reichsgründung und unter dem Eindruck des deutschen Strebens nach Weltgeltung auf. Ihnen werden der Hang zur Autoritätsfixierung und Traditionsverhaftung, die Bereitschaft zu Anpassung und Ausgrenzung, Harmonieorientierung, aber auch zu „Panzerung und Angriff“, also Aggressivität nachgesagt (vgl. dazu Doerry 1986).[5]

Auf diese „Generation der Wilhelminer“ folgte *die in den 1870er-Jahren, also in der „Gründerzeit“, geborene Generation*: Das wachsende Bewusstsein der inneren Brüchigkeit der wilhelminischen Gesellschaft in den 1890er-Jahren ließ viele ihrer Vertreter aufgeschlossen sein für reformerische Ideen und eine pragmatischere Prüfung der Lage. Diese Generation gilt durchgängig als nicht mehr so autoritätsfixiert wie die Wilhelminer. Mit der nächsten Generation, der „*Frontgeneration*“ bzw. der „*Generation von 1914*“ (Wohl 1980), geboren Mitte der 1880er-Jahre bis zirka 1900, kommt die Söhnegeneration der Wilhelminer in den Blick. Sie war stark geprägt zunächst von der Enttäuschung über die Hohlheit und unehrlichen Werte des Spätwilhelminismus, zugleich beunruhigt von den Erscheinungen des modernen Kapitalismus und der Massenzivilisation. Zum Teil romantische Kulturkritik und Ansätze von Aussteigertum, zum Teil auch Begeisterungsfähigkeit für das Konzept eines „neuen Menschen“, für Ideen der Eugenik usw. beherrschten viele der zu dieser Generation gehörenden, besonders aus dem Bildungsbürgertum stammenden Personen um 1910; die bürgerliche Jugendbewegung des „Wandervogel“ war eine ihrer exemplarischen Ausdrucksformen, aber auch der Expressionismus und Ähnliches. Ihre idealistischen Höhenflüge wurden dann jäh im Ersten Weltkrieg beendet; als „verlorene Generation“ kehrten die überlebenden, ja noch jungen Männer aus dem Krieg zurück: desillusioniert, viele dann voller Hass gegen die Weimarer Republik und gegen „die Alten“, die (wie z. B. Ebert, geboren 1871; Erzberger, geboren 1875; Rathenau, geboren 1867; Stresemann, geboren 1878) jetzt für den deutschen Niedergang verantwortlich gemacht wurden: Gregor Strassers (geboren 1892) viel beachteter Slogan lautete deshalb schon 1927 mit massiv aggressivem Unterton:

3 Siehe als ein Beispiel dafür die Abbildung 2 (aus Peukert 1987: 28 f.).
4 Siehe hier das Beispiel Abbildung 3 von Fend (1988: 183; siehe auch Jaide 1988).
5 Siehe zum folgenden Generationenschema vor allem Herrmann (1993 a: 100 f.).

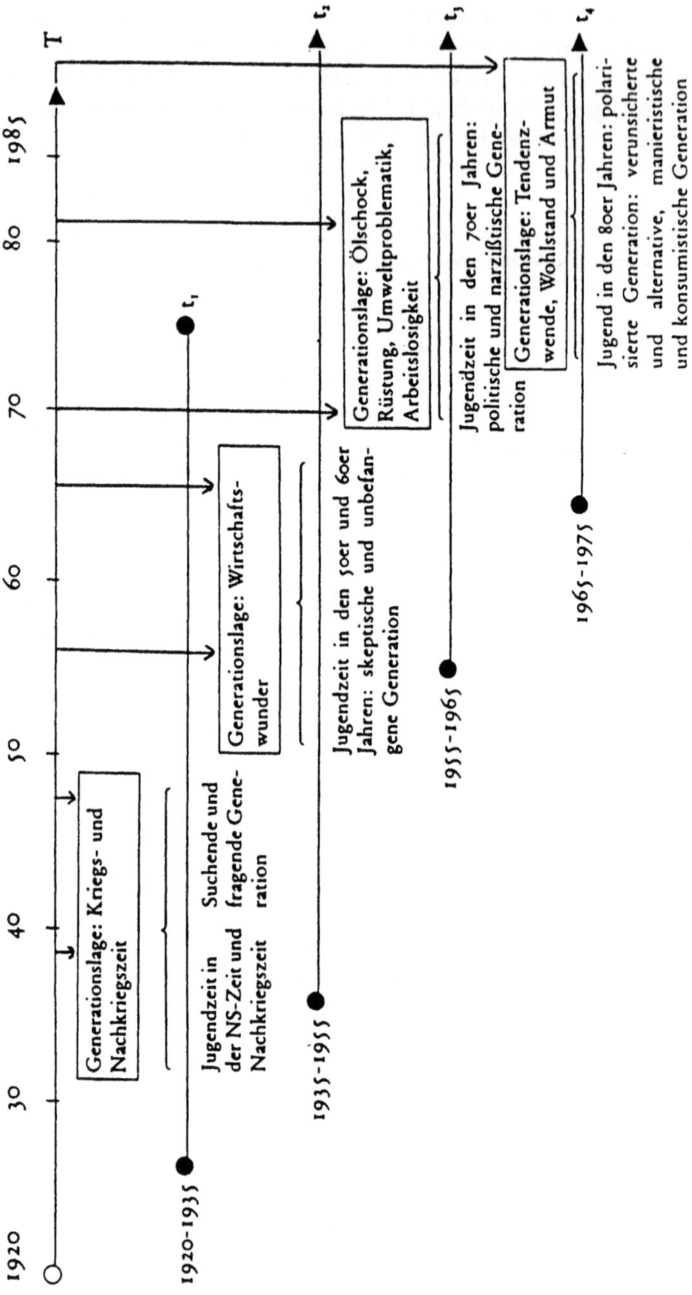


*Abbildung 3*: Generationslagen und Generationsgestalten in der Nachkriegszeit der Bundesrepublik Deutschland (nach Fend 1988: 183)

> „Macht Platz, ihr Alten! ... Ihr Unfähigen und Blinden, ihr Ehrlosen und Gemeinen, ihr Verräter und Feiglinge ...“ (Strasser 1932 b).

Diese frustrierte, um ihre Jugend betrogene Generation umwarb dann Ende der 1920er-Jahre massiv die nächstfolgende Generation, die sich selbst um 1930 als „*überflüssige Generation*“ bezeichnende Altersgruppe der zirka 1903 - 1913 Geborenen („*Jahrhundertgeneration*“). Als Kinder im Krieg aufgewachsen, oft vaterlos, erlebten sie die Jahre ihres Heranwachsens im Zeichen von Nachkriegskrise und Inflation und dann von Weltwirtschaftskrise und Massenarbeitslosigkeit. Sie fühlten sich nach Selbstaussagen als „Enterbte“, die aber - so redeten ihr Demagogen und charismatische Führer aus der vorhergehenden Generation ein - eine „Sendung“, eine Mission für das deutsche Volk zu erfüllen habe.[6] Viele von ihnen erlebten die Lebensformen der „bündischen Jugend“ und konnten dann den verlockenden Aussichten einer nationalsozialistischen Revolution nicht widerstehen. Ihnen werden „Kühle, Härte und 'Sachlichkeit'“ nachgesagt. An soldatischen Idealen orientiert, versuchten sie ihre nicht vorhandene Fronterfahrung durch die „Stilisierung des kalten, entschlossenen Kämpferideals und durch das Trachten nach 'reinem', von Kompromissen freiem und radikalem, dabei aber organisiertem, unspontanem, langfristig angelegtem Handeln zu kompensieren“ (so Herbert über die Generation von Werner Best; 1996: 44 f.). Sie waren dann übrigens durchweg später die Eltern der „68er“.

Dieser „Jahrhundertgeneration“ folgte dann die so genannten „*Hitlerjugend-Generation*“ (*HJ-Generation*), geboren zirka 1918 bis Ende des 1920er-Jahre, deren zentrale Erfahrungen neben der HJ-Sozialisation durch Krieg, Bombennächte, Flucht, Vertreibung usw. bestimmt waren (Rosenthal 1986; siehe zuletzt dazu Hübner-Funk 1998). Ihr wurde bald nach dem Krieg von den Alliierten eine Generalabsolution erteilt; sie und ihr jüngerer Ausläufer, die so genannte „*Flakhelfergeneration*“, waren in West und Ost das wichtigste Aufbaupotenzial, an das sich die Zukunftsappelle um 1945 - 1950 richteten. Nach der Überwindung der unmittelbaren Nachkriegsjahre waren sie die chancenreiche Erfolgsgeneration beim Wiederaufbau, geprägt einerseits von Bereitschaft zur Loyalität gegenüber den beiden neuen Staaten, andererseits aber auch von diffusen Schuldgefühlen und von Ängsten gegenüber den Kriegsgefahren in der Zeit des Kalten Krieges. Die Pädagogen haben dieser Generation im Hinblick auf deren Haltung nach 1945 das Etikett „suchende und fragende Generation“ verliehen, ehe dann als neuer Generationstypus in den 1950er-Jahren die vielzitierte „*skeptische Generation*“ á la Helmut Schelsky auf den Plan trat. Die ihr angehörenden waren um 1930/ 35 geboren worden, hatten noch Kindheitserinnerungen an den Krieg, an Flucht und Bombennächte, ließen sich aber dann ohne große Emotionen auf den Aufschwung der Wirtschaftswunderjahre ein - dies mit einer Grundeinstellung, die Schelsky (1957: 488) folgendermaßen beschrieben hat:

> „Diese Generation ist in ihrem sozialen Bewusstsein und Selbstbewusstsein kritischer, skeptischer, misstrauischer, glaubens- oder wenigstens illusionsloser als alle Jugendgenerationen vorher, sie ist tolerant, wenn man die Voraussetzung und Hinnahme eigener und fremder Schwächen als Toleranz

---

6 So vor allem Günther Gründel in seinem Buch „*Die Sendung der Jungen Generation. Versuch einer umfassenden revolutionären Sinndeutung der Krise*“ (1932).

> bezeichnen will, sie ist ohne Pathos, Programme und Parolen. Diese geistige Ernüchterung macht frei zu einer für die Jugend ungewöhnlichen Lebenstüchtigkeit. Die Generation ist im privaten und sozialen Verhalten angepasster, wirklichkeitsnäher, zugriffsbereiter und erfolgssicherer als je eine Jugend vorher. Sie meistert das Leben in der Banalität, in der es sich dem Menschen stellt, und ist darauf stolz. In Anlehnung an eine in England zurzeit gängige Formel könnte man diese Jugend die Generation der vorsichtigen, aber erfolgreichen jungen Männer nennen."

Von nun an häuften sich die Zuschreibungen für die folgenden Generationen: Pädagogen, Soziologen, Politologen entdeckten zirka alle 5 - 10 Jahre immer wieder neue Generationsgestalten: So folgte auf die „skeptische" eine „unbefangene" (geboren 1939 bis zirka 1944) , dann die berühmte „kritische" der so genannten „68er", weiter schließlich eine „illusionslose" um 1976 (Slogan: „no future!") und seit neuestem eine „Generation der Wende", die probehalber auch „Spaßgeneration" genannt wird (so Bude 1999: 13).

Ich habe ja bereits durchblicken lassen, dass aus der Sicht des Historikers durchaus starke Zurückhaltung angebracht ist angesichts solcher Pauschalisierungen. Oft ist es nämlich ausdrücklich viel spannender und aussagekräftiger, danach zu fragen, wer zu welchem Zeitpunkt mit welchen Argumenten und auf Grund welcher Beobachtungen spezifische Generationsgestalten zu entdecken geglaubt hat. Unter diesem Gesichtswinkel gab es deutliche, vom „Zeitgeist" bestimmte Konjunkturen, die ich bereits erwähnt habe: nämlich um 1900, um 1930, um 1946, um 1970 und in den letzten Jahren. Mit anderen Worten: Die Frage nach den Gründen für solche Konjunkturen und nach den Wirkungen des auch massenmedial breit getretenen Generationsgeredes ist mentalitätsgeschichtlich oft interessanter und ergiebiger als die Frage, ob es die angesprochenen Generationen auch tatsächlich in der behaupteten „Reinkultur" gegeben hat.

Diese Bemerkung leitet nun über zu meinem abschließenden Versuch, auch die andere Seite der Medaille, nämlich die Bedeutung von „Generationalität" für die Biografie konkreter Menschen und für identifizierbare Generationseinheiten - grundsätzlich oder in bestimmten Phasen ihres Lebenslaufs - zu charakterisieren. Hier tut sich ein sehr breites, noch nicht annähernd beackertes Forschungsfeld auf, zu dem es zwar in wachsendem Umfang Quellen, z. B. aus vielen Oral-History-Projekten gibt, aber zugleich nur eine diffus-chaotische, wenn auch höchst anregende Vielfalt an Forschungsstrategien. Mein Kollege Thomas A. Kohut und ich bemühen uns gerade, durch die intensive Analyse einer speziellen Generationseinheit aus der so genannten „Jahrhundertgeneration", jener zwischen zirka 1902 und 1913 geborenen Altersgruppe, einen exemplarischen Versuch zu unternehmen, Generationalität, kollektive Erinnerung und „Haltung" sowie Lebensgeschichte zusammenzubringen.

Ich will nur noch knapp einen speziellen Problemkomplex erörtern, der entsprechende Fragerichtungen andeuten soll. Wenn man das Bedürfnis nach „Zugehörigkeit" als eine zentrale psychologische Kategorie für das individuelle Streben nach Orientierung versteht, dann spielt die Zugehörigkeit zu einer Altersgruppe einschließlich der Bewusstwerdung darüber sicherlich mehrfach im Lebenslauf eine wichtige Rolle, besonders ausgeprägt in der Adoleszenz und in der zweiten Lebenshälfte. Allerdings ist in der Adoleszenz die bewusste Selbstverortung in der ablaufenden Zeit im Sinne von Selbsthistorisierung noch eher gering, sogar nebensächlich; schließlich liegt das Leben ja noch vor einem! Generationalität besitzt in diesem Alter einen weitgehend a-historischen Charakter und hat in erster Linie etwas mit individueller Selbststilisierung in der Peergroup und mit Gewinnung von Eigenständigkeit zu tun. Dass man sich einer bestimmten Generation zugehörig fühlt, die einen spezifischen „Generationszusammenhang" besitzt, stellt sich meist erst dann ein, wenn man gravierende Umbrucherfahrungen gemacht und/ oder bereits einen beträchtlichen Teil seines Lebens hinter sich gebracht hat. Zugehörigkeit zur Altersgenossenschaft bedeutet vom mittleren Alter an die Möglichkeit, mit Gleichaltrigen die individuellen Erinnerungsbestände vergleichen zu können, dabei Ähnlichkeiten oder Gleichheiten zu entdecken und sich selbst im Zeitfluss sicherer zu verorten. Ergebnis einer solchen Selbstvergewisserung ist dann - im Gegensatz zum allgemein gesellschaftlichen „kulturellen Gedächtnis" - ein „kommunikatives Gedächtnis" (siehe dazu Welzer 1998; siehe auch Assmann 1995), das zum einen intergenerationell vor allem in der Familie tradiert wird, aber darüber hinaus immer dann intensiv gepflegt und ausgeschmückt wird, wenn sich „Generationseinheiten" bilden und ihre „kollektive Geschichtlichkeit" kultivieren. Grundsätzlich heißt das, dass es je nach Lebensalter „unterschiedliche Gedächtnissysteme" gibt (Keller 1996: 60). Für den Einzelnen bedeutet das, dass er durch eine mehr oder weniger bewusst vollzogene Selbstdefinition via Generationszugehörigkeit und eine entsprechende Kommunikation mit Altersgenossen mit ähnlichen Erinnerungspotenzialen in solchen Generationseinheiten in mehrfacher Hinsicht einen emotionalen Zugewinn erwarten kann: Zugehörigkeit heißt zunächst einmal sinnstiftende Beheimatung im Kommen und Gehen der Generationen, heißt aber insbesondere das Gefühl der Geborgenheit im Kreis von Menschen, die die „gleiche Sprache sprechen", d. h. die bestimmte Redewendungen, Metaphern, Anspielungen, Assoziationen, Bedeutungen nach- bzw. mitvollziehen können.[7] Und für manche Generationen, vor allem z. B. für die von uns untersuchte „Jahrhundertgeneration", kommt hinzu, dass die Zugehörigkeit zu einer „Generationseinheit" in ausgeprägter Weise Klärungs- und Deutungsbedürfnisse hinsichtlich des eigenen, oft ja sehr verwickelten Lebenslaufs befriedigt und oft auch die Entlastung von latenten Schuldgefühlen und das Bewältigen von weit zurückreichenden Verlusterfahrungen, zum Teil sogar von individuellen wie kollektiven traumatischen Erinnerungsbeständen ermöglicht. Falls man mit Peter Loewenberg (1998) sagen kann, dass das Trauma ein zentrales „theoretische(s) Bindeglied zwischen Individuum und Gruppe, Kohorte, Bevölkerung, Staat und Welt (ist)" (ebd.: 128), dann liefern Generationseinheiten unter Umständen sehr bedeutsame kommunikative Hilfen zur Stärkung der entsprechenden Bewältigungspotenziale. Eine Untersuchung solcher Leistungen einzelner Generationseinheiten für ihre Mitglieder könnte vor allem auch Hinweise zur Beantwortung jener Frage liefern, die ich einleitend mit dem Freud-Zitat schon angesprochen habe, nämlich die nach der Wirkung traumatischer Erfahrungen der einen Generation auf die nachfolgenden Generationen. Diese Frage ist ja der Kerngedanke des viel diskutierten, 1996 erschienenen Buches von Tilmann Moser „Dämonische Figuren" mit dem Untertitel „Die

[7] Das bedeutet, dass sich durch eine Kommunikation dieser Art Identitätsstiftung in doppelter Weise vollzieht: zum einen durch die Bestätigung von biografischer Kontinuität (= Identitätsvergewisserung), zum anderen durch die Vermittlung identitätssichernden Wissens (siehe dazu Assmann & Friese 1998).

Wiederkehr des Dritten Reiches in der Psychotherapie" (siehe auch Bohleber 1998). In der Geschichtswissenschaft ist diese Problematik in den letzten drei Jahren vor allem im Kontext dreier Projekte intensiver debattiert worden:

1. Im Anschluss an die biografische Studie über den 1903 geborenen obersten Juristen und Organisatoren des Reichssicherheitshauptamts Werner Best (Herbert 1996)
2. Im Zusammenhang mit der Aufdeckung des Identitätswechsels des Hauptsturmführers Hans-Ernst Schneider aus dem persönlichen Stab Himmlers (geboren 1909), der nach 1945 unter dem neuen Namen Hans Schwerte in der Germanistik Karriere gemacht hat und Rektor der Technischen Universität Aachen wurde (König, Kuhlmann & Schwabe 1997; sowie Loth & Rusinek 1998)
3. Im Hinblick auf die Untersuchung der Zulieferleistungen, die führende, hoch geschätzte Historiker der früheren Bundesrepublik Deutschland, allen voran Theodor Schieder (geboren 1908), bei der Entwicklung z. B. des so genannten „Generalstabsplans Ost" seit Mitte der 1930er-Jahre erbracht haben (Oberkrome 1999; Schöttler 1997).

Angesichts der in diesem Zusammenhang gestellten Frage, ob nicht mit Blick auf die Zerrissenheit vieler Lebensläufe im 20. Jahrhundert die traditionelle Biografik als historische Darstellungsform überfordert sei (so Schulze 1999: 2), scheint mir jedenfalls der Zugang zum Verständnis solcher Lebensgeschichten unseres Jahrhunderts mit Hilfe des Konzepts der „Generationalität" ein durchaus aussichtsreicher zu sein.

Damit komme ich zum Schluss: Bei einer Thematik, die in ihrem Zentrum nicht eine genuin historische Problematik behandelt, sondern die Rolle einer bestimmten Wissenschaftsdisziplin, der Psychotherapie, in Zeiten rasanter Veränderung, liegt es für den Historiker nahe, nachdrücklich für den Blick über den Zaun und das Überschreiten von traditionellen Grenzziehungen zu plädieren. In diese Kerbe wird anschließend auch mein Kollege Thomas A. Kohut (2000; in diesem Band) schlagen. Ich hoffe, schon einmal exemplarisch am Beispiel des Themas „Generationalität" gezeigt zu haben, wo intensive Begegnungen zwischen historisch-biografischer Forschung und Psychoanalyse nicht nur möglich, sondern auch äußerst anregend und fruchtbar sein können. Aber: Weder geht es darum, in Zukunft allen möglichen historischen Untersuchungen eine Psychologisierung ihrer Fragestellungen nahe zu legen, noch umgekehrt den Psychoanalytikern und Psychotherapeuten eine ständige Historisierung ihrer konkreten Deutungen abzuverlangen (von Plato 1998: insbesondere 188 f.). Jede der beiden Wissenschaften wird sicherlich zunächst einmal prüfen, ob und in welchen Problembereichen ein Zusammenwirken besonders ergiebig sein könnte. Dass es solche Bereiche in beträchtlicher Zahl gibt, so glaube ich, zeigen bereits viele einzelne Projekte in den letzten Jahren. Wir sollten also das interdisziplinäre Zusammenwirken unserer beiden Disziplinen nachdrücklich wollen und lustvoll betreiben. Deshalb schließe ich, nachdem ich im Goethe-Jahr in meiner Einleitung schon Goethe bemüht habe, im gleichzeitigen Kästner-Jahr mit dem berühmten Appell Erich Kästners:

„Es gibt nichts Gutes, außer man tut es!“

## Literatur


Assmann, A. & Friese, H. (Hrsg.) (1998): Identitäten (Erinnerung, Geschichte, Identität 3). Frankfurt am Main: Suhrkamp

Assmann, J. (1995): Erinnern, um dazuzugehören. Kulturelles Gedächtnis, Zugehörigkeitsstruktur und normative Vergangenheit. In: K. Platt & M. Dabag (Hrsg.) (1995): 51 - 75

Bohleber, W. (1998): Traumata und deren Bearbeitung in der Psychoanalyse. In: BIOS 11 (2): 201 - 212

Bude, H. (1999): Interview. In: Die Zeit 21: 13

Calließ, J. (Hrsg.) (1993): Lebenslauf und Geschichte - Zur historischen Orientierung im Einigungsprozess (Loccumer Protokolle 63/ 92). Rehburg-Loccum: Evangelische Akademie Loccum

Doerry, M. (1986): Übergangsmenschen. Die Mentalität der Wilhelminer und die Krise des Kaiserreichs. Weinheim, München: Juventa

Fend, H. (1988): Sozialgeschichte des Aufwachsens. Bedingungen des Aufwachsens und Jugendgestalten im zwanzigsten Jahrhundert. Frankfurt am Main: Suhrkamp

Fogt, H. (1982): Politische Generationen. Empirische Bedeutung und theoretisches Modell. Opladen: Westdeutscher Verlag

Freud, S. (1962): Totem und Tabu. Frankfurt am Main, Hamburg: Fischer

Goethe, J. W. v. (ohne Jahr a): Aus meinem Leben. Dichtung und Wahrheit. In: J. W. v. Goethe (ohne Jahr b): Bd. 6

Goethe, J. W. v. (ohne Jahr b): Goethe-Ausgabe in 7 Bänden. Herausgegeben von Bernt von Heiseler.

Gründel, E. G. (1932): Die Sendung der Jungen Generation. Versuch einer umfassenden revolutionären Sinndeutung der Krise. München: Beck

Herbert, U. (1996): Best. Biografische Studien über Radikalismus, Weltanschauung und Vernunft, 1903 - 1989. Bonn: Dietz

Herrmann, U. (1993 a): Das Konzept der „Generation“. Ein Forschungs- und Erklärungsansatz für die Erziehungs- und Bildungssoziologie und die Historische Sozialisationsforschung. In: U. Herrmann (Hrsg.) (1993 b): 99 - 117

Herrmann, U. (Hrsg.) (1993 b): Jugendpolitik in der Nachkriegszeit. Zeitzeugen, Forschungsberichte, Dokumente. Weinheim, München: Juventa

Hübner-Funk, S. (1998): Loyalität und Verblendung. Hitlers Garanten der Zukunft als Träger der zweiten deutschen Demokratie. Potsdam: Verlag für Berlin-Brandenburg

Jaeger, H. (1977): Generationen in der Geschichte. Überlegungen zu einer umstrittenen Konzeption. In: Geschichte und Gesellschaft 3: 429 - 452

Jaide, W. (1988) Generationen eines Jahrhunderts. Opladen: Leske & Budrich

Keller, B. (1996): Rekonstruktion von Vergangenheit. Vom Umgang der „Kriegsgeneration“ mit Lebenserinnerungen. Opladen: Westdeutscher Verlag

Key, E. (1978): Das Jahrhundert des Kindes (Neuauflage). Königstein imTaunus: Athenäum

König, H., Kuhlmann, W. & Schwabe, K. (Hrsg.) (1997): Vertuschte Vergangenheit. Der Fall Schwerte und die NS-Vergangenheit der deutschen Hochschulen. München: Beck

Kohut, T. A. (2000): Plädoyer für eine historisierte Psychoanalyse. In: B. Strauß & M. Geyer (Hrsg.) (2000): 41 - 50

Koselleck, R. (1985 a): „Erfahrungsraum“ und „Erwartungshorizont“ - zwei historische Kategorien. In: R. Koselleck (1985 b): 349 - 375

Koselleck, R. (1985 b): Vergangene Zukunft. Zur Semantik geschichtlicher Zeiten (4. Aufl.). Frankfurt am Main: Suhrkamp

Loewenberg, P. (1998): Psychoanalytische Ich-Psychologie, Objektbeziehungstheorie und ihre Anwendbarkeit in der Geschichtswissenschaft. In: J. Rüsen & J. Straub (Hrsg.) (1998): 101 - 130

Loth, W. & Rusinek, B. A. (Hrsg.) (1998): Verwandlungspolitik. NS-Eliten in der westdeutschen Nachkriegsgesellschaft. Frankfurt am Main, New York: Campus

Mannheim, K. (1928): Das Problem der Generationen. In: Kölner Vierteljahrshefte für Soziologie 7: 157 - 185 & 309 - 330

Moser, T. (1996): Dämonische Figuren. Die Wiederkehr des Dritten Reiches in der Psychotherapie. Frankfurt am Main: Suhrkamp

Oberkrome, W. (1999): Historiker im „Dritten Reich". In: Geschichte in Wissenschaft und Unterricht (GWU) 50: 74 - 98

Perthes, C. T. (1872): Friedrich Perthes' Leben. 2. Bd. (6. Aufl.). Gotha: Verlag von Friedrich und Andreas Perthes

Peukert, D. J. K. (1987): Die Weimarer Republik. Krisenjahre der Klassischen Moderne. Frankfurt am Main: Suhrkamp

von Plato, A. (1998): Geschichte und Psychologie - Oral History und Psychoanalyse: Problemaufriss und Literaturüberblick. In: BIOS 11: 171 - 200

Platt, K. & Dabag, M. (Hrsg.) (1995): Generation und Gedächtnis. Opladen: Leske & Budrich

Psychosozial (1997): Generation, Unbewusstes und politische Kultur. Heft Nr. 68

Ranke, L. (Hrsg.) (1824 a): Geschichten der germanischen und romanischen Völker von 1494 bis 1535. Bd. 1. Leipzig, Berlin

Ranke, L. (1824 b): Vorrede. In: L. Ranke (Hrsg.) (1824 a): III - VIII

Rosenthal, G. (Hrsg.) (1986): Die Hitlerjugend-Generation. Biografische Thematisierung als Vergangenheitsbewältigung. Essen: Die Blaue Eule

Rüsen, J. (1993): Die große und die kleine Geschichte. In: J. Calließ (Hrsg.) (1993): 53 - 65

Rüsen, J. & Straub, J. (Hrsg.) (1998): Die dunkle Spur der Vergangenheit. Psychoanalytische Zugänge zum Geschichtsbewusstsein (Erinnerung, Geschichte, Identität 2). Frankfurt am Main: Suhrkamp

Schelsky, H. (1957): Die skeptische Generation. Eine Soziologie der deutschen Jugend. Düsseldorf: Diederichs

Schöttler, P. (Hrsg.) (1997): Geschichtsschreibung als Legitimationswissenschaft 1918 - 1945. Frankfurt am Main: Suhrkamp

Schulze, W. (1998): Editorial. In: Geschichte in Wissenschaft und Unterricht (GWU) 50: 72

Strasser, G. (1932 a): Kampf um Deutschland. München: Eher

Strasser, G. (1932 b): Macht Platz, ihr Alten! Rede vom 08. 05. 1927. In: G. Strasser (1932 a): 171 - 173

Strauß, B. & Geyer, M. (Hrsg.) (2000): Psychotherapie in Zeiten der Veränderung. Historische, kulturelle und gesellschaftliche Hintergründe einer Profession. Opladen: Westdeutscher Verlag

Welzer, H. (1998): Erinnern und weitergeben. Überlegungen zur kommunikativen Tradierung von Geschichte. In: BIOS 11: 155 - 170

Wischermann, C. (Hrsg.) (1996 a): Die Legitimität der Erinnerung und die Geschichtswissenschaft. Stuttgart: Steiner

Wischermann, C. (1996 b): Geschichte als Wissen, Gedächtnis oder Erinnerung? Bedeutsamkeit und Sinnlosigkeit in Vergangenheitskonzeptionen der Wissenschaften vom Menschen. In: C. Wischermann (Hrsg.) (1996 a): 55 - 85

Wohl, R. (1980): The generation of 1914. London

# Plädoyer für eine historisierte Psychoanalyse

*Thomas A. Kohut*[1]

## Einleitung

Ich möchte mein Plädoyer für eine historisierte Psychoanalyse mit einer persönlichen Anekdote anfangen. Vor einigen Jahren besuchte ich mit meiner Familie eine Bekannte in Brüssel. Sie dürfte Jahrgang 1940 sein, also etwa 10 Jahre älter als ich. Sie ist jüdischer Abstammung und hat mit ihren Eltern und Geschwistern den Holocaust dank einer arischen Familie in Brüssel überlebt, die sie versteckt hat. Während wir nun bei ihr zu Besuch waren, machten wir einen gemeinsamen Stadtbummel. An einer Ecke stießen wir auf eine kleine Baustelle im Gehsteig. Die kleine Grube war vielleicht 1 Meter tief und mit einem Brettersteg und Geländer abgesichert. Sobald unsere Bekannte um die Ecke bog und die Baustelle sah, rief sie panikartig: „Vorsicht! Passt auf! Das ist gefährlich!" In Wirklichkeit war die Baustelle ungefährlich, sogar für unsere Kinder. Aber ihre Reaktion, ihre übertriebene Panik, war mir so vertraut. Denn mein Vater, der auch den Holocaust überlebt hatte und als junger Mann 1939 aus Österreich geflohen war, hätte genauso reagiert. Und manchmal, so muss ich gestehen, reagiere auch ich so panisch. Die Welt ist hell und bunt, die Sonne scheint, aber im Augenwinkel ist ein kleiner grauer Punkt zu erkennen, und man gerät in Todespanik, dass dieser graue Punkt mit einem Mal das bunte Bild schwarz überziehen könnte. Der Ursprung für diese, aus der heutigen Perspektive so übertriebene Reaktion lässt sich leicht identifizieren. Sie geht auf die historische Tatsache des Holocaust zurück. Denn so ist es schließlich schon einmal passiert. Die Welt war hell und bunt, die Sonne schien. Aber auf einmal befand man sich inmitten vernichtender Schwärze. Diese heutzutage so unrealistische und unangebrachte Reaktion war der Wirklichkeit der damaligen äußersten Gefahr unbedingt angemessen. Die Verwandten meines Vaters, die nicht so panisch reagierten und in Österreich zurückblieben, sind alle in Lagern umgekommen. Ich leite meinen Beitrag mit dieser Anekdote ein, weil sie den gewaltigen Einfluss der Geschichte auf die Psyche so treffend dramatisiert; ein Einfluss übrigens, der sich über Generationen hinweg auswirkt, wofür ich selbst als Beispiel diene, denn ich habe die historisch bedingte Reaktion meines Vaters verinnerlicht.

Seitdem ich mich mit der so genannten Psychogeschichte befasse, stellt die Anerkennung der psychischen Macht der Geschichte die bedeutendste Veränderung in meinem Verständnis vom Verhältnis zwischen Psyche und Geschichte dar. Als ich vor 20 Jahren damit anfing, die psychologische Dimension der Vergangenheit systematisch zu untersuchen, analysierte ich, wie alle anderen damaligen Psychohistori-

[1] Die Übersetzung des Manuskriptes in das Deutsche wurde freundlicherweise von Ingrid McGillis angefertigt.

ker, den Einfluss der Psyche auf die Geschichte. Man untersuchte den Lebenslauf von historisch bedeutenden Persönlichkeiten, um erklären zu können, inwieweit ihre Einstellungen und Handlungen eventuell Versuche darstellten, kindheitsbedingte psychische Probleme zu lösen. Man nahm an, dass eben diese Einstellungen und Handlungen nur durch eine psychologische Analyse ihrer Kindheit erklärt werden könnten. Das heißt, wir Psychohistoriker untersuchten den Einfluss der individuellen Psyche auf die Geschichte.

Wie aber meine Anekdote zeigt, bin ich seither zu dem Schluss gekommen, dass der Einfluss der Geschichte auf die Psyche mindestens so wichtig ist wie umgekehrt die Auswirkung der Psyche auf die Geschichte. Die Psychoanalyse hat erwiesen, dass wir Menschen durch das Erleben unserer Umgebung psychisch geprägt werden. Insofern diese Umgebung wiederum von der Geschichte geprägt ist, prägt also die Geschichte unsere Psyche. Heute interessiere ich mich genauso für den Einfluss der Geschichte auf die Psyche wie umgekehrt und untersuche, wie das Erleben einer historisch bedingten Umgebung das Selbst prägt. Trotz alledem bin und bleibe ich ein traditioneller Psychohistoriker, denn ich untersuche Menschen nicht nur als psychologische Produkte der Geschichte, sondern auch als deren psychologische Gestalter. Ich sehe meine Aufgabe darin zu analysieren, wie Psyche und Geschichte sich gegenseitig bedingen, oder, anders ausgedrückt, wie Geschichte durch uns Menschen fließt.

## 1 Fallbericht aus der Geschichte

Um darzustellen, wie Geschichte durch die Psyche fließt, greife ich zurück auf unsere Forschungsarbeit,[2] eine Untersuchung von 62 Deutschen, die als Jugendliche in den 20er-Jahren in der Jugendbewegung aktiv waren. Sie sind fast alle gleich alt, etwa Jahrgang 1907, stammen aus dem gleichen gesellschaftlichen Milieu, dem gebildeten urbanen Mittelstand, und die meisten sind evangelisch. Somit haben sie alle ähnliche historisch bedingte Erfahrungen. Und insofern diese Erfahrungen psychisch prägend waren, sind diese 62 Personen sich auch psychisch ähnlich. In den Interviews, die mit diesen Menschen geführt wurden, erzählten sie ähnliche Lebensgeschichten, und zwar in einer ähnlichen Art und Weise. Anhand ihrer Erzählungen will ich nun zweierlei analysieren:

1. Wie die Geschichte diese 62 Menschen geprägt hat durch geschichtlich bedingte Verluste, die sie als Jugendliche in den 20er-Jahren erfahren haben.
2. Wie die Psychen dieser 62 Menschen wiederum Einfluss auf den Verlauf der Geschichte genommen haben, da die Art und Weise ihrer Bewältigung der erlittenen Verluste sie letztendlich zum Nationalsozialismus geführt hat.

---

2 Das im Zeitraum von 1993 - 1996 durchgeführte Projekt „Die Freideutschen: Seniorenkreise aus jugendbewegter Wurzel - ein Model für sinnerfülltes Alter“ wurde vom Bundesministerium für Familie, Senioren, Frauen und Jugend gefördert (Leitung Prof. Dr. Jürgen Reulecke, Universität Siegen).

Insoweit sie sich überhaupt erinnern können, ist den Befragten der Erste Weltkrieg nicht als eine Zeit von Angst und Not in Erinnerung, sondern als eine idyllische Periode in ihrem Leben. Wie viele Kinder aus ihrem sozialen Stand verbrachten viele der Befragten die spätere Kriegshälfte während der alliierten Blockade bei Verwandten auf dem Land. Ihre Erinnerungen an die Kriegszeit rufen das Gefühl von Harmonie wach, von Sicherheit und Nestwärme. Eine Befragte erzählte stolz, wie sie ihren großen, stattlichen Großvater, den Dorfarzt, auf seinen Runden begleitete. Eine andere erinnert sich an Weihnachten auf dem Land, samt Pferdeschlitten, friedlicher Winterlandschaft, Weihnachtsliedern, Geschenken und Festessen, im Kreis der Großfamilie im Haus ihrer Großeltern. Eine weitere weiß noch, wie sie mit ihren Teddybären zu Hause unterm Klavier lag, eingehüllt in das Musizieren ihrer Mutter und der Familienfreunde. Die Erinnerungen an die Zeit vor 1918 sind durchaus positiv und vermitteln ein selbstbewusstes, fürsorgliches Bild der Eltern und anderer Verwandten, die ihre Kinder in eine Welt geleiteten, die aufregend, doch auch sicher schien.

In Kontrast zu den Kriegszeiterinnerungen an Ruhe und Stabilität ist den Befragten die Weimarer Republik als eine Zeit von Unordnung, und mit ihr Verlust, in Erinnerung geblieben:

1. Der erste Verlust erfolgte am Kriegsende, als die Befragten wieder zurück in die Stadt zogen zu ihren Eltern. Dieser Verlust äußerte sich als Entfremdung: Sehnsucht nach allem Ländlichen in einer unvertrauten, unpersönlichen, städtischen Umgebung. Ein Befragter kann sich noch an seine Angst erinnern, als er zunächst das Gebäude, in dem die Eltern wohnten, dann das richtige Stockwerk nicht finden konnte.
2. Der zweite Verlust war der eigentliche Kriegsverlust, indirekt auf sie übertragen durch die Desillusionierung und Depression der Eltern und Lehrer.
3. Dazu kam ein dritter Verlust, und zwar der von der eigenen Familie als Ort von Sicherheit und Stabilität. Denn die revolutionäre Gewalt der frühen Weimarer Republik drang buchstäblich in die Häuser einer beachtlichen Anzahl der Befragten. Die Befragten empfanden offenbar, dass ihre Eltern nicht in der Lage waren, die Familie vor den Unruhen auf der Straße zu schützen. So erinnert sich beispielsweise - im Gegensatz zu dem eben erwähnten Kind, das unter dem Klavier der Musik lauschte - eine Frau daran, dass ihre Mutter vor einem Hagel von Kugeln auf dem Fußboden kauerte und das Klavier jetzt voller Glassplitter war. So besorgt die Befragten sich über die Unordnung gaben, die sie miterlebten, so scheint das Unbehagen, ja die Angst der Eltern sie mehr bekümmert zu haben.
4. Ein vierter und wesentlich einschneidenderer Verlust war wirtschaftlicher Art, verursacht durch die Inflation von 1923 und den damit verbundenen Verlust von Familienbesitz, Zuhause, Geschäft, Bildungsmöglichkeiten und Zukunftsträumen.

Psychisch gesehen war der Verlust der Eltern als bewundernswerte, selbstbewusste Menschen am schwerwiegendsten, Eltern, die Selbstachtung, Gesellschaftsrang und wirtschaftliche Zuversicht verloren hatten. Zum ersten Mal in ihrem Leben kamen sich diese Deutschen der gehobenen Mittelschicht wie „kleine Leute“ vor, hilflose Opfer von Kräften und Umständen, die sich ihrer Kontrolle entzogen.

Der Verlust der Eltern als idealisierbare Figuren wurde dadurch verschärft, dass es mit ihrer Gesundheit über die 20er-Jahre hinweg bergab ging, wohl auf Grund ihrer Sorgen und Mutlosigkeit, der wirtschaftlichen Not und des Langzeiteffekts schlechter Ernährung. Das Leben der Befragten dagegen war viel versprechend. Sie waren nicht nur robuster, sondern auch fähiger, sich den Ungewissheiten der Weimarer Zeit anzupassen, die ihnen eigentlich sogar nie da gewesene Möglichkeiten bot. Der Erfolg der Befragten akzentuierte zusätzlich das Versagen der Eltern und gab damit den Jugendlichen das Gefühl der Überlegenheit. Weil sie ihre Eltern nicht unbedingt verachteten, gestattete ihnen deren psychische und körperliche Gebrechlichkeit keinerlei Triumph, und das Einzige, was ihnen blieb, war die schuldbewusste Pflicht, die Träume der Eltern auszuleben. Gezwungen durch die Schwäche der Eltern mussten die Befragten ihre Kindheit abrupt und frühzeitig abbrechen, was sie frühreif und abgehärtet machte und ihre normalen jugendlichen Empfindungen von Bedürftigkeit und Abhängigkeit unterdrückte.

Nach langer Krankheit erreichte diese Reihe von Verlusten für etwa 40 % der Befragten mit dem Tod eines Elternteils, häufig des Vaters, den Tiefpunkt, im Allgemeinen in der Mitte der 20er-Jahre, als die Befragten also zwischen 12 und 15 Jahre alt waren. Es lässt sich schwer sagen, wie die Betroffenen diesen Verlust eines Elternteils erlebt haben, denn sie erwähnen diese Information nur beiläufig, ohne erkennen zu lassen, wie sie den Verlust empfunden haben. Meiner Meinung nach war wohl der Verlust so überwältigend, dass sie nicht trauern konnten, sondern das Ganze eher leugnen mussten. Von diesem letzten und größten Verlust lernten sie, ihre Gefühle zu unterdrücken, Introspektion durch Aktivitäten zu ersetzen und somit von einer schmerzhaften Wirklichkeit in eine idealisierte Fantasie zu fliehen.

Die Verluste innerhalb der Familie waren an den erlittenen Verlusten der Nation abzulesen. Die öffentliche Entrüstung über den Vertrag von Versailles erinnerte diese Jugendlichen ständig an Deutschlands territoriale, koloniale und wirtschaftliche Verluste. Die Schulen trugen besonders zu diesem Verlustempfinden bei, denn sie waren erstrebt, traditionelle nationalkonservative Werte zu wahren, indem sie sich ständig über Deutschlands Erniedrigung in den Händen der westlichen Demokratien äußerten. Eine der Befragten wurde beispielsweise von ihrem Schuldirektor damit bestraft, dass sie die Klauseln des Vertrags von Versailles auswendig lernen musste, einschließend die Einzelheiten der deutschen Reparationszahlungen. Die Idee der Eltern als hilfloser Gelegenheitsopfer wurde also in der offiziell geförderten allgemeinen Version bekräftigt, die die Nation als Opfer eines von außen bestimmten Friedens wiedergab. Solange das Augenmerk auf den Verlust auf nationaler Ebene gerichtet war, waren die Eltern vor der Enttäuschung und dem Zorn der Befragten geschützt, und man konnte sich mit Verlusten auseinandersetzen, die innerhalb der Familie bedrohlich schienen.

Die Befragten überwanden diese Verluste, indem sie an der Erinnerung an eine idealisierte Vergangenheit festhielten und sich mit idealisierten Gruppenaktivitäten in der Gegenwart beschäftigten. Die im Grunde uneingestandenen Verluste ihrer Jugend wurden konzentriert in einem einzigen, anerkannten Verlust, dem Verlust einer idyllischen Kindheit in Kriegszeiten auf dem Land. Dank dieser Erinnerung konnten sie sich selbst überzeugen, dass das Leben, trotz aller jetzigen Kümmernisse und Enttäuschungen, früher glücklicher und sicherer war. Sie konnten das Bild einer stützenden und ruhigen Zeit wahren und schließlich auch der Hoffnung Ausdruck verleihen, dass das, was verloren ist, wieder hergestellt werden kann. Idealisierte Aktivitäten in den Kollektiven der Jugendbewegung stellten einen solchen Wiederherstellungsversuch dar.

Im Gegensatz zu den Mitgliedern der Jugendbewegung der Vorkriegszeit, die mit der Generation ihrer Eltern im Konflikt standen und ihrer Gesellschaft kritisch entgegentraten, sahen diese Jugendlichen in ihrer Teilnahme an der Jugendbewegung eine Möglichkeit, die Traditionen der Eltern weiterzuführen. Die Befragten wurden demnach oft von der Elterngeneration zur Jugendbewegung hingeführt, die ihre Aktivitäten offensichtlich befürwortete. Insofern die Jugendbewegung Tradition, Enthaltsamkeit und Natürlichkeit betonte und alles Moderne, Materialistische und Städtische ablehnte, lässt sich auch erkennen, dass sie den Befragten erlaubte, ihre Erinnerung an eine ländliche Kindheit zu leben. Solange die Familie von innen und außen von Unordnung bedroht war, bot die Jugendbewegung diesen Jugendlichen eine gewisse Nestwärme und ein Zugehörigkeitsgefühl, einen Daseinszweck und die Möglichkeit, ihr Leben zu gestalten. So scheint die Jugendbewegung für die Befragten eine grundlegend restaurative Rolle gespielt zu haben. Sie versuchte, eine idealisierte Vergangenheit zu wahren und all das wiederherzustellen, was in der Familie und in Deutschland in den 20er-Jahren abhanden gekommen war.

Die zentrale Bedeutung des Singens in der Jugendbewegung lässt sich darauf zurückführen, dass die Jugendbewegung eben durch eine idealisierte Gefühlswelt Verlust leugnen wollte. Das gemeinsame Singen erzeugte geradezu einen magischen Rausch, das Gefühl, dass man eben dazugehörte, dass man Mitglied war in einer Gemeinschaft von stützenden Wesensgleichen. Die Einzelstimme schloss sich an, ordnete sich ein, ging auf in der mächtigen und mitreißenden Gruppenstimme. Aber Singen brachte nichts, war vergänglich und hinterließ nur Schweigen und die Wohligkeit kollektiver Harmonie und Größe. Andere Aktivitäten innerhalb der Jugendbewegung, insbesondere die Gruppendiskussionen über Politik und Philosophie, waren ähnlich fantasiebezogen wie das Singen. Diese Diskussionen hatten keine praktische Folge und keinerlei Bedeutung über sich selbst hinaus. Einziger Zweck war der Rausch, den sie erzeugten. Hätten diese Diskussionen zu Handlungen geführt, dann hätten sie die Harmonie der Gruppe beeinträchtigt und damit die Gruppe den äußeren Gefahren einer bedrohlichen Welt ausgesetzt, der die Jugendbewegung ihrer Bestimmung zufolge ja entweichen wollte. Solange sie sich auf die Fantasie beschränkte, konnte die Jugendbewegung ein Zufluchtsort bleiben. Eben weil sie als idyllische Stätte gewahrt werden sollte, wo die Befragten Sicherheit und Stabilität finden konnten angesichts der Unordnung und Unstabilität in Familie und Gesellschaft, mussten Konflikte, die eventuell den Gruppenzusammenhalt bedrohten, auf alle Fälle gemieden werden.

Ähnlich wie Singen und Gruppendiskussionen Versuche darstellten, Verluste zu überwinden, ohne sie direkt einzugestehen, sprach die Jugendbewegung weitere wichtige Lebensthemen in einer Art und Weise an, die es ermöglichte, sich guten

Gefühlen hinzugeben, ohne sich direkt und offen mit diesen Themen auseinandersetzen zu müssen. So erlaubte die Jugendbewegung diesen Jugendlichen, ihre Sexualität auszudrücken und sie gleichzeitig zu leugnen. Einerseits ermöglichte sie ihnen „natürlichen," jedoch auch gesellschaftlich akzeptablen Umgang mit dem anderen Geschlecht: Man hatte mehr Freiheit, den Körper zu entblößen, und selbst Homosexualität wurde anerkannt und zu einem gewissen Grad geduldet. Andererseits verpönte die Jugendbewegung konkretes sexuelles Verhalten, sowohl hetero- als auch homosexueller Art. Man erhob den Körper zu einem ästhetischen Ideal, aber sexuelles Empfinden wurde nie anerkannt oder ausgedrückt. Nacktes Baden wurde befürwortet, ja sogar gepriesen, aber weh dem, der sexuelles Interesse an den Körpern der nackt Badenden bekundete! Ähnlich wie ihre unpolitische Politik war eben auch ihre Sexualität unsexuell. Wer sexuell aktiv war, wurde aus der Gruppe gewiesen, als eine Bedrohung der Gruppenharmonie, als ein Vernichter der magischen Reinheit, ein Störfaktor, der das geschützte Fantasieleben in die prosaische oder gar gefürchtete Wirklichkeit zurückwandelte. Obwohl schon immer Jugendliche im Umgang mit ihren Entwicklungsproblemen Gleichaltrige benötigen, fand hier die Bewältigung sexueller Empfindungen mit weitaus geringerem Kontakt zu verehrten und emotional präsenten Erwachsenen statt als sonst. Das hatte zum Teil zur Folge, dass man aktive erwachsene Sexualität ablehnte zu Gunsten einer jugendlichen Sexualität, ästhetisch und asketisch verformt, sicher verankert im Ideal.

Generell gesehen wollten diese Jugendlichen im Zusammensein mit Gleichaltrigen etwas finden, was zu Hause fehlte, und so erwachsen werden. Spezifisch für Jungen ersetzte eine extreme Form von Gruppenmachismo die Männlichkeit, die in der Niederlage der Nation und der folgenden, damit verbundenen Niederlage der Vaterfigur abhanden gekommen war. Schlägereien zwischen verschiedenen Jugendbewegungsgruppen ermöglichten das Ausleben verlorener männlicher und militaristischer Züge und boten Gelegenheit, Mannheit zu beweisen. Aber das erstrebenswerte Vorbild vom Mann war nicht das Produkt einer langwährenden Beziehung zu einem wirklichen, verehrten Erwachsenen, sondern basierte auf überspannten, jugendlichen Fantasien davon, was ein Mann sein sollte. Für Jungen und Mädchen erwies sich die Jugendbewegungsgroßfahrt als wichtige Gelegenheit, so tapfer, klaglos und anpassungsfähig zu sein, wie es ihren Eltern misslungen war. Im Gegensatz zu den chaotischen Zuständen der Weimarer Zeit, die ihre Eltern überwältigt hatten, waren die Fahrten ein Beweis ihres Könnens; man plante sie, man meisterte sie. Indem sie sich aktiv den Entzügen aussetzten, denen ihre Eltern passiv zum Opfer gefallen waren, wandelten sie die Not in eine Tugend und waren somit ihren Eltern überlegen, denn sie wurden nun selbst so, wie sie sich ihre Eltern gewünscht hatten.

Die Jugendbewegung ersetzte nicht nur, was innerhalb der Familie abhanden gekommen war, sie wollte auch nationale Verluste wieder gutmachen, die den persönlichen Verlusten zu Grunde lagen. Versuche, die verlorene Kindheit mit ihrem Landidyll und den Erinnerungen an die Großeltern zurückzuzaubern, gingen Hand in Hand mit Bemühungen, Volkstraditionen, -lieder und -tänze wieder zu beleben. Geländespiele in männlichen Jugendgruppen inszenierten die Vorbereitung auf den Revanchekrieg, der die verlorene Nationalehre wieder herstellen sollte. Dem gleichen Zweck dienten Fahrten zu Grenz- und Auslandsdeutschtum, also zu Deutschen in den Gebieten, die das Reich im Krieg verloren hatte.

Trotz alledem war die Jugendbewegung nicht rein konservativ. Nationalismus zusammen mit der Betonung auf Gruppenharmonie machten in den Augen der Befragten althergebrachte Standestrennungen in den 20er- und frühen 30er-Jahren problematisch. Wo diese Klassentrennungen früher noch Ordnung und Zugehörigkeit gewährten, fanden diese Jugendlichen aus dem Mittelstand sie nun einengend. Die Weimarer Zustände reduzierten die eigentliche und psychische Distanz zwischen den Klassen, so dass die Befragten die alten Klassentrennungen nicht mehr als unumgänglich ansahen, sondern als durchlässig, was es ihnen ermöglichte, ihre traditionellen Rollen abzulegen zu Gunsten einer nach unten gerichteten Mobilität, die sie als befreiend empfanden. Schon bevor sie sich der Jugendbewegung angeschlossen hatten, waren viele der Befragten mit Kindern niederer Schichten in Berührung gekommen, und dieser Kontakt wurde nun in der Jugendbewegung gefördert. Obwohl ihr bürgerlicher Charakter nie ernsthaft bedroht war, wurde eine Anzahl von Jungen und Mädchen aus dem Arbeiterstand für die Jugendbewegung angeworben, und man bemühte sich, sie voll in die Gruppe zu integrieren. Somit stellte die Jugendbewegung einen dominant bürgerlichen Vorläufer der Nazi-Volksgemeinschaft dar.

Angesichts der Tatsache, dass diese Jugendlichen Politik mit Unordnung in Verbindung brachten und nichts mehr fürchteten als Zerwürfnis in der Familie oder Gruppe, mussten sie daran festhalten, dass die Jugendbewegung unpolitisch war. Nationalismus und soziale Offenheit trugen dazu bei, Harmonie zu fördern und Uneinigkeiten zu schlichten und kamen deswegen den Befragten nicht „politisch" vor. Im Gegenteil: Sie setzten „Politik" gleich mit der Weimarer Republik und lehnten das eine sowie das andere ab. Bezeichnet man ihre Bewegung als Rebellion, so war es eine Rebellion gegen die entschieden politische Weimarer Republik und ihren urbanen, liberalen Charakter, ihre soziale Unordnung und politische Zerstrittenheit, ihre Männer in dunklen Anzügen und Zylindern. Dazu kommt, dass es eine sichere Rebellion war, deren gefährlichste Äußerung ein Lied war, eine Diskussion oder eine Bergwanderung. Ungefährlich war diese Rebellion aber auch, weil sie sich nie gegen Eltern oder Lehrer richtete, sondern übereinstimmte mit deren traditionellem Konservatismus und Nationalismus. Diese Jugendlichen hatten es ja nicht nötig zu rebellieren, denn sie wussten, dass sie ihre Eltern besiegt hatten - und sie wollten die Niederlage ihrer Eltern nicht wahrhaben. Man könnte so weit gehen, in ihrer Verachtung für die Weimarer Republik ein Bestreben zu vermuten, ihre Eltern davor zu schützen, dass sie mit ihnen enttäuscht waren. Die Befragten kritisieren die Weimarer Führung dafür, sich nicht um das Leben des Durchschnittsdeutschen gekümmert zu haben, was vielleicht als deplatzierter Ärger auf die Eltern zu verstehen ist, die sie emotionell vernachlässigt hatten. Der größte Vorwurf gegen die Führung der Republik war aber deren Schwäche und Mangel an Durchsetzungsvermögen, die Unfähigkeit, die Mächte der Geschichte unter Kontrolle zu bringen und Unordnung zu verhindern, sowie letztlich auch ihr Versagen, die deutsche Ehre zu wahren. Genau die gleichen Vorwürfe hätten sie ihren Eltern machen können. Stattdessen projizierten sie ihre Desillusionierung im Hinblick auf ihre Eltern auf die Führung in Weimar. So konnten sie ihre Verachtung äußern und gleichzeitig ihre Eltern und sich selbst davor in Schutz nehmen.

Die Jugendbewegung war also eine Antwort auf die Unordnung und den Zerfall, die die deutsche Niederlage im Ersten Weltkrieg zur Folge hatte. Zu einer Zeit, wo die Familie und andere Institutionen, die diesen Jugendlichen normalerweise geholfen hätten, von Niederlage und Entbehrungen geschwächt waren, bot sie emotionale Sicherheit. Diese Sicherheitsquelle floss mit der Fantasie von ländlicher Stabilität zu Kriegszeiten zusammen, bot eine Alternative zur geschwächten Familie und schuf eine Reihe neuer Gruppenideale als Ersatz für die, die man in der Niederlage und im Gefolge der Nachkriegskrise verloren hatte. Anfang der 30er-Jahre waren die Befragten aber dann mit Lagerfeuern nicht mehr zufrieden. Für viele der angehenden Erwachsenen wurde das Dritte Reich die altersgerechte Fortsetzung der Jugendbewegung.

Die allermeisten Befragten begrüßten die Machtergreifung der Nazis im Januar 1933 mit Begeisterung, eben weil sie davon überzeugt waren, dass das Dritte Reich die positiven Erfahrungen der Jugendbewegung fortführen, jedoch auch einige ihrer Mängel überwinden könne. In den Interviews ist oft das Wort „Aufbruchsstimmung" gefallen, wenn die Befragten sich an den Anfang des Dritten Reiches erinnern, ein Wort, das die Stimmung beim Aufbruch zu einer Fahrt in der Jugendbewegung hervorruft. Dementsprechend erzeugten die Massenkundgebungen der Nazis einen Kollektivrausch, der ganz dem der Gruppentreffen in der Jugendbewegung entsprach. „Da war was los!", erinnerte sich eine Befragte, und sie wollte nichts von der Aufbruchsstimmung versäumen. Wie die Befragten waren die Nazis jung und dynamisch, und das Dritte Reich propagierte eine Generation, die bereit war zu handeln und die Verantwortung zu übernehmen, und gab ihr die Gelegenheit dazu. Nazismus war aber vor allem auch deshalb attraktiv für diese jungen Erwachsenen, weil seinem fantastischen Idealismus etwas sehr Jugendliches anhaftete. Die Nazis lagen auf der gleichen Wellenlänge wie die Jugendlichen, waren aber zusätzlich in der Lage, das wiederherzustellen, was die Befragten, ihre Eltern und die Nation, mit dem Ende des Ersten Weltkrieges verloren hatten.

Es schien so, als würden die Nazis aus der jugendlichen Fantasie eine nationalsoziale Wirklichkeit machen, indem sie die erlebte Stimmung der Jugendbewegung im großen Maßstab in die Praxis umsetzen würden. Der intensive Kollektivismus der Jugendbewegungsgruppe würde - so hoffte man - fortgeführt und in der Nazi-Volksgemeinschaft erweitert. Da die Befragten ja glaubten, dass Politik eigennützig sei und nur Uneinigkeiten schafft, kam ihnen die Gründung einer homogenen und harmonischen Volksgemeinschaft genauso unpolitisch vor wie früher ihre Jugendbewegung. An die Stelle von bloßem Reden setzten die Nazis Handeln; und nun ging es nicht nur um Fahrten, Spiele, Lieder und Diskussionen, sondern um Wiederaufrüstung und offenen Vertragsbruch mit Versailles. Sie sprachen nicht von Ausflügen zu den Deutschen in den abgetretenen Gebieten, sondern davon, sie wieder dem Reich einzugliedern. Im Gegensatz zu den Reden der Weimarer Politiker brachten die Nazis erkennbare Leistungen. Unter ihnen hatte man nicht mehr das Gefühl, dass man in einer willkürlichen Anarchie lebte. In ihrem Regime unterlag Gefahr menschlichem Handeln und wurde vom Staat, von der Partei und vom Sicherheitsapparat kontrolliert und gelenkt. Die unberechenbare Unordnung von Weimar wurde zwar durch den Nazi-Terror ersetzt, der aber zu umgehen war, solange man sich an die Spielregeln hielt und mitmachte. Eine der Befragten beschrieb es so, dass die Nazis ein System geschaffen hätten, in dem „unbedeutende Menschen" Erfolg haben konnten. Sie wollte damit sagen, dass man ein bequemes Leben führen konnte, wenn man das Nazi-Regime nicht anfocht, sondern sich damit abfand. Aber die Nazis gaben den „Unbedeutenden" den Heldenstempel nicht nur, um sich ihres Gehorsams zu versichern, sondern auch um Begeisterung zu inspirieren. Indem sie den einfachen Mann zum Volkshelden machten, verwandelten sie das Gefühl, ein kleiner Mann zu sein - eine starke Erniedrigung für den Mittelstand - in einen Grund, stolz zu sein. Eine andere Frau weiß noch, wie sie Adolf Hitler begegnete, nachdem sie einen Berufswettbewerb gewonnen hatte, und wie das Foto, wo Hitler ihr gratuliert, am nächsten Tag in den deutschen Zeitungen erschien. Dieser Kontakt mit Hitler, selbst ein „kleiner Mann", der zum Halbgott geworden war, machte diese „kleine Frau" für einen kurzen Augenblick zur Nationalheldin. Wie die Fahrten der Jugendbewegung halfen solche Wettbewerbe neben weiteren Nazi-Projekten, -Programmen und -Campagnen, dass auch ein anderer Mangel der Weimarer Zeit beseitigt wurde, denn man hatte nun Gelegenheit, sich zu bewähren. Eine Frau meinte, Hitler „hat gefordert und Aufgaben gestellt".

Obwohl das Dritte Reich diesen jungen Leuten nie da gewesene Möglichkeiten erschloss, Verantwortung und Initiative zu ergreifen, übte es auch großen Druck zur Unterordnung aus, dem sich die meisten mit großer Bereitwilligkeit ergaben. Sicherlich spielten Angst, Opportunismus und Massenhysterie eine Rolle in ihrer Anpassung, aber diesen Deutschen lag auch sehr daran, sich in die Gemeinschaft einzuordnen. Zugehörigkeit war ein großes Bedürfnis in der Jugendbewegung gewesen und bestimmte nun auch ihre Erfahrung mit dem Dritten Reich. Die Jugendbewegung hatte sich einfach stark vergrößert, war sozial inklusiver geworden, und ihr Elitegefühl hatte rassistische Züge angenommen.

## Schlussbemerkung

Im Vorhergehenden wollte ich darstellen, wie die Geschichte psychisch durch diese 62 Deutschen geflossen ist und wie ihre Bemühungen, historisch bedingte Verluste in der Familie und in der Gesellschaft zu überwinden, sie zunächst zur Jugendbewegung und von dort zum Nationalsozialismus gebracht haben, und schließlich sogar zum Holocaust (wobei die meisten der Befragten nur indirekte Verantwortung dafür tragen), einem historischen Ereignis, das heute noch psychische Auswirkungen hat. Wir müssen uns der Tatsache stellen, dass die innere Welt durch die Erfahrungen der äußeren Welt geprägt wird, dass Menschen historisch sind, und dass wir die Psyche erst in aller Tiefe verstehen können, wenn wir die gestaltende Macht der Geschichte nicht übersehen. Wir müssen aber weiter anerkennen, dass die innere Welt die äußere gestaltet, dass psychische Menschen Geschichte machen, und dass wir weder die Vergangenheit noch die Gegenwart verstehen können, wenn wir die gestaltende Macht der Psyche übersehen.

Der gegenseitige Einfluss von Geschichte und Psyche, der Sigmund Freud noch so selbstverständlich war, läuft Gefahr, in Vergessenheit zu geraten, da die Psychoanalyse sich zunehmend von Gesellschaft, Kultur und Geschichte abkehrt und ihr ganzes Augenmerk auf die klinische Situation richtet. In der Behandlung wird das Übersehen historisch bedingter Faktoren dazu führen, dass man in der Therapie wichtige kulturelle Einflüsse auf Patienten verpasst und sie folglich falsch versteht. Kreativ gedacht verfehlt die Psychoanalyse mit ihrem strengen Blick auf das klinische Bild wesentliche Quellen zum menschlichen Verständnis. Der Wert von Theorie liegt darin, dass sie Klinikern und Klinikerinnen den Zugang zu vielen Patienten und zum Wissen vieler Kollegen von damals und heute, die mit ihnen gearbeitet haben, eröffnet. Und genauso erschließt Geschichtskenntnis der Psychoanalyse ein psychologisches Gebiet weit über den Behandlungsraum hinaus, nämlich die Welt, in der die Menschen wirklich leben.

Die Psychoanalyse muss wieder zu Freud zurückfinden und versuchen, Menschen sowohl innerhalb als auch außerhalb der klinischen Situation zu verstehen, in der Gegenwart sowie in der Vergangenheit, sowohl als kulturelle Produkte als auch als kulturelle Gestalter. Psychoanalyse soll man nicht nur als eine Form von Therapie betrachten, sondern als einen Versuch, Menschen zu verstehen, einen Versuch, der gleichzeitig individuell und kulturell ist, und der Psyche und Geschichte nicht voneinander trennt. Anerkennung der Macht der Geschichte über die Psyche und Einsicht in den tief gehenden Einfluss kultureller Faktoren bei der Formung des Selbst werden der Psychoanalyse helfen, Patienten besser zu verstehen und ihnen wirksamer zu helfen. Wenn außerdem Psychotherapeuten und -therapeutinnen die Macht der Psyche auf die Geschichte anerkennen und einsichtsvoll den Einfluss psychischer Faktoren auf die Entwicklung historischer Ereignisse wie des Holocaust untersuchen, werden sie eher im Stande sein, die Welt, in der wir leben, zu verstehen und zu verbessern. Das Behandlungszimmer existiert nicht getrennt für sich, sondern ist ein inhärenter Teil der Welt. Wenn wir uns der Beziehung zwischen Behandlungszimmer und Welt bewusster werden, ist der Gewinn nicht nur klinisch und kulturell; er wird der Psychoanalyse ihren rechtlichen Platz unter den Geisteswissenschaften zuweisen, wo sie untersuchen kann, wie Geschichte durch uns Menschen fließt.

# III Diktaturerfahrung und Psychotherapie

## Erinnern, Bearbeiten, Erkennen. Diktaturerfahrungen als Belastung und Aufgabe

*Joachim Gauck*

Um Befindlichkeit und politische Realitäten soll es in diesem Beitrag gehen - „*Erinnern, Bearbeiten, Erkennen*“. Gleich zu Beginn möchte ich mich als Gegner derer zu erkennen geben, die die „Befindlichkeit“ der Ostdeutschen unkritisch zur Grundlage eines eigenen politischen Urteils machen - und zwar nicht nur weil das Wort „Befindlichkeit“ im Zusammenhang mit Ostdeutschen in aller Regel die Befindlichkeit der nostalgischen bzw. demokratiefernen Teile der ostdeutschen Bevölkerung meint. Ich werde hier zunächst deshalb folgende Hilfsthese wagen: Neben jener Wirklichkeit, die Psychotherapeuten so wichtig ist, nämlich die der Rezeption der Welt in der Seele, in den Personenschichten der Rezipienten, gibt es eine Welt da draußen. Der politische Diskurs jedenfalls geht von *dieser* Realität aus. Er sagt, es gäbe etwas außerhalb der Rezeptionswelten von Patienten und wir sollten sehen, ob die Psychotherapie und die politische Wissenschaft nicht möglicherweise auf unterschiedlichen Debattenebenen komplementär arbeiten können.

Aber zuerst will ich das tun, was ich bei jeder Einladung an eine Universität oder auf einen Kongress tue, nämlich dazu ermutigen, häufiger über die Tellerränder der eigenen Zunft zu blicken. Ich selbst habe nichts davon gehabt, die Schlüssel des Erkennens allzu lange nur aus Büchern von Politikwissenschaftlern oder Historikern geliefert zu bekommen. Mir hat für mein politisches Erkennen dagegen sehr viel eingebracht, was Menschen aus der psychotherapeutischen Zunft nach dem Kriege niedergeschrieben haben. Natürlich zählen dazu auch strittige Themen, wie jene des Ehepaares Mitscherlich. Dennoch habe ich dadurch, dass ich mit Menschen, die in der psychotherapeutischen Profession zu Hause sind, gesprochen habe, und Bücher aus diesem Bereich gelesen habe, mir sehr viele Erkenntnisse zu Eigen machen können. Somit wünsche ich mir manchmal, dass wir der Wirklichkeit viel öfter mit einem fächerübergreifenden Dialog und einer fächerübergreifenden Analyse begegnen.

Mein Beitrag ist Teil des politischen Diskurses. Zum politischen Diskurs gehört die Fähigkeit, sich um Fakten zu bemühen und eine Faktenanalyse zu wollen. Zu dieser Faktenanalyse wiederum gehört auch die Analyse der Vorverständnisse Einzelner und von Gruppen. Ich will dabei nicht verhehlen, dass der Politikdiskurs, der mir am Herzen liegt, auch einer ist, der sich an Werten orientiert. Er beinhaltet somit etwas, was Sie in meiner Vorstellung Ihren Patienten und Klienten gegenüber nicht an den Tag legen dürfen, nämlich eine Bewertung, eine Zensur. Der Politikdiskurs im Umfeld von Diktaturen und Demokratie ist - so wie ich ihn verstehe - schlecht beraten, wenn er seine Wertorientierung hintan stellt, wenn er sich vor Unwerturteilen und vor Werturteilen scheut. Damit hat er aber einen Nexus zur politischen Pädagogik. Das, was wir als Wert erkannt haben, was uns ausfüllt, macht uns erst dann so richtig froh, wenn wir damit unter die Leute gehen. Ich denke, das schadet nichts, dazu sind wir da und das wollen wir. Das bedeutet, wir haben eine Neigung zu den Lebens- und Denkwelten der Menschen, mit denen wir leben. Wir leiden aber auch unter unseren eigenen oder ihren Verirrungen und aus diesem Leiden erwächst eine ganz ursprüngliche, kindliche Sehnsucht, diesen Verirrungen zu entkommen und am Licht der Aufklärung teilzuhaben.

Das Element der politischen Aufklärung in Verbindung mit pädagogischen Neigungen gehört in den Diskurs über Politik. Der politische Diskurs soll etwas wollen und hier beginnt im Grunde die Crux der Befindlichkeit. Wenn wir pädagogisch auf unsere Umwelt eingehen, für uns erkannte Wahrheiten der Allgemeinheit nutzbar machen wollen, dann stehen wir vor einem hermeneutischen Problem. Wir müssen uns fragen, wie wir dies am Geeignetsten tun. Wer lehren will, dem können die Verstehensmöglichkeiten und -grenzen derer, unter denen er lehren oder lernen will, nicht gleichgültig sein. Somit sind wir zwangsläufig mit den tatsächlichen Lebens- und Erfahrungswelten, die wir ja selbst brauchen, konfrontiert. Wir rufen sie zum Zeugen dessen auf, was wir vermitteln wollen und landen dann eben doch bei der von mir eingangs so geschmähten Befindlichkeit. Diese Wirklichkeit tritt auch mitten unter uns auf und zwar in unterschiedlichen Prägungen. Die Wirklichkeiten der politischen Welt sind natürlich gebunden an die Rezipienten dieser Politik. So kann es passieren - dies habe ich bei einer wissenschaftlichen Tagung meines Hauses erlebt - dass ein anerkannter Historiker mit bestimmten Thesen allein deshalb auf Widerspruch stieß, weil ein Teil der Zuhörerschaft meinte, der Professor habe nicht das Recht, bestimmte Thesen zu vertreten, weil er aus dem Westen stamme. Hier zeigt sich, dass das Element der Kränkung bei bestimmten Rezipienten deren eigene und kognitive intellektuelle Potenz überlagert. Diesen Rezipienten wäre es jeder Zeit möglich, das empirische Gut, das ihnen vorgetragen wurde, nachzuvollziehen. Sie haben keineswegs eine Intelligenzmauer, die sie von dem vortragenden Professor trennen würde. Aber es gibt andere Mauern, über die wir heute nachdenken müssen.

Diese Mauern werden auch inmitten der psychotherapeutischen Kongresswelt deutlich: Man geht in ein Symposium und findet einen Professor, der mutig und leise vom Scheitern einer Therapie spricht. Zufällig ist der Patient ein „Ossi", und die Beschreibung dieses Patienten durch den Referenten fällt so aus, dass er Kritik auf sich zieht. Und nun zeigt sich, dass sich mitten in eine Fachdebatte plötzlich das Befindlichkeitsphänomen mischt. Glücklicherweise sitzt neben mir eine Ärztin, die bereit ist, hinterher mit mir darüber zu diskutieren. Meine Gesprächspartnerin ist erbost über die Art und Weise, wie sich der Referent über den „Ossi" geäußert hat. Sie versteht es nicht, denn der Referent hatte selbst einmal in der DDR gelebt. „Nun" sage ich, „warum geht das nicht?" „Ja, weil er unsere Wirklichkeit nicht kennt." „Aber", sage ich, „wir haben doch in einem Plenarvortrag von Annette Simon (2000: in diesem Band) gehört, wie sehr die Realität, die hier ins Wort kommt, wie sehr diese Realität real war." „Nein", sagt meine Gesprächspartnerin, „Annette Simon hat nicht recht. Was sie vorgetragen hat, war ganz untypisch." „Meine Wirklichkeit", so die Botschaft der Diskussionsteilnehmerin, „war eine ganz andere. Ich war eine glückliche Ärztin, ich hatte immer sehr viel zu tun. Uns Ärzten ging es gut. Ich habe von all diesen Dingen überhaupt nichts gemerkt. Wie kann sie einfach dahergehen und eine Wirklichkeit, die doch ganz anders war, mit ihren Unterdrückungserfahrungen und ihren Stasi-Geschichten, als etwas Prägendes oder gar Dominantes darstellen?" Daraufhin versuchte ich zu erklären, dass es vielleicht zwei Wirklichkeiten gibt oder drei und dass wir über all diese Wirklichkeiten miteinander reden sollten. Ich denke, das wird dann akzeptiert werden, wenn es uns gelingt, mehr Zeit für die lebenswirklichen Begegnungen zu haben und dann erst mit den Analyseschritten zu kommen. Das geht aber nicht immer. Und ich finde es hoch interessant, dass sich sogar bei wissenschaftlichen Tagungen das Bedürfnis meldet, getröstet oder in Ruhe gelassen zu werden und dass all unsere Bemühungen, die politische Aufklärung oder auch das fachliche Wissen voranzutreiben, an ganz zentralen Erfordernissen wie Tröstung, Bewahrung oder In-Ruhe-gelassen-werden oft scheitern.

Es ist mir wichtig, diese Begegnung auf einem psychotherapeutischen Kongress zu dokumentieren, es ist bereits eine zweite dieser Art. Ich hatte 1998 in Erfurt nach einer längeren politischen Rede bereits einmal das Problem der Vermittelbarkeit von lebensweltlich geprägten Einsichten erlebt. Wie kann man damit umgehen? Letztlich scheitern wir hier nicht an der Befindlichkeit. Die Politikdebatte geht einfach davon aus, dass es bestimmte Dinge, Wirklichkeiten des Politischen gibt, die man gegenüber den Rezeptionsebenen behaupten muss. Man könnte mit Hans H. Strupp den Satz zitieren, den ein Forscher, der von der Kritik die Nase voll hatte, hier formuliert hat: „Don't confuse me with facts!" Diese Haltung könnte man über die Art des Erinnerns sehr vieler Zeitgenossen und Mitbürger, insbesondere in den neuen Bundesländern, schreiben. Es mutet manchmal ungezogen an, Mitmenschen mit den Fakten des Politischen zu stören. Auch wenn wir - wie der Kriminologe Christian Pfeiffer - für bestimmte Thesen zur Analyse von Verhaltensweisen im Osten - die von erheblicher Validität sind und im Kern von niemandem angezweifelt werden - valides, empirisches Material einbringen, wird es immer Abwehrmechanismen geben, die dazu dienen, für eine bestimmte Zeit oder für immer diesen Fakten entgehen zu dürfen. Diese Mechanismen haben oft einen hohen moralischen Anspruch, sollen uns doch die Fakten, die der Feind zur Sprache bringt, nimmermehr verwirren. Aber das mit dem Feind, das ist ein Problem, insbesondere, wenn er in uns selbst wohnt. Dann erhält er einen sehr breiten Raum, darüber wissen Psychotherapeuten mehr als ich. Wenn wir also heute einige ostdeutsche Debattenteilnehmer treffen und uns mit Geschichte befassen, kann es zu Deja-vu-Erlebnisssen kommen.

Ich erinnere mich an den Herbst 1949. Die Schule hatte wieder angefangen und man hatte es für nötig gehalten, den Schülern der vierten Klasse - ich lebte damals in Rostock - die Schändlichkeit der Bonner Republik darzutun. In Bonn wurde im Sommer gerade das Grundgesetz verabschiedet. Nach Schulbeginn sollte den Schülern der dritten und vierten Klasse beigebracht werden, was für ein schädliches Dokument der Spaltung dieses Grundgesetz sei. Ich musste auf dem Heimweg immer durch einen Wald gehen. Mit einem Stock bewaffnet schlug ich die Rispen der Gräser ab und sagte mir an diesem Tag immer wieder voller Zorn: „Das Bonner Grundgesetz, das Bonner Grundgesetz." Es erschien mir echt widerlich, was mir da von diesen Bonnern zugefügt wurde. So gab es für mich eine frühe Bekanntschaft mit den Bonnern, irgendwie waren sie jenseits der Berge und jenseits der Ströme zu Hause und irgendwie wollten sie immer etwas Niederes.

Zu Hause erzählte ich meiner Großmutter vieles über die neue Zeit, die nun eben etwas ganz besonderes sei. Drüben waren die Bösen und die Faschisten, wir hatten keine Faschisten. Wir hatten jetzt Kommunisten. Damals bekamen wir die Welt erklärt und in dieser Welt waren die Bösen im Westen, während es bei uns galt, „die lichten Höhen des Sozialismus zu erobern". Dieser Topos ist allen, die aus dem Osten kommen, bestens bekannt. Wir lernten dazu schöne Lieder. Sie waren sehr ermutigend: „Bau auf, bau auf". Ich hörte diese Lieder zum ersten Mal und der domiante Marschrhythmus prägte sich mir schnell ein. Ich konnte gar nicht verstehen, dass die Generation vor mir stets das Gefühl hatte, ihr seien diese Lieder bekannt. Nicht die Texte, aber der Gestus, die Metrik der Texte, die Musik, die Art, sich in die Gemüter einzupressen, diese Art von musikalischer Propaganda. Für mich war das neu und verführerisch. Meine Oma meinte deshalb, sie müsste etwas gegen diesen frischen und fröhlichen Antifaschismus des 9-jährigen Enkels tun: „Weißt du, Jochen, es war auch nicht alles schlecht beim Führer!" Ich hörte meiner Oma gerne zu. Sie war einer jener Menschen, die mit etwas gesegnet waren, wonach wir alle streben: Authentizität. Und diese kam daher, dass sie ihr ganzes Leben lang hart gearbeitet hatte. Man hatte sie nur 6 Jahre in die Schule gelassen, sie war ein Kind aus einer proletarischen Landfamilie. Mit 16 Jahren hatte sie den Maurergesellen Franz geheiratet und mit ihm drei Kinder erzogen. Maurergeselle Franz hatte den ersten Weltkrieg, die Inflation und alles andere mitgemacht. Er hatte ein kleines Geschäft gegründet und nun war wieder ein Krieg gekommen und alles war wieder den Bach runtergegangen. Meine Oma war im Gegensatz zu meinen Eltern nie eine Nazimitläuferin gewesen, dazu hatte sie einfach zu sichere Intuitionen. Und trotzdem meinte sie, mir sagen zu müssen: „Weißt du, Jochen, es war auch nicht alles schlecht beim Führer!" Und dann kam das, was Sie wahrscheinlich kennen, die Trias des gezinkten Erinnerns: Die Autobahnen, die Vollbeschäftigung und keine Kriminalität. Ich war damals im Alter der schönen Gläubigkeit und so glaubte ich diesmal auch ein bisschen meiner Großmutter. Das schlimme war, dass ich in der Schule dann wieder anders glauben musste und ständige Glaubensduschen erlebte, die einfach schrecklich waren. Dennoch hat sich mir die Lebenswelt meiner Großmutter tief eingeprägt. Sie hatte eine andere Wahrnehmung und heute würde ich sagen, dass meine Oma sogar Recht hatte. Tatsächlich wurden Autobahnen gebaut, in einem Verhältnis, das wir heute für grotesk halten würden: Für so wenige Autos so viele Autobahnen, das ist doch wirklicher Fortschritt. Tatsächlich gab es Vollbeschäftigung, in einer Weise, die wir heute natürlich analysieren können. Wie sollte der Führer seine großen Ziele überhaupt realisieren, wenn nicht alle mit angepackt hätten? Und wie gut war das auch mit den Niedriglöhnen zu organisieren. Natürlich, das mit der Kriminalität stimmt nie, Kriminalität gibt es immer. Aber wir wissen ja, dass Wirklichkeit oft nur die kommunizierte Wirklichkeit ist. Und wenn die Wirklichkeit nicht in den Zeitungen steht, dann gibt es die Kriminalität eben nicht. Wenn wir nun die Befindlichkeit der Menschen als einen so hohen Wert auffassten, würde es uns schwer fallen zu sagen, dass die Oma Unrecht gehabt hätte. In ihrer Lebenswirklichkeit hat sie tatsächlich Recht gehabt. Dennoch sind wir ja hinreichend belehrt, haben Antifaschismus gelernt und geglaubt und können Gegenbeispiele nennen. Das Problem dabei ist, dass uns das ganz private Erinnern mit dieser Selektion von Erinnerung auf der einen Seite vertraut und normal erscheint, im politischen Kontext dagegen aber so immanent schädlich. Normal erscheint es uns, weil Erinnern und Erinnerungsfähigkeit in uns zu Zeiten gewachsen sind, in denen die Gegenwart eher bedrückend, erniedrigend oder gar lebensbedrohlich war und das Aufrufen von schöneren Lebensphasen vor dem geistigen Auge somit eine Überlebensration in akuter Stressbedrohung ermöglichte. So jedenfalls deute ich die Entstehung des Erinnerungsvermögens im Menschen und die Tatsache, dass dem Erinnern natürlicherweise eine Tendenz zur Selektion des Positiven eignet. In meiner früheren Tätigkeit als Pfarrer, aber auch in der Rückschau auf mein eigenes Leben habe ich jedenfalls gelernt, dass Erinnerung dann besonders nötig gebraucht wird, wenn es einem schlecht geht: in Phasen, in denen gestorben wird, davor oder danach, bei Trennungen von lieben Menschen, bei Krankheit, Einsamkeit und Gefangenschaft. Mein Vater schrieb, als er unschuldig eingekerkert war, Gedichte. Und in diesen Gedichten spielten die Kornfelder seiner Jugend und bestimmte Lebensphasen, in denen die Sonne schien, eine dominierende Rolle. Erinnerung selektiert und das ist auch gut so. Ich habe demnächst einen runden Geburtstag und möchte, dass die Geburtstagsgäste dann auch selektieren, wenn sie ihre Reden halten. Sie sollen das tun, was man bei Jubelfesten in der Familie immer tut, das Rühmen soll kein Ende nehmen, die Aufzählung meiner Fehler soll unterbleiben, die gehört woanders hin, es soll alles seinen geordneten Gang gehen.

Im Kontext des politischen Diskurses muss uns dieses Phänomen allerdings Sorgen machen, da Einstellungen, die sich im Grunde aus der privaten Rezeption von Lebensläufen ableiten, im politischen Urteil immer wieder bedeutungsvoll werden. Ich zitiere fast in jedem Vortrag die berühmte Umfrage des Allensbach Institutes in Westdeutschland nach dem Krieg 1948: „Glauben sie, dass der Nationalsozialismus eine gute Sache war, die nur schlecht gemacht worden ist?" 57 % glaubten das, gut 20 % konnten sich nicht entscheiden. Eine interessante Minderheit von nur etwa 16 % war der Ansicht, der Nationalsozialismus sei keine gute Sache gewesen. Das Ergebnis dieser Umfrage zeigt, dass die Technik des Erinnerns nicht nur im privaten Bereich selektiv funktioniert, sondern ganz offensichtlich auch öffentlich, in der Erinnerung von Gruppen, in Gesellschaften. Es gibt so etwas wie ein kollektives Gedächtnis und es scheint auch so etwas wie ein kollektives Erinnern zu geben. Sicher ist, dass es kollektive Verdrängungsphänomene gibt, die z. B. sichtbar werden, wenn wir uns die Nachkriegszeit betrachten.

Betrachten wir die Bedingungen des selektiven Erinnerns in der frühen westdeutschen Republik, bei denen es gar nicht so sehr um die moralische Erleuchtung ging. Es ging um etwas ganz anderes, was zunächst mit geistiger Befreiung oder politischer Aufklärung nichts zu tun hatte, nämlich das Wirtschaftswunder, das die Menschen in seinen Bann zog. Jeder musste sehen, dass er mit dem Rücken an die Wand kam. Einige kamen so gut an die Wand, dass sie schon ihren Hintern in den Volkswagen, die Besseren sogar in den Borgwardt Isabella setzen konnten. Man fing an, Häuschen zu bauen, nach Italien zu fahren und schöne Dinge zu erleben und man fühlte sich dabei wohl. Es entstand das Gefühl: „Wir sind wieder wer". Wir könnten sagen, dies war ein frühes, keineswegs auf innere Erkenntnisschritte und Wachstumsprozesse gestütztes forciertes Selbstbewusstsein der ersten Jahre der Demokratie. Dieses von innen wenig unterstützte Selbstbewusstsein der Gründerjahre der Republik basierte auf wirtschaftlichem Erfolg. Dies war besonders zu bemerken, da es uns bis dahin so schlecht ging. Deutschland war ein total zerstörtes Land. Kaputte Menschen zeigten eine ungeheure integrative Leistung, die darin bestand, dass Millionen Vertriebener inmitten einer notvollen Situation aufgenommen wurden und man ihnen Karrieremöglichkeiten eröffnete. Die Deutschen erfuhren sich in einem Rausch von Tüchtigkeit. Und diese Tüchtigkeit erzeugte jenes forcierte Selbstbewusstsein der frühen Adenauer-Republik, das den späteren intellektuellen Rezipienten so schwer im Magen liegt. Das kann man gut verstehen, damals aber verstand man es nicht. Alle, die sich ein Bild über diese Zeit machen wollen, sollten das Buch „*Vergangenheitspolitik*" von Norbert Frei (1996) lesen, Zeitgeschichtler an der Universität Bochum. Frei referiert darin über die Einstellungen der Deutschen in den Jahren der frühen Adenauer-Zeit. Dies war die Zeit, in der die Urteile gegen Kriegsverbrecher langsam weniger wurden. Es war die Zeit, als die aus dem öffentlichen Dienst entfernten Nazi-Eliten durch Gesetzgebung der jungen Republik wieder zurückfluteten. Dies war zu Beginn der 50er-Jahre. Ungefähr 2 Millionen Menschen waren durch Entnazifizierungsverfahren und ähnliches aus dem öffentlichen Dienst entfernt worden, nun waren sie unter Konrad Adenauer alle wieder da, die Nazi-Lehrer, Nazi-Juristen, Nazi-Mediziner mit ihren kruden Rassetheorien, die sie nun plötzlich vergessen hatten. Sie hatten ja dafür eine Menge Fachwissen für die Studierenden anzubieten, worüber alle miteinander froh waren.

Dagegen wirkten die Versuche der Alliierten, die Deutschen zu sortieren in Täter, Opfer und Mitläufer als peinlich und überzogen. Und diese unmöglichen Spruchkammerverfahren und überhaupt die anderen! Die wollen uns etwas? Sehe man sich doch einmal Dresden an, Würzburg und Hamburg, unsere schönen, aber kaputten Städte, und die Zerstörer wollen uns nun Humanität lehren?

Es gab einen allgemeinen Übermut der Geschlagenen, Kehrseite einer Beschämung, die noch nicht zugelassen wurde, Abwehr, Abwehr und nochmals Abwehr! Wie aber war es um die Befindlichkeit jener gestellt, die aus einem ganz anderen Lager kamen? Wie wird sich Alfred Andersch gefühlt haben, der 1944 in Italien desertiert war, weil er nicht mehr Soldat einer Armee sein wollte, die Hitler diente? Wie fühlt sich ein Fritz Bauer, der unartige antifaschistische Staatsanwalt unter den Mehrheitsdeutschen, die die juristische Aufarbeitung der Naziverbrechen als „Siegerjustiz" denunzierten? Und wie Marlene Dietrich, als ihr noch 1961, als sie ihre Beine auf deutschen Boden zurücksetzte, keineswegs die gesamte Männerwelt huldigend zu Füßen lag, was ja eigentlich normal gewesen wäre? Stattdessen bedeutete man ihr, sie möge doch drüben bleiben. Man wollte Marlene nicht vergessen, dass sie beim Ami getingelt hatte, als Opa Max gegen den Iwan kämpfte. Es scheint also besonders schwierig zu sein, Nähe und Dankbarkeit gegenüber jenen zu empfinden, die früher als die Mehrheit zu einer richtigen politischen Erkenntnis gekommen waren, die wir uns noch vorenthalten haben.

Wann sollte es in dieser frühen Republik ganz normal möglich sein, eine Straße nach einem Widerständler gegen Hitler zu benennen? Wann war es möglich, Kommunisten, die man mit gutem Grund politisch ablehnt, wenigstens dafür zu ehren, dass sie in der finstersten Zeit dieses Landes oftmals letzter Widerstand gegen einen Diktator waren? Wann können Straßen, Schulen nach den Empörern gegen Hitler benannt werden?

Trotzdem entsteht in dieser jungen Republik irgendwann ein Aufstand von Moral, natürlich von Übermoral. Und dieser Aufstand entsteht nicht durch jene, die ihrer eigenen Moral auf den Spuren sein wollten, sie entsteht bei den Söhnen und Töchtern, die stellvertretend etwas tun, was die Alten nicht tun wollten oder nicht tun konnten. So beginnen sie 1968, an den Universitäten rote Fahnen rauszuhängen. Wir im Osten hielten sie für komplett verrückt. Für uns war das Jahr 1968 geprägt durch den Einmarsch der Warschauer-Pakt-Truppen in Prag, durch ein Niederwalzen des Experiments eines demokratischen Sozialismus. Aber in Frankfurt am Main, in Bremen und in Berlin, wurde nun damit begonnen, über den Sozialismus nachzudenken. Es gab ungefähr 15 verschiedene kommunistische, zum Teil Kadergruppen, die sich in Kaderparteien umfunktionierten. Man begann diese interessante Variante von Analyse, die sich linke Analyse nennt. So etwas hatten wir früher in der Kirche auch. Dort gab es die irgendwie gesegneten Wissenschaften und die Wissenschaften der gefallenen Welt. Und so etwas begibt sich nun neu ins Denken hinein, die linken Analysen erhellen und verdunkeln das, was an den Universitäten und in der Debatte vorhanden ist. Ein großer Gelehrter, in Polen aufgewachsen, der den Marxismus so gut erklären und erkennen kann wie kein anderer, findet keinen Platz an der Universität Frankfurt am Main, weil er einfach nicht marxistisch genug ist. So muss er in die akademische Wüste nach Oxford ausweichen, ich meine Lezsek Kolakowski, dessen marxistisches und marxismuskritisches Denken in dieser Zeit keinen Raum in der akademischen Hütte hatte.

So viel zu den 68ern, die das Land aber doch verändert haben. Sie gingen in Bereiche, die die Älteren gemieden hatten. In Bereiche, in denen getrauert wird, in denen Erinnerung nicht nur als dürre Faktensammlung gepflegt wird, sondern wo Wiederbegegnung stattfindet mit Schuld, mit jenen Lebensphasen, die Traumata erzeugten. Die Erinnerung wird ihnen näher, wir erleben jetzt Menschen , die einen Konflikt und die Verdrängung geerbt haben. Wir begegnen hier der interessanten und noch nicht wirklich beantworteten Frage, ob es funktionieren kann, von einer früheren Generation eine Schuldlast anzunehmen und zu bearbeiten. Ob dieser Prozess für die betreffenden Einzelnen der älteren Generation wirklich wirksam war, ist zu bezweifeln, man denke nur an die kritischen Äußerungen von Tilman Moser zum Ansatz der Mitscherlichs. Gesellschaftlich waren die 68er für die Politikdebatte des Landes aber wahrhaftig eine Initiation zu etwas besserem, zu einer Veränderung der Gehorsamsgesellschaft, die uns Deutschen so liegt. Andere Völker kenne ich nicht so sehr, aber mein eigenes Volk sehe ich doch in einer verhängnisvollen Neigung zum Gehorsam, einer verhängnisvollen Neigung, Freiheit und Revolution zu diskreditieren und zu verdächtigen. Insofern begegnen mir die großen totalitären Entwürfe, die über unser Land gekommen sind, als eine sich immer wiederholende Fixierung der Deutschen, in Formen und Normen die Unterwürfigkeit in der Gesellschaft für dauerexistent zu erklären. Dagegen haben die 68er eine Menge getan. Sie haben das Land verändert und - dies interessiert mich besonders - sie haben uns die Dimension von Schuld im Bereich des Politischen und die Bearbeitung von Schuld im Politikdiskurs und nicht lediglich im psychotherapeutischen Metier gelehrt.

Wer sich über die Zusammenhänge von Politik und Moral oder Schuld bis hin in die aktuelle Debatte im Bereich des Politischen einmischen will, der möge die Arbeit von Gesine Schwan aus dem vorigen Jahr lesen („*Politik und Schuld*“; 1998). Die Debatte um dieses Thema ist eine ständig gefährdete Debatte. Wir sollten deshalb noch einmal versuchen, die Elemente dieser Debatte voneinander zu trennen, da sie in unterschiedlichen Dimensionen stattfinden muss. Ich gehe zu diesem Zweck zurück in die Zeit unmittelbar nach dem Krieg und beziehe mich auf eine kleine Arbeit von Karl Jaspers, die er den Deutschen unmittelbar nach dem Krieg zum Thema Schuld - unter dem Titel „Die Schuldfrage“ - geschrieben hat. Für mich ist an dieser Arbeit Folgendes wichtig: Jaspers hat die Nachkriegsdeutschen gelehrt, dass uns Schuld in verschiedenen Dimensionen begegnet, in der Dimension der strafrechtlichen Schuld, der moralischen Schuld, der metaphysischen Schuld und der politischen Verantwortung. Jaspers sagte, dass jede dieser Dimensionen einer eigenen bearbeitenden Instanz bedürfe. Es sei nicht angängig, dass man, wenn man mit seinem Gott ins Reine kommen wolle, also die metaphysische Schuld bearbeitet, die Erledigung dieses Themas auch als Erledigung des Themas strafrechtlicher Schuld ansähe. Die Instanz, die strafrechtliche Schuld bearbeite, sei das Gericht. Bei der moralischen Schuld ist die Instanz, diese Schuld zu bearbeiten, die Personen, die miteinander als Täter und Opfer zu tun hatten. Eine „Durchhellung“, so Jaspers damals, eine Selbstreinigung würde sich nur vollziehen, wenn auch in Individuen Schritte einer solchen Reinigung erfolgten. Dieses Zusammenbringen individueller Formen der Wiederbegegnung mit gelebtem Leben, des Durcharbeitens und des offenen öffentlichen Diskurses ist eigentlich das, was wirklich heilend ist.

Wir sehen beim Vergleich der Geschichte der alten Bundesrepublik mit den jetzigen Politikdebatten in den neuen Bundesländern, wie sich diese ähneln und Abwehrstrategien sichtbar werden, die wie abgeschrieben wirken. Wenn man sich heute zu einer Reise in die nordostdeutschen Niederungen aufmacht, die schon in der Nähe von Magdeburg beginnen, dann begegnet einem immer wieder die Trias des gezinkten Erinnerns, die ich mit den Worten meiner Großmutter beschrieben habe. Wenn man also in meine Heimat nach Mecklenburg kommt oder nach Brandenburg oder in die anhaltinischen Gefilde, dann ist das mit dem Erinnern doch so faszinierend ähnlich, dass man denken kann, die haben das einfach abgeschrieben, Erinnerungen abgekupfert. Das stimmt aber nicht. Was man dort antrifft, ist eigenes selektives Erinnerungsvermögen: Es war ja durchaus nicht alles schlecht im Kommunismus, respektive Sozialismus. Wir hatten die Kindergärten und Kinderkrippen, die Vollbeschäftigung und keine Kriminalität. Diesen Spezialfall des Erinnerungstypus kann man auch inmitten eines „aufgeklärten“ Psychotherapiekongresses finden. Und diese Sicht gilt es zu verstehen. Letztlich ist uns die lebensweltliche Entstehung dieser Sicht ganz vertraut. Jeder von uns hat seine eigene Sicht. Demgegenüber gilt es aber in der Politikdebatte das Zurückgehen auf Fakten und die Wiedergewinnung der Realität zu betreiben. Hannah Arendt, die ich leider erst nach 1990 gelesen habe, als ich versuchte, meine nostalgischen Landsleute zu verstehen, ist dabei sehr hilfreich. Ich war mit diesen Landsleuten zusammen als wir Revolution gemacht haben.

Aber ein Teil derer, die damals mit mir unterwegs waren, bekommen heute plötzlich verklärte Augen und dann erklären sie mir, wie der Sozialismus war: Kindergärten, Vollbeschäftigung, keine Kriminalität. Und ich frage mich dann, ob das wirklich alles ist, was hängen blieb? Daran wird deutlich, wie massiv sich diese originär menschliche Verhaltensweise der selektiven Erinnerung in den Politikdiskurs einmischt.

Ich habe die eingangs erwähnte Kongressteilnehmerin gefragt: „Und hat es Sie nicht gestört, dass Sie 40 Jahre nicht tun durften, was in Demokratien schon seit 100 die Regel ist, nämlich Regierungen in freien, gleichen und geheimen Wahlen zu wählen und sie abzuwählen?" - „Nein, eigentlich war das nicht weiter störend. Es war eben so, dass alles geordnet war, es gab ein soziales Netz und Freundschaft".

Immer, wenn von Solidarität als einem Wert der DDR die Rede ist, erzähle ich gern von einer Bekannten aus Rostock. Sie verkaufte Autoreifen. Heute könnte sie Stein und Bein auf die Solidarität der Mitmenschen in den Zeiten der DDR schwören. Alle liebten sie, denn Autoreifen gab es ähnlich schlecht wie Autos. Auf Trabanten musste man 14 Jahre, auf Autoreifen vielleicht nur 14 Monate warten, aber immerhin ganz schön lange. Meine Bekannte bekam Fleisch, bekam also mittwochs Filet, was es eigentlich nie gab, besonders nicht am Mittwoch, wenn andere nur leere Läden sahen. Sie bekam auch Blumen, wenn sie wollte, sie wusste sogar noch wie Aale aussehen, die ich, obwohl an der Küste wohnend, 20 Jahre lang nicht gesehen hatte. So hat sie also tatsächlich die Zuwendung sehr vieler unterschiedlicher Menschen erfahren. Sie sagte mir: „Arbeiten muss ich nicht. Mein Mann verdient genug Geld. Aber ich habe so nette Mitmenschen um mich, ich muss einfach arbeiten, es macht mir Spaß." Für sie, die etwas zu geben hatte, war die DDR also eine Zeit der Solidarität und der Freundschaft. Die Mangelgesellschaft - und nur diese - hat sie zu besonderen Erfahrungen mit Mitmenschlichkeit befähigt. Diese Art von Solidarität entsteht in der Mangelgesellschaft. Wahrlich kein Grund zur Nostalgie, diese Solidarität wegen der Mängel des Systems und gegen das System.

Ich gehe in meiner Befindlichkeitskritik noch etwas weiter: Der Mann meiner Großmutter Luise, Franz, war Teilnehmer des Ersten Weltkrieges. Ich erinnere mich an seinen Helm, der eine Furche von einem Geschoss aufwies, das sein Gehirn verfehlte. Jedes Mal, wenn Opa Franz sich zum Skatspielen niedersetzte, fing er an, mit seinen alten Kumpels über die Vergangenheit im Schützengraben zu erzählen. Wir haben das nie verstanden. Wir hielten Opa eigentlich für ganz normal. Aber in Augenblicken der Freude kehrte er regelmäßig beim Schützengraben ein, dann lachten sie, weinten sie und sangen sie. Das haben wir nie verstanden. Aber eigentlich war es doch ganz einfach: Nirgendwo hat sich mein Großvater so gefürchtet wie im Schützengraben, nirgendwo waren Tod und Leben so benachbart, nirgendwo war das Leben so intensiv und wildfremde Männer so freundlich, so liebevoll zueinander. Das hat er so erlebt und das war nicht mein Erleben - das war seine Lebenswelt, sie hat ihn geprägt, ihn nie losgelassen. Wollen wir auf Grund der Befindlichkeit der Menschen in finsteren Zeiten, die besondere Erfahrungen von Zuwendung, Nähe oder Erfüllung haben, wollen wir damit ein Urteil über diese Zeiten bilden oder sollten wir nicht ganz einfach Fakten suchen, Fakten des Politischen?

Hannah Arendt besuchte Deutschland 1950 und war über den dort feststellbaren *loss of reality* erschrocken. Sie sah diesen Verlust an Wirklichkeit in folgendem Phänomen begründet: Unter totalitärer Herrschaft verlieren die Menschen die Fähigkeit, Fakten und Realität ernst zu nehmen. In totalitären Regimen sehen alle zunächst einmal nach oben, bevor sie analysieren. Alle, die früher in der DDR an einer Universität tätig waren, wissen dies ganz genau: „Was denkt denn meine Obrigkeit über meine Analyse?“ Dieser Blick wurde zuerst in den Gesellschaftswissenschaften wichtig, dann sahen aber auch die anderen nach oben, die Historiker, die Philosophen, gar die Theologen fingen an und schließlich die Mediziner. Alle sahen zunächst nach oben, um zu prüfen, was denn ihre Obrigkeit zu ihrer Gesellschaftsanalyse oder zu ihrer Faktenanalyse sagte. Hannah Arendt meint, totalitäre Herrschaft hätte automatisch einen Verlust an Realität zur Folge. Die Kompensation dieses Verlustes bestünde darin, dass Meinungen einen zu hohen Stellenwert erreichen. Dieser Abweis von Analyse ist etwas Typisches und er begegnet uns wahrscheinlich umso intensiver, je länger die totalitäre Herrschaft ausgeübt wurde. Daran ist erkennbar, dass Diktatur oder Demokratie keine auswechselbaren Variablen von Politik sind. Somit ist in aller Ernsthaftigkeit und mit großer Energie solchen Intellektuellen zu widersprechen, die da schreiben, dass die Summe der Übel von Diktatur und Demokratie ewig gleich bliebe. Nach einer 200-jährigen Geschichte des Projektes Demokratie ist nicht vorstellbar, dass solche Äußerungen politische Aufklärung seien, Äußerungen, die so etwas ausrechnen, solche Summenbildungen betreiben. Derartigen Positionen der Gegenaufklärung sollten wir mit Immanuel Kant begegnen: „Habe den Mut, dich deines Verstandes zu bedienen.“ Nichts weniger als Mut ist gefragt. Ein Mut, der auch den Abschied von eigenen Ideologiegebäuden abfordern muss. Offensichtlich sind wir nicht gerne in der Moderne, es macht uns traurig, wenn wir uns von einem Deutungssystem verabschieden müssen, das mit einer postreligiösen Religiosität behauptet hat, es kenne das Ziel der Geschichte. Es war schon ein großes Geborgen- und Eingewobensein in jene Ideologie. Es tat gut, gehörten wir nur mehr oder weniger dazu, gesagt zu bekommen, dass alles seine Ordnung hat und man auf der richtigen Seite steht. Es tat gut, zu hören, eine ganze historische Epoche weiter zu sein, als die da drüben im Kapitalismus. Das ist so religiös wie tröstlich, aber siehe, auch über die Religion ist die Aufklärung gekommen. Und es gibt zwei Arten von Glauben, einen nach der Aufklärung und einen abergläubischen vor der Aufklärung. So bleibt uns für den politischen Diskurs nichts anderes übrig als eine Abkehr von dieser unaufgeklärten Gefühligkeit, von dieser Anbetung der Befindlichkeit, von diesem widerwärtigen und abstoßenden politischen Biedermeier.

Dies tangiert eigene Abschiedserfahrungen und wir alle wissen, wie weh es tut, das Land der Freiheit zu betreten. Warum lesen unsere Landsleute jene Werke nicht, die ihnen erklären, was Demokratie ist, was es ausmacht, in perpetuierter politischer Ohnmacht zu leben? Warum kennen sie das Wort von Havel nicht, der, als er seine Mitmenschen aufrütteln wollte und erklärte, woher die Macht der Mächtigen kommt, sagte: „Die Macht der Mächtigen kommt von der Ohnmacht der Ohnmächtigen?“ Sie kennen es nicht, weil es so wehtut, sich selbst mit der Fülle seiner Erkenntnisse als Ohnmächtigen zu empfinden. Warum kannte Joachim Gauck seine Gefühle nicht, als er bei all diesen Wahlen zu DDR-Zeiten dabei war? Ich bin zwar in die Kabine gegangen, manchmal bin ich auch nicht zur Wahl gegangen. Alles aus dem Kopf, wo waren meine Gefühle? Schon mein Großvater durfte in Weimar wählen gehen. Ich, viele Jahre später, 1940 geboren, habe 49 Jahre meines Lebens in politischer Unfreiheit gelebt. Wo sind meine Gefühle dazu? Ich hatte sie mir wegerzogen, denn diese Gefühle waren schädlich. Sie störten uns bei der Anpassung. Mir ist jene Zeit, in der wir in einem verhängnisvollen Angst-Anpassungssyndrom alte Erfahrungen von Ohnmacht als Normalität in die Moderne hineingelebt haben, unglaublich nahe gerückt. Wir erlebten in Ostdeutschland die Wiedergeburt eines Lebensgefühls des Absolutismus. Die Unterdrückten - wie seinerzeit unten den Grafen und Fürsten - empfanden sich nicht besonders unterdrückt. Sie empfanden sich als normal.

Die Ferne von Citoyente, Selbstbestimmtheit, entspricht einem uralten biologischen Muster, dem Muster der Unterwerfung. Der zivilisatorische Lack in unseren Gesellschaften ist sehr dünn, aus uralten Traditionsketten ist uns überliefert, dass Unterwerfung und Führung normale Dinge sind. Wenn man das dann in die Gebäude der Ideologie bringt, dann kommt etwas sehr Archaisches und etwas sehr Tröstliches zusammen. Aber das ist natürlich das Gegenteil von Autonomie. Wir haben uns im politischen Diskurs, ebenso wie in der psychotherapeutischen Arbeit, mit allem Ernst zu fragen, welcher Diskurs die Autonomie fördert und damit die Fähigkeit zu politischer Emanzipation und Partizipation. Und welcher Diskurs diese Fähigkeit behindert. Jetzt wird auch meine Eingangsformulierung verständlich, in der ich davon ausgegangen bin, dass es eine politische neben der rezipierten Wirklichkeit gibt und dass diese für den Politikdiskurs von elementarer Bedeutung ist. Wir dürfen den Nostalgikern und den in der Befindlichkeit Gefangenen nicht vorenthalten, dass es Fakten des Politischen gibt, freie Wahlen und damit eine Legitimation für eine Gesellschaft. Dass es im Herrschaftskommunismus von Wladiwostock bis Berlin kein einziges Mal so viel Würde für das Volk gegeben hat, dass dieses selbst entscheiden durfte, wer es regiert und dass durch seine Stimme eine Regierung zum Abtreten gezwungen wurde, ist ein erstes strukturelles Defizit. Ein zweites ist: Niemals in allen Jahren des Herrschaftssozialismus hat es Rechtsgleichheit gegeben und hat der Gesetzgeber die Menschen- und Bürgerrechte in der Weise geschützt, gestützt und gestaltet, wie es im europäischen und nordamerikanischen Demokratieprojekt geschah, ein strukturelles Defizit an Legitimität. Drittens: Niemals in der Geschichte dieser Herrschaftsform hat es Gewaltenteilung als politische Wirklichkeit gegeben, lediglich als Fassade.

Psychotherapeuten mögen dies gemessen an ihrem Berufsfeld vielleicht für nachrangig halten, in der Politikwelt aber ist dies eminent wichtig, weil es den Bürger, den Citoyen entstehen lässt. Er ist derjenige, der tatsächlich Partizipation ohne die Preisgabe seiner eigenen Meinung erreichen kann. Die Ähnlichkeit der absolutistischen Regierungsformen mit den totalitären besteht darin, dass diese Durchlässigkeit eben nicht gewährt, sondern letztlich nur durch einen Gnadenakt gefügt, als Privileg gewährt werden konnte. Die Ellbogengesellschaft der DDR hatte ihre Ellbogen nicht an den Armen, da wo die Menschen im Westen sie hatten, mit ihrer Selbstbewusstheit und ihrem Stolz, ihren erlernten Fähigkeiten. In Untertanengesellschaften haben die Eliten oft Hornhaut an den Knien versehen, die Kriechspur war dort die

Erfolgsspur. Nun ist es natürlich sehr schwer, wenn man dies alles für sich selbst eingestehen muss: das Angepasstsein, das Eingepasstsein in Systeme der Unterwerfung, zu reflektieren, was perpetuierte politische Ohnmacht für Einzelne und Gruppen bedeutet. An eben diesem Punkt sind wir jetzt angelangt. In großen Teilen der Bevölkerung spürt man die Weigerung, sich selbst als entfremdeten Teil der Gesellschaft zu verstehen und den elementaren Angriff moderner Diktaturen auf die Citoyentè mit Fakten und mit der Rekapitulation eigener Unterdrückungswirklichkeit zu bestätigen. Die westdeutsche Gesellschaft fand den Bürger als Mehrheitsphänomen vielleicht 6 - 8 Jahre - manche sagen noch später - nach der 12-jährigen Nazidiktatur. Im Osten haben wir diese perpetuierten Ohnmachtserfahrungen 12 plus 44 Jahre erlebt. Es fragt sich also, wie lange wir die Schritte zur Selbstbefreiung, zur geistigen Befreiung und zur Therapie anzusetzen haben. Ist es tröstlich, wenn derjenige, der in seinen Lebenswelten gefangen ist, diese Gefangenschaft als Normalität deutet? Es ist keineswegs tröstlich, es ist erschreckend, sich das vorzustellen. Aber in eben diesem Desaster befinden wir uns. Wir haben in Ostdeutschland zwei Öffentlichkeiten. Die eine, die so spricht wie Annette Simon und andere, und die zweite Öffentlichkeit, die sagt: nein, es war alles ganz normal, und übrigens haben wir gar nichts gemerkt. Es scheint so, als wäre dieses Nicht-informiert-sein die Sünde dieses Jahrhunderts. Als wenn es irgendetwas bedeutet hätte, dass wir persönlich nicht informiert waren, wo wir doch hätten informiert sein können. So gibt es eine schreckliche Duplizität: Verlust der Realität, Verlust der Fakten, gleich zweimal. Eine lange Phase des Zurückgehens ist übrig, gerade dorthin, wo Schmerzen entstehen. Erinnern ist ja deshalb so schwierig, weil es nicht nur Sammeln von Fakten, sondern auch Aushalten von Schmerzen bedeutet. Wie lange werden diese Befreiungswege dauern? Umso länger, je später wir sie beginnen. Wir wünschen uns die Menschen, die mit uns leben und uns selbst als zu befreiender Erinnerung und zum offenen Politikdiskurs fähig und nicht in neurotischen Bindungen oder in entmächtigenden Lebensentwürfen.

Wenn ich unter Laien spreche, dann beziehe ich mich in einem Beispiel oft auf die Arbeit von Psychologen und Psychotherapeuten. Ich sage dann: Schauen Sie, wenn es Ihnen schlecht geht, gehen Sie doch zu Menschen, die etwas von der Seele verstehen. Und was geschieht dort? Ich erkläre dann, dass es in den Begegnungen zwischen Therapeuten und Menschen, denen es schlecht geht, gerade nicht darum gehen kann, all das Positive herauszusuchen aus dem bislang gelebten Leben, sondern um das Gegenteil. Dass es manchmal gerade dann mit uns vorangeht, wenn es uns in der Therapie besonders dreckig geht. Wenn 50-jährige Erfolgsmänner nach 20 Jahren ihre ersten Tränen weinen - sage ich denen, die das noch nicht erlebt haben - dann ist das nicht in den sadistischen Absichten des Therapeuten begründet sondern weil die Betroffenen auf eine schwere Reise gehen. Auf dieser Reise in das gelebte Leben begegnen ihnen frühe Traumata und entmächtigende Prägungen - alte Lebensmuster. Sie zu erkennen kann der Anfang des Abschieds von ihnen sein, ein Beispiel auch, sich mit dem eigenen Leben zu versöhnen, um Freude und Lebensmöglichkeiten zurückzuerlangen.

Psychotherapie und geistige und politische Befreiung arbeiten nach ähnlichen Strickmustern an ganz verschiedenen Teilen des Gewebes: sie haben Absichten, sie wollen befreien.

# Erfahrungen einer Extremtraumatisierung und deren Folgen. Gedanken zum Leben und Werk Bruno Bettelheims

*Anna-Katrin Oesterle-Stephan*

Bruno Bettelheim (1903 - 1990) war einer der Verfolgten während des Nationalsozialismus. Nachdem er Dachau und Buchenwald überlebt hatte, wurde er in den Vereinigten Staaten und Europa bekannt durch seine herausragende therapeutische Tätigkeit. Wie er seine eigenen gravierenden Traumatisierungen in den verschiedenen Phasen seines Lebens bewältigte und diese in seine therapeutische Arbeit einfließen ließ, wird hier zur Diskussion gestellt.

Bruno Bettelheim teilte Sigmund Freuds Vorbehalte gegenüber Autobiografien. Seine Stellungnahmen zum Holocaust, wie auch die Veröffentlichungen zu seiner klinischen Arbeit mit schwer gestörten und traumatisierten Kindern und Jugendlichen enthalten jedoch zahlreiche Passagen, die autobiografische Züge in sich bergen, inbesondere wenn er über die Folgen der traumatischen Ereignisse berichtet, die ihn prägten und zu seiner Arbeit hinführten. In diesen Schriften begegnet man ihm als einem wichtigen, wenn auch nicht unumstrittenen Zeitzeugen.

In „*Freud's Vienna & other essays*" (1990), Bettelheims letztem, noch vor seinem Tod veröffentlichten Buch, widmete er einen Aufsatz dem polnischen Dichter, Pädagogen und Arzt Henryk Goldszmit, bekannt als Janusz Korczak. Manche Ähnlichkeiten zwischen den Biografien der beiden Männer legen nahe, dass Bettelheims Äußerungen über Korczak nur wenig verschlüsselte Mitteilungen über sich selbst enthalten. Hier weist er auf Korczaks unglückliche Kindheit hin, die überschattet war von der geistigen Erkrankung seines Vaters, wodurch der junge Henryk früh die Verantwortung für seine Familie übernehmen musste. Auch Bettelheim erlebte den körperlichen und geistigen Verfall seines schwer kranken Vaters und spürte bereits als Heranwachsender in sehr konfliktreicher und bedrückender Weise, welche hohen Erwartungen an ihn als künftigen Ernährer der Familie gerichtet wurden. Seine Zukunft schien auf die Übernahme des väterlichen Holzhandelsunternehmens festgelegt, mit wenig Spielraum für die Entfaltung seiner akademischen Interessen und Wünsche, die dem Wohl der Familie untergeordnet werden mussten. Bettelheims Bemerkung, dass Henryk von klein auf mit dem Gefühl aufwuchs, ein Außenseiter zu sein und dies auch sein Leben lang blieb, legt nahe, dass Bettelheim hier auch sein eigenes Lebensgefühl beschrieb.

Die Erfahrung der Einsamkeit und einer Position am Rande, die durch seine Holocausterfahrungen verstärkt wurden, verliehen seiner Persönlichkeit jene herausragenden und sehr eigenwilligen Züge, durch die sich auch seine Arbeit auszeichnete. Er war überzeugt von der Notwendigkeit, den eigenen Überzeugungen zu folgen und sich darin von äußeren Widerständen oder gegensätzlichen Meinungen nicht beirren zu lassen. Diese Haltung, die der Entfaltung seiner Produktivität und seines kreativen Potenzials sehr förderlich war, hatte jedoch auch ihre Schattenseiten, die sich in einer gewissen Intoleranz und Starre manifestierten, mit denen er sich gelegentlich gegenüber Andersdenkenden verhielt. Einige seiner Äußerungen zum Holocaust riefen unter Überlebenden Betroffenheit und Ablehnung hervor. Seine unbeugsame Haltung in Kontroversen trug dazu bei, dass sich die Meinungen um ihn und sein Werk sehr stark polarisierten. Viele hielten ihn für einen herausragenden Kinderpädagogen und Therapeuten, dessen humanistische Haltung und soziales Engagement beispielhaft waren. Auf andere wirkte er als Person wie auch in seinem theoretischen Darlegungen widersprüchlich und anfechtbar. Nachdem 1990 die Mitteilung über seinen Suizid im Alter von 86 Jahren an die Öffentlichkeit drang, kamen Anschuldigungen einiger ehemaliger Patienten auf, die ihm in seiner Eigenschaft als Therapeut Machtmissbrauch und Gewalttätigkeit im Umgang mit seinen Patienten vorwarfen. Daher entstand posthum ein sehr gespaltenes Bild, was die Beurteilung seiner Persönlichkeit und seines Werkes betrifft, das sich bis heute nicht vereinheitlichen ließ.

Bettelheims Suizid verdeutlicht meines Erachtens, wie sehr er trotz aller Auszeichnungen und Erfolge, die er erlebte, ein schwer traumatisierter Mann blieb. Den zunehmenden Leiden des Alters und der Einsamkeit, die er verspürte, nachdem seine Frau verstorben war, wollte er nicht hilflos ausgeliefert sein. Nach zwei Schlaganfällen verließen ihn seine Kräfte immer mehr. Damit wurde er der ihm noch verbliebenen Möglichkeit beraubt, sich schreibend seiner Depression zu erwehren. Er wählte den Freitod, wie schon viele Holocaustopfer vor ihm, unter denen sich auch Paul Celan und Primo Levi befanden, die Bettelheim sehr verehrte und häufig zitierte.

1903 in Wien geboren und aus einer assimilierten jüdischen Kaufmannsfamilie stammend, ist Bettelheims Biografie mit ihrem traumatischen Wendepunkt beispielhaft für die vieler Verfolgter und Opfer des Nationalsozialismus. Nach seiner 1-jährigen Lagerhaft in Dachau und Buchenwald von Juni 1938 bis zum April 1939, wurde der Holocaust zu einem zentralen Thema in seinem Leben. In seinen Veröffentlichungen zieht sich dieses Thema wie ein roter Faden durch sein Werk. Aus diesen Erfahrungen ging seine klinische Arbeit hervor, die er an der „Sonia Shankman Orthogenic School“, einem Modellprojekt der „University of Chicago“, das der Erforschung schwerer seelischer Störungen im Kindes- und Jugendalter diente, realisierte. In dieser Einrichtung, die er 30 Jahre lang leitete, entwickelte er sein Konzept einer psychoanalytisch orientierten Milieutherapie. Diese Konzeption war auf die speziellen Bedürfnisse von Kindern und Jugendlichen in einer stationären Langzeittherapie ausgerichtet.

So führte seine eigene schwere Traumatisierung dazu, dass er sich einer therapeutischen Aufgabe widmete, die die Integration bzw. Reintegration der Persönlichkeit aus einem Zustand der partiellen oder nahezu vollständigen Desintegration zum Inhalt hatte, wie es bei Patienten mit psychotischen und anderen gravierenden seelischen Störungen der Fall ist. Sein besonderes Interesse galt dabei dem kindlichen Autismus.

Betrachtet man sein Werk, dessen Hauptanliegen er mit „der Anwendung der Psychoanalyse auf soziale Probleme und im Besonderen der Erziehung des Kindes“ (Bettelheim 1995: 17) umschreibt, wird sichtbar, wie er bei der Entwicklung seiner Theorien, insbesondere seiner therapeutischen Konzeption gewisse Konflikte und

Widersprüche immer wieder aufgreift und bearbeitet. Sie beziehen sich auf die Gegensätze zwischen Individuum und Gesellschaft, die Fragen nach deren wechselseitiger Beeinflussung, sowie die Grenzen und Einschränkungen, die er der Psychoanalyse als Mittel der Persönlichkeitsveränderung zuschrieb. Während seiner Inhaftierung wurde er schockartig damit konfrontiert, wie die Lagerbedingungen innnerhalb von kürzester Zeit drastische Verhaltens- und Persönlichkeitsveränderungen bewirkten. Diese Beobachtungen „des ungeheuer starken Einflusses der Umwelt" (ebd.: 20) trafen ihn zu einem Zeitpunkt als er durch seine Erfahrungen mit der Psychoanalyse zu der Überzeugung gelangt war,

> „... dass nämlich die nächsten Familienangehörigen die allergrößte Rolle bei der Persönlichkeitsformung spielten und die Umwelt im weiteren Sinne vergleichsweise unwichtig sei. Ich glaubte außerdem, dass es keine bessere Methode zur Befreiung und Integration des Individuums gebe als die Psychoanalyse.
>
> Meine Erlebnisse im Lager zeigten mir, ich möchte fast sagen, innerhalb weniger Tage, dass ich viel zu weit gegangen war, als ich glaubte, nur Veränderungen im Menschen könnten Veränderungen in der Gesellschaft hervorbringen. Ich musste einsehen, dass die Umwelt den Menschen in seiner Persönlichkeit sozusagen umkrempeln kann, und zwar nicht nur das kleine Kind, sondern auch den reifen Erwachsenen. Wenn ich verhindern wollte, dass das auch mit mir geschah, dann musste ich mich auf diese Macht der Umwelt einstellen, musste entscheiden, worin und wie weit ich mich anpassen wollte und worin ich nicht nachgeben durfte. Die Psychoanalyse, wie ich sie kannte, war mir bei dieser überaus wichtigen Entscheidung keinerlei Hilfe.
>
> Das Erstaunlichste ist, dass die Psychoanalyse keinerlei Antwort auf die Frage hatte, wie ich die Lagerhaft überleben, und zwar halbwegs anständig überleben konnte" (ebd.: 21 f.).

Es gibt keine therapeutische Maßnahme, die einen Menschen vor der Einwirkung von extremen Traumatisierungen, wie sie Bettelheim widerfuhren, schützen oder deren schockartige Wirkung verhindern könnte. Sicherlich spielt es eine Rolle, inwieweit gute innere Objekte eine stützende und haltende Funktion ausüben können, um den Willen zu überleben zu stärken und die Hoffnungen auf eine anders geartete Zukunft aufrechterhalten zu können.

Bettelheim verspürte in dieser Unrechtssituation offenbar eine Art heilsamer innerer Auflehnung und berechtigter Empörung, die seine dem Leben zugewandten Kräfte mobilisierten. Auf diese Weise gelang es ihm, seine Verzweiflung einzudämmen und den Schockzustand, in dem er sich nach seiner Ankunft in Dachau befand, und der ihn befürchten ließ, den Verstand zu verlieren, zu überwinden. So schlimm die Umstände auch waren, vielleicht war es ihm auch deshalb möglich, so zu reagieren, weil diese Situation ihn mit einem äußeren Gegner konfrontierte, gegen den er sich in Solidarität mit seinen Mitgefangenen innerlich auflehnen konnte. Zuvor hatte er während Phasen schwerer Depression, unter denen er seit seiner Jugendzeit litt (Sutton 1996: 79), gegen einen inneren Feind gekämpft, der ihn quälte und in eine selbstgewählte Isolation trieb. Dieser Depression hatte er auch in seiner Psychoanalyse nicht Herr werden können, obwohl er dort wichtige Einsichten über deren Ursachen gewann. Noch bevor Bettelheim am 02. 06. 1938 aus Wien deportiert wurde, war seine therapeutische Analyse jäh beendet worden. Sein Analytiker, Richard Sterba, der der einzige nichtjüdische Psychoanalytiker im Wiener Kreis war, wollte nicht die gleiche Position übernehmen, die Felix Böhm in Berlin innehatte. Über ihn schrieb Sterba, dass er „den Namen der Psychoanalyse, aber nicht die Sache selbst am Deutschen Institut gerettet habe“ (1985: 161). So verließ Sterba Wien kurz nach dem Einmarsch Hitlers in Österreich. In seinen Memoiren beschreibt er diesen Schritt folgendermaßen:

> „Es war wichtig, dass wir [er meint sich und seine Frau Editha Sterba, die auch eine praktizierende Psychoanalytikerin war, und die gemeinsamen Kinder; Anmerkung der Verfasserin] Österreich auf das schnellste verließen, solange die Grenzen noch offen waren und man keine Ausreisebewilligung brauchte. Man erwartete, dass die Grenzen geschlossen würden. Die Nazibehörden hatten sofort 2000 jüdischen Ärzten in Wien die Praxisbewilligung entzogen und hatten einem arischen Arzt nicht erlaubt, Wien zu verlassen. Ich musste das Risiko auf mich nehmen, an der Grenze aufgehalten zu werden. Wir mussten natürlich allen unseren Analysanden mitteilen, dass wir Wien verließen. Da viele von ihnen zur Ausbildung am Lehrinstitut nach Wien gekommen waren, war es ihnen verständlich, dass ich das Land verließ, in dem Psychoanalyse nicht mehr gelehrt werden konnte. Den anderen konnten wir das Trauma des plötzlichen Abbruchs ihrer Analyse nicht ersparen“ (ebd.: 165 f.).

Sterba erwähnt das „Trauma des plötzlichen Abbruchs“ (ebd.: 165), das er seinen Patienten nicht ersparen konnte. Die diesbezügliche Mitteilung an seine Analysanden erfolgte, wie Sterba schrieb, auf Grund der Eile telefonisch. Bettelheim hatte sich nach den Recherchen Suttons erst etwa um die Jahreswende von 1936 zu 1937 in Analyse begeben, so dass seine Analyse nach etwa 15 bis maximal 20 Monaten abrupt endete (er selbst schrieb in seinen Veröffentlichungen sehr vage von einer mehrjährigen Analyse oder Lehranalyse und verschwieg, dass es sich bei seiner Analyse bei Sterba um eine therapeutische Analyse gehandelt hatte).

Nach heutigen Maßstäben wäre dies ein extrem kurzer Zeitraum, um tief greifende Persönlichkeitsveränderungen zu bewirken, vor allem um eine schwere Depression erfolgreich zu behandeln. Bettelheim äußert sich nie direkt zu diesem jähen, durch die äußeren Umstände bedingten Abbruch, der sich, so könnte man vermuten, für ihn umso einschneidender gestaltete, da es ihm nicht mehr rechtzeitig gelang, Wien auf sicherem Wege zu verlassen und so der Deportation zu entkommen.

Es gibt jedoch aufschlussreiche Hinweise darauf, wie Bettelheim im Nachhinein mit dieser Situation umging. In „*Aufstand gegen die Masse*“ (1995: 18) schrieb er:

> „Einige weitere Vorbehalte gegenüber der Psychoanalyse hegte ich aus mehr persönlichen Gründen. Ungefähr ein Jahrzehnt, bevor die Besetzung Österreichs durch Hitler eine drastische Veränderung meiner äußeren Lebensumstände brachte, hatte ich ein unbestimmtes Gefühl, dass ich mich einer inneren Krise näherte oder bereits in ihr steckte, obwohl mein gesellschaftliches und berufliches Leben wohl geordnet und erfolgreich zu sein schien. Relativ spät erlebte ich das, was Erikson später als psychosoziales Moratorium benannt und beschrieben hat. Dieser Zustand hatte weder durch jahrelange Analyse noch durch die folgenden Jahre beseitigt werden können. Trotzdem zweifelte ich bis zu meiner Inhaftierung nicht am Wert der Psychoanalyse im Allgemeinen und meiner eigenen im Besonderen. Ich war überzeugt, dass die Psychoanalyse in meinem Fall erreicht hatte, was mit ihr zu erreichen war. So hatte ich mich denn wohl oder übel damit abgefunden, als der Mensch zu leben, der ich war, und versuchte, Gefallen daran zu finden.
>
> Dies wirft weder auf meine Analyse noch auf meinen Psychoanalytiker ein schlechtes Licht, denn beide hatten für mich viel getan. Neben vielem anderen verdanke ich ihnen, dass ich selbst die verschlossensten, seelisch verarmten und zutiefst erkrankten Kinder verstehen, mit ihnen zusammenleben, ihnen helfen und die bestimmte gesellschaftliche und menschliche Umwelt schaffen kann, deren sie zur Entfaltung ihrer menschlichen Kräfte bedürfen.
>
> Die Belastung, der ich im Konzentrationslager ausgesetzt war, bewirkte dagegen das, was eine jahrelange nützliche und erfolgreiche Analyse nicht hatte erreichen können. (Ich bin mir darüber

im Klaren, dass ich mich und meinen Psychoanalytiker mit diesem Eingeständnis der Kritik aussetzte, meine Analyse habe mir zwar Selbsterkenntnis verliehen, aber nicht zu einer Veränderung geführt. Vielleicht spricht es aber für meine Analyse, dass mir der Gedanke an eine solche Kritik keine Sorge bereitet.)“

Hier offenbaren sich meines Erachtens einige signifikante Persönlichkeitszüge Bettelheims. Er deutet diesen ihm zugefügten Beziehungsabbruch mit Hilfe von Rationalisierungen um, so dass es wirkt, als sei er immer Herr der Situation gewesen. Dass die Beziehung zu seinem Analytiker tragischerweise in einem Augenblick abbrach, wo er sich in tiefster Not befand, findet hier keinen Raum. Die Analyse hatte, seiner Meinung nach, für ihn getan, „was mit ihr zu erreichen war“ (ebd.). Auf die wichtigsten Erkenntnisse war er alleine gestoßen, nachdem die Analyse beendet war. Im Konzentrationslager erkannte er, dass er auf eigenen Füßen stehen konnte.

Die Erfahrung, unter schlimmsten Bedingungen alleine gelassen zu werden, d. h. in emotionaler Hinsicht keine Unterstützung zu erhalten, machte er bereits während seiner Kindheit, als er keine Aufklärung über die Krankheit seines Vaters, der an Syphilis litt, bekam. Mit seiner Angst und seinem Entsetzen über dessen geistigen und körperlichen Verfall, der einsetzte als Bettelheim sich auf der Höhe pubertärer Entwicklungsprozesse befand, musste er alleine fertig werden (Sutton 1996: 73). Seine Mutter, die ihm in Zeiten körperlicher Erkrankungen in sehr gewissenhafter und fürsorglicher Weise beistand, konnte ihm bezüglich seiner emotionalen Nöte nicht die gleiche einfühlsame Aufmerksamkeit und Zuwendung schenken, die er sich ersehnte, so dass die Beziehung zu ihr von Ambivalenz und Enttäuschungen geprägt war (Sutton 1996: 23). Da die Krankheit des Vaters mit so vielen gesellschaftlichen Stigmata behaftet war, wurde sie tabuisiert und verleugnet. Auch außerhalb der Familie musste er darüber schweigen und konnte sich niemandem anvertrauen.

Im Konzentrationslager wurde er aufs Neue von Lebensumständen überwältigt, die einen zutiefst entwürdigenden und beschämenden Charakter hatten. Dennoch gelang es Bettelheim, zu überleben. Diese erneuten traumatischen Erlebnisse müssen ihn jedoch sehr in seinem Selbstbild des einzelgängerischen Außenseiters, der von seiner Umwelt nicht verstanden wird, bestätigt haben. Trotz seines überheblichen Tones gegenüber seinem ehemaligen Analytiker ist eine resignative Stimmung spürbar, die seine depressive Seite in den Vordergrund hebt: es war getan worden, was möglich war, mit dem Rest musste er alleine zurecht kommen. Es konnte niemand verantwortlich gemacht werden. Einen Vorwurf gegen seinen Analytiker (in Stellvertreterfunktion für die versagende Umwelt), der ihn in dieser Situation alleine ließ, hätte Bettelheim nur richten können, wenn er sich nach seinen Konzentrationslagererfahrungen noch einmal in Analyse begeben hätte. Er hätte, wie Eissler es formulierte, „seine private Analyse um ein „Stück“ Lehranalyse ergänzen müssen“ (Sutton 1996: 274), und hätte sich dabei den Status eines Psychoanalytikers auf unumstrittene Weise gesichert. Dass Bettelheim diesen Schritt nicht unternahm, lässt eine aus wiederholten leidvollen Enttäuschungen und Versagungen herrührende narzisstische Problematik vermuten, auf die Durst (1995: 26) hinweist:

„ Für die Überlebenden, die durch die Hölle gegangen sind, während dies so vielen anderen erspart geblieben ist, bedeutet das Sich-in-Behandlung-Begeben unter anderem, das Gefühl für die eigene Einzigartigkeit, das Gefühl der Omnipotenz (das als fehl geschlagene Abwehr gegen die beschämenden Erinnerungen an die durchgemachten Erniedrigungen und gegen die Schuldgefühle dient), aufzugeben."

Bettelheim greift das Dilemma einer therapeutischen Behandlung nach einer so schweren Traumatisierung selbst auf:

> „Das ist ja auch das Hauptproblem in der Behandlung von ehemaligen Konzentrationslagerhäftlingen. Haben sie einen Therapeuten, der es nicht selbst erlebt hat, geht die Therapie nicht recht. Haben sie einen Therapeuten, der selbst im Lager war, der hat zu viele eigene psychologische Probleme, die das Gespräch darüber wachrufen" (Sutton 1996: 287).

Durst beschreibt die Belastungen, die sich aus dieser Situation mit ihrer speziellen Übertragungs- und Gegenübertragungsproblematik ergeben, folgendermaßen:

> „Im therapeutischen Kontakt, in dem Leben und Tod, Schuld- und Schamgefühle und die fortbestehende Trauer die Hauptthemen der Überlebenden sind, werden schwierige Situationen auf Grund von Misstrauen, Projektionen und Aggressionen entstehen" (1995: 27).

Er spricht von den „Schatten der Vergangenheit" im Zimmer des Therapeuten, verbunden mit Fragen, die sich die Therapeuten traumatisierter Patienten immer wieder aufs Neue stellen müssen:

> „Und was ist mit der Verschwörung des Schweigens? Werde ich es wagen, an die unterdrückten, schmerzhaften Erinnerungen des Überlebenden zu rühren, oder werde ich mich mit einer Abwehr nach Art der 'Büchse der Pandora' selbst beruhigen? Wenn wir Menschen gegenübertreten, die einen großen Verlust erlitten haben, scheinen wir unfähig zu sein, ihnen zu helfen, und um uns das Leben leichter zu machen, machen wir uns Gedanken darüber, ob wir sie mit ihren Gefühlen belasten sollen oder nicht. Wir fragen uns, ob dies nicht ihr Leid vermehren würde, anstatt zu mindern" (ebd.).

Kestenberg spricht von einer Latenzphase, der es bedurfte, bis man sich den psychischen Problemen der Überlebenden widmen konnte:

> „ Die Welt war darauf eingestellt, den Überlebenden materielle Hilfe zu geben: ein Dach über dem Kopf und genügend Mittel, damit sie sich ökonomisch rehabilitieren könnten. Falls ihre Gesundheit gelitten hat, wollte man sie medizinisch rehabilitieren. Niemand kümmerte sich im Ernst um ihre psychischen Leiden ...
>
> Vielleicht war diese Vernachlässigung notwendig, nicht nur, um den Überlebenden zu zeigen, dass sie selbstständig werden mussten, sondern auch, um es Psychiatern und Fürsorgern zu ermöglichen, eine seelische Distanz zum Problem der Überlebenden und ihren Verfolgern zu gewinnen. Jeder von uns hat an einer Latenzperiode gelitten, in der wir verleugnen und verdrängen mussten, dass es Gräuel gab, die die Grausamkeit der Grimm'schen Märchen und die Fantasien der Psychotiker in den Schatten setzten. Innerlich fühlten wir uns schuldig, schuldig an den Gräueln. Wir haben uns auch geschämt. Deutsche haben sich geschämt, dass die Gräuel in ihrem Lande stattgefunden haben; die anderen haben sich geschämt, dass die Opfer keinen Widerstand zeigten und die Erniedrigungen erduldet haben" (1987: 40).

Kestenberg betont, wie sehr sich die Überlebenden schützen mussten, um nicht ihre Würde aufs Neue zu verlieren. Viele von ihnen hatten Angst vor einem nicht aushaltbaren oder nie endenden Schmerz, wenn sie sich einer therapeutischen Situation und dem damit verbunden Trauerprozess stellen würden. Sie brauchten ihre Kraft, um sich ein neues Leben aufzubauen und Familien zu gründen. Sich in eine therapeutische Analyse zu begeben, d. h. die Bildung einer emotionalen Abhängigkeit zuzulassen, war vielen Patienten nicht möglich, da gerade diese Fähigkeiten am meisten angegriffen und beschädigt worden waren. Pines (1986) hat in ihrer Darstellung des Behandlungsverlaufs der Analysen von zwei überlebenden Frauen beschrieben, welche außerordentlichen Umstände und Maßnahmen der Vertrauensbildung dazu geführt hatten, dass diese Patientinnen sich schließlich in Analyse begeben konnten und welche affektiven Belastungen in den Übertragungs- und Gegenübertragungsprozessen durchgestanden werden mussten, bevor sich Behandlungserfolge einstellen konnten. Fürchtete sich Bettelheim zu sehr vor einer solchen Konfrontation, um sich noch einmal in eine abhängige Beziehung im Rahmen einer Lehranalyse begeben zu können? War es der unfreiwillige Analyseabbruch, der dazu beitrug, dass er sich nicht noch einmal einer analytischen Selbsterfahrung unterziehen wollte? War es die Umwelt, die, wie Kestenberg, Simitis (1979) und andere Autoren es beschreiben, auch in analytischen Kreisen noch nicht bereit war, sich mit einem Überlebenden wie Bettelheim zu konfrontieren? Gab es auch dort noch eine zu große „Kluft zwischen den sich Schämenden und den Beschämten" (Kestenberg 1987: 41), die Bettelheim veranlassten, nach eigenen Lösungen zu suchen? Bettelheim schlug vor, dass Überlebende eigene Gruppen nach dem Prinzip eines Selbsthilfemodells bilden sollten.

Er selbst schlug jedoch einen anderen Weg ein. Nachdem er im Frühjahr 1939 aus Buchenwald entlassen worden war und kurz darauf in den Vereinigten Staaten eintraf, begann er 1940 mit der Niederschrift seines Artikels *„Individuelles und Massenverhalten in Extremsituationen"* (1980 b). Diese Arbeit, die er zahlreiche Male überarbeitete, konnte wegen der äußeren Widerstände, auf die er zunächst bei seinen Publikationsversuchen stieß, erst 1943 veröffentlicht werden. Auf Eisenhowers Anordnung wurde sie als Pflichtlektüre in der Armee verwendet, um amerikanische Soldaten darüber aufzuklären, was sie bei den Befreiungsaktionen in Europa erwartete (Sutton 1996: 289). Bettelheims vordringlichstes Motiv für die Niederschrift waren aufklärerische Zwecke gewesen. Diesen aufklärerischen Absichten lagen jedoch, wie er später beschrieb, tiefergehende persönliche Motive zu Grunde:

> „Mein Wunsch, die Leute zum Begreifen zu bringen, erhielt einen entscheidenden Antrieb durch mein Bedürfnis, selbst zu ergründen, was mit mir in den Lagern geschehen war, denn nur so konnte ich diese Erfahrung intellektuell bewältigen. Unbewusst jedoch, und das habe ich damals nicht erkannt, stellten meine Bemühungen den Versuch dar, diese niederschmetternde Erfahrung nicht nur intellektuell, sondern auch emotional zu bewältigen, denn ich war nach wie vor - und viel mehr, als ich mir bewusst eingestehen wollte - der Gefangene dieser Erfahrung. Trotz der Albträume, die ich damals Nacht für Nacht von den Lagern hatte, trotz der großen Angst, die mich Tag für Tag überfiel, wenn ich an das Schicksal der anderen dachte, denen in den Lagern die Folter, der Hunger, der Tod drohte (einer Tatsache, der ich mir durchaus bewusst war), versuchte ich mir einzureden, dass die Tatsache, als Häftling in einem KZ gewesen zu sein, keine bleibenden psychischen Folgewirkungen haben würde. Erleichtert wurde mir diese Selbsttäuschung durch die Tatsache, dass ich selbst freigekommen war, und dass auch die Menschen, die mir am liebsten waren, die deutschen Grenzen hinter sich gebracht hatten. Unbewusst hoffte ich wahrscheinlich, dass ich als Folge auf die Niederschrift und Veröffentlichung dieses Artikels in der Lage sein würde, die Lagererfahrung hinter mich zu bringen, um mich dann emotional weniger belastenden Themen zuzuwenden" (1980 a: 24).

Die emotionale Bewältigung dieser Erfahrungen blieb eine Aufgabe, die Bettelheim sein Leben lang beschäftigte. Obwohl seine Lebenspläne eher auf eine Lehr- und Forschungstätigkeit ausgerichtet waren, die sich nicht realisieren ließen, fand er mit der Leitung der Orthogenic School, die ihm 1944 angeboten wurde, den für ihn passenden Ort, an dem er als Therapeut heilsame Veränderungen bei seinen Patienten herbeiführen konnte und sich doch gleichzeitig in der probeweisen Identifizierung mit seinen Patienten aus seiner helfenden Rolle in die eines geängstigten und traumatisierten Kindes oder die des zutiefst verstörten, von den Schrecken der Gewalt nahezu um den Verstand gebrachten Lagerhäftlings begeben konnte. Auf diese Weise fanden die Bemühungen um eine Aufarbeitung seiner Lagererfahrungen in seiner therapeutischen Tätigkeit eine Fortsetzung, in der er sich nun verstärkt auf der emotionalen Ebene mit diesen Problemen konfrontierte. Jedoch auch seine Kindheitserfahrungen spielten eine große Rolle dabei, dass er sich verstörten und unglücklichen Kindern mit besonderer Hingabe zuwandte.

Auf den engen Zusammenhang zwischen den eigenen unglücklichen Kindheitserfahrungen und der Motivation, eine therapeutische Aufgabe zu erfüllen, wies Bettelheim explizit in „*Themen meines Lebens*“ (1990 c) hin. Implizit ist er an vielen Stellen seines Werkes zu finden, insbesondere in den Falldarstellungen, in denen er in einer Weise über die innere Einsamkeit, den Zorn und die Verzweifelung der Kinderpatienten schreibt, die starke identifikatorische Momente erkennen lasssen. Auch finden sich darin biografische Elemente, die auf Aspekte aus seinen Kindheitsbeziehungen zu seinen Eltern, insbesondere seiner Mutter, hinweisen. Sein 1967 veröffentlichtes Buch mit dem Orginaltitel „*The Empty Fortress*“ (deutsch 1977: „*Die Geburt des Selbst*“) lässt Assoziationen an Tonbandaufzeichnungen Bettelheims anklingen, wo er über seine Kindheit und Jugend sprach. Dort beschrieb er, wie er sich als Jugendlicher tagelang in seinem Zimmer einschloss und dort regungslos im Dunkeln verharrte (Sutton 1996: 79). Bettelheims besondere Hinwendung zu Patienten, die sich von der Welt abwandten und jegliches Interesse am Leben verloren zu haben schienen, hatte also nicht nur einen direkten Bezug zu den so genannten „Muselmännern“ in den Lagern, wie Bettelheim selbst hervorhob (1977: 85) sondern auch zu einer besonders unglücklichen Phase während seiner Adoleszenz, in der ihn seine Verzweifelung und sein Zorn in eine innere Isolation trieben. In dem geschützten therapeutischen Mileu der Orthogenic School konnte er sich mit Hilfe seiner Selbstbeobachtung ein Maß von empathischer Einfühlung und Zuwendung erlauben, das ihn in bedrohteren Situationen, vor allem der Lagerumgebung zu sehr in Suizidgefahr gebracht hätte.

Mit seiner therapeutischen Arbeit leistete er reparative Dienste, die sich nicht allein auf das Überleben im Konzentrationslager bezogen, sondern vermutlich auch auf die Überlebensschuld gegenüber seinem schwer kranken Vater. Mit den Fragen des Überlebens und einer damit verbundenen speziellen Verantwortung, die in Widergutmachungswünschen zum Ausdruck kommen können, beschäftigt sich Bettelheim sehr ausführlich in „*Erziehung zum Überleben*“ (1980 a).

In seinem Kapitel „*Überleben*“ widmet er sich der Frage, ob man als Überlebender verpflichtet ist, zu beweisen, dass man es wert war, gerettet zu werden:

> „Das Überleben scheint auch ein verschwommenes, aber ganz spezielles Verantwortungsgefühl hervorzurufen. Es beruht darauf, dass das, was eigentlich das Geburtsrecht des Menschen sein sollte - ... -, als unverdienter , unerklärlicher Glücksfall erlebt wird ..., und so hat es den Anschein , als sei dies zu irgendeinem unergründlichen Zweck geschehen.
>
> Ich widerspreche insbesondere der Vorstellung, dass irgendjemand, darunter der Überlebende, die Pflicht hätte, beweisen zu müssen, dass er der Rettung wert war, und wenn auch aus keinem anderen Grund, dass damit irgendwie impliziert wird, dass diejenigen, die umgekommen sind, der Rettung nicht wert waren. Während aber das Überleben keine besondere Verpflichtung nach sich zieht, ist es dennoch eine höchst außergewöhnliche und schwere Last; es ist, ... 'ein Problem, das man nicht lösen kann, sondern mit dem man Leben muss'" (1980 a: 36).

Wie sehr ihm die Arbeit an der Orthogenic School in befruchtender und produktiver Weise zur Selbstanalyse und zur Bearbeitung eigener traumatischer Erfahrungen diente, die ihn anspornte und seine reparativen Wünsche befriedigte, lässt sich an der Zahl von Bettelheims Veröffentlichungen erkennen, wie auch daran, wie viele Jahre er hier verbrachte. Bezüglich der Widersprüche, auf die er gestoßen war zwischen dem prägenden sozialen Umfeld auf der einen Seite, und dem prägenden Einfluss durch die frühsten Objektbeziehungen auf der anderen Seite, versuchte er Lösungen zu finden, die beide Aspekte miteinander vereinten. Bedeutsame und häufig sehr langjährige Objektbeziehungen wurden in einer Umgebung dargeboten, die sorgfältig auf die besonderen Bedürfnisse des gestörten Kindes oder Jugendlichen abgestimmt waren.

Für die Konzeption des speziellen therapeutischen Milieus nutzte er seine vorhergehenden Analysen der Lagerwelt, in denen er versucht hatte, systematisch aufzuschlüsseln, welche der dort herrschenden Strukturen und Bedingungen dazu beitrugen, dass sich innerhalb von kürzester Zeit Persönlichkeitsveränderungen unter den Häftlingen vollzogen, die von rapidem psychischen Verfall gekennzeichnet waren. Im Gegensatz zu dieser Totalität von zerstörerischen Rahmenbedingungen konzipierte er ein therapeutisches Umfeld, dessen Strukturen für Kinderpatienten, die unter psychischer Desorientierung und Realitätsentfremdung litten, besonders geeignet schien, um sie zu entlasten und ihnen eine Orientierungshilfe zu bieten.

Die geeignetste Vorraussetzung hierfür schien ihm eine möglichst einfach strukturierte, übersichtliche und leicht durchschaubare schützende Umwelt. Hierin sollte die größtmögliche Konzentration auf die innerpsychischen Wachstums- und Reifungsprozesse gerichtet werden, ohne sie durch zu hohe Anforderungen in der Bewältigung des Alltags abzulenken. Dem Grad der Störungen der Kinderpatienten entsprechend wurde in den therapeutischen Interventionen weniger Deutungen als ich-stützende Maßnahmen angeboten, sowie Erfahrungen im Zusammenleben, die als korrektive emotionale Erlebnisse genutzt werden konnten.

Die Einfachheit und Durchschaubarkeit der Strukturen in der therapeutischen Institution, in der die Türen nach außen für die Patienten nie verschlossen waren, die Außenwelt aber nicht unbehindert eindringen konnte, stellte das Gegenkonzept zur Lagerwelt dar, wo die Gefangenen in eine von ihren Strukturen und Entscheidungsprozessen her anonyme und undurchschaubare Welt eintraten, die sie nicht wieder verlassen konnten.

Auch für die Mitarbeiter sollte ein Klima der Offenheit, Transparenz und gegenseitigen Unterstützung die tägliche sehr belastende Arbeit der Rundumbetreuung der Patienten erleichtern. Intensiver Erfahrungs- und Informationsaustausch in der Zusammenarbeit, wie auch supervisorische Angebote wurden konzeptionell so verankert, dass jeder Mitarbeiter Einblick in therapeutische Verläufe und Entscheidungsprozesse gewinnen konnte. Die Vorgabe, dass grundsätzlich Rücksicht auf das schwächste Glied genommen werden musste, war die Umkehrung des Selektionsprinzips in den Lagern und stellte auch manche Prinzipien der Leistungsgesellschaft auf den Kopf. Eine heterogene Zusammenstellung der Gruppen bezüglich des Alters der Patienten, der Pathologie und des allgemeinen Entwicklungsstandes stellte große Anforderungen an die Patienten im täglichen Zusammenleben, regte jedoch wichtige Lernprozesse im sozialen Verhalten an. Auch unter den Mitarbeitern war es unabdinglich, dass Verantwortung in einer Weise geteilt wurde, dass neuere und unerfahrenere Mitarbeiter durch erfahrene gestützt wurden, wie es auch jedem Mitarbeiter möglich war, in schwierigen Situationen Hilfe durch einen hiefür bereitstehenden Mitarbeiter zu erhalten.

Die Strukturen der Orthogenic School wurden in jahrelanger Erprobung mit begleitender Forschungstätigkeit Schritt für Schritt erarbeitet. Wie dieses Modellprojekt bis ins Detail durchdacht und den Erfordernissen seines Klientels angepasst wurde, hat Bettelheim ausführlich in „*Liebe allein genügt nicht*“ (1990 b; original „*Love is not Enough*“ 1950) und „*Der Weg aus dem Labyrinth*“ (1978; original „*A Home for the Heart*“ 1974) dokumentiert. Bei der Entwicklung eines psychoanalytisch orientierten Behandlungsansatzes in Verbindung mit dem milieutherapeutischen institutionellen Rahmen sind die Einfüssse aus dem Wiener Kreis um Anna Freud, August Aichhorn, Peter Blos und all jenen, die sich in den frühen 30er-Jahren der Kinderanalyse und den Konzepten fortschrittlicher Kindererziehung und Pädagogik widmeten, deutlich zu spüren. Auch setzte sich Bettelheim mit zahlreichen kritischen Strömungen der 50er-, 60er- und frühen 70er-Jahre auseinander, die sich mit Reformen im Bildungs- und Erziehungsbereich und im Gesundheitswesen befassten, darunter Konzepte dynamischer Psychiatrie, der antipsychiatrischen Bewegung, wie auch der antiautoritären Erziehung.

Bettelheims ausführliche Falldarstellungen in „*So können sie nicht leben*“ (1991; original: „*Truants from Life*“ 1955) und „*Die Geburt des Selbst*“ (1977; original: „*The Empty Fortress*“ 1967) geben trotz der idealisierten und geglätteten Form der Darstellung einen guten Einblick in seine Behandlungsmethode. Dies war jedenfalls mein persönlicher Eindruck als ich 1981 als Mitarbeiterin an der Orthogenic School eingestellt wurde. Sieben Jahre nachdem Bettelheim die Leitung der Orthogenic School an seine langjährige Mitarbeiterin, Jacquelyn Sanders übergeben hatte, strahlte diese Institution sehr viel von den maßgeblichen therapeutischen Einstellungen und Grundsätzen, wie sie Bettelheim in seinen Veröffentlichungen beschrieben hatte, aus. Sie spiegelte sich in der Haltung der Mitarbeiter wieder und verlieh der Einrichtung eine Atmosphäre, die trotz der Heterogenität der Persönlichkeiten, die hier wirkten und lebten, eine Einheitlichkeit in den therapeutischen Entscheidungen und Vorgehensweisen aufwies. Dies ermöglichte ein sehr hohes qualitatives Niveau der Patientenversorgung. Die Stärken dieses Behandlungsmodelles für Kinder und Jugendliche, für die eine therapeutische Behandlung ausschließlich in einer langfristigen stationären Einrichtung indiziert erschien, lag meines Erachtens in dem Maß an individueller Zuwendung und Fürsorge, was hier gewährleistet wurde und der besonderen Aufmerksamkeit, mit der man die Entwicklung jedes einzelnen Patienten beobachtete und individuell förderte.

Ausgehend vom psychoanalytisch orientierten theoretischen Denkansatz wurde eine Bereitschaft signalisiert, sich mit den symptomatischen Verhaltensauffälligkeiten und pathologischen Beziehungsmustern der Patienten in einer Weise auseinanderzusetzen, die neben den therapeutischen Fähigkeiten ein hohes Maß an persönlichem Einsatz, Belastungsfähigkeit und Verantwortung von jedem Mitarbeiter erforderte, wie auch die Bereitschaft und die Toleranz, innerpsychischen Wachstums- und Entwicklungsprozessen lange Zeiträume zu gewähren und diese entsprechend zu begleiten.

Dennoch möchte ich mich den Fragen des Patientenmissbrauchs nicht entziehen. Arbeitet man mit hochgradig gestörten Patienten, so sind gewisse Risiken, insbesondere die Möglichkeit eines Scheiterns in der Behandlung einzelner besonders hoch. Auch unter günstigsten Rahmenbedingungen ist ein therapeutisches Versagen in Situationen, wo heftiges Agieren gepaart mit hochgradig destruktiven und selbstdestruktiven Verhaltensweisen „zur Tagesordnung" gehören, unabdingbar. In erfolgreichen Behandlungsverläufen ist dieses Versagen partiell. Es findet besonders dann Eingang in das Behandlungsgeschehen, wenn der Patient genügend Sicherheit verspürt, um das ursprüngliche Umweltversagen, das für ihn so nachhaltige Folgen hatte, im therapeutischen Setting so lange wieder zu beleben und zu reinszenieren, bis es einer Aufarbeitung und Umgestaltung zugänglich wird, die mit einer wachsenden Persönlichkeitsreifung und Integration einhergehen.

Folgt man den Missbrauchsbeschreibungen, die nach Bettelheims Tod so viel Aufsehen erregten, so sind sie in der Form, wie sie dargestellt wurden, kaum nachvollziehbar. Die Vielzahl der Jahre, die verstrichen sind, seit Bettelheim 1973 die Leitung der Orthogenic School niederlegte und damit auch nicht mehr im direkten Patientenkontakt stand, lässt die Aufmerksamkeit sehr auf den Zeitpunkt und die Auslöser der Vorwürfe schwenken und darüber spekulieren, welch enorme Betroffenheit und heftige Gefühlsregungen, darunter vermutlich auch die massiver Angst und existenzieller Bedrohung, der Suizid eines Therapeuten bei seinen Patienten auslösen kann, da diesem ja auch immer die Rolle eines Vorbildes und Hoffnungsträgers zugewiesen wird. In diesem Kontext scheinen mir die Vorwürfe einer wie auch immer gearteten missbräuchlichen Behandlung und die an Bettelheims Person gerichteten Vorwürfe der Lüge und des Betruges eine weitaus einfühlbarere Form einzunehmen als in den von den Patienten beschriebenen einzelnen Fehlhandlungen oder gewaltsamen Grenzüberschreitungen, der er bezichtigt wurde.

Doch sollte hier auch noch einmal das Augenmerk auf Bettelheims depressive Persönlichkeitsstruktur gelenkt werden. Wie an seinem Gesamtwerk zurückzuverfolgen ist, setzte sich Bettelheim auf das Intensivste mit den Folgen der Lagerhaft auseinander und tat dies nicht nur in seinen Schriften, sondern in jahrzehntelanger sehr schmervoller Selbstanalyse. Er wusste genau über die Mechanismen der Projektion, der Introjektion und der Identifizierung mit dem Aggressor Bescheid, und konnte dieses Wissen, das er aus seiner Selbstkenntnis schöpfte, auf manchmal einzigartige Weise für die empathischen Einfühlung in das Denken und Handeln der hoffnungslosesten und gewalttätigsten unter seinen Kinderpatienten nutzen. Auch hatte er eine große Gabe, therapeutisch tätige Mitarbeiter an diesen Kenntnissen teilhaben zu lassen und sie mit großer Hingabe und Geduld an die innerpsychischen Szenarien dieser Kinderpatienten heranzuführen.

Dennoch wird sichtbar, wie er sich seinen Depressionen und den Folgen der Lagerhaft mit zunehmenden Alter immer weniger erwehren konnte. Mit dem Sinken der eigenen Lebenskräfte, der Konfrontation mit Krankheit und gravierendem Verlust kehrten die „Schatten der Vergangenheit", wie Durst sie so plastisch beschrieb, in immer bedrohlicherer Form in sein Leben zurück. Es ist denkbar, dass dieser Prozess schon während der letzten Jahre seiner Tätigkeit an der Orthogenic School vermehrt zu spüren war, als er sich an die für ihn recht schmerzvolle Aufgabe machte, sich nach 3 Jahrzehnten höchst produktiver Arbeit, die die Quintessenz seines Lebenswerkes darstellte, aus seiner Leitungsfunktion und den therapeutischen Kontakten zurückzuziehen und eine Übergabe vorzubereiten. Dass in diesem für Bettelheim so verlustreichen und von Ambivalenz gekennzeichneten Prozess der Trennung die Arbeit mit den Patienten enorm schwierig wurde und er manchen Auseinandersetzungen nicht mehr gewachsen war, ist durchaus nachvollziehbar. Auch dass er in dieser Situation vermehrt in den Übertragungs- und Gegenübertragungsprozessen die Rolle des „Täters" zugeordnet bekam und diese Rolle auf Grund seiner Schuldgefühle und inneren Konfliktsituation nicht ertragen konnte, d. h. sich heftig wehrte und sein Jähzorn und seine aggressiven Impulse, die er sonst beherrschte, vehement durchbrachen, ist denkbar. Aus einer inneren Gefühlslage heraus konnte er vermutlich nicht anders gehen, als mit einer riesigen Schuld beladen, und er erlitt dabei einen enormen Verlust. Wahrscheinlich ist dies die größte Tragik seines Lebens, dass am Ende die Bilanz, aus seiner Sicht, so negativ war.

Bettelheim hat mittels seiner therapeutischen Arbeit und in seinen Schriften auf wichtige Aspekte im Erleben gravierender traumatischer Lebensereignisse und deren Bewältigung hingewiesen. Der Weg, den er wählte, um die Folgen der Traumata, die ihm während seiner Kindheit und der Zeit der Verfolgung und Inhaftierung widerfuhren, zu verarbeiten und seinem Leben einen erneuten Sinn durch reparative Leistungen zu verleihen, ermöglichte ihm Einblick in psychische Prozesse sowohl aus einer inneren Position des „Opfers" wie auch aus der eines psychoanalytisch versierten „Helfenden", der seine Beobachtungen sorgfältig analysierte und dokumentierte. Hierbei errang er beachtliche Erfolge, die sowohl seine sublimatorischen wie auch seine kreativen Fähigkeiten unter Beweis stellten. Dennoch zeigt seine Biografie, stellvertretend für viele Holocaustopfer, denen ähnliche oder noch gravierendere Traumata zugefügt worden waren, dass das Maß an Persönlichkeitsreintegration und erfolgreicher Anpassung, dass er sich errang, keine unveränderliche Konstante darstellte, sondern erheblichen Schwankungen unterlag, die abhängig davon waren, welche Veränderungen sich zum Positiven oder Negativen, z. B. durch erneute Schicksalsschläge, Verluste und Einbußen durch Krankheit und Alter ergaben (Durst 1995; Grubrich-Simitis 1979; Kestenberg 1986; Pines 1987 und andere).

## Literatur

Bettelheim, B. (1977): Die Geburt des Selbst. München: Kindler

Bettelheim, B. (1978): Der Weg aus dem Labyrinth. Stuttgart: Deutsche Verlags-Anstalt

Bettelheim, B. (1980 a): Erziehung zum Überleben. Stuttgart: Deutsche Verlags-Anstalt
Bettelheim, B. (1980 b): Individuelles und Massenverhalten in Extremsituationen.
Bettelheim, B. (1990 a): Freuds Vienna & other essays. New York: Alfred A. Knopf
Bettelheim, B. (1990 b): Liebe allein genügt nicht. Stuttgart: Klett-Cotta
Bettelheim, B. (1990 c): Themen meines Lebens. Stuttgart: Deutsche Verlags-Anstalt
Bettelheim, B. (1991): So können sie nicht leben. München: Deutscher Taschenbuch Verlag
Bettelheim, B. (1995): Aufstand gegen die Masse. Frankfurt am Main: Fischer
Broser, S. & Pagel, G. (Hrsg.) (1987): Psychoanalyse im Exil. Würzburg: Königshausen & Neumann
Durst, N. (1995): Die Einsamkeit im Alter. In: L. M. Tas & J. Wiese (Hrsg.) (1995)
Ekstein, R. (1994): Mein Freund Bruno (1903 - 1990). Wie ich mich an ihn erinnere. In: R. Kaufhold (Hrsg.) (1994)
Fischer, D. J. (1994): Hommage an Bettelheim (1903 - 1990). In: R. Kaufhold (Hrsg.) (1994)
Grubrich-Simitis, I. (1979): Extremtraumatisierung als kumulatives Trauma. In: Psyche 33: 991 - 1023
Kaufhold, R. (Hrsg.) (1994): Annäherung an Bruno Bettelheim. Mainz: Grünewald
Kestenberg, J. S. (1987): Die Kinder der Verfolgten. In: S. Broser & G. Pagel (Hrsg.) (1987)
Koelbl, H. (1998 a): Bruno Bettelheim. In: H. Koelbl (1998 b)
Koelbl, H. (1998 b): Jüdische Portraits, Fotografien und Interviews. Frankfurt am Main: Fischer
Pines, D. (1986): Working with women survivors of the holocaust: affective experiences in transference and countertransference. In: International Journal of Psychoanalysis 67: 295
Sterba, R. (1985): Erinnerungen eines Wiener Psychoanalytikers. Frankfurt am Main: Fischer
Sutton, N. (1996): Bruno Bettelheim. Auf dem Weg zur Seele des Kindes. Hamburg: Hoffmann und Campe
Tas, L. M. & Wiese, J. (Hrsg.) (1995): Ererbte Traumata. Göttingen: Vandenhoeck & Ruprecht
Winnicott, D.W. (1988 a): Hass in der Gegenübertragung. In: D. W. Winnicott (1988 b)
Winnicott, D. W. (1988 b): Von der Kinderheilkunde zur Psychoanalyse. München: Kindler

# Zur Psychologie des Überlebens im Konzentrationslager

*Ernst Federn*

## Einleitung

Es gibt nur wenige psychoanalytisch geschulte Menschen, die das Konzentrationslager überlebt haben. Mit 7 Jahren bin ich wohl der Einzige. Primo Levi (1988) hat mit Recht festgestellt, dass nur ein Häftling, der eine privilegierte Stelle hatte, überleben und nach der Befreiung auch über seine Erlebnisse schreiben konnte. Es muss auch betont werden, dass die Todeslager in Polen nicht dasselbe waren, wie die Konzentrationslager in Deutschland. Auch diese waren verschieden in Charakter und Größe. Was ich also von Buchenwald berichten werde, gilt keinesfalls für alle Lager. Bruno Bettelheim, der nur 9 Monate inhaftiert war, war der Erste, der über psychologische Verhältnisse berichtet hat (Bettelheim 1943). Diese Bemerkung ist nötig, um das nun Folgende zu verstehen.

## 1 Drei der wichtigsten psychologischen Elemente des Überlebens im Konzentrationslager

Auf die Frage, wie ich diese 7 Jahre überlebt habe, kann ich nur antworten: 90 % Glück und 10 % meine *Einstellung zum Leben*. Über diese soll berichtet werden und dann werde ich über einen *allgemeinen seelischen Zustand* schreiben, den ich der Psychoanalyse verdanke. Ferner soll der *Bedeutung der Homosexualität* Rechnung getragen werden. Damit glaube ich, die wichtigsten Elemente psychologischer Art angeführt zu haben. Natürlich gab es auch eine Reihe anderer.

Der Begriff des Narzissmus stammt nicht von Sigmund Freud, er hat ihm aber eine neue und sehr wichtige Bedeutung gegeben. Mit Narzissmus ist die Besetzung von Libido auf das eigene Ich gemeint. Libido nannte Freud den sexuellen Trieb, der von Geburt an im Menschen vorhanden ist und offenbar von Hormonen gesteuert wird. Diese revolutionäre Entdeckung Freuds wird nur von einer Minderheit der Psychologen anerkannt und das wahrscheinlich nur im deutschen Sprachgebiet. Da das Englische den Begriff Trieb nicht kennt, hat die Englische Schule der Psychoanalyse diese Theorie Freuds aufgegeben und beschäftigt sich mit den „Subjekt-Objekt"-Beziehungen im menschlichen Leben. Das deutsche Wort „Trieb" wurde mit Instinkt übersetzt, was einfach unrichtig ist, denn Instinkt ist ein physiologischer Begriff, ein körperlicher Zustand, Trieb aber ist ein psychologischer mit körperlichen Verbindungen. Wenn ich also sage, dass ich im Wesentlichen meine seelische Einstellung meinem Narzissmus verdanke, so spreche ich mit psychoanalytischem Vokabular. Anders ausgedrückt, war ich ein von mir fest überzeugter, im Grunde außerordentlich eingebildeter junger Mann, der überzeugt war, nicht nur ein großes

Genie zu sein, sondern auch, dass mir nichts geschehen könne. Ich verglich mich mit Cäsar und sagte meinen Freunden im Lager: „Du fährst den Cäsar und sein Glück", gemäß jener Anekdote, die berichtet, dass Cäsar diese Worte den verzweifelten Matrosen im Sturm auf der Straße von Otranto zurief. Bekanntlich überstand das Schiff den Sturm, Cäsar landete, besiegte Pompeus und gewann die Herrschaft über die damalige Welt. Wenn ich mein politisches Bulletin am Sonntagvormittag meinen Freunden vortrug, sagte ich immer: „Ich und Churchill sagen euch." Nach der Befreiung sagten die mit mir Entlassenen: „Du warst verrückt, aber es war so gut, dir zuzuhören." Ich war immer überzeugt, dass ich überleben werde, wenngleich bei der Ankunft in Buchenwald ich dessen nicht ganz so sicher war. Das dauerte aber nur kurz.

Psychoanalytisch gesehen war mein Verhalten extrem narzisstisch, widersprach der Realität und der Wahrscheinlichkeit, denn von meinem Transport haben nur 6 % überlebt. Nicht psychoanalytisch gesehen, war ich ein junger Mann mit der festen Überzeugung zu großen Taten bestimmt zu sein und den Helden meiner damaligen Zeit, Napoleon, Cäsar, Trotzky und anderen berühmten Männern gleich zu sein. Tatsächlich verbrachte ich von den 7 Jahren in Buchenwald und Dachau 2 Monate mit Erfrierungen an Händen und Füßen im Spital, war 5 Monate Latrinenbauer und Chlorkalkstreuer, 3 Jahre, von November 1939 - April 1942, war ich Nachtwächter und von August 1942 - April 1945 Maurer. Ich war also nur einige wenige Monate der SS-Truppe ausgesetzt und wurde mit kurzen Ausnahmen, zu guten Arbeitskommandos geholt, da ich ein breites Wissen gut vortragen konnte. Da ich in den Lagern als Sohn eines berühmten Psychoanalytikers bekannt war, wurde ich auch als ein solcher betrachtet und die stalinistische Leitung des Lagers, der ab 01. 02. 1939 Buchenwald übergeben wurde, gab als Weisung an die politischen Lagerinsassen aus, dass mit mir als Trotzkisten zwar nicht politisiert werden, wohl aber über Psychoanalyse gesprochen werden darf. Ich kann natürlich nur über mich berichten, wie weit andere mit ähnlichen psychischen Verhältnissen ihr Überleben gestaltet haben, kann ich nicht sagen.

Ein ganz anderes psychisches Verhalten hat zweifellos vielen Gefangenen dazu gedient, am Leben zu bleiben. Die Identifizierung mit dem Angreifer, ein von Sandor Ferenczi und Anna Freud entdecktes und genau beschriebenes Verhalten von Kindern, hat Bettelheim berichtet. Ich habe in meinem Buch „*Versuche zur Psychologie des Terrors*" (1999) dieser Einstellung des Kindes eine allgemeine Gültigkeit auch für Erwachsene zugesprochen. Ich meine, dass der Durchschnittsmensch, wenn er einer Gefahr unabwendbar ausgesetzt ist, versucht, dieser Gefahr zu entgehen, indem er sich mit dem oder denen, der oder die sein Leben bedrohen identifiziert. Dieser Mechanismus ist ganz allgemein und überall zu bemerken, wo eine andere Abwehr oder eine Flucht nicht möglich ist. Das politische System des Dritten Reiches war ganz sicher eine Gewaltherrschaft und die Identifizierung überall zu bemerken, wo eine andere Form der Abwehr oder eine Flucht nicht möglich war. Das politische System des Dritten Reiches war ganz sicher eine Gewaltherrschaft besonderer Stärke. Nicht nur das allein, sondern auch, dass die Machtergreifung Adolf Hitlers von keiner Macht der Welt bekämpft worden war: die Kommunistische Partei und Sowjetrussland unterstützten sie, die Sozialdemokraten waren unbewaffnet und die Gewerkschaften versuchten mit ihm zu verhandeln. Das hat Hitler auch psychologisch so mächtig gemacht. Der größere Teil der Kirchen ließ ihn schalten und walten, die Bourgeoisie und der Großgrundbesitz unterstützten ihn. Der Terror war absolut. Nun wissen wir, dass viel mehr Menschen unter allen möglichen Ängsten und Zweifeln leben als allgemein bekannt ist. Unter solchen politischen Umständen identifizieren sich viel mehr Menschen mit dem Angreifer als in einem politischen System, das nur politische Gewalt ausübt, nicht aber auch das persönliche Leben und die persönliche Gesinnung unter Druck setzt. Die Folge ist, dass viele Menschen zu Spitzeln werden, um der Gefahr für Leib und Leben zu entgehen. Beispiele für eine solche Identifikation mit dem Gewaltregime Hitlers gab es viele und sie konnten im Lager immer wieder beobachtet werden.

In meinem Überleben hat sie allerdings keine Rolle gespielt. Das kann aber von der dritten psychischen Macht, die im Leben jedes Häftlings oder im Lager eine Rolle spielt, nicht gesagt werden. Etwa nach 2 Jahren, ohne Kontakt mit Frauen, bricht die in jedem bestehende Homosexualität aus dem Unbewussten heraus. Wäre eine solche Betätigung im Konzentrationslager nicht lebensgefährlich gewesen, hätte wohl auch ich mich mit einem der vielen jungen Burschen eingelassen, die für einen Laib Brot sofort gefällig gewesen wären. Blockälteste und andere Lagerfunktionäre waren weniger vorsichtig und die meisten hatten einen jungen Freund. Waren auch die meisten SS-Wachebeamten bereit dieses Verhalten zu ignorieren, so kam es immer wieder zu tödlichen Ausgängen solcher Verhältnisse. Die SS selbst war stark homosexuell eingestellt, da sie von den deutschen Mädchen vielfach abgelehnt wurde und unter starkem sexuellen Druck zu leiden hatte. Heinrich Himmler errichtete 1942, als Buchenwald zu einem Arbeitslager umfunktioniert wurde und das Ermorden von Häftlingen immer mehr nach Polen verlegt wurde, ein Bordell für „arische" Häftlinge anschließend an das Spital. Da ich mit seinem Telefonisten, einem alten Kommunisten aus Hamburg, der überlebte, befreundet war, erfuhr ich manches von den Vorgängen in diesem Bereich. Die Prostituierten waren alle beruflich als solche tätig gewesen und nicht politische Häftlinge, wie man anfänglich annahm. Sie standen auch der SS zur Verfügung. Interessanterweise gab es eine Reihe von Häftlingsfunktionären, die junge Gefangene den Prostituierten vorzogen. Dass die SS-Verwaltung die Rechnung der Bordellinsassinnen den Frauen der Häftlinge sandte, soll nur nebenbei erwähnt werden.

Was mich persönlich betrifft, so ist mir sehr bald klar geworden, dass ich meine Stellung als Nachtwächter der Tatsache verdanke, dass mein Blockältester, der von den Kommunisten 1942 ermordet wurde - er war als mitschuldig an Rudi Arndts Tod erklärt worden - in mich verliebt war. Diesen Zustand platonisch zu halten, war nicht ganz leicht. Bei einer Gelegenheit, wo ich einen Brotdiebstahl aufdeckte, wurde ich von ihm tatsächlich verprügelt. Als ich daraufhin in Tränen ausbrach, küsste und umarmte er mich. Diese Episode blieb aber ohne weitere Konsequenzen. Wenn Autoren behaupten, dass die Sexualität im Lager keine Rolle gespielt hat, so ist das natürlich für den sich zu Tode arbeitenden Häftling richtig. Die Lager hatten aber tausende von Insassen, die wohl genährt auf privilegierten Posten eingesetzt waren. Interessanterweise hatte die auch den privilegierten Gefangenen immer mögliche Ermordung durch die SS auf das sexuelle Verlangen keinerlei Einfluss.

## Schlussbemerkung

Ich habe versucht drei der wichtigsten seelischen Kräfte, die am Überleben entscheidend mitwirkten zu berichten. Was ich erlebt habe betrifft ausschließlich das Lager Buchenwald und in geringerem Maße Dachau. Die polnischen Todeslager und die vielen kleinen Lager in Deutschland, in denen ebenfalls die Häftlinge zu Tode gequält und misshandelt wurden, wie etwa das österreichische Lager Mauthausen, sind mir nur durch Berichte bekannt geworden.

Es gibt aber auch Berichte, von jenen wenigen Insassen, die auch diese Lager überlebt haben, die mit meiner Auffassung übereinstimmen.

## Literatur

Bettelheim, B. (1943): Individual and mass behaviour in extreme situations. In: Journal of Abnormal and Social Psychology 38: 417 - 452

Federn, E. (1999): Versuche zur Psychologie des Terrors. Gießen: Psychosozial

Levi, P. (1988): The drowned and the saved. London: Karnac

# Damals aber trennten uns Welten

*Vera Treplin*

## Einleitung

Während ich diesen Beitrag vorbereitete, war Krieg im Kosovo. Das hat es mir schwer gemacht, beim Eigenen zu bleiben. Leichter fiel es mir, mich mit den Kindern in den Lagern zu identifizieren. Manche spielten und lachten zwischen den Zelten, als wären sie auf einem Sonntagsausflug. Aber die Kinder haben auch Bilder gemalt, auf denen wir die Täter, ihre Taten und die Opfer sehen. Eines Tages werden diese Kinder der Sprache mächtig sein und erzählen können, was ihnen damals selbst geschah, wobei es möglich ist, dass sie die schlimmsten Bilder gar nicht mehr erinnern. Wichtig ist, dass die Welt, wenn auch nur bruchstückhaft, das Geschehen verfolgen konnte. Wir sind Zeugen geworden.

Theresienstadt - und „nur" bis dorthin bin ich gekommen - war ein Ort, der sich weder mit Buchenwald geschweige denn, mit einem Vernichtungslager gleichsetzen ließe. Theresienstadt, die „Große Festung", war ein Getto, ein Durchgangslager in den Tod, in dem vorwiegend gestorben wurde. Hingegen war die danebenliegende „Kleine Festung", das Gestapogefängnis von Prag, das meine Großmutter überlebt hat, ein Ort, an dem gemordet wurde. Aber dorthin bin ich nicht gekommen. „Gott sei Dank", könnte ich sagen, wenn ich glauben würde, dass Gott etwas damit zu tun hätte.

Weil ich von äußersten Schrecken verschont geblieben bin, habe ich - aus Respekt vor den „richtigen" Überlebenden - mich erst relativ spät bei ihnen eingereiht. Vor einiger Zeit traf ich Max Mannheimer, ein „richtiger" Überlebender, der in München recht bekannt ist, bei einem Abendessen: „Ach", meinte er lachend, „in Theresienstadt waren Sie! Da bin ich auch gewesen. Dort hat es mir aber nicht gefallen, deshalb bin ich schon 12 Tage später nach Auschwitz weitergereist." - Das ist vermutlich der einzige Witz, den ich nicht vergessen werde.

Hinzu kommt, dass ich weder als Kind noch als junge Frau jemals bestrebt gewesen wäre, mich mit dem entwürdigenden Status „Opfer" zu identifizieren. Was wäre das auch für eine Zukunftsperspektive gewesen, für jemanden, der so gierig auf Zukunft aus war, wie ich? Als ehemalige Verfolgte habe ich mich hingegen früh verstanden und immer Ausschau gehalten, wo die ehemaligen Verfolger sind. Als die meisten nach 40 Jahren immer noch nicht aufzuspüren waren, stattdessen aber einige ihrer Kinder begannen, die eigenen Eltern als Naziopfer zu identifizieren, bin ich sowohl zur Überlebenden als auch zum Opfer geworden, um die Grenze zu ziehen.

Wenn mein Thema lautet: „*Damals aber trennten uns Welten*", muss ich zur Herkunft dieser Formulierung etwas sagen: Sie entstammt einer schriftlichen Auseinandersetzung, die ich vor Jahren mit einer bekannten Psychoanalytikerin führte.

## 1 Gemeinsame Welt - Getrennte Erinnerung

In ihrem Vortrag mit dem Titel: *„Die Beschuldigung der Eltern löst nicht die Probleme der Kinder - Vergangenheitsbewältigung in Psychotherapie und Politik*“, hatte sie die Ansicht vertreten, nicht nur die Juden sondern auch die deutschen Soldaten seien Opfer des Holocaust geworden. Sie drückte es etwas vager aus: sie seien „dem Holocaust verfallen“, was immer das sonst noch heißen mag. Nun sei es an der Zeit, die Diskussion um Opfer und Täter, die in der Rolle der Opfer ohnehin identisch seien, zu beenden, um sich der Umweltproblematik zuzuwenden. - „Wann sie denn Opfer geworden sei!?“, war meine provozierende Frage. Denn, obwohl im selben Jahr - und im selben Land geboren, trennten uns - damals - doch Welten! Eine Trennung, die heute - im Nachhinein - gar nicht bestanden haben sollte?

„Wer eine Grenzsituation erfahren hat, der kennt die Schwierigkeit, mit der eigenen Identität fertig zu werden, sie zusammenzuhalten“, schreibt Ruth Klüger (1998: 147). In einem Land, in dem so lange geschwiegen wurde, und beim ersten Reden schon die Grenzen, wer Opfer und wer Täter war, eingerissen wurden, gerät das Problem, mit der eigenen Identität fertig zu werden, zu einem steten Balanceakt.

In den Augen vieler bin ich mit einem Makel behaftet: Ich kann mich erinnern, und meine Existenz erinnert andere an etwas, was sie lieber vergessen möchten. Solange ich schweige, bin ich eine von ihnen. Wenn ich mich zu erkennen gebe, setzt ein Automatismus ein: Plötzlich bin ich nicht mehr die, die ich eben noch war. Ich verliere meine individuellen Qualitäten und stehe für etwas: wie eine Schrift an der Wand, einem Menetekel vergleichbar. Bestenfalls löse ich nur Verlegenheit aus, schlimmstenfalls werde ich als eine wahrgenommen, die auch noch Wiedergutmachung einzuklagen scheint. In letzter Zeit identifiziert man mich - in einer Art Umkehrung der Entwertung - als eine lebende Anne Frank.

Immer aber fühle ich mich seltsam beschämt, so unwürdige Erfahrungen gemacht zu haben, während sich meine Mitbürger so verhalten, als hätten sie mit dem, was mir geschah, absolut nichts zu tun.

Aber ich stünde nicht hier, wenn ich nicht selbst noch in der Tätergeneration Menschen gefunden hätte, die bereit waren, über ihre Verstrickungen und Verfehlungen zu sprechen und Konsequenzen für ihr ganzes Leben daraus zu ziehen. Wollte ich also bei den Urhebern guter und stabilisierender Erfahrungen gnadenlos auch nach deren Vergangenheit fahnden, so fände ich mich möglicherweise am Ende in die gleiche prekäre Situation versetzt, die für die so genannten Kinder der Täter als typisch gilt: nicht sicher sein zu können, wer das Vorbild, der Erwachsene, wirklich war, weil verschwiegen wurde, was er damals getan oder zugelassen hatte. Aber auch das gehört zu meiner Identität, ist „Eigenes“ geworden und gerade deshalb irritierend. Also nicht die Inhaftierung in Theresienstadt hat mich lebenslänglich beschäftigt, sondern der Weg dorthin, dann das Leben, das ich mit diesem Hintergrund in diesem Land mit Menschen unterschiedlichster Einstellungen und Erfahrungen führe und geführt habe (Treplin 1997). Zuallererst - das will ich mit diesen Ausführungen auch sagen - wurde ich also Expertin für Krisenintervention in eigener Sache.

Ich will noch etwas anderes erzählen: Vor kurzem hat eine langjährige Patientin, wenig älter als ich, durch eine Indiskretion etwas über mich erfahren. Neben dem Schrecken, der die Patientin befallen hatte, so lange bei mir gewesen zu sein, ohne zu wissen, wer ich bin - und meinem Schrecken, plötzlich mit meiner Vergangenheit konfrontiert zu sein, wo ich es weder wünschen noch erwarten konnte -, hat sich noch etwas anderes ereignet: „Ich hätte merken müssen, dass Sie Jüdin und Überlebende sind", sagte sie. Und auf meine Frage, woran so etwas zu merken sei, kam die Antwort: „Weil Sie zusammen mit mir so unerbittlich nach meiner Wahrheit gesucht haben". Wenig später fügte sie hinzu: „Sie sind der einzige Mensch in meinem Leben, der mich nicht belogen hat". Noch nie zuvor hatte ein Mensch mir so kurz, soviel über mich selbst gesagt. Diese Patientin, die mit gravierenden Problemen belastet war, hatte in den Jahren immer wieder einmal geäußert, sie habe ein Leben lang „eine Antwort auf Auschwitz" gesucht, was ich zuerst kommentarlos zur Kenntnis genommen hatte, da sie jede weitere Einlassung vermied. Der spätere Hinweis auf ihr vielfältiges soziales und kulturelles Engagement als Antwort, schien ihr nicht zu genügen. Nun war sie mit Theresienstadt konfrontiert. Sie hat alle möglichen Versuche unternommen, sich dem anzunähern und es zu integrieren. Das hat auch mich nicht unberührt gelassen, denn das alles ereignete sich in der Zeit, als ich noch überlegte, was ich hier eigentlich darstellen wollte.

Man könnte erwarten, dass ich zum Umgang mit Schuld und Schuldgefühlen auf der Täterseite noch einiges hinzufüge oder über die Beschädigungen auf beiden Seiten etwas sage. Aber ich habe mich anders entschieden: Obwohl ich das Thema Schuld und Schuldgefühle nicht verlassen werde, möchte ich jedoch die Seiten wechseln und meine Geschichte und die meiner Familie erzählen, weil ich mir vorstelle, dass es die Vergangenheit vielleicht etwas näher bringen kann. Dabei geht es nicht nur um mehrere Aspekte von Schuld, sondern auch um die sehr unterschiedlichen Träger derselben: um die Schuld der Täter, die das Verhängnis in Gang setzten, um die Schuld der Opfer, die sich darin verstrickten, wobei sie die eigentlichen Urheber ganz aus den Augen verloren, und zuletzt um die Überlebensschuld und den Umgang mit derselben.

## 2 Die Nürnberger Rassegesetze und ihre Folgen für meine Familie

Ich wurde am 06. 04. 1938 im jüdischen Krankenhaus in Köln geboren, 3 Wochen nachdem mein Vater Südamerika erreicht hatte und einige Monate bevor Hermann Göring bekannte: „Ich möchte kein Jude in Deutschland sein."

Die Familie, in die ich hineingeboren wurde, bestand aus meinem „arischen" Großvater, Emil, meiner jüdischen Großmutter, Helene und den beiden Töchtern, Erika und der 10 Jahre jüngeren Gerda. (Erika war meine Mutter). Die beiden halbjüdischen Schwestern waren, nach den Nürnberger Gesetzen von 1935, eigentlich Mischlinge 1. Grades, galten jedoch, auf Grund ihrer Zugehörigkeit zur jüdischen Gemeinde, als Juden, offiziell „Geltungsjuden" genannt. Ab 1938 galt die Ehe meiner Großeltern als „nicht privilegierte Mischehe", d. h., dass alle jüdischen Familienmitglieder von den in der folgenden Zeit erlassenen Verfügungen gegen Juden betroffen waren.

Es hat sicher viele Gründe für meine Mutter gegeben, ihre Schwangerschaft bis zum 6. Monat geheim zu halten. Mein Vater erfuhr erst im Winter 1937 davon, während er in Marseille auf seine Einschiffung wartete. Früher hatte er vergeblich gehofft, Erika würde mit ihm kommen, aber sie hatte sich nicht vorstellen können, die Eltern und die Schwester zu verlassen und außerdem: So schlimm würde es sicher nicht kommen ...

Nun aber begann sie fieberhaft, sich um die Ausreisepapiere zu bemühen, nahm Kontakt auf zu den zukünftigen Schwiegereltern, Sylvia und Salomon, die neben der Schneiderei in Berlin einen bescheidenen Stoffhandel betrieben. Ein freundlicher, sehr akzeptierender Briefwechsel entstand: „Liebe, neue Schwiegereltern! Ich bin Erika ...“ - „Liebe Erika, wir freuen uns ...“

Das war im Frühjahr 1938.

Ein uneheliches Kind wäre für meine Großmutter, eine äußerst prüde Frau, die stets nach bürgerlichem Ansehen gestrebt hatte, allein schon Schande genug gewesen. Unter den schon erschwerten, deprimierenden Lebensumständen aber, war diese Schwangerschaft für alle eine weitere, in der Folge nicht absehbare Belastung, vor allem durch den Umstand, dass meine halbjüdische Mutter durch die Geburt eines zu drei Vierteln jüdischen Kindes - nach Lage der Gesetze - noch um einige Grade jüdischer wurde. Deshalb musste verborgen werden, wer der Vater des Kindes ist. Auf der Geburtsurkunde taucht er daher gar nicht erst auf. Aber dem jüdischen Hilfsverein, zuständig für die Emigrationsanträge, war er natürlich bekannt. Auf diese Unterlagen hatte die Gestapo Zugriff.

Zu meinen ersten Erinnerungen gehört, dass ich nachts schreiend hochgefahren bin, weil ich den mannshohen Eisenofen glühen sah. Dann stand meine Großmutter plötzlich an meinem Bett mit einem Glas Zuckerwasser. Meine erste Erinnerung ist also vermutlich ein Traum, der mir aber bis heute wie etwas wirklich Erlebtes erscheint. Dann sehe ich mich im Kinderhochstuhl vor einem Teller mit Spinat sitzen, den ich natürlich nicht mag. Gerda kam auf die Idee, mit der Gabel Straßen durch den grünen Brei zu ziehen. Die Straßenränder aß ich auf, weil ich so gerne spazieren ging. Ich verbrachte viel Zeit mit meiner Tante. Für sie, die kurz nach meiner Geburt mit 16 Jahren die Schule hatte verlassen müssen, war ich eine willkommene Abwechslung, ein niedliches Spielzeug, eine lebende Puppe, die sie mit selbstgenähten Kleidern aus den Restbeständen der Garderobe meiner Großmutter ausstattete. Gerda war sehr schön, sehr groß, sehr blond; ich liebte und bewunderte sie. Wir waren früh gegen meine Großmutter verbündet, die beinahe alles verbot und alles unter Kontrolle hatte. Wir hatten beide Angst vor ihr.

Ich schlief mit meiner Mutter im Wohnzimmer, einem schönen Raum mit einem Erkerfenster zur Straße hin. Daneben lag Gerdas Zimmer. Es gab eine große Diele, dahinter die Küche mit einem Balkon, auf dem mein Sandkasten stand, daneben das Bad und das Schlafzimmer der Großeltern. Das Bad durfte ich manchmal nicht betreten. Einmal entdeckte ich, dass die Wanne zu einem Bett hergerichtet war. Später habe ich dann erfahren, dass mein Großvater öfter in der Badewanne schlief.

Abgesehen von Änne, der früheren Hausangestellten, die uns manchmal Brötchen brachte, besuchte uns nie jemand.

Wenn meine Mutter einen Asthmaanfall hatte, kam unser Hausarzt, und die Aufregung in der Familie war jedes Mal so groß, dass ich Angst hatte, meine Mutter würde sterben, zumal dieses ziehende Atemgeräusch in jedem Winkel der Wohnung zu hören war. So stand ich eines Tages mit meiner Puppe Margot allein in der Diele und drehte ihr in der Aufregung die Beine ab. Für meine Großmutter war das ein Anzeichen von Bosheit. Nun durfte ich erst recht nicht nach meiner Mutter sehen.

Sonntags frühstückten wir alle zusammen. Mein Großvater bekam ein Ei und Gerda und ich im Wechsel der Wochen das Hütchen. Meine Großmutter wachte über der gerechten Verteilung. Alle zusammen sind wir dann am Rhein spazieren gegangen. Ich schob meinen Puppenwagen.

Manchmal ging ich mit meiner Mutter einkaufen im Laden gleich gegenüber. Wenn alle Kunden gegangen waren, wurden wir bedient. Zwischen meiner Mutter und der Frau schien ein gutes Einvernehmen zu bestehen. Es ging alles sehr schnell und flüsternd vor sich. Zum Schluss bekam ich ein Stück Wurst geschenkt.

Mitten in der Stadt gab es einen Kiosk, wo wir Eis kauften. Irgendwann bekamen wir kein Eis mehr. Den ganzen Weg zurück habe ich geschrien, was meiner Mutter, die ständig versuchte, mit der unter den Arm geklemmten Handtasche den Stern zu verdecken, während sie den Wagen schob, vor den Passanten sehr peinlich war.

Ich spielte stundenlang mit meinen Puppen Käthe und Margot. Als Puppenschrank diente eine grüne Pralinenschachtel mit einem ovalen Cellophanfenster. Diese Schachtel hörte nicht auf, nach dem ursprünglichen Inhalt zu duften.

Mit den Hausbewohnern sprachen wir nie, was ich sehr merkwürdig fand. Auch durfte ich niemanden grüßen. Wenn wir die Wohnung verlassen wollten, horchten wir erst an der Tür, ob im Treppenhaus niemand war. Mich interessierte der Hund, der über uns wohnte, und ich hatte große Lust, ihn zu streicheln, was mir aber nur einmal gelungen ist: Die Hündin hatte Junge bekommen, und sie purzelten und rutschten die Treppen hinunter bis vor unsere Wohnungstür. Aber dann wurde ich schnell wieder in die Wohnung gezogen. Hinter dem Haus, gleich bei der Brücke über den Rhein, war ein Park. Die Ligusterhecken waren so gepflanzt und geschnitten, dass sie Nischen für jeweils eine Bank gebildet hatten. Da saß ich manchmal versteckt mit meiner Mutter im Sommer, und die Rosen blühten. Es gab dort auch Kinder. Aber jedes Mal, wenn ich versuchte, ein Kind anzusprechen oder nur in seine Nähe zu gelangen, wurde ich rasch von meiner Mutter zurückgezogen.

Zu Hause stand ich immer wieder am Erkerfenster und schaute den Kindern auf der Straße beim Spielen zu. Einmal habe ich es geschafft, die Wohnung unbemerkt zu verlassen und auf die Straße zu gelangen. Ich erinnere mich noch vage einer Mischung aus Scheu und Unbeholfenheit beim Versuch, mich in den Kreis einzureihen, als eines der älteren Mädchen mich bei der Hand nahm, mir freundlich erklärte, leider dürfe man mit mir nicht spielen und auf den Klingelknopf unserer Wohnung drückte, den ich noch gar nicht erreichen konnte.

„Wenn der Krieg vorüber ist, wird alles anders werden", war stets die Antwort meiner Mutter, wenn ich Fragen stellte. Was Krieg ist, wusste ich natürlich sehr genau. Wenn die Sirenen nachts losheulten, riss irgendjemand aus der Familie mich aus dem Bett, und wir gingen in den Kohlenkeller. Dann fielen die Bomben. Es krachte, die muffigen Kellerwände bebten, das Licht ging aus, und ich hatte so viel Angst, dass ich noch nicht einmal schrie. Nachher war die Wohnung übersät mit Glassplittern, die Gardinen waren, wie Päckchen, gefüllt mit Scherben, in eine Zimmerecke geschleudert worden. Ins Bett konnte man so schnell nicht wieder. Nach den ersten Angriffen wurden die Scheiben noch ersetzt. Der frische Kitt ließ sich heimlich aus den Rillen herauskratzen. Irgendwann wurde kein Glas mehr eingesetzt, die Fenster wurden mit Holz und Pappe vernagelt. Fast jede Nacht heulten die Sirenen.

Nach meinen Maßstäben war ich ein verwöhntes Kind, das zuweilen durch Schreien, Trampeln oder Schmeicheln versuchte, seinen Vorteil zu nutzen, d. h., die Erfüllung von Wünschen durchzusetzen, die zu jener Zeit längst nicht mehr erfüllbar waren. Es war mein Großvater, der eine solche Szene, in der ich vor Wut und Irritation zu schreien begann, beendete, indem er mich nach einigen Klapsen im hohen Bogen von der Türschwelle auf das Sofa warf. Den Schrecken, gemischt mit dem Gefühl einer Erleichterung, erinnere ich bis heute.

Wir lebten völlig isoliert wie auf einer Insel, während doch die Welt um uns herum in einem erstaunlichen Maße mit Menschen angefüllt war.

Wenn ich allein im Zimmer in meinem Bett lag, wurde ich unruhig. Manchmal war ich nicht sicher, ob es mich eigentlich gab, dann begann ich zu schreien. Die abendlichen Gespräche in der Küche wurden immer lauter und aufgeregter. „Wann werden wir abgeholt? ... alle abgeholt? ... Das Kind auch? ... Das Kind doch nicht! ... alles mitnehmen? ... auch Sommerkleider? ... solange doch nicht! ... Das Kinderbett! ... Waschlappen! ... Butterbrote! ..."

Das Unheimliche begann sich auszubreiten und - als sei er ein Bote desselben - tauchte an der Straßenecke immer wieder, wenn wir vom Einkaufen kamen, eine Männergestalt auf: Die Arme auf Krücken gestützt, das leere Hosenbein bis zur Hüfte hochgeschlagen, schwang er sich uns entgegen und sang: „Horch, was kommt von draußen rein? Hollahi, hollaho! Geht vorbei und schaut nicht rein! Hollahiaho ... Wird's wohl nicht gewesen sein! Hollahi, hollaho, hollahiaho ..."

Ich verlasse kurz die Kinderperspektive, um über das aktuelle Geschehen während dieser Jahre zu berichten. Im November 1941 hatte die jüdische Gemeinde von Köln eine Mitteilung an alle Juden ihres Einzugsgebietes gemacht, in der sie für den 08. 12. 1941 einen Transport von tausend Personen nach Minsk ankündigte. Es wurden Anweisungen erteilt, wie man sich auf den Transport vorzubereiten habe. Meine Familie hatte die Vorbereitungen getroffen, dann aber erfahren, dass sie für diesen Transport nicht in Frage kam. Zu diesem Zeitpunkt war eine Schwester meiner Großmutter von Heidelberg nach Frankreich, in das Lager Gurs, deportiert worden, war der Mann der anderen Schwester, seit November 1938 im Konzentrationslager Sachsenhausen interniert, dort 1940 ermordet worden. Die Schwester selbst war ab Sommer 1942 in Theresienstadt verschollen. Die Kontakte zu meinen Großeltern väterlicherseits waren abgebrochen. Sie waren, wie ich heute weiß, im Oktober 1941 von Berlin ins Getto nach Lotž deportiert worden; dort verliert sich ihre Spur. Ich habe beide nie kennengelernt.

Ich sehe unterm Weihnachtsbaum noch den Puppenwagen, in dem Margot saß, neu eingekleidet, auch die Beine waren wieder da, wo sie hingehörten.

## 3 Die 1. Deportation: Berlin Scheunenviertel und das Jüdische Krankenhaus

Dann war es so weit: Am 21. 01. 1943 hat es frühmorgens an der Wohnungstür geläutet. Zwei Männer in Uniform standen schweigend in der Diele, während ich angezogen wurde. Alles wurde über- oder untereinander gezogen, so dass ich wie ein Paket dastand und mich kaum noch bewegen konnte. Draußen war es dunkel und kalt. Ich hing an der Hand meiner Großmutter und konnte kaum Schritt halten. Einer der Männer trug Gerdas Koffer. Kaum waren wir um die erste Ecke gebogen, fiel mir Margot ein. Ich hatte sie vergessen und begann zu weinen. Die Männer blieben stehen. Einer versuchte die Frauen zu bewegen, dem Kind doch die Puppe zu holen. Aber das wagte keine.

Wir waren inzwischen an einem Platz angelangt, an dem viele Menschen standen. Es wurde hell. Aus einem Auto reicht mir ein Fremder hastig ein Päckchen aus dem Wagenfenster. Brot und Schokolade. Ich bin verlegen. Plötzlich erblicke ich meinen Großvater, der aber abgedrängt wird. Zuschauer stehen herum. Manche rufen: „Geschieht euch recht!" - Lastwagen fahren heran. Die Kinder weinen, weil die Erwachsenen so drängeln. Wir dürfen schließlich auf einen kleineren dreirädrigen Wagen steigen. Da stürzt eine Frau auf mich zu, spuckt mir ins Gesicht und schreit: „Totschlagen das Balg!" Die Spucke klebt an meiner Backe, gerade da, wo die kratzende Wollmütze abschließt. Weil ich mich so schäme, wische ich die Spucke nicht weg, damit es niemand sieht.

In der Sammelstelle lagern hunderte von Menschen auf dem Boden. Einige Männer und Buben trugen einen Schlafanzug. Mein Großvater ist noch einmal aufgetaucht und hat die Zahnbürsten gebracht. Nach langem Warten steigen wir in einen Zug. Ich sitze auf dem Schoß meiner Großmutter. Viele stehen und wechseln sich mit den Plätzen ab. Ich habe wieder zu weinen begonnen. Mir gegenüber sitzt ein älteres Mädchen mit seinen Eltern und hält seine große Puppe im Arm. Mit einemmal reicht sie mir die Puppe mit einem Lächeln herüber. Mit der Puppe im Arm bin ich dann endlich eingeschlafen.

Als wir in Berlin ankamen, war es immer noch oder schon wieder dunkel. Ich habe dem Mädchen die Puppe zurückgeben müssen. Das Mädchen habe ich nie wieder gesehen. Sie ist vermutlich mit einem der nächsten Transporte direkt oder über Theresienstadt nach Auschwitz gekommen.

Hinter einem Handkarren, beladen mit Gepäck, stolpern wir durch die Dunkelheit, überall Männer in Uniform. Das Haus in der „Großen Hamburger Straße" liegt im Scheunenviertel. Es ist das Deportationszentrum von Berlin. Nur im Keller ist noch Platz. Meine Großmutter empört sich, dass Frauen und Männer zusammen am Boden liegen, packt Gerda: „Das Mädel bleibt hier nicht!" und zieht sie fort. Mit meiner Mutter schlafe ich auf dem Steinfußboden auf ihrem Mantel. Später werden wir oben in einen Saal verlegt. Matratzen hatten nur wenige. Toiletten gab es nicht ausreichend, dafür Eimer inmitten des Raumes. Angehörige versuchen jeweils den, der seine Notdurft sonst vor den Augen aller verrichten müsste, mit einer vorgehaltenen Decke abzuschirmen. Der Anfang einer unendlichen Kette von Sich-schämen-müssen hat begonnen. Bei den Bombenangriffen sind wir oben. Wir werfen uns auf die Erde, wenn es kracht, meine Mutter wirft mir ihren Mantel über den Kopf. Das tut sie auch, wenn Verletzte oder Tote an uns vorbeigetragen werden.

Eine kurze Zeit lang hieß es, wir kämen nach Köln zurück, alles sei ein großer Irrtum gewesen. Ich sah wenig später meinen Großvater unten am Hofeingang in der Auguststraße stehen und war bereit, ihm entgegenzustürzen. Aber da stand schon drohend meine Großmutter. Ich durfte meinen Großvater nicht mehr begrüßen.

Jahrzehnte später entnehme ich den Dokumenten, was damals vor sich gegangen ist: Meinem Großvater war von der Gestapo und von den Fordwerken, wo er als Prokurist beschäftigt war, immer wieder nahe gelegt worden, sich scheiden zu lassen, da er sonst seinen Arbeitsplatz verlöre. Er hatte dieses Ansinnen stets abgelehnt. Nach unserer Ankunft in Berlin war meine Großmutter zur Gestapo gegangen und hatte darauf bestanden, dass nicht nur die Deportation ihrer Kinder von Köln nach Berlin zu Unrecht erfolgt sei, sondern dass sie auch nicht weiterdeportiert werden dürften, da ihre Ehe nicht geschieden sei. Daraus schließe ich, dass sie im Lager erfahren hatte, dass nach Gesetzeslage die „Geltungsjuden", die als Kinder im gemeinsamen Haushalt mit dem „arischen" Vater lebten, zu diesem Zeitpunkt nicht deportiert wurden. Sie selbst war, daran bestand nie ein Zweifel, freiwillig mitgekommen, um ihren Kindern beizustehen.

Die Gestapo hat den Fall geprüft. Mein Großvater sandte eine Bescheinigung, dass seine Ehe nicht geschieden sei. Wir hätten nach Köln zurückgedurft.

Nun aber musste mein Großvater bekennen, dass er unmittelbar nach unserer Deportation seine Sekretärin, eine junge Witwe mit einem 6-jährigen Sohn, in unsere Wohnung hatte einziehen lassen. Seine Begründung für diese Maßnahme lautet, wegen der durch die Bombardierung entstandenen Wohnungsnot in Köln, hätte er sonst in jedem Fall die Einweisung von Fremden in Kauf nehmen müssen, die ihn womöglich im Auftrag der Gestapo bespitzelt und unsere Verbindung unterbrochen hätten.

Die Wohnung war also verloren, eine Rückkehr für uns damit unmöglich geworden, denn mit „Ariern" hätten wir nicht zusammentreffen dürfen. Von da ab verdächtigte meine Großmutter ihren Mann als denjenigen, der jenseits der Gesetzeslage unsere Deportation betrieben habe, um seine Geliebte bei sich aufnehmen zu können. Obwohl mein Großvater nach Berlin gekommen war, um seine Solidarität zu bekunden, war es zu spät.

Ausschlaggebend war die von der Gestapo Köln unterzeichnete Beglaubigung zur Gültigkeit der Ehe, die mein Großvater auf seiner Schreibmaschine geschrieben hatte. Der Wortlaut war: Seine Ehe mit Helene N. sei „noch nicht geschieden". Es war dieses „noch nicht" - das Wörtchen „noch" - das ihren unheilvollen Verdacht zu bestätigen schien, er habe die Absicht, sich scheiden zu lassen. Dann allerdings wären wir vogelfrei.

Meine Großmutter ist von der Gestapo allein nach Köln zurückgeschickt worden. Nur für die Rückfahrt mit dem Zug war ihr befohlen worden, den Stern nicht zu tragen. Kontakt durfte sie mit niemandem aufnehmen. In Köln hätte sie sich sofort bei der Gestapo zu melden, die sie in das dortige Sammellager bringen würde.

Stattdessen ist meine Großmutter zur alten Wohnung gegangen und, als sie dort niemanden antraf, zu den im Norden der Stadt liegenden Fordwerken gefahren, wo sie ihren Mann an seinem Arbeitsplatz aufsuchte und erfuhr, dass er von der Gestapo die Weisung hatte, sie nicht mehr in die Wohnung zu lassen. Sie jedoch bestand darauf, dort zu übernachten, um die Frau kennen zu lernen, die ihren Platz eingenommen hatte. Als sie von der jungen Witwe erfuhr, dass die beiden seit 2 Jahren ein Verhältnis miteinander hatten, geriet meine Großmutter so außer sich, dass sie - die Realität und die prekäre Lage aller verkennend - meinem Großvater drohte, wenn er sich scheiden ließe, würde sie dafür sorgen, dass er seine Arbeit bei den Fordwerken verlöre. Am nächsten Morgen verließ sie - immer noch ohne Stern - die Wohnung und ist auch noch mit der Straßenbahn zum Bezirksamt gefahren, wo sie von der Gestapo sofort verhaftet wurde.

Mein Großvater hat meine Mutter sofort informiert. Er nahm auch Kontakt zu einem hohen SS-Angehörigen auf, mit dem er befreundet gewesen sein soll, um die Bedingungen auszuhandeln, die seine Frau aus dem Gestapokeller befreien könnten. Nun war die Gestapo am Zug und verlangte die Scheidung. Im Gegenzug kam das Angebot, meine Großmutter könne dann ihren „Wohnsitz" in das „Altersgetto Theresienstadt", verlegen, wo sie in aller Ruhe das Ende des Krieges abwarten könne; andernfalls, so die Drohung, führe der Weg in den Osten ...

Ein jüdischer Rechtsanwalt, damals zum „Konsulenten" degradiert, diskutierte dieses Angebot in einem ausführlichen Brief an meine Mutter mit dem dringenden Rat, für eine Scheidung zu stimmen, um „Schlimmeres" zu verhüten. Sie hat das abgelehnt mit dem Hinweis, notfalls sogar mit der Mutter gehen zu wollen.

Schließlich reicht mein Großvater, immer dringender seine Angst vor den aufgezeigten Konsequenzen artikulierend, die Scheidung ein. Sie wird im August 1943 ausgesprochen. Seine Frau wird 2 Monate später aus dem Gefängnis ins Sammellager in Köln entlassen, wo sie - zusammen mit Angehörigen des jüdischen Altersheims - auf ihre Deportation nach Theresienstadt zu warten beginnt.

Während sich diese Dinge ereigneten, wurden wir, meine Tante, meine Mutter und ich im Jüdischen Krankenhaus in der Iranischen Straße interniert.

Nach Monaten in Kellern und Sälen, hatten wir großes Glück: Meine Mutter und ich bekamen ein kleines Zimmer für uns allein. Am Ende des Flurs waren sogar ein kleines Klo und ein Waschbecken. Es gab mehrere Häuser in dem großen Komplex. Gerda war Zwangsarbeiterin und wurde zu Aufräumarbeiten nach den Bombenangriffen und beim Bunkerbau am Reichssicherheitshauptamt eingesetzt. Von da ab sah ich sie nur noch selten.

Meine Mutter fand, wir wären nicht in die beste Gesellschaft geraten. Weil sie eine 5-jährige während ihrer Arbeitszeit nicht ohne Aufsicht lassen wollte, schloss sie mich kurzerhand jeden Morgen von 6 Uhr bis nachmittags im Zimmer ein. Peinvoll, wenn sie vergessen hatte, den Nachttopf aufzustellen und natürlich kein anderes Gefäß zu finden war ... Schlimm zu warten, wenn ich irgendetwas angestellt hatte in meiner unendlichen Langeweile ...! Aber, wenn sie dann endlich kam, hat sie immer etwas zu Essen mitgebracht, manchmal sogar einen hellbraunen Griespudding. Während ihrer Abwesenheit stand ich am Fenster - es ging freilich nicht zur Straße hinaus, wie in Köln, sondern zum Hof - und habe wieder die unten spielenden Kinder beobachtet. Obwohl ich noch weit davon entfernt war, zu verstehen, was „jüdisch sein" überhaupt bedeutet, war mir soviel gewiss: Mit den Kindern und den Müttern durfte ich sprechen, irgendetwas Gemeinsames schien uns alle zu verbinden. Väter gab es keine. Die rabiaten Umgangsformen, die in dieser Gruppe üblich waren und die vulgäre Sprache der Straße, hatte ich bis dahin nicht gekannt. Die Mütter prügelten auf ihre Kinder ein, die großen auf die kleinen Geschwister, und ich begann zu begreifen, dass es verschiedene Arten von Erziehung und Beziehung gibt, und ich im Gegensatz zu diesen Kindern, bisher ein ziemliches Glück gehabt hatte. Als meine Mutter schließlich nach Monaten das Einschließen auf mein Drängen hin aufgegeben hatte, war mir manches Kind schon nicht mehr fremd.

Endlich konnte ich mich in der Welt des Krankenhauses umschauen, was eigentlich verboten war. Ich wählte Manfred zum Gefährten, ein schüchternes Bürschlein, 4 Jahre alt, dem ich mich absolut überlegen fühlte. Wir hatten bald verstanden, dass die Nazis die Feinde waren, die uns im Haus gefangen hielten und begannen, nach Möglichkeiten zu suchen, durch Sabotageakte Widerstand zu leisten. Da waren z. B. in der Pathologie Käfige voller Meerschweinchen, die man eines abends laufen lassen konnte. Da waren dicht bei einer Eingangstür, Toilettenbecken, die man mit Koks füllen und unbenutzbar machen konnte. Wir begannen verbotene Türen zu öffnen und das Krankenhaus, soweit wir kamen, zu untersuchen und Schlupfwinkel auszumachen für Augenblicke, wo mit Gefahr zu rechnen wäre. Manchmal fuhren Bahren an uns vorbei über die Tücher gebreitet waren. Tote lagen darunter. Wir hätten nicht hinschauen dürfen, aber wir taten es doch. In einem Innenhof entdeckten wir die eingesperrten Irren, die sich in die Gitter der Fenster krallten und uns Zeichen gaben, die wir nicht verstanden. Da war Thea, die mit uns sprechen wollte, während sie sich schreiend und gestikulierend die Kleider vom Leibe riss und einzeln in den Hof flattern ließ. Das machte uns soviel Angst, dass wir flüchteten. Als wir wieder nach Thea schauen wollten, war sie zusammen mit den anderen Irren verschwunden.

Vor allem gab es da einen riesigen Speicher, auf dem wir Regale entdeckten, die mit Geschirr, das zweifelsohne dem Krankenhaus gehörte, vollgestellt waren. Wir begannen mit der Schwerarbeit: Jedes Geschirrteil wurde in einer neben den Regalen stehenden Löschwanne mit Wasser gefüllt und dann im hohen Bogen an die Wand geschmissen. Die großen Platten konnten wir nur zu zweit anheben. Wir haben Tage gebraucht, bis wir endlich alles zertrümmert hatten. Nur die ganz kleinen Kännchen, die ich für Puppengeschirr hielt, haben wir übrig gelassen. Es könnte ja sein, dass es Kinder gab, die hier spielen wollten.

Der mächtigste Nazi schien uns der Heizer, ein finsterer Mann, den wir ärgerten, wo es nur ging und dessen Drohung, uns in der Heizung zu verbrennen, wir sehr ernst nahmen. Wir mieden ihn von da ab. Natürlich ahnten wir nicht, dass wir jüdisches Eigentum zerstörten, das letzte, was es in Berlin damals noch gab und, dass auch der Heizer ein Jude war.

Richtig interessant wurde das Leben, als ein Schlafsaal im Trakt unseres Hauses plötzlich mit Männern belegt worden war. Einerseits waren sie nett, andererseits hatten wir Angst vor ihnen. Wir waren ein willkommener Zeitvertreib. Sie schleuderten uns an den Beinen durch die Luft, bis wir zu weinen begannen. Manfred hatte es besonders arg erwischt. Aber manchmal steckten sie uns auch etwas zu. Ihnen war, wie allen, der Ausgang verboten. Längst aber hatten Manfred und ich einen Weg gefunden, das Krankenhaus heimlich durch ein Loch in der Mauer, das wir in der Gärtnerei entdeckt und mit alten Fensterrahmen getarnt hatten, zu verlassen. Nun boten wir den Männern unsere Dienste an. Wir schleppten Zigaretten, Tabak, Bier, Brot und alle möglichen Dinge heran und warfen Briefe in Postkästen. Am „Gesundbrunnen“, mitten im Wedding, hatten wir einen Kiosk entdeckt, an dem es Eis zu kaufen gab.

Wir machten uns über vieles Gedanken, auch darüber, wozu eigentlich Männer gut waren, aber wir kamen, was das betraf, zu keinem Ergebnis. Vieles blieb uns ein Rätsel.

Auch unter den Erwachsenen waren Freundschaften geschlossen worden, und ein seltsames Leben hatte begonnen. Meine Mutter hatte ein Grammofon, eine Rarität an diesem Ort. An manchen Abenden füllte sich unser winziges Zimmer mit Freunden. Eine Platte wird aufgelegt, zuerst mein Lieblingslied: Eine wundervolle Knabenstimme singt „Mamatschi, schenk mir ein Pferdchen, ein Pferdchen für mein Paradies ...“ Für die Erwachsenen dann die Schlager der Zeit: „Peter, Peter, wo warst du heute Nacht? Hast du sie mit einer andren zugebracht? ...“ Oder: „Ich weiß, es wird einmal ein großes Wunder geschehen ...“ Die Paare tanzen, rauchen und tauschen flüsternd neueste Nachrichten aus. Manchmal singen sie leise: „Es geht alles vorüber, es geht alles vorbei, auch Adolf Hitler mit seiner Partei.“ Sehr spät verschwinden sie in ihre Unterkünfte. Es gab Abende, an denen manche sich verabschieden: „Auf ein Wiedersehen nach dem Krieg!“ - Und wenn ich endlich einschlafen konnte, hatte ich immer noch das letzte Lied im Ohr: „Sag beim Abschied leise Servus, nicht Adieu und nicht Aufwiederseh’n ...“

Es muss im Spätsommer 1944 gewesen sein, als ich draußen an unserem Mauerausstieg eine Gruppe Männer bei Straßenarbeiten entdeckte. Ein junger Mann mit dunklem Haar und nacktem braunen Oberkörper erregte mein Interesse. Wieder und wieder setzte ich mich in einiger Entfernung auf einen Steinhaufen und schaute ihn an, bis er endlich mit einem Lächeln reagierte. Am nächsten Tag lag auf meinem Platz, eingewickelt in Silberpapier, ein Stück Schokolade. Eine Weile habe ich gezögert, es zu nehmen. Aber von da ab begann ein lebhaftes Hin und Her, mein Lächeln für ein Stück Schokolade, sein Lächeln für eine Zigarette, die ich meiner Mutter heimlich zu nehmen begann. Immer ließ er einen großen Abstand zwischen uns. Das fand ich schade. Wir verständigten uns mit Zeichen, denn er sprach eine fremde Sprache. Das ging eine ganze wunderbare Weile so. Manfred zählte plötzlich nicht mehr. Ich hielt meine Verabredungen auch vor ihm geheim.

Aber jemand hatte eines Tages meine Strickjacke mit dem Stern bei der Kontrolle an der Pforte abgegeben. Ich hatte sie draußen auf dem Steinhaufen liegen lassen. In unserem Zimmer fand eine Versammlung statt, von der ich ausgeschlossen wurde. Ich hätte alle in Gefahr gebracht, hieß es. Manfred war von seiner Mutter so verprügelt worden, dass er die geheimsten Dinge unseres Lebens preisgab. Auch ich wurde verhauen und dann für lange Zeit wieder im Zimmer eingeschlossen. Als ich wieder heraus durfte, war das Loch in der Mauer verschwunden. Die Fremdarbeiter waren weitergezogen.

Wenn die Sirenen aufheulten, stürzten die Mütter zu ihren Kindern, die sie allein in den Dienstunterkünften zurückgelassen hatten. Oft kamen sie zu spät und der Angriff war schon vorüber. Alle sprachen davon, die Bomben brächten uns der Freiheit näher, weil sie die Nazis töten würden. Das war etwas, woran man glauben konnte. Vom Fenster aus sah ich die Bomben in der vom Feuer erleuchteten Nacht vom Himmel stürzen. Je schlimmer die Angriffe waren, desto heftiger sprang ich auf meiner Matratze auf und nieder. Am nächsten Morgen brannten noch die Häuser der gegenüberliegenden Straßenseite, aber wir Kinder entdeckten im Hof einen riesigen Bombenkrater, der sich wie eine unbekannte, neu zu entdeckende Landschaft vor uns geöffnet hatte und stürzten uns hinein in den tiefen, weiß leuchtenden Sand. Wir sammelten Granatsplitter als kostbare Schätze und maßen unsere Bedeutung an Größe und Oberflächenbeschaffenheit der gefundenen Stücke. Und wir freuten uns, wenn die silbernen Stanniolstreifen mit Botschaften aus einer anderen Welt vom Himmel segelten.

Inzwischen hatte ein Transport neben anderen Freunden, auch jenen Mann mitgenommen, der viel für meine Mutter und wenig für mich übrig hatte: Sieg-Roderich. Ihm trauerte ich nicht nach, aber der Schneiderin, die mir eine hellblaue Hose genäht und die heiß begehrten, weißen Margeriten auf die Träger und den Steg aufgestickt hatte.

Doch dann kam der Abend, an dem ich vor die Zimmertür gehen musste, weil meine Mutter mit Freunden und Gerda etwas Dringendes zu besprechen hatte. So stand ich allein im Treppenhaus, als die Sirenen aufheulten und die Bomben ringsum einschlugen, und ich erriet allmählich, dass die Maßnahme meiner Ausstoßung nur noch eine Bedeutung haben konnte: „Wir kommen weg!“ - Mit einem Gefühl von Besonderheit, gemischt mit einer ängstlichen Erwartung, lief ich am nächsten Morgen los und begann die Nachricht im Krankenhaus zu verbreiten: „Wir kommen weg! Wir kommen weg!“ Von da ab fühlte ich mich seltsam isoliert, mit einer Art von Respekt und Bedauern gemieden. Niemand spielte mehr mit mir, auch Manfred nicht, so als gehörte ich schon nicht mehr dazu.

Wir kamen einige Tage in den Keller der Pathologie, wo ich mit Manfred - Zeiten zuvor - die Meerschweinchen aus den Käfigen befreit hatte. Jetzt war alles verändert. Wir durften nicht hinaus, aber Besucher durften zu uns hinein. Gerda kommt. Ich sitze auf einem Berg voll Decken und will nicht „Auf Wiedersehen!“ sagen, sondern endlich weg und mit den Gefühlen nichts zu tun haben. Meine Mutter ist wenigstens wie immer. Obwohl mich das sonst ärgern konnte, war es jetzt beruhigend: Sie tat so, als ob überhaupt nichts wäre. Karla, Manfreds älteste Schwester, etwa 15 - 16 Jahre alt, sitzt auf einem Koffer. Sie muss allein weg. Die Mutter tobt und wirft mit Gepäckstücken, weil Karla nicht spricht. Sie rührt sich einfach nicht. Sie trägt ein graues Kostüm, löst hin und wieder ihre Zöpfe, um sie dann erneut zu flechten. So geht das immerzu. Dann verschwindet sie endlich mit einem Osttransport. Manfred und Karla hatten zwar dieselbe Mutter, aber verschiedene Väter, weshalb Karla eben jüdischer als ihr Bruder Manfred war, nämlich so jüdisch wie ich.

Kinder unter 14 Jahren wurden nicht allein deportiert, deshalb musste meine Mutter meinetwegen mit.

Nachdem Karla fort war, kamen wir dran. Mit einem Lastwagen fahren wir zum Bahnhof und stiegen in den Zug ...

Am 27. 10. 1944 bin ich mit meiner Mutter nach Theresienstadt gefahren.

Eine Postkarte mit Datum vom 27. 10. 1944 hat meine Mutter damals noch aus dem Zug schmuggeln können: Sie ist in Dresden abgestempelt. „Wir sitzen alle gut untergebracht im Zug ... Vera liegt neben mir auf der Bank. Was mögt ihr treiben? ... Bald ist die Reise zu Ende. Wird schon dunkel. Ich denke dauernd an euch. Vera ist es wie üblich ein bisschen schlecht durch die Fahrt, aber sonst sehr artig. Erika/ Vera ..." Auf der Vorderseite der Postkarte ist für das deutsche Volk aufgedruckt: „Der Führer kennt nur Kampf, Arbeit und Sorge. Wir wollen ihm den Teil abnehmen, den wir ihm abnehmen können." Unter diesen Text hat meine Mutter unsere Transportnummern als Absender geschrieben.

## 4 Die 2. Deportation: Theresienstadt

Als wir ankamen, konnte ich nicht sehen, wo ich war. Als wäre der Zug direkt in einen lang gestreckten Schuppen gefahren. In der Mitte des Raumes standen niedrige Holzablagen. Man musste sich nackt ausziehen und abtasten lassen. Ich habe mich gesträubt und geweint. Dann ging es zur Desinfektion und zum Duschen. An der Hand meiner Mutter stand ich eingekeilt zwischen den nackten Frauenleibern. Fast alles wurde uns abgenommen. Nur der flach zusammenklappbare Spirituskocher nicht.

Meine Mutter wurde zur Schichtarbeit in der Glimmerfabrik eingeteilt. Nun war ich allein und saß in der Kaserne auf einer Matratze in einem Saal voll alter und kranker Frauen. Einmal täglich musste ich das Essen für uns beide holen. Man stand stundenlang im Schlamm in einer Reihe. Manchmal fielen Leute einfach um. Der Essensbehälter schlug mir gegen die Beine und die Graupensuppe schwappte heraus. Manchmal bin ich in den Dreck gefallen und habe alles verschüttet. Manchmal habe ich die Marken verloren und bekam gar nichts. Manchmal kam ich zu spät, weil ich nie wusste, wie viel Uhr es war. Dann gab es nichts mehr und ich schämte mich, weil ich nicht zuverlässig war. Von den Frauen im Saal hat mich ab und zu eine aufgeweckt und ans Essenholen erinnert. Manchmal ist eine tot und ich habe es gar nicht gemerkt. Meine Mutter warf mir immer wieder den Mantel über den Kopf, weil ich irgendetwas nicht sehen sollte. Wenn meine Mutter Nachtschicht hatte, stand sie auf und ging in der Dunkelheit. Wenn ich morgens aufwachte, war sie nicht mehr da. In den großen Toilettenräumen, konnte man sich nicht bewegen, ohne sich zu beschmutzen, hinfallen wäre das Allerschlimmste. Aber die Alten fallen. Wer noch laufen kann, geht zu den Latrinen draußen. Unter einem Dach ein Balken, auf dem viele sitzen. Unten brodelte die stinkende Masse. Es sind auch Leute hineingefallen. Anfangs habe ich mich dauernd verlaufen. Irgendwann sollte ich in ein Kinderheim. Meine Mutter hatte mich mitgenommen, um mich dort vorzustellen.

Ich habe so geschrien, dass sie den Plan fallen ließ. Von da ab war ich von einem großen Misstrauen befallen.

Immer wieder kam ich an einem Geschäft vorbei. Ich glaubte, es gäbe etwas zu kaufen. Aber der Laden war immer geschlossen. Im Schaufenster standen pyramidenförmig aufgebaut Konservendosen. Das blieb so - unverändert. Ich weiß noch, dass ich immerzu enttäuscht war, weil nichts von dem, was mir versprochen worden war, in Erfüllung ging. Aber ich weiß nicht mehr, was mir versprochen worden war oder von wem.

Irgendwann habe ich mich allein rausgetraut, um mich umzuschauen. Von da ab hätte ich geschworen, ich wäre mit Manfred zusammen gewesen, wenn ich nicht bis heute wüsste, dass Manfred gar nicht in Theresienstadt gewesen ist. Aber jemand war bei mir, an den ich mich nicht erinnern kann. Wir haben versucht, Theresienstadt zu erkunden. Aber ich weiß nicht mehr, was wir gefunden haben. Manchmal lagen morgens Tote übereinandergestapelt in Tücher gewickelt im Torbogen der Kaserne. Wir haben zuerst nicht erkannt, was das war und sind näher hingegangen. Sie hatten gelbe Füße und einen Zettel am großen Zeh.

Irgendwann sind wir im Winter umgezogen in ein kleineres Haus. Dahinter war der Bretterzaun und die Straße nach Prag. Wir hatten wieder einmal Glück und kamen in ein kleines Durchgangszimmer, dort wohnte schon eine Frau mit ihrer Tochter, viel älter als ich. Die beiden waren sehr nett. Sie schliefen auf der Fensterseite, meine Mutter und ich auf der Ofenseite, dazwischen war der Durchgang. Wir schliefen auf Holzpritschen, meine Mutter unten, ich oben. Der Ofen war immer kalt und diente uns als Tisch. Nachts schlugen wir die Wanzen an den Wänden tot und suchten die Schlafdecke nach den krabbelnden Biestern ab. Das nützte aber nichts, weil sie im Holz versteckt waren. Ich bekam die Krätze und wurde vom Hals bis unter den Bauch in eine Art Korsett aus Salbe und Tüchern gewickelt. Das war noch schlimmer, weil das Ungeziefer zwischen diesen immer steifer werdenden Wickel und meinen Körper kroch. Nachts lag ich oft wach. Bis heute würde ich behaupten, ich hätte nachts immer wieder Schüsse und Schreie gehört, aber meine Mutter hat mir so erschrocken verboten, etwas gehört zu haben, dass ich mich kaum traue, es noch einmal zu wiederholen. An andere Geräusche kann ich mich gar nicht erinnern. Es ist, als sei eine große Stille in Theresienstadt gewesen.

Als ich wieder gesünder war, wollte ich unbedingt zum Frisör, weil ich immer noch Läuse hatte. Jemand hatte mir gesagt, ein Frisör sei ein Arzt für Haare. Der Frisör nahm eine Pinzette und beförderte eine Laus nach der anderen in ein mit Wasser gefülltes Einmachglas. Dann schnitt er mir die Haare und, eh ich mich versah, hatte ich eine Glatze. Ich bin den ganzen Weg zurück gerannt, in die Unterkunft gestürzt und konnte mich nicht mehr beruhigen. Ich war mir ganz sicher, meine Mutter würde mich nicht wiedererkennen und ich wüsste nicht, wie ich sie davon überzeugen könnte, dass ich es bin. Als sie endlich kam, hat sie mich doch erkannt.

Wenn es möglich war, holte ich meine Mutter von der Arbeit ab. Viele Kinder standen vor der Sperre, hinter der - uneinsehbar - die Welt zu liegen schien. Irgendwann kamen die Frauen. Ich habe in der Menge meine Mutter gesucht. Manchmal hatte ich Angst, ich würde sie nicht wiedererkennen oder sie käme gar nicht mehr.

Meine Mutter bekam immer wieder Asthmaanfälle. Medikamente und Spritzen hatte man uns gleich bei der Ankunft abgenommen. Endlich kam ein Paket von Gerda. Es war schon geöffnet worden. Zellstoff war darin, Haferflocken, Maggiwürfel und Tabletten für den Kocher. Auf dem Packpapier hat meine Mutter dann mit einem Bleistiftstummel das Alphabet und Zahlen aufgemalt. Irgendwann konnte ich lesen.

Über dem Festungswall und wie von ihm durchgeschnitten, sieht man die Kuppen von Hügeln. Ich wünsche mir sehr, dorthin gehen zu können. Manchmal denke ich an meinen Großvater. Ich stelle mir die Wohnung vor, wo die Möbel stehen, den Sandkasten, Margot im Puppenwagen, die Pralinenschachtel mit den Puppenkleidern, aber die Schachtel duftet nicht mehr. Immer kälter werden die Räume, niemand bewohnt sie mehr. Manchmal frage ich meine Mutter, wann wir wieder nach Hause dürfen, was wir getan haben, dass wir für immer hier bleiben müssen. „Wenn der Krieg vorüber ist, wird alles anders werden." Die Zeit vergeht nicht mehr.

Dennoch vergingen die Tage.

Donnerstags gab es Milch für Kinder und ein Stück Brot auch für Erwachsene. Es muss schon Frühling gewesen sein, denn ich saß mit meinem Proviant auf einer Bank und schaute auf ein großes, sehr stilles Gebäude. Lange schon glaubte ich, es berge das Geheimnis von Theresienstadt. Ein alter Herr hatte sich neben mich gesetzt und, als hätte er meine Gedanken erraten, erklärte er mir, das Gebäude sei die Kirche der Christen, die für immer verschlossen bleibe. Ich glaube, von ihm habe ich auch erfahren, dass wir alle Juden sind und, dass auch er ein Jude sei. Sehr froh über die Gesellschaft eines so klugen alten Mannes, hatte ich, ohne es zu bemerken, begonnen, mein Brot zu essen. „Aber du isst ja schon die zweite Ration!", rief er erschrocken. Versehentlich hatte ich in das Brot meiner Mutter gebissen. Ich schämte mich so sehr, dass ich lügen musste: Meine Mutter wäre einverstanden, wenn sie es nur wüsste. Nun musste ich das Brot zu Ende essen. Ich hatte keinen Hunger mehr. Der Zeuge von Gier und Lüge saß neben mir.

An meinem 7. Geburtstag, am 06. 04. 1945, hat das Rote Kreuz Theresienstadt besichtigt. Es geht wie ein Lauffeuer um. Es breitet sich Hoffnung aus. In der Ferne ist der Donner der Kanonen schon zu hören. Frau Kowalsky, unsere Zimmergenossin, schneidet aus einem dunkelblauen Rock ein Stück Stoff, bezieht damit rundgeschnittene Kartonstücke, näht alles zusammen, näht Stoffbänder daran. Es ist eine Handtasche, ein Geburtstagsgeschenk für mich geworden. Ich bin so glücklich, dass ich mit der Tasche nach draußen renne und immer wieder laut rufe: „Wir werden frei! ... Wir werden frei! ... Wir werden frei!"

Inzwischen sind Häftlinge aus anderen Lagern in Theresienstadt eingetroffen. Sie stehen wegen Flecktyphus unter Quarantäne. Meine Mutter hat unter ihnen Freunde aus Berlin entdeckt und steht nun mit anderen Frauen und mit mir unten auf der Straße und winkt. Oben hängen die Männer an den Kasernenfenstern. Sie sehen Grauen erregend aus, alte, eingefallene Gesichter, manche tragen Verbände am Kopf. Schließlich erkenne ich einen: Es ist Sieg-Roderich.

Kindergruppen rotten sich jetzt manchmal zusammen. Es sind halbwüchsige Buben dabei. Sie erzählen furchtbare Sachen über andere Lager und, dass auch wir alle umgebracht werden sollen. Meine Mutter will davon nichts hören. Ich bin mal wieder in falscher Gesellschaft.

Die Kleiderkammer ist geöffnet worden. Berge von Kleidung und Schuhen liegen dort. Ich finde ein Kostüm für Erika und Schuhe für mich. Aber sie sagt kein Wort und bringt alles zurück. Ich beginne zu ahnen, dass es die Kleidung von Toten ist.

Eines Tages hat Frau Kowalski mich mit in ein Kindertheater genommen: „Glühwürmchen" schweben durch die Nacht, Sterne stehen am Himmel, Gesänge von überall her. Etwas Derartiges hatte ich nie zuvor gesehen oder gehört. Von da ab bin ich überzeugt davon, bald werde der Frieden ausbrechen, wie ein einzigartiges Wunder.

Es spricht sich herum, der König von Dänemark ließe nach einem Sonderabkommen seine Juden nach Hause holen. Als die weißen Busse ankommen, stehe ich staunend und neidisch daneben, so prächtig sind die gepolsterten Innenräume. Viele winken als sie fahren. Wird uns jemand holen?

## 5 Kriegsende und die Rückkehr nach Köln

Dann kommt der Tag an dem das Gerücht umgeht, die SS sei geflohen, wir wären frei, aber keiner glaubt das so richtig. Wir warten in den Unterkünften und dürfen nicht hinaus. Als endlich die Russen kommen, fahren die Panzer unter großem Jubel aller in Theresienstadt ein. Junge Soldaten stehen außen auf den Panzern, lachen und werfen salzige Kekse und Zigaretten in die Menge. Wie riesige Monster bewegen sich die Panzer, ruckartig fahren sie auf uns zu, und alle weichen zurück, und ruckartig wenden sie und fahren wieder in ihre Spur, bis der nächste heranrollt, und das Gleiche wieder beginnt. Einer Frau, die zu nahe herangegangen ist, wird der Fuß abgefahren. Ein schreckliches Unglück, über das man spricht.

Sofort kommen Nachrichten von überall her. Manche Menschen weinen, andere lachen. Nichts ist wie vorher.

Meine Mutter freut sich und lacht: „Kind, das Leben wird wieder beginnen!" - und erzählt ungeheuerliche Dinge: dass ich einen Vater habe, der in Südamerika auf uns warte. Weil ich aber gar nicht begreife, was ein Vater ist und was das mit mir und ihr zu tun hat, fragt sie schließlich: „Was glaubst du denn, wie du in meinen Bauch gekommen bist?" Bisher hatte ich noch nicht einmal gewusst, dass ich aus ihrem Bauch herausgekommen war. Also, schloss ich: „War es kein Zufall, dass wir beiden die ganze Zeit zusammen waren?" Über diese Erkenntnis hat sie lachen müssen. Ich aber kannte endlich das große Geheimnis, das mich mit ihr verband.

Bald darauf hören wir, dass in der „Kleinen Festung" eine alte Frau, die unseren Namen trüge, immerzu nach ihren Kindern riefe. „Das muss Omi sein!" Meine Mutter nimmt mich bei der Hand. Wir verlassen zum ersten Mal die „Große Festung", um zur „Kleinen Festung" zu gehen. Wir entdecken meine Großmutter nach langem Suchen schließlich vom Festungsgraben aus, weit oben an einem Zellenfenster. Ihr Kopf ist ganz klein, die Haare sind ganz kurz, sie ist steinalt geworden. Immer wieder ruft sie: „Meine Kinder! Meine Kinder!" Sie wirft uns Brot hinunter. Das fällt in den Festungsgraben. Es ist schon Schimmel daran. Ich begreife endlich: Sie weiß noch nicht, dass wir keinen Hunger mehr haben, dass der Krieg zu Ende ist, dass Post gekommen ist, und auch Gerda noch lebt. Ich rufe es hinauf. Zwei Jahre lang haben wir uns nicht gesehen!

Dann stehen wir alle unter Quarantäne. Typhus ist ausgebrochen. Nach Wochen wird die Quarantäne aufgehoben.

Auf der Durchgangsstraße nach Prag, die seit der Befreiung einsehbar ist, ziehen täglich Scharen von deutschen Soldaten vorbei. Sie sind von den Russen bewacht. Manchen sind die Haare in einem breiten Streifen von der Mitte der Stirn über den ganzen Kopf wegrasiert. Der Kontakt zu ihnen ist uns allen strengstens verboten.

Aber sie kommen nach Anbruch der Dunkelheit, drücken sich in die Ecken und betteln um Brot. Meine Großmutter schickt mich, das Brot in altes Papier gewickelt, hinaus: „Für unsere armen Soldaten." Sie stehen und warten, bedanken sich unterwürfig und hastig bei mir mit einem „Vergelts Gott" und huschen wieder davon. Viele stecken ihnen Brot zu. Vor den Russen haben wir keine Angst.

Privatautos kommen, Verwandte abzuholen. Insgeheim hoffe ich, dass mein Großvater kommt und uns holt. Aber ich weiß schon, es wird nicht so sein. Es wird beschlossen, Gerda in Berlin zu treffen und dort zu bleiben. Ein Transport nach Berlin ist aber nicht in Sicht. So wird es Juli.

Theresienstadt leert sich. Mit zu den Letzten gehörend, verlassen wir Theresienstadt am 22. 07. 1945. Meine Mutter ist krank. Bei jeder Rast entfernt sie sich von uns und legt sich am Wegrand nieder. Vor Erschöpfung schläft sie sofort ein. Ich pflücke Blumen, aber sie ist zu müde, sich zu freuen: „Lass mich doch schlafen!"

Als wir in Dresden halten, sieht man es aus den Trümmern rauchen. Die Menschen sitzen darin und kochen unter freiem Himmel. „Sie haben unser schönes Deutschland zerstört", sagt meine Mutter und ich verstehe nicht, wen sie meint. In Berlin angekommen, erkenne ich Gerda fast nicht wieder. Meine Mutter kommt ins Krankenhaus. Ich darf nicht zu Manfred. Schon nach wenigen Tagen wird beschlossen, nach Köln zurückzukehren, weil Gerda Angst vor den Russen hat. Das Rote Kreuz hat Busse zur Verfügung gestellt und einen Krankenwagen. Die Kolonne fährt abends ab. Ich bin im ersten Bus. Die Strecke ist kurvenreich. Wie Glühwürmchen schlängeln sich die Wagen durch die Dunkelheit. An letzter Stelle fährt der helle Krankenwagen mit dem dunklen Kreuz, meine Mutter liegt darin. Ich kann ihn nicht aus den Augen lassen.

Am Abend werden wir in Hannover für eine Übernachtung in den mit deutschen Flüchtlingen schon überfüllten Bunker unter dem Bahnhof eingewiesen. Die Flüchtlinge schimpfen, als sie erfahren, dass wir Juden sind. „Was wollen die denn hier? Juden raus! Wir wollen keine Juden haben." Meine Mutter will in einem Anfall von Panik den Bunker über die Treppe nach oben verlassen. Ich stürze hinter ihr her, bin schon am Anfang der Treppe, aber jemand reißt mich zurück, hält mich fest, zwingt mich auf eine Matratze; ich tobe, schreie, kratze, beiße und schlafe irgendwann erschöpft ein. Meine Mutter ist noch am gleichen Abend oben gestorben, vermutlich an einem Asthmaanfall, während ich unten war. Niemand hat mir etwas gesagt.

Zwei Tage später wird die Fahrt auf offenen Lastwagen fortgesetzt. Man muss mich mit Gewalt auf den Wagen heben. Ich spreche mit niemandem mehr auch nur ein einziges Wort. Bei jedem Halt klettern die Reisenden hinunter und versuchen, mit Stöcken die unreifen Äpfel von den Bäumen zu schlagen. Ich sitze neben meiner Großmutter, sie hat sich und mich in eine Decke eingehüllt. Das Herumlaufen hat sie mir verboten. Gesprochen wird nichts. Ich wäre so gern bei den anderen. Mir ist dauernd schlecht.

In Köln angekommen, werden wir in einem ehemaligen Krüppelheim einquartiert. Wieder in Sälen. Etwa 10 Kinder zählen dazu. Manfred ist plötzlich da - ich hatte gar nicht gemerkt, dass er schon seit Berlin wieder dabei gewesen ist. Wir kommen in die Schule in das 0. Schuljahr. Mittags ziehen wir auf eigene Faust wieder los. Wir meiden die Erwachsenen. Nur manchmal spielen wir mit den anderen Kindern, die alle älter sind. Ich schlage vor, wir verkleiden uns. Wir finden Lumpen und Tücher, wir bilden eine feierlichen Prozession. Wir tragen im Garten des Krüppelheims Ameisen zu Grabe, nachdem wir sie vorher zwischen zwei Glasscherben zerquetscht und dann mit Mehl bestäubt haben. So vergeht der Sommer.

Eines Tages - Manfred und ich streunen wieder durch die Gegend - entdecke ich an einer Straßenbahnhaltestelle meinen Großvater mit einer fremden Frau und einem Buben, so alt wie ich: „Opi! Opi!" Manfred will es gar nicht glauben. Mein Großvater fragt nicht nach Erika. Vielleicht weiß er es schon. Ich werde es ihm nicht sagen. Statt dessen frage ich nach meiner Puppe Margot. Er verspricht mir, sie ins „Krüppelheim" zu bringen, und wir treffen eine Verabredung. Zum Abschied schenken uns die Beiden Äpfel aus einem großen Korb. Es muss inzwischen Herbst geworden sein. Wochen später kommt mein Großvater. Wir treffen uns heimlich in einem freien Raum, dem ehemaligen Anatomiesaal des Heimes. Unter ledernen Körperersatzteilen und Korsetts, die an den Wänden hängen, wickelt mein Großvater aus braunem Packpapier Margot aus. Ich erschrecke. Die Haare sind von Ungeziefer zerfressen, die Kleidung zerrissen und vergilbt, die Schlafaugen sind im Kopfinneren verschwunden. Als mein Großvater geht, muss er Margot wieder mitnehmen. Ich will sie nicht mehr haben.

## 6 Die Nachkriegsjahre und die Hinterlassenschaft der Täter

Meine Großmutter hat sich geweigert, ihren Mann wieder zu sehen. Sie hat auch Gerda und mir jeden Kontakt zu ihm verboten. Bis zuletzt war sie überzeugt davon, dass er uns hat vernichten wollen, dass er Schuld am Tod meiner Mutter war.

Von ihren Erfahrungen in der „Kleinen Festung" hat sie sich nicht mehr erholen können. Gleich am Ankunftstag waren dic Männer, etwa 50, alle aus dem Transport des jüdischen Altersheim in Köln - vor den Augen der zum Zuschauen verurteilten Frauen - von der SS-Wachmannschaft erschlagen worden, weil der Transport versehentlich dort, statt in der „Großen Festung" angekommen war. Immer wieder hat meine Großmutter diesen mörderischen Ankunftstag, die Ohnmachts- und Schuldgefühle - sie hatte nicht helfen können - erzählen müssen. Besonders ein SS-Mann hatte sich bei dem Massaker und anderen Morden, als besonderer Sadist ausgewiesen: Im Winter hatte er die Appell stehenden Frauen mit einem Wasserschlauch abgespritzt. Einige der Alten stürzten und wurden schwer verletzt in der Kälte liegengelassen. Sie sind an den Folgen gestorben. Weil meine Großmutter versucht hatte, einigen wiederaufzuhelfen, wurde sie mit der Stahlrute geschlagen und mit Einzel- und Dunkelhaft bestraft. Dieser Mann, verächtlich von den Häftlingen, der „schöne Toni" genannt, lebt übrigens heute auf Staatskosten bei München in einem Altersheim. Im letzten Sommer bin ich als Zeugin von einem Staatsanwalt vernommen worden. In der Ausgabe des „*Spiegel*" vom 21. 06. 1999 las ich, dass der 1948 in der Tschechoslowakei in Abwesenheit zum Tode verurteilte Mann, in der Bundesrepublik Deutschland mangels Beweisen noch nicht einmal angeklagt wird.

Der alltägliche Zustand meiner Großmutter schwankte zwischen Wut und absoluter Verzweiflung. Vergangenheit, Gegenwart und Zukunft verschmolzen ihr zu einer einzigen Katastrophe. Sie war dem Wahnsinn nahe. Das Wort „Versündigung" ist mir im Gedächtnis geblieben, als Schlüsselwort für „Mischehe", für die Abkehr vom orthodoxen Judentum. Wenn ich mich ihr widersetzte, z. B. die von ihr neu eingeführten Regeln zum Sabbat nicht beachtete, geriet sie außer sich. Dann war ich jeder Tat verdächtig, die menschenmöglich war und vor allem: schuldig am Tod meiner Mutter. „Wenn du nicht wärst, würde Erika noch leben!" schrie sie. „Ich bring mich um, ich häng mich auf, ich geh ins Wasser, und dich nehm ich mit!" schrie sie, griff nach meiner Hand und versuchte, mich die Treppen hinunterzuzerren. Ich klammerte mich am Geländer fest. Die Anfälle endeten gewöhnlich mit der tonlos hervorgestoßenen Beschwörungsformel: „Mein Gott! - Mein Gott! - Warum hast du mich so gestraft?!" Dann weinte sie stundenlang zusammengesunken am Küchentisch, bis sie sich, endlich erschöpft, von mir ins Bett bringen ließ.

Ohne ihr Wissen habe ich mit 14 Jahren Kontakt zu meinem Großvater aufgenommen und ihn öfter besucht. Er war ein resignierter, gebrochener Mann, schwer krank und abhängig von seiner mächtigen Frau, die gut für ihn sorgte. Er, der geglaubt hatte, die Scheidung sei ein Mittel, seine Frau vor dem „Schlimmsten" zu bewahren, hat kaum ahnen können, was ihr tatsächlich geschehen war. Ich habe es ihm nicht erzählt. Er hat an seiner Überzeugung festgehalten, dass er damals nach Maßgabe seines Wissens und Gewissens gehandelt habe.

Als ich 16 Jahre alt war, starb meine Großmutter. Wenige Wochen zuvor, hatte ich ihr, während einer heftigen Auseinandersetzung erklärt, dass ich Kontakt zu meinem Großvater hätte, und - falls sie das nicht toleriere - mich eher von ihr, als von ihm trennen würde. So war ich in ihren Augen zur Verräterin geworden. Ich habe sie nach diesem Tag nicht wieder gesehen, mich weder versöhnen noch verabschieden können. Gerda hatte mir verschwiegen, dass sie, nach einem Unfall - sie hatte im Altersheim einer sterbenden Nachbarin helfen wollen - ins Krankenhaus gekommen und dort nach Wochen gestorben war. An der Beerdigung, der ersten meines Lebens, habe ich teilgenommen. Als der - von einem Friedhofsdiener gezogene - Handkarren mit dem Sarg an einem eisigen Februartag über die gefrorene Erde zur Grabstelle hin holperte, bin ich in ein Lachen ausgebrochen, das nicht mehr zu kontrollieren war. Abseits sah ich meinen Großvater stehen. „Glauben Sie mir", sagt eine Figur in Gotthold Ephraim Lessings „*Emilia Galotti*" (1954: 300): „Wer über gewisse Dinge den Verstand nicht verliert, der hat keinen zu verlieren."

Mein Großvater starb 6 Jahre später. Seine Frau und ich haben ihn in seinen letzten Stunden begleitet. Er hat mir den Briefwechsel meiner Eltern hinterlassen, auch die Dokumente mit den gescheiterten Emigrationsversuchen meiner Mutter hatte er aufbewahrt. Meinen Vater habe ich allerdings erst 1985 in Südamerika kennengelernt. Aber, das ist eine andere Geschichte.

Vor kurzem habe ich von Gerda Dokumente erhalten, deren Existenz sie so vollständig „vergessen“ hatte, wie ihre Inhalte. Darunter die Briefe meines Großvaters nach Berlin und Nachrichten von meiner Mutter aus Theresienstadt. Meine Tante hatte, aus welchen Motiven auch immer, ihrem Vater verschwiegen, dass wir nach Theresienstadt deportiert worden waren. Bis zuletzt hatte er Pakete, Geld und Briefe durch Boten bringen lassen. So auch diesen, im Dezember 1944 an seine Kinder gerichteten:

> „Und nun lasst den Kopf nicht hängen - wir hoffen alle, dass bald eine bessere Zeit kommt! Einmal muss ja dieser Krieg zu Ende sein! ... und hoffentlich für uns nicht ungünstig, sonst gehen wir noch schlimmeren Zeiten entgegen. Grüßt mir die kleine Vera von mir herzlich - Sie soll mir einmal einen Brief schreiben. Ich nehme an, dass ihr sie das Schreiben schon gelehrt habt. Und nun alles Gute. Denkt nur daran, dass ich euer Vater bin und dass ich euch immer beistehe, so weit es in meinen Kräften steht! Herzliche Grüße und gleichzeitig herzliche Weihnachtsgrüße - euer Pa.“

Zur gleichen Zeit hatte meine Mutter die erste Postkarte aus Theresienstadt an ihre Schwester geschrieben: „Wir warteten lange auf Nachricht, endlich kam Päckchen, worüber sehr gefreut: Wo ist Emil? Soll umgehend von sich hören lassen! Gruß Erika/ Vera.“ Ich habe versucht, Erikas Frage: „Wo ist Emil?“, zu beantworten, ohne zu ahnen, dass es ihre Frage war.

Dass ihr Vater nach der standesamtlichen Trauung dann im Februar 1944 auch noch mit dem Segen der katholischen Kirche seine neue Ehe begann, steht ihm bis heute nicht gut, so wenig wie seine Hoffnung auf einen Sieg, während er doch sehr gut wusste, dass es Konzentrationslager gab, aus denen noch kein Jude zurückgekehrt war.

Gerda, die mir die Dokumente überließ, damit ich das, was sie vergessen musste, doch noch erfahren sollte, ist unmittelbar danach - in einem überraschend schnellen Prozess - sehr schwer an Alzheimer erkrankt. Sie hat sich von ihrer mächtigen Mutter nie lösen können. Unerträglich blieb ihr der Gedanke, ihre Schwester überlebt zu haben, nur weil - wie sie glaubt - sie - blauäugig und blond - dem „arischen“ Ideal entsprochen hatte und als Zwangsarbeiterin in Berlin sogar von SS-Offizieren ins Kino eingeladen worden war, während wir in Theresienstadt waren. Weder als Vermittlerin noch als Botschafterin von Schreckens- oder Todesnachrichten hat sie sich als geeignet erwiesen.

Vor einiger Zeit hat der Stiefsohn meines Großvaters, Walter, Kontakt zu mir aufgenommen und viel aus seiner Kindheit in meinem ursprünglichen Zuhause erzählt. Er hat die Schläge einstecken müssen, die mein Großvater austeilte, um seine Wut, seine Hilflosigkeit und seine Schuldgefühle zu betäuben. Die schlimmste Strafandrohung aber war: „Wenn du nicht gehorchst, wird das Kind zurückkommen, dem diese Spielsachen gehören!“ Auch Walter hat das alles bis heute nicht losgelassen. Ich muss also gar nicht so weit gehen, wie manche meinen, wenn ich die Beschädigungen der Kinder dieser Generation - sowohl auf dieser wie auf jener Seite - beschreiben will (Treplin 1994). Es gibt mehr Zwischenreiche, als mancher sich träumen lässt. Wer war dieser Mann, mein Großvater, eigentlich?

Auf einem Kongress in Hannover, habe ich 1989 die Psychoanalytikerin Judith Kestenberg und ihren Mann, Milton, kennen gelernt. Judith hat viele Kinderüberlebende interviewt und Milton hat mich überredet, meine Geschichte zu erzählen. Ich war bei dem Vorgang angelangt, als ich auf der Straße entdeckte, dass ich meine Puppe vergessen hatte, als Milton unvermittelt die Frage stellte, warum wir in diesem Augenblick nicht geflohen seien? Erst war ich sprachlos. Da mir in der aufkommenden Verwirrung und dem Gefühl, mich und meine Familie rechtfertigen zu müssen, nichts anderes einfiel, behauptete ich etwas, woran ich mich gar nicht erinnern konnte: Die beiden uniformierten Männer seien bewaffnet gewesen. Dann aber stieg ein abgrundtiefer Verdacht in mir auf: Hätte ich damals, statt nach der Puppe zu weinen, die Initiative zur Rettung aller ergreifen müssen? Hätte ich nicht, längst bevor die Gestapo an der Türe geläutet hatte, eine Flucht für alle ermöglichen müssen? Ein Satz von Franz Kafka (1986: 117) fiel mir ein: „Einmal dem Fehlläuten der Nachtglocke gefolgt - es ist niemals gutzumachen." Ich war auf der Ebene des zu Tode erschrockenen Kindes, während an mich der nachträgliche Vorwurf zu ergehen schien, damals nicht erwachsen geurteilt und gehandelt zu haben. Ein Anspruch, der mir in diesem Augenblick durchaus legitim erschien. Plötzlich hatte ich den Boden unter den Füßen verloren. Ich war nur noch schlecht, verwirrt, verfolgt von dem Gefühl, nicht wert zu sein, dass ein Mann wie Milton Kestenberg, überhaupt mit mir sprach. Gleichzeitig war ich unfähig, ihm mitzuteilen, was vor sich ging.

Es hat eine ganze Weile gedauert, bis ich - angeblich doch Expertin für Krisenintervention in eigener Sache - verstanden hatte, was vor sich gegangen war: Das Kind in mir hatte Milton sagen hören: „Wenn du nicht wärst, würde Erika noch leben!"

In Ermangelung einer Alternative, habe ich versucht, das Kind, das ich einmal war, das ich, wie meine Puppe Margot, nicht mehr hatte haben wollen, in meine Nähe zu holen. Das Kind hat angefangen zu erzählen. Immer mehr Bilder sind aufgetaucht. Ich habe viel von dem Kind erfahren und habe es aufgeschrieben. Ich habe das Kind zu trösten versucht, ihm erklärt, kein Kind wird schuldig geboren, noch nicht einmal die Kinder der Eltern, die dieses mörderische System ausgeklügelt und sich an der Ermordung der Menschheit beteiligt oder sie geduldet haben.

Meine Patientin, von der ich eingangs berichtet habe, hat sich an manches „Vergessene" aus ihrer Kindheit erinnert: An das Mädchen - mit dem gelben Stern - an der Hand seiner Mutter an einem Bahnübergang; wie unwirsch die Mutter der Patientin die Frage, was das bedeute, abgetan und sie erschrocken weggezogen habe. Sie erinnert die Schneiderinnen, ein älteres Geschwisterpaar, das für die Mutter genäht hat und dann eines Tages nicht mehr kam. Jetzt erst kann sie es wagen, sich vorzustellen, was mit ihnen geschah. Sie ist nach Theresienstadt gefahren auf der Suche nach meiner Geschichte, die ich ihr nicht erzählen kann. Aus einem ihr selbst nicht bewussten Impuls heraus, hat sie dem Teddybären in meiner Spielecke eine Tütensuppe aus dem Reformhaus und ein besonders schönes Bilderbuch zugesteckt. Ich habe ihr das gedeutet: „Sie haben dem Kind in Theresienstadt eine Suppe gebracht. Sie haben dem Kind in Theresienstadt ein Bilderbuch geschenkt."

Es hat eine Weile gedauert, bis sie verstanden hat, dass sie ihre Antwort auf Auschwitz vermutlich in Theresienstadt gefunden hat.

Wir hätten gerne Scham, Angst und Schuldgefühle - erwachsen aus einer uns nicht angehörenden Schuld - an die Urheber aller Schrecken zurückgegeben. Sie jedoch, hatten sich für nicht zuständig erklärt. Schuld aber sucht Wege, sich auszudrücken: Sie ist eine Asylsuchende. Schließlich fand sie Unterschlupf bei den Überlebenden als Überlebensschuld. Doch kam sie auch zu den Kindern der Verfolger, wo sie ein kaum bemerktes, höchst variantenreiches Schattendasein führt: zwischen vergessen, verleugnen, wiederholen - erinnern, erschrecken und Versuchen, wieder gutzumachen.

## Literatur


Braese, S., Gehle, H., Kiesel, D. & Loewg, H. (Hrsg.) (1998): Deutsche Nachkriegsliteratur und Holocaust. Frankfurt am Main, New York: Campus

Kafka, F. (1986): Erzählungen. Frankfurt am Main: Fischer

Kestenberg, J. S. & Fogelman, E. (Eds.) (1994): Children during the nazi reign. Psychological perspective on the interview process. Westport, Conn.: Praeger

Klüger, R. (1998): Zeugensprache: Koeppen und Andersch. In: S. Braese, H. Gehle, D. Kiesel & H. Loewg (Hrsg.) (1998): 173 - 182

Lessing, G. E. (1954): Emilia Galotti. In: G. E. Lessing (1954): 237 - 318

Lessing, G. E. (1954): Gesammelte Werke. Bd. 2. Berlin: Aufbauverlag

Treplin, V. (1994): A fortuitous meeting: an interviewee becomes an interviewer. In: J. S. Kestenberg & E. Fogelman (Eds.) (1994): 137 - 154

Treplin, V. (1997): Versuchte Enteignung. In: Die Psychotherapeutin 7 („Fremde in der Psychotherapie"): 53 - 71

# IV Kulturelle Einflüsse

# Europa in den Köpfen und in der Wirklichkeit

*Alfred Grosser*

## 1 Zwei Arten von Realität

Ich möchte zunächst erläutern, warum ich mich auch als eine Art Psychotherapeut betrachte. Ich gehe nämlich davon aus, dass es auch in der Politik zweierlei Realitäten gibt: Die eine Realität ist das, was ein Beobachter als einen politischen Fakt betrachtet, die zweite ist das, was der Mensch im Kopf hat. Ich möchte dies an einem Beispiel verdeutlichen: 1939 brauchte die deutsche Wirtschaft keine neuen Absatzmärkte und Eroberungen im Osten. Adolf Hitler aber glaubte dies. Es ging also nicht um wirtschaftliche Fakten, sondern um die Vorstellungen und Interessen des Führers, und diese verursachten Millionen Tote.

Das Wort „Interesse" ist ein furchtbares Wort in der politischen Sprache. Was ist ein Interesse? Die Slowakei ist heute entgegen ihrem wirtschaftlichen Interesse unabhängig. Es wäre sicher viel besser gewesen, wirtschaftlich mit dem tschechischen Teil zusammen zu bleiben. Das Interesse aber war das, was als Interesse definiert wurde.

Ich habe letztes Jahr in Prag anlässlich der 650-Jahre-Feier der Universität gesprochen. Auf Programmen und Broschüren stand eine Liste der Großen all dieser Jahrhunderte. Darunter Jan Palacz, der 1969 Selbstmord durch Selbstverbrennung begangen hatte, um gegen die Unterdrückung zu protestieren. 1976 machte Pfarrer Oskar Brüsewitz in der DDR das Gleiche. Er wurde als Verrückter bezeichnet und von seiner Kirche im Stich gelassen. Wer feiert ihn heute in Deutschland? Es lag doch nicht in seinem Interesse, sein Leben aufzuopfern! Hier wird die wesentliche Aufgabe deutlich. Auf Französisch formuliere ich sie so: „Comment libérer sans désinsérer?" Auf Deutsch: Wie befreien, ohne zu entwurzeln, ohne die Zugehörigkeiten zu zerstören, d. h. es bei einer kritischen Betrachtung dieser vielfachen Zugehörigkeiten zu belassen?

## 2 Die Kultur der Distanznahme

Es gibt für mich dreierlei Kulturen: Die *erste Kultur* lasse ich beiseite, sogar in der Goethestadt Weimar, die Kultur der Literatur, der Musik usw. Sie ist nicht die hauptsächliche, denn in Wirklichkeit haben sich ja z. B. 1914 auch die französischen und deutschen Musikliebhaber hasserfüllt gegenüber gestanden. Die *zweite Kultur* ist die, welche die Ethnologen und Soziologen als solche definieren. Das sind die gemeinsamen Überlieferungen, Glauben und Werte einer gesellschaftlichen Gruppe. Das kann eine Nation sein, ein Stamm, ein Berufsstand (ich habe z. B. neulich vor deutschen Zahnärzten gesprochen, die genauso sind wie die französischen Zahnärzte, indem sie an die Freiheit des Kunden glauben, das zu bezahlen, was der Arzt vorschlägt). Die *dritte Kultur* ist die, die benutzt wird, um zur zweiten Kultur Distanz zu nehmen. Es ist die aufklärerische Kultur der Distanznahme. Ich möchte hierzu Immanuel Kant zitieren:

> „Aufklärung ist der Ausgang des Menschen aus seiner selbstverschuldeten Unmündigkeit."

Mit Ihnen als Psychotherapeuten würde ich sagen, die Unmündigkeit ist nicht selbstverschuldet, das wäre zu einfach. Es geht darum, aus der Unmündigkeit herauszutreten und selbst zu denken. Das haben meine Psychoanalytikerfreunde vielleicht nicht richtig verstanden. Es soll nicht *in mir* denken, *ich* soll denken. Die Philosophie befasst sich mit Denken über sich selbst, dem Denken über das Denken. Nun ist es furchtbar schwierig, die Distanznahme zu verwirklichen. Ich nenne zwei persönliche *Beispiele*:

Nach der Veröffentlichung meines Buches „*Verbrechen und Erinnerung*" bekam ich einen Brief einer schwarzen Kollegin an der Pariser Universität. Diese schrieb mir im ersten Absatz (und darüber war ich sehr erfreut), wie aufrichtig ich sei und wie weitsichtig ... viele Komplimente ... Punkt ... Absatz. Und dann: Aber man sähe doch, dass ich nicht schwarz sei, sondern weiß, denn ich würde die Leiden der Schwarzen in der Geschichte zwar behandeln, aber in einer anderen Tonart als das Leiden der Weißen. Sie hatte Recht.

1990 wurde in Frankreich ein Gesetz verabschiedet (Ähnliches gibt es in Deutschland auch, aber unter anderen Bedingungen), das unter Strafe verbietet, Auschwitz zu verneinen. Da ein Teil meiner Familie in Auschwitz umgekommen ist, war ich versucht, dieses Gesetz gut zu finden. Dann aber dachte ich an meine armenischen Freunde, mit denen ich zusammen dafür kämpfe, dass die Türkei endlich anerkennt, wie viel hunderttausend Menschen 1915 ermordet worden sind. Seitdem bekämpfe ich das Gesetz, das nur *eine* Verneinung bestraft und keine andere. Das ist auch einer meiner Einwände gegen das Monument, das nun in Berlin gebaut wird. Es konnte hier sicher nicht anders entschieden werden, aber ich habe viele Bedenken. Und in diesem Sinne müssen wir immer versuchen, uns selbst zu kritisieren.

Ich werde bald eine Festrede an der Universität Heidelberg halten über Wissenschaftlichkeit, Politik und Ethik und dabei versuchen zu erklären, dass viele meiner Kollegen aus der Politologie - aber das gilt natürlich gleichermaßen für Psychotherapeuten - nicht genügend versuchen, zu sich selbst Distanz zu nehmen und sich nicht ständig fragen, denke ich, was ich denke, weil ich es selbst denke oder weil meine Gruppe, mein Berufsstand, meine Familie, mein Ursprung mich dazu gebracht haben. Und da ist im Übrigen der Punkt der Selbsterziehung, den ich auch an den Ausführungen von meinem Freund Joachim Gauck kritisiere: Er, der 1940 geborene, hat seine Selbsttherapie noch nicht zu Ende gebracht, weil er Westdeutschland nach 1945 noch denkt und mit den Augen sieht, mit denen die DDR Westdeutschland sehen wollte. Er zitiert dabei z. B. Hannah Arendt, die nichts wusste von Deutschland und die in Deutschland nur das vorfinden wollte, was sie vorzufinden dachte. Ich war seit 1945 in Deutschland ständig dabei. Es war anders, wie, das will ich noch zeigen.

## 3 Identitäten

Zunächst zur Frage der Identitäten, der eigenen Identität und den anderen. Ein großer französischer Philosoph, Emmanuel Lévinas, litauischen Ursprungs, jüdisch aber Franzose, sagt:

> „Die Identität sollte nicht durch den Finger erzeugt werden, der auf einen zeigt."

Aber es funktioniert doch oft so.

Ein *Beispiel*: Ich war 1994 in Singapur und unterrichtete an der Universität, aber war auch einmal am Deutschen Gymnasium. Eine 17-jährige Deutsche, ein nettes Mädchen, sagte mir mit viel Bitterkeit:

> „Wenn meine Tochter einmal 17 sein wird, darf sie hoffen, nicht mehr Anklage und Argwohn im Blick des Gesprächspartners zu finden, wenn sie sagt, sie sei Deutsche?"

Das stimmt noch teilweise und in diesem Punkt hatte Martin Walser in seiner Rede recht. Es gibt eine Keule, die gegen Deutschland geschwungen wird. Als der Israelische Botschafter, den ich übrigens sehr schätze, in der *„Frankfurter Allgemeinen Zeitung*" (FAZ) schrieb, er wisse nicht, von welcher Keule die Rede sei, sagte ich im Deutschen Fernsehen:

> „Die erste Keule wird von Israel geschwungen. Jedes Mal, wenn ein Deutscher zurecht sagt, wie menschenverachtend die Palästinenser durch Israel behandelt werden, dann heißt es, das darfst du nicht sagen, es hat doch Auschwitz gegeben."

Das ist die Keule! In Wirklichkeit aber hat ein Deutscher, der sagt, die Menschenrechte würden irgendwo verachtet, von Auschwitz etwas gelernt!

Zurück zu den Identitäten. Ich nehme mein persönliches *Beispiel*:

Ich bin Mann und nicht Frau. Das gibt mir noch in der französischen wie in der deutschen Gesellschaft unverdiente Vorteile (weniger als vor 30 Jahren, aber lesen Sie einmal, wie die FAZ dargestellt hat, dass in Hannover eine Frau an die Spitze der Kirche gewählt wurde).

Ich bin Professor, d. h. Beamter. Das macht meine gesellschaftliche Identität völlig der Identität eines deutschen oder italienischen Beamten gleich und total unterschiedlich von der eines französischen Arbeitslosen oder von jemandem, der arbeitslos werden kann.

Ich bin alt, ich schäme mich nicht, denn ich habe vier Söhne, die arbeiten, damit ich meine Rente ausbezahlt bekomme (an Stelle meiner kinderlosen Kollegen würde ich mich ein bisschen schämen).

Ich bin Franzose. Was bedeutet das? Natürlich kann man verallgemeinern und ich verallgemeinere ganz kurz, aber nur ironisch:

> „Franzose sein heißt, sich zu überschätzen. Deutscher sein heißt, sich selbst zu bemitleiden."

Aber es geht noch um anderes. Es geht darum, dass ich Franzose bin, weil ich französischer Bürger bin. Das bin ich mit 12 Jahren geworden und nicht, weil ich irgendeine Abstammung habe. Hier zu Lande verändert sich das jetzt, aber nicht so, wie ich es gehofft hätte. Ich werfe Otto Schily vor, zu viel gesagt zu haben, man bliebe in Deutschland Ausländer und bekomme den deutschen Pass als Geschenk dazu und nicht wie bei uns in Frankreich: Man wird Franzose, was natürlich etwas schönes ist, französischer Bürger und darf den ausländischen Pass behalten. Das ist das Gegenteil.

Ich bin Franzose geworden, weil ich französischer Bürger bin. Aber das macht auch eine Reihe von Unterschieden. Ich möchte nur zwei nennen: Die Atomenergie, wie denke ich über Atomenergie, wenn ich Deutscher bin, wie, wenn ich Franzose bin. Wenn ich Franzose bin, dann weiß ich nicht nur, dass die Wolke von Tschernobyl respektvoll über der französischen Grenze Halt gemacht hat, sondern auch, dass man damals die Verseuchung in Curie und Bequerel gemessen hat - französische Namen. Die atomare Energie ist eine französische Erfindung und 1945 war der erste Präsident unserer neuen Atomenergiebehörde nicht nur Nobelpreisträger für Physik, sondern auch Mitglied des Zentralkomitees der Kommunistischen Partei, er wurde von Charles de Gaulle ernannt. „Atom" ist bei uns von rechts bis links angesiedelt. Und das muss ich ständig in Deutschland erklären und in Frankreich muss ich erklären, was es in Deutschland damit auf sich hat.

Dasselbe gilt auch für die Kirchen: Was ist der Unterschied zwischen einem deutschen und einem französischen Bischof? Das ist ganz einfach: Der deutsche spricht von Armut, der französische ist arm. Aber es gibt noch andere Unterschiede. Ich arbeite seit 1955 als Kolumnist bei der einzigen großen katholischen Tageszeitung und ich bin Atheist und das weiß jeder. Aber wir haben dieselbe Ethik, darauf komme ich noch zurück. Und meine Zeitung „*La Croix*" schreibt bittere Leitartikel über die Unterwürfigkeit der deutschen Bischöfe von heute. Warum? Sie skandalisiert z. B. Aussagen von Kardinal Meissner, der sagt, dass die chemische Industrie in Deutschland bei der Einführung einer chemischen Substanz - RU 486 - zur Tötung einer gewissen Menschengruppe rückfällig würde, und dass der einzige Zweck dieser chemischen Substanz die Tötung von Kindern sei. Für mich war das eine Ohrfeige! Denn der Teil meiner Familie, der in Auschwitz gestorben ist, war im hohen Alter, also in menschlicher Würde, mehr als ein vielleicht noch gar nicht befruchtetes Ei. Und das finde ich skandalös! Bei uns in Frankreich wird darüber anders diskutiert, auch in der katholischen Kirche. Ich würde sagen, im Durchschnitt spricht ein französischer Bischof manchmal von Abtreibung und stets von sozialer Ungerechtigkeit, ein deutscher stets von Abtreibung und manchmal von sozialer Ungerechtigkeit. Da übertreibe ich, denn natürlich gibt es keine Identität des deutschen Kardinals. Ich bin befreundet mit dem von Berlin und in voller Bewunderung für die Art, wie er z. B. im vorigen Jahr zusammen mit dem evangelischen Bischof Wolfgang Huber an die Abgeordneten schrieb, um das Asylbewerberleistungsgesetz - das ist ein richtig deutsches Wort - zu verhindern. Beide, der Kardinal und der Bischof, haben Erfolg gehabt. Das war auch ein deutscher Kardinal und dieser ist nicht wie der Kardinal in Köln. Deswegen ist es so schwer, Identitäten anzunehmen, denn es gibt an sich nicht Gruppen, von denen man sagen kann, *„die"*. Und das „die" sollte in der deutschen Sprache verboten werden, in der französischen auch!

## 4 „Kollektive Erinnerung“

Das gilt natürlich auch für etwas, was es ebenfalls gar nicht gibt. Die so genannte „kollektive Erinnerung“. Und da kommen wir langsam zum Hauptthema. Was ist kollektive Erinnerung? Gauck hat davon gesprochen, zu recht, wenn man etwas gemeinsam erfahren hat. Aber kollektive Erinnerungen von 1914 kann ich nicht haben. Ich war nicht geboren. Von 1933 - 1945 kann niemand eine kollektive Erinnerung haben, der nach dem Krieg geboren ist. Sehen sie die heutige Regierung an: Es gibt fast niemanden, Schily ist die einzige Ausnahme, der vor dem Krieg geboren wäre. Norbert Blüm war der Älteste in der vorigen Regierung, auch hier waren die meisten nach dem Krieg oder während des Krieges geboren. Also kann es für sie keine kollektive Erinnerung geben. Diese ist etwas, was überliefert worden ist von der Schule, vom Elternhaus, von den Medien. Etwas, das anders hätte übermittelt werden können. Ich glaube, diese andere Art Übermittlung ist eben etwas sehr wichtiges und es ist sehr schwer, sie richtig zu behandeln. Alexander Mitscherlichs Buch ist nur bekannt durch den Titel, sonst würde man entdecken, dass der Inhalt dem Buchtitel überhaupt nicht entspricht; der Titel „*Die Unfähigkeit zu Trauern*“ stimmt nicht in einem Lande, das seit 50 Jahren besser getrauert hat als alle anderen Länder der Welt. Und ich glaube, dass wir sehen müssen, wie schwierig es ist, von der Vergangenheit zu sprechen, um zu übermitteln.

Ich darf zwei Beispiele nennen: Das erste betrifft mich. Ich habe die Ehre gehabt, 1974 - das ist lange her - im Plenum des Bundestages zum Volkstrauertag zu sprechen. Und ein anderer Alfred, Alfred Dregger, hat 1986 am selben Ort die Rede gehalten. Sie werden sehen, dass es da um etwas anderes ging. 1974 sprach ich von allen Toten und sagte, es gibt Tote, die sich aufgeopfert haben für eine Sache, von der heute niemand mehr sagen würde, dass sie eine gute war. Es gibt eine Unmenge Tote, die geopfert wurden, ohne irgendeinen Willen zur Aufopferung zu haben. Es gibt Tote, die sich zum Guten aufgeopfert haben, Trauer für jeden ist berechtigt. Und Dregger sagte:

> „Verdienen alle Toten des Krieges und der Gewaltherrschaft die gleiche Ehrfurcht? Ich bin dieser Ansicht ... “

... und das finde ich skandalös. Da wird ein enormer Unterschied deutlich. Ja, die Toten verdienen Trauer, aber manche verdienen Ehrfurcht und manche nicht.

Hans Scholl schreibt in einem seiner Briefe vor seinem Tod:

> „Ich muss mit dabei sein, denn abseits stehen, ist für mich Unglück. Abseits stehen, ohne die Wahrheit zu suchen, ist ein Unglück.“

Und dieses Mitmachen (übrigens heißt seit langer, langer Zeit das Institut für Politische Wissenschaft in München „Geschwister-Scholl-Institut“), das müssen wir betrachten. Wie steht es mit der Wehrmachtsausstellung? Sie ist etwas, was aufgerüttelt hat, obwohl die Fakten schon in einem Buch von 1976 genannt waren. Sie hat aber etwas zu sehr aufgerüttelt. Ausnahmsweise, das erste Mal, dass so etwas geschieht, war „*Der Spiegel*“ nüchtern und wissenschaftlich und hat kürzlich ganz klar gezeigt, was an dieser Ausstellung nicht wissenschaftlich ist. Das heisst, die Ausstellung rüttelt zugleich Dinge auf, die bekannt werden müssen, und sie übertreibt Dinge, die nicht hätten übertrieben werden sollen. Es ist also unwahrscheinlich schwierig, aber es muss dagegen gekämpft werden, dass die so genannte gemeinsame, kollektive Erinnerung eine so große Rolle spielen darf.

*Jüngster Fall*: Welcher Serbe war am 28. 06. 1389 dabei, als eine Schlacht bei Przistina auf dem „Feld der Amseln" stattfand? Heute noch ist dieser „historische Fakt" die Grundlage der serbischen Überzeugung, dass das Kosovo nur Serbien gehören kann. Ich könnte Land für Land untersuchen und fände vergleichbare Bezüge.

Noch ein anderes *Beispiel*: Ich kämpfe darum im Zusammenhang mit dem Begriff „Preußen". In Frankreich erkläre ich immer, dass Ende des 17. Jahrhunderts sich nicht preußische Protestanten zu Ludwig dem XIV. geflüchtet haben, sondern dass damals eben Preußen das freiheitliche Land war. In Deutschland aber habe ich zweimal ideologische Entgiftungsreden gehalten: Einmal bei dem furchtbaren Niederwald-Denkmal, bei der Germania, und einmal 1989 am Kyffhäuser, um zu erklären, was Preußen auch Negatives bedeuten kann.

Und hier sind wir bei der eigentlichen schöpferischen Aufklärungsarbeit, der Erinnerungsarbeit, einer therapeutischen Arbeit. Manchmal ist sie vergebens, wenn etwas im Kopf ist, was man nicht herausbringt. Nehmen wird z. B. Peter Handke, der die Journalisten verachtet und nicht daran denkt, dass der „*Stern*" kürzlich mit Trauerschwarz auf der Titelseite erschienen ist, um zu zeigen, wie Journalisten getötet werden, Intellektuelle im Allgemeinen nicht. Ich hatte einen kommunistischen Kameraden, Philosoph, 1948, in einer Stiftung für zukünftige Universitätsprofessoren. Wir haben ihn gekannt, wie er 1947 sagte, Tito ist ein großer Mann, 1948 war Tito ein Verräter und wir fragten ihn, was hast du eigentlich gegen Tito? Und er sagte: „... ja, wir werden sehen, was er tut". „Was hat er getan?" „Er hat ein faschistisches Regime!" „Was ist denn das?" „Das ist ein Regime, in dem Denunziantentum herrscht und wo die Menschen eingesperrt werden, wenn sie nicht so denken, wie sie es sollen."

Da haben wir alle furchtbar gelacht! Und jetzt kommt der Moment: Eine halbe Minute lang hat er nicht verstanden, warum wir lachten. Und das ist etwas, was mit Therapie sehr schwer zu heilen ist!

## 5 Therapieerfolge

Aber ich will positive *Beispiele* nennen: Der Friedenspreis des Deutschen Buchhandels, ich plädiere dafür seit 20 Jahren, sollte endlich dem Braunschweiger Internationalen Schulbuchinstitut gegeben werden, um zu würdigen, was dieses Institut geleistet hat an nüchterner Aufbauarbeit gegen die so genannte kollektive Erinnerung. Auf deutsch-französischem Gebiet ist diese längst erledigt. Auf deutsch-polnischem Gebiet hat das Institut dazu beigetragen, dass es gut geht zwischen Deutschland und Polen. Was hat noch dazu beigetragen? Die evangelische Kirche, die katholische, die in Polen noch wichtiger ist. Große Vertriebene wie Marion Dönhoff, wie Klaus von Bismarck, die gesagt haben, wir gehen dorthin, wo unsere Väter waren und sagen den polnischen Besitzern, das gehört euch.

Neulich war ich in Görlitz und war tief bewegt. Auf der anderen Seite der Neiße liegt Zgorzelec, die ehemalige andere Seite von Görlitz. Beide zusammen sind das Herz einer Euroregion Neiße. Was das an Vergangenheitsbewältigung bedeutet, an gemeinsamer Aufbauarbeit, die nicht stattfinden konnte bevor die DDR verschwand! Die DDR, das war natürlich der Feind der freien Polen. Aber heute funktioniert hier etwas, was wir auf deutsch-französischer Ebene seit 1946 versucht haben. Wie haben wir das gemacht? Es gab in Deutschland viele, mit denen wir zusammengearbeitet haben. Wer ist wir? Wir, das waren Hitleropfer und Widerstandschefs aus Frankreich, die direkt nach 1945 damit begonnen haben, sich um Deutschland zu bemühen, das Deutschland, um einen Titel eines Artikels vom Oktober 1945 meines Freundes Rovan zu zitieren, „*das Deutschland, das wir uns verdienen werden*". Das Zitat geht von einem Begriff der Mitverantwortung für die Zukunft des Anderen aus, wie es in der französischen Verfassung von 1946 steht, wo der erste Satz vom Sieg spricht, der davongetragen wurde, nicht über Völker, nicht über Nationen, sondern „über die Regime, die versucht haben, die Menschen zu versklaven und zu entwürdigen". Warum? Weil unsere Verfassungsväter wussten, dass tausende von Franzosen Hitler geholfen haben, und dass, als die ersten Franzosen in Dachau und Buchenwald ankamen, dort schon tausende von Deutschen gelitten haben oder schon gestorben waren. Und deswegen fand ich unrichtig, dass sich Francois Mitterand und Helmut Kohl in Verdun die Hand gaben. Ein falsches Symbol - es war das Symbol des Ersten Weltkrieges, der zwischen Nationen ausgetragen wurde. Sie hätten sich in Dachau die Hand geben müssen. Buchenwald lag auf der anderen Seite. Diese Verbundenheit hat uns erlaubt, nach dem Krieg diese Aufklärungsarbeit zu leisten. Das Wesentliche ist bei dieser Aufklärungsarbeit, den Sinn, das Verständnis für die Leiden der Anderen aufzuwecken.

Ich nehme ein *Beispiel* aus dieser Arbeit und dann aus anderen Arbeiten. Als junge Franzosen und junge Deutsche, die sich 1946 und danach begegneten, mussten die jungen Deutschen natürlich erfahren, was im Namen Deutschlands geschehen war. Aber die jungen Franzosen mussten erfahren, was die Nächte unter den Bomben in Hamburg und in Dresden gewesen waren und was die - man nannte es damals noch nicht so - ethnische Säuberung der Schlesier, der Pommern, der Sudetendeutschen gewesen war. Es geht um das Erkennen der Leiden Anderer.

Nach der Veröffentlichung meines Buches „*Verbrechen und Erinnerung*" bekam ich unter anderem zwei Briefe. Einen von einem serbischen orthodoxen Priester, einen von einem katholischen kroatischen Priester. Und beide warfen mir dasselbe vor:

> „Sie haben nicht genügend von den Leiden und Verbrechen gesprochen, welche die anderen gegen uns verübt haben."

Und ich habe beiden ganz bitter geantwortet:

> „Besonders wenn ihr wähnt, Christen zu sein, solltet ihr eure Gruppe darüber aufklären, was in ihrem Namen an Verbrechen gegen die andere ausgeübt worden ist."

Aber das ist zwischen Serben und Kroaten nie geschehen.

Ich war vorletztes Jahr auf Zypern, auf Einladung der Europäischen Kommission, und habe im Süden mit griechischen Lehrern und Gewerkschaftern zusammengearbeitet, die versuchten, gegen den griechischen Hass gegen die Türken anzukommen. Und dann war ich im Norden und habe mit türkischen Lehrern und Gewerkschaftern zusammengearbeitet, die versuchten, gegen den türkischen Hass gegen die Griechen anzukommen. Schließlich war ich mit beiden Gruppen auf neutraler Ebene zusammen, auf Gebiet der Vereinten Nationen. Und ich glaube, diese Art Arbeit ist das, was Grundlage von Europa ist.

## 6 Was ist dieses Europa?

Hier begegnen wir einer großen Schwierigkeit. Zunächst der Tatsache, dass niemand weiß, was dieses Europa eigentlich schon ist. Es ist nicht in den Köpfen. Und was in den Köpfen ist, ist wesentlich. Vorletztes Jahr sprach ich in Mainz und wurde sehr nett von einem rheinland-pfälzischen Minister eingeführt und der sagte dreimal „Wir Rheinland-Pfälzer". Und so begann ich meinen Vortrag, in dem ich sagte, ich fände das sehr interessant. Für mich war Rheinland-Pfalz Resultat der französischen Forderung, auch eine Besatzungszone zu haben. Da nahm man etwas von der englischen im Norden, etwas von der amerikanischen im Süden, pferchte das zusammen und das war dann Rheinland-Pfalz. Aber 45 Jahre Zusammen-Leben, 45 Jahre gemeinsame Verwaltung usw., das ist etwas, was aneinander bindet und eine eigene Identität schafft. Das ist das, was Roman Herzog 1995 meinte, als er sagte:

> „Haben wir wirklich nicht verstanden, dass unsere Landsleute in den neuen Ländern 45 Jahre lang andere Erfahrungen gemacht haben?"

Die Frage zielte natürlich auf das, was Westdeutschland nicht ganz verstanden hat.

Ich glaube, in Europa haben wir schon vieles Gemeinsames, aber da es niemand weiß, prägt es keine Identität. Ich nehme ein *Beispiel*: Eine meiner Kolleginnen, obwohl sie Anglistin ist, interessiert sie sich für Großbritannien. (Die französischen Romanisten interessieren sich immer noch nicht für Frankreich sondern nur für französische Literatur und Sprache.) Diese Kollegin hat ein Handbuch über englische Politik geschrieben. Da heißt es ungefähr in der Neuauflage, 1. Kapitel: Es gibt heute etwas, was niemand hätte vor 20 Jahren oder vor 10 Jahren denken können, eine Instanz, die über dem britischen Parlament steht, die die Normen fixiert, nach denen die britischen Gesetze gemacht werden müssen. Das ist der Europäische Gerichtshof in Luxemburg. Und dieser entscheidet in ganz präzisen Dingen, z. B. im Hinblick auf Ungleichheit von Mann und Frau im Beruf. Das britische Gesetz ist auf Anweisung von Luxemburg geändert worden. Das gilt für Deutschland und für Frankreich natürlich noch mehr. Die Verordnungen, die Richtlinien, die Hälfte der Tätigkeit des Bundestages besteht darin, unseres Parlaments auch, europäische Verordnungen oder vielmehr Richtlinien in deutsches Gesetz zu verwandeln. Wer weiß das? Europa gibt es nur, wenn gesagt werden kann, wie schlimm es ist. Die bösen Entscheidungen werden in Brüssel von Bürokraten gefällt, wohingegen natürlich in Bonn oder in Düsseldorf oder dann in Berlin nur gute Beamte sitzen, die strebsam alles positiv gestalten.

## 7 Der deutsche Inhalt Europas

In diesem Sinne glaube ich, dass wir sehen müssen, dass dieses Europa besteht und nicht wahrgenommen wird. Aber dieses Europa hat auch einen Inhalt, der deutsch ist. Und hier müssen wir uns die Frage stellen: „Was ist eigentlich dieses Deutschland in diesem Europa?" Da muss ich zuerst ein Loblied singen auf den Artikel 23, nachher werde ich jedoch seine Konsequenzen etwas kritisieren. Was ist die Bedeutung von Artikel 23? Es gab keine ebenbürtigen zwei deutschen Staaten. Natürlich waren sie ebenbürtig in diesem Sinne, dass der eine von 3 Westmächten, der andere von der Sowjetunion Hoheitsrechte bekommen hatte. Aber der eine war auf Freiheit begründet, der andere nicht. Das Wort „Westbindung" ist eine schlechtes Wort, denn es kann falsch verstanden werden. Wenn es heißt, die Bundesrepublik war an Europa *angebunden*, so ist das falsch. Sie war in das Europa der Gemeinschaft *eingebunden*, was etwas völlig anderes ist. So war Artikel 23 die erste Osterweiterung der Europäischen Gemeinschaft. So hat es auch Willy Brandt in seiner ersten großen Rede als vereinter Deutscher, d. h. als Altersvorsitzender des ersten vereinten Bundestages in Berlin am 20. 12. 1990 zum Ausdruck gebracht als er sagte:

> „Ohne dieses Europa gäbe es diese Einheit nicht. In diesem Sinn war Jean Monnet auch einer der Väter der Deutschen Einheit."

Das hat auch Wolfgang Thierse in seiner ersten Rede als Bundestagspräsident gesagt. Und da sind wir bei etwas angelangt, was einige Menschen nicht verstehen können:

Ich wünsche mir deshalb eine Therapie für meinen ehemaligen Studenten und Kollegen Arnulf Baring, ich wünsche mir eine Therapie für Egon Bahr und möchte gleich erklären wieso. Baring schreibt in seinem letzten Buch: *„Es lebe die Republik, es lebe Deutschland*" (das ist wie „Vive la France, vive la Republique"), dass die Adenauer Regierungszeit wie die ganze Bonner Republik eine (glückliche) Ausnahmesituation in der deutschen Geschichte gewesen sei. Ein Großteil der westlichen Landsleute blicke „verständlicherweise nostalgisch auf die untergehende Welt der Bonner Republik". Ich brauche da Therapie. Ich werde die Ehre haben in Bonn, im Bundestag, den es dann dort nicht mehr geben wird, eine Rede im Plenum zu halten als Abschlussrede. Und ich werde genau dieses Thema behandeln: Es hat nie eine Bonner Republik gegeben, es hat eine Bonner Demokratie gegeben und diese Bonner Demokratie geht jetzt nach Berlin.

Und Bahr sagt, wir seien nun frei, mit der vollen Souveränität, auch größere Verantwortung zu übernehmen. Eine deutsche Politik der Souveränität. Ja natürlich ist man souverän seit 1990 gemessen am Vier-Mächte-Regime. Aber die Bundesrepublik ist nicht mehr souverän, ebenso wie Großbritannien und Frankreich, die alle nicht mehr souverän sind. Es gibt die Europäische Gemeinschaft, die Bahr die „sogenannte Europäische Gemeinschaft" nannte. Nein, sie ist eine Europäische Union, die es wirklich gibt. Nur ist dann die Frage, dieses Deutschland, was ist das? Und die Antwort ist ganz einfach. Diese Republik im Westen und jetzt ganz Deutschland ist nicht gegründet worden auf dem Begriff der Nation, sie ist gegründet worden auf einer politischen Ethik. Ich habe vor November 1998 selbst oft formuliert, was Joschka Fischer in seinem ersten großen Interview als Außenminister gesagt hat:

> „Wir gründen auf zwei Traditionen von Widerstand: Widerstand gegen den Nationalsozialismus und Widerstand gegen die SED-Diktatur."

Die Grundlage der Bundesrepublik 1949 war eine doppeltes Nein: Ein Nein zu der nationalsozialistischen Vergangenheit, ein Nein zur kommunistischen Nachbarschaft. Und das hat dann übrigens sehr gut gewirkt, denn 1990, als die Unfreien frei wurden, sei es in Dresden oder in Prag oder in Budapest, sagte niemand: „Löst jetzt in Westeuropa auf, was ihr aufgebaut habt, wie wir z. B. den Comecon auflösen". Nein, es hieß nur: „Lasst uns mit dabei sein".

Randbemerkung: Mit welcher Berechtigung? Als wir glücklicherweise Spanien, Portugal und Griechenland dazu gelassen haben (die 9 wurden 12), geschah dies nicht aus wirtschaftlichen Gründen, sondern weil diese drei Diktaturen gewesen waren, die alle drei 1974, 1975 gestürzt wurden. Und sie sagten: „Lasst uns dabei sein, damit wir unsere junge Demokratie besser aufbauen". Leider ist das vergessen worden als man dummerweise Finnland (das war noch gut), Schweden und Österreich dazu gelassen hat, denn die glauben heute noch, sie seien neutral, was überhaupt nichts bedeutet. Besonders in Österreich muss Aufklärung betrieben werden und Therapie, denn Österreich glaubt immer noch, nur Opfer gewesen zu sein. Da denke ich immer an einen Satz unseres Dichters Jean Giraudoux, der etwas über Frauen gesagt hat, was für Frauen nicht stimmt, aber für Österreich:

> „Die Frauen weichen nur der Gewalt, aber dann mit Begeisterung."

So war das in Österreich 1938. Aber lassen wir Österreich.

Seit 1990 hören wir aus Budapest, aus Prag, aus Warschau: „Lasst uns dazu, damit wir unsere Demokratie besser entwickeln können". Und wir müssen „Ja" sagen, wenn es auch einen hohen wirtschaftlichen Preis hat.

Ich glaube, was diese Grundlage der Bundesrepublik bedeutet, das sehen wir seit einigen Monaten besonders deutlich: Am 09. 10. 1995 sagte Volker Rühe:

> „Die Soldaten der Bundeswehr stehen für unsere demokratische Verfassung ein und übernehmen Mitverantwortung für die Freiheit und Menschenwürde anderer."

Das war das, was heute den Kosovo-Einsatz berechtigt. Ebenso Rudolf Scharping am 27. 01. 1999 - Tagesbefehl an die Bundeswehr (es war der Tag, den Roman Herzog zurecht eingerichtet hat als Erinnerung an die Befreiung von Auschwitz 1945, die Befreiung der wenigen Überlebenden von Auschwitz). Was sagt Scharping?

> „Niemals dürfen wir wieder zusehen, wenn Menschen verfolgt, entrechtet und erniedrigt werden. Niemals wieder dürfen wir Völkermord und Terror schweigend hinnehmen".

Das ist die Vergangenheitsbewältigung der Bundesrepublik. Und das ist viel mehr als irgendein Denkmal irgendwo. Ich glaube, das hat sich auch gezeigt an seiner Überzeugungskraft. Ich habe 1983 auf dem evangelischen Kirchentag in Hannover gesprochen und wurde höflich behandelt. Aber als ich vor all diesen lila Tüchern, es waren nur lila Tücher an den 7.000 Zuhörern, ungefähr das sagte, was Scharping heute sagt, wurde ich ausgepfiffen und die Opposition war stark. Am 18. 06. 1999 ist Scharping auf dem Kirchentag beklatscht worden. Und das zeigt eine enorme Entwicklung der Auffassung der Mitverantwortung, der Auffassung der Mitverantwortung für andere. Das ist die Grundlage, die ethische Grundlage der Bundesrepublik. Und so hat es auch Johannes Rau in seiner ersten Ansprache gesagt, als er dankte und sagte:

> „Es steht doch in der Verfassung, dass die Würde des Menschen unantastbar ist. Da steht nicht die Würde der Deutschen, sondern die Würde der Menschen."

Allerdings ist dieses Deutschland auch in anderer Hinsicht auch etwas merkwürdig und anders anders als die anderen. Jedes Land ist anders. Jeder ist anders. Aber Deutschland ist *anders* anders als die anderen. Wenn ich das in einem Artikel schreibe, wird immer einmal anders gestrichen, weil man nicht versteht, was ich meine. Das gilt für die Vergangenheit, die zweifache Vergangenheit. Auch die Vergangenheit, von der Gauck zurecht spricht.

Die schwierigste Rede, die ich je gehalten habe, hielt ich in Weimar in der Herderkirche. Sie handelte von Buchenwald. Es ist mir nicht gelungen, in meiner Rede wirklich die zu überzeugen, die nach 1945 in Buchenwald von der anderen Seite inhaftiert worden waren, dass es einen kommunistischen Widerstand gegeben hat. Und die überlebenden Kommunisten konnte ich nicht davon überzeugen, was nach 1945 geschehen war. Das gehört auch zur Therapie der ehemalig Leidenden verschiedener Lager.

Aber leider ist eben dieses Deutschland auch ein noch nicht vereintes Deutschland. Da muss viel bewirkt und gewirkt werden. Als gute Bürger haben Sie sicher den Einigungsvertrag gelesen. So darf ich voraussetzen, dass Sie alles wissen über die orthopädischen Schuhe. Da ist nämlich ein Passus, der für mich zum Symbol geworden ist. Es steht in dem Vertrag, dass ab 01. 07. 1991 die orthopädischen Schuhe in Ostdeutschland nicht mehr voll erstattet werden. Seitdem sage ich:

> „Was hätte es die reiche Bundesrepublik gekostet, zu sagen: Ab 01. 07. 1991 werden auch in Westdeutschland die orthopädischen Schuhe voll erstattet?"

Aber da es in Ostdeutschland, in der DDR geschehen war, konnte es ja nur schlecht sein. Also musste es abgeschafft werden. Und hier gilt es noch viel zu sagen, nach beiden Seiten. Die schönste Rede „nach beiden Seiten" hat Christa Wolf gehalten, im Februar 1994 in Erfurt. Sie sagte, einerseits Kolonialisierung ... , andererseits:

> „Wie viele kamen aus dem Westen und haben selbstlos mit gebaut."

Ich denke da für mich an einen, den größten Westdeutschen hier in Ostdeutschland, den Oberbürgermeister von Leipzig. Ohne diesen hätte es diesen Aufbruch in Leipzig gar nicht gegeben. Und er kam aus dem Westen. Ich will keine Ministerpräsidenten nennen, sonst gelte ich als voreingenommen.

Für die Vernachlässigung der Vergangenheit müssen wir heute noch bezahlen. Wer weiß in Westdeutschland, was am 01. 07. 1945 geschehen ist? Am 01. 07. 1945 haben die Amerikaner und die Russen ein Abkommen eingehalten, das sie im Vorjahr in London getroffen hatten: Berlin sei die Hauptstadt der vereinten Sieger, deswegen durften die Westmächte militärisch nach Berlin. In London war eine Linie gezogen worden und die amerikanische Armee wich zurück. Andernfalls wären Weimar und Leipzig und Schwerin und Halle in der Bundesrepublik gewesen und in Westdeutschland, und sie wären auch frei und wohlhabend gewesen. Nun gilt es zurecht, noch Jahrzehnte dafür zahlen, dass es die anderen waren, die nicht frei und nicht wohlhabend sein durften.

Andererseits, wenn ich in Ostdeutschland spreche, dann erinnere ich - und das habe ich z. B. in einer Magdeburger Zeitung getan zum Jahrestag der Einheit -, dass ein Ostdeutscher Arbeitsloser ein besseres Lebensniveau hat als ein polnischer Arbeiter, und dass die ehemalige DDR am besten davongekommen ist von allen sowjetisierten Ländern.

Nach beiden Seiten sprechen, das ist die Aufklärungsarbeit oder die Therapie. Ich darf dafür noch ein persönliches *Beispiel* erwähnen: Am 01. 09. 1989 (Anlaß waren 50 Jahre Kriegsbeginn) sprach ich am Abend in einer großen katholischen Kirche auf Einladung des Erzbistums von Köln und am nächsten Tag in der Westfalenhalle für den Deutschen Gewerkschaftsbund (DGB). Dem katholischen Publikum sagte ich, was die Bischöfe alles verbrochen haben 1933 und auch später. Den Gewerkschaftern sagte ich, was die Gewerkschafter 1933 alles verbrochen haben, wie sie sich unterwarfen. Wenn ich den Katholiken gesagt hätte, was die Gewerkschafter schlecht gemacht hätten oder den Gewerkschaftern, was die Katholiken schlecht gemacht hätten, dann wäre das Demagogie gewesen, aber nicht Therapie.

Und in diesem Sinne müssen wir sehen, dass in diesem Europa bei gemeinsam Werten sind, unter anderem, weil sich zwei Dinge verändert haben. Ich möchte auf die Frage von Roman Herzog antworten, der in einer seiner schönsten Reden gesagt hat - das war die Laudatio auf Annemarie Schimmel in der Paulskirche -:

> „Wie weit geht eigentlich der ethische Kern, der allen Kulturen gemeinsam sein muss und wo beginnt der Bereich, in dem man jeder Kultur die eigene Gewichtung und Prioritätensetzung überlassen muss?"

Es gibt die Würde des Menschen als Grundlage einer Ethik. Wenn wir an die nicht glauben würden, dann hätte Gauck vor 1990 nicht gearbeitet, dann wäre ich nie nach Deutschland zurückgekommen.

Nun haben sich also zwei Dinge verändert, die alles positiver machen, leichter machen. Die erste Veränderung: Es gibt keine Marxisten-Leninisten mehr, nur ein paar alte westdeutsche Kollegen. Was ist ein Marxist-Leninist? Das ist jemand, der sagt und manchmal sogar glaubt, dass man dem Menschen nur Freiheit geben kann, nachdem er das, was er im Kopf hat, mit Gewalt verändert hat. Und der Moment, wo der Kopf als verändert gilt, kommt nicht.

Und dann - zweitens - ist etwas Erstaunliches geschehen, was in Deutschland aber noch nicht ganz zu Ende gebracht worden ist: Die christlichen Kirchen haben sich beinahe ganz zum Christentum bekehrt, noch nicht ganz. Es bleibt hier noch einiges zu tun, vor allem in Deutschland. Die evangelische und die katholische Kirche in Deutschland sprechen immer noch so, als müsse man Religionsunterricht gehabt haben, um moralisch zu sein, was übrigens eine Ohrfeige bedeutet für die vier Fünftel der Bewohner der neuen Länder, die keiner Konfession angehören. Ähnliches sehe ich, wenn ich die Aussage des Rates der EKD vom Oktober 1997 lese, den Text „*Christentum und politische Ethik*", wo es heißt:

> „Sowohl geschichtlich wie sachlich gibt es einen Zusammenhang zwischen Christentum und demokratischem Rechtsstaat."

Da weiß ich nicht, ob ich lachen oder weinen soll.

Das erste Mal, als die katholische Kirche von Demokratie gesprochen hat, anerkennend, war im Herbst 1944 Pius der XII. „Der Obrigkeitsstaat", das hat 1945 die neugegründete evangelische Kirche in Treysa gesagt, „ein schlecht verstandenes Luthertum, haben uns dazu geführt, dem Christentum den Gehorsam gegenüber der Obrigkeit zu predigen". Damals sagte ich schon: „Vielleicht falsch verstanden, aber 4 Jahrhunderte so verstanden."

Die Demokratie und die Grundwerte und das Ideal „Mensch gleich Mensch", das ist im 16., 18., 19. und 20. Jahrhundert gegen die Kirchen neu erfunden worden. Und wenn heute ein Pfarrer predigt, ein katholischer oder evangelischer, und sich freut, dass im Galater-Brief steht: „Ich kenne weder Juden noch Griechen, ich kenne weder Sklaven noch Freie, weder Frau noch Mann [das hat der Papst übrigens in Paris vergessen, als er das zitierte] wir sind alle eins in Jesus Christus", da ist er ganz glücklich. Aber er scheint gar nicht zu wissen, dass das bis zur Mitte des 19. Jahrhunderts bedeutete: „Auch die Sklaven dürfen Christen sein, aber natürlich bleiben sie Sklaven."

Um ein anderes *Beispiel* zu nehmen für das „Mensch gleich Mensch". Der Münchener Kardinal Faulhaber schrieb noch nach dem Krieg - 1946 - in einem Hirtenbrief, dass, man die Juden in Auschwitz vergast habe und man sogar Juden vergast habe, die zum Christentum übergetreten waren und somit andere Menschen geworden waren. Wo ist da „Mensch gleich Mensch"? Im Gegenteil, vor 3 Jahren ist der katholische Bischof von Oran, Pierre Claverie, grausam ermordet worden. Vor seinem Tod schrieb er seine Lebensgeschichte und er sagte:

> „Als kleiner katholischer Junge in Algier wurde mir ständig gesagt, ich solle meinen Nächsten lieben, aber niemand sagte mir damals, dass der Araber mein Nächster sei."

Heute wissen die Kirchen, dass der Araber der Nächste ist. Und man weiß auch, dass der Islam jahrhundertelang toleranter war als die Christen. Als die Kreuzzügler Jerusalem eroberten, haben sie ein Blutbad unter den Moslems angerichtet. Die Juden schlugen sich auf die Seite der Toleranten, d. h. die Moslems, dafür haben die

Christen die Juden in der Synagoge eingesperrt und verbrannt. Warum sage ich das? Weil die Geschichte der Kirche von Mord und Heiligkeit befleckt und geehrt ist. Und nur wenn man diese Selbstbetrachtung macht, das ist auch wieder Psychotherapie, weiß man, dass man nicht sagen kann, der Islam ist mörderisch. Der Islam ist tolerant und der Islam ist mörderisch, beides.

Nur durch die Anerkennung von sich selbst - und in Frankreich predige ich dafür, dass man anerkenne, welche Verbrechen Frankreich in Indochina und Madagaskar in Algerien nach dem Krieg begangen hat -, nur durch sie versteht man das Problem der Schuld anderer. Ich glaube, diese Grundposition, diese Selbsterziehung ist etwas, was eigentlich für uns eine Art Gebot sein müsste. Nehmen wir das Unverständnis der deutschen Bischöfe für die Frauen, das Unverständnis der Bundesrepublik für die Frauen. Die Frauen waren für mich die größten Opfer der Einheit. Zugleich zu sagen, keine Unterbrechung mehr und keine Krippen mehr, das war zu viel, ebenso die Art, wie das Problem behandelt wird. Nur der Richter Mahrenholz vom Verfassungsgericht hat gesagt:

> „Es geht ja nicht nur um das zu gebärende Leben, es geht auch um die Rechte der Frau."

Und das wird heute noch nicht anerkannt. Bei uns in Frankreich schon viel mehr, auch von der katholischen Kirche.

Ich glaube, diese Grundeinstellung ist etwas Wesentliches. Wenn Scholl sagte, ich darf nicht abseits stehen, so meint er genau das. Wenn wir nicht an diese Grundwerte glauben, dann haben wir die Versuchung, abseits zu stehen, wie z. B. als Wähler bei den Europawahlen, obwohl das Abseits natürlich denen hilft, die mit anderen Stimmen gewählt werden.

Ich glaube, es muss gesehen werden, dass die Tatsache, dass Werte nie richtig verwirklicht werden, kein Grund ist, nicht mitzumachen. Natürlich werden sie nicht vollständig verwirklicht. Ich gebe zwei *Beispiele*: Jedes Mal, wenn ein deutscher Kanzler oder ein französischer Präsident oder Premierminister dem chinesischen Premierminister sagt, ihr habt auch eure asiatischen Werte, dann zertrampelt er die Leichen der Studenten auf dem Platz des himmlischen Friedens, die vor 10 Jahren für dieselben Werte wie die unseren gemordet wurden.

Für mich war die Welt, muss ich gestehen, bis zum 09. 11. 1989 einfach: Friedrichstraße - Checkpoint Charly, einerseits Freiheit - einerseits Unfreiheit. Heute, wenn ich die Friedrichstraße betrachte und diese ganzen üppigen Büros sehe, die übrigens leer stehen, und die reichen Geschäfte, in denen die Bevölkerung von Ostberlin kaum einkaufen kann, dann denke ich, dass hunderttausende nicht dafür in Dresden oder Leipzig auf die Straße gegangen sind.

Das sind die Mängel. Die Mängel sollten aber nicht daran hindern, etwas mitzumachen, mitzuwirken. Die Therapie zielt ab auf Befreiung und befreit sein heißt, glücklich sein. Glücklich nicht in dem Sinn, dass man an den Leiden anderer nicht interessiert ist, sondern dass man weiß, was der Tod ist. Der Tod bedeutet für einen Gläubigen und einen Ungläubigen wie mich dasselbe. Er bedeutet: Es bleibt wenig Zeit. Und deswegen sollte diese Zeit nicht mit Unnützem vergeudet werden, wie mit Bitterkeit, mit Rachegelüsten, mit kleinen Selbstbezogenheiten. Es bleibt wenig Zeit bis zum Tode, deswegen sollen wir sie gut verwenden und vielleicht an eine Formel aus dem Talmud denken, die ich nicht kannte, bis sie Richard von Weizsäcker in einer seiner Reden zitierte:

> „Es ist nicht möglich, das Werk zu vollenden, es ist nicht erlaubt, das Werk zu verlassen."

# Kultur, Gefühlsregeln und Psychotherapie

*Rainer Krause*

Gegen Ende eines sich als kognitiv verstehenden Jahrzehnts beginnen sich die *Emotionen* als ein neues Paradigma zu etablieren.

In den *Medienwissenschaften* beschäftigt man sich zunehmend mit dem Verfall der Gefühlskultur - durch die über die Medien erzwungenen Affekte. Es geht dabei um die Steigerung von Wut, Verachtung und Ekel zu Ungunsten von Gefühlen wie Mitmenschlichkeit, Empathie und Anteilnahme (Winterhoff-Spurk 1999).

Die Deutsche Forschungsgemeinschaft hat 1993 eine Tagung über „*Nation und Emotion*" gesponsert, die versuchte, den Gegenstand der Gefühlskultur mit der Ethnologie und Sozialgeschichte zu verbinden (Francois, Siegrist & Vogel 1995).

Nach einer sehr stark theoriegesteuerten und damit auch spekulativen Anfangsphase (De Mausse 1982; Duerr 1990; Elias 1993) gibt es nun eine empirisch fundierte Literatur zur Emotionskultur und deren Geschichte (Stearns & Stearns 1983). So gibt es einen neuen Zweig der Amerikanischen Soziologischen Gesellschaft, der sich „Soziologie der Emotionen" nennt (Hochschild 1998).

Schließlich hat sich in der politisch motivierten Frauenliteratur ein großer Zweig über Geschlecht, Gefühl und Macht etabliert, der unter dem griffigen Kürzel „body politics" figuriert (Henley 1977).

In der im engeren Sinne psychotherapeutischen Literatur haben wir Arbeiten, wie die von Scheff über die Katharsis (1983) oder von Petzold (1985) über die Wiederentdeckung des Gefühls in der Psychotherapie.

Manche der abgehandelten Themen wurden früher in der Moralphilosophie einerseits und den Handbüchern des guten Ton andererseits abgehandelt (Bollnow 1958; Sucher 1997). Heute findet man vieles in Erziehungsratgebern und Zeitschriften wie „*Eltern*". Man kann also sagen, das Thema boomt, obwohl es nicht neu ist, denn seit altersher hat jedwede Erziehung entweder ex- oder implizit Aussagen über die Handhabung von Emotionen gemacht hat und eben diese Handhabungen dabei sehr stark mit basalen Werten und Idealen der jeweiligen Kultur zusammengeführt. Für die *Psychopathologie* und die *Psychotherapie* gilt gleiches. Fast alle Achse-2-Diagnosen des Diagnostischen und Statistischen Manuals Psychischer Störungen, d. h. die Persönlichkeitsstörungen, machen explizit normative Aussagen über Emotionen. So sollen die histrionischen Persönlichkeitsstörungen übertriebenen unangemessenen Affekt und die Borderline-Persönlichkeit chronische Wut kennzeichnen (Saß, Wittchen & Zaudig 1996). Für die Psychotherapie gilt das Gleiche. Wenn ein Patient *Urschreitherapie* macht, ist dies gleichzeitig ein Entscheid für eine bestimmte Emotionskultur, die gänzlich anders definiert ist als die eines Selbstsicherheitstrainings verhaltenstherapeutischer Prägung. Selbst innerhalb der doch recht homogen erscheinenden Psychoanalyse hat es immer die beiden Modelle der korrektiven Emotionalen Erfahrung und der kognitiv orientierten Einsicht gegeben (Alexander

& French 1974; Moser 1962) und die waren sich selten wohlgesonnen. Die Gefühlkultur der Humanistischen Psychotherapien sind mehr um Freude bzw. Happiness zentriert, die Psychoanalyse mehr um das Leiden.

Das Ehepaar Stearns, das man als Begründer der neueren empirisch ausgerichteten historischen Emotionsforschung verstehen kann, definiert denn auch emotionale Kultur als einen „Komplex von untereinander verbundenen Normen, Regeln und Idealen, die die Ausführung, den Ausdruck und schließlich die Anerkennung einer Emotion betreffen" (1993: 36). Die Psychotherapierichtungen haben also eine je eigene emotionale Kultur.

Diese Normen hängen immer mit den Geschlecht- und Schichtdefinitionen zusammen.

In der Tabelle 1 findet sich einen Auszug der status- und geschlechtsabhängigen Parameter des affektiven Verhaltens, die ich von Henley (1977) übernommen habe.

*Tabelle 1:* Beispiele emotionaler Zeichen, die im Umfeld von Status und Geschlecht relevant scheinen (US-amerikanische Vermutungen nach Henley 1977)

| | *Statusgleiche* | | *Statusdifferenz* | | *Geschlechtsdifferenz* | |
|---|---|---|---|---|---|---|
| | *Intim* | *Distanziert* | *Ranghoch zu Rangniedrig* | *Rangniedrig zu Ranghoch* | *Männer zu Frauen* | *Frauen zu Männern* |
| • Berühren | Ja | Nein | Ja (optional) | Nein | Ja | Nein |
| • Blickkontakt | Ja | Vermeiden | Starren oder ignorieren | Vermeiden + (aufpassen) | Starren oder ignorieren | Vermeiden + (aufpassen) |
| • Gesichtsausdruck (präferiert) | Lächeln (?) | Nicht Lächeln (?) | Nicht lächeln | Lächeln | Nicht lächeln | Lächeln |
| • Emotionsausdruck (Stil) | Offen | Verstecken (Maskieren) | Verstecken (Maskieren) | Offen | Verstecken (Maskieren) | Offen |

Diese Tabelle ist nicht sehr gut fundiert und sehr stark US-amerikanisch eingefärbt. Eine sehr viel präzisere Darstellung findet man in der Abbildung 1(Werte siehe Tabelle 2), in der das mimisch-affektive Verhalten von sich unbekannten deutschen Männern und Frauen in Gesprächssituationen dargestellt ist (Frisch 1997).

Es wird deutlich, dass die Geschlechtsunterschiede zwar sehr groß sind, allerdings nur teilweise in die Richtung von Henleys (1977; siehe Tabelle 1) Spekulationen, zeigen die Frauen doch mehr Affekte - aber eben auch mehr negative wie Verachtung. Schließlich wird deutlich, dass das Verhalten situationsabhängig ist, wobei die Situation das Geschlecht ist. Männer unter sich verhalten sich affektiv ganz anders als mit Frauen. Frauen tun das weniger. Sie unterscheiden sich allerdings situationsspezifisch im Erleben, was wiederum die Männer nicht tun. Aus allen vorliegenden Befunden kann man eine Reihe von Emotionsregeln ableiten. Der Statushohe darf in den Gefühlsbereich des Statusniedrigen eindringen, umgekehrt aber nicht.

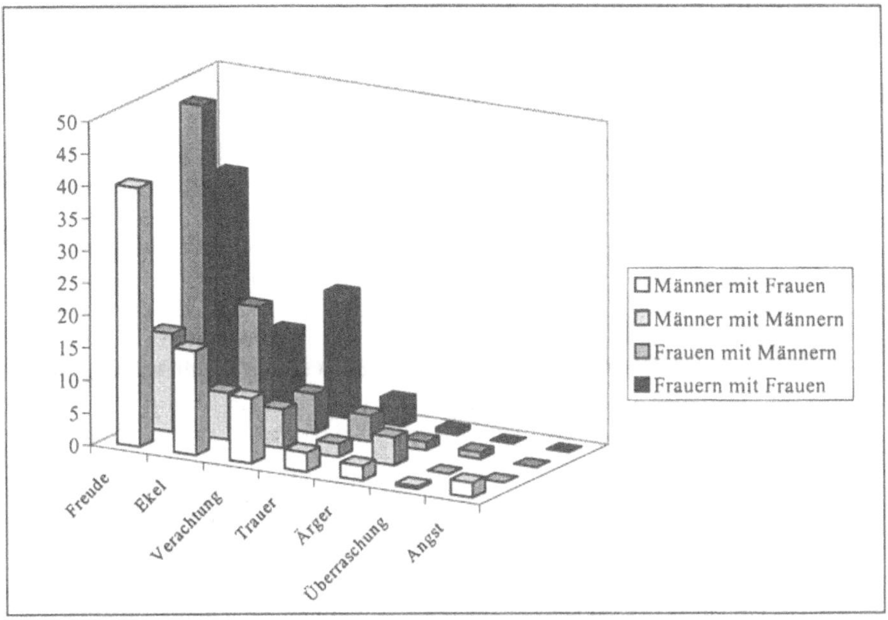


*Abbildung 1*: Häufigkeitsverteilung mimischer Reaktionen

*Tabelle 2:* Häufigkeitsverteilung mimischer Reaktionen

| | *Freude* | *Ekel* | *Verachtung* | *Trauer* | *Ärger* | *Überraschung* | *Angst* |
|---|---|---|---|---|---|---|---|
| • Frauen mit Frauen | 35.0 | 12.0 | 19.0 | 4.0 | 0.6 | 0.0 | 0.0 |
| • Frauen mit Männern | 48.0 | 18.0 | 6.0 | 4.0 | 1.3 | 1.0 | 0.0 |
| • Männern mit Männern | 15.0 | 7.2 | 6.0 | 2.0 | 4.3 | 0.0 | 0.0 |
| • Männer mit Frauen | 40.0 | 16.0 | 10.0 | 3.0 | 2.3 | 0.4 | 2.3 |

Statushohe zeigen insgesamt weniger Affekte als Statusniedrige, vor allem keine solchen aus dem Furcht- oder Bindungsbereich wie Angst und Trauer.

Die Stratifizierung hinsichtlich des Status erfolgt nach Gesichtspunkten wie:

1. Alter (Kind, Adoleszent, Erwachsener, Greis)
2. Geschlecht
3. Sozialer bzw. materieller Status in der Gesellschaft
4. Spezifische Persönlichkeitsmerkmale (Begabungen, Aussehen etc.).

Es gibt häufig eine Wechselwirkung zwischen Geschlecht und Status, die oft unklar werden lässt, wodurch das Verhalten gesteuert ist.

Solche Studien sagen natürlich nichts über die bewusste oder großenteils unbewusste Einbettung dieses Verhaltens in die Basisannahmen einer Kultur bzw. Gesellschaft.

Betrachtet man Langzeitverläufe wird dies deutlicher. So kann man in den 40 Jahren von Beginn bis zum Ende der Viktorianischen Zeit in den USA - 1890 - 1940 - einen Verfall der Wertschätzung der Emotion „Ärger" als einer ehemals durchaus notwendigen männlichen Emotion beobachten die parallel zu einer Veränderung des Scharms, des Verhaltens in der Arbeitswelt und schließlich der Kindererziehung lief. Im gleichen Zeitraum wurden der „Angst" und der „Eifersucht" die vor dem als geschlechtsdifferent, nämlich *weiblich* gesehen wurden, diese Attribute entzogen.

Die Personen die Rat gaben, wechselten ebenso wie das angesprochene Publikum. Früher äußerten sich vor allem Philosophen, Erzieher, Theologen und Leute der gehobenen Bildungsschicht, die sich dadurch auszeichneten, dass sie die Allgemeinheit und deren Werte besonders zu charakterisierten meinten. Am Ende dieser Zeit wurden es *Ärzte*, die im Namen der Wissenschaft nunmehr keine erzieherischen Romane und Anekdoten mehr publizierten, sondern explizit wissenschaftliche Normen, die gewissermaßen nicht durch Beispiele sondern ex cathedra vorgetragen wurden. Das trifft für die heutigen Medien in diesem Bereich immer noch zu. Es lässt sich zeigen, dass das viktorianische Emotionsmodell, das die Geschlechtsunterschiede sehr stark profilierte, vor allem der Familie nützte. Die sie ablösende bis heute *gültige* Emotionsregelung ist nicht mehr familien-, sondern schwerpunktmäßig an den Erfordernissen des Arbeitsplatzes orientiert, in dem in großen meist administrativen Einheiten also den Dienstleistungen, Bürokratien, Personen unterschiedlichen Geschlechts tätig waren und sind.

Ein typisches *Beispiel* für die gegenwärtige Form der Emotionskultur findet man in der Arbeit der Soziologin Hochschild die den Titel „*The managed heart. Commercialization of human feeling*" (1988) trägt.

Es handelt sich um eine Episode aus ihrer Feldforschung:

Im Training der Stewardessen sagte ein Flugkapitän zu den Schülerinnen:

> „... und nun, Mädels, möchte ich, dass jede von euch nach vorne kommt und wirklich lacht. Euer Lächeln ist euer größtes Kapital. Kommt nach vorne und zeigt es. Wirkliches Lächeln. Legt es wirklich an."

Im so genannten „*Lucas Guide*" werden die Fluggesellschaften ähnlich wie im „*Guide Michelin*" durch anonym reisende Tester eingestuft. Dort heißt es denn auch über die Delta Airlines (1980: 30):

> „Getränke werden nicht bloß mit einem Lächeln, sondern mit einer sorgenden Nachfrage etwa der Art 'Darf ich Ihnen noch etwas anderes bringen, Gnädige Frau?', serviert. Das Klima ähnelt dem einer gepflegten Einladung mit der Konsequenz, dass sich die Passagiere wie ordentliche Gäste benehmen. Ein oder zwei Mal testeten unsere Inspektoren die Stewardessen gezielt mit hohen Anforderungen. Die Flugbegleiterinnen ließen sich nie aus der Ruhe bringen, und am Ende des Fluges verabschiedeten sie die Passagiere mit unverminderter Freundlichkeit."

Eine ähnliche Gefühlsarbeit wird von Krankenschwestern erwartet. Tatsächlich hat sich in einer sehr soliden Studie von Ekman gezeigt, dass diejenigen Krankenschwestern, die ihre negativen emotionalen Reaktionen am besten durch positive überdecken konnten - einen Vorgang den sie Maskieren nennen - von ihren Ausbildern am Ende des 3-jährigen Ausbildungsganges am besten eingeschätzt wurden (Ekman 1985). Zurecht wie sich zeigte, denn die Patienten waren der gleichen Meinung. Je nach Sichtweise, auf die ich noch zurückkommen werde, kann man das als besonders falsch oder als besonders gutes „containing" verstehen.

Eine ganz andere Art der Gefühlsarbeit wird von Mosher und Tomkins (1988) für den Machismo US-amerikanischer Prägung gefunden. Dieser Studie zufolge beruht die Sozialisierung des Bildes vom guten „männlichen" Kind auf einer selektiven Herausbildung und Vergrößerung der als ideal definierten männlichen Affekte, *Erregung*, *Wut*, *Verachtung* und *Ekel* auf Kosten der als minderwertig definierten „weiblichen" Affekte Furcht und Scham, Unbehagen und entspannt-kontemplative Freude. Sieben Sozialisationstechniken zur Herausbildung der „männlichen" Affekte werden beschrieben:

1. Umwandlung von Unbehagen und Schmerz in Wut. Schmerzen sind blödsinnig. Wer sie äußert, ist blöd. Dies geschieht durch die Erzieher.
2. Umwandlung von Angst in Erregung durch Verachtung und Dominanz.
3. Scham über Restbestände von Schmerz und Angst wird über eine Reaktionsbildung durch Antischamreaktionen in Schach gehalten. Dafür eignen sich tollkühne „männliche" Taten.
4. Der Stolz auf das aggressive, tollkühne männliche Verhalten erzeugt Verachtung und Ekel gegenüber allen als weiblich definierten Verlierern. Der Loser ist solch eine archetypische Figur der US-Kultur.
5. Erfolgreiche interpersonale Kontrolle durch wütendes und kühnes Dominanzverhalten wird als erregend erlebt.
6. Die Erzeugung von Überraschung und Schreck wird ein interpersoneller Stil zur Herstellung von Dominanz durch die Auslösung von Angst und Unsicherheit bei anderen.
7. Erregung ist wichtiger als entspannte Freude, die nur im Rahmen von Siegesfeiern erlaubt ist.

In der Adoleszenz werden solche die Idealität sichernden „Emotionalen Drehbücher“ institutionalisiert und in Form von Initiationen aktiviert. Beim Machoskript beispielsweise muss eine kampf-, eine gefahr- und eine verachtungsgeladene Sexszene bestanden werden. Die Szenen sind in sich sinnlos. Es wird die körperliche Unversehrtheit riskiert. Es wird um nichts außer der Ehre geprügelt, und die Ehre ist eben so definiert, dass man sich um nichts prügelt. Ein freudloses unsinnliches Demütigen von Frauen durch die im Szenenjargon „4 F's“ genannten Strategien „find them, fool them, fuck and forget them“, bei deren Realisierung gar nicht erwartet wird, dass dieses Unterfangen Befriedigung schaffen soll.

Dieses Modell ist den Unterschichten und einigen hispanischen Gruppierungen vorbehalten. Eine weitere neue Form der Gefühlsregel findet man unter den arbeitslosen Unterschicht-Jugendlichen, die im „Cool-Bleiben“ einen Schutz gegen sehr gefährliche und nur zu leicht tödlich endende Provokationen finden müssen. Sowohl gezeigte Angst wie gezeigter Ärger und Verachtung provoziert auf Grund des hohen Grades an Bewaffnung von extrem leicht kränkbaren Personen höchst gefährliche Interaktionen. Aber auch dies ist ein eher marginales Modell. Wirklich modern ist das „Stewardessenmodell“ als Paradigma für die Dienstleistungsberufe.

Wie alle Dienstleistungsdrehbücher kann es durch drei Merkmale charakterisiert werden:

1. Kundenkontakt von Angesicht zu Angesicht.
2. Die Berufsausübenden rufen bei ihren Kunden einen bestimmten Gefühlszustand hervor, wie etwa den der Erregung in den Medien, den des Vertrauens beim Versicherungsvertreter etc.
3. Schließlich ermöglichen sie dem Arbeitgeber mit Hilfe von Ausbildung und Überwachung ein bestimmtes Maß an Kontrolle über das Gefühlsverhalten ihrer Angestellten zu erstellen. Beispielsweise wird in den neuen politischen Vorgaben über Qualitätssicherung in der Psychotherapie die Gefühlsarbeit eine wesentliche Rolle spielen.

All diese „Gefühlsregeln“ machen allerdings nur Sinn als Teil einer definierten Weltsicht. So setzt das Machoskript beispielsweise voraus, dass Maskulinität und die dazu gehörenden Emotionen die idealen Bausteine des wirklichen Menschen sind, der sich als Krieger in einer gefährlichen Welt voller begrenzter Ressourcen zu definieren hat. Ein Teil der begrenzten Ressourcen sind die Frauen. Das Stewardessenmodell setzt voraus, dass der Kunde König ist, d. h. der der bezahlt kann bestimmen welche Emotionen ihm serviert werden. Nach diesem Modell kann man auch beispielsweise im Rahmen von Perversionen Ekel, Ärger und Verachtung kaufen.

Diese Regeln müssen keineswegs vereinbar sein, es kann vielmehr geschehen, dass bei ihrem Zusammentreffen große Probleme entstehen. Auf manchen Charterflügen zwischen Saarbrücken und Mallorca treffen beispielsweise die beiden emotionalen Gefühlsregeln der Stewardessen und der Machos aufeinander, da geht es dann sehr unerfreulich zu. Ohne übergeordnete Instanz sind die auftauchenden Probleme nicht lösbar.

Zusammengefasst kann man feststellen, dass Mitglieder von Gruppen also nicht nur Güter, Dienstleistungen und Ideen austauschen, sondern vor allem Gesten und Zeichen emotionaler Arbeit. Der Austausch von Gefühlen wird in dem Sinne betrieben, dass das Individuum fühlt, dass ihm ein Gefühl *geschuldet* wird, oder dass es anderen ein Gefühl schuldet. Gefühlsregeln beinhalten also Rechte und Pflichten. Im sozialen Austausch der Individuen werden dabei die Beziehungen zwischen Weltanschauung, Gefühlsregeln und emotionaler Arbeit lebendig:

Gefühlsregeln sind also Bestandteile von Weltanschauungen.

Sie beinhalten Richtlinien für die Beurteilung der Übereinstimmung oder Nichtübereinstimmung zwischen Gefühl und Situation. Die Beseitigung der Diskrepanz erfordert emotionale Arbeit.

Hochschild (1988) benutzt den Begriff der „emotional labour" im Sinne eines Managements der Gefühle, das darauf bedacht ist, einen öffentlich sichtbaren Körper und Gesichtsausdruck herzustellen; Gefühlsarbeit wird gegen Lohn verkauft und besitzt daher Tauschwertcharakter.

In diesem Denken ist die emotionale Arbeit eine außerordentlich zentrale normschaffende und erzwingende Form der Vergesellschaftung, deren Verletzung mit etlichen Sanktionen verbunden ist.

Wird die Übereinstimmung zwischen Situation, konventionellem Rahmen und Gefühl irgendwie gestört, rücken Regeln der Handhabung der Gefühle ins Bewusstsein. Der Vergleich von Situation und Gefühl verlangt keinerlei bewusste Arbeit mehr, wenn die Verinnerlichung einmal gelungen ist. Das Individuum lernt Gefühlsregeln durch die Reaktion anderer beispielsweise ihren Gesichtsausdruck.

Um festgestellte Diskrepanzen zu eliminieren, können Hochschild zufolge drei Techniken angewendet werden:

1. Die kognitive Technik versucht durch andere Bilder, Vorstellungen und Gedanken die mit ihnen verbundenen Gefühle zu ändern.
2. Mittels der körperlichen Technik wird versucht, somatische oder physische Symptome der Emotion zu ändern (langsamer zu atmen etc.).
3. Man versucht, durch expressive Gesten, innere Gefühle zu verändern.

Im Gegensatz zur Manipulation und Täuschung ist die emotionale Arbeit also das Wachrufen eines nicht empfundenen, aber erwünschten und die Unterdrückung eines vorhanden, aber unerwünschten Gefühls in Übereinstimmung mit den Normen der Gruppe.

So interessant diese Befunde auch für uns sein mögen, haben sie doch eine gewisse Schwäche, die darauf beruht, dass in den entsprechenden Arbeiten eigentlich nie definiert wird, was Emotion ist. Implizit ist natürlich in der Einteilung von Hochschild (1988) über die kognitive Technik, die körperliche Technik und die expressiven Gesten eine Dreiteilung der Emotionalität mit enthalten, die in der Psychologie eine alte Tradition hat. Für die Beschreibung und das Verständnis klinischer Zustandsbilder sowie des psychotherapeutischen Prozesses reichen solche Betrachtungen natürlich nicht aus.

In der Psychotherapie ist vieles anders. Viele der Grundregeln der Gefühlsarbeit sind außer Kraft gesetzt.

So erwarten wir, obwohl wir aus dem Setting heraus eindeutig statushöher definiert sind, dass die Patienten in unseren Gefühlsbereich eindringen. So wird in der psychoanalytischen Grundregel explizit verlangt, dass der Analysand auch und vor allem sogar Gefühlsreaktionen, die er hier in Bezug auf den Therapeuten entwickelt, fantasiert und möglicherweise auch pflegt, mitteilt. Schließlich haben wir die sozialpsychologischen, an die Affektivität und Sprache gebundenen Blick-, Sprach- und Emotionsverschaltungen durch das Couch-Setting in weiten Bereichen aufgelöst (Krause 1997).

Der Grund für diese Veränderung liegt in den veränderten emotionalen Drehbüchern der psychischen Störungen, die im Folgenden beschrieben werden.

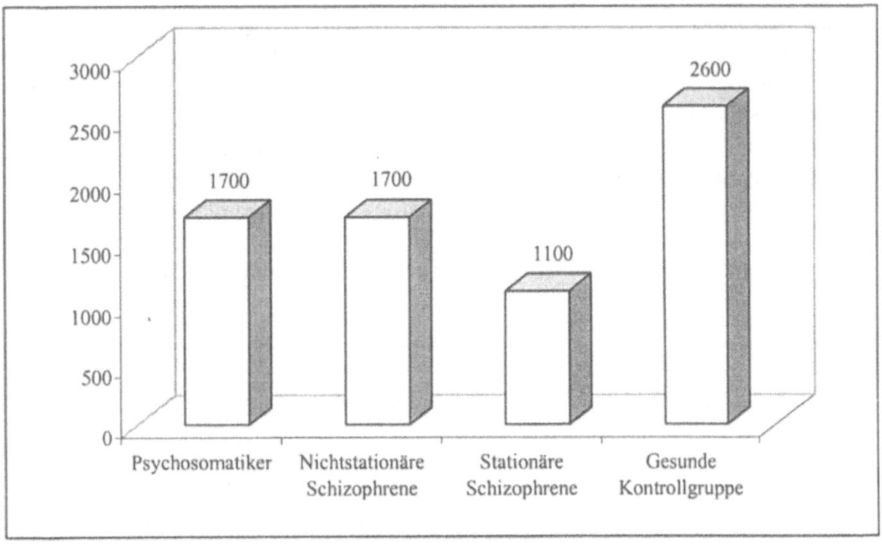


*Abbildung 2*: Absolute Häufigkeit der Summe der „mimischen Aktivität" in unterschiedlichen Gruppen (Patienten und gesunde Personen)

In der Abbildung 2 finden sich die Häufigkeiten affektiven mimischen Ausdrucks von unterschiedlichen psychischen Krankheitsgruppen in Alltagsgesprächen mit psychisch Gesunden die nichts von der Erkrankung wissen. Auffällig ist dass bestimmte Krankheitsgruppen - hier die an Schizophrenie und an Colitis erkrankten - ihr mimisches Ausdrucksrepertoire heruntergefahren haben. Andere Patienten wie die an Konversionsstörungen erkrankten erhöhen über das Niveau der gesunden hinaus (Krause 1998).

Noch auffälliger ist, dass die uninformierten gesunden Gesprächspartner sich unbewusst diesem Stil anpassen wie man aus der Abbildung 3 entnehmen kann. Es gibt also keine Unterschiede zwischen den Gesunden und Kranken, wenn die Gesunden mit den Kranken sprechen. Die Unterschiede werden allerdings hochsignifikant, wenn die Gesunden mit Gesunden sprechen (ebd.).

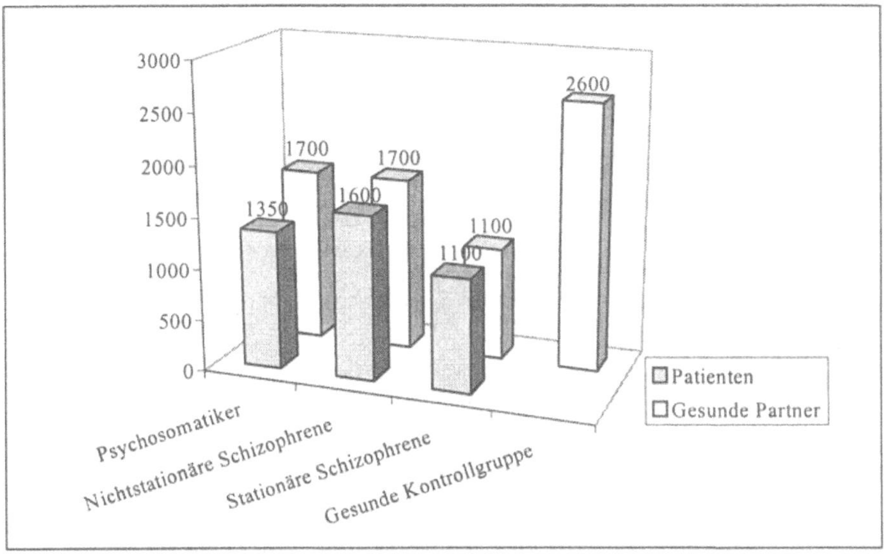


*Abbildung 3*: Absolute Häufigkeit der Summe der „mimischen Aktivität" in unterschiedlichen Gruppen (Dyaden mit Patienten und gesunden Partnern)

Es lässt sich nun zeigen, dass ein Teil des kurativen Geschehens der Psychotherapie darin besteht, dass die Therapeuten, wenn sie denn gut sind, also Erfolge produzieren, sich diesem Laienmodell nicht anschließen, in der Fachsprache ausgedrückt verhalten diese sich emotional nicht reziprok sondern komplementär.

Mit dieser Einteilung können schulübergreifend 50 % der Varianz der Erfolge auf Grund der Emotionalen Drehbücher der ersten Behandlungsstunde vorhergesagt werden.

Worin besteht nun das Spezifikum der psychotherapeutischen Gefühlsarbeit?

Diese Frage ist noch nicht vollständig geklärt, aber die wahrscheinlichste Hypothese ist die, dass die krankheitsspezifischen Emotionalen Drehbücher der Patienten eine unbewusste Testfunktion haben, die ebenso unbewusst zu eruieren versucht, ob sich das Gegenüber den Erwartungen entsprechend verhalten wird. Wenn diese Erwartung bestätigt wird, ist die krankheitsspezifische Weltsicht bestätigt und die Behandlung misslungen. Gelingt es emotional in der Abstinenz zu bleiben und sich komplementär zu verhalten eröffnet sich die Möglichkeit für eine andere Weltsicht und damit auch für eine anderes Emotionales Drehbuch.

Die Folgekosten dieser psychotherapeutischen Gefühlsarbeit sind noch ganz ungeklärt. Das häufige burning-out-syndrom und die vielfältigen Probleme die diese Berufsgruppe im Rahmen ihrer Tätigkeit durch Intervision, Supervision und eigene Behandlung lösen muss lassen allerdings deutlich werden, dass es in jedem Falle harte Arbeit ist die eigentlich sehr gut honoriert werden müsste.

## Literatur


Alexander, F. & French, T. M. (1974): Psychoanalytic Therapy. Principles and application. Lincoln University of Nebraska Press. New York: Wiley

Bollnow, O. F. (1958): Wesen und Wandel der Tugenden. Frankfurt am Main: Ullstein

De Mausse, L. (1982): Foundations of Psychohistory. New York: Creative Roots

Duerr, H. P. (1990): Der Mythos vom Zivilisationsprozess. Bd. 2: Intimität. Frankfurt am Main: Suhrkamp

Ekman, P. (1985): Telling lies. (Clues to deceit in the marketplace, marriage, and politics.) New York: Norton (Deutsch 1989: Warum Lügen kurze Beine haben. Berlin: De Gruyter)

Elias, N. (1993): Über den Prozess der Zivilisation. Sozialgenetische und psychogenetische Untersuchungen. Bd. 1: Wandlungen des Verhaltens in den weltlichen Oberschichten des Abendlandes (18. Aufl.). Frankfurt am Main: Suhrkamp

Francois, E., Siegrist, H. & Vogel, J. (1995): Nation und Emotion. Göttingen: Vandenhoek & Ruprecht

Frisch, I. (1997): Eine Frage des Geschlechts? SOFIE. Saarländische Schriftenreihe zur Frauenforschung. Bd. 5. St. Ingbert: Röhrig Universitätsverlag

Henley, N. M. (1977): Body politics, power sex and nonverbal communication. New York: Prentice Hall

Hilpert, K. & Winterhoff-Spurk, P. (Hrsg.) (1999): Helfen im Medienzeitalter: Zwischen Nächstenliebe und Betroffenheitsritual. Annales Universitates Saraviensis. St. Ingbert: Röhrig Universitätsverlag

Hochschild, A. R. (1988): Das gekaufte Herz. Frankfurt am Main, New York: Campus

Krause, R. (1997): Allgemeine psychoanalytische Krankheitslehre. Bd. 1: Grundlagen. Stuttgart: Kohlhammer

Krause, R. (1998): Allgemeine psychoanalytische Krankheitslehre. Bd. 2: Modelle. Stuttgart: Kohlhammer

Moser, U. (1962): Der Prozess der Einsicht im psychoanalytischen Heilverfahren. In: Schweizerische Zeitschrift für Psychologie und ihre Anwendung 21: 196 - 221

Mosher, D. L. & Tomkins, S. S. (1988): Skripting the macho man: Hypermasculine sozialisation and enculturation. In: Journal of Sex Research 25: 60 - 84

Petzold, H. (1985): Psychotherapie und Körperdynamik. Paderborn: Junfermann

Saß, H., Wittchen, H.-U. & Zaudig, M. (1996): Diagnostisches und statistisches Manual psychischer Störungen IV (DSM-IV). Göttingen: Hogrefe

Scheff, T. J. (1983): Explosion der Gefühle. Über die kulturelle und therapeutische Bedeutung kathartischen Erlebens. Weinheim: Beltz

Stearns, P. N. (1993): Girls, boys, and emotions: redefinitions and historical change. In: The Journal of American History 80: 36 - 74

Stearns, P. N. & Stearns (1983): Anger: The struggle of emotional in american history. Chicago: University of Chicago Press

Sucher, C. B. (1997): Hummer, Handkuss, Höflichkeit. München: Deutscher Taschenbuch Verlag

Winterhoff-Spurk, P. (1999): Ferner Nächster? Fernsehen und soziales Verhalten. In: K. Hilpert & P. Winterhoff-Spurk (Hrsg.) (1999)

# Entwicklung der neueren Migration in Deutschland

*Maria Dietzel-Papakyriakou*

## Einleitung

Die Industrienationen sind angesichts ihrer demographischen Probleme auf Zuwanderungen kurzfristiger oder langfristiger Natur weiterhin angewiesen. Mit einer zunehmenden Migration erhalten auch die hiermit verbundenen vielfältigen ökonomischen, politischen und soziokulturellen Fragen für die Aufnahmegesellschaften große Relevanz. Über das Ausmaß der Zuwanderung, die Herkunftsgebiete und die erforderlichen Kompetenzen der zukünftigen Migranten wird kontrovers diskutiert. Vor allem angesichts der steigenden Arbeitslosenzahlen, der Qualifikationsanforderungen des Arbeitsmarktes und der neuen politischen Bindungen zu den Reformstaaten Osteuropas werden neue Gesichtspunkte geltend gemacht. Voraussetzung, um Migrationen gestalten zu können, ist die Analyse der vielfältigen Prozesse, die Migrationen auslösen und sie bestimmen. Hierzu gehören die Motive und Erwartungen der Akteure, d. h. der Migranten selbst. Hierzu gehört auch die Abschätzung der mit der Migration verbundenen Chancen und Risiken für alle Beteiligten, der Migranten und zwar der zukünftigen und der alteingesessenen, der Herkunfts- und der Aufnahmegesellschaften. Mit diesen Fragen haben sich verschiedene wissenschaftliche Disziplinen aus ihrer jeweiligen Perspektive und mit Hilfe ihrer jeweiligen Methoden intensiv beschäftigt. Hierzu gehört auch die Medizin.

Nachdem 1955 die ersten ausländischen Arbeitskräfte aus Italien angeworben wurden, folgten im Rahmen von Anwerbeverträgen hunderttausende Arbeitskräfte aus Spanien, Griechenland, Portugal, der Türkei und Jugoslawien und seit den 80er-Jahren verstärkt asylsuchende Flüchtlinge. Etwa 7.3 Millionen Ausländer (eingebürgerte Migranten nicht mitgerechnet) leben zur Zeit in der Bundesrepublik Deutschland. Zwischen 1955 und 1996 sind zirka 23 Millionen Ausländer nach Deutschland zugewandert, zirka 17 Millionen sind wieder weggezogen. Damit hat Deutschland die größte Fluktuationsrate in Europa. Parallel dazu entscheiden sich inzwischen größere Gruppen von Migranten für einen endgültigen Verbleib im Immigrationsland.

Diese Migrationsbewegungen liefen quantitativ und qualitativ unterschiedlich ausgeprägt in drei Phasen ab:

1. 1955 bis Mitte der 70er-Jahre: Phase der Anwerbung von meist jungen Männern ohne ihre Familien.
2. Zweite Hälfte der 70er-Jahre bis Mitte der 80er-Jahre: Phase der Familienzusammenführung.
3. Zweite Hälfte der 80er-Jahre bis heute: Phase der Migration von Asylsuchenden und Familienmigration.

In der Nachkriegsphase fand zudem parallel, fast ununterbrochen und mit unterschiedlicher Intensität, die Zuwanderung von Vertriebenen und Aussiedlern deutscher Abstammung aus den osteuropäischen Ländern statt. Seit 1950 sind zirka 4 Millionen Aussiedler aus diesen Staaten nach Deutschland gekommen. So zogen pro 100000 Einwohner wesentlich mehr Menschen in die frühere Bundesrepublik als in die klassischen Einwanderungsländer. Im Zeitraum von 1983 - 1988 betrug die Zahl der Einwanderer pro 100000 Einwohner und Jahr in den USA 245, in Kanada 479, in Australien 694 und in der Bundesrepublik Deutschland 1022 Personen.

Faktisch ist Deutschland seit über 2 Jahrzehnten ein Einwanderungsland. Zweite und dritte Generationen sind inzwischen hier geboren. Seit Anfang der 70er-Jahre haben 10 - 15 % aller in Deutschland geborenen Kinder ausländische Eltern. Sie werden, obwohl hier geboren und aufgewachsen, als Ausländer registriert. Am Beispiel dieser Gruppe zeigt sich, dass die zur Verfügung stehenden Begriffe die heutige Situation, so wie sie sich inzwischen differenziert hat, nicht mehr adäquat erfassen. So entsprechen der sich auf die Staatsangehörigkeit beziehende Begriff „Ausländer“ oder die Begriffe „Migranten“ oder „Zuwanderer“ der realen Situation dieser Kinder nicht. Denn sie sind weder emigriert noch zugewandert. Ebenso wenig zutreffend sind Begriffspaare wie Einheimische - Ausländer, bzw. autochthone - allochthone, vor allem wenn es um die Nachkommen der vielen binationalen Ehen geht.

Die Tabelle des Statistischen Bundesamtes zur ausländischen Bevölkerung (StBA 1996) weist in der Spalte Staatsangehörigkeit über 160 Positionen auf. Von der gesamten ausländischen Population sind zirka 30 % Angehörige der Mitgliedsstaaten der Europäischen Union. 70 % der Migranten kommen aus Drittstaaten, an erster Stelle die Gruppen türkischer Staatsangehörigkeit mit zirka 2 Millionen, gefolgt von den Staatsangehörigen der Länder des ehemaligen Jugoslawien mit zirka 1.3 Millionen Menschen. Inzwischen kommen immer mehr Menschen aus den Ländern Osteuropas, aus Afrika und aus Asien. Ein Viertel der gesamten Migrantenbevölkerung sind Flüchtlinge. So wird die Migrantenbevölkerung bezüglich ihres Migrationsweges, Migrationsstatus und bezüglich des Herkunftsgebietes zunehmend heterogener. Aber auch in Bezug auf den sozioökonomischen Status haben sich große Veränderungen ergeben.

Migration ist nicht nur mit räumlicher, sondern auch mit sozialer Mobilität verbunden. Durch Migration verlieren oder gewinnen Menschen an sozialem Status. Bei der Anwerbung kamen vor allem Migranten ohne für hiesige Verhältnisse adäquate berufliche Qualifikationen. Viele kamen aus agraren Gebieten und positionierten sich in den untersten Stufen der beruflichen und damit auch sozialen Hierarchie. Diese Prozesse der Unterschichtung der Aufnahmegesellschaft betrafen die ersten Migrantengenerationen. Für ihre Kinder bestand prinzipiell die Chance eines relativen sozialen Aufstiegs über die Beteiligung am Bildungssystem des Aufnahmelandes. Dies ist auch für eine beachtliche Anzahl von Angehörigen der zweiten Migrantengeneration geschehen. Inzwischen bilden sich in den verschiedenen Migrantengruppen Mittelschichten und wirtschaftliche und intellektuelle Eliten aus. Der Anteil der Selbstständigen unter den ausländischen Erwerbstätigen nimmt zu. Als Beispiel seien hier, bezogen auf das Jahr 1995, die 2362 (2.2 %) Ärzte ausländischer Staatsangehörigkeit in der vertragsärztlichen Versorgung genannt (Weilandt & Altenhofen 1997). Zunehmend rekrutieren sich diese aus der zweiten Migrantengeneration.

Für die Zukunft wird eine polarisierende Entwicklung in der ausländischen Bevölkerung erwartet. Auf der einen Seite gibt es unübersehbare positive Veränderungen und auf der anderen Seite sind die Migranten in den untersten Stufen der beruflichen und sozialen Skala weiterhin überrepräsentiert. Diese Differenzierungsprozesse kommen in den Nationalitäten in unterschiedlicher Intensität und Richtung vor. Der Bildungserfolg der nachfolgenden Generationen ist von vielen Voraussetzungen abhängig, die das Platzierungsverhalten der Eltern im Bildungssystem beeinflussen. Mehr als die materiellen Bedingungen sind Einstellungen der Familien, Strategien der Förderung und Unterstützung der Kinder und auch die Migrationsplanung von Bedeutung. Das Zusammenwirken vieler verschiedener familialer und außerfamilialer Faktoren führt zu unterschiedlichen Bildungserfolgen in den Nationalitätengruppen. Während etwa einerseits italienische und türkische Kinder in Hauptschulen und Sonderschulen überrepräsentiert sind, sind spanische und griechische Kinder überhäufig in Gymnasien vertreten.

Waren noch für die Pioniermigration der 60er-Jahre einfache Erklärungsschemata vorhanden, ist die Situation heute durch die verschiedenen Migrationswellen der 70er- und 80er-Jahre viel komplexer geworden. Migranten wachsen in rechtliche Positionen hinein, entweder durch die Zugehörigkeit zur Europäischen Union oder durch langjährigen Aufenthalt und Einbürgerung. Sie werden zunehmend zu Akteuren des Migrationsprozesses und gestalten (trotz weiterhin vorhandener Restriktionen) immer flexibler und nach eigenem Bedarf ihre Migrationsbedingungen. Dies gilt etwa für die Erhaltung ihrer Mobilität oder der Familienzusammenführung. Komplexer ist auch die Situation bezüglich des Arrangements mit der Aufnahmegesellschaft im wichtigen Bereich der Akkulturation und der Integration geworden.

## 1 Integration und Akkulturation

Unter Kultur wird häufig das komplexe Raster aus unausgesprochenen Konventionen und Selbstverständlichkeiten, Orientierungssystemen, Normen und Werten, das sich aus einer gemeinsamen Geschichte, Gemeinwesen, Sprache, Religion und einer bestimmten materiellen Umwelt ergibt, verstanden. Die Internalisierung dieses komplexen psycho-kognitiven und Verhaltensrasters ist als Enkulturation Teil der Sozialisation jedes Menschen. Für einige Sozialisationstheorien führt die Enkulturation sogar zur Bildung einer mit einer bestimmten Kultur verbundenen „modalen Persönlichkeit", die einen wichtigen Aspekt der Identität jeder Person ausmacht. Beim Wechsel des kulturellen Kontextes wird die Person mit einer anderen Kultur konfrontiert, deren Erschließung nun eine Akkulturation notwendig macht. Stellt sich die Person dieser Herausforderung, kann Akkulturation in verschiedenen Graden stattfinden. Identifiziert sich die Person mit den Werten und Normen des neuen Kontextes, kommt es zur Assimilation. Fragen der Gestaltung von Akkulturationsprozessen, ihre Möglichkeiten und Grenzen und die damit verbundenen Konflikte für die ersten und nachfolgenden Generationen sind für die Migrationsdiskussion zentral (Nauck 1994, 1997). Hiermit verbunden und mit einem gleich hohen Stellenwert versehen, stellen sich Fragen der Integration in die Aufnahmegesellschaft.

Über die Begriffe Integration und Akkulturation gibt es intensive Kontroversen. Es wäre utopisch, auf einer Verständigung über eine einheitliche Begriffsdefinition zu bestehen. Die vielen fachspezifischen Konnotationen aber auch migrationspolitischen Akzentsetzungen machen einen Konsens zwischen allen Disziplinen unmöglich, so dass es notwendig ist, die Begriffe im jeweiligen Diskussionskontext zu klären. In Anknüpfung an die soziologischen Debatten um diese Begriffe können zwei analytische Ebenen unterschieden werden. Die individuelle Ebene der Migranten und die soziale Ebene der Aufnahmegesellschaft. So könnte Integration und Akkulturation als Ergebnis einer Verhandlung aufgefasst werden, in der auf beiden Seiten Migrant und Gesellschaft als Akteure interagieren. Damit könnten die vielen Verhaltensvarianten von Migranten erklärt werden.

Auf der individuellen Ebene der Kompetenzen und Einstellungen der Migranten könnte die Integrationsvorleistung als „strukturelle Kompetenz", also als die Kompetenz zum Handeln im fremden Kontext, und Enkulturation als die „symbolische Kompetenz", d. h. als die Internalisierung der Werte und Normen der Herkunftsgesellschaft definiert werden. Auf der gesellschaftlichen Ebene stehen demgegenüber die soziale Integration als Zugang zu Positionen in der Aufnahmegesellschaft, die „Positionierung" und die Akkulturation als die Übernahme von Werten und Normen der Aufnahmegesellschaft bis zur völligen Identifikation mit ihnen, also bis zur Assimilation. So kann erklärt werden, dass soziale Integration partiell sein und ohne Akkulturation vorkommen kann. Zugespitzt formuliert kann dies hier eine Strategie für das Individuum sein, eine soziale Integration (z. B. eine hohe berufliche Positionierung) durch Integrationsvorleistungen (Erwerb entsprechender beruflicher Kompetenzen) aber ohne Akkulturation (ohne Identifikation) anzustreben. Seitens der Gesellschaft wiederum kann zugespitzt formuliert werden: Eine vollständige soziale Integration (z. B. eine hohe berufliche Positionierung) ist ohne Akkulturation nicht möglich. Wobei die Akkulturation, sogar eine vollständige Assimilation, die soziale Integration nicht garantiert.

Ein *Beispiel* zur Illustration wäre hier die kopftuchtragende Iranerin, die sich nach einem Lehramtstudium an einer Universität des Landes Baden-Württemberg um Übernahme in den staatlichen Schuldienst bemüht. Aus individueller Sicht hat sie Integrationsvorleistungen erbracht und strukturelle Kompetenzen erworben, da sie über das notwendige Wissen zur Positionierung verfügt. Sie ist jedoch nicht akkulturiert, sie verweigert demonstrativ die Identifikation mit den Normen und Werten der Aufnahmegesellschaft und besteht auf der Enkulturation in den Werten und Normen ihrer Herkunftsgesellschaft. Aus der gesellschaftlichen Perspektive wird jedoch soziale Integration von einem notwendigen Maß an Identifikation (kein Kopftuch) abhängig gemacht. Im Grunde erwartet hier das Individuum soziale Integration ohne Akkulturation, und die Gesellschaft macht Integration von Akkulturation abhängig. Aus diesem Beispiel wird deutlich, dass es im Grunde um Positionen bei der Verteidigung des Eigenen und um die Überbrückung von Differenz zum Fremden geht. Es handelt sich dabei um eine immanente Frage jeder Gesellschaft, die Migranten aufnimmt, und um eine Frage, die sich Migranten, die sich in einen fremden Kontext begeben, bewusst oder unbewusst stellen müssen.

Alfred Schütz erklärt in seinem Aufsatz „*Der Fremde*“ (1972) diese Differenz, indem er auf das Wissen hinweist, das jeder Mensch durch seine Sozialisation erwirbt. Er kennt zwar nicht den Ursprung und die reale Bedeutung dieses Wissens, aber er weiß, dass er sich im Alltag darauf verlassen kann. Dieses „Denken-wie-üblich“ (ebd.: 58) basiert auf der Annahme, dass zukünftige Situationen mit Hilfe von früheren Erfahrungen gemeistert und Ereignisse in der Lebenswelt so gehandhabt und kontrolliert werden können. Diese „relativ natürliche Weltanschauung“ (ebd.), ist zwar nicht frei von Widersprüchen aber insgesamt doch kohärent. Sie ist relevant für eine bestimmte soziale Gruppe und wird von den Mitgliedern dieser Gruppe akzeptiert und angewandt. Der so enkulturierte Fremde, der sich einer anderen Gruppe, also einem anderen „Kulturmuster“ annähert, ist ein Außenseiter. Er muss die fremden Kulturmuster in seine eigenen übersetzen. Voraussetzung ist, dass ein auslegungsmäßiges Äquivalent existiert. Existiert dieses Äquivalent, hat er die Muster dann zur Hand, aber noch nicht in der Hand. Der Fremde darf nicht voraussetzen, dass seine Auslegung der neuen Kulturmuster mit derjenigen übereinstimmen, die unter den Mitgliedern der fremden Gruppe üblich ist. Nach Schütz (ebd.: 63) muss er vielmehr „mit fundamentalen Brüchen rechnen, wie man Dinge sieht und Situationen behandelt“. Denn die Grundannahmen der Kulturmuster der fremden Gruppe sind nicht Teil der Biografie des Fremden, und selbst wenn er sich entscheidet, mit dieser Gruppe die Gegenwart und die Zukunft zu verbringen, kann er mit ihr die Vergangenheit nicht teilen. Hier wird das Beispiel des Erwerbs einer fremden Sprache gebracht: Es ist der Unterschied zwischen dem passiven Verstehen einer Sprache und der aktiven Beherrschung als ein Mittel, um die eigenen Handlungen und Gedanken zu erfassen.

Vergleicht man die Herkunftskulturen der Fremden mit der Aufnahmekultur, wird es klar, dass jeweils eine unterschiedliche Anzahl von Äquivalenzen vorhanden ist, so dass bereits die Übersetzungsschwierigkeiten und damit auch die Fremdheitsgrade von Gruppe zu Gruppe unterschiedlich ausgeprägt sind. Setzt sich ein Fremder bei wenig vorhandenen Äquivalenzen dieser Übersetzungsaufgabe aus, kommt er in Gefahr, dass sein „Denken-wie-üblich“-Schema unwirksam wird, und er selbst in die Krise gerät. Um dieser Krise zu entgehen, kann er sich mit der Übersetzung einiger weniger, unbedingt notwendiger Äquivalenzen begnügen (strukturelle Kompetenz) oder sich dieser Übersetzungsarbeit so weit wie möglich entziehen. Auf Grund der unterschiedlichen Kompetenzen, Einstellungen und vorhandenen Alternativen sind hier verschiedene Strategien gegen den Akkulturationsdruck der Aufnahmegesellschaft der Individuen möglich.

## 2 Strategie gegen den Akkulturationsdruck: Der Familismus der Migranten

Unter Kompetenzen werden hier die üblichen Ausstattungen der Migranten an formeller Bildung und Ausbildung, Verfügen über Techniken des sozialen Umgangs durch vorherige Sozialisation im ländlichen oder städtischen Gebiet, Sprachkenntnisse etc. verstanden. Unter Einstellungen sind in diesem Zusammenhang vor allem die Erwartungen der Migranten dem Aufnahmekontext gegenüber, die sich insbesondere aus der Migrationsplanung ergeben, zu nennen; etwa ob ein endgültiges Niederlassen oder eine provisorische Migration angestrebt wird. Um die Einstellungen der Migranten dem Aufnahmekontext gegenüber zu verstehen, ist es wichtig, darüber hinaus zu klären, ob eine Migration freiwillig oder unfreiwillig, ob sie vornehmlich ökonomisch oder politisch motiviert war. Es ist wichtig, ob man Migranten als isolierte Individuen oder als Mitglieder von Kollektiven betrachtet. Ob es sich bei einer Migration um den Ausdruck einer Individualisierungsstrategie und damit zusammenhängend um einen Bruch mit der Herkunftsgesellschaft handelt, oder ob die Migration vielmehr ein Familienprojekt ist, und das Migrationsprojekt geradezu die Loyalität und Bindung zur Herkunftsfamilie, in deren Auftrag und für die Verbesserung deren Lebensbedingungen man ins Ausland geht, symbolisiert.

Da Migrationen nie monokausal, sondern durch ein Bündel von Faktoren ausgelöst werden, ist es wichtig, die jeweilige Konstellation von Migrationsgründen und deren Gewichtung für das Individuum zu klären. Denn obwohl solche Gründe, etwa Arbeitslosigkeit, politische Verfolgung etc. für eine Region, bzw. soziale Gruppe gelten, emigrieren nicht alle Individuen, die davon betroffen sind. Es liegt nahe anzunehmen, dass diejenigen, die sich zur Migration entschließen, von denjenigen, die, obwohl betroffen, ihre Heimat nicht verlassen, sich im Hinblick auf bestimmte psychosoziale Merkmale unterscheiden. Migration ist immer selektiv.

Sicherlich haben Teilnehmer an Pioniermigrationen, wie die Arbeitsmigranten der ersten Generation es sind, andere Kompetenzen und Einstellungen, also andere psychosoziale Profile, als die nachfolgenden Wellen von Emigrierenden im Rahmen der Familienzusammenführung oder als die Flüchtlinge. Und die Emigrierenden haben heute ein anderes psychosoziales Profil als früher, in einer Zeit, in der Migration sich aus Ländern und in Länder vollzog, die relativ zueinander viel fremder und entfernter waren als sie es heute auf Grund der schnellen Transportmöglichkeiten und der erleichterten Kommunikationsmittel sind. War die Migration früher eine dramatische Entscheidung, gehört sie heute in einer Zeit hoher und erleichterter Mobilität für viele zur Normalität.

Die Bemühungen, die verschiedenen psychosozialen Profile der emigrierenden Menschen zu entschlüsseln, dienen auch dazu, die Frage nach den Risiken, die Migration für Menschen bedeutet, zu klären. Die mit der Migration verbundenen Selektionsprozesse sind formeller und informeller Art. Formeller Art waren die bereits erwähnten Selektionen der medizinischen Kommissionen bis 1973. Wichtiger jedoch sind die informellen Selektionen, die im Vorfeld der Emigration stattfinden. Häufig werden Migranten als isolierte Monaden betrachtet. Tatsächlich aber, und im Gegensatz zu dieser häufig verbreiteten Betrachtung, emigrieren Migranten meist im Familienauftrag. Dass dies so ist, zeigt sich gerade in unserer Zeit, in der auf Grund der Immigrationsrestriktionen nur zwei Migrationswege übrig geblieben sind. Der Weg der Asylsuche und der Weg der Familienzusammenführung. Solche familiären Kettenmigrationen kommen sogar bei den Asylsuchenden vor. Es wird nicht ein beliebiges Land als Asylziel ausgewählt, sondern, wenn vorhanden, das Land in dem bereits Verwandte leben. Ist für den Flüchtling die Konsolidierung seines Aufenthaltes gelungen, wird er nach Familienzusammenführung streben.

Aus diesem überhäufig vorhandenen und überhäufig übersehenen Charakter der Migration als Familienauftrag ergeben sich Konsequenzen bezüglich der Selektionsmechanismen und des Migrationsverhaltens. Für Pioniermigranten, die im Familienauftrag emigrieren, ist anzunehmen, dass im Rahmen der informellen und häufig unausgesprochenen familialen Entscheidungsprozesse diejenigen Familienmitglieder für eine Migration in Betracht kommen, die auch die Gewähr bieten, das Migrationsprojekt zum Erfolg zu führen. Dies hat Implikationen für die durch die Familie beauftragte Person. Hierzu gehören die Verantwortung für das Gelingen des Migrationsauftrages und die Erfüllung der Verpflichtungen, etwa durch finanzielle Zuwendungen, für die im Herkunftsland verbliebenen Familienangehörigen, die Rückkehrorientierung oder die Familienzusammenführung (Dietzel-Papakyriakou 1993).

Insofern stellt Migration für diesen Typus von Migranten eine große Herausforderung für die Person dar. Sie bedeutet ein maximales Engagement für den sozialen Aufstieg. Dabei exponiert sich das Individuum gegenüber der Herkunftsgruppe, bzw. gegenüber den signifikanten Dritten. Seine Leistungen werden bilanziert, das Individuum geht eine Wette auf die Zukunft ein. Sein wichtigstes Kapital ist dabei seine Erwerbsfähigkeit, also seine Gesundheit. Die Realität konterkariert aber häufig die Erwartungen. Die Dissonanz zwischen Angestrebtem und Erreichtem muss fortwährend verarbeitet werden, es sei denn das Scheitern des Migrationsprojektes wird zugegeben. Ziele und Mittel, Ansprüche und Erfüllung fallen auseinander: Das Migrationsprojekt wird zur Quelle von psychischem Stress. In solchen Fällen wird Migration zu einem außerordentlichen Lebensereignis, dessen Bewältigung besonderer Strategien bedarf.

Wird dieses Verpflichtungsgefüge, in das Migranten dieses - ziemlich verbreiteten - Typus eingebunden sind, ignoriert, werden das Migrationsethos der ersten Migrantengenerationen, ihre Dilemmata und Versagungsängste nicht verstanden. Migration als Familienauftrag zu verstehen, erklärt auch den ausgeprägten Familismus vieler Migrantengruppen (Dietzel-Papakyriakou & Olbermann 1996; Nauck 1994, 1997). Diese Orientierung, die, wie die neuere Forschung zeigt, auch an viele Angehörige der zweiten Migrantengeneration vermittelt wird, erhält eine zusätzliche Verstärkung durch die Migration. Familie stellt häufig eine Produktionseinheit dar. Dieses Muster existierte bereits vor der Emigration und wird in der Migrationssituation als eine Lebens- und Wirtschaftsgemeinschaft der gegenseitigen Unterstützung der ökonomischen Anstrengungen fortgeführt. Familie in der Migration fungiert aber auch als ein Ort der Kompensation angesichts der psychischen Belastungen der Migration und als eine Rückzugsnische vor dem Akkulturationsdruck. Indem sie entlastet, erschwert sie aber auch die Erfüllung der Akkulturationsanforderungen der Aufnahmegesellschaft.

Die Bedeutung der Familie für die Bewältigung von Stressbelastungen ist zentral. In der Familiensystemforschung wird darauf hingewiesen, dass Familien, die eine hohe Kohäsion aufweisen, externe Belastungen besser verkraften können. Hier wirken die starken Bindungen der Familienmitglieder untereinander und die klaren Rollenverteilungen als ein Schutzfaktor. Kulturelle Einstellungen, religiöse Orientierungen und verwandtschaftliche Netzwerke stellen für Familien emotionale und materielle Unterstützungspotenziale dar. Allerdings ist es notwendig, dass innerhalb der Familie genügend Flexibilität vorhanden ist, um angesichts der sich wandelnden äußeren Rahmenbedingungen innere Verschiebungen der Rollen und Machtpositionen sowie Veränderungen von Einstellungen zuzulassen. Migration kann mit einem tief greifenden Wandel der kulturellen Orientierungen, vor allem der nachfolgenden Generationen, der Neubestimmung des Selbstbildes der Partner und der innerfamilialen und außerfamilialen Arbeitsteilung verbunden sein. Darauf reagieren Migrantenfamilien in unterschiedlicher Weise. Eine schwierige wirtschaftliche Lage und belastende Arbeitsbedingungen bzw. Arbeitslosigkeit und beengte Wohnbedingungen erschweren häufig die Suche nach innerfamilialem Ausgleich und beeinträchtigen die Wirksamkeit innerfamilialer Stützpotenziale. Dann können die familiären Verhältnisse sich zu einem eigenständigen Stressor entwickeln. Dies ist der Fall, wenn Familien angesichts der vielen Belastungen keinen Ausweg mehr sehen, bzw. sich als Opfer von Verhältnissen, die sie nicht beeinflussen können, erleben.

Über ihre Möglichkeiten bei der psychosozialen Stressbewältigung hinaus tragen Familien durch präventive und kurative Leistungen zur Erhaltung der Gesundheit und Leistungsfähigkeit ihrer Mitglieder bei. Hier haben die Frauen, vor allem die Mütter eine Schlüsselfunktion. Insbesondere die Gesundheit der Kinder ist von der aufmerksamen Wahrnehmung und Bewertung der Symptome durch die Mütter und der rechtzeitigen Inanspruchnahme von medizinischer Hilfe abhängig. Viele Migrantenfamilien greifen auf traditionelle Laiensysteme zurück. Dies kommt umso häufiger vor, desto weniger Kompetenzen in der deutschen Sprache und im Umgang mit den professionellen Diensten vorhanden sind. Vor allem Migrantinnen der ersten Generation verfügen über ein Laienwissen, das dem professionellen Gesundheitssystem in der Regel nicht bekannt ist. Es erstreckt sich auf viele Bereiche des Alltagslebens, von der Ernährung bis zu den kulturellen Systemen der Wahrnehmung und Interpretation von Symptomen und Krankheiten (Nickel-Khosrov Yar 1990). Diese familialen Routinen im Umgang mit Krankheit beeinflussen zusammen mit vielen anderen Aspekten der sozialen Lage entscheidend das Krankheits- und Gesundheitsverhalten der Familien ausländischer Herkunft. Wie bei den einheimischen Familien werden die Potenziale und Leistungen der Familien in der Krankheitsvorbeugung und Krankenpflege, wie auch die Möglichkeiten einer Verzahnung zwischen Laien- und professionellen Gesundheitssystemen, durch eine, primär an dem professionellen kurativen Sektor orientierte Gesundheitspolitik vernachlässigt.

## 3 Strategie gegen den Akkulturationsdruck: Der Rückzug in die ethnische Kolonie

Familienzusammenführung und Kettenmigrationen sind die Basis für die Gründung von ethnischen Kolonien. Theoretisch gesehen, können ethnische Kolonien als Systeme von sozialen Netzwerken von Personen vornehmlich einer ethnischen Gruppe in allen Migrantengruppen gebildet werden. Sie können sich in einer räumlichen Konzentration ausdrücken, sind aber nicht unbedingt von der räumlichen Nähe ihrer

Mitglieder abhängig. Die Quantität schlägt jedoch hier in Qualität um. Nur die großen Gruppen sind in der Lage, autarke, konsolidierungsfähige und somit lebensfähige ethnische Kolonien zu bilden. Beim näheren Betrachten handelt es sich um miteinander vernetzte Familienverbände, die durch Familienzusammenführung, Verheiratung mit Personen aus der gleichen ethnischen Gruppe in der Migration oder Verheiratung mit Personen aus der Herkunftsregion oder dem Herkunftsort entstanden sind. In Deutschland kommen ethnische Kolonien in vielen Migrantengruppen vor; aber wirklich autarke ethnische Kolonien konnten sich bisher nur in den größten Migrantengruppen, d. h. den Migranten aus der Türkei bilden. Solche Kolonien finden häufig auch ihren räumlichen Ausdruck in städtischen Gebieten mit eigener ökonomischer und soziokultureller Infrastruktur. In diesen ethnischen Kolonien findet Sozialisation und somit auch Enkulturation der nachfolgenden Generationen statt. Mit zunehmender ökonomischer Autarkie sind in diesen ethnischen Kolonien auch Positionen im beruflichen Bereich zu vergeben, die eine soziale Integration - dies allerdings nur innerhalb der ethnischen Kolonie - ohne Akkulturation in der Aufnahmegesellschaft erlauben. Somit können sich diejenigen dem Akkulturationsdruck der Aufnahmegesellschaft entziehen, die sich für die ethnische Kolonie entscheiden.

Je kleiner die Gruppe jedoch, desto weniger Möglichkeiten bestehen, den Akkulturationsanforderungen der Aufnahmegesellschaft zu entgehen. Diesen müssen sich die Migranten, die nicht über die Rückzugsmöglichkeiten in eine autarke ethnische Kolonie verfügen, stellen. Dies kann mit Belastungen einhergehen, die, wenn nicht bewältigt, sich zu krankmachenden Faktoren entwickeln können.

Allerdings stellen die Akkulturationsanforderungen der Aufnahmegesellschaft nicht für alle Migrantengruppen eine gleich schwere Belastung dar. Diese wächst mit der Größe der kulturellen Differenz zwischen Herkunfts- und Aufnahmekontext. Setzt sich das Individuum durch die Migration dieser Differenz aus, muss es seine bisherige Enkulturation in Frage stellen. Den Sozialisationstheorien folgend hat dies, je nach Lebensphase und Plastizität, unterschiedliche Implikationen. Für erwachsene, in ihrer tertiären Sozialisation sich befindende Personen wird angenommen, dass Werte und Normsysteme sich nur schwer verändern können; es ergeben sich Rollen-Diskontinuitäten. Schwierigkeiten können sich auch bei den sich in ihrer Entwicklung befindenden Jugendlichen ergeben, wenn diese sich an zwei sich widersprechenden kulturellen Systemen orientieren müssen.

Hinzu können Belastungen aus der Umgebung kommen. Die Weigerung der Bundesregierung durch ein Einwanderungsgesetz anzuerkennen, dass die Bundesrepublik ein Einwanderungsland ist, verhindert eine transparente Einwanderungspolitik. Es entsteht weiterhin der Eindruck, dass sich Zuwanderung ungesteuert vollzieht und ungewollt ist. Dies verstärkt die Ängste und Widerstände der einheimischen Bevölkerung gegenüber dem Phänomen Migration. Als genereller soziologischer Trendwert lässt sich festhalten, dass umso niedriger der Bildungsstand und je geringer die materiellen Ressourcen der sozialen Gruppen sind, desto höher fällt die Ablehnung von Fremden aus. Die Ablehnung ist umso größer, desto stärker die kulturelle Differenz zu einer Migrantengruppe empfunden wird. Latent existierende negative Vorurteile gegenüber Fremden und Andersartigen werden in jeder Gesellschaft generell vor allem in Zeiten zunehmender Unsicherheit und ökonomischen Drucks akut. Besonders bei Knappheit von Ressourcen werden Fragen nach der Legitimation der Teilnahme und Teilhabe an gemeinschaftlichen Gütern gestellt. Konkurrenzängste wenden sich nach außen und nach innen, in einer ersten Phase gegen vermeintlich Nicht-dazu-Gehörende. Migranten werden als solche verstanden, wenn auch mit einigen Differenzierungen. Stärker betroffen sind die Neuimmigrierten als die Alteingesessenen, stärker die Flüchtlinge als die Arbeitsmigranten und stärker die Migranten aus Drittstaaten als die Angehörigen der Europäischen Union. Die Migranten sind je nach soziokultureller Herkunft und Migrationsbiografie unterschiedlich mit kulturellen Wertorientierungen und beruflichen Kompetenzen ausgestattet. Ihre Herkunftsnationalität und ihr Migrationsweg (Arbeitswanderung oder Asyl) bestimmen ihren Aufenthaltsstatus. Daraus ergeben sich erhebliche Unterschiede unter den Gruppen, die zu gegenseitiger Ablehnung oder Akzeptanz beitragen. Konkurrenzen und Vorurteile finden sich also auch bei den Migrantengruppen im Verhältnis zueinander und verlaufen ebenso nach Mustern der kulturellen Differenz wie im Verhältnis zu den einheimischen Gruppen. Im Vergleich zu den Vorurteilen unter den Migrantengruppen, haben jedoch die Vorurteile der Aufnahmegesellschaft gegenüber Migrantengruppen strukturelle Benachteiligung zur Folge, denn sie erschweren den Zugang zu den materiellen und immateriellen Ressourcen des Gemeinwesens. Die Zurückweisung bestimmter Migrantengruppen und deren kultureller Herkunft erschwert zudem die Akkulturationsprozesse in die Aufnahmegesellschaft.

Migration kann also als eine Situation begriffen werden, in der Fremde mit Akkulturationsanforderungen seitens der Aufnahmegesellschaft konfrontiert werden. Der Akkulturationsdruck variiert je nach kultureller Herkunft, Migrantengeneration und Lebensphase und trifft auf Individuen, die in unterschiedlichem Maße über Ausweichmöglichkeiten verfügen. Es ist nahe liegend anzunehmen, dass auch die Gefahren aus der kulturellen Konfrontation unterschiedlich verteilt sind. Daraus ergibt sich ein unterschiedlich ausgeprägtes Risiko der damit verbundenen psychischen Belastungen und Risiken. Es wird deutlich, dass kulturelle Aspekte sowohl bei der Analyse der mit der Migrationssituation verbundenen besonderen Risikokonstellationen für die Krankheitsentstehung als auch bei der Erforschung von therapeutischen Prozessen von großer Bedeutung sind. Diese Erkenntnis stand allerdings nicht von Anfang an im Mittelpunkt der gesundheitsbezogenen Migrationsforschung. Sie hat sich inzwischen durchgesetzt, viele hiermit verbundenen Fragen in Diagnose und Therapie bleiben aber noch offen.

## 4 Migration und Medizin

Am Anfang stand das Konzept einer nur kurzfristigen Politik der Ausländerbeschäftigung, die sich flexibel den Schwankungen des Arbeitsmarktes anzupassen hatte. In der Phase der Anwerbung hatte die Medizin im Migrationsgeschehen eine eminente und regulierende Funktion übernommen. Medizinische Kommissionen wurden in die Auswahl der für eine Beschäftigung geeigneten Bewerber mit einbezogen. Solche gesundheitlichen Prüfungen haben auch die anderen anwerbenden europäischen

Länder, aber auch die klassischen Einwanderungsländer wie z. B. die USA durchgeführt. Für die Bundesrepublik Deutschland fanden diese Kontrollen bei den medizinischen Kommissionen in den Herkunftsländern statt. Im Vordergrund standen dabei die Eignung vor der Einreise und die Adaptationsproblematik nach der Einreise der ausländischen Arbeitskräfte. Daher stellte ein beträchtlicher Teil der Arbeitsmigranten bis zum Anwerbestopp eine unter gesundheitlichen Aspekten ausgewählte Gruppe dar. Ihr durchschnittlicher Gesundheitsstatus lag ursprünglich über dem des Entsendelandes, vermutlich wich er auch positiv von dem des Aufnahmelandes ab.

Die Voruntersuchungen waren entweder durch den Artikel 48 des Römischen Vertrages legitimiert, demzufolge auch für Angehörige aus Mitgliedsländern der Europäischen Gemeinschaft die Freizügigkeit der Berufsausübung aus Gründen der öffentlichen Gesundheit eingeschränkt werden konnte, oder sie beruhten auf speziellen zwischenstaatlichen Vereinbarungen, die zwischen der Bundesrepublik und den Herkunftsländern getroffen wurden. Ein wesentliches Ziel war es, die Arbeitsfähigkeit des Migranten sicherzustellen und die durch die Anwerbung im Aufnahmeland anfallenden Sozialkosten, besonders bei der Krankenversicherung, auf ein Minimum zu beschränken. Aufgabe der ärztlichen Kommissionen bei den Anwerbestellen im Ausland war es daher „Fehlvermittlungen" auszuschließen. Damit waren Bewerber gemeint, die den körperlichen Anforderungen der Arbeit nicht gewachsen zu sein schienen, für die sie von Unternehmen in der Bundesrepublik angefordert wurden. Von einer Vermittlung waren deshalb Bewerber grundsätzlich ausgeschlossen, die Krankheiten oder Gesundheitsstörungen aufwiesen, „die das Zusammenleben beeinträchtigen". Diese Bestimmung ließ Interpretationen weiten Raum und reichte von Hautkrankheiten, Entstellungen und psychischen Leiden bis hin zu körperlichen Behinderungen. Ebenfalls ausgeschlossen waren Bewerber mit chronischen Krankheiten, Lungentuberkulose und anderen übertragbaren Krankheiten. Um die durch Ernährungs- und Klimaumstellungen zu erwartenden Krankheitsfälle und Versicherungskosten zu reduzieren, waren gerade auch Bewerber mit Krankheiten des Verdauungssystems und mit solchen Krankheiten ausgeschlossen, die durch klimatische Veränderungen zu Beeinträchtigungen führen könnten. Ausgenommen waren auch Bewerber mit Herz-Kreislauf- und anderen leistungsmindernden internen Erkrankungen. Einschränkungen des Seh- und Hörvermögens führten ebenso wie Schwangerschaft zu einer Ablehnung durch die ärztlichen Kommissionen.

Das Selektionsinstrument der Voruntersuchung war bis zum Anwerbestopp 1973 wirksam. Nach 1973 und als Folge der verstärkten Familienzusammenführung verlagerte sich die migrationsbezogene gesundheitspolitische Diskussion. Mit dem Fortschreiten des Migrationsprozesses und den Veränderungen der demographischen Struktur der Migrantenpopulationen verschob sich die Aufmerksamkeit der Medizin auf Fragen der gesundheitlichen Versorgung der Migrantenfamilien, insbesondere der Frauen und Kinder. Seit den 80er-Jahren finden über die Anwerbeländer hinweg weitere kleinere Migrantengruppen und Fragen der Asylsuchenden und Kriegsflüchtlingen Aufmerksamkeit, wie z. B. verfolgungs- und kriegsbedingte Traumata.

Heute besteht zwar weiterhin offiziell die Position, die Bundesrepublik sei kein Einwanderungsland, in der Realität hat aber die Macht des Faktischen die Erkenntnis durchgesetzt, dass es sich bei der medizinischen Versorgung der Migranten und ihrer Familien nicht um eine vorübergehende Sonderaufgabe handelt. Die Notwendigkeit grundsätzlicher Analysen der Problematik unter mehr strategischen Gesichtspunkten wurde anerkannt (ohne jedoch bisher eingelöst zu sein). Es kann nicht davon ausgegangen werden, dass die Probleme sich mit der Sukzession der Migranten-Nachfolgegenerationen auch sukzessiv quasi von allein lösen werden. Neuzuwanderungen finden stetig statt, und Aufenthaltskarrieren und damit auch Akkulturationskarrieren werden durch Remigrationen ins Herkunftsland unterbrochen. Eingebürgerte Migranten werden in der Zukunft ohne Einschränkungen in der Lage sein, ihren Aufenthalt in Deutschland durch Aufenthalte im Herkunftsland zu unterbrechen. Die zunehmende soziale und kulturelle Heterogenität der Bevölkerung ausländischer Herkunft erhöht zunehmend auch die Komplexität in der Analyse und Intervention.

Deswegen dürfen sich dabei erstens die medizinischen Aspekte nicht verselbstständigen. Dies würde geradewegs vom Kern des Problems wegführen. Denn hier geben die politischen und ökonomischen Entwicklungen den Ton an. In diesem Zusammenhang ist es wichtig festzustellen, dass die gesundheitlichen und die Probleme der medizinischen Versorgung nicht die Hauptprobleme der Arbeitsmigranten sind. Die Sorge um den Aufenthaltstatus, den Arbeitsplatz, um die Zukunft der Kinder und um die eigene Zukunft ist sehr viel drängender. Andererseits unterstreichen die internationalen Erfahrungen, dass sich im medizinischen Feld die zu Grunde liegenden sozialen Probleme besonders ausdrucksvoll manifestieren. Es handelt sich also bei den verschiedenartigen medizinischen und gesundheitlichen Aspekten um die Erscheinungsformen tief greifender Benachteiligungen. Insofern stellen viele Fragen der Behandlung der gesundheitlichen Probleme der Migranten nur Fassetten übergreifender, politisch und ökonomisch bestimmter Problemkonstellationen dar.

Zweitens müssten die politischen, sozialen und ökonomischen Parameter in ihrer Verschränktheit mit den kulturellen Aspekten gesehen werden, damit nicht bloß das Erklärungsmuster „Schicht" alle anderen und vor allem die kulturellen Parameter ablöst. Die Annahme zwar, gesundheitliche Probleme seien häufig sozialen Ursprungs, kommt vor allem bei psychischen Erkrankungen vor und trifft in besonderer Weise für die Migranten zu. Allerdings führt dies häufig dazu, dass Migranten zum „homo oeconomicus" reduziert werden. Die hiermit verbundene Unterbewertung der kulturellen Dimension „rächt" sich spätestens dann, wenn es um die Umsetzung geeigneter sozialpolitischer Maßnahmen geht. Insofern müssen beide Faktoren - Kultur und Schicht - Berücksichtung finden, denn beide intervenieren im Krankheitsgeschehen, und zwar je nach Lebens- und Migrationsphase und je nach Lebenslage in unterschiedlichem Maße.

Drittens sollte bei der Bewertung des gesundheitlichen Risikos unter den Migrantengruppen differenziert werden, sonst besteht die Gefahr der Verfestigung von Hypothesen, die ein generelles Pathologisierungs- bzw. Psychiatrisierungsrisiko im Zusammenhang mit Migration annehmen. Da im multifaktoriellen Entstehungsprozess von psychischen Krankheiten nicht von einem mechanistischen Muster - Impuls - Reaktion, oder bloß umweltdeterministisch - ausgegangen wird, spielen nicht nur die Risikokonstellationen sondern auch und vor allem die Bewältigungskapazitäten und -strategien der Person und ihrer Umgebung eine wichtige Rolle. Dabei wird die Person als Akteur, der seine Möglichkeiten einsetzt, gesehen, etwa dadurch, dass belastenden Situationen ausgewichen wird. Insofern sind die Risiken der Migration für die psychosoziale Gesundheit der Migrantenbevölkerung auch unterschiedlich unter den kulturellen Gruppen und Individuen verteilt. So etwa das Risiko, das sich aus der kulturellen Konfrontation für die Person ergibt. Es ist dargestellt worden, dass es zu einer Krise bei der Übersetzungsarbeit von einer Kultur zur anderen, auch „Kulturschock" genannt, am ehesten dort kommt, wo die Differenz zwischen Herkunftskontext und Aufnahmekontext am meisten ausgeprägt ist. Es hängt dann von den Kompetenzen, Einstellungen und Hilfesystemen der Person ab, wie diese Herausforderung gemeistert wird. Sind hohe Kompetenzen, die entsprechenden Einstellungen bzw. Hilfesysteme vorhanden, kann die Akkulturation in neue Kontexte gelingen. Bestehen Alternativsysteme, kann sich die Person dort einrichten und dem Akkulturationsdruck entziehen. Solche Alternativsysteme, ethnische Nischen, umfangreiche Verwandschaftssysteme stehen allerdings nicht allen Migrantengruppen zur Verfügung. Umso größer die Gruppe, desto höher sind die Chancen solche Parallelsysteme auszubilden. Kleine bzw. kleinste Migrantengruppen müssen sich dem fremden Kontext stellen. Prognostisch wäre daher bei den Individuen, die zugleich einen niedrigen sozialen Status haben, und kleineren und „fremderen" Gruppen angehören, die größten Gefährdungspotenziale zu vermuten. Trotz der inzwischen eingetretenen sozialen und beruflichen Differenzierungsprozesse, handelt es sich bei den Migranten noch immer um eine Bevölkerung mit einem mehrheitlich niedrigen sozialen und beruflichen Status. Darauf weisen die Erkenntnisse über den Gesundheitszustand der Migrantenpopulation hin. So wird seit Mitte der 70er-Jahre für Berufstätige verschiedener ausländischer Staatsangehörigkeiten eine höhere Rate krankheitsbedingter Arbeitsunfähigkeit und häufigere und frühzeitiger einsetzende Erwerbsunfähigkeit ausgewiesen; und zwar häufig im Zusammenhang mit Krankheiten des Muskel- und Skelettapparates und vor allem mit Unfällen. Nach einer Studie des Zentralinstitutes für die kassenärztliche Versorgung (Weilandt & Altenhofen 1997) ist dies sogar etwas häufiger bei Migranten als bei deutschen Patienten der Fall, obwohl die Migrantenbevölkerung im Durchschnitt viel jünger als die deutsche Bevölkerung ist. Dabei ist eher von einer „verdeckten Krankheitsrate" auszugehen, da die Arbeitsverhältnisse der ausländischen Arbeitnehmer durch höhere Arbeitsplatzunsicherheit betroffen sind. Über die mit den Arbeitsbedingungen zusammenhängenden Gesundheitsprobleme von Familien ausländischer Herkunft hinaus liegen zahlreiche Erkenntnisse vor, die eine besondere gesundheitliche Gefährdung der ausländischen Arbeiterfamilien belegen (Mehrländer, Aschberg & Ueltzhöffer 1996). Höhere Erkrankungsrate an Tuberkulose, höhere Anteile an Komplikationen während Schwangerschaft und Geburt, an Säuglingssterblichkeit, an Unfällen im häuslichen Bereich, ein schlechterer Impfstatus etc. weisen auf die insgesamt schwierigeren Lebensbedingungen der ausländischen Bevölkerung und insbesondere der ausländischen Arbeiterfamilien hin.

## 5 Psychische Erkrankungen und Migration

Der Frage nach dem Zusammenhang von Migration und Entstehung von psychischen Erkrankungen wurde in der gesundheitsbezogenen Migrationsdiskussion große Bedeutung eingeräumt. Besonders die Frage nach einer erhöhten psychischen Morbidität bei Migrantenpopulationen gehört zu den kontrovers diskutierten Themen der internationalen gesundheitsbezogenen Migrationsforschung. Dies ausgehend von der plausiblen Annahme, Migration in einen neuen Kontext stelle durch die Umstellungs- und Anpassungsanforderungen erhebliche kognitive und emotionale Belastungen für die Person dar. Mit Bezug auf „Migrationsstress", „Entwurzelung" oder „Wechsel der Lebensweise" wird der Versuch unternommen, die vermuteten Folgen der Migration für die psychische Gesundheit nachzuweisen. Im Grunde dient Migration dazu, die Bedeutsamkeit soziokultureller Faktoren für die Ätiologie oder Pathoplastik einzelner Krankheiten herauszuarbeiten. Hierzu gehört auch die Hypothese, dass mit dem Wechsel des kulturellen Milieus, bei psychischen Belastungen eingeübte Krankheitsdefinitionen, Verhaltensmuster und Bewältigungsstrategien entwertet werden, weil sie ihren Kontextbezug einbüßen.

So z. B. beim Wechsel vom Land zur Stadt. Migrantengruppen kommen aus ländlichen Milieus in die Städte der Aufnahmeländer. Es gibt zwar keine repräsentativen Studien über die Prävalenz von psychischen Störungen von Migrantengruppen vor und nach ihrer Übersiedlung vom ländlichen Gebiet des Herkunftslandes in die städtische Umgebung in Deutschland. Das Leben in der Stadt bedeutet aber für viele Migranten ländlicher Herkunft Unsicherheiten und Bedrohungen. In den ländlichen Milieus waren formelle Möglichkeiten der Behandlung psychischer Erkrankungen schwer zugänglich oder inexistent. Stattdessen existierten medizinische Laiensysteme. Diese lassen sich aber nur bedingt transferieren, da sie extrem kontextabhängig sind, in dem sie auf informelle Informationsquellen (Träger von informellem medizinischem Laienwissen), soziale und familiäre Netzwerke (ältere Verwandtschaftsangehörige), Einrichtungen (religiöse Orte) und auch Mittel (in der Umgebung vorhandene Pflanzen etc.) angewiesen sind.

## 6 Defizite in der gesundheitsbezogenen Migrationsforschung

Daher sollte geklärt werden, unter welchen Bedingungen psychische Störungen nach der Migration auftreten und welche Versorgungsstrategien angemessen sind, aber auch wie Migration sich auf die Häufigkeit und Erscheinungsformen von psychischen Erkrankungen auswirkt, ob Selektionsmechanismen von Bedeutung sind, ob es sich um „importierte" oder um im Aufnahmeland erworbene Morbidität handelt etc. Allerdings ist die Migrationspsychiatrie durch unterschiedliche sich widersprechende Ergebnisse gekennzeichnet. Gerade auf diesem Gebiet stehen empirische Studien vor großen methodischen Schwierigkeiten.

Fallstudien und epidemiologische Studien sind zwei sich ergänzende und notwendige Bestandteile der Forschung. Inzwischen verfügen wir über eine große Anzahl interessanter kasuistischer Studien, aber kaum über epidemiologische Untersuchungen. Obwohl die Migration eine „quasi-experimentelle Situation" bietet, epidemiologische Untersuchungen mit einem kulturvergleichenden Ansatz anzustellen, wurden sie bisher kaum unternommen (Pflanz, Hasenknopf & Costas 1967). Dass solche Ansätze zu selten realisiert werden, hängt nicht zuletzt auch mit dem für die Migrantenbevölkerung notwendigen Forschungsaufwand und die Bewertung der Priorität migrationsbezogener medizinischer Forschung zusammen. Generell fehlen repräsentative Aussagen zum Krankheitsspektrum und Studien zum Inanspruchnahmeverhalten. Die gesundheitsbezogene Statistik bietet zu Migranten, wenn überhaupt, oft wenig aussagekräftige Daten, denn unter der nicht weiter differenzierten Rubrik „Ausländer" werden unterschiedliche Nationalitäten subsumiert. Selbst das Merkmal der Nationalität ist nicht ausreichend, solange es nicht mit Schicht- und migrationsspezifischen Indikatoren, wie etwa der Aufenthaltsdauer, des Migrationsstatus, der Migrationsphase und -kohorte kombiniert wird. Der Mangel an epidemiologischen Daten spiegelt aber auch die immanenten Schwierigkeiten eines solchen Vorhabens wider. Die üblichen methodischen und methologischen Forschungsprobleme der Gesundheitsforschung erfahren im Bereich der Migration eine besondere Zuspitzung. Unter anderem wurden Fragen der Stichprobenbildung und der Problematik der transkulturellen Eignung von Erhebungsinstrumenten wiederholt diskutiert, wenn auch in der Praxis nicht immer beachtet. Wichtig wäre dabei nicht nur der Vergleich zwischen Migrantenkollektiv und Einheimischenkollektiv, sondern auch der Vergleich zwischen einem Kollektiv vor und nach der Migration, das im Idealfall in einer Longitudinalstudie identisch sein kann, oder aus einem Untersuchungskollektiv im Aufnahmeland und aus einem parallelen Kontrollkollektiv im Auswanderungsland besteht. Die meisten vorhandenen epidemiologisch angelegten Studien basieren auf retrospektiven und aggregierten Daten der Kassen, Kliniken und anderer Institutionen. Durch das hohe Aggregationsniveau der Ausgangsdaten ist die Aussagefähigkeit dieser Studien jedoch eingeschränkt. Zudem können Filtereffekte durch das Einzugsgebiet, den Einweisungsmodus, die Erreichbarkeit der versorgenden Institutionen für Migranten und die in der jeweiligen Institution vertretenen Lehrmeinungen zur Selektivität der untersuchten Gruppe führen und verzerrend auf die Daten wirken.

Die meisten vorhandenen Datensätze lassen, wenn überhaupt, nur eine Differenzierung nach der Nationalität zu. Wenn eine Differenzierung nach der Nationalität möglich ist, betrifft diese nur einige wenige größere Nationalitäten. Die meisten Studien beziehen sich auf die Migrantengruppe türkischer Staatsangehörigkeit. Allerdings ist die hierbei implizit zugrunde liegende Annahme einer weitgehenden Homogenität dieser Gruppe und die Übertragung der Ergebnisse auf alle anderen Migrantengruppen nicht zulässig und für die Identifizierung gesundheitlich besonders gefährdeter Migrantengruppen eher hinderlich. Durch den Bezug auf vorliegende Prozessdaten, wie sie im Rahmen des Abrechnungssystems anfallen, kann die Inanspruchnahme medizinischer Leistungen nachgewiesen werden. Wesentliche, der Inanspruchnahme wie auch der Nichtinanspruchnahme medizinischer Dienste vorgeschaltete Verhaltensweisen bleiben dabei aber unberücksichtigt.

Häufig beziehen sich die Untersuchungen auf einen Vergleich zwischen Migranten und Einheimischen. Von der deutschen Wohnbevölkerung unterscheidet sich allerdings die ausländische Bevölkerung deutlich in einer Reihe gesundheitsbedeutsamer demographischer Merkmale. Im Gegensatz zur deutschen Bevölkerung weist die ausländische Bevölkerung einen niedrigen Anteil älterer Menschen, hohe Anteile an Kindern und Jugendlichen und einen Überschuss an Männern auf. Damit verbunden ist ein höherer Anteil an nicht verheirateten Männern mit ausländischer Staatsangehörigkeit in jüngerem Alter. In bestimmten Nationalitätengruppen, wie z. B. den Gruppen aus dem islamischen Kulturkreis, kommen größere Haushalte vor. Weicht die soziale und demographische Struktur der ausländischen Bevölkerung von der der deutschen ab, ist zu erwarten, dass sich auch das Krankheitsspektrum und die damit verbundenen Anforderungen in den Bereichen Prävention, Behandlung, Beratung und Pflege alters- und geschlechtsspezifisch verschiebt (Korporal 1998).

Krankheiten, vor allem psychische Krankheiten, werden soziokulturell überformt oder konstruiert. Ätiologische Krankheitskonzepte, Wahrnehmung und Bewertung von Symptomen durch die Person und ihre Umgebung und auch die Symptompräsentation unterscheiden sich von Kultur zu Kultur. Dies kann zu diagnostischen Schwierigkeiten führen. In Situationen, in denen es sich um psychiatrische Störungen ohne organische Basis handelt und die Arzt-Patient-Kommunikation durch sprachliche Barrieren behindert ist, können bereits die geläufigen Krankheits-Nomenklaturen versagen. Verständigungsunsicherheiten seitens der behandelnden Ärzte und seitens der ausländischen Patienten können zur Verlegenheitsdiagnosen führen. Somatische Beschwerden können als psychisch, psychische als somatische diagnostiziert werden. Einerseits werden wegen der schwierigen sprachlichen und interkulturellen Verständigung psychische Komponenten von manchen, ätiologisch zunächst unklaren Beschwerdebildern, nicht zeitig erkannt und die Überweisung zum Facharzt verzögert. Die Vermutung einer Aggravation oder Simulation ist mit der Bagatellisierung der Beschwerden des Patienten verbunden und erhöht das Chronifizierungsrisiko (Zeller 1993). Andererseits wird angenommen, dass ausländische Patienten häufiger zur Somatisierung psychischer Beschwerden tendieren. So diagnostizieren Allgemeinmediziner bei dieser Patientengruppe psychosomatische Symptome und veranlassen entsprechende therapeutische Maßnahmen. Da die sprachliche Kommunikation erschwert ist, wird aber mehr auf medikamentöse Behandlungen als auf gesprächstherapeutische Verfahren gesetzt. Insgesamt ist hier auf Grund der kulturell bedingten Fehlinterpretationen oder Klischees eine größere Gefahr der Fehldiagnostizierung und Fehlbehandlung gegeben (Korporal 1995; Schier 1992).

Zu den psychischen Erkrankungen bei Migranten liegen keine neueren gesicherten Daten vor. Eine methodisch sorgfältig durchgeführte ältere Untersuchung von Häfner (1980) stellte durchweg niedrigere Raten etwa bei Schizophrenie und chronischem Alkoholismus fest. Dies wurde auf die positive Selektion vor der Einwanderung zurückgeführt. Allerdings werden auffallend häufig Neurosen und psychosomatische Krankheitsbilder bei Migranten diagnostiziert. Trotz der diagnostischen Schwierigkeiten scheint in der Übersicht der migrationspsychiatrischen Literatur ein Verteilungsmuster von psychischen Störungen nach Nationalitätengruppen zu existieren. So werden bei Italienern und Griechen eher Neuroseerkrankungen, bei Jugoslawen häufig Alkoholismus und bei Migranten türkischer Staatsangehörigkeit eher psychosomatische Krankheiten diagnostiziert (Land, Hövelmann, Neumann & Dietzel-Papakyriakou 1982). In der internationalen Literatur werden höhere Suizidraten, vor allem bei jungen Frauen diskutiert. Psychische Erkrankungen äußern sich in unterschiedlichem Maße je nach Migrationsphase. Depressive Syndrome kommen eher in der Anfangszeit der Migration vor und gehen dann in psychosomatische Beschwerdebilder über. Psychosomatische Erkrankungen, vor allem bei ausländischen Frauen, werden in der entsprechenden Fachliteratur an erster Stelle bei Frauen aus der Türkei genannt. Unterschiedliche Faktoren, wie Tendenz zur Somatisierung bei Patienten mit geringem formalem Bildungsniveau, Besonderheiten einer traditionalistisch orientierten Auffassung von Krankheit werden als Erklärung herangeführt. Von besonderer Bedeutung ist die Diskussion einer höheren psychischen Belastung der Kinder in Familien ausländischer Herkunft. Auch hier sind die Untersuchungsergebnisse widersprüchlich. So ging Poutska (1984) bezüglich der psychischen Symptombelastung von einer gleich hohen Rate, weitere Untersuchungen von Remschmidt und Walter (1990) und Schlüter-Müller (1992) von einer höheren Rate bei ausländischen Kindern aus. Die Annahme einer höheren psychischen Störungsrate ist in bestimmten Bereichen, etwa als Arbeitshypothese für Lehrkräfte, mit der Gefahr einer voreiligen klischeehaften Wahrnehmung von Störungen und Sonderbehandlung (etwa Sonderschulüberweisung) von Kindern aus Familien ausländischer Herkunft verbunden. Ebenso kontraproduktiv ist jedoch auch das Übersehen der besonderen Belastungssituation von Kindern aus Arbeiterfamilien ausländischer Herkunft, da hierdurch die Diskussion über adäquate Präventionsmaßnahmen bzw. Familienhilfen behindert wird.

## 8 Schwierigkeiten der Versorgung

Migration als eine besondere Lebenslage wirft die wichtige Frage nach der Bedeutung von sozialen und kulturellen Faktoren auf. Dies betrifft sowohl die Klärung von Risikokonstellationen für die Krankheitsentstehung als auch die Erforschung von therapeutischen Prozessen. Angesichts eines 40-jährigen Migrationsgeschehens und der neuen Migrationsströme der letzten Jahre hat sich die Migrantenbevölkerung in vielfältiger Hinsicht differenziert. In der öffentlichen Diskussion wird jedoch diese Heterogenität, die auch komplexe Analysen erfordert, nicht wahrgenommen. In der Konstruktion von Fremdheit wird Komplexität reduziert. Migranten werden demzufolge als eine homogene Gruppe wahrgenommen.

Trotz des vielfältigen Wandels der Migrantenbevölkerung und ihrer nach Schichtzugehörigkeit und Generation zunehmenden Differenzierung, tragen bestimmte Migrantengruppen auf Grund ihrer Lebenslage weiterhin ein erhöhtes Erkrankungsrisiko. Die sozialepidemiologische Ungleichheitsforschung hat hinreichend Belege dafür geliefert, dass trotz wohlfahrtstaatlicher Leistungen in Industriestaaten soziale Disparitäten im Gesundheitszustand der Bevölkerung fortbestehen (Collatz 1995, 1997). Neue Fragen kommen auf, wie die Frage einer adäquaten Versorgung der Altersdemenz bei der zunehmenden Gruppe älterer Migranten der ersten Generation. Beispielsweise ist die „multi-infarct-dementia" (MID) mit dem Bluthochdruck verbunden, dessen Inzidenz wiederum unter den ethnischen Gruppen unterschiedlich verteilt ist. Psychosoziale Faktoren, wie niedriger Bildungsstand und geringe psychische Aktivität, scheinen als Risikofaktoren bei der Alzheimer Krankheit eine Rolle zu spielen (Aksari & Stoppe 1996). Ethnische Variationen bestehen vor allem in Bezug auf die soziale Rezeption der Krankheit. So weist Henderson (1990) auf die Reaktionen des sozialen und familialen Umfeldes hin und zeigt, wie unterschiedlich der soziokulturelle Kontext die Alzheimer-Erkrankten unterstützt und den Verlauf der Krankheit beeinflusst. In diesem Zusammenhang ist möglicherweise auch die in einigen Kulturen zu beobachtende größere Toleranz von Familienmitgliedern gegenüber abweichendem Verhalten oder physischen und geistigen Unterschieden von Bedeutung (Barker 1991).

Die gesundheitliche Versorgung der Migrantenbevölkerung wird zunehmend nicht mehr als ein vorübergehendes Sonderproblem betrachtet. In der somatisch orientierten, kurativen Medizin zeigt sich, dass Migranten inzwischen nicht weniger als die einheimische Bevölkerung die Leistungen des gesundheitlichen Systems in Anspruch nehmen. Elkeles und Seifert (1993) stellen sogar eine höhere Kontaktfrequenz von Ärzten bei Ausländern als bei Deutschen fest. Diese quantitative Veränderung ist mit der Öffnung der gesundheitlichen Versorgungsstrukturen und ihrer größeren Erreichbarkeit durch die Migranten verbunden. Allerdings kommt zugleich in diesen Bereichen bei dieser Patientengruppe überhäufig Fehlversorgung vor. Eine Unterversorgung der Migrantenbevölkerung liegt eindeutig in der präventiven und rehabilitativen Medizin vor. Psychiatrie und Psychotherapie haben sich in Deutschland nicht hinreichend der Spezifik der Migrantengruppen zugewandt, so dass in diesem Bereich von einer Unterversorgung auszugehen ist. Inanspruchnahmebarrieren sind auch bei den ausländischen Patienten vorhanden, da häufig aus den Herkunftsländern institutionelle Formen der Behandlung von psychischen Krankheiten nicht bekannt oder sozial stigmatisiert sind (Collatz 1997; Kohler 1997; Wegener 1992).

Im gesundheitlichen Versorgungssystem haben die ausländischen Patienten viel von ihrem exzeptionellen und exotischen Charakter verloren. Mit zunehmender Aufenthaltsdauer steigt auch bei den Migrantengruppen die Sicherheit im Umgang mit den gesundheitlichen Diensten. Inzwischen vermitteln die nachfolgenden Generationen als Angehörige der ausländischen Patienten in der Kommunikation mit den Versorgungsinstitutionen. Zunehmend kommen in die Gesundheitsberufe auch Angehörige der zweiten Migrantengeneration. Punktuell entstehen Versorgungsschwerpunkte für die größte Migrantengruppe, die türkischer Herkunft.

Solche Versorgungsnischen sind jedoch Ausnahmen und können nicht die Lösung für eine flächendeckende Versorgung der meisten Migranten darstellen. Denn die Mehrheit gehört kleineren Migrantengruppen an. Eine adäquate Versorgung der Migrantenbevölkerung ist eine Aufgabe, der sich das gesamte deutsche Gesundheitssystem stellen muss. Die durch die Migration erfolgte kulturelle Pluralisierung der Gesellschaft Deutschlands hat auch für die medizinischen Professionen Auswirkungen. Aus der Versorgung von Migranten und ihrer Familien liegt ein wertvoller Fundus an Erfahrungen und Kenntnissen vor, der zur Sensibilisierung der Anbieter von gesundheitsbezogenen Leistungen beitragen kann. Es müssen mehr transkulturelle

Teams entstehen, um Formen der Kooperation, der Ergänzung und der Erweiterung der Perspektiven in Diagnostik und Therapie zu entwickeln. Interkulturelle Kompetenzen müssen zur basalen Ausstattung gehören und in den Ausbildungscurricula der medizinischen Professionen verankert werden. Solche Zusatzqualifikationen erhöhen die Qualität der Dienste, auch für die einheimische Bevölkerung. Denn angesichts neuartiger soziokultureller Herkunftsmilieus schärfen sie die Wahrnehmung einer zunehmenden Vielfalt auch unter den einheimischen Patientengruppen.

Migranten sind kulturell Fremde. Der Umgang mit dem Fremden gehört zu den konstitutiven Elementen eines jenen Ansatzes, der sich der psychischen Dimension des Menschen anzunähern versucht. Die Versorgung der Migrantenbevölkerung stellt Fragen, die den psychotherapeutischen Professionen ureigen sind.

## Literatur


Aksari, P. & Stoppe, G. (1996): Risikofaktoren der Alzheimer-Demenz. In: Fortschritte Neurologie Psychiatrie 64: 425 - 432

Barker, J. C. (1991): Pacific Island Migrants in the United States: Some implications for aging services. In: Journal of Cross-Cultural Gerontology 6: 174 - 192

Collatz, J. (1997): Migranten in Deutschland. Transkulturelle nervenärztliche Versorgungsaufgaben. In: Neurologie Psychiatrie 11: 860 - 868

Collatz, J. (Hrsg.) (1995): Was macht Migranten in Deutschland krank?. Hamburg: Rissen

Dietzel-Papakyriakou, M. (1993): Altern in der Migration: Die Arbeitsmigranten vor dem Dilemma: zurückkehren oder bleiben? Stuttgart: Enke

Dietzel-Papakyriakou, M. & Olbermann, E. (1996): Zum Versorgungsbedarf und zur Spezifik der Versorgung älterer Migrantinnen und Migranten. In: Zeitschrift für Migration und Soziale Arbeit 3/ 4: 82 - 89

Eberding, A. (Hrsg.) (1995): Sprache und Migration. Frankfurt am Main: IKO-Verlag für interkulturelle Kommunikation

Elkeles, Th. & Seifert, W. (1993): Migration und Gesundheit. Arbeitslosigkeits- und Gesundheitsrisiken ausländischer Arbeitsmigranten in der Bundesrepublik Deutschland. In: Sozialer Fortschritt 10: 235 - 241

Häfner, H. (1980): Psychiatrische Morbidität von Gastarbeitern in Mannheim. In: Der Nervenarzt 51: 672 - 683

Henderson, N. J. (1990): Alzheimer's disease in cultural context. In: J. Sokolovsky (Ed.) (1990)

Kohler, J. (1997): Mangel an brauchbaren Konzepten. Das Migrantenproblem aus vertragsärztlicher Sicht. In: Neurologie Psychiatrie 11: 909

Korporal, J. (1995): Alltagssprache und Fachsprache in der Patient-Arzt-Beziehung. Zur Problematik medizinischer Diagnosen und Behandlungen im Hinblick auf Patienten nichtdeutscher Nationalität. In: A. Eberding (Hrsg.) (1995): 45 - 65

Korporal, J. (1998): Zur gesundheitlichen Situation von Familien mit nichtdeutscher Staatsangehörigkeit innerhalb der Wohnbevölkerung der Bundesrepublik Deutschland. Expertise zum 6. Familienbericht

Land, F.-J., Hövelmann, B., Neumann, H. & Dietzel-Papakyriakou, M. (1982): Gesundheit und medizinische Versorgung ausländischer Arbeiterfamilien - ein Literaturbericht. Bochum: Brockmeyer

Mehrländer, U., Aschberg, C. & Ueltzhöffer, J. (1996): Situation der ausländischen Arbeitnehmer und ihrer Familienangehörigen in der Bundesrepublik Deutschland. Forschungsbericht 263. Schriftenreihe des Bundesministeriums für Arbeit und Sozialordnung. Bonn: Bundesminister für Arbeit und Sozialordnung

Nauck, B. (1994): Erziehungsklima, intergenerative Transmission und Sozialisation von Jugendlichen in türkischen Migrantenfamilien. In: Zeitschrift für Pädagogik 1: 43 - 62

Nauck, B. (1997): Sozialer Wandel, Migration und Familienbildung bei türkischen Frauen. In: B. Nauck & U. Schönpflug (Hrsg.) (1997): 162 - 199

Nauck, B. & Schönpflug, U. (Hrsg.) (1997): Familien in verschiedenen Kulturen. Stuttgart: Enke

Nickel-Khosrov Yar, R. (1990): Fehldiagnosen und kulturelle Interpretationsmuster. In: Gemeinsam: 51 - 53
Pflanz, M., Hasenknopf, O. & Costas P. (1967): Bluthochdruck und funktionelle Beschwerden bei Gastarbeitern. Ein transkultureller Vergleich. In: Arbeitsmedizin, Sozialmedizin, Arbeitshygiene: 181 - 185
Poustka, F. (1984): Psychiatrische Störungen bei Kindern ausländischer Arbeitnehmer. Eine epidemiologische Untersuchung. Stuttgart: Enke
Remschmidt, H. & Walter, R. (1990): Psychische Auffälligkeiten bei Schulkindern. Eine epidemiologische Untersuchung. Göttingen: Hogrefe
Schier, E. (1992). Ethnomedizinische und transkuturell-psychiatrische Aspekte der Migration. In: Praxis der Kinderpsychologie und Kinderpsychiatrie 41: 345 - 350
Schlüter-Müller, S. (1992): Psychische Probleme von jungen Türken in Deutschland. Psychiatrische Auffälligkeiten von ausländischen Jugendlichen in der Adoleszenz. Eschborn: Klotz
Schütz, A. (1972): Gesammelte Aufsätze II. Studien zur soziologischen Theorie. Den Haag: Nijhof
Sokolovsky, J. (Ed.) (1990): The cultural context of aging. Worlwide perspectives. New York: Bergin & Garvey
Statistisches Bundesamt (StBA) (1996): Fachserie, Reihe I.
Weber, I. (Hrsg.) (1997): Gesundheit sozialer Randgruppen. Stuttgart: Enke
Wegener, B., Sabotka, H. & Beisel, J. (1992): Psychische Störungen bei Ausländern. In: Soziale Arbeit 2: 51 - 57
Weilandt, C. & Altenhofen, L. (1997): Gesundheit und gesundheitliche Versorgung von Migranten. In: I. Weber (Hrsg.) (1997): 76 - 98
Zeller, J. (1993): Zur nervenärztlichen und stationär-psychiatrischen Behandlung von Migranten. In: Sozialpsychiatrische Informationen 3: 27 - 33

# Jugendliche Ausländer. Straßencliquen, Jugendkulturen und die Bedeutung der Gruppe für das jugendliche Selbst

*Wilfried Breyvogel*

## 1 Gegen eine voreilige Beruhigung

Oberflächlich betrachtet, könnte man dazu neigen, sich zurückzulehnen: Ist doch großartig, was alles für jugendliche Ausländer erreicht wurde. Am 07. 05. 1999 - vom Kriegsgedonner gegen Jugoslawien allerdings in den Hintergrund gedrängt - haben der Bundestag und am 21. 05. 1999 der Bundesrat die *Reform des Staatsangehörigkeitsrechts* beschlossen. Danach erhalten die nach dem 01. 01. 2000 geborenen Kinder ausländischer Eltern bis zum 23. Lebensjahr eine doppelte Staatsbürgerschaft. Bis zu diesem Zeitpunkt müssen sie sich entschieden haben und die zweite Staatsbürgerschaft ablegen, wenn sie Staatsbürger der Bundesrepublik Deutschland bleiben wollen. Für Kinder, die bis zum 01. 01. 2000 das 10. Lebensjahr noch nicht vollendet haben, gilt eine Antragsfrist bis zum 31. 12. 2000, um sich dem gleichen Verfahren noch anzuschliessen.

In Parenthese sei erwähnt, dass als zusätzliche Voraussetzung gilt, dass ein Elternteil mindestens 8 Jahre seinen gewöhnlichen Aufenthalt in Deutschland gehabt haben muss, zudem eine Aufenthaltsberechtigung und seit mindestens 3 Jahren eine unbefristete Arbeitserlaubnis. Erleichtert wurde zudem die Anspruchseinbürgerung Erwachsener. Als notwendige Aufenthaltszeit gelten jetzt 8 statt vorher 15 Jahre. Kritisch ist aber anzumerken, dass die Einbürgerung voraussetzt, dass die Sicherung des Lebensunterhalts ohne Inanspruchnahme der Sozial- und Arbeitslosenhilfe erfolgt.[1]

Als Fazit bleibt aber festzuhalten, dass sich die Situation der jüngeren Generation deutlich entspannen kann, allemal für die ab 1990 Geborenen und alle künftigen Generationen.

Auch in einem zweiten zentralen Bereich, dem *der schulischen Ausbildung*, haben sich seit 1985 deutliche Verbesserungen ergeben. So bilanzierten Boos-Nünning und Henscheid in einem Gutachten die Ergebnisse der Entwicklung für die größte Gruppe, die der türkischen Jugendlichen, zwischen 1985 und 1996:

> „Die Anteile der Abgänge ohne Abschluss haben sich stetig verringert; die Anteile der Abgänge mit Fachoberschulreife und Hochschulreife haben langsam aber stetig zugenommen" (1999:20).

Auch das kann nicht darüber hinweg täuschen, dass noch 14.7 % der türkischen Jugendlichen ohne Hauptschulabschluss und noch 43.6 % nur mit einem Hauptschul-

---

[1] Vgl. http://www.bundesregierung.de/05/0511/06/02.html.

abschluss die Schule verlassen. Die Vergleichszahlen für deutsche Jugendliche lauten 8.1 % ohne Abschluss und 24.8 % mit Hauptschulabschluss. Die Hochschulreife erwerben 8.5 % der türkischen und 25.9 % der deutschen Jugendlichen. 1985 erwarben demgegenüber nur 5.4 % der türkischen Jugendlichen die Hochschulreife.

Vor diesem Hintergrund ist es zu einem bildungspolitischen Streit gekommen, ob überhaupt noch von einer ethnisch bedingten Benachteiligung gesprochen werden könne. So verwies Böttcher (1991) bereits auf der Basis der Daten des Mikrozensus darauf, dass es sich stattdessen um eine soziale Benachteiligung handele, die der der deutschen Arbeiterkinder vergleichbar sei. Neuere empirische Arbeiten, zuletzt von Nauck, Diefenbach und Petri (1998) bestätigen diese Hinweise. So sei kein direkter Effekt der Nationalität auf den Bildungserfolg festzustellen, vielmehr zeige sich auch bei türkischen Jugendlichen die Wirksamkeit familiärer Sozialisationsbedingungen (ebd.: siehe insbesondere 717 ff.). Auch wenn die Ergebnisse und Bedingungen von Bundesland zu Bundesland noch sehr variieren, worauf Boos-Nünning und Henscheid (1999) eindringlich verwiesen, haben sich dennoch Veränderungen zur Chancenerweiterung durch Bildung für diejenigen ergeben, die in unserer Sprache bisher „ausländische Jugendliche" hießen.

## 2 Die Generationenfolge ausländischer Jugendlicher im Überblick

Betrachten wir den Zeitraum der Immigration seit 1955, dem ersten Anwerbevertrag mit Italien, 1960 folgte der Vertrag mit der Türkei, bis zum Mai 1999, dem Zeitpunkt der Änderung des Staatsbürgerrechts, dann finden wir eine Abfolge von drei in sich verschachtelten Generationen. Die *erste Generation* umfasste die bereits 25 Jahre alten Männer und Frauen, die, als Erwachsene zur Arbeit ausgewählt, in die Bundesrepublik Deutschland kamen. Sie sind heute in der Regel die Generation der Großeltern. Mit dem Anwerbestopp 1973 begann der Nachzug der Familien, der Frauen, Kinder und Jugendlichen. Sie bildeten den Kern *der zweiten Generation.* Ihre faktischen Anpassungs- und Sozialisationsprobleme prägten die 80er-Jahre. Die Situation dieser Kinder und Jugendlichen war durch einen faktischen und real erlebten Kulturbruch gekennzeichnet. Im Rückblick finden wir Buchtitel, die damals programmatisch waren, so: „*Zwischen Getto und Knast*" (Autorengruppe Ausländerforschung 1981) und als Abschluss dieser Phase „*Der Krieg in den Städten*" (Farin & Seidel-Pielen 1991), ein Band der bereits auf die *dritte Generation* in den Städten verwies.

Blicken wir kurz auf die sozialpädagogische Bearbeitung der Probleme der zweiten Generation zurück, dann finden wir Folgendes: Mit dramatisch zugespitzten Kurzbiografien wurde Aufmerksamkeit für die Situation der zweiten Generation erzeugt.

> „Als ich 10 war, bin ich mit meinen beiden Schwestern nach Deutschland gekommen. Ich bin zur Schule gegangen, bis ich 16 Jahre alt war. Das war blöd da, und ich hatte keine Lust. Da haben die mich rausgeschmissen. Die auf dem Arbeitsamt haben dann gesagt, es gibt keine Arbeit, und ich soll zur Berufsschule gehen, und ich sei noch zu jung für Arbeit. In der Berufsschule habe ich nicht genug verstanden und da bin ich nach einem halben Jahr wieder abgehauen" (Autorengruppe Ausländerforschung 1981: „Zu diesem Buch", ohne Seite).

Zu diesem Zeitpunkt, Anfang der 80er-Jahre, waren zirka 65000 ausländische Jugendliche als arbeitslos registriert. In dem zitierten Text heißt es weiter:

> „Kemals Lebenssituation ist verallgemeinerbar für die meisten ausländischen Jugendlichen, die strafrechtlich auffallen" (ebd.).

Kennzeichen seien ungenügende Schulbildung, ökonomische Ausbeutung, beengte Wohn- und Familienverhältnisse. Den männlichen Jugendlichen bleibt nur die Straße.

Aus der Perspektive der Mädchen hieß es in einem typischen *Kursbuch* zur Arbeit mit ausländischen Kindern und Jugendlichen (Gökce 1986: 27):

> „Ich bin völlig anders als meine Mutter und mein Vater. Ich habe mit meinen Eltern nur am Wochenende Kontakt, weil beide Schicht arbeiten müssen. Ich gehe in die Schule. Am Wochenende sind wir zu Hause. Mit ein paar Wörtern muss ich erklären, was ich die ganze Woche über gemacht habe. Aber das, was ich erzähle, hören sie im Grunde genommen nicht. Sie fangen entweder an, über Geld zu reden, oder ob sie in der Türkei ein Haus bauen können. Dann legen sie eine Videokassette ein. Stundenlang."

Das Mädchen Ayse, 15 Jahre, Hauptschülerin, überlegt, so der Titel des Textes, „ob ich von zu Hause weggehen oder bleiben soll" (ebd.). So entspann sich in der *sozialpädagogischen Sicht* die Kluft von männlicher und weiblicher Reaktion: Straße und Gewalt auf Seiten der männlichen Jugendlichen sowie Flucht und Ausreißertum der Mädchen. Damit entstand ein neues Klientel sozialpädagogischer Krisenintervention. Es muss offen bleiben, inwieweit die zitierten Selbstwahrnehmungen der Jugendlichen ihrer erlebten Erfahrung entsprachen, oder ob sie bereits Ergebnis der Deutung der Lehrer, Sozialpädagogen und auch Psychotherapeuten waren. Kritisch muss aus heutiger Sicht die durchgängige Zuschreibung des *Opferstatus* der Jugendlichen stimmen, der auf die sozialpädagogische Selbstlegitimation verweist.

## 3 Die zweite Generation und die Reterritorialisierung der Städte

Allgemeines Kennzeichen dieser Phase der Immigration war - nicht nur in der Bundesrepublik Deutschland - die Reterritorialisierung der Städte. Randzonen, Stadtviertel, Zentralorte und besonders öffentliche Plätze und Verkehrsknotenpunkte wurden zur Machtressource, zum Gegenstand des Verteilungs- und Konkurrenzkampfes der Jugendlichen. Es ist eine Reterritorialisierung, weil der Konflikt um die Macht Jugendlicher in den Stadtteilen und den Städten des 20. Jahrhunderts in Deutschland ausgelaufen schien. Die einheitliche staatliche Erfassung der Jugendlichen in der Hitlerjugend 1933 - 1945,[2] die Politik der Jugendzentren, des „Runter von der Strasse" nach den „Halbstarkenkrawallen" und der „Teiloffenen" (TOT) oder „Ganz offenen Tür" (GOT) der kirchlichen und kommunalen Jugendhäuser der 60er- und 70er-Jahre hatte die Bedeutung des Raumes vergessen lassen. Allerdings

2 So kann der Konflikt zwischen Hitlerjugend und „Edelweißpiraten" in den Städten an Rhein und Ruhr auch als ein Konflikt um das Territorium gelesen werden (vgl. zuletzt und abschließend Kenkmann 1996).

brach diese Konfliktlinie bereits in den 70er-Jahren mit der Autonomen Jugendzentrums- und Hausbesetzerbewegung 1980 - 1982 auf und sie setzte sich in den Territorialkonflikten der Immigrationsjugendlichen unmittelbar fort.

Diese Kinder und Jugendlichen waren das Leben auf der Straße und im freien Raum außerhalb des Hauses noch gewöhnt und brachten gleichsam in ihrem Gepäck die Bedeutung des Territoriums in die europäischen Metropolen zurück. Im gleichen Zug entmischten diese Rivalitäts- und Machtkonflikte ethnische Zugehörigkeiten. Was Ethnie ist oder sein kann, wurde wieder sichtbar: Diesen Zentralort beherrschten die Libanesen, an jenem waren Türken konzentriert, an anderen fanden sich die „Kurzhaarigen" zusammen. Die mediale und unmittelbare Sichtbarkeit dieser Konflikte benutzte andererseits die Politik in der „Ethnisierung des Politischen". Sie setzte dadurch die restriktive Politik der Asylrechtsänderung durch und wies bis 1999 die Forderungen nach staatsbürgerlicher Gleichstellung der Immigranten zurück.

In dieser Reterritorialisierung geht es um die *Machtressource des Raumes*, ein abstraktes, aber zugleich sehr wirkungsvolles Machtinstrument. Es ist eine Machtressource in Form des Anspruchs auf Anwesenheit, Besetzung, Selbstpräsentation und Sichtbarkeit, nicht mehr, aber auch nicht weniger. Das Motto dieses Anspruchs lautet: „Dies ist meine Zone, das ist deine Zone, von der lebe ich, von der lebst du!" - und das mit allen Konsequenzen.

Durch Gespräche und Interviews mit Jugendlichen der zweiten Generation haben wir in einem Forschungsprojekt Mitte der 80er-Jahre eine *Landkarte der Cliquenverteilung* in der Stadt Gelsenkirchen erarbeitet. Dabei ließen sich folgende Merkmale festhalten:

1. Die Cliquen verteilten sich altersgegliedert über die Stadt. Es gab die *Black-Boys* für die 13- bis 15-Jährigen, die *Black-Mafia* für die 15- bis 17-Jährigen, die *Bombers und GE-Boys* für die 17- bis 19-Jährigen und das *Kommando* für die bis 25-Jährigen.
2. Die Cliquen waren von türkischen Jugendlichen dominiert, was aber nicht ausschloss, dass auch deutsche und anders stämmige Jugendliche beteiligt waren.
3. Sie verfügten über gemeinsame Orte im Zentrum, waren aber zugleich stadtteilbezogen. Sie kannten sich aus Schule und Nachbarschaft. So überlagerten sich bereits Stadtteilbezug und die Bedeutung der städtischen Zentralorte.
4. Für einen türkischen Jugendlichen konnte damals bereits jeder der Feind sein, Libanesen, Jugoslawen, erst recht die deutschstämmigen Straßencliquen, die sich häufig als Reaktion in den Stadtteilen bildeten. Die Cliquen dienten daher auch dem gegenseitigen Schutz:

> „Ja, aber, ich bin hauptsächlich inne *Black-Boys* drinne, ja, wenn ich da drinne bin, dann wissen die, wenn die mich einmal anmachen, dat ich mit 30 Mann wieder zurückkomme. Dann machen die auch nix. Dat is' so'ne Art Schutz, wenn man irgendwo drinne is" (Breyvogel 1988: 110).

5. Außer dem Schutz boten sie auch die Möglichkeit zum „Erwerb". So fanden sich Beziehungen zu Hehlerringen und grösseren Beschaffungsdelikten, die die Gel-

senkirchener Polizei damals zur Einrichtung einer Sonderkommission veranlassten.
6. Es waren allerdings nicht nur arbeitslose Jugendliche in den Cliquen beteiligt. Ausbildung, Schule, Lehre oder Arbeit führten nicht notwendig zum Bruch mit der Clique. Der Ausstieg erfolgte eher beiläufig um das 25. Lebensjahr.
7. Neben den Straßencliquen bestanden unabhängig davon die subkulturellen Gruppen: Skins, Psychs, Punks, Heavys, Rocker und andere. Teils waren einzelne, subkulturell orientierte Jugendliche in die dominanten Straßencliquen integriert, teils bestanden Feindschaftsverhältnisse. Die Jugendlichen kannten sich zwar vom Stadtteil, aus Nachbarschaft und Schule, das verhinderte aber nicht, dass um die knappen Machtressourcen rivalisiert wurde:

> „Am 1. Tag, wo wir mit den Skinheads so richtig angefangen haben, kamen die am Busbahnhof an, so um 11 Uhr abends. Die wussten ja, wo unser Treffpunkt ist. Waren nicht mehr viele von uns da. War ja schon 11 Uhr. 4 Mann, oder so. Da kamen die mit 10, 15 so an, haben die [von uns] weggeknallt, so richtig paar vor die Fresse. Am anderen Tag dachten die wieder bestimmt, so 4 Mann. Ja, wir haben ja dann alles gehört und standen da so mit 30 Mann, und die kamen hoch, mit 20 Mann, oder so, ja, dann haben sie gekriegt, am Bluten überall und so“ (ebd.: 111).

Aus der Konfliktdynamik der Reterritorialisierung resultierten zwei zentrale Probleme, die die zweite Generation überdauerten. Zum einen die *Auflösung der alten Gewaltkultur* der Fairness, der Rücksicht auf Schwächere und Unterlegene sowie das Gebot der Waffengleichheit, ein Kodex von Regeln, der die ältere Gewaltkultur der Unterschichten bis in das 20. Jahrhundert beherrscht hatte und den in der Regel die Väter oder älteren Brüder kontrollierten. Zum anderen zeigen die Konflikte deutlich den Vorrang der Grenzenlosigkeit *der narzisstischen Wut* des „Wegknallens“ und „Weghauens“. Denn in der narzisstischen Wut geht es immer um's Ganze. Es gibt keine Milde, keine Gnade oder Rücksicht. Der verletzte Narzissmus, die Selbstkränkung, wie sie schon vom abschätzigen Blick des Anderen bewirkt werden kann, „schlägt“ sich im wahrsten Sinn des Wortes eine gnadenlose Bahn. Denn vorausgesetzt werden kann, dass die Jugendphase durch ein Erstarken des Größen-Selbst gekennzeichnet ist, eine Selbstüberschätzung, die regelmäßig in der Sozialität der Clique stabilisiert wird (vgl. Kohut 1976: 133; siehe auch Breyvogel 1993 a). Die Jugendlichen in den Cliquen empfinden sich als unbesiegbare Gemeinschaft, stark, gefährlich und zu Gewaltkonflikten bereit.

Die Loslösung der Immigrationsjugendlichen von den Straßencliquen der zweiten Generation konnte gelingen, zumindest über die Identifikation mit der Gruppe der Älteren, die sich das *Kommando* nannten, die allerdings auch den Drogenmarkt und die Prostitution des Stadtteils kontrollierten. Heirat, Eheleben und Familie konnten die weitere Ablösung bedingen und die maskuline Jugend zur nur noch verklärten Episode werden lassen. Es konnte aber auch scheitern. Damit komme ich zur Gegenwart der 90er-Jahre.

## 4 Die Krise der zweiten Generation

Bevor wir uns der dritten Generation nähern, die ihre Machtressourcen über den Raum hinaus auf die Nutzung der Medien erweitert hat, bevor wir uns ihr widmen, müssen wir uns kurz als Reminiszenz den bisweilen gescheiterten Anteil der zweiten Generation vergegenwärtigen. Denn er ist gegenwärtig im städtischen Panorama präsent und besonders sichtbar. Ich möchte auch dies an einem *Fallbeispiel* deutlich machen.

*Der Fall I., 28 Jahre*, geht aus einer Serie von 25 narrativen Interviews hervor, die wir zwischen Dezember 1998 und März 1999 in der *Essener Bahnhofsszene* durchgeführt haben. I. ist ein typischer Repräsentant einer einst dominanten Straßenclique der zweiten Generation. Er kam als Kind mit seiner Familie nach Deutschland. Es sind 6 Geschwister, 4 Jungen, 2 Mädchen. I. hat 3 ältere Brüder, die, wie er sagte, „den Regeln des Vaters" gefolgt sind. I. hat dagegen rebelliert:

> „Ich bin auch mit die deu ... , mit die deutsche Kultur, das hat auch wieder viel zu tun gehabt. Ich war viel mit die Deutschen zusammen gewesen, mein Vater war viel dagegen, ich hab dagegen rebelliert, sag ich, in dem Sinne, ich habe gesagt, ich will einfach so leben, wie ich will, und mein Vater wollte unbedingt mich nach meiner, unserer Kultur" (Z.: 465 ff.).

I., in der Straßenclique selbst Dealer, bleibt an dem Stoff, den er verteilte, bis heute kleben. Er begann mit 15 - 16 Jahren mit Haschisch, aber durch die Kontrolle der Älteren blieb das nicht verborgen. Es kam zum Konflikt mit dem Vater, der offenbar an der Remigration orientiert geblieben war:

> „Ich wollt' mein Vater nach Türkei schicken, und wir wollten mit zwei Brüdern hier arbeiten ... [weil] erster Generation sagten, das geht nicht immer in Deutschland, wir glauben, irgendwann werden sie uns wegjagen!" (Z: 517 ff.).

I. geriet tiefer in die Drogenabhängigkeit, in der gleichen Zeit (1988) verstarb der Vater. I. wurde seitdem von den älteren Brüdern vorgeworfen, Schuld am Tod des Vaters zu sein:

> „Mein Vater hab ich verloren und man hat mir vorgeworfen, durch dich is dein Vater gestorben, durch deine Sorgen is dat, weißte, so wat packt einen" (Z: 155 ff.).

Es ist eine der wenigen Stellen, an denen er Gefühle aussprechen kann: „Mein' Vater hab' ich verloren ... ". Die Schuld belastet ihn, er bringt von selbst die Rede in den ersten Minuten des Gesprächs auf diesen Vorgang. Das Interview hat sich über 90 Minuten erstreckt, er fand kein Ende, es sprach aus ihm.

Das macht den Fall so schwierig und unzugänglich, wie mir scheint, auch therapieresistent. Es ist die Ambivalenz seines Wissens um sich selbst, die ihm im Weg steht. Denn er weiß alles, kennt alle Erklärungen, Deutungen und Schliche, auch sich selbst gegenüber. So entwindet er sich selbst immer wieder gerade dann, wenn er sich zu besitzen meint. Die Therapie scheiterte, weil er auch die anderen Mitpatienten heimlich mit Drogen versorgte. Er ist zurzeit in der Methadonambulanz, aber „überlagert" Methadon mit Kokain, wie er selbst fachmännisch beschreibt. Er will seine Frau lieben, aber schlägt sie und zwingt sie, das Geld, dass sein Chef ihr direkt überweist, herauszugeben, damit er sich dadurch Kokain kaufen kann. Er will seine Tochter lieben und ihr ein guter Vater sein und versinkt in Scham, weil er sich zum Drogenkonsum in die Toilette einschließt, was der Tochter nicht verborgen bleibt.

Widersprüchliches und Zirkuläres prägen daher seine Selbstdeutung; oder ist sein Reden nur Teil des sozialpädagogischen und therapeutischen Diskurses, der ihn ständig umgibt?

> „Bin ich draußen ein Deutscher gewesen, und sag ich mal so, jetzt, und wenn ich nach Hause kam, war ich Türke, und das hat mich irgendwie ... [zerrissen, könnten wir in die Pause schieben, er setzte fort:] nicht gepasst, weißte, dieses, dieses Leben, was ich als Deutscher geführt hab, hat mir mehr gefallen. Zu Hause musste ich dann, äh, wie soll ich sagen, immer ganz ruhig sein und dem Vater immer, also weißte, hab ich, mach ich immer noch, weißte, stramm stehen, nicht jetzt, äh, ich übertreib mal so'n bisschen, weißte, keine Widerworte geben und alles in dich reinfressen" (Z: 476 ff.).[3]

„Draußen ein Deutscher ... wenn ich nach Hause kam, war ich Türke" - es ist doch überraschend, wie genau er das „ich" einsetzt: Der erste Teil des Satzes eine passive Zuschreibung: „Draußen ein Deutscher", aber dann: „Wenn ich nach Hause kam, ...". Dieses Sprechen über sich beherrscht er, „weil ich bin ein offener Mensch [bin], wenn ich irgendwo hingeh', wenn ich Hilfe suche, muss ich mich erst mal selber befreien, ich muss mich offen präsentieren". Wie gesagt, nichts ist ihm unbekannt. Folglich platziert er seine Drogensucht genau in die Kluft von draußen Deutscher und drinnen Türke. Es ist ja plausibel, nur in gleicher Weise steht ihm diese Deutung auch im Wege, weil er ihr und sich nicht vertrauen kann, sie hilft ihm nicht, um seine Situation gefühlsmäßig zu erfassen und zu bearbeiten. So schieben sich allgemeiner Diskurs, Fremddeutung, Selbstwahrnehmung und letztlich immer wieder fragmenthaftes Handeln, das nicht integrierbar ist, ineinander.

## 5 Die dritte Generation: Zwischen unauffälliger Multikulturalität und der medialen Machtressource des Schreckens

Die dritte Generation befindet sich einerseits vor dem Rest dieser gescheiterten Biografien der Generation ihrer Vorgänger. Mit dem Kulturbruch im engeren Sinn ist sie nur noch rudimentär in Berührung gekommen, sie kennt ihn vom Hörensagen, aus den Erzählungen der Alten und sie erlebt hier und da einen gescheiterten Vater oder Onkel, wie ihn I. darstellt, vermutlich „ein Schwätzer" in den Augen der Jüngeren, dem man nichts glaubt, weil er sich selbst nichts glaubt. Dieser Abstand vom wirklichen Erleben dessen, was den Kulturbruch ausmachte, ist andererseits eine geeignete Voraussetzung, ihn, die ethnische Ausgrenzung, das Getto, die Werte der Alten, alles, was an Stoffen kursiert, zu einem fabulösen Erzählstoff und Mythos zu machen und als Hyperrealität zu nutzen, eine Hyperrealität wie ein neues Disneyland, das noch immer die reinste Anschauung dessen ist, was Hyperrealität sein kann.

3 Hier wurde bewußt auf eine intensivere Glättung der Sprache verzichtet, nicht, um den Sprechenden bloßzustellen, sondern weil das Hin und Her seiner Sprache Bedeutung für die Interpretation hat.

Auf dieser Folie sind z. B. die Beleidigungsduelle der Turkish Power Boys zu lesen, die Tertilt (1996) in Frankfurt dokumentiert hat. In ihnen geht es einerseits um Sprachwitz, Schnelligkeit und zur Schau gestellte männliche Dominanz, Sachverhalte, die für jugendliche Cliquen schon immer maßgeblich waren. Es geht aber andererseits auch in Permanenz um den Anus, die Härte des Starken und Eregierten, das Blut, den Hintern in der Metapher der Melone, die zerteilt wird, den weiblichen Mann, der sich anmachen und unterwerfen lässt, es sind auch hyperreale Sprachspiele, mit denen sie sich einander mehr provozieren als sie auf der Handlungsebene intendieren könnten. Hinter allem steht der unbesiegbare Mythos der Mutter, der auf merkwürdige Weise über die Immigrationskultur wiederkehrt. Alles das aber sind Versatzstücke, die jenseits der realen Erfahrung eine hyperreale Machtressource konstituieren, wie sie sich zurzeit in der medialen Brechung des Hip-Hop, des Gangsta Rap der auch deutschen „Gettokids" zeigt.

Wenn daher abschließend die Situation der *dritten Generation* gekennzeichnet werden soll, so soll es am *Beispiel* dreier Jugendszenen erfolgen: Zunächst mit einem Blick auf die Szene der Studierenden, der *Gymnasiasten und Oberstufenschüler* der Gesamtschulen, die den höchsten Anteil ausländischer Jugendlicher im Alter zwischen 16 und 20 Jahren in ihren Reihen haben. Hier findet sich gegenwärtig das, was ein *unauffälliger*, schlichter und selbstverständlicher *Multikulturalismus* genannt werden kann. Das gilt alle Mal für diejenigen, die durch Schulausbildung und berufliche Karrieren sich von der Herkunft weitgehend gelöst haben. Am anderen Pol verschmelzen gegenwärtig Straßenszene, Getto, Körper und Maskulinität im Hip-Hop und in den Adaptionen des Gangsta Rap; ein hyperreales Spiel, das teilweise die am besten beherrschen, die in ihrem Alltag gleichzeitig den unauffälligen Multikulturalismus praktizieren.

Die *zweite Szene*, die als ein breites Mittelfeld zu verstehen ist, lässt sich wieder am *Beispiel* einer Straßenclique anschaulich machen. Es ist die großstädtische Clique um den gewalttätigen Stefan H., dessen „Weg, zunächst: in, dann: aus der Gewalt" Stuckert 1994/ 95 begleitend rekonstruiert hat. Stefan H. beschreibt seine Beziehung zu ausländischen Jugendlichen an mehreren Stellen. Ihre Abstammung ist nebensächlich, gleichgültig, entscheidend ist, wie sie sich in der Clique verhalten. Sein bester Freund ist ein Afghane:

> „Bashir [der Afghane] war für mich wie ein Bruder. Wir kannten uns seit unserem 9. Lebensjahr und sind gemeinsam aufgewachsen. Damals war er bereits so, wie ich später werden sollte. Wenn ihm irgend jemand nicht in den Kram passte, plättete er den einfach um."

Ihr Territorium nannten sie *town* oder *getto*.

> „Wir gingen entweder auf die gleichen Schulen oder spielten im gleichen Fußballverein. Der Fußball war es auch, der uns zusammengebracht hatte. In unseren glorreichen Zeiten waren wir eine starke Clique, der keine andere *gang* was anhaben konnte. Da waren Bashir, mein 'Bruder', Nadir [Bashirs Freund], mit dem ich Taekwondo trainierte, Kahled, der Araber, mit dem ich später zocken ging, Jürgen, ein typischer *Hool* - Lederjacke, Turnschuhe und immer eine kaputte Hand, ... da war Jörg, der eigentlich keine Meinung hatte und immer das tat, was andere auch taten."

Und an einer anderen Stelle präzisiert er:

„Unsere Clique war international: Afghanen waren dabei, Türken, Perser, Jugoslawen, Armenier, Araber, Deutsche. Wir waren eine eingeschworene Gemeinschaft ... Einmal hatten wir Ärger mit einer Libanesen-*Gang* [der zweiten Generation]. Die wollten Kahled bestrafen, weil er sich als Araber mit uns abgab. Sie hatten angekündigt uns in *Ted's Café* einen Besuch abzustatten. Das *Ted's* war damals unser Treff im Viertel ... Wir hätten Kahled nie im Stich gelassen, also hockten wir uns wie die *Wanderers* zusammen, um zu beratschlagen, was wir tun könnten. Die *Wanderers* waren zwar nicht unser Stil, aber es gab durchaus einige Parallelen ... Dann kamen die Libanesen. Aber es waren zu viele, und außerdem waren sie bewaffnet. Es gab eine kurze Auseinandersetzung und dann kamen auch schon die Bullen, um die Situation zu bereinigen. Wir machten uns sehr schnell aus dem Staub" (H. 1995: 22 ff.).

Zusammengefasst: Diese Nebensächlichkeit der Abstammung, dieses Selbstverständliche der Aussage: „Unsere Clique war international" erscheint am Ende der 90er-Jahre der dominante Verhaltenstyp geworden zu sein.

Das Moment, dass von der dritten Generation neben der Machtressource des Raumes die Machtressource der Sichtbarkeit in den Medien genutzt wird, zieht sich wie ein Nachklang auf die Politisierung des Ethnischen zugleich durch die Medien.[4] Es ist das erweiterte Spiel mit dem hyperrealen Schrecken, in dem sich Ausgrenzung, Zukunftsangst, neue Armut, Globalisierung, Spaltung der Gesellschaft, Gettoisierung des Fremden, Gewaltbereitschaft, Kriminalitätsfurcht und jugendliche Selbstbehauptung in den Sprechgesängen des Rap verschränken. Das markanteste Beispiel für die Ambivalenz dieses Vorgangs war das Geschehen um das „Medienmonster" Mehmet, den 13-jährigen „König der Straftaten", wie es in der Boulevardpresse hieß. Es ist der aus Bayern ausgewiesene, in der Türkei von mehreren Fernsehteams empfangene jugendliche Straftäter. Nach wenigen Tagen wurde ihm die Moderation einer Musiksendung im türkischen Fernsehen angeboten. Gewiss hat er Hip-Hop, die Fantastischen Vier und Gangsta Rap aufgelegt und, wenn er nicht ganz die Unterscheidungsfähigkeit zwischen real und hyperreal verloren hat, dann müsste er aus dieser Machtressource zumindest eine Zeit sein Leben aufbauen können. „Machtressource" bedeutet hier nichts anderes als durch Abweichung, Gewalt und Kriminalität „sichtbar" geworden zu sein (vgl. Breyvogel 1998 a; Kersten 1998).

## Literatur


Autorengruppe Ausländerforschung (1981): Zwischen Getto und Knast. Jugendliche Ausländer in der Bundesrepublik. Ein Handbuch. Reinbek: Rowohlt

Benseler, F. et al. (Hrsg.) (1988): Risiko Jugend. Leben, Arbeit und politische Kultur. Münster: Votum

Böttcher, W. (1991): Soziale Auslese im Bildungswesen. In: Die Deutsche Schule 2: 151 - 161

Boos-Nünning, U. & Henscheid, R. (1999): Die schulische und berufliche Bildung von Schülern und Schülerinnen türkischer Herkunft. Gutachten, hrsg. vom türkischen Elternverein in Berlin-Brandenburg e. V. Berlin

Breyvogel, W. (1988): Die Kündbarkeit sozialer Beziehungen und ihre Auswirkungen auf Gesellungsformen Jugendlicher. In F. Benseler et al. (Hrsg.) (1988): 105 - 114

Breyvogel, W. (1993 a). Jugendliche Gewaltbereitschaft. Subjektive Fragmentierung, Gewalt-Lust und die Gesellschaft als städtisch-medialer Erfahrungsraum. In: W. Breyvogel (Hrsg.) (1993 b): 11 - 34

Breyvogel, W. (Hrsg.) (1993 b): Lust auf Randale. Jugendliche Gewalt gegen Fremde. Bonn : Dietz


[4] Markantes Zeichen dessen ist z. B. die Tatsache, dass es eine erfolgreiche Hip-Hop-/ Rap-Gruppe gibt, die den Namen „Die dritte Generation" führt.

Breyvogel, W. (1998 a): Der „gefährliche Jugendliche" auf der „Bühne der Sichtbarkeit". Sichtbarkeit und Transparenz in der Mediengesellschaft. In: W. Breyvogel (Hrsg.) (1998 b): 84 - 111

Breyvogel, W. (Hrsg.) (1998 b): Stadt, Jugendkultur und Kriminalität. Bonn: Dietz

Farin, K. & Seidel-Pielen, E. (1991): Krieg in den Städten. Jugendgangs in Deutschland. Berlin: Rotbuch

Gökce, G. (Hrsg.) (1986): Kursbuch zur Arbeit mit ausländischen Kindern und Jugendlichen. Frankfurt am Main: Fischer

H., S. (1995): Mein Weg aus der Gewalt. Aufgezeichnet von Thomas Stuckert. Bonn: Dietz

Kenkmann, A. (1996): Wilde Jugend. Lebenswelt großstädtischer Jugendlicher zwischen Weltwirtschaftskrise, Nationalsozialismus und Währungsreform. Essen: Klartext

Kersten, J. (1998): Sichtbarkeit und städtischer Raum. Jugendliche Selbstinszenierung, Männlichkeit und Kriminalität. In W. Breyvogel (Hrsg.) (1998 b): 112 - 129

Kohut, H. (1976): Narzissmus. Eine Theorie der psychoanalytischen Behandlung narzisstischer Persönlichkeitsstörungen. Frankfurt am Main: Suhrkamp

Nauck, B., Diefenbach, H. & Petri, K. (1998): Intergenerationale Transmission von kulturellem Kapital unter Migrationsbedingungen: Zum Bildungserfolg von Kindern und Jugendlichen aus Migrantenfamilien in Deutschland. In: Zeitschrift für Pädagogik 44: 701 - 722

Tertilt, H. (1996): Turkish Power Boys. Ethnografie einer Jugendbande. Frankfurt am Main: Suhrkamp

# Interkulturelle Beziehungsdynamik in Beratung und Therapie

*Birgit Rommelspacher*

## Einleitung

Liest man über Fragen interkultureller Beziehungen in Beratung und Therapie so wird nahezu immer das Beispiel vom deutschen Therapeuten mit türkischen KlientInnen angeführt. Die Frage ist, warum gerade immer dieses Beispiel. Sicherlich, die Wahrscheinlichkeit ist relativ groß, dass es sich um eine solche Konstellation handeln könnte - aber nahezu ähnlich groß ist die Wahrscheinlichkeit, dass die KlientInnen Menschen aus Polen aus dem ehemaligen Jugoslawien oder aus Russland sind. Und wie ist es, wenn z. B. ein Ostdeutscher zu einem Westdeutschen in Therapie geht oder umgekehrt? Können wir da nicht auch bereits von unterschiedlichen Kulturen sprechen? Dasselbe gilt natürlich für eine Vielzahl anderer kultureller Differenzen, seien es zwischen jüdischen und nichtjüdischen Therapeutinnen bzw. Klientinnen oder die Frage, wie Nachkommen von Tätern des Nationalsozialismus den Überlebenden und deren Nachkommen in der Therapie begegnen. Die Konzentration auf das Standardbeispiel vom deutschen Therapeuten und den türkischen KlientInnen drängt all diese unterschiedlichen Konstellationen aus dem Blickfeld.

Die Wahl des Beispiels ist jedoch nicht zufällig. Türkisch ist in Deutschland zum Prototyp des Fremden geworden. So werden mit diesem Beispiel diejenigen als Klienten ausgewählt, die ein relativ geringes Prestige in Deutschland haben. Zudem wird eine Konstellation als selbstverständlich unterstellt, in der Angehöre der Mehrheit in der Machtposition und Angehörige der Minderheiten in der Rolle der Hilfesuchenden sind. Insofern fragt sich ob dies Standardbeispiel nicht selbst schon eine Stereotypisierung darstellt, in der die Dominanzverhältnisse verdichtet präsentiert werden.

Es ist jedoch beim Thema interkultureller Beziehungen in Beratung und Therapie genauso zu fragen, welche Dynamik sich entwickelt, wenn Angehörige der Mehrheitskultur zu einer Therapeutin gehen, die einer Minderheitenkultur angehört. Da stellen sich völlig andere Fragen, als die, ob ein deutscher Therapeut in der Lage ist, türkische Klienten zu therapieren.

Wie ist es schließlich, wenn die Lebenserfahrungen im großen und ganzen dieselben sind, aber äußerliche Merkmale die Menschen voneinander trennen, wie es in der Beziehung zwischen weißen und schwarzen Deutschen geschieht? Schwarze Deutsche sind hier geboren und aufgewachsen. Sie leben oft seit Generationen in Deutschland und haben keine andere Kultur als die der weißen Deutschen. Dennoch scheint eine große Differenz die Menschen voneinander zu trennen, eine Differenz, die nicht auf realen Unterschieden, sondern im Wesentlichen auf den Projektionen der Mehrheitsgesellschaft beruht, die die schwarze Haut mit einer Reihe meist negativer Eigenschaften bewusst oder unbewusst verknüpfen. Hier schließt Kulturdifferenz also auch Beziehungsmuster ein, die sich ausschließlich auf der Basis von Projektionen und Fantasien über die jeweils andere Gruppe bilden.

Zudem bestimmt Kultur die therapeutische Beziehung auf unterschiedlichen Ebenen: Zum einen auf der psychodynamischen Ebene gegenseitiger Vorstellungen und Erwartungen, die durch gesellschaftliche Zuschreibungsmuster geprägt sind. Zum anderen auf der Tatsache realer unterschiedlicher kulturelle Hintergründe, die darin bestehen, dass sie den Menschen jeweils unterschiedliche Vorstellungen davon nahe legen, was als ein gelungenes Leben zu gelten hat, was als Scheitern anzusehen ist und wie die Probleme am besten gelöst werden können. Schließlich geht es aber auch um den institutionellen Rahmen: Das therapeutische Setting ist kein neutraler Ort, an dem allparteilich und neutral die Bedürfnisse und Interessen aller Menschen gleichermaßen angenommen werden. Auch das therapeutische Konzept und ihre Institutionen sind kulturell geprägt. Und die Vorstellung, dass hier universelle Standards zur Wirkung kommen, ist für die Analyse der unterschiedlichen Wirkfaktoren eher hinderlich als hilfreich. Denn eine so unterstellte Neutralität verhindert, sowohl die Kulturgebundenheit des therapeutischen Konzepts und damit auch des eigenen Standorts als Therapeut/ Therapeutin wie auch die der KlientInnen adäquat zu erfassen.

Im Folgenden möchte ich nun auf die Psychodynamik interkultureller Beziehungen im Allgemeinen eingehen und zunächst einmal fragen, was Fremdheit bedeutet, was also die Spannung in der Beziehung ausmacht, um dann auf die therapeutische Beziehung wieder zurückzukommen.

## 1 Fremdheitskonstruktionen

Es gibt unendlich viele Unterschiede, an denen die Fremdheit des anderen festgemacht werden könnte. In meinen Seminaren frage ich oft die Studierenden, wen sie als fremd erleben und zwar in unterschiedlichen Phasen ihres Lebens: in der Kindheit, der Jugend und heute im Erwachsenenalter. Für diese verschiedenen Phasen bekomme ich dann durchaus unterschiedliche Antworten. In der Kindheit sind natürlich zunächst alle die fremd, die nicht dem unmittelbaren Lebensumfeld angehören. Mit wachsendem Bewegungsradius sind es dann die Menschen, die weiter draußen leben, jenseits der Straße, im anderen Viertel oder in einem anderen Ort. Aber dann fangen die Fremdheitskonstruktionen bereits an sozial zu differenzieren und zwar interessanterweise zunächst nicht unbedingt nach ethnischen Kriterien, sondern eher nach ökonomisch-schichtspezifischen. So werden z. B. oft die armen „Häusler", die Menschen aus den Obdachsiedlungen als fremd erlebt, oder aber auch die ganz Reichen in den Villenvierteln.

Später in der Jugend vollzieht sich oft eine überraschende Wende: Nicht die weit draußen leben werden unbedingt mehr als fremd erlebt, sondern die eigenen Eltern. Diejenigen, die ihre Vertrautesten waren werden nun zu Fremden. Dasselbe hört man ja durchaus auch von Eltern, die darüber klagen, dass ihre heranwachsenden Kinder ihnen so fremd geworden wären, dass sie sie kaum wieder erkennen. Die Ablösung und Autonomiebestrebungen der Kinder machen aus Vertrauten Fremde.

Diese Distanzierungen, die meist einer erheblichen Aggression bedürfen, heben die Vertrautheit auf. In diesem Sinne sagt auch Sigmund Freud (1946), dass das Fremde Produkt der Aggressionen des Subjekts ist, indem wir in der Aggression den anderen von uns schieben. So wie man umgekehrt in der Liebe und Zuneigung den anderen an sich heranzieht, so wird Fremdheit qua Distanzierung hergestellt. Damit kehrt er das übliche Argumentationsmuster um: Nicht Fremdheit macht aggressiv, sondern mit Hilfe der eigenen Aggressionen machen wir uns die anderen fremd.

Diese Prozesse der Distanzierung beschreibt Ruth Frankenberg (1993) in ihrer Analyse über das „Weißsein", in der sie der Frage nachgeht, wie Kinder in den USA lernen, weiß zu sein. Anhand von Biografien weißer Frauen zeichnet sie nach, wie diese im Zuge ihrer Sozialisation nicht nur gelernt haben, sich mit anderen Menschen vertraut zu machen, sondern auch sich bestimmte Menschen fremd zu machen. In den Interviews können sich viele der weißen Frauen z. B. kaum an die Schwarzen ihrer Kindheit erinnern, selbst wenn sie ihnen etwa als Kindermädchen sehr nahe gestanden haben. Sie sind anscheinend so unwichtig, dass sie vergessen werden. Aber an sie wird auch deshalb nicht mehr gedacht, weil mit der Erinnerung an sie emotionale und moralische Konflikte verbunden sind, die die Erinnerung an sie verdrängen lassen. Frankenberg nennt dies Lernen einen Prozess der „Defamilialisierung".

Fremdheit wird also ebenso gelernt wie das Vertrauen in die Welt. Sozialisation bedeutet also nicht nur, sich mit der Welt vertraut machen, sondern zugleich zu lernen, wer oder was als fremd zu gelten hat - wie wenn man sich im Laufe der Zeit eine kognitiv-emotionale Landkarte aneignet, in der sichere Zonen ebenso eingezeichnet sind wie die verminten Gelände der „no go areas".

Die emotionale Brisanz von Fremdheit liegt in ihrer potenziellen Konflikthaftigkeit, die auf verschiedenen Ebenen angesiedelt ist.

### *1.1 Fremdheit als Resultat von Konflikten*

In der psychoanalytischen Literatur wird vor allem betont, dass das Fremde *psychische Konflikte* mobilisiere und die eigene Ich-Balance in Frage stelle (vgl. etwa Kristeva 1987). Diese Analysen basieren auf der Grundannahme, dass die Konfrontation mit dem Fremden das eigene Selbstbild in Frage stelle, indem es abgewehrte Ängste und Fantasien provoziert. So begegnet uns im Fremden die eigene Selbstzerrissenheit und individuelle Borniertheit. Die ehemals abgespaltenen Gefühle werden auf den anderen projiziert und an ihm bekämpft oder aber auch idealisiert. Diese Mechanismen der Abwehr sind vielfach beschrieben worden und sollen deshalb an dieser Stelle nicht weiter ausgeführt werden. Die Bedeutung dieser Analysen liegt vor allem darin, den eigenen Anteil an der Konstruktion von Fremdheit herauszuarbeiten und zu zeigen, wie der andere für die eigene psychische Stabilität funktionalisiert wird. Die Grenzen einer solchen Analyse sind jedoch da zu sehen, wo das Fremde nur noch als eine Konstruktion des Selbst gesehen wird und damit die realen Unterschiede und die damit verknüpften Machtdifferenzen nicht mehr wahrgenommen werden, das Fremde letztlich im Dienste des Subjekts vereinnahmt wird (ausführlicher zu einer kritischen Wertung der psychologischen und psychoanalytischen Argumentation siehe Rommelspacher 1997).

Mindestens so relevant wie diese innerpsychischen Konflikte sind jedoch die Konflikte auf der *normativen Ebene:* In der Begegnung mit den Anderen werden bewusst oder unbewusst Assoziationen geweckt, die in der Regel negativ und abwertend sind. Diese stehen aber dem eigenen Selbstanspruch entgegen, tolerant und menschlich zu sein und nicht diskriminieren zu wollen. Die negativen Assoziationen müssen deshalb abgewehrt werden, was oft in einem verkrampften Verhalten zum Ausdruck kommt. So sind z. B. die Gesprächssequenzen im Kontakt zwischen Angehörigen unterschiedlicher kultureller Herkunft im Allgemeinen kürzer, wie dies verschiedene Untersuchungen zeigen.[1] Der Blickkontakt wird eher gemieden (Henley 1989), und es tritt das auf, was auch in der Begegnung mit Behinderten festgestellt wurde und dort als Interaktionsspannung bezeichnet wird (Cloerkes 1997). Ein gewisses Unwohlsein macht sich breit, das jedoch keineswegs von der diskriminierten Gruppe ausgehen muss - im Gegenteil, es sind, wie die Untersuchungen zeigen, in erster Linie die Dominanten, die sich unwohl fühlen. Das mag erstaunen, aber sie sind es ja meist, die den Umgang mit den anderen kaum gewohnt sind bzw. ihn auch in aller Regel zu meiden versuchen. Das hat - normativ betrachtet - vor allem damit zu tun, dass sie in der Beziehung zum anderen auf ihre Dominanzposition verwiesen werden, was häufig mit mehr oder weniger bewussten Schuldgefühlen verknüpft ist. So zeigen US-amerikanische Untersuchungen immer wieder, dass Weiße sich im Kontakt mit Schwarzen nicht wohl fühlen, weil sie dabei auf ihr Weißsein zurückgeworfen werden. Das Weißsein kollidiert mit ihrem positiven Selbstbild. Sie bezeichnen sich selbst ungern als Weiße und suchen dann Situationen zu vermeiden, die sie daran erinnern, um wie z. B. Elaine Pinderhughes (1989) herausarbeitet, ihr positives Selbstbild zu schützen.

Ähnliche Erfahrungen machen Deutsche vielfach auch, und zwar vor allem in der Begegnung mit Jüdinnen und Juden. So sagte eine der Befragten in einem Interview im Rahmen einer Untersuchung die ich zum Thema Antisemitismus durchgeführt habe: „Ich fühle mich nie so deutsch, wie wenn ich einem Juden begegne." Und es änderte sich, wie die Befragten erzählten, die Situation im Gespräch oft schlagartig, wenn einer der Gesprächspartner sich als jüdisch zu erkennen gab. Jede/r fühlte sich sehr deutlich seiner/ ihrer jeweiligen Gruppe zugehörig und die nationalistische Geschichte schien als trennende plötzlich zwischen ihnen zu stehen (Rommelspacher 1995 b).

Oft wird versucht, die eigene Unsicherheit gegenüber EinwanderInnen oder anderen ethnischen Minderheiten zu überspielen, indem man ihnen gegenüber besonders freundlich ist, was vielfach als „positiver Rassismus" bezeichnet wird. Man möchte nicht als rassistisch gelten, sondern als offen, tolerant und warmherzig. Man sieht die anderen in keiner Weise „minderwertig" an, sondern im Gegenteil als besonders menschlich, interessant und bereichernd. So versucht man die negativen Assoziationen ungeschehen zu machen, die mit dem Bild des anderen verknüpft sind.

---

[1] Dabei kann ich mich im Wesentlichen nur auf Untersuchungen aus dem angloamerikanischen Raum stützen, da im deutschsprachigen Raum die Forschungen zu diesem Thema erst in den Anfängen stecken.

Zugleich möchte man damit dem anderen auch signalisieren: „Ich bin nicht so wie diese Deutschen, die rassistisch sind, hartherzig und intolerant.“ Man versucht also sich aus dem Kollektiv der Deutschen zu lösen und ist z. B. als TherapeutIn besonders großzügig, was Pünktlichkeit anbetrifft - um ja nicht dem Stereotyp des pünktlichen Deutschen zu entsprechen. Psychodynamisch gesehen findet hier eine Gegenbesetzung statt, indem die negativen Assoziationen und Gefühle, die im Kontakt mit der diskriminierten Minderheit unwillkürlich und oft auch unbewusst auftauchen, durch positive ersetzt werden um so die negativen ungeschehen zu machen. Das positive Bild vom anderen nährt dann das positive Selbstbild, das sich selbst und den anderen demonstriert wird.

Schließlich ist die Irritation in der Begegnung mit dem anderen auch Ausdruck von *sozialen Konflikten.* Dabei geht es vor allem darum, wer welche Positionen in der Gesellschaft einzunehmen hat. Die Etablierten wollen ihre ange*stammte* Ordnung und die damit verknüpften Privilegien verteidigen und den anderen den Zugang zu den Ressourcen verwehren (Elias & Scotson 1993). Zu Fremden werden die anderen nach Hartmut Esser (1996) nämlich erst dann, wenn sie den ihnen zugewiesenen Platz in der gesellschaftlichen Nische verlassen und mit den Einheimischen in Konkurrenz treten. Diese meist unterschwelligen Konflikte werden in der Begegnung mit dem anderen virulent, und die Angehörigen der Mehrheitskultur versuchen sich ihrer eigenen Zugehörigkeit zu versichern, um dem Anspruch auf Privilegierung Nachdruck zu verleihen. Negative Assoziationen über die anderen legitimieren dann ihren Ausschluss und bestätigen das positive Selbstbild und die herrschende gesellschaftliche Hierarchie.

So werden mithilfe von Fremdheitskonstruktionen Mauern des Desinteresses, der Angst und Aggression hochgezogen und zwar sowohl auf der individuell psychischen, wie der sozialen und der gesellschaftlichen Ebene. Diese Distanzen sind funktional in der Aufrechterhaltung sozialer Hierarchien, die den andern den Zugang zu den gesellschaftlichen Ressourcen wenn nicht gänzlich verweigern so doch zumindest einschränken wollen und damit die eigene Privilegierung sichern.

Die negativen Bilder vom anderen z. B. als rückständig, aggressiv und inkompetent wurden einem von klein auf vermittelt, und sie werden tagtäglich in den Medien reproduziert. Diese Bilder haben meist eine lange Tradition und in ihnen verdichtet sich die Geschichte der Beziehungen zu den „Anderen“. So treten z. B. bei den Angehörigen der Mehrheitsgesellschaft andere Bilder auf, wenn sie z. B. einem Juden, einer Jüdin begegnen und andere, wenn sie Menschen türkischer Herkunft begegnen oder Polen oder Sinti und Roma oder aber Westdeutsche Menschen aus Ostdeutschland und umgekehrt. Diese Bilder sind sehr verschieden und sagen darüber etwas aus, wie unterschiedlich die Gesellschaft die Geschichte und die Beziehung zu den anderen interpretiert. Dabei werden diese anderen als andere markiert und so vom Eigenen unterschieden und weggerückt; sie werden zu Fremden gemacht (vgl. Rommelspacher 1995 a).

### *1.2 Rassismus*

Rassismus ist eine soziale Konstruktion bei der einer Gruppe nach einem relativ willkürlichen Merkmal bestimmte unveränderbare Eigenschaften zugeschrieben werden, die Herrschaft legitimieren. In erster Linie ist der moderne Rassismus im Zusammenhang mit dem Kolonialismus entstanden, indem er für die Unterwerfung und Ausbeutung von Millionen von Menschen eine entsprechende Legitimation bot. Denn angesichts der im Zuge der bürgerlichen Emanzipation gleichzeitig deklarierten universalen Menschenrechte bedurfte es einer besonderen Begründung, warum andere Menschen in dieser unmenschlichen Form behandelt wurden.

Allerdings ist Rassismus nicht nur im Kontext von Kolonialismus entstanden, wenn wir etwa an den Antisemitismus denken, der seit 2000 Jahren die Feindschaft des Christentums gegenüber den Juden Ausdruck verleiht. Auch ändert sich inzwischen mit der weltgesellschaftlichen Entwicklung die Form des Rassismus. So ist und war Kernpunkt des koloniale Rassismus, die Menschen in unterschiedliche Zivilisationsstufen einzuordnen, sie als mehr oder weniger fortgeschritten zu begreifen. Heute jedoch spielt der so genannte *differenzielle Rassismus* ein mindestens ebenso wichtige Rolle. Dieser zielt darauf ab, den anderen vor allem als anders, als in seiner Kultur verschieden zu bezeichnen und diese Verschiedenheit als unvereinbar zu deklarieren. Das hängt damit zusammen, dass im Zuge der Entkolonialisierung die Menschen zunehmend aus den Kolonien in die Zentren der Kolonialmächte wanderten, anstatt wie vordem die Kolonialherren mit ihren Armeen, Missionaren und Siedlern in die Kolonien auswanderten. Die Wanderungsbewegung hat sich also in gewisser Weise umgekehrt. Die Folgen für das Konzept Rassismus war eine, wie Mark Terkessidis (1998) es nennt, „kulturalistische Wende", indem die anderen eben nicht mehr als minderwertig, sondern vor allem als anders bezeichnet wurden.

Van Dijk hat in einer vergleichenden Untersuchung in den Niederlanden und in Kalifornien den dortigen rassistischen Diskurs untersucht und folgende übereinstimmende Merkmale festgestellt:

1. In dem Diskurs wird vor allem die Differenz in den Vordergrund gestellt: Sie sind anders in ihrem Aussehen, ihrem Verhalten, ihren Normen
2. Es geht dabei vor allem um Konkurrenz um Arbeit, Wohnen und bezüglich des sozialen Sicherungssystems
3. Die Differenz wird als Bedrohung empfunden, auf Grund der Anzahl, der Präsenz und der Unterschiedlichkeit der Kulturen (zitiert in Terkessidis 1998).

Wurde und wird mit dem kolonialen Rassismus vor allem die Unterwerfung und Ausbeutung legitimiert, so wird mit dem differenziellen Rassismus die Abwehr gegenüber Einwanderung begründet. Dieser Rassismus bekommt oft nahezu paranoide Züge, wenn z. B. argumentiert wird, dass mit dem Bau einer Moschee in einer deutschen Stadt das christliche Abendland gefährdet sei; und dies in Anbetracht der hunderten von Kirchen, die unsere Stadtbilder prägen. Für eine solche Paranoia gibt es entweder psychologische Gründe, was jedoch angesichts dieses allgemeinen gesellschaftlichen Phänomens nicht angemessen erscheint. Oder aber man erklärt sich dies mit einem unerbittlichen Dominanzanspruch, der unnachgiebig jede Abweichung glaubt verfolgen zu müssen. Oder aber man könnte vermuten, dass die Sache selbst, in diesem Fall die Moschee, nicht wirklich gemeint ist, sondern vielmehr nur als Vorwand genommen wird, um die anderen zu diskreditieren und an den Rand der Gesellschaft zu drängen.

In jedem Fall geht es bei solchen Auseinandersetzungen um die Frage, wer in dieser Gesellschaft das Sagen hat und wer über das entsprechende Prestige und die symbolische Macht verfügt, seine Sicht der Welt in dieser Gesellschaft durchzusetzen. Dieses „symbolische Kapital" (Bourdieu 1987) ist wiederum mit den anderen Kapitalsorten, dem ökonomischen und dem sozialen Kapital eng verknüpft, so dass es, wie Esser (1996) formuliert, im Fall des Kampfes um symbolische Macht letztlich um alles geht, denn wer in einer Gesellschaft das Sagen hat, der bestimmt in aller Regel auch über den Zugang zu allen anderen Ressourcen.

## 2 Interkulturalität in der therapeutischen Beziehung

Die soziale, psychische und symbolischen Grenzziehungen machen auch nicht vor dem therapeutischen Raum halt. Das Therapiezimmer ist keineswegs ein neutraler Ort, an dem sich alle Beteiligten unvoreingenommen begegnen, sondern im Gegenteil auch dies ist ein Feld, das vorab mit vielen Projektionen, Erwartungen und Fantasien besetzt ist. Gehen wir zunächst einmal von der Situation aus, dass der/ die Therapeut/ in der Mehrheitsbevölkerung angehört und mit einem MinderheitenklientIn zu tun hat, so fragt sich aus ihrer Sicht zunächst einmal, welche Bilder ruft die KlientIn hervor, was sind ihre Assoziationen und Gefühle. Zum anderen fragt sich, welche Gegenstereotype werden vermutet, was glaubt er/ sie, was diese KlientInnen über sie als Deutsche denken und mit welchen Vorbehalten sie ihnen gegenübertreten. Und schließlich fragt sich drittens, welchen Bezug hat der/ die deutsche Therapeut/ in zu ihrer eigenen Kultur, wie wohl fühlt sie sich als Deutsche, welche Probleme hat sie mit ihrer eigenen kulturellen Herkunft und wie bringt sie diese Probleme in die therapeutische Beziehung ein.

Zudem spielt die Theorie eine große Rolle, also was die Professionellen über die anderen lernen, welche Probleme sie bei ihnen erwarten und wie sie diese interpretieren. Wenn z. B. von der verbreiteten Annahme ausgegangen wird, dass MigrantInnen, die hier leben, in aller erster Linie durch Kulturkonflikte beeinträchtigt sind, so ist die Gefahr groß, alle präsentierten Probleme auf diesen Konflikt zurückzuführen. Dabei wird dann meist das Gewicht von Diskriminierungs- und Rassismuserfahrungen übersehen, die für ethnischen Minderheiten eine meist viel belastendere Rolle spielen als der Kulturkonflikt (vgl. etwa Heitmeyer, Müller & Schröder 1997; Mecheril & Teo 1994). Zu fragen ist dabei, inwiefern die These von der besonderen Bedeutung des Kulturkonflikts nicht den Interessen der Mehrheitsgesellschaft entgegenkommt, da in ihr letztlich das Bild von der Unvereinbarkeit der Kulturen weiter transportiert wird, und die Mehrheitsgesellschaft selbst sich nicht weiter zu hinterfragen braucht.

Eine andere Möglichkeit, Rassismuserfahrungen auszublenden ist die, im anderen in aller erster Linie den Menschen zu sehen in seiner ganzen Individualität und besonderen Gewordenheit. Damit werden aber wesentliche Erfahrungen und Selbstinterpretationen vom anderen nicht berücksichtigt, denn jede/ r ist immer auch Teil einer bzw. verschiedener Gruppen und versteht sich auch als solche. Allerdings ist das Gewicht, das persönliche, kulturelle oder soziale Faktoren für die Problemgenese spielen je nach Person und Situation sehr unterschiedlich. Insofern kommt es vor allem darauf an herauszuarbeiten, ob in einer bestimmten Beziehung ein Problem einen stärker persönlichen oder einen kulturellen Hintergrund hat oder soziale Faktoren eine wichtige Rolle spielen. Je nach dem wird die Diagnose unterschiedlich ausfallen und dementsprechend auch die therapeutische Intervention.

Insofern besteht in der Psychodynamik interkultureller Beziehung vor allem die Gefahr, zwischen Personalisierung und Kulturalisierung zu polarisieren, d. h. also entweder vor allem die persönlichen und individuell biografischen Faktoren zu sehen oder aber die Probleme vor allem der Kultur bzw. dem Kulturkonflikt oder Ähnlichem zuzuschreiben. In der Regel spielen jedoch sowohl kulturelle wie auch persönliche Faktoren eine Rolle, wobei es sicherlich sehr schwierig ist jeweils deren relatives Gewicht adäquat einzuschätzen.

Gehen wir nun von der Perspektive der Minderheit, in diesem Fall den KlientInnen aus, so werden sie in die Situation zunächst mit einem gewissen Misstrauen hineingehen. Warum sollten sie in dem therapeutischen Kontext eine andere Realität erwarten als in ihrem sonstigen Alltag und in anderen deutschen Institutionen? Insofern werden sie, wie auch Pinderhughes (1989) in ihrer Untersuchung herausarbeitet, zunächst einmal austesten, wie die Einstellung des TherapeutInnen ist, und wie sicher er/ sie sich hier fühlen kann.

Des Weiteren werden sie auf Grund des Unverständnisses, auf das sie vielfach mit ihren Rassismuserfahrungen stoßen, diese keineswegs unvermittelt präsentieren, sondern so, dass sie auch von dem anderen angenommenen werden können. Diese Form der „fragmentierten Präsentation“ ist eine Kompetenz, die ethnische Minderheiten in der Mehrheitsgesellschaft lernen mussten, um die Kommunikation mit den anderen nicht zu gefährden (Wachendorfer 1998). Die Angst vor neuen Verletzungen ist viel zu groß, als dass man sich ungeschützt darstellen könnte. Aber auch in der Selbstwahrnehmung der Minderheiten besteht die Gefahr in eine Polarisierung von Personalisierung und Kulturalisierung zu verfallen, also entweder alles der Gesellschaft und deren Rassismus zuzuschreiben oder aber diese Erfahrungen ganz von sich abzuspalten und alle Probleme als persönliche zu begreifen. Gerade deshalb wäre die Fähigkeit zu differenzieren eine unabdingbare Kompetenz von Seiten des TherapeutInnen, um die Probleme adäquat bearbeiten zu können.

Schließlich ergibt sich eine völlig andere Dynamik, wenn der/ die Therapeut/ in der Minderheit angehört und die Klientinnen der Mehrheitsgesellschaft. Hierzu gibt es auch im angloamerikanischen Raum bisher relativ wenig Forschungen. Als entscheidend wird im Allgemeinen herausgestellt, dass in diesem Kontext die Kompetenz der Minderheitenangehörigen als Professionelle immer wieder angezweifelt wird; z. B. ob sie auch in der Lage seien, Menschen anderer Kultur überhaupt zu verstehen, oder ob sie nicht auf Grund ihrer ethnischen Zugehörigkeit vorbelastet seien. Hier bedarf es sicherlich noch vieler Forschungen, um diese Dynamik genauer zu erfassen.

## 3 Therapeutische Konzepte

Eingangs stellte ich die These auf, dass das Neutralitätsgebot in Beratung und Therapie bis zu einem gewissen Grad kontraproduktiv ist, weil es die Selbstreflexion in

Bezug auf die eigene kulturelle Verortung blockiert und mit Hilfe von Humanitätsidealen die Unterschiede zwischen Menschen und damit auch die vorhandenen Machtdifferenzen verschleiert. Auch das Neutralitätsgebot selbst ist nicht neutral, denn es basiert auf einem bestimmten Konzept von Therapie, das mit Hilfe des Universalitätsgebotes einen allgemeinen Anspruch erhebt, der selbst Ausdruck von Dominanz qua Kulturblindheit ist - Dominanz insofern, als die eigenen impliziten Maßstäbe auf alle anderen hin verallgemeinert werden. Die Wahrnehmung von Differenzen hingegen macht deutlich, dass das therapeutische Konzept auf einem bestimmten Menschenbild basiert, das die in der westlichen Kultur vorherrschenden immanenten Normen verinnerlicht hat wie z. B. die des Individualismus. So legen therapeutische Konzepte bei uns meist sehr viel Wert auf die Themen Selbstvertrauen, Autonomie, Selbstmanagement etc.. Weniger relevant sind z. B. Werte wie Verantwortung für andere zu übernehmen, Vertrauen in anderen zu fassen und aufrechtzuerhalten, oder Abhängigkeiten wahrzunehmen und sie als produktiv zu erleben. Dementsprechend gibt es auch wenig Verständnis für andere Kulturen, die andere soziale Beziehungen leben und in Konfliktfällen auch andere Problemlösungsstrategien vorschlagen. So hat Birsen Köse (1996) z. B. gezeigt, dass in der türkischen Gesellschaft in Konflikten häufig ein Mensch gesucht wird, der zwischen den Konfliktparteien vermittelt und so die unmittelbare Beziehung zwischen ihnen entlastet. Das erlaubt z. B. dem Vater, der einen Konflikt mit seiner Tochter hat, sein Gesicht zu wahren, während die Tochter ihr Anliegen über den Mittler dem Vater unbefangener antragen kann. Diese Mittlerfunktion wird in der Beratungssituation gerne auch dem Therapeuten zugeschrieben, der dies in Unkenntnis der türkischen Kultur dann oft als Autoritarismus der Türken interpretiert und somit in seinen Stereotypen verstärkt wird.

Insofern fragt sich auch, welches Bild vom anderen in den Konzepten psychosozialer Beratung weiter transportiert werden. Sie werden in der Fachliteratur vielfach zur Problemgruppe gemacht, denen die Mehrheitsangehörigen hilfreich beizustehen hätten. Migration oder Bikulturalität als solches scheint bereits ein Problem zu sein, was vor allem mit der Kulturkonfliktthese begründet wird (zur kritischen Diskussion der Kulturkonfliktthese vgl. Auernheimer 1988). So werden vielfach durchweg die defizitären Momente in den Vordergrund gerückt, was selbst wiederum zu einer psychischen Schädigung der Minderheitsangehörigen führen kann.

In diesem Sinn hat auch die Fachdiskussion ihren Anteil an der *Reproduktion der symbolischen Ordnung.* Auch angesichts der Geschichte des therapeutischen Diskurses, kann nicht einfach von einer generellen Neutralität und Offenheit gesprochen werden, sondern er ist selbst Teil dieser Kultur. So hat z. B. die Geschichte des Umgangs mit dem sexuellen Missbrauch gezeigt, wie sehr die therapeutische Profession an der Konstruktion einer Normalität Anteil hatte, die dies verdrängte. Dasselbe gilt z. B. auch für das Thema Nationalsozialismus und seine Nachwirkungen bis heute. Auch hier hat die therapeutische Zunft - von vereinzelten Ausnahmen abgesehen - wenig zur Bewusstmachung von Schuld und Verantwortung beigetragen. Vielmehr war die Tatsache, ob jemand als Kind von Tätern oder Mitläufern oder aber als Nachkomme von Opfern aufgewachsen ist, 50 Jahre lang so gut wie kein Thema. Erst in den letzten Jahren wird dies diskutiert; und in diesem Sinne denke ich, dass auch die Bedeutung von Ethnizität und kultureller Differenz erst allmählich in das Bewusstsein der therapeutischen Profession und der Professionellen in der psychosozialen Versorgung Eingang findet. Auch hier scheinen starke Verdrängungsmechanismen am Werk zu sein, bedenkt man, dass dieses Thema nun schon seit Jahrzehnten im angloamerikanischen Raum diskutiert wird, und diese Debatten im deutschen Sprachraum bisher so gut wie gar nicht rezipiert wurden, obwohl ansonsten die US-amerikanischen Forschungen gerade auch im therapeutischen Bereich vielfach als richtungsweisend gelten.

## Schlussbemerkungen

Interkulturelle Handlungskompetenz im beraterischen und therapeutischen Bereich setzt in allererster Linie *kulturelle Selbstreflexion* aller Beteiligten voraus, insbesondere aber bei den Angehörigen der Mehrheitsgesellschaft, da die Selbstverständlichkeit ihrer Normen sowie das Interesse an der eigenen Privilegierung einer kritischen Selbstreflexion vielfach entgegensteht. Wichtig ist dabei, sich darüber bewusst zu werden, welche Bilder und Gefühlsassoziationen in der Begegnung mit dem anderen auftreten, welche Einstellungen aktiviert und welche Gegenstereotype vermutet werden. Welche eigenen Interessen und Bedürfnisse diese Bilder bedienen und in welchem gesellschaftlichen Kontext sie stehen, was bedeutet, auch zu lernen mit Macht produktiv umzugehen (vgl. hierzu etwa Pinderhughes 1998).

Voraussetzung dafür ist es, bereit zu sein Irritationen zuzulassen und die bestehende Normalität in Frage stellen zu lassen. Das heißt auch die eigenen professionellen Standards als kulturspezifische wahrzunehmen und gegebenenfalls Nichtwissen und Inkompetenz einzugestehen. Dazu gehört auch, sich über die Bilder, die die anderen sich von den Angehörigen der Mehrheitskultur machen, bewusst zu werden und deren Hintergründe zu erforschen. Mit anderen Worten, sich der kulturellen Übertragungs- und Gegenübertragungsmuster bewusst zu werden.

Des Weiteren ist ein Wissen über die Lebenssituation ethnischer Minderheiten in dieser Gesellschaft unumgänglich, um sowohl etwas über mögliche kulturelle Unterschiede zu wissen wie vor allem auch über Diskriminierungs- und Rassismuserfahrungen, da sonst eine Differenzierung zwischen individuellen Faktoren und kulturell bedingten Anteilen bei der Problemanalyse kaum möglich ist. Dazu gehört, dass die ethnischen Minderheiten nicht in erster Linie oder gar ausschließlich als Opfer gesehen werden, sondern auch unterschiedliche Kulturen und Erfahrungen als Ressource wahrgenommen werden, die unter Umständen andere Problembewältigungsmuster zur Verfügung stellen (vgl. Dominelli 1988; Mecheril 1998).

Schließlich sollten die Angehörigen der Mehrheitskultur versuchen, ihre Privilegierung produktiv zu nützen, um ethnische Minderheiten zu unterstützen an der Gesellschaft gleichberechtigt partizipieren zu können. Denn dies ist eine wesentliche Rahmenbedingung für psychische Stabilität. Das gilt auch für das Arbeitsfeld der therapeutischen Profession selbst. Auch hier müssten ethnische Minderheiten gleichberechtigt am Diskurs beteiligt werden, denn nur so könnte ihre Perspektive hier auch eine größere Bedeutung gewinnen. Demgegenüber wurde jedoch im letzten Jahr das Psychotherapiegesetz verabschiedet, das nur deutschen Staatsangehörigen erlaubt, Psychotherapeuten zu werden. Das ist nicht nur politisch skandalös, sondern auch aus Sicht der Weiterentwicklung von Professionalität im therapeutischen Bereich fatal. Denn es müssten im Gegenteil Angehörige ethnischer Minderheiten ermuntert und gefördert werden, therapeutische Ausbildungen zu durchlaufen und diese auch durch ihre Inhalte zu prägen; denn nur dann kann professionelle Kompetenz in Bezug auf Interkulturalität entwickelt werden, wenn gleichberechtigte Partner in Gegenseitigkeit ihre unterschiedlichen Perspektiven austauschen und miteinander reflektieren.

## Literatur


Attia, I., Basque, M., Kornfeld, U., Lwanga, G. M., Rommelspacher, B., Teiimoori, P., Vogelmann S. & Wachendorfer, U. (Hrsg.) (1995): Multikulturelle Gesellschaft - monokulturelle Psychologie? Antisemitismus und Rassismus in der psychosozialen Arbeit. Bd. 28. Tübingen: dgvt

Auernheimer, G. (1988): Der so genannte Kulturkonflikt. Frankfurt am Main: Brandes & Apsel

Bourdieu, P. (1987): Sozialer Sinn. Frankfurt am Main: Suhrkamp

Cloerkes, G. (1997): Soziologie der Behinderten. Heidelberg: Edition Schindele

Dominelli, L. (1988): Anti-racist social work. London: MacMillan Press

Elias, N. & Scotson, J. L. (1993): Etablierte und Außenseiter. Frankfurt am Main: Suhrkamp

Esser, H. (1996): Ethnische Konflikte als Auseinandersetzung um den Wert von kulturellem Kapital. In: W. Heitmeyer & R. Dollase (Hrsg.) (1996): 64 - 99

Frankenberg, R. (1993): White women, race matters: the social construction of whiteness. London: Routledge

Freud, S. (1946): Zeitgemäßes über Krieg und Tod. GW X: 323 - 356

Heitmeyer, W. & Dollase, R. (Hrsg.) (1996): Die bedrängte Toleranz. Ethnisch-kulturelle Konflikte, religiöse Differenzen und die Gefahren politisierter Gewalt. Frankfurt am Main: Suhrkamp

Heitmeyer, W., Müller, J. & Schröder, H. (1997): Verlockender Fundamentalismus. Türkische Jugendliche in Deutschland. Frankfurt am Main: Suhrkamp

Henley, N. M. (1989): Körperstrategien. Geschlecht, Macht und nonverbale Kommunikation. Frankfurt am Main: Fischer

Köse, B. (1995): Psychotherapie als „Glaubenssystem". Probleme der psychosozialen Versorgung am Beispiel der Arbeitsmigranten aus der Türkei. In: I. Attia, M. Basque, U. Kornfeld, G. M. Lwanga, B. Rommelspacher, P. Teiimoori, S. Vogelmann & U. Wachendorfer (Hrsg.) (1995): 112 - 135

Kristeva, J. (1987): Fremd sind wir uns selbst. Frankfurt am Main: Suhrkamp

Mar Castro Varela, M. d., Schulze, S. Vogelmann, S. & Weiss, A. (Hrsg.) (1998): Suchbewegungen. Interkulturelle Beratung und Therapie. Tübingen: dgvt

Mecheril, P. (1998): Angelpunkte einer psychosozialen Beratungsausbildung unter interkultureller Perspektive. In: M. d. Mar Castro Varela, S. Schulze, S. Vogelmann & A. Weiss (Hrsg.) (1998): 287 - 311

Mecheril, P. & Teo, T. (Hrsg.) (1994): Andere Deutsche. Zur Lebenssituation von Menschen multiethnischer und multikultureller Herkunft. Berlin: Dietz

Pinderhughes, E. (1989): Understanding race, ethnicity and power. The key to effiacy in clinical practice. New York, NY: Free Press

Pinderhughes, E. (1998): Die Bedeutung von „Rasse", Ethnizität und Macht für die klinische Arbeit. In: M. Mar Castro Varela et al. (Hrsg.) (1998): 129 - 148

Rommelspacher, B. (1995 a): Dominanzkultur. Berlin: Orlanda

Rommelspacher, B. (1995 b): Schuldlos-Schuldig? Wie sich junge Frauen mit Antisemitismus auseinandersetzen. Hamburg: Konkret Literatur Verlag

Rommelspacher, B. (1997): Psychologische Erklärungsmuster zum Rassismus. In: P. Mecheril & T. Teo (Hrsg.) (1997): 153 - 174

Terkessidis, M.. (1998): Psychologie des Rassismus. Opladen: Westdeutscher Verlag

Wachendorfer, U. (1998): Soziale Konstruktionen von Weißsein. Zum Selbstverständnis weisser Therapeutinnen und Beraterinnen. In: M. d. Mar Castro Varela, S. Schulze, S. Vogelmann & A. Weiss (Hrsg.) (1998)

# Veränderungen in einer einheimischen Institution nach Implementierung von muttersprachlicher Psychotherapie. Migranten, muttersprachliche und einheimische Behandler

*Yesim Erim-Frodermann, Kerstin Lichtblau und Wolfgang Senf*

## Einleitung

In der Universitätsklinik für Psychotherapie und Psychosomatik in Essen besteht seit 1995 ein Projekt zur Verbesserung der psychotherapeutischen Versorgung von türkischen Migranten. In diesem Beitrag wird zuerst der Ausgangspunkt des Projektes und das spezielle Angebot vorgestellt. Anschließend werden erste Ergebnisse des Projektes anhand der Entwicklung der Inanspruchnahme von türkischen Patienten, der Haltungen von einheimischen und bilingual muttersprachlichen Therapeuten aufgezeigt. Die Haltungen der einheimischen Behandler wurden durch einen einfachen Fragebogen untersucht. In Bezug auf die muttersprachlichen BehandlerInnen werden insbesondere eigene Behandlungserfahrungen und Gegenübertragungsbereitschaften berichtet.

## 1 Ausgangssituation

Die psychotherapeutische Beziehung erfordert die Verständigung über eine gemeinsame Sprache und über gemeinsame kulturell geteilte Symbole zwischen dem Therapeuten und dem Patienten. Für die Verstehbarkeit des psychischen Leidens ist die sprachliche und kulturelle Verständigung eine wichtige Voraussetzung. Der Bedarf an muttersprachlichen Therapieangeboten ist für Patienten aus der ersten Migrantengeneration, die keine oder nur wenige Kenntnisse deutscher Sprache haben, ohne weiteres nachvollziehbar. Hinzu kommt eine große Gruppe von Patienten, deren Sprachkenntnisse für die Bewältigung von Alltagsaufgaben, zur Pflege von nachbarschaftlichen Kontakten oder Verständigung am Arbeitsplatz ausreichen, die jedoch emotionale Probleme in der Fremdsprache nicht zum Ausdruck bringen können. Auch junge Patienten aus Migrantenfamilien, die wesentliche Schritte ihrer Individuation und Sozialisation im hiesigen Kulturraum durchschritten haben, äußern oft den Wunsch, durch einen Therapeuten aus ihrer Ethnie behandelt zu werden, wobei das Deutsche oft als Psychotherapiesprache gewählt wird. Diese Patienten legen Wert darauf, dass der behandelnde Therapeut mit den kulturellen und sozialen Gegebenheiten ihres familiären Umkreises vertraut ist. Diesem Bedürfnis der ausländischen Patienten nach Behandlungsangeboten in der eigenen Muttersprache konnte in der Essener Klinik für Psychotherapie und Psychosomatik Rechnung getragen werden, nachdem zwei türkische Psychotherapeutinnen ihre Arbeit in der Klinik aufnahmen.

## 2 Institutionelle Voraussetzungen für die psychotherapeutische Arbeit mit Patienten aus einer anderen Ethnie

Die interessierte Offenheit gegenüber dem ethnischen und kulturellen Hintergrund des Patienten ist eine wichtige Voraussetzung für einheimische Therapeuten, die einen Patienten aus einer anderen Ethnie behandeln möchten. In der interkulturellen Psychotherapie begegnen sich zwei unterschiedliche kulturelle Haltungen, die der Mehrheit - die Dominanzkultur - und die der ethnischen Minderheit. Einheimische Therapeuten würden ausländischen Patienten eine hohe Anpassungsleistung abverlangen, wenn sie in der Behandlung die eigene, deutsche bzw. westliche Lebensweise als Standard zu Grunde legen würden. Eine der wichtigsten Aufgaben, die die interkulturelle Psychotherapie zu leisten hat, ist eine Atmosphäre der Anerkennung, Wertschätzung und Neugierde zwischen Patient und Therapeut herzustellen. Hierzu gehören selbstverständlich Informationen bezüglich soziokultureller Besonderheiten der betreffenden Ethnie. Diese Informationen kann sich der Therapeut über den Patienten selbst verschaffen. Eine bessere Möglichkeit ist eine Supervision mit interkulturellem Schwerpunkt, die dem Therapeuten Sicherheit gibt und die psychotherapeutische Beziehung entlastet. Eine Supervision, die die kulturspezifischen Besonderheiten berücksichtigt, hilft dem Therapeuten grundsätzlich in der diagnostischen Einschätzung darüber, ob ein besonderes Verhalten oder Erleben des Patienten und die Verstehensschwierigkeiten des Therapeuten aus dem kulturellen Unterschied resultieren oder mit dem konflikthaften Erleben des Patienten zusammenhängen.

Seit 1995 haben zwei muttersprachliche Psychotherapeutinnen, Frau Erim-Frodermann als ärztliche Psychotherapeutin und eine psychologische Psychotherapeutin, Frau Aygün, in der Klinik gearbeitet. Sie haben ihre Aufgabe im Team als die eines kultur- und manchmal auch sprachvermittelnden Bindeglieds in beide Richtungen verstanden. Sie vermittelten zwischen den ausländischen Patienten und dem Team. Sie stellten dem Team viele Informationen, Einfälle und Fantasien zur Verfügung. Das Team musste die Bereitschaft haben, sich mit diesen Informationen auseinander zu setzen, musste aushalten, dass es mit bisher unbekannten Lebenszusammenhängen konfrontiert wurde.

Die Auseinandersetzung mit fremden kulturellen Haltungen erfordert viel Kraft, nicht zuletzt aus dem Grund, da sie die eigenen Wertvorstellungen in Frage stellt. Die muttersprachlichen Therapeuten haben einen Wissens- und Kompetenzvorsprung bezüglich soziokultureller Zusammenhänge der eigenen Ethnie. Dieser muss in den hierarchischen Strukturen einer Klinik gut eingebettet werden, so dass keine unproduktiven Konkurrenzkämpfe entstehen, die muttersprachlichen Therapeuten sich anerkannt fühlen und mit ihren einheimischen Kollegen zusammen über die individuellen Lebenszusammenhänge des einzelnen Patienten nachdenken können.

In unserem Setting wurden muttersprachliche Angebote innerhalb der Regelversorgung etabliert, wobei die muttersprachlichen Therapeutinnen nicht nur Patienten aus der eigenen Ethnie behandelten sondern auch an den üblichen Aufgaben der Regelversorgung beteiligt waren. In diesem Modell gibt es mehrere dyadische Systeme, einerseits die muttersprachlichen Therapeuten und der Patient, andererseits der Patient und die Institution und als drittes Paar die muttersprachlichen Therapeuten und die Institution. Diese Paare lassen die trianguläre Beziehung zu einem Dritten, außenstehenden Objekt zu; auf diese Weise wird die Anerkennung der anderen Kulturzugehörigkeit öffentlich, was für alle Beteiligten eine narzisstische Aufwertung bedeutet.

## 3 Erfahrung der Klinik mit anderen kulturell unterschiedlichen Gruppen im Vorfeld des Projektes und Gegenübertragungsbereitschaften der einheimischen Behandler

Bezüglich des Unterschiedes zwischen den kulturellen Zugehörigkeiten des Therapeuten und des Patienten beschreiben Fisek und Schepker (1997) zwei Arten von Voreinstellungen. Alphabias beschreibt eine Überbetonung des Unterschiedes zwischen zwei Kulturen; im Extremfall würde ein einheimischer Therapeut mit dieser Haltung auf Grund der kulturellen Unterschiede eine therapeutische Arbeit mit einem Patienten aus einer fremden Ethnie für unmöglich erachten. Betabias beschreibt hingegen eine Verleugnung der Unterschiede zwischen den Kulturen. Diese Haltung könne problematisch werden, wenn der Einfluss der unterschiedlichen sozialen Lebensumfelder auf die Individuen ignoriert würde.

Zum Ausgangspunkt unseres Projektes möchten wir berichten, dass die Institution eine gute Voraussetzung für diese Arbeit hatte, nämlich die Erfahrung mit der Integration von anderen „Randgruppen" in die psychotherapeutische Versorgung. So gab es in der Klinik seit mehreren Jahren den Arbeitsschwerpunkt *Alterspsychosomatik*. In diesem Zusammenhang hatte Heuft (1990) das Konzept der *Eigenübertragung* definiert. Er versteht darunter „alle innerseelischen Konflikte des Behandlers, die ihn nachhaltig daran hindern, die Gegenübertragungsabbildungen im Dienste des Prozesses zu analysieren". In der Arbeit mit alten Patienten wurde festgestellt, dass für die Therapeuten eine über die übliche Selbsterfahrung hinausgehende Auseinandersetzung mit der Geschichte der eigenen Familie notwendig wird, wenn sie ältere Patienten behandeln.

Ähnliche Gegenübertragungsphänomene entstehen regelhaft in der Begegnung mit Patienten aus einer anderen Ethnie, wie z. B. Gefühle der kollektiven Schuld, die auch im Zusammenhang mit aktuellen Übergriffen gegenüber Ausländern entstehen, aber zurückzuführen sind auf die Auseinandersetzung mit der eigenen Schuldhaftigkeit in Bezug auf das Schicksal der jüdischen Ethnie unter der Nazidiktatur. Die Auseinandersetzung mit alten Menschen oder Transsexuellen, also mit Gruppen, die in der therapeutischen Arbeit lange als fremd definiert wurden, hatte eine Tradition des offenen Umgangs mit der eigenen Gegenübertragung, die dem Team in der Arbeit mit Migranten zu Gute kam. Auch alte und transsexuelle Menschen wurden durch eine Zuschreibung der Fremdheit aus der psychotherapeutischen Arbeit ausgeschlossen und lange wurde in Frage gestellt, dass diese Gruppen von Psychotherapie profitieren können, bis einige Institutionen begannen, sich ernsthaft mit ihnen auseinander zu setzen.

Schuldgefühle des Therapeuten gegenüber Patienten, die zu sozial benachteiligten Gruppen gehören, können die Bearbeitung von aggressiven Impulsen in der Psychotherapie erschweren, wenn sie nicht erkannt und für den psychotherapeutischen Prozess genutzt werden. So ist z. B. die übermäßig lange stationäre Behandlung von türkeistämmigen Patienten mit chronischen Schmerzsyndromen, insbesondere in primär psychiatrischen Einrichtungen - wobei die Institutionen keine bilingualen Mitarbeiter oder speziellen Supervisionsmöglichkeiten haben und die Patienten sichtbar wenig von der psychotherapeutischen Behandlung profitieren -, im Zusammenhang mit Gefühlen der kollektiven Schuld zu verstehen.

Ein kollektiver Abwehrmechanismus gegenüber Migranten ist oft die Verleugnung, die wir anhand einer Kasuistik schildern möchte. In der Indikationskonferenz, in der alle Patienten der Klinik vor Beginn der psychotherapeutischen Behandlung vorgestellt werden, wurde folgende Patientin vorgestellt:

Die 28-jährige Patientin kommt wegen einer Angstneurose mit täglich mehrfach auftretenden Panikattacken in die Sprechstunde. Diese werden von heftigen Somatisierungen begleitet, die zu wiederholten stationären Aufnahmen und sogar chirurgischen Eingriffen geführt haben. Sie ist etwa 1 Jahr vor ihrer Vorstellung in der Ambulanz nach 4-jähriger Trennung ihrem Mann, einem kurdischen Asylbewerber, nach Deutschland gefolgt. In ihrer Heimat ist sie als die vierte von sieben Geschwistern aufgewachsen. Die Grundschule besuchte sie bis zur vierten Klasse, in diesem Jahr ertrank der einzige Lehrer des Dorfes in einem Fluss, seine Stelle konnte nicht wieder besetzt werden. Schon als Kind hatte die Patientin wiederholt erlebt, dass ihr Dorf vom Militär umzingelt und Häuser durchsucht wurden, ein Cousin wurde von Gendarmen erschossen, ein Bruder wegen politischer Aktivitäten mehrfach inhaftiert. Schließlich wurde der Ehemann auf Grund seiner Parteizugehörigkeit verfolgt und musste untertauchen. Daraufhin zog die Patientin der Tradition entsprechend zu den Schwiegereltern, bald begann der Schwiegervater, sie sexuell zu belästigen. Schließlich folgte ein Erdbeben, das das Dorf dem Erdboden gleich machte. Immer wieder wurde sie zum Verhör in die Gendarmerie geholt, hatte Angst um ihr Leben und ihre Ehre. Nach der Übersiedlung nach Deutschland setzte die oben beschriebene Symptomatik an.

Nach der Vorstellung dieser Patientin stellten mehrere Kollegen die Authentizität ihres Berichtes in Frage. Sie könnten sich nicht vorstellen, dass sich so viel Unglück im Leben eines einzigen Menschen häufen könne ... Die Lebensgeschichte dieser Patientin ist nicht nur wegen der Fremdheit vieler Ereignisse für „europäische Verhältnisse“ sondern auch wegen der Häufung von heftigen traumatischen Erlebnissen sehr belastend. Durch die Verleugnung, die In-Frage-Stellung ihrer Biografie, distanzierte sich das Team mit dem Ziel des Selbstschutzes von der Patientin; das Verstehen der Gegenübertragung hat auch in diesem Fall viele wichtige Hinweise auf zu erwartende Konfliktkonstellationen in der Therapie gegeben.

## 4 Spezielle Angebote für türkeistämmige Migranten

Um den Bedürfnissen von türkischen Patienten und Patientinnen besser gerecht zu werden, etablierten wir spezielle Angebote für diese Klientel:

### *4.1 Niederschwelliges Beratungsangebot im Rahmen eines Stadtteilprojektes*

Für Patienten aus dem Essener Norden bietet Frau Aygün wöchentlich eine psychologische Sprechstunde an. Es handelt sich um ein niederschwelliges Beratungsangebot, das zeitlich parallel zum Frauenfrühstück für türkische Frauen abgehalten wird. Das Angebot wurde in ein Projekt des Instituts für stadtteilbezogene Sozialarbeit (ISSAB, Gesamthochschule Essen) eingebunden .

### *4.2 Ambulante muttersprachliche Therapiegruppe*

Hier handelt es sich um eine halb offene psychoanalytisch orientierte Gruppe für Patientinnen türkischer Herkunft, die an einer muttersprachlichen Behandlung interessiert sind. Dieses Angebot bestand von April 1996 bis Ende 1998. Die Voraussetzung für die Behandlung in diesem Setting war die Diagnose eines psychosomatischen oder neurotischen Störungsbildes und der ausdrückliche Wunsch der Patientinnen nach einer muttersprachlichen Therapie. Parallel zur Zunahme von stationären Behandlungen wurde dieses Angebot immer weniger genutzt und schließlich aufgehoben.

### *4.3 Stationäre Behandlung durch Kombination von muttersprachlicher Einzeltherapie und gruppentherapeutischen Angeboten*

Bei der stationären Behandlung von türkischen Migranten ergänzen wir das ansonsten deutschsprachige Angebot durch die muttersprachliche Einzeltherapie.

## 5 Die Veränderungen der Inanspruchnahme durch Migranten nach Etablierung der spezifischen Angebote und Besonderheiten der türkischen Patienten

Während 1993 kaum türkische Patienten die Ambulanz der Klinik aufsuchten, nahm diese Zahl 1996 auf 87 zu und nach 84 Vorstellungen im Jahre 1997 kam es schließlich 1998 zu insgesamt 107 türkeistämmigen Patienten, die sich in unserer Ambulanz vorstellten; dies entspricht prozentual dem Bevölkerungsanteil der türkeistämmigen Mitbürger in Essen.

Nach Etablierung des Projektes nahmen zuerst überwiegend Männer das Angebot in Anspruch, das in psychosomatischen Ambulanzen übliche Verhältnis von 1 zu 2 Männern zu Frauen fand sich dann allmählich ein. Auch bezüglich anderer Merkmale wie z. B. Alter, Erwerbsstatus und Diagnosen glich sich die türkische Stichprobe allmählich der nichttürkischen an (Erim-Frodermann & Senf 1998).

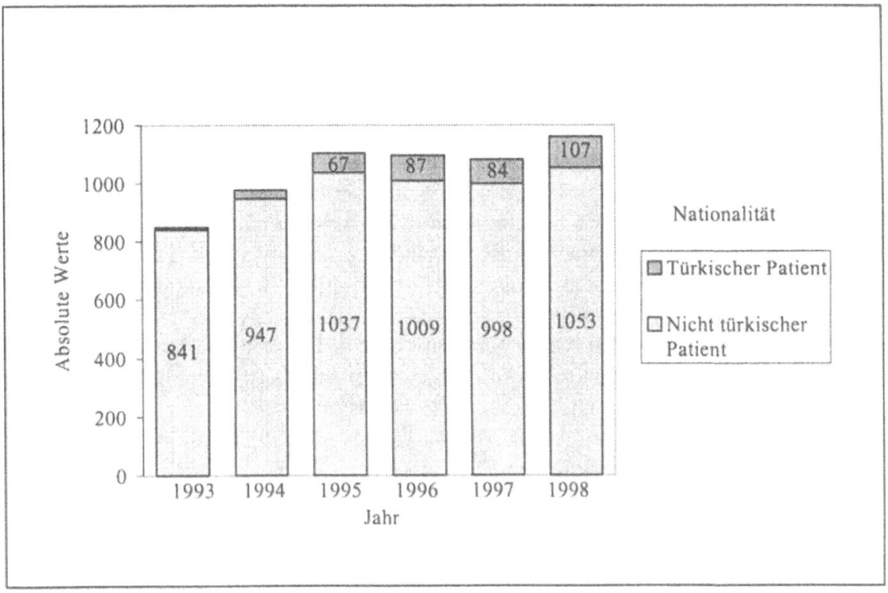


*Abbildung 1*: Inanspruchnahme über Jahre

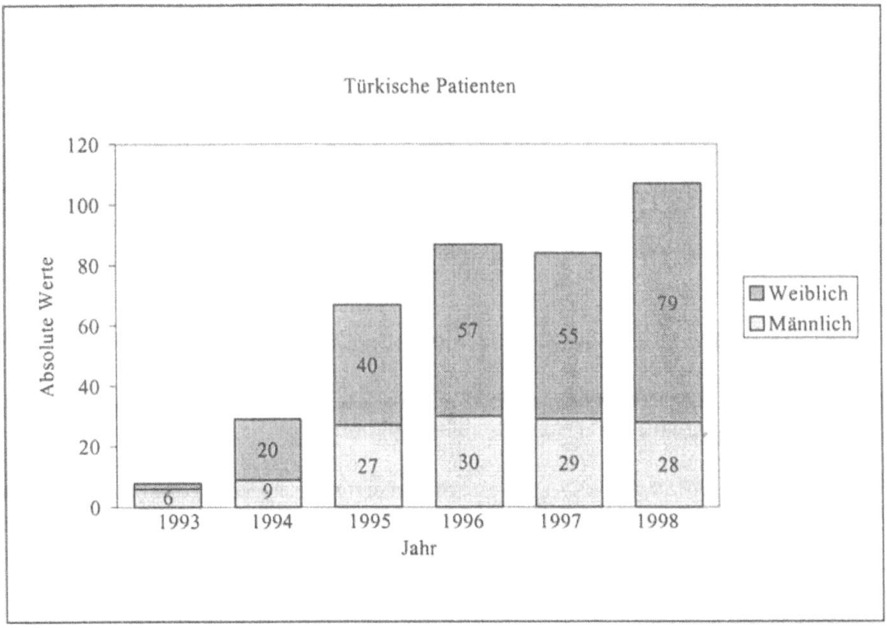


*Abbildung 2*: Verteilung der Geschlechter über Jahre

### 5.1 Welche türkischen Patienten wurden in unserer Abteilung stationär behandelt?

Seit Anfang 1996 wurde insgesamt bei elf türkeistämmigen Patienten die Indikation für eine stationäre Behandlung in unserer Klinik gestellt. Dabei handelte es sich um acht Frauen und drei Männer, siebenmal wurde eine Indikation für eine 12-Wochen-Behandlung, zweimal für eine Behandlung im Essstörungssetting mit offener Behandlungsdauer und zweimal für eine 4-Wochen-Krisenintervention gestellt. Je ein Patient und eine Patientin brachen die Behandlung nach wenigen Tagen ab, wobei die Patientin anschließend die Psychotherapie ambulant in der muttersprachlichen Gruppe fortsetzte.

Von diesen elf Patienten waren acht entweder in Deutschland geboren oder vor ihrer Einschulung nach Deutschland übergesiedelt und hatten wesentliche Schritte ihrer Individuation hier durchschritten. Drei Patienten waren 15 Jahre oder älter als sie nach Deutschland kamen und hatten sich insbesondere in ihrem beruflichen Umfeld sehr gut integrieren können.

### 5.2 Welche Patientinnen nahmen an der ambulanten muttersprachlichen Gruppe teil?

Sechs Patientinnen im Alter von 24 - 40 Jahren nahmen an der muttersprachlichen Gruppe teil. Nur zwei von diesen sechs Teilnehmerinnen hatten unzureichende Deutschkenntnisse, die anderen kamen aus kulturspezifischen Gründen in die Gruppe, d. h. weil sie ihre spezielle Problematik in einer Gruppe behandeln wollten, in der die Teilnehmerinnen aus ähnlichen Lebenszusammenhängen kamen. Die geschlechtsspezifische Gruppe kam dadurch zu Stande, dass bis auf wenige Ausnahmen nur Frauen das Angebot zur ambulanten Behandlung annahmen. Die Patientinnen kamen ohne Ausnahme wegen Somatisierungssymptomen zur Behandlung, die in erster Linie durch Partnerschaftskonflikte ausgelöst waren. In der Gruppe sind in erster Linie die Themen der innerfamiliären Gewalt, Selbst- und Fremdbestimmung, Selbstwert und die weibliche Identität bearbeitet worden.

## 6 Haltungen von einheimischen Therapeuten versus muttersprachlichen TherapeutInnen

### 6.1 Haltungen von einheimischen Therapeuten

Die Haltungen von ärztlichen und psychologischen Therapeuten und therapeutisch tätigen Pflegekräften in unserer Klinik wurde durch einen einfachen Fragebogen untersucht. Der Fragebogen enthält zwei offene Fragen:

1. Folgende Haltungen und Strukturen sind meiner Meinung nach für ausländische Patienten und ihre Familien typisch

2. In der Behandlung von ausländischen Patienten stößt man meiner Meinung nach auf folgende Probleme
3. Ich habe schon therapeutischen Kontakt zu ausländischen Patienten gehabt (Diese letzte Aussage sollte bejaht oder verneint werden.)

Insgesamt 23 Mitarbeiter der Klinik haben den Fragebogen beantwortet, wobei 20 angaben, mit Migranten psychotherapeutisch gearbeitet zu haben. Bezüglich typischer Haltungen von ausländischen Patienten und ihrer Familien wurden nur dreimal Stereotypen benannt: so z. B. Unpünktlichkeit, passive Erwartungen und die Aussage „Frauen gehen hinter ihren Männern". In Bezug auf Probleme in der Behandlung wurden achtmal Probleme aus der Perspektive des Therapeuten beschrieben, wie z. B. Unsicherheit durch erschwerte sprachliche Verständigung, Schuldgefühle gegenüber Migranten, die man als benachteiligt erlebt, oder die Befürchtung, eigene Maßstäbe als Normalität anzusehen und in der Therapie aus diesem Grunde keine angemessenen Problemlösungen zu finden. Zwölfmal wurden Probleme in der interkulturellen Psychotherapie aus der Perspektive der Migranten beschrieben, wobei mehrfach benannt wurde, dass es den Migranten schwer falle, Ziele der Abgrenzung und Verselbstständigung zu Hause umzusetzen. Als patientenbezogene Probleme wurden des Weiteren Diskriminierungsängste, Loyalitätskonflikte gegenüber der Familie, Schamgefühle und Minderwertigkeitsgefühle angegeben. Dreimal wurden Verständigungsprobleme angegeben, wobei diese nicht eindeutig Therapeuten oder Patienten zugeschrieben waren.

Diese kleine Untersuchung zeigt auf, dass die Sichtweise der einheimischen Behandler sich sehr differenziert hat. In den Äußerungen der Therapeuten fand sich vieles wieder, was in den Teamsitzungen bezüglich der Behandlung von einzelnen ausländischen Patienten erarbeitet wurde. Das therapeutische Team hat während des Projektes immer mehr die Haltung entwickelt, neugierig zu sein, ohne Peinlichkeiten zu befürchten und unvoreingenommen Informationen im Team zusammenzuführen.

## 6.2 Haltungen und Gegenübertragungsgefühle der muttersprachlichen TherapeutInnen

Zu Beginn des Projektes waren bei den muttersprachlichen TherapeutInnen die Gefühle der Verpflichtung gegenüber der eigenen Ethnie im Vordergrund. Frau Erim-Frodermann hatte während ihrer psychiatrischen Tätigkeit viele türkische Patienten zur gutachterlichen Beurteilung gesehen, hatte jedoch nur wenigen eine Psychotherapie anbieten können. Jedenfalls fühlte sie sich gegenüber türkischen Patienten in der Schuld. Das führte zu Anfang des Projektes dazu, dass sie sich manchmal übermäßig bemühte, türkische Patienten für eine Psychotherapie zu motivieren. Mit der Zeit wurde es möglich, eine differenzielle Indikation auch für die türkischen Patienten zu stellen und z. B. bei eindeutigen Fällen mit langjähriger Chronifizierung von einer Psychotherapie im engeren Sinne abzusehen.

Ein wichtiger Prozess war für die muttersprachlichen Therapeuten das Erkennen von Kulturhierarchien innerhalb der eigenen Ethnie, so z. B zwischen städtisch sozialisierten Therapeuten und ländlich sozialisierten Patienten. Ähnliche Unterschiede tauchten zwischen einer westlichen Orientierung der Therapeuten und traditionell moslemischen Haltungen von Patienten auf. Weitere Haltungsunterschiede waren bedingt z. B. durch Zugehörigkeit zur kurdischen Ethnie oder zu einer besonderen Konfession wie z. B. der alevitischen oder der sunnitischen. Es wurde deutlich, dass es auch in der Gruppe von Migranten Mehrheiten und Minderheitenkulturen gibt. In der Arbeit mit den Migranten entwickelte sich eine größere Sensibilität für kulturelle Unterschiede, eine Auseinandersetzung mit der eigenen ethnischen und kulturellen Zugehörigkeit wurde erforderlich.

Mit der Zeit wurde das Verständnis für identitätsstiftende Funktionen der ethnischen Zugehörigkeit oder der Religion größer. Hier konnten teilweise auch therapeutische Überzeugungen in Frage gestellt werden. Nachdem Frau Erim-Frodermann im ersten Jahr die „Frauengruppe“ zu Ramadan mit wenigen Teilnehmerinnen abgehalten hat, hat sie im zweiten Jahr, in Einklang mit erfahrenen professionellen Helfern, eingesehen, dass man im Fastenmonat Gruppenaktivitäten für moslemische Patientinnen streichen muss.

Eine wichtige überregionale Entwicklung für die Gruppe von bilingualen türkischsprachigen Therapeuten war die Gründung eines bundesweiten Arbeitskreises, der sich neben behandlungstechnischen auch mit berufspolitischen Fragen befasste und uns dazu verhalf, eine Identität als muttersprachliche und bilinguale Therapeuten zu entwickeln.

In Prozessen der Selbsterfahrung wurde den muttersprachlichen PsychotherapeutInnen die eigene bikulturelle Identität immer klarer. Damit rückte streckenweise die eigene ethnische Zugehörigkeit, auch in der Arbeit mit einheimischen Patienten, in den Vordergrund. Frau Erim-Frodermann selbst hat z. B. erfahren, dass sie von deutschen Patientinnen oft als durchsetzungsfähige, potente Frau angesehen wurde, und dass diese sich unter emanzipatorischen Aspekten mit ihr identifizierten. Diese Übertragungsgefühle der Patientinnen konnten erst nach der eigenen Auseinandersetzung mit der ethnischen Zugehörigkeit bewusst verstanden und im therapeutischen Prozess genutzt werden.

Zu Beginn der Auseinandersetzung mit der Migration standen Themen wie Objektverlust, Trauer und Trauerarbeit im Mittelpunkt der Aufmerksamkeit, parallel zu den Erfahrungen, die in den Institutionen gemacht wurden, rückten mit der Zeit andere Themen, wie z. B. ethnische Ressourcen, Individuation und Selbstbestimmung in den Vordergrund. Als wichtige positive Entwicklungen sind die Differenzierung und längerfristige Verankerung der migrantenspezifischen Angebote in Institutionen zu benennen. So wurden in einigen psychosomatischen Rehakliniken muttersprachliche Settings für türkische Patienten eingerichtet, die überregional arbeiten; in den sozialpädagogischen Angeboten zeichnete sich eine Spezialisierung ab, z. B. mit Freizeitprojekten für ältere Migranten, Selbsthilfegruppen für allein erziehende Mütter, spezialisierte Gruppen für Frauen mit Eheproblemen.

## 7 Zusammenfassung

Es gibt nur wenige Veröffentlichungen über die psychotherapeutische Versorgung von Migranten, insbesondere über die besonderen Übertragungs- und Gegenübertragungsphänomene in der interkulturellen Begegnung. Aus diesem Grunde erschien es uns wichtig, die besonderen psychodynamischen Konstellationen aus der Arbeit mit türkeistämmigen Patienten zu schildern. Auch eine kleine Befragung des Teams zeigt, dass nach Implementierung eines bilingualen Angebots die Sensibilität des Teams für interkulturelle Fragen zunimmt.

Die Migranten sind als Inanspruchnahmeklientel in den Regelversorgungseinrichtungen unterrepräsentiert. Nach Etablierung von Angeboten durch bilinguale muttersprachliche Professionelle nimmt die Vorstellungshäufigkeit zu und entspricht bald prozentual dem Bevölkerungsanteil. Neben unserer Klinik wurde diese Entwicklung auch durch die Erfahrungen der Essener Klinik für Kinder- und Jugendpsychiatrie und anderer Institutsambulanzen, wie z. B. das psychiatrische Krankenhaus in Hildesheim, oder die psychiatrische Universitätsambulanz in Basel (vgl. Yilmaz & Battegay 1997), bestätigt. Durch diese Projekte wurde die Relevanz und Wirksamkeit multikultureller Teamarbeit für die Versorgung von Migranten unter Beweis gestellt.

Die Ergebnisse unserer Klinik zeigen zudem, dass die interkulturelle Arbeit den psychosozialen Institutionen ermöglicht, ihre Angebote zu differenzieren. In einem multikulturellen Team werden die besonderen Probleme von Migranten besser verstanden und effektiver behandelt.

Die interkulturelle psychotherapeutische Arbeit kann stolz auf diese Konstituierungsphase zurückblicken. Eine wichtige Aufgabe für die interkulturelle psychotherapeutische Arbeit in der nächsten Zukunft wird die Erweiterung der speziellen Angebote auf andere Ethnien aber auch auf Aussiedler, deutschstämmige Migranten sein.

## Literatur

Erim-Frodermann, Y. & Senf, W. (1998): Erste Begegnung in der Krise und Wege zur Psychotherapie. Vortrag auf dem 3. deutsch-türkischen Psychiatrie-Kongress, 15. 09. - 19. 09. 1998 in Berlin (unveröffentlichtes Manuskript)

Fisek, G. O. & Schepker, R. (1997): Kontext - Bewusstheit in der transkulturellen Psychotherapie: Deutsch-türkische Erfahrung. Familiendynamik 22: 396 - 413

Heuft, G. (1990): Bedarf es eines Konzeptes der Eigenübertragung? Forum der Psychoanalyse 6: 299 - 315

Yilmaz, A. T. & Battegay, R. (1997): Gewalt in der Partnerschaft bei Immigrantinnen aus der Türkei. Der Nervenarzt 1997: 884 - 887

# V Gesellschaftliche und politische Hintergründe von Psychotherapie

# Psychotherapie.
# Ein schillernd-sperriges soziokulturelles Phänomen

*Peter Fürstenau*

Der Autor möchte die Leser zu einem sozialwissenschaftlichen Spaziergang einladen, der dem schillernd-sperrigen soziokulturellen Phänomen der Psychotherapie gewidmet ist.

Anknüpfen lässt sich dabei an das Thema „Eigenes und Fremdes" insofern, als auch das Eigene fremd erscheinen kann. Befremdliches Erleben und Verhalten ist in einer zur Individualisierung der Lebensverhältnisse tendierenden Gesellschaft kein seltenes Phänomen. Sich selbst befremdlich zu sein in gewissen Aspekten oder den Angehörigen, Arbeitskollegen oder Freunden befremdlich zu erscheinen, zeigt sich in unserer Gesellschaft häufig in unterschiedlichen Graden der Ausprägung: von eher für andere befremdlichen Phänomenen origineller oder eigenwilliger Lebensgestaltung über sich durch Beschwerden und Eigenarten behindert fühlende Menschen bis zu Personen, die sich als seelisch krank erleben (Fürstenau 1994 b).

Die Rolle des sich in Erleben und Verhalten krank Fühlenden folgt dem Muster des körperlich Kranken, der an bestimmten Beschwerden leidet, für die er sich nicht verantwortlich fühlt, die ihn hilflos machen. Die Schwere des Sich-krank-Fühlens lässt sich als unterschiedlicher Grad der Regression zu Zuständen kindlicher Hilflosigkeit und Abhängigkeit von hilfreichen Erwachsenen beschreiben. Die Regression kann situativ und passager sein, mehr oder minder stark schwanken, oder schon habitualisiert, chronifiziert. Zudem können Beschwerden mehr oder weniger weit über das gesamte Erleben und Verhalten ausgebreitet sein.

Durch die Beschwerden und die Krankenrolle werden bestimmte Erlebens- und Verhaltensweisen eingeschränkt, behindert oder verunmöglicht, andere aber gerade ermöglicht und in diesem Zusammenhang von der mitmenschlichen Umgebung ausnahmsweise toleriert. Damit werden die Beschwerden in vielen Fällen für den Betreffenden erträglich, und es kann die Frage aufkommen, ob es sich wirklich für ihn lohnt, die Beschwerden zu Gunsten eines gesünderen Lebens aufzugeben. So kann gerade auch die Anteilnahme hilfreicher Personen, noch dazu vielleicht über längere Zeit, die Last der Beschwerden so weit kompensieren, dass sich deren Aufgabe im Zusammenhang mit Bemühungen um ein gesünderes Leben nicht lohnt (mögliche Kompensations- und Komplizen-Funktion von Angehörigen und Therapeuten).

Wie bei körperlich Kranken gibt es auch hier die Perspektive der Gesundung, des Überwindens der Beschwerden mit eigenen Kräften („spontan"), mit Hilfe von Nahestehenden oder mit professioneller Hilfe.

Die Gesellschaft hat es nicht leicht, sich auf solch schillernde Störungen des Erlebens und Verhaltens einzustellen. Wegen der Beweglichkeit solcher Beschwerden auf der Skala starker oder geringer Hilfesuche bei anderen ist z. B. ein irgendwie „objektiver" Bedarf an Hilfe nicht fixierbar (vgl. hierzu allgemein Krämer 1989).

Der Bedarf an Psychotherapie wird vom Verhalten aller drei beteiligten Faktoren: der rahmensetzenden Gesundheitspolitik bzw. des Gesundheitsmarktes, der Klienten und ihres Beziehungsnetzes sowie der Berater bzw. Therapeuten beeinflusst. Die Klienten können durch Bearbeitung ihrer Situation zu „spontaner" Besserung oder Verschlimmerung gelangen, ihre Angehörigen oder Freunde können ihnen zu einer Besserung verhelfen oder die Beschwerden verstärken, die gesundheitspolitischen Rahmenbedingungen können sich günstig oder ungünstig auswirken und die Berater oder Therapeuten können mit mehr oder weniger Geschick und Aufwand je nach ihrer fachlichen Orientierung, persönlichen Kompetenz und ihren beruflichen Eigeninteressen auf die Klienten und deren Beschwerden Einfluss nehmen.

Drei Optionen des Umgangs mit erlebnisbedingt Kranken fallen besonders auf:

1. Sie medizinisch als körperlich Kranke zu behandeln - mit dem Risiko der Wirkungslosigkeit dieser Therapie und der Verschleppung angemessener psychotherapeutischer Hilfe (vgl. Janssen, Franz, Herzog, Heuft, Paar & Schneider 1999).
2. Die zweite Möglichkeit ist die Zementierung des aktuellen Regressionsgrades zu einer fest umrissenen Krankheit mit der Gefahr der Vernachlässigung der Eigenverantwortung des Klienten und seiner Selbstheilungskräfte (Ressourcen). Mit dieser Option ist eine einseitige Pathodiagnostik des Individuums unter Vernachlässigung von Beziehungsnetz-Diagnostik und Ressourcenidentifizierung verbunden (Fürstenau 1998 a, 1998 b).
3. Die dritte Möglichkeit besteht in der Schaffung unterschiedlicher beratender und psychotherapeutischer Dienstleistungsangebote, die miteinander um die seelisch mehr oder minder stark Kranken konkurrieren. Diese Angebote können ihrerseits von Behörden organisiert, zumindest geregelt sein oder sich innerhalb der Gesellschaft auf dem freien Markt der Dienstleistungen bilden.

Zu diesen Hilfeangeboten der Gesellschaft gehört die der Krankenrolle komplementäre des berufsmäßigen Beraters, Psychotherapeuten, der von dieser Erwerbstätigkeit lebt. Entsprechend der Mannigfaltigkeit der Klienteneigenheiten und -bedürfnisse gibt es eine Mannigfaltigkeit von psychotherapeutischen Experten: Heiler, Gurus, Berater, Psychotherapeuten, Priester, die befremdliches Erleben und Verhalten, seelisches Leid „verstehen" und über eine jeweils bestimmte Form hilfreichen Umgangs mit der Klientel verfügen. Sie haben in der Regel bestimmte institutionelle Bezüge, arbeiten z. B. in einer Praxis, Beratungsstelle, Klinik oder einem religiösen Rahmen, haben eine berufliche Bezugsgruppe. Zugehörig sind häufig Medien der Informationsvermittlung wie Verlage, die die entsprechende Literatur produzieren, und Ausbildungsstätten.

Diese beiden komplementären Rollen und der institutionelle Rahmen finden sich schon in einfachen Kulturen und Gesellschaften: Heiler, Schamanen, Priester. Drei Aspekte seien hier hervorgehoben:

1. Die besondere Bedeutung des mit überlegener elternähnlicher Autorität ausgestatteten Heilers, der über ein exklusives Heilswissen und -können verfügt. Er weiß, wie die Kranken zu heilen sind und hat ein selbstsicheres, nicht von Betroffenheit und Sentimentalität irritiertes Auftreten. Ihm stehen die Kranken ge-

genüber, die in großer Not sind und ihm kindlich-blind vertrauen, alle ihre Hoffnung auf ihn setzen.
2. Der Heiler verfügt über eine jeweils passende Heilmethode, einen Weg, eine Prozedur. Von den Kranken wird erwartet, dass sie diese Prozedur strikt einhalten.
3. Das Zusammenspiel der beiden führt zu einem inneren Prozess (einem Verarbeitungsprozess) im Kranken, der die Heilung günstigenfalls zu Stande bringt. Heiler wie Kranker vertrauen auf diesen inneren Prozess, ohne ihn zu kennen oder zu durchschauen. Sie verlassen sich beide auf tradierte Erfolgserfahrung.

Diese anthropologischen Grundlagen der Psychotherapie sind bis heute in allen Gesellschaften bis zu unserer wirksam (Frank 1974). Für unsere „postmoderne" Gesellschaft ist charakteristisch, dass alle möglichen historischen Erscheinungsformen solcher Therapie unseres eigenen wie anderer Kulturkreise heute bei uns nebeneinander stehen, angeboten und nachgefragt werden.

Umfangsmäßig und als Wirtschaftsfaktor spielen Esoterik, Gurus, Alternativmedizin, Teufelsaustreiber und viele andere eine beträchtliche von uns häufig nicht wahrgenommene Rolle. Vereine, Gruppen, Organisationen, ein umfangreiches Verlagswesen gehören zu diesem Bereich tradierter Psychotherapie und Beratung. Angebot und Nachfrage regeln sich auf dem freien Markt, den die Gesellschaft als Bühne darstellt. Viele Menschen regulieren ihr Wohlbefinden kompensatorisch durch die Teilhabe an solchen Beratungs- und Therapieangeboten bis zu kontinuierlicher Lebenshilfe durch langjährige Zugehörigkeit zu entsprechenden Gruppen.

Neben diesem Bereich tradierter autoritativ-suggestiver Hilfeleistung hat sich erfreulicherweise im Zusammenhang mit der modernen Körpermedizin die moderne Psychotherapie als Heilkunst seit der Entdeckung der Fixationsmethode der Hypnoseinduktion durch Braid Mitte des 19. Jahrhunderts entwickelt. Es handelt sich dabei um die Entdeckung der Einflussnahme auf das Erleben und Verhalten von Hilfe suchenden, Not leidenden Menschen durch Nutzung eines seelischen Ausnahmezustandes besonderer Empfänglichkeit, Konzentration und gesteigerter innerer Leistungsbereitschaft (Aktivität). Barrieren des gewohnten bewussten Erlebens und Reagierens können in diesem Zustand überwunden werden. Im Laufe der Zeit wurde deutlich, dass eine solche erfolgreiche Einflussnahme auch ohne ausdrückliche Trance zu erreichen ist.

Die gegenwärtige Situation der Psychotherapie lässt sich als sozialkulturelle Antwort auf die Entdeckung der Suggestion als Heilverfahren im Spannungsbogen zwischen Institutionalisierung und freiem Dienstleistungsmarkt beschreiben. Dabei spielt Wissenschaft als markantes Moment unserer Gesellschaft eine wesentliche Rolle.

Moderne dynamische kapitalistische Gesellschaften sind auf die ständige Verarbeitung von Beobachtungen und Erfahrungen im Sinne methodischer Reflexion angewiesen, da sie ihre Strukturen nicht nur leben, sondern kontinuierlich ändern und dafür erfahrungsbasierte Information und Orientierung brauchen. Daraus resultiert, dass Wissenschaft ein wichtiges Legitimationsinstrument darstellt, um gesellschaftliche Anerkennung für eigenes Tun zu erhalten. Sie dient der Legitimation politischer, z. B. gesundheitspolitischer Entscheidungen, wirtschaftlicher Entscheidungen und ist auch die Legitimationsbasis für die so genannten freien Berufe, zu denen Ärzte und Psychotherapeuten zählen. Die wissenschaftlich basierte Ausbildung und erreichte Qualifikation führen zur Berechtigung, einen solchen freien Beruf selbstständig auszuüben.

Wissenschaft als die Gesamtheit des mehr oder minder systematisierten Erfahrungswissens ist demgemäß auch die Basis der modernen Medizin. Naturwissenschaftliche und sozialwissenschaftliche Grundlagenforschung, experimentelle Forschung und die klinische Beobachtung von regelmäßigen und atypischen Verläufen samt darauf basierender Theorie und Konzeptbildung machen das Korpus (die Gesamtheit) des medizinischen Wissens einschließlich des psychotherapeutischen Wissens aus. Leider ist die Systematisierung dieses Wissens stets unvollkommen, die Vergleichbarkeit der verschiedenen Befunde begrenzt und der Grad der Evidenz variabel. Der Gesamtbereich ist zudem schwer übersehbar und last but not least: Die Positionen innerhalb dieses Wissens sind durchgängig kontrovers. Eigentlich ist es also das Gegenteil eines „Korpus".

Unser Wissen vom Erleben und Verhalten hat sich trotzdem im 20. Jahrhundert, insbesondere seit den 20er-Jahren enorm erweitert und differenziert. Von der Elementen-Psychologie zu gestalthaftem, ganzheitlichem, strukturellem, interaktionellem Verständnis, kurz zum Verständnis komplexer Systeme und Vernetzungen mit den zugehörigen zirkulären Kompensations- und Balance-Prozessen führt der Weg des Fortschritts der Erkenntnis menschlicher Lebensverhältnisse in diesem Jahrhundert. Dies Erkenntnisrepertoire gestattet uns heute, eine große Varianz unterschiedlichster menschlicher Lebensverhältnisse strukturell zu beschreiben und zu verstehen. Insbesondere ist damit eine Abkehr von Standard- und Normalitätsmodellen zu Gunsten typischer Variation bis hin zur Individualisierung menschlichen Erlebens und Verhaltens verbunden.

Zu diesem akkumulierten Wissen über personale und interpersonale Zusammenhänge und Veräufe haben die psychotherapeutischen Schulen und Fachrichtungen, von der Psychoanalyse angefangen, wesentlich beigetragen. Diese Schul- und Fachrichtungen lassen sich als historisch entstandene Stadien auf dem Wege der Entdeckung und Bahnung unterschiedlicher Zugänge zu seelischem Leid beschreiben. Sie stehen heute mehr oder minder unverknüpft, wenn auch gegenseitig stark beeinflusst, nebeneinander als konkurrierende Beratungs- und Therapieangebote. Diese Pluralität und Konkurrenz schlägt sich im Kampf um berufs- und sozialrechtliche Anerkennung und Zuteilung von Ressourcen deutlich nieder.

Der Kampf um die berufs- und sozialrechtliche Anerkennung hat, sozialwissenschaftlich gesehen, zu einer Oligopolbildung im Bereich der staatlich geregelten Psychotherapie geführt. Wie in den Handwerkerzünften des Mittelalters ist die Argumentationsweise in diesen Auseinandersetzungen stets die, dass der Kunde (Klient) vor nicht qualifizierter Beratung und Therapie geschützt werden müsse und dass man nur selbst genügend und in der richtigen Weise qualifiziert sei, um Klienten verantwortungsvoll zu beraten und erfolgreich zu behandeln.

Der beobachtende Sozialwissenschaftler stellt demgegenüber fest, dass die Krankenkassen offenbar die so genannten Erstattungspsychologen sicher nicht jeweils weiter und kontinuierlich mit Behandlungen in den vergangenen Jahren betraut hätten, wenn ihre Mitglieder, die Patienten, mit dem Ergebnis der Arbeit der betreffenden Therapeuten unzufrieden gewesen wären.

Die Berufung auf Wissenschaft spielt in diesen Anerkennungskämpfen eine wesentliche Rolle. Jeder Anbieter psychotherapeutischer Dienstleistung versucht, wissenschaftliche Evidenz für sein Verfahren aufzubieten. Dabei wird die Eindeutigkeit der Befundlage in der Regel überinterpretiert. Weiter wird unterstellt, dass die eigene Praxis genau den erforschten Rahmenbedingungen und Methoden entspricht, die dem wissenschaftlichen Befund zu Grunde liegen. Es wird übersehen, dass je präziser empirische Forschungsbefunde sind, sie nur für genau das Design gelten, das der Untersuchung zu Grunde lag, und dass die Praxis, die durch die wissenschaftlichen Befunde legitimiert werden soll, diesem Design in der Regel nur ungenau entspricht, selbst die annähernde Übereinstimmung in der Regel nicht sichergestellt ist.

Erst neuerdings wird versucht, Anregungen aus dem Wirtschaftsbereich (Zertifizierungsverfahren) unter dem Stichwort der Qualitätssicherung auf den Bereich der Psychotherapie zu übertragen. Wie die Erfahrungen in der Wirtschaft zeigen, ist die Zertifizierung von Produktions- oder Dienstleistungsabläufen mit einer massiven Unelastizität, d. h. einer Erschwerung kontinuierlicher Anpassungs- und Veränderungsprozesse verbunden.

Bemühungen der Qualitätsverbesserung durch Behandlungsmanuale oder Leitlinien können dagegen durchaus auf die psychotherapeutische Praxis und ihre Routinen einen förderlichen Einfluss haben, sofern sie nicht mit dem Versuch perfekter Regulierung und Kontrolle verbunden sind.

Der Versuch der Reglementierung stößt in der Psychotherapie (wie auch sonst in der Medizin) auf Grenzen. Auch psychotherapeutische Heilkunst setzt verantwortungsvolle freie Ermessensentscheidung voraus: sowohl beim Umgang mit dem Einzelfall als auch beim Experimentieren mit neuen Methoden. Bei neuen Methoden, z. B. Shapiros EMDR-Therapie (Shapiro 1998), fehlt zunächst die wissenschaftliche Legitimation, Kriterium ist ausschließlich der beobachtete therapeutische Erfolg.

In unserer Gesellschaft existiert (zum Teil politisch gewollt) ergänzend zu den sozialmedizinischen Regelungen und Routinen ein freier Markt beratender und psychotherapeutischer Angebote, wenn auch nicht immer unter diesem Namen. Angebot und Nachfrage auf dem freien Markt konstellieren sich, möglicherweise unter erschwerten Existenzbedingungen der Anbieter, kompensatorisch zum geregelten Psychotherapieangebot und dessen Routinen. Unter den heutigen wirtschaftlichen Bedingungen suchen selbst Kassenärzte und bald wohl auch Psychologische Richtlinien-Psychotherapeuten die Palette ihrer Dienstleistungsangebote über die Richtlinien-Psychotherapie und kassenärztlichen Möglichkeiten hinaus zu erweitern, um ihre Existenz zu sichern und die unterstellte Nachfrage von Klienten nach weiteren Angeboten zu befriedigen. Sie sind dann auf beiden Märkten tätig.

Die strukturellen Veränderungen in unserer Gesellschaft erfordern die kontinuierliche Generierung von Neuem. Fortschritt ist in diesem Sinne zwingend, mag dies Psychotherapeuten gefallen oder nicht.

Neues zu entwickeln ist aber nur möglich, wenn und wo experimentierendes Handeln zugelassen ist. Innerhalb der sozialmedizinisch geregelten Psychotherapie war das lange im stationären Bereich im Gegensatz zum wenig elastischen ambulanten Bereich der Fall. Die Folge war eine zunehmende Spezialisierung von Kliniken mit schulübergreifender Integration (Kombination) unterschiedlicher behandlungsmethodischer Ansätze. Jetzt droht auch dem stationären Psychotherapiebereich eine auf Standardisierung, Routinierung und Nivellierung abzielende Reglementierung durch fachlich zu wenig differenzierte Kliniksvergleiche („Benchmarking").

Spezialisierung durch Integration schulübergreifender Methoden lässt sich als *ein* Modell erfolgreicher Weiterentwicklung in der Psychotherapie in unserer Gesellschaft identifizieren. Ein zweites Modell ist die Fortentwicklung tradierter Schul- und Fachrichtungen zu hinreichend differenzierten elastischen Behandlungskonzeptionen, die auf unterschiedlichste Klientenkonstellationen und -situationen anwendbar sind, d. h. einen breiten Anwendungsbereich haben. Ein drittes Modell sind schließlich Fachrichtungen und Verfahren, die nur eine bestimmte kreative Methode oder ein bestimmtes therapeutisches Medium zur Mobilisierung von Klienten anbieten und auf eine differenzierte Behandlungskonzeption und wissenschaftliche Fundierung ihrer Praxis weitgehend verzichten. Bei diesen Angeboten bleibt die Verantwortung und Einschätzung, ob und wie weit diese Angebote heilsam sind, den Klienten in besonderem Maße vorbehalten, sofern diese Verfahren auf dem freien Markt angeboten werden.

Sie können jedoch auch in ein umfassendes Behandlungskonzept integriert sein, wie bisher schon häufig im stationären Bereich. Die wünschenswerte Integration bzw. Vernetzung im ambulanten Behandlungsbereich steht erst am Anfang. Bisher ist die Dominanz verbaler Psychotherapiemethoden hier so ausgeprägt, dass Klienten, die eher über bestimmte andere Medien therapeutisch zugänglich sind, zumindest in der ambulanten Versorgung der Gesetzlichen Krankenversicherung stark benachteiligt sind.

Die Psychotherapieforschung hat gezeigt, dass für den Ausgang von Psychotherapien die von Klienten als hilfreich erlebte Beziehung zum Psychotherapeuten, das Zueinander-Passen der beiden, wesentlich größere Vorhersagekraft hat als die Besonderheit des angewandten Verfahrens (Czogalik 1990; Luborsky 1988; Luborsky, Crits-Christoph, Mintz & Auerbach 1988; Tschuschke, Kächele & Hölzer 1994). Das rückt die Bedeutung des Psychotherapeuten, der sich auf Klienten genau einstellen kann, des suggestivtherapeutisch kompetenten Experten, in den Vordergrund.

Unter einem Experten verstehen wir wissenschaftlich vorgebildete Therapeuten, die über die Jahre ein reiches differenziertes Erfahrungswissen über typische und atypische Konstellationen, Strukturen, Situationen, Verläufe und Methoden erworben und verarbeitet haben. Sie verfügen über ein großes Repertoire von Mustern, Modellen, Ablaufschemata. Dieser Erfahrungspool befähigt sie, ihr eigenes Wissen und Können sowie einschlägige wissenschaftliche Befunde auf unterschiedliche konkrete Beratungs- und Therapiesituationen erfolgreich zu beziehen. Sie lernen an jedem neuen Fall. Ihr Wissen und Können gibt ihnen suggestiv wirksame Autorität im Umgang mit den Klienten. Sie beweisen den Klienten durch Gesprächsführung und Verhalten, dass sie sie „verstehen" und dass die Klienten sich auf einen therapeutischen Prozess mit ihnen hoffnungs- und vertrauensvoll einlassen können. Schließlich sind sie sich ihrer Grenzen bewusst und vermeiden Situationen eigener Inkompetenz tunlichst. Unter den heutigen gesellschaftlichen Bedingungen ist der psychotherapeutische Experte zugleich ein Lebenskünstler mit der doppelten Fähigkeit, Klienten erfolgreich zu beraten und seine Existenz im Umgang mit den entsprechenden Instanzen und Regularien zu sichern.

Zunehmende Spezialisierung und Profilierung des eigenen Angebots könnte auch im ambulanten Psychotherapiebereich in dem Maße Bedeutung gewinnen, in dem die Zahl der konkurrierenden Psychotherapeuten am Ort zunimmt. Es liegt nahe, unter solchen Umständen Schwerpunkte der eigenen Tätigkeit zu definieren, und sich, wie es neuerdings mancherorts geschieht, zu Praxisnetzen zusammenzuschließen, die eine breite Palette unterschiedlicher psychotherapeutischer Spezialangebote und Zugangsweisen für unterschiedliche Klienten bereithalten und sich damit auf deren Bedürfnisse differenziert einstellen können.

Solche Spezialisierung oder Schwerpunktsetzung liegt nahe, um der großen Spannweite unterschiedlicher Klientensituationen Herr zu werden. Mit der Vermannigfaltigung der Lebensverhältnisse und der Klientel aus fremden Kulturen kommen auf die Psychotherapeuten Patienten zu, die vom gewohnten Mittelstandspatienten wesentlich abweichen und deren erfolgreiche Behandlung erst dem Facharzt für Psychotherapeutische Medizin und dem Psychologischen Psychotherapeuten ein hinreichend weites berufliches Betätigungsfeld und berufliche Legitimation geben (vgl. Fürstenau 1994 b).

Obgleich die Klienten oft sehr hilfsbedürftig sind, haben doch viele von ihnen recht klare Vorstellungen von der Therapie und dem Therapeuten oder der Therapeutin, die sie suchen. Die Informiertheit der Klienten über Psychotherapie und die breite Angebotspalette hat in der letzten Zeit sehr zugenommen. Mit der stärkeren Konkurrenz unter den Anbietern wächst der Druck auf die Patienten, auszuwählen und sich zu entscheiden. Die Patienten nehmen diese Chance immer mehr wahr und suchen oft über Irrungen, Wirrungen, Mühe und Leid beharrlich den Therapeuten oder die Therapeutin, die ihnen wirklich zu helfen vermag. Sie sind regressiv in Bezug auf bestimmte Beschwerden und Verhaltensschwierigkeiten, aber nicht durchweg.

Durch die differenzierte Nachfrage erhalten auch ausgefallene Methoden und Anbieter eine mehr oder minder große Chance am Markt. Die Konkurrenz der Anbieter um die Klienten wird zunehmend den Respekt der Anbieter vor der Eigenart und dem Eigenwillen der Klienten fördern, d. h. die Sensibilität für die Eigenart der jeweiligen Klienten, die suggestivtherapeutische Fähigkeit der genauen Abstimmung der Behandlungsmethode auf die jeweilige Klientel. Das zwingt die historisch entstandenen Schul- und Fachrichtungen zur Weiterentwicklung ihres Angebots, letztlich unter dem Druck der beruflichen Existenzsicherung.

Zugleich wird die Gefahr zunehmen, dass die Anbieter versuchen, ihre Klientel festzuhalten, die Therapie als einen langen gemeinsamen Weg zu definieren und über den Weg das Ziel - den therapeutischen Erfolg - aus den Augen zu verlieren.

Letztlich werden jedoch der Erfolg und d. h. die Zufriedenheit aus der Sicht der Klienten über die Chance der verschiedenen Anbieter am Markt entscheiden, nicht die wissenschaftliche Legitimation und die Überzeugungen der Therapeuten oder die Richtlinien der Krankenversicherungen.

Dabei spielen komplexe kulturelle und gesellschaftliche Eigenheiten und Prozesse, Mentalitätsunterschiede, Moden eine beträchtliche Rolle: Erfolg versprechende Methoden werden manchmal nicht angenommen, bevorzugte andere sind nicht immer sonderlich erfolgreich. Für manche Angebote finden sich nach einiger Zeit einfach nicht mehr behandlungswillige Klienten. Die suggestive Ausstrahlung dieser Methoden verblasst.

Die historisch entstandenen Schul- und Fachrichtungen sind gezwungen, sich mit solchen Phänomenen auseinanderzusetzen und sich verändernd weiterzuentwickeln. Das wird ihnen oft nicht leicht. Vor besonderen Problemen steht dabei der psychoanalytische Ansatz durch die zähe Verteidigung der hochfrequenten Langzeitanalyse als des vermeintlich exemplarischen Musters psychoanalytischer Therapie überhaupt.

Nur sehr zögernd wird in der psychoanalytischinternen Diskussion akzeptiert, dass das umfassende psychoanalytische klinische Wissen und therapeutische Können über dies klassische Modell langwierig aufrechterhaltener, d. h. iatrogen forcierter Regression längst hinaus gewachsen ist (Fürstenau 1994 a, 1998 b).

Dabei handelt es sich um einen weltweiten Prozess der Entwicklung einer psychoanalytisch begründeten („tiefenpsychologisch fundierten") Psychotherapie, die unterschiedlichen Klientenbedürfnissen und -situationen angepasst werden kann und als kurz- und mittelfristige Therapie einzel-, paar-, familien-, gruppentherapeutisch ambulant oder stationär praktiziert wird. Diese Therapieform lässt sich mit körpertherapeutischen, psychodramatischen, kreativ-gestaltenden, aber auch verhaltenstherapeutischen oder systemischen Methoden kombinieren (Fürstenau 1994 a).

In Deutschland wurden im Rahmen der (ambulanten) Richtlinienpsychotherapie 1995/ 96 82 % der genehmigten Therapien als tiefenpsychologisch fundierte durchgeführt, nur 18 % als psychoanalytische Standardtherapien (vgl. Lieberz 1998). Die psychoanalytischen Ausbildungsinstitute und ihre Kandidaten haben schon seit langem nicht nur in Deutschland große Schwierigkeiten, überhaupt Ausbildungsfälle für höher frequente langfristige Therapien zu finden. Wenn die Therapeuten ihre Ausbildung hinter sich haben, sehen sie sich vor der Aufgabe, weit überwiegend psychoanalytisch begründete Psychotherapie niedriger Frequenz und kürzerer Dauer in verschiedenen Settings zu praktizieren, für die sie bisher nicht angemessen vorbereitet und ausgebildet sind. Nur widerwillig beugen sich viele Ausbildungsinstitute den berufs- und sozialrechtlichen Auflagen, ein umfassenderes Ausbildungsprogramm anzubieten und durchzuführen.

Innerhalb der psychoanalytischen Fachverbände kommt es jedoch zunehmend zu einer mehr oder minder offenen Auseinandersetzung zwischen Vertretern einer fundamentalistischen (im Wesentlichen Kleinianischen) „esoterischen" Position und Vertretern einer Haltung, die die Chance einer elastischen weiten psychoanalytisch begründeten Behandlungskonzeption erkennen und für Theorie und Ausbildung entsprechende Konsequenzen fordern („exoterische Psychoanalyse"; Fürstenau 1998 b). Das Beharren auf der esoterischen Position nimmt zunehmend den Charakter einer Realitätsverleugnung und eines Sich-Hineinmanövrierens in eine Sackgasse an.

In diesem Zusammenhang hat die Besinnung auf die Übertragungsanalyse (im Gegensatz zur Widerstandsanalyse) als zentralen Gesichtspunkt psychoanalytischer Therapie besondere Bedeutung (Gill 1984, 1996, 1997). Und die Analyse der Übertragung ist in erster Linie Analyse und Überwindung der aktuell behindernden Überzeugungen, Haltungen und Einstellungen (vgl. Sandler & Sandler 1985). Fähigkeit und Sicherheit, Übertragung als aktuelle Behinderung schnell und präzis zu diagnostizieren und für den Patienten, das Paar oder die Familie in kürzeren, nicht unbedingt kurzen Behandlungsverfahren nutzbar zu machen, hat sich inzwischen sehr verbreitet. Artifiziell verstärkte massive langjährige Regressionsprozesse haben sich damit als *vermeidbare riskante Komplikation* herausgestellt.

Beispielhaft sei hier Basch (1997: 9 f.) etwas ausführlicher zitiert:

> „Die Erfahrung hat mich ... gelehrt, dass kürzere Behandlungsformen keinesfalls von Nachteil sein müssen. In der Mehrzahl der Fälle befähigt die kurzfristige Behandlung, nach den Regeln der Kunst angewandt, den Patienten durchaus, dieselben therapeutischen Ziele zu erreichen wie die langfristige Psychotherapie, und sie hat überdies den Vorzug, den Patienten entsprechend früher von seinem seelischen Leidensdruck zu befreien. Außerdem, glaube ich, kann man nicht von vornherein auf Grund der Symptome und der Charakterstruktur entscheiden, dass ein Patient aus einer Kurztherapie keinen Nutzen ziehen könnte. Vielmehr vertrete ich die Auffassung, dass man alle Patientinnen und Patienten, die weder psychotisch noch suizidgefährdet sind, bis zum Beweis des Gegenteils als für eine Kurztherapie geeignet ansehen sollte ... Es ist einfach ein Faktum, dass sehr wenige der Menschen, die mir zur Behandlung überwiesen werden, eine so ausgedehnte Behandlung benötigen."

Er kommt dann auf die Klage von Kollegen zu sprechen,

> „die von den Krankenkassen verfügten Leistungsbeschränkungen machten es ihnen unmöglich, ihre Patienten angemessen zu versorgen. ... Die Ärzte waren sich darin einig, dass es die von den Kassen errichteten hohen Hürden nicht zuließen, irgendeine Art von Psychotherapie zu beginnen. Was konnte man schließlich zu erreichen hoffen, wenn die Zahl der Therapiestunden pro Patient willkürlich von vornherein beschränkt wurde? Eine ganze Menge, dachte ich, als ich die Falldarstellungen hörte. Ich wäre nur zu gern bereit gewesen, innerhalb der festgesetzten zeitlichen Grenzen mit diesen Klienten zu arbeiten. Ich brauchte nicht lange, um das Problem zu identifizieren, das einer angemessenen Behandlung dieser Patienten im Wege stand. Da sie an jeden Patienten mit dem Schema herangingen, das Freud für die Behandlung neurotischer PatientInnen entwickelt hat - eine therapeutische Technik, bei der eine langwierige Erforschung der Kindheit unerlässlich ist -, waren diese TherapeutInnen blockiert, wenn die Behandlungsdauer von vornherein festgelegt war" (ebd.).

Im Gegensatz dazu bringt Basch seine eigene entwicklungsbezogene Auffassung von Psychotherapie auf die kurze Formel, sie lokalisiere

> „das Problem des Patienten im jeweiligen Bereich, in dem seine Entwicklung blockiert gewesen zu sein scheint, und gibt sich gleichzeitig Rechenschaft über jene Gebiete, auf denen der Patient produktiv und handlungsfähig ist oder sein könnte. Damit vermeidet man unnötige Regression und langwierige Therapie, indem man von der Arbeitshypothese ausgeht, dass der Patient über die Ressourcen verfügt, um seine Probleme zu bewältigen, und dass es Aufgabe des Therapeuten ist, diese Ressourcen zu mobilisieren und zum Einsatz zu bringen" (ebd.: 11).

Es ist zu hoffen, dass solche Ansätze, lösungsorientierte systemische Aspekte und Interventionsformen mit der Analyse der aktuellen Übertragung zu verbinden (Fürstenau 1994 a, 1998 b), immer mehr von den Kolleginnen und Kollegen aufgegriffen und erprobt werden. In einigen Jahren wird dann noch mehr deutlich werden, dass dies ja schon immer das implizite Konzept der *tiefenpsychologisch fundierten Psychotherapie* war. Befremdlich Neues ist einfacher zu bewältigen, wenn man Altbekanntes darin wieder entdeckt.

## Literatur

Basch, M. F. (1997): Kurzpsychotherapie in der Praxis. München: Pfeiffer

Czogalik, D. (1990): Wirkfaktoren in der Einzelpsychotherapie. In: V. Tschuschke & D. Czogalik (Hrsg.) (1990): 7 - 30

Frank, J. (1974): Persuasion and Healing. Baltimore: John Hopkins University Press

Fürstenau, P. (1994 a): Entwicklungsförderung durch Therapie. Grundlagen psychoanalytisch-systemischer Psychotherapie (2. Aufl.). München: Pfeiffer

Fürstenau, P. (1994 b): Chancen der Professionalisierung durch den „Facharzt für Psychotherapeutische Medizin". In: S. Gröninger & P. Fürstenau (Hrsg.) (1994): 39 - 53

Fürstenau, P. (1998 a): Stationäre Psychotherapie psychoanalytisch-systemischer Orientierung. In: Psychotherapeut 43: 277 - 281

Fürstenau, P. (1998 b): Esoterische Psychoanalyse, Exoterische Psychoanalyse und die Rolle des Therapeuten in der lösungsorientierten psychoanalytisch-systemischen kurz- und mittelfristigen Psychotherapie. In: S. K. D. Sulz (Hrsg.) (1998): 87 - 100

Gill, M. M. (1984): Psychoanalysis and Psychotherapy. A Revision. In: International Review of Psychoanalysis 11: 161 - 179

Gill, M. M. (1996). Die Übertragungsanalyse. Theorie und Technik. Frankfurt am Main: Fischer

Gill, M. M. (1997): Psychoanalyse im Übergang. Stuttgart: VIP, Klett-Cotta

Gröninger, S. & Fürstenau, P. (Hrsg.) (1994): Weiterbildungsführer Psychotherapeutische Medizin. München: Pfeiffer

Janssen, P. L., Franz, M., Herzog, T., Heuft, G., Paar, G. H. & Schneider, W. (1999): Psychotherapeutische Medizin. Standortbestimmung zur Differenzierung der Versorgung psychisch und psychosomatisch Kranker. Stuttgart: Schattauer

Krämer, W. (1989): Die Krankheit des Gesundheitswesens. Frankfurt am Main: Fischer

Lieberz, K. (1998): Tiefenpsychologisch fundierte Psychotherapie. In: Deutsches Ärzteblatt 95: A 1909 - 1912

Luborsky, L. (1988): Einführung in die analytische Psychotherapie. Berlin, Heidelberg, New York: Springer

Luborsky, L., Crits-Christoph, P., Mintz, J. & Auerbach, A. (1988): Who will benefit from Psychotherapy? Predicting therapeutic Outcomes. New York: Basic Books

Sandler, J. & Sandler, A. M. (1985): Vergangenheitsunbewusstes, Gegenwartsunbewusstes und die Deutung der Übertragung. In: Psyche 39: 800 - 829

Shapiro, F. (1998). EMDR. Grundlagen und Praxis. Handbuch zur Behandlung traumatisierter Menschen. Paderborn: Junfermann

Sulz, S. K. D. (Hrsg.) (1998): Kurzpsychotherapien. München: CIP-Medien

Tschuschke, V. & Czogalik, D. (Hrsg.) (1990): Psychotherapie. Welche Effekte verändern? Berlin, Heidelberg, New York: Springer

Tschuschke, V., Kächele, H. & Hölzer, M. (1994): Gibt es unterschiedlich effektive Formen von Psychotherapie? Psychotherapeut 39: 281 - 297

# Psychotherapie als soziale Institution und ihre gesellschaftliche Funktion

*Hannes Friedrich*

## Einleitung

Wenn ich im Folgenden über die Psychotherapie als soziale Institution spreche, dann meine ich damit den Sachverhalt, dass die Psychotherapie vor allem eine professionelle Institution ist, die als solche durch folgende Komponenten gekennzeichnet ist (Wilensky 1964):

1. Eine Profession, wenn sie institutionalisiert sein will, muss eine Vollzeit-Berufsgruppe umfassen, also einen Hauptberuf darstellen.
2. Ausbildungseinrichtungen werden gegründet, und der Unterricht wird an ein durchstrukturiertes Curriculum gebunden. Einrichtung und Unterricht sollten nach Möglichkeit in eine Universitätsausbildung eingebettet sein.
3. Örtliche und nationale Organisationen, die die Profession nach außen vertreten, werden etabliert.
4. Der Staat vergibt die Approbation an die Praktiker der Profession oder kontrolliert den Prozess der Vergabe.
5. Die Profession entwickelt einen Verhaltenskodex für ihre Mitglieder.

Meine These ist, dass die Psychotherapie es in Deutschland geschafft hat, sich in einem Zeitraum von 3 Jahrzehnten von einer institutionell diffusen zu einer fast vollständigen Profession zu entwickeln, indem sie die aufgezählten Komponenten zunehmend entfalten konnte. Zugleich zeichnet sie sich in ihrer Institutionsgestalt durch ein merkwürdiges Paradox aus: auf der einen Seite gelingt es ihr nicht, eine kohärente professionelle Disziplin zu entwickeln, sondern sie zerfällt in zahlreiche Schulen und Organisationen, die miteinander konkurrieren; auf der anderen Seite gelingt es dem einzelnen Praktiker, eine ausgeprägte persönliche Berufsidentität als Psychotherapeut zu entfalten.Das heißt, ein stringenter Zusammenhang z. B. wie zwischen Chirurgen oder zwischen Zahnärzten oder bei Historikern und Juristen und ihrem Fach ist bei Psychotherapeuten nicht festzustellen. So kommt es häufig zu einer Spannung zwischen der subjektiven Rollenidentität als Psychotherapeut, die relativ stark sein kann, und dem Gefühl einer schwachen Anbindung an eine wissenschaftliche oder fachliche Disziplin.

Das Paradox leitet sich aus den historischen Entwicklungen der Psychotherapie her:

Die Geschichte der Psychotherapie ist lange Zeit davon beherrscht worden, dass die Psychiatrie beanspruchte, der Kern der Behandlung von psychisch Kranken zu sein. Sie war die dominante Profession, die vor allem mit der Aufgabe der sozialen

Kontrolle von psychischen Störungen mit besonderer Betonung auf biologischen Behandlungsinterventionen beauftragt war (Strauss 1964). Die Psychiatrie entwickelte von Anfang an eine Gegnerschaft gegen jegliche Form verbaler Psychotherapie, insbesondere gegen die Psychoanalyse, die noch bis in die 60er-Jahre bekämpft wurde. Dies zeigte sich exemplarisch an den Konflikten um die Besetzung der Psychiatrie-Enquete. Obwohl ursprünglich nicht vorgesehen, gelang es Vertretern der psychotherapeutischen Fachgesellschaften zusätzlich zur Expertengruppe der Psychiater, eine eigene zusätzliche Beratungsgruppe für die psychotherapeutische Versorgung einzurichten, die gleichberechtigt an der Erstellung des Enquete-Berichtes beteiligt war.

Psychotherapie in dynamischer Gestalt, sei es als Einzelbehandlung oder als Gruppentherapie, entwickelte sich erst im Zweiten Weltkrieg im anglo-amerikanischen Bereich durch die Notwendigkeit der Behandlung neuer psychischer Störungen, die aus militärischen Einsätzen resultierten. Dadurch wurde sie zuerst einmal eine Subspezialität innerhalb der Psychiatrie, die dann allmählich zur Herausbildung einer eigenen Berufsidentität führte.

In Deutschland war es vor allem die Entwicklung von stationärer Psychotherapie, durch die die Gruppen- und Kurztherapie weiterentwickelt wurde. Daneben entwickelte die Psychoanalyse auf Grund ihres Ausschlusses aus der Universität und der offiziellen medizinischen Versorgung ihr eigenes Ausbildungs- und ambulantes Versorgungsmodell, das allmählich seinen Einfluss vergrößern konnte. Erst in den 60er-Jahren konnte die Psychotherapie eine gesicherte berufliche Position in dem Sinne erlangen, dass ein historischer Meilenstein erreicht wurde, als die Psychoanalyse und die Verhaltenstherapie in die kassenrechtliche Versorgung aufgenommen wurden. Erst von da ab konnte sie sich von ihrem marginalen gesellschaftlichen und Professionsstatus weiterentwickeln. Es kam zur Ablösung von der Psychiatrie sowie zur Einführung eines eigenen Facharztes und eigener Berufsabschlüsse für Psychologen als Psychotherapeuten, die durch die verschiedenen Fachgesellschaften kontrolliert und reguliert werden.

Ähnlich verhielt es sich mit der Entwicklung der Klinischen Psychologie, die während ihrer frühen beruflichen Entwicklung nicht nur als Berufspraxis von Seiten ihrer eigenen Disziplin, der Psychologie, bekämpft wurde, sondern die Ablehnung der Klinischen Psychologie innerhalb der Psychologie ging so weit, dass jegliche Art von psychischer Behandlung verpönt wurde. Klinische Psychologie fokussierte folglich mehr auf psychometrischer Erfassung mit dem zu Grunde liegenden Interesse an wissenschaftlicher Grundlagenforschung. Erst durch den Siegeszug innerhalb der Psychologie in Gestalt der von den psychologischen Lerntheorien transformierten Verhaltenstherapie entwickelte sich so etwas wie eine eigene therapeutische Profession. Diese wurde allerdings nicht allein durch den Kern der Verhaltenstherapie definiert, sondern entwickelte sich immer mehr in Richtung eines therapeutischen Eklektizismus, der die gegenwärtige Gestalt der Klinischen Psychologie bestimmt.

Das Ergebnis der beschriebenen Entwicklung besteht darin, dass Psychotherapie eher eine unklare, nebulöse berufliche Fachgestalt aufweist, weil es nicht gelungen ist, einen Konsens in Bezug auf Theorie und Praxis herzustellen. Anderen Professionen gelingt es ohne Weiteres, trotz unterschiedlicher Schulrichtungen einen Konsensus in Bezug auf Theorie und Praxis herzustellen. Dies ist der Psychotherapie bis heute nicht gelungen, sie erfreut sich nicht des Privilegs von beruflicher Gewissheit. Ganz im Gegenteil - sie ist zerrissen worden und wird immer noch zerrissen durch Spaltungen und Uneinigkeiten, mit gegenseitigem Unterstellen von Nichtwirksamkeit, mit Nichtübereinstimmen in Bezug auf die Grundauffassung ihrer Tätigkeit und des ständigen Infragestellens der Legitimation der anderen psychotherapeutischen Schulen. Dies hat Auswirkungen auf die Professionalisierung.

Exemplarisch für das Problem der Institutionalisierung der Psychotherapie als Profession ist die Psychoanalyse:

## 1 Die Psychoanalyse als Berufsinstitution und Berufsstand

Ihr Ausgangspunkt ist durch eine breite, durch viele Wissenschaften und soziale Gruppen gehende Ablehnung, insbesondere in der Medizin, Psychiatrie und Psychologie gekennzeichnet. Sie war gezwungen, einen langen Kampf um Anerkennung, Statussicherheit und das Erringen eines Anteils an den Machtchancen im akademischen und medizinischen Bereich zu führen. Das Ergebnis war, dass sie sich außerhalb der Universität und des medizinischen Versorgungssystems entfaltete und ein eigenes Aus- und Weiterbildungssystem und eigene Forschungsansätze entwickelte. Das macht einen Teil ihrer Dynamik und Kraft aus, weil sie in vielerlei Hinsicht keine falschen Rücksichten nehmen musste und so kompromisslos ihre Theorie und Praxis weiterentwickeln konnte. In den Grundzügen gilt das auch heute noch; potenziell ist die Psychoanalyse unabhängig, kann sich auf sich selbst zurückziehen und damit ihre eigene Identität erhalten. Das von ihr entwickelte Ausbildungssystem mit Selbsterfahrung durch Lehranalyse und Supervision beim Lernen der psychoanalytischen Technik ist ein Modell geworden, das inzwischen auf viele andere Zweige in der Psychotherapie, Klinischen Psychologie, Psychiatrie und Sozialarbeit ausstrahlt.

Die Verfolgung der Psychoanalyse und ihrer Vertreter durch die Nazis, die Ermordung von Psychoanalytikern und die Vertreibung bzw. Emigration fast aller Analytiker zerstörte entstandene Strukturen, führte zur Verlagerung der Schwerpunkte der Psychoanalyse in den anglo-amerikanischen Kulturbereich, womit insbesondere die Einbeziehung der Psychoanalyse in die Medizin und ihre Anbindung an die Universität einherging. Am Beispiel der wenigen in Deutschland verbliebenen Psychoanalytiker zeigte sich, dass das Arrangement mit den Nazis zu Anpassung und Identitätsverlust führte. Die bewusste Verdrängung und Verzerrung bzw. Verfälschung der Geschehnisse in der Nazizeit unter den Psychoanalytikern, die in Nazi-Deutschland geblieben waren, führte nach 1945 zur Spaltung der Psychoanalyse in der Bundesrepublik in zwei Fachgesellschaften: die Deutsche Psychoanalytische Gesellschaft (DPG) und die Deutsche Psychoanalytische Vereinigung (DPV). Die bewusste Verdrängungsarbeit führte dazu, dass die eine Gesellschaft sich purifiziert von der Nazi-Vergangenheit fühlte, dafür der anderen die Verantwortung für die Anpassung an die Nazizeit zugeschoben wurde. Obwohl diese sich lange Zeit feindlich gegenüber standen, zum Teil die eine Gesellschaft die Qualifikation der Mitarbeiter der anderen nicht anerkannte und auch weiterhin nicht anerkennt, arrangierten sie sich auf dem Feld der Berufspolitik und gründeten 1959 eine Dachgesellschaft (zuerst Deutsche Gesellschaft für Psychotherapie, Psychoanalyse und Tiefenpsychologie (DGPPT), später Deutsche Gesellschaft für Psychotherapie und Tiefenpsychologie (DGPT)), in die später auch andere Fachgesellschaften wie z. B. die Deutsche Gesellschaft für analytische Psychologie (DGAP) und die Deutsche Gesellschaft für Individualpsychologie (DGIP) aufgenommen wurden.

Die Entwicklung nach 1945, der Wiederaufbau der psychoanalytischen Institute und die Entfaltung eines Ausbildungs- und Versorgungssystems ermöglichte eine Berufspolitik, der es gelang, die Psychoanalyse dem medizinischen Versorgungssystem anzunähern, sie in die ambulante und stationäre Versorgung in Gestalt von Kassenzulassung und Errichtung psychotherapeutisch-psychosomatischer Kliniken und Kureinrichtungen einzubringen sowie sie als Lehr- und Forschungsfach in der medizinischen Ausbildung an den Universitäten zu verankern. Nach 1965 wurde die Ausbildung zum Psychoanalytiker, die bislang auch anderen Akademikern nicht nur aus der Medizin und Psychologie, sondern auch aus Philosophie, Pädagogik, Soziologie, Theologie, Ethnologie etc. offen stand, auf die Ausbildungsqualifikationen Medizin und Psychologie beschränkt. In diesem Sinne ist es zulässig, von einer Medizinalisierung der Psychoanalyse in der Bundesrepublik Deutschland zu sprechen.

- *Wie sieht die Professionalisierung der Psychoanalyse nach 1945 aus? In welchem Ausmaß hat sie sich als Berufsstand etabliert im Sinne einer soziologischen Definition von Profession?*

1. Ein Berufsstand wird soziologisch dadurch gekennzeichnet, dass er die Maßstäbe von Aus- und Weiterbildung selbst bestimmt: Das gilt in hohem Maße für die psychoanalytischen Fachgesellschaften und ihre Dachgesellschaft DGPT, die die Minimalmaßstäbe festlegt. In den Fachgesellschaften gibt es die Institute, die die Weiterbildung - soziologisch gesehen - nach dem Handwerkermodell betreiben: Es gibt Meister, die Schüler ausbilden, indem sie Sozialisationsprozesse in Gang setzen, die es den Schülern erlauben, in der Identifizierung mit den Meistern zum Psychoanalytiker zu werden. Ein Instrument ist hierbei die Lehranalyse, bei welcher im Gegensatz zur therapeutischen Analyse, in der ein Pakt unter dem Vorzeichen des Genesungswunsches mit dem Patienten geschlossen wird, mit dem Ausbildungskandidaten - in Form eines Kunstfehlers - ein Vertrag geschlossen wird, in dem die Realisierung des Ausbildungs- und damit Identifikationswunsches das primäre Ziel ist.
2. Weitere Instrumente sind die theoretischen und technischen Seminare sowie die Supervision der Behandlungen, in denen die Kanons der psychoanalytischen Technik vermittelt werden und zugleich auch das Eignungs- und Prüfungssystem eingebaut ist. Das Handwerksmodell enthält auch die hierarchischen Karrieremuster für den Psychoanalytiker: er wird „Ausbildungskandidat", „Praktikant", „fertiger Analytiker". Weitere Aufstiegsstufen sind die Verleihung des „Dozenten"-, „Lehr"- und „Kontrollanalytiker"-Status. Auch hierbei bestimmt die Profession die Maßstäbe der Karriere: Es gibt zentrale Ausschüsse, Such- und Fin-

dungskommissionen für geeignete Kandidaten oder Gremien, die einem Analytiker die Abhaltung von Lehrveranstaltungen, die Durchführung von Kontrollanalysen etc. erlauben.

Das „Handwerkermodell" birgt die Gefahr der Umbildung in ein „Zunftmodell", das Konkurrenz möglichst ausschließt. Dieses Zunftmodell wird vor allem bei der Bestimmung des höchsten Karrierestatus artikuliert:

1. Vorstand und Unterrichtssausschuss nehmen eine interne Auswahl von möglichen Kandidaten ohne öffentliche Diskussion vor.
2. Es kommt zur Bildung des inneren Zirkels der psychoanalytischen Meister, der entweder ohne Öffentlichkeit und Offenlegung der Auswahlkriterien den Bewerber in seinen Kreis kooptiert oder bei dem man sich offiziell bewirbt und nach einem Quorum entschieden wird, wobei auch hier die Auswahlkriterien inoffiziell bleiben.
3. Eine wichtige Voraussetzung für den Aufstieg zum Lehranalytiker ist der Erwerb des Dozentenstatus, der zumeist auf Antrag von Vorstand und Unterrichtsausschuss entschieden wird. Auch hier gibt es informelle Steuerung von Konkurrenzprozessen.

Das Handwerksmodell bringt intensive Identifikationen mit der psychoanalytischen Profession zu Stande, es befördert Idealisierungsprozesse, die dazu führen, dass viele psychoanalytische Institute die Struktur von erweiterten Verwandtschaftsfamilien mit wechselnden Gefolgschaftsverhältnissen aufweisen. Das, was man in der Psychoanalyse „Narzissmus" nennen würde, führt als erstrebenswertes Ziel in diesem Handwerkermodell soziologisch gesehen zur Elitenbildung. Psychoanalytiker zu sein, bedeutete in der bundesrepublikanischen Gesellschaft bis ungefähr 1990, einer sich als besondere Elite verstehenden Gruppe anzugehören. Die Eliteposition wird zunehmend dadurch in Frage gestellt, dass die Psychoanalyse einerseits inzwischen von vielen anderen Berufsgruppen akzeptiert wird und damit eine Einrichtung unter vielen anderen geworden ist, ohne durch ihre Besonderheit herauszuragen, andererseits andere Psychotherapeutengruppen ein immer stärker werdendes Ausbildungs- und Behandlungssystem etabliert haben, das in manchen Zügen Elemente der psychoanalytischen Ausbildung übernommen hat, aber weniger hierarchisch und damit elastischer in den Qualifikationsanforderungen ist und zunehmend eine starke Konkurrenz darstellt.

3. Ein weiteres Merkmal des Berufsstandes besteht darin, dass die Lernenden durch eine länger andauernde Erwachsenensozialisation gehen als die meisten Lernenden in anderen Berufen. Das gilt in hohem Maße für die Psychoanalyse, weil ihre Ausbildungskandidaten bereits andere Qualifikationen erworben haben und zumeist mit Abschluss ihrer Ausbildung in der Mitte des Lebens, wenn nicht gar schon in der zweiten Hälfte ihres Erwachsenenlebens stehen (Abschlussalter zwischen 45 und 55 Jahren). Im Übrigen ist zu beobachten, dass die psychoanalytische Sozialisation in den letzten 30 Jahren immer länger geworden ist und allem Anschein nach auch die Ausdehnung der Dauer noch nicht zu einem Ende

gekommen ist. Die psychischen und sozialen Auswirkungen solch einer langen Ausbildung und entsprechender Sozialisationsabhängigkeiten auf den Sozialcharakter des Psychoanalytikers sind bisher noch nicht empirisch untersucht worden.

Ich möchte ein paar Schlaglichter darauf werfen: Unbestritten ist die Beobachtung, dass die Ausbildungsrealität eine starke Verschulung zeitigt. Die Konsequenzen dieser Verschulung kann man an folgenden Phänomenen festmachen:

- Es wird eine wachsende Kontrolle der Anwesenheit durchgeführt, obwohl die Teilnehmer alle erwachsen sind und ihre theoretischen Kenntnisse sicherlich auch selbstständig erwerben könnten.
- Das Vorkolloquium erhält einerseits den Charakter einer schulischen Prüfung, was sich darin spiegelt, dass inzwischen von den Kandidaten Prüfungsfragen gesammelt und verteilt werden. Andererseits ist der Prüfungsstoff für Vorkolloquien noch immer eher vage und abhängig vom jeweiligen Prüfer.
- Das Kasuistische Seminar stellt eine Prüfungssituation dar, in der man sich so präsentieren muss, dass man die geforderten Kompetenzen vorführt, die in der Regel allerdings nicht richtig expliziert sind: z. B. „Wie soll eine Kasuistik sein, damit sie im Seminar, d.h. insbesondere von den anwesenden Lehranalytikern als gut beurteilt wird? Die Folge könnte sein, dass der entscheidende Charakter einer Falldarstellung nicht mehr hervortritt, nämlich, wie der Therapeut mit dem Patienten arbeitet, wie die Begegnung von zwei Persönlichkeiten sich in Atmosphäre und Spontaneität der Darstellung vermittelt, sondern dass stattdessen eine Anpassung an dogmatische Technikkanons und an die jeweiligen technischen und theoretischen Präferenzen der Lehranalytiker erfolgt.
- In einigen Fachgesellschaften und Instituten müssen die Kontrollanalytiker an den zentralen Unterrichtsausschuss oder andere Institutsunterrichtsausschüssen berichten. In anderen Instituten wird in der Lehranalytikerkonferenz über Kandidaten und Kontrollen diskutiert, insbesondere über problematisch empfundene Kandidaten. Versuche, über Lehranalyse zu berichten oder zu diskutieren, sind zum Glück zumeist nicht realisierbar gewesen.

4. Eine Profession zeichnet sich aus, indem:

   1. Die berufliche Praxis gesetzlich geregelt ist
   2. Die Zulassungsbehörden zur Ausübung des Berufs von den Vertretern des Berufsstandes besetzt sind
   3. Die Gesetzgebung in Bezug auf die Profession von ihr selbst bestimmt und geformt wird.

Diese Merkmale würden für die Psychoanalyse als Profession nur dann zutreffen, wenn man sie als Teil des ärztlichen Berufsstandes verstehen würde. Denn alle Merkmale gelten für die Medizin, die bisher in hohem Maße sämtliche gesetzgeberischen und administrativen Prozesse und Entscheidungen beeinflusst oder in eigener Regie geführt hat. Das hat aber zu einer problematischen Entwicklung für die Psychoanalyse als Profession geführt, eine Entwicklung, die in der Berufspolitik der Fachgesellschaften und der DGPT nicht beabsichtigt war. Diese Erscheinung wird in der Soziologie „die unbeabsichtigte Folge einer intendierten Handlung“ genannt: Durch das Bestreben, innerhalb der Medizin einen professionellen Status gegenüber anderen Spezialitäten zu erreichen, insbesondere gegenüber der Psychiatrie, wurden beim Nichtzustandekommen des Facharztes für Psychoanalyse Kompromisse gefunden, die dazu geführt haben, dass es heute drei Arten von psychodynamisch orientierten und ausgebildeten Psychotherapeuten gibt:

Nur Vollanalytiker werden im Sinne der Professionsbestimmung von den Fachgesellschaften und der Dachgesellschaft kontrolliert, während die Ausbildungs- und Zulassungsbedingungen für die beiden statusniederen Psychotherapeuten mit dem Zusatztitel „Psychotherapie“ und „Psychoanalyse“ nicht mehr unter der ausschließlichen Kontrolle der psychoanalytischen Profession stehen. Gegenwärtig ist sogar zu beobachten, dass immer mehr Einfluss auf andere Gruppen übergeht, die von den Ärztekammern legitimiert werden bzw. in Zukunft von den einzurichtenden Psychologenkammern.

Der Kulminationspunkt ist mit der Einführung des Facharztes für Psychotherapeutische Medizin erreicht, weil über die Ausbildungsinhalte, Qualifikationsanforderungen und Überprüfung der Kompetenzen wenig Einfluss besteht, sondern diese primär von der medizinischen Profession und ihren ärztlichen Verbänden bestimmt werden. Ähnliches wird sich auch auf den Status des psychologischen Psychotherapeuten in der zukünftigen Entwicklung ergeben, nachdem das Psychotherapeutengesetz jetzt verabschiedet worden ist. Das heißt, die dominante Stellung in Bezug auf Ausrichtung und Kontrolle der Zulassung und Ausbildung haben die psychoanalytischen Fachgesellschaften und ihre Dachorganisation DGPT in erheblichem Ausmaß verloren. Sie müssen sich die professionelle Macht mit den ärztlichen und anderen psychotherapeutischen Institutionen teilen.

5. Ein weiteres Merkmal für einen Berufsstand besteht darin, dass dieser ständig an Einkommen, Macht und Prestige zunimmt und somit auch die Forderung nach höher qualifiziertem Nachwuchs aufstellen kann. In Bezug auf Einkommen und Prestige trifft dies zu, weil die Psychoanalyse hier in den letzten 30 Jahren zugelegt hat; in Bezug auf Macht ist die Frage eher ambivalent zu beantworten. Aber höher qualifizierter Nachwuchs kann verlangt werden in einer Zeit, in der ohnehin nach spezialisiertem Wissen und Kompetenzen eine größere Nachfrage vorhanden ist.

   Allerdings findet diese Forderung nach mehr Qualifizierung ihre Grenze, wenn die Anforderungen in Bezug auf Qualifikation, Zeit, persönlichem Aufwand und Geld sich negativ auf die Nachfrage nach psychoanalytischer Ausbildung auswirken, wie das in den letzten Jahren in Deutschland ähnlich wie in den USA zu beobachten ist. Die Frage ist, ob es der Psychoanalyse gelingen wird, ihren Status als gesellschaftlich exotische Elite zu halten, angesichts der wachsenden Konkurrenz auf dem psychotherapeutischen Markt. Die hohen Qualifikationsanforderungen, die Ausbildungskosten, die persönlichen Opfer an Zeit und

Lebensqualität können einen gegenteiligen Effekt bringen, der bereits an der sinkenden Weiterbildungsnachfrage nach der großen psychoanalytischen Ausbildung zu beobachten ist. Bis zur Verabschiedung des Psychotherapeutengesetzes gab es bereits Niederlassungsbeschränkungen für ärztliche Psychotherapeuten. Diese sind jetzt mit der Gleichstellung der psychologischen Psychotherapeuten auf diese ausgeweitet worden, so dass mit erheblichen Restriktionen gerechnet werden muss. Man kann z. B. seinen Arbeitsort nicht mehr frei wählen, indem man sich einfach an den Ort der eigenen Präferenz niederlässt, sondern ist von der bedarfsabhängigen Zulassungspolitik der Kassenärztlichen Vereinigung abhängig. Wer zudem auch noch angestellt ist, wird seine Qualifikation bestenfalls nur noch institutionell ausüben können, weil der Sicherstellungsauftrag der niedergelassenen Ärzte jetzt auch auf die psychologischen Psychotherapeuten angewandt wird.

6. Die Unabhängigkeit und Sicherheit eines Berufsstandes zeigen sich auch darin, wie frei der Praktiker von der Laienbewertung und -kontrolle ist. Hier ergibt sich in Bezug auf die Psychoanalyse ein zwiespältiges Bild: auf der einen Seite sind die Patienten genauso wie der Analytiker in eine höchst persönliche Beziehungsdynamik einbezogen, in der sich zwei Persönlichkeiten begegnen und der Analytiker seine eigene Persönlichkeit als Arbeitsinstrument nutzt, wie auch der Patient in seinem Erleben das Tun des Analytikers bewertet und kontrolliert. Auf der anderen Seite ist er aber durch den Charakter der psychoanalytischen Behandlung als Übertragungsgeschehen zugleich auch wieder weit von einer Kontrolle entfernt, insbesondere durch die mittels des therapeutischen Settings induzierte Regression. Aus soziologischer Sicht bedeutet das, dass der Praktiker relativ frei von der Laienbewertung ist, weil durch den Prozess der Regression, der Übertragung und des Widerstandes weitgehend die Momente der Laienkontrolle ausgeschaltet sind. Andererseits hat der Laie eine große Macht über den Analytiker, indem er die Behandlung abbricht und die Möglichkeit hat, bei einer wachsenden Zahl von niedergelassenen Psychotherapeuten, „therapist shopping“ und „therapist talking“ zu betreiben. Ein Analytiker mit zu viel Therapieabbrüchen und schlechtem Prestige verliert an professionellem Wert.

   Ein weiterer Aspekt der Psychoanalyse als Berufsstand und Zunft könnte darin gesehen werden, dass die Normen der psychotherapeutischen Praxis, die durch die Profession selber in Kraft gesetzt werden, stringenter sind als alle gesetzlichen Kontrollen und Sanktionen. Dies gilt so weit, dass psychoanalytische Behandlungen durch Psychoanalytiker und ihre Organisationen selber kontrollierbar sind, sie sind umso wirksamer, je kleiner der Kreis ist, denn dann sind auch die Kontrollen durch die Kollegen überschaubarer. Außerdem werden sie von den anderen, in Konkurrenz oder Kooperation zu ihnen stehenden Psychotherapeutenorganisationen und -gruppen informell mit kontrolliert, die die Wirkung von „therapist talking“ auf Seiten der Patienten erhöht. Andererseits sind manifeste Sanktionen kaum zu beobachten, es gibt informelle Normen, Kollegen nicht zu beurteilen, häufig besteht Ungewissheit in Bezug auf das Tun des Anderen. Es bedarf erheblicher Abweichung, damit gegen Kollegen mit Sanktionen vorgegangen wird.

Wenn z. B. ein Patient sich verwundbar in einer therapeutischen Situation zeigt, sein Leiden und sein privates Leben dem Therapeuten offenbart, er sich einem anderen gleichsam ausliefert, ohne dass eine Reziprozität an Transparenz auf Seiten des Therapeuten besteht, dann hat dieser die Pflicht, seine eigenen Affekte zurückzuhalten und zu beherrschen. Tut er das nicht, dann entsteht die Gefahr, dass er psychischen bis hin zu sexuellem Missbrauch betreiben könnte. Entsprechend gilt die Forderung, dass es Regelungen geben muss, die von der Psychotherapie-Institution gesetzt und deren Einhaltung auch kontrolliert werden muss, um Patienten zu schützen. Kontroll- und/oder Sanktionsmechanismen sind: Supervision von Therapeuten, regelmäßige Bandaufnahmen von Therapiesitzungen, entschiedene Strafaktionen gegen nachgewiesenen Missbrauch und Einsetzung von Ethikkommissionen, die z. B. einen Verhaltenskodex festlegen oder mögliche Grenzüberschreitungen des Therapeuten zu bewerten haben. Erst in den letzten Jahren sind auf Grund des Drängens von Mitgliedern und wachsender öffentlicher Diskussion von den Fachgesellschaften und ihrer Dachgesellschaft Ethikkommissionen eingesetzt worden (Dryden & Feltham 1992: 43).

Ein besonderes Problem stellt in diesem Zusammenhang die Regelung von Konflikten zwischen Lehranalytiker und Analysanden bzw. Kontrollanalytiker und Kandidaten dar, die zumeist zu Ungunsten der Analysanden ausgehen, und die nicht nur intrapsychische, sondern auch reale Folgen haben können. Die Zunft - in beiden Gesellschaften - hat dafür keine überzeugenden Regelungen vorgelegt: ein Tatbestand, der umso problematischer ist, weil hier oft die Lebensplanungen der Analysanden bzw. Auszubildenden auf dem Spiele stehen. Allerdings werden in letzter Zeit in den Fachgesellschaften erste Versuche gemacht, um Regelungen über den Umgang mit Missbrauch in Ausbildungsanalysen zu entwickeln.

7. Für die Kraft einer Institution ist die Integration in den Berufsstand kennzeichnend, d. h. dass die Mitglieder intensiv mit ihrer Profession identifiziert sind. Dieses kann im hohen Maße für die Psychoanalytiker bejaht werden. Die Ausbildung zum Psychoanalytiker impliziert eine umfassende Sozialisation, in der die primäre Sozialisation mit der sekundären und tertiären auf das Innigste verbunden werden. Das führt zu einer starken Identifizierung mit der Psychoanalyse und ihrem Begründer, die die eigene - individuelle und familiale – Sozialisation mit der Entwicklung der Psychoanalyse auf das Engste verschwistert. Andererseits gibt es meiner Beobachtung nach erstaunliche Identitätsunsicherheiten, denn ich habe in keiner anderen Disziplin so viele Aufsätze und Diskussionen erlebt, in denen es immer wieder um die Frage der psychoanalytischen Identität ging. Die Angst und die Unsicherheit, die Psychoanalyse richtig zu betreiben, hat mit dem Mythos vom psychoanalytischen Helden als dem perfekt analysierten Analytiker, der perfekte psychoanalytische Behandlungen durchführt, zu tun.
8. Als weiteres Merkmal der Bestimmung der Psychoanalyse als Profession kann festgehalten werden: sie ist ein finaler Beruf. Damit ist gemeint, dass die meisten Psychoanalytiker ihren Beruf nicht wechseln wollen, und sicher sind, dass sie diesen Beruf immer wieder wählen würden, wenn sie noch einmal vor der Entscheidung stünden. In dieser Hinsicht gibt es keine Zweifel: der elitäre und nar-

zisstische Charakter der beruflichen Identität wird z. B. in der paradoxen Formulierung von Janet Malcoms (1986: 7) Erinnerung an Sigmund Freuds Feststellung (1937: 94) deutlich, dass der Beruf des Psychoanalytikers zu den „unmöglichen Berufen" gehört.

## 2 Das Problem der Kohärenz in der Professionalisierung der Psychotherapie

Bei der Darstellung der Psychoanalyse in ihrer professionellen Entwicklung tritt der institutionelle Charakter in einer fast kohärenten Form in den Vordergrund. Diese Entwicklung war auf Grund besonderer Konstellationen möglich, weil es ihr gelang, an die Medizin als der beherrschenden Profession im Gesundheitssektor eine Annäherung herbeizuführen, die darin bestand, dass der psychoanalytische Krankheitsbegriff dem medizinischen angenähert wurde. Das führte zu einer zeitweiligen Dominanz der psychoanalytischen Fachgesellschaften und ihrer Dachgesellschaft. Doch dies änderte sich relativ schnell, als andere medizinische und psychologische Therapierichtungen professionelle Konkurrenzkonflikte anhaltend betrieben und sich in Bezug auf Institutionalisierung und politischen Einfluss gleichrangig etablierten.

Der holländische Soziologe Abram de Swaan (1990) spricht von der „unvollständigen Professionalisierung der Psychotherapie" angesichts der Einbettung ihrer Praxis in getrennten beruflichen Gruppen. Gerade wegen ihrer Kämpfe über Inhalt und Kontrolle der Psychotherapie wird die Entwicklung einer echten unabhängigen Profession behindert. Er demonstriert diesen Zustand in einem Schema (Abbildung 1).

De Swaan (ebd.) nennt acht verschiedene professionelle Gruppen, die das Potenzial der Profession von Psychotherapie darstellen. Er führt dazu Folgendes aus:

> „Die Frage bleibt, wie diese Spezialisten, die in anderen, angrenzenden Berufen ausgebildet worden sind, aber jetzt eine Art von Psychotherapie ausüben, klassifiziert werden: ob und wie sie Zutritt zu dem inneren Zirkel der Psychotherapie erhalten. Mit anderen Worten, es gibt einen beruflichen Zirkel der Psychotherapie, der unterteilt ist in verschiedene Schulen, die professionell in vielerlei Hinsicht sind, aber noch nicht das geschafft haben, sich selber gegen die angrenzenden Professionen abzuschließen und folglich große Kämpfe durchführen müssen, um ihre Grenzen zu sichern. Die Schiedsrichter in diesem Konflikt sind die staatlichen, halbstaatlichen und privaten Agenturen, die die Versorgung finanzieren. Das heißt, dass das endgültige Ergebnis der Entwicklung nicht sicher vorhersagbar ist" (ebd.: 105).

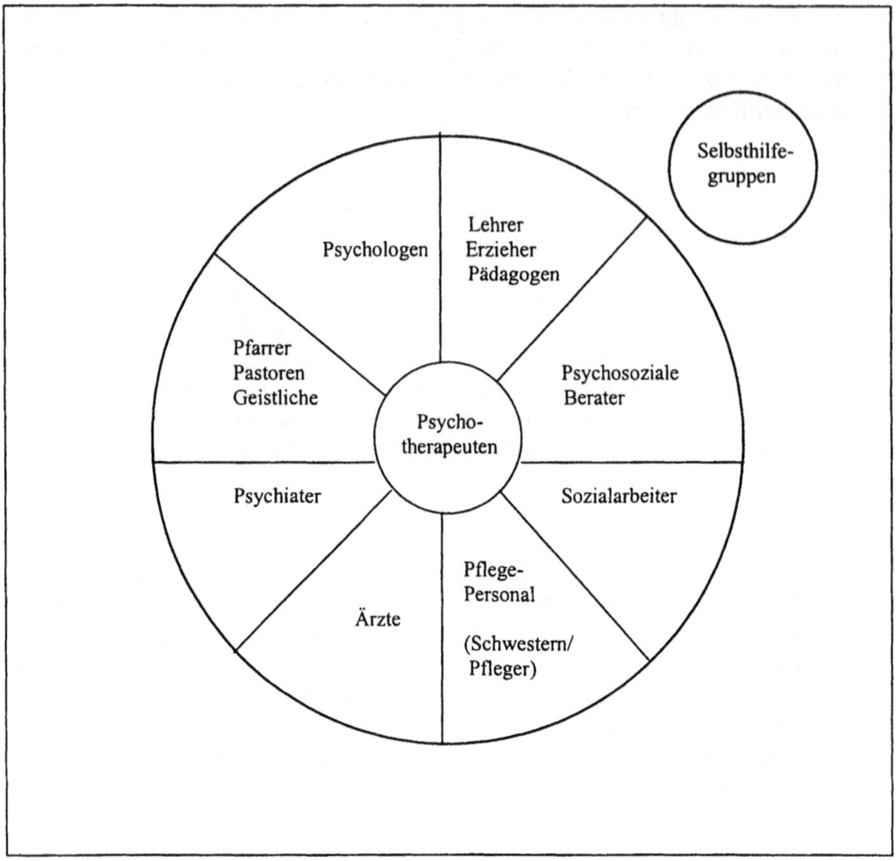


*Abbildung 1:* Der Kreis therapeutischer Berufe (nach de Swann 1990: 104)

Demnach besteht das Hauptziel von Professionalisierung aus dem sozialen Abschluss nach unten und nach außen und der Sicherung professioneller Dominanz. Das heißt, es geht den Berufsgruppen um Strategien, den Markt zu erobern und andere von ihm auszuschließen, insbesondere solche Konkurrenzgruppen, die potenziell mit derselben Klienten- oder Patientengruppe arbeiten. Mit dem Psychotherapeutengesetz ist dieses weitgehend gelungen. Wenn der Abschluss nach unten und nach außen vollständig ist, dann hat eine Berufsgruppe den Status einer Profession erlangt. Dann ist sie in der Lage, als Profession ihren eigenen Wissenskorpus, ihre Berufspolitik und Kontrollen zu definieren, die die Grundlage des Fachwissens mittels Ausbildung und Approbation regulieren und die Erhaltung der Professionsgrenzen nach unten und nach außen garantieren; z. B. gelten nach dem Psychotherapeutengesetz Lehrer nicht als Pädagogen und können damit keine Kinder- und Jugend-Psychotherapeuten werden, obwohl sie die vorrangige Gruppe darstellen, die mit

Kindern und Jugendlichen arbeitet und daher anzunehmen ist, dass sie über intensive pädagogische Erfahrungen verfügen. Den Gruppen außerhalb der Grenzen der Profession wird Zugang zu dem Korpus an Wissen versagt, und sie kommen nicht in den Genuss ihres Wertes (Freidson 1979). Expertenwissen wird so zur Quelle der Macht für seine Inhaber, und Machtlosigkeit wird jetzt ein Signum für die Nichtinitiierten. Um potenzielle Konkurrenten fern zu halten, wird eine professionell getönte berufspolitische Rhetorik eingesetzt, die mit Expertise gleichgesetzt wird. Experten müssen jetzt ausreichend über ihren besonderen Wissenkorpus und ihre therapeutische Praxis kommunizieren, um die Öffentlichkeit in Bezug auf ihre besonderen Qualifikationen zu überzeugen (Pilgrim 1983; Pilgrim & Rogers 1993). Jedoch darf wiederum auch nicht zu viel Wissen nach außen verbreitet werden, weil sonst die Macht nicht mehr innerhalb der Grenzen der Profession bleibt. Erfolgreicher gesellschaftlicher Abschluss bedeutet, genug Informationen für die Öffentlichkeit zur Verfügung zu stellen, um sie zu überzeugen, aber wiederum auch die Information so zu begrenzen, dass man sich nicht selbst gegenüber der Öffentlichkeit entmystifiziert.

Professionelle Dominanz kommt also aus der gesellschaftlichen Abschließung nach außen (Wilensky 1964). Die Professionen üben jetzt Herrschaft über andere in dreierlei Weise aus:

1. Sie haben Macht über ihre Klienten, weil spezialisiertes Wissen diese nichtwissend, abhängig, verwundbar und unsicher macht.
2. Sie haben die Macht über ihre Ausbildungskandidaten. Diese werden ausgewählt, beurteilt auf ihre Eignung und dann in ihrer beruflichen Identität innerhalb der Ausbildungshierarchie prozessiert.
3. Sie entwickeln eine Berufspolitik mit dem Ziel, eine beherrschende und insbesondere kontrollierende Position über andere Professionen zu gewinnen, die mit denselben Klienten arbeiten (Beratungsstellen, Sozialarbeiter, Pflegepersonal, Lehrer, Bewährungshelfer etc.; Pilgrim 1983).

Die heftigen Kämpfe in Bezug auf die Registrierung für Psychotherapie und der Zulassung zur therapeutischen Versorgung nach dem Psychotherapeutengesetz sind ein deutlicher Indikator in Bezug auf den Konflikt um die Legitimation über professionelle Dominanz im Bereich der Psychotherapie. Mit dem Psychotherapeutengesetz und seiner Umsetzung ist somit eine Professionalisierung der Psychotherapie in einem großen Schub erfolgt. Diese Entwicklung bedeutet:

1. Es gibt weiterhin einen Kampf um die Dominanz zwischen den verschiedenen Gruppen bzw. einen Kampf um die Aufrechterhaltung der Dominanz gegenüber anderen Gruppen.
2. Es entsteht jetzt eine spezifische Professionsrhetorik in Gestalt beruflicher Rechtfertigungsideologien.
3. Die Gruppen unternehmen den Versuch, sich öffentlicher Rechenschaftslegung weitgehend zu entziehen und diese auf die Profession zu übertragen, indem eine eigenständige Berufspolitik und Kontrolle über die Berufsgruppe betrieben wird.

4. Es gilt, die Entmachtung aller Gruppen außerhalb dieser Professionen weiterhin zu sichern.
5. Ausweitung der errungenen gesellschaftlichen Macht als soziale Institution insbesondere gegenüber der nach wie vor mächtigeren ärztlichen Institution, indem die Bemühungen verstärkt werden, die bisher zwischen ärztlichen und psychotherapeutischen Verbänden umstrittene Definition von seelischer Krankheit Schritt für Schritt in die Definitionshoheit der psychotherapeutischen Profession zu überführen und auf weitere Bereiche auszudehnen.

Fallen in der bisher erreichten Übereinkunft zwischen Ärzten und Psychotherapeuten unter den Begriff von „seelischer Störung" psychosomatische Krankheiten, Neurosen sowie schwere Persönlichkeitsstörungen, so sind bereits Bestrebungen zu erkennen, diese auf Beziehungsstörungen, Familienprobleme, Lebens- und Berufsprobleme und Erziehungskonflikte auszudehnen.

Eine Profession kann ihre institutionelle Grundlage, Legitimität und Macht noch stärker sichern, wenn es ihr gelingt, dass sie in Bezug auf Ausbildung und Forschung an den Universitäten etabliert wird. Auch hier haben sich in den letzten 20 Jahren Veränderungen ergeben:

War die Psychoanalyse bis dahin weitgehend aus der Universität ausgeschlossen, so gelang es mit der Reform des Medizinstudiums, auch wissenschaftliche Einrichtungen in Gestalt von Abteilungen für Psychosomatik und Psychotherapie zu schaffen, an denen allmählich empirische Forschung betrieben wird. Auch in der akademischen Psychologie werden die Vorbehalte gegen die Einrichtung von Abteilungen für klinische Psychologie geringer, so dass auch hier zunehmend mehr empirische und klinisch orientierte Forschung durchgeführt wird. Beide stehen aber noch immer unter erheblichem Legitimationsdruck, ihre Existenzberechtigung wird in Abständen angezweifelt, so etwa die Psychosomatik/ Psychotherapie beim Wissenschaftsrat. Bezogen auf die grundlegenden Forschungsprobleme in der Psychoanalyse können sie freilich noch nicht die Aufgabe einer systematischen Forschung übernehmen. Es bleibt abzuwarten, inwieweit hier Impulse für Veränderungen der Theorien, Methoden, Behandlungstechniken und Wirksamkeitsprüfungen von Psychotherapie überhaupt kommen werden, die Einfluss auf die Praxis der Psychotherapie als soziale Institution nehmen.

Schließlich übt der politische Kontext einen ständigen Einfluss auf die soziale Institution der Psychotherapie aus. Er bestimmt, was und was nicht in der Therapie geschieht oder ob sie überhaupt stattfindet. Er bestimmt, ob Therapien finanziert werden oder von den Patienten selbst bezahlt werden müssen. Auch die Quantität und Qualität von Psychotherapie-Diensten wird von ihm beeinflusst. Das reicht bis zu den materiellen Bedingungen, ob lokale Gesundheits- und Sozialdienste angeboten werden, mit welcher Ausstattung und mit welchen personellen Ressourcen. Bekannt ist, dass der Mental-Health-Sektor von dem jeweiligen politischen Klima abhängig ist: z. B. hatten psychosoziale und dynamische sozialpsychiatrische Modelle große Popularität, kurz nachdem liberale oder linke Regierungen gewählt worden waren. Man denke nur an die enge Verbindung zwischen Kennedy's „community mental health act" in den USA und der Expansion und Popularität der Sozialpsychiatrie 1963 oder an die Aufbruchsstimmung nach der Psychiatrie-Enquête zur Zeit der sozialliberalen Regierung. Im Gegensatz dazu hat die biologische Psychiatrie immer große Wachstumschancen während Perioden von konservativen Regierungen. Sowohl unter Reagans als auch Thatchers Regierungen in den 80er-Jahren erlangten biologische Modelle erhebliche Legitimation, nachdem sie in den 60er- und 70er-Jahren eine lange Phase von Unpopularität erfahren hatten, während psychosoziale Einrichtungen abgebaut wurden (Pilgrim 1983). Natürlich spielt hier nicht nur die Zentralregierung eine Rolle, sondern auch viele andere Interessensgruppen - insbesondere die Pharma-Industrie. Ebenso spielen die unterschiedlichen, gegeneinander opponierenden Fraktionen in den verschiedenen Berufsgruppen eine wichtige Rolle und in letzter Zeit natürlich auch die Campagnen der Nutzer von Dienstleistungen, wie z. B. die Krankenkassen.

## 3 Die gesellschaftliche Funktion der Psychotherapie

Die Psychotherapie ist zunehmend stärker im Gesundheitssystem eine Institution geworden. Die entscheidende Weichenstellung hierfür lag in der Übernahme der psychoanalytischen und Verhaltenstherapie in die gesetzliche Krankenversorgung, die zur Folge hatte, dass die Psychotherapie ihre gesellschaftliche Funktion vornehmlich in der Krankenversorgung fand. Mit der Gleichstellung von psychologischen mit ärztlichen Psychotherapeuten ist eine Konsolidierung dieses Institutionalisierungsprozesses vollzogen worden. Auch wenn das Ausbildungswesen weiterhin erheblich zersplittert ist unter den verschiedenen Gruppen der Psychotherapeuten, so sind ihre Aufgaben im Wesentlichen gebündelt, was ihre gesellschaftliche Funktion ausmacht:

- Die Psychotherapie hat die Aufgabe, psychische Störungen nach einem in Analogie zum medizinischen Krankheitsbegriff gebildeten Krankheitskonzept zu behandeln und - wenn möglich - zu heilen, wenn dieses nicht möglich ist, psychische Störungsprozesse zumindest in ihrem Verlauf zu mindern und zu lindern, insbesondere zu verhindern, dass es zu anhaltenden Chronifizierungen kommt.
- Daneben hat sie mit dem Sektor der stationären Psychotherapie die Funktion der Rehabilitation und sekundären Prävention übernommen in dem Sinne, dass psychische Erkrankungen möglichst im Frühstadium erkannt und einer Behandlung zugeführt, bzw. in Behandlungen vermittelt werden, bzw. Rehabilitationsprozesse zu ermöglichen, die zur Wiedereingliederung und Rückkehr in das gesellschaftliche Leben führen.
- Damit übernimmt sie zugleich eine ähnliche Funktion wie die der Psychiatrie, nämlich die gesellschaftliche Kontrolle von abweichendem Verhalten, d. h. dafür Sorge zu tragen, dass die Auswirkungen von gesellschaftlich nicht-angepasstem Verhalten in Bezug auf die Verhaltens- und Handlungsnormen sich nicht so dysfunktional auswirken, dass sie gesellschaftliche Prozesse stören oder bedrohen.

- Ihr werden entsprechende Aufträge von anderen gesellschaftlichen Institutionen manifest und latent zugewiesen, die wahrscheinlich die Medizinalisierung der Psychotherapie verstärken werden.

Wenn es der Psychotherapie gelingt, sich nicht auf einen eingeengten Krankheitsbegriff festlegen zu lassen, sondern entsprechend den dynamischen Auffassungen von gestörten Lern- und Entwicklungsprozessen ein flexibleres Verständnis von Konflikten und Krisen im Lebenslauf als Aufgabenfelder ihrer Praxis zu definieren, dann könnte sie eine wichtige Funktion übernehmen in dem Sinne, dass sie an kritischen Wendepunkten des Lebenszyklus bei einschneidenden biografischen Abschnitten im Sinne von verstärkter Krisenintervention Hilfestellung leisten könnte, was ihre Funktion der primären Prävention erheblich verstärken würde.

Schließlich ist sie mit einer Funktion konfrontiert, die die Psychotherapie sich mit anderen Institutionen und Gruppen teilt, der Vermittlung, Herstellung und Sicherung von Identität. Die gesellschaftliche Spaltung in eine öffentliche und private Sphäre führt zur Verunsicherung der Identität, zu einer Spaltung in ein öffentliches und privates „Selbst“. Das führt zu einer Verunsicherung und Instabilisierung von Identitäten, die von Erikson (1974: 55 ff.) zu Recht als „Identitätskrisen“ beschrieben worden sind. Die Herstellung und Gewinnung von Identität ist zum Problem geworden, weil die bisher dafür zuständigen Sozialisationsinstanzen - insbesondere die Familie und der Bildungssektor - diese Aufgaben nur begrenzt noch erfüllen können. Das Bedürfnis nach Institutionen, die innerhalb der privaten Sphäre Identität stiften helfen, wächst, aber die traditionellen Institutionen, die bisher diese Funktion wahrnahmen, wie die Kirchen oder der Bildungssektor, reichen dafür nicht mehr aus. So entsteht etwas, was man den *„Markt der Identitäten“* nennen könnte, auf dem neben den alten Institutionen neue auftreten, so auch die unterschiedlichen psychotherapeutischen Richtungen, die neben esoterischen Gruppen Angebote zur Identitätssicherung machen. Die Schwierigkeiten von Identitätsherstellung und -sicherung werden durch die epochalen Studien von David Riesman (Riesman, Denny & Glazer1956) über den außengelenkten Charakter und von Willliam Whyte (1960) über den *„organization man“* genau beschrieben. Riesman hat diesen Prozess vom traditionsgelenkten über den innengelenkten zum außengelenkten Menschen in einer hoch industrialisierten, arbeitsteiligen Gesellschaft analysiert, der durch Whyte's Studie über die bürokratischen Identitätsmechanismen in Bezug auf den „organization man“ vertieft wurde.

Da der Einzelne nicht mehr in der Lage ist, die Komplexität der Großgruppen und Organisationen, in denen er lebt, in ihrer Totalität zu überblicken, da er zunehmend mit der Undurchsichtigkeit gesellschaftlicher Verhältnisse konfrontiert ist, wird er umso mehr interessiert sein, sich an Institutionen zu wenden, die helfen, Orientierung und Identität zu vermitteln. So ist ein weit reichender Markt an Identitätsangeboten entstanden, in dem heftige Konkurrenz herrscht, was sinnfällig in den zahlreichen Psychotherapieangeboten zum Ausdruck kommt. Die offiziell etablierte Psychotherapie gerät auf diesem Identitätsmarkt in erhebliche Konkurrenz zu anderen Psychotherapierichtungen, die aus dem Gesundheitssystem ausgeschlossen sind, aber dadurch faszinieren, dass sie eklektisch Therapietechniken kombinieren mit

Mysterium und Magie, so dass wir geradezu von einem Markt sprechen können, der durch eine Art Neo-Mystizismus gekennzeichnet ist. Es geht um den ideologischen Kampf der Entdeckung des vermeintlichen „wahren Selbst“. Die Psychotherapie, die den Anspruch erhebt, mit wissenschaftlich fundierten Konzepten sich dem Irrationalen zu nähern, begegnet in der Konkurrenz zu anderen Psychotherapierichtungen dem Irrationalen als Mystifikation und gerät unter Druck. Diese Entwicklung bedroht die gerade gesicherte Institution und somit gibt es keine Garantie für eine stabile Berufsidentität.

Abschließend kann festgehalten werden: Die Psychotherapie mit ihren beiden Schwerpunkten:

- Psychodynamisch-psychoanalytische Therapie
- Verhaltenstherapie mit eklektischen Anreicherungen

hat sich von einer unvollständigen zu einer fast vollständigen Profession entwickelt. Aber der Preis ist hoch: andere kreative therapeutische Richtungen, die Theorie und Praxis befruchten, sind ausgeschlossen, wie auch andere Berufe und Disziplinen wie z. B. Ethnologie, Soziologie, Philosophie, Geschichte, Physik und andere. Die Abhängigkeit von dem Gesundheitssystem ist gestiegen, womit die Tendenz zur Anpassung an die Medizin und Politik noch weiter zunimmt.

## Literatur


Dryden, W. & Feltham, C. (Eds.) (1992): Psychotherapy and its discontents. Buckingham: The Open University Press

De Swaan, A. (1990): The management of normality. London, New York: Routledge

Erikson, E. H. (1974): Identität und Lebenszyklus. Frankfurt am Main: Suhrkamp

Freidson, E. (1979): Der Ärztestand. Berufs- und wissenschaftssoziologische Durchleuchtung einer Profession. Stuttgart: Enke

Freud, S. (1937): Die endliche und die unendliche Analyse. GW XVI: 57 - 99

Malcolm, J. (1986): Fragen an einen Psychoanalytiker. Zur Situation eines unmöglichen Berufs. Stuttgart: Klett-Cotta

Pilgrim, D. (Ed.) (1983): Psychology and psychotherapy. London: Routledge

Pilgrim, D. & Rogers, A. (1993): A sociology of mental health and illness. Buckingham: The Open University Press

Riesman, D., Denny, R. & Glazer, N. (1956): The lonely crowd. A study of the changing american character. New York: Doubleday and Company

Strauss, A. L. (Ed.) (1964): Psychiatric ideologies and institution. New York: Free Press

Whyte, W. H. (1960): The organization man. Harmondsworth: Penguin Books

Wilensky, H. L. (1964): The professionalization of everyone. In: American Journal of Sociology 70: 137 - 158

# Psychotherapie und soziale Ungleichheit

*Siegfried Geyer*

## Einleitung

Psychotherapie beschäftigt sich häufig mit den Folgen von Ereignissen, die von den betroffenen Individuen als außeralltäglich und belastend wahrgenommen werden. Der Tod einer nahe stehenden Person, Trennungserlebnisse und andere persönliche Katastrophen sind typische Beispiele. Bei sozialer Ungleichheit ist die Situation eine andere; es handelt sich keineswegs um etwas Außergewöhnliches, sondern um eine in allen Zeiten und Gesellschaften vorhandene Erscheinung (siehe Hradil 1999).

Soziale Ungleichheit bezieht sich z. B.:

- Auf ungleiche Lebenschancen
- Auf ungleiche Möglichkeiten des Zugangs zu Mitwirkungsmöglichkeiten bei Entscheidungen im öffentlichen Sektor
- Auf der Individualebene betrifft dies Einstellungsmuster und Verhaltensweisen, die über soziale Gruppen oder Sozialschichten differieren.

In einigen Bereichen ist soziale Ungleichheit durchaus erwünscht, etwa finanzielle Ungleichheit als Antriebsfeder für Produktivität.

Die soziale Ungleichverteilung von Gesundheit ist ebenfalls ein universeller Befund; eine nach sozialer Schichtzugehörigkeit unterschiedliche Ausprägung findet sich sowohl für die häufigsten Erkrankungen als auch für vorzeitige Sterblichkeit. Dies wurde in Studien für das europäische Ausland gezeigt (Mackenbach, Kunst, Cavelaars, Groenhof & Geurts 1997), und eigene Arbeiten verweisen darauf, dass es in Deutschland nicht anders ist (Geyer & Peter 1998, 1999; Peter & Geyer 1999).

Wenn von sozialer Ungleichheit die Rede ist, wird operational meist auf eine Einteilung in soziale Schichten Bezug genommen. Zur Klassifikation wird üblicherweise einer der drei Indikatoren Ausbildung, berufliche Stellung, Einkommen oder eine Kombination davon verwendet. Obwohl sie zum Teil beträchtliche Überschneidungen aufweisen, haben sie unterschiedlichen latenten Gehalt. So werden mit *Einkommen* Möglichkeiten der Bestimmung der materiellen Lebensbedingungen gemessen, Opportunitäten für das Führen eines gesunden Lebensstils, und Einkommen definiert die materiellen Ressourcen zur Bewältigung belastender Situationen. *Qualifikation* ist ein Indikator für das Vorhandensein von Wissen, für geistige Flexibilität und Problemlösefähigkeit sowie für die Fertigkeit, Kenntnisse erfolgreich in Handeln umzusetzen. *Berufliche Stellung* ist ein Indikator für die Art auftretender beruflicher Belastungen sowie Möglichkeit und Ausmaß, Arbeiten selbstbestimmt durchzuführen und schließlich für die Exposition durch toxische und psychomentale Belastungen.

Die Einteilung in soziale Schichten und der Befund allgemein vorhandener gesundheitlicher Ungleichheiten bilden den Hintergrund des Hauptthemas.

Zunächst wird auf die Verteilung psychischer Störungen und Erkrankungen in der Bevölkerung eingegangen. Im zweiten Schritt wird untersucht, wie sich dies in den stationären und ambulanten Behandlungsraten niederschlägt. Danach werden Erklärungen dafür entwickelt, und abschließend werden mögliche Folgerungen für die Psychotherapie aufgezeigt.

## 1 Soziale Ungleichheit und das Auftreten psychischer Erkrankungen

Angehörige unterer sozialer Schichten weisen im Vergleich zu höheren Schichten stärker ausgeprägte Risiken für die am häufigsten auftretenden psychischen Störungen Angst und Depression auf. Dabei ist es gleich, ob nach Qualifikation, nach beruflicher Stellung oder nach Einkommen klassifiziert wird. Dieser Zusammenhang ist linear, d. h. er findet sich nicht nur beim Vergleich der untersten mit der höchsten Statusgruppe, sondern auch dann, wenn die höheren mit den höchsten Positionen verglichen werden. Gesundheitliche Ungleichheit ist ein robuster empirischer Befund, und im Gegensatz zu den frühen 80er-Jahren werden derartige Ergebnisse in der wissenschaftlichen Öffentlichkeit kaum mehr kontrovers diskutiert (Macintyre 1997).

Bevölkerungsstudien aus Deutschland sind jedoch eher selten. Eine dieser Ausnahmen ist eine Untersuchung von Fichter (1990). Für depressive Stimmung, Angst und depressive Störungen mit Erkrankungswert zeigte sich ein höheres Auftreten in unteren sozialen Schichten (ebd.: 120 f.), für psychiatrische Morbidität allgemein lag die Rate in den untersten sozialen Schichten fast doppelt so hoch wie in den höheren Schichten (ebd.: 50 f.).

Unterhalb der schwer zu bestimmenden Grenze zu psychischer Störung zeigen epidemiologische Studien, dass mit abnehmender Qualifikation und sinkender beruflicher Position das Maß an depressiver Stimmung zunimmt (Lenzi, Lazzerini, Raffaeli, Rossi & Cassano 1993), ebenso steigt die Angst sowie die Überzeugung, über das eigene Leben wenig Kontrolle ausüben zu können. Dies tritt in Umbruchsituationen und Perioden ökonomischer Instabilität nochmals stärker auf (Weissman & Klerman 1992). Die betroffenen Individuen sehen sich dann Situationen gegenüber, die zusätzliche Unsicherheiten mit sich bringen; für die erfolgreiche Bewältigung stehen dann keine geeigneten Reaktionsmuster zur Verfügung, was mit erhöhten Vulnerabilitäten für psychische Störungen verbunden ist.

Psychische Störungen und Erkrankungen weisen nicht nur sozialschichtspezifische Verteilungen auf, sondern sie können auch die soziale Position bestimmen, indem sie zu sozialem Abstieg führen oder einen sozialen Aufstieg verhindern können. In der Debatte über gesundheitliche Ungleichheiten wird diese Richtung des Zusammenhangs unter dem Begriff der Drifthypothese gefasst.

Die bisherigen Überlegungen bezogen sich entweder auf unspezifische Belastungen, also solche, die als Teil des Alltags erlebt und individuell nicht mehr als außergewöhnlich empfunden werden.

Außeralltägliche belastende Ereignisse, wie sie in der Lebensereignisforschung untersucht werden, weisen ebenfalls sozialstrukturelle Verteilungen zu Ungunsten unterer sozialer Schichten auf. Sie sind damit nicht mehr so zufällig, wie sie in der individuellen Wahrnehmung erscheinen. Dies trifft ebenso auf Unfälle von Kindern und Erwachsenen zu wie auf vorzeitige Todesfälle oder Arbeitslosigkeit (vgl. Geyer & Peter 1998; Geyer 1999).

Die Lebensereignisforschung hat spätestens seit Mitte der 70er-Jahre gezeigt, dass die Risiken für den Ausbruch von Depression und Angststörungen beim Auftreten unkontrollierbarer Ereignisse deutlich erhöht sind (Brown & Harris 1978, 1989). Aus der Epidemiologie ist jedoch bekannt, dass nur ein Teil davon auch behandelt wird, was uns zum Thema der sozialschichtspezifischen Inanspruchnahme von Gesundheitsdiensten führt.

## 2 Soziale Ungleichheit und die stationäre Behandlung psychischer Erkrankungen

Zu dieser Thematik gibt es für Deutschland nur wenig empirisches Material. Es soll an dieser Stelle deshalb auf die Daten einer Allgemeinen Ortskrankenkasse (AOK) zurückgegriffen werden, die die Grundlage eines laufenden Forschungsprojekts sind.

Die Basis besteht aus den Daten von 149989 Hauptversicherten zwischen 25 und 60 Jahren zum Zeitpunkt der Erstaufnahme; die Angaben beziehen sich auf den Zeitraum zwischen Januar 1987 und Oktober 1996, und es wurden nur Personen berücksichtigt, die mindestens 1 Jahr versichert waren.

Die Hauptversicherten waren überwiegend männlich (70.5 %), und hinsichtlich der Verteilung nach Kriterien sozialer Schichtung lässt sich etwa die Hälfte unteren sozialen Schichten zuordnen.

Die in der Untersuchung berücksichtigen Krankheiten und Beschwerden beinhalten die ICD-9-Diagnosen der Gruppen 300 - 316; diese umfassen Neurosen, Persönlichkeitsstörungen, sexuelle Verhaltensabweichungen, Alkohol- und Medikamentenabhängigkeit, funktionelle Störungen psychischen Ursprungs, Belastungsreaktionen und Anpassungsstörungen, depressive Zustandsbilder und psychosomatische Erkrankungen.

Die folgende Tabelle 1 zeigt die Ergebnisse der Regressionsanalyse (Cox-Regression mit zeitabhängigen Kovariaten; siehe Collett 1994; Cox & Oakes 1984). Es wurde untersucht, ob unterschiedliche Kategorien der Einkommenshöhe und der Qualifikation mit erhöhten Risiken der Krankenhausaufnahme wegen einer der genannten Diagnosen verbunden sind.

Die Tabelle gibt die relativen Risiken der in Frage stehenden Kategorien zur höchsten Ausprägung an, d. h. im Vergleich zu den höchsten 20 % der Einkommensbezieher, bzw. der höchsten Qualifikationsstufe. Die auf einen Schichtindikator bezogenen relativen Risiken gelten bei wechselweiser Konstanthaltung des anderen Indikators. Bei der Berücksichtigung nur eines Ungleichheitsmerkmals sollten sich die statistischen Effekte (hier ausgedrückt als relative Risiken) nochmals stärker ausprägen.

Demnach ist das Risiko für Versicherte in der niedrigsten Einkommensgruppe im Vergleich zu höchsten (deren Risiko als Vergleichsgruppe mit „1" = 100 %) mit 199 % fast doppelt so hoch. Das relative Risiko steigt monoton mit der Abnahme des Einkommens. Bei der gleichzeitigen Betrachtung der Qualifikation liegt das relative Risiko für den niedrigsten Bildungsabschluss 71 % höher als für den höchsten. Demnach hat das Einkommen für die Inanspruchnahme eine größere Bedeutung als die Bildung.

*Tabelle 1:* Relative Risiken für die Aufnahme in eine Klinik wegen einer psychiatrischen Diagnose (ICD-9: 300 - 316). Grundlage: Daten einer AOK (Alter 25 - 60, N = 149989; eigene Analysen).

| | *Relatives Risiko* | *95 % Konfidenzintervall* |
|---|---|---|
| • Einkommen: unterste 20 % | 1.99 | 1.94 - 2.04 |
| • Einkommen: untere 20 % | 1.81 | 1.77 - 1.85 |
| • Einkommen: mittlere 20 % | 1.65 | 1.62 - 1.68 |
| • Einkommen: höhere 20 % | 1.29 | 1.27 - 1.31 |
| • Einkommen: oberste 20 % [a] | 1.00 | - |
| Qualifikation: | | |
| • Kein Abschluss, Haupt- oder Realschule ohne Lehrabschluss | 1.71 | 1.64 - 1.80 |
| • Qualifikation: Haupt- oder Realschule mit Lehrabschluss | 1.48 | 1.37 - 1.59 |
| • Qualifikation: Abitur, kein Hochschulabschluss | 1.20 | 1.19 - 1.22 |
| • Qualifikation: Abitur mit Hochschulabschluss [a] | 1.00 | - |

*Anmerkungen*: [a] Vergleichsgruppe (Risiko = 1).

Die sozialen Unterschiede stellen sich als deutlich stärker dar als es in der Bevölkerungsstudie von Fichter (1990) der Fall war, auch wenn die Vergleichbarkeit wegen der Zusammenfassung von Kategorien in der Bevölkerungsstudie sowie durch die Verwendung einer etwas anderen Klassifikation nach sozioökonomischem Status begrenzt ist.

Die Daten geben nicht das Auftreten psychischer Störungen und Erkrankungen an, sondern sie spiegeln eine Einweisungspraxis wieder, wobei es unklar bleibt, welche Art von Behandlung mit den stationär aufgenommenen Patienten schließlich durchgeführt wurde.

## 3 Soziale Ungleichheit bei der Inanspruchnahme psychotherapeutischer Leistungen

Insgesamt liegen für Deutschland nur wenige Informationen über die Zusammensetzung des Psychotherapieklientels nach sozialer Schichtzugehörigkeit vor. Die vorhandenen Informationen sollten hinsichtlich der gegenwärtigen Situation für Deutschland nur ein näherungsweise korrektes Bild ergeben, weil die vorhandenen Studien auf Angaben basieren, die wenigstens 10 Jahre alt sind.

In einer Studie von Rüger, Haase, Fassl, Ernst und Leibing (1997) wurden die Daten gesetzlich versicherter Patientinnen und Patienten verwendet, die in einer psychoanalytisch orientierten Klinik behandelt wurden. Um den Grad der Ungleichverteilung bei der Inanspruchnahme zu zeigen, führten die Autoren einen Vergleich mit der bundesdeutschen Bevölkerung durch. Im Hinblick auf die schulischen Bildungsniveaus zeigte sich ein deutliches Übergewicht von Klienten mit Abitur. Die Autoren bezogen dies nur auf den Vergleich mit der Gesamtbevölkerung; einen Vergleich mit den Versichertenpopulationen einer gesetzlichen Krankenversicherung konnten die Autoren nicht leisten, da ihnen die entsprechende Datengrundlage fehlte; sie waren deshalb hinsichtlich der Qualifikationsverteilung in den gesetzlichen Krankenkassen auf Vermutungen angewiesen. Anhand eigener Daten kann diese Informationslücke wenigstens teilweise geschlossen werden.

*Tabelle 2*: Schulische Qualifikation der bundesdeutschen Bevölkerung 1989, einer Stichprobe von Psychotherapieklienten einer GKV 1988 (beides übernommen aus Rüger et al. 1997) sowie einer Population von AOK-Hauptversicherten des Jahres 1988 (eigene Analysen).

| | *Bundesdeutsche Bevölkerung 1988* | | *Therapiestichprobe von Rüger et al. 1988 (GKV-Klienten)* | | *AOK-Versicherte 1988* |
|---|---|---|---|---|---|
| • Kein Abschluss/ Hauptschule | 48.7 % | }74.9 % | 23.3 % | }56.5 % | - |
| • Realschule | 26.2 % | | 33.2 % | | 91.8 % |
| • Abitur | 25.1 % | | 43.5 % | | 8.2 % |

Es zeigt sich, dass das Ungleichgewicht bei der Inanspruchnahme nach Qualifikation noch wesentlich stärker ist als es der Vergleich mit der Gesamtbevölkerung erwarten ließe: 43.5 % der Klienten haben Abitur, aber nur 8.2 % der AOK-Versicherten; damit fragen die höher qualifizierten wesentlich häufiger psychotherapeutische Hilfe nach. Der Vergleich der Therapiestichprobe mit der AOK-Population sollte mit einer Abiturientenrelation von 43.5 % : 8.2 % das Gesamtbild nur annäherungsweise abbilden, weil Rüger et al. (ebd.: 373) nicht nur AOK-Versicherte, sondern auch Angehörige von Ersatzkassen berücksichtigten. Letztere weisen im Vergleich zur Primärkasse ein höheres durchschnittliches Qualifikationsniveau auf.

In einer älteren Studie (Bautz 1985) wurde eine weitere Differenzierung vorgenommen. Patienten (N = 810), die 1978/ 79 zu einer Erstkonsultation erschienen, wurden hinsichtlich ihrer Indikation für eine psychoanalytische Therapie klassifiziert. Bei Ratsuchenden mit maximal Hauptschulabschluss wurde in 24.4 % der Fälle eine ambulante oder stationäre Therapie indiziert, aber bei 37.1 % der Ratsuchenden mit Abitur (ebd.: 343). Es wurde jedoch noch weiter differenziert nach stationärer und ambulanter Therapieindikation. In der Gruppe mit dem niedrigsten Status wurde bei 7.5 % eine Einzeltherapie vorgeschlagen, bei 14.4 % eine stationäre Behandlung; bei der höchsten Schicht war das Bild umgekehrt: in 7.8 % der Fälle wurde eine stationäre Therapie vorgeschlagen, aber bei 25.5 % eine Einzeltherapie (ebd.: 347).

Auch in dieser Untersuchung wurde die Struktur eines Nachfrageklientels untersucht, Vergleiche mit der Verteilung in der Allgemeinbevölkerung fehlen. Im Kontext der Ergebnisse in Tabelle 2 wird jedoch deutlich, dass soziale Ungleichheiten in den Therapieindikationen vorliegen, die dem Auftreten psychischer Erkrankungen in der Bevölkerung kaum entsprechen.

An dieser Stelle ist es nötig, darauf hinzuweisen, dass die Befunde, obwohl deutlich, mit Vorsicht behandelt werden müssen. Sowohl die Studie von Rüger et al. (1997) als auch die Arbeiten von Bautz (1985) oder Cullberg und Stefansson (1983) beziehen sich auf psychoanalytische Therapien; es fehlen Informationen darüber, wie groß die Zahl der Klienten ist, die anders behandelt wurden, etwa mittels verhaltens- oder gesprächspsychotherapeutischer Verfahren.

## 4 Soziale Ungleichheit bei der Inanspruchnahme von Psychotherapie: Warum?

In den wenigen Studien, die zu diesem Thema vorliegen, wird oft auf die klassische Studie von Hollingshead und Redlich (1958) verwiesen, die die sozial ungleiche Inanspruchnahme psychotherapeutischer Leistungen untersuchten. Dieser Blick in die USA ist für unser Thema jedoch wenig hilfreich, denn die Autoren führten die nach Sozialschichten unterschiedlichen Inanspruchnahmeraten auf die fehlende Finanzierung durch eine allgemeine Krankenversicherung zurück. In der Bundesrepublik Deutschland bestehen jedoch seit 1971 keine finanziellen Barrieren für den Zugang zur Psychotherapie mehr.

Es lassen sich drei Erklärungsmöglichkeiten anführen: eine auf der *Seite strukureller Gegebenheiten*, eine auf der *Seite der nachfragenden Patienten* und eine letzte auf der *Seite der Therapeuten,* wobei diese Reihenfolge auch eine Rangreihe der Bedeutung der aufgeführten Probleme beinhaltet.

1. Der Zugang zur psychotherapeutischen Behandlung beginnt unter den *strukturellen Bedingungen* des deutschen Gesundheitssystems mit der Nachfrage durch die Ratsuchenden. Der Zeitpunkt hängt jedoch nur bedingt vom individuellen Leidensdruck ab, denn es wurde bereits erwähnt, dass nur etwa die Hälfte aller aufgetretener psychischer Störungen auch behandelt wird. Neben individuell lokalisierbaren Ängsten gibt es eine strukturelle Seite, die eine rechtzeitige Inanspruchnahme verhindert. Diese manifestiert sich in der im Vergleich zur ärztlichen Versorgung schlechteren Erreichbarkeit von Psychotherapeuten sowie in einer zögerlichen Überweisungspraxis durch Ärzte. Eine Verbesserung könnte erreicht werden, indem parallel zur notärztlichen Versorgung psychotherapeutische Notdienste oder flächendeckend Ambulanzen eingerichtet werden. Deren Exis-

tenz müsste allgemein bekannt und sie sollten leicht erreichbar sein, insbesondere auch über eine telefonische Kontaktaufnahme. Ist eine Indikation für eine Therapie gestellt, besteht ein weiterer Hinderungsgrund in langen Wartezeiten zwischen Nachfrage und Therapiebeginn; diese können dann zu schichtenspezifischen 'Abbrüchen' führen, bevor die eigentliche Behandlung überhaupt begonnen hat.

2. *Auf der Seite der Patienten* kann die Furcht vor Stigmatisierung wirksam werden. Es gibt deutliche Abneigungen dagegen, als psychisch gestört oder erkrankt etikettiert zu werden; damit werden Einstellungen und Vorstellungen aktiviert, die letztlich zu einer Ablehnung, bzw. zu einer verzögerten Inanspruchnahme psychotherapeutischer Interventionen führen. Obwohl es sich um ein allgemeines Phänomen handelt, lässt sich auch hier eine schichtenspezifische Verteilung feststellen, was bei Unterschichtangehörigen mit einer im Vergleich zu Mittel- und Oberschichten verzögerten Inanspruchnahme verbunden ist (was nicht bedeuten sollte, dass dieses Phänomen bei den letztgenannten Gruppen gar nicht auftritt). Eine zweite Konsequenz ist Somatisierung, d. h. die Darstellung psychischer Beschwerden als körperliche Symptome, was die Chronifizierung von Beschwerden sowie Fehlbehandlungen nach sich ziehen kann (Geyer 1992). Obwohl anzunehmen ist, dass Abneigungen gegen psychotherapeutische Interventionen und ihre soziale Ungleichverteilungen sich verringern sollten, werden sie langfristig nicht verschwinden, sondern auf einem niedrigeren Level erhalten bleiben, da auch in Mittel- und Oberschicht parallele Veränderungsprozesse in Richtung einer zunehmenden Akzeptanz zu erwarten sind.
3. Ist der Entschluss gefasst, therapeutische Hilfe in Anspruch zu nehmen, können auch *auf Therapeutenseite* Zugangsbarrieren auftreten. Die Literatur zu diesem Thema ist eher klein und bezieht sich wiederum fast ausschließlich auf psychoanalytische Verfahren; für Verhaltenstherapie habe ich zu diesem Thema keine Literatur gefunden, die Informationen in Gestalt von Daten enthält. Allen Arbeiten gemeinsam ist die Feststellung, dass zwischen Therapeuten und weniger gebildeten Individuen ein sprachliches Gefälle existiert, das zu einer geringeren Wahrscheinlichkeit einer Psychotherapieindikation führt (Bautz 1985). Bei einer einmal begonnenen Therapie sollten die Erfolgschancen für weniger qualifizierte Patienten geringer sein (Rüger et al. 1997), bei Ausländern mit Sprachschwierigkeiten sollte das Problem nochmals verschärft auftreten.

   Für Gesprächspsychotherapie liegt eine Studie vor, die für Unterschichtpatienten sowohl geringere Erfolge als auch eine höhere Zahl von Abbrechern berichtet (Feindt 1980). Entsprechende Literatur über den Abbruch verhaltenstherapeutischer Interventionen liegt wiederum nicht vor, es ist aber anzunehmen, dass die geschilderten Probleme dort eine geringere Bedeutung haben sollten.

## 5 Zusammenfassung der bisherigen Ergebnisse

Die bisher referierten Ergebnisse sollen vor der Formulierung von praktischen Konsequenzen zusammengefasst werden:

- Psychische Störungen und Erkrankungen (insbesondere Angst und Depression) treten häufiger in unteren als in oberen sozialen Schichten auf.
- Patienten aus unteren Schichten haben eine größere Wahrscheinlichkeit, stationär aufgenommen zu werden, während mit ansteigender Sozialschicht die Chance steigt, eine ambulante psychotherapeutische Behandlung zu erhalten.
- Psychotherapeutische Behandlung wird überproportional Personen mit höherer Qualifikation und höherer sozialer Stellung zuteil, was die soziale Ungleichverteilung hinsichtlich der zu Grunde liegenden Störungen verstärkt. Die Verallgemeinerung dieses Befundes wird durch eine unvollständige Datenlage erschwert, die sich fast ausschließlich auf Psychoanalyse bezieht.
- Die soziale Ungleichverteilung bei der Inanspruchnahme lässt sich erklären:

    1. *Strukturell* durch die erschwerte Erreichbarkeit therapeutischer Hilfe sowie durch lange Wartelisten
    2. Auf *Patientenseite* durch die Angst vor Stigmatisierung als psychisch krank
    3. Auf *Therapeutenseite* durch das Vorhandensein eines sprachlichen Gefälles zwischen Therapeuten und Klienten.

## 6 Welche Folgerungen sind aus diesen Befunden für die Praxis der Psychotherapie ableitbar?

Die vorangegangenen Ausführungen sollten zumindest vorläufige Antworten ermöglichen. Dazu gibt es mehrere Ansatzpunkte:

1. Belastende Ereignisse wie persönliche Krisen, Verlustereignisse oder Arbeitslosigkeit und die damit verbundenen Probleme sind auch strukturell mitbedingt. Sie werden als belastend wahrgenommen und können dazu führen, dass therapeutische Hilfe in Anspruch genommen wird. In diesem Fall sind sie im Bereich therapeutischer Intervention; wenn es dem Therapieziel dient, ist es auch notwendig, die sozialen Ursachen zu analysieren. Sinnvoll erscheint dies etwa im Hinblick auf die Erörterung der persönlichen oder externen Verantwortung von Klienten für den Eintritt eines belastenden Ereignisses, was für die Wahl therapeutischer Maßnahmen nicht unerheblich ist.
2. Bei einem breiten Spektrum sozialer Ursachen müssen Psychotherapeuten sich Klarheit darüber verschaffen, ob Psychotherapie überhaupt ein geeignetes Mittel der Intervention darstellt, um eine gegebene Störung zu behandeln. Dies wird am *Beispiel* Arbeitslosigkeit deutlich: Sie kann durch wirtschaftliche Krisen verursacht werden, durch innerbetriebliche Rationalisierungsprozesse, aber auch durch einem Wandel in der Beschäftigungsstruktur, wie wir es derzeit in Gestalt des Wandels von der Produktions- in eine Dienstleistungsgesellschaft erleben. Psychotherapeuten müssen, wenn sie sich ihrem Rollenverständnis nach auf die Arbeit mit Klienten beschränken, zwar eine Analyse der sozialen Ursachen psychischer Störungen vornehmen, wenn sie aber zu dem Schluss kommen, dass für das zu Grunde liegende Problem eine Therapie nicht indiziert ist, sollte auch

nicht damit begonnen werden. Die Alternative wäre eine Erweiterung der therapeutischen Rolle durch andere, z. B. sozialarbeiterische, Elemente was aber zu interprofessionellen Konflikten führen kann (Schors, Münstermann & Rad 1988).

3. Ein großer Teil gesundheitlicher Ungleichheit ist strukturell bedingt und nicht durch spezifische Ereignisse erklärbar. Diese sozialen Unterschiede sind zum größten Teil ungeplante Nebeneffekte struktureller Rahmenbedingungen, die sich manifestieren an Arbeitsbedingungen (Karasek & Theorell 1990; Kohn & Schooler 1983; Siegrist 1996), der subjektiven Wahrnehmung der eigenen Lebensumstände als in unterschiedlichem Maß beeinflussbar (Hoff 1992) sowie an materiellen Lebensbedingungen (Wilkinson 1996). Das Qualifikations- und Bildungsniveau ist eine weitere Determinante. Auf Grund ihrer *Normalität*, durch die *Wünschbarkeit sozialer Differenzierung* und durch die *Nachfragesteuerung der gesundheitlichen Versorgung* sind die genannten Beispiele außerhalb der Möglichkeiten psychotherapeutischer Analyse und Intervention. Die angemessenen Instrumente zur Abhilfe finden sich eher in einer wirksamen Sozial- und Strukturpolitik, sie liegen damit im Bereich bevölkerungsbezogener Interventionen.
4. Sofern bestimmte Therapieformen, wie im Hinblick auf die Anwendungsmöglichkeiten der Psychoanalyse formuliert, für Angehörige unterer sozialer Schichten ungeeignet sind (siehe Bautz 1985; Cullberg & Stefansson 1983; Pilgrim 1997), sollte an Therapeuten oder Institutionen überwiesen werden, die andere Verfahren, z. B. verhaltenstherapeutische, anbieten. Es müssen jedoch auch die Voraussetzungen dafür gegeben sein, dass eine Psychotherapie überhaupt durchgeführt werden kann. Die Angst vor Stigmatisierung und damit eine Verbesserung der Akzeptanz von Psychotherapie sollten nur langfristig veränderbar sein. Eine Erfolg versprechendere Strategie sollte es sein, die Fähigkeit von Hausärzten zu verbessern, psychische Störungen zu erkennen, bzw. sie hinter Somatisierungen zu identifizieren.

## Literatur

Bautz, M. (1985): Zum Einfluss der sozialen Schicht auf die Therapieindikation. In: Gruppenpsychotherapie und Gruppendynamik 20: 338 - 355

Brown, G. W. & Harris, T. (1978): Social origins of depression. London: Tavistock

Brown, G. W. & Harris, T. (1989): Life Events and Illness. London: Unwin Hyman

Collett, D. (1994): Modelling survival data in medical research. London: Chapman & Hall

Cox, D. R. & Oakes, D. (1984): Analysis of survival data. London: Chapman & Hall

Cullberg, J. & Stefansson, C. G. (1983): Social class and psychotherapy. In: Acta Psychiatrica Scandinavia: 335 - 340

Feindt, K. (1980): Überprüfung des Therapieerfolgs und Untersuchung der Prozesse von Gesprächspsychotherapien mit Klienten geringerer Schulbildung. Dissertation. Hamburg: Universität Hamburg, Fachbereich Psychologie

Fichter, M. (1990): Verlauf psychischer Erkrankungen in der Bevölkerung. Berlin, Heidelberg, New York: Springer

Geyer, S. (1992): Medizinsoziologische Überlegungen zur Chronifizierung neurotischer und psychosomatischer Erkrankungen. In: Praxis der Klinischen Verhaltensmedizin und Rehabilitation 5: 64 - 68

Geyer, S. (1999): Macht Unglück krank? Die Konsequenzen belastender Lebensereignisse. Weinheim, München: Juventa

Geyer, S. & Peter, R. (1998): Unfallbedingte Krankenhausaufnahmen von Kindern und Jugendlichen in Abhängigkeit von ihrem sozialen Status - Befunde mit Daten einer nordrhein-westfälischen AOK. In: Das Gesundheitswesen 60: 493 - 499

Geyer, S. & Peter, R. (1999): Occupational status and all-cause mortality: A study with health insurance data from Nordrhein-Westfalen, Germany. In: European Journal of Public Health 9: 114 - 118

Hoff, E.-H. (1992): Arbeit, Freizeit und Persönlichkeit. Heidelberg: Asanger

Hollingshead, A. B. & Redlich, F. (1958): Social class and mental illness. A community study. New York: John Wiley & Sons

Hradil, S. (1999): Soziale Ungleichheit in Deutschland. Opladen: Leske & Budrich

Karasek, R. & Theorell, T. (1990): Healthy work. New York: Basic Books

Kohn, M. L. & Schooler, C. (1983): Work and personality: An inquiry into the impact of social stratification. Norwood, New Jersey: Ablex

Lenzi, M., Lazzerini, F., Raffaeli, F., Rossi, G. & Cassano, G. B. (1993): Social class and mood disorders: Clinical features. In: Social Psychiatry and Psychiatric Epidemiology 28: 56 - 59

Macintyre, S. (1997): The Black Report and beyond. What are the issues? In: Social Science and Medicine 44: 723 - 745

Mackenbach, J. P., Kunst, A. E., Cavelaars, E. J. M., Groenhof, F. & Geurts, J. M. (1997): Socioeconomic inequalities in morbidity and mortality in Western Europe. In: The Lancet 349: 1655 - 1659

Peter, R. & Geyer, S. (1999): Schul- und Berufsausbildung, Berufsstatus und Herzinfarkt - eine Studie mit Daten einer gesetzlichen Krankenversicherung. In: Das Gesundheitswesen 61: 20 - 26

Pilgrim, S. (1997): Psychotherapy and Society. London: Sage

Rüger, U., Haase, J., Fassl, K., Ernst, G. & Leibing, E. (1997): Zusammenhang zwischen Bildungsstand und Kenntnissen über die Biografie seines Patienten. In: Zeitschrift für Psychosomatische Medizin 43: 369 - 380

Schors, R., Münstermann, I. & Rad, M. v. (1988): Sozialarbeit und psychoanalytische Psychotherapie - divergierende Konzepte? In: Zielke, M., Sturm, J. & Mark, N. (Hrsg.) (1988): 341 - 347

Siegrist, J. (1996): Soziale Krisen und Gesundheit. Göttingen: Hogrefe

Weissman, L. L. & Klerman, G. M. (1999): Depression: Current understanding and changing trends. In: Annual Review of Public Health 13: 319 - 339

Wilkinson, R. G. (1996): Unhealthy Societies. London: Routledge

Zielke, M., Sturm, J. & Mark, N. (Hrsg.) (1988): Die Entzauberung des Zauberbergs. Therapeutische Strategie und soziale Wirklichkeit. Dortmund: Modernes Lernen

# Gründerzirkel zur Bewältigung von Arbeitslosigkeit

*Helga Breuninger*

## 1 Das Projekt „Existenzgründerzentrum Stuttgart" (EXZET)

Seit 1996 bietet das EXZET in Stuttgart Qualifizierung und Begleitung von arbeitslosen und von Arbeitslosigkeit bedrohten Personen an, die eine berufliche Selbstständigkeit anstreben wollen. Typische Teilnehmer sind um die 40 Jahre alt, akademisch gebildet und auf Grund einer betriebsbedingten Auflösung ihres Geschäftsbereiches bzw. auslaufender Forschungsmittel arbeitslos geworden. Das Projekt wird in private-public-Partnership von der Breuninger Stiftung und der Bundesanstalt für Arbeit noch bis Ende 1999 finanziert. Seit 1999 unterstützt auch die Deutsche Bank Stiftung das Projekt mit der Vorgabe, insbesondere die Zielgruppe der unter 30-Jährigen zu fördern.

## 2 Life-event Arbeitslosigkeit

Arbeitslosigkeit bedeutet den Verlust von Zugehörigkeit zu einem Unternehmen, den Verlust von Führung in Bezug auf strukturiertes, ergebnisorientiertes Tätigsein und den Verlust von Feed-back, Status und Sozialkontakten. Darüber hinaus ist mit Arbeitslosigkeit in der Regel eine deutliche Einkommenseinbuße verbunden, die bei Arbeitnehmern mit festen familiären Zahlungsverpflichtungen zu Schwierigkeiten innerhalb der Familie führen.

Die seelischen Folgen können Selbstwertprobleme, Versagensängste, Unsicherheits- und Ohnmachtsgefühle, aggressive, resignative oder depressive Reaktionen sein. Es kann auch zu destruktiven Kompensationen und sozialen, insbesondere familiären Konflikten kommen.

## 3 Parallelen zu den Folgen schulischer Lern- und Leistungsstörungen

In meinen Forschungsarbeiten zusammen mit Dieter Betz seit 1971 an der Ludwig-Maximilians-Universität München und der GHS Essen haben wir schulische Lern- und Leistungsstörungen systemtheoretisch analysiert und eine daran abgeleitete Behandlungsmethode, die „integrative Lerntherapie" entwickelt und empirisch überprüft (Betz & Breuninger 1996; eine Zusammenfassung der lerntherapeutischen Grundlagen findet sich in Breuninger 1999).

Die Entstehung schulischer Lernstörungen unterliegt zwar anderen Gesetzmäßigkeiten als die der Arbeitslosigkeit im Übergang von der Industrie- zur Wissensgesellschaft und die Befindlichkeit und Verhaltensweisen von Schülern unterscheiden sich weitgehend von denen erwachsener Arbeitnehmer, aber dennoch ähneln sich die psychosozialen Folgen auffällig. Auch Arbeitslose entwickeln Selbstwertprobleme und Zukunftsängste, die sich lähmend auswirken und eine proaktive Problemlösung verhindern. In vielen Fällen kommt es zu ähnlichen familiären Spannungen und Konflikten, die dazu führen, dass die gerade für Arbeitslose so wichtige soziale Unterstützung durch das familiäre Umfeld wegbricht. Die arbeitslose Person ist dann zu Hause mit ähnlichen Enttäuschungen, Entwertungen, Appellen und konflikthaften Erwartungen konfrontiert von der Art: „Tu was, aber ich traue es dir ja doch nicht zu". Diese Parallelität der seelischen Folgen und der familiären Konfliktkonstellationen legt es nahe, die Konzeption eines Ansatzes zur Begleitung von Arbeitslosen in die Selbstständigkeit an bewährten lerntherapeutischen Prinzipien auszurichten.

## 4 Lerntherapeutische Grundprinzipien

Im Theoriemodell der Lerntherapie, dem Wirkungsgefüge des Lernens, wird dem Selbstwertgefühl die entscheidende Größe für die Lern- und Veränderungsfähigkeit zugeschrieben. Starke Kränkungen verletzen das Selbstwertgefühl und verursachen Vermeidungsreaktionen und Lernblockaden, die ihrerseits die Lage verschlechtern und Teufelskreise auslösen.

Deshalb müssen alle Angebote zunächst darauf abzielen, das Selbstwertgefühl zu stabilisieren und zu stärken.

Mit einer Ressourcenorientierung und der Fokussierung auf persönliche Stärken kann dies erreicht werden. Eine Defizitorientierung ist kontraindiziert.

Bereits im Erstgespräch, dem so genannten Orientierungsgespräch im EXZET, erstellen wir mit den Arbeitslosen ein Stärkenprofil und gestalten dadurch eine Situation, in denen sie sich proaktiv verhalten können und sich kompetent erleben. Schon die Orientierungsgespräche sind Gruppengespräche, da wir auf die Kommunikation der Gründer untereinander und die Stärkung der psychosozialen Kompetenz setzen. Was die Inhalte angeht, sind wir davon überzeugt, dass die „Weisheit in der Gruppe liegt", d. h. dass die Gruppenmitglieder untereinander einen Großteil des Beratungsbedarfs selbst abdecken können, der sonst über Experten teuer zugekauft werden müsste. Zeitintensive Einzelberatungen sind am EXZET die Ausnahme. Wir verstehen uns weder als Konkurrenz zur Industrie- und Handelskammer (IHK) noch als klassische Gründungsberater mit dem Schwerpunkt auf betriebswirtschaftlicher Beratung und Marktanalyse. Die darauf folgenden Aktivitäten in den Gründerzirkeln sind immer auf ein positives und konkretes Ziel hin ausgerichtet. Dadurch können das Selbstvertrauen gestärkt, die Problemlösefähigkeiten trainiert, die Kreativität aktiviert und die Hoffnung gestärkt werden, dass ein Aufbruch zu neuen Ufern möglich und auch leistbar ist. Wer davon überzeugt ist, kann seine Zukunftsängste und Ohnmachtsgefühle leichter zulassen und bewältigen.

## 5 Das Gründerzirkelkonzept

In der Regel geht es im EXZET um einen Lernprozess, in dem die jeweiligen Personen mit ihren Ideen im Vordergrund stehen und sich miteinander konstruktiv kritisch auseinandersetzen. Dieser Prozess findet in Gründerzirkeln unter professioneller Moderation eines Tutors statt.

Die Gründerzirkel haben wir nach dem 2. Jahr in *drei Phasen* aufgeteilt. Wer noch nicht genau weiß, womit er sich selbstständig machen will, hat ganz andere Fragen als jemand, der bereits gegründet hat und Kunden akquirieren muss. Wir sorgen bei der Gruppenzusammenstellung jetzt dafür, dass sich die Mitglieder einer jeweiligen Gruppe in einem vergleichbaren Stadium der Gründung befinden, um dadurch eine Homogenität zu erzeugen, die den Lernprozess fördert. Die Geschäftsideen dagegen können so heterogen sein wie das Wirtschaftsleben selbst. Dieser Branchenmix ist gewollt, denn er erweitert den Horizont der einzelnen Teilnehmer und fördert die Vernetzung untereinander, vor allem, wenn man bedenkt, dass unsere Zielgruppe sich überwiegend mit Dienstleistungen selbstständig machen will.

- Die Bewältigung von Arbeitslosigkeit ist ein Thema für die *Orientierungsphase.* Die Teilnehmer werden ermutigt und dabei begleitet, sich mit der eigenen Persönlichkeit und der Geschäftsidee so weit auseinandersetzen, dass sie entscheiden können, ob sie sich dem Risiko einer beruflicher Selbstständigkeit auch längerfristig stellen können und wollen.
- In der *Planungsphase* geht es darum, einen zur Idee und zur Persönlichkeit passenden, sinnvollen Geschäftsplan auszuarbeiten. Selbst wenn es keine verlässlichen Plandaten gibt, ist es eine gute Übung für jeden Gründer, verschiedene „Zukünfte" durchzuspielen, worin auch ein Ausstiegsszenario enthalten sein sollte. Wenn sich die Gruppenteilnehmer mit den Geschäftsplänen der anderen Gründer auseinandersetzen, sammeln sie entscheidende Kenntnisse über unterschiedliche Szenarien. In der Gruppe kann auch der nötige „Gruppendruck" erzeugt werden, der für diese Tätigkeit notwendig ist, denn erfahrungsgemäß drücken sich die meisten Gründer vor einer umfangreichen Planung und wollen lieber erst mal loslegen, mal machen und dann sehen, was geht.
- Gründerzirkel für die *Startphase* sind eine noch sehr junge Einrichtung im EXZET. Wir haben die Schwierigkeiten unterschätzt, die darin bestehen, einen Referenzkunden zu finden, ein kostendeckendes, marktfähiges Angebot zu erstellen, verbindliche Absprachen mit Kooperationspartnern zu treffen und den Auftrag professionell als Projekt zu managen. Ob allerdings für diesen Qualifizierungs- und Coachingbedarf das EXZET-Gründerzirkelkonzept ausreicht, scheint eher fraglich zu sein.

## 6 Freiwilligkeit und Selbstverantwortung

Obwohl die Bundesanstalt für Arbeit unser Projekt EXZET maßgeblich fördert, ist die Teilnahme an unseren Gründerzirkeln freiwillig, stellt also keine Maßnahme des Arbeitsamtes dar und alle tragen für die Inhalte selbst die Verantwortung. Es gibt also kein Curriculum, das für alle verpflichtend ist und abgeleistet werden muss.

Eine berufliche Selbstständigkeit erfordert Eigeninitiative und Risikobereitschaft. Die Gründerzirkel sind deshalb keine Seminare und laufen nicht verschult ab, sondern sind eher als Erfahrungsaustausch konzipiert und am Vorgehen von Intervisionsgruppen orientiert.

Jeder bringt die Erfahrungen, Probleme, Fragestellungen und Ergebnisse seiner Arbeit am eigenen Projekt in seinen Gründerzirkel ein. Die Gruppe gibt unter Anleitung des Tutors Rückmeldung, spiegelt ein problematisches Verhalten, stellt klärende Fragen und gibt Anregung für Problemlösungen. Wenn Expertenrat nötig ist, kann der Tutor einen entsprechenden Experten für seine Gruppe anfordern.

## 7 Das Setting

Die Gründerzirkel bestehen in der Regel stabil über 3 - 9 Monate hinweg. Die Dauer der einzelnen Phasen variiert von Gruppe zu Gruppe. Die Gesamtdauer einer Person in einem Gründerzirkel hängt stark davon ab, in welchem Stadium der Gründung die Teilnahme im EXZET beginnt, ob alle der drei Phasen durchlaufen werden oder vielleicht nur eine.

Die Teilnehmergröße beträgt die für Kleingruppen optimale Mitgliederzahl von 5-8 Personen. Meist beginnt die Gruppe mit 8 Personen und 5 bleiben als feste Gruppe längerfristig zusammen.

Die Gruppe trifft sich in der Regel 14-tägig für zirka 3 - 4 Stunden. Zwischendurch sind Einzelgespräche und Telefonanrufe möglich.

## 8 Zugehörigkeit, Sinn und Führung

Die Gründerzirkel ersetzen die verloren gegangene Zugehörigkeit zum Unternehmen, sie ermutigen zur Arbeit am eigenen Projekt und vermitteln Sinnstiftung. Des Weiteren geben sie durch das Setting die notwendige Führung für diesen Lernprozess aus der abhängigen Mitarbeiterrolle in die selbstständige Freiberufler- bzw. Unternehmerrolle.

## 9 Konfrontation statt Mitleid

Immer wieder geschieht es, dass Gründer bei einem Gespräch mit Unternehmern, die ich regelmäßig zu Gesprächen ins EXZET einlade, nicht die Chance nutzen, ihre

Geschäftsidee zu präsentieren und zu diskutieren, sondern dass sie in diesem Rahmen anklagend und lamentierend über ihre frühere Beschäftigung und die Arbeitslosigkeit sprechen.

An dieser Stelle ist es jedoch unangebracht, darauf näher einzugehen. Besser ist es, den Teilnehmer auf seine Zukunftsperspektiven hin zu befragen.

Warum?

Weil die Arbeitslosigkeit als Trauma dazu führt, dass der Betroffene dazu neigt, seine Leidensgeschichte bei jeder Gelegenheit ständig zu wiederholen. Nur wenn ich solche Leidensgeschichten unterbreche, kann ich verhindern, dass das Arbeitsklima in der Gruppe negativ wird und kann ich der betroffenen Person die Möglichkeit geben, sich auf einen positiven Neuanfang einzulassen. Aus meiner Erfahrung bringt das Mitleid für eine Leidensgeschichte wenig, im besten Fall wird sie einen Unternehmer dazu motivieren, dem „armen Schlucker" zu helfen. Diese Art von Hilfe zu mobilisieren ist aber nicht das Ziel von EXZET. Wir wollen mit unseren Unternehmergesprächen Vorurteile gegen Arbeitslose abbauen und die Unternehmer davon überzeugen, dass sie solchen Gründern kompetente Arbeit zutrauen können. In unseren Unternehmergesprächen konnten wichtige Kontakte geknüpft werden, entstand spontan Sympathie und Zutrauen und es kam auch schon zu konkreten Aufträgen für einzelne Gründer.

Das Selbstwertgefühl der Gründer kann am besten dadurch gestärkt werden, wenn sie mit ihrer Geschäftsidee das Interesse erfolgreicher Unternehmer als potenzielle Kunden wecken und wenn sie merken, dass diese ihnen Leistung zutrauen. Erst dann gelingt es, den Teufelskreis von Ohnmacht und Selbstzweifel zu durchbrechen. Echtes Zutrauen in dieser Situation ist deshalb viel wichtiger als Mitleid oder auch nur Mitgefühl bzw. positive Anteilnahme. Das Mitleid der anderen führt zu Selbstmitleid und schwächt das Selbstvertrauen.

Hinter jeder persönlichen „Leidensgeschichte" steht auch eine moralische Anspruchshaltung gegenüber der Gesellschaft und der Wirtschaft, dass dieser betroffenen Person Unrecht geschehen ist und ihr eigentlich eine angemessene Arbeit zusteht.

Wir haben in unserem bundesdeutschen Wirtschaftssystem aber kein Recht auf Arbeit, keinen juristischen Anspruch. Das mussten die Bürger in Ostdeutschland nach der Wende besonders schmerzhaft erfahren, dass sie ihr Recht auf Arbeit gegen ein Recht auf Reisen eingetauscht haben. So verständlich und menschlich der moralische Anspruch auf Arbeit auch ist, darf man ihn nicht bekräftigen, sondern muss ihn als Anspruch entlarven. Im Einzelgespräch kann man diesem Anspruch natürlich mit Verständnis und der Leidensgeschichte mit Mitgefühl begegnen.

## 9 Psychotherapeutische Hilfe

Es gibt eine zahlenmäßig kleinere Gruppe von Teilnehmern, die weder durch Konfrontation noch Gründerzirkelarbeit ihre Traumatisierung und die damit verbundene Kränkung über den Verlust des Arbeitsplatzes überwinden und die sich in ihrem

Selbstmitleid und den Schuldzuweisungen gegenüber Anderen selbst sowie dem Gruppenklima schaden.

Sie bräuchten psychotherapeutische Einzelberatung. Gegen ein solches Angebot gibt es aber erheblichen Widerstand. Fast 2 Jahre lang haben wir Einzelgespräche mit einer Psychologin im EXZET angeboten, die nicht angenommen wurden.

Psychotherapeutische Hilfe wird in unserem derzeitigen gesellschaftlichen Verständnis als Angebot für seelisch und körperlich Kranke verstanden. Arbeitslosigkeit ist aber keine Krankheit. Gegenwärtig scheint es so zu sein, dass die psychotherapeutischen Angebote noch nicht die Bedürfnisse dieser Gruppe treffen. Ich würde mir wünschen, dass sich Psychotherapeuten Gedanken darüber machen, wo und wie sie diese Gruppe erreichen können.

Die Zukunft der Psychotherapie wird sich auf die Zukunft der Arbeit einstellen müssen.

Über Anregungen von Psychotherapeuten zu dieser Thematik würde ich mich sehr freuen und insbesondere auch über Berichte und Erfahrungen aus der psychotherapeutischen Arbeit mit Arbeitslosen z. B. zur Überwindung innerer Erfolgsbarrieren und übersteigerter Sicherheitsbedürfnisse.

Bundesweit sind Institutionen und Gründerzentren daran interessiert, nach unserem Konzept zu arbeiten. Bei der Weitergabe unserer Erfahrungen wäre ein psychologischer Persönlichkeits- oder Eignungstest zur Unterstützung der Entscheidung hilfreich, für welche Personen die berufliche Selbstständigkeit auf Grund ihrer Persönlichkeit eine echte Alternative zur Arbeitslosigkeit darstellen kann. Relevante Persönlichkeitseigenschaften sind hierfür z. B. Ich-Stärke, Handlungsorientierung, Copingstrategien, psychosoziale Kompetenz und Feldunabhängigkeit. Mit einer frühzeitigen Auslese könnten sowohl die begrenzten personellen und ökonomischen Ressourcen optimiert werden und andererseits würde dadurch einer unrealistische Erwartungshaltung bei ungeeigneten Teilnehmern rechtzeitig vorgebeugt. Es ist eine Illusion zu glauben, dass jede gut ausgebildete arbeitslose Person gleichermaßen für die Selbstständigkeit geeignet ist.

## 10 Grundüberlegungen für die Qualifizierung zur beruflichen Selbständigkeit im EXZET

Die Qualifizierungsangebote im EXZET orientieren sich an der wirtschaftlich bedeutsamen Rolle, die den so genannten „*Neuen Selbstständigen*" in fast allen Entwürfen zur Zukunft der Arbeit ausgewiesen wird.

Die Globalisierung und der Übergang von der Industriegesellschaft zur Wissens- und Dienstleistungsgesellschaft schaffen grundlegende Veränderungen und führen zu einer Erosion der Großbetriebe. Arbeitsplätze werden im großen Stil abgebaut, gleichzeitig aber entsteht eine Nachfrage nach professioneller Dienstleistung von außen.

EXZET ist mit der Hoffnung angetreten, dass es gelingen kann, möglichst vielen „outgesourcten Personen" dabei zu helfen, als selbstständige Dienstleister wieder

„ins Geschäft“ zu kommen. Um dabei nicht mit der Scheinselbstständigkeit in Konflikt zu kommen, müssen es aber mehrere Kunden sein, für die sie tätig werden.

Welchen Herausforderungen stehen diese Personen als Selbstständige gegenüber und was verändert sich grundlegend in einer beruflichen Selbstständigkeit gegenüber der Angestelltentätigkeit?

Selbstständige müssen ihre Aufträge selbst akquirieren, d. h. ihre Arbeitskraft selbst vermarkten. Kundenorientierung ist die Devise. Dafür brauchen sie hohe psychosoziale Kompetenzen und eine professionelle Kommunikation wie aus dem Sprichwort hervorgeht: „If you can't smile, don't open a shop.“ Darüber hinaus müssen sie sich selbst managen: Sie müssen ihre Arbeitszeit selbst organisieren und ihre Tätigkeit kostenkontrolliert durchführen, damit sie langfristig überleben können und sich nicht selbst ausbeuten. Sie müssen selbst für sich Sorge tragen.

In der Wissens- und Dienstleistungsgesellschaft haben diese Neuen Selbstständigen als Einzelunternehmer oder als Kleinstbetriebe mit nur wenigen Mitarbeitern gegenüber den Global Players nur dann eine Chance, wenn sie stabile Kooperationen untereinander eingehen und in funktionierende Netzwerke eingebunden sind. Wenn einer krank wird, muss ein anderer für ihn unter seinem Namen einspringen, sonst verliert er den Kunden und wer einen Auftrag erhält, für den er nicht ausreichend qualifiziert ist, muss sich einen Experten zukaufen, der diesen Auftrag für ihn durchführt.

Um mit einer Tiermetapher zu sprechen: Wenn es den vielen Kleinen gelingt, sich wie Delfine durch funktionierende Kommunikation und Gruppensolidarität gegen die einzelnen Haie im Meer zu behaupten, haben sie langfristig einen Wettbewerbsvorteil. EXZET hat ein Netzwerk aufgebaut und strebt die Entwicklung einer solchen „Delfinkultur“ an, die auf Vertrauen aufbaut, als Basis für offene Kommunikation und Solidarität unter Gleichen.

Eine Grundfähigkeit für diese Delfinkultur der Neuen Selbstständigen ist die *Koopkurrenz*, d. h. sie stehen bei der Akquise der Aufträge in einer Konkurrenzbeziehung und kooperieren bei der Auftragsabwicklung, denn jeder hat andere Schwerpunkte und Spezialkenntnisse. Je nach Auftragserteilung treten die Selbstständigen als Generalunternehmer oder als Subunternehmer in Beziehung untereinander. Der Wirtschaftswissenschaftler Herbert Giersch (1992) hat diese besondere Mischung aus Konkurrenz und Kooperation mit dem Begriff Koopkurrenz bezeichnet.

Der Koopkurrenzfähigkeit als einer besonderen Form der psychosozialen Kompetenz wird als Erfolgsfaktor für die Neuen Selbstständigen im Rahmen der boomenden Gründungsberatung noch zu wenig Beachtung geschenkt. Qualifizierungskonzepte zur beruflichen Selbstständigkeit, die entweder als Einzelberatung oder Seminarveranstaltung durchgeführt werden, gehen noch überwiegend von einem klassischen Unternehmertyp wie Robert Bosch oder Bill Gates aus, die früher wie heute die Ausnahme sein werden und bei den Gründungsberatern auch selten auftauchen.

Nach einer Studie der IHK München verbinden ältere Menschen mit Berufserfahrung aus Angestelltentätigkeit mit einer Geschäftsgründung eher das Ziel, ihre eigene Existenz zu sichern und weniger damit, sich mit einer Innovation Marktsegmente zu erobern, schnell zu wachsen und hohe Umsätze und Renditen zu erwirtschaften.

Mit unserem Gründerzirkelkonzept beschränken wir uns darauf, solche Neuen Selbstständigen zu qualifizieren, wie sie mit Dienstleistungen in funktionierenden Kooperationen erfolgreich werden können. Dafür ist unser Setting besonders gut geeignet, bei dem die Teilnehmer von Anfang an in branchenübergreifend zusammengesetzten Gruppe qualifiziert werden und dabei lernen, miteinander konstruktiv zusammenzuarbeiten.

## 11 Unsere Vision

Langfristig könnte diese auf Vertrauen basierende Koopkurrenzkultur ökonomisch effizienter sein in einem Wirtschaftssystem, in dem Wissen der entscheidende Rohstoff ist, der sich beliebig vermehren lässt. Eine Misstrauens- und Angstkultur, wie sie in den Konzernen oft üblich ist, erfordert Kontrolle und kostet viel Geld. Hier könnte der langfristige Vorteil für die Neuen Selbstständigen liegen, die keine Kontrolle brauchen, weil sie ihre eigenen Chefs sind und damit billiger und auf Grund ihrer Beweglichkeit auch flexibler sind.

Viele Gründer, die sich dieser Sichtweise nach anfänglichem Zögern anschließen können, wollen gar nicht mehr in einem Großbetrieb tätig sein, eben wegen der Intrigen und dem Misstrauensklima. Sie sehen es als große Chance an, ihre eigene Unternehmenskultur zu prägen.

Solche neuen Prozesse und Kulturen sind in der Übergangszeit sehr anfällig und brauchen erst eine kritische Masse und eine Stabilisierung. EXZET hat seine historische Bedeutung in der Aufgabe, die Neuen Selbstständigen mit einer klaren Vision und einer optimistischen Zukunftsperspektive zusammenzubringen und ihnen die Koopkurrenzkultur vorzuleben. Erfolgreiche Vernetzung und Kooperation mit Partnern ist deshalb auch das vorrangige Ziel für die Einrichtung EXZET selbst. In der nächsten Projektphase werden wir größtenteils unsere eigene Infrastruktur aufgeben und in der Kooperation mit solchen Einrichtungen weiterwirken, die von unserem Know-how profitieren wollen und sich von der Zusammenarbeit synergetische Effekte versprechen. Wenn dies gelingt, haben wir unsere Vorgabe erreicht, die darin bestand, modellhaft neue Wege der Arbeitsmarktpolitik zu finden.

## 12 Erste Ergebnisse

Nach einer Auswertung von 330 Fragebögen der Teilnehmer unserer Gründerzirkel haben etwa ein Drittel der Teilnehmer wieder ein qualifiziertes Beschäftigungsverhältnis gefunden. Wir interpretieren dies dahingehend, dass ihnen durch die Arbeit in den Gründerzirkeln klar geworden ist, dass sie für die Selbstständigkeit nicht geeignet sind oder ihre Idee nicht marktfähig genug ist. Wir gehen darüber hinaus aber davon aus, dass die systematische Vorbereitung auf die Umsetzung einer eigenen

Geschäftsidee so genannte „Intrapreneurship-Qualitäten" fördert, wie sie von den heute global agierenden Unternehmen verlangt werden und dadurch ihre Employability verbessert wurde.

Der größere Teil hat sich mehr oder weniger erfolgreich selbstständig gemacht.

Einige Gründer verbleiben auch nach ihrer Gründung noch lange als Tutoren im EXZET und bringen ihre Erfahrung sowohl als ehemalige Gründerzirkelteilnehmer wie als Selbstständige mit ein. Solche Tutoren sind überwiegend beratend tätig, denn die Tutorenrolle erfordert Moderationserfahrung und Beraterqualifikation.

Selbstständige mit einem Tutorenjob bleiben weiterhin im Kontakt mit dem EXZET-Netzwerkknotenpunkt. Diese Tätigkeit als Tutor ist hochattraktiv: Sie trainiert die psychosoziale Kompetenz, insbesondere die Fähigkeit, Gruppen zu leiten. Sie vergrößert aber auch permanent das eigene Netzwerk und ist darüber hinaus noch als Auftrag eines bekannten Referenzkunden auszuweisen.

Vorstellbar wäre, dass die Organisation dieser besonderen Form von Qualifizierung und Begleitung in Gründerzirkeln bundesweit als Schneeballsystem aufgebaut werden könnte, wenn sich genügend qualifizierter Nachwuchs aus den Gründerzirkeln heraus findet.

Weniger erfolgreiche Gründer sind solche, die sich zu sehr auf ihre eigene Idee beschränkt haben, die sich isolieren, an den Branchentreffs und Unternehmergesprächen nicht teilnehmen, denen Kontakte und Anregungen fehlen. Kontrakte entstehen eben nur über Kontakte.

## Literatur

Betz, D. & Breuninger, H. (1996): Teufelskreis Lernstörungen (4. Aufl.). Weinheim: Psychologie Verlags Union

Breuninger, H. (2000): Teufelskreis Lernstörungen. In: P. Haase (Hrsg.) (2000)

Giersch, H. (1992): Das Prinzip Offenheit. In: Wirtschaftswoche 38

Haase, P. (Hrsg.) (2000): Schreiben und lesen sicher lehren und lernen. Dortmund: Modernes Lernen/ Borgmann Publishing

# Beruflicher Wandel und Psychotherapie älterer Arbeitnehmer

*Manfred Beutel, Franz Bleichner und Egon Kayser*

## Einleitung

Umgangssprachlich finden sich viele Begriffe für berufliche Überforderungs- und Konfliktkonstellationen, wie Tabelle 1 zeigt.

*Tabelle 1:* Berufliche Überforderung/ Konflikte in der Umgangssprache

- Arbeitsstörung
- Burn-out
- Innere Kündigung
- Innovationsangst
- Karriereknick
- Mobbing
- Pensionierungsschock
- Prüfungsangst
- Stress
- Workaholic

Diese Begriffe finden sich häufig in den subjektiven Krankheitstheorien psychosomatisch Kranker. Patienten in der psychosomatischen Klinik gaben etwa zur Hälfte berufliche Belastungen (vor allem Angst vor Arbeitsplatzverlust, zwischenmenschliche Konflikte am Arbeitsplatz) als wesentliche Ursache ihrer Beschwerden an (Bürger & Koch 1995). In nahezu allen neueren Katamnesestudien aus dem Bereich der Psychosomatik sahen sich Patienten in ihrer Leistungsfähigkeit beeinträchtigt (Junge & Ahrens 1996). Auch in klinisch-kasuistischen Arbeiten zur Behandlung von Patienten in der Lebensmitte (z. B. Peters 1998) finden wir berufliche Veränderungen wie Arbeitsplatzverlust als Auslöser des psychischen Zusammenbruchs. Dennoch wird der Arbeitsbereich in der psychotherapeutischen Forschung und Praxis vernachlässigt. Die Schilderung beruflicher Belastungen durch Patienten erscheint uns oft so plakativ wie die Tabelle 1. Wir sind als Psychotherapeuten geneigt, diese als Ablenkung oder Rationalisierung tieferliegender Probleme oder Konflikte anzusehen, die wir je nach therapeutischer Orientierung im Bereich der Affekte und der Selbstregulation, in familiären oder interpersonalen Beziehungen ansiedeln. Bräutigam (1984) zeigte vor einigen Jahren am Beispiel des Heidelberger Katamneseprojektes, dass der berufliche Bereich unter den ausgefeilten Zielformulierungen deutlich unterrepräsentiert war, selbst bei den Patienten, die beruflich nicht integriert waren. Die unter Psychotherapeuten verbreitete Annahme, dass eine bessere Konfliktbewältigung quasi automatisch auch eine bessere berufliche Reintegration nach sich zieht, („Meine beruflichen Schwierigkeiten bewältige ich, wenn es mir besser geht") blieb unbewiesen.

Im Gegenteil zeigen die bisher vorliegenden Katamnesestudien aus dem Bereich der psychosomatischen Rehabilitation übereinstimmend, dass eine längere Arbeitsunfähigkeit bei Klinikaufnahme sowie Arbeitslosigkeit zu den deutlichsten Prädiktoren für schlechtere längerfristige Behandlungsergebnisse zählten (Irle, Klosterhuis & Grünbeck 1998; Wille, Irle, Klosterhuis & Nischan 1997). Diesen Zusammenhang verdeutlicht Abbildung 1 (vgl. Beutel, Dommer, Kayser, Bleichner, Vorndran & Schlüter 1999).

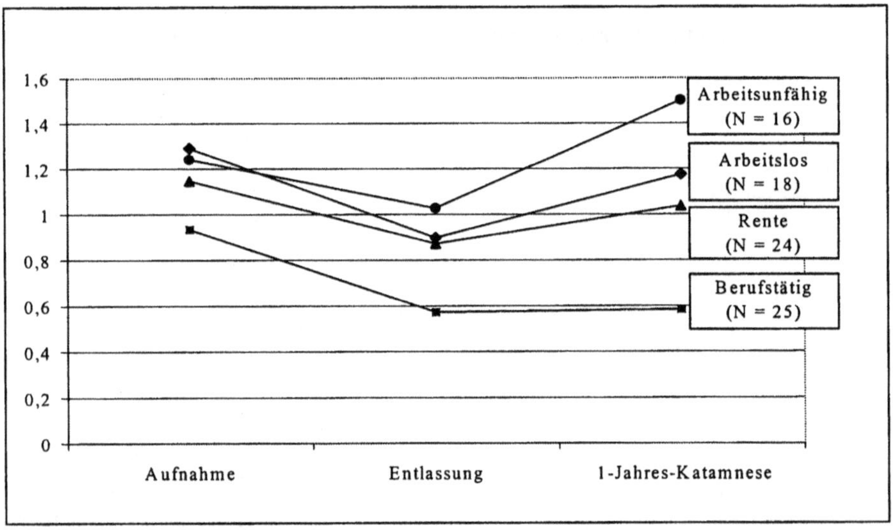


*Abbildung 1:* Symptombelastung (GSI) von der Aufnahme zur Katamnese: Einfluss der Rückkehr zum Arbeitsplatz

Dargestellt werden alle Patienten, die bei Aufnahme in die Psychosomatische Klinik entweder längerfristig (6 Monate und mehr) arbeitsunfähig oder arbeitslos waren. Wie die Abbildung zeigt, profitierten zum Entlassungszeitpunkt alle Patienten signifikant (ANOVA; $p < .001$) von der Behandlung. Die positiven stationären Behandlungseffekte wurden aber nur von der Gruppe beibehalten, die zur 1-Jahres-Katamnese berufstätig und nicht krankgeschrieben waren. Bei den übrigen, den zwischenzeitlich berenteten, den arbeitslosen und weiterhin arbeitsunfähigen Patienten war hingegen eine erneute Verschlechterung der Symptombelastung (erfasst mit der Symptom-Checkliste; SCL-90 R) festzustellen (ausführlich vgl. Beutel, Kayser, Vorndran, Schlüter & Bleichner 1998 b).

Wir möchten zunächst auf gegenwärtige Tendenzen des beruflichen Wandels und damit zusammenhängende berufsbezogene Belastungen von Erwerbstätigen insgesamt eingehen, dann anhand einer eigenen Studie auf die speziellen Belastungen älterer Arbeitnehmer und abschließend einige psychotherapeutische Schlussfolgerungen formulieren.

## 1 Beruflicher Wandel

Festzustellen sind vor allem zwei Tendenzen (Marstedt & Müller 1998; Sennett 1998):

- Die Ökonomisierung von Betriebsabläufen mit dem Ziel der Kostensenkung führt zu einem forciertem Einsatz von EDV, Informations- und Kommunikationstechnologien.
- Damit wird auch die Flexibilisierung von Betriebsabläufen unterstützt, die überdies neue und zwischenbetriebliche Arbeitsteilungen und eine „verschlankte" betriebliche Hierarchie bedingt.

Es kommt nicht nur zum Wegfall von Arbeitsplätzen insgesamt, sondern speziell auch zum Abbau von Schonarbeitsplätzen, Nischen, die bislang durch ältere oder behinderte Arbeitnehmer besetzt werden konnten.

Wie die wiederholten Repräsentativbefragungen des Instituts für Demoskopie, Allensbach ermittelten, kam es zwischen 1960 und 1992 insgesamt zu einer Minderung körperlicher Belastungen, Belastungen durch Staub, Schmutz oder Lärm. Hingegen kam es zu einer deutlichen Steigerung psychomentaler Belastungen, Tätigkeiten, die als nervenaufreibend, seelisch belastend beschrieben wurden, eine starke Konzentration erforderten oder unter Termin- oder Leistungsdruck stattfanden (zusammenfassend Jaufmann 1995).

Die in den letzten Jahren stark gestiegene Arbeitslosigkeit ist mit einem überproportional wachsenden Anteil von Langzeitarbeitslosen verbunden. Bisherige arbeitspsychologische und -soziologische Untersuchungen belegen eine enge Verknüpfung von Arbeitslosigkeit mit erhöhter Depressivität und Hilflosigkeit, in einigen Studien auch psychosomatischen Beschwerden. Hier wurde diskutiert, wie weit Arbeitslosigkeit gesundheitliche Einbußen nach sich zieht, oder gesundheitlich beeinträchtigte Gruppen schlechtere Arbeitsmarktchancen haben. Neuere Längsschnittstudien (siehe Metaanalyse von Murphy & Athanasou 1999) belegen, dass der Eintritt von Arbeitslosigkeit einen negativen gesundheitlichen Effekt hat, umgekehrt die Wiederaufnahme von Arbeit einen gesundheitsförderlichen Effekt hat. Hier sind allerdings auch moderierende Faktoren (z. B. Qualifikationsniveau der wieder aufgenommenen Arbeit in Relation zu Ausbildungstand, finanzieller Situation, familiärer Situation etc.) zu berücksichtigen (Frese & Mohr 1978).

## 2 Ältere Arbeitnehmer

Mit der Verschiebung der Alterspyramide ist eine dramatische Veränderung der Altersstruktur von Erwerbstätigen verbunden. Bereits für die nächsten 10 Jahre wurde ein höherer Anteil über 50-jähriger Erwerbspersonen verglichen mit den unter 30-jährigen prognostiziert (Marstedt & Müller 1998). Für die Festlegung „ältere Arbeitnehmer" gibt es keine eindeutige Kriterien. Die Grenze wird niedrig gezogen, wenn der Bildungsstand gering, die physische Beanspruchung hoch ist, ein rasanter technologischer Wandel besteht und wie gegenwärtig eine hohe Arbeitslosigkeit. Die Beschreibung der Berufsentwicklung Älterer orientiert sich weiterhin an einem Defizitmodell, das Mängel, Einbußen und Verluste (z. B. an Muskelkraft) in den Vordergrund rückt und altersspezifische Ressourcen wie Erfahrung, Zuverlässigkeit und Besonnenheit ignoriert. Dabei zeigten arbeitspsychologische Untersuchungen, dass die Muskelkraft auch bei älteren Arbeitnehmern weit über dem Maß liegt, das für die berufliche Tätigkeit erforderlich ist. Auch war bei Älteren in neueren Studien an hoch technisierten Arbeitsplätzen kein generelles Absinken der Leistungsfähigkeit festzustellen (Lehr 1996).

In psychosomatischen Katamnesestudien war das höhere Lebensalter bislang ein negativer Prädiktor der Behandlungsergebnisse (was Befinden und Arbeitsfähigkeit betraf) (Broda, Bürger, Dinger, Broda & Massing 1996; Schmidt 1990; Zielke et al. 1995). Allerdings handelte es sich hier um korrelative Aussagen; systematische Vergleiche zwischen Lebensalterskohorten fehlen. Auch in der zunehmenden psychosomatisch-gerontologischen Forschung werden ältere Arbeitnehmer nicht erfasst, da die untere Altersgrenze meist bei 60 - 65 Jahren gezogen wird (vgl. Radebold 1992).

Die folgende Studie richtete sich daher auf ältere Arbeitnehmer in stationärer psychosomatischer Behandlung. Diese war Teil einer größer angelegten Katamnesestudie und verfolgte folgende Fragestellungen (Beutel et al. im Druck):

- Unterscheiden sich Patientinnen und Patienten in der zweiten Hälfte ihres Arbeitslebens von jüngeren bezüglich beruflicher Belastungen, psychischer Beschwerden und Lebenszufriedenheit?
- Welche Einflüsse haben berufliche Veränderungen auf subjektive Belastungen in Abhängigkeit vom Lebensalter?

Wie Tabelle 2 zeigt, wurden 97 Patienten in der Altersgruppe von 30 - 39 Jahren, 157 Patienten zwischen 40 und 49 und 158 Patienten zwischen 50 und 59 Jahren eingeschlossen, die in der Psychosomatischen Klinik Bad Neustadt/ Saale behandelt wurden. Es handelte sich um eine repräsentative Stichprobe (Rücklauf von 85 %) konsekutiver Patienten der Klinik, die bei Aufnahme, Entlassung, und zur 1-Jahreskatamnese nachuntersucht wurden. Angewendet wurden standardisierte Messverfahren zur Erfassung des psychischen Befindens (SCL-90 R), beruflicher Belastung (z. B. IRES) und Lebensqualität, sowie eine Reihe eigens konstruierter Messverfahren zur Erfassung beruflicher Veränderungen und Attributionen (vgl. Bürger & Koch 1995).

Die Behandlungsdauer betrug durchschnittlich 6 - 7 Wochen und lag bei den Jüngeren und Älteren höher als in der mittleren Altersgruppe. Wie in anderen psychosomatischen Kliniken waren etwa zwei Drittel der Untersuchten Frauen; bei den Älteren war der Anteil der Verheirateten erhöht, ebenso wie der Anteil der Verwitweten (in der Regel Frauen). Bezüglich des Kostenträgers überwog bei den Älteren die Angestelltenrentenversicherung (BfA) im Vergleich zu den Jüngeren; im Vordergrund standen als Erstdiagnosen neurotische Störungen (42 %) gegenüber psychogenen Reaktionen (19 %), funktionellen (18 %), psychosomatischen (4 %), und Persönlichkeitsstörungen (3 %); tendenziell hatten die Älteren mehr somatische Diagnosen. Sie waren gehäuft arbeitsunfähig bei Aufnahme und hatten deutlich öfter bereits einen Rentenantrag gestellt als die Jüngeren.

*Tabelle 2:* Soziodemographische und sozialmedizinische Merkmale der drei Altersgruppen bei der Aufnahme in die psychosomatische Klinik

| | | *30 - 39 Jahre (N = 97)* | | *40 - 49 Jahre (N = 157)* | | *50 - 59 Jahre (N = 158)* | | |
|---|---|---|---|---|---|---|---|---|
| • Alter | Jahre | 34.8 | | 44.4 | | 54.7 | | *** [a] |
| • Behandlungsdauer | Tage | 48.3 (10 - 98) | | 44.6 (21 - 77) | | 47.6 (27 - 84) | | *** |
| | | *N* | *%* | *N* | *%* | *N* | *%* | |
| • Geschlecht | Weiblich | 61 | 63 | 99 | 63 | 92 | 58 | n. s. |
| | Männlich | 36 | 37 | 58 | 37 | 66 | 42 | |
| • Familienstand | Ledig | 34 | 36 | 17 | 11 | 10 | 7 | *** |
| | Verheiratet | 47 | 50 | 99 | 63 | 104 | 71 | |
| | Getrennt | 11 | 12 | 37 | 24 | 32 | 22 | |
| | Verwitwet | 3 | 3 | 4 | 3 | 11 | 8 | |
| • Kostenträger | BfA | 60 | 62 | 98 | 62 | 123 | 78 | ** |
| | LVA | 34 | 35 | 51 | 33 | 25 | 16 | |
| | Kasse/ Sonstige | 3 | 3 | 8 | 5 | 10 | 6 | |
| • Somatische Diagnosen | 0 | 53 | 55 | 82 | 52 | 76 | 48 | .10 |
| | 1 | 31 | 32 | 41 | 26 | 29 | 18 | |
| | 2 und mehr | 13 | 13 | 34 | 22 | 53 | 34 | |
| • Arbeitsunfähig | | 27 | 28 | 39 | 25 | 60 | 38 | *** |
| • Arbeitslos | | 27 | 28 | 26 | 17 | 39 | 26 | .10 |
| • Rentenantrag | | 2 | 2 | 3 | 2 | 35 | 23 | *** |

*Anmerkung: [a] t-Test bzw. Chi²- Test; *** p < .001; ** p < .01; .10 p < .10.*

Aufnahme- und Entlassungswerte der SCL-90 R der 3 Altersgruppen wurden mit Varianzanalysen (mit Messwiederholung) als Maß der psychischen Belastung verglichen. Wie Abbildung 2 zeigt, hatten die älteren Patienten bei der Aufnahme eine signifikant geringere Symptombelastung als die jüngeren Patienten (vor allem bezüglich Unsicherheit im sozialen Kontakt, Aggressivität, phobische Angst, paranoides Denken, Psychotizismus). Bei Entlassung kam es zu einer signifikanten Reduktion der Symptombelastung insgesamt, deutlicher bei Patienten mittleren und jüngeren Alters (MANOVA: Gruppe p < .001; Zeit p < .001; Gruppe x Zeit p < .05). Diese Ergebnisse galten auch, wenn die Rentenantragsteller aus der Auswertung ausgeschlossen wurden.

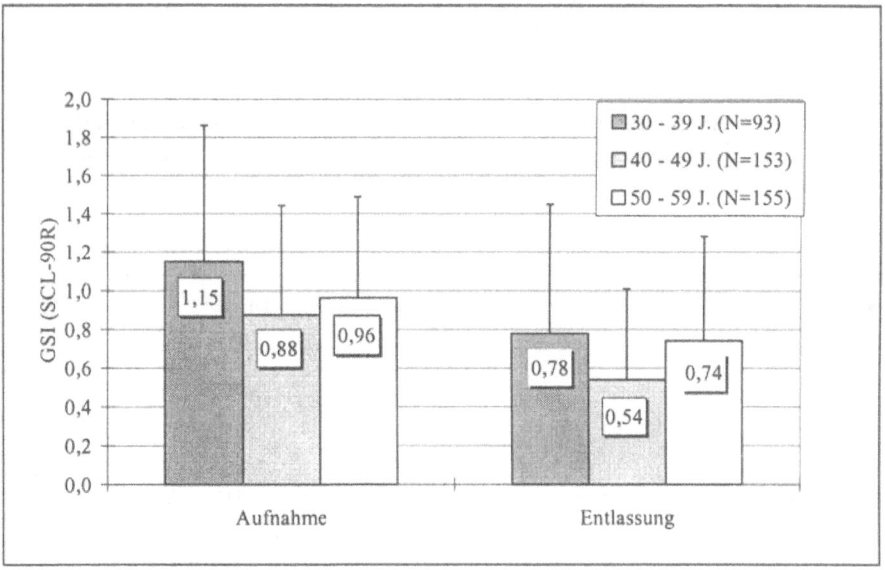


*Abbildung 2:* Symptombelastung bezüglich der SCL-90 R (GSI) bei Aufnahme und Entlassung in den drei Altergruppen

Vergleicht man die einzelnen Bereiche der *Lebenszufriedenheit*, so waren Patienten im Mittel mit den Bereichen Gesundheit und Arbeit am unzufriedensten. Die Zufriedenheit im Arbeitsbereich war bei den älteren und bei den jüngeren Patienten gegenüber der mittleren Arbeitsgruppe verringert. Bei den übrigen Lebensbereichen war die Lebenszufriedenheit der Älteren höher als bei den Jüngeren.

Auch wenn die Rentenantragstellung statistisch kontrolliert wurde, berichteten ältere Patienten insgesamt mehr *berufliche Veränderungen* vor der stationären Behandlung als die mittlere und jüngere Gruppe. Tabelle 3 schlüsselt die beruflichen Veränderung in den drei Altersgruppen auf.

Wie Tabelle 3 zeigt, stand die Einführung neuerer Technologien (EDV, Bildschirmarbeit) bei knapp 60 % im Vordergrund, gefolgt von Umstrukturierung der Arbeit, veränderten Arbeitsbedingungen und neuen Aufgaben. Knapp 40 % aus dieser Altersgruppe gab ein Wechsel des Vorgesetzten an. Jeder Fünfte berichtet immerhin eine unfreiwillige Versetzung. Keine Unterschiede bestanden bezüglich Veränderungen im Kollegenkreis oder Auseinandersetzungen mit Vorgesetzten und Kollegen.

*Tabelle 3:* Berufliche Veränderungen in den drei Altersgruppen vor der Aufnahme in die psychosomatische Klinik

| | *30 - 39 Jahre (N = 92 - 95)* | | *40 - 49 Jahre (N = 145 - 152)* | | *50 - 59 Jahre (N = 142 - 148)* | | |
|---|---|---|---|---|---|---|---|
| | *N* | *%* | *N* | *%* | *N* | *%* | |
| • Neue Technologien (EDV) | 31 | 33 | 65 | 43 | 85 | 59 | *** |
| • Arbeit umstrukturiert | 34 | 36 | 63 | 44 | 79 | 56 | ** |
| • Arbeitsbedingungen anders | 32 | 35 | 61 | 42 | 72 | 50 | * |
| • Neue Aufgaben | 27 | 28 | 53 | 35 | 73 | 50 | ** |
| • Chefwechsel | 20 | 21 | 43 | 29 | 58 | 39 | ** |
| • Unfreiwillig versetzt | 6 | 6 | 21 | 14 | 30 | 21 | ** |

*Anmerkung: Chi²-Werte (df = 2); * p < .05; ** p < .01; *** p < .001.*

In dieser Studie verfolgten wir die Frage, ob berufliche Veränderungen unterschiedliche Auswirkungen auf Arbeitsbelastung und Einstellung zur Arbeit in den verschiedenen Altersgruppen haben. Abbildung 3 zeigt, dass die Einstellung zur Arbeit in den drei Altersgruppen mit der *Einführung technologischer Veränderungen* zusammenhängt: Ältere Patienten berichteten stärkere negative Gefühle zur Arbeit, wenn es zu technologischen Veränderungen kam. Die jüngeren hingegen hatten eine negative Einstellung zur Arbeit, wenn keine technologischen Veränderungen eintraten (ANOVA; p<.05).

Betrachtet man den *Wechsel des Vorgesetzten* (unabhängig von der EDV-Einführung), so gaben die älteren im Vergleich zu den beiden jüngeren Gruppen vermehrte psychomentale Belastungen und eine verringerte Arbeitsmotivation an. Sie fühlten sich häufiger durch den Vorgesetzten kritisiert und aus ihrer Position gedrängt. Sie beklagten gehäuft, dass ihnen Arbeitsbereiche entzogen wurden und dass sie abgemahnt wurden.

In allen Patientengruppen fanden sich hoch signifikante Zusammenhänge zwischen der Symptombelastung (GSI) und einer negativen Einstellung zur Arbeit (r = .46), berufliche Einbußen (r = .45) und zwischenmenschlichen Konflikten am Arbeitsplatz (r = .41).

Im Unterschied zu bisherigen Studien fanden wir keine generell schlechtere Wiederherstellung der Arbeitsfähigkeit älterer Patienten bei der Entlassung verglichen mit den Jüngeren - aber nur dann, wenn wir berücksichtigten, dass die älteren bereits weit häufiger arbeitsunfähig aufgenommen wurden.

Bei den beruflichen Belastungen fanden sich deutliche *Geschlechtsunterschiede*. Im Vergleich zu Männern berichteten Frauen, dass sie häufiger teilzeitbeschäftigt waren, oft auch weniger qualifiziert, weniger beruflichen Veränderungen ausgesetzt waren und weniger berufliche Sorgen hatten. Sie fühlten sich mehr beeinträchtigt im Partnerschaft, Familie und Alltag und waren auch mit der familiären Situation unzufriedener als die Männer. Insbesondere fühlten sich teilzeitbeschäftigte Frauen weniger im Arbeitsbereich beeinträchtigt und waren zuversichtlicher, weiter arbeiten zu können als vollzeitbeschäftigte Frauen. Allein stehende äußerten mehr berufliche Sorgen als verheiratete Frauen.

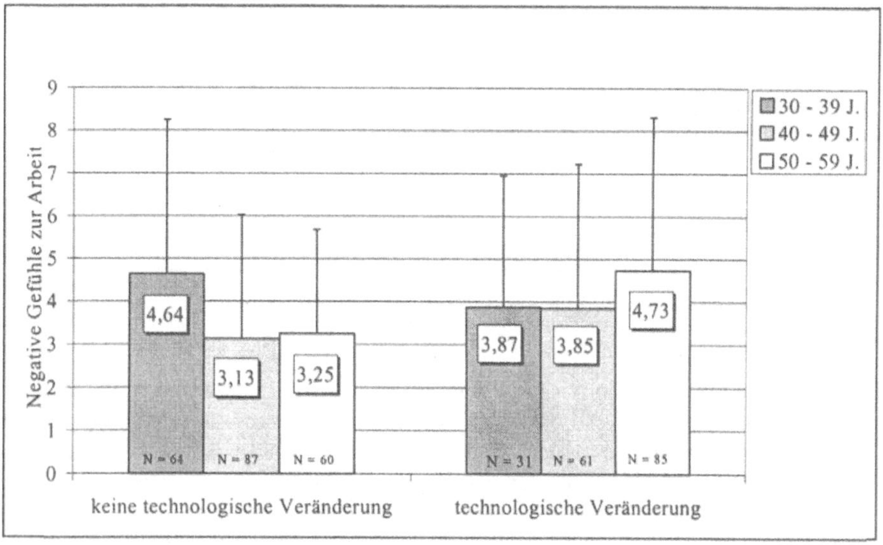


*Abbildung 3:* Einfluss technologischer Veränderungen auf die Einstellung zur Tätigkeit in den drei Altersgruppen (N = 388)

Zusammenfassend zeigen sich eine Reihe negativer Konsequenzen beruflichen Wandels für ältere Arbeitnehmer: Sie sind erhöhten Anforderungen an Flexibilität und Mobilität ausgesetzt, was Arbeitszeit oder auch den Ort betrifft. Die Ökonomisierung und Rationalisierung mit forciertem Einsatz neuer Informations- und Kommunikationstechnologien führt nach unseren Ergebnissen zu negativeren Einstellungen zur Arbeit. Nachteil ist vor allem für behinderte Arbeitnehmer der Verlust von Schonarbeitsplätzen und Nischen. Mit der Verkürzung der Lebensarbeitszeit kommt es zu hoher Arbeitslosigkeit, die sich vor allem bei Älteren infolge der ungünstigen Wiedereingliederungschancen zur Langzeitarbeitslosigkeit entwickelt.

Entgegen der Erwartung, für geleistete Verdienste Anerkennung zu finden geraten gerade die Arbeitsplätze älterer mit langer Firmenzugehörigkeit in Gefahr, für die der Arbeitsmarkt kaum Alternativen bietet (Kieselbach, Klink, Scharf & Schulz

1998). Berufserfahrung erweist sich unter Umständen als Hindernis für rasche betriebliche Umstellungen; damit entfällt nach Sennett (1998) auch ein kritisches Potenzial im Betrieb. Wenn eine Kündigung oder Frühberentung nicht durchsetzbar ist, kommt es zu Umsetzungen, unter Umständen finanzieller Herabstufung, was sich in Klagen der Patienten über vermehrte Konflikte am Arbeitsplatz wieder finden kann. Dies kann bei langjährig stabilen, beruflich engagierten und anerkannten Arbeitnehmern, für die die Arbeit ein wichtiger Teil der Identität ist und die ihr Leben in der Erwartung geführt haben, dass Erfahrung, Leistung und Loyalität zählen und honoriert werden, zum Anlass einer ängstlich-depressiven Dekompensation und Arbeitsunfähigkeit werden (zum Einfluss neurotischer Fehlhaltungen; vgl. Christian 1969). Dies kann sich in depressiv-ängstliche Reaktion, Somatisierung, Vermeidung, Rückzug („innere Kündigung", Rentenantrag) und Demoralisierung mit vermindertem Selbstvertrauen (Übernahme negativer Altersstereotypen) äußern.

Nach unserem klinischen Eindruck kommt es im Zuge der Einführung neuerer Informations- und Kommunikationstechnologien zu tief greifenden Erschütterungen der beruflichen Identität und zur Infragestellung grundlegender Kompetenzüberzeugungen und der Leistungsmotivation. So scheint den Betroffenen der Wert persönlicher Berufserfahrungen und Firmentreue in Frage gestellt. Durch die EDV-Einführung wird in ihrer Sicht all dies unbedeutend, und es zählt nur der rasche und unkomplizierte Umgang mit der neuen Technologie. Zu dieser tiefen Erschütterung ihrer inneren Überzeugungen kommt die Kränkung durch die Unterordnung unter den neuen, jüngeren und vergleichsweise unerfahrenen Chef bzw. die Unterlegenheit gegenüber jüngeren Kollegen, die den EDV-Umgang mit Leichtigkeit beherrschen.

## 3 Psychotherapeutische Ansätze

Tabelle 4 zeigt häufige Probleme bei der psychotherapeutischen Bearbeitung beruflicher Belastungen und Konflikte.

*Tabelle 4:* Häufige Probleme bei der psychotherapeutischen Bearbeitung beruflicher Belastungen und Konflikte

- Bagatellisierung/ Vermeidung von Problemen und Konflikten
- Einseitige externale Attribution („Opfer", „Mobbing")
- Verleugnung eigener Anteile am Zustandekommen beruflicher Konflikte
- Fehleinschätzung eigener Fähigkeiten (Selbstüberschätzung, mangelndes Selbstvertrauen)
- Zum Teil langjähriges Fehlen regelmäßiger beruflicher Tätigkeit
- Wunsch nach emotionaler Entlastung und Schonung („Kur") vorrangig
- Doppelrolle Therapeut - Gutachter (z. B. Entschädigungswünsche, Rentenbegehren)
- Unkenntnis der Therapeuten über spezifische berufliche Anforderungen und Veränderungsprozesse

Seitens der Patienten ist häufig eine Bagatellisierung oder Vermeidung von Problemen und Konflikten im beruflichen Bereich festzustellen. Ähnliches war auch in Studien mit arbeitslosen Männern zu beobachten, die die psychischen Folgen herunterspielten (Frese & Mohr 1978). Attributionen interpersonaler Konflikte am Arbeitsplatz, die nach unseren Erfahrungen eine Schlüsselrolle spielen, erscheinen häufig einseitig und external, wenn Patienten sich als „Opfer“ gezielten „Mobbings“ schildern. Viele Patienten tendieren dazu, eigene Anteile am Zustandekommen beruflicher Konflikte zu verleugnen, auch dann wenn sich ähnliche Konfliktkonstellationen im stationären Behandlungsverfahren oder in der aktuellen Übertragungssituation manifestieren (Beutel, Kayser, Vorndran, Farley & Bleichner 1998 a). Fehleinschätzungen eigener Fähigkeiten im Sinne der Selbstüberschätzung oder des Mangels an Selbstvertrauen sind für Patienten oft schwer zu korrigieren, vor allem wenn sie langjährig keiner regelmäßigen oder qualifizierten Berufstätigkeit nachgegangen sind. Vor allem im stationären Bereich finden wir häufig den Wunsch nach emotionaler Entlastung und Schonung vorrangig („Ich bin doch nicht zum Arbeiten auf Kur gefahren“). Als Therapeuten geraten wir rasch in die Rolle, zusätzliche Gutachterfunktionen zu übernehmen. Dies gilt nicht nur für den Bereich der unausweichlichen sozialmedizinischen Begutachtung in der stationären Rehabilitation, sondern auch wenn Patienten in der ambulanten Psychotherapie den Wunsch nach Attesten äußern. Erschwerend ist die mangelnde Kenntnis von Therapeuten über spezifische berufliche Anforderungen, Veränderungsprozesse und Möglichkeiten konkreter Unterstützung bei der beruflicher Reintegration.

Erforderlich ist daher (vgl. Harrach 1998):

- Die Durchführung einer *erweiterten berufsbiographischen Anamnese*, die detailliert Ausbildung, berufliche Pläne und Ziele, Abstimmung mit familiären Problemen, Karriere/ Zielerreichung, Sozialkontakt am Arbeitsplatz, berufliche Veränderungen, Bewertung beruflicher Belastung, Attributionen, Bewältigungsstrategien, finanzielle Sicherheit, Freizeitbereich bzw. Hobbys, Zukunftsperspektiven, bei den Älteren insbesondere die Auseinandersetzung mit dem Älterwerden und die Leistungsfähigkeit einschließt.
- Oft ist es schwierig, den *offenen Dialog* über soziale Lebensstrategien zu führen, vor allem wenn sich an die Psychotherapie ein Berentungs- oder Entschädigungswunsch knüpft. Daher hat die Motivationsklärung einen entscheidenden Platz, ebenso wie die Realitätsklärung.
- Unter Umständen sind *konkrete Hilfestellungen* erforderlich. So wird in der psychosomatischen Klinik in Bad Neustadt wie an einzelnen anderen psychosomatischen Kliniken eine berufliche Belastungserprobung als Bestandteil der psychosomatischen Rehabilitation durchgeführt und zurzeit auch im Rahmen einer Therapiestudie evaluiert. Dabei findet im Rahmen eines 4-wöchigen Praktikums eine gezielte berufsfeld-spezifische Erprobung in ausgewählten Betrieben statt, die sozialpädagogisch begleitet und psychotherapeutisch in der Gruppe aufgearbeitet wird. Dies ermöglicht nicht nur eine fundierte sozialmedizinische Beurteilung, sondern auch eine gezielte Aufarbeitung beruflicher Schwierigkeiten und eine Umsetzung therapeutisch erarbeiteter Ansätze im konkreten beruflichen Umfeld.

- Für Patienten in der *zweiten Hälfte des Berufslebens* wurde auf Grund der dargestellten Befunde im Rahmen eines speziellen Settings („Zweite Lebenshälfte") ein EDV-Kurs eingeführt, der Patienten die Möglichkeit gibt, betriebsübliche Standardprogramme spielerisch zu üben. Diese dient dem Angstabbau im Umgang mit der Hard- und Software. Daneben werden Basiskompetenzen vermittelt, und es gibt die Möglichkeit für Patienten, eigene Kompetenzen gezielt zu erweitern. Dies hilft nach unserer klinischen Erfahrung, Vermeidungsverhalten, Versagensängste und Lernblockaden abzubauen, vor allem wenn die Konfrontation mit der gefürchteten Technik während der stationären Behandlung in einem geschützten Milieu stattfindet. Die Gruppenzusammensetzung mit Gleichaltrigen erlaubt, Fragen zu stellen und Probleme anzusprechen, die in einem Computerkurs mit Jüngeren aus Angst vor Blamage unterbleiben würden. Die Erfahrungen mit dem Computerkurs können in der Therapie besprochen und aufgearbeitet werden.
- Zu den *konkreten Hilfen* gehört, dass *gezielte Beratung* folgt, um Möglichkeiten der schrittweisen Wiedereingliederung, der betrieblichen Umsetzung, der mobilen Altersteilzeit, sowie weitere Hilfen zur Wiedereingliederung und Maßnahmen zu beruflichen Qualifizierung zu nutzen (Beutel et al. 1998 b).

Wir hoffen, dass wir am Beispiel der älteren Arbeitnehmer zeigen konnten, dass eine intensive Auseinandersetzung der Psychotherapie mit Erwerbstätigkeit, beruflicher Belastung und den Folgen von Arbeitslosigkeit erforderlich ist. Dies ist nicht nur notwendig im Hinblick auf die oft verkürzt dargestellte existenzsichernde und ökonomische Funktion der Erwerbsarbeit, sondern auch auf ihre vielfältigen psychosozialen Funktionen: Die Strukturierung der Lebenszeit, die Auseinandersetzung mit der Realität im Sinne von Kompetenz und Qualifikation, die Vermittlung übergeordneter Handlungszusammenhänge, den Kontakt und die Auseinandersetzung mit anderen Menschen als Basis für persönliche Identität und Selbstwertgefühl.

## Literatur


Beutel, M., Kayser, E., Vorndran, A., Farley, A. & Bleichner, F. (1998 a): Die integrierte berufliche Belastungserprobung in der medizinischen Rehabilitation - Erfahrungen und Perspektiven am Beispiel der psychosomatischen Rehabilitation. In: Die Rehabilitation 37: 85 - 92

Beutel, M., Kayser, E., Vorndran, A., Schlüter, K. & Bleichner, F. (1998 b): Berufliche Integration psychosomatisch Kranker - Ergebnisse einer Verlaufsuntersuchung mit Teilnehmern der beruflichen Belastungserprobung. In: Praxis Klinische Verhaltensmedizin und Rehabilitation 42: 22 - 27

Beutel, M., Dommer, T., Kayser, E., Bleichner, F., Vorndran, A. & Schlüter, K. (1999): Arbeit und berufliche Integration psychosomatisch Kranker - Nutzen und Indikation der beruflichen Belastungserprobung. In: Psychotherapie, Psychosomatik, Medizinische Psychologie 49: 368 - 374

Beutel, M., Kayser, E., Kehde, S., Dommer, T., Bleichner, F., Schlüter, K. & Baumann, J. (im Druck): Berufliche Belastungen, psychosomatische Beschwerden und Lebenszufriedenheit in der zweiten Hälfte der Berufslebens - Vergleich von 3 Altersgruppen in der psychosomatischen Rehabilitation. Erscheint in: Psychotherapeut

Bräutigam, W. (1984): Werte und Ziele in psychoanalytischen Therapien. In: Zeitschrift für Psychosomatische Medizin und Psychoanalyse 30: 62 - 71

Broda, M., Bürger, W., Dinger, A., Broda, A. & Massing, H. (1996): Die Berus-Studie. Zur Ergebnisevaluation der Therapie psychosomatischer Störungen bei gewerblichen Arbeitnehmern. Verhaltensmedizin Heute. Schriftenreihe des Wissenschaftsrates der AHG. Berlin, Bonn: Westkreuz-Verlag

Bürger, W. & Koch, U. (1995): Arbeitsbelastung und ihre Bedeutung für Patienten zu Beginn von stationärer psychosomatischer Fachbehandlung. In: Zeitschrift für Medizinische Psychologie 4: 66 - 78

Christian, P. (1969): Berufsunfähigkeit aus psychosomatischer und psychoneurotischer Ursache in der Lebensmitte und der zweiten Lebenshälfte. In: Zeitschrift für Psychosomatische Medizin und Psychoanalyse 70: 282 - 287

Frese, M., Greif, S. & Semmer, N. (Hrsg.) (1978): Industrielle Psychopathologie. Bern: Huber

Frese, M. & Mohr, G. (1978): Die psychopathologischen Folgen des Entzugs von Arbeit: Der Fall Arbeitslosigkeit. In: M. Frese, S. Greif & N. Semmer (Hrsg.) (1978): 282 - 320

Harrach, A. (1998): Psychosomatische Berufstherapie. In: Praxis Klinische Verhaltensmedizin und Rehabilitation 42: 11 - 17

Irle, H., Klosterhuis, H. & Grünbeck, P. (1998): Sozialmedizinische Prognose nach stationärer medizinischer Rehabilitation in der Angestelltenversicherung. In: Praxis der Klinischen Verhaltensmedizin und Rehabilitation 42: 51 - 60

Jaufmann, D. (1995): Verfällt die Arbeitsmoral? Frankfurt, New York: Campus

Junge, A. & Ahrens, S. (1996): Stationäre psychosomatische Behandlung - Patientenmerkmale und Behandlungserfolg. In: Psychotherapie, Psychosomatik, Medizinische Psychologie 46: 430 - 437

Kieselbach, T., Klink, F., Scharf, G. & Schulz, S.-O. (1998): „Ich wäre ja sonst nie mehr an Arbeit rangekommen!". Evaluation einer Reintegrationsmaßnahme für Langzeitarbeitslose. Weinheim: Deutscher Studien Verlag

Lehr, U. (1996): Psychologie des Alterns (8. Aufl.). Wiesbaden: Quelle und Meyer

Marstedt, G. & Müller, R. (1998): Ein kranker Stand? Fehlzeiten und Integration älterer Arbeitnehmer im Vergleich Öffentlicher Dienst - Privatwirtschaft. Forschung aus der Hans-Böckler-Stiftung Bd. 9. Berlin: Edition Sigma

Murphy, G. C. & Athanasou, J. A. (1999): The effect of unemployment on mental health. In: Journal of Occupational and Organizational Psychology 72: 83 - 99

Peters, M. (1998): Narzisstische Konflikte bei Patienten im höheren Lebensalter. In: Forum der Psychoanalyse 14: 241 - 257

Radebold, H. (1992): Psychodynamik und Psychotherapie Älterer. Berlin, Heidelberg, New York: Springer

Sennett, R. (1998): Der flexible Mensch. Berlin: Berlin Verlag

Schmidt, J. (1990): Evaluation einer Psychosomatischen Klinik. Frankfurt am Main: VAS

VDR Statistik Rehabilitation 1997 (1998): Verband Deutscher Rentenversicherer (VDR). Frankfurt:

Wille, G., Irle, H., Klosterhuis, H. & Nischan, P. (1997): Psychosomatik - trotz „Sparpaket" ein zentraler Bereich der medizinischen Rehabilitation. In: Praxis Klinische Verhaltensmedizin und Rehabilitation 37: 13 - 21

Zielke, M., Dehmlow, A., Broda, M., Carls, W., Hoehn, U., Jahrreiss, R., Keyserlingk, H. v., Kosarz, P., Limbacher, K., Meermann, R., Missel, P., Schuhler, P., Siegfried, J. & Sobottka, B. (1995): Ermittlung prognostischer Indikatoren für die Wiederherstellung der Arbeitsfähigkeit im Verlauf der stationären Behandlung von psychosomatischen Erkrankungen. In: Praxis Klinische Verhaltensmedizin und Rehabilitation 8: 139 - 147

# VI Psychotherapie in Ostdeutschland und Osteuropa

# Die Zukunft der Psychoanalyse in Ostdeutschland

*Jochen Schade*

## Einleitung

Einem unbefangenen Beobachter - warum nicht einem ostdeutschen Psychotherapeuten - könnte sich folgendes Bild der Psychoanalyse aus Gesprächsfetzen westlicher Kollegen ergeben:

## 1 Erster Dialog

Einer könnte sagen: Viele von uns hängen zu sehr am Alten. Sie halten keinen Vortrag, in dem Sigmund Freud nicht apologetisch zitiert wird. Was für ein Armutszeugnis! Wir sind doch Teilhaber einer lebendigen Wissenschaft. Kaum ein Stein ist auf dem anderen geblieben in den letzten 100 Jahren, und für die sind Freuds Texte immer noch der Weisheit letzter Schluss.

Der Andere denkt verärgert: Ach Gott, wieder einer dieser Revisionisten!

Kann man denn nicht begreiflich machen, dass Freud radikaler über die Probleme unseres Faches nachgedacht hat als die Späteren. Seine Irrtümer sind fruchtbarer, als manche Korrektheiten unserer Zeitgenossen. Sie sind heuristisch produktiv wie eh und je. Wenn ich ein Problem richtig durchdenken will, muss ich mit Freud beginnen und unsere Ergebnisse muss ich an seinen messen.

Und außerdem - vielleicht ist das nicht das Unwichtigste - hat er es nicht alles so schön ausgedrückt?

Das denkt er. Er antwortet aber auf die kritische Bemerkung je nach Temperament. Wahrscheinlich höflich und zurückhaltend, aber einem Gleichgesinnten wird er später den unterdrückten Teil seiner Antwort mit der nötigen Verve und einigem aggressiven Genuss mitteilen.

## 2 Zweiter Dialog

Der Erste stöhnt: Ach, diese ganze Psychotherapiediskussion. Effektivitätsforschung ... Grünbaumkontroverse. Wir beugen uns den Diktaten einer nomothetischen Wissenschaft, dabei hat die Analyse eine eigenständige epistemologische Grundlegung (Warsitz 1998). Merken die denn nicht, dass sie mit ihrer ängstlichen Folgsamkeit gegenüber der empirischen Wissenschaft die Analyse verraten. Beispielsweise geht es doch nicht primär um den Therapieerfolg. Der Erfolg im analytischen Sinn wird nie messbar sein. Die empirisch nachweisbaren Erfolge sind ein nützliches Zusatzergebnis, mit denen wir uns vor der Welt zu legitimieren haben. Aber dem Analytiker sollte es doch um die Erkenntnis der Wahrheit gehen. Freud (1933: 169):

> „Ich sage Ihnen, die Psychoanalyse begann als eine Therapie, aber nicht als Therapie wollte ich sie Ihrem Interesse empfehlen, sondern wegen ihres Wahrheitsgehaltes, wegen der Aufschlüsse, die sie uns gibt über das, was dem Menschen am nächsten geht, und wegen der Zusammenhänge, die sie zwischen den verschiedensten seiner Betätigungen aufdeckt. Als Therapie ist sie eine unter vielen ..."

Ein Zweiter denkt: Daher weht der Wind. Ihm scheint die Not der Patienten nicht ans Herz zu gehen. Er arbeitet mit der heroischen Fiktion, ausschließlich der Wahrheit verpflichtet zu sein. Interessieren ihn die Leiden der Patienten? Will er sie lindern? Wahrscheinlich gehört er zu denen, die ausschließlich den potenziellen Täter im Opfer sehen und seine Leiden vergessen. Vielleicht redet der auch nur deshalb so kritisch über die Therapieforschung, weil er allen Grund hat, sich vor deren Ergebnissen zu fürchten. Romantische Naturen beklagen vielleicht den Mangel an Menschenliebe im Analytiker.

Der Erste antwortet trotzdem unversöhnlich: Ich ahne, worauf es hinausläuft, auf Halt und Trost der supportiven Psychotherapie. Müssen wir uns denn mit platten Tröstungen zufrieden geben? Müssen wir uns denn einreihen in die Kultur der Fernsehprediger? Was für eine flache anthropologische Grundlegung. Sie können die tragische Natur des Menschen nicht akzeptieren. Hilfreich kann nur die Einsicht in die Wahrheit sein und die Wahrnehmung, dass wir die Schrecken im Patienten ertragen und ihn nicht fallen lassen. Die Liebe des Analytikers äußert sich in seiner Wahrheitsliebe.

Jetzt könnte sich ein Dritter, ein philosophisch interessierter Analytiker einmischen und fragen: Was redet der so unreflektiert und pathetisch von der Wahrheit über den Menschen oder gar der Wahrheit im Menschen? Da war Friedrich Nietzsche weiter als Freud. Der hat schon gewusst: Wahrheit sei „ein bewegliches Heer Metaphern, Metonymien ..." (Nietzsche 1873: 880 f.).

Und nun vollends die Epigonen Freuds. Wissen sie denn nicht, dass die moderne Philosophie den traditionellen Wahrheitsbegriff längst verabschiedet hat? Aus ihm spricht das verstaubte Pathos des 19. Jahrhunderts. Heute wissen wir: Die Wahrheit ist das, was wir herstellen. Sie sind offenbar nicht vertraut mit den Problemen der Relativität und Kontingenz des konstruktivistischen Wahrheitsbegriffes.

Außerdem sollte der mir bei Gelegenheit erklären, warum Wahrheit ein höheres Gut darstellt als Trost.

## 3 Dritter Dialog

Einer sagt: Es ist doch entsetzlich, dass die Analyse ihre großen Traditionen des kulturkritischen und politischen Denkens verraten hat. War sie nicht in früheren Zeiten ein radikal kritisches Instrument zur Analyse gesellschaftlichen Elends, ein Waffenarsenal im Emanzipationskampf. Und heute ist sie zu einem medizinischen Fach degeneriert. Freud (1926) wusste schon, warum er sich für die Laienanalyse einsetzte und vor der Medizinalisierung fürchtete. Die Analytiker lassen sich von einem großen Strom kritischen Denkens abschneiden. Sie sind Spezialisten geworden für neurotische Erkrankungen. Sie haben nicht mehr teil an der Bildungsgeschichte der Moderne. Freud war für alle bedeutenden Strömungen der Philosophie Stein des Anstoßes, Feind, Bundesgenosse und Anreger. Heute streiten wir mit den Verhaltenstherapeuten und verstricken uns in quälenden Diskussionen mit den Vertretern der Allgemeinen Psychotherapie.

Einer antwortet: Das ist eine arrogante Überhebung. Es ist doch unredlich, sich als Vertreter der kulturellen Avantgarde zu gerieren, aber das tägliche Brot von den Krankenversicherungen zu nehmen, für medizinische Dienstleistungen, die wir so effektiv wie möglich erbringen sollten.

Ein Anderer antwortet: Die Analyse hat heute nicht mehr die Kompetenz, gesellschaftliche Vorgänge zu begreifen. Analytische Sozialpsychologie ist stereotyp geworden. Wo gibt es denn noch bahnbrechende analytische Beiträge zur Gewaltforschung, ganz zu schweigen von Erkenntnissen zu den Ursachen und Folgen der Globalisierung. Die Analyse zieht sich völlig zu Recht auf die Untersuchung der analytischen Beziehung zurück. Die angewandte Psychoanalyse ist nicht mehr innovativ und subversiv (Reiche 1993).

## 4 Eine Liebeserklärung für die Analyse

Das sind nur drei unter Dutzenden von Dialogen, die man beschreiben könnte.

Es könnten andere folgen: zwischen einem Empiriker und einem Konstruktivisten, zwischen einem Freudianer und einem Verehrer Sandor Ferenczis, zwischen einem Kleinianer und allen anderen, zwischen einer feministischen Interpretin der Psychoanalyse und einem Traditionalisten, zwischen einem Anhänger des bestehenden Ausbildungssystems und einem erbitterten Gegner.

Ich sollte vorsichtshalber hinzufügen, dass meine Sprecher als Vertreter radikaler Interpretationen gezeichnet werden sollten und meine eigenen Positionen selten vertreten. Sie reden auch nicht wissenschaftlich abgesichert, sondern so, wie nach meiner Erfahrung Analytiker in informellen Situationen miteinander verkehren

Die Wiedergabe dieser fiktiven Gespräche diente lediglich dazu, zu zeigen, dass die ostdeutsche Analyse nicht auf ein homogenes Feld trifft, sondern auf ein zerklüftetes Gelände, auf dem eine differenzierte und hochkontroverse Diskussion über alle Grundlagen und Praktiken der Analyse stattfindet. Der Schulenstreit in der Analyse ist notorisch.

Man könnte ihn als Ausdruck der Unwissenschaftlichkeit der Analyse denunzieren. Wir können ihn aber auch als Zeugnis für ihre ungebrochene geistige Regsamkeit betrachten. Kein Argument gegen die Analyse von einem Außenkritiker, das nicht innerhalb der Analyse mit großer Schärfe diskutiert würde, in der Regel allerdings auf einem höherem Niveau, als es sich die Kritiker von außen träumen lassen.

Die Homogenität der Analyse scheint aus dieser Perspektive eine Fiktion und eine Projektion. Um es moderat zu formulieren: Es herrscht eine pluralistische Situation in der Analyse.

Wenn jenseits des Streites eine Einheit existiert, ist sie schwer zu fassen. Joseph Sandler soll in einer ähnlichen Situation geantwortet haben: Analyse ist das, was die Analytiker machen (Helmut Thomä; mündliche Mitteilung). Das ist eine selbstreferenzielle und zirkuläre Lösung des Problems, aber vielleicht aussagekräftig genug. Denn in praxi ist die Analyse ziemlich streng an das Setting gebunden: hochfrequente Behandlung, lange Behandlungszeiten, Einhaltung der festen Settingregeln.

Nun würde dieses formale Argument niemanden befriedigen, der ernsthaft über ihre Einheit jenseits der pluralistischen Erscheinung nachdenken möchte und der wissen will, warum man sich für die Analyse begeistern kann. Gibt es überhaupt noch eine Begeisterung für die Analyse, die es zu vermitteln gäbe? Wenn keine überzeugende Aussage über ihre Einheit möglich ist, sollten wir wenigstens beschreiben können, welche Faszination von ihr ausgeht.

Ich würde mir eine Liebeserklärung für die Analyse wünschen, die sich öffentlich und begeistert äußert und nicht nur verschämt in den Herzen ihrer Anhänger lebt. Eine Liebeserklärung, die auch die jungen Kollegen in Ostdeutschland anregt und der Analyse hier eine Zukunft schafft. Wie könnte die lauten?

Ich möchte sie unter einen Doppelgesichtspunkt stellen: Ich würde ihre Fähigkeit preisen, zu bewahren und sich gleichzeitig zu erneuern. Diese doppelte Haltung scheint mit eine Gewähr für ihre Vitalität, die weder unverändert am Alten festhält, noch sich bedingungslos dem Tempo und der Radikalität moderner Umgestaltungen unterwirft, die nicht unter Erinnerungsverlust, aber auch nicht unter einem starren Festhalten am Hergebrachten leidet.

Ich würde den dialektischen Umgang der Analyse mit dem Zeitbegriff preisen. Einerseits rechnet sie mit langen Zeiträumen, stellt die Trägheit des Unbewussten in Rechnung und hat die Tugend der Geduld kultiviert. Sie ist berüchtigt für ihre langen Therapien, die ihr die scharfe Kritik ihrer Gegner eintragen, denn die wirken extrem konservativ in einer Zeit, wo es nur auf Tempo und Effektivität anzukommen scheint. Der Analytiker hat die Geduld, lange zuzuhören, abzuwarten, seinem Deutungsdrang die Zügel anzulegen. Kämpft sie nicht gegen das „*Verschwinden der Vergangenheit*“ in der Psychologie, das Martin Dornes (1999) kürzlich beschrieb?

*Andererseits* ist sie auf das Hier-und-Jetzt orientiert und sucht in ihren Deutungen immer den Punkt höchster aktueller Dringlichkeit zu erfassen. Die Rekonstruktion der Vergangenheit verliert zunehmend an Bedeutung; die Wiedergewinnung von Erinnerung ist nicht vordringlich. Die therapeutische Potenz resultiert überwiegend aus der Erkenntnis der *gegenwärtigen* Muster der Objektbeziehungen, wie sie sich in der Übertragung widerspiegeln (Fonagy 1999).

Es ist dann wieder ein bemerkenswerter Befund, dass die Analyse seit 100 Jahren die gleiche Methode anwendet. Zwei Menschen reden miteinander, nicht mehr. Sie treffen sich regelmäßig und führen ein persönliches Gespräch. Sie stellen sich einer menschlichen Grundsituation und erreichen im guten Fall einen Grad von Vertrauen und von gegenseitiger Kenntnis, nach dem man wohl in anderen Zusammenhängen vergeblich sucht. Sie hat den Scharm des Einfachen. Sie bedarf keines besonderen technischen Aufwandes und steht insofern quer zur modernen technologischen Aufrüstung.

*Aber:* Die Analyse hat ein modernes Instrumentarium entwickelt, die Vorgänge zwischen den beiden Menschen zu verstehen. Wir lesen in neueren analytischen Arbeiten von methodologischem und prozeduralem Wissen um den analytischen Vorgang, von der präzisen Reflexion ihrer Randbedingungen - des Settings. Wir finden sehr moderne, fast technisch anmutende Formulierungen zur Beschreibung psychischer Austauschvorgänge: Projektive Identifizierung, Containerfunktion, Alphaelemente. Nun kann man das als entfremdete Spielerei abtun, aber nach meiner Überzeugung wird damit eine Genauigkeit in der Beschreibung seelischer Austauschvorgänge erreicht, die bisher ohne Beispiel ist.

Einerseits werden die Beziehungsvorgänge durch methodisch sparsame, und sehr präzise Prozessparameter beschrieben, aber die traditionellen - und um bei meiner Grundidee zu bleiben - altmodischen Gestalten analytischen Denkens: Ich, Über-Ich, Krankheitsgeschichte, Übertragungsneurose stehen als regulative Ideen am Erkenntnishorizont bereit. Die Habermas'sche Aussage (1968) über die besondere Fähigkeit der Analyse zur methodischen Selbstreflexion hat nichts von ihrem Wahrheitsgehalt verloren, sondern *sie* zeichnet die Analyse vor allem anderen als moderne Wissenschaft aus.

Eine wohlwollende Interpretation könnte ihre Modernität auch an der Tendenz zur Demokratisierung ablesen. Demokratisierung bezieht sich hier nicht unbedingt auf die Wirklichkeit der Institute, sondern auf einen therapieinhärenten Vorgang. Denn es gab den dramatischen Wechsel der Perspektive von der Ein-Personen- zur Zwei-Personen-Psychologie. Der Analytiker sitzt nicht mehr im analytischen Elfenbeinturm - als personifizierter Spiegel -, sondern exponiert sich sehr unmittelbar einem intensiven Prozessgeschehen und muss seinen Anteil daran genauso gewissenhaft reflektieren, wie den Anteil des Patienten.

Die Dialektik des Bewahrens und Erneuerns gilt auch für den Umgang mit den theoretischen Grundbegriffen. Die Freud'schen Denkmodelle werden nicht umstandslos beseitigt, sondern auf eine dialektische Weise aufgehoben, und bleiben strukturierendes Grundmaterial. Altehrwürdige Begriffe wie Ödipussituation werden reinterpretiert und verwandeln sich in den struktural verstandenen Terminus der Triangulierung, die als Grundvoraussetzung sozialer Existenz und als essenzielle Grundstruktur menschlichen Geistes (Haesler 1999) begriffen wird.

## 5 Begegnung

Nun sind wir ostdeutschen Psychotherapeuten in einen Dialog mit der analytischen Wissenschaft eingetreten und wollen deren Chancen bei uns in Ostdeutschland zu verstehen suchen. Wir müssten uns fragen: Die Chance *welcher* Analyse meinen wir, da offenbar verschiedene Interpretationen von ihr existieren und ihre Einheit vielleicht nur ein frommes Trugbild ist.

Ich möchte auch diese Begegnung unter zwei Gesichtspunkten kommentieren, die ich pragmatisch und analytisch nennen möchte und die in einem bestimmten Zusammenhang mit den beschriebenen Haltungen der Analyse zur Dialektik der Zeit und des Bewahrens und Erneuerns stehen. Die pragmatische Perspektive ließe sich so schildern: Die DDR-Psychotherapie war gut vorbereitet auf die Begegnung mit der westlichen Analyse, denn hier hatte eine eigenständige Bewegung auf sie hin stattgefunden. Die Dynamische Gruppentherapie, die spätere Dynamische Einzeltherapie und das Katathyme Bilderleben hatten unzweifelhaft Elemente der Analyse assimiliert und die Therapeuten hatten eingehende Erfahrungen damit gesammelt.

Es besteht eine Parallele zur Selbstbefreiung der DDR-Bürger von der politischen Herrschaft, insofern sich auch Teile die DDR-Psychotherapie bereits vor der Wende eigenständig und originell der Psychoanalyse genähert haben und nicht auf eine Befreiung von außen warteten. Wenig kränkt unseren Stolz mehr, als das naive und ungläubige Erstaunen westdeutscher Kollegen, die heute noch davon ausgehen, dass die Psychoanalyse für uns ein dunkler Kontinent war.

Es bestand aber ein Hunger und eine Sehnsucht nach tiefer gehender, ungehinderter Beschäftigung mit der Analyse. Wir registrierten, dass mit den vorhandenen theoretischen Instrumenten die Komplexität einer therapeutischen Beziehung nicht mehr zu erfassen war. Viele Einzelne und ganze Gruppen hatten zunehmend mutiger und autonomer versucht, die ideologischen Begrenzungen zu durchbrechen und waren nach der Wende in einer befreiten, zur Aktivität drängenden Situation.

Die pluralistische Situation der Analyse offenbart jetzt ihre produktive Seite, denn sie eröffnet uns viele Eintrittspforten. Jeder kann sich dem Anteil nähern, der seinen therapeutischen Überzeugungen am nächsten steht, sei er selbstpsychologisch oder objektbeziehungspsychologisch, sei er empirisch-wissenschaftlich oder an einer hermeneutischen Interpretation orientiert, sei er ein Anhänger eines väterlichen oder mütterlichen Therapiekonzeptes (Cremerius 1979). Für jeden wird sich eine befreundete Abteilung in dem weiten Gebäude der modernen Psychoanalyse finden.

Traditionelle Hemmnisse, die im Westen der Entwicklung der Analyse entgegenstehen: festgefahrene autoritäre Strukturen, Schulendogmatismus, erstarrte Ausbildungsinstitute, lähmender Streit zwischen Fachgesellschaften sind vor der Hand nicht zu befürchten.

DDR-Therapeuten sind in der Regel flexibel und an offenen Austausch mit anderen Psychotherapierichtungen gewöhnt.

Es wird sie nicht überraschen, dass dieser positiven Schilderung nachdenkliche Einschränkungen folgen - aus einer analytischen Perspektive. Denn gibt es nicht analytische Einsichten, die von der genuinen Trägheit unbewusster individueller und sozialer Prozesse ausgehen? Einsichten, die sich nicht durch pragmatischen Optimismus täuschen lassen und mit unbewussten Hemmungen und ungelösten Konflikten rechnen. Können wir respektieren, dass optimale Bedingungen für die Arbeit der Analyse nicht auf Kommando geschaffen werden können? Können wir respektieren, dass guter Wille, subjektive Ehrlichkeit und Tatkraft nicht hinreichen, die unleugbaren Defizite, die dem Aufbau einer analytischen Kultur entgegenstehen, umstandslos zu beseitigen? Sind wir zu einer Doppelstrategie in der Lage, einerseits rasch und pragmatisch analytische Institutionen aufzubauen und andererseits unsere Defizite richtig wahrzunehmen und uns auf lange Entwicklungen zu ihrem Ausgleich einzustellen?

Einige Hypotheken der DDR-Zeit, die sich erst allmählich abtragen lassen, sind offensichtlich: Es fehlen eine kontinuierliche Tradition, breite internationale Kontakte, eine öffentliche Diskussion, eine kulturelle Infrastruktur, intensive analytische Selbsterfahrungen und lange therapeutische Analysen.

Andere weniger offenkundige Hemmnisse mögen mit Mentalitätsfragen in Verbindung stehen. Darüber sind viele gescheite und selbstkritische Arbeiten erschienen (Koraus 1996; Simon 1995 a) die ich hier nicht alle referieren will. Ich möchte nur einige Punkte erwähnen, die mir besonders originell erschienen. Es gab und gibt nicht selten Schwierigkeiten mit der Abstinenzregel. Fällt es uns nicht schwer, den Satz Bions zu akzeptieren:

> „Weder Analytiker noch Analysand dürfen zu irgendeinem Zeitpunkt das Gefühl der Isolierung innerhalb der intimen Beziehung der Analyse verlieren" (1963/ 1992: 45).

Neigten wir nicht dazu, dieser rigorosen Empfehlung durch eine forcierte Flucht in die Nähe auszuweichen. Die Probleme mit der Abstinenzregel führten unter anderem zu einem Verhalten, das Frau Munzinger aus Heidelberg in den ersten analytischen Supervisionen, an denen ich teilnahm, als Geständniszwang beschrieb. Oft waren dafür unbewusste Schuldgefühle verantwortlich. In anderen Fällen fiel es uns schwer, die tendenzielle Ungleichheit der analytischen Situation zu akzeptieren, weil möglicherweise die phrasenhafte Gleichheitsideologie mehr Folgen für unsere Einstellung hatte, als uns bewusst war.

Was hatte die reale politische Ohnmacht aller - einschließlich der Therapeuten - für therapietechnische Folgen? Kam es nicht zu einer Fetischisierung der Macht? Das äußerte sich unter anderem in der Überbetonung der Auseinandersetzung mit den Gruppenleitern in bestimmten Konzepten der Gruppenpsychotherapie. Ergab sich nicht oft die obskure Situation, dass die Therapeuten, die gerade noch in den Gruppen die Tugend der Autonomie und der Auseinandersetzung priesen, sich im nächsten Augenblick mit ihrer gesellschaftlichen Subalternität arrangieren mussten.

Konnten wir ausreichend gut mit regressiver Abhängigkeit umgehen? Bestand nicht die Praxis einer raschen und intendierten Ablösung der Abhängigkeit durch eine Arbeitsphase? Diente diese Technik als Mittel, unsere reale demütigende politische Abhängigkeit zu verleugnen? Über diese Fragen wird es noch viele Auseinandersetzungen zwischen uns geben.

Müssen wir nicht vor allem eingestehen, dass eine voll ausgeprägte psychoanalytische Kultur unter totalitären Verhältnissen unerreichbar war. Eine Arbeit von Wolfgang Loch (1986) beschreibt die Einschränkungen, unter denen die Analyse in undemokratischen Systemen leidet. Nach seiner Aussage vermag allenfalls analytische Technik tradiert zu werden, aber nicht die Fülle analytischen Denkens. Diese Aussage mag uns bis heute wie eine Provokation erscheinen, aber wir können nicht an ihr vorbei gehen. Bei all ihrer Robustheit ist die Analyse gegenüber repressiven äußeren Einschränkungen sehr empfindlich. Die unverkürzte Analyse ist geradezu angewiesen auf eine demokratische Gesellschaft. Jede historische Überlegung zeigt, dass sie ein Geschwisterkind der Bürgerrechte ist. Die große gesellschaftliche Lüge in der DDR, die Allgegenwärtigkeit der Stasi, die oft verleugnete gesellschaftliche

Ohnmacht der Therapeuten, gehörten zu den konstituierenden Bedingungen jeder Therapie und können nicht folgenlos geblieben sein. Ist nicht der bedingungslose Schutz der Individualität, der persönlichen Freiheit und Autonomie durch die Analyse eine schreckliche Bedrohung für jedes totalitäre System? Die Funktionäre jeder Couleur wissen sehr wohl, was sie tun, wenn sie die Analyse verbieten.

Den wichtigsten Hindernisse können wir uns durch einen Vergleich mit der westdeutschen Nachkriegszeit am sichersten nähern. Erst neuere Arbeiten beschreiben die immensen Verluste an Integrität und Souveränität für die Analyse durch den Kulturbruch des Nationalsozialismus, die Vertreibung ihrer wertvollsten Vertreter, ihre vollständige Zerschlagung und den weit verbreiteten Verrat an ihr. Die deutsche Analyse hat sich nach Aussagen bestimmter Vertreter bis heute nicht von den Folgen des Nazireiches erholt. Ich habe nicht den Eindruck, dass diese Einsicht aus Understatement oder Koketterie geäußert wird. Viele Kollegen - besonders natürlich die kleinianisch orientierten - definieren sich noch heute gegenüber der angelsächsischen Analyse als Lernende. Deren Erstaunen, wenn manche von uns die Rolle des Lehrlings, so schnell zu Gunsten der Meisterschaft aufgeben wollen, erscheint mir verständlich.

Sie haben wahrscheinlich mit englischen Kollegen ähnliche Erfahrungen gemacht wie viele von uns mit westdeutschen Analytikern. Haben wir nicht in zahlreichen Supervisionen mit ihnen erfahren, dass ihre Fähigkeit zur präzisen und kontinuierlichen Arbeit an der Übertragung und Gegenübertragung nicht nur Ausdruck einer handwerklichen Überlegenheit, sondern Ausdruck einer höheren analytischen Kultur ist, die wir nicht ohne weiteres übernehmen können, sondern deren Erwerb geduldige Arbeit an den unbewussten Widerständen gegen analytische Erkenntnisse voraussetzt. (Wahrscheinlich ist es allerdings leichter als Besiegte von großmütigen Feinden zu lernen, denn als benachteiligte Geschwister von den begünstigten.)

Nun ist die DDR-Psychotherapie doppelt belastet. Einerseits ist die Vernichtung der Analyse durch den Naziterror bei uns nie ausreichend thematisiert worden. Insbesondere die antisemitischen Implikationen der Zerstörung waren bei uns tabuisiert. Und an den Terror der Nazis hat sich fast ohne Intervall die stalinistische Feindschaft gegen die Analyse angeschlossen. Es gibt eine neue Arbeit über das Schicksal einiger ehemaliger Analytiker der Internationalen Psychoanalytischen Vereinigung, die in der DDR zu wichtigen Vertretern des kulturellen und psychiatrischen Establishments aufgestiegen waren wie Alexander Mette, Dietfried Müller-Hegemann und Werner Hollitscher, deren unverhohlene spätere Feindseligkeit gegen die Analyse verstörend ist (Bernhardt 1999). Die Primitivität ihrer Argumente spricht für einen affektiven Verdummungsprozess. Sie waren über viele Jahre einflussreich in der DDR-Psychiatrie. Können wir wirklich annehmen, dass ihre Stellungnahmen ohne untergründigen Einfluss auf die nachfolgenden Generationen blieb?

Viele von uns lernten trotzdem die Analyse schätzen, manche setzten sich schon in der DDR-Zeit mutig für sie ein. Trübt das daraus entspringende gute Gewissen gelegentlich unseren Blick und erschwert unsere Einsicht in unbewusste Vorurteile gegen die Psychoanalyse. Es kränkt jeden von uns, annehmen zu müssen, dass hinter unseren kognitiv erworbenen ehrbaren Überzeugungen unbewusste verzerrende

Impulse stehen können. Sind wir denn nicht Herr im eigenen Haus? Diese skeptische analytische Frage ist nach wie vor ein tiefes Ärgernis.

Vielleicht äußern sich Vorurteile nur in der Setzung bestimmter Akzente. Könnte nicht die pragmatische Interpretation der Analyse als psychotherapeutische Spezialrichtung so eine Verkürzung sein? Besteht nicht die Gefahr, sie um ihre kulturkritischen Impulse zu reduzieren? Besteht nicht auch die völlig anders geartete Gefahr, dass die hochumstrittene, aber zweifellos anregende Kleinianische Analyse wegen ihrer Schonungslosigkeit, wegen ihrer entschlossenen Thematisierung von Hass und Neid nicht angemessen rezipiert wird?

Moderne Wahrheitstheoretiker wie Donald Davidson (1986) entwickeln folgende Einsicht: Wahrscheinlich gibt es keinen Wahrheitskonsens, wenn der Zuhörende nicht eine wohlmeinende Nachsicht entwickelt, die von vornherein ein Muster teilbarer Wahrheiten unterstellt. Analytische Aussagen scheinen mir besonders auf diese wohlmeinende Nachsicht angewiesen zu sein.

Gibt es nicht ein DDR-spezifisches Pendant, der „Unfähigkeit zu trauern"? Vielleicht die Unfähigkeit zu Schuldgefühlen? Sollten wir nicht sorgfältiger als bisher nach den unbewussten Folgen unserer gesellschaftlichen Subalternität und deren Einfluss auf unsere Einstellung zur Psychoanalyse suchen? Können wir uns sicher sein, dass unsere Variante des Verrates der Analyse keine unbewusste Folgen hinterlassen hat?

Sind wir nicht verpflichtet, die Analyse auch dann ernst zu nehmen, wenn sie unbequeme Erkenntnisse über kollektive unbewusste Prozesse bereithält? Wir können die mentalen Verwüstungen der DDR-Diktatur nicht beklagen und gleichzeitig hoffen, von ihnen nicht tangiert zu sein.

Die Konflikte über die angedeuteten Fragen ziehen unter anderem Kontroversen über die künftige Organisationsform der Analyse nach sich. Ein Teil von uns legt auf den pragmatischen psychotherapeutischen Aspekt den größten Wert und möchte die Psychoanalyse gern als Spezialgebiet einer künftigen allgemeinen Psychotherapie etablieren. Die weitergehenden kulturkritischen Implikationen der Psychoanalyse werden in ihrer Bedeutung geringer geschätzt. Nun hat sich die Psychoanalyse in den Jahrzehnten ihrer Existenz bestimmt keine ideale Institutionsform geschaffen, eine Form, in der die Gesamtheit ihres intellektuellen, klinischen und aufklärerischen Potenzials gut aufgehoben wäre. Die bestehenden Ausbildungsinstitute haben viele Mängel. Trotzdem bieten sie eine gewisse Gewähr für die Unabhängigkeit der Analyse und garantieren die eigenständige wissenschaftliche Weiterentwicklung, klinische Arbeit und Ausbildung.

Nach meiner Auffassung sollte die Psychoanalyse auch hier ihre eigenständigen Institutionen aufbauen, die sich - bei allen Mängeln - an der weltweiten Struktur der Ausbildungsinstitute ausrichten sollten. Ich kenne die skeptischen Argumente gegen die veraltete Form der Institute, die Gefahr der Dogmenbildung, die Gefahr des Kontaktverlustes zu Nachbarwissenschaften, und räume gern ein, dass sich eine Monopolisierung des analytischen Standpunktes verheerend auswirkte. Aber man wird mir zugeben müssen, dass diese Gefahr in Ostdeutschland verschwindend gering ist.

Besonders ernst nehme ich trotzdem die Bedenken gegen eine wissenschaftliche Isolierung der Psychoanalyse. Sie ist ja keine Gefahr, die man an die Wand malen muss, sondern leider bittere Realität. Wir müssen ihr zu begegnen suchen in offener Auseinandersetzung und in produktiven Kooperationen. Wir dürfen uns gegen keine Kritik von außen immunisieren. Diese Diskussionen sind aber von einer unabhängigen Position aus leichter zu führen, als in psychotherapeutischen Einheitsinstituten, die ihren Eigensinn abschleifen könnten. In diesem Eigensinn - der Unverfügbarkeit ihres Kernes für eine einheitswissenschaftliche Eingemeindung - sind *die* Elemente der Analyse aufgehoben, die in einer allgemeinen Rationalität nicht aufgehen. Sie begründen die Sonderstellung der Analyse im Gehäuse der Wissenschaften, weil sie - um es sehr altmodisch zu sagen - die Existenz unbewusster individueller und gesellschaftlicher Prozesse ernst nimmt. Diese Gesichtspunkte entziehen sich einer unmittelbaren Plausibilität. Sie sind nicht ohne weiteres zu verifizieren oder zu falsifizieren. Die Erkenntnisse der Psychoanalyse haben es deshalb heute schwer, Gehör zu finden. Der Wind bläst ihnen ins Gesicht. Sie kann sich bei Strafe ihres Unterganges nicht stromlinienförmig an pragmatische Positionen anpassen. Deshalb mag sie unmodern wirken. Ist sie aber deshalb unzeitgemäß?

Einer Arbeit von Hans Magnus Enzensberger (1996) entnehme ich einen interessanten Gedanken. Er beschreibt das Phänomen der Ungleichzeitigkeit in der heutigen Welt (die gleichzeitige Existenz des Ungleichzeitigen). Er polemisiert damit gegen ein lineares Sukzessionsmodell der Geschichte, in dem sich brav eine Epoche von einer anderen ablösen lässt, z. B. die Moderne von der Postmoderne. Er beschreibt die Realität differenzierter und sieht, dass die gegenwärtige geschichtliche Konstellation durch die gleichzeitige Existenz verschiedener Stile, Richtungen und Optionen charakterisiert ist. Manche der weiterlebenden Erscheinungen wirken anachronistisch. Diese Sicht gibt mir den Mut zu hoffen, dass auch die Analyse nicht gleich verschwindet, nur weil sie unmodern geworden ist.

Nach pragmatischen Kriterien mag sie nicht in Harmonie mit den mächtigsten gegenwärtigen Geschichtstendenzen sein (zu nachdenklich, resistent gegenüber dem neoliberalen Zeitgeist, eigensinnig aufklärerischen Positionen verpflichtet, rational und rationalitätskritisch zugleich), aber manche dieser anachronistischen Phänomene leben jeder Rentabilitätsberechnung zum Trotz in ihrer unbelehrbaren Art weiter - vielleicht auch die Form der Psychoanalyse, deren Idee ich hiermit preisen wollte.

Und warum sollen hier im Osten nicht verschiedene Richtungen der Psychoanalyse miteinander konkurrieren? Die Chance zur Pluralität sollten wir energisch ergreifen. Sie ist das beste Heilmittel gegen die zentralistischen Anmaßungen, denen wir gerade entronnen sind.

Ich bekenne mich leidenschaftlich zu einem partikularen Blick. Ich wünsche mir, dass neben der analytischen Psychotherapie, um deren Gedeihen wir uns wenig Sorgen machen müssen, die unverkürzte Psychoanalyse wenigstens eine Chance zu ihrer Entstehung bekommt. Diese Psychoanalyse müsste die schmerzhafte und kränkende Einsicht ertragen, dass ihr auch hier ein langer Entwicklungsprozess bevorsteht, ehe sie ein reifes Stadium erreicht.

## Literatur


Bernhardt, H. (1998): Mit S. Freud und J. P. Pawlow im Kalten Krieg. In: P. Diederichs (Hrsg.) (1998): 11 - 50

Bion, W. R. (1963/ 1992): Elemente der Psychoanalyse. Frankfurt am Main: Suhrkamp

Cremerius, J. (1979): Gibt es zwei psychoanalytische Techniken? In: Psyche 33: 577 - 599

Davidson, D. (1986): Wahrheit und Interpretation. Frankfurt am Main: Suhrkamp

Decker, O. & Borkenhagen, A. (Hrsg.) (1998): Texte aus dem Colloquium Psychoanalyse. Heft 2

Deutsche Psychoanalytische Vereinigung (Hrsg.) (1993): Die Wiedervereinigung im psychotherapeutischen Prozess. Tagungsband des 1. Symposiums

Deutsche Psychoanalytische Vereinigung (Hrsg.) (1996): Psychoanalyse und Psychotherapie. Tagungsband des 4. Symposiums

Diederichs, P. (Hrsg.) (1998): Psychoanalyse in Ostdeutschland. Göttingen: Vandenhoeck & Ruprecht

Dornes, M. (1999): Das Verschwinden der Vergangenheit. In: Psyche 53: 530 - 571

Enzensberger, H. M. (1996): Vom Blätterteig der Zeit. Eine Meditation über den Anachronismus. In : H. M. Enzensberger (1999): 9 - 33

Enzensberger, H. M. (1999): Zickzack. Frankfurt am Main: Suhrkamp

Fonagy. P. (1999): Memory and therapeutic action. In: International Journal of Psychoanalysis 80: 215 - 224

Freud, S. (1926): Zur Frage der Laienanalyse. GW XIV: 287 - 296

Freud, S. (1933): Neue Folge der Vorlesungen zur Einführung in die Psychoanalyse. GW XV

Gast, L. & Körner, J. (Hrsg.): Psychoanalytische Anthropologie II . Tübingen: edition diskord

Habermas, J. (1968): Erkenntnis und Interesse. Frankfurt am Main: Suhrkamp

Haesler, L. (1999): Die Struktur der Triangularität und ihre grundlegende Bedeutung für Sprache und Denken sowie für die menschliche Kultur. In: L. Gast & J. Körner (Hrsg.): 62 - 93

Koraus, H.-J. (1996): Wie macht man aus der Not eine Tugend? - Überlegungen zur Entwicklung der Psychotherapie in der DDR. In: Deutsche Psychoanalytische Vereinigung (Hrsg.) (1996): 39 - 53

Loch, W. (1986): (Aus Podiumsdiskussion:) Psychoanalyse unter Hitler - Psychoanalyse heute. Psyche 40: 427 - 432

Nietzsche, F. (1873): Über Wahrheit und Lüge im außermoralischen Sinn. In: F. Nietzsche (1975 - 1984): 873 - 890

Nietzsche, F. (1975 - 1984): Sämtliche Werke. Kritische Studienausgabe. Bd. 1. Herausgegeben von Giorgio Colli und Mazzino Montinari. München, Berlin, New York: Deutscher Taschenbuch Verlag, De Gruyter

Reiche, R. (1993): Innere Realität, äußere Realität - wie viele Realitäten gibt es? Soziologische Herausforderungen an die Psychoanalyse. In: Deutsche Psychoanalytische Vereinigung (Hrsg.): 19 - 45

Simon, A. (1995 a): Blindheit im Beruf. In: A. Simon (1995 b): 67 - 85

Simon, A. (1995 b): Versuch, mir und anderen die ostdeutsche Moral zu erklären. Gießen: Psychosozial

Warsitz, R.-P. (1998): Zwischen Körper und Symbol - Die Erfahrungen der Psychoanalyse zwischen den Methodologien der Wissenschaften. In: O. Decker & A. Borkenhagen (Hrsg.) (1998): 18 - 41

# Ohne Rücksicht auf Verluste.
# Die Durchsetzung der westlich-psychoanalytischen Deutungsmacht

*Horst Kächele*

In Johann Wolfgang Goethes „*west-östlichen Divan*" (1819) war die Welt noch in Ordnung, Ost und West hatten literarisch klare Qualitäten. Doch unser Jahrhundert hat zugleich mit den beiden großen Kriegen die geopolitische Landkarte so verändert, das wir nicht mehr immer genau wissen, was „ost" und „west" denn sein soll. Die Aufteilung des geschlagenen Deutschlands in vier Zonen, deren eine Schutzmacht oder Besatzer unzweifelhaft osteuropäisch zu nennen waren, führte zur Benennung der Ostzone; die anderen Schutzmächte als Vertreter der Westmächte führten zur Westzone - und plötzlich hatten wir den Osten mitten in Mitteldeutschland. Prag westlicher als Wien situiert, wurde zu Osteuropa gerechnet und Osteuropa wurde gleichbedeutend mit dem sowjetischen Einflussbereich. Es gab, wie bei Asterix und Obelix, auch kleine Gebiete, für die diese Kennzeichnung nicht trägt; zu nennen wäre als ein Beispiel die relativ weniger gestörte Entwicklung der ungarischen Psychoanalyse.

Zwar erfahren nur wenige Menschen unmittelbar als Patienten die oft segensreichen Wirkungen der Psychoanalyse; die weitaus überwiegende Zahl der Bewohner des westlichen Kulturkreises hat jedoch längst im Alltag von Freud'schen Konzepten profitiert. Fehlleistungen sind Gemeingut geworden und ihre Entstehung aus unbewussten Motiven sozial akzeptiert. Im Falle einer Therapiebedürftigkeit allerdings müssen die meisten sich mit einer abgespeckten Version, bei uns tiefenpsychologisch fundierte Psychotherapie, in den USA psychodynamische Psychotherapie genannt, begnügen. Das vorherrschende kulturelle Deutungsmuster, dass viele neurotische und/ oder psychosomatische Symptome in einem engen Zusammenhang mit ungelösten interpersonellen und intrapersonellen Konflikten stehen, und durch psychotherapeutische Behandlung beeinflusst werden können, verdanken wir der Psychoanalyse. Die lebensgeschichtliche Verankerung der Entstehung seelischer Störungen hat zwar auch zu manchen Exzessen geführt, - z. B. dass an allem die Mütter schuld sind -, die zu Recht Anlass zu Kritik und zur Entstehung alternativer, nicht-psychoanalytischer Deutungsmuster geführt haben. Aber auch diese andere Formen der Deutung von der Entstehung und Behandlung seelischer Störungen beziehen längst die lebensgeschichtliche Perspektive mit ein, wie in der Verhaltenstherapie, der Klientenzentrierten Gesprächstherapie und der Systemischen Therapie immer deutlicher artikuliert wird. Das Unbewusste ist kein konzeptuelles Eigentum der Psychoanalyse mehr. Was als gesellschaftliche (Spreng-)Kraft begann, ist in einem Prozess der Assimilierung therapeutischer Konzepte zu allgemein-gesellschaftlichem Gebrauch absorbiert worden. Psychotherapie ist akzeptiert, und nur noch unterfinanziert.

Gibt es in dieser globalisierten Welt noch therapeutische Orte, die nicht von solcher Sichtweise geprägt sind? Gibt es noch Orte, die sich explizit der psychoanalytischen Weltsicht entziehen? Werfen wir einen Blick auf einen kulturellen Bereich, der strukturell wenig durch politische Verwerfungen geprägt wurde und versuchen wir einen Anhalt, eine Haltepunkt zu gewinnen, was auch heute noch eindeutig als Osten zu kennzeichnen ist.

Der ferne Osten - Frage: Wer ist Morita?

1. Der Chef von Sony
2. Ein japanischer General
3. Ein japanischer Psychiater.

Alle drei Lösungen sind richtig. Den Chef von Sony kennen wir aus dem Fernsehen, aus Geschichtsbüchern könnten wir den japanischen General kennen, aber nur wenig bekannt hier im Westen, ist der 1874 geborene japanische Psychiater Shoma Morita. Er entwickelte eine Form der Psychotherapie, die eine kulturelle Position einnimmt, die der Psychoanalyse in der westeuropäischen Kultur strukturell vergleichbar ist. Zwar gibt es in Japan nur sechs klinische Einrichtungen, die die originale Form der stationären Morita-Therapie praktizieren, aber die Buchläden sind voll einschlägiger Schriften, und hunderttausende sind in Selbsthilfegruppen organisiert, denn Morita entwickelte eine Therapie, die einige Grundsätze des Zen-Buddhismus ins Therapeutische wenden konnte:

Da ich auf diese, für die meisten von uns exotische Psychotherapieform, nur kursorisch eingehen kann, erzähle ich eine Episode:

Auf dem 4. Internationalen Morita-Therapie-Kongress in Tokio im Mai 1999 - er war übrigens so international wie die internationalen Psychotherapiekongresse der weiland DDR - erhob sich in der abschließenden Debatte einer der wenigen internationalen Teilnehmer, ein Psychoanalytiker aus Frankreich, und ließ mit volltönender, selbstgerechter Stimme Folgendes vernehmen:

> „Seit 3 Tagen folge ich den Vorträgen sehr aufmerksam, und ich muss feststellen, dass kein einziges Mal von Sexualität die Rede war."

Das beredte Schweigen der versammelten Morita-Therapeuten aus China, Korea und Japan war Antwort genug.

Ich gebe zu, auch mich hatte beschäftigt, welche Rolle die Sexualität denn in der Entstehung der Menschenscheu, der speziellen japanischen Form einer Angststörung spielt, die von dem vorwiegend männlichen, jugendlichen Klientel berichtet werden, die Morita unter dem Namen *Shinkeishitsu* zusammenfasst. Bezeichnenderweise verzeichnet das grundlegende Werk von Morita, 1928 veröffentlicht, im Sachindex keinen Hinweis auf die Sexualität, und auch die Psychoanalyse, die Morita sehr wohl zur Kenntnis nahm und von seinen Besuchen der Heidelberger Psychiatrie kannte, wird auch nur zweimal kurz gestreift:

Zur Behandlung von Ängsten schreibt Morita (1998: 12) knapp und bündig:

> „Aus meiner Sicht erfordert die Behandlung von Angststörungen weder die Zeit noch die Energie einen speziellen Grund herauszufinden ... es ist ausreichend die Auslösesituation zu eliminieren."

Beim Lesen des Textes möchte man meinen, Morita dürfte als früher Verhaltenstherapeut in der Geschichte der Psychotherapie geführt werden, wären da nicht vielfältige Hinweise, dass überhaupt das Konzept der Veränderung seinem therapeutischen Vorgehen fremd ist. Zu akzeptieren, wie man ist, ist das Leitmotiv dieser japanischen therapeutischen Philosophie: *Aruamama*. Einiges davon scheint in dem Konzept von Marsha Linehan (1993) durchzuschimmern, die nach eigenen Angaben den zen-buddhistischen Hintergrund ihrer dialektisch-behavioralen Therapie nicht verbirgt.

Wir haben eine Psychotherapieform vor uns, die ohne ein zentrales Moment der von der Psychoanalyse geprägten kulturellen Folie auskommt. Gleichzeitig begegnen wir einer immer stärkeren funktionalistischen Wertehaltung in der gegenwärtigen westlichen US-dominierten Psychotherapieszene, die unter Kostendruck neue Standards für minimalistische Therapiekonzeptionen - wie die Interpersonelle Therapie (siehe dazu Schramm 1996) unter dem Stichwort „Managed-Care" produziert, die auch ohne Freuds Grundkonzepte auszukommen scheint.

Das Fazit, man muss nur weit genug gen Osten oder Westen gehen, dann können wir wieder die Grenzen der europäisch-westlichen, durch die Psychoanalyse geprägten therapeutischen Deutungsmacht entdecken. Ob das Unternehmen, das einige der japanischen Kollegen in den letzten Jahren gestartet haben, aktiv für Morita-Therapie in der BRD - alt und neu - zu werben, von Erfolg gekrönt sein wird, dürfen wir getrost ihnen überlassen (Katz & Watanabe 1999).

Ich bewege mich nun von Japan ins ferne Sibirien und möchte eine weitere Episode berichten:

Diese zweite Episode beginnt mit einem Anruf eines Hamburger Journalisten. „*Jenseits vom Ural*" - so der Titel seines Reiseberichtes - hatte er eine Psychologin kennen gelernt, die Psychoanalyse studieren wolle. Die sympathische Dame aus Novosibirsk reist an und hat einen Pack voller Dollars und 4 Wochen Zeit mitgebracht. Ich erfahre von ihr, dass sie eine florierende Praxis als Hypnotherapeutin vorwiegend für alkoholabhängige Männer betreibt. Sie setze die Patienten vor ein Röntgengerät und bestrahlt angeblich deren Schilddrüsen; je nach Bestrahlungsstärke trete eine mehr oder minder lang anhaltende Antabus-Wirkung auf. Mit dem Schnellkurs in Sachen Psychoanalyse hoffe sie ihre Wirksamkeit den neuen Zeitläufen entsprechend zu verbessern. Wir weisen die promovierte Kollegin auf die Mühsal einer psychoanalytischen Ausbildung hin und die Möglichkeiten, sich entsprechende Kenntnisse durch Teilnahme an den langsam sich entwickelnden Aufbauaktivitäten der Moskauer Psychoanalyischen Gruppe zu besorgen, doch da winkt sie ab. Die wahre Psychoanalyse gäbe es nur in Ulm.

Das mag ja zutreffen, aber nachdenklich stimmt, dass in Russlands Metropolen westliches Denken nicht nur mit der Einführung eines schrankenlosen mafia-ähnlich strukturierten Neoliberalismus eng korreliert mit der raschen Einführung der Psychoanalyse; wie anders lässt es sich erklären, dass Präsident Boris Jelzin 1996 dafür gewonnen werden konnte, einen Erlass zur staatlich geförderten Wiedereinführung der Psychoanalyse zu verkünden. Das East-European Institute of Psychoanalysis, gegründet von Michael Reschetnikov in St. Petersburg, etabliert nun über die ganze frühere Sowjetunion ihre Filialen; operiert im schnellem Opportunismus ganz im Stil des bisherigen staatlich gelenkten Gesundheitswesens. Zähneknirschend treten die ehemals so stolzen Vertreter der früheren Sowjet-Psychiatrie, -Psychologie und - Psychotherapie dem dafür zuständen Beirat bei, denn Wissen ist Macht und das bedeutet irgendwann einmal auch Einkünfte. Alles was an der lange anhaltenden Kritik über die Psychoanalyse als bürgerliche Wissenschaft verfasst oder verbrochen wurde, wurde mit dem Sowjetsystem beerdigt. Ohne Rücksicht auf Verluste? - möchte man fragen oder wird gar nichts verloren, da nichts behaltenswertes zu behalten war.

Aber es gab doch eine Frühblüte der Psychoanalyse im revolutionären Russland, die gefördert von Leo Trotzki auch mit seiner Entfernung aus der Parteispitze jäh endete (vgl. Luria 1925). Beschrieben wird diese politisch motivierte Elimination in einem kenntnisreichen Werk eines Petersburger Psychologen - mit dem viel versprechenden Titel „*Eros des Unmöglichen*" - der auch auf die unterschiedlichen geistesgeschichtlichen Hintergründe des vorrevolutionären Russlands eingeht, welches Voraussetzung für die frühe Akzeptanz der Psychoanalyse in Moskau darstellt (Etkind 1996).

Doch auch die realpolitisch machtlose, die die genuin Freud'sche Psychoanalyse wiederzugewinnen suchende osteuropäische Intelligenzia, die sich im Mai 1996 in Moskau traf, wird dominiert durch das westliche Denken in Kategorien der Psychoanalyse. Kaum jemand spricht von Verhaltenstherapie, oder von Gesprächstherapie. Stattdessen hat sich ein Exporttourismus entwickelt, der alle Varianten der gegenwärtigen Psychoanalyse rasch und aufdringlich zu implementieren sucht. Vertreter der Lacan'schen Richtung haben die Nase vorn, wenn es um die schnelle Herstellung von Proselyten geht. Ein paar Wochenenden in Paris, und ein neuer Vertreter bzw. eine neue Vertreterin des Wunderwerkes Psychoanalyse eröffnet seine/ ihre Praxis in Krakau oder sonst wo im Osten Europas.

Gilt also Caroline Neubauers Kommentar zum ersten staatlich gewollten psychoanalytischen Kongress (1996) in St. Petersburg mit dem provokanten Titel „*Exhumierung oder Wiederaufstehung der russischen Seele?*" auch für die Entwicklungen in den meisten so genannten osteuropäischen Ländern? Und wie steht es mit der Wiedergewinnung der Psychoanalyse als therapeutischer Deutungsmacht in den neuen Bundesländern?

Der Prozess der Überwältigung der neuen Bundesländer durch das administrative Diktat in allen Lebensbereichen ist vielfältig beschrieben und beklagt worden: vom Verlust des Ampelmännchens bis hin zum Austausch fast der gesamten PKW-Flotte durch West-Gebrauchtwagen, vom Verlust sozialer Sicherheit für viele Arbeitnehmer bis hin zum ungewollten Vorruhestand für so genannte belastete Hochschullehrer - es war und scheint einem nachdenklichen Wessi ein Prozess des Nachholens dessen was die alte Bundesrepublik nach dem Ende der Naziherrschaft versäumt hat, eine Wiedergutmachung für unser West-Gewissen ohne uns darum groß zu kümmern, ob die Betroffenen dies auch so sehen wollen.

„Die unsagbare Art und Weise, mit der auch die letzte Erinnerung an die Residuen der DDR ausgetilgt wird, ist zwar irrational, aber" - so Michael Geyer (1995: 233) - „sie gehört in den Kontext der Weigerung der 'Westdeutschen', den 'Ostdeutschen' zuzuhören, wenn sie ihre Teilgeschichte reflektieren".

In diesem relativ einseitig organisierten gesamtgesellschaftlichen Großreinemachen - ohne Rücksicht auf biografische und gesellschaftliche Verluste - dürfte es mehr als angezeigt erscheinen, zuzuhören und nachzufragen, wie die Kolleginnen und Kollegen der neuen Länder Altes und Neues zu verbinden gedenken. Ist es so einfach: „endlich Freiheit, endlich Psychoanalyse" zu formulieren, wie manche Ostpsychoanalytiker dies 1997 auf der 1. Arbeitstagung der Arbeitsgemeinschaft für Psychoanalyse Berlin zum Thema „*Wege zur Psychoanalyse*" getan haben?

Angesichts der anarchischen Situation - theoretisch und praktisch -, in der die Psychoanalyse nicht erst gegenwärtig steckt, ist die Vertiefung in die Möglichkeiten einer selbstkritischen Psychoanalyse gewiss ein Abenteuer, das aber nach Aussagen mancher Ostkollegen offensichtlich von langer Hand vorbereitet wurde. Nicht was publiziert werden konnte, sondern was praktiziert werden konnte, dürfte zählen - und da jeder, der sich mit Übertragung und Gegenübertragung beschäftigen möchte, zum wilden Heer der Psychoanalytiker gezählt werden kann, dürfen wir gespannt sein, welche nun offen zu legenden Erfahrungen mit den Möglichkeiten der Psychoanalyse gemacht werden. Auch ohne den empirisch kaum zu belegenden Deutungsversuchen vom „*Gefühlsstau*" (Maaz 1990) als Begründungsfigur bemühen zu müssen, erscheint es berechtigt, neue Modalitäten der Umsetzung von psychoanalytischem Gedankengut in der therapeutischen Praxis zu erproben. Einiges davon ist ja schon länger in der stationären psychoanalytisch inspirierten Psychotherapie im Westen etabliert, wo kaum eine Klinik nicht multi-modal arbeitet - wie wir im Rahmen einer bundesweiten west- und ostdeutsch einbeziehenden Studie zur Behandlung von Essstörungen aufweisen konnten (Kächele et MZ-ESS 1999). Eine Herausforderung dürfte es sein, dieses multimodale Denken in der ambulanten Praxis zu etablieren und dafür auch bestehende Kassenregelungen zu hinterfragen, bei denen noch immer wissenschaftlich nicht länger begründbare Ausschließlichkeitsregeln durchgesetzt werden.

Mich würde interessieren, welches Gewicht die Gruppenbehandlung, die betonte Einbettung des Einzelnen in seine soziale Bezugsgruppe und die damit verbundene Konzeption der Intendierten Dynamischen Gruppenpsychotherapie behalten wird, oder ob sie als ideologisch zu sehr belasteter Verlust verbucht werden wird (Sommer 1997 a, 1997 b).

Mich würde interessieren, ob die „psychodynamische Einzeltherapie" sich als in der Sache von der „tiefenpsychologischen Psychotherapie" wirklich differentes Therapieverfahren erweist, oder ob hier nur eine andere Bezeichnung der Ostidentität willen festgeschrieben werden soll. Das wäre auch kein großer Kummer, und vielleicht sogar ein Gewinn, denn etwas vageres als die Bezeichnung „tiefenpsychologisch fundierte Psychotherapie" ist wohl kaum zu denken.

Abschließend möchte ich festhalten, dass die Deutungsfigur der Psychoanalyse sich im europäischen und lateinamerikanischen Kontext als sehr robust erweist, ganz im Gegensatz zu der Entwicklung in den USA, wo die Psychoanalyse fast vollständig aus der Medizin in die Literaturwissenschaften auswandern musste. Diesen Verlust möchte ich uns allen nicht wünschen, aber wir müssen die Gründe hierfür sorgfältig untersuchen. Kein wissenschaftliches Werk übersteht unverändert und unbeschadet 100 Jahre.

Im letzten Jahrzehnt hat sich gezeigt, dass handlungstheoretische Perspektiven der psychoanalytischen Therapie eine Neubewertung vieler praxisrelevanter Konzepte nach sich ziehen. Insbesondere ist es wesentlich, zwischen der Theorie der

Entstehung bzw. der Erklärung seelischer und psychosomatischer Erkrankungen und der Theorie der therapeutischen Veränderung zu unterscheiden. In beiden Bereichen haben sich bahnbrechende Veränderungen der grundlagenwissenschaftlichen Fundierung vollzogen (Fonagy 1999). Um der Sache der Psychoanalyse willen erscheint es angezeigt, eine Re-Integration der neurobiologischen Fundierung zu betreiben und eine moderne Psychoanalyse zu entdecken, die so manchen Streit um Worte relativieren dürfte. Gängige Unterscheidungen wie „Standardmethode", „Klassische Methode" und „Nicht-Standardmethode" und ähnliches sind wenig ergiebig. Es gilt nach wie vor, dass man die Psychoanalyse am besten versteht, „wenn man ihre Entstehung und Entwicklung verfolgt" (Freud 1923: 211). Die Aneignung des Freud'schen Werkes ist die Voraussetzung, um gegenwärtige Probleme der Psychoanalyse begreifen und zeitgemäße Lösungen finden zu können (Thomä & Kächele 1985).

## Literaturverzeichnis

Brähler, E. (Hrsg.) (1995): Entsolidarisierung. Opladen: Westdeutscher Verlag

Etkind, A. (1996): Eros des Unmöglichen. Leipzig: Kiepenheuer

Fonagy, P. (1999): Memory and therapeutic action. In: International Journal of Psychoanalysis 80: 215 - 223

Freud, S. (1923): „Psychoanalyse" und „Libidotheorie". GW XIII: 209 - 233

Geyer, M. (1995): „Sie nehmen die Kälte nicht wahr". „Westdeutsche" aus der Sicht eines „Ostdeutschen". In: E. Brähler (Hrsg.) (1995): 217 - 237

Goethe, J. W. v. (1819): West-östlicher Divan. In: J. W. v. Goethe (1989):

Goethe, J. W. v. (1989): Münchner Ausgabe. Bd. 11.1.2. München: Carl Hanser

Kächele, H. (für die Studiengruppe MZ-ESS) (1999): Eine multizentrische Studie zu Aufwand und Erfolg bei psychodynamischer Therapie von Essstörungen: Studiendesign und erste Ergebnisse. In: Psychotherapie, Psychosomatik, Medizinische Psychologie 49: 100 - 108

Katz, L. & Watanabe, N. (Hrsg.) (1999): Die Morita-Therapie im Gespräch. Psychotherapeutische und transkulturelle Aspekte zwischen Ost und West. Giessen: Psychosozial

Linehan, M. M. (1993): Cognitive Behavioral Treatment for Borderline Personality Disorder. New York: Guilford

Luria, A. R. (1925): Psychoanalytische Bewegung, die Psychoanalyse in Russland. In: Internationale Zeitschrift für Psychoanalyse 11: 395 - 398

Maaz, H.-J. (1990): Der Gefühlsstau. Berlin: Argon

Morita (1998): Morita Therapy and the true nature of anxiety-based disorders (Shinkeishitsu). New York: State University of New York Press

Neubauer, C. (1996): Exhumierung oder Wiederaufstehung der russischen Seele? Überlegungen zu einem ersten psychoanalytischen Kongress in St. Petersburg Mai 1996. In: Luzifer-Amor 9: 177 - 192

Schramm, E. (Hrsg.) (1996): Interpersonelle Psychotherapie. Stuttgart: Schattauer

Sommer, P. (1997 a): Kurt Höck und die psychotherapeutische Abteilung am „Haus der Gesundheit" in Berlin - Institutionelle und zeitgeschichtliche Aspekte der Entwicklung der Gruppenpsychotherapie in der DDR. In: Gruppenpsychotherapie und Gruppendynamik 33: 130 - 147

Sommer, P. (1997 b): Zur Methode der intendierten dynamischen Gruppenpsychotherapie. In: Gruppenpsychotherapie und Gruppendynamik 33: 213 - 242

Thomä, H. & Kächele, H. (1985): Lehrbuch der psychoanalytischen Therapie. Bd. 1: Grundlagen. Berlin, Heidelberg, New York: Springer

# Fremd im eigenen Land?

*Annettte Simon*

> *„Wenn die Träumer aufmarschieren,*
> *ihre Träume auszuführen,*
> *dann ist nichts verschlafen worden und versäumt.*
>
> *Wer im Traum die Erde wandelt*
> *und im Wachsein danach handelt,*
> *der hat gut geträumt*
> *und der ist unser Freund."*

Das sind die letzten Zeilen des Liedes „*Der Song von den Träumern*" von Louis Fürnberg (vgl. Böhm 1963: 64). Fürnberg, der auch der Dichter der Zeilen „Die Partei, die Partei, die hat immer recht" ist, hat von 1954 - 1957 hier in Weimar gelebt. Er ist fast auf den Tag genau vor 42 Jahren im Juni 1957 im Alter von 48 Jahren in Weimar gestorben.

Warum beginne ich damit? Man kann in Weimar nur schwer sprechen, ohne sich mit diesem ungeheuer geschichtsträchtigen Ort in eine Beziehung zu setzen. Für mich ist Weimar untrennbar mit Fürnberg und seiner Familie verbunden, weil meine Eltern mit dieser Familie befreundet waren und wir sie auch nach dem frühen Tod des Familienvaters des Öfteren besuchten. Das Lied von den Träumern, das mich sehr beeindruckte, sangen meine Eltern bei unseren Singestunden am Sonntagmorgen im Bett. Dieses Lied von der unmittelbaren Umsetzung des Unbewussten in die Tat lässt die Frage offen, was man mit den Albträumen macht.

Fürnberg hat es 1937 geschrieben, als er als jüdischer Fabrikantensohn schon seit 1927 der Kommunistischen Partei seiner Heimat Tschechoslowakei angehörte. Ein sensibler, jüdischer Intellektueller aus Mähren, mit Deutsch als Muttersprache, der Rainer Maria Rilke verehrte, der wollte, dass die guten Träume von einer besseren Welt siegen mögen, kurz bevor sein Land von den deutschen Nationalsozialisten annektiert wurde. Fürnberg wurde dort 1939 sofort verhaftet und misshandelt, konnte aber nach Italien und später Israel entkommen. Fürnbergs Vater und Stiefmutter wurden in Auschwitz ermordet, sein Stiefbruder Walter starb in Weimar im Konzentrationslager Buchenwald.

1950, im gleichen Jahr, in dem Fürnberg das Loblied auf die Partei schrieb, schrieb er auch das Gedicht „*Epilog*" (ebd.:189). Es endet mit dem Vierzeiler:

> „Wenn ich einmal heimgeh,
> dorthin, woher ich kam,
> werde ich ein Fremder sein
> an meinem Ursprung."

Er meinte sich von seiner Herkunft so weit entfernt zu haben, dass er ihr ganz entfremdet sei, und die Trauer darüber ist deutlich zu spüren. Fühlte er sich auch von seinen guten Träumen entfremdet? 1952 wäre er um ein Haar in die in Prag inszenierten Schauprozesse um Rudolf Slansky verwickelt worden, die eindeutig auch antisemitisch ausgerichtet waren. Er konnte sich durch seine Übersiedlung nach Deutschland, dank der Hilfe seiner deutschen Genossen retten. Vielleicht fühlte er sich dann auch fremd in Weimar, mitten in Deutschland, unter den Menschen, die den Mord an seiner Familie zumindest in Kauf genommen hatten. Nur in der kommunistischen Partei fühlte er Zugehörigkeit, die er dann so absurd betonen musste. Er starb relativ kurz nach den Enthüllungen des 20. Parteitages der Kommunistischen Partei der Sowjetunion in seinem Haus in der Rainer-Maria-Rilke-Straße.

Ich berichte auch über ihn, weil er mir exemplarisch scheint für die Widersprüchlichkeit und Gebrochenheit der Intellektuellen, die, aus der Emigration kommend, sich für die DDR entschieden und sie intellektuell und moralisch prägten. Sie prägten meine Eltern, meine Lehrer und mich selbst - bis in die Art, wie man zu träumen hätte.

In einem ganz anderen Punkt, als Fürnberg meinte, waren diese Intellektuellen fremd an ihrem Ursprung, Fremde im eigenen Land. Sie hatten ihr Land verlassen müssen, waren Vertriebene, die - wie auch Bertolt Brecht und Anna Seghers - nach 1945 verstehbarerweise meinten, nur über eine Art Erziehungsdiktatur den nationalsozialistischen Geist aus den Deutschen treiben zu können.

Ich wurde in diese Erziehungsdiktatur hineingeboren, die ohne den ihr vorausgehenden Nationalsozialismus nicht verstehbar ist. Ich habe mich mit ihr zunächst voll identifizert, dann an ihr zunehmend gerieben, um mich allmählich von ihr zu lösen. Umso mehr ich mich löste, umso fremder fühlte ich mich in der DDR.

Zu diesem Beitrag wurde ich eingeladen, weil die Veranstalter meinten, dass ich, obwohl ich Teil der DDR-Therapieszene gewesen sei, doch immer fremd gewesen sei in ihr, ihr etwas distanziert gegenübergestanden hätte und dass man darüber etwas von mir hören wolle.

Ich möchte meinen Vortrag daher dem Thema widmen: Warum wurde ich fremd in dem von mir gewählten Berufsfeld? Ich will ich darüber sprechen, wie die Psychotherapie der DDR meines Erachtens die gesellschaftliche Realität der DDR wiederspiegelte. Zum Schluss will ich etwas sagen über meine Fremdheit jetzt, in der Therapieszene des vereinigten Deutschlands.

Ich habe auch Angst, und dies nicht als Attitüde, darüber heute so offen zu Ihnen zu sprechen, weil ich weder den gängigen Abwertungen der DDR-Psychotherapie das Wort reden möchte, die z. B. beinhalten, dass die etwas ältere Generation von DDR-Therapeuten durch ihre Prägungen für etwas so Hehres wie die Psychoanalyse für immer verloren sei, noch habe ich große Lust dazu von den ehemaligen DDR-Therapeuten als Nestbeschmutzerin beschimpft zu werden.

Wie Sie sehen, funktioniert das Lagerdenken noch, weil auch handfeste materielle und Machtinteressen dahinter stehen. Dabei wird dieses Lagerdenken weder der Differenziertheit noch den Differenzen in Ost und West gerecht. Wir sind keine homogene Gruppe von OsttherapeutInnen - wir sind schon vor 1989 verschiedener Meinung gewesen, konnten dies aber - wie auch den Generationenkonflikt - immer nur unter der Decke, nicht öffentlich austragen. Und nach 1989 waren wir existenziell mit ganz anderem beschäftigt.

Ich möchte hier konsequent nur von meinen individuellen Erfahrungen und Erinnerungen sprechen, und ich weiß, dass es auch ganz andere Erinnerungen gibt. Da es zu DDR-Zeiten nie einen öffentlichen Diskurs gab, war die DDR eine Gesellschaft, die sich selbst nicht kannte (Wolfram 1996: 3), und wir merken erst jetzt so richtig, in was für verschiedenen Welten wir auch im Osten gelebt haben. Begleiten Sie mich bitte auf meiner Erinnerungsreise in die DDR-Psychotherapie unter der Überschrift: Schwierigkeiten mit der DDR bringen Schwierigkeiten mit der in ihr etablierten Psychotherapie.

Mein Wunsch, im Jahr 1970 Psychologie zu studieren, war noch stark geprägt von den Ereignissen des Prager Frühlings 1968 und den Erlebnissen um den Einmarsch der Warschauer Paktstaaten in die CSSR, sowie von den nachfolgenden Repressionen auch in der DDR. Nachdem ich fast von der Schule geflogen wäre und mehrere Verhöre bei Polizei und Staatssicherheit hinter mir hatte, wurde mein damaliger Freund nach kurzer Untersuchungshaft vom Mathematikstudium exmatrikuliert, nur weil er das tschechische Manifest der 2000 Worte bei sich geführt hatte. Ich war 18 Jahre und die Frage stand, wie ich in diesem Land leben sollte, aus dem man ja auch nicht einfach heraus konnte und in dem ich leben und bleiben wollte, weil ich wie Linke in Ost und West an die sozialistische Utopie glaubte.

> „Denn in diesem Alter schon mit den Verhältnissen, den eigenen Hoffnungen abzuschließen, ist kaum möglich"

- finde ich bei Wolfgang Engler (1999: 151).

Meine Entscheidung für das Psychologiestudium war außer durch starke innerpsychische Motive auch dadurch begründet, dass ich mir die Arbeit an dem einzelnen Leid als eine Möglichkeit des Wirkens in diesem Land vorstellen konnte. Ich hatte die Überzeugung, dass das Individuum zu stärken sei in seiner Selbstverwirklichung und dass aus der Summe dieser sich selbst verwirklichenden Individuen eine andere gesellschaftliche Realität wachsen würde. Dieses etwas nebulöse private Weltbild war meine Art der Kompromissbildung. Ich passte mich zwar an - und da wurden mir im Psychologiestudium einige Verrenkungen abgenötigt -, aber ich passte mich an, um zu verändern, um dann nicht-konform, sozusagen subversiv wirksam werden zu können. Dies sollte sich dann im Beruf teilweise auch bewahrheiten. Aber man stelle sich die schwierigen Übertragungs- und Gegenübertragungssituationen vor, wenn die Therapeutin die Patienten auch zur Bewältigung ihres gesellschaftlichen Leidensdruckes braucht. Ich erinnere mich an klammheimliche Verbrüderungen mit Patienten gegen die mächtigen Verhältnisse, in denen sich die projektiven Identifizierungen sozusagen überkreuzten und therapeutisch gar nichts bewirkt wurde. Oder ich erinnere mich an den psychotischen Patienten, der in seiner Psychose versucht hatte, die Mauer zu überklettern. Das brachte ihm ein Jahr in der Gerichtspsychiatrie ein, bevor er in der Ambulanz meines Krankenhauses betreut wurde. Ich sah durchaus seine schwere Störung, aber ich sah ihn auch als ein Opfer der Verhältnisse und konnte - auch auf Grund meiner noch mangelhaften Ausbildung - gar nicht nachvollziehen, dass er in mir eine weitere Vollstreckungsbeamtin sah, wie ich von heute aus denke. Mich wunderte nur seine anhaltende Feindseligkeit mir gegenüber.

Von heute aus denke ich, dass wir in einem so ideologisierten und auf Loyalität seiner Bürger ausgerichteten Staat, meines Erachtens keine Therapie machen konnten, die nicht in irgendeiner Weise hätte Stellung beziehen müssen zu dieser Ideologie und der hinter ihr stehenden Macht. Aber wenn man diese Stellung direkt oder indirekt bezog, war man unweigerlich nicht mehr mit dem innerpsychischen Geschehen und der therapeutischen Beziehung beschäftigt, verletzte die therapeutische Abstinenz, machte die Auflösung politischer Projektionen unmöglich und war von einer psychoanalytischen Arbeit weit entfernt. Bernard Kamm, einer der wenigen deutschen nichtjüdischen Analytiker, der 1935 emigrierte, hat dies für mich in einem Brief an Regine Lockot im Jahr 1980 auf den Punkt gebracht:

> „Wenn nun die Umwelt in der die Analyse unternommen werden soll, allzu sehr der Strenge der ursprünglich drohenden Umwelt nahe kommt ... dann ist es für den armen Analysanden unmöglich, die befreiende Entdeckung zu machen, dass die ursprünglichen Drohungen ihre Macht verloren haben ... Ein Analytiker würde sich selbst und seinen Analysanden täuschen und gefährden, wenn er so tun würde, als ob jetzt alles frei durchdacht und frei erörtert werden könnte“ (Brecht et al.1985: 164).

Hier ist auch gleich die Begründung, warum es, wie ich meine, in der DDR keine Psychoanalyse geben konnte, so sehr sich manche ihr auch zu nähern versuchten oder sich in Lektüre und heißen Diskussionen mit ihr beschäftigten. Die Aufforderung zur freien Assoziation, die ja so auch nicht ergangen ist, hätte eine Gefahr dargestellt. Es ging dabei nicht um Leben und Tod wie im Nationalsozialismus, aber bei manchen Patienten konnte es, wie bei dem oben Erwähnten, schon existenziell bedrohlich werden. Auch wenn die DDR zum Schluss eine moderate Diktatur war, hatte sie doch immer einen paranoiden Kern und man fiel sofort aus ihren schützenden Strukturen und bekam ihren strafenden Apparat zu spüren, wenn man wirklich und öffentlich die Loyalität zu ihr aufkündigte - im Privaten konnte man dies jeder Zeit tun, aber auf keinen Fall öffentlich. Dies haben übrigens auch Therapeuten zu spüren bekommen, wie unser Kollege Jürgen Fuchs, der vor kurzem viel zu jung und eventuell in Folge bis heute nicht geklärter Umstände gestorben ist. Er hatte sich 1976 öffentlich - und das bedeutete Westöffentlichkeit - gegen die Ausweisung von Wolf Biermann ausgesprochen, und das bedeutete für ihn Berufsverbot und Haft. Jedem DDR-Menschen war klar, wo er wie sprechen konnte, wenn er sich nicht gefährden wollte.

Die Frage ist nun, wie ein Patient die therapeutische Situation in der DDR erlebte - als öffentlich oder als privat? Wenn als öffentlich, ist mancher gar nicht erst zur Therapie gegangen, wie mir viele Patienten nach der Wende sagten, oder er hat bestimmte Themen nicht angesprochen. Wenn er die Therapiesituation als privat erlebte, haben wir ihn getäuscht. Weder ist Therapie eine nur private Angelegenheit, noch konnten wir ihn so weit schützen, dass wirklich nichts nach außen gedrungen wäre. Bekanntlich gab es Inoffizielle Mitarbeiter unter unseren Kollegen, und die Staatssicherheit kam auch an die Krankenakten heran, wenn sie dies wollte. Sie wollte dies nur sehr selten, aber mit dem Faktum an sich war der geschützte Therapieraum für alle eine Fiktion. Ob dies von uns in nichtstrukturierten Settings wie in der Gruppe oder auch in der von Empathie getragenen Atmosphäre der Gesprächspsychotherapie genügend durchdacht war, stelle ich in Frage. Der blinde Fleck der DDR-Psychotherapie war genau diese Annahme, das man allein im Therapiezimmer frei reden und die gesellschaftliche Realität dabei sozusagen überfliegen könne. Wir haben damit eine Situation kreiert, in der sich manche Patienten in eine Doppelbindung verstrickt fühlen mussten oder eben Teile ihres Erlebens bewusst und unbewusst wegließen.

Ich habe dies auch am eigenen Leib in der umgekehrten Situation erfahren: als Quasi-Patientin, als Mitglied einer Selbsterfahrungsgruppe. Ich weiß genau, dass ich sie damals zumindest als halböffentlich wahrgenommen habe, und mir war klar, dass ich über politische Konflikte dort nicht sprechen würde und könnte, schon um die Gruppenleiter zu schützen. Ich wusste sehr gut, unter welchen Schwierigkeiten eine solche Selbsterfahrung überhaupt in der DDR installiert werden konnte. Aber es sollte ja auch um die ganz persönlichen Konflikte gehen, um eine Erfahrung in der Gruppe, „da wäre Politisches ja nur Abwehr". So kam es, dass ich eine Gruppe erlebte, die dauernd instruiert wurde, nur im Hier-und-Jetzt der Gruppe zu sprechen (wobei man sowohl das Geworden-Sein des Einzelnen als auch seine gerade konkrete Lebenssituation umging) und eine furiose Dynamik durchlebte, in der ich durchaus etwas über mich und über Gruppenprozesse erfahren habe. Nach dem ersten Durchgang herrschte eine Stimmung wie „wir lieben uns doch alle", die dazu führte, dass ich mich einer Ärztin, die vom Polizeikrankenhaus kam und den Rang eines Majors hatte, ganz nah fühlte, weshalb mein Mann im Nachhinein zu Recht an meiner Urteilsfähigkeit zweifelte: „Was hast du ihr um Gottes Willen alles erzählt?" Wie ich erst jetzt von ihr erfahren habe, wurde sie nach der Selbsterfahrung dazu verdonnert, jeden Kontakt zu mir sofort abzubrechen. Ein anderes Gruppenmitglied durchlebte eine kurze psychotische Episode, und wieder ein anderes Gruppenmitglied wurde direkt nach der Gruppe von der Staatssicherheit aufgesucht, an seine in seiner Armeezeit abgegebene Verpflichtungserklärung erinnert und aufgefordert, speziell über mich alles aus der Gruppe zu erzählen. Er sollte den Kontakt zu mir weiter ausbauen, weil er - ohne dies zu wissen - Teil eines Zersetzungsplanes gegen mich und meinen Mann war. Als Inoffizieller Mitarbeiter „Sigmund Freud" hat er den Auftrag eine Zeit lang erfüllt und mir im Rahmen seiner Möglichkeiten wirklich geschadet, bevor er sich selbst aus diesem Gespinst lösen konnte. Ich hatte dann noch drei weitere Langgruppensitzungen, an denen er auch teilnahm, und ich wunderte mich die ganze Zeit, warum ich mich dermaßen unfrei und manipuliert fühlte und einfach meine Stimme nicht fand. Manchen meiner Patienten wird es in meinem Therapiezimmer ähnlich ergangen sein, auch wenn die Stasi nicht direkt mit im Zimmer saß.

Ich glaube, in diesem Dilemma steckte die DDR-Psychotherapie fest, ohne es damals reflektieren zu können. Aber eine Ahnung davon streifte uns immer wieder. Die TherapeutInnen in der DDR, die ich schätzte, waren nicht angepasst, eher von einer bewussten Nicht-Anpassung geprägt. Sie waren aber trotzdem den Regeln dieser eingemauerten Gesellschaft unterworfen - wie alle. Wieweit wir das noch wahrnehmen konnten oder wollten, ist die Frage.

> „Es geht um die Einstellung des Analytikers zur Herrschaft und Gesellschaft, in der er lebt. Je mehr er an der Unbewusstheit, die eine der Voraussetzungen von Herrschaft ist, teilhat, desto enger wird der Spielraum für seine Aufrichtigkeit werden - er wird lügen und es nicht einmal mehr merken“ (Erdheim 1983: 16).

Unsere psychotherapeutischen Eltern steckten im selben Konflikt wie wir und lösten ihn durch Anpassung oder Karriere, Rückzug oder Weggehen. Sie machten diesen Konflikt aber nur selten deutlich und schon gar nicht öffentlich, und sie ließen uns so mit dem Konflikt allein. Warum taten sie das? Sie standen mit dem Rücken an der Wand, mussten ständig um die Existenzberechtigung von Psychotherapie überhaupt kämpfen. Und weil wir sie als so bedroht und teilweise ohnmächtig erlebten, hat es eine Generationsauseinandersetzung in der DDR-Psychotherapie nicht gegeben. Ein Beispiel dafür waren auch die Lehrbücher über Psychotherapie, die in der DDR erschienen: Wenn man sich die Mühe macht, diese Bücher noch einmal durchzublättern, muss man nicht nur lächeln oder sich grausen über die angehäuften Vor- und Nachreden zur Entfaltung sozialistischer Persönlichkeiten durch Psychotherapie, sondern man spürt auch den enormen Legitimationsdruck, unter dem die DDR-Psychotherapie stand. Dauernd musste sie ihre Existenzberechtigung innerhalb des Gemein- und Wirtschaftswesens DDR und innerhalb der DDR-Medizin nachweisen, ihre Effektivität unter Beweis stellen. Das drückt sich in einem Aufwand an statistischer Forschung aus, der den eigentlichen Gegenstand, den erkrankten Menschen, seinen Behandler und ihre Beziehung fast vollständig zum Verschwinden bringt. Man gewinnt bei dieser Lektüre kein Bild von den Begegnungen, die wirklich stattfanden, von deren Existenz alle, die in der DDR ernsthaft gearbeitet haben, wissen.

Wenn man Psychotherapie auch mit der Arbeit am Unbewussten des Einzelnen und seines Behandlers verbindet, kann man in diesen Büchern studieren, wie durch die übergeordnete Frage der Effektivität sowohl der Einzelne als auch das Unbewusste in einem nichts sagenden statistischen Brei verschwinden. Dies sei auch zu den modernen Rufern nach immer mehr Effektivitätsforschung gesagt. Man sollte auch aus unseren schon gemachten Erfahrungen lernen, damit wir sie nicht ganz umsonst gemacht haben. Etwas drastisch und salopp gesagt: Zu viel Zugriff führt zum Untergang.

Es gibt aber meines Erachtens noch einen anderen Grund für Gefühle von Entfremdung in der DDR und damit auch in ihrer Psychotherapie, den ich erst von heute aus benennen und sehen kann: Wir haben mit unseren Eltern und Lehrern den Gründungsmythos der DDR geteilt, dass es nach dem Krieg einen radikalen Neubeginn gegeben habe. Für mich begann die Geschichte 1945 und ein weiteres Zurückblicken erschien nicht nötig, weil diese DDR mit ihren Gründungsvätern dem Antifaschismus verschrieben war und sich damit in der Stunde Null am eigenen Zopf aus dem Sumpf gezogen und eben ganz neu angefangen habe. Wir haben an die ältere Generation nicht die Frage der „68er“ gestellt: „Was habt ihr vor 1945 gemacht?“ Die Linien, die auch uns mit der Vergangenheit verbanden, glaubten wir durchtrennt. Wie fatal das war, habe ich erst in den letzten Jahren begriffen. Dazu erzählte mir kürzlich Herbert Loos, einer der wenigen, der sich lange vor 1989 mit der Psychiatriegeschichte beschäftigt hat, eine erhellende Episode: Nach einer medizinhistorischen Tagung fuhr er mit zwei weiteren Kollegen unseres Krankenhauses nach

Hause, und sie diskutierten die T4-Aktionen und dass man diese unbedingt genauer erforschen müsse. Keiner kam auf die Idee, auch er - als geschichtsinteressierter Mensch - nicht, dazu einfach in die alten Akten des eigenen Krankenhauses zu sehen, die im Kellerarchiv lagerten. Auseinandersetzung mit dem Nationalsozialismus hat in der DDR wirklich stattgefunden, aber oft nur abstrakt und theoretisch und nicht ganz konkret und unmittelbar. Ich hätte schon vorher wissen können, dass der Vater der DDR-Psychologie an der Humboldt-Universität Berlin Kurt Gottschaldt, in der Nazizeit Leiter der erbpsychologischen Abteilung am Kaiser-Wilhelm-Institut war und dass auch aus meinem Krankenhaus die Transporte zur Euthanasie nach Meseritz-Obrawalde abgegangen waren.

Diese nationalsozialistische Vergangenheit ist eine gemeinsame für die Psychotherapie in Ost und West, und ihre Spuren sind auch bis heute in uns zu finden. Nach der Vereinigung standen wir Ostler einer ausdifferenzierten westdeutschen Psychotherapieszene gegenüber, in der ich mich zusammen mit anderen aus langjähriger Neigung und aus Interesse für die Psychoanalyse entschieden habe. Wir ostdeutschen Freunde der Analyse kamen in eine Situation, in der die von uns idealisierte Psychoanalyse etabliert und gespalten war, in Deutsche Psychoanalytische Vereinigung (DPV) und Deutsche Psychoanalytische Gesellschaft (DPG). Es hat eine Weile gedauert, bis ich die Geschichte dieser Spaltung in Beziehung setzen konnte zur deutschen Geschichte und mir dann die Hierarchie und die Entwertungen, die hin und her liefen, erklären konnte.

Wir waren erst einmal ganz natürlich fremd, auf den Kongressen kannte man, in Gegensatz zu DDR-Zeiten, als fast jeder jede kannte, fast niemanden. Das erste Mal wähnte ich mich zunächst auf der falschen Veranstaltung, als ich die in ihrer ausgefeilten Individualität so gleich und konform aussehenden Analytiker den Tagungsräumen zustreben sah. Inzwischen ist mir vieles vertrauter, trotzdem frage ich mich auf manchen Kongressen, anders als bei den sehr erfrischenden privaten Begegnungen, aber eben auf den Kongressen, wie viel Wahrnehmung es für die eigene Etabliertheit gibt. Wie viel Platz haben persönliche Tragik und Anderssein, wie viel auch das Scheitern in der etablierten Analyse? Mir klingen noch die Diagnosen über Jürgen Fuchs von lieben Kollegen im Ohr oder die hochmütige, fast kleinbürgerliche Pathologisierung moderner bildender Kunst in einer Arbeitsgruppe. Wie Reimut Reiche treffend bemerkte, scheint sich mancher psychoanalytische Diskurs noch „immer in Relation zur Anpassung, an egal welche, Realität" zu bewegen, „an einem äußeren Ideal des guten Lebens" (1999: 588) Arbeitsfähig, liebesfähig, symptomfrei. Was bedeutet das aber, wenn viele keine Arbeit haben, Beziehungen im Internet stattfinden und nur die Symptome es noch sind, die das Unbewusste zur Sprache bringen dürfen?

Wir ostdeutschen Psychoanalytiker, die wir in den Genuss von guten, uns entgegenkommenden Übergangsregeln gekommen sind und uns einer Lehranalyse unterzogen haben, teilweise in einem Alter, in dem wir an einem westdeutschen Ausbildungsinstitut nicht mehr zur Ausbildung zugelassen worden wären, bilden nun die dritte und in der Hierarchie letzte Gruppe in der deutschen Analyse. DPV und DPG sind auf dem Weg der Annäherung. Wir sind auf dem schwierigen Weg der eigenen Identitätsfindung, und die kann meines Erachtens nicht nur darin bestehen, in einer der beiden Westgruppen aufzugehen. Wir haben eben eine andere Geschichte und wir müssen uns mit ihr auch noch etwas länger befassen, sonst kämen wir wie Fürnberg in die Gefahr, Fremde an unserem Ursprung zu werden. Mit einem Aufgehen in der westdeutschen Analyse würden wir unsere Vergangenheit ein für alle Mal abschütteln, aber auch aufgeben. Aber wo kann unser Standort sein? Einige ostdeutsche Analytiker, besonders in Halle, haben sich für die Trotz-und-Schutz-Burg entschieden, also für die Abgrenzung und einen eigenen ostdeutschen Weg, ich denke, auch mit zu viel nachträglicher Verklärung der DDR-Psychotherapie. Andere versuchen völlig in den westdeutschen Fachgesellschaften aufzugehen, alle Weihen zu durchlaufen.

Es ist natürlich schwer, den Entwertungen, die uns gegenüber stattfinden, zu widerstehen. Und ich denke, dass an uns jetzt manchmal etwas weitergegeben wird, was die Westanalytiker an sich erleben mussten - z. B. in der Internationalen Vereinigung (IPV). „In England musste ich auch begreifen, dass ich nichts weiß", sagt ein westdeutscher Supervisor uns Ostdeutschen. Gewiss, wir haben etwas zu lernen, und das liegt auf der Hand. Es ist aber kein Grund uns zu beschämen. Denn wir haben dieses Lernen freiwillig gewählt, und einige von uns haben 1989 in der friedlichen Revolution und auch vorher einiges dafür getan und auch riskiert. Nur mit unserer Mitwirkung konnten die Voraussetzungen für dieses Lernen überhaupt entstehen. Dies wird, glaube ich, immer wieder bei den heutigen Bewertungen vergessen: Wir wurden nicht von außen befreit wie die deutschen Analytiker nach 1945 - und das ist ein ganz entscheidender Unterschied. Einige, wenn auch nicht alle DDR-Therapeuten haben an der Selbstbefreiung der DDR auch durch ihr Weggehen oder ihre politischen Aktivitäten mitgewirkt. Und wir wissen auch einiges, z. B. wie unheilvoll es sein kann, wenn sich so sensible Prozesse wie Regression und das Erzählen von Träumen mit realen Abhängigkeiten und Machtinteressen vermischen. Diese Doppelbindung, die in der analytischen Ausbildung bisher leider systemimmanent ist und ja auch ständig kritisiert wird, kennen wir zur Genüge.

Die Frage ist, ob wir ostdeutschen Analytiker - klein an der Zahl und noch am Anfang -, ob wir es schaffen werden, auch noch unsere eigene Stimme in ganzer Klarheit zu finden und zu behaupten. Ohne weitere auch schmerzhafte Rückblicke wird dies meines Erachtens nicht gelingen. Werden wir es schaffen, etwas von der Freiheit, die wir uns in der Zeit nach 1989 erobert hatten und auch in unseren eben nicht an Ausbildungsinstitute gebundenen Lehranalysen erleben konnten, an unsere AusbildungskandidatInnen weiterzugeben? Oder werden wir alte Verstrickungen und unsere jetzt auch neu empfangenen Verletzungen weitergeben? Um dem Letztgenannten und neuer Entfremdung zu entgehen, würde ich es gern mit meinem ostdeutschen Lieblingsdichter Bert Papenfuß (1988: 153) halten:

*„Was man angefangen hat, muss man auch verändern."*

## Literatur

Böhm, H. (Hrsg.) (1963): Fürnberg - Ein Lesebuch für unsere Zeit. Weimar: Volksverlag

Brecht, K. et al. (Hrsg.) (1985): Hier geht das Leben auf eine sehr merkwürdige Weise weiter ... Katalog zur Ausstellung. Hamburg: Michael Kellner

Engler, W. (1999): Die Ostdeutschen. Berlin: Aufbau

Erdheim, M. (1983): Über das Lügen und die Unaufrichtigkeit des Psychoanalytikers. In: H.-M. Lohmann (Hrsg.) (1983): 10 - 16

Lohmann, H.-M. (Hrsg.) (1983): Das Unbehagen in der Psychoanalyse. Frankfurt am Main, Paris: Quomran

Reiche, R. (1999): Subjekt, Patient, Außenwelt. In: Psyche 52: 572 - 596

Papenfuß-Gorek, B. (1988): dreizehntanz. Berlin, Weimar: Aufbau

Wolfram, K. (1996): Zur Geschichte des guten Willens. In: Sklaven 25: 3 - 5

# Gesellschaftlicher Umbruch und seelische Erkrankung in Ostdeutschland

*Peter Diederichs*

## 1 Die medizinisch-soziologische Perspektive

Mein Thema „*Gesellschaftlicher Umbruch und seelische Erkrankung in Ostdeutschland*" erfordert zunächst eine medizinisch-soziologische Perspektive, insbesondere den Vergleich mit Westdeutschland. Zu erwarten war eine größere psychosoziale Belastung der Ostdeutschen. Zu meiner Überraschung fanden sich jedoch epidemiologisch gesehen nach der Wende relativ wenige Unterschiede zwischen Ost und West.

So konnten Wittchen, Lachner, Perkonigg und Hoeltz (1994) keine höhere psychiatrische Morbidität in den neuen Bundesländern beobachten, sondern sogar im Gegenteil das häufigere Auftreten depressiver Symptome und den Gebrauch illegaler Drogen und Medikamente in den alten Bundesländern (Westdeutschland) nachweisen. Dies deckt sich mit den Ergebnissen zweier Längsschnittstudien in Rostock und Mannheim. Zwei repräsentative Kohorten des Geburtsjahrganges 1970 wurden kontinuierlich entwicklungspsychologisch mit großem methodischen Aufwand untersucht und verglichen (ausführlicher bei Ihle, Esser, Schmidt, Blanz, Reis & Meyer-Probst 1998). Obwohl nach der Wende bei den Rostocker Jugendlichen häufigere Lebensereignisse und auch eine subjektiv erlebte höhere Belastung gemessen wurde, spiegelte sich das nicht in erhöhten Raten seelischer Störungen wider. Ihre Gesamtprävalenz der inzwischen jungen Erwachsenen (25 Jahre) betrug 15.3 %, was sich im üblichen epidemiologischen Rahmen von Studien des Kindes- und Jugendalters bewegt. Im Ost-West-Vergleich findet sich sogar überraschenderweise eine tendenziell niedrigere Rate psychischer Störungen in der Rostocker Stichprobe. Jacobsen, Zimmermann und Rudolf (1999) haben mit einem Fragebogen zum Psychisch- und Sozialkommunikativen Befund (PSKB) die psychische und psychosomatische Belastung Ost- und Westdeutscher in einer repräsentativen Erhebung gemessen. Sie konnten in ihrer Untersuchung die angeblich großen Auswirkungen der Wende oder des gesellschaftlichen Umbruchs auf die Gesundheit und seelische Befindlichkeit der Ostdeutschen nicht nachweisen. In dieser Arbeit findet sich auch eine Übersicht der bisherigen Forschungsergebnisse zur seelischen Gesundheit in Ost und West. Beispielsweise gehört das Ansteigen der Suizidrate nach der Wende im Osten in den Bereich der Mythen: So war die Suizidrate zwar bis 1993 für beide Geschlechter in den neuen Bundesländern höher als in den alten, aber ein Anstieg nach der Wende ließ sich nicht nachweisen, wobei eine höhere Selbstmordrate für bestimmte Gebiete Ostdeutschlands konstant bis 1926 zurückverfolgt werden kann.

Die einzige Ausnahme bilden die Befunde von Margraf und Poldrack (1996), die eine um den Faktor zwei erhöhte Prävalenzrate von Angststörungen in den neuen

Bundesländern, vor allem bei Frauen, in einer repräsentativen Bevölkerungsumfrage aufzeigen konnten.

Diese Ergebnisse der Epidemiologen standen in einem gewissen Widerspruch zu der klinischen Erfahrung der Psychotherapeuten in Ostdeutschland. Plassmann (1995) berichtete beispielsweise anhand seiner Klientel einer psychosomatischen Fachklinik über eine psychosoziale Regressionsbewegung, die sich in vermehrten Rentenanträgen, Rückgang der Geburtenrate, der Scheidungen und Hochzeiten manifestiert hat. In meiner Balintgruppe mit Ostberliner Gynäkologinnen und Gynäkologen erfuhr ich, dass das Sterilisationsbegehren nach der Wende drastisch zugenommen hatte. Dabei ist zu berücksichtigen, dass die Hürde für die Sterilisation in der DDR hoch war: Die Frauen mussten sich vor einer Bezirkskommission verantworten.

Man kann sich nun fragen, ob bei den makrosozialen Vergleichen möglicherweise tatsächlich bestehende Unterschiede zwischen Ost und West sich wieder aufheben können.

Schröder und Reschke (1995) fordern daher eine differenzielle Betrachtung von Risikokonstellationen, wie sie der gesellschaftliche Umbruch, Wandel oder Transformationsprozess für die Ostdeutschen beinhaltet. Die ostdeutsche ebenso wie die westdeutsche Gesellschaft ist als eine schichtenspezifische Gesellschaft zu sehen, also als ein Feld von Großgruppen mit feinen Unterfraktionen, die sich nach einer gewissen „Choreografie der Modernisierung" bewegen (Vesper 1995: 30). Werden die sozialen Schichten differenzierter betrachtet und dann auch noch unterteilt nach Geschlecht und Alter, gibt es eindeutige Auf- und Absteiger oder Gewinner und Verlierer, aber auch Um- und Aussteiger mit den entsprechenden Auswirkungen auf seelisches und körperliches Wohlbefinden. Die ostdeutsche Bevölkerung fächert sich also unter pathogenetischen und salutogenetischen Aspekten sehr auf. Aussagen über krankmachende Einflüsse für die Gesamtbevölkerung nivellieren die zum Teil deutlichen Unterschiede von Subgruppen und verstellen damit den Blick auf besondere Problemgruppen (Schröder & Reschke 1995).

Gesellschaftlicher Umbruch wird als Risikofaktor, Stressor oder kritisches Lebensereignis und damit potenziell pathogen für die gesundheitliche Verfassung angesehen. Inwieweit er zu seelischen oder körperlichen Symptomen und Erkrankungen führen kann, hängt von einer Reihe individueller Bedingungen ab. Stress ist bekanntermaßen immer ein wechselseitiger Prozess, bei dem die subjektive Wahrnehmung und Verarbeitung des Stressors eine zentrale Rolle spielen (Schwarzer 1994). Beispielsweise wirkt der Risikofaktor Arbeitslosigkeit weniger pathogen, wenn man sozial gut vernetzt ist und auf persönliche Ressourcen wie flexibles Denken, Selbstsicherheit oder einen kreativen Freizeitbereich zurückgreifen kann.

> „Damit wird die Persönlichkeit selbst zu einer Einflussgröße, die über Gesundheit und Krankheit mitbestimmt" (Schwarzer & Hahn 1994: 183).

Ich werde daher in den Mittelpunkt meines Beitrages eine Einzelfalldarstellung rücken, in erster Linie die Persönlichkeit und Lebensgeschichte eines Mannes aus Ostdeutschland, der gleich nach der Wende im Westen seine berufliche Chance suchte. Er war der erste Patient aus dem Osten, den ich als Westanalytiker in Einzeltherapie nehmen wollte. Leider hat er mein Angebot für eine Psychoanalyse nicht annehmen können.

## 2 Falldarstellung

### *2.1 Die Reinszenierung eines traumatisierten Vaterintrojekts*

Der Patient, Jahrgang 1940, war Anfang 50, als er 1992 meine Praxis aufsuchte. Anlass war die seit einem 3/4 Jahr bestehende erektive Impotenz. Sein schon vor dem Mauerbau in den Westen geflohener älterer Bruder, inzwischen Chefarzt einer Klinik in Westdeutschland, hat ihn medizinisch genauestens untersuchen lassen, ohne einen organpathologischen Befund erheben zu können. Die genauere Sexualanamnese ergab, dass er schon immer unter einem vorzeitigen Samenerguss gelitten hat und seine Frau sexuell mit ihm unzufrieden war. Sonstige somatische oder seelische Symptome fanden sich in seiner Vorgeschichte nicht. Er machte sich allerdings Vorwürfe, sich zu wenig Zeit für seine Familie, vor allem für seine beiden Söhne genommen zu haben.

Der Patient war exzellent gekleidet, im Umgang höflich und verbindlich, mit einer Spur zu großer Gefügigkeit und einer starken Affektisolierung. In meiner Gegenübertragung spürte ich seine abgewehrte Depression. Ich wurde beim Zuhören unendlich traurig. Seine Geschichte beeindruckte mich wegen der zusätzlichen Traumatisierung durch die politischen Systeme (Nationalsozialismus und DDR):

Er war der jüngste von drei Brüdern (+ 2 und + 5). Sein Vater (+ 35), von Beruf Einzelhandelskaufmann, wurde 1945 von den Russen verhaftet und zu 25 Jahren Zuchthaus in Bautzen verurteilt, für die Familie ein unfassbarer Schicksalsschlag. Der Patient war damals 5 Jahre alt, also auf dem Höhepunkt der ödipalen Phase. Der Vorwurf war, dass der Vater im Krieg in Jugoslawien Partisanen liquidiert haben sollte. Der Patient will bis heute diesen Tatvorwurf nicht glauben. Über den westdeutschen Bruder hatte er versucht, in einem Archiv in Lübeck Nachforschungen anzustellen, die aber im Sande verliefen. Der Vater wurde zwar nach 8 Jahren entlassen, aber nur, weil er todkrank war. Als der Patient ihn zum ersten Mal real wahrnehmen konnte, war er inzwischen 13 Jahre alt. Der Vater starb einige Monate später. Er war gerade 50 geworden, übrigens dasjenige Alter des Patienten, in dem ihm sein sexuelles Versagen schmerzhafter bewusst wurde. Nach der Rückkehr des Vaters aus dem Zuchthaus wurde über den Grund der Verhaftung nicht gesprochen. Der Vater war streng und autoritär, aber - so der Patient - „er hat uns geliebt". Auch über Bautzen hat er nie ein Wort fallen lassen. Inzwischen weiß er, wie schlimm es dort gewesen sein muss. Obwohl der Patient sich an seinen Vater nur noch dunkel erinnern konnte, ist er für ihn ein erfolgreicher Kaufmann geblieben. Die Eltern hatten ein Schuhgeschäft, das die Mutter nach dem Krieg alleine weiterführte.

Wegen dieses Vaters wurde er in seinem schulischen und beruflichen Werdegang permanent behindert und seine Familie - sie lebte in einer Kleinstadt in Sachsen-Anhalt - sozial diskriminiert. Die Mutter wünschte sich für den Sohn eine kaufmännische Ausbildung und die Übernahme des elterlichen Geschäftes. Er selbst wollte sich weiterqualifizieren auf einer kaufmännischen Fachschule, wurde aber wegen des verurteilten Vaters abgelehnt, jedoch dann mit dem Angebot für einen Ausbildungsplatz geködert, wenn er sich für 2 Jahre freiwillig bei der Nationalen Volksarmee verpflichten würde. Während seiner Armeezeit hatte er sich einigen Kameraden gegenüber kritisch über den DDR-Staat geäußert. Er habe die sozialistischen Ziele nie akzeptieren können, weil seiner Familie so viel Unrecht angetan wurde. Nachdem ihn ein Freund wegen seiner privaten Äußerungen „verpfiffen" hatte, wurde er in Unehren aus der Armee entlassen. Er bekam zunächst nur einen Hilfsausweis und niedere Arbeit angeboten, z. B. in einem Sägewerk. Er wollte sich daraufhin - genau wie der ältere Bruder - in den Westen absetzen und fuhr im Februar 1960, inzwischen knapp 20 Jahre alt, mit dem Zug nach Westberlin. Hier kam er in das Aufnahmelager Marienfelde. Dort hatte ihn, wie üblich, der amerikanische und britische Geheimdienst über seine Militärzeit ausgefragt.

Er kehrte aber der Mutter zuliebe bald zurück und wurde prompt verhaftet. Wegen Republikflucht und Landesverrats - der Staatssicherheitsdienst hatte erfahren, dass er drüben „ausgeplaudert" hatte - wurde er zu 4 Jahren Gefängnis verurteilt, von denen er 2 1/2 Jahre abgesessen hat.

Kurz nach der Haft (Ende 1962) lernte er seine Ehefrau kennen und heiratete sie im Oktober 1963. Im April 1964 wurde der erste Sohn geboren. Sein Fazit heute: „Wir mochten uns, aber sicherlich habe ich bei ihr Halt gesucht!"

Wegen des familiären Makels hatte er nach der Haft seine sächsische Heimat verlassen und war in den Norden der DDR gezogen, wo er fast 20 Jahre lang in einer Plattenbausiedlung lebte und als Verkäufer arbeitete. 1966 wurde der zweite Sohn geboren. Da ihm weiterhin ein Platz an der Fachhochschule verweigert wurde, begann er ein selbstfinanziertes Fernstudium, das insgesamt 11 Jahre dauerte und das er mit dem Titel Diplomvolkswirt abschloss. Anfang der 80er-Jahre zog er nach Ostberlin um.

Nach der *Wende* bewarb er sich sofort im Westen, an „50 Stellen" wie er bemerkte. Anfang 1990 begann er in einer westdeutschen Großstadt als Verkäufer. Nach einem 1/2 Jahr war er schon Abteilungsleiter. Seine Frau wollte ihm nicht nach Westdeutschland folgen, so dass er nach Ostberlin zurückkam. Als er sich bei mir vorstellte (November 1992) leitete er ein großes Textilienhaus mit 70 - 80 Angestellten und verdiente zwischen 6000 und 7000 DM monatlich.

In der eigenen Familie war er aber inzwischen isoliert. Seine zwei erwachsenen Söhne hatten sich von ihm abgewandt und warfen ihm vor, immer zu viel gearbeitet und ihnen zu wenig Luft gelassen zu haben. Der jüngere Sohn war homosexuell. Die Ehefrau machte mehr oder minder ihren Mann, den Patienten, dafür verantwortlich. Dieser Sohn hatte sich nach der Wende an eine Freikirche gewandt, lebte asketisch wie ein Mönch, hatte aber dort Halt gefunden. Der ältere Sohn, der nach der Wende eine Pizzeria eröffnete und dem er dabei auch finanziell geholfen hatte, wollte sich von ihm nicht mehr „reinreden" lassen. Der Patient im Erstinterview: „Jetzt sind alle gegen mich. Ich habe mich jahrelang für die Familie krumm gemacht und stehe jetzt alleine da." Seine Frau ist auf Seiten der Söhne. Er besitzt kaum Freunde, betroffen stellt er fest, dass er jetzt, wo er endlich mehr Lebensqualität genießen könnte, impotent ist. Übrigens hatte er gerade mit seiner Frau eine schöne Reise nach Kreta hinter sich.

Wie lässt sich sein zentraler *unbewusster Beziehungskonflikt* oder die *Psychodynamik* seiner Sexualstörung im Kontext seiner Lebensgeschichte und des gesellschaftlichen Umbruchs verstehen? (Mein Material für die metapsychologische Ableitung bezieht sich nur auf vier probatorische Sitzungen.)

Der bei Kriegsbeginn geborene Patient ist als Jüngster an die Mutter ambivalent gebunden geblieben. Er beschreibt sie als eine liebevolle, aber letztlich fordernde Frau. Später waren die Kinder oft sich selbst überlassen, weil Mutter Tag und Nacht sich um das Geschäft kümmern musste. Der zur Wehrmacht eingezogene Vater stand für die frühe Triangulierung nicht zur Verfügung. Der fehlende Vater, eine überforderte Mutter, zwei ältere Brüder über sich und die existenzielle Bedrohung durch den Krieg behinderten die Entwicklung eines basalen Selbstgefühls mit entsprechenden Einschränkungen der Autonomie- und Ich-Entwicklung. Die Verhaftung des aus dem Krieg heimgekehrten Vaters im 5. Lebensjahr des Patienten und das nur kurzfristige Kennenlernen des todkranken Mannes in der beginnenden Adoleszenz (13-jährig) verhinderten eine positive Lösung des Ödipuskomlexes. Unter objektbeziehungspsychologischen Aspekten gesehen, internalisierte er einen traumatisierten Vater und blieb unbewusst - sozusagen zum Schutze seines Selbstwertgefühls - an eine idealisierte Vaterimago fixiert. Die Destruktivität des Vaters (das Töten von Partisanen) wurde verleugnet und externalisiert. Im Bewusstsein des heranwachsenden Sohnes war er aber der tüchtige Geschäftsmann, der von dem politischen System zu Unrecht verfolgt wurde. Das blieb nicht ohne Einfluss auf sein Ich-Ideal als derjenigen intrapsychischen Repräsentanz, in der sich die Reste aus der Vollkommenheitsillusion über die Eltern kondensieren.

Das Ich-Ideal dient ja der Ablösung von den Primärobjekten (Rosenkötter 1981) und spielt bei der Regulation des Selbstwertsystems eine wichtige Rolle (Diederichs 1996). Das defiziente Ich-Ideal hinterließ Spuren in seiner Charakterbildung: So blieb er selbstunsicher (erhöhte Scham-Anfälligkeit), aggressiv gehemmt und labil in seiner männlichen Identität. Die Bewältigung seines Ödipuskomplexes verlief mehr in die negative Richtung, d. h. er unterwarf sich dem idealisierten Vater. Sein jüngerer Sohn agierte die homosexuelle Latenz des Vaters (des Patienten). Die ödipale Schuld hat ihn damals aus dem Westen in den Osten zurückkehren lassen, womit er unbewusst seine Selbstbestrafung konstelliert hat (die Verhaftung). Gleichzeitig konnte er dadurch mit dem traumatisierten Vater identifiziert bleiben.

Darüber hinaus blieb er abhängig von der Steuerung äußerer Objekte, weil es ihm an der Fähigkeit mangelte, innerlich zu den eigenen Wertvorstellungen zu stehen und sie nachhaltig zu vertreten (Rosenkötter 1981). Beispielsweise passte er sich trotzdem an den DDR-Staat an und versuchte sein labiles Selbst mit Leistung zwanghaft zu kompensieren. Mit der Wende nahm er auf Grund seines rigiden Ich-Ideals nachdrücklich die Chance wahr, sich nun endgültig als tüchtiger Geschäftsmann zu beweisen. Auf Grund seiner Fähigkeiten gelang ihm das mühelos. So gesehen könnte er als Gewinner der Wende gelten. Seine Impotenz war die Reaktion auf den Rückzug auch seines älteren Sohnes. Mit dem sich nach der Wende zu seiner Homosexualität bekennenden Sohn lag er schon länger quer. Die Enttäuschung an den Söhnen labilisierte seine Abwehr und brachte ihn mit seinem beschädigten Vaterintrojekt und starren Ich-Ideal in Berührung. Die Sexualstörung signalisierte seine eigene „Kastration“.

Ganz anders verlief offensichtlich die psychosexuelle Entwicklung seines 2 Jahre älteren Chefarztbruders. Von der Mutter unabhängiger, durch den Vater weniger geschädigt, daher mit einem stabileren Ich-Ideal versehen, schaffte er noch vor dem Mauerbau den Sprung in den Westen. Er könnte zu der von Schwarzer (1994) untersuchten Gruppe von Übersiedlern gehören, die sich gut anpassen konnten und sich als psychisch unauffällige und scheinbar gesunde Mitglieder der westdeutschen Gesellschaft integriert haben.

*Warum er das Therapieangebot ablehnen musste, kann ich nur vermuten:* Vielleicht hatte ich ihn mit meiner Empathie überfordert. Seine Geschichte hat mich auch persönlich berührt: Ich bin etwa der gleiche Jahrgang, mein Vater ist zum Glück „unbeschädigter" aus diesem furchtbaren Krieg zurückgekehrt, und meine Primär-Familie ist Anfang der 50er-Jahre noch legal von Ost- nach Westberlin gezogen. Vielleicht hatte er auch Angst vor der homosexuellen Versuchung. Ich wollte ihn ja im „Liegen" behandeln. Aber auch die Angst vor der regressiven Versuchung, seine ohnmächtige Wut zuzulassen, könnte eine Rolle gespielt haben sowie sein Neid auf den Chefarztbruder. Ich bin auch ein Arzt aus dem Westen.

## *2.2 Die Katamnese*

Die Geschichte dieses Patienten mit der Doppeltraumatisierung durch die politischen Systeme hat mich im Laufe der Jahre bei meiner Beschäftigung mit dem Ost-West-Thema nie ganz losgelassen. Bei den Vorarbeiten zu diesem Beitrag war sie sofort wieder präsent und ich beschloss, mich mit ihr noch einmal auseinanderzusetzen. Natürlich war ich auch neugierig, wie es dem Patienten wohl inzwischen ergangen sein mag. Mit etwas gemischten Gefühlen habe ich ihn angeschrieben und zu einem katamnestischen Gespräch eingeladen. Meine Begründung war, dass ich als jemand, der sich aus persönlichen und fachlichen Gründen für Ost-West-Biografien interessiert, auch gerne etwas über seinen weiteren Lebensweg erfahren würde. Er meldete sich und nach einigen Missverständnissen kam auch ein Gesprächstermin zu Stande. Schon am Telefon teilte er mir mit, dass er vor 6 Wochen eine „By-Pass"-Operation hatte. Er kam dann überpünktlich zum vereinbarten Termin (im Juni 1999). Äußerlich war er in guter Verfassung, braun gebrannt und mit einem kurz gehaltenen, gepflegten Backenbart. Durch eine moderne Brille wirkte er etwas „narzisstischer" als vor 7 Jahren.

Er schilderte mir zunächst seinen weiteren beruflichen Werdegang. Nach unseren Gesprächen hatte er bald noch die Leitung eines zweiten großen Textilhandels in Ostberlin übernommen. 1996 wurde er beauftragt, für die Stammfirma Filialen in einem östlichen Ausland zu gründen. Dort hat er inzwischen 9 Filialen aufgebaut. Seine Arbeitszeit betrug allerdings 80 - 90 Wochenstunden. Er war nur noch 14-tägig am Wochenende in Berlin, dann aber mit seiner Frau „ständig auf Achse", weil er Kultur nachholen wollte; 14 Tage in dem besagten Ausland würden ihn schaffen. Die Zustände dort seien wie zu Beginn der DDR-Zeit.

Die Herzbeschwerden hätten sich im letzten Jahr verstärkt, er habe sie aber nicht ernst genommen. Schließlich sei er nach einem bedrohlichen Herzanfall in die Charité gefahren, wo sofort eine Herzkatheteruntersuchung durchgeführt werden sollte.

Man sei aber mit dem Herzkatheter stecken geblieben. Die Herzkranzgefäße waren also zu! Sie hätten ihn gleich dabehalten und ihm einen „By-pass“ verpasst. Er nehme jetzt ein blutverdünnendes Medikament, außerdem Beta-Blocker, ein Antidiabetikum und einen Cholesterinhemmer; 1994 wurde ein erhöhter Zuckerspiegel und 1 Jahr später erhöhtes Cholesterin festgestellt.

Er frage sich nun, wie lange er noch in diesem „Auslandsjob“ belastbar sei. Sein Vertrag läuft noch bis zum nächsten Jahr.

Nachdenklich kann er jetzt sagen, dass er sich im Westen genauso verhalte wie früher im Osten! Er habe denen drüben zeigen wollen, dass „er was kann“. Er sei aber dabei immer auf Grenzen gestoßen (die politische Diskriminierung oder Ausgrenzung). Später im Westen habe er beweisen wollen, dass er „auch seinen Platz im Kapitalismus behaupten kann“. Das ist ihm auch ohne Frage gelungen, und er ist zufrieden damit. Er fuhr dann aber fort, dass er auch etwas traurig sei, dass seine Familie darunter gelitten hat.

Seine Sexualstörung sei geblieben. Er hatte auch in dieser Richtung nichts mehr unternommen. Seine Frau habe sich damit abgefunden, nur gelegentlich werde sie noch manchmal vorwurfsvoll. Er wörtlich: „Wir sind sehr vernünftig miteinander“. Sie arbeite halbtags als Verkäuferin.

Warum er mein Behandlungsangebot abgelehnt hat, kann er eigentlich nicht sagen. Er kann sich nur an das Gefühl erinnern, er muss seine Probleme alleine lösen.

Zum Schluss des Gespräches kam er von sich aus auf die Söhne zu sprechen und fragte mich sogar um Rat, wie er mit seinem homosexuellen Sohn umgehen solle.

Er beschrieb dann relativ einfühlsam die schwierige psychosoziale Situation dieses Sohnes. Er hat wieder Kontakt zu ihm und hatte ihn jetzt auch während seiner Arbeitslosigkeit unterstützt. Der Sohn habe sich von der Freikirche gelöst und eine Zeit lang als Altenpfleger gearbeitet. Er sei aber empört gewesen, wie mit den Alten im Westen umgegangen wird. Sie würden nur verwahrt. Er habe dann mit seinem Arbeitgeber Schwierigkeiten bekommen, weil er z. B. die Bettwäsche öfter gewechselt habe, als vorgeschrieben sei. Der Patient sieht selbst die Haltung des Sohnes etwas kritisch. Er habe wohl „ein bisschen übertrieben“. Danach habe er eine Stelle als Verkäufer gefunden und sei damit auch ganz zufrieden gewesen. Die Firma ging aber in den Konkurs, und seitdem sei er arbeitslos. Der Sohn habe keine Freunde oder Kontakte. Die Homosexualität lebe er nicht aus. Er sei ein- oder zweimal in der Szene gewesen, was ihn aber angewidert habe. Er habe seinem Sohn sogar zur Psychotherapie geraten, was dieser aber kategorisch ablehne.

Über den älteren Sohn berichtet er, dass dieser die Pizzeria aufgegeben und gegen seinen Rat ein teures Speiselokal am Prenzlauer Berg eröffnet habe. Der Sohn hatte seiner Skepsis entgegengehalten, dass er ihm ja nie etwas zutrauen würde. Das Projekt ist inzwischen gescheitert, der Sohn musste einen Offenbarungseid leisten und wird bis an sein Lebensende Schulden haben. Er ärgere sich, für den Sohn noch gebürgt zu haben. So hat sich die Bank einen Teil des Geldes von ihm geholt (50000 DM!). Das sei sein Gespartes gewesen. Wenn er dem Sohn das vorwerfe, sage der zwar, dass es ihm Leid tue, aber dann komme der Vorwurf, dass er ihn zu unselbstständig erzogen habe.

An dieser Stelle entlaste ich den Patienten: Sein Sohn sei inzwischen ein erwachsener Mann und der Vorwurf an den Vater würde ihn überhaupt nicht weiterbringen.

Der Patient reagierte etwas resigniert: Er habe den Eindruck, dass dieser alles an sich so „abperlen" lasse.

Der *Patient* hat sich letztlich wieder *retraumatisieren* lassen, diesmal von seinem Sohn. Er wollte ihm ja weiterhin ein guter Vater sein (siehe sein rigides Ich-Ideal) und hatte sich offensichtlich - genau wie früher - nicht angemessen von ihm abgegrenzt.

Unter dem *Mehrgenerationenaspekt* gesehen, *hat sich in tragischer Weise die Traumatisierung der Söhne durch die traumatisierten Väter wiederholt.*

Zwischendurch hatte ich den Patienten nach seinem 5 Jahre älteren Bruder gefragt, über den ich damals nichts erfahren hatte. Dabei stellte sich heraus, dass die Mutter dem Erstgeborenen das elterliche Haus mit dem Schuhgeschäft noch zu frühen DDR-Zeiten überschrieben hatte. Sie hatte den Patienten überredet zu verzichten. Der Bruder war Lehrer geworden, hatte mit dem politischen System auch Ärger bekommen, aber es irgendwie geschafft, als Dozent an einer Fachschule eine Nische zu finden. Er ging in die innere Emigration und konzentrierte sich auf seine Familie. Dieser Bruder wirft dem Patienten übrigens auch vor, sich nicht ausreichend um seine Söhne gekümmert zu haben. Der Bruder hat drei erfolgreiche Kinder, zwei sind Zahnärzte geworden, und der dritte ist Facharzt für Innere Medizin.

Der Bruder hat das später in der DDR enteignete Haus und elterliche Geschäft nach der Wende wiedererhalten, um zwei weitere Geschäfte vermehrt und kürzlich Gewinn bringend verkauft. Der Patient habe versucht, etwas „von dem Kuchen abzubekommen", er sei aber bei dem Bruder „abgeblitzt".

Last not least hat sich für den Patienten, der im nächsten Jahr 60 Jahre alt wird, wieder die alte Geschwisterdynamik konstelliert: *Er bleibt der Kleinste und Zukurzgekommene.*

Erst nach dem katamnestischen Gespräch fiel mir auf, dass die Ehefrau - genau, wie damals die Mutter im Erstgespräch - außen vor geblieben ist. Welchen Anteil hat die Ehefrau oder die Mutter an der Traumatisierung ihrer Söhne? Von dem Patienten erfuhr ich noch, dass auch die Ehefrau unter der Homosexualität des Sohnes sehr gelitten und öfter über schlaflose Nächte geklagt hat. Vermutlich war sie ebenfalls von ihren Söhnen zu wenig abgegrenzt und hat mit ihnen gegen den Ehemann bzw. Vater koaliert. Die latente Aggression des Patienten gegenüber seiner Ehefrau bzw. Mutter zeigt sich nur in seinem vorzeitigen Samenerguss. Er bringt sie um ihre Lust.

Auf diesem Hintergrund könnte man seine Angst vor dem Therapieangebot auch als Übertragungswiderstand gegen eine vereinnahmende Mutter verstehen. Mit seiner vielen Arbeit schützt er sich auch vor der fordernden Frau bzw. Mutter.

### Schlussbemerkungen

Ich hoffe, mit dieser Falldarstellung demonstriert zu haben, dass bei differenzierter Deutung der individuellen Sinnzusammenhänge einer Persönlichkeitsentwicklung der Stressor „gesellschaftlicher Umbruch" sich relativiert oder nur im Sinne einer Versuchungs- und Versagungssituation zu verstehen ist. Die unterschiedliche Bewältigung oder Abwehr des Einzelnen kann - wie wir gesehen haben - mitten durch die Familie gehen. Der Patient hat mit der Wende seine Abwehr verstärkt.

Epidemiologisch gesehen gibt es in der Familie des Patienten „Gewinner“ und „Verlierer“ des gesellschaftlichen Umbruchs. Vielleicht heben sich bei den makrosozialen Vergleichen solche Unterschiede wieder auf. Seelisch gesehen gehört der Patient zur Verliererseite, körperlich aber - um es noch komplizierter zu machen - zu den Gewinnern, denn die Mortalität durch Herz-Kreislauf-Erkrankungen ist nach der Wende in den neuen Bundesländern gesunken. Während in Ostdeutschland die Herz-Kreislaufmortalität 1990 um 34.1 % höher als in Westdeutschland war, lag sie 1996 nur noch um 18.9 % darüber. Der Patient hat also mit seiner Infarktgefährdung nach der Wiedervereinigung infolge der besseren medizinischen Versorgung eine höhere Überlebenschance als in der ehemaligen DDR.

Hinsichtlich der zwei wichtigsten Todesursachengruppen, den Herz-Kreislauf-Erkrankungen und dem Krebs gab es - im Gegensatz zu den seelischen Erkrankungen - deutliche Unterschiede zwischen Ost und West. Die östliche Mortalitätsrate bei Krebs-Erkrankungen hat sich noch deutlicher als die bei Kreislauf-Erkrankungen der westlichen angenähert. Entsprechend hat sich auch die Lebenserwartung angeglichen. Das heißt, die Menschen in Ostdeutschland leben jetzt länger. Diese Entwicklung stellt eine positive Ausnahme gegenüber den Transformationsprozessen in Osteuropa dar (Hajek 1999). Die durchschnittliche Lebenserwartung der Männer in der Ukraine soll beispielsweise zurzeit bei 56, die in den westlichen Industrieländern bei 72 Jahren liegen.

Die persönliche Entwicklung dieses Patienten nach der Wende findet sich zwanglos bei vielen Westpatienten wieder: Eine prä- oder ödipale Störung wird - sozial legitimiert - per Leistung kompensiert, bis hin zur Arbeitssucht mit den entsprechenden negativen Konsequenzen für die Körperlichkeit und seelische Verfassung.

Die *Psychoanalyse* berücksichtigt die Dimension des *Unbewussten:* Verdrängte Konflikte aus der Kindheit oder die pathologischen Interaktionsmuster mit den frühen Primärobjekten beeinflussen die Bewältigung eines Stressors wie den des gesellschaftliche Umbruchs. Die Patienten sind dabei nicht einfach „Opfer“, sondern werden auch zu „Tätern“, denn die erlebten Konflikte werden nicht nur passiv erlitten, sondern aktiv verinnerlicht. Bei dem Versuch, das Trauma zu bewältigen, sich also aktuell immer wieder mit ihm auseinanderzusetzen, wiederholen sie, insbesondere in ihren Objektbeziehungen, die Traumatisierung. Zusätzlich hat sich als negativ stabilisierender Faktor für die Entwicklung dieses Patienten die permanente politische Ausgrenzung in der DDR ausgewirkt, im Westen dann die „Verlockungen“ der kapitalistischen Gesellschaft.

*Die besondere Tragik dieses Patienten und seiner Familie liegt in der komplexen Verschränkung von individueller und gesellschaftlicher Traumatisierung bzw. in der unbewältigten Vergangenheit oder schuldhaften Verstrickung mit dem Vater und dem Nationalsozialismus, die sich bis auf die Enkelgeneration ausgewirkt hat.*

## Literatur


Diederichs, P. (1996): Gesunder und pathologischer Narzissmus. In: H. Kentenich, M. Rauchfuß & J. Bitzer (Hrsg.) (1996): 59 - 68

Hajek, G. (1999): Mortalitätsveränderungen in den alten und neuen Bundesländern seit der Vereinigung im Kontext soziologischer Veränderungen. In: A. Hessel, M. Geyer & E. Brähler (Hrsg.) (1999): 234 - 253

Hessel, A., Geyer, M. & Brähler, E. (Hrsg.) (1999): Gewinne und Verluste sozialen Wandels. Opladen: Westdeutscher Verlag

Ihle, W., Esser, G., Schmidt, M. H., Blanz, B., Reis, O. & Meyer-Probst, B. (1998): Die prospektive Bedeutung von Risikofaktoren des Kindes- und Jugendalters für psychische Störungen des Erwachsenenalters. Ergebnisse zweier Längsschnittstudien in Rostock und Mannheim. In: H. Oswald (Hrsg.) (1998): 265 - 281

Jacobsen, T., Zimmermann, D. & Rudolf, G. (1999): Die „Wiedervereinigung" und ihre Gesundheitsfolgen oder psychische und psychosomatische Befindlichkeit in Ost- und Westdeutschland. In: A. Hessel, M. Geyer & E. Brähler (Hrsg.) (1999): 200 - 211

Kentenich, H., Rauchfuß, M. & Bitzer, J. (Hrsg.) (1996): Mythos Geburt und weitere Beiträge der Jahrestagung Psychosomatische Gynäkologie und Geburtshilfe 1995. Gießen: Psychosozial

Margraf, J. & Poldrack, A. (1996): Angsterkrankungen bei Frauen in Ost- und Westdeutschland. Eine repräsentative Untersuchung (zitiert nach Ihle et al. 1999).

Oswald, H. (Hrsg.) (1998): Sozialisation und Entwicklung in den neuen Bundesländern. 2. Beiheft der Zeitschrift für Soziologie der Erziehung und Sozialisation. Weinheim: Juventa

Plassmann, R. (1995): Psychosomatische Erkrankungen bei Ostdeutschen. Befunde und Hintergründe. In: Psychotherapeut 40: 120 - 123

Rosenkötter, L. (1981): Die Idealbildung in der Generationenfolge. In: Psyche 35: 593 - 599

Schröder, H. & Reschke, K. (1995): Psychosoziale Gesundheitsrisiken im Transformationsprozess. In: H. Sydow, U. Schlegel & A. Helmke (Hrsg.) (1995): 255 - 272

Schwarzer, R. (1994): Stress durch Wandel oder Wandel durch Stress? In: R. Schwarzer & M. Jerusalem (Hrsg.) (1994): 11 - 20

Schwarzer, R. & Hahn, A. (1994): Gesundheitsbeschwerden. Wie Stress und Ressourcen die Symptombelastung verändern. In: R. Schwarzer & M. Jerusalem (Hrsg.) (1994): 183 - 197

Schwarzer, R. & Jerusalem, M. (Hrsg.) (1994): Gesellschaftlicher Umbruch als kritisches Lebensereignis. Weinheim: Juventa

Sydow, H., Schlegel, U. & Helmke, A. (Hrsg.) (1995): Chancen und Risiken im Lebenslauf: Beiträge zum gesellschaftlichen Wandel in Ostdeutschland. Berlin: Akademieverlag

Vesper, M. (1995): Deutschlands feine Unterschiede. Mentalitäten und Modernisierung in Ost- und Westdeutschland. In: Das Parlament B 20: 16 - 30

Wittchen, H.-U., Lachner, G., Perkonigg, A. & Hoeltz, J. (1994): Sind psychische Störungen in den neuen Bundesländern häufiger? In: Verhaltenstherapie 4: 96 - 103

# Freud und die Grenzöffnung nach Osten

*Carl Nedelmann*

Ich habe mir eine Fahrkarte gekauft und bin ohne weitere Formalitäten nach Weimar gefahren. Das war einmal anders. Ich habe mich noch nicht daran gewöhnt, dass es so einfach ist, nach Weimar zu fahren. Mich beschleichen immer noch Traum- und Unwirklichkeitsgefühle.

Der Weg durch den Eisernen Vorhang gelang mir erst, als dieser sich zur Mauer verdichtet hatte. Das listige Denken Bertolt Brechts half mir dabei. Seine posthum und zunächst nur im Westen erschienenen *„Flüchtlingsgespräche“* (1940/ 41) waren mir ein Lehrbuch der Dialektik, die Brecht als eine besondere Form des Humors darstellte.

Dergestalt anti-ideologisch gebildet ersparte ich mir moralische Skrupel, als sich die Möglichkeit eröffnete, als Gast des Staates an einer Propaganda-Reise kreuz und quer durch die DDR teilzunehmen. Das war Ende August 1961. Der Bau der Mauer hatte gerade begonnen. Was ich tat, erschien als Wagnis, so aufgeheizt war die Stimmung, aber brachte mir eine weiterführende Verbindung. Ein freundlicher Professor der praktischen Theologie vermittelte mir im Sommer 1962 eine Famulatur im Universitätsklinikum von Greifswald. Im Frühjahr 1963 auf der Leipziger Messe stellte er mich dem Oberbürgermeister von Weimar vor, der mir die Genehmigung zu einem 1-wöchigen Aufenthalt im Anschluss an die Messe zusicherte. Eine Kommilitonin aus Greifswald stand neben mir. Kaum war das Gespräch mit dem Oberbürgermeister beendet, nahm sie meinen Arm und sagte: „Ich komme mit“.

Hand in Hand erkundeten wir die Stadt auf den Spuren der Goethezeit. Bis Buchenwald dachten wir nicht. Wir fühlten uns in „Arkadien“ (Faust II, Dritter Akt). Im Goethe-Haus waren wir die einzigen Besucher. Die Aufsicht ließ uns allein. Der Weg in Goethes Arbeitszimmer war unversperrt.

Ich war glücklich, aber die deutsche Gegenwart ließ das Glück als Traum erscheinen und nötigte zu einem schmerzlichen Prozess. Am Ende wusste ich nur noch, dass die Grenze stärker war und zog mich zurück. Weimar versank in mir wie einst Dornröschen hinter einer dicken Dornenhecke.

Eine neue Gelegenheit ergab sich 2 Jahrzehnte später, 1984, als mich die Einladung zu einem Internationalen Psychotherapeutischen Symposion in Dresden erreichte. Ich war zu dieser Zeit Vorsitzender der Deutschen Gesellschaft für Psychoanalytische Therapie (DGPT), sah die Chance und meldete meinen gesamten geschäftsführenden Vorstand an. Zu fünft fuhren wir nach Dresden und dort mutierte ich zum „westdeutschen Delegationsleiter“.

Es war die Zeit des NATO-Doppelbeschlusses. Pershing II und SS 20 standen noch hoch im politischen Kurs. Die Tagung in Dresden wurde von pflichtschuldigen Reden gegen den Westen eröffnet. Ich geriet in Zorn, suchte in der Pause den für die Tagung verantwortlichen Mann, einen mir bis dato unbekannten Professor aus Leipzig namens Michael Geyer, fand ihn und ging dicht an sein Ohr, um ihm, ohne dass es sonst jemand hören könnte, meinen ganzen Affekt mitzuteilen. Ich sagte ihm, dass ich zornig sei und gleich reden würde. Er antwortete ebenso dicht an meinem Ohr und sagte in einem Ton, der keinen Widerspruch duldete: „Sie halten den Mund. Heute Nachmittag ist alles vorbei. Dann bekommen Sie das erste Wort“. So merkwürdig habe ich noch nie einen Kollegen kennen gelernt.

Ich gehorchte und rächte mich. Am Vormittag schwieg ich, am Nachmittag sprach ich über die Bedingungen der freien Assoziation, wenn auch in einer wissenschaftlichen, fein abgewogenen Ausdrucksweise, die so tat, als wüsste sie nichts von den gesellschaftlichen Bedingungen der Psychoanalyse.

Sehr viel später einmal hat Geyer mich gefragt: „Weißt du eigentlich, dass du damals das Symposion gerettet hast?“ - Ich wusste es nicht, aber an die Geschichte, die er mir erzählte, erinnerte ich mich sofort.

Der Chefpsychiater aus Moskau, der aussah, wie man sich im Westen einen russischen Bären vorstellt, hielt seinen Vortrag. Danach entstand eisiges Schweigen. Ich sah in die Runde. Die Kollegen aus dem Osten schwiegen. Die Kollegen aus dem Westen schlossen sich dem an und sagten auch nichts. Ich war selber sprachlos vor so viel vorgetragener Rückständigkeit in der Behandlung akuter neurotischer Krisen. Aber ich dachte, dass das so nicht geht. Ich meldete mich, stand auf und redete. Ich weiß nicht mehr was, aber redete und sorgte dafür, dass der erste Mann in Moskau nicht mit Schweigen quittiert wurde.

In der Pause danach wünschte dieser Kollege, mit mir Kaffee zu trinken. Ich bedauerte mein fehlendes Russisch. Er ließ durch die Dolmetscherin sein Bedauern über sein fehlendes Deutsch mitteilen. Vielleicht, ließ ich ihm sagen, könnten wir es auf Französisch versuchen. Kaum hatte ich es gesagt, sah die Dolmetscherin einen freien Moment und verschwand, und verwandelte sich der russische Bär in einen alten Scharmeur französischer Sprache, dem es Freude machte, sich mit mir über Paris auszutauschen. Der Mann war völlig verwandelt. Durch ihn lief eine furchtbare Grenze. Mich packte der schiere Jammer.

Buchenwald sah ich zum ersten Mal 1987. Es war ein trüber Morgen und der Wind pfiff feucht und kalt über den Ettersberg. Die Gedenkstätte lag offen da und war völlig unbewacht. Außer Freunden, mit denen ich gekommen war, gab es keine weiteren Besucher. Die grenzenlose Verlassenheit dieses Ortes ließ mich schaudern.

Erst 3 Jahre ist es her, dass ich Volkhard Knigge (1998), den Direktor der Gedenkstätte Buchenwald, befragen konnte, was es mit dieser Verlassenheit auf sich hatte. Er beschrieb mir den Kampf um die Erinnerung. Dabei verlor das Relikt, das Denkmal aus der Zeit, nach und nach an Bedeutung. Ideologie überformte das Objekt. Das Denkmal aus der Zeit wurde in ein Denkmal an die Zeit transformiert. Die Ausrichtung entsprach einem antifaschistischen Heldentum, wie es zentraler Planung opportun erschien. 1987 war die propagandistisch ausgestaltete Beschwörung weitgehend obsolet geworden. Darum lag der Ort so verlassen da, der jetzt neues Interesse gefunden hat.

Der Kampf um die Erinnerung an die Tiefen und Abgründe der Geschichte ist mit den verschiedensten Mitteln zu führen. Die Psychoanalyse hat daran teil. Mit der Wende vor 10 Jahren begann in Deutschland zwischen Ost und West eine Auseinandersetzung, die auf Grenzen und Kontrollen als äußere Realität keine Rücksicht mehr nehmen musste.

36 Jahre nach meinem ersten Besuch in Weimar ist die Verständigung leichter und eine andere geworden. „Eigenes und Fremdes“, wie Gemeinsames, werden anders sichtbar. Die folgenden Beiträge von Hans-Joachim Koraus und Franziska Henningsen befassen sich aus östlicher und westlicher Sicht mit *„Freud und die Grenzöffnung nach Osten“*.

## Literatur

Brecht, B. (1940/ 41): Flüchtlingsgespräche. In: B. Brecht (1961): 1381 - 1515

Brecht, B. (1961): Gesammelte Werke. Bd. 14. Werkausgabe in der Edition Suhrkamp. Frankfurt am Main: Suhrkamp

Hoffmann, D. (Hrsg.) (1998): Das Gedächtnis der Dinge. KZ-Relikte und KZ-Denkmäler 1945 - 1995. Wissenschaftliche Reihe des Fritz Bauer Instituts, Bd. 4. Frankfurt am Main, New York: Campus

Knigge, V. (1998): Buchenwald. In: D. Hoffmann (Hrsg.): 92 - 173

## Kreatives Chaos im Wilden Osten. Erfahrungen eines Psychoanalytikers in Moskau und St. Petersburg

*Hans-Volker Werthmann*

Das Nüchterne, das ich zu berichten habe, gehört in den Zusammenhang eines persönlichen Erlebens, der sich nur als märchenhaft bezeichnen lässt.

Alexander Etkind, der Historiker der Psychoanalyse in Russland, sagte vor kurzem in einem Interview der „*Frankfurter Allgemeinen Zeitung*" (1999), dass die russische Literatur voller Wunder sei. Das trifft zu, aber auch die Geschichte unseres Jahrhunderts und besonders die Geschichte Russlands ist im Guten wie im Bösen äußerst wundersam.

Seit Anfang der 90er-Jahre findet alle 2 Jahre in einem östlichen Land eine osteuropäische Konferenz der Europäischen Psychoanalytischen Vereinigung statt. Dort treffen sich etwa 50 - 80 an der Psychoanalyse interessierte Osteuropäer mit einer etwa gleich großen Zahl westlicher Psychoanalytiker. Man merkt in den Gesprächen bald, dass die westlichen Psychoanalytiker oft einen emotionalen oder gar biografischen Bezug zum Osten haben. Sie sind z. B. ehemalige Emigranten oder Kinder von Emigranten und sprechen osteuropäische Sprachen.

Mein eigenes Interesse an diesen Begegnungen hat ähnliche Wurzeln. Mein Geburtsort Tilsit ist die ostpreußische Grenzstadt zu Litauen, das bis zum Ersten Weltkrieg dem russischen Zaren untertan war. Zwischen Russland und Deutschland bestanden damals friedliche Beziehungen. Meine Großmutter erzählte mir, wie russische Offiziere sehr oft in Tilsit zu sehen waren, wo sie einkauften oder Konzerte besuchten. In der Familie meiner Frau, die aus der Umgebung von Insterburg stammt, waren andere Erinnerungen sehr lebendig, nämlich an die Flucht vor der russischen Invasion zu Beginn des Ersten Weltkrieges, die am Ende des Zweiten zu der trügerischen Hoffnung beitrugen, es werde wieder so ausgehen wie damals, nämlich mit der Vertreibung der Russen. Vertrieben wurden aber wir Deutschen. Meine elterliche Familie verschlug es nach Unterwellenborn in Thüringen, wo ich prägende Jahre meiner Kindheit und Jugend verbracht und in der Kreisstadt Saalfeld das Abitur gemacht habe. Es waren die frühen Nachkriegsjahre, und neben schönen Erinnerungen wie z. B. an meinen ersten Theaterbesuch in Weimar mit Friedrich Schillers „*Wilhelm Tell*" gibt es viele weniger angenehme aus der Zeit der russischen Besatzungsmacht, der Entstehung der DDR, Stalins Tod, der Verfolgung der Christlichen Jungen Gemeinde und der Katholischen Jugend, des Aufstandes vom 17. Juni 1953 und schließlich meiner Flucht in den Westen. Zu dem Wertvollen, das ich von hier mitgenommen habe, gehört meine Zuneigung zur russischen Sprache und Kultur, die ich einem Lehrer zu verdanken habe, der mich dafür begeistern konnte.

Dies ist noch nicht das Märchen, sondern das Vormärchen. So sind russische Märchen aufgebaut: mit einem oder mehreren Vormärchen.

Mit einem weiteren Vormärchen kann ich da anschließen, wo Carl Nedelmann (2000; in diesem Band) aufgehört hat, nämlich bei dem Internationalen Psychotherapeutischen Symposion in Dresden von 1984. Ich war damals dabei und machte ein wunderschönes Foto von ihm, direkt unter einem großen Porträt von Erich Honecker. Das fanden wir damals komisch, aber niemand konnte ahnen, wie viel merkwürdiger das fünf Jahre später wirken würde. Aus diesem Symposion ergaben sich auch für mich erste Beziehungen in den Osten. Mit russischen Kollegen war ich zum ersten Mal auf einer Tagung der Deutschen Gesellschaft für Psychoanalyse, Psychotherapie, Psychosomatik und Tiefenpsychologie in Hannover in engeren Kontakt gekommen. Es waren Julia Aljoschina und Pawel Sneshnewski, zwei Psychologen aus Moskau, die ich zuerst kennen lernte, und in deren Geschichte vieles von der Problematik der osteuropäischen Entwicklung der Psychoanalyse deutlich wird.

Damit beginnt das eigentliche Märchen. Über die frühe Geschichte der Psychoanalyse in Russland wissen wir aus zahlreichen Veröffentlichungen, zuletzt aus dem Buch „*Eros des Unmöglichen*" von Etkind (1996). Wir können dort nachlesen, wie sich die Psychoanalyse dort noch vor der Revolution hoffnungsvoll zu entwickeln begann und wie diese Entwicklung mit den 20er-Jahren zum Erliegen kam und in einem Zeitraum von ungefähr 60 Jahren keine Fortsetzung fand. Das Entstehen einer psychoanalytischen Kultur in Russland ist also ein völliger Neuanfang.

Wir erfuhren nun von Julia und Pawel, dass es bereits in der Zeit der Stagnation unter Breshnew, spätestens also seit Beginn der 80er-Jahre, ein aktives Interesse an Psychoanalyse und Tiefenpsychologie sowie das Entstehen inoffizieller privater Praxen gegeben hat. Julia und Pawel waren etwa in der Zeit der ersten Perestroika-Jahre, also nach 1985, an eine unkonventionelle Außenseiterpersönlichkeit geraten, einen Mann namens Kravzow, der nach seinem eigenen Verständnis aus Büchern Psychoanalyse betrieb. Um ihn herum bildete sich eine Gruppe von Psychologen, aus der die Moskauer Psychoanalytische Gesellschaft entstand. Da Julia und Pawel Universitätsangehörige waren, gelang es ihnen bald, Kontakte in das westliche Ausland zu knüpfen. Im Zuge von wechselseitigen Einladungen und gegenseitigem Kennenlernen entwickelte sich bei ihnen ein Empfinden dafür, welche Anforderungen an einen Wiederaufbau der Psychoanalyse in Russland gestellt werden mussten. Ihre Beziehungen zu Kravzow lockerten sich, zumal dieser anderen - mehr esoterischen - Interessengebieten zustrebte. Die Mitglieder der Moskauer Psychoanalytischen Gesellschaft richteten einen regelmäßigen wöchentlichen Diskussionsabend ein, an dem auch etliche prominente westliche Psychoanalytiker auftauchten. Aus diesen hoch geschätzten aber doch sporadischen Kontakten konnte jedoch kein kontinuierliches Ausbildungsprogramm entstehen. Für Julia und Pawel ergab sich die persönliche Konsequenz, dass sie einer Einladung zu einer psychoanalytischen Ausbildung in Washington folgten. Sie können sich vorstellen, dass ihr mühseliger aber bisher erfolgreicher Existenzkampf in den USA die schmerzliche Frage für sie und ihre Moskauer Gruppe aufwirft, ob sie zurückkehren wollen oder können. Die allgemeine Erfahrung zeigt, dass eine Rückkehr in der Regel eher unwahrscheinlich ist. Zu groß sind die Strapazen einer zweimaligen Umstellung, zumal wenn - wie in ihrem Fall - eine kleine Tochter aus der neuen Welt herausgerissen wird und die Familie sich erneut den Ungewissheiten der heutigen politischen und wirtschaftlichen Situation in Russland aussetzen müsste.

Mit diesem Beispiel habe ich Ihnen ein erstes Modell des Aufbaus von Psychoanalyse in Osteuropa vorgestellt: Ausbildung von Fachleuten durch mehrjährige Schulung im Westen. Der Ausgang steht unter dem bereits erwähnten Vorbehalt.

Julia und Pawel hatten uns um Hilfe und Unterstützung für die Moskauer Psychoanalytische Gesellschaft gebeten. Es fand sich dazu eine Gruppe zusammen, die aus Frau Volz aus Köln, Herrn Kächele mit mehreren Kollegen aus Ulm sowie meiner Frau und mir bestand. Wir haben ab 1992 regelmäßig ein- bis zweimal im Jahr Moskau besucht, dort Vorträge gehalten und Supervisionen gemacht. Es war für mich unglaublich spannend, Moskau und St. Petersburg kennen zu lernen und am russischen Alltagsleben teilzunehmen, während sich die politischen und gesellschaftlichen Verhältnisse in rasender Geschwindigkeit veränderten und dabei Kapriolen schlugen. Die wirtschaftliche Durchschnittssituation der Russen und meiner dortigen Freunde ähnelte sehr dem Leben bei uns unmittelbar nach dem Krieg, und ich merkte, dass ich keine Anpassungsschwierigkeiten hatte. Vielmehr hatte ich das Gefühl, eine Zeitreise machen zu dürfen und traumhaft in meine eigene frühe Jugend zurückversetzt zu sein.

Unsere Besuche wurden von den Russen sehr geschätzt, führten aber ebenfalls nicht zu etwas, was man als einen Keim von Ausbildung hätte bezeichnen können. Wir stellten uns deshalb die Frage, wie man aus den unter eigener Regie durchgeführten Diskussionsabenden und den sporadischen Besuchen westlicher Analytiker ein Ausbildungsprogramm machen kann, das internationalen Standards nahe kommt. Diese Frage diskutierte ich mit Sergej Agrachev, der als Nachfolger von Pawel Sneshnewski Vorsitzender der Moskauer Psychoanalytischen Gesellschaft war. Er empfand es als ein Handikap, das er nicht Universitätsangehöriger und auch kein Psychologe war. Seriosha, damals Anfang 40, entstammte einer russisch-jüdischen Intellektuellenfamilie. (Und in Klammern füge ich hinzu, dass man unter den psychoanalytischen Aspiranten in Moskau und St. Petersburg nicht wenige Angehörige der intellektuellen Elite Russlands findet, die sich in diesen beiden Städten konzentriert, z. B. Kinder von Mitgliedern der Akademie der Wissenschaften, die noch heute von den größeren Wohnungen oder eigenen Datschen profitieren, die Stalin ihren Eltern nach dem Zweiten Weltkrieg zuteilen ließ, als er merkte, dass er im Wettkampf der Systeme auf ihre Loyalität angewiesen ist.) Seriosha hatte einen Ingenieurberuf studiert, verschaffte sich aber eine Möglichkeit, diesen Beruf zu Hause auszuüben dadurch, dass er Japanisch lernte und technische Übersetzungen aus dem Japanischen anfertigte. Unter diesem Schutzdach konnte er auch den Beruf des Psychotherapeuten in der eigenen Wohnung ausüben. Charakteristisch für ihn war, dass er - der ehemalige Reserveoffizier der Roten Armee - beim Putsch der alten Kommunisten 1991 gegen Michael Gorbatschow vor das Weiße Haus zog, um notfalls mit bloßen Händen die Demokratie zu verteidigen. Durch seine scharfe Intellektualität, seine enorme Sprachbegabung, seine Eloquenz und sein tiefes psychologisches Verständnis wurde er bald auch in der Öffentlichkeit, in Zeitschriften und im Fernsehen bekannt. In meinen Gesprächen mit ihm merkte ich seinen Widerwillen gegen jede strukturiert-curriculare Form einer psychotherapeutischen Ausbildung. Er wollte keine neue Form einer Gängelung von außen auf sich nehmen, nachdem er die kommunistische jahrzehntelang zu erdulden gehabt und sich sein neues Wissen auf eigenen Wegen erarbeitet hatte. Dieser Widerstand war typisch für viele russische und andere osteuropäische Kollegen in den ersten Jahren. Unsere Diskussionen führten aber zu einem Kompromiss. Wir entwickelten ein curriculares Schema, in das die selbst gestalteten Dienstagabende sowie die Vorträge und Wochenendseminare ausländischer Besucher integriert werden konnten. Dieses Schema konnte sich dann nach eigenen Leitlinien weiterentwickeln. Wichtiges Prinzip dabei war, dass die Weiterbildungsaktivität der Moskauer Gruppe gegenüber den internationalen psychoanalytischen Gremien ein klar erkennbares Profil gewinnen konnte. Leider ist Agrachev, dieser brillante und zukunftsfreudige Kollege, zu Beginn des Jahres 1998 plötzlich an einem Herzinfarkt verstorben, nachdem er noch ein Psychologiestudium nachgeholt und eine „Shuttle-Analyse“ in Deutschland begonnen hatte.

Mit seinem Nachfolger im Amt ist ein weiterer Versuch verbunden, ein scheinbar unlösbares Problem zu lösen, nämlich das der Lehranalyse. Igor Kadyrov wurde in Archangelsk als Sohn eines hohen Luftwaffenoffiziers geboren. Sein Vater, tatarischer Abstammung, was man am Namen erkennen kann, war am Ende seiner Dienstzeit bei den Raketentruppen, und man kann sich vorstellen, welche Fantasien diese Tatsache bei einem Deutschen auslöst. Igor gelang das keineswegs leichte Kunststück, aus der Provinz kommend zum Studium von der Moskauer Universität angenommen zu werden, wo er als Psychologe schon in sehr jungen Jahren Dozent und Professor wurde. Zur Moskauer Psychoanalytischen Gesellschaft war er ebenfalls als eines der jüngeren Mitglieder gestoßen. Er stellte sich erstmals dringend die Frage, wie man Psychoanalytiker werden kann, ohne Moskau zu verlassen. Seine Professur in Moskau ist zwar schlecht bezahlt, aber von ihm selbst als Lebensziel hoch besetzt. Dies kann man nur nachempfinden, wenn man sich die enorme kulturelle und politische Bedeutung der Städte Moskau und St. Petersburg innerhalb dieses Riesenreiches vor Augen führt.

In langen Diskussionen fiel uns folgende Variante ein. Igor kommt nicht für Jahre, sondern nur für Wochen oder Monate nach Deutschland, dafür aber über einen längeren mehrjährigen Zeitraum. Da Ausdrücke wie „fraktionierte Lehranalyse“ oder „Intervallanalyse“ unschön klangen, erfanden wir den Ausdruck „Shuttle-Analyse“. Unsere Spekulation war, dass die nationalen und internationalen Gremien der psychoanalytischen Welt einen derart unkonventionellen Weg sicherlich nicht billigen könnten, dass sie ihn aber im Nachhinein sanktionieren würden, wenn sie einsähen, dass es anders nicht geht. So kam es auch. Der Gedanke der Shuttle-Analyse wurde von der Internationalen Psychoanalytischen Vereinigung (IPV) zunächst strikt abgelehnt, dann aber mit einem gewissen Wohlwollen geduldet. Versprechungen wurden nicht gemacht. Der Kandidat hat das volle undefinierte und unkalkulierbare Risiko eines solchen Abenteuers zu tragen. Trotzdem machte das erste Beispiel, das Igor im Frühjahr 1996 begann, schnell Schule. Bereits wenige Monate später fand Horst Kächele Möglichkeiten für weitere Kandidaten aus Russland und anderen osteuropäischen Ländern. Zurzeit befinden sich 9 Russen in Shuttle-Analyse in Deutschland, der Tschechei und Litauen.

Das Unternehmen hat inzwischen auch seinen ersten Erfolg erlebt. Igor ist nach 3 anstrengenden Jahren von einer Kommission der IPV auf Grund von persönlichen Interviews und Behandlungsberichten evaluiert worden. Die Kommission hat ihn zur Aufnahme in die IPV als direktes Mitglied vorgeschlagen, die wir auf dem diesjährigen internationalen Kongress in Santiago erwarten dürfen. Damit wird der erste russische Kollege seit mehr als 60 Jahren Mitglied dieser internationalen Fachgesellschaft werden.

Wenn man von dem traditionellen dreigliedrigen Ausbildungssystem ausgeht, dann wird die Lehranalyse als Shuttle-Analyse bestritten, und die theoretische Ausbildung erfolgt in einem selbstorganisierten Curriculum, unter sporadischer Teilnahme ausländischer Dozenten. Für den dritten Teil, die Supervisionen, gibt es ebenfalls noch keine ausgereifte Lösung. Ich selbst war 1996 und 1997 jeweils mehrere Wochen in Moskau und habe dort Supervisionen gemacht, weitgehend in russischer Sprache, aber zu einer festen Struktur von Supervision ist es bisher nicht gekommen, weil die finanziellen Mittel dazu fehlen. Die Supervision wird von den russischen Kollegen daher ebenfalls improvisiert, z. B. wenn sie zu ihren Shuttle-Analysen ohnehin im Ausland sind. Es gibt auch einige laufende Versuche mit E-Mail, was aber sehr arbeitsaufwendig und letztlich doch nicht befriedigend ist.

Aus meiner Schilderung wird ersichtlich, dass der Aufbau einer psychoanalytischen Szene in Russland auf Improvisationen beruht. Dies wird auf absehbare Zeit so bleiben und sich frühestens in weiteren 4 - 6 Jahren ändern können, falls die Entwicklung erfolgreich weitergeht und die Gruppe, von der ich gesprochen habe, zur vollständigen Selbstständigkeit gelangt.

Zur Improvisation gehört auch, dass die erheblichen finanziellen Mittel zum großen Teil privat aufgebracht werden, zu Teilen beteiligen sich deutsche psychoanalytische Gesellschaften an der Finanzierung und unterstützen damit die Entwicklung im Osten, so wie unseren Gesellschaften nach dem Krieg von ausländischen Kollegen geholfen worden ist.

Wenn ich von „kreativem Chaos“ in Russland spreche, dann muss ich erwähnen, dass seit dem Beginn der Demokratisierung eine riesige Welle aller möglichen westlichen Errungenschaften nach Russland geschwappt ist. Dazu gehört auch die gesamte Psychotherapieszene mit all ihren Varianten und Auswüchsen. Gesetzliche Regelungen gibt es noch nicht, so dass jeder sich als Psychotherapeut betätigen oder sich als Psychoanalytiker bezeichnen kann. Es gibt aber auch keine Krankenkassen, die für Psychotherapie zahlen könnten.

Es gibt keine Übersicht darüber, wie viele Einzelpersonen in Russland oder auch nur in Moskau sich als Psychoanalytiker betätigen oder wie viele Gruppierungen es gibt. Mit Sicherheit gibt es in Moskau mehrere Gruppen. Von diesen ist mir nur eine weitere etwas näher bekannt. Sie besteht überwiegend aus Ärzten, was aber Zufall ist. Ihr Leiter ist Michail Romaschkewitsch, ein Psychiater. Diese Gruppe hat ebenfalls intensiven Kontakt mit der IPV und bildet mit der Moskauer Psychoanalytischen Gesellschaft eine Föderation. Aber das Problem dieser Gruppe war bisher, dass sie noch nicht zu einer festen Struktur gefunden hat. Die Zahl ihrer Mitglieder und ihre Aufnahmekriterien sind unbestimmt und es gibt kein regelmäßiges Arbeitsprogramm. Da aber einige Mitglieder sich ebenfalls im westlichen Ausland aufgehalten haben, ist zu erwarten, dass im Lauf der Zeit aus dieser Gruppe ebenfalls einige anerkannte Psychoanalytiker hervorgehen werden. Wie vielfältig die russischen Wege sind, mag durch folgende Situation beschrieben werden. Eine Moskauer Psychologin, Jelena Spirkina, hat ein privates Institut zur Ausbildung von Psychotherapeuten gegründet, das sie ebenfalls als ein psychoanalytisches Institut bezeichnet. An diesem Institut werden in einem mehrjährigen Kurssystem Interessenten ausgebildet, die im Grundberuf nicht Ärzte oder Psychologen sein müssen. Von ihnen wird eine psychotherapeutische Selbsterfahrung erwartet, und die absolvieren sie bei den Mitgliedern der von mir erwähnten Moskauer Gruppen, die oft auch Lehrkräfte an der Schule Spirkinas sind.

Einen ähnlichen Weg, wenn auch in viel größerem Maßstab, beschreitet eine Gruppierung in St. Petersburg. Ihr Leiter ist ein ehemaliger Armee-Psychiater, Michail Reschetnikow. Mit erheblicher organisatorischer und kommunikativer Begabung ausgestattet versucht er, eine psychotherapeutische Ausbildung aufzubauen, die er ebenfalls als eine psychoanalytische bezeichnet, und für die er ein Osteuropäisches Psychoanalytisches Institut in einem riesigen Gebäude gegründet hat, welches ihm die St. Petersburger Stadtverwaltung zur Verfügung gestellt hat. Wenn ich es richtig verstanden habe, hat er ein Kurs- und Fernkurssystem etabliert, an dem auch weit entfernt wohnende Interessenten bis hin nach Wladiwostok teilnehmen können. Die Ausbildung ähnelt wie die der Spirkina-Schule einer Psychotherapie-Weiterbildung. Teilnehmer sind allerdings auch Interessenten, die keine praktischen Psychotherapeuten werden wollen, sondern sich aus historischen, philosophischen, politischen oder anderen Interessen mit Psychoanalyse beschäftigen wollen. Die sehr lebhafte Beschäftigung mit der Psychoanalyse als Grundlage einer geistigen Auseinandersetzung mit den Problemen des heutigen Russlands kann ich hier nur am Rande erwähnen. Im Mai 1997 hat Reschetnikow sein Institut offiziell mit einer internationalen Tagung eröffnet. Höhepunkt war die Verleihung des „Großen Freud", einer etwas seltsamen großen Skulptur, an Präsident Boris Jelzin, der allerdings nicht persönlich anwesend war. Jelzin hatte sich diese Ehrung redlich verdient, denn er hatte einen speziellen Ukas herausgegeben, in welchem die Förderung der Psychoanalyse durch den russischen Staat verkündet wurde. Dieser Ukas war auch mit der Absicht einer finanziellen Förderung versehen, aber alle Teilnehmer waren sich darüber im Klaren, dass Letzteres wohl nur auf dem Papier stehen würde. Die Moskauer Psychoanalytiker stehen Reschetnikow skeptisch gegenüber, weil dieser auch eine rechtliche Regulierung der psychotherapeutischen und psychoanalytischen Ausbildung anstrebt und - so wird vermutet - die Anerkennungskompetenz in die eigenen Hände bekommen möchte. Reschetnikow wirbt um die Unterstützung der IPV, distanziert sich andererseits aber von ihren Ausbildungsanforderungen, die er für unrealistisch angesichts der Voraussetzungen in Russland hält. Einige St. Petersburger Kollegen kooperieren zwar mit ihm, orientieren sich aber in ihren Ausbildungsaktivitäten nach Moskau und der IPV.

Nachdem ich einige Modelle vorgestellt habe, die einen kreativen Neuanfang von Psychotherapie und Psychoanalyse in Russland versuchen, praktisch aus dem Nichts heraus, möchte ich Übertragungs- und Gegenübertragungsprobleme erwähnen, mit denen man rechnen muss. Sie resultieren natürlich aus den wechselseitigen Projektionen. Die russischen Kollegen sind in Gefahr, dass sie sich als arm und inferior gegenüber den Westlern erleben, was natürlich auch ambivalente Gegenreaktionen wachruft. Die Westler sind in Gefahr, nach narzisstischen und anderen bewussten und unbewussten emotionalen Gratifikationen zu suchen. Dass intensive Beziehungen und neue Freundschaften entstehen, ist eine beglückende Erfahrung, steht aber im Kontrast zu den etwas distanzierteren Umgangsformen, die wir aus guten Gründen an unseren westlichen Ausbildungsinstituten pflegen.

Die märchenhaften Umbrüche unseres ansonsten ziemlich schrecklichen Jahrhunderts haben für meine Frau und mich eine unerwartete Intensivierung und Bereicherung unseres Lebens mit sich gebracht. Das Nützliche mit dem Angenehmen verbindend ist es beispielsweise für mich ein Hochgenuss, das Erlernen des Russischen wieder aufzunehmen und russische Literatur im Original lesen zu können, was ich ohne diese besondere Situation nie geschafft hätte. Ich habe mich auch getraut, seit diesem Jahr eine Moskauer Kollegin zu einer Shuttle-Analyse in russischer Sprache zu übernehmen.

Deutsche Märchen enden oft mit der Wendung: „Und wenn sie nicht gestorben sind, dann leben sie noch heute“. In russischen Märchen ist das anders. Sie enden meist mit einem Fest, und der Erzähler des Märchens behauptet, er sei dabei gewesen und hätte sich gut amüsiert. Diese Tradition des russischen Festes ist nicht ausgestorben. Ein solches Fest, so hoffe ich, wird es geben, wenn die Phase der kreativen Improvisationen erfolgreich abgeschlossen werden kann.

## Literatur

Etkind, A. (1996): Eros des Unmöglichen. Leipzig: Kiepenheuer

Nedelmann, C. (2000): Freud und die Grenzöffnung nach Osten. In: B. Strauß & M. Geyer (Hrsg.) (2000): 278 - 280

Strauß, B. & Geyer, M. (Hrsg.) (2000): Psychotherapie in Zeiten der Veränderung. Historische, kulturelle und gesellschaftliche Hintergründe einer Profession. Opladen: Westdeutscher Verlag

# „Shuttle-Analyse“ Moskau-Ulm.
# Ein neues Ausbildungsprogramm für Osteuropa

*Anna Kasanskaja*

Die „Shuttle-Analyse“, das spezielle Ausbildungsprogramm für Osteuropa, ist als ein Kompromiss entstanden. Eine normale psychoanalytische Ausbildung dauert einschließlich der persönlichen Lehranalyse sehr lange. Leute, die keine analytische Tradition in ihrem eigenen Land haben, müssten zeitweilig ins Ausland umziehen, um dort zu lernen. Die Praxis zeigt, dass es nach einigen Jahren des Lebens und der Arbeit in einem anderen Land sehr schwer ist, zurück zu kommen. Das „Shuttle“-Muster (dort arbeiten und hier lernen) war also zur Vermeidung der Emigration entstanden, um die Entwicklung der Psychoanalyse in den Ländern Osteuropas zu unterstützen.

Ich möchte ein solches Muster mit der früheren Konzeptualisierung des Borderline-Syndroms vergleichen: Grenzfall war zuerst wie ein Kompromiss definiert (zwecks Vermeidung) - etwas zwischen Psychose und Neurose, oder weder Psychose noch Neurose, oder sowohl das eine wie das andere. Später wurde das Syndrom wie eine eigene besondere Wesenheit aufgefasst. Ebenso möchte ich vermuten, dass die besondere Wesenheit des Shuttle-Analysen-Musters sich noch deutlicher herausbilden wird. Obwohl es jetzt noch zu früh erscheint, es als etwas Bestimmtes zu konzeptualisieren, möchte ich es als einen organischen Entwurf von etwas Natürlichem bezeichnen.

Als ich zu einem Lehranalytiker sagte: „Ich habe bisher weniger als 200 Lehranalysestunden“, war seine spontane Antwort: „Aber Sie sind ‘in Shuttle’! Die Pausen gehören auch dazu.“

Ich lasse jetzt den vermutlich komplizierten psychologischen Hintergrund dieser Äußerung beiseite und möchte stattdessen einen Vortrag des Lehranalytikers Michael Sebek aus Prag erwähnen. Er sprach (im März 1999 in Berlin) über *„Narcissim of giving and getting in the transmission of psychoanalysis into Eastern Europe“*. Ich möchte aber nun die Möglichkeit des ganz anders gearteten Ausblicks auf die Shuttle-Analyse unterstreichen: Sie ist nicht einfach ein Nachteil, sondern eine wirkliche andere Wesenheit. Soll man darunter leiden, dass man „in Shuttle“ ist oder nicht? Könnte die Shuttle-Analyse nicht sogar effektiver sein als die „normale“ Analyse? Ist sie eine andere Methode, ebenso wie ein anderes klinisches Syndrom? Ist sie vielleicht sogar die geeignetste Methode für das spezielle „Lebenssyndrom“? In welcher Art sind wir ähnlich oder anders als „normale“ Kandidaten?

Eine Kandidatin aus Ulm, die meine Freundin geworden ist, hatte mir am Anfang unserer Bekanntschaft gesagt: „Die Ausbildung in Psychoanalyse hat mein Leben ganz verändert. Und auch deines? Du hast zu reisen begonnen.“

Natürlich hat mein Interesse für die Psychoanalyse schon lange mein Leben beeinflusst. Aber in diesem äußeren Sinne, d. h. durch die Reisen, ist mein Leben nicht dank der Analyse verändert, sondern durch das Visum für Europa. Ich habe ein ganz neues Gefühl erlebt: buchstäblich die unbegrenzte Freiheit.

Dieses buchstäbliche, konkretistische Denken im Sinne Harold F. Searles (1962) ist in unserer Situation unvermeidlich. Es bringt uns tatsächlich dem Borderline-Syndrom näher. Diese Logik ist aber keine Entdeckung von mir. Denn in einer totalitären Gesellschaft wird vieles nicht metaphorisch, sondern ganz buchstäblich erlebt.

In einem gemeinsamen Seminar von Han Groen-Prakken und Michael Sebek bei der Hauptkonferenz der European Psychoanalytic Federation in Berlin 1999 wurde dieses Problem angesprochen. Es ging darum, dass das paranoide Gefühl z. B. oft keine Pathologie ist, sondern die Realität ganz konkret wiederspiegelt.

In unserer Lage müssen wir so konkret nicht nur über den Beginn unserer Ausbildung, sondern auch über ihr Ende nachdenken. Wird die Trennung von der Shuttle-Analyse und dem Analytiker gleichzeitig das Ende der häufigen Reisen nach Europa bedeuten?

Dann fragen wir uns, was bleibt uns? Welches innere Objekt können wir für uns erhalten? Und wohin können wir es zurückbringen?

Der Titel meines Beitrages meint aber auch, dass die Weitergabe der Psychoanalyse nach Osteuropa nicht nur durch Analysen und Supervisionen sondern durch die Freundschaften geschieht. Ich denke, dass das stimmt. Ein auf diese Weise belebtes inneres Objekt wird bei uns bleiben - nicht nur als eine Erinnerung. Als ein „inneres Visum" nach Europa wird es verlängert. Aber wohin wir es zurückbringen, das ist, glaube ich, die Frage.

Die psychoanalytischen Kandidaten im Westen finden eine feste Struktur, wie Schüler beim Schulbeginn. Dort machen sie neue Bekanntschaften und Freundschaften auf dem gemeinsamen Boden ihres Interesses für die Psychoanalyse.

Aber auch die Mitglieder der Moskauer Psychoanalytischen Gesellschaft haben schon lange einen solchen gemeinsamen Boden gehabt. Vor kurzem habe ich meine Hefte aus der Zeit gefunden, als ich noch in der Universität war, von einem Kongress über das Unbewusste in Tiflis 1979, und ich war überrascht, wie sehr ich mich schon damals für die Psychoanalyse interessierte. In diesem Sinne sind wir uns alle ähnlich. Wir sind schon lange vor Beginn der Shuttle-Analysen in unserem Interesse vereinigt und befreundet gewesen, in der vollen komplizierten Bedeutung des Wortes.

In der Zeit der Sowjetunion war es einfacher, sich für Psychoanalyse zu interessieren, wenn man Laie war und keine Karriere in der Psychologie oder Medizin machen wollte. Deshalb haben einige Mitglieder unserer Gruppe zuerst psychoanalytisch zu arbeiten angefangen und erst später ihre psychologische Ausbildung abgeschlossen. Beispielhaft ist hier die Geschichte des ersten Präsidenten der Moskauer Psychoanalytischen Gesellschaft, Sergej Agrachev, eines sehr begabten Kollegen und wunderbaren Freundes, der leider so früh gestorben ist, und dessen Namen hier zu nennen ich nicht unterlassen darf.

Unsere Gruppe, die jetzt offiziell den Namen „Moskauer Psychoanalytische Gesellschaft" trägt, existiert seit 1989. Wir haben uns seitdem jeden Dienstag in der

Moskauer Lomonossov-Universität zu klinischen und theoretischen Seminaren getroffen. Nach und nach haben sich die Kontakte mit der Internationalen Psychoanalytischen Vereinigung entwickelt.

Wir sind jetzt alle „in Shuttle" - 2 in Prag, 1 in Holland, 6 in Deutschland, davon 4 in Ulm. Wir haben einander den Weg zur offiziellen psychoanalytischen Ausbildung finden geholfen. Als geistige Repräsentanz nehmen wir auch an der Analyse der anderen teil.

Das einzige Nebenproblem, das bisher aufgetreten ist, besteht darin, die zeitliche Verfügbarkeit des eigenen Analytikers mit einem anderen genau einzuteilen, der alternierend bei demselben Analytiker eine Shuttle-Analyse absolviert.

Die positive Seite ist, glaube ich, viel stärker. Die positive Seite besteht darin, praktisch unsere ganze Moskauer Gruppe in Ausbildung zu haben und auf diese Art unsere eigene psychoanalytische Umwelt in Moskau zu entwickeln, wohin wir nach jeder „Shuttle"-Reise zurückkehren.

Also sind wir (aber auch andere Gruppen) die ersten Keime einer psychoanalytischen Umwelt in Russland. Natürlich sind wir verschieden, wie alle Menschen. Mit der Shuttle-Analyse hat manch einer emotionale Schwierigkeiten am Anfang, andere später. Der eine hatte gehofft, dass in Anbetracht seiner Motivation, Begabung und Erfahrung im Beruf alles schneller gehen würde, und war zuerst enttäuscht, dann aber doch begeistert, sich selbst nicht nur als herausragenden Profi zu sehen sondern so wie andere normale Menschen auch. Andere waren so glücklich und dankbar, die Möglichkeit zu einer Shuttle-Analyse zu bekommen, dass sie einen richtigen Widerstand gegen die Übertragung entwickelten, vielleicht mit dem Effekt, den Verlauf der Analyse unbewusst zu verzögern. Wieder andere haben sofort eine Übertragung entwickelt, sogar noch bevor sie im Ausland angekommen waren.

Diese Übertragungen und Regressionen wurden von der neuen Situation unterstützt. Im Ausland fühlt man sich immer ein bisschen wie ein Kind, um das sich die Einwohner kümmern. Der neue Ort wird gerne persönlich als leer empfunden und leicht von der eigenen Fantasie gefüllt.

In dieser Art ist Ulm vielleicht weniger regressiv als andere Orte. In Ulm sind wir weniger „Kinder", da wir in das Gesellschaftsleben einbezogen werden. Außer in der Analyse arbeiten wir in der Wissenschaft und sind mit Übersetzungen beschäftigt.

Das grösste, aber nicht unlösbare Problem mit der Regression ist nach meiner Beobachtung nicht mit der Zeit ohne Psychoanalyse verbunden, sondern mit dem Briefwechsel in diesen Phasen. Denn in schriftlicher Form, zumal in einer fremden Sprache, ist es nicht einfach für den Analytiker, den Grad der Regression zu spüren.

Auf der einen Seite sind wir im Ausland wie Kinder. Auf der anderen Seite sind wir vielleicht erwachsener als westliche Kandidaten. Das habe ich stark in einem Seminar der International Psychoanalytic Student Organistion dieses Jahr in Amsterdam gespürt. Dort wurde das folgende Problem diskutiert: Wie kann man sein eigenes adoleszentes Leben organisieren, während man psychoanalytischer Kandidat ist? In Russland haben wir keine analytischen „Eltern". Wir können niemanden fragen und niemanden verantwortlich machen. Wir werden die erste Generation von Psychoanalytikern in unserem Land sein. Wir mussten uns beruflich erwachsen fühlen und „ohne Erlaubnis“ psychoanalytisch zu arbeiten versuchen, bevor wir unseren Weg zur offiziellen psychoanalytischen Institution gefunden haben. Wir meinen, dass nicht einzelne Individuen in ihrer Ausbildung unterstützt werden sollten, sondern Repräsentanten wirkungsvoller, reifer Gruppen. Dann wird die Psychoanalyse in Russland wirklich weitergegeben werden. Nur wer bereits sein psychoanalytisches Haus gebaut hat, möchte dorthin zurückkommen, um darin zu wohnen.

Ist also die Shuttle-Analyse ein besonderes Syndrom, oder eine besondere Behandlung für ein besonderes Syndrom? Das muss noch geklärt werden. Wahrscheinlich ist es kein einfaches „weder-noch“ oder „sowohl-als auch“. Anscheinend laufen die Analysen nicht nur, während man bei seinem Lehranalytiker ist („die Pausen gehören auch dazu“). Der psychoanalytische Prozess entwickelt sich dort wie hier. Das gesellschaftliche Leben findet hier und dort und auch noch dazwischen durch E-Mail und Fax statt. Zudem wachsen die persönlichen Beziehungen spontan überall.

Komplett erwachsen kam ich aus meinem beruflichen Haus nach Ulm, um hier zu arbeiten und zu studieren. Ich kann Ulm mein berufliches Vaterland nennen, wohin ich aus Moskau umgezogen bin. Mein berufliches Haus in Moskau wird jedoch gleichzeitig weiter und weiter gebaut. Alles, was ich bis jetzt gesagt habe, hat sowohl eine buchstäbliche als auch eine übertragene Bedeutung. Eine ganze Menge bleibt für Sie, als Analytiker, zu analysieren in unserem „Shuttle“-Lebenssyndrom.

## Literatur

Searles, H. F. (1962): The differentiation between concrete and metaphorical thinking in the recovering schizophrenic patient. In: H. F. Searle (1962/ 65)

Searles, H. F. (1962/ 65): Collected papers on schizophrenia and related subjects. New York: International University Press

Sebek, M. (1999):Narcissim of giving and getting in the transmission of psychoanalysis into Eastern Europe. Vortrag, gehalten im März 1999 in Berlin

# Von der heimlichen Infiltration zur öffentlichen Integration. Der Weg Freuds vor und nach der Wende nach Osten

*Hans-Joachim Koraus*

## Einleitung

Meine nachfolgenden Ausführungen möchte ich als den Versuch eines „Grenzgangs" bezeichnen. Grenzgänger waren in beiden deutschen Staaten vor der Wende nicht unbedingt gern gesehen. Dem Verdacht auf unserer Seite, dass Grenzgänger sich bereits insgeheim dem Klassenfeind verschrieben hätten und zu entlarven seien, stand im Westen, wenn auch nicht so durchgängig, die Aufforderung gegenüber: „Dann gehe doch endlich rüber in den Osten". Als Grenzgänger erlebe ich mich fortgesetzt nach der Wende, einerseits als Mitbegründer und Lehranalytiker eines seit 1990 bestehenden ostdeutschen Instituts, des Sächsischen Instituts für Psychoanalyse in Leipzig, zum anderen als affiliiertes Mitglied der Deutschen Psychoanalytischen Vereinigung (DPV). Bezeichnend für diesen Grenzgang ist eine Erfahrung, die ich hier schildern möchte: Die westdeutschen Analytiker fragen in der Regel nur selten nach meinen bzw. unseren Erfahrungen im neuen Institut. Auf der anderen Seite werden meine Erfahrungen und Erlebnisse in der DPV von den meisten ostdeutschen Institutskollegen äußerlich zumindest negiert. Dahinter liegen latente Vorwürfe, die sich unter einem, natürlich nie deutlich ausgesprochenen Diktum des Verrats fassen lassen: Der Vorwurf der „Verwässerung" der psychoanalytischen Ausbildung bei uns seitens der westlichen sowie der Vorwurf der Orthodoxie und möglicher heimlicher Spaltungsabsichten seitens der östlichen Seite.

## 1 Das unbemerkte Verschwinden Freuds aus dem ostdeutschen Raum

Die erste Phase von Freuds Weg nach Ostdeutschland möchte ich bezeichnen als Freuds unbemerktes Verschwinden aus dem ostdeutschen Raum. Zu Beginn der 50er-Jahre brach die psychoanalytische Tradition auf dem Gebiet der DDR endgültig ab und hinterließ für die nachfolgenden Therapeutengenerationen kaum mehr Spuren. Gleichzeitig kam es in Westdeutschland nach dem „Zivilisationsbruch" des Dritten Reiches im Versuch, die „verlorene Psychoanalyse" wieder zu finden, mit der Gründung der Deutschen Psychoanalytischen Vereinigung zur Spaltung der Deutschen Psychoanalytischen Gesellschaft (DPG; Eickhoff 1995). Im Fortgang dieser Spaltung traten der Schmerz über das Verlorene und der Wunsch nach einer Wiederannährung in den Hintergrund (Beland 1987). Die Frage nach der Existenz und dem Schicksal der psychoanalytisch denkenden Kollegen im Gebiet der Sowjetischen Besatzungszone und der nachfolgenden DDR, die durch die politische Teilung Deutschlands jetzt abgetrennt war, stand für die westdeutschen Analytiker nie zur Debatte, da offensichtlich die Teilung Deutschlands in zwei unterschiedliche politische Systeme für die meisten westdeutschen Analytiker als irreversibles Faktum feststand (Henningsen 1998). Diese zweite, sich in der Nachkriegszeit vollziehende Spaltung der psychoanalytischen Bewegung in Deutschland wurde auf beiden Seiten nicht mehr wahrgenommen. Für die westdeutschen Analytiker wurde das Gebiet der DDR und der osteuropäische Raum bezüglich der psychoanalytischen Tradition zur Terra incognita. Die wenigen ostdeutschen Psychoanalytiker führten entweder ein Nischendasein oder brachen vollständig mit der Psychoanalyse.

## 2 Die Auslöschung und Verfemung Freuds und der Psychoanalyse

Die nächste Phase, die etwa Anfang der 50er-Jahre begann und die ich als Phase der Auslöschung und Verfemung Freuds und der Psychoanalyse bezeichnen möchte, wurde von den psychoanalytischen Fachgesellschaften Westdeutschlands schon nicht mehr als ein sie berührendes Ereignis wahrgenommen. Zu diesem Zeitpunkt erfolgte der endgültige Ausschluss der Psychoanalyse aus dem gesellschaftlich-kulturellen Diskurs und aus der psychotherapeutischen Landschaft, als die Pawlow'sche Lehre zur allein gültigen erkenntnistheoretischen Grundlage aller seelischen Vorgänge und Prozesse erklärt und als Vollendung der gesamten Psychologie gefeiert wurde. Freuds Psychoanalyse galt im Gegensatz dazu jetzt als Prototyp einer zu bekämpfenden metaphysisch-idealistischen Auffassung, die als herrschaftsstabilisierendes Element der kapitalistischen Gesellschaftsordnung zu verdammen ist. Freud und die Psychoanalyse waren von da ab aus dem geistig-kulturellen Erfahrungs- und Wissensraum vollständig ausgeschlossen und existierten nur noch marginal als zu widerlegende und entlarvende Irrlehren in apologetischen gesellschaftswissenschaftlichen Forschungsarbeiten. Ein entscheidendes Verdikt war das der Unwissenschaftlichkeit und der daraus resultierenden Unvereinbarkeit mit humanistisch-progressiven Wissenschafts- und Gesellschaftstheorien. Es muss noch heute nachdenklich stimmen, dass an dieser Verfemung und Ausgrenzung die Psychoanalytiker Dietfried Müller-Hegemann, Alexander Mette und Walter Hollitscher im wahrsten Sinne des Wortes federführend mitwirkten, indem sie mit ihrer psychoanalytischen Vergangenheit vollständig brachen und sich vorbehaltlos der neuen wissenschaftlichen Heilslehre anschlossen (Bernhardt 1998).

## 3 Die „heimliche Infiltration"

Ende der 60er-Jahre beginnt eine neue Phase, die ich als „heimliche Infiltration" Freud'schen und psychoanalytischen Gedankengutes bezeichnen möchte. Es beginnt etwa zu diesem Zeitpunkt ein anfangs weitgehend heimlicher und wegen der Unzugänglichkeit der Literatur auch komplizierter Rezeptionsprozess psychoanalytischen Gedankengutes durch einzelne Gruppierungen von Psychotherapeuten auf dem Gebiet der damaligen DDR. Der beschränkte Rahmen dieses Beitrages erlaubt es mir nicht, mit dieser Entwicklung verbundene Namen und Orte zu nennen, ich muss deshalb diesbezüglich auf frühere Betrachtungen dieses Prozesses verweisen (Koraus 1996).

Dieser beginnenden Rezeption psychoanalytischen Gedankengutes kam eine wichtige gesellschaftlich-emanzipatorische Funktion zu, nämlich die Suche nach einer anfangs heimlichen, später sich auch öffentlicher artikulierenden Alternative zu den vorherrschenden dogmatischen Gesellschafts- und Wissenschaftstheorien. Sie diente letztlich auch als Ferment zur Veränderung und Überwindung der vorherrschenden starren, jede Progression hemmenden Gesellschafts- und Lebensbedingungen der damaligen DDR. Sie zeigte auch, wie sich ein systemkonformer Gesellschaftscharakter, der postulierte „sozialistische Mensch" trotz Indoktrination und Unterdrückung nicht bruchlos reproduzieren ließ (Internationale Erich-Fromm-Gesellschaft 1995).

In diesem Prozess war die Freud'sche Psychoanalyse allerdings nur eine unter den damals rezipierten psychoanalytischen Theorien und Therapiemethoden. Die „heimliche Infiltration" war insgesamt ein *synkretistischer* Rezeptionsprozess, der zahlreiche psychoanalytische und psychotherapeutische Theorielandschaften zur Gewinnung von theoretischen und methodischen Bausteinen durchforstete, um damit den eigenen theoretischen Gesichtskreis und das methodische Spektrum anzureichern und zu erweitern. Große Anziehungskraft besaßen besonders Namen wie Balint, Schultz-Hencke, Fromm, Kohut, Kernberg und später die Vertreter analytischer Kurzzeittherapien, insbesondere Luborsky. Ein wesentliches Ergebnis dieses Rezeptionsprozesses ist die Entwicklung und Einführung erstmals tiefenpsychologisch-analytisch orientierter Therapieverfahren auf dem Gebiet der DDR in den 80er-Jahren [1].

Mein persönlicher Rezeptionsprozess begann mit dem Geschenk eines Onkels, welcher mir Freuds „*Abriss der Psychoanalyse*" als Fischer-Taschenbuch im Päckchen schickte und welches glücklicherweise die strengen Einfuhrkontrollen „unentdeckt" überstand. Zusammen mit damals überwiegend sozialpsychiatrisch interessierten und tätigen Kollegen und Freunden fanden wir uns seit den 70er-Jahren zu regelmäßigen abendlichen Diskussionsrunden über psychoanalytische Themen zusammen, wobei die heimlich aus dem Westen geschickten Fachbücher anfangs die Diskussions- und Informationsgrundlage boten. Zwei nachhaltige Eindrücke aus diesen Jahren, die mir symptomatisch erscheinen, sollen hier kurz mitgeteilt werden: Einmal die heute innerlich kaum mehr nachvollziehbare große Angst, als durch eine Denunziation sich die damalige SED-Bezirksleitung für unseren Kreis zu interessieren begann und nur der Einfluss meiner damaligen ärztlichen Direktorin, die selbst hohe Parteiämter bekleidete, Schlimmeres verhüten half. Zum anderen eine fast euphorische Gestimmtheit, als Eva Reich, die Tochter von Wilhelm Reich, in unsere abendliche Runde eingeladen war und sich mir durch ihre Erzählungen erstmals eine Ahnung von der weltumspannenden geistig-kulturellen Potenz der Psychoanalyse

---

1 Es handelt sich hierbei um die Dynamische Einzeltherapie von Maaz (1984), die Dynamisch-Interaktionelle Psychotherapie von Geyer (1989) sowie die Einführung des Katathymen Bilderlebens im Hallenser Raum durch Fikentscher und Hennig. Erwähnenswert ist auch die erste monografische Darstellung einer auf tiefenpsychologischen Erkenntnissen basierenden Einzelpsychotherapie durch Kulawik (1984).

entfaltete. Zugleich wurde mir an dieser Stelle die Begrenztheit unseres Lebensraumes schmerzhaft deutlich. Eine Begrenztheit, die auch in den zahlreichen Wochenendseminaren unter dem Dach der Kirche spürbar wurde, wo ein intensiver Austausch mit westdeutschen Fachkollegen möglich war. Allerdings waren unter diesen Fachkollegen, die über die Jahre regelmäßig in den Osten kamen, nur wenige Psychoanalytiker.

Auch das ist ein Charakteristikum dieses Rezeptionsprozesses, dass psychotherapeutisch-psychoanalytische Gedanken in der direkten Begegnung zwischen Ost und West vor der Wende mehrheitlich durch Vertreter anderer psychotherapeutischer Schulen und Richtungen (z. B. Transaktionsanalytiker und Gestalttherapeuten) und weniger durch institutionalisierte Psychoanalytiker selbst vermittelt wurden.

Da die Entwicklung der Psychoanalyse in den neuen Bundesländern nach der Wende nur in Kenntnis dieses „heimlichen Infiltrationsvorgangs" zu verstehen ist, möchte ich kurz noch weitere Charakteristika dieses Rezeptionsvorganges anfügen:

Neben den oben erwähnten *synkretistischen* und *emanzipatorischen* Charakteristika wären noch zu nennen:

- Ein *pragmatisches Moment* im Sinne einer überwiegenden Orientierung an der Therapiepraxis sowie der Prozess- und Effizienzbestimmung
- Ein *Moment der Abgrenzung und Überwindung* im Sinne der Übernahme so genannter „fruchtbarer" Entwicklungstendenzen der Psychoanalyse in die eigenen Therapiekonzepte bei gleichzeitiger Zurückweisung und Ablehnung von großen Teilen des als überholt und nicht mehr zeitgemäß empfundenen psychoanalytischen Theoriegebäudes
- Ein *kryptisch-subversives Moment* im Sinne einer ständigen Suche nach einer möglichen Kompatibilität mit den vorherrschenden gesellschaftswissenschaftlichen Theorien sowie einer Angleichung und Verschleierung damit inkongruenter oder unvereinbarer Anschauungen
- Ein *Moment des Bewusstwerdens eigener theoretischer und therapiepraktischer Begrenztheit*, z. B. im Verstehen der Individualgenese sowie der Übertragungs- und Gegenübertragungsprozesse
- Ein *Moment des Bemühens um Reintegration* zur Überwindung des Ausgeschlossenseins und zur Aufhebung der politischen und fachlichen Spaltung.

Zu erwähnen ist auch noch, dass sich das Hauptinteresse vieler Psychotherapeuten doch mehr auf sozial orientierte psychologische Theorien richtete (z. B. zeitweise die Kritische Psychologie als auch gruppendynamische Konzepte, sozialpsychiatrische Theorien sowie tätigkeits- und handlungsorientierte psychologische Konzepte).

Die Vertreter der Intendiert-Dynamischen Gruppenpsychotherapie nach Kurt Höck, der einzigen originären Psychotherapiemethode in der DDR, setzen sich zwar mit verschiedenen Konzepten der analytischen Gruppentherapien kritisch auseinander, unter anderem mit den Konzepten von Slavson, Heigl-Evers, Wolf und Schwartz, Argelander, Bion und Foulkes (Höck 1981). Trotzdem kann die Intendiert-Dynamische Gruppenpsychotherapie nicht als psychoanalytisch orientierte Therapieform bezeichnet werden, denn:

„... sie stellt eine so genannte persönlichkeitszentrierte Therapiemethode dar und strebt an, pathogene Einstellungen des Patienten mit Hilfe der sozialen Gruppe und deren gezielter Entwicklung in sozialadäquate Einstellungen zu verändern" (Hess 1986: 16).

## 4 Die vorsichtige Teilrehabilitation Freuds

Etwa zu Beginn der 80er-Jahre setzt eine vierte Phase ein, die ich als „vorsichtige Teilrehabilitation" Freuds und der Psychoanalyse bezeichnen möchte. Im Bereich der Gesellschaftswissenschaften beginnt eine zunehmende Beschäftigung mit der Freud'schen Psychoanalyse, die mit einer deutlichen Neubewertung verbunden ist. Hierfür stehen das Bernburger Freud-Symposium 1981, das Leipziger Freud-Symposium im Sommer 1989 sowie zahlreiche Veröffentlichungen von maßgeblichen Gesellschaftswissenschaftlern und Psychologen. Die Freud'sche Psychoanalyse wird vom Verdikt einer ausschließlich zu bekämpfenden und zu widerlegenden Ideologie befreit und jetzt erstmals als bedeutsame philosophische Subjekttheorie gewürdigt. Das gesellschaftswissenschaftliche Anliegen ist jetzt nicht mehr die Zurückweisung, sondern die Reinterpretierung, Erweiterung, Umdeutung und nur noch partielle Ablehnung (Borbely & Erpenbeck 1987 b). Ausgangspunkt hierfür war eine zunehmende Einsicht in die Begrenztheit der marxistisch-leninistischen Gesellschaftstheorien bezüglich ihrer Aussagen zur anthropologischen Ontogenese. Von diesem Zeitpunkt ab werden erstmals wieder einzelne Werke Freuds verlegt und gedruckt.[2]

## 5 Die Einforderung der Rückkehr Freuds in die Öffentlichkeit

Für das Jahr 1989 möchte ich noch eine weitere Rezeptionsphase abgrenzen, die ich als eine Phase der zunehmend öffentlicher werdenden Forderungen nach einer Reintegration Freuds und der Psychoanalyse in das kulturell-gesellschaftliche Bewusstsein der damaligen DDR bezeichnen möchte. Als Markierungspunkte dieser mit der Wende 1989 abrupt zu Ende gehenden Rezeptionsphase seien der Psychotherapiekongress der DDR im Januar in Ostberlin und das Freud-Symposium im Frühsommer des gleichen Jahres in Leipzig genannt. Ich erinnere mich noch gut an die innere Aufbruchstimmung, die mich damals erfasste, als wir Psychotherapeuten uns anschickten, der umfassenden politisch-ideologischen Bevormundung nicht mehr nur, wie bisher heimlich, sondern jetzt auch öffentlich widerstehen zu wollen. Gleichzeitig wurde auf dem Berliner Kongress der Ruf laut, den einschränkenden und repressiven gesellschaftlichen Bedingungen jetzt auch öffentlich kritischer gegenüberzu-

2 Interessant ist, dass die neu aufgelegten Schriften Freuds - von einer Ausnahme abgesehen - in belletristischen Buchreihen editiert wurden und die Herausgeber aus dem kulturellen Bereich kamen: Freud, S. (1982): „*Trauer und Melancholie. Essays.*" Herausgegeben von Franz Führmann und Dietrich Simon. Spectrum-Reihe. Berlin: Volk und Welt; Freud, S. (1984): „*Psychoanalyse. Ausgewählte Schriften zur Neurosenlehre, zur Persönlichkeitspsychologie, zur Kulturtheorie.*" Herausgegeben von Achim Thom. Leipzig: Reclam; Freud, S. (1985): „*Der Witz und seine Beziehung zum Unbewussten.*" Leipzig, Weimar: Kiepenheuer; Freud, S. (1988): „*Essays I - III.*" Reihe Österreichische Bibliothek. Herausgegeben von Dietrich Simon. Berlin: Volk und Welt.

treten. Gleichzeitig erinnere ich mich aber auch noch meiner Irritation, die mich erfasste, als ich die eigentlich sehnlichst erwarteten, auf dem Berliner Kongress erstmals öffentlich auftretenden westeuropäischen Psychoanalytiker [3] in ihrer psychoanalytischen Sprache kaum verstand.

## 6 Freuds Weg nach Osten nach dem Mauerfall

Freuds Weg nach dem Fall der Mauer in den Osten als letzte und noch andauernde Phase hat für mich drei wesentliche Aspekte:

Einmal besteht jetzt auch die öffentliche Chance zur Reintegrierung Freuds und der Psychoanalyse, des Wiederanknüpfens an schmerzlich abgebrochene Traditionslinien sowie der Überwindung der zweiten, „unbemerkten" Spaltung der Psychoanalyse im Nachkriegsdeutschland. Freuds Psychoanalyse könnte auch eine Brückenfunktion bei der Herstellung der inneren Einheit einnehmen, indem sie dazu beitragen kann, die geistig-kulturelle Gespaltenheit der beiden Teile Deutschlands und ihre nachhaltigen Folgen zu verstehen und durchzuarbeiten, damit der Wunsch nach einer Wiederannäherung Wirklichkeit werden kann.

Auf der anderen Seite tritt die Psychoanalyse quasi als „Herrschaftswissen" in Verbindung mit den jetzt auch für den Osten geltenden westdeutschen Behandlungs- und Ausbildungsrichtlinien durch die Mauer und trifft dort auf die in ihrer Berufsrolle stark verunsicherten und zur Neuorientierung gezwungenen Psychotherapeuten Ostdeutschlands, die sich rasch wieder einer von ihnen nicht gewählten Ordnung gegenübersehen. Auch wenn sich die Ausbildungslandschaften nach Aufbau der psychoanalytischen Ausbildungsinstitute und deren Bestätigung durch Ärztekammern und KBV jetzt organisatorisch angeglichen haben, sollte dies nicht über eine beiderseitige tiefe Enttäuschung hinwegsehen lassen, die wieder zur Distanzierung führt. So erfüllten sich die Erwartungen einer Reihe führender Vertreter der DDR-Psychotherapie nicht, von den westdeutschen psychoanalytischen Fachgesellschaften und Berufsverbänden als gleichberechtigte Analytiker anerkannt zu werden. Diese erhoffte Anerkennung und nachträgliche Honorierung für die Vermittlung tiefenpsychologischen und analytischen Gedankengutes unter den erschwerten Bedingungen in der DDR ist ausgeblieben. Die Enttäuschung darüber hat den weiteren Weg der Ostinstitute bis heute nachhaltig geprägt. Ebenso sind die Erwartungen der westdeutschen analytischen Institute, einem großen Nachholebedarf an analytischer Ausbildung seitens der ostdeutschen Kollegen zu begegnen und so auf dem Weg der Ausbildung an westdeutschen Instituten nach und nach eine Integrierung der Ostkollegen erreichen zu können, enttäuscht worden. Zu erwähnen sei auch noch, dass Momente der berufspolitischen Konkurrenz sowie ein Ringen um Bewahrung oder Erringung institutioneller berufspolitischer Macht eine wichtige Rolle spielen, ohne dass dies hier weiter ausgeführt werden kann.

Zum Dritten erhebt sich die Frage, wie die Reintegrierung der Psychoanalyse in die ostdeutsche Gesellschafts- und Kulturlandschaft gelingen kann, wo Aspekte des

3 Han Groen-Prakken aus den Niederlanden und Alexander Moser aus der Schweiz.

40 Jahre lang vermittelten materialistischen Menschen- und Weltbildes das Denken und Reflektieren vieler Menschen nachhaltig geprägt haben.

An dieser Stelle steht Freud, mit Verlaub gesagt, nach Durchschreiten der gefallenen Mauer vor einer neuen Grenze: Einer Grenze, die sich nicht nur zwischen differierenden psychotherapeutisch-analytischen Ausbildungsverfahren und unterschiedlichen Definitionen, was ein Analytiker nun eigentlich ist, entlangzieht, sondern die auch zwei verschiedene Sozialisationen mit unterschiedlicher kultureller Erfahrung, unterschiedlichen Sprachen und Bildern bis in den Common Sense hinein durchzieht. Hier sehe ich die Gefahr einer neuen Spaltung, kaum dass die äußere Spaltung überwunden ist. Einer Spaltung, die sich an einer Frage entzünden könnte, wo nun die besseren, die „wahren" Psychoanalytiker beheimatet sind. Sind es die westdeutschen analytischen Fachgesellschaften, die, in der internationalen psychoanalytischen Tradition stehend, das analytische Setting bewahren und weitergeben im Gegensatz zu den oft dazu eher eklektizistisch wirkenden Ostinstituten? Oder sind es Teile der Ostinstitute, die schöpferische Multimodalität und schulenübergreifendes Denken progressiv dem als formalistisch betrachteten Gebundensein an eine Lehre oder Theorie gegenüberstellen?

Damit diese Spaltung sich nicht zementieren kann, sollten die gegenseitig zugefügten Kränkungen und Enttäuschungen näher betrachtet werden. Für die ostdeutsche Seite möchte ich folgende Aspekte beschreiben:

- Die Kränkung, dass die „in Eigenleistung" ohne schützende oder identitätsstiftende Sicherheit traditioneller Institute im heimlichen bis offenen Gegensatz zur ideologischen Partei- und Wissenschaftslinie entstandenen psychotherapeutischen Ansätze und Therapieverfahren nach der Wiedervereinigung plötzlich keinen Wert mehr besitzen sollten. Die Kränkung, dass sie für die westdeutschen Psychoanalytiker höchstens als historische Fußnote interessant waren, nicht aber als Gegenstand des Interesses zum Lernen oder zur Auseinandersetzung. Dadurch wurde der Stolz, es auch „aus eigener Kraft geschafft zu haben", tief verletzt - jener Stolz, der in den 40 Jahren die aufgezwungene Selbstbeschränkung oft erträglicher gemacht hatte.
- Die Kränkung, dass wir ostdeutschen Psychotherapeuten nach Aufhebung der zweiten, nicht wahrgenommenen Spaltung der psychoanalytischen Bewegung als Zurückkehrende nicht wiedererkannt und für die Mühen der 40-jährigen Diaspora nicht belohnt wurden. Die Kränkung, dass wir in die internationale psychoanalytische Kommunität nicht als vergessene und jetzt wiedererstandene Brüder aufgenommen wurden, sondern nur die gleichen Rechte jedes anderen Neuankömmlings zugewiesen bekamen.
- Das schmerzliche Gewahrwerdenmüssen, dass die erzwungene Beschränkung auf die DDR als Lebensperspektive trotz aller Anstrengungen und „Eigenleistungen" letztlich ein Ausgeschlossensein von wichtigen geistig-kulturellen Weltbewegungen bedeutete. Ein Ausgeschlossensein, welches auch nach der Wiedervereinigung Deutschlands nicht einfach nachholbar und kompensierbar ist.
- Der Schmerz und die Irritation, eine radikale Veränderung fast aller Lebensumstände im Gegensatz zur westlichen Seite erleben und bewältigen zu müssen.

Für mich als Mitglied eines psychoanalytischen Ostinstituts ergeben sich folgende Fragen, die ich zum Schluss nur noch in den Raum stellen kann, aber erst einmal offen lassen muss:

- Wie beeinflusst die beschriebene Rezeptionsgeschichte in Verbindung mit dem jahrzehntelangen Ausgeschlossensein aus der psychoanalytischen Bewegung die Konstituierung der psychoanalytischen Ostinstitute und die damit verknüpfte Entwicklung einer psychoanalytischen Identität?
- Wie wirkten die repressiven gesellschaftlichen Bedingungen, das materialistische Menschenbild, die allgegenwärtige Angst und der „unsichtbare Dritte" im Sprechzimmer (Simon 1995) in die psychotherapeutische Theoriebildung und in den therapeutischen Prozess hinein? Wirken sie auch heute noch als inzwischen unsichtbar gewordenes Sediment weiter?
- Kann ein gegenseitiges Voneinanderlernen zwischen Ost und West möglich werden, welches einen Weg zwischen den beiden Polen der Unterwerfung einerseits und der weitgehenden Abgrenzung andererseits ermöglichen könnte? Wird jede der beiden Seiten ihren Verlust anerkennen und annehmen können: Die westlichen Psychoanalytiker, dass ihnen in der zweiten, unbemerkten Spaltung etwas verloren gegangen sein könnte, was sie lange Zeit gar nicht als Verlust empfunden haben; die ostdeutschen Psychoanalytiker, dass das jahrzehntelange Ausgeschlossensein nicht vollständig aufholbar und kompensierbar ist?

Abschließend möchte ich der Hoffnung Ausdruck geben, dass die auch in meinen Ausführungen deutlich gewordenen verschiedenen Wege der Sozialisation als Psychotherapeut und Psychoanalytiker und die verschiedenen Wege der Institutionalisierung der Psychoanalyse in West und Ost weder nivelliert, noch dauerhaft abgrenzend zementiert werden. Wichtig scheint es, sie gemeinsam durchzuarbeiten, damit die zweite, unbemerkte Spaltung der deutschen Psychoanalyse sich im Moment ihrer möglichen Aufhebung nicht erneut fortsetzt, diesmal zwischen den West- und Ostinstituten. Sollte diese gemeinsame Durcharbeitung gelingen, wären wir möglicherweise auch gemeinsam in der Lage, unsere Position als Psychoanalytiker in einer sich radikal wandelnden Gesellschaft zu reflektieren und zu bestimmen, in einer Zeit, in der wir die Räume nicht mehr kennen, in denen wir künftig leben werden. Für mich selbst kann ich nach nunmehr 10 Jahren einschätzen, dass die Möglichkeit des Dazulernens auf psychoanalytischem Gebiet mir wichtige geistige und therapeutische Anregungen und Entwicklungsmöglichkeiten eröffnete, die ich nicht missen möchte und die ich zu keiner Zeit als ein Moment der Anpassung oder Unterwerfung empfunden habe. Hierfür sei an dieser Stelle allen mir verbundenen und hilfreichen westdeutschen Psychoanalytikern, besonders aus der DPV, herzlich gedankt.

## Literatur

Beland, H. (1987): Wie verstehen sie sich selbst. Zur Geschichte der Auseinandersetzungen mit der eigenen Vergangenheit in der Deutschen Psychoanalytischen Vereinigung. In: DPV-Informationen 1: 9 - 14

Bernhardt, H. (1998): Mit S. Freud und J. P. Pawlow im Kalten Krieg. In: P. Diederichs (Hrsg.): 11 - 50
Borbely, A. & Erpenbeck, J. (1987): Vorschläge zu Freud. In: Deutsche Zeitschrift für Philosophie 35: 1016 - 1024
Deutsche Psychoanalytische Vereinigung (Hrsg.) (1996): Psychoanalyse und Psychotherapie. Tagungsband des 4. Symposiums
Diederichs, P. (Hrsg.) (1998): Psychoanalyse in Ostdeutschland. Göttingen: Vandenhoeck & Ruprecht
Eickhoff, F.-W. (1995): Über die Herausforderung der Nachkriegszeit aus der Sicht eines Analytikers der Deutschen Psychoanalytischen Vereinigung. In: L. M. Hermanns (Hrsg.) (1995): 120 - 140
Freud, S. (1982): Trauer und Melancholie. Essays. Herausgegeben von Franz Führmann und Dietrich Simon. Spectrum-Reihe. Berlin: Volk und Welt
Freud, S. (1984): Psychoanalyse. Ausgewählte Schriften zur Neurosenlehre, zur Persönlichkeitspsychologie, zur Kulturtheorie. Herausgegeben von Achim Thom. Leipzig: Reclam
Freud, S. (1985): Der Witz und seine Beziehung zum Unbewussten. Leipzig, Weimar: Kiepenheuer
Freud, S. (1988): Essays I - III. Reihe Österreichische Bibliothek. Herausgegeben von Dietrich Simon. Berlin: Volk und Welt
Geyer, M. (1989): Methodik des psychotherapeutischen Einzelgesprächs. Leipzig: Johann Ambrosius Barth
Henningsen, F. (1998): Vom Dialog zur Institution? Reflexionen über DPV-Kontakte in den neuen Bundesländern. In: P. Diederichs (Hrsg.) (1998): 66 - 95
Hermanns, L. M. (Hrsg.) (1995): Spaltungen in der Geschichte der Psychoanalyse. Tübingen
Hess, H. (1986): Zielstellungen - Wege - Ergebnisse psychotherapeutischer Intentionen von Kurt Höck. In: H. Hess & M. Kneschke (Hrsg.) (1986): 6 - 19
Hess, H. & Kneschke, M. (Hrsg.) (1986): Psychotherapieberichte HdG Berlin 34
Höck, K. (1981): Konzeption der Intendierten Dynamischen Gruppenpsychotherapie. In: K. Höck, J. Ott & M. Vorwerg (Hrsg.) (1981): 13 - 33
Höck, K., Ott, J. & Vorwerg, M. (Hrsg.) (1981): Psychotherapie und Grenzgebiete. Bd. 1. Leipzig: Johann Ambrosius Barth
Internationale Erich-Fromm-Gesellschaft (1995): Die Charaktermauer. Zur Psychoanalyse des Gesellschaftscharakters in Ost- und Westdeutschland. Göttingen: Vandenhoeck & Ruprecht
Koraus, H.-J. (1996): Wie macht man aus der Not eine Tugend? - Überlegungen zur Entwicklung der Psychotherapie in der DDR. In: Deutsche Psychoanalytische Vereinigung (Hrsg.) (1996): 39 - 53
Kulawik, H. (1984): Psychodynamische Kurztherapie. In: Seidel, K. (Hrsg.) (1984): 7 - 60
Maaz, H.-J. (1984): Dynamische Einzeltherapie - Ausbildungskonzeption. Unveröffentlichte Lehrmaterialien
Seidel, K. (Hrsg.) (1984): Beiträge zur klinischen Neurologie und Psychiatrie. Bd. 52. Leipzig: Thieme
Simon, A. (1995): Versuch, mir und anderen die ostdeutsche Moral zu erklären. Gießen: Psychosozial

# Die Psychoanalyse im Ost-West-Dialog. Über Schwierigkeiten und Chancen zueinander zu finden[1]

*Franziska Henningsen*

## Einleitung

Als ich im Sommer 1989 die Flüchtlingsströme von DDR-Bürgern im Fernsehen verfolgte, wurde in mir der Impuls wach, etwas zu tun. Als Analytikerin bin ich natürlich auch sofort in der Pflicht, mich zu fragen, welche bewussten und unbewussten Motive mich denn zu einer solchen Aktion treiben, zumal ich doch weder Verwandte noch Freunde hinter dem eisernen Vorhang hatte. Eine Mischung aus Schuldgefühlen, Dankbarkeit und Neugierde konnte ich sehr schnell bei mir ausmachen. Wie in einem Zeitraffer tauchten Bilder von den 50er-, 60er-, 70er- und 80er-Jahren auf, die mir zeigten, dass es Zufall war, auf welcher Seite Deutschlands ich gelebt hatte.

Aufgerüttelt durch die 68er-Zeit hatte ich mich zur analytischen Ausbildung bei der Deutschen Psychoanalytischen Vereinigung (DPV) entschlossen. Ich wuchs zu Beginn der 70er-Jahre in eine psychoanalytische Gemeinschaft hinein, die sich im Aufbau befand, meine Lehrer waren sich alle darin einig, dass der durch das Naziregime entstandene Exodus der Psychoanalyse in Deutschland noch lange nicht überwunden war. Es ging darum, ein verlorenes Objekt - die Psychoanalyse - wiederzufinden (Henningsen 1998). Es ging darum, einen posttraumatischen Zustand zu bewältigen, der sicherlich in jeder psychoanalytischen Gruppe und auch in jedem Einzelnen *verschieden* aussah: denn welche Qualitäten hat das verlorene Objekt, mit welchen Erinnerungen und Hoffnungen ist seine Wiedergewinnung verknüpft? Wenn wir die Frage auf eine solche Art stellen, so wissen wir, dass sich das verlorene Objekt - hier ein äußeres, ein professionelles an der Ratio orientiertes - immer auch mit den inneren Objekten, den höchst individuellen Introjekten eines Individuums und einer Gruppe verknüpft. Money-Kyrle (1971) hat in klarer Diktion gezeigt, wie entscheidend die Internalisierung eines guten Objektes in den Anfängen der menschlichen Entwicklung ist: Die mangelhafte Internalisierung des guten Objekts führt zu Hindernissen im Erkennen angeborenen Wissens über die Conditio Humana im Sinne Platos, oder mit Bion (1962) gesprochen: angeborene Präkonzepte können nicht erkannt, benannt und realisiert werden.

Die alte Bundesrepublik Deutschland und mit ihr auch die verschiedenen psychoanalytischen Gesellschaften befanden sich als Täter oder Täter-Kinder in der Nachkriegszeit gewiss in einer Art Lähmung. „*Die Unfähigkeit zu trauern*" (Mitscherlich & Mitscherlich 1967) und die Unmöglichkeit, die Destruktivität der nationalsozialistischen Introjekte *zu fühlen,* haben zu Verdrängungs- und Spaltungspro-

---

[1] Für Ilse Dertinger † 1999.

zessen geführt, die erst nach einer langen Latenzzeit - wie es für Traumatisierungen typisch ist - in aller Breite und Gründlichkeit zum Gegenstand der psychoanalytischen Forschung wurden. Auch hierin erfuhren die Analytiker Anregungen und Hilfe von ausländischen Kollegen.[2] Anders als in unserer Kernfamilie waren wir jungen Analytiker nicht allein in Auseinandersetzung mit der „Elterngeneration", sondern die ausländischen Kollegen fungierten zugleich als die dritte Person. Wie entlastend diese Konstellation war, ist mir erst später bewusst geworden.

Wenn sich Psychoanalytiker mit berufspolitischen Entwicklungen befassen, besteht sehr leicht die Gefahr, dass Fragestellungen, die die Profession betreffen, individualisiert und auf persönliche Identitätsprobleme reduziert werden. Umgekehrt wird auch sehr leicht die persönliche Identität des Analytikers hinter bürokratischer oder machtpolitischer Geschäftigkeit verschleiert oder zum Verschwinden gebracht. Ich meine, man kann dem Phänomen gerechter begegnen, wenn man von einem Spannungsverhältnis zwischen individueller Identität und Profession, zwischen den Idealen und Standards einer Gruppe und den inneren Idealen des Einzelnen ausgeht. Jede Gruppe hat ihre Gründungsmythen, die bewusst oder unbewusst das Leben der Mitglieder bestimmen, zugleich gibt es aber immer wieder an der äußeren Realität gebundene Orientierungspunkte, die ein rationales Verstehen und Handeln erfordern und die danach verlangen, den emotionalen Gehalt der Mythen zu verstehen und auf eine realitätsgerechte Ebene zu heben. Besonders fatal geht es in einer Gruppe zu, wenn der Mythos mit der Realität verwechselt wird.

An anderer Stelle habe ich zu zeigen versucht, wie der Gründungsmythos der DPV im Laufe der letzten 50 Jahre immer wieder umgeschrieben wurde und durchaus als ein latentes Motiv wirken konnte, was bei einzelnen Personen oder Untergruppen der DPV zu der unbewussten Fantasie geführt haben mag, sie allein würden die wahren Psychoanalytiker sein, die einzig richtige Analyse vertreten und als die besseren Deutschen dastehen (Henningsen 1998).

Neben dieser emotionalen Linie gibt es innerhalb der DPV und ihrer Geschichte eine rational-professionelle Haltung, die die Institutionalisierung der Psychoanalyse unter dem Dach der Internationalen Psychoanalytischen Vereinigung (IPV) einerseits und der Kassenärztlichen Vereinigung andererseits festschreibt.

Beide Seiten - die mythische wie auch die professionelle - haben nach meinem Eindruck die Rivalitätskonflikte zwischen ost- und westdeutschen Psychotherapeuten sofort nach dem Fall der Mauer auf den Plan gerufen. Für die ostdeutschen Kollegen mag noch eine besondere Variante hinzugekommen sein, die auf westdeutscher Seite meist übersehen wird. In allen osteuropäischen „Bruderstaaten" wurde seinerzeit die Kompetenz von Führungskräften bzw. Menschen in beruflichen Schlüsselpositionen mehr oder minder in Frage gestellt, aber wohl nirgends so radikal wie in der zusammengebrochenen DDR, denn nirgends hatte man ein so großes Reservoir an Ersatzpersonen wie in der Bundesrepublik Deutschland. Es herrschte im Westen eine Akademikerschwemme, d. h. es gab genug „schlauere, bessere und

[2] Ohne den Anspruch auf Vollständigkeit seien nur einige genannt: Michael Balint, Martin Bergmann, Janine Chasseguet-Smirgel, Judith Kestenberg, Hillel Klein, Rafael Moses, Herbert Rosenfeld, Martin Wangh.

größere" Geschwister. Nun kann auch dieses Faktum je nach innerer Bereitschaft und Handhabung der Situation als eine Bedrohung - nach dem Motto: „Der Wessi nimmt mir den Platz weg" - oder aber als eine Hilfe aufgefasst werden. In der Realität hat es beides gegeben, auch unter Psychotherapeuten, wie ich meine. Im negativen Fall wurden destruktive narzisstische Reaktionen manifest: die eigene Minderwertigkeit wurde in den anderen projiziert und dort bekämpft, wechselseitiger Neid und eine paranoid gefärbte Feindseligkeit standen im Vordergrund. Im positiven Fall wurde das Spannungsverhältnis zwischen Identifizierung und Abgrenzung anerkannt, es kam trotz aller Ambivalenz zu einem vertrauensvollen und sachlichen Austausch.

## 1 Die Kommission West-Ost als parallele Polis? [3]

Als ich im März 1990 zum ersten Mal nach Leipzig flog, drängte sich mir eine Kindheitserinnerung auf, die mir in den folgenden Jahren immer wieder als ein hilfreiches Erfahrungsmuster diente, an dem ich mich orientierte:

Als Flensburgerin bin ich in einer Stadt aufgewachsen, in der es eine dänische Minderheit gibt. Der rot-weiße Dannebrog wehte selbstverständlich in den Vorgärten, während deutsche Familien damals keine schleswig-holsteinische Fahne hissten. In unsere Nachbarschaft zog eine dänische Familie mit Kindern in meinem Alter, die ein herrliches Klettergerüst im Garten installiert hatten. So etwas gab es nur in Dänemark. Ich verspürte eine Lust und Sehnsucht daran zu turnen, sprach die Kinder an und wir haben viel zusammen gespielt und manch eine Zirkusnummer einstudiert - natürlich ging das nur auf dänisch, denn in diesem Garten wurde nur dänisch gesprochen. Als ich nach Leipzig flog, wusste ich nicht, was mich erwartete, ich hatte aber 2 Wochen zuvor auf der DPV-Tagung in Tübingen meinen Gastgeber Jochen Schade kennen gelernt, und das war ein guter Anfang.

Als Kind war es mir wichtig, die gemeinsame Erfahrung zu machen und meinen Freuden am Klettern mit Freunden nachzugehen, in welcher Sprache das stattfand, war eine Frage der Konvention und deshalb zweitrangig. Ähnlich ging es mir mit meinen ersten Schritten in Leipzig. Ich war neugierig, wollte die klinische Erfahrung der Ostkollegen kennen lernen und auch meine Art zu arbeiten zeigen. So hatte ich mich nach meinem ersten Aufenthalt in Leipzig darum bemüht, die Begriffe der Intendierten-Dynamischen-Psychotherapie zu lernen, die ich allerdings bald wieder

[3] Der Begriff der parallelen Polis ist eine Wortschöpfung des Dissidentenkreises um Vaclav Havel und mag in diesem Zusammenhang provokativ klingen. Es geht mir aber um die politisch-philosophische Haltung, die mit dem Begriff impliziert ist. Er begründet die Aktivitäten der Gruppe unter Bezugnahme auf die klassische Philosophie und hebt Aspekte hervor, die für unsere Arbeit sehr wichtig sind: eine politisch wirksame Gruppe, die sich außerhalb der etablierten Gesellschaft bewegt, die gesellschaftliche Prozesse reflektiert, die sich aber so eng wie möglich an den gegebenen Institutionen aufhält und ihre Arbeit so transparent wie möglich macht, um den Diskurs zu erzwingen. Die Gruppe orientiert sich an der Wahrheitssuche im platonischen Sinne und ist dadurch weniger gefährdet, sich in paranoider Position gegenüber den Herrschaftsverhältnissen zu verstricken (vgl. hierzu Havel 1990).

vergaß, weil die Leipziger Kollegen viel schneller die Terminologie der westlichen Psychoanalyse lernten bzw. anwandten (Henningsen 1998: 81 f.).

Dieses „Leipziger Klettergerüst" war eines unter vielen, gab es doch Gruppen in Jena, Dresden, Rostock und anderen Städten. Überall waren die Gärten ein wenig anders bestellt, wie das Interesse der beteiligten Personen auch verschieden war. Trotzdem erschien es notwendig, institutionelle Rahmenbedingungen für diejenigen zu schaffen, die an einem Austausch klinischer Erfahrungen interessiert waren. Auf der DPV-Tagung in Kassel 1991 wurde mein Vorschlag, eine Kommission zu bilden, um innerhalb der DPV ein beständiges Forum zu haben, in dem der Dialog mit den an der Psychoanalyse interessierten Psychotherapeuten aus Ostdeutschland gepflegt werden könne, schnell akzeptiert.

Die Kommission ist paritätisch besetzt, Vorstandsmitglieder der DPV nehmen ex officio an den Sitzungen teil, ein erweiterter Interessentenkreis erhält alle Protokolle, die sorgfältig und ausführlich geschrieben werden, damit die Arbeit transparent bleibt und sich andere in den Diskurs einmischen können. Die Aufgabe der Kommission ruht auf drei Säulen (Abbildung1).

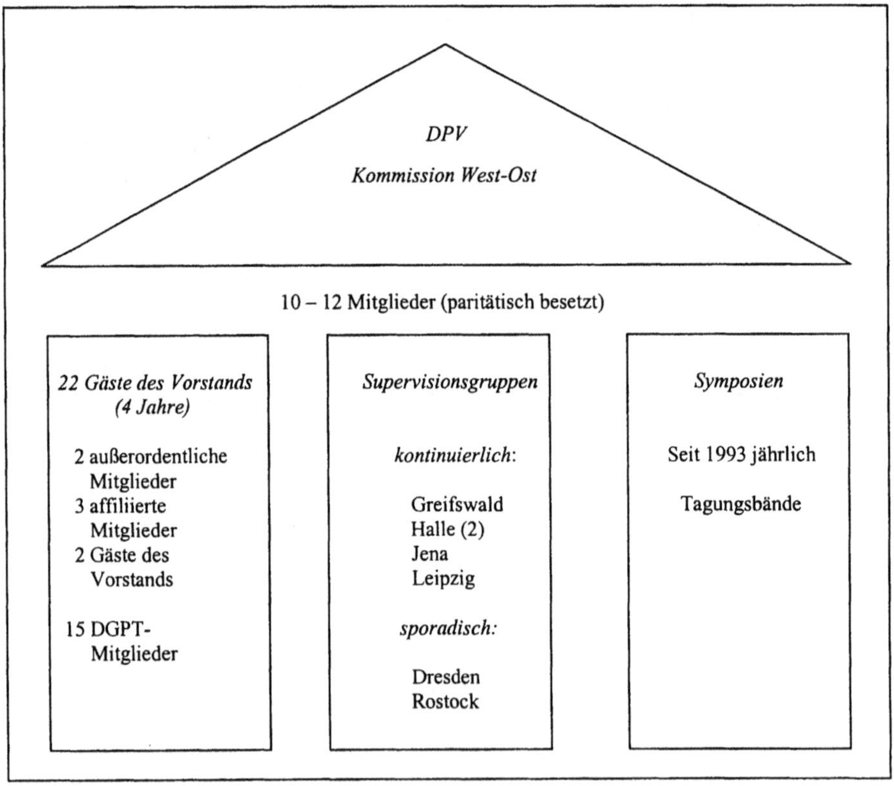


*Abbildung 1*: Aufgaben der Kommission West-Ost

*Der Gast des Vorstands der DPV* hat die Gelegenheit während 4 Jahre an allen DPV-Veranstaltungen einschließlich der Mitgliederversammlungen teilzunehmen, er hat mit Ausnahme der Kolloquia Rederecht, aber kein Stimmrecht. Er zahlt einen Jahresbeitrag von DM 100.00, erhält alle DPV-Publikationen einschließlich des EPF-Bulletins. Er verpflichtet sich, die Psychoanalyse im Sinne der DPV-Satzung in den neuen Bundesländern zu fördern.

Diesen Status erwarben 22 Personen, davon haben mittlerweile 5 (2 außerordentliche und 3 affiliierte Mitglieder) einen bleibenden Status in der DPV, bei 2 weiteren ist es noch offen. Inzwischen haben 15 die DGPT-Mitgliedschaft erworben. Das heißt die Hälfte der 30 Ostkollegen, die in die DGPT aufgenommen wurden, sind ehemalige Gäste des Vorstands der DPV. Natürlich sind die Ost-Mitglieder der Kommission stets Gäste des Vorstands.

*Supervisionsgruppen* die noch immer kontinuierlich stattfinden und von DPV-Mitgliedern geleitet werden, gibt es in Greifswald, Halle (zwei), Jena und Leipzig. Meines Wissens finden in Rostock und Dresden sporadisch Gruppen statt. Meine Tätigkeit in Leipzig jährt sich im kommenden Jahr zum 10. Mal. Folgende Beispiele aus dem 1. Jahr in Leipzig mögen diesen Prozess ein wenig skizzieren (Henningsen 1998: 79 ff.):

1. *Frau A.* ist Patientin einer psychotherapeutischen Tagesklinik. Sie weigert sich an den verschiedenen Therapieangeboten teilzunehmen, geht allerdings zuverlässig zu den Einzelsitzungen mit der vortragenden Therapeutin. Diese weiß nicht, wie sie sie zur Mitarbeit an den anderen Angeboten der Tagesklinik motivieren kann. Die Biografie wird berichtet. Fast jeder Gruppenteilnehmer kennt die Patientin, weil sie in seiner Einrichtung auch schon einmal gewesen ist. Jeder hatte sie, als man an einem Punkt angelangt war, an dem man mit ihr nicht mehr zurecht kam, an eine andere Einrichtung weiterverwiesen. Das soziale Netz der DDR machte das möglich. Bei genauerer Betrachtung konnten wir herausarbeiten, dass sich für die Patientin etwas wiederholt hatte: So wie sie früher als Kind von der Mutter, zur Krippe, zur Pflegemutter, zum Hort und ins Heim gegeben worden war, so war sie nun von Therapeut zu Therapeut und von Einrichtung zu Einrichtung gereicht worden. Ihre Verweigerung hatte einen tiefen Sinn, für den sie aber selbst keine Sprache zur Verfügung hatte, sie konnte sich nur im Agieren ausdrücken, sie wollte Folgendes sagen: Ich bin auf der Suche nach meinem verlorenen Objekt, nach mir, das finde ich nur in der Zweierbeziehung, deshalb will ich nur den Kontakt in der Einzeltherapie, die Gruppen lenken mich ab. Wir konnten in der Gruppe das Agieren der Patientin als ein Übertragungsangebot erkennen, das in eine Deutung formuliert werden musste, damit die Patientin sich verstehen lernt.
2. *Frau B.*, eine ehemalige linientreue Parteifunktionärin, verstrickte die Therapeutin, eine engagierte Demonstrantin der Leipziger Montage, auf einer sehr konkreten Ebene immer wieder in rechthaberische Gespräche, aus denen sich die Therapeutin bemühte, wenigstens als die Überlegene hervorzugehen. Es war, als ob der Kampf auf der Straße nun nach dem Fall der Mauer im Behandlungszimmer fortgesetzt wurde. Hilflosigkeit und Ärger wurden in der Therapeutin und auch

in der Gruppe wach: Wie sollte man nun nach so kurzer Zeit dem Feind von gestern helfen? Jeder hatte und hat seine Grenzen, es war für alle wichtig das auszusprechen. Unausweichliche Ohnmacht wurde formuliert, in einem weiteren Schritt konnte ein Übertragungsaspekt erkannt werden: Die Patientin verfügte nicht über eine stabile innere Struktur mit internalisierten Über-Ich und Ich-Ideal, das konnte sie auf Grund ihrer Geschichte nicht entwickeln. Diese Instanzen externalisierte sie und hatte sie früher gut in der Partei untergebracht. Nachdem sie ihre Stellung und die Partei ihren Einfluss verloren hatte, projizierte sie diese Anteile in die Therapeutin, die dieses Übertragungsangebot ganz im Sinne der Abwehr der Patientin aufnahm und den Wunsch der Patientin, bestraft und gelobt zu werden, befriedigte. Es entstanden lebhafte Streitgespräche in den Stunden, aber die Behandlung stagnierte.

3. *Herr C.*, ein Mann mit Borderline-Struktur, die er immer gut narzisstisch abwehren konnte, war für einen Therapeuten ein Problem auf der Station. Er war als Interner Mitarbeiter enttarnt worden, hatte einen kurzen Zusammenbruch erlitten und war jetzt aber resistent gegen jede Form der Behandlung, die von ihm eine Einsicht, ein sich in Frage stellen, erforderte. Er hatte sich sehr schnell - nun als enttarnter Interner Mitarbeiter - wieder in eine Starrolle gebracht und auf diese Weise sein narzisstisches Abwehrsystem restituiert. Die Blockade, die Denkstörungen, die der Therapeut während der Sitzungen empfand, waren die chaotischen Zustände, die der Patient auf diese Weise abwehrte.
4. *Frau D.*, eine durch Inzest traumatisierte Patientin litt unter schweren Arbeitsstörungen, einer Fülle psychosomatischer Beschwerden, Schlafstörungen und massiver Unruhe. Nachdem die einstündige Psychotherapie einige Wochen gelaufen war, hatte sich in der Patientin eine gewisse Beruhigung eingestellt, was der Therapeutin ein Hinweis war, dass ihre Arbeit begann erste Früchte zu tragen. Sie gewann Zuversicht trotz der Schwere der Störungen. Dann aber geriet die Behandlung ins Stocken, die Patientin sprach nicht mehr, alles schien blockiert. Um die Patientin „zu lockern“ schlug die Therapeutin ein paar Sitzungen Katathymes Bilderleben vor. Die Patientin folgte willig, die Symptome verschlimmerten sich heftig, die Patientin erschien nicht mehr regelmäßig zur Stunde. Alles geriet ins Wanken. Was war geschehen? Dies erhellte sich relativ schnell, als wir die Übertragungslinie des therapeutischen Prozesses verfolgten: Nachdem die Patientin Vertrauen gefasst hatte, brachte sie unbewusst ihre Traumatisierung mit aller dazugehörigen Sprachlosigkeit in die Beziehung ein. Diese „Blockade“ hatte die Therapeutin nicht gedeutet, stattdessen ihre Gegenübertragung agiert: sie änderte das Setting, „fiel aus der Rolle“, was im Unbewussten einer Reinszenierung der traumatischen Situation gleichkam. Die Pat. musste sich hinlegen (wie beim Vater?), die Therapeutin hatte mit den Instruktionen des Katathymen Bilderlebens im Sinne von Wiederholungszwang und Übertragung die Rolle des Vergewaltigers übernommen.

Diese Beispiele sind natürlich sehr knapp und vielleicht ein wenig klischeehaft in der Darstellung, auch kann in diesem Rahmen nur die Oberfläche der Übertragungen angedeutet und nicht ihre Schichtung, der ganze Fall, erörtert werden. Aber mit der Oberfläche fängt man an, und es ging in diesen ersten Sitzungen immer wieder darum, eine Tür zum Unbewussten des Patienten zu finden, ein Gefühl für Übertragungsprozesse zu entwickeln. So wie jeder Analysand in einer Analyse den Ödipuskomplex neu entdeckt, so entdeckt wohl auch jeder, der Psychoanalyse lernen will, die Psychoanalyse einmal neu, und das kann sehr aufregend sein.

Ein immer wiederkehrendes Thema in den Gruppengesprächen waren die Fragen, die sich um den analytischen Rahmen drehten. Weil die meisten Therapeuten früher in einer Art Baukastensystem gearbeitet hatten, war es ihnen fremd, wie wichtig es sein kann, den Rahmen in Relation zur Übertragungssituation zu betrachten. Es gab vieles: Spazieren gehen, Wechsel zu Entspannungstherapien, Medikamente verschreiben, Tonbandgerät in der Stunde laufen lassen, Änderung der Stundenfrequenz, Wechsel von Gruppen- zu Einzeltherapie usw. Die Therapeuten waren gewohnt, mit viel Fantasie und Begabung zu improvisieren, und sie konnten mit erstaunlicher Offenheit über ihr eigenes Erleben sprechen. Dabei war immer deutlich, dass sie sich in den Patienten eingefühlt hatten und einer bestimmten emotionalen Linie gefolgt waren. Nun ging es aber darum, diese Prozesse unter dem Übertragungsaspekt zu durchleuchten. Der Therapeut hatte etwas Wesentliches wahrgenommen; anstatt es in der Beziehung zu deuten, beantwortete er die Aktion des Patienten mit einer Veränderung des Settings. Ein solcher Prozess kommt natürlich in jeder analytisch arbeitenden Fallgruppe vor, auch wissen wir, wie notwendig und fruchtbar das *Mitagieren* genutzt werden kann, wenn man es später versteht (Klüwer 1983, 1995). Die Therapeuten spürten, wie ihr Unbewusstes auf das Unbewusste des Patienten reagiert hatte. In der Gruppe wurden mögliche Deutungen durchdacht. Für viele entwickelte sich der Wunsch nach einer eigenen Analyse, der „harte Kern" der Gruppe hat sich diesen Wunsch auch mittlerweile erfüllt.

Inzwischen sind die Rahmenbedingungen für alle Therapeuten klar, auch bringen sie immer ein oder zwei Stundenprotokolle mit in die Supervision – was ihnen früher fremd war - und wir können intensiv psychoanalytische Arbeit diskutieren.

*Die Symposien in Stadtlengsfeld:* Als ich die Idee entwickelte, ein Symposion zu veranstalten, in dem Ost- und Westtherapeuten ihre klinische Arbeit zeigen und zur Diskussion stellen, stieß ich anfangs auf Widerstand in der Kommission. In meiner Erinnerung war die Reserviertheit gegenüber dem Unternehmen gleichmäßig auf Ost und West verteilt. Es gab immer wieder Tendenzen in der Gruppe, die Zusammenführung auf einer formalen Ebene zu belassen. Die inhaltlichen Differenzen waren aber so groß, weshalb ich an der Idee festhielt und die Kommissionsmitglieder allmählich überzeugen konnte. Das erste Treffen fand im Herbst 1993 statt, inzwischen sind die Symposien fester Bestandteil des Ost-West-Dialogs - im kommenden Herbst wird das Siebente stattfinden (vgl. Tabelle 1).

Zwischen 65 und 80 Personen sind der Einladung jeweils gefolgt. Die Tagung ist mittlerweile auch für Kandidaten offen. Die Atmosphäre dieser Tagungen ist lebendig und konflikthaft, es kommt aber auch zu Einigungen. In paritätisch besetzten Kleingruppen werden Fälle diskutiert, im Plenum werden zwei Vorträge - einer aus dem Osten, einer aus dem Westen - zur Diskussion gestellt.

Ein besonderer Reiz dieser Tagung liegt in der thematischen Mischung: Zum einen werden klinische Arbeiten diskutiert. So weit Kollegen aus dem Osten vortragen, finden sich darin unübersehbar Spuren der politischen Verhältnisse oder besonderer Verwicklungen mit Geschichte. Interessanterweise ist die umgekehrte Frage nach Spuren der westdeutschen Geschichte im Spiegel des Ostens in den Diskussionen weniger berührt worden. Ich will offen lassen, ob das ein Faktum beleuchtet oder ob das das Resultat einer Verleugnung ist. Zum anderen geht es um den Gegensatz von Psychoanalyse und Psychotherapie, den Gegensatz von Ost und West, der sich aus der unterschiedlichen psychotherapeutischen Sozialisation ergibt. Wenn man sich die Falldarstellungen in den Tagungsbänden anschaut, wird man feststellen, dass inzwischen auch alle Ostkollegen im analytischen Setting arbeiten und hochfrequente Langzeitbehandlungen vorstellen. Und es wird immer schwieriger, eine Osttherapie von einer Westtherapie zu unterscheiden.

*Tabelle 1*: Übersicht Ost-West-Symposien

| *Symposion* | *Jahr* | *Thema* |
|---|---|---|
| • Erstes Symposium | 1993 | Die Wiedervereinigung im psychotherapeutischen Prozess |
| • Zweites Symposium | 1994 | Die Wiedervereinigung im psychotherapeutischen Prozess |
| • Drittes Symposium | 1995 | Folgen totalitärer Strukturen in West und Ost |
| • Viertes Symposium | 1996 | Psychoanalyse und Psychotherapie. Klinische Fragen aus Ost und West |
| • Fünftes Symposium | 1997 | Psychoanalytische Therapie im aktuellen gesellschaftlichen Kontext |
| • Sechstes Symposium | 1998 | Familie und psychische Entwicklung im gesellschaftlichen Wandel |
| • Siebentes Symposium | 1999 | Zehn Jahre nach dem Fall der Mauer - Entwicklungen und Veränderungen psychoanalytischer Identität. |

*Anmerkung:* Deutsche Psychoanalytische Vereinigung (DPV), Kommission West-Ost (Hrsg.). Redaktion: Dahl & Henningsen et al.

Die oft recht spannungsgeladenen Schlusssitzungen der Konferenz waren für die Kommission immer wieder ein Anlass, Kritikpunkte aufzunehmen und das Setting nach weiteren meist harten Diskussionen zu ändern. So sind z. B. inzwischen Ost- und Westkollegen gleichberechtigte Gruppensupervisoren. Während früher ein Fall pro Doppelstunde vorgestellt wurde, diskutiert die Gruppe nun einen Fall über zwei Doppelstunden, damit auch die Stundenprotokolle genauer unter die Lupe genommen werden können. Man kann daran erkennen, dass die Beteiligten zu einer vertieften Diskussion ihrer Arbeit bereit sind. Man ist sich näher gekommen und traut sich mehr zu.

Die Krippenerziehung in der DDR spielt in den Behandlungsfällen gelegentlich eine Rolle, wurde aber anfangs gar nicht diskutiert. Auch war es mir nicht gelungen, für die Tagung 1998 einen Referenten zu finden, der aus der Ostperspektive darüber spricht. Trotzdem entstanden auf der letzten Tagung einige Diskussionen in den Arbeitsgruppen, die für alle Beteiligten wertvoll waren. Die Schwierigkeiten im Umgang mit diesem Thema erscheint mir in verdichteter Weise eine Reihe von Schuld- und Schamkonflikten zwischen Ost und West wieder zu beleben. Viele der Osttherapeuten waren selbst in einer Krippe oder haben ihre eigenen Kinder in einer solchen Einrichtung gehabt. Umgekehrt hat der Großteil der Westkollegen in seiner Jugend oder im frühen Erwachsenenalter die Probleme der antiautoritären Erziehung diskutiert, und es ist fraglos auch ein Erfolg dieser Zeit, dass die individuelle Entwicklung des Kindes in der BRD mehr beachtet wurde und psychoanalytische Erkenntnisse einen positiven Einfluss auf Pädagogik und Pädiatrie genommen haben.

Die Vorträge haben in der Regel einen gesellschaftlichen Bezug. Der politisch-gesellschaftliche Blick wird sicherlich in den nächsten Jahren weiter intensiviert werden. Denn es zeigt sich immer mehr, wie die Ost-West-Begegnungen auf der klinischen Ebene Konsens ermöglichen: man hat dieselben Schwierigkeiten, die klinischen Phänomene zu erkennen und in eine angemessene therapeutische Intervention umzusetzen. Auch sprechen inzwischen alle dieselbe Fachsprache. Natürlich besteht nach wie vor ein Unterschied in der Intensität der Ausbildung. Während sich die DPV-Mitglieder/ West den internationalen Standards der IPV verpflichtet fühlen und eine entsprechende Ausbildung nachweisen können, orientieren sich die Ost-Therapeuten an den Standards der DGPT. Sie können dort eine Institutsmitgliedschaft anstreben und sind dabei, die eigenen Curricula entsprechend auszurichten. Eine Übergangsregelung der DGPT erleichtert diesen Weg (vgl. dazu Nedelmann 1998).

Neben klinischen Fragestellungen scheint mir die Arbeit in Stadtlengsfeld immer mehr in gemeinsame Problemstellungen zu münden, die nicht nur mit dem Ost-West-Gegensatz zu tun haben, sondern auch mit generellen Konflikten unserer modernen Zivilgesellschaft. Veränderungen der Familienstrukturen, des Gesundheitssystems, der Bildungspolitik, des Umgangs mit der Deutschen Geschichte betreffen uns alle und stellen eine besondere Herausforderung an die gegenwärtige Psychoanalyse dar. Die Tagung ist klein, ihr Arbeitsstil hat Werkstattcharakter und dadurch auch eine innovative Kraft, die sich eher langfristig auf das kollegiale Miteinander der verschiedenen Institute und Gesellschaften auswirken wird.

Aus Abbildung 2 ist ersichtlich, wer nach Stadtlengsfeld kommt; daraus wird das Spannungsfeld ersichtlich, in dem wir uns bewegen. Das West-Ost-Verhältnis von 84 zu 82 ist dabei recht ausgewogen. In Relation zu allen DPV-Mitgliedern und -kandidaten einerseits, sowie allen Mitgliedern und Psychoanalysekandidaten der Ostinstitute andererseits, handelt es sich hier um eine sehr kleine Gruppe, die sich an diesem Ost-West-Dialog beteiligt.

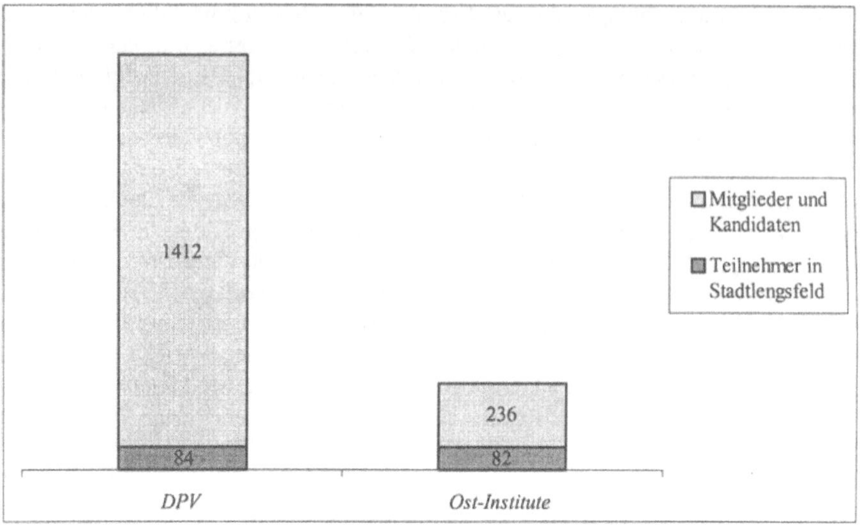


*Abbildung 2*: Teilnahme an den Symposien in Relation zur Mitgliedschaft

Ein Vergleich der Mitgliederstrukturen (Tabelle 2 und Tabelle 3) zeigt deutlich, dass sich die Institute in den neuen Bundesländern im Aufbau befinden: Es gibt 66 Analytiker und 180 Ausbildungskandidaten, d. h. auf 1 fertigen Analytiker kommen 3 Kandidaten. Die Verhältnisse in der DPV stehen dem aber diametral entgegen: es gibt 438 Teilnehmer und Kandidaten sowie 974 Analytiker, d. h. in der DPV kommen auf 1 Kandidaten oder Ausbildungsteilnehmer 2 fertige Analytiker.[4] Diese Unterschiede bieten sicherlich viel Zündstoff für eine Diskussion, es ist deutlich, dass in den Ostinstituten für Westanalytiker oder DPV-Analytiker in einem geradezu Schwindel erregenden Tempo Nachwuchs ausgebildet und institutionelle Strukturen geschaffen werden. Ein Gebot der IPV, dass jeder Lehranalytiker gleich viele hochfrequente Heilanalysen wie er Lehranalysen durchführen soll, dürfte im Osten nicht zum Tragen kommen, denn nicht alle 66 Ostanalytiker sind Lehranalytiker.[5] Nun streben die Ostinstitute keine IPV-Mitgliedschaft an, verpflichten sich aber mit Ausnahme von Sachsen-Anhalt, den DGPT-Standards nachzukommen. Für unsere Fragestellung erscheint mir wichtig zu betonen, dass die Ostinstitute hier eine sehr eigenständige Entwicklung genommen haben, die eher nicht mit den etablierten West-

[4] Die Daten beruhen auf persönlichen Anfragen. Eine Unterscheidung zwischen Mitgliedern und Lehranalytikern war mir nicht möglich. Ausbildungsteilnehmer sind in der DPV zur Ausbildung zugelassene Personen vor dem Vorkolloquium. In den Ostinstituten wird nach meinem Eindruck keine Unterscheidung zwischen diesen Gruppen gemacht. Brandenburg ist nicht vertreten, weil es dort nach meiner Kenntnis kein psychoanalytisches Institut gibt.

[5] In diesem Zusammenhang scheint es interessant zu fragen, wie die Relation Analytiker versus Ausbildungskandidat in der DPV nach der 68er-Zeit war, als die Psychoanalyse in Westdeutschland boomte.

instituten diskutiert oder abgestimmt wurde. Hier gibt es Nachholbedarf, der teilweise durch die Übergangsregelungen der DGPT formalisiert wurde.

*Tabelle 2*: Mitgliederstruktur der Deutschen Psychoanalytischen Vereinigung (DPV; Stand: Mai 1999)

| *Deutsche Psychoanalytische Vereinigung (DPV)* | |
|---|---|
| • Ordentliche Mitglieder | 234 |
| • Außerordentliche Mitglieder | 666 |
| • Affiliierte Mitglieder | 42 |
| • Gäste | 32 |
| • Ausbildungskandidaten | 240 |
| • Ausbildungsteilnehmer | 198 |
| | *1412* |

*Tabelle 3*: Mitgliederstruktur der Ostinstitute (Stand: Mai 1999)

| *Ostinstitute* [a] | | |
|---|---|---|
| • Mecklenburg-Vorpommern | Analytiker | 12 |
| | Ausbildungskandidaten | 6 |
| • Ost-Berlin | Analytiker | 14 |
| | Ausbildungskandidaten | 35 |
| • Thüringen | Analytiker | 8 |
| | Ausbildungskandidaten | 26 |
| • Sachsen-Anhalt | Analytiker | 20 |
| | Ausbildungskandidaten | 70 |
| • Sachsen | Analytiker | 12 |
| | Ausbildungskandidaten | 43 |
| | | *246* |

*Anmerkung:* [a] *Brandenburg ist nicht mit berücksichtigt.*

Aber zurück zu den Symposien in Stadtlengsfeld. Wie steht es dort mit dem aktiven Interesse an Austausch und Dialog? Insgesamt kamen bisher 166 verschiedene Personen zu den Symposien (Tabelle 4).

Betrachtet man die Tabelle genauer, so ergeben sich ein paar signifikante Unterschiede: Von den 166 Teilnehmern waren 77 nur einmal da, d. h. 46 % kamen bisher nicht ein zweites Mal, wobei Westanalytiker tendenziell weniger von der Tagung angesprochen werden als Ostanalytiker. Betrachtet man, wie viele Personen dreimal und mehr nach Stadtlengsfeld gekommen sind, so wird dieser Trend weiter bestätigt. Es scheint einen „harten Kern“ zu geben, der doch zu einem größeren Teil aus Ostkollegen besteht. Dieser Befund wurde bereits oft auf dem Schlussplenum und in der Kommission vermutet und folgendermaßen begründet: Für Westkollegen erscheint es weniger attraktiv, Fälle zu diskutieren, weil man am Heimatinstitut genügend Gelegenheit dazu hat. Auch wurde vermutet, man würde sein Supervisionsbedürfnis lieber bei einem Westanalytiker oder einem Londoner Kollegen befriedigen als mit Ostkollegen. Andere glauben, Westkollegen seien weniger offen, würden deshalb nicht so leicht ihre klinische Arbeit zur Diskussion stellen. Kritisch wird auch die Frage aufgeworfen, ob Westanalytiker denn weniger als Ostkollegen bereit sind, zu registrieren, wie sehr sich unsere Gesellschaft durch den Fall der Mauer geändert hat, wobei sich natürlich für die ehemaligen DDR-Bürger weit mehr geändert hat als für Bürger der früheren Bundesrepublik. Gemessen an der Größe der DPV sind es relativ wenige, die sich aktiv um den Ost-West-Diskurs bemühen. Umgekehrt gab und gibt es aber viele Westkollegen, die einen ehemaligen DDR-Bürger behandeln und durch die andere Sozialisation des Patienten verunsichert sind.

*Tabelle 4*: Beteiligung an Symposien (1993 - 1998)

| *Teilnahme* | *Gesamt* | *West* | | *Ost* | |
|---|---|---|---|---|---|
| • Einmal | 77 | 45 | | 32 | |
| • Zweimal | 33 | 19 | } 64 | 14 | } 46 |
| • Dreimal | 22 | 11 | | 11 | |
| • Viermal | 12 | 3 | | 9 | |
| • Fünfmal | 10 | 1 | } 20 | 9 | } 36 |
| • Sechsmal | 12 | 5 | | 7 | |
| | *166* | *84* | | *82* | |

## Schlussbemerkungen

Für die Ostkollegen war es gerade am Anfang eine besonders wichtige Erfahrung, hochfrequente Analysen kennen zu lernen und auch die Möglichkeit zu haben, die eigene Arbeit unter dem Blickwinkel der klassischen Analyse zu diskutieren. Für viele wurde die Motivation gestärkt, eine eigene Analyse zu machen und selbst vermehrt hochfrequent zu arbeiten. Diese Haltung stand oft im Widerspruch zu dem Bedürfnis, das bisher Erworbene als etwas anerkannt zu bekommen, das der „Westpsychoanalyse“ gleichwertig gegenüber stehen könnte. Hier gab und gibt es Auseinandersetzungen, die sich aber am praktischen Fall viel besser austragen lassen als im Austausch von theoretischen Überzeugungen.

Die hier aufgeführten Zahlen belegen aber auch auf erfreuliche Weise, dass sich in Stadtlengsfeld kein geschlossener Zirkel trifft, sondern es werden immer wieder neue Kollegen angesprochen, die eben sporadisch und weniger regelmäßig kommen.

Als wir uns nach der Gründung zur ersten Kommissionssitzung trafen, war uns allen klar, wir mussten etwas schaffen, was es bisher noch nicht gegeben hat. Der Institutionalisierungsprozess der Psychotherapie in den neuen Bundesländern wurde in das rasante Tempo eingebunden, in dem das neue Gesundheitssystem sich etablierte. Es war unmöglich, mit der Etablierung psychoanalytischer Institute Schritt zu halten. Trotzdem sollten Türen geöffnet, Möglichkeiten eingeleitet werden.

Die Regularien der öffentlich rechtlichen Institutionen wie Ärztekammern und Kassenärtztliche Vereinigung unterscheiden sich von den Fachgesellschaften wie DPV und DGPT, was die Anerkennung und Ausbildung zum Analytiker betrifft. Auch kann man nicht die Erfahrung von einer über viele Jahre dauernden 4- oder 5-stündigen Lehranalyse im „Instantverfahren" nachholen. Trotzdem wollten wir innerhalb der Berufsgruppe die Aufhebung der deutschen Teilung gemeinsam verarbeiten und die Psychoanalyse in den neuen Bundesländern fördern. Einen Gesetzesrahmen gab es anfangs dafür nicht, wir schufen uns unsere eigenen Rahmenbedingungen, die wir je nach Fortschritt unseres Austausches immer wieder modifizierten. Jeder Beteiligte bewegte sich im Widerspruch zu seinem Heimatinstitut, im Widerspruch zu seiner Ausbildung, im Widerspruch zu den Regularien seiner gegenwärtigen, zukünftigen und/ oder ehemaligen Fachgesellschaft. DPV-, DGPT-, ÄK-, KV- und ehemalige DDR-Standards färbten die Argumentation. Und es kam oft zu heftigen Diskussionen. Man betrat Neuland. Die eigene Identität wurde auf sehr persönliche Weise in Frage gestellt. Die Arbeit an Übertragung und Widerstand, sowie das Festhalten am analytischen Setting waren aber immer wieder wesentliche gemeinsame Motive, die die Verbindung zu dem Symbol „Couch" herstellten. Zugleich erschien es notwendig, die Unterschiede nicht zu verschleiern.

Wenn ich eingangs von *paralleler Polis* gesprochen habe, so möchte ich mit diesem vielleicht ein wenig anspruchsvollen Begriff unsere Intention in idealtypischer Weise markieren: Das alle verbindende Symbol „Couch" war und ist in den verschiedenen Gruppierungen verschieden realisiert. Jeder ist auf seine Weise um eine maximale Annäherung bemüht. Neben der Passion zur Psychoanalyse ist dabei ein *antitotalitärer Grundkonsens* (Habermas 1994) wichtig, ohne den kein psychoanalytisches Arbeiten möglich ist (Loch 1986).

Der besondere Scharm der Ost-West-Gruppen liegt meines Erachtens auch darin, dass man sich in einem Zwischenraum bewegt, in dem man auf Freundschaften angewiesen ist. Ja, ohne die persönlichen Kontakte wäre die Arbeit gewiss nicht so weit fortgeschritten. Wenn ich hier die Rolle der Freundschaften betone, so meine ich keine zufälligen, die um *des Nutzens willen* oder um *der Lust willen* entstehen, sondern jene, die im Sinne Aristoteles' (1972) um der guten Sache oder um der *Tugend willen* gepflegt werden (Weber-Schäfer 1998): In ihr ist der Ungleiche auch mit dem Anderen gleich, weil er respektiert und geliebt wird. Tugendhafte Freundschaft hat Gerechtigkeit zum Gegenstand und bildet die Grundlage für eine Gemeinschaft. Um diese Maximen in unsere Terminologie zu übersetzen, möchte ich auf den eingangs erwähnten Money-Kyrle (1971) zurückkommen: es geht um die Korrespondenz zwischen den inneren guten Objekten, die sich mitteilte und die in bleibende Freundschaft mündete. Eine so begründete Übereinstimmung lässt Spannung zu und ermöglicht die gemeinsame Teilhabe an der Vernunft, die wir immer wieder benötigen, wenn wir das Symbol „Couch" vermitteln und erhalten möchten.

## Literatur

Aristoteles (1972): Nikomachische Ethik. Achtes und Neuntes Buch. 1155a3ff. München: Deutscher Taschenbuch Verlag

Bion, W. R. (1962): Lernen durch Erfahrung. Frankfurt am Main: Suhrkamp

Diederichs, P. (Hrsg.) (1998): Psychoanalyse in Ostdeutschland. Göttingen: Vandenhoeck & Ruprecht

Habermas, J. (1994): Die Last der doppelten Vergangenheit. In: Die Zeit vom 13. 05. 1994: 20

Havel, V. (1990): Versuch, in der Wahrheit zu leben. Reinbek: Rowohlt

Henningsen, B. & Beindorf, C. (Hrsg.) (1998): Gemeinschaft. Eine zivile Imagination. Baden-Baden: Nomos

Henningsen, F. (1998): Vom Dialog zur Institution? Reflexionen über DPV-Kontakte in den neuen Bundesländern. In: Diederichs, P. (Hrsg.) (1998): 66 - 95

Hoffmann, S. O. (Hrsg.) (1983): Deutung und Beziehung. Kritische Beiträge zur Behandlungskonzeption und Technik in der Psychoanalyse. Frankfurt am Main: Fischer

Klüwer, R. (1983): Agieren und Mitagieren. In: S. O. Hoffmann (Hrsg.) (1983): 132 - 145

Loch, W. (1986): Podiumsdiskussion: Psychoanalyse unter Hitler - Psychoanalyse heute. DPV-Tagung 1984. Psyche 40: 427 - 432

Mitscherlich, A. & Mitscherlich, M. (1967): Die Unfähigkeit zu trauern. Grundlagen kollektiven Verhaltens. München: Piper

Money-Kyrle, R. (1971): The Aim of Psychoanalysis. In: International Journal of Psycho-Analysis 52: 103 - 106

Nedelmann, C. (1998): Die Übergangsregelung für die Mitgliedschaft in der DGPT. In: P. Diederichs (Hrsg.) (1998): 115 - 122

Weber-Schäfer, P. (1998): Der Gemeinschaftsbegriff in der antiken Philosophie. In: B. Henningsen & C. Beindorf (Hrsg.) (1998): 21 - 35

# Psychotherapie und Psychosomatik in unterschiedlichen gesellschaftlichen Systemen am Beispiel Deutschlands

*Michael Geyer*

## Einleitung

Das Thema ist nicht nur außerordentlich komplex, sondern auch sehr widersprüchlich. Diese Widersprüchlichkeit trifft auf meine eigene Verfassung und so befürchte ich, 10 Jahre nach dem Fall der Mauer noch nicht über jenen gefühlsmäßigen Abstand zu verfügen, der einer objektiven Beurteilung der damaligen Verhältnisse dienlich wäre.

Andererseits ist nach einem Jahrzehnt der Existenz im neuen System mein Blick für die subtilen Unterschiede geschärft, die besonders in den Gemeinsamkeiten der disziplinären Entwicklung verborgen sind, die trotz aller systemischen Unterschiede zu finden sind. Denn die Entwicklung im Osten wie im Westen hat schließlich auf der Grundlage einer gemeinsamen Geschichte und Kultur begonnen und niemals wurde die Bezogenheit aufeinander wirklich aufgegeben.

Die gemeinsame Ausgangssituation betrifft die Tradition einer in der Medizin verankerten deutschen ärztlichen Psychotherapie, die gemeinsame Schuld der Vertreibung jüdischer Psychotherapeuten und Psychoanalytiker im Dritten Reich sowie die frühe und recht erfolgreiche Institutionalisierung als medizinische Disziplin. Schepank und Tress (1988) konnten kurz vor der Wiedervereinigung in einer bekannten Übersicht über die stationäre Psychotherapie in der Welt feststellen, dass es in beiden Teilen Deutschlands mehr stationäre Versorgungskapazität gibt als in allen übrigen Ländern zusammen. Typisch deutsch ist die frühe Einbindung der Psychotherapie in das System der Sozialversicherung und dies korrespondiert mit einer ebenfalls in der übrigen Welt nicht vorhandenen breiten Etablierung psychotherapeutischer Bildungsinhalte im System der ärztlichen Aus-, Weiter- und Fortbildung.

Die Weiterbildungsstrukturen in beiden unterschiedlichen Staatsgebilden waren zum Zeitpunkt der Vereinigung 1990 beinahe kompatibel. Lediglich die im Osten größere Nähe der psychologischen Ausbildung zur ärztlichen machte es notwendig, eine diesbezügliche besondere Qualifizierung in tiefenpsychologisch fundierter Psychotherapie bei den ostdeutschen Psychologen einzuführen. Es kommt nicht von ungefähr, dass die Kassenärztliche Bundesvereinigung bereits ab 1992 die in den ostdeutschen Ausbildungsinstituten durchgeführte Ausbildung in tiefenpsychologisch fundierter Psychotherapie und Verhaltenstherapie und ab 1993 diejenige in analytischer Psychotherapie als Ausbildung in den Richtlinienverfahren anerkannte (Geyer 1996).

Soweit die offenkundigen Gemeinsamkeiten.

Die Medizin als soziokulturelle Institution wird selbstverständlich durch die konkreten Denk- und Handlungswelten einer Gesellschaft geprägt. Unterschiedliche gesellschaftspolitische Systeme sind also gezwungen, ihre jeweilig eigenen Heilkunden und insbesondere Psychotherapien hervorzubringen. Die Beziehung zwischen Gesellschaftsform und Medizin tritt dabei umso stärker in Erscheinung:

- je totalitärer oder autoritärer oder bürokratischer eine Staatsform ist
- je mehr die Disziplin ideologieträchtigen Normen, Werten und Menschenbildern verpflichtet ist.

(Diese Beziehung gilt also nicht nur für die Medizin. So ist es beispielsweise nahe liegend, Erziehungswissenschaft, Jurisprudenz oder Philosophie radikal zu verändern, wenn sich ein Systemwechsel vollzieht. Geschieht dies nicht, wie z. B. beim Übergang vom totalitären Dritten Reich in die demokratische Bundesrepublik, rächt sich das irgendwann.)

Psychotherapie und Psychosomatik sind in Deutschland unbestrittener Bestandteil der gesellschaftlichen Institution Medizin. Diese und damit auch die Psychotherapie ist politischer als den meisten lieb ist, denn das Gesundheitswesen ist das Kernstück der Sozialpolitik jedes modernen Staatswesens. Wie uns die Gesundheitsökonomen versichern, trägt die Medizin zur so genannten Volksgesundheit selbst in ihrer besten und teuersten Form wenig bei. Bezogen auf wirklich harte Gesundheitsdaten wie die Lebenserwartung ist die Teilhabe des Einzelnen am gesellschaftlichen Reichtum - der Lebensstandard - die entscheidende Einflussgröße, nicht die Medizin. Medizin ist - gesellschaftspolitisch betrachtet - eine gesellschaftliche Instanz sozialen Ausgleichs, d. h., sie dient der Nivellierung sozialer Konflikte. Spätestens seit Bismarck ist das den jeweils Herrschenden auch bewusst. Gleichzeitig kann die Medizin diese Aufgabe nur erfüllen, wenn sie in ihrer konkreten Aufgabenstellung apolitisch gehalten wird, d. h. als groß angelegter Reparaturbetrieb funktioniert, etwa wie eine Autowerkstatt, die gern alle 3 Monate die Radlager der Autos ihrer Kunden auswechselt aber nicht daran denkt, die Kommune zu fragen, warum sie die vielen Schlaglöcher auf den Straßen nicht repariert.

Auf der anderen Seite hat sich die Medizin auch als Bewertungsinstanz der Güte des jeweiligen Systems bis hin zur Trägerin politischer Aktionen verstanden. Immerhin hat Virchow vor beinahe 150 Jahren eine solche politische Rolle der Medizin klar formuliert:

> „... soll die Medizin daher ihre große Aufgabe wirklich erfüllen, so muss sie in das große politische und soziale Leben eingreifen, sie muss die Hemmnisse angehen, welche der normalen Erfüllung der Lebensvorgänge im Wege stehen und ihre Beseitigung erwirken." (1856; zitiert nach Virchow & Andree 1992: 55).

Der berühmte Satz von Karl Marx „Krankheit ist gehemmtes Leben" hat schließlich die späteren Führer der kommunistischen Bewegung veranlasst, den Kommunismus als krankheitsfreie Gesellschaft in die Zukunft zu projizieren.

Diese beiden Funktionspole der Medizin finden sich selbstverständlich auch in der Psychotherapie wieder. Einerseits beschwören Psychotherapeuten von jeher den emanzipatorischen Charakter ihres Tuns, die Befreiung des Einzelnen von unbewussten und irrationalen Denk- und Handlungszwängen und thematisieren die

Widersprüche zwischen Individuum und Gesellschaft. Andererseits dient Psychotherapie in allen Kulturen der Anpassung von Individuen an gegebene soziokulturelle Verhältnisse. Psychotherapeuten können offenbar im Alltag diese Funktion mit einer Vorstellung von Psychotherapie als gesellschaftskritischer Instanz vereinbaren. Manchmal allerdings funktioniert diese Harmonie nicht mehr. Es handelt sich dann um gesellschaftliche Verhältnisse, die den Widerspruch einer potenten Minderheit oder einer großen Mehrheit erregen, wie es im Falle autoritärer oder gar menschenverachtender totalitärer Gesellschaften geschieht. Psychotherapie kann dann sogar terroristischen Zielen dienen. Als Beispiel aus dem Westen mag das Heidelberger Patientenkollektiv (Slogan „Die beste Therapie ist die revolutionäre Aktion") dienen, wo in der Folge der antiautoritären Studentenrevolte der therapeutische Auftrag durch revolutionäre Ziele ersetzt wurde (Kisker 1971). Im Osten haben ich selbst und viele meiner Mitstreiter nicht nur im Scherz unsere psychotherapeutische Tätigkeit als Schaffung befreiter Zonen à la Che Guevara apostrophiert. Dabei haben wir kaum reflektiert, inwieweit wir durch dieses Selbstverständnis unsere Patienten unzulässig politisch missbrauchten. Auch der aktive Schutz unserer Patienten vor gesellschaftlichen Zumutungen in Form massenhafter Krankschreibungen, Invalidisierungen und Berufsunfähigkeitsschreibungen gehört zu diesem Thema. Während im Westen das Heidelberger Patientenkollektiv eine singuläre Angelegenheit blieb, und in den letzten 20 Jahren eher eine Entpolitisierung des Psychotherapeuten zu beobachten ist, konnte sich im Osten der Psychotherapeut wesentlich weniger der Politisierung seiner Tätigkeit entziehen.

(Natürlich trägt auch der Vorgang der Entpolitisierung westlicher Psychotherapeuten politischen Charakter. Dies zu betrachten, könnte heute wichtiger sein als der historische Ost-West-Vergleich.)

Wenden wir uns nun der Frage zu, welche systemspezifischen Besonderheiten den Druck verursachen, der letztlich ein solches Subsystem wie Psychotherapie/Psychosomatik spezifisch formt.

Zunächst sei allgemein das Verhältnis des jeweiligen Staates zur Wissenschaft betrachtet. Im Westen dürfte dieses Verhältnis vordergründig durch die pluralistischen Tendenzen der bürgerlichen Demokratie bestimmt werden. Im Osten dagegen existierte stets eine staatstragende Ideologie, die in ihren stalinistischen Ausprägungen weit in die Wissenschaften einzudringen versuchte. Während das Menschenbild des Westens die Rolle des Subjekts eher in einem individualistischen Sinne betonte, sah das östliche System das Subjekt dem kollektivistischen Prinzip untergeordnet, so dass Ansprüche des Subjekts nur zugelassen wurden, wenn sie gleichzeitig auch durch Kollektivinteressen legitimiert wurden. Von daher war auch das Verhältnis des Staates zur Psychologie im Osten durch tiefes Misstrauen geprägt. Es sei nur am Rande daran erinnert, dass unter Stalin die Psychologie als Wissenschaft schlicht verboten war, da Stalin den Gegenstand der Psychologie durch den historischen Materialismus erschöpfend abgedeckt sah. Bis zuletzt wurde daher im Osten durch die Machthaber versucht, die Psychologie im Sinne des totalitären Regimes zu instrumentalisieren.

Dagegen galt die Medizin als eher ideologisch indifferent, so dass die Psychotherapie als Bestandteil der medizinischen Wissenschaft kaum in dieser extremen Wiese indoktriniert wurde und auch für Psychologen eine Nische bildete.

(Insofern wird verständlich, warum im Osten Psychologen auch unabhängig von kommerziellen Interessen im Arzt wesentlich weniger ihren natürlichen Feind ausmachten als im Westen.)

Unter solcherart unterschiedlichen gesellschaftspolitischen Bedingungen wäre eigentlich als Ergebnis eine „freie westliche Psychotherapie“ und eine durch Indoktrination eingezwängte östliche Psychotherapie zu erwarten. Merkwürdigerweise sind die Verhältnisse so eindeutig nicht.

Im Osten wurde zwar ein Anpassungsdruck in allen gesellschaftlichen Bereichen systematisch und bewusst erzeugt. Mit der Eingemeindung bislang Freiberuflicher in staatliche Strukturen wurde ein staatliches Gesundheitswesen geschaffen, innerhalb dessen eine systematische ideologische Beeinflussung stattfinden konnte. Sämtliche Aktivitäten, auch die fachlich-wissenschaftlichen, unterlagen in dieser oder jener Form der staatlichen Kontrolle. Ein Spitzelsystem, das auch die Medizin in eindrucksvoller Weise durchdrang, schaffte die nötige Kontrolle und Verunsicherung der dort Tätigen.

Auf der anderen Seite genossen Ärzte und therapeutisch Tätige eine Sonderbehandlung, die durch den enormen Ärztemangel und Versorgungsnotstände bedingt waren. Etwa die Hälfte aller Ärzte verließen zwischen 1950 und 1960 die DDR, - ein Aderlass, der selbst durch Neugründung medizinischer Hochschulen nach dem Mauerbau bis in die 80er-Jahre hinein nicht kompensiert werden konnte. Ärzte genossen in einzelnen Medizinbereichen geradezu Narrenfreiheit. Sie mussten weder in die Partei eintreten noch besondere politische Unterwerfungserklärungen abgeben. Es reichte schon aus, wenn politische Handlungen gegen die DDR unterblieben. Internationale Verbindungen wissenschaftlich tätiger Ärzte schafften ebenfalls Freiräume. Im Praxis- und Behandlungsraum selbst genoss der Arzt jegliche Freiheit. Einmal approbiert, durfte er prinzipiell jede medizinische Methode anwenden.

Der systemspezifische Anpassungsdruck im Westen bezieht sich eher auf verdeckte gesellschaftspolitisch-ideologische Momente. Die soziale Marktwirtschaft als Möglichkeit, Liberalismus und soziale Gerechtigkeit und Gleichheit in einer gewissen Balance zu halten, benötigt eigentlich systemfremde quasi-sozialistische Sektoren in der Gesellschaft, die zunächst vom Wettbewerb fern gehalten werden. Diese Bereiche werden im Laufe der Zeit immer mehr ausgedünnt. Teile des öffentlichen Dienstes und Staatsbetriebe werden privatisiert. Übrig bleibt das Gesundheits- und Sozialversicherungswesen als Kernstück staatlicher Sozialpolitik. Dieser Bereich wird systematisch überfordert und immer teurer.

In einer Marktwirtschaft bleibt unter dem Globalisierungsdruck auch dieser gesellschaftliche Zwitterbereich nicht wirklich von den Marktkräften ausgenommen (Arnold 1993). Zum einen handelt es sich um einen gigantischen Markt, in dem es sich gerade im Schutz staatlicher Überreglementierung prächtig verdienen lässt. Während die Gesundheitsindustrie neben dem so genannten Neuen Markt der auch heute noch am rasantesten wachsende Wirtschaftszweig ist, kommt die Ärzteschaft als schwächster Teil des Systems unter erheblichen ökonomischen Druck. Budgetierung, „Überversorgung“ und eine kolossale Bürokratisierung der Leistungserbringung sind die Folge. Der dem Wesen dieser Gesellschaft innewohnende Pluralismus auch der Ideen und Konzepte tobt sich in den weniger regulierten Bezirken des Gesundheitsmarktes, unter anderem im Weiterbildungsmarkt, ungehemmt aus. Die ungehinderte Entwicklung aller Schulen der Psychotherapie im Westen ohne wissenschaftlichen Begründungszwang führte naturgemäß zu einer Vielfalt von Konzepten und Richtungen. Unter dem Sog kommerzieller Interessen kommt es zu unzähligen Ausbildungs- und Behandlungsformen, von denen ein riesiger Bereich wissenschaftliche Ansprüche nicht im Ansatz erfüllen kann. Notwendigerweise führte dies zu einer starken staatlichen bzw. öffentlich-rechtlichen Reglementierung und einem ungewöhnlich hohen Bürokratisierungsgrad, der den psychotherapeutisch Tätigen in seiner praktischen Tätigkeit einengt (Psychotherapierichtlinien).

Im Osten dagegen bestand zwar ein deutlicher Zwang zur Begründung einer Methode innerhalb eines weitgefassten marxistischen „biosozialen“ Konzeptes. Darüber hinaus fehlten jedoch zusätzliche Behinderungen des Arztes in der praktischen Ausübung einer wissenschaftlich begründeten Psychotherapiemethode. Da der kommerzielle Aspekt absolut untergeordnet war, unterblieben unnötige Aufsplitterungen, und die Idee einer methoden- und berufsübergreifenden wissenschaftlichen Disziplin Psychotherapie konnte sich in konkreten Institutionalisierungen ausdrücken. Hier sei nur an den Facharzt für Psychotherapie erinnert. Ebenso fehlten - wie bereits erwähnt - die ausgeprägten standespolitischen Differenzen zwischen ärztlichen und psychologischen Psychotherapeuten.

Zusammenfassend kann also festgestellt werden, dass die Psychotherapie im Osten durchaus freier als unter politischen Gesichtspunkten anzunehmen praktiziert werden konnte und im Westen der Vorteil einer freiheitlichen Demokratie durch eine Bürokratisierung gigantischen Ausmaßes relativiert wurde.

Wie wirken sich diese systembedingten Unterschiede auf die Qualität und Intensität der Weiterbildung aus?

Im Osten war jeder Arzt, der im Besitz der Approbation war, berechtigt, alle ärztlichen Handlungen vorzunehmen. Selbstverständlich gehörte sich für jeden Arzt die Facharztweiterbildung, die auch mit 100 Ostmark mehr auf dem Gehaltszettel dotiert wurde. Darüber hinaus gab es nur ideelle Motive, eine Weiterbildung zu absolvieren. Dies war im Westen völlig anders, wo die Liquidationsberechtigung für bestimmte Leistungen an eine bestimmte Weiterbildung gekoppelt ist. Im Osten war die Weiterbildung direkt mit wissenschaftlichen Einrichtungen, Lehrstühlen etc. unter staatlicher Aufsicht verbunden, stand dementsprechend immer unter wissenschaftlichem Legitimierungsdruck (Geyer 1992). Psychotherapeutische Weiterbildung im Westen findet nach wie vor nur sehr begrenzt im klinischen Sektor, sondern vorwiegend im Rahmen von Privatinstituten statt, deren wissenschaftliche Ausrichtung erst mit dem Psychotherapeutengesetz angemahnt wird. Auch die sonstig bestimmenden Gesichtspunkte waren sehr verschieden. Während im Westen Kommerzialisierung und Konkurrenz der Methoden die bestimmenden Einflussgrößen sind, fügte sich Weiterbildung im Osten in vorhandene klinische Strukturen ein und es war dort nie entscheidend, welches Weiterbildungsinstitut man besucht, sondern in welcher Klinik man gelernt hatte. Das Ergebnis dieser unterschiedlichen Weiterbildungssysteme war im Osten eine vordergründige Orientierung an der wissenschaftlichen Psychotherapie, eine starke klinische Ausrichtung der Weiterbildung mit geringer Schulenbezogenheit. Man konnte in etwa sicher sein, dass ein so weitergebildeter Fachkollege genügend klinische Erfahrungen besaß, um im Alltag zu bestehen, allerdings auf Grund dieser Sozialisation dem Rest der Mediziner ähnlicher war als sein westdeutscher Kollege und eher einen Gegenentwurf zur westlichen Institutskultur mit ihren positiven wie negativen Aspekten darstellte.

Im Westen war die Bildungslandschaft durch extrem unterschiedliche Intensität und Qualität gekennzeichnet, was in einem Fall ein hervorragendes, im anderen ein bestürzendes Ergebnis zeitigen konnte, wenn man bedenkt, mit welch geringer Zahl selbst behandelter Fälle ein Psychotherapeut die Zulassung zur kassenärztlichen Tätigkeit erlangen konnte.

## 1 Der Einfluss der Therapieschulen und ihrer ideologischen Hintergründe auf die Psychotherapieentwicklung im Osten

Die Hinwendung zu bestimmten Verfahren wurde im Osten zweifellos von der herrschenden Staatsideologie moderiert. Die Beziehung zwischen Staatsideologie und Psychotherapiemethode war jedoch keineswegs linear und verlief spätestens ab den 60er-Jahren nicht in der von unseren westdeutschen Kollegen erwarteten Richtung.

Nur in totalitären und gleichzeitig gut strukturierten Systemen, wie sie eine gewisse Zeit in der Sowjetunion und bis Ende der 50er-Jahre ansatzweise in der DDR existierten, ist ein Staat entschlossen und fähig, Systemkonformität in allen gesellschaftlichen Bereichen zu erzwingen. Im Hinblick auf die Wissenschaften und insbesondere die Behandlungsverfahren der Medizin galt darüber hinaus dieses Ziel nur dann, wenn diese ideologisch relevant waren. Eine solche Relevanz war keineswegs auf dem Gesamtgebiet der Psychotherapie gegeben. An Suggestivtherapien und übenden Verfahren war der Staat nie sonderlich interessiert. So konnten Kleinsorge und Klumbies seit den 40er-Jahren mit geringen Zugeständnissen an die Pawlow'sche Richtung die Tradition der deutschen Ärztlichen (Internistischen) Psychotherapie ungehindert fortführen. Ich habe auch nie ernsthafte politische Einwände gegen gesprächstherapeutische oder verhaltenstherapeutische Verfahren gehört.

Zweifellos waren jedoch die Psychoanalyse und ihre Verfahren in den Jahren totalitärer Indoktrination zwischen etwa 1947 und 1960 ideologisch hochbedeutsam. In den 30er-Jahren war sie in der Sowjetunion brutal verfolgt worden (Elrod 1989) und sie wurde spätestens ab 1947 im Osten als bürgerliche Pseudowissenschaft denunziert, die zum historischen Materialismus Marx'scher Prägung in Konkurrenz gesehen wurde. Sie galt ebenfalls als erhebliches Hindernis bei der Anfang der 50er-Jahre im Osten versuchten Sowjetisierung der Psychotherapie in Form der Übernahme Pawlow'scher reflexologischer Methoden. Besonders Müller-Hegemann tat sich mit Angriffen gegen die Psychoanalyse bereits Ende der 40er-Jahre hervor (Müller-Hegemann 1950) und stellte den Begriff Psychosomatik als bürgerlichen psychoanalytischen Begriff in einer bekannten Rede 1953 unter Verdikt. Es dauerte dann 20 Jahre, ehe der Ersatzbegriff „kortiko-viszeral“ und später, als man erneut mit unbewussten Strukturen zu rechnen hatte, der Begriff „cerebro-viszeral“ von „psychosomatisch“ abgelöst wurde. Der Begriff „psychoanalytisch“ kam über den Umweg „psychodynamisch“ bzw. „dynamisch“ wieder in Gebrauch. Auch die Rolle des Unbewussten konnte kaum länger als bis etwa Anfang der 70er-Jahre negiert werden. Der Begriff des Unbewussten kam auf zwei Wegen wieder in die Psychotherapie zurück. Zum einen erlebte es im klinischen Sprachgebrauch ebenfalls Ende der 60er-Jahre zunehmend seine Stellung zurück. In der offiziellen Literatur wurde es besonders in den Höck'schen Schriften zur Gruppendynamik auf dem Umweg über die sowjetischen, - eigentlich georgischen - Persönlichkeitstheorien Usnadses und Galperins, insbesondere deren ganzheitlichen Begriff der „Einstellung“ reimportiert (Geyer 1991).

## 2 Die Renaissance westlicher Methoden im Osten

Nicht zuletzt durch das klinische Versagen der Pawlow'schen Schlaftherapie kam es bereits ab Anfang der 60er-Jahre zu einer kontinuierlichen Öffnung gegenüber neuen westlichen Psychotherapieverfahren (Höck, Szewczyk & Wendt 1973). Es begann Anfang der 60er-Jahre mit der deutschen Erstausgabe des verhaltenstherapeutischen Lehrbuches von Eysenck und Rachman (1967) in Ostberlin als Beginn einer Beschäftigung mit der Verhaltenstherapie am Psychologischen Institut in Ostberlin. Ende der 60er-Jahre wurde die Gesprächstherapie nach Rogers in der Version des Hamburger Ehepaares Tausch (Tausch 1960) ebenfalls an der Humboldt-Universität etabliert und systematisch in diesem Verfahren geforscht und ausgebildet. Abgesehen von der Gruppenmethode Höcks, die von den meisten als eine Art tiefenpsychologisch fundierter Gruppentherapie angesehen und angewendet wurde, wurde im offiziellen Rahmen Ende der 70er-Jahre, in Wirklichkeit schon 10 Jahre früher, in analytisch orientierter Einzeltherapie ausgebildet.

Auf den unterschiedlichsten Wegen waren somit bereits vor der Vereinigung alle wesentlichen westlichen Methoden bis auf die klassische Psychoanalyse in irgendeiner Form im Osten präsent.

Von besonderem Interesse für unser Thema dürfte die paradoxe Beziehung zwischen der Natur des östlichen Staatswesens und der Affinität der Menschen zu den einzelnen Psychotherapiemethoden sein. Im Osten dominierten seit Anfang der 70er-Jahre eindeutig Verfahren, die ausdrücklich nicht manipulativ und nicht direktiv waren, d. h. die seinerzeit non-direktiv genannte patientzentrierte Gesprächstherapie nach Rogers und die tiefenpsychologisch fundierten Verfahren. Die eher direktiven Methoden der Verhaltenstherapie oder die Suggestivverfahren führten dagegen eher eine randständige Existenz und entwickelten sich stärker erst nach der politischen Wende.

Die ostdeutschen Psychotherapeuten wählten also mehrheitlich Methoden mit einem expliziten philosophischen Hintergrund, die ausdrücklich Psychotherapie als emanzipatorischen, zur Selbstbestimmung führenden Prozess betrachteten. Insofern war die Psychotherapie im Osten immer eine politische Angelegenheit mit einem Januskopf und der Psychotherapeut fühlte sich dementsprechend in einer politischen Rolle. Drei Rollen standen zur Auswahl:

1. Die Rolle des Psychotherapeuten als Schöpfer des neuen Menschen, eines sich dem gesellschaftlich Notwendigen unterordnenden und durch die Einsicht ins Notwendige freien sozialistischen Menschen.
2. Die Rolle des Psychotherapeuten, der seinem Patienten im Bewusstsein nicht hinnehmbarer gesellschaftlicher Zwänge zu innerer Unabhängigkeit verhelfen wollte, was politische Entscheidungen auch gegen das Regime ermöglichte.
3. Die Rolle des Psychotherapeuten, der Patientenbehandlung mit politischer Aktivität gegen die Unterdrückung durch Schaffung einer Art revolutionären oder antiautoritären Bewusstseins im Patienten verwechselte.

Die letzteren Formen des Selbstverständnisses hatten eindeutig psychoanalytische Pseudobegründungen und es ist ganz offensichtlich, dass die Verwechslung von Therapie und Gesellschaftskritik ein besonderes Problem der Psychoanalyserezeption im Osten war. Sie glich damit Teilen der ostdeutschen Kunst, der Denkmalpflege oder des Naturschutzes, ebenfalls Bereichen die dazu dienten, staatlicher Willkür und ideologischer Vereinnahmung andere Werte und Ziele entgegen zu setzen.

Dass dies im Falle der Psychotherapie einem politischen Missbrauch unserer Patienten entsprechen konnte, habe ich oben bereits ausgeführt.

## 3 Die politische Wende und der Wandel der Psychotherapie im Osten

Abgesehen von einzelnen nationalen Besonderheiten sind folgende Tendenzen des Überganges in allen ehemals sozialistischen Ländern zu beobachten.

Zunächst kommt es mit der Öffnung der Grenzen zu einer Verstärkung der lange vorher bestehenden Westorientierung. In den letzten Jahrzehnten vor der Wende standen die Menschen des Ostblocks stets mit dem Gesicht nach Westen. Die im Osten wussten alles über den Westen. Die im Westen wussten wenig oder gar nichts über den Osten.

Nach der Wende versuchte die Mehrzahl der Psychotherapeuten, Anschluss im Westen zu finden oder vorhandene Bindungen auszubauen. Dies betrifft sowohl die Gruppe der Psychotherapeuten, die bereits lange Westkontakte gepflegt hatte, aber auch diejenigen, die auf der Suche nach einer westlichen professionellen Identität waren.

Neu war jetzt, dass sich diese Bewegung von Ost nach West mit den Missionszügen von West nach Ost kreuzten. Mindestens genau so schnell wie Banken und Immobilienkontore drangen die Vertreter teilweise obskurer Psychofirmen in den Osten ein. Nach der raschen Angleichung von Weiterbildungsordnungen und der Einführung der Richtlinienverfahren verlagerte sich der Schwerpunkt dieser Bewegung auf Psychoanalyse und Verhaltenstherapie.

Mit der Entdeckung der westlichen Institutsstrukturen und entsprechender Konzepte ging die Entwertung der eigenen Entwicklungen einher. Diese Entwertungsvorgänge waren umso totaler, je weniger diese eigenen Entwicklungen Anschluss an entsprechende westliche Pendants gesucht und gefunden hatten. Wie Simon (2000: in diesem Band) in ihrer Betrachtung dieses Überganges feststellte, wurden derartige Brüche dadurch begünstigt, dass die Nischenkultur der Psychotherapie im Osten das Austragen von Generationskonflikten behindert hatte. Wie in den östlichen Familien generell, erzeugte der äußere politische Druck ein Maß von Harmonie und Nähe auch zwischen Ausbildungskandidaten und ihren Lehrern, das Ablösungs- und Verselbstständigungsprozesse erschwerte.

Die Wende wurde dann gleichzeitig zum Bruch mit den staatlichen wie den fachlichen Autoritäten genutzt.

Dieser Schnelldurchlauf von Ablösungsprozessen ermöglichte natürlich keine angemessene Auseinandersetzung mit dem Eigenen, wodurch die Identitätsprobleme, die ohnehin im Zuge der revolutionären Wende mit der totalen Zerstörung und dem Neuaufbau der gesellschaftlichen Strukturen auftraten, verstärkt worden sind. Umso dringlicher wurden Identifikationen mit neuen Autoritäten und das gilt für beide Generationen gleichermaßen. Viele von uns Älteren und Lehrern, die wir unser ganzes Leben im Spagat zwischen Anpassung und Widerstand verbracht hatten und mit Recht stolz sein konnten, eine westlich orientierte Psychotherapie aufgebaut zu haben, drängten nach westlicher Legitimation und Anerkennung, wodurch das eigene Östliche zu rasch mit dem Westlichen gleichgesetzt wurde. Viele wurden wieder zu Schülern, was die eigenen Schüler verwunderte und zum Teil empörte. Je stärker die Identitätsbrüche desto grandioser wurden die Idealisierungen einerseits und die Distanzierungen vom Eigenen andererseits. Neue östliche Schulenvertreter agierten päpstlicher als ihre Päpste und es liegt in der Natur solcher Entwicklungen, dass mit Wolllust auch die untauglichste Struktur nachgeäfft und die haarsträubendste Fehlentwicklung wiederholt werden musste.

Viele praktizierende Psychotherapeuten, die sich nie um eine vernünftige Ausbildung gekümmert hatten, waren jetzt dazu gezwungen. Sie denunzierten in großem Maßstab die ostdeutsche Psychotherapie bei ihren westdeutschen Lehrern und fanden nicht nur auf Grund ihrer augenfälligen Inkompetenz gern Gehör.

Eine besondere Rolle spielt in der Ost-West-Diskussion die Frage, wie viel äußere Freiheit psychoanalytisches Denken und Handeln braucht, wobei im Denken der Fragesteller die Antwort feststeht: In einem System der Unfreiheit kann es keine Psychoanalyse geben!

Ich denke, diese Frage kann nicht von Leuten entschieden werden, deren eigener Horizont nie über den des Systems, in dem sie angepasst leben, hinausging und die es nie gelernt haben, das eigene System in Frage zu stellen. Ungeeignet scheinen mir auch diejenigen, die ihre Resignation hinsichtlich einer Veränderung der Verhältnisse durch Überidentifikation mit dem System ersetzt haben. Am ungeeignetsten zur Beantwortung dieser Frage sind aber doch wohl jene, die mit jedem Rückblick auf ihre eigene Rolle in der DDR nach Rechtfertigung suchen müssen, die am einfachsten mit der Antwort, es könne keine Psychoanalyse in der Diktatur gegeben haben, gefunden wird.

Optimale Anpassung an das jetzige System scheint dem Selbst unverträglich mit dem Bewusstsein früherer Anpassung. Wenn die Rückschau nicht Heldentaten zu

Tage fördert, wird gern die prinzipielle Möglichkeit negiert, trotz Diktatur frei denken und - wenn auch in Grenzen - handeln zu können.

Erst 10 Jahre nach dem Mauerfall scheinen im Osten die damals versäumten Auseinandersetzungen mit dem Eigenen in Gang zu kommen (siehe auch Koraus 2000; Schade 2000: beide in diesem Band).

Diese stark „ostlastigen" Fragestellungen haben in den vergangenen 10 Jahren drängende Fragen nach dem Charakter des westlichen Systems in den Hintergrund treten lassen („Nie war die BRD so schön wie im Vergleich mit der DDR"; Schneider 1990). Ein möglicher Beitrag Ostdeutscher am längst fälligen und noch in den 80er-Jahren von Intellektuellen angemahnten Erneuerungsprozess des Gemeinwesens im Westen ist nicht im Ansatz denkbar. Dabei wären wir Ostdeutschen schon aus dem Grunde für das Ganze wichtig, dass wir unsere Erfahrungen der Gefährdung unserer Menschlichkeit zu diesem Prozess beisteuern. Es könnte dann irgendwann - jenseits grober Täter-Opfer-Klischees - über Formen des Unmenschlichen gesprochen werden, wie sie den gesellschaftlichen Alltag immer noch kennzeichnen. Die Frage nach den unspektakulären Vermittlungsformen gesellschaftlicher Gewalt, die sich hinter bürokratischen Regeln und Abläufen verbirgt, wird so lange nicht gestellt werden, wie man mit Fingern auf offenkundig brutale Unterdrückungssysteme zeigen und sich einreden kann, man sei der bessere Mensch, weil man im besseren System lebt.

Die heute allseits beklagte politische Abstinenz der Psychotherapeuten ist eines der denkwürdigsten Zeugnisse unreflektierter Anpassung einer Berufsgruppe an eine durchaus fragwürdige gesellschaftliche Realität und trägt somit eminent politischen Charakter. Dies zumindest könnten die Ostdeutschen ihren Kollegen aus dem Westen mitteilen.

## 4 Psychotherapie im heutigen Deutschland

Der Prozess einer ernst zu nehmenden Aufarbeitung der Rolle der Psychotherapie im Osten hat gerade erst begonnen. Hinzu kommt, dass der Selbstverständigungsprozess der Psychotherapeuten in Deutschland auch ohne diese Hypothek keineswegs abgeschlossen ist. Umso schwerer lastet auf uns allen ein Handlungsdruck, der sich aus den gegenwärtigen ökonomischen Verhältnissen ergibt und existenzielle Dimensionen besitzt. Ohne Fortschritte bei der Findung einer neuen professionellen Identität werden die deutschen Psychotherapeuten bald die randständige Existenz der meisten ihrer europäischen und außereuropäischern Nachbarn teilen.

Die in Deutschland überaus erfolgreiche Entwicklung der Psychotherapie korreliert auf eine merkwürdige Art mit Selbstunsicherheit, Abschottung nach innen und außen und wissenschaftlicher und ökonomischer Selbstgenügsamkeit.

Die Tatsache, dass seit langem und gegenwärtig in bedrohlichem Ausmaß die Berufsgruppe der Psychotherapeuten am unteren Ende der Einkommenshierarchie der Mediziner rangiert, lässt irrationale Momente im Selbstverständnis der Psychotherapeuten vermuten.

Ärzten wie Psychologen hat die lange Phase ihrer Außenseiterposition in einer Medizin, die lange Zeit die Subjektwissenschaften nicht in ihren Reihen duldete, geschadet.

Ein Großteil der Probleme der psychologischen Psychotherapeuten sind in ihrer langjährigen berufsrechtlichen Benachteiligung in der Medizin begründet. Trotz Niederlassung und Integration in medizinische Versorgungs- und Forschungsstrukturen und hoher Behandlungskompetenz haben Jahrzehnte einer unzureichenden professionellen Absicherung, eines ungeklärten Status und einer de jure und mitunter auch de facto bestehenden Abhängigkeit vom Arzt Wirkungen gezeigt.

Thomä (Thomä & Kächele 1986) spricht darüber hinaus von Identitätsproblemen deutscher Psychotherapeuten, die mit der Rolle ihrer geistigen Eltern im Dritten Reich (nicht zuletzt die Duldung der Vertreibung ihrer jüdischen Kolleginnen und Kollegen) und mit der Ausgrenzung eines Teils der deutschen Psychoanalytiker aus der internationalen psychoanalytischen Gemeinschaft nach dem Krieg zusammenhängen. Nach 1989 wurden diese Probleme durch die Vereinigung mit den ostdeutschen Psychotherapeuten zusätzlich verschärft (Geyer 1995).

## 5 Aktuelle Ziele und Aufgaben der Psychotherapie

Offensichtlich stellen sich Hindernisse gerade bei der Verfolgung jener Ziele und Aufgaben in den Weg, die für die weitere Entwicklung der Disziplin besonders wichtig sind:

So ist die Überwindung der Ambivalenz gegenüber der Medizin und die Entwicklung des Selbstverständnisses einer einheitlichen medizinischen Disziplin, die von unterschiedlichen Berufsgruppen und Methoden und insbesondere einem komplementären Verhältnis von Ärzten und Psychologen getragen wird, eine erstrangige Aufgabe aller Psychotherapeuten.

Die durch Schuld und Scham sensibilisierten deutschen Psychotherapeuten entwickelten nach 1945 ein besonderes Verantwortungsgefühl im Umgang mit dem in der Medizin ruhenden sozial- und kulturkritischen Potenzial. Es gibt vermutlich keine andere medizinische Disziplin, die an ihrer Zugehörigkeit zur Heilkunde ähnlich leidet wie die Psychotherapie. Kein anderes Fach thematisiert in gleicher Weise das Spannungsfeld, in dem sich der Therapeut aufhält, wenn er durch Krankenbehandlung Konflikte nivelliert, veränderungsbedürftige gesellschaftliche Zustände stabilisiert und die Anpassung des Individuums an diese Zustände eher befördert als dessen Auflehnung gegen sie. Besonders Psychoanalytiker schrecken immer noch auf, wenn man ihre Methode, die doch auf dem „Mutterboden“ Medizin (Freud 1933) gewachsen ist, als medizinisches Verfahren bezeichnet, und sie beunruhigen sich tief, wenn man sie des Medikozentrismus (Parin & Parin-Matthéy 1983) bezichtigt, also der Organisation gesellschaftlicher Übel als individuelle Leidenszustände, die dann psychotherapeutisch unkenntlich gemacht werden. Schließlich tut sich die psychoanalytische Psychotherapie auch heute noch schwer mit den Problemen von Macht und Beeinflussung. Auch hier sieht sich der Psychotherapeut rasch in die Nähe von Manipulation und Indoktrination, also zum Missbrauch von Macht gerückt.

Nicht zuletzt von daher erklärt sich die Zögerlichkeit der Psychotherapeuten, angebotene Machtpositionen in Medizin und Gesellschaft zu besetzen und Besitzstände offensiv zu verteidigen und zu mehren.

Die zweite wesentliche Aufgabe wäre die Erarbeitung einer methodenübergreifenden Theorie psychotherapeutischer Beeinflussung.

Ein häufig unterschätztes Hindernis auf der Suche nach einer professionellen Identität des Psychotherapeuten stellt die Angst dar, die Bemühungen um eine Integration verschiedener Methoden innerhalb einer übergeordneten Theorie könnten als Streben nach der völkischen „deutschen Seelenheilkunde" bzw. der so genannten „Einheitspsychotherapie" interpretiert werden. Es besteht der dringende Verdacht, dass die Verweigerung dieser Aufgabe egoistischen Schulinteressen dient und deren ideologische Diskriminierung diesen Tatbestand verschleiern soll.

## Literatur

Arnold, M. (1993): Solidarität 2000. Die medizinische Versorgung und ihre Finanzierung nach der Jahrtausendwende. Stuttgart: Enke

Brähler, E. & Wirth, H.-J. (Hrsg.) (1995): Entsolidarisierung. Die Westdeutschen am Vorabend der Wende und danach. Opladen: Westdeutscher Verlag

Elrod, N. (1989): Freud und Luria und Wygotski. Psychoanalytiker und Kritiker der Psychoanalyse in der Sowjetunion. In: B. Nitzschke (Hrsg.) (1989): 181 - 190

Eysenck, H.-J. & Rachmann, S. (1967): Neurosen - Ursachen und Heilmethoden. Berlin: Verlag der Wissenschaften

Freud, S. (1933): Neue Folge der Vorlesungen zur Einführung in die Psychoanalyse. GW XV

Geyer, M. (1991): Psychoanalytisches Denken in der Psychosomatik der früheren DDR. Das Subjektive in der Medizin. In: H.-E. Richter & M. Wirsching (Hrsg.) (1989): 129 - 138

Geyer, M. (1992): Zur Situation der Psychotherapie in der ehemaligen DDR. In: W. Tress (Hrsg.) (1992): 111 - 123

Geyer, M. (1995): Sie nehmen die Kälte nicht wahr - „Westdeutsche" aus der Sicht eines „Ostdeutschen". In: E. Brähler & H.-J. Wirth (Hrsg.) (1995): 217 - 237

Geyer, M. (1996): Geschichte und Entwicklungslinien der Psychotherapie. In: W. Senf & M. Broda (Hrsg.) (1996): 6 - 12

Höck, K., Szewczyk, H. & Wendt, H. (Hrsg.) (1973): Neurosen. Berlin: Verlag der Wissenschaften

Hoffmann, S. O. (Hrsg.) (1983): Deutung und Beziehung. Frankfurt am Main: Fischer

Kisker, K. P. (1971): Medizin in der Kritik. Stuttgart: Enke

Koraus, H.-J. (2000): Von der heimlichen Infiltration zur öffentlichen Integration. Der Weg Freuds vor und nach der Wende nach Osten. In: B. Strauß & M. Geyer (Hrsg.) (2000): 292 - 300

Müller-Hegemann, D. (1950): Antwort an Herrn Dr. Schultz-Hencke auf seinen offenen Brief. In: Psychiatrie, Neurologie und Medizinische Psychologie 2: 89 - 93

Nitzschke, B. (Hrsg.) (1989): Freud und die akademische Psychologie. München: Psychologie Verlags Union

Parin, P. & Parin-Matthéy, G. (1983): Medicozentrismus in der Psychoanalyse. Eine notwendige Revision der Neurosenlehre und ihre Relevanz für die Theorie der Behandlungstechnik. In: S. O. Hoffmann (Hrsg.) (1983): 86 - 106

Richter, H.-E. & Wirsching, M. (Hrsg.) (1991): Neues Denken in der Psychosomatik. Frankfurt am Main: Fischer

Schade, J. (2000): Die Zukunft der Psychoanalyse in Ostdeutschland. In: B. Strauß & M. Geyer (Hrsg.) (2000): 242 - 252

Schepank, H. & Tress, W. (1988): Die stationäre Psychotherapie und ihr Rahmen. Berlin, Heidelberg, New York: Springer

Schneider, P. (1990): Man kann sogar ein Erdbeben verpassen. In: Die Zeit: 27 - 28

Senf, W. & Broda, M. (Hrsg.) (1996): Praxis der Psychotherapie. Stuttgart, New York: Thieme

Simon, A. (2000): Fremd im eigenen Land? In: B. Strauß & M. Geyer (Hrsg.) (2000): 259 - 267

Strauß, B. & Geyer, M. (Hrsg.) (2000): Psychotherapie in Zeiten der Veränderung. Historische, kulturelle und politische Hintergründe einer Profession. Opladen: Westdeutscher Verlag

Tausch, R. (1960): Das psychotherapeutische Gespräch. Göttingen: Vandenhoeck & Ruprecht

Thomä, H. & Kächele, H. (1986): Lehrbuch der psychoanalytischen Therapie. 2 Bde. Berlin, Heidelberg, New York: Springer

Tress, W. (Hrsg.) (1992): Psychosomatische Medizin und Psychotherapie in Deutschland. Göttingen: Vandenhoeck & Ruprecht

Virchow, R. & Andree, C. (1992): Beiträge zur wissenschaftlichen Medizin aus den Jahren 1846 - 1856. Berlin: Blackwell

# VII Psychotherapeutische Identitäten

# Ein zeitgemäßer Blick auf die psychodynamische Psychotherapie und deren Zukunft [1]

*Hans H. Strupp*

## Einleitung

Die moderne Psychotherapie, die sich seit dem Ende des 19. Jahrhunderts zu entwickeln begann, ist mittlerweile enorm komplex und populär geworden. Manchmal ist die Rede davon, die Psychotherapie sei eine längst außer Kontrolle geratene Billionen-Dollar-Industrie. Besonders in den westlichen Ländern und in den USA ist Psychotherapie von großer gesellschaftlicher Bedeutung, wobei hier eine besondere Affinität zu allen Behandlungen besteht, die Hilfe bei emotionalen Störungen, aber auch bei diffuseren „Lebensproblemen" verspricht. Parallel zur Entwicklung psychotherapeutischer Methoden gewann die empirische Forschung im Hinblick auf verschiedene Aspekte der Psychotherapie an Gewicht, was sich an einer Fülle von Literatur nachzeichnen lässt, die graduell auch die Theorie und Praxis beeinflusst hat. Ich möchte in meinem Beitrag kurz die Geschichte der Psychotherapieforschung skizzieren und - bevor ich einige Schlussfolgerungen über die Zukunft der Psychotherapie ableite - Beispiele berichten, die aus einem Forschungsprogramm stammen, das ich zusammen mit anderen seit den frühen 50er-Jahren durchgeführt habe. Ich habe selbst zu dieser Geschichte beitragen können und möchte zeigen, dass die Psychotherapieforschung sowohl in der Breite als auch in der Tiefe gewachsen ist und dass sie mittlerweile einen Differenzierungsgrad erreicht hat, der vor wenigen Jahrzehnten noch gar nicht denkbar gewesen wäre. Die Psychotherapieforschung ist heute ein wirklich etablierter Zweig der klinischen Forschung, der auch durch Institutionen wie - in den USA - das National Institute of Mental Health (NIMH) finanzielle Unterstützung erfährt. Im Jahr 1968 wurde die internationale Society for Psychotherapy Research (SPR) gegründet. Diese Gesellschaft hat mittlerweile über 1000 Mitglieder aus 27 Ländern.

## 1 Die Ursprünge der Psychotherapieforschung

Von Anfang an wurde die moderne Psychotherapie, ähnlich wie die klinische Medizin, als eine Art praktischer Kunst aufgefasst. Sobald Freud Ende des letzten Jahr-

[1] Teile dieses Beitrages wurden der Arbeit „*Psychotherapy Research: Evolution and Current Trends*" von Hans H. Strupp entnommen (Copyright 1992 American Psychological Association; APA) und waren Bestandteil eines Vortrags des Autors zum Kongress „Eigenes und Fremdes - Psychotherapie in Zeiten der Veränderung", Weimar, 23. - 26. 06. 1999. Der Text wurde aus dem Amerikanischen übersetzt von Prof. Dr. Bernhard Strauß (Jena).

hunderts seine ersten Mitteilungen über eine seiner Meinung nach einzigartig effektive psychologische Behandlung, die er Psychoanalyse nannte, gemacht hatte, war er gezwungen, Skeptikern zu antworten, die harte empirische Evidenz forderten. Die Antwort Freuds (1916) erfolgte in zweierlei Form. Zum einen bezog er sich auf seine eigenen klinischen Befunde und die seiner Weggefährten, die ihn glauben ließen, dass die Methode der Fallstudie, auf der man sich damals in erster Linie bezog, absolut ausreichend sei, um allen Anfeindungen zu entgegnen. Unter diesen Voraussetzungen konnte Freud annehmen, dass jeder, der in der Praxis der Psychoanalyse ausreichend ausgebildet war, Behandlungsergebnisse erzielen konnte, die seinen eigenen glichen. Er glaubte, dass Fallgeschichten seine Grundannahmen ausreichend dokumentierten und replizierten. So weit er selbst betroffen war, war diese Art von Evidenz zumindest schlüssig. In dieser Argumentation ist auch die Annahme enthalten, dass nur ausgebildete Psychoanalytiker wirklich objektive und unbeteiligte Beobachter sein konnten.

Zum Zweiten äußerte Freud eine sehr skeptische Einstellung gegenüber „Statistik“ (die er gewissermaßen gleich setzte mit den rudimentären Methoden der Verhaltensforschung, wie sie in den frühen Jahren dieses Jahrhunderts existierten). Er nahm an, dass das klinische Material, mit dem sich ein Forscher beschäftigt, so unterschiedlich und heterogen ist, dass sinnvolle Vergleiche gar nicht möglich wären. Zudem fand er häufig harsche Worte gegenüber Kritikern, die seine Behandlungsergebnisse anzweifelten.

> „Eine therapeutische Neuerung wird entweder mit rauschartiger Begeisterung aufgenommen, wie z. B. damals, als Koch sein erstes Tuberkulin gegen die Tuberkulose in die Öffentlichkeit brachte, oder mit abgrundtiefem Misstrauen behandelt, wie die wirklich segensreiche Jenner'sche Impfung, die heute noch ihre unversöhnlichen Gegner hat. Gegen die Psychoanalyse lag offenbar ein Vorurteil vor. Wenn man einen schwierigen Fall hergestellt hatte, so konnte man hören: Das ist kein Beweis, der wäre auch von selbst in dieser Zeit gesund geworden. Und wenn eine Kranke, die bereits vier Zyklen von Verstimmung und Manie absolviert hatte, in einer Pause nach der Melancholie in meine Behandlung gekommen war und drei Wochen später sich wieder zu Beginn einer Manie befand, so waren alle Familienmitglieder, aber auch die zu Rate gezogene hohe ärztliche Autorität, überzeugt, dass der neuerliche Anfall nur die Folge der an ihr versuchten Analyse sein könne. Gegen Vorurteile kann man nichts tun ... Das Vernünftigste ist, man wartet und überlässt sie der Zeit, welche sie abnützt. Eines Tages denken dieselben Menschen über dieselben Dinge ganz anders als bisher; warum sie nicht schon früher so gedacht haben, bleibt ein dunkles Geheimnis“ (Freud GW XI: 481).

Trotz Freuds Argumentation verschwand die grundlegende Frage von Kritikern der Psychotherapie nicht, die da lautet: „Wirkt die Behandlung überhaupt?“ Im Gegenteil, die Frage ist immer noch ganz zentral und hat - zumindest in den Augen von Kritikern - trotz der Ansammlung von empirischen Befunden bis heute keine wirklich zufrieden stellende Antwort erfahren.

Die Geburt der Psychotherapieforschung fand wohl zu dem Zeitpunkt statt, als die Frage nach der Effektivität und Effizienz von Psychotherapie erstmalig aufgeworfen wurde. So begannen auch einige Behandlungszentren, die mit psychoanalytischen Ausbildungsinstituten verbunden waren, systematisch Daten über Behandlungsergebnisse zu sammeln. Dies geschah - trotz der Bedenken Freuds - um 1920 zunächst in Berlin, später in London, dann in Chicago und in Topeka. Man könnte die entsprechenden Studien als Vorläufer der modernen Psychotherapieforschung betrachten (vgl. Bergin & Lambert 1978: insbesondere Kapitel 5).

## 2 Wirkt Psychotherapie?

Wie gesagt war Freud vom wissenschaftlichen und klinischen Wert seiner Behandlungsmethode absolut überzeugt. 1937 vertrat er nicht nur die Auffassung, dass seine Behandlungsergebnisse anderen überlegen wären, er meinte auch, dass die Wirkweise der psychoanalytischen Therapie schon gut verstanden sei und man kaum noch etwas lernen müsse (Freud 1937). Die nach ihm Kommenden waren mit dieser Einschätzung keineswegs einverstanden und die voluminöse Literatur zur Psychotherapieforschung belegt eindrücklich, dass Prozess und Ergebnis therapeutischer Interventionen mit einer Fülle klinischer und wissenschaftlicher Fragen verbunden sind, von denen bis heute viele nicht adäquat beantwortet wurden.

Ich möchte hier gerne die wesentlichen Felder herausarbeiten, die den modernen Psychotherapieforscher beschäftigen (siehe dazu auch die vier Ausgaben des „*Handbook of Psychotherapy and Behavior Change*“: Bergin & Garfield 1971, 1994; Garfield & Bergin 1978, 1986 a).

Global könnte man sagen, dass zwischen 1920 und 1940 die ersten Anzeichen einer wissenschaftlichen Untersuchung von Psychotherapie zu beobachten waren, zwischen 1940 und 1960 wurden größere empirische Untersuchungen initiiert, die den Prozess und das Ergebnis von Psychotherapie erklären sollten. Seit 1960 wiederum gibt es eine Fülle von Studien, die wiederum Fragen aufgeworfen haben, die wohl erst in Zukunft beantwortet werden. Wir werden sehen, dass die Methodologie und die Forschungsstrategien einer Entwicklung unterlagen und dass der Einfallsreichtum der Forscher, die üblicherweise auch Praktiker der Psychotherapie sind, bedeutend zunahm.

Auf die ersten Versuche analytischer Institute und Einrichtungen, ihre Behandlungserfolge zu dokumentieren, folgten Untersuchungen zum Psychotherapieergebnis einer Reihe eklektischer, nicht psychoanalytischer Behandlungsverfahren, die erstmalig in den 30er-Jahren veröffentlicht wurden (Bergin & Lambert 1978: Kapitel 5). Typischerweise waren die Patientenstichproben in diesen Studien klein, die Diagnosen vage und die Behandlungen wurden nicht besonders detailliert beschrieben. Im Gegensatz dazu bedienten sich die Studien zur psychoanalytischen Behandlung, wenn sie auch in vielerlei Hinsicht defizitär gewesen sein mögen, doch relativ strenger Kriterien der Evaluation (Fenichel 1930). Der wohl ehrgeizigste Zugang der Psychoanalytiker zur Prozess- und Ergebnisforschung dürfte das Maßstäbe setzende Psychotherapieprojekt der Menninger Klinik gewesen sein, das sich - beginnend etwa 1950 - über eine Zeitspanne von 30 Jahren hinzog. Die Menninger Studie war eine der am sorgfältigsten geplanten und durchgeführten Untersuchungen dieser Art und kann heute noch als ein Denkmal in der Geschichte der Psychotherapieforschung gelten.

Der Beginn der modernen Ergebnisforschung wird üblicherweise zurückdatiert auf Eysencks Breitseitenangriff (1952) gegen alle Formen von Psychotherapie. Obwohl seine Ergebnisse in gewisser Weise die Effizienz von Psychotherapie zwar belegten, war seine Schlussfolgerung, mit der Ausbildung von Psychoptherapeuten aufzuhören, ziemlich vernichtend. Zunächst reagierte man auf diesen Angriff mit Gegenangriffen auf die Datenbasis, die Methodologie und Motive von Eysenck. Ein positiver Effekt von Eysenks Thesen war sicher die Explosion von Forschungsaktivitäten. Bergin und Lambert (1978) reanalysierten die Daten Eysencks und zeigten, dass man durchaus zu alternativen Schlussfolgerungen kommen konnte, wenn die Originaldaten einfach anders kodiert wurden. Tatsächlich belegten Eysencks Daten, dass 67 % emotional beeinträchtigter Menschen, die keine Behandlung aufsuchen, nach 2 Jahren eine deutliche Besserung zeigen, was vielleicht das Resultat unzähliger „therapeutischer" Maßnahmen darstellt, allerdings nicht „echter" Psychotherapie. Im Gegensatz dazu zeigten andere Autoren, dass 67 % der Menschen, die Psychotherapie suchen, sich bereits nach 2 Monaten verbessern (Howard, Kopta, Krause & Orlinsky 1986; McNeilly & Howard 1991). So konnte also doch die Effizienz von Psychotherapie deutlich demonstriert werden, dennoch wird noch heute die Schlussfolgerung Eysencks, wonach der Effekt von Psychotherapie die Spontan-Remissionsrate nicht überträfe, immer wieder zitiert.

Etwa 30 Jahre nach Eysenck haben Smith, Glass und Miller (1980) eine so genannte Metaanalyse von Therapieergebnisstudien vorgelegt. Die Autoren berichteten von einer mittleren Effektstärke der Psychotherapie in Höhe von .85, die man so interpretieren kann, dass jemand, der psychotherapeutisch behandelt wurde, ein Ergebnis zeigt, das um mindestens 80 % besser ist als jemand, der keine Behandlung erhält. Das Forschungsfeld wurde durch diese statistisch wissenschaftliche Größe bereichert und die Effizienz von Psychotherapien schien nun wirklich unstrittig. Es gab wenig Krititk an Smith, Glass und Millers (ebd.) Argumentation, einige stellten allerdings die Auswahl der Studien und die Methodologie infrage. Um ihre Schlussfolgerung ins rechte Licht zu rücken sollte man schon darauf hinweisen, dass 50 % der unbehandelten Gruppe auch eine deutliche Besserung erzielen kann, dass also die Psychotherapie der Besserungsrate lediglich 30 % - gemessen an diesem statistischen Kriterium - hinzufügt. Die Befunde der Metaanalyse deuteten auch darauf hin, dass immerhin 20 % der behandelten Personen schlechter fahren als die unbehandelten. Damit könnte man schließen, dass es insgesamt vielleicht wenig sinnvoll ist, eine globale Frage, wie die nach der allgemeinen Wirkung von Psychotherapie überhaupt zu stellen. Das wäre so, als würde man Ärzte fragen, ob chirurgische Eingriffe helfen. Sicher ist es sinnvoller einzelne Elemente von Psychotherapie exakter zu beschreiben, wie beispielsweise die Behandlungen, die Patienten, die Therapeuten, die behandelten Störungen usw.

## 3 Allgemeine versus spezifische Faktoren

Vom Anbeginn der Psychoanalyse war Freud (1916) darum bemüht, seine Art der therapeutischen Beeinflussung von der Suggestion, die er als treibende Kraft in der Hypnose betrachtete, zu unterscheiden. Nachdem er den Modus Operandi der psychoanalytischen Therapie als etwas Einzigartiges erklärt hatte, war es ihm und seinen Nachfolgern wichtig, zu zeigen, dass die Psychoanalyse sich von anderen psychologischen Therapien radikal unterschied. Wenn aber diese Annahme nicht belegt werden konnte, dann wäre die Psychoanalyse - trotz der offensichtlich einzigartigen technischen Merkmale, wie beispielsweise der Analyse der Übertragung - nichts anderes als eine Variante psychologischer Behandlung, die sich vielleicht gar nicht so sehr von der Hypnose, die Freud im Laufe der Zeit doch sehr verschmähte, unterscheidet. Der wesentliche Unterschied liegt wohl in dem augenscheinlich unterschiedlichen Gebrauch von Suggestion in den beiden Formen von Psychotherapie.

Als im Laufe dieses Jahrhunderts andere psychotherapeutische Herangehensweisen und Systeme auftauchten (als Erstes war dies in den 40er-Jahren Rogers Klientenzentrierte Therapie; Rogers 1951), beanspruchte eine jede für sich den Status der Einzigartigkeit, sowohl im Hinblick auf die Techniken als auch die Veränderungsmechanismen. Die Verhaltenstherapie stützte sich primär auf Prinzipien des Lernens (Emmelkamp 1986), die Kognitive Therapie hatte zum Ziel, bestimmte Vorstellungen neu zu organisieren (Holon & Beck 1986). Die sich daraus entwickelnde Kontroverse hatte weit reichende Implikationen. Wenn - und dies legten die wissenschaftlichen Befunde mehr und mehr nahe - allgemeine oder generische Beziehungsfaktoren in allen Psychotherapieformen das größte Gewicht hätten (dazu gehört z. B. empathisches Verständnis, Respekt, Fürsorge, Echtheit und Wärme), dann wären die augenscheinlich einzigartigen technischen Merkmale eines psychotherapeutischen Systems relativ folgenlos. Die scheinbare Einzigartigkeit eines jeden Systems könnte somit schlicht in bestimmten semantischen oder stilistischen Merkmalen liegen oder vorherrschende Moden reflektieren. Die Auffassung, dass allgemeine Faktoren in allen Formen von Psychotherapien die wichtigste Rolle spielen, wurde besonders nachdrücklich von Frank (1973, 1974, 1982) vertreten und wurde auch weitgehend anerkannt. Wenn diese Auffassung korrekt wäre, würde sie Freuds ursprüngliche These einer einzigartigen therapeutischen Wirkung der Psychoanalyse doch sehr in Zweifel ziehen. Ähnliche Zweifel müssten dann aber auch gegenüber allen anderen Richtungen und Techniken aufgeworfen werden, die für sich eine gewisse Einzigartigkeit im Hinblick auf ihre Effektivität propagieren.

Die Kontroverse zwischen spezifischen und allgemeinen Faktoren in der Psychotherapie hatte noch andere Implikationen. Im Hinblick auf die Ausbildung von Therapeuten wurde beispielsweise hinterfragt, was denn an dieser so einzigartig sein soll, wenn professionelle Psychotherapeuten in ihrer Arbeit vornehmlich allgemeine Faktoren verwenden. Könnten dann nicht auch „Naturtalente", also intuitive Menschen ohne lange und sorgfältige Ausbildung in der Lage sein, durchaus effektiv die Rolle eines Therapeuten übernehmen? Therapeuten sind also gezwungen, ihr Expertentum präzise nachzuweisen. Diese Herausforderung wurde umso drängender, da der Markt für therapeutische Angebote inzwischen immens gewachsen ist und eine große Zahl von „Anbietern", von denen viele nur sehr begrenzte Ausbildungen und Erfahrungen haben, eine in starken Maße kompetitive Atmosphäre geschaffen haben. Nun müssen alle in psychosozialen Berufen Tätige sich sehr bemühen, angemessen lizensierte Kollegen zu schützen. Verständlicherweise haben sie, wie auch die Forscher, dabei eine eher defensive Haltung eingenommen. Sie haben sich auf berufliche Verpflichtungen und Verantwortungen berufen, auf technische Fertigkeiten, z. B. bei der psychotherapeutischen Behandlung schwerer Fälle, die eher die Regel denn die Ausnahme darstellen, und auf die Berücksichtigung ethischer Prinzipien, durch die Klienten vor Schäden bewahrt werden sollen (Strupp, Butler & Rosser 1988). Bis heute bestehen beträchtliche Lücken im Hinblick auf die Definition von echter Kompetenz und von Expertentum in der Psychotherapie.

## 4 Die Entwicklung von Techniken zur Untersuchung von Prozeß und Ergebnis

Für den Wissenschaftler bleibt die Frage, wie therapeutische Veränderungen in der Psychoanalyse und in allen anderen Formen von Psychotherapie zu Stande kommen, von zentraler Bedeutung. Was sind die hierbei relevanten Parameter? Warum treten Veränderungen unter bestimmten Bedingungen auf, und andere nicht? Welche Patienten profitieren von welcher Psychotherapie? Was trägt dazu bei, dass ein Symptom oder ein Muster maladaptiven Verhaltens für therapeutische Interventionen zugänglich ist? Führt eine längere und intensivere Therapie zu nachhaltigeren Veränderungen, beispielsweise in der Persönlichkeits- oder Charakterstruktur eines Patienten, als eine kurzzeitige oder eher „oberflächliche" Behandlung?

Fortschritte in der Methodologie von Psychotherapieforschung wurden durch die Einführung elektronischer Aufnahmetechniken und durch die langsam wachsende Bereitschaft von Patienten und Therapeuten, ihre Interaktionen genau untersuchen zu lassen, beschleunigt. In den frühen 40er-Jahren begannen Rogers und seine Studenten damit, Therapiesitzungen auf Band aufzunehmen und diese Aufnahmen zur Grundlage für intensive Untersuchungen therapeutischer Techniken und der Patient-Therapeut-Beziehungen zu verwenden. Es war absehbar, dass es gegenüber solchen „invasiven Eingriffen" in die Intimität einer Therapie viele Vorbehalte gab. Dies wurde bereits durch Freud gebahnt, der nachdrücklich darauf hinwies, dass die Psychoanalyse die Präsenz einer dritten Partei nicht ertrüge. Die Vorbehalte gegenüber Aufnahmen verschwanden allerdings mit der Zeit, was dazu beitrug, dass Tonbandaufnahmen von therapeutischen Sitzungen inzwischen relativ verbreitet sind, insbesondere in der Ausbildung und in der Forschung. Mittlerweile sind auch Film- und Videoaufnahmen von Therapien weitgehend akzeptiert und werden von den meisten Klienten und Therapeuten auch toleriert.[2]

---

[2] In den 50er-Jahren haben sogar eher konservative Psychoanalytiker die potenzielle Bedeutung von Filmaufnahmen analytischer Interviews vorhergesehen. Alexander beispielsweise bemühte sich darum, einen Beratungsraum mit Filmausstattung in Chicago einzurichten. Sein Ziel war es, eine ge-

Durch die Schaffung eines Zugangs zu primären Verhaltensdaten aus Psychotherapien wurde es möglich, die Interaktion zwischen Patient und Therapeut durch externe Beobachter genau analysieren zu lassen. Daraus entstand die *Psychotherapieprozessforschung*, deren wissenschaftliche Bemühungen durch die Annahme getragen wurde, dass das *Ergebnis* von Psychotherapien letztendlich nur durch eine intensive Untersuchung der Transaktionen zwischen Patient und Therapeut erhellt, wenn nicht sogar erklärt werden kann. In der Psychotherapieprozessforschung wurden demgemäß adäquate methodische Zugangsweisen entwickelt und Verbindungen zwischen dem Therapieprozess und dem Therapieergebnis hergestellt. Der Beginn der dualen Betrachtung von Prozess und Ergebnis wurde zu einem Meilenstein der Psychotherapieforschung, der sich bis heute auswirkt, ebenso die damit verbundene Annahme, dass die beiden Komponenten sich notwendigerweise ergänzen müssten.

## 5 Die Vanderbiltprojekte

In den frühen 50er-Jahren war die Literatur zur Psychotherapieforschung noch relativ spärlich. Bemerkenswert war die bereits erwähnte Untersuchung von Eysenck (1952), die beträchtliche Aufmerksamkeit nach sich zog und einige andere Studien, die sich mit dem Therapieergebnis befassten. Eine Sammlung von Artikeln, die von Rogers und Dymond (1954) herausgegeben wurde, stellte wahrscheinlich die erste Zusammenstellung systematischer Studien in der Psychotherapie dar, die allesamt in einer Einrichtung, nämlich dem Beratungszentrum der Universität Chicago durchgeführt wurden. Andere Studien aus dieser Zeit (Fiedler 1950 a, 1950 b, 1951) stützten die Hypothese, dass erfahrene Therapeuten, unabhängig von ihrer theoretischen Orientierung, am ehesten in der Lage waren, therapeutische Beziehungen herzustellen, deren „Atmosphären" größere Ähnlichkeit miteinander aufwiesen als jene von Anfängern. Insgesamt gab es aber nur sehr wenige empirische Untersuchungen, die auf die Technik und Persönlichkeit des Therapeuten fokusierten.

Ich selbst habe im Jahr 1953 damit begonnen, eine Reihe empirischer Untersuchungen durchzuführen, die den Beitrag des Therapeuten zum Behandlungsprozess erhellen sollten (Strupp 1955 a, 1955 b, 1955 c). Speziell zeigten die Untersuchungen, dass negative Einstellungen von Therapeuten gegenüber einem Patienten, der in einem Film zu sehen war - und diese negativen Einstellungen waren sehr häufig und durchgängig - eher mit unempathischen Mitteilungen und klinischen Fehleinschätzungen gepaart waren, während das Gegenteil der Fall war für Therapeuten, die ge-

samte Psychoanalyse zu filmen. Lange Zeit konnte das Projekt nicht realisiert werden, weil sich zwar ein Patient, allerdings kein einziger Analytiker für dieses Experiment zur Verfügung stellen wollte. Erst Jahre später filmte Bergman eine komplette Psychoanalyse nachdem Shakow im NIMH in Bethesta die räumlichen und technischen Voraussetzungen hierfür geschaffen hatte. Hunderte von Stunden wurden in Metallcontainern unter konstanten Klimabedingungen aufbewahrt. Erst später wurden kleine Ausschnitte der therapeutischen Interaktionen intensiv untersucht, beispielsweise durch Dittmann (1962). Möglicherweise aufgrund von Platz- bzw. Speicherproblemen wurden die Filme letztendlich zerstört, viele Sitzungen wurden keiner weiteren Untersuchung unterzogen.

genüber dem Patienten positive Gefühle entwickeln konnten (Strupp 1958, 1960 b). Diese frühen Studien boten somit erste empirische Evidenz für etwas, was später zum Leitmotiv meiner Forschungsgruppe an der Vanderbilt-Universität wurde, nämlich das absolut unterschätzte, gleichzeitig aber durchdringende Problem, dem Therapeuten begegnen, wenn es darum geht, Feindseligkeit in therapeutischen Beziehungen handzuhaben .

Etwas allgemeiner gesagt führten meine frühen Untersuchungen zu der Auffassung, dass der Beitrag des Therapeuten zur Behandlung sowohl persönlich als auch technisch sein musste. Persönliche Eigenschaften, wie Reife, Wärme, Akzeptanz, sollten einen Therapeuten in die Lage versetzen, jene Art interpersonaler Beziehung herzustellen, in der konstruktive Persönlichkeitsveränderungen überhaupt stattfinden können. Die Kenntnis psychodynamischer Prinzipien und Techniken würde dem Therapeuten dann erlauben, in der und durch diese Beziehung verschiedene Arten des emotionalen Umlernens und andere Lernerfahrungen zu initiieren, von denen man annimmt, dass sie notwendig sind, um neurotische Konflikte zu lösen. In einer weiteren Untersuchung konnten Strupp, Fox und Lessler (1969) zeigen, dass positive Einstellungen von Patienten gegenüber ihrem Therapeuten deutlich mit dem Erfolg der Therapien im Zusammenhang standen. Erfolgreiche Patienten beschrieben ihre Therapeuten als warm, aufmerksam, interessiert, verständnis- und respektvoll. Kurz gesagt, war das Bild eines guten Therapeuten viel „humaner“ als das stereotyp des unpersönlichen, enthaltsamen Analytikers, ein Bild, dem manche psychodynamischen Therapeuten bis heute zu folgen versuchen. Die Qualität der therapeutischen Beziehung war in der erwähnten Studie wiederum der Dreh- und Angelpunkt therapeutischer Veränderungen.

Die Zusammenarbeit mit Bergin in einem Projekt des NIMH, das dazu diente, die Durchführbarkeit umfangreicher Studien zum Prozess und Ergebnis von Psychotherapie zu prüfen (Bergin & Strupp 1972), lenkte die Aufmerksamkeit auf Fragen, welche die relative Bedeutung unspezifischer (allgemeiner oder interpersonaler) bzw. spezifischer (technischer) Variablen zur Varianzaufklärung von Therapieergebnissen zum Inhalt hatten. Diese Fragen rückten von da an immer mehr in den Mittelpunkt der Forschung. Obwohl Bergin und ich zu dem Schluss kamen, dass umfassende Kooperationsstudien zu dem damaligen Zeitpunkt nicht machbar seien, haben wir eine Reihe von Projekten entwickelt, von denen wir einen wichtigen Beitrag zum Fortschritt der Psychotherapieforschung erwarteten. Ich selbst entschied mich dafür, die Frage spezifischer und unspezifischer Faktoren in einem Projekt zu untersuchen, das heute als Vanderbilt-I-Studie bekannt ist.

Ich hatte zunächst eine Reihe von theoretischen Arbeiten publiziert (Strupp 1959, 1960 a, 1969, 1970, 1972 a, 1972 b, 1973), deren primäres Ziel darin bestand, den Beitrag der Person des Therapeuten zum Behandlungsprozess und zu verschiedenen Arten von Lernerfahrungen, die Patienten in erfolgreichen Behandlungen durchlaufen, zu klären. Zwei Instrumente, die „Vanderbilt-Psychotherapieprozess-Skala“ und die „Vanderbilt Negative Indicators Skala“ wurden zu dieser Zeit entwickelt, um eine quantitative Untersuchung von Patient-Therapeut-Interaktionen in der psychodynamischen Psychotherapie zu unterstützen (vgl. Strupp 1957 a, 1957 b; Strupp, Hadley & Gomes-Schwartz 1977; Suh, O'Malley & Strupp 1986).

## 6 Die Vanderbilt-I-Studie

In der Vanderbilt-I-Studie, die in den frühen 70er-Jahren begann, ging es uns primär darum, empirisch die relative Bedeutung unspezifischer und spezifischer Faktoren für den Therapieerfolg zu untersuchen. Zu diesem Zweck wurden ausgebildete Psychotherapeuten systematisch mit einer Gruppe von College-Professoren verglichen, die keinerlei formale Ausbildung in Psychotherapie absolviert hatten, die aber als Personen galten, die in Beziehungen besonders fürsorglich und warm waren (Strupp & Hadley 1979). Letztlich mussten wir in dieser Studie eingestehen, dass technische und interpersonale Faktoren nicht so eindeutig auseinander zu halten sind und dass das Wesen psychotherapeutischen Einflusses deutlich komplexer ist, als wir ursprünglich angenommen hatten. Dennoch konnten wir einige Befunde zusammenstellen, die vielleicht etwas deutlicher machen, wo man nach Antworten zu diesen Fragen suchen kann.

Das Nichtvorhandensein der vermuteten Gruppenunterschiede zwischen ausgebildeten Psychotherapeuten und College-Professoren war ein in hohem Maß provokativer Befund, der natürlich weiterer Klärung bedurfte (Gomes-Schwartz 1978; Hartley & Strupp 1983; Sachs 1983; Strupp 1980 a, 1980 b, 1980 c, 1980 d).

Wir konnten Folgendes beobachten:

1. Die Gruppenvergleiche verschleierten den Befund, dass professionelle Therapeuten den Laientherapeuten bei der Behandlung jener Patienten durchaus überlegen waren, die für die Psychotherapie hoch motiviert waren, die also in der Lage waren, relativ schnell eine gute Arbeitsbeziehung herzustellen und die relativ wenig dadurch charakterisiert waren, dass sie lange bestehende maladaptive Muster in Beziehungen zu anderen an den Tag legten.
2. Keine der beiden Gruppen war nennenswert effektiv bei der Behandlung von Patienten mit schwereren Charakterproblemen, die sich beispielsweise in ausgeprägter Feindseligkeit, Misstrauen, Negativismus, Inflexibilität und Ähnlichem zeigten.
3. Die Qualität der Arbeitsbeziehung von Patienten und Therapeuten war relativ schnell, d. h. zum Ende der dritten Sitzung, erkennbar und erwies sich als ein wichtiger Prädiktor für das Therapieergebnis in einer zeitlich begrenzten (zirka 25 Stunden umfassenden) Therapie. Wir konnten zeigen, dass man auf der Basis der dritten Sitzung tatsächlich eine relativ gute Vorhersage des Behandlungserfolges auf Grund von Prozessmerkmalen machen konnte und zwar insbesondere auf Grund von Beurteilungen, die sich auf die Therapiemotivation der Patienten bezogen. Wichtig war der Befund, dass eine anfänglich negative oder ambivalente therapeutische Beziehung im Therapieverlauf selten geändert werden konnte. Somit begegnen wir hier wieder dem bereits erwähnten Leitmotiv, nämlich den

Schwierigkeiten von Therapeuten, Feindseligkeit - sowohl auf Patientenseite als auch auf Therapeutenseite - adäquat handzuhaben und den verheerenden Effekten dieses Problems für das Behandlungsergebnis.
4. Professionelle Therapeuten reagierten häufig negativ und antitherapeutisch auf Feindseligkeiten der Patienten, obwohl sie eigentlich vertraut sein sollten mit den Konzepten der Übertragung und Gegenübertragung.

In den Fällen mit schlechtem Therapieergebnis zeigte sich, dass die Therapeuten erstaunlich häufig subtil ihre Patienten kontrollierend anklagten, was gewöhnlich durch die Patienten komplementär beantwortet wurde mit feindseliger Unterwürfigkeit. Schließlich zeigte sich, dass komplexe Kommunikation, also solche Kommunikation, die gemischte Botschaften enthielt im Hinblick auf Zuneigung und Abneigung, relativ verbreitet waren in den Fällen mit schlechtem Therapieergebnis, aber in den Therapien mit gutem Erfolg bei ein und demselben Therapeuten so gut wie nicht vorkamen.

## 7 Die Ära der Therapiemanuale

Eine Schwierigkeit in der Psychotherapieforschung vor 1980 war das Fehlen klarer Beschreibungen der unabhängigen Variable, also der Behandlung selbst, die Gegenstand der Untersuchung war. Insbesondere verhaltensorientierte Forscher haben damals begonnen, Behandlungsmanuale zu entwickeln, in denen sie ihre „Behandlungspakete" sorgfältig beschrieben, um auf diese Weise den Behandlungsprozess besser zu verstehen und Replikationen von Untersuchungen zu ermöglichen. Im Falle der psychodynamischen Psychotherapien war dieses Problem naturgemäß schwerer zu lösen, da diese Art von Therapien üblicherweise doch viel allgemeiner beschrieben wird. Nachdem pychodynamische Therapien mehr und mehr ebenfalls manualisiert wurden (z. B. Klerman, Rounsaville, Chevron, Neu & Weissman 1984; Luborsky 1984; Strupp & Binder 1984) hat sich eher einiges geändert. Dennoch, auch wenn diese Manuale zu einer etwas größeren Spezifizierung beigetragen haben, sind psychodynamische Behandlungsmanuale nach wie vor relativ allgemein formuliert. Trotzdem wurden manualisierte Therapien zum Standard der durch Drittmittel geförderten Psychotherapieforschung. Analog zur Entwicklung von Behandlungsmanualen wurden immer mehr Instrumente entwickelt, die dazu dienen sollen, die „Manualtreue" von Therapeuten zu erfassen (z. B. Rounsaville, O'Malley, Foley & Weissman 1988).

Manuale, die auf psychodynamischen Prinzipien aufgebaut waren, haben eine Reihe von Verbesserungen erbracht. Sie führten zu:

1. Beschreibungen technischer Konzepte, in einer Sprache, die der täglichen Praxis näher steht
2. Spezifischen und konkreteren Modellen, mit denen klinisches Material um ein fokales Thema angeordnet werden kann

3. Klareren Definitionen des therapeutischen Prozesses
4. Besseren Beschreibungen der Rolle des Therapeuten
5. Ausführlichen und wörtlichen Illustrationen dessen, was der Therapeut in seiner Arbeit tut (Schaffer 1982, 1983).

Die psychodynamische Kurzzeittherapie wurde von mir gemeinsam mit Binder (1984) als ein einzeltherapeutischer Ansatz entwickelt, in dem die Analyse der Patient-Therapeut-Beziehung, d. h. der Übertragung und der Gegenübertragung, zur zentralen Aufgabe für den Psychotherapeuten wird. Diese Kurzzeittherapie basiert auf psychoanalytischen Konzepten und auf Formulierungen aus der Interpersonalen Theorie (Anchin & Kiesler 1982; Epstein & Feiner 1979; Gill 1982; Levenson 1972; Schlesinger 1982; Sullivan 1953). Die Behandlung versucht, Prinzipien und Strategien zu spezifizieren, die darauf abzielen, potenzielle Probleme in der therapeutischen Beziehung zu erfassen und handzuhaben. Interpersonale Probleme, die in der Therapie entstehen, sind hypothetisch in ihrer Form und in ihrem Inhalt chronisch maladaptiven interpersonalen Mustern sehr ähnlich, die sich oftmals als Symptome - beispielsweise Angst und Depressionen - ausdrücken. Die Details unseres Ansatzes sind ausführlich in der Literatur beschrieben (Binder & Strupp 1991; Strupp & Binder 1984).

Hier mag der Hinweis ausreichen, zu erwähnen, dass in diesem Vorgehen Widerstände von Patienten gegenüber therapeutischer Arbeit als Manifestationen ihrer Schwierigkeiten aufgefasst werden, eine bedeutsame, auf Zusammenarbeit ausgerichtete und erfolgreiche Beziehung zum Therapeuten aufzubauen. Diese Schwierigkeiten unterscheiden sich nicht wesentlich von Beziehungsschwierigkeiten der Patienten in ihrem Alltagsleben. In unseren Augen ist Übertragung damit gleichbedeutend mit der Tendenz, problematische zwischenmenschliche Szenarien innerhalb der Therapie wieder herzustellen. Dementsprechend besteht die Aufgabe des Therapeuten darin, die problematischen interpersonalen Muster zu identifizieren. Wir nennen diese Muster *zyklisch maladaptive Muster*, wenn sie sich in der therapeutischen Beziehung herstellen. Der Therapeut sollte versuchen, dem Patienten dabei zu helfen, diese Muster zu verstehen, anstatt sie auszuagieren. Therapeutische Veränderung sehen wir demgemäß als das Resultat eines sich beim Patienten entwickelnden Bewusstseins für diese selbstschädigenden Muster und als Resultat der Erfahrung, dass die therapeutische Beziehung zu anderen Ergebnissen führt als sie ein Patient aus seinem Alltagsleben kennt.

Insbesondere für Kurzzeitpsychotherapien haben sich Manuale bewährt. Derartige Kurzzeittherapien werden für Therapeuten, Patienten und die Gesellschaft zunehmend interessanter. Ich vermute, dass Kurzzeitpsychotherapien die Zukunft der Psychotherapie darstellen. Sicherlich ist diese Entwicklung auch die Folge von Versuchen der zunehmend auf die Kosten achtenden Gesellschaft zu verstehen, Langzeitbehandlungen und intensive Formen von Psychotherapien zu reduzieren, deren Kosten tatsächlich manchmal exzessiv erscheinen. Bemühungen, Psychotherapien zu verkürzen, reichen aber schon bis in die frühen 20er-Jahre zurück (Ferenczi & Rank

1925), sie lebten in den 40er-Jahren wieder auf (Alexander & French 1946) und sind seit 1980 besonders bedeutend (Crits-Christoph & Barber 1991).

Ein zentrales Merkmal aller Kurzzeitbehandlungen in der Psychotherapie ist die Herausarbeitung eines umschriebenen Arbeitsfeldes, das man als dynamischen Fokus bezeichnen kann (Malan 1963, 1976), als zentrales Beziehungskonfliktthema (Luborsky 1977), als zyklisch maladaptives Verhaltensmuster oder Ähnliches.

Bei all den Fortschritten, die Manuale vielleicht mit sich bringen werden, bleibt - egal ob es nun um kurze oder längere Psychotherapien geht - ein erhebliches Forschungsdefizit bestehen. Dieses Forschungsdefizit betrifft alle Fragen, welche die Fähigkeiten von Psychotherapeuten betreffen, den Erwerb dieser Fähigkeiten und die Erfassbarkeit wirklich kompetenter therapeutischer Arbeit.

## 8 Ausblick in die Zukunft

Die Psychotherapie ist eine Dienstleistung, die von Fachleuten verschiedener Disziplinen angeboten wird (Medizin, Pflege, Psychologie, Sozialarbeit). Psychotherapie ist ein Behandlungssystem, das beeinflusst wird durch:

- Die Werte und Normen einer jeden Disziplin
- Die Werte und Normen der Öffentlichkeit (d. h. der Patienten, Familien, Schulen, Gerichte)
- Die Werte und Normen der Gesundheitspolitiker (z. B. Regierungseinrichtungen und Versicherungen).

Dazu kommt, dass Psychotherapieforscher und Praktiker der Psychotherapie ebenfalls unterschiedliche Werte und Normen verfolgen. Es fragt sich, wie die Psychotherapieforschung diesen verschiedenen Instanzen in Zukunft gerecht werden kann.

1. Zuallererst sollten wir nie vergessen, dass Psychotherapie im Kontext einer menschlichen Beziehung vonstatten geht. Dies impliziert, dass Merkmale der Patienten, der Therapeuten und deren Interaktion eine Rolle spielen, die wohl bedeutsamer ist als die Rolle der Technik an sich.
2. Die große Mehrzahl der Menschen, die Psychotherapie brauchen, haben gar keine Chance, diese in Anspruch zu nehmen. Deshalb sollte sich die Psychotherapieforschung mehr den folgenden Bereichen widmen:

   - Prävention
   - Rehabilitation (z. B. Rückfallprävention)
   - Entwicklung psychotherapeutischer Methoden für ein breiteres Feld von Störungsbildern (z. B. Substanzenmissbrauch).

Auch sollten wir uns vermehrt darum bemühen, neue therapeutische Ansätze zu entwickeln und zu evaluieren. Wenn es gelingen soll, in der Öffentlichkeit ein positiveres Bild von Psychotherapie herzustellen und die Inanspruchnahme von Psychotherapie zu entstigmatisieren, dann müssen wir uns auch mehr darauf konzentrieren, Ausbildungsprogramme sorgfältiger zu evaluieren und bessere Kriterien für die Vergabe von Zertifikaten zu entwickeln.

3. Pychotherapeuten bieten Dienstleistungen im öffentlichen Interesse an. Demgemäß sind wir dazu gezwungen, ein besseres Verständnis dafür zu entwickeln, wie diese Dienstleistungen finanziert und verteilt werden können, wie Menschen, die sie anbieten, ausgebildet werden sollten und wie Patienten einen Weg in das Dienstleistungsprinzip finden. Schließlich ist von Relevanz, wie diese Dienstleistungen sich auf produktive Funktionen unserer Patienten auswirken. Das Angebot unserer Dienstleistungen wird naturgemäß bedeutend durch die Entscheidungen von Politikern, beispielsweise im Hinblick auf Limitierungen der Sitzungszahl, der Honorare und der Auswahl von Anbietern beeinflusst. Diesen Politikern müssen wir die besten Informationen liefern, auf deren Basis sie Entscheidungen treffen können. Somit müssen wir auch das Labor verlassen und naturalistische Untersuchungen im psychotherapeutischen Alltag durchführen und Ergebniskriterien entwickeln, die Politiker überzeugen können (beispielsweise Krankheitstage, Kriterien im Hinblick auf Kosten- bzw. Kosten-Nutzen-Relationen). Diesen wichtigen Aspekt von Psychotherapie dürfen wir nicht länger vernachlässigen. Wir müssen außerdem Informationen bereitstellen, die sich auf die Möglichkeit der Inanspruchnahme von Psychotherapie beziehen. Diese Informationen müssen auf eine Art und Weise in die Öffentlichkeit gebracht werden, dass sie die Effizienz unseres Berufsstandes nachhaltig belegen.
4. Um die Forschung auch für Kliniker relevant zu machen, sollten wir uns mehr um Patientenmerkmale kümmern, wie z. B. Motivation oder die Voraussetzung für therapeutische Zusammenarbeit. Bei all dem sollten wir aber die Fortschritte psychopharmakologischer Behandlungen keineswegs außer Acht lassen und diese mit berücksichtigen, wenn diese sinnvoll und hilfreich erscheinen.

Das fundamentale Nahziel der Psychotherapieforschung muss es sein, besser darüber entscheiden zu können, welche spezifizierten Behandlungen welchem Patienten in der Zukunft zugewiesen werden sollten. Letztendlich und langfristig muss unser Ziel sein, die besten verfügbaren Behandlungen weiterzuentwickeln und sie für alle Patienten zu optimieren.

Dieser Überblick über die Entwicklung der Psychotherapieforschung bezieht sich fast ausschließlich auf die US-amerikanische Forschungslandschaft. Wichtige Entwicklungen auf unserem Gebiet, die in Europa und anderswo vor sich gingen, wurden vernachlässigt. Ich wollte damit keinesfalls die seit dem Zweiten Weltkrieg substanziellen Beiträge meiner europäischen Kollegen zur Psychotherapieforschung schmälern.

So weit es nun um die Zukunft der Psychotherapie geht, möchte ich noch einmal auf meine Überzeugung hinweisen, dass Psychotherapie sowohl eine Technologie als auch eine menschliche Beziehung ist. Wie diese beiden Aspekte auf fruchtbare Weise zu verbinden sind, wird für die Forschung weiter ein wichtiges zukünftiges Feld darstellen. Um meine Grundhaltung zu verdeutlichen, kann ich kaum etwas besseres tun als Shakow, einen verdienstvollen Schizophrenieforscher der ersten Generation zu zitieren:

> „Ein wissenschaftliches Feld gehört seinen Wissenschaftlern und nicht den Praktikern. Die beiden Gruppen existieren aber zusammen und müssen voneinander lernen."

Ich glaube, dass wir noch einen weiten Weg vor uns haben, ehe dies Wirklichkeit wird. Ich bin froh, dass ich in meiner fast 50-jährigen beruflichen Laufbahn beide Lager gleichermaßen wertgeschätzt habe. Wenn ich aber gezwungen wäre, zu entscheiden, dann würde ich sagen, dass Psychotherapie in jeglicher Form - aus psychodynamischer oder kognitiv-behavioraler Sicht - eine spezifische menschliche Beziehung ist, die letztlich genährt wird durch einen Patienten oder eine Patientin, der oder die in ihr aufgehoben und lernbereit ist und einen Therapeuten oder eine Therapeutin, der oder die über die technischen Fertigkeiten und menschliche Qualitäten verfügt, die das Wachstum der Persönlichkeit und Änderungen des Verhaltens fördern können. Dabei muss allerdings klar sein, dass selbst unter den besten Bedingungen - und diese wird man selten antreffen - Geduld, Überzeugung und harte Arbeit wesentliche Zutaten von Psychotherapie sind. Wir können keine Wunder vollbringen und sollten diese auch nicht erwarten.

Psychotherapie kann an der Schwelle zum 21. Jahrhundert und im Gegensatz zur Ansicht Freuds nicht länger als eine Form der „Nacherziehung" oder als eine Entdeckungsreise gesehen werden, sondern als Service, der durch mehr oder weniger gut ausgebildete „Agenten" von Regierungen oder Versicherungen in kleiner - oftmals extrem inadäquater - Dosis verabreicht wird. Psychotherapie wird immer kürzer und in den Augen der „Managed-Care-Industrie" kostengünstiger. Somit könnte die Psychotherapie mehr und mehr der Fast-Food-Industrie, wie McDonalds, ähnlicher werden als einer menschlichen Begegnung. Wie so oft scheinen hier die USA eine Richtung vorzugeben. Ob folgende Generationen diesen Trend wohl umkehren können?

## Literatur

Alexander, F. & French, T. M. (1946): Psychoanalytic therapy: Principles and applications. New York: Ronald Press

Anchin, J. C. & Kiesler, D. J. (Eds.). (1982): Handbook of interpersonal psychotherapy. New York: Pergamon Press

Bergin, A. E. & Garfield, S. L. (Eds.). (1971): Handbook of psychotherapy and behavior change (1st Ed.). New York: Wiley

Bergin, A. E. & Garfield, S. L. (Eds.). (1994): Handbook of psychotherapy and behavior change (4th Ed.). New York: Wiley

Bergin, A. E. & Lambert, M. J. (1978): The evaluation of therapeutic outcomes. In S. L. Garfield & A. E. Bergin (Eds.) (1978): 139 - 190

Bergin, A. E. & Strupp, H. H. (1972): Changing frontiers in the science of psychotherapy. Chicago: Aldine-Atherton

Binder, J. L. & Strupp, H. H. (1991): The Vanderbilt approach to Time-Limited Dynamic Psychotherapy. In: P. Crits-Christoph & J. P. Barber (Eds.) (1991): 137 - 161

Crits-Christoph, P. & Barber, J. P. (Eds.). (1991): Handbook of short-term dynamic psychotherapy. New York: Basic Books

Dittmann, A. T. (1962): The relationship between body movements and moods in interviews. In: Journal of Consulting Psychology 26: 480

Emmelkamp, P. M. G. (1986): Behavior therapy with adults. In S. L. Garfield & A. E. Bergin (Eds.) (1986 a): 385 - 442

Epstein, L. & Feiner, A. H. (Eds.) (1979): Countertransference. New York: Jason Aronson

Eysenck, H. J. (1952): The effects of psychotherapy: An evaluation. In: Journal of Consulting Psychology 16: 319 - 324

Fagan, T. K. & VandenBos, G. R. (Eds.) (1993): Exploring applied psychology: Origins and critical analyses. Washington, D. C.: American Psychological Association

Fenichel, O. (1930): Statistischer Bericht über die therapeutische Tatigkeit, 1920 - 1930. In: Zehn Jahre Berliner Psychoanalytisches Institut. Vienna: International Psychoanalytischer Verlag: 13 - 19

Ferenczi, S. & Rank, O. (1925): Development of psychoanalysis. (Translated by C. Newton.) New York: Nervous and Mental Disease Publishing Co.

Fiedler, F. (1950 a): The concept of an ideal therapeutic relationship. In: Journal of Consulting Psychology 14: 239 - 245

Fiedler, F. (1950 b): A comparison of therapeutic relationships in psychoanalytic, nondirective, and Adlerian therapy. In: Journal of Consulting Psychology 14: 436 - 445

Fiedler, F. (1951): Factor analyses of psychoanalytic, nondirective, and Adlerian therapeutic relationships. In: Journal of Consulting Psychology 15: 32 - 38

Frank, J. D. (1973): Persuasion and healing: A comparative study of psychotherapy (2nd Ed.). Baltimore, M. D.: Johns Hopkins University Press

Frank, J. D. (1974): Therapeutic components of psychotherapy. In: Journal of Nervous and Mental Disease 159: 325 - 342.

Frank, J. D. (1982): Therapeutic components shared by all psychotherapies. In: J. H. Harvey & M. M. Parks (Eds.) (1982):

Freedman, N. & Grand, S. (Eds.) (1977): Communicative structures and psychic structures. New York: Plenum Press

Freud, S. (1916/ 1963): Analytic therapy. In J. Strachey (Ed. & Trans.) (1963): 448 - 463

Freud, S. (1937/ 1964): Analysis terminable and interminable. In: J. Strachey (Ed. & Trans.): 216 - 253

Garfield, S. L. & Bergin, A. E. (Eds.) (1978): Handbook of psychotherapy and behavior change: An empirical analysis (2nd Ed.). New York: Wiley

Garfield, S. L. & Bergin, A. E. (Eds.) (1986 a): Handbook of psychotherapy and behavior change (3rd Ed.). New York: Wiley

Garfield, S. L. & Bergin, A. E. (Eds.) (1986 b): Introduction and historical overview. In: S. L. Garfield & A. E. Bergin (Eds.) (1986): 3 - 22

Gill, M. M. (1982): Analysis of transference I: Theory and technique. New York: International Universities Press

Gomes-Schwartz, B. (1978): Effective ingredients in psychotherapy: Predictions of outcome from process variables. In: Journal of Consulting and Clinical Psychology 46: 1023 - 1035

Greenberg, L. S. & Pinsof, W. M. (Eds.) (1986): The psychotherapeutic process: A research handbook. New York: Guilford

Hartley, D. E. & Strupp, H. H. (1983): The therapeutic alliance: Its relationship to outcome in brief psychotherapy. In: J. Masling (Ed.) (1983): 1 - 37

Harvey, J. H. & Parks, M. M. (Eds.) (1982): Psychotherapy research and behavior change. Vol. 1: The master lecture series. Washington, D. C.: American Psychological Association

Henry, W. P., Schacht, T. E. & Strupp, H. H. (1986): Structural Analysis of Social Behavior: Application to a study of interpersonal process in differential psychotherapeutic outcome. In: Journal of Consulting and Clinical Psychology 54. 1986. 27 - 31

Hollon, S. D. & Beck, A. T. (1986): Research on cognitive therapies. In :S. L. Garfield & A. E. Bergin (Eds.) (1986 a): 443 - 482

Howard, K. I., Kopta, S. M., Krause, M. S. & Orlinsky, D. E. (1986): The dose-effect relationship in psychotherapy. In: American Psychologist 41: 159 - 164
Klerman, G. L., Rounsaville, B., Chevron, E., Neu, C. & Weissman, M. M. (1984): Interpersonal psychotherapy of depression. New York: Basic Books
Levenson, H. (1995): Time limited dynamic psychotherapy: a guide to clinical practice. New York: Basic Books
Luborsky, L. (1977): Measuring a pervasive psychic structure in psychotherapy: The core conflictual relationship theme. In N. Freedman & S. Grand (Eds.) (1977):
Luborsky, L. (1984): Principles of psychoanalytic psychotherapy: A manual for supportive-expressive treatment. New York: Basic Books
Malan, D. H. (1963): A study of brief psychotherapy. New York: Plenum Press
Malan, D. H. (1976): Toward the validation of dynamic psychotherapy: A replication. New York: Plenum Press
Masling, J. (Ed.) (1983): Empirical studies of psychoanalytical theories. Vol. 1. Hilldale, N. J.: The Analytical Press
McNeilly, C. L. & Howard, K. I. (1991): The effects of psychotherapy: A reevaluation based on dosage. In: Psychotherapy Research 1: 74 - 78
Rogers, C. R. (1951): Client-centered therapy. Boston: Houghton Mifflin
Rogers, C. R. & Dymond, R. F. (Eds.) (1954): Psychotherapy and personality change. Chicago: University of Chicago Press
Rounsaville, B. J., O'Malley, S., Foley, S. & Weissman, M. M. (1988): Role of manual-guided training in the conduct and efficacy of interpersonal psychotherapy for depression. In: Journal of Consulting and Clinical Psychology 56: 681 - 688
Sachs, J. S. (1983): Negative factors in brief psychotherapy: An empirical assessment. In: Journal of Consulting and Clinical Psychology 51: 557 - 564
Schaffer, N. D. (1982). Multidimensional measures of therapist behavior as predictors of outcome. In: Psychological Bulletin 92: 670 - 681
Schaffer, N. D. (1983): Methodological issues of measuring the skillfulness of therapeutic techniques. In: Psychotherapy: Theory, Research and Practice 20: 486 - 493
Schlesinger, H. (1982): Resistance as a process. In: P. Wachtel (Ed.) (1982):
Smith, M. L., Glass, G. V. & Miller, T. I. (1980): The benefits of psychotherapy. Baltimore: Johns Hopkins University Press
Strachey, J. (Ed. & Trans.) (1963): The Standard Edition of the Complete Psychological Works of Sigmund Freud. Vol. 16. London: The Hogarth Press
Strachey, J. (Ed. & Trans.) (1964): The Standard Edition of the Complete Psychological Works of Sigmund Freud. Vol. 23. London: The Hogarth Press
Strupp, H. H. (1955 a): An objective comparison of Rogerian and psychoanalytic techniques. In: Journal of Consulting Psychology 19: 1 - 7
Strupp, H. H. (1955 b): Psychotherapeutic technique, professional affiliation, and experience level. In: Journal of Consulting Psychology 19: 97 - 102
Strupp, H. H. (1955 c): The effect of the psychotherapist's personal analysis upon his techniques. In: Journal of Consulting Psychology 19: 197 - 204
Strupp, H. H. (1957 a): A multidimensional analysis of techniques in brief psychotherapy. In: Psychiatry 20: 387 - 397
Strupp, H. H. (1957 b): A multidimensional system for analyzing psychotherapeutic techniques. In: Psychiatry 20: 293 - 306
Strupp, H. H. (1958): The psychotherapist's contribution to the treatment process: An experimental investigation. In: Behavioral Science 3: 34 - 67
Strupp, H. H. (1959): Toward an analysis of the therapist's contribution to the treatment process. In: Psychiatry 22: 349 - 362
Strupp, H. H. (1960 a): Psychotherapists in action: Explorations of the therapist's contribution to the treatment process. New York: Grune & Stratton
Strupp, H. H. (1960 b): Nature of psychotherapist's contribution to treatment process: Some research results and speculations. In: AMA Archives of General Psychiatry 3: 219 - 231
Strupp, H. H. (1969): Toward a specification of teaching and learning in psychotherapy. In: Archives of General Psychiatry 21: 203 - 212

Strupp, H. H. (1970): Specific vs. nonspecific factors in psychotherapy and the problem of control. In: Archives of General Psychiatry 23: 393 - 401
Strupp, H. H. (1972 a): Needed: A reformulation of the psychotherapeutic influence. In: International Journal of Psychiatry 10: 114 - 120
Strupp, H. H. (1972 b): On the technology of psychotherapy. In: Archives of General Psychiatry 26: 270 - 278
Strupp, H. H. (1973): On the basic ingredients of psychotherapy. In: Journal of Consulting and Clinical Psychology 41: 1 - 8
Strupp, H. H. (1980 a): Success and failure in time-limited psychotherapy: A systematic comparison of two cases. (Comparison 1.) In: Archives of General Psychiatry 37: 595 - 603
Strupp, H. H. (1980 b): Success and failure in time-limited psychotherapy: A systematic comparison of two cases. (Comparison 2.) In: Archives of General Psychiatry 37: 708 - 716
Strupp, H. H. (1980 c): Success and failure in time-limited psychotherapy: With special reference to the performance of a lay counselor. (Comparison 3.) In: Archives of General Psychiatry 37: 831 - 841
Strupp, H. H. (1980 d). Success and failure in time-limited psychotherapy: Further evidence. (Comparison 4.) In: Archives of General Psychiatry 37: 947 - 954
Strupp, H. H. (1993): Psychotherapy Research: Evolution and current trends. In: T. K. Fagan & G. R. VandenBos (Eds.) (1993): 159 - 193
Strupp, H. H. & Binder, J. L. (1984): Psychotherapy in a new key: A guide to time-limited dynamic psychotherapy. New York: Basic Books
Strupp, H. H., Butler, S. F. & Rosser, C. L. (1988): Training in psychodynamic psychotherapy. In: Journal of Consulting and Clinical Psychology 56: 689 - 695
Strupp, H. H., Fox, R. E. & Lessler, K. (1969): Patients view their psychotherapy. Baltimore, MD: Johns Hopkins Press
Strupp, H. H. & Hadley, S. W. (1979): Specific versus nonspecific factors in psychotherapy: A controlled study of outcome. In: Archives of General Psychiatry 36: 1125 - 1136
Strupp, H. H., Hadley, S. W. & Gomes-Schwartz, B. (1977): Psychotherapy for better or worse: An analysis of the problem of negative effects. New York: Jason Aronson
Suh, C. S., O'Malley, S. S., & Strupp, H. H. (1986): The Vanderbilt Process Measures: The Psychotherapy Process Scale (VPPS) and the Negative Indicators Scale (VNIS). In: L. S. Greenberg & W. M. Pinsof (Eds.) (1986): 285 - 324
Sullivan, H. S. (1953): The interpersonal theory of psychiatry. New York: W. W. Norton
Wachtel, P. (Ed.) (1982): Resistance in psychodynamic and behavioral therapies. New York: Plenum Press

# Zwischen Auflehnung und Anlehnung. Auf der Suche nach einer psychotherapeutischen Identität

*Katharina Ersfeld-Strauß*

Als ich ein junges Mädchen war, schenkte mir meine Mutter ein kleines Büchlein mit Aussprüchen von Albert Schweitzer - ein Büchlein, das ich bis heute besitze. Ein Spruch darin hatte es mir besonders angetan (ohne Jahr: 55):

> „Viel Kälte ist unter den Menschen, weil wir nicht wagen, uns so herzlich zu geben, wie wir sind."

Ich kreuzte diesen Spruch an und zitierte ihn altklug bei allen passenden und unpassenden Gelegenheiten. Später habe ich mich dafür geschämt, habe alles - so auch Schweitzer mit seiner sehr zwiespältigen Lebensgeschichte - hinterfragt. Aber ich habe diesen Spruch nie vergessen. Als ich vor Monaten begann, mich gedanklich mit diesem Beitrag, mit meiner beruflichen Entwicklung und Identitätsbildung und dem, was mir davon für andere mitteilenswert erscheint, zu beschäftigen, tauchte wieder dieser Ausspruch vor mir auf. Es erscheint mir heute, als hätte sich mein beruflicher Weg, mein Ringen um therapeutische Identität immer um diesen Spruch gerankt. Im Verlaufe der ersten Ausbildungs- und Berufsjahre wurde nichts so hinterfragt, lächerlich gemacht und negiert, wie die mir - wie allen anderen Menschen und Therapeuten - primär innewohnende Natürlichkeit, Direktheit und Herzlichkeit. Ich habe später mühevoll, über einen - zumindest innerhalb der Psychotherapielandschaft - einsamen Weg heimlich zu ihr zurückgefunden, und erst in den letzten Jahren ist es mir auf Grund einer größeren eigenen Stabilität und der Begegnung mit Kollegen, die ähnlich denken wie ich und offen dazu stehen, möglich, mich ohne Scham und schlechtes Gewissen auch zu dieser Herzlichkeit gegenüber Patienten zu bekennen. Wenn ich im Werk von Gaetano Benedetti (1983, 1992) lese, dass in seinen Augen die Urdimension der Existenz Liebe ist und dass das, was in der Therapie hilft, mit dieser Liebe zu tun hat, dann bedeutet das offene Bekenntnis zu dieser Aussage für mich die Befreiung aus einem jahrelangen Gefängnis, dessen Gitterstäbe „therapeutische Abstinenz", „Reinheit der Methode" usw. hießen.

Auch wenn meine berufliche Biografie nur ein Einzelbeispiel darstellen kann und ich mir im Klaren darüber bin, dass mein Gesichtsfeld immer sehr begrenzt war und ist, habe ich in den letzten Jahren zunehmend erlebt, dass andere an anderer Stelle ähnliche Erfahrungen gemacht haben (oft unter ganz anderen gesellschaftlichen Verhältnissen und in ganz anderen Institutionen) und dass mir deshalb manches davon heute unbedingt mitteilenswert erscheint.

Ich habe nach einem 4-jährigen Studium der Sozialpsychologie an der Universität in Jena 1975 meine Arbeit in dem Bezirkskrankenhaus für Psychiatrie und Neurologie Westewitz-Hochweitzschen mit dem angrenzenden Psychiatrischen Gefängnis Waldheim begonnen. Ich war 23 Jahre jung und außer meiner Jugend und Kraft ohne jegliches Rüstzeug, dem zu begegnen, was mich erwartete: ein unvorstellbares Grauen. Das Gespräch mit dem Direktor der Klinik am ersten Arbeitstag verlief so, dass er mir mitteilte, dass die neurologischen und psychiatrischen Patienten, die es in dieser Klinik gäbe, von den Ärzten und Schwestern gut versorgt seien, und dass die Neurotiker, mit denen Psychologen sich wohl beschäftigten, seiner Ansicht nach Menschen seien, die zu faul zum Arbeiten seien - daraus leite sich auch seine Einstellung gegenüber Psychologen ab. Ein Arbeitszimmer für mich gäbe es nicht. Ich habe 3 Jahre in dieser Klinik gearbeitet. Das, was für mich nach so vielen Jahren so erschreckend erscheint, ist, dass keiner der mir vorgesetzten Ärzte das Grauen als Grauen benannte und mich in irgendeiner Weise darauf vorbereitete. Es bedeutet nicht, dass ich nicht auf Fachverständnis, Wohlwollen, Fleiß usw. stieß - aber in dieser ganzen Zeit sprach niemand mit mir über meine Angst, meinen Ekel, meine Ohnmacht in Anbetracht der vielen elenden - zum Teil jahrzehntelang aufbewahrten - Patienten, die hinter den Gittern klemmten, schrien, gewalttätig waren, in katatoner Starre verharrten. Als ich beim Zuschauen während der für mich ersten Elektrokrampfbehandlung, die ja damals noch serienweise und ohne jegliche Betäubung erfolgten, fast ohnmächtig wurde und das Zimmer verließ, sorgte das für Gelächter. Nach dem Schock der ersten Wochen, den ich mir damals nicht einmal selbst wirklich zugestand, vergrub ich meine Vorstellung in Bezug auf Psychotherapie, so weit ich solche zu der damaligen Zeit überhaupt besaß und versuchte, Psychiatrie und psychiatrische Krankheitsbilder zu begreifen. Ich lernte von den Psychiatern, was Psychiater über Patienten wissen und fing an, von jenen zu lernen, von denen ich im Laufe meines ganzen Berufslebens am meisten gelernt habe: von meinen Patienten.

Nach 3 Jahren wechselte ich die Arbeitsstelle und begann meine Arbeit in der Psychiatrisch-Neurologischen-Klinik des Städtischen Krankenhauses in Weimar. Zu diesem Zeitpunkt wusste ich für eine Psychologin viel aus dem Fachbereich der Psychiatrie, ohne jedoch Psychiaterin zu sein. Ich wusste so gut wie nichts über Psychotherapie. Man begegnete mir in dieser Klinik mit sehr viel Wohlwollen und Freundlichkeit, was nichts daran änderte, dass es eine somatisch orientierte Klinik war und keinerlei Erfahrung auf psychotherapeutischem Gebiet vorlag. Ich versuchte zunächst, mir meine Legitimation als Arbeitskraft über meine Tätigkeit als „Hilfspsychiaterin" zu verschaffen. Erst nach und nach eignete ich mir über verschiedene Ausbildungsgänge psychotherapeutisches Wissen an, was ich zunehmend in den psychiatrischen Alltag einbringen konnte.

Es war für mich sehr bald deutlich, dass ich all das, was ich in dieser Klinik psychotherapeutisch aufbauen wollte, nur dann konnte, wenn es Ärzte und Schwestern verstanden und tolerierten. Das hat dazu geführt, dass ich psychotherapeutisches Denken in eine Sprache übersetzen musste, die alle - einschließlich unserer sehr klugen Sekretärin - verstanden. Diese Notwendigkeit zur Übersetzung hat mir nie geschadet, hat mich vor Realitätsverlust bewahrt. Aber es entstand dadurch eine Situation, in der ich mich fast mein ganzes Berufsleben über befand - eine Situation zwischen den Stühlen. Auf dem einen Stuhl saßen die Psychiater mit ihrer noch bis vor einigen Jahren skeptischen Haltung bezüglich grundlegender psychotherapeutischer Behandlungsmöglichkeiten, auf dem anderen Stuhl saßen die Psychotherapeuten in den anerkannten psychotherapeutischen Spezialabteilungen, die in meinen Augen auf nichts so achteten, wie auf die Reinhaltung ihrer Methode, einer Methode, mit der 90 % der Patienten, mit denen ich es tagtäglich zu tun hatte, nicht behandelt werden konnten - die Intendiert-Dynamische Gruppentherapie. Es ist mir bis heute unverständlich, wieso in diesen Spezialabteilungen über Jahre mit der größten Selbstverständlichkeit alle Patienten mit massiven frühen Störungsanteilen aussortiert wurden bzw. deren psychotische Dekompensation in Kauf genommen wurde, falls es „versehentlich" zur Aufnahme gekommen war - wieso nie die Methode selbst grundlegend in Frage gestellt wurde. Mir hat es außerdem nie geschadet, den endogenen Anteil von psychischen Erkrankungen zu akzeptieren und die Hilfe, die von psychiatrischer Seite erfolgen kann, meist medikamentöser Art, auch zu nutzen. Nie habe ich verstanden, wieso Patienten von Psychotherapeuten vor die absurde Alternative gestellt wurden: entweder Psychotherapie oder Medikamente. Gerade in der Behandlung frühgestörter Patienten habe ich die teilweise Parallelbehandlung von Psychiater und Psychotherapeut immer als ausgesprochen hilfreich und oft als unumgänglich erlebt. In all den Jahren habe ich vonseiten der Psychiater sehr viel mehr Offenheit gegenüber psychotherapeutischen Mitbehandlungen erlebt als von Seiten der Psychotherapeuten gegenüber den Psychiatern.

Für mich selbst war ein wirklich verheerender Teil meiner beruflichen Entwicklung die über zirka 4 Jahre dauernde selbsterfahrungsbezogene Ausbildung in der Methode der Intendiert-Dynamischen Gruppenpsychotherapie. Ich habe das Grundlagenseminar in Hirschgarten 1986 und die Langzeitkommunität in Stove von 1987 - 1989 besucht. Entgegen vieler anders lautender Berichte aus dieser Zeit muss ich für mich persönlich feststellen, dass diese Erfahrung zu den demütigendsten, ängstigendsten und erniedrigendsten gehört, die ich je erlebt habe. Diese Selbsterfahrungskurse waren freiwillig, aber ich hatte - wie viele andere - den Eindruck, dass der, der in der DDR ein guter Therapeut werden wollte, diese Selbsterfahrung durchlaufen und aushalten muss. Alle, die ich kannte, hatten große Angst davor, weil die Berichte aus diesen Gruppen ausgesprochen angstauslösend waren. Diese Methode war eine, in der initial eine absolute Beziehungsverweigerung von Seiten der Therapeuten und Lächerlichmachung und Entwertung der Teilnehmer erfolgte - das Ergebnis waren Verunsicherung, Labilisierung, rasche und in meinen Augen brutale Aufbrechung der Abwehrstruktur. Der Widerstand, das Abwehrgefüge einer Person wurde nicht als Ich-Leistung anerkannt, sondern sozusagen mit der Brechstange aufgebrochen und verächtlich gemacht. Die Gruppenleiter, die „Trainer" genannt wurden, verzichteten auf all das, was ein Mensch in meinen Augen braucht, um sich mit all seiner Unzulänglichkeit, seiner Ängstlichkeit, seiner Bedürftigkeit angenommen und aufgehoben zu fühlen. Dazu ein Zitat von Ludwig Drees (1997: 99):

> „Dabei kommt der frühen Gestörtheit eine ganz entscheidende Bedeutung zu, aber nicht als Diagnose für spezielle Patienten, sondern als Paradigma des Menschseins überhaupt, das den Urgrund seiner Befindlichkeit beschreibt: Eine letztendliche Hilflosigkeit, Bedürftigkeit und Angewiesenheit."

Die infolge der speziellen Interventionen des Gruppenleiters entstehende Gruppendynamik, die zu rascher Ausbildung von bestimmten Positionen in der Gruppe führte, hatte - in Fragebögen und Soziogrammen festgehalten - eine Rangordnung der Beliebtheit zur Folge - eine Rangordnung, die täglich im Flur ausgehängt wurde und nun auch von den Teilnehmern der anderen parallel laufenden Gruppen eingesehen werden konnte. Die Angst, auf dieser Liste an letzter Stelle zu stehen und zu der Beschämung durch die Trainer nun noch die durch die Gruppenmitglieder zu erfahren, mobilisierte wohl in jedem von uns alte Kindheitsängste, ausgestoßen zu sein. Sie führte in meinen Augen genau zum Gegenteil von dem, was in einer guten Selbsterfahrung oder guten Therapie erfolgen sollte - nach der Lächerlichmachung der Abwehr führte sie zur Mobilisierung unserer alten Abwehrstrukturen, die einem zumindest die gewohnte Stellung in Gruppen einbrachte. Am Ende der Grundkurses erhielt jeder Teilnehmer eine Art Zeugnis. Es gab Noten für: Emotionale Stabilität, Bereitschaft zur Darlegung von Konflikten, Verarbeitungsfähigkeit eigener Konflikte, Konstruktivitätsverhalten in der Gruppe und Sensibilität für Interaktionsbeziehungen. Dieses Zeugnis diente als Grundlage dafür, im Ergebnis dieser Gruppe an einer Langzeitkommunität teilnehmen zu können und wurde von Trainern und Gruppenteilnehmern erstellt. Ich erinnere mich heute mit großer Scham daran, dass während der „Zeugnisausgabe" einem Mann aus dieser Gruppe, der sich während der gesamten 10 Tage mutig mit den Trainern dahingehend auseinandergesetzt hatte, dass er die Methode und die verächtliche Art der Therapeuten in Frage gestellt hatte, ein schlechtes Zeugnis ausgestellt wurde, was eine weitere Teilnahme unmöglich machte. Ich erinnere mich mit Scham, weil auch ich damals - so wie die Trainer - meinte, dass wohl etwas mit diesem Mann nicht stimmen könnte und nicht etwa mit der Methode. Ich habe - besonders nach der Wende - von führenden Vertretern dieser Methode gehört und gelesen, welche positiven Auswirkungen die Intendiert-Dynamische Therapie sowohl auf Ausbildungskandidaten als auch auf Patienten gehabt habe. Ich kann das für mich und meine Patienten so nicht sehen. Und dabei erscheint mir die jetzt so heftig geführte Diskussion, ob diese Methode nun eine analytische war oder nicht, relativ uninteressant. Die Katastrophe bestand für mich und meine Patienten in der verachtenden und überheblichen Haltung der Therapeuten.

Das Dilemma war, dass es in dieser Zeit sowohl in Bezug auf die Selbsterfahrung als auch in Bezug auf die Therapie kaum Ausweichmöglichkeiten gab und ich nach dieser erniedrigenden Selbsterfahrung und der für meine Arbeit mit meinen Patienten in wesentlichen Bereichen untauglichen Ausbildung darauf angewiesen war, die Patienten, die mir in meinem Alltag begegneten, ausschließlich nach meinem gesunden Menschenverstand zu behandeln - und das dazu noch heimlich. Das, was mir daran unter anderem bemerkenswert erscheint, ist, dass sehr viele Patienten gesund oder viel gesünder geworden sind. Ich habe im Laufe dieser Jahre sehr viele Patienten mit der Diagnose „Schizophrenie" oder „endogene Depression" behandelt - heute würde man sicher in vielen Fällen von Persönlichkeitsstörungen sprechen - und habe die Erfahrung gemacht, dass sie in meinen Augen oft vor allem durch die Tatsache, dass ich an ihre Gesundungsmöglichkeiten glaubte, sie ernst nahm und ihnen - so schwer das auch oft war - treu blieb, gesund geworden sind.

Eine Patientin mit Borderline-Störung sagte nach der ersten Zeit schwerer psychotherapeutischer Arbeit einmal zu mir:

„Es war eisiger Winter, ich bin nicht erfroren. Sie haben mir eine Winterjacke gegeben. Die passte nicht so gut und war nicht mein Geschmack. Aber ich habe überlebt. Jetzt kann ich mir mit Ihrer Hilfe in Ruhe eine Jacke kaufen, die paßt und die mir gefällt."

Dieser Ausspruch deckt sich mit meinem Gefühl zu meiner Arbeit in der Psychiatrie bis zur Wende. Ich habe meine Arbeit oft so erlebt, als hätte ich Jacken verteilt - Jacken, die weder besonders gut passten noch in irgendeiner Weise der Mode entsprachen, die aber zumindest wärmten.

Die oft beschriebene Wärme unter den Ostdeutschen habe ich innerhalb der Psychotherapieszene nicht erlebt, was ich meiner Ansicht nach auch daran zeigt, dass es bestimmte Worte innerhalb der Psychotherapie nicht gab - Worte wie Barmherzigkeit, Demut. Ich bin sehr verwundert, wenn ich heute Vergangenheitsberichte lese, höre und erfahre, dass es die Patienten, mit denen ich in der Psychiatrie gearbeitet habe, gar nicht in dem Ausmaß gegeben hätte, sondern dass die Menschen erst im Verlaufe der Wende dekompensiert seien und man deshalb auch erst jetzt die Behandlungsmethode dementsprechend modifizieren müsse.

Ich selbst erlebte die Wende nicht - oder nur zu einem geringen Teil - als die oft beschriebene Verunsicherung, sondern als geistige Befreiung. Ich entschloss mich 1991 zu einer eigenen Therapie und zu einer erneuten Ausbildung, diesmal innerhalb der Transaktionsanalyse in Oldenburg. Erstmals erlebte ich hier vonseiten meiner Therapeuten und Ausbilder einen Umgang mit mir und meinen Patienten, wie ich ihn bis dahin offiziell nicht für möglich gehalten hätte - einen liebevollen, achtungs- und respektvollen Umgang. Ich habe diese neuen Erfahrungen aufgenommen wie ein ausgetrockneter Schwamm. Neben der erstmaligen Möglichkeit, eigene Defizite im geschützten Raum spüren und teilweise ausheilen lassen zu können, empfand ich es nach so vielen Berufsjahren als ausgesprochen erleichternd, auf fachlichem Gebiet Bezeichnungen und Konzepte für das zu finden, was ich bis dahin instinktiv getan hatte.

1996 verließ ich die Psychiatrische Klinik und gründete eine eigene Praxis. Ich habe eine Zulassung für tiefenpsychologische Therapie. Die Patienten, die jetzt zu mir kommen, sind nicht durchweg so krank, die Arbeit ist für mich überschaubarer. Wie alle niedergelassenen Psychotherapeuten ärgere ich mich über die zum Teil völlig unsinnigen Psychotherapierichtlinien und versuche mich - vor allem im Rahmen des Gutachterverfahrens - an den Stellen auseinanderzusetzen, wo es mir im Sinne der Patienten unbedingt notwendig erscheint.

Wesentliches, was ich im Laufe meines hier kurz skizzierten Berufslebens gelernt habe, ist Folgendes:

Es erscheint mir wichtig, zu registrieren und anzuerkennen, dass die Wahl des Berufs Psychotherapeut in den meisten Fällen - wenn auch zurzeit der Berufswahl noch unreflektiert - auf Grund eigener seelischer Verletzungen entsteht, und dass die spätere Ausübung dieser Tätigkeit das Wissen um eigene seelische Verletzungen und Verletzbarkeiten sogar unbedingt voraussetzt. Wenn dem so ist, erscheint es mir für die Ausbildung von Psychotherapeuten unumgänglich zu sein, diese zu erkennen, zu benennen und ernst zu nehmen. Es erscheint mir wichtig, diese Verletzungen im Rahmen der Ausbildung in einer wohlwollenden, annehmenden, respektvollen

Atmosphäre so weit als möglich auszuheilen. Jeder spätere Psychotherapeut sollte an sich selbst erleben dürfen, wie wohl eine haltgebende, mütterlich oder väterlich geprägte Atmosphäre tut, in der sowohl die traumatisierenden Erlebnisse als auch die wachstumsfördernden guten Erfahrungen aus der Vergangenheit Raum haben. Jeder von uns sollte erfahren dürfen, wie nach einer nochmaligen, manchmal erstmaligen inneren Auseinandersetzung auch Versöhnung mit den eigenen Eltern aussehen kann. Hier erscheint mir ein Gedanke von Kathrin Asper (1994) wichtig, die „Ungeborgenheit" als *Lebensthema* und nicht als Schuld der Eltern begreift. Demjenigen, der uns durch die Ausbildung, durch die Selbsterfahrung, durch die Therapie führt, sollte in meinen Augen eine zentrale Stellung zukommen. In dem sehr schönen Buch von Alice Bernhard-Hegglin (1999), „*Die therapeutische Begegnung*", lese ich, wie wichtig es ihr erscheint, den eigenen Lehrer auch nach vielen Berufsjahren noch als „leuchtende innere Gegenwart" zu erleben. Hierbei wird mir noch einmal bitter bewusst, dass ich - wie die meisten anderen DDR-Psychotherapeuten - auf Grund der damals typischen Selbsterfahrungsmodalitäten einen solchen Lehrer, der mich behutsam in diesen schweren Beruf eingeführt hat, über die ersten 15 Jahre meines Berufslebens nicht hatte. Ich überlege, welche Auswirkungen es auf uns selbst, auf unsere späteren Therapien mit Patienten hätte, wenn wir einen Teil der Ausbildung nicht als Selbsterfahrung, sondern tatsächlich als Therapie bezeichnen würden. Eine Selbsterfahrung basiert auf der Annahme, dass das Ausmaß der eigenen Verletzung keinesfalls dem unserer späteren Patienten ähnelt - ein Fakt, der - wie jeder von uns später erfährt - in vielen Fällen nicht stimmt. Wenn diejenigen, die die Ausbildung und Therapie eines jungen Kollegen begleiten, gleichzeitig die Verantwortung dafür übernehmen würden, nicht therapierbare Störungen oder Defizite auch als solche zu benennen, würde sowohl den potenziellen Therapeuten als auch den späteren Patienten erspart bleiben, ein ganzes Berufsleben lang unter den emotionalen, offensichtlich nicht therapierbaren Defiziten eines Therapeuten zu leiden Irvin D. Yalom sagt in seinem Buch „*Die Rote Couch*" (1998: 14):

> „Verschwenden Sie Ihre Zeit nicht damit, Therapeuten auszubilden, die Zeit ist besser genutzt, wenn Sie sie auswählen."

Ich denke, dass das ein Gedanke ist, der in der Ausbildung junger Therapeuten viel zu wenig Raum hat.

Es erscheint mir wichtig, Patienten als die eigentlichen Experten ihrer Seele zu begreifen und da, wo das nicht ausreichend der Fall ist, ihnen zu helfen, dazu zu werden. Es erscheint mir wichtig, anzuerkennen, dass die Tatsache, dass der eine Mensch auf dem Patientenstuhl und der andere auf dem Therapeutenstuhl sitzt, uns nicht zu der Annahme verleiten sollte, dass wir die Überlegeneren sind. In meinen Augen ist es oft die Folge einer frühen unbewussten Entscheidung, die eine andere Ausbildungssituation und Berufssituation zur Folge hat oder auch Folge eines größeren sozialen Glücks im Leben. Wenn wir nicht nur theoretisch sondern auch in unserem Fühlen die verschiedenen Abwehrmechanismen der Patienten - bis hin zu den psychotischen - als wirkliche Leistung begreifen, hätte das in meinen Augen gravierende Auswirkungen auf die Achtung vor Patienten. An dieser Stelle sollte uns zu denken geben, dass unsere Berufsgruppe - trotz aller Ausbildung und Selbsterfahrung - zu den Gruppen mit besonders hoher Selbstmordrate zählt - eine Tatsache, die nicht unbedingt für unsere Fähigkeit, gute Überlebensstrategien zu entwickeln, spricht. Ich denke, dass wir in dieser Beziehung von den Patienten lernen können, und ich habe immer wieder erlebt, was es im Patienten auslöst, wenn ich seine Abwehr tatsächlich als Leistung anerkenne - eine, zu der ich vielleicht nicht in der Lage gewesen wäre.

Ein Ausdruck dessen, ob und wie ich Patienten achte, ist in meinen Augen z. B. auch, inwieweit ich ihnen Einblick in das gewähre, was ich anderen Kollegen gegenüber über sie mitteile. Ich sehe nicht einen einzigen Grund, Patienten das, was über sie geschrieben wurde, nicht zu zeigen. Annette Simon schreibt in ihrem Buch „*Versuch, mir und anderen die ostdeutsche Moral zu erklären*", dass es sie sehr beschämt habe, als eine Patienten nach Jahren Einsicht in ihre eigene Krankenakte verlangte und Frau Simon das, was sie damals selbst geschrieben hatte, nun mit den Augen der Patientin las (1996). Mich hat diese Stelle sehr berührt, weil ich dieses Gefühl kenne, und ich habe es mir in den letzten Jahren zur Pflicht gemacht, alle Berichte so zu schreiben, dass die Patienten, wenn sie das wollen, sie auch lesen können. Immer wieder spüre ich, wie sehr dieser innere Austausch mit dem Patienten während des Schreibens das Schreiben selbst beeinflusst. Es beeinflusst nicht nur meine Genauigkeit in anamnestischen Angaben, sondern auch meine Haltung.

Zu dieser Haltung gehört auch, dass ich den Patienten gegenüber keinen Hehl daraus mache, dass ich einen Teil der Psychotherapierichtlinien ablehne (so z. B. die Tatsache an sich, dass ich nach 24 Berufsjahren überhaupt noch einen Antrag schreiben muss, die Unmöglichkeit, mehrere Methoden, die ich mir im Laufe meines Berufslebens angeeignet habe, zu kombinieren oder die Tatsache, dass ein Analysepatient, der in manchen Fällen gesünder ist als meine Patienten, sich 300 Stunden lang mit den Einzelheiten seiner Seele beschäftigen darf, während der mir gegenübersitzende Patient im Normalfall mit 80 - 100 Stunden - unabhängig davon, wie viele psychotische Schübe er durchlaufen hat - auskommen muss). Ich habe mehrfach erlebt, dass es eine heilsame Erfahrung für die Patienten ist, mich als Verbündete zu erleben, wenn es z. B. um das Durchsetzen sinnvoller Therapiedauer und -frequenz geht. Der Patient erlebt dann eine ähnliche Situation wie ein Kind, wenn dessen Mutter sich um günstige äußere Bedingungen für ein gesundes Wachstum des Kindes bemüht. Zu diesem Prozess gehört andererseits auch, dass der Patient mein Eingebundensein in dieses System und meine Unfähigkeit, dieses System zu verändern, erlebt. Das gehört zur Realitätserfahrung des Patienten. Es erscheint mir notwendig, diese Grenzen zu erkennen und zu benennen als äußere vorgegebene Struktur, der sowohl ich mich als auch der Patient sich unterordnen muss. Es erscheint mir jedoch wenig sinnvoll und alles andere als achtungsvoll dem Patienten gegenüber, wenn ich behaupten würde, dass dieses System in jedem Fall sinnvoll und patientenfreundlich wäre.

Es erscheint mir wichtig, dass wir sowohl in den Spezialabteilungen für Psychotherapie als auch in psychotherapeutischen Praxen nicht in Elfenbeintürmen, weit ab von allem Alltagsgeschehen, sitzen. Sowohl die monate- bis jahrelangen Wartezeiten auf einen Therapieplatz, als auch unsere eigene - oft weit ab von der Alltagssprache liegende - Fachsprache verleitet dazu, dass uns der Blick auf die Realität verloren geht. Wenn immer wieder Patienten, die eine stationäre Therapie durchlaufen haben, davon berichten, dass die wichtigste Bezugsperson die Schwester gewesen sei, mit der sie außerhalb der Therapiestunden ihre alltäglichen Sorgen hätten bereden können, sollte uns das zu denken geben. Und wenn Allgemeinärzte davon berichten, dass die Patienten oft im Anschluss an die Therapiestunden bei ihnen sitzen, um das zu verstehen, was da passiert ist - bzw. wiederum, um die alltäglichen Sorgen mit ihrer Familie oder ihren Arbeitskollegen zu besprechen, sollten wir nicht sofort auf den Widerstand der Patienten gegen den Therapieprozess schließen, sondern uns über die Realitätsnähe unserer Therapien Gedanken machen. Es gibt inzwischen ein gut ausgebautes System von Supervision und Intervision - in dem Psychotherapeuten Psychotherapeuten supervidieren oder Psychotherapeuten Nichtpsychotherapeuten supervidieren. Ich denke, wir sollten überlegen, welche heilsamen Korrekturen für uns entstehen könnten, wenn ein psychotherapeutischer Prozess gleichberechtigt unter Supervision von Sozialarbeitern und Schwestern passieren würde.

Ganz sicher ist es aus berufspolitischer Sicht wichtig, dafür zu kämpfen, dass wir für uns und unsere Patienten genügend Raum und Geld erhalten. Ich denke jedoch, dass es nicht angeht, in einer Zeit, in der die Mittel immer knapper werden, relativ gesunden Patienten jahrelange Therapien zu ermöglichen, Patienten, denen man mit 10 Stunden Therapie helfen könnte, auf eine endlose Warteliste zu setzen und die, die wirklich über lange Zeit therapiebedürftig wären, ganz aus dem Versorgungssystem herausfallen zu lassen. Hierzu gehört auch die Handhabung der Dauer einer Therapiesitzung und der Stundenfrequenz, die in meinen Augen auf Grund einer mangelnden Flexibilität weder realitätsnah noch patientenfreundlich sind. Ich betreue in meiner Praxis parallel etwa 70 Patienten. Das heißt, dass sehr viele Patienten in sehr großsen Abständen kommen, was für die meisten Patienten vollkommen ausreichend ist. Der Weg ist der von Bernhard-Hegglin (1999) beschriebene, der eine Verinnerlichung der wohlwollenden Haltung des Therapeuten voraussetzt. Ich habe die Erfahrung gemacht, dass viele Patienten - auch frühgestörte - nur für eine relativ kurze Zeit sehr intensive Kontakte brauchen - eine Zeit, in der sie die ihnen zugewandte, liebevolle Haltung des Therapeuten spüren, und dass sie dann mit großen Abständen zwischen den einzelnen Therapiestunden zurechtkommen können. Je sicherer der Patient die Haltung des Therapeuten verinnerlicht, umso größer können die Abstände sein, umso leichter kann man auch eine Therapie wieder beenden. Für manche schwer gestörte Patienten oder solche in Krisensituationen ist es tatsächlich wichtig, einmal pro Woche und zeitweise auch häufiger zu kommen. Ich denke jedoch, dass wir für diese Patienten erst dann überzeugend eintreten können, wenn wir nicht für andere, die auch ohne uns oder mit einem relativ geringen Aufwand unsererseits lebenswert leben können, aufwändige Therapien ermöglichen. Mir kommt immer wieder der Vergleich zu einer Familie mit vielen Kindern, wo man den älteren in Zeiten finanzieller Nöte eine ausgezeichnete und teure Schulbildung zukommen lässt und den jüngsten und bedürftigsten sagt, dass das Geld für deren Ernährung leider nicht mehr reicht und dazu noch verleugnet, dass die Kleinsten halt auch die meisten Nerven kosten und auch dadurch das Interesse an denen, die den Windeln entwachsen sind, größer ist.

Ich habe meinen Beitrag überschrieben mit dem Titel „*Zwischen Auflehnung und Anlehnung - Auf der Suche nach einer psychotherapeutischen Identität*".

Ich möchte ihn beenden mit zwei Fragen:

- Was hat es zu bedeuten, dass ich die Möglichkeit zum Anlehnen vor allem außerhalb meines eigenen Fachbereichs bzw. bei Therapeuten nicht anerkannter Therapieverfahren fand?
- Wie kommt es, dass Auflehnung gegen unsinnige Psychotherapierichtlinien und nicht als bedarfsgerechte Psychotherapie zwar in den Therapieräumen, jedoch so gut wie nie öffentlich erfolgt?

Es ist eine absurde Situation, dass tausende von sehr erfahrenen Therapeuten an ihre eigenen Fachkollegen fingierte Anträge schreiben - Anträge, in denen sehr oft das, was derjenige Kollege wirklich tut, nicht beschrieben ist. Alle - auch die Gutachter - wissen um diesen Schwindel. Es bleibt die Frage, warum Auseinandersetzung innerhalb unseres eigenen Fachs so gefährlich ist, warum wir lieber beispielsweise eine solche für alle Beteiligten beschämende Situation in Kauf nehmen, als uns offen aufzulehnen.

## Literatur

Asper, K. (1994): Fenster im Alltag. München: Walter

Benedetti, G. (1983): Todeslandschaften der Seele. Göttingen: Vandenhoeck & Ruprecht

Benedetti, G. (1992): Psychotherapie als existenzielle Herausforderung. Göttingen: Vandenhoeck & Ruprecht

Bernhard-Hegglin, A. (1999): Die therapeutische Begegnung. Göttingen: Vandenhoeck & Ruprecht

Drees, L. (1997): Methodische und interaktionelle Variationen des Therapeuten im psychoanalytischen Prozess. In: H.-J. Maaz, H. Henning & E. Fikentscher (Hrsg.) (1997): 98 - 103

Maaz, H.-J., Henning, H. & Fikentscher, E. (Hrsg.) (1997): Analytische Psychotherapie im multimodalen Ansatz. Zur Entwicklung der Psychoanalyse in Ostdeutschland. Lengerich: Pabst

Schweitzer, A. (ohne Jahr): Kein Sonnenstrahl geht verloren - Worte Albert Schweitzers. Freiburg: Hyperion

Simon, A. (1996): Versuch, mir und anderen die ostdeutsche Moral zu erklären. Gießen: Psychosozial

Yalom, I. D. (1998): Die rote Couch. Frankfurt am Main: Fischer

# Therapieschulen. Gewinn oder Verlust psychotherapeutischer Identität?

*Ute Hagehülsmann*

## Einleitung

Ich möchte die Gelegenheit nutzen, in „Zeiten der Veränderung" über Identität zu schreiben. Das heißt für mich auch über das Thema des „sich gleich Bleibens" oder „seinem Wesen gleich Bleiben" zu sprechen. Diese Frage beschäftigt mich gleichermaßen unter gesellschaftlichen Aspekten wie auch als Psychotherapeutin. Dabei ist es nichts Neues, dass wir von einer Therapeutin Identität erwarten, damit sie z. B. Kommunikationsprozesse gestalten kann, die eindeutig und verlässlich sind und die es dem Klienten ermöglichen, sein verloren gegangenes Vertrauen wiederzuerlangen.

Als Psychotherapeutin und Lehrtherapeutin, die sich bei ihren Klienten und Ausbildungskandidatinnen mit Identitätsstörungen auseinandersetzen muss, frage ich mich jedoch häufig, was *meine* professionelle Identität ebenso wie die meiner Ausbildungskandidatinnen in der Vielfalt, im Netz oder vielleicht auch im Dschungel der vielen Therapieschulen überhaupt bedeutet und ob ich sie möglichst beibehalten oder lieber verändern sollte, um meinem professionellen Auftrag gerecht zu werden.

## 1 Hinführung zum Begriff Identität

Identität, auch professionelle Identität, ist nichts Statisches, sondern nach Roscher (1997) ein ständig zu erneuerndes, immer nur vorübergehendes Resultat einer Integrations- und Syntheseleistung, die von kognitiven, emotionalen, leiblich-sinnlichen, praktischen und imaginativen Elementen geprägt ist. Mit anderen Worten, Identität ist ein Prozess. Dieser Prozess beinhaltet Kontinuität und Kohärenz, indem individuelle Menschen Relationen zwischen gestern, heute und morgen als übergeordneten Lebenszusammenhang herstellen. Auf diese Weise entstehen individuelle Muster. Diese kann man mit Keupp (1998) als Patchworkidentität bezeichnen, womit er deutlich macht, dass Identität nichts einmalig Erworbenes ist, sondern immer wieder neu zusammengestellt werden kann. Dabei können wesentliche Merkmale oder Muster dieses Lebenszusammenhanges, z. B. die Freude an etwas Bestimmtem oder die Sympathien für bestimmte andere Persönlichkeiten, sich weiterentwickeln und dennoch in ihrem Kern gleich bleiben. Besonders unser Selbst bzw. unser Selbstkonzept erleben wir bei uns und anderen als einen wesentlichen und identischen Teil unserer Persönlichkeit. Inwieweit es uns gelingt, Gleichbleibendes zu erhalten, Merkmale unserer Persönlichkeit in den Ambivalenzen innerpsychischer und gesellschaftlicher Mehrdeutigkeiten und Mehrwertigkeiten zu verlieren oder bewusste

Veränderungen zu gestalten, ist davon abhängig, inwieweit es uns gelungen ist, in unserer primären Sozialisation Vertrauen in unser eigenes Fühlen, Denken und Handeln sowie in die Richtigkeit unserer Bedürfnisse zu entwickeln. Keupp (ebd.) sieht diese Sicherheit als individuell-biografisch fundierte Kompetenz und betont sie neben der Kommunikation in einem sozialen Netzwerk als Ressource für die so genannte alltägliche Identitätsarbeit. Ohne diese Sicherheit wird der Prozess der immer wieder neuen Identitätsgewinnung zum Oszillieren zwischen unterschiedlichen Reaktionen auf unterschiedliche Reize und es geschieht Diffusion statt Integration.

In meinem Verständnis dieser Gegebenheiten gehe ich davon aus, dass man den Prozess persönlicher Identitätsgewinnung mit dem Prozess professioneller Identitätsgewinnung gleichsetzen kann, vor allem im Hinblick auf Psychotherapeuten. Meines Erachtens entwickelt sich auch deren professionelle Identität aus der Bewältigung von Ambivalenzen und unterliegt damit ähnlichen Gefahren wie die persönliche Identität. Sollte professionelle Identität z. B. primär durch aktuelle Vielseitigkeit definiert werden, die ihrerseits durch das vorschnelle Aufgreifenmüssen neuer Marktangebote und das kurzfristige Aneignen scheinbar effektiver Methoden beliebiger Schulen gekennzeichnet wäre, so droht meines Erachtens auch hier wie im Privaten in Zeiten rascher Veränderung die Gefahr der Diffusion. Damit kommt es zum Verlust eines Basisfaktors der therapeutischen Beziehung. Anders ausgedrückt: Würde *die Effektivität* von Psychotherapie primär dadurch angestrebt werden, dass sie so genannten *effektiven Marktbedingungen* folgt, indem aus möglichst vielen Schulen möglichst viele *effektbringende (oder effektheischende)* Methoden übernommen werden, so scheint mir sowohl die Wirksamkeit von Psychotherapie als auch die Verwirklichung von professioneller Identität gerade auf diese Weise in Frage gestellt.

## 2 Entwicklung einer professionellen Identität

Um der Frage, ob die Vielfalt von therapeutischen Schulen zum Gewinn oder zum Verlust psychotherapeutischer Identität beiträgt, differenzierter nachgehen zu können, möchte ich Ihnen zunächst meine Gedanken zur Entwicklung professioneller Identität von Psychotherapeuten vorstellen. Dazu möchte ich eine Analogie zu einigen entwicklungspsychologischen Aspekten herstellen, durch die der Vergleich meines Erachtens besonders deutlich gemacht werden kann:

Als Erstes fällt mir dabei der Begriff der Identifikation ein, sei es in der Definition von Bandura (1962), der ihn als ausgeweitete Form des Imitationslernens begreift, sei es in der Diktion der Psychoanalyse, die Identifikation als Abwehrmechanismus beschreibt. Dabei übernimmt eine Person Merkmale von einer anderen Person, die sie für besonders wertvoll ansieht. Beiden Definitionen zufolge werden Verhaltensweisen, Gefühle und Werte anderer Personen gelernt und übernommen. Lerntheoretiker und Psychoanalytiker sind sich zudem darin einig, dass das Lernen über Identifikation einen wichtigen Teil in der kindlichen Entwicklung darstellt.

Einen weiteren Hinweis zur Identitätsgewinnung können uns Psychoanalytiker wie z. B. Kohut (1976, 1979) oder Kernberg (1983, 1991) geben, die der Idealisierung im Rahmen dieser Identifikation bekanntlich einen besonderen Stellenwert in der kindlichen Entwicklung beimessen. Beide Autoren betonen, dass der Selbstwert primär dadurch erworben wird, dass frühe Bezugspersonen (zwischen dem 1. und 3. Lebensjahr) idealisiert, d. h. als besonders gut, schön, kräftig und schützend angesehen werden, und dass das Kind sich durch die Identifikation mit diesen idealisierten Personen ebenso empfinden kann. Allerdings betonen sie auch, dass eine gesunde Entwicklung Konfrontationen mit der Realität braucht. Diese können durch liebevolle Unterstützung der Eltern so verarbeitet werden, dass die Idealvorstellungen von den vormals idealisierten Personen und von sich selbst abgelegt werden können. So kann eine realistische Vorstellung vom eigenen Wert und dem der Bezugspersonen entstehen.

Bereits hier lassen sich erste Parallelen zum Erwerb einer psychotherapeutischen Methode erkennen: Denn auch beim Erwerb einer psychotherapeutischen Methode wird das Erlernen und Übernehmen bestimmter Arbeitsformen neben der Auseinandersetzung mit den Theorien in weiten Teilen von Identifikations- und Idealisierungsprozessen sowie deren anschließender Überwindung bestimmt. Man ahmt nicht nur komplexe Verhaltensmuster nach, die im Rahmen der Ausbildung vermittelt werden, sondern übernimmt auch Normen und Werte des Menschenbildes (z. B. Autonomie oder so genannte Skriptfreiheit) ebenso wie persönliche Einstellungen oder Hin-Sichten der Ausbilderin. (Klar: Je nach Vorerfahrung beschreiten einige auch den zähen Weg der Rebellion, um sich auf diese Weise zu identifizieren.) Dabei kommt es oftmals auch zu Phasen der Idealisierung oder Überidentifikation - bzw. manchmal auch zur Identifikation mit dem Aggressor, wobei dann die eigene Schule die einzige ist, deren Arbeitsweise zu Heilung führt. Wissenschaftliche Ergebnisse, die etwas anderes sagen, zählen in dieser Entwicklungsphase wenig. Durch (angemessene?) Frustration in der Ausbildung wie hauptsächlich im Arbeitsalltag machen diese Phasen jedoch einer realistischen Erlebnisweise der eigenen Möglichkeiten und Grenzen und einer entidealisierten Sichtweise der eigenen Ausbilder und Therapeuten Platz. Gleichzeitig werden dadurch eine erste Einordnung der gewählten psychosozialen Arbeitsform in andere Methoden sowie eine beginnende Offenheit für andere Methoden ermöglicht. Diese Entidealisierung kann als Entwicklungsprozess gelingen oder zu einer Abwendung von der bisherigen Schule führen. Dann kann es z. B. zu einem durcheinander gewürfelten Aneignen vieler Aspekte und Techniken unterschiedlicher Schulen (und damit vielfältigen frustrationsvermeidenden Ausbildungsbeziehungen) kommen. Die Richtung des Prozesses hat hier wie in der Entwicklung eines Kindes meiner Einschätzung nach damit zu tun, ob die Person in und durch Ausbilder und auch Inhalte der Ausbildung so etwas wie eine - professionell (existenziell) - sichere Basis finden konnte oder nicht.

Das Konzept der sicheren Basis besagt nach Bowlby (1982), dass ein Kind durch das Vertrauen zu und der Identifikation mit einer Bindungsfigur, die es unterstützt, ermutigt und in seinem Autonomiestreben fördert, eine innere Instanz entwickelt, auf die es sich in allen Lebenslagen stützen kann. Diese „Instanz im Rücken" erlaubt kritisch-vertrauensvolle Interaktionen mit anderen Menschen und ermöglicht Bindung, Zugehörigkeit und Liebe. Auf der Seite von Aufgaben und Leistung bewirkt diese Instanz ein neugierig-kritisches Ausprobieren sowie Erlaubnis zum Lernen. Da eine solche Person gleichzeitig zu Bindung und Zugehörigkeit zu anderen Menschen fähig ist, die unabhängig von ihrer erbrachten Leistung sind, können Fehler und Misserfolge im Sinne von Lernerfahrungen und nicht als Demontage des Selbstwertes verarbeitet werden. Sie bedeuten daher Lernzuwachs. Die daraus resultierende Kompetenz führt in der Regel zu Erfolgen und damit zu einer realistischen „ich-bin-fähig-Einstellung".

Auf die Aneignung einer therapeutischen Methode bezogen, bedeutet das: Je sicherer diese Basis ist, desto offener ist das „System Therapeutin". Dabei betrachte ich ein System als eine Einheit zusammengehöriger Teile, die miteinander in Beziehung stehen und sich gegenseitig beeinflussen. Insofern kann auch eine Person mit ihren unterschiedlichen Anteilen, z. B. ihren Ich-Zuständen, wie wir als Transaktionsanalytiker sagen, als System beschrieben werden. Bekanntlich ist ein offenes System - im Gegensatz zu einem geschlossenen - auf Veränderung eingestellt, liebt Möglichkeiten der Wahl und verlässt sich für sein Weiterbestehen auf eine erfolgreiche Auseinandersetzung mit der Realität. Seine Handlungen ergeben sich aus dieser Auseinandersetzung mit der Realität, wobei Veränderungen willkommen, normal und wünschenswert sind.

Auf professionelle Identitätsfindung bezogen bedeutet das:
Je offener in diesem Sinne Psychotherapeutinnen sind, je weniger werden sie in ihrem privaten wie beruflichen Handeln einem existenziellen Sicherheitsbedürfnis verhaftet sein, je eher werden sie „irgendeinen Unterschied [herausfinden können], der bei einem späteren Ereignis einen Unterschied ausmacht" (Bateson 1983: 488); je eher werden sie auch hinsichtlich ihres Theorieverständnisses offen für sinnvolle Ergänzung und Abrundung des als „sicher" erlebten Basiswissens sein.

Menschen, die eine Ausbildung in einer Psychotherapieform absolvieren, werden vor allem dann zu einem solch offenen System werden, wenn es ihnen im Laufe ihrer Aus- und Weiterbildung gelingt, die Idealisierungsprozesse zu verarbeiten und nicht im Prozess von Überanpassung und Rebellion stecken zu bleiben.

In einem offenen System muss gleichzeitig immer wieder die Balance zwischen den Außeneinflüssen und der Struktur und den Bedürfnissen der einzelnen Teile hergestellt werden. Das nennt man bekanntlich Homöostase oder Fließgleichgewicht. Genau diese Balance aber kann als Ich-Identität beschrieben werden.

Ich-Identität im Sinne von Goffman (1963) bedeutet eine gelungene Balance zwischen „personal identity", d. h. der persönlichen Entwicklung zu einem bestimmten Zeitpunkt, und „social identity", d. h. dem Ausfüllen von Rollen zu einem bestimmten Zeitpunkt. Hinsichtlich beider Aspekte muss sich eine Person mit gesellschaftlichen Erwartungen auseinandersetzen: Sie soll „einmalig", d. h. ein Individuum sein, und sie soll „sozial stimmig" sein, d. h. Rollenerwartungen entsprechen. Ich-Identität ist dann erreicht, wenn es dem Individuum gelingt, seine persönlichen Bedürfnisse mit diesen Erwartungen in Einklang zu bringen.

Professionelle Ich-Identität ist dann erreicht, wenn die Balance zwischen der persönlichen Entwicklung als Therapeut und den daraus resultierenden eigenen Bedürfnissen und Erwartungen und den Bedürfnissen und Erwartungen der anderen an die professionelle Rolle sowie an ein bestimmtes Maß an Individualität in dieser Rolle gelingt. So gesehen ist unser professionelles Denken, Handeln und Erleben der Ausdruck dieser Balance.

Je offener wir als „System Therapeutin" für die Einflüsse von außen (anderen Schulen/ Theorien/ Kollegen/ auch Klienten) sind, desto häufiger müssen wir diese Balance neu herstellen. Umso offener und lebendiger befinden wir uns allerdings auch im Austausch (in der Beziehung) mit anderen Menschen unserer Profession oder dem, was andere Menschen unserer Profession geschaffen haben, wie z. B. Theorien und beraterischem Handwerkszeug. Keupp (1998) betont in diesem Zusammenhang ausdrücklich, dass sich Identität in einem dialogischen Prozess entwickelt. Er unterstreicht die große Bedeutung des/ der anderen sowie vor allem die Prozesse der *dialogischen* Anerkennung, bei denen eine Begegnung zwischen dem Ich und dem Du stattfindet, für die Weiterentwicklung von Identität. Dabei muss jedoch noch einmal betont werden, dass die Fähigkeit zur Herstellung der Balance, die Ich-Identität ausdrückt und zu einer kritisch-sinnvollen Offenheit führt, in meiner Sicht nur in einer verbindlichen Ausbildungsbeziehung, d. h. auch in der Auseinandersetzung mit Fähigkeiten und Grenzen, erworben werden kann und die professionelle Identitätsgewinnung mit der Bindung an ein bestimmtes Verfahren gekoppelt war (und ist).

Die zuvor angesprochenen Analogien zusammenfassend lässt sich feststellen: Eine gesunde Entwicklung zum Psychotherapeuten entspricht der gesunden Entwicklung eines Kindes. Ebenso wie persönliche Ich-Identität nur erreicht werden kann, wenn eine gesunde Bindung des Kindes an seine Bezugspersonen möglich war, kann auch eine professionelle Identität am ehesten durch verbindliche Ausbildungsbeziehungen und eine gesunde Bindung an ein bestimmtes Verfahren erworben werden. Offenheit für andere Therapieschulen stellt dann einen Gewinn dar bzw. trägt dann zur Weiterentwicklung professioneller Identität bei, wenn eine professionelle Bindungsfähigkeit via des eben skizzierten Weges Teil der professionellen Identität geworden ist.

## 3 Die Risikogesellschaft und ihre Symptome

Eine professionelle Identität als Therapeutin, wie ich sie gerade beschrieben habe, ist besonders in Zeiten der *Veränderung*, so wie wir sie im Augenblick erleben, von Bedeutung: Folgen wir dem Soziologen Beck (1986), so lässt sich diese Veränderung in unserer Gesellschaft als Prozess zunehmender Individualisierung - im soziologischen und nicht im psychologischen Sinne verstanden - beschreiben. In der Folge dieses Prozesses lösen sich viele jener Faktoren auf, die bisher Sicherheiten boten: So existieren zwar noch Schichten oder Klassen in Bezug auf die Verteilung von Reichtum, nicht mehr jedoch im Hinblick auf Solidarität oder ein bestimmtes Zusammengehörigkeitsgefühl. Im Weiteren steht dem außerordentlich hohen Maß an Bildungschancen nicht in gleichem Maße die Möglichkeit gegenüber, Bildung und Ausbildung auch in Arbeit umzusetzen. Da die Anzahl der Arbeitsplätze stetig sinkt, führt Bildung nicht mehr notwendigerweise auch zu dem dazugehörigen Beruf. Um eines Arbeitsplatzes teilhaftig zu werden, muss die einzelne Person beispielsweise häufig Mobilität erbringen, verliert aber auf diese Weise gleichzeitig gewachsene Zusammenhänge, wie z. B. Schulfreundschaften, die einen Rahmen sozialer Bindungen geschaffen hatten. Selbst Partnerschaftsbeziehungen werden durch die speziellen Bedingungen, wie z. B. notwendige Mobilität, eher brüchig und nicht mehr zum Ort der Erholung.

In dieser, hier nur schlaglichtartig gekennzeichneten „*Risikogesellschaft*", wie Beck (ebd.) sie nennt, ist der einzelne Mensch aufgerufen, individuell, d. h. ohne selbstverständliche soziale und berufliche Strukturen, soziale Netze zu schaffen und seinen beruflichen Weg zu finden. Gleichzeitig werden ihm jedoch durch die Eröffnung des virtuellen Raumes nicht nur neue berufliche Perspektiven offeriert, sondern auch grenzenlose Möglichkeiten der Selbstverwirklichung vorgegaukelt. Obwohl die realen Voraussetzungen dafür immer weniger gegeben sind, werden die Menschen unter der Zuhilfenahme von Leinwand und Bildschirmbildern, die bei genügend Geld, Jugendlichkeit und Schönheit das ewige Glück versprechen, dazu aufgefordert, die unendlich vielen scheinbaren Möglichkeiten zu ergreifen. Diesem und anderen Problemen muss sich der Mensch jeweils als Einzelner stellen. Denn es gibt weder ein „Schichtenschema", das er nutzen kann, um mit diesen Problemen umzugehen, noch Erfahrungen aus seiner Familie, die Lösungsmuster für diese Situation bereithalten.

Dass es unter diesen Bedingungen zunehmend schwerer wird, eine gelungene Balance zwischen „personal idendity" und „social idendity" und damit Ich-Identität zu finden, ist meines Erachtens nicht verwunderlich. Oder etwas lax ausgedrückt: Wer hier balancieren muss, kann leicht die Balance verlieren.

Dass sich unter diesen Bedingungen auch die Ziele und Wertvorstellungen sowie die Inhalte von Versagenserlebnissen und Verunsicherungen verändern, mit denen die Menschen sich in die psychotherapeutische Praxis begeben, ist ebenfalls nicht verwunderlich. Waren die Ziele der Menschen in den 60er-Jahren häufig „ein glückliches Familienleben" mit Plänen für das Einfamilienhaus, das neue Auto, und/ oder die gute Ausbildung für die Kinder (die dann zwangsläufig ein gutes Einkommen nach sich zog) sowie eine allgemeine Erhöhung des Lebensstandards, so sind die Ziele, vor allem der jüngeren Leute, heute andere geworden. Da vor allem das Einkommen trotz der vergrößerten Bildungschancen und des erworbenen Bildungsumfanges keineswegs mehr garantiert ist, muss deren Lebensplanung in eine andere Richtung gehen und umfasst vage definierte Ziele, die um „Selbstverwirklichung", „Suche nach der eigenen Identität", „Entwicklung persönlicher Fähigkeiten" oder „In-Bewegung-bleiben" kreisen. Gleichzeitig haben auch die konventionellen Erfolgssymbole, die für die älteren Menschen noch immer gelten, an Bedeutung verloren, da sie für viele jüngere keine adäquaten Antworten auf deren neu erwachte Bedürfnisse nach Selbstfindung und vor allem Selbstbestätigung bieten. Sie vermögen ihren grenzenlosen Hunger nach einem ausgefüllten Leben nicht zu stillen.

In diesem Dilemma, in dem es einerseits unsicher ist, ob eine Person jemals genügend verdienen wird, um sich die Werte der älteren Generation oder der Medienidole zu Eigen zu machen, und andererseits der Raum, in dem man sich verwirklichen kann, scheinbar immer größer wird, entstehen zwangsläufig immer häufigere und immer bohrendere Fragen nach Ich-Identität bzw. Selbstbestätigung; Fragen, die vielfach nicht beantwortet werden können. Die Konsequenz ist, dass die Anfragenden immer nachdrücklicher in das Labyrinth der Selbstverunsicherung, Selbsthinterfragung und Selbstvergewisserung hineingeraten. Gerade dadurch aber werden häufig vor allem die grandiosen Kompensationsmechanismen der primären Sozialisation dieser Menschen wieder belebt und verstärkt. Infolge der narzisstischen Überbesetzung der Kinder durch ihre Eltern - „ die Kinder sollen es nämlich in der (Wirtschaftswunderwelt) mal besser haben als wir" - wurden die primären Größenfantasien der entsprechenden Altersstufen nämlich keineswegs durch angemessene Grenzen abgebaut. Zudem würden und werden sie durch entsprechende Informationen und die Fantasiewelt des Fernsehens und später des virtuellen Raumes verstärkt und lebendig erhalten. Darüber hinaus werden die Größenfantasien auch dadurch gefestigt statt abgebaut, dass die Beziehung zu den Kindern in den Zeiten des permanenten Wandels häufig die stabilste Beziehung überhaupt darstellt. Denn Elternschaft ist im Gegensatz zur Ehe ein unveränderbares Element. Deshalb wird das allgemeine Bedürfnis nach Sicherheit und Stabilität in Beziehungen in die spezifische Beziehung zum Kind verlagert. In diesem Prozess aber wird das Kind „häufig bei Laune gehalten", anstatt ihm Grenzen zu setzen. Bindung soll durch Nachsicht statt durch liebende Auseinandersetzung geschaffen werden. All das war und ist jedoch wenig dazu geeignet, Größenfantasien abzubauen oder Ich-Identität zu bewirken.

Doch selbst dann, wenn der Einzelne andere Formen der primären Sozialisation erfahren durfte, ist es häufig schwer, unter den gegenwärtigen Bedingungen zur Balance zu gelangen, da der Markt, die Industrien oder die Experten immer neue „Antwortmoden" bereithalten, die kurzfristig Erfüllung und Selbstwert versprechen. Deren Aufgreifen aber stabilisiert unabhängig von allen Sozialisationsverläufen die Verunsicherung und die Angst, anstatt sie zu überwinden. Ich zitiere (nochmals) Beck (1986):

> „In der Suche nach Selbsterfüllung reisen die Menschen nach Tourismuskatalog in alle Winkel der Erde. Sie zerbrechen die besten Ehen und gehen in rascher Folge immer neue Bindungen ein. Sie lassen sich umschulen. Sie fasten. Sie joggen. Sie wechseln von einer Therapiegruppe zur anderen. Besessen von dem Ziel der Selbstverwirklichung, reißen sie sich selbst aus der Erde heraus, um nachzusehen, ob ihre Wurzeln auch wirklich gesund sind."

Auf diese Weise verstärken die gegenwärtigen gesellschaftlichen Probleme die individuellen psychischen Dispositionen der Menschen und erhöhen das Empfinden persönlichen Ungenügens, ihre Schuldgefühle, Ängste und Konflikte oder was sonst auch immer zu ihrem neurotischen Repertoire gehören mag.

So weit so gut. Aber was hat dieser Ausflug in die Gesellschaftswirklichkeit mit meinem Thema der psychotherapeutischen Identität zu tun?

## 4 Psychotherapeutische Identität als Wirkfaktor in der heilenden Beziehung

Die zuvor skizzierten gesellschaftlichen Bedingungen wirken sich selbstverständlich auch auf Psychotherapie und deren Repräsentanten, die Psychotherapeutinnen und Psychotherapeuten aus: Zum einen haben sich die Störungsbilder unserer Klientel verändert. Am geschichtlichen Anfang von Psychotherapie sollte oder musste der Einzelne noch gesunden, indem er sich mit den Zwängen von bestimmten Gesellschafts*schichten* auseinandersetzte. Zu Beginn meiner psychotherapeutischen Arbeit vor etwa 20 Jahren ging es darum, im weitesten Sinne um Verluste zu trauern. Beide Foki hatten etwas mit restriktiven und einschränkenden Bindungserfahrungen zu tun. Die therapeutischen Themen bestanden daher in einem „sich frei machen von ...“. Heute arbeiten wir, zumindest in den alten Bundesländern, zunehmend mit einer Klientel, die an der oben skizzierten Grenzen- und damit Bindungslosigkeit krankt und sich dementsprechend in der therapeutischen Arbeit mit Bindung und Grenzsetzung auseinandersetzen muss. Es geht darum, „sich einzuschränken für ...“.

Zum anderen sind jedoch auch die „nachgewachsenen“ Therapeutinnen Kinder ihrer Zeit und daher oft mit dem Angebot von Grenzenlosigkeit oder den Tendenzen zur Bindungslosigkeit aufgewachsen und sozialisiert. Dem immer wieder zitierten Grundsatz entsprechend, dass der Klient nicht weiter sein kann als der Therapeut, gehe ich davon aus, dass Therapeuten, die keine gesunden Bindungssysteme entwickeln konnten, auch ihren Klienten, die mit Bindungsproblemen behaftet sind, nur wenig effektiv begegnen können. Wenn sie selbst nicht die Erfahrung von Verbindlichkeit und von Freiheit in der Verbindlichkeit gemacht haben, dürfte es ihnen schwer fallen, diese Erfahrung im psychotherapeutischen Prozess so zu vermitteln, dass der Klient nachreifen und die „Steine“ in seiner sicheren Basis ergänzen kann, deren Fehlen dessen Persönlichkeit verunsichert oder brüchig gemacht hat. In meiner Tätigkeit als transaktionsanalytische Ausbilderin und Lehrtherapeutin habe ich vielfach die Erfahrung gemacht, dass Kandidaten, die selber mit Bindungs- und Grenzproblemen zu tun haben, (unbewusst) ihre alten Überlebensstrategien der Selbstwertstabilisierung mobilisieren. Dabei setzen sie gerade am Anfang ihrer Ausbildung z. B. gern „Effekte“ - häufig mittels irgendwelcher Elemente aus anderen Schulen - ein. Sie wollen Überraschungsmomente nutzen, von denen sie sich heilende Wirkung für ihre Klienten versprechen. Groß geworden in einer Gesellschaft, die so viel bietet, was scheinbar heilend wirkt, müssen auch sie ganz viel bieten, um heilend zu sein. Denn Geduld und Standfestigkeit wie auch die häufig frustrierenden Erfahrungen, in psychotherapeutischen Prozessen mit Menschen mit kränkenden Bindungserfahrungen in Frage gestellt zu werden, passen nicht in ihr Selbstbild des effektiven Psychotherapeuten. Für sich selbst versprechen sie sich daher von den schnellen Effekten, auf diese Weise auch ihren eigenen Ansprüchen an sich selbst gerecht zu werden.

Gerade die Ausbildungsbeziehung kann jedoch Modell dafür sein, Frustrationen durchzuhalten und durch die Entwicklung eines eigenen therapeutischen Stiles Freiheit in der Verbindlichkeit zu erfahren. Dabei kann die Therapieschule zur professionellen Heimat werden, die den Rücken beim Durchhalten stärkt, indem sie so weit eingrenzt, dass Freiheit nicht zur Beliebigkeit wird. Die Ausbildungskandidatin kann so Erfahrungen machen, die eventuell die aus ihrer primären Sozialisation nicht wiederholen, sondern „korrigieren“. In ihrer „Schule“, d. h. in der Auseinandersetzung mit Lob und Kritik bei gleichzeitiger Kontinuität von Beziehung und dem Einhalten-müssen von Regeln, kann die angehende Psychotherapeutin z. B. nicht nur lernen, sich mit vorhandenen ungesunden Anteilen ihres eigenen Narzissmus auseinanderzusetzen, sondern damit gleichzeitig auch eines der besten Handwerkszeuge erwerben, das sie braucht, um mit Klienten unserer Epoche zu arbeiten. Denn wir alle können den Klienten, die eine narzisstische Gesellschaft hervorbringt, nur mit einer therapeutischen Identität begegnen, die den Narzissmus in uns selbst überwunden hat. Wenn auch verblüffende Verunsicherung manchmal heilende Prozesse anstoßen kann, so darf sie auf keinen Fall den narzisstischen Bedürfnissen des Therapeuten entspringen. Stattdessen braucht der heilende Effekt die Einbettung in einen theoretischen Hintergrund, der ihn begründet. Er braucht auch die Basis einer therapeutischen Beziehung, die nicht „nur irgendeine Beziehung“ ist, sondern deren Begegnungsmöglichkeiten durch einen persönlich-professionellen Hintergrund mitbestimmt werden. Ohne dies wird der Effekt hohl und entspricht den übrigen hohlen Heilungsmöglichkeiten, die der Markt in unserer Gesellschaft bietet. Anders ausgedrückt: Die therapeutische Schule, der ich angehöre, ist eine Bestimmungsgröße meiner professionellen Identität und diese professionelle Identität bietet die Stabilität, mit der ich meinen Klienten begegne. Ich muss wissen, wer ich bin, um der Person begegnen und standhalten zu können, die sich sucht. Nur dann bin ich ein Gegenüber und auf diese Weise die Grenze, die die Klienten häufig nicht erfahren haben.

Die Richtung der therapeutischen Schule spielt dabei meines Erachtens keine Rolle, solange sie eine fundierte Theorie mit der darauf bezogenen Praxeologie nachweisen kann, die beide zusammen mit den ethischen Grundannahmen dieser Schule übereinstimmen. In diese Richtung weisen übrigens auch die Studien von Luborsky, McLellan, Woody, O'Brien & Auerbach (1985), die in einer Untersuchung mit einer Korrelation von r = .56 nachweisen, dass der Therapieerfolg von dem Grad der „Reinheit“ abhängt, in der ein Therapeut „sein“ Verfahren anwendet. Ich kann dies aus persönlicher Erfahrung unterstreichen. Und ich denke, das widerspricht nicht einmal dem gängigen Konzept einer Integrativen Psychotherapie. Denn auch eine Integrative Psychotherapie kann und wird kein Krämerladen sein, in dem wahllos nach Teilelementen gegriffen wird. Auch in einer Integrativen Therapie müssen Konzepte, Modelle, eine Praxeologie und das Menschenbild logisch aufeinander bezogen sein. Auch hier muss definiert werden, was Eigenes und was Fremdes ist und was das Wesen und die Identität dieser Therapie ausmacht. So weit zum Nutzen therapeutischer Schulen bzw. der professionellen Identitätsfindung.

Meine Ausführungen zu therapeutischen Schulen als Verlust oder Gewinn therapeutischer Identität wären jedoch einseitig und eingeengt, wenn ich nicht auch die Negativaspekte von Schulendenken oder Schulenzugehörigkeit erörtern würde. Als Einschränkung beispielsweise könnte sich die Bezogenheit auf therapeutische Schulen dann erweisen, wenn diese ihrerseits nicht mehr zum Ich-Du-Dialog mit anderen Schulen einladen oder wenn der dialektische Prozess zwischen den Subsystemen der Schule und der Schüler bzw. der Psychotherapeuten und Psychotherapeutinnen „versanden“ würde. Vor allem dann, wenn sich ihre Anhänger in die Schule selbst zurückziehen, d. h. wenn die Schule zur Nische wird, in der die Therapeutinnen sich vor gesellschaftlichen Unwettern zurückziehen, ist die notwendige Lebendigkeit sicherlich nicht gewährleistet. Das lässt allzu leicht einen Gruppenmythos entstehen, der eher der eigenen Angstabwehr als dem Prozess professioneller Identitätsgewinnung dient. Aber auch dann, wenn das Eigene gegen das Fremde verteidigt werden muss, sind die Voraussetzungen für Wachstum und Weiterentwicklung von Identitäten allzu leicht blockiert.

Um dergleichen negativ einschränkenden Tendenzen entgegenzuwirken und die Lebendigkeit einer Schule zu erhalten, ist die Auseinandersetzung einer Schule mit den gesellschaftlichen Bedingungen ihres Umfeldes notwendig. Denn in der heutigen Gesellschaft des Wandels ändern sich nicht nur die Bedingungen, unter denen Identität entsteht, sondern auch die Identität selbst, ja sogar ihr begriffliches Verständnis. Und auch auf diese Veränderungen müssen sich psychotherapeutische Schulen und ihre Vertreterinnen einstellen, wenn sie ihre eigene Identität in der heutigen Zeit der Veränderungen leben und zugleich bewahren wollen.

## Schlussbemerkung

Ich wünsche mir, dass wir lebendige therapeutische Schulen dazu nutzen zu definieren, was eigen und was fremd ist, und dass wir dabei eine professionelle Identität entwickeln bzw. „Ja“ zu einer Identitätsarbeit sagen, mit denen wir den Störungen einer narzisstischen Welt begegnen können und wollen, und dass wir unseren Klienten, unseren Ausbildungskandidaten und uns selbst auf diese Weise Mut zum Risiko machen.

## Literatur


Bandura, A. (1962): Social learning through imitation. In: N. R. Jones (Ed.) (1967): 211 - 269

Bateson, G. (1983): Ökologie des Geistes (4. Aufl.). Frankfurt am Main: Suhrkamp

Beck, U. (1986): Risikogesellschaft. Auf dem Weg in eine andere Moderne. Frankfurt am Main: Suhrkamp

Bowlby, J. (1982): Das Glück und die Trauer. Herstellung und Lösung affektiver Bindungen. Stuttgart: Klett-Cotta

Goffmann, E. (1963): Stigma. Notes on the mangement of spoiled identity. London: Englewood Cliffs

Jones, N. R. (Ed.) (1961): Nebraska-Symposium on Motivation. Lincoln: University of Nebraska Press

Kernberg, O. F. (1983): Borderline-Störungen und pathologischer Narzissmus. Frankfurt am Main: Suhrkamp

Kernberg, O. F. (1991): Schwere Persönlichkeitsstörungen. Stuttgart: Klett-Cotta

Keupp, H. (1998): Diskursarena Identität. Lernprozesse in der Identitätsforschung. In: H. Keupp & R. Höfer (Hrsg.) (1998): 11 - 39

Keupp, H. & Höfer, R. (Hrsg.) (1998): Identitätsarbeit heute. Klassische und aktuelle Perspektiven der Identitätsforschung. Frankfurt am Main: Suhrkamp

Kohut, H. (1976): Narzissmus. Eine Theorie der psychoanalytischen Behandlung narzisstischer Persönlichkeitsstörung. Frankfurt am Main: Suhrkamp

Kohut, H. (1979): Die Heilung des Selbst. Frankfurt am Main: Suhrkamp

Luborsky, L., McLellan, A. T., Woody, G. E., O'Brien, C. P. & Auerbach, A. (1985): Therapist success and its determinants. In: Archives of General Psychiatry 452: 602 - 611

Roscher, I. (1997): Adoption und Adoptionsvermittlung: Die Trennung von leiblicher Herkunft und sozialer Zugehörigkeit als Identitätsproblem. Unveröffentlichte Diplomarbeit. Aurich/ Oldenburg

## Wie psychoanalytisch, tiefenpsychologisch fundiert und wie verhaltenstherapeutisch ist die Gesprächspsychotherapie?

*Eva-Maria Biermann-Ratjen*

Wer sich ein Bild davon machen möchte, was heutzutage und warum unter wissenschaftlich anerkannter Psychotherapie verstanden wird, sollte sich die Vorgeschichte des Psychotherapeutengesetzes (PsychThG) anschauen. In deren Verlauf sind seit 1967 zunächst die psychotherapeutische Behandlungsbedürftigkeit und Behandelbarkeit und dann die seelischen Krankheiten und Behinderungen anerkannt worden, und erst die psychoanalytische ärztliche Psychotherapie, dann auch die von Ärzten verantwortete psychoanalytische psychologische Psychotherapie und schließlich auch die Verhaltenstherapie in den Leistungskatalog der allgemeinen Krankenkassen aufgenommen worden. Und seit dem 01. 01. 1999 gibt es auch das Psychotherapeutengesetz, das die approbierten Psychologischen Psychotherapeuten sowie die approbierten Kinder- und Jugendlichenpsychotherapeuten gleichberechtigt mit den Vertragsärzten als Mitglieder in die Kassenärztliche Vereinigung integriert. Es sei auf den Weg gebracht worden, heißt es in einer erläuterten Textausgabe zur Neuordnung der psychotherapeutischen Versorgung mit der Überschrift „Psychotherapeutengesetz“ (1999), bearbeitet von der Ministerialrätin Erika Behnsen und der Regierungsrätin Andrea Bernhardt, beide im Bundesministerium für Gesundheit, um nicht weiterhin die krankenversicherungsrechtliche Eingliederung der psychologischen Psychotherapeuten den Krankenkassen und damit letztlich den Gerichten zu überlassen.

Nur wer sich diese geschichtliche bzw. politische Entwicklung vor Augen hält, kann den § 1 Abs. 3 Satz 1 PsychThG verstehen, in dem es heißt, unter Ausübung von Psychotherapie sei jede mittels wissenschaftlich anerkannter psychotherapeutischer Verfahren vorgenommene Tätigkeit zur Feststellung, Heilung oder Linderung von Störungen mit Krankheitswert, bei denen Psychotherapie indiziert ist, zu verstehen, und auch § 8 Abs. 3 Nr.1, in der bestimmt wird, dass sich die Ausbildung zum psychologischen Psychotherapeuten auf die Vermittlung eingehender Grundkenntnisse in wissenschaftlich anerkannten psychotherapeutischen Verfahren sowie auf eine vertiefte Ausbildung in einem dieser Verfahren zu erstrecken habe, um die Kenntnisse und Fähigkeiten zu vermitteln, die für die eigenverantwortliche und selbstständige Ausübung des Berufes des Psychologischen Psychotherapeuten oder des Berufes des Kinder- und Jugendlichenpsychotherapeuten erforderlich seien.

Ob Psychotherapie indiziert sein kann, ist also heute keine Frage mehr. Ob es auch psychisch bedingte Störungen von Krankheitswert gibt, ebenfalls nicht. Dass eine psychotherapeutische Behandlung in der Anwendung von Verfahren besteht, scheint auch außer Frage zu stehen und ebenso, dass diese wissenschaftlich anerkannt sein müssen. Es gilt als selbstverständlich, dass es mehrere solcher Verfahren gibt, aber auch, dass eine vertiefte Ausbildung in nur je einem von ihnen die Fähigkeit zur eigenverantwortlichen und selbstständigen Ausübung der Psychotherapie sicherstellt.

Es empfiehlt sich nicht nur ein Blick in die Vorgeschichte des Psychotherapeutengesetzes, wenn man sich ein Bild von dem machen will, was heutzutage unter wissenschaftlich anerkannter Psychotherapie verstanden wird. Es lohnt sich auch, sich zu fragen: Wie medizinisch oder psychologisch und wie psychoanalytisch oder verhaltenstherapeutisch muss eigentlich die Psychotherapeutengesetz-Psychotherapie sein, die, wie es heißt, mit wissenschaftlich anerkannten Verfahren Störungen mit Krankheitswert behandelt, und was hat das mit ihrem geschichtlichen bzw. politischen Hintergrund zu tun?

Das Psychotherapeutengesetz ist am 06. 03. 1998 endgültig im Bundesrat beschlossen worden, und am 11. 12. 1998, also 20 Tage bevor es in Kraft treten konnte, sind die Psychotherapie-Richtlinien neu gefasst worden. Sie, die Psychotherapie-Richtlinien, nicht das Psychotherapeutengesetz, sind die Grundlage für Vereinbarungen, die zur Durchführung von Psychotherapie in der vertragsärztlichen Versorgung zwischen den Vertragspartnern abzuschließen sind, zu denen seit dem 01. 01. 1999 auch die psychologischen Psychotherapeuten, gleichberechtigt mit den Ärzten, bzw. eingetragen in das Arztregister, gehören.

Der Text in der Anlage 1 der Psychotherapie-Richtlinien, die Bestandteil der Richtlinien ist, beginnt mit dem Satz: „Die Erfordernisse der Psychotherapie-Richtlinien werden nicht erfüllt von: 1. Gesprächspsychotherapie ..." (Behnsen & Bernhardt 1999: 182). Auch deshalb können wir uns nicht, und ganz besonders dann nicht, wenn wir psychologische Gesprächspsychotherapeuten sind, einfach darüber freuen, dass es nun endlich das Psychotherapeutengesetz und mit ihm den Beruf des psychologischen Psychotherapeuten gibt.

Auch wenn wir über Eigenes und Fremdes in der Gesprächspsychotherapie nachdenken und sie mit anderen Psychotherapieformen früher und heute, im Osten und im Westen, vergleichen, können wir nicht einfach so tun, als wäre das Psychotherapeutengesetz etwas wirklich Neues und etwas Eigenes, gar vereinigendes und verbindendes. Wir müssen erkennen, dass es einen politischen Hintergrund hat, durch den seine Auslegung deutlich nicht nur vor- sondern auch fremdbestimmt sein bzw. werden könnte. Vor allem anderen aber können wir nicht so tun, als gäbe es diese Psychotherapie-Richtlinien nicht, die sicher nicht zufällig so kurz vor dem In-Kraft-Treten des Psychotherapeutengesetzes noch einmal neu gefasst worden sind. Oder anders formuliert: Die Frage, wie tiefenpsychologisch, psychoanalytisch und wie verhaltenstherapeutisch ist die Gesprächspsychotherapie, wie viel Eigenes hat sie und wie viel an den anderen Therapiekonzepten ist ihr fremd bzw. würde sie verfremden, wenn sie es integrierte, kann nicht als eine rein akademische behandelt werden. Wir können uns nicht einfach und „nur so" fragen: *Wie viel Eigenes müsste ein Gesprächspsychotherapeut verleugnen, wenn er richtlinientherapeutisch tätig sein wollte, bzw. wie leicht müsste es ihm fallen, sich in fremden Kleidern bzw. in den Maßanzügen der Psychotherapie-Richtlinien-Psychotherapie vorzustellen?*

Deshalb möchte ich zunächst die Frage stellen: *Was erfordert das Psychotherapeutengesetz, und was erfordern die Psychotherapie-Richtlinien, bzw. welche sind die Kriterien, die die psychoanalytische, die tiefenpsychologisch fundierte und die*

*Verhaltenstherapie, nicht aber die Gesprächspsychotherapie erfüllen, wie es in der Anlage 1 der Psychotherapie-Richtlinien heißt?*

Wie bereits erwähnt, ist nach § 1 Abs. 3 Satz 1 PsychThG unter Ausübung von Psychotherapie jede mittels wissenschaftlich anerkannter psychotherapeutischer Verfahren vorgenommene Tätigkeit zur Festsstellung, Heilung oder Linderung von Störungen mit Krankheitswert, bei denen Psychotherapie indiziert ist, zu verstehen. Die wissenschaftlich anerkannten psychotherapeutischen Verfahren sind im Gesetz nicht benannt bzw. festgelegt worden, um, wie es heißt, bei zukünftigen wissenschaftlichen Entwicklungen das Gesetz nicht ändern zu müssen. Und ob ein Verfahren als wissenschaftlich anzuerkennen ist, dazu wird im Zweifelsfall der Wissenschaftliche Beirat gehört. Das ist der Wille des Gesetzgebers. Wie bzw. auf der Grundlage welcher Kriterien der wissenschaftliche Beirat prüfen wird, ob z. B. die Gesprächspsychotherapie ein wissenschaftlich anzuerkennendes Verfahren darstellt, in dessen Rahmen Störungen von Krankheitswert festgestellt, geheilt oder gelindert werden können, wird er hoffentlich bald veröffentlichen.

In den Psychotherapie-Richtlinien wird Psychotherapie als die Behandlung seelischer Krankheit bzw. als Rehabilitationsmaßnahme bei geistiger oder seelischer Behinderung definiert. Unter seelischen Krankheiten werden krankhafte Störungen der Wahrnehmung, des Verhaltens, der Erlebnisverarbeitung, der sozialen Beziehungen und der Körperfunktionen, die der willentlichen Steuerung nicht zugänglich sind, verstanden. Sie können seelische und körperliche Ursachen haben und ihre Symptome können seelischer und körperlicher Art sein und in krankhaften Verhaltensweisen bestehen, „denen aktuelle Krisen seelischen Geschehens, aber auch pathologische Veränderungen seelischer Strukturen zu Grunde liegen können" (Behnsen & Bernhardt 1999: 166). Die seelischen Strukturen werden in den Richtlinien „verstanden als die anlagemäßig disponierenden und lebensgeschichtlich erworbenen Grundlagen seelischen Geschehens, das direkt beobachtbar oder indirekt erschließbar ist" (ebd.). Störungen der sozialen Beziehungen gelten in den Psychotherapie-Richtlinien erst dann als seelische Krankheit, „wenn ihre ursächliche Verknüpfung mit einer krankhaften Veränderung des seelischen oder körperlichen Zustandes nachgewiesen wurde" (ebd.).

> „Psychotherapie, als Behandlung seelischer Krankheiten im Sinne dieser Richtlinien, setzt voraus, dass das Krankheitsgeschehen als ein ursächlich bestimmter Prozess verstanden wird, der mit wissenschaftlich begründeten Methoden untersucht und in einem Theoriesystem mit einer Krankheitslehre definitorisch erfasst ist. Die Theoriesysteme müssen seelische und körperliche Symptome als Ausdruck des Krankheitsgeschehens eines ganzheitlich gesehenen Menschen wahrnehmen und berücksichtigen. Sie müssen den gegenwärtigen, lebensgeschichtlichen und gesellschaftlichen Faktoren in ihrer Bedeutung für das Krankheitsgeschehen gerecht werden.
>
> Psychotherapie dieser Richtlinien wendet methodisch definierte Interventionen an, die auf als Krankheit diagnostizierte seelische Störungen einen systematisch verändernden Einfluss nehmen und Bewältigungsfähigkeiten des Individuums aufbauen. Diese Interventionen setzen eine bestimmte Ordnung des Vorgehens voraus. Diese ergibt sich aus Erfahrungen und gesicherten Erkenntnissen, deren wissenschaftliche Reflexion zur Ausbildung von Behandlungsmethoden im Rahmen einer übergreifenden Theorie geführt hat.
>
> In der psychotherapeutischen Intervention kommt, unabhängig von der Wahl des Therapieverfahrens, der systematischen Berücksichtigung und der kontinuierlichen Gestaltung der Therapeut-Patient-Beziehung eine zentrale Bedeutung zu" (ebd.).

> „Psychotherapie setzt eine ätiologisch orientierte Diagnostik voraus, welche die jeweiligen Krankheitserscheinungen erklärt und zuordnet" (ebd.: 167).

*Entspricht die Gesprächspsychotherapie diesen Erfordernissen?* Ich meine: ja.

Es ist auch im Rahmen des gesprächspsychotherapeutischen Konzeptes üblich, seelische Krankheit zu definieren als krankhafte Störung der Wahrnehmung, des Verhaltens, der Erlebnisverarbeitung, der sozialen Beziehungen und der Körperfunktionen, die der willentlichen Steuerung nicht zugänglich sind und die sich in krankhaften Störungen seelischer und körperlicher Art zeigen können, sowie in krankhaften Verhaltensweisen, denen aktuelle Krisen seelischen Geschehens oder pathologische Veränderungen seelischer Strukturen zu Grunde liegen.

Auch in der Gesprächspsychotherapie werden die seelischen Strukturen, die pathologisch verändert sein können, als die anlagemäßig disponierenden und lebensgeschichtlich erworbenen Grundlagen seelischen Geschehens, das direkt beobachtbar oder indirekt erschließbar sein kann, angesehen.

Auch der Gesprächspsychotherapeut sieht in gestörten Beziehungen erst dann den Ausdruck seelischer Krankheit, wenn sie ursächlich mit einer krankhaften Veränderung des seelischen oder körperlichen Zustandes verknüpft sind. Und das Krankheitsgeschehen wird auch in der Gesprächspsychotherapie als ein ursächlich bestimmter Prozess betrachtet, der mit wissenschaftlich begründeten Methoden untersucht und in einem Theoriesystem mit einer Krankheitslehre definitorisch erfasst werden kann.

Der Gesprächspsychotherapeut nimmt - und zwar in besonderem Maße - den Menschen auch in seinen seelischen und körperlichen Symptomen seines Krankheitsgeschehens ganzheitlich wahr und versucht zugleich gegenwärtige, lebensgeschichtliche und gesellschaftliche Faktoren in ihrer Bedeutung für das Krankheitsgeschehen zu berücksichtigen.

Gesprächpsychotherapeuten wenden methodisch definierte Interventionen an, von denen nachgewiesen ist, dass sie auf als Krankheit diagnostizierte seelische Störungen einen systematisch verändernden Einfluss nehmen und insbesondere Bewältigungsfähigkeiten des Individuums aufbauen. Die Interventionen des Gesprächspsychotherapeuten sind systematische, sie basieren auf Erfahrungen und gesicherten Erkenntnissen, und ihre wissenschaftliche Reflexion hat zur Ausbildung von Behandlungsmethoden im Rahmen einer übergreifenden Theorie geführt.

In den gesprächspsychotherapeutischen Interventionen kommt - und zwar wiederum in besonderem Maße - der systematischen Berücksichtigung und der kontinuierlichen Gestaltung der Therapeut-Patient-Beziehung eine zentrale Bedeutung zu.

In den Psychotherapie-Richtlinien gelten aber nur psychoanalytisch begründete Verfahren und Verhaltenstherapie als Verfahren „denen ein umfassendes Theoriesystem der Krankheitsentstehung zu Grunde liegt und deren spezifische Behandlungsmethoden in ihrer Wirksamkeit belegt sind" (Behnsen & Bernhardt: 167)

Dabei werden die psychoanalytisch begründeten Verfahren charakterisiert als Formen einer ätiologisch orientierten Psychotherapie, welche die unbewusste Psychodynamik neurotischer Störungen mit psychischer oder somatischer Symptomatik zum Gegenstand der Behandlung machten, während es zur Verhaltenstherapie heißt, sie umfasse als Krankenbehandlung Therapieverfahren, die vorwiegend auf der Basis der Lern- und Sozialpsychologie entwickelt worden seien. Verhaltenstherapie im Sinne der Richtlinien erfordere die Analyse der ursächlichen und aufrechterhaltenden Bedingungen des Krankheitsgeschehens, auf deren Grundlage ein entsprechendes Störungsmodell und eine übergeordnete Behandlungsstrategie entwickelt würden, aus der heraus die Anwendung spezifischer Interventionen zur Erreichung definierter Therapieziele erfolge.

Zunächst zur Frage: *Wie psychoanalytisch orientiert im Sinne der Psychotherapie-Richtlinien ist die Gesprächspsychotherapie? Kann man sagen, dass es sich bei der Gesprächspsychotherapie um eine Form einer ätiologisch orientierten Psychotherapie handelt, die die unbewusste Psychodynamik neurotischer Störungen mit psychischer oder somatischer Symptomatik zum Gegenstand der Behandlung macht?*

Gesprächspsychotherapie macht Inkongruenz zum Gegenstand der Behandlung. Inkongruenz bezeichnet den Umstand, dass es eine Diskrepanz zwischen dem in einem gegebenen Moment theoretisch Erfahrbaren und der tatsächlich gemachten Erfahrung in der Form gibt, dass Erfahrung abgewehrt wird. Inkongruenz gilt als das Produkt einer unbewussten Psychodynamik und kann sich in seelischer oder somatischer Symptomatik, aber auch in Verhaltensweisen zeigen.

Wenn Gesprächspsychotherapeuten sagen, theoretisch mögliche Erfahrung werde nicht gemacht, dann gehen sie nämlich davon aus, dass Erfahrung immer mehr oder weniger vollständig und mehr oder weniger korrekt im Bewusstsein symbolisiert wird. Je weniger vollständig und je weniger korrekt die Erfahrung und vor allem aber die Bedeutung, die sie für die Person hat bzw. haben könnte, im Bewusstsein symbolisiert werden, umso weniger gilt sie auch dem Gesprächspsychotherapeuten als bewusst.

Die Gesprächspsychotherapie erfüllt also das Kriterium: Gegenstand der Behandlung ist die unbewusste Psychodynamik neurotischer Störungen mit psychischer oder somatischer Symptomatik.

*Erfüllt die Gesprächspsychotherapie auch das Kriterium, eine ätiologisch orientierte Psychotherapie zu sein?*

In einem ätiologisch orientierten Therapiekonzept werden die psychotherapeutischen Interventionen verstanden als Einfluss nehmend auf ein Krankheitsgeschehen, das Teil eines ursächlich bestimmten Prozesses ist. Seelische und körperliche Symptome oder Verhaltensweisen lassen ein Krankheitsgeschehen sichtbar werden, das durch gegenwärtige, lebensgeschichtliche und gesellschaftliche Faktoren entstanden, ausgelöst und moderiert wird.

Das gesprächspsychotherapeutische Konzept definiert die psychotherapeutische Situation als eine, in der Erfahrungen gemacht werden, die zur Differenzierung des Selbst und zur Entwicklung der Person beitragen. Es wird davon ausgegangen, dass die Differenzierung des Selbst durch die Integration von Erfahrung erfolgt. Es werden aber nur Erfahrungen in das Selbstkonzept integriert, in denen sich die Person wahrnimmt und versteht und akzeptiert.

Gesprächspsychotherapie verfolgt das Ziel, die gestörte Erlebnisverarbeitung bzw. die Stagnation der psychischen Selbstentwicklung zu überwinden. Diese liegt dann vor, wenn aktuell mögliche Erfahrung nicht vollständig oder nicht korrekt im

Bewusstsein symbolisiert und nicht in das Selbstverständnis integriert werden kann, sondern als eine Bedrohung für das Selbstkonzept abgewehrt oder erlebt wird. Erfahrungen werden dann als in diesem Sinne bedrohliche abgewehrt oder erlebt, wenn sie Wiederholungen von Erfahrungen sind, in denen die Person bei ihrem ersten Auftreten nicht oder nicht unbedingt verstanden und/ oder akzeptiert worden ist. Das gilt auch für die so genannten traumatischen Erfahrungen und die Reaktionen in traumatisierenden Situationen: für Angst, reaktive Aggression, Depression und Dissoziation bzw. die Tarnung und die Täuschung.

Der Gesprächspsychotherapeut behandelt, indem er sich empathisch in die Erfahrung seines Klienten und vor allem in ihre affektiv-emotionale Bewertung einfühlt und dem Klienten mitteilt, dass er ihn in dieser versteht und dabei nichts anderes fühlt als unbedingte Wertschätzung des Klienten. Dadurch ermöglicht er dem Klienten, sich aktueller und früherer Erfahrung bewusst zu werden, sich selbst in ihr zu sehen, zu verstehen und zu akzeptieren und die Erfahrung zu integrieren.

Die Gesprächspsychotherapie erfüllt also auch das Kriterium, eine ätiologisch orientierte Psychotherapie zu sein. Sie betrachtet das Krankheitsgeschehen als ursächlich bestimmt und berücksichtigt die gegenwärtigen, lebensgeschichtlichen und gesellschaftlichen Faktoren, die es bestimmem.

In den Psychotherapie-Richtlinien wird zwischen der analytischen Psychotherapie und der tiefenpsychologisch fundierten Psychotherapie unterschieden. Die analytische Psychotherapie umfasse jene Therapieformen, die zusammen mit der neurotischen Symptomatik den neurotischen Konfliktstoff und die zu Grunde liegende neurotische Struktur des Patienten behandeln und dabei das therapeutische Geschehen mit Hilfe der Übertragungs-, Gegenübertragungs- und Widerstandsanalyse unter Nutzung regressiver Prozesse in Gang setzten und förderten. Die tiefenpsychologisch fundierte Psychotherapie umfasse die ätiologisch orientierten Therapieformen, mit welchen die unbewusste Psychodynamik aktuell wirksamer neurotischer Konflikte unter Beachtung von Übertragung und Gegenübertragung und Widerstand behandelt würden. Eine Konzentration des therapeutischen Prozesses werde durch Begrenzung des Behandlungszieles, durch ein vorwiegend konfliktzentriertes Vorgehen und durch die Einschränkung regressiver Prozesse angestrebt.[1]

Zur Beantwortung der Frage „*Wie psychoanalytisch bzw. tiefenpsychologisch fundiert ist die Gesprächspsychotherapie?*" ist also nun die Rolle zu untersuchen, die Übertragung und Gegenübertragung und der Widerstand in einer Gesprächspsychotherapie spielen.

Zunächst ist die Frage zu stellen: *Spielen Widerstand, Übertragung und Gegenübertragung in einer Gesprächspsychotherapie überhaupt eine Rolle?*

Wie bereits mehrfach erwähnt, achtet der Gesprächspsychotherapeut auf Hinweise darauf, ob der Patient aktuell mögliche Erfahrung nicht macht, d. h. nicht vollständig oder nicht korrekt im Bewusstsein symbolisiert. Wenn sich der Thera-

---

[1] Die tiefenpsychologisch fundierte Psychotherapie gelange auch in jenen Fällen zur Anwendung, in denen eine längerfristige therapeutische Beziehung erforderlich sei. Als Sonderformen der tiefenpsychologisch fundierten Psychotherapie könnten Kurztherapie, Fokaltherapie, Dynamische Psychotherapie und niederfrequente Therapie in einer längerfristigen, Halt gewährenden therapeutischen Beziehung zur Anwendung kommen.

peut in das solcher Art inkongruente, wie Gesprächspsychotherapeuten das nennen, Erleben des Patienten einfühlt bzw. in dessen Erfahrung des Bedrohtseins in seinem Selbstverständnis und in seinen Umgang damit, dann bedeutet das nichts anderes, als dass er den Widerstand des Patienten beachtet, die Abwehr, wie sie sich in der therapeutischen Situation zeigt. Eine Gesprächspsychotherapie, in der der Widerstand nicht beachtet wird, ist also gar nicht denkbar.

Und da die in der Therapie als bedrohlich erlebten Erfahrungen, die der Patient seinem Bewusstsein vorzuenthalten versucht, in der Regel Wiederholungen von Erfahrungen sind, in denen er bei ihrem ersten Auftreten nicht oder nicht unbedingt von einer wichtigen Bindungsperson verstanden und/ oder akzeptiert worden ist, achtet auch der Gesprächspsychotherapeut auf die Übertragung. Übertragen werden nämlich - in der Sprache des Gesprächspsychotherapeuten - die Wünsche des Patienten, vor allem in der affektiv-emotional erfahrenen eigenen Bewertung der eigenen Erfahrung empathisch verstanden und mit unbedingter Wertschätzung angenommen zu werden, und die Befürchtungen, dass sich die Erfahrung, nicht verstanden und gar nicht oder nur unter bestimmten Bedingungen akzeptiert zu werden, nicht nur wiederholt, sondern in derselben Form wiederholt, wie es früher und meistens immer wieder erlebt worden ist. Diese Wünsche nach „unconditional positive regard", wie es in der klientenzentrierten Literatur heißt, und Befürchtungen, in einer bestimmten Art und Weise bewertet zu werden, werden übertragen und dem Patienten meistens nicht als solche korrekt und vollständig bewusst. Sie treten in Kleidern auf, in denen sie oft kaum zu erkennen sind. Weil sie damals, als sie zum ersten Mal erlebt wurden, nicht verstanden worden sind und in den wichtigen Bezugspersonen andere Gefühle als unbedingte Wertschätzung ausgelöst haben, konnten sie nämlich nicht in das Selbstkonzept integriert werden und stellen nun eine Bedrohung für dieses dar und werden auch als eine solche erlebt, wenn es nicht gelingt, sie abzuwehren.

Die Beachtung der Übertragung spielt also ebenfalls eine große Rolle in der Gesprächspsychotherapie. Und wenn der Gesprächspsychotherapeut bei dem Versuch, sich in das Erleben seines Patienten einzufühlen, etwas anderes fühlt, als unbedingte Wertschätzung, dann erlebt er in der Regel eine Gegenübertragung. Er hat dann nicht empathisch erfasst, was sein Patient gerade erlebt, sondern auf einen Wunsch oder eine Befürchtung seines Patienten reagiert, und zwar komplementär, korrespondierend oder reziprok, wie es in der Sprache des Interpersonellen Raumes heißt. Als Gesprächspsychotherapeut hat er sich dann um die Wiederherstellung der unbedingten Wertschätzung zu kümmern, d. h. möglichst schnell herauszufinden, was ihn hat aus der Rolle fallen lassen. Dabei wird er sich nicht nur um seine eigenen wunden Punkte und blinden Flecken kümmern müssen, sondern eben auch um die Zusammenhänge im so genannten Interpersonellen Raum, in dem komplementär freundliche Zuwendung mit freundlicher Zuwendung beantwortet wird und unfreundliche Abwendung mit unfreundlicher Abwendung, wohingegen Dominanz eher Unterwürfigkeit auslöst und Unterwürfigkeit eher Dominanz.[2]

---

[2] Wir können davon ausgehen, dass der Patient, der in uns kalte feindselige Gefühle auslöst, seine Befürchtung, nicht verstanden und/ oder nicht akzeptiert zu werden, bzw. seine Erwartung, dass wir uns wie seine Bindungspersonen nicht liebevoll um ihn kümmern werden, in der Form zum Aus-

In den Psychotherapie-Richtlinien gilt im Unterschied zur analytischen Psychotherapie die tiefenpsychologisch fundierte als eine, in der Widerstand, Übertragung und Gegenübertragung nur beachtet, das Therapieziel begrenzt und der Therapieprozess durch ein konfliktzentriertes Vorgehen und durch die Einschränkung regressiver Prozesse konzentriert, was auch heißt: in Grenzen gehalten, würden. Aus dieser Charakterisierung der tiefenpsychologisch orientierten Psychotherapie folgt, dass in den Psychotherapie-Richtlinien regressive Prozesse zur eigentlichen Eigengesetzlichkeit der psychoanalytischen Prozesse gehörend angesehen werden. Und zu diesen gehört die Entwicklung einer Übertragungsneurose.

Gesprächspsychotherapeuten haben hingegen schon immer bezweifelt, dass sich eine Übertragungsneurose erst ordentlich entwickeln muss, um verstanden und damit abgebaut werden zu können. Gesprächspsychotherapeuten haben auch den Verdacht geäußert, dass manche Übertragungsneurose sich nicht entwickeln würde, wenn die Therapeuten ihr Augenmerk mehr auf die Möglichkeiten bzw. Behinderungen des einfühlenden Verstehens und der unbedingten Wertschätzung in ihrem eigenen Erleben richten würden und weniger auf den vermeintlichen Widerstand und die vermuteten abgewehrten Wünsche und Befürchtungen und Konflikte im Patienten.

Gesprächspsychotherapeuten sind also eher tiefenpsychologisch orientiert - in der Sprache der Psychotherapie-Richtlinien - als psychoanalytisch. Es ist ihnen ein Anliegen, die so genannten regressiven Prozesse so wenig wie möglich bzw. nur so weit wie nötig entstehen zu lassen.

Ich bin der Meinung, dass dieser Unterschied in den Annahmen zur Notwendigkeit der Entwicklung einer Übertragungsneurose - nicht der Übertragung - der einzige wesentliche Unterschied in der Definition der zentralen Eigengesetzlichkeit des therapeutischen Prozesses zwischen dem psychoanalytischen (der Psychotherapie-Richtlinien) und dem gesprächspsychotherapeutischen Therapiekonzept ist.

*Und wie verhaltenstherapeutisch ist die Gesprächspsychotherapie?*

In den Psychotherapie-Richtlinien heißt es:

> „Psychoanalytisch begründete Verfahren und Verhaltenstherapie sind nicht kombinierbar, weil die Kombination der Verfahren zu einer Verfremdung der methodenbezogenen Eigengesetzlichkeit des therapeutischen Prozesses führen kann“ (Behnsen & Bernhardt 1999: 168 f.).

Auch wegen dieser Behauptung werde ich bei der Erörterung der Frage „*Wie verhaltenstherapeutisch ist die Gesprächspsychotherapie?*“ wieder von den Ausführungen, jetzt zur Verhaltenstherapie, in den Psychotherapie-Richtlinien ausgehen. Es heißt in ihnen:

Die Verhaltenstherapie als Krankenbehandlung erfordere die Analyse der ursächlichen und aufrechterhaltenden Bedingungen des Krankheitsgeschehens (Verhaltensanalyse). Sie entwickele ein entsprechendes Störungsmodell und eine über-

---

druck bringt, dass er sich seinerseits kühl und ohne Erwartungen gibt, was wir als entwertend verstehen usw. Der Patient hingegen, dem wir am liebsten seine unterwürfige Liebedienerei verbieten würden, bringt seine Angst, nicht verstanden und akzeptiert zu werden, in der Form vorsorglicher Unterwerfung zum Ausdruck und unterstellt uns damit, dass wir mit ihm ebenso hochfahrend dominant und besserwisserisch umgehen werden, wie es z. B. seine Eltern getan haben, womit er uns geradezu provoziert etc.

geordnete Behandlungsstrategie, aus der heraus die Anwendung spezifischer Interventionen zur Erreichung definierter Therapieziele erfolgten. Aus dem jeweiligen Störungsmodell könnten sich unterschiedliche Schwerpunkte ergeben: Stimulusbezogene Methoden (z. B. systematische Desensibilisierung), Responsebezogene Methoden (z. B. operante Konditionierung, Verhaltensübung), Methoden des Modelllernens, der kognitiven Umstrukturierung (z. B. Problemlösungsverfahren, Immunisierung gegen Stressbelastung) sowie Selbststeuerungsmethoden (z. B. psychologische und psychophysische Selbstkontrolltechniken). Die Komplexität der Lebensgeschichte und der individuellen Situation des Kranken erfordere eine Integration von mehreren dieser Interventionen in die übergeordnete Behandlungsstrategie.

Als Begründung dafür, dass die psychoanalytisch begründeten Verfahren und Verhaltenstherapie nicht kombinierbar seien, wird die Behauptung aufgestellt, dass die Kombination der Verfahren zu einer Verfremdung der methodenbezogenen Eigengesetzlichkeit des therapeutischen Prozesses führen könnte (Behnsen & Bernhardt 1999: 168 f.). Sie wird nicht weiter ausgeführt, so als sei die Kenntnis der methodenbezogenen Eigengesetzlichkeit und mit ihr der Möglichkeiten, diese zu verfremden, Allgemeingut.

So wie den Richtlinien aber zu entnehmen ist, dass in psychoanalytisch begründeten Verfahren die so genannten regressiven Prozesse eine Rolle spielen, ist ihnen ebenfalls zu entnehmen, dass die Verhaltenstherapie behandelt, indem sie Einfluss auf die ursächlichen und aufrechterhaltenden Bedingungen des Krankheitsgeschehens nimmt:

Unter diesem Gesichtspunkt betrachtet, behandelt die Gesprächspsychotherapie verhaltenstherapeutisch. Sie nimmt nämlich Einfluss auf die nach der Meinung der Gesprächspsychotherapeuten wesentlichen ursächlichen und aufrechterhaltenden Bedingungen des Krankheitsgeschehens: die Beziehung des Klienten zu seinem Erleben, auf sein sich Nichtverstehen und Nichtakzeptieren in seiner Erfahrung mit der Folge der Stagnation des Entwicklungsprozesses. Sie bedingen das kranke Erleben und erhalten es aufrecht. Indem der Gesprächspsychotherapeut sich in die aktuelle Erfahrung des Klienten einfühlt und dem Klienten mitteilt, dass er ihn in seiner Erfahrung versteht und ohne Bedingungen wertschätzt, ermöglicht er dem Klienten, sich selbst zu verstehen und sich selbst in seiner Erfahrung wertzuschätzen. Das aber ist die Bedingung dafür, dass der Klient seine Erfahrung als seine eigene in sein Selbstkonzept integrieren kann.

Zusammenfassend möchte ich sagen:

Die Gesprächspsychotherapie ist eine ätiologisch orientierte Psychotherapie. Sie ist so psychoanalytisch orientiert, wie sie Übertragung und Widerstand zum Gegenstand der Behandlung macht. Gesprächspsychotherapeuten gehen davon aus, dass der Wunsch, empathisch verstanden zu werden und ohne Bedingungen akzeptiert zu werden, übertragen wird bzw. die Befürchtung oder Erwartung, nicht oder falsch verstanden zu werden und nur beim Erfüllen bestimmter Bedingungen geliebt zu werden. Es ist den Gesprächspsychotherapeuten ein sehr zentrales Anliegen, ihre unbedingte Wertschätzung des Klienten im Auge zu behalten, sich selbst - und in der Folge auch den Patienten - in der Abweichung von ihr zu verstehen. Damit beachten sie die Gegenübertragung. Gesprächspsychotherapeuten gehen ferner davon aus, dass Erfahrung abgewehrt wird und zwar die, die lebensgeschichtlich bedingt eine Bedrohung für das Selbst darstellt.

Die Gesprächpsychotherapie ist so verhaltenstherapeutisch, wie sie Einfluss auf die das Krankheitsgeschehen verursachenden und aufrechterhaltenden Bedingungen nimmt. Gesprächspsychotherapeutisch formuliert nehmen sie Einfluss auf die Beziehung des Klienten zu seinem Erleben. Wenn der Klient die Beziehung zu seiner Erfahrung haben kann, die der Therapeut ihm, dem Klienten, anbietet, wenn der Klient sich selbst in seiner Erfahrung versteht und sich selbst in seiner Erfahrung wertzuschätzen weiß, dann ist die Bedingung dafür erfüllt, dass er sie nicht länger als eine Bedrohung für sein Selbstkonzept erleben oder abwehren muss und sie als seine eigene in sein Selbstkonzept integrieren und als das bewerten kann, was sie für ihn ist bzw. bedeutet.

Wir könnten uns fragen, ob die Gesprächspsychotherapie der Beweis dafür sein könnte, dass die Prozesse, die sich in einer psychoanalytisch begründeten Behandlung auf der einen Seite und in einer Verhaltenstherapie auf der anderen entfalten, doch auf einen gemeinsamen Nenner gebracht werden könnten, der dann hieße: Eine Psychotherapie stellt die Bedingungen dafür dar, dass als fremde erscheinende und deshalb gemiedene, ängstigende, niederdrückende - wenn nicht erfolgreich abgewehrte - Erfahrungen zu eigenen Erfahrungen werden.

## Literatur

Behnsen, E. (1999): Psychotherapeutengesetz (PsychThG); erläuterte Textausgabe zu der seit dem 01. 01. 1999 geltenden berufsrechtlichen und krankenversicherungsrechtlichen Neuregelung der psychotherapeutischen Versorgung. Bearbeitet von E. Behnsen & A. Bernhardt. Köln: Bundesanzeiger

# Wie gesprächspsychotherapeutisch sind andere Psychotherapieverfahren?

*Inge Frohburg*

## Einleitung

Die Frage, ob die Gesprächspsychotherapie ein eigenes bzw. eigenständiges Verfahren ist *oder* ob die ihr eigene Substanz auch anderen Psychotherapieverfahren zu Eigen, ihnen also nicht fremd ist, wurde schon wiederholt und aus unterschiedlichem Anlass gestellt: Es handelt sich um ein altes, fast schon historisch wirkendes Problem, wenn man an die Kontroverse von Rogers und Skinner denkt, in der Unterschiede zwischen dem Klientenzentrierten Ansatz und der Verhaltenstherapie ausführlich dokumentiert sind (Rogers & Skinner 1956) oder an die Abgrenzungen, die Rogers mit Blick auf die Tiefenpsychologie speziell in den Ansichten von Kohut und in den Auffassungen von Erickson vornimmt (Rogers 1987). Es handelt sich aber auch um ein aktuelles Problem, wenn man an die (angestrebte) Anerkennung der Gesprächspsychotherapie als drittes Psychotherapieverfahren der Kassenärztlichen Versorgungsleistungen denkt und die in diesem Zusammenhang angebotene Alternative, Gesprächspsychotherapie den psychodynamischen Psychotherapie-Konzepten zu- bzw. unterzuordnen. Die neue Aktualität der Frage nach der Eigenständigkeit der Gesprächspsychotherapie ist Anlass zu diesem Beitrag.

Vorweg: Es gehört heutzutage wohl ein gewisser Mut (und eine Portion Verwegenheit?) dazu, sich angesichts der sehnsüchtigen und zugleich hoffähigen Bestrebungen zur Entwicklung integrativer Psychotherapiekonzepte oder auch einer Allgemeinen psychologischen Psychotherapie überhaupt zu *einer* bestimmten psychotherapeutischen Methode als der eigenen zu bekennen und sich dann insbesondere und zusätzlich und mit existenzieller Gefährdung auch noch als Gesprächspsychotherapeut(in) „zu outen".

Als „monogamer Methodenvertreter" sieht man sich schnell dem Vorwurf des per se moralisch verwerflichen Dogmatismus ausgesetzt, der zudem - vermeintlich - wissenschaftlich und berufspolitisch chancen- und zukunftslos sei. Weil - so die immer wiederkehrende Argumentation - der Jahrzehnte dauernde (das eigene Profil bildende und daher nur aus dieser Perspektive bewährte) Methodenstreit weltfremd nur noch in Hörsälen und wissenschaftlichen Zirkeln stattfinde, während die meisten modernen Psychotherapeuten in der Praxis sich mehrere Verfahren angeeignet haben und diese kombinierend individuell am jeweiligen Patienten und dessen Problemen orientiert anwenden. (Dabei wird - infam - unterstellt, dass methodenorientierte psychotherapeutische „Klassiker" diese Individualisierung in der Behandlung nicht anstreben bzw. leisten ...) Inwieweit diese im Einzelnen sehr unterschiedlichen Integrationsabsichten in der Praxis tatsächlich gelingen und dann im Einzelfall zu einer besseren Effizienz der jeweiligen Psychotherapie führen, ist gegenwärtig jedoch noch weitgehend ungeklärt (Frohburg 1989).

Auf die Frage, wie gesprächspsychotherapeutisch andere Psychotherapieverfahren sind, wären Antworten nach meiner Meinung auf verschiedenen Ebenen zu (ver)suchen. Auf drei Aspekte werde ich im Folgenden kurz eingehen:

## 1 Diskussion auf der methodologischen (theoretischen) Ebene

Die „großen Psychotherapieschulen" beruhen - das wird heute allgemein akzeptiert - auf methodologisch jeweils eigenen Paradigmen bzw. Menschenbildern, Störungs- und Veränderungstheorien. Sie legen nahe, Störungen in einer bestimmten Art und Weise zu definieren, zu erkennen und zu erklären und dann darauf bezogen in unterschiedlicher Art und Weise psychotherapeutisch tätig zu werden. Diese schulenspezifischen Modelle weisen zweifelsfrei manche Gemeinsamkeiten auf, sind in wesentlichen Prämissen aber auch deutlich unterschiedlich.

So ist *beispielsweise* für die Gesprächspsychotherapie das Entwicklungsaxiom der Aktualisierungs- bzw. Selbstaktualisierungstendenz von zentraler Bedeutung. Die Aktualisierungstendenz ist die dem Organismus grundlegend innewohnende Tendenz, alle seine Möglichkeiten so zu nutzen, dass sie ihn als Ganzen erhalten und fördern. Danach ist jeder Mensch in der Lage, sich sein Erleben, seine Erfahrungen bewusst zu machen, sie zu bewerten, zu differenzieren und handlungsleitend umzusetzen. Dieses Axiom der internen Aktualisierungstendenz verträgt sich nicht ohne weiteres mit dem Modell der von außen systematisch angeleiteten Lernprozesse, wie sie in den verhaltenstherapeutischen Konzepten von Bekräftigungslernen und Verstärkerplänen, verhaltenssteuerndem Feed-back oder heilsamen Flooding umgesetzt werden. Und es verträgt sich auch nicht mit der psychoanalytisch (psychodynamisch) zentralen Annahme spezifischer biologisch determinierter Vorgänge als Hauptfaktor der psychischen Entwicklung des Menschen („Triebtheorie").

Ein anderes *Beispiel*: Wesentliches veränderungsrelevantes Prozessziel in der Gesprächspsychotherapie ist die Selbstexploration des Patienten. Dabei wird die Wahrnehmung auf das Erleben des Patienten und seine Bewertung dieses Erlebens fokussiert, d. h. Selbstexploration ist in der Gesprächspsychotherapie primär weder konflikt- noch symptomzentriert. Eine solche Selbstexploration kann daher für Verhaltenstherapeuten oder tiefenpsychologisch orientierte Psychotherapeuten auf Grund ihrer theoretisch begründet anderen Interessenlagen und Zielstellungen - wenn überhaupt - nur partiell von Interesse sein.

Damit ergibt sich aber auch die Frage, ob eine „Parzellierung" von therapeutischen Prozessen ohne Rückgriff auf das konstituierende Grundkonzept möglich ist: Gelegentlich ein bisschen Selbstexploration? *Das scheint mir wie „ein bisschen schwanger" oder „ein bisschen Krebs" oder „ein bisschen Demokratie" - also nicht möglich.*

## 2 Diskussion auf der Ebene der Beziehungsgestaltung

Gesprächspsychotherapeuten wird häufig (auch anerkennend) bestätigt, dass von ihnen Nützliches über Beziehungsgestaltung zu erfahren ist. Dabei wird zumeist an das „gesprächspsychotherapeutische Beziehungsangebot" gedacht und dieses zum allgemein gültigen „psychotherapeutischen Basisverhalten" erklärt. Darüber hinausgehend sind von dem der Gesprächspsychotherapie zu Grunde liegenden personzentrierten Ansatz sehr vielfältige und konstruktive Anregungen auch für Bereiche außerhalb klinisch-psychologischer Praxis ausgegangen. So finden sich personzentrierte Einstellungs- und Handlungskonzepte heute beispielsweise auch in Bezug auf Beratung und Gesprächsführung sowie bei der Gestaltung von sozialen Beziehungen in unterschiedlichen zwischenmenschlichen Bereichen wie Arbeit, Erziehung und Bildung, Politik und Ökologie.

Die Einstellungs- und Verhaltensmerkmale, die im Rahmen einer Gesprächspsychotherapie veränderungsrelevante Konstituenden darstellen, werden bei diesen „Importen" jedoch meist enorm und mitunter bis zur Unkenntlichkeit verkürzt oder auch verfälscht, indem sie aus dem ursprünglichen gesprächspsychotherapeutischen Zusammenhang gelöst, ihrer für die Gesprächspsychotherapie spezifischen Funktion beraubt und (neu) in den Kontext von sozial- bzw. kommunikationspsychologischen Konzeptionen gestellt werden:

Empathie heißt dann „einfühlsam sein", bedingungsfreie Akzeptanz und emotionale Zuwendung wird zu „tolerant sein und dem Anderen freundlich begegnen" und Selbstkongruenz reduziert sich auf „Verhaltensechtheit". *Wäre dann jeder, der mit anderen einfühlsam, wertschätzend und aufrichtig umgeht, ein Gesprächspsychotherapeut?*

Das für heilkundliche Gesprächspsychotherapie stehende Kürzel „GT" mutiert so (ungerechtfertigt) zum Kürzel für den allgemein erwünschten und wünschenswerten „guten Ton" in einer jeden guten (therapeutischen) Beziehung.

Der deckt zweifelsfrei einen (zugegeben wichtigen) Teil *auch* des Konzeptes der Gesprächspsychotherapie ab, repräsentiert es aber nicht in seiner Gesamtheit. Die sozial- und kommunikationspsychologisch definierten und begründeten Einstellungs- und Verhaltenskonzepte zur therapeutisch effektiven Beziehungsgestaltung stellen vielmehr eine Schnittmenge dar, die unterschiedlichen Psychotherapiemethoden - einschließlich der Gesprächspsychotherapie - zu Eigen ist, sind aber nicht mit den umfassender und funktional anders konzipierten basalen Einstellungs- und Verhaltensmerkmalen der Gesprächspsychotherapie identisch. *Es gibt keine aus der Gesprächspsychotherapie abgeleitete „Bonsai-Empathie", kein „Instant-Verständnis" und auch keinen Akzeptanz-Verschnitt!*

## 3 Diskussion auf der Ebene der Handlungspragmatik („Wollen" und „Können")

Für den Fall, dass gesprächspsychotherapeutisches Basisverhalten tatsächlich methodenübergreifend beziehungsstiftendes und -förderndes Basiselement aller Psychotherapieverfahren ist, müssten bei praktisch tätigen, erfahrenen Psychotherapeuten unterschiedlicher Provenienz auf Grund ihrer bisherigen Ausbildung und therapeutischen Tätigkeit entsprechende Fähigkeiten vorhanden und realisierbar sein. Das ließe auch erwarten, dass sie z. B. internale Gesprächsanteile in den Äußerungen von Patienten besser wahrnehmen und differenzieren können als etwa Psychologiestudenten ohne entsprechende Ausbildung und Erfahrung.

Das ist aber offenbar nicht der Fall: Selbst bei entsprechender Intention gelingt berufserfahrenen Psychotherapeuten, die nicht Gesprächspsychotherapeuten sind, ein therapeutisch effektives Ausmaß in der Realisierung der gesprächspsychotherapeutischen Basismerkmale relativ selten. Das belegen unter anderem objektive Tests und Fremdbeurteilungen aus ausbildungsbegleitenden Untersuchungen, die wir bereits Anfang der 80er-Jahre durchgeführt haben:

Danach ergab sich unter anderem, dass zwei Drittel der insgesamt geprüften 1834 Therapeutenäußerungen im gesprächspsychotherapeutischen Sinne ineffektiv waren, weil sie sich - trotz der erklärten Absicht, problemnah wesentliche internale Gesprächsinhalte anzusprechen - auf externale oder nur unwesentliche internale Inhalte in den Patientenäußerungen bezogen. Die Streuung der ermittelten Kennwerte erwies sich dabei als relativ groß und belegte damit zugleich eine höhere Instabilität des Gesprächsverhaltens. Diese Ergebnisse gelten in gleichem Maße sowohl für die Stichprobe von 71 erfahrenen, aber nicht gesprächspsychotherapeutisch arbeitenden Psychotherapeuten als auch für die 78 untersuchten Studierenden der Fachrichtung Klinische Psychologie vor Beginn ihrer Psychotherapieausbildung.

Von 92 bei anderer Gelegenheit befragten nicht gesprächspsychotherapeutisch arbeitenden Psychotherapeuten gaben fast zwei Drittel subjektiv empfundene Verhaltensdefizite in ihrer „emotionalen Zuwendung“, ein Viertel hinsichtlich der angestrebten „Akzeptierung“ und sogar fast drei Viertel im Hinblick auf die von ihnen selbst erwünschte „Selbstkongruenz“ an. Es muss also davon ausgegangen werden, dass die gesprächspsychotherapeutische Kompetenz auf der Verhaltensebene durch Akzeptierungsschwierigkeiten, Echtheitsprobleme und mangelnde emotionale Zuwendungsfähigkeit eingeschränkt wird. Weiteren Befragungsergebnissen zufolge sind die individuellen Gründe dafür den jeweils Betroffenen zumeist nicht ausreichend bewusst (ausführlich in Frohburg 1988: 23 ff.).

*Auch auf Grund dieser empirischen Befundlage kann kaum angenommen werden, dass das gesprächspsychotherapeutische Basisverhalten von Psychotherapeuten aller Richtungen quasi als immanenter Bestandteil unterschiedlicher Therapiekonzepte ständig „mitpraktiziert“ wird.*

Zum Schluss: Bei den Überlegungen zu dem geplanten Beitrag habe ich mich wiederholt an der im Tagungsthema enthaltenen Polarisierung von „Eigenem“ und „Fremden“ gerieben: Eigenes impliziert Identifikation, Identität, Vertrautsein - fremd ist Unbekanntes, nicht Vertrautes, nicht Verstehbares.

Wird durch An-Eignung und mit dem Bekenntnis zum Eigenen anderes unvermeidlich „fremd“? Könnten wir uns nicht einfach als unterschiedlich, als anders wahrnehmen, begreifen und verstehen? Dann könnte uns unser Wissen um unterschiedliche Psychotherapiekonzepte, hinsichtlich der ihnen jeweils immanenten Logik und über ihre (spezifische) Wirksamkeit zugleich zu mehr gegenseitiger Akzeptanz verhelfen und konkurrierende Rivalität durch verbesserte kollegiale Kooperation ersetzen. Vielleicht? Hoffentlich!

## Literatur

Frohburg, I. (1988): Psychotherapie-Ausbildung. Beitrag zur wissenschaftlichen Begründung von Zielstellungen, Inhalten und Methoden. In: Zeitschrift für Psychologie, Supplement 10

Frohburg, I. (1989): Die Entwicklung adaptiver Interventionsstrategien. In: I. Frohburg & S. Schönian (Hrsg.) (1989): 4 - 14

Frohburg, I. & Schönian, S. (Hrsg.) (1989): Adaptive Strategien in der Psychotherapie. Berlin: Verlag der Gesellschaft für Psychologie der DDR

Milton H. Erickson Foundation (Ed.) (1987): The Evolution of Psychotherapy. New York: Brunner & Mazel

Rogers, C. R. & Skinner, B. F. (1956): Some issues concerning the control of human behavior: A symposium. In: Science 124: 1057 - 1066

Rogers, C. R. (1987): Rogers, Kohut and Erickson. In: Milton H. Erickson Foundation (Ed.) (1987). (Deutsch 1991: Rogers, Kohut und Erickson: Eine persönliche Betrachtung über einige Ähnlichkeiten und Unterschiede. In: Zeig, J. K. (Hrsg.): Psychotherapie - Entwicklungslinien und Geschichte. Tübingen: dgvt: 299 - 313)

# Der Traum von einer interdisziplinären Psychotherapie

*Christoph Schwabe*

Warum spreche ich von einem Traum, wenn ich an interdisziplinäre Psychotherapie denke? Zum Ersten, weil ich interdisziplinäre Psychotherapie vor Zeiten einmal erlebte und mitrealisieren konnte, zum anderen, weil ich den Eindruck habe, dass es das heute in der psychotherapeutischen Praxis so gut wie nicht mehr oder immer weniger gibt und schließlich deshalb, weil ich davon ausgehe, dass interdisziplinäre Psychotherapie erstrebenswert ist.

Ich bin Musiktherapeut. Und Musiktherapie ist ein Betätigungsfeld mit im hohen Maße interdisziplinärem Charakter, was zugleich heißt, dass dieses Betätigungsfeld einerseits mit allen Chancen vielfältigster Berührungen und Impulsgebungen ausgestattet ist, andererseits aber auch mit allen Gefährdungen, die Offensein für interdisziplinäre Berührungs- und Betätigungsvielfalt auszeichnen.

Da sich Musiktherapie als psychotherapeutische Disziplin versteht, ist diese Position gut geeignet, an ihr beispielhaft über die Chancen und die Probleme interdisziplinärer Arbeitsformen in der Psychotherapie nachzudenken.

Zunächst drängt sich mir die Frage auf, ob interdisziplinäres Handeln in der Psychotherapie legitim, notwendig oder eventuell auch Luxus ist.

Interdisziplinäres Arbeiten in der Psychotherapie - so denke ich - ist deshalb notwendig, weil das Leben im übertragenen Sinn „interdisziplinär" ist, so, wie auch beispielsweise eine psychosomatische Erkrankung eine interdisziplinäre Erkrankung ist - wenn ich das einmal so formulieren darf. Das „Disziplinäre", oder etwas richtiger formuliert, die Disziplin, ist eine Erfindung des Menschen, eine Denkhilfe sozusagen, verbunden mit der Absicht, das Unüberschaubare möglichst überschaubar zu machen. Disziplinäres Denken und daraus resultierendes Handeln wird aber dort, wo es um komplexe Erscheinungsformen des Lebens geht, immer nur ausschnitthaft das Komplexe erfassen können und läuft Gefahr, die Realität falsch zu interpretieren, wenn das Ausschnitthafte fälschlicherweise als das Ganze verstanden wird.

Disziplinisches Denken, also eindimensionales Denken in diesem Sinne, macht das Leben einseitig, verstellt und verzerrt es und führt zu falschen Rückschlüssen auf außerhalb dessen liegende Sachverhalte. Es wird zum gefährlichen Klischee auch dann, wenn man scheinbar in solchen Klischees einfacher, überschaubarer leben kann. Wenn man offene Augen entwickelt, dann wird man erstaunt darüber sein, wie reichhaltig und vielfältig das Leben oder das scheinbare Leben sich in Klischees zeigt und damit Lebensqualität einschränkt.

Das hier allgemein Gesagte trifft durchaus und nicht selten mit noch prägnanterer Konsequenz auf Fachdisziplinen zu, und da macht die Medizin, nicht weniger gravierend das Fachgebiet „Psychotherapie", keine Ausnahme.

Es hat manchmal kuriose Züge, wie das Beharren auf Schulmeinungen die Sicht prägen und Einsicht verstellen kann.

Das erlebe ich unter anderem dann, wenn so genannte gestandene Psychotherapeuten, die seit langem in ihrem Beruf arbeiten, sich in eine Musiktherapieausbildung begeben und das, was dort geschieht, ausschließlich aus der Optik ihrer speziellen Schulmeinung auffassen und nur so an sich heranlassen wollen. Die Gruppendynamiker sehen dann ausschließlich Beziehungsprobleme, die Tiefenpsychologen versuchen zu deuten und die Gesprächstherapeuten zu verbalisieren.

Ich erinnere mich in diesem Zusammenhang auch an einen heftigen Streit mit Kurt Höck, der in den 70er-Jahren in der DDR-Psychotherapie als Vater der psychotherapeutischen Gruppendynamik galt (siehe z. B. Höck 1976). Er entdeckte die von mir entwickelte Regulative Musiktherapie (Schwabe & Röhrborn 1996) und wollte sie unbedingt für das emotionale Ankurbeln gruppendynamischer Prozesse einsetzen, und es war ein anstrengendes und zugleich für mich schmerzhaftes Unterfangen, hier deutlich zu machen, dass der psychotherapeutische Zugang im Konzept der „Regulativen Musiktherapie" ein wahrnehmungspsychologischer ist und nicht verwechselt werden darf mit dem von Höck angestrebten Beziehungsaspekt.

Das ist ein typisches Beispiel dafür, wie das Verharren in einer eigenen Nischenposition zur Ignoranz gegenüber anderen psychotherapeutischen Wirkansätzen und damit auch zum Verkennen anderer psychotherapeutischer Wirkansätze führen kann.

Einerseits habe ich es als ein Fachvertreter der Psychotherapie, die nicht zu den anerkannten Konzepten wie Psychoanalyse oder Verhaltenstherapie zählt, schwerer, die Bedeutung meines Faches zu vermitteln; andererseits bin ich wohl viel eher gezwungen, interdisziplinär zu denken und zu handeln und unterliege damit weniger der Gefahr des Einigelns in eine schulengerechte Fachdisziplin.

Interdisziplinäre Psychotherapie darf natürlich nicht mit kritikloser Vielfalt oder sogar psychotherapeutischem Konzeptionswirrwarr verwechselt werden. Eklektizistisches Durcheinander wäre nur eine andere polare Untugend zur Disziplineneinseitigkeit. Einen solchen Konzeptionswirrwarr erlebe ich heute nicht selten in Psychotherapiekliniken, die durch ständigen Personalwechsel mit den unterschiedlichsten psychotherapeutischen Schulrichtungen angereichert sind, und der Tageswechsel die Erarbeitung einer von allen Mitarbeitern vertretenen Grundauffassung nicht mehr möglich macht, der Chef dabei zunehmend resigniert und der Individualismus des therapeutischen Denkens und Handelns der einzelnen Mitarbeiter nur noch durch ein formales Band zusammengehalten wird.

Wenn ich hier von interdisziplinärer Psychotherapie träume, dann denke ich vor allem an das kooperative, gleichberechtigte und fachlich gleichpotente Zusammenwirken von Medizinern, Psychologen, Bewegungstherapeuten, Ergotherapeuten und Musiktherapeuten sowie Therapieschwestern und Pflegern in einem therapeutischen Kollektiv. Teamwork als psychotherapeutische Arbeitsform, das ist uns ja auch heute nicht unbekannt. Aber Teamwork als „Wunschtraum", das besagt die von mir genannte kooperative Gleichberechtigung und Verantwortlichkeit verschiedener Fachvertreter an einer gemeinsamen Aufgabe, nämlich dem Herausfinden und der Umsetzung der möglichst optimalen Behandlungsvariante für jeden einzelnen Patienten.

Ein solches Teamworkdenken im psychotherapeutischen Raum kann nicht psychotherapeutische Methoden oder Konzepte unterteilen in die eigentliche Psychotherapie und in so genannte Hilfsmethoden der Psychotherapie.

Wenn Musiktherapie zu einer „Hilfsmethode" der Psychotherapie erklärt wird, dann ist das für mich nicht nur eine persönliche Kränkung, es ist auch ein gefährlicher Irrtum.

Ich will hier nicht die Zeit vergeuden, um auf die Vielzahl von Kränkungen im Laufe meiner Berufspraxis näher einzugehen. Viel zu wichtig ist mir demgegenüber die Sache selbst.

Es bedeutet, die Potenz musiktherapeutischen Handelns zu unterschätzen, wenn Musiktherapie im Bewusstsein von leitenden Psychotherapeuten in die Ecke der Hilfsmethoden gestellt wird.

Was Musik bewirken kann, weiß jeder kulturvolle Mensch, und es ist nicht zu akzeptieren, wenn die Potenz und ebenso auch die Brisanz von Musiktherapie nicht in ihrer eigentlichen Wirksamkeit erkannt und genutzt wird. Musiktherapie kann wie wohl kaum ein anderes psychotherapeutisches Geschehen die emotionalen Bereiche mobilisieren. Das ist ihre Stärke und zugleich ihre Gefahr, Letzteres dann, wenn sie nicht als integrativer, interdisziplinärer Bestandteil eines Psychotherapiekonzepts gleichberechtigt neben anderen psychotherapeutischen Handlungsformen wirksam werden kann bzw. ernst genommen wird.

Das heute immer noch übliche Argumentieren mit den sogenannten psychotherapeutischen Hilfsmethoden scheint mir vergleichbar mit der Vorstellung von „Ein-bisschen-schwanger-sein". Das heißt im Klartext: Ignoranz gegenüber psychotherapeutisch wirksamen Fachbereichen, die einerseits möglicherweise schon gewünscht sind, deren Potenz aber kleingeredet wird. Und das, was ich hier am Beispiel der Musiktherapie ausführte, trifft im übertragenen Sinn ebenso auf andere Verfahren, beispielsweise die Gestaltungstherapie, aber auch die Bewegungstherapie und andere Methoden zu. Es betrifft aber auch die Fachvertrteter selbst. Es ist überhaupt nicht einzusehen, weshalb ein psychotherapeutisch tätiger Arzt ein qualifizierterer Psychotherapeut sei als ein anderer psychotherapeutischer Fachvertreter, wenn dieser sich auf seiner Fachstrecke psychotherapeutisch qualifiziert hat. Denn keine Berufsgruppe, die später einmal psychotherapeutisch tätig ist, hat in ihrer Grundausbildung eine nähere Beziehung zum Fachgebiet der Psychotherapie erhalten. Das trifft ja leider sogar auf die Psychologen zu, wie ich immer wieder erfahren muss, wenn junge Diplom-Psychologen, die beispielsweise in einer Rehabilitationsklinik eine Stelle nach abgeschlossenem Studium fanden, sich deshalb einer musiktherapeutischen Zusatzausbildung unterziehen, weil sie von sich selbst sagen, dass sie nur eine ungenügende oder auch gar keine psychotherapeutische Ausbildung hätten.

Wie spannend interdisziplinäres Denken und Handeln in der psychotherapeutischen Praxis sein kann, das konnte ich in meinen ersten 10 Berufsjahren erfahren. Die ereigneten sich in den 60er-Jahren in der damaligen Abteilung für Psychotherapie und Neurosenforschung an der medizinischen Fakultät der Leipziger Universität unter der Leitung der Ärztin und späteren Professorin Christa Kohler. Wie spannend, an- und aufregend war das, wenn wir, die Mediziner, der Psychologe, die Bewegungs- und Ergotherapeutin, die Fachkrankenschwester und der Musiktherapeut, gleichberechtigt uns in der Patientenbesprechung an das Schicksal - die Krankheitsentwicklung - eines konkreten Menschen herantasteten. Jeder durfte sich, ja musste sich dazu äußern, wie er den Patienten sieht und erlebt hat. Es ging dann immer wieder um die entscheidende Frage, wo werden wir auf Grund welcher indikatorischen Überlegungen therapeutisch einsteigen und wo nicht. Und schließlich die Frage, wer übernimmt in der Einzelbetreuung den Patienten. Das konnte ein Mediziner, das konnte der Psychologe, das konnte aber auch der Musiktherapeut sein. Der Entscheidung voraus gingen Überlegungen, wer hat auf Grund seiner Fachvoraussetzungen und seiner Persönlichkeit die besten Karten für diesen konkreten Patienten und für die konkrete Situation.

Hier in dieser Arbeitssituation wurde mir erstmals deutlich, dass interdisziplinäres Handeln einerseits spezieller Fachkenntnisse bedarf, andererseits diese speziellen Möglichkeiten sich dadurch potenzieren, wenn sie die Chance bekommen, im engen Kontakt mit anderen Fachdisziplinen wirksam werden zu können. Das Resultat eines solchen gleichberechtigten interdisziplinären psychotherapeutischen Handelns war zunächst, dass uns diese Arbeitsweise ein ungeheuer großes Vergnügen bereitete, unsere Lust an der Arbeit vergrößerte und dass darüber hinaus eine sehr breite Palette unterschiedlichster Krankheitsbilder behandelbar wurde. Dieses Vorgehen kam also im hohen Maße unseren Patienten zu Gute.

Die Zeit, von der ich hier etwas schwärmerisch spreche, war politisch die Zeit des Prager Frühlings, zugleich auch die Zeit, in der ich als Leipziger die barbarische Sprengung der Leipziger Universitätskirche durch die Ulbrichtianer unmittelbar miterleben musste. Es war also eine Zeit der Brisanz und des Aufbegehrens, aber auch der Hoffnung und der Zerstörung von Hoffnung.

Fachpolitisch erlebte ich „Prager Frühling“ in der Gestalt, dass es, zwar unter der Fahne einer marxistischen Wissenschaftsposition, endlich möglich wurde, Psychisches nicht mehr allein aus der reaktionären pawlowistisch-stalinistischen Reflexiologie heraus definieren zu müssen, sondern das Emotionale, das Soziale und damit auch die individuelle Entwicklungsgeschichte des Individuums, die Lebensbedingungen des Individuums mit allen Konsequenzen auch für die Beschreibung von Ätiologie und Pathogenese benennen zu können.

Einen weiteren Aspekt im Sinne von „Prager Frühling“ erlebte ich zur damaligen Zeit darin, dass wir die traditionelle Fachliteratur, die psychoanalytische, die existenztheoretische, die behavioristische, die lerntheoretische usw. nicht nur studierten, sondern uns konstruktiv-kritisch damit befassten. Obwohl wir uns damals aus wissenschaftspolitischen Gründen auf diese Literatur nicht berufen konnten, gingen wesentliche Aspekte in unser Konzept und in unsere Arbeit ein. Ich nenne beispielhaft einige Faktoren: Die Bedeutung der Übertragungs- und Gegenübertragungsproblematik, die der verdrängten Persönlichkeitsanteile für Ätiologie und Pathogenese, aber auch die Bedeutung des Lernens, die Bedeutung der sozialen Dimension des Individuums, die bio-psycho-soziale Determiniertheit des Menschen usw.

Die Tatsache, dass wir uns nicht auf diese Literatur und die in ihr enthaltene Terminologie öffentlich berufen konnten, zwang uns, dieses Gedankengut in eigene Sprache umzusetzen und nicht nur dieses, sondern auch kritisch zu hinterfragen.

Rückblickend sehe ich in dieser, von außen uns aufgezwungenen Vorgehensweise auch einen gewissen Vorteil für die Entwicklung der eigenen Position. Wir mussten unter schwierigen Bedingungen eine eigene Position entwickeln und entwickelten dabei auch interdisziplinäre Denk- und Handlungsformen einer komplexen Psychotherapie, die Ende der 60er-Jahre ihren Niederschlag fand im Konzept der „Kommunikativen Psychotherapie" (Kohler 1968).

Heute kann ich meine westdeutschen Kollegen allerdings gut verstehen, wenn sie mir rückmelden, wie schwierig es gewesen sei, meine Buchveröffentlichungen aus dieser Zeit zu verstehen (z. B. Schwabe 1986). Wir hatten ja tatsächlich eine eigene Geheimsprache entwickelt. Das war eine Sprache, die veröffentlicht werden durfte, also die die Zensur passierte, in der man das sagen konnte, was man sagen musste, ohne so anzuecken, dass die Konsequenz das Veröffentlichungsverbot wurde. Lassen Sie mich auch das sagen: Ich bin heute froh, mich darin üben zu können, so zu schreiben und so zu sprechen, wie mir der Schnabel gewachsen ist!

Zurück zur eigenen Geschichte und damit zur Geschichte der Psychotherapie hier im Osten unseres Landes.

Das Gegenteil dieses interdisziplinären Denkens und Handelns lernte ich einige Jahre später kennen. Es war die Zeit, in der die so genannte Intendierte Dynamische Gruppenpsychotherapie eine vorherrschende Rolle in der Psychotherapielandschaft anstrebte. Hier handelte es sich um ein Konzept, bei dem sich eindeutig der Patient nach dem Konzept der Behandlung und nicht das Konzept nach der Problematik des Patienten zu richten hatte, sodass die Verfechter dieses psychotherapeutischen Konzeptes zugeben mussten, dass ihr Konzept nur für 5 % der Patienten indiziert gewesen sei. Demgegenüber aber stand der ungerechtfertigte Anspruch, den die Vertreter dieses Konzeptes auf die Psychotherapie anmeldeten. Meine Hauptkritik an diesem Konzept besteht darin, dass ihm ein eingleisiges und damit verzerrtes Menschenbild zu Grunde lag. Ebenso eingleisig war der Psychotherapieansatz ausschließlich auf Beziehungsarbeit ausgelegt und ließ nur solche andere Psychotherapiekonzepte neben sich als „Hilfsmethoden" gelten, die sich uneingeschränkt dieser einlinigen Vorgehensweise bedingungslos anpassten.

Hinderungsgründe für interdisziplinäres Denken und Handeln gibt es viele. Einer ist die Angst vor Bedrohung der eigenen fachlichen Existenz durch institutionelle oder bürokratische Veränderungen mit der Folge des Rückzugs ins vermeintlich sichere eigene Schneckenhaus. Aber nicht immer ist dieser Grund der eigentliche. Viel schwer wiegender, so scheint mir, ist die grundsätzliche Frage nach dem Umgang mit Macht und mit Angst.

Macht entsteht aus verliehener institutioneller Kompetenz, also über den Weg des Erreichens einer Stellung und der damit eingeräumten und zu verantwortenden Handlungs- und Entscheidungsbefugnis. Diese Macht hat Weisungs- und Verfügungskraft, die über Wohl und Wehe einer kollektiven Arbeitsweise entscheiden kann. Macht als institutionelle Kompetenz ist aber nicht unbedingt und folgerichtig deckungsgleich mit persönlicher und/ oder fachlicher Kompetenz. Aber auch diese bedeutet Macht.

Dieses komplizierte Refugium von institutionell-bürokratischem und fachlich-menschlichem Zusammenwirken enthält einerseits genügend Zündstoff für Konflikthaftes auf allen Ebenen. Andererseits liegen im günstigen Zusammenwirken dieser Faktoren eben jene Schlüssel für das Öffnen von interdisziplinärer Potenz.

Wir wissen aus der Lebenspraxis, dass dazu - auch im psychotherapeutischen Bereich - institutionalisierte Macht notwendig ist. Und da diese institutionelle Macht in der Regel in den Händen eines medizinischen Leiters liegt, liegen in diesen Händen auch die verantwortlichen Schlüssel zur Entwicklung und Entfaltung interdisziplinärer Potenz der anderen Fachvertreter. Ich denke, hier gilt es in zwei Richtungen Türen aufzuschließen: Einerseits gilt es, die Fachkompetenz der anderen zu erkennen und zuzulassen, und andererseits gilt es, die Fachkompetenz der anderen einzufordern und zu koordinieren. Das ist wohl eine sehr hohe Forderung, die hier an Leiter zu stellen ist. Es ist aber zugleich eine lohnende Forderung.

Psychotherapie, in welcher Gestalt auch immer sie sich verwirklichen will, sollte den Anspruch nicht verlieren, zuallererst als Instrumentarium bei der Hilfe für Hilfsbedürftige dienend wirksam zu werden. Dies kann sie nicht erfüllen, wenn sich über Psychotherapie-Denk-Modelle Psychotherapeuten selbst instrumentalisieren. Letzteres erfolgt in vielfältiger Gestalt, aber vor allem durch den Anspruch auf Psychotherapiemacht als Resultat von Bedrohungsangst.

Interdisziplinäre Psychotherapie erfordert und bewirkt angstfreies Miteinander von Therapeuten, die sich dann auch nicht hinter schulen- oder institutionsabhängigem Kompetenzgehabe verstecken müssen. Hier ist von vorhandener Kompetenz die Rede, die psychotherapeutisches Handeln - egal, welche psychotherapeutische Schulmeinung dahinter steht - zuförderst als menschliche Begegnung verstanden wissen will.

„Menschliche Begegnung" - und das wissen wir Psychotherapeuten viel zu gut - ist jenseits aller Blauäugigkeit eine mit vielfältigen Fußangeln bestückte Angelegenheit. Sie fällt uns nicht in den Schoß. Sie ist nicht naturgegeben, sondern immer wieder Resultat manchmal sehr harter, aber immer sich um Wahrhaftigkeit bemühende Arbeit an sich selbst und mit anderen.

Es liegt nahe, dieser Anstrengung auszuweichen, und es ist einfacher, sich hinter einer Schulmeinung, seiner Disziplin, zu verschanzen.

Die andere Position, die interdisziplinäre, für die ich hier versuchte, eine Lanze zu brechen, ist scheinbar anstrengender, gefährlicher - weil weniger Schneckenhausschutz bietend -, dafür aber auch immer wieder lebendiger, abenteuerlicher und - das ist meine Überzeugung - für Therapeuten und Patienten gesünder und effektiver.

## Literatur

Höck, K. (1976): Gruppenpsychotherapie. Berlin: Verlag der Wissenschaften

Kohler, C. (1968): Kommunikative Psychotherapie. Jena: Fischer

Schwabe, C. & Röhrborn, H. (Hrsg.) (1996): Regulative Musiktherapie (3. Aufl.). Jena: Fischer

Schwabe, C. (1986): Methodik der Musiktherapie und deren theoretische Grundlagen (3. Aufl.). Leipzig: Johann Ambrosius Barth

# Macht und Machtmissbrauch in der Psychotherapie - Am Beispiel der Problematik des „informed consent“

*Christian Reimer*

## Einführung

Psychotherapeuten arbeiten in einem Dickicht komplizierter Subjektivität. Die Diskussion über ethische Fragen, die sich während psychotherapeutischer Behandlungen ergeben können, steht hier zu Lande noch weitgehend am Anfang. Nur drei von sieben neuen Lehrbüchern der Psychotherapie haben ein eigenes Ethikkapitel (z. B. Reimer 2000), und nur in einem dieser Bücher wird der Begriff *„informed consent“* erwähnt und erläutert (Heigl-Evers, Heigl, Ott & Rüger 1997). Es soll daher kurz definiert werden, worum es dabei geht.

Als notwendige Grundelemente der Information für einen solchen „consent“ sind zu nennen:

1. Erläuterung der Vorgehensweise und deren Zweckmäßigkeit
2. Beschreibung der Risiken und möglichen Unannehmlichkeiten
3. Beschreibung der Vorzüge bzw. positiven Auswirkungen einer spezifischen Behandlungsmethode
4. Erläuterung möglicher Alternativen
5. Beantwortung aller Fragen in Bezug auf die Vorgehensweise
6. Information, dass ein Ausstieg aus der Behandlung jederzeit möglich ist.

Als grundlegendes Problem bei der Sicherstellung eines „informed consent“ zeigt sich, dass Patienten oft nicht die Kompetenz besitzen oder auf Grund ihrer emotionalen Verfassung nicht in der Lage sind, den Therapieprozess zu verstehen. Viele Therapeuten nehmen außerdem an, dass Therapiekonzepte nur im Lauf der Therapieerfahrung verständlich werden können.

## 1 Was bedeutet dieser Themenkomplex für die Psychotherapie?

Zunächst zur Problematik der *Aufklärung*: Was ist hier zu fordern und was ist weithin praktizierte Realität? Zu fordern wäre aus Gründen von Autonomie und Fürsorge für den Patienten - zwei der grundlegenden Prinzipien in der medizinischen Ethik -, dass sich der Psychotherapeut gleich welcher Schule zur Aufklärung gegenüber seinem Patienten verpflichtet fühlt. Die Aufklärungspflicht bezieht sich einmal auf die Begründung der vom Therapeuten gestellten Indikation zur Psychotherapie. Dazu gehört seitens des Therapeuten die nüchterne Abwägung differenzieller Indikationsaspekte, also die Frage, von welcher Therapieform der Patient auf Grund des vorliegenden evaluativen Wissens voraussichtlich am besten profitieren kann.

Ein tiefenpsychologischer Psychotherapeut sollte also in der Lage sein, einen Patienten in eine Verhaltenstherapie zu vermitteln, wenn dessen Störung damit vermutlich am sinnvollsten und Erfolg versprechendsten behandelt werden kann. Umgekehrt sollte ein Verhaltenstherapeut die Indikation zu einer tiefenpsychologisch orientierten Psychotherapie dann stellen, wenn er Grund zu der Annahme hat, dass die Beziehungskonflikte eines Patienten mit dieser Form von Psychotherapie am aussichtsreichsten zu behandeln sind.

Hier gibt es natürlich für schulengebundene Psychotherapeuten eine Reihe von möglichen Konflikten, die dann zu ethischen Problemen werden können, wenn der Patient sie austragen muss. So wird ein Psychotherapeut, der nur seine Schule sieht und bevorzugt, hinsichtlich seiner Wahrnehmung differenzieller Indikationsbereiche eingeengt sein. Er wird nur seine Methode anbieten und dem Patienten vermitteln, dass er von dieser am besten profitieren werde. Der Patient muss ihm das glauben, falls er nicht selbst über Kenntnisse verschiedener Psychotherapiemethoden und deren Indikationsspektrum verfügt.

Zur Aufklärungspflicht des Psychotherapeuten gehört auch ein Erklären der für die geplante Psychotherapie wichtigen Rahmenbedingungen, und zwar sowohl der formalen wie der inhaltlichen (Reimer 2000).

Der Patient hat ein Recht darauf zu erfahren, welcher Mittel und Methoden sich der Therapeut bei der Arbeit mit ihm bedient. Dazu gehört auch die gemeinsame Erarbeitung von Zielvorstellungen. Ferner sollte der Therapeut den Patienten über mögliche Chancen und Risiken der Therapie, aber auch über eventuelle Belastungen während der Therapie informieren, vor allem im Hinblick auf bestehende Partnerschaften und andere soziale Beziehungen.

Natürlich ist es selbst bei Beachtung ethischer Prinzipien nicht immer einfach, einen potenziellen Psychotherapiepatienten effektiv aufzuklären, was am Beispiel der tiefenpsychologisch fundierten und analytischen Psychotherapie deutlich gemacht werden soll.

Kann man einem Patienten zu Beginn einer Behandlung aufklärend verständlich machen, was Übertragung ist und worauf er sich diesbezüglich eigentlich einlässt? Ich versuche es bei meinen Patienten etwa mit folgender Formel:

> „Es kann sein, dass Sie im Laufe der Behandlung immer einmal wieder verschiedene Gefühle mir gegenüber bemerken oder auch Vermutungen darüber haben, was ich von Ihnen denken oder meinen könnte, die Sie irritieren. Sie sollten das jeweils, wenn es Sie gerade bewegt, mit mir ansprechen, damit wir klären können, was daran mit mir zusammenhängen könnte und was vielleicht aus früheren Beziehungserfahrungen stammt, die durch die Beziehung zu mir wieder belebt werden."

Trotz einer solchen Erklärung über einen wichtigen Parameter tiefenpsychologischer Psychotherapie ist zu vermuten, dass vor allem eher unwissende Patienten zu Beginn nicht wirklich erfassen können, was eine Übertragungsbeziehung ist und worauf sie sich dabei einlassen. Sie ahnen meist nichts von der dadurch ausgelösten Emotionalität und der Wiederbelebung von Erinnerungen unterschiedlichster, häufig traumatischer Art, die sie während der Therapiezeit ja auch erheblich labilisieren können, und zwar sowohl im Hinblick auf sie selbst als auch auf ihre wichtigsten

Sozialbeziehungen. Sie ahnen auch nicht, was das Eintauchen in regressive Prozesse bedeuten kann. Hier könnten sich durchaus kritische Fragen stellen lassen, die zwischen den verschiedenen Therapierichtungen ja auch immer Gegenstand von Erörterungen und Polemiken waren. So könnte man z. B. fragen, ob es zu verantworten ist, dass sich durch die Förderung von Übertragung und Regression vorübergehend oder auch längerfristig die Lebensqualität von Patienten verschlechtern kann und ob es nicht humaner und ethisch vertretbarer wäre, in ihren Lebensbezügen gestörten Menschen eher ihrem Erwachsenenniveau einsehbare und entsprechende Hilfen zukommen zu lassen, die keine so massive emotionale Destabilisierung nach sich ziehen. Aber das sind natürlich ketzerische Gedanken, die ich jetzt wieder beende.

## 2 Was ist vielfach praktizierte Realität im Hinblick auf Aufklärung vor und während psychotherapeutischer Behandlungen?

Realität ist meist, dass Aufklärung gar nicht oder nur höchst bruchstückhaft erfolgt. Sie beschränkt sich z. B. auf den Hinweis, dass Träume wichtig seien und daher mitgeteilt werden sollten - ohne Erklärung, warum das so wichtig sei. Und dann kommt noch die Verpflichtung auf die so genannten Rahmenbedingungen, bei denen es dann um Urlaubsregelungen und Ausfallshonorare geht. Sieht man dies unter den ethischen Geboten von Autonomie und Fürsorge für den Patienten, muss man nachdenklich werden. Man könnte es auch härter formulieren: Patienten werden häufig gleich zu Beginn in ein gnadenloses Korsett von Abhängigkeiten gepresst: Urlaub ist dann zu nehmen, wenn der Therapeut Urlaub hat, allenfalls mit kleinen zugestandenen Abweichungen. Ausgefallene Stunden sind, aus welchen Gründen auch immer, generell zu bezahlen. Da schützt auch Krankheit nicht oder - ein Beispiel, das mir kürzlich bekannt wurde - die Pflegezeit für einen tumorkranken Vater, der im Sterben lag.

Zur *praktizierten Realität* von Aufklärung bzw. Einwilligung hat sich unter anderen Helmchen (1998) geäußert und dabei am Beispiel der so genannten Wiedererinnerungs- bzw. Wiedererlebenstherapie, die versucht, frühe spezifische unterdrückte traumatische Erlebnisse bzw. Erinnerungen aufzudecken, darauf hingewiesen, wie problematisch es ist, wenn Patienten zu Beginn einer Behandlung ihr Einverständnis zu möglichen negativen Folgen geben sollen, die im Einzelnen nicht näher angegeben oder abgeschätzt werden können.

## 3 Ethische Probleme während des psychotherapeutischen Behandlungsprozesses

Es sollen jetzt beispielhaft einige ethische Probleme benannt werden, die sich *während des psychotherapeutischen Behandlungsprozesses* ergeben können:

1. Es mag für manche Therapeuten schwer sein, ihren Patienten gegenüber neutral im Sinne von unvoreingenommen zu bleiben, besonders dann, wenn sie etwas wollen oder für gut und sinnvoll halten, was der Patient nicht kann oder will.

Dies lässt sich gut an der *Definition von Therapiezielen* verdeutlichen, die auch im Verlauf psychotherapeutischer Behandlungen immer wieder erörtert werden. Hier muss sich der Therapeut von paternalistischen Vorstellungen („Ich weiß, was gut für Sie ist“) konsequent fern halten und dem Patienten überlassen, was er für sich als Ziel definieren will. Dies ist nicht immer eine einfache Übung, wie das folgende *Beispiel* zeigt: Ein Patient kommt in die Therapie wegen einer akuten Beziehungsproblematik, in der ihm seine Partnerin mit Trennung gedroht hat. Er ist depressiv, unruhig, schlafgestört und möchte, dass der Therapeut ihm hilft, diese Beziehung zu retten. Der Therapeut, der die Interviews bei mir supervidierte, wies mich darauf hin, dass das vom Patienten formulierte Ziel doch bloße Oberflächenkosmetik sei. Eigentlich müsste es doch um die narzisstisch- depressive Grundproblematik des Patienten gehen, die sich in seinem Beziehungsdesaster ausdrücken würde.

2. Ein weiteres ethisches Problem während psychotherapeutischer Behandlung ist die *mögliche Schädigung Dritter*. Beachtet man bei der Durchführung von Psychotherapie nur das Wohl seines Patienten, wird dabei übersehen, in welchem Ausmaß auch Angehörige von Patienten oft mitbetroffen sind. Man könnte den Eindruck haben, dass mögliche Schädigungen Dritter entweder in Kauf genommen werden oder als Ausdruck der Außen-Realität nicht von Interesse sind. Dabei ist es fast regelhaft so, dass die Psychotherapie eines Patienten von dem Partner oder auch von Familienangehörigen als Bedrohung erlebt wird. Der „Dritte im Bunde“ kann z. B. befürchten, dass er gegenüber dem Therapeuten oder von diesem selbst herabgesetzt, kritisiert, schlecht gemacht wird und dass Trennungsempfehlungen ausgesprochen werden, so dass die Beziehung durch Verlustangst bedroht wird. Er kann ferner Angst davor haben, dass eigene Intimitäten, allgemeine Schwächen und Defizite dem Therapeuten mitgeteilt und von diesem in irgendeiner Weise bewertet werden. Hieraus können Schuld- und Schamgefühle resultieren mit der Konsequenz, dass sich unter Umständen eine feindselige, vorwurfsvolle Haltung des Dritten gegenüber der Therapie und dem Therapeuten bis hin zu einer Paranoisierung entwickelt. Solche Tendenzen werden von Therapeuten gefördert, die Beziehungen ihrer Patienten bewerten und sich zu Ratschlägen verleiten lassen z. B. dann, wenn eine Beziehung von außen gesehen eher destruktiv wirkt und der Therapeut sich zu einer Trennungsempfehlung verleiten lässt. Annemarie Dührssen soll immer wieder gesagt haben: „Wenn man einem Patienten eine Trennung empfiehlt, muss man ihm auch einen neuen Partner besorgen“ (Ulrich Rüger; persönliche Mitteilung).

Zum Umgang mit den so genannten Dritten im Bunde halte ich es, im Gegensatz zu vielen meiner analytischen Kollegen, durchaus für angebracht, auch den Partner oder für Patienten wichtige Familienangehörige zum Gespräch einzuladen. Einmal, weil ich es sinnvoll finde, dass der Dritte im Bunde den Therapeuten auch leibhaftig gesehen und erlebt hat und sich imaginäre Ängste dadurch schon reduzieren lassen. Zum anderen aber auch, um gemeinsam zu überlegen, ob der Partner auch für sich Hilfe aufsuchen möchte oder gegebenenfalls parallel zur Einzeltherapie zumindest über eine gewisse Strecke eine begleitende Partnerberatung angezeigt sein könnte.

3. *Wertvorstellung und Ideologien des Psychotherapeuten* als ethisches Problem: In psychotherapeutischen Behandlungen ist seitens des Therapeuten besonders darauf zu achten, dass seine Werte, Meinungen, Ideologien nicht in dem Sinne dominant werden, dass der Patient unter Anpassungsdruck gerät und Lösungen akzeptieren muss, die nicht eigentlich seine sind. Natürlich kann es eine wertfreie Therapie nicht geben. Der Psychotherapeut muss aber darauf achten und sich diesbezüglich immer wieder neu selbst explorieren, was er als „Wahrheit" ansieht, wie seine „Wahrheit" mit der des Patienten kompatibel oder nicht kompatibel ist, was er für „richtiges" bzw. „falsches/ abweichendes" Verhalten beim Patienten hält und welche eigenen inneren Normen er dafür hat.

   Hier zeigt sich auch, wie sich das Menschenbild des Psychotherapeuten in die Therapie einwebt und wie störend das sein kann. Je nach persönlicher Auffassung und Entwicklung kann der Psychotherapeut Gefahr laufen, seine Patienten zu Normen zu veranlassen, die seinem Menschenbild entsprechen. Er kann z. B. das Ziel verfolgen, seine Patienten eher zur Anpassung an gesellschaftliche Normen oder aber auch zu Nonkonformismus zu „erziehen". Auch das Signalisieren von Selbstverwirklichung als Wert um fast jeden Preis kann ethisch bedenklich sein.

   Der Psychotherapeut ist gut beraten, wenn er sich von dem leiten lässt, was der Patient für sich will oder nicht will. Beim Herausfinden dessen ist der Patient zu begleiten, aber nicht zu erziehen. Anpassung an die Werte und Normen eines Psychotherapeuten kann nicht Ziel einer Psychotherapie sein.

## 4 Welche Konsequenzen ergeben sich daraus für die Ausbildung künftiger Psychotherapeuten?

Weiterbildungsteilnehmer und -kandidaten sind während ihrer Weiterbildungszeit abhängig von Beurteilung und Wohlwollen ihrer Weiterbilder. Immer wiederkehrende Berichte von Kandidaten zeigen aber, dass ein positives, entwicklungsförderndes Weiterbildungsmilieu keineswegs immer selbstverständlich ist.

Dies kann dazu führen, dass in Weiterbildungszeiten zwischen Ausbildern und Auszubildenden ein Gefühlsklima herrschen kann, das von Angst, Abhängigkeit und Restriktionen geprägt ist. Es verwundert nicht, wenn in einem solchen Klima bei Kandidaten, die selbst häufig schon in der Lebensmitte stehen und lebens- und berufserfahren sind, unangemessen große Ängste vor dem Abschluss ihrer Ausbildung bestehen.

Hinzu kommt, dass Weiterbildungsteilnehmer und -kandidaten oft seitens ihrer Weiterbilder in identischer Weise dem ausgesetzt sind, was ich als Pressen in ein gnadenloses Korsett von Abhängigkeiten bezeichnet habe. Sie sind gezwungen, sich mit dem genannten Modus von Urlaubs- bzw. Ausfallsregelungen zu identifizieren und müssen diesen darüber hinaus noch als sinnvoll und hilfreich für sich und ihre Patienten akzeptieren. Wer solche Regelungen anzweifelt, bekommt Probleme z. B. mit seinen Supervisoren und in den technischen Seminaren, wie ich an vielen Beispielen belegen könnte.

Es ist denkbar, dass Enttäuschungen und Kränkungen aus der Ausbildungszeit später als Rache gelebt werden können, indem man szenisch mit den Patienten ähnliche Arrangements herstellt, wie man sie selbst erlitten hat.

Wenn man ethisches Handeln in der Psychotherapie und bei den Psychotherapeuten optimieren will, ist zu überlegen, wie berufsspezifischen Belastungen und daraus resultierenden Gefahren für Therapeut und/ oder Patient sinnvoll präventiv begegnet werden kann.

Zunächst sind die Curricula psychotherapeutischer Weiterbildungsinstitutionen dringend ergänzungsbedürftig. Zu Recht wiesen Heigl-Evers und Heigl darauf hin, dass es in der psychologischen Medizin selbstverständlich sein sollte „den 'psychischen Apparat' des Therapeuten in Stand zu halten und zu pflegen, um dessen therapeutische Kompetenz zu erhalten und zu verbessern" (1989: 72). Die Frage ist allerdings, ob Lehrpsychotherapie bzw. -analyse und Supervision dazu ausreichen. Untersuchungen zur Qualität bzw. Effizienz von Selbsterfahrung und Supervision sind bisher von der Forschung vernachlässigt worden. Die sehr deutlichen Berichte, die wenige Mutige über Probleme ihrer Selbsterfahrung publiziert haben (z. B. von Drigalski 1991), haben die psychotherapeutische Zunft offensichtlich nur wenig beeindruckt. Meist haben sie eine Pathologisierung der Verfasser nach sich gezogen. Dabei scheint eine unglücklich bzw. nicht befriedigend verlaufene Selbsterfahrung nicht selten zu sein.

Sieht man aber von solchen eher unglücklichen Verläufen ab, bleibt festzuhalten, dass ethische Fragen und Probleme, die sich aus psychotherapeutischen Behandlungen ergeben, bisher während der Ausbildung kaum vermittelt werden. Es ist erstaunlich, wie wenig in psychotherapeutischen Weiterbildungsinstitutionen überhaupt über ethische Fragen diskutiert wird.

Themen zu etablierender Ethikseminare könnten z. B. sein:

- Berufliche Belastungen von Psychotherapeuten und Prävention dieser Belastungen, auch im Sinne einer Sorge für die eigene Psychohygiene
- Ethische Probleme des Umgangs mit schwierig erscheinenden Patienten
- Die Rahmenbedingungen psychotherapeutischer Arbeit unter ethischen Aspekten
- Prävention von Missbrauchstendenzen.

## Schlussbemerkung

Ich habe versucht, beispielhaft einige der ethischen Probleme zu benennen, die sich am Beginn und während psychotherapeutischer Behandlungen ergeben. Einige der härtesten Fakten, so z. B. die Missbrauchsproblematik, habe ich hier ausgelassen, weil darüber inzwischen genügend bekannt geworden ist und weil ich glaube, dass diese nur einen schmalen Ausschnitt aus der Bandbreite der ethischen Problematik der Einwilligung nach Aufklärung in der Psychotherapie markiert. Man kann nur hoffen, dass die Ethikdiskussion innerhalb der psychotherapeutischen Fachgesellschaften allmählich den Platz einnimmt, der ihrer Bedeutung gerecht wird. Hier bleibt noch viel zu tun.

## Literatur

Drigalski, D. v. (1991): Blumen auf Granit (5. Aufl.). Frankfurt am Main: Ullstein.

Heigl-Evers, A. & Heigl, F. (1989): Ethik in der Psychotherapie. Psychotherapie & Medizinische Psychologie 39: 68 – 74.

Heigl-Evers, A., Heigl, F., Ott, J. & Rüger, U. (1997): Lehrbuch der Psychotherapie (3. Aufl.). Stuttgart: Fischer

Helmchen, H. (1998): Ethische Implikationen von Psychotherapie. Nervenarzt 69: 78 - 80

Reimer, C. (1996): Ethische Aspekte der Psychotherapie. In: C. Reimer, J. Eckert, M. Hautzinger & E. Wilke (Hrsg.) (1996): 536 - 554

Reimer, C., Eckert, J., Hautzinger, M. & Wilke, E. (2000): Psychotherapie - Ein Lehrbuch für Ärzte und Psychologen (2. Aufl.). Berlin, Heidelberg, New York: Springer

# Angst vor dem Ende der Psychotherapie. Veränderungsprozesse in der Abschlussphase [1, 2]

*Inge Rieber-Hunscha*

## Einleitung

Seit Beginn dieses Jahrhunderts werden Psychotherapien begonnen und beendet. Dennoch ist die Bedeutung des Beendens für den gesamten psychotherapeutischen Prozess bisher sowohl in theoretischer, technischer, als auch praktischer und ausbildungsbezogener Hinsicht vernachlässigt worden. In den USA liegt seit den 60er-Jahren eine zunehmend große Anzahl von vorwiegend psychoanalytischen Arbeiten zur Beendigungsthematik vor (z. B. zusammenfassend Firestein 1978; Frank 1999; Einzelarbeiten in deutscher Übersetzung: z. B. Bergmann 1997; Novick 1997 b). Das Beenden von Psychotherapien scheint seit dieser Zeit auch in Ausbildungscurricula der USA berücksichtigt worden zu sein (z. B. Blum 1989; Weiß & Fleming 1980). Demgegenüber sind im deutschen Sprachraum vergleichsweise wenige und nur vereinzelte Arbeiten darüber aufzufinden (Übersichtsarbeiten: Ruffler 1958/ 59; Stoltzenberg 1986).

Je intensiver ich mich seit Jahren mit dieser Thematik befasst habe (Rieber-Hunscha 1996, 1998, 1999), umso klarer wurde mir, wie komplex, vielschichtig und schwierig eine Konzeptualisierung von Beendigungsprozessen in der Psychotherapie ist. Beim Beenden einer Psychotherapie können zwar vielerlei Kriterien benannt und unterschiedlichste Entwicklungs- und Veränderungslinien von Details des gesamten Prozesses aufgefunden und beschrieben werden; aber der Beendigungsprozess als Gesamtheit ist keineswegs identisch mit der Summe der Einzelteile, sondern hat eine eigene Gestalt.

Hinzu kommt, dass wegen der bis heute bestehenden Spaltung in einzelne Psychotherapieschulen und ihre Ausbildungsgänge diese jeweils nur ihre eigenen Sichtweisen zum Beenden vertreten. Während beispielsweise psychoanalytische Schulen eher auf die Veränderung innerer Prozesse, auf Fantasien und Unbewusstes achten, sind für lerntheoretische Schulen das äußere Verhalten, Realität und Bewusstsein zentral. Die ausschließlich isolierte Betrachtung von Teilaspekten, insbesondere von Realität oder Fantasie führt aber gerade beim Thema des Beendens in eine folgenschwere Sackgasse. Denn die Fokussierung auf Teile verstellt am Ende den Blick für das in sich widersprüchliche Ganze (z. B. Quinodoz 1991; Rangell 1966, 1982).

Im Folgenden möchte ich meinen eigenen Versuch einer schulenübergreifenden Konzeptualisierung der Ängste vor dem Ende aus analytischer Sicht darstellen. Mei-

---

1 Für seine stets freundliche und fachkompetente Hilfe bei der oft schwierigen Suche nach Literatur möchte ich mich bei Herrn Bareuther, dem Bibliothekar des Sigmund-Freud-Institutes in Frankfurt am Main, herzlich bedanken.

2 Der Einfachheit halber wird das Maskulin als geschlechtsneutrale Form benutzt.

ne Arbeit geht auf das Studium von inzwischen weit über 100 zumeist englischsprachigen, überwiegend analytischen Publikationen über diese Thematik zurück - vorwiegend Zeitschriftenartikel, Kapitel in Lehrbüchern, aber auch einige wenige Bücher zu diesem Thema (De Simone 1994; Kupers 1988; Schmukler 1991; Stoltzenberg 1986). Darüber hinaus fließen eigene Erfahrungen aus der Praxis mit überwiegend analytischen und analytisch orientierten Psychotherapien in unterschiedlichen Rahmenbedingungen ein, die ich als seit fast 20 Jahren niedergelassene ärztliche Psychotherapeutin, als Analytikerin und als inzwischen überzeugte und engagierte Fachärztin für Psychotherapeutische Medizin gesammelt habe. Ich bin der Ansicht, dass die Bedeutung der Abschlussphase für den psychotherapeutischen Prozess in deutschsprachigen Ländern zukünftig mehr als bisher beachtet, konzeptualisiert und gelehrt werden sollte, und dass Daten aus der psychotherapeutischen Praxis offen gelegt und wissenschaftlich ausgewertet werden sollten.

Um das keineswegs nur lineare, sondern das oft sprunghafte Auf und Ab, Vorwärts und Rückwärts der oft unterschwelligen, spannungsgeladenen und spannenden Veränderungsbewegungen in der Abschlussphase unter besonderer Berücksichtigung der Angst vor dem Ende zu verdeutlichen, habe ich im Folgenden diese Phase vor dem Beenden in vier abschnitthafte Subphasen unterteilt (ähnlich Firestein 1978; Novick 1997 a, 1997 b). Diese Aufteilung stellt eine konstruierte Abstraktion von vielen Detailaspekten dar, die keineswegs direkt in die Praxis übersetzbar ist. Die meisten Autoren weisen darauf hin, dass in der Praxis Beendigungsprozesse in hohem Maße individuell, unterschiedlich und variabel ablaufen.

## 1 Das Bewusstwerden der Endlichkeit lässt Angst vor dem Ende entstehen

In allen etwas längerfristigen Psychotherapien sind das Beginnen und Beenden kritische Phasen des gesamten Behandlungsprozesses. Als analytische Psychotherapeutin kenne ich besonders bei Langzeittherapien mehr oder weniger heftige Ängste, die mit dem Beendigungsthema direkt oder indirekt verbunden sind. Sie können aus scheinbar heiterem Himmel in eine erfolgreiche Psychotherapie wie ein Donnerschlag einbrechen (Rieber-Hunscha 1996: 193 ff.). So als hätten die Patienten ihr zu Beginn oft klar formuliertes Ziel, die Behandlung in absehbarer Zeit hinter sich zu bringen, inzwischen vergessen, bäumen sie sich jetzt auf gegen die Auseinandersetzung mit dem Endlichen ihrer Therapie und des Lebens überhaupt. Sie wehren sich mit oft irrationalen Argumenten sowohl gegen die thematische Auseinandersetzung mit der Terminierung ihrer Therapie, als auch gegen eine aktive Entscheidung dazu. Manche Patienten vergessen plötzlich vorangegangene Therapieerfolge und meinen, noch „unendlich" viele Therapiestunden zu brauchen. Andere wollen sofort die Therapie vorzeitig abbrechen, weil sie sich rausgeworfen fühlen.

Die Angst vor dem Beenden eines vertrauten Zustandes kennen wir aus unterschiedlichen Situationen im Alltagsleben. Beispielsweise kann das Einschlafen mit Angst vor dem Ende des Wachseins verknüpft sein wie auch das Aufwachen mit Angst vor dem Ende des Schlafes. Es gibt Ängste vor dem Beenden einer Therapiestunde, vor Therapieunterbrechungen oder dem Ende der gesamten Therapie, so wie auch Erwartungsängste im Sinne von Lampenfieber vor einem Vortrag, Prüfung, Hochzeit, Reise, einer neuen Lebensphase und viele mehr.

Wegen ihrer Ubiquität und Universalität im Leben habe ich die verschiedenen Ängste vor Beendigungssituationen in den abstrahierten, übergeordneten Begriff der „Angst vor dem Ende" an anderer Stelle zusammengefasst (Rieber-Hunscha 1996: 199 ff.). Die Angst vor dem Ende muss keineswegs immer als solche sofort kognitiv erkennbar sein, sondern kann in unbewusst entstellter, indirekter Form besonders zu Beginn der Abschlussphase wie ein Symptom manifest werden (z. B. De Simone 1994; Kupers 1988; Quinodoz 1991). Auch wenn in fast allen Arbeiten zum Beenden auf die besondere Bedeutung von Ängsten allgemein hingewiesen wird, werden sie selten differenziert benannt oder gar systematisch eingeordnet.

Ich verstehe die Angst vor dem Ende eines vertrauten Zustandes als eine Form der Trennungsangst (z.B. Quinodoz 1991): Der Wechsel von etwas in der Vergangenheit Gewohntem weg zu etwas in der Zukunft Neuem hin stellt eine Trennungssituation dar, die mit realen oder fantasierten, inneren oder äußeren Gefahren verknüpft wird. Der bevorstehende Verlust des Vertrauten und das noch fremde Neue werden in einem einseitig negativen Licht antizipiert und deswegen gefürchtet.

Die Phase vor dem realen Beenden wird auch im Alltagsleben oft Abschluss- oder Endphase genannt. Sie hat gewisse Ähnlichkeiten mit der Abschlussphase vor dem Ende der psychotherapeutischen Ausbildung (Rieber-Hunscha 1996: 104 ff.). Bei beiden dient diese Phase der Vorbereitung auf ein selbstentschiedenes und geplantes Beenden. Sie dient der Qualität des Abschlusses und ist entscheidend für den therapeutischen Erfolg im Sinne von Heilung oder Genesung bei der Psychotherapie wie für den Ausbildungserfolg des Kandidaten.

Bei plötzlichen, unvorhersehbaren und nicht-korrigierbaren Veränderungen - wie Tod, Krieg, politische Revolution - fehlt dagegen oft eine vergleichbare antizipatorische Bearbeitung in einer Phase vor dem Ende. Gibt es keine vorbereitende Abschlussphase, dann kann das negative Folgen auf den längerfristigen Verarbeitungs- und Abfindungsprozess der erlebten Trennung nach sich ziehen. Das trifft im Übrigen nicht nur für Psychotherapien (z. B. Glover 1955: 140; Novick 1997a, 1997 b; Rangell 1966; Shane & Shane 1984), sondern beispielsweise auch für die politische Wende der Wiedervereinigung in Deutschland vor 10 Jahren zu. Da mir an dieser Stelle der Platz dafür fehlt, möchte ich dazu anregen, meine auf Praxis und Ausbildung der Psychotherapie beschränkten Ausführungen gedanklich auch auf andere Lebenssituationen selbst zu übertragen.

Sowohl die Psychotherapie als auch die Ausbildung intendieren einen mit vorübergehender Abhängigkeit verbundenen Entwicklungsprozess mit dem Ziel von Neubeginn und Selbstständigkeit innerhalb einer angemessenen Zeit. Sowohl Patient als auch Kandidat müssen sich in unterschiedlichem Maße auf eine persönliche Bindung an den Therapeuten oder die Lehrer als Autorität einlassen und davon abhängig werden, um sich am Ende wieder auf verändertem Niveau erfolgreich ablösen und befreien zu können (vgl. auch Hagehülsmann 2000: in diesem Band). Die Abschlussphasen von Psychotherapie und Ausbildung haben viele Ähnlichkeiten mit dem adoleszenten Ablösungsprozess (vgl. insbesondere Blos 1963, 1967) und werden von vielen Autoren damit verglichen (insbesondere z. B. Novick 1997a, 1997b; Fleming & Benedek 1966: 172 - 202).

Auch wenn das Ende der therapeutischen oder ausbildungsbedingten Abhängigkeit zu Beginn gewünscht und mit gespannter Freude erwartet wird, kann die gedankliche Antizipation des Beendens in späteren Phasen Ängste auslösen. Gerade dann, wenn der Entwicklungsprozess gelingt und das Ende in immer greifbarere Nähe rückt, kann der Wunsch nach einem baldigen Abschluss gleichzeitig in zunehmenden Konflikt mit Ängsten beim Gedanken an das Beenden geraten. Indirekt bringt der Patient oder Kandidat damit zum Ausdruck, dass er noch von der helfenden Funktion des Therapeuten (z. B. Strupp 1975) oder Lehrers abhängig ist, und ihm die Lösung aus diesem einseitigen Machtgefälle noch mit unüberwindbaren Gefahren verbunden scheint. Sie brauchen noch die fachkompetente Autorität des Therapeuten oder Lehrers, zu dem sie bewundernd, manchmal auch voller Neid, Furcht oder Angst hochschauen, um dessen Fertigkeiten zu erkennen und sich in gewissem Maße zu Eigen zu machen.

Die Bewusstwerdung und Bearbeitung der Angst vor der gedanklichen Annäherung an ein Ende kann besonders in dieser ersten Subphase der Abschlussphase zu kritischen Zuspitzungen, zum Agieren, zu negativ therapeutischer Reaktion bis hin zu erneuter Symptomentwicklung in der Psychotherapie führen. Solche passageren Rückfälle können Ausdruck unbewusster regressiver Abwehrreaktionen sein und werden von vielen Autoren beschrieben.

Neben rückfallartigen Zuspitzungen kann die Angst vor dem Ende aber gleichzeitig Katalysator für progressive Veränderungen im therapeutischen Prozess sein. Durch die zunehmende emotionale Intensität im Hier-und-Jetzt der Therapeut-Patient- oder Lehrer-Schüler-Beziehung wird das Aushalten dieser Spannungen sowie das Bewusstsein für zugrundliegende Konflikte gefördert (vgl. Olinick 1989). Besonders in der therapeutischen Situation kann dies mit der Erinnerung an frühere, oft lang zurückliegende, mit Leiden verbundene negative Erfahrungen - wie Krankheit, Tod, Folter, Not, unerfüllte Wünsche - einhergehen.

Durch die Aufarbeitung früherer und aktueller, innerer und äußerer Erfahrungen kann die Haltung zu und der Umgang mit Trennungen allmählich bewusst gemacht, beeinflusst, geübt und verändert werden. In gewisser Hinsicht ist diese antizipatorische Bearbeitung mit einer vorweggenommen Trauer- und Entwöhnungsarbeit vergleichbar (vgl. z. B. Klein 1950; Loewald 1986 b; Reich 1950). Auf die besondere Bedeutung von negativen Affekten wie Kummer, Trauer, Wut und Depression in der Abschlussphase wird von vielen Autoren hingewiesen. Das Bewusstsein von gegen den anderen gerichteten negativen Affekten, sowie die klare Bewertung von Macht-Ohnmacht-Gefällen oder Täter-Opfer-Relationen sind wichtige Voraussetzungen für die Fähigkeit, weggehen, verlassen und loslassen zu können.

So als könnten die Patienten ihre Angst vor Veränderung und Trennung vom Therapeuten nur durch spontane, nicht angekündigte und eigenmächtige Verhaltensänderungen wie mit einem plötzlichen Sprung ins kalte Wasser überwinden, treten bei manchen Patienten unerwartete und unangekündigte innere und äußere Veränderungsschübe und -wünsche im Sinne des „Neubeginnes" (Balint 1932, 1952) auf. Beispielsweise kann der unerwartete Purzelbaum eines Patienten während einer

Analysestunde (Balint 1968: 156 ff.) genauso als ein den bisher festgelegten Rahmen sprengender, konstruktiver Neubeginn verstanden werden wie auch das unangekündigte Aufsitzen im Sessel statt dem bisherigen Liegen auf der Couch oder vice versa oder der Wunsch nach Veränderung der Stundenfrequenz oder der nach Terminsetzung für die Beendigung der Therapie.

## 2 Die Terminsetzung: Trennungswunsch und Angst vor dem Ende nebeneinander

Mit der Entscheidung für einen konkreten Abschlusstermin haben der Patient oder Kandidat es geschafft, die Angst vor dem Ende ein Stück weit zu überwinden. Sowohl die unausweichliche Realität des Endes, als auch das Nebeneinander von essenziellen Teilaspekten beim Beenden wie Trennungsängste und Trennungswünsche werden damit anerkannt. Von fast allen Autoren wird die Terminsetzung zwar irgendwie genannt, auf ihre besondere Bedeutung in der Abschlussphase gehen aber eher wenige ausführlicher ein (vgl. als Pionier Rank 1926, 1929, 1931; Firestein 1978; Novick 1997 a, 1997 b).

Die Entscheidung zur Terminsetzung ist für alle Beteiligten keineswegs immer leicht. Ob beispielsweise eine Therapie oder Ausbildung zum richtigen Zeitpunkt endet, ob sie zu kurz, zu lang, zu wenig oder zu intensiv war, kann erst *nach* ihrem realen Ende als Ganzes rückblickend beurteilt werden. Ähnlich wie *vor* einer Prüfung, Heirat oder einem Vortrag muss in gewissem Maße die Möglichkeit des Scheiterns durch eine falsche Entscheidung genauso ausgehalten werden können wie Erfolg oder Mittelmäßigkeit. Darüber hinaus ist der Zeitpunkt des Endes keineswegs immer eindeutig und zwangsläufig, sondern mit verschiedenen Möglichkeiten, Widersprüchen, Unwägbarkeiten und Unsicherheiten verknüpft. Dies könnte eine mögliche Erklärung dafür sein, dass Art, Zeitpunkt, Verlauf und Technik der Terminierung in der psychotherapeutischen Praxis höchst unterschiedlich sind und vordergründig willkürlich und „intuitiv" (Glover 1955) erscheinen.

In der Terminsetzung kommt die wachsende Fähigkeit des Patienten oder Kandidaten zum Ausdruck, Widersprüche in einer Gesamtheit zu integrieren, ohne bestehende Unterschiede im Einzelnen auszulöschen. In vielen Arbeiten zum Beenden wird auf eine solche Thematik andeutungsweise hingewiesen (vgl. z. B. De Simone 1994; Kupers 1988; Quinodoz 1991; Schmukler 1991), aber nur selten stärker betont (insbesondere Ferraro 1995). Auch die Terminologie ist uneinheitlich und undefiniert: mal wird von Ambivalenz, Ambiguität, mal von Dialektik, Symbolisierung oder Vieldeutigkeit gesprochen. So hat Sigmund Freud (1937) im Titel seiner Arbeit „*Die endliche und die unendliche Analyse*" zwar auf duale Polaritäten hingewiesen, ohne aber im Text direkt auf ihre Bedeutung beim Beenden einzugehen. Leider sprengt es den Rahmen meines Beitrages, *diese* spannende Thematik weiterzuverfolgen (Rieber-Hunscha in Vorbereitung).

Der Umgang mit Widersprüchen und Uneindeutigkeit ist für ein Individuum genauso wesentlich wie der mit Eindeutigkeit und Entschiedenheit. Beispielsweise ist für einen allmählich gelingenden Anpassungs- und Abfindungsprozess *nach* der plötzlichen politischen Wende in Deutschland entscheidend, ob die Menschen ein gewisses Maß an nicht-auflösbaren Widersprüchen - wie Gewinn/ Verlust, Vor-/ Nachteile, Wunschvorstellungen/ Realität - tolerieren können, während *vorher* die eindeutige Entschiedenheit und Handlungsfähigkeit vordringlicher war. Auch im Thema dieser Tagung „Eigenes und Fremdes“ wird im Übrigen auf eine immanente Dualität hingewiesen, ebenso in anderen Beiträgen (vgl. z. B. Hagehülsmann 2000; Schade 2000: beide in diesem Band; siehe auch Sloterdijk 1999).

Wie der Therapeut oder Lehrer *selbst* mit eigenen Widersprüchlichkeiten umgeht, wird gerade in der Abschlussphase für die Entwicklung des Abhängigen entscheidend sein. Sowohl die direkte und offene Konfrontation mit anderen Sichtweisen, als auch die Anregung zu eigenen kreativen, eigenwilligen Ideen und zur Übernahme von Verantwortung - insbesondere bezogen auf die Gestaltung ihres Beendigungsplanes - sind maßgeblich dafür, dass sich die bisher Abhängigen zunehmend aus ihrer unterlegenen Position herauswagen. Mit wachsender Entscheidungsfähigkeit, Verantwortungsübernahme und Widerspruchsfähigkeit des Patienten oder Kandidaten können neue, bisher unerkannte Beziehungskonflikte an die psychische Oberfläche kommen. Damit wird der differenzierte Umgang mit Macht in verschiedenen Positionen und den dazugehörigen intra- und interpersonellen Konflikten und Affekten im Hier-und-Jetzt erlebt, bewusst gemacht und geübt.

Beispielsweise wird die in jeder Beziehung wesentliche Unterscheidung zwischen ich-bezogener Selbstbehauptung und gegen den anderen gerichteter Aggression immer wichtiger. Ein gegen den anderen gerichtetes „Nein“ kann einmal Ausdruck einer bedeutungsvollen Abgrenzung und Verschiedenheit im Sinne der Selbstbehauptung sein, ein anderes mal dagegen auf eine trotzig-aggressive, regressive Verweigerungs- oder Abwehrhaltung zurückgehen (vgl. z. B. Rank 1929). Je öfter der Patient oder Kandidat in der Beziehung mit dem Therapeuten oder Lehrer diese Konflikte durchlebt und gelöst hat, umso mehr kann sich das anfangs einseitige Machtgefälle auflockern und auch anderen Machtkonstellationen in derselben Beziehung Platz machen. Die erfolgreiche Terminsetzung, die von den meisten Autoren als das gemeinsame, mutuelle Produkt der Vorstellungen beider Beteiligten angesehen wird, ist im therapeutischen Prozess also ein wichtiger Meilen- und Prüfstein für die veränderte Beziehung, die zunehmend wechselseitigen und gleichberechtigten Charakter bekommt.

Die Tatsache der Festlegung eines Endtermines setzt weitere Veränderungen in Gang. Das Ziel und der selbstentschiedene Zwang zum realen Beenden führen zur forcierten Auseinandersetzung mit der Trennung auf neuem Niveau unter anderen Bedingungen. Durch die gegen Therapieende zunehmend wichtige rückblickende Betrachtung und Bewertung des gesamten therapeutischen Verlaufes und seiner Ergebnisse („makroskopische Betrachtung“, Rangell 1982; „Panoramablick“, Berenstein & Fondevila 1989) können bisher abgekapselte spezifische Ängste reaktualisiert werden. Dabei können bislang vergessene Erinnerungen an weit zurückliegende Ereignisse zusammen mit intensiven Affekten von damals wiederkehren. Durch die nachträgliche Bewältigung solcher bisher oft unüberwindbar erscheinender Affekte und Konflikte wird die psychische Toleranz für Konflikte in Gegenwart und Zukunft gestärkt (vgl. De Simone 1994). Damit geht die Gefahr regressiver unbewusster Entwicklungen, wie Übertragung und Widerstand, zurück.

Aber neben den erhofften positiven therapeutischen Veränderungen können auch unerwünschte wiederkehren.

## 3 Die Realität des Beendens kommt immer näher: Ängste spitzen sich erneut zu

In dieser Phase können Ängste vor dem Versagen, Scheitern, Hilflosigkeit oder Ohnmacht (Rieber-Hunscha 1996: 211 ff.) verstärkt an die psychische Oberfläche kommen und vorhandene Erfolge des Patienten oder Kandidaten in den Schatten stellen. Durch seine verbesserte Fähigkeit zur ich-bezogenen Selbstbehauptung gelingt es dem Patienten oder Kandidaten aber zunehmend leichter - zumindest idealiter -, mit dem Therapeuten oder Lehrer um divergente Sichtweisen offen zu kämpfen (vgl. Olinick 1989), ohne sofort daraus folgende Trennung, Wut oder Schuldgefühle fürchten zu müssen. Es können bisher verborgene grandiose Vollkommenheitswünsche, überhöhte Ideale und Illusionen - insbesondere bezogen auf die Person des Therapeuten oder Lehrers - entlarvt werden und damit sozusagen „untergehen" (vgl. auch Hagehülsmann 2000; in diesem Band).

Die jetzt notwendige offene Bearbeitung von negativen Aspekten der gemeinsamen Arbeit kann im Therapeuten oder Lehrer zu inneren zerreißprobenartigen Spannungen führen, die nicht leicht zu meistern sind. Viele Autoren weisen kurz darauf hin. Besonders in dieser Phase können im Psychotherapeuten oder Lehrer selbst Ängste vor dem Ende aktualisiert und zugespitzt werden (vgl. Rieber-Hunscha 1999) - beispielsweise in Form von Gegenübertragungs- und eigenen Übertragungsreaktionen, sowie spezifischen berufsbedingten Ängsten. Der Therapeut oder Lehrer kann die retrospektive Bearbeitung des Therapie- oder Ausbildungsverlaufes behindern, wenn er sich eigener Ängste vor der offenen Beurteilung und Bewertung des gesamten Prozesses im Rückblick nicht genügend bewusst ist („Nachforschungsangst", Ticho 1971). In dieser Phase ist es auch für den Therapeuten oder Ausbilder, ebenso wie für andere Autoritätspersonen wie Eltern und Lehrer oft schwierig, selber Widersprüche, Unvollständigkeit, Vieldeutigkeit, Machtverlust und fehlenden theoretischen Rückhalt beim pragmatischen Umgang mit dem Patienten oder Kandidaten auszuhalten.

Werden bei der Bearbeitung *negativer* Aspekte in der Abschlussphase nicht *gleichzeitig* die in diesem Moment scheinbar vergessenen *positiven* Elemente gesehen und benannt, kann die Angst vor dem Scheitern leicht zur Realität werden (z. B. Kupers 1988; Quinodoz 1991: 131). Wenn der Patient oder Kandidat in einer Entweder-Oder-Haltung verharrt und sich gegen das Nebeneinander - das Sowohl/ Als-auch - von positiven *und* negativen Aspekten wehrt, ist die Fähigkeit des Therapeuten oder Lehrers wesentlich, die gerade abgewehrte Gegenseite gedanklich zu halten und auch gegen Widerstand deutend mit einzubeziehen (vgl. empirische Forschungen wie Herpertz in Druck; Krause 2000: in diesem Band). Es ist oft keine leichte Aufgabe, gerade dann, wenn der Patient oder Kandidat beispielsweise jammert und klagt, auf die auch vorhandenen positiven Seiten hinzuweisen. Aber die Mühe lohnt sich, denn die zunehmende Vielfalt an Möglichkeiten - besonders bei analytischen Therapien - führt zu tief gehenden inneren Reifungs- und Umstrukturierungsprozessen, auch im Sinne von Separation und Individuation (Loewald 1986 a; Mahler, Pine & Bergmann 1975; Quinodoz 1991).

In dieser Phase stärken das verbindliche Einhalten der Terminsetzung sowie der zunehmende Zeitdruck und die Unausweichlichkeit der Beendigung in der Realität die Eindeutigkeit, Entschiedenheit und Handlungsfähigkeit des Patienten oder Kandidaten, während die damit verbundenen inneren Gegensätze - wie beispielsweise Trennungswunsch und Trennungsangst, Erfolg und Scheitern - eine gewisse Toleranz für Vieldeutigkeit und Widersprüchlichkeit fördern, die zur Versöhnung mit der Begrenztheit menschlicher Natur führen kann.

## 4 Der Abschied: Die Angst vor dem Ende ist weitestgehend überwunden

Der Trennungswunsch hat die Trennungsangst weitestgehend besiegt. Es ist ein besonderer Moment, wenn sich die Partner verabschieden können in Anerkennung sowohl real getrennter als auch innigst verbundener gemeinsamer Beziehungsaspekte. Die Dualität zwischen einem realen äußeren Ende und einer inneren, sozusagen „unendlichen" Bindung über Verinnerlichungen (z. B. Loewald 1986 b) und Erinnerungen gehört zum Abschied genauso dazu wie Trauer und Freude. Obwohl Patient oder Kandidat nach dem Abschluss wieder Anfänger in der neuen Selbstständigkeit sind, können sie die vorangegangene Lebensphase verlassen, auch wenn zugleich manche Entwicklungen danach weitergehen - sei es in Form einer mehr oder weniger ausgeprägten postanalytischen Trauerphase, einer Anpassungsphase an die neue Tätigkeit und die gewonnene Selbstständigkeit oder eines lebenslangen Weiterbildungsprozesses.

Auch wenn es noch vieles mehr zu sagen gäbe, möchte ich an dieser Stelle enden. Ich möchte mich im Goethejahr 1999 und aus der Goethestadt Weimar verabschieden mit den Worten von Johann Wolfgang von Goethe (ohne Jahr), der ebenso wie Sigmund Freud ein Meister im Umgang mit existenziellen Widersprüchlichkeiten war:

*„Heute geh ich.*
*Komm ich wieder,*
*Singen wir ganz andre Lieder.*
*Wo so viel sich hoffen lässt,*
*Ist der Abschied ja ein Fest."*

## Literatur

Balint, M. (1932): Charakteranalyse und Neubeginn. In: M. Balint (1966): 187 - 202
Balint, M. (1952): Der Neubeginn, das paranoide und das depressive Syndrom. In: M. Balint (1966): 280 - 306

Balint, M. (1966): Die Urformen der Liebe und die Technik der Psychoanalyse. Stuttgart: Klett
Balint, M. (1968): Therapeutische Aspekte der Regression. Hamburg: Rowohlt
Berenstein, S. P. de & Fondevila, D. S. de (1989): Termination of analysis in the light of the evolution of a Link. In: International Review of Psychanalysis 16: 385 - 389
Bergmann, M. S. (1997): Die Beendigung der Analyse: die Achillesferse der psychoanalytischen Behandlungstechnik. In: Zeitschrift für Psychoanalytische Theorie und Praxis 13: 309 - 322
Blos, P. (1963): Die Funktion des Agierens im Adoleszenzprozess. In: Psyche 18: 120 - 138
Blos, P. (1967): The second individuation process of adolescence. In: Psychoanalytic Study of the Child 22: 162 - 186
Blum, H. (1989): The concept of termination and the evolution of psychoanalytic thought. In: Journal of the American Psychoanalytic Association 37: 275 - 295
De Simone, G. (1994): Ending Analysis. Theory and Technique. London: Karnac
Ferraro, F. (1995): Trauma and termination. In: International Journal of Psychanalysis 76: 51 - 65
Firestein, S. K. (1978): Termination in psychoanalysis. New York: International University Press
Fleming, J. & Benedek, T. (1966): Psychoanalytic Supervision. New York: Grune & Stratton
Frank, G. (1999): Termination revisited. In: Psychoanalytic Psychology 16: 119 - 129
Freud, S. (1937): Die endliche und die unendliche Analyse. GW XVI: 59 - 99
Glover, E. (1955): The Technique of Psycho-analysis. New York: International University Press
Goethe, J. W. von (ohne Jahr): Sprüche in Reimen.
Hagehülsmann, U. (2000): Therapieschulen. Gewinn oder Verlust psychotherapeutischer Identität? In: B. Strauß & M. Geyer (Hrsg.) (2000): 356 - 365
Herpertz, S. (in Druck): Impulskontrolle und Affektregulation bei Persönlichkeitsstörungen. Erscheint in: Psychotherapie, Psychosomatik, Medizinische Psychologie
Kupers, T. (1988): Ending therapy. The meaning of termination. New York, London: New York University Press
Litman, R. E. (Ed.) (1966): Psychoanalysis in the Americas. New York: International University Press
Loewald, H. (1986 a).: Psychoanalyse. Aufsätze aus den Jahren 1951 - 1979. Stuttgart: Klett -Cotta
Loewald, H. (1986 b): Verinnerlichung, Trennung, Trauer und Über-Ich. In: H. Loewald (1986 a).: 248 - 269
Mahler, M., Pine, F. & Bergman, A. (1975): Die psychische Geburt des Menschen. Symbiose und Individuation. Frankfurt: Fischer
Novick, J. (1997 a): Termination conceivable and inconceivable. In: Psychanalytic Psychology 14: 145 - 162
Novick, J. (1997 b): Die Beendigung der Behandlung in der Adoleszenz. In: Analytische Kinder- und Jugendlichen-Psychotherapie 94: 135 - 162
Olinick, S. L. (1989): Changing psychic structure through treatment: criteria for change. In: Journal of the American Psychoanalytic Association 37: 639 - 654
Quinodoz, J.-M. (1991): The taming of solitude. Separation anxiety in psychoanalysis. London, New York: Routledge
Rangell, L. (1966): An overview of the ending of analysis. In: R. E. Litman (Ed.) (1966): 141 -165
Rangell, L. (1982): Some thoughts on termination. In: Psychanalytic Inquiry 2: 367 - 392
Rank, O. (1926/ 29/ 31): Technik der Psychoanalyse I, II, III. Leipzig: Deuticke
Reich, A. (1950): On the termination of analysis. In: International Journal of Psychoanalysis 31: 179 - 183
Rieber-Hunscha, I. (1996): Zerreißproben. Zwischen Ausbildung und Praxis der psychoanalytischen Therapie. Gießen: Psychosozial
Rieber-Hunscha, I. (1998): Früher vernichtet - heute vergessen? Das Schicksal der „Technik der Psychoanalyse" von Otto Rank (1926, 1929, 1931). In: Psychosozial 21: 95 - 114
Rieber-Hunscha, I. (1999): Angst des Analytikers vor dem Ende der Therapie? In: Psychoanalyse-Info 51: 42 - 55
Ruffler, G. (1958/ 59): Kriterien für die Beendigung der psychoanalytischen Behandlung. In: Psyche 22: 88 - 123 & 211 - 240
Schade, J. (2000): Die Zukunft der Psychoanalyse in Ostdeutschland. In: B. Strauß & M. Geyer (Hrsg.) (2000): 242 - 252
Schmukler, A. G. (Ed.) (1991): Saying goodbye: a casebook of termination in child und adolescent analysis und therapy. Hillsdale: Analytic Press

Shane, M. & Shane, E. (1984): The Endphase of Analysis: Indicators, functions, and tasks of termination. In: Journal of the American Psychoanalytic Association 32: 739 - 772
Sloterdijk, P. (1999): Regime der Besessenheit. Zu einer geschichtsphilosophischen Deutung der Neurosen. Vortrag, gehalten am 23. 06. 1999 in Weimar, im Rahmen des Kongresses „Eigenes und Fremdes - Psychotherapie in Zeiten der Veränderung"
Stoltzenberg, E. (1986): Wann ist eine Psychoanalyse beendet? Göttingen: Vandenhoeck & Ruprecht
Strauß, B. & Geyer, M. (Hrsg.) (2000): Psychotherapie in Zeiten der Veränderung. Historische, kulturelle und gesellschaftliche Hintergründe einer Profession. Opladen: Westdeutscher Verlag
Strupp, H. H. (1975): Das Wesen des psychotherapeutischen Einflusses. In: Forum der Psychoanalyse 2: 197 - 214.
Ticho, E. (1971): Probleme des Abschlusses der psychoanalytischen Therapie. In: Psyche 25: 44 - 56
Weiß, S. & Fleming, J. (1980): On the teaching and learning of termination in psychoanalysis. In: American Psychoanalysis 8: 37 - 55

# Der Therapeut als Fremder

*Beate Jülisch-Tscheulin*

Dieser Band will zum Nachdenken über Psychotherapie anregen, und damit auch Nachdenken über Eigenes und Fremdes in Praxis und Theorie der Psychotherapie ermöglichen. Diesem Anliegen entsprechend, werden sich die folgenden beiden Beiträge mit den Fremden, die Patient und Therapeut jeweils für den anderen sein können, und mit ihrer spezifischen Beziehung beschäftigen. Die Beziehungswahrnehmung und die Beziehungsgestaltung zwischen Patient und Therapeut wird in dem vorliegenden Beitrag schwerpunktmäßig aus der Perspektive von Patienten und in dem folgenden Beitrag von Diether Höger (2000; in diesem Band) aus der Perspektive von Therapeuten betrachtet.

Folgen wir Pfeiffer (1993: 15 f.), dann führt uns die Begegnung mit dem fremden Anderen

> „... Aspekte des Lebens und auch der eigenen Person vor Augen, die wir verleugnen möchten ... Mehr noch: Sie zeigt uns, dass andere Ordnungen möglich sind als die, welche uns als selbstverständlich und einzig richtig erscheint. Damit erschüttert sie die Grundlagen unserer Alltagswelt, ... Wir werden dem Problem nicht gerecht, wenn wir das Beunruhigende, Un-Heimliche, das dem Fremden zugehört, ausblenden."

Und, in Ergänzung dazu, wir werden das Problem nicht überwinden können, wenn wir die Herausforderung und die Chance, die die Begegnung mit dem Fremden ist, nicht sehen oder nicht nutzen. Und dies alles gilt sowohl für Patient als auch Therapeut.

Wenden wir uns zunächst dem Begriff „fremd" zu: „Fremd" kommt vom Niederhochdeutschen und bedeutet so viel wie „vorwärts, weiter" oder aber „von - weg". Es bedeutete ursprünglich entfernt, später dann unbekannt und unvertraut. Das Substantiv „Die Fremde" stand im Mittelhochdeutschen für „Entfernung, Trennung, Feindschaft" und auch „fremdes Land". Zu der heute veralteten Ableitung „fremden" haben sich gebildet „befremden" (fremdartig berühren), „entfremden" (fremd machen) und „verfremden" (unerwartet verändern, distanzieren, verwirren) (vgl. Duden 1997: 204).

Wenn hier von dem Therapeuten als dem Fremden gesprochen wird, dann ist damit nicht eine Person gemeint, die dem Patienten noch unbekannt ist und die ihm nicht mehr fremd sein wird, wenn er sie kennen gelernt hat. Gemeint ist damit eine Person, die für den Patienten unvertraut ist im Sinne von fremdartig berühren, distanzieren, verwirren, Feindseligkeit hervorrufend, nicht vertrauenswürdig, nicht sicher, nicht fest. Diese Person entspricht einer Art unsicherem Terrain. Die Begegnung mit ihr überrascht deshalb, bedroht, verunsichert, ruft Unbehaglichkeit hervor und konfrontiert, fordert aber auch heraus, fördert, erweitert und regt an.

Für viele Patienten sind weder Psychotherapie noch Psychotherapeut langfristig und wesentlich fremd. Will ein Patient persönliche Probleme durch Psychotherapie verändern und wird er dabei durch seinen Psychotherapeuten mit ihm angemessenen Mitteln unterstützt, werden weder die psychotherapeutischen Maßnahmen noch der Therapeut als fremd erlebt und auch die therapeutische Beziehung nicht als befremdlich wahrgenommen werden müssen. Hier sind die Rollen, die beide Personen einnehmen, klar und ihre Verteilung auch gewollt: Der Patient ist der Hilfesuchende, der sich offenbart und zeigt. Der Therapeut dagegen ist der Helfende und Unterstützende, der sich wohl in seiner Rolle zeigt und „gibt", sich aber in der Regel nicht offenbart und der in seiner eigenen Verletzbarkeit, Hilfsbedürftigkeit oder Belastung vom Patienten nicht oder nur sehr unscharf gesehen werden kann. Hinsichtlich der Rollen von Patient und Therapeut handelt es sich also um eine funktionelle asymmetrische Beziehung (Takens 1994). Hinsichtlich des therapeutischen Beziehungsverhaltens handelt es sich um eine reziprok-komplementäre, sich ergänzende Beziehung, bei der ...

> „... die Hilfe suchende Person, in einem Zustand der Selbstinkongruenz ist, sich selbst wenig oder gar nicht versteht und akzeptiert, - während die andere Person, die psychologisch-therapeutische Hilfe anbietet, zumindest in dieser besonderen Beziehung zum Hilfesuchenden in einem Zustand der Selbstkongruenz und sehr wohl in der Lage ist, sich selbst und den Partner zu verstehen und zu akzeptieren" (Tscheulin 1992: 144).

Kann der Patient dieses Beziehungsangebot wahrnehmen und auch annehmen, dann wird damit Annäherung an das eigene Fremde und an den fremden Anderen möglich und mit einer Reduktion von persönlichen und Beziehungsschwierigkeiten verbunden sein. Dies ist ein empirisch gesicherter Tatbestand.

Handelt es sich dagegen um Patienten, die keine Intention für eine Psychotherapie haben und deshalb die eben beschriebene Beziehung samt Rollenverteilung weder wünschen noch anstreben, die das Beziehungsangebot des Psychotherapeuten als nicht hilfreich oder als nicht vertrauenswürdig wahrnehmen können, für die das Sprechen über sich selbst tabuisiert ist, die den Bezug auf eigenes Denken und Fühlen deshalb bisher gemieden haben und das Reden nicht als hilfreich erfahren konnten, die eine Annäherung an den Anderen und an das eigene Fremde als bedrohlich erleben und deren Erwartungen an Hilfe und an die therapeutische Beziehung nicht vereinbar sind mit denen des Therapeuten, dann wird ihnen ihr Therapeut fremd sein im Sinne von „weit weg, getrennt, befremdlich berührend, unvertraut, verwirrend, distanzierend".

Wenn wir uns den auf solche Weise „fremden" Therapeuten aus der Patientenperspektive näher betrachten, werden wir nicht an dem vorbeigehen können, was im Patienten selbst fremd, unvertraut, ent- und verfremdet ist und auch nicht an den Grenzen vorbeigehen können, die der Annäherung an das eigene Fremde und an den fremden Anderen gesetzt sind. Carl Rogers (1960/ 1992) machte hierzu wichtige Aussagen. Zum einen betonte er, dass das nicht angeeignete Fremde in der eigenen Person verhindert, den anderen als „du" zu akzeptieren, und dass die Annäherung an dieses eigene Fremde eine Aufgabe und ein schrittweiser und allmählicher Prozess ist. Dagegen sei das Fremde des anderen nie ganz aufzulösen, es bleibe weitgehend unzugänglich und sei ein zu akzeptierender Wert.

*Tabelle 1*: Prozessstadien in der Gesprächspsychotherapie: Prozess-Skala von Walker, Rablen und Rogers (1960) - Übersicht (nach Tausch 1968: 253 f.)

| *Seelische Funktionsbereiche von Klienten* | *Beginn (Stufe I - II)* | *Mitte (Stufe III - IV)* | *Ende (Stufe VI - VII)* |
|---|---|---|---|
| • Gefühle und persönlich-gefühlsmäßige Meinungen | Nicht ausgedrückt, nicht als solche erkannt | Anwachsen des Ausdrucks von Gefühlen - Anwachsende so genannte Inbesitznahme von Gefühlen | Gefühle frei lebend - Gefühle voll erfahrend |
| • Unmittelbar gegenwärtiges Erleben und Erfahren | Entferntheit und minimale Bewusstheit | Abnehmende Entferntheit - Anwachsende Bewusstheit | Im Prozess des unmittelbar gegenwärtigen Erfahrens lebend - wesentliche Bezugnahme auf das unmittelbar gegenwärtige Erleben |
| • Inkongruenz | Nicht bemerkt | Anwachsendes Erkennen - Anwachsen des unmittelbar gegenwärtigen Erlebens | Nur gelegentliche Inkongruenz |
| • Kommunikation über das Selbst | Fehlend | Anwachsende Kommunikation über das Selbst | Reiches Bewusstsein über das Selbst - Kommunikation wenn gewünscht |
| • Erfahrungskonstrukte | Rigide Konstrukte - Konstrukte werden als Fakten gesehen | Abnehmende Rigidität - Anwachsende Erkenntnis der eigenen Beiträge zu den Konstrukten | Vorsichtige, vorläufige Konstrukte - Bedeutungen werden als variabel gesehen - Einsicht in Notwendigkeit der Prüfung an weiteren Erfahrungen |
| • Beziehung zu Problemen | Nicht erkannt - Kein Wunsch nach Änderung | Anwachsende Verantwortlichkeit für die Probleme - Veränderungen werden oft gefürchtet | Probleme werden nicht als externale Objekte gesehen |
| • Beziehung zu Personen | Dichte Beziehungsverhältnisse werden als gefährlich vermieden | Abnehmendes Gefühl von Gefahr | Offene und freie Beziehungen auf der Basis unmittelbaren Erfahrens |

Um die Fremdheit des Therapeuten für die oben definierte Gruppe von Patienten zu verstehen, ist es sinnvoll sich zu vergegenwärtigen, welche Ausdrucksformen dieses nicht angeeignete Fremde in Patienten findet und wie sie es „leben". Dies soll anhand von frühen Ergebnissen der Prozessforschung (Rogers 1961; Tomlinson & Hart 1962; Walker, Rablen & Rogers 1960) und mit Hilfe eines Beispiels veranschaulicht werden.

Rogers und seine Mitarbeiter bemühten sich schon in den 50er-Jahren, den Prozess der Persönlichkeits- und Verhaltensänderungen zu beschreiben und zu erfassen, der durch Klientenzentrierte Gesprächspsychotherapie bewirkt wird. 1958 veröffentlichte Rogers die in der so genannten „Prozessskala" enthaltenen Verlaufs- und Prozessstadien des psychotherapeutischen Veränderungsprozesses, die Ergebnis seiner Beobachtungen und Forschungen des psychotherapeutischen Prozesses waren. Diese Skala (vgl. Tabelle 1) bildet Veränderungen in sieben seelischen Funktionsbereichen zu unterschiedlichen Zeitpunkten der Therapie ab. Während in den niedrigen Prozessstufen die Person charakterisiert wird als gefühlsdistanziert, sich selbst und anderen fremd, ausgestattet mit rigiden Konstrukten, ohne Zugang zu den eigenen Inkongruenzen und ohne Beziehung zu den eigenen Problemen, wird sie in den hohen Prozessstufen als voll erfahrungsbereit und -fähig, sich und anderen nahe, offen für neue Erfahrungen und im Kontakt mit sich selbst beschrieben.

Mit dem folgenden Beispiel soll verständlich gemacht werden, wieso Therapeuten als fremd erlebt werden können. Es ist dem derzeitigen Erfahrungsbereich der Autorin entnommen - dem der Entwöhnungsbehandlung von Alkoholabhängigen in einer großen psychiatrischen Klinik. Um es besser einordnen und verstehen zu können, folgt eine kurze Beschreibung der dort behandelten Klientel: Die 22 Männer und Frauen, die sich einer 16-wöchigen stationären Rehabilitationsmaßnahme unterziehen, sind überwiegend chronisch alkoholabhängig und werden von einem multiprofessionellen Team behandelt. Die meisten von ihnen haben die Hauptschule besucht. In der Regel sind sie Fach- oder Hilfsarbeiter und Handwerker. Mehr als 50 % sind bei Aufnahme ihrer Rehabilitationsbehandlung arbeitslos. Das Einkommen ist als eher niedrig zu bezeichnen. Die Verschuldung ist bei einigen sehr hoch. 50 - 70 % leben nicht oder nicht mehr in einer festen Partnerschaft. Ein relativ großer Teil der Patienten war in der Kindheit und Sozialisation erheblichen Stressfaktoren ausgesetzt (trinkende, brutale und misshandelnde Väter, Armut, mangelnde soziale und emotionale Unterstützung oder aber auch materielle Verwöhnung und emotionale Vernachlässigung). Ein Großteil von ihnen hat keinerlei Erfahrung mit Psychotherapie. Viele wissen nicht einmal, was eine Psychotherapie ist. Die meisten wünschen sie von sich aus nicht, so, wie ein Großteil unserer Patienten auch erst durch erheblichen Druck von außen sich bereit erklärte, an einer Entwöhnungsbehandlung teilzunehmen (vgl. Jülisch-Tscheulin 1988: 72 f.).

*Beispiel* eines Patienten, bei dem alle sieben „seelischen Funktionsbereiche", wie sie in der Prozessskala beschrieben sind, deutlich eingeschränkt sind:

Es handelt sich um einen 42-jährigen Mann, der angibt „Quartalstrinker" zu sein und nicht zu wissen, warum er nach kurzen abstinenten Zeiten wieder Alkohol trinke. Er habe eine „normale" Kindheit ohne nennenswerte Schwierigkeiten gehabt. Er habe keine Probleme, es gehe ihm gut, er habe keine Ahnung, was das Trinken mit ihm zu tun haben könnte. In den ersten Behandlungswochen schläft er in den Psychotherapiegruppen fast regelmäßig ein. Das ist ihm vor seinen Therapeuten unangenehm. Er möchte nicht uninteressiert erscheinen. In einem Einzelgespräch berichtet er beiläufig, dass er persönliche Fragen anderer und Gespräche über sich nicht mag. Die Therapeutin sagt daraufhin fragend „Dann müssten Ihnen doch die Einzelgespräche mit mir sehr unangenehm sein?" Er erwidert: „Die Gespräche mit Ihnen stören mich nicht." Dabei hat er viele kleine Schweißperlen auf der Oberlippe.

Aus der Beobachterperspektive und im Hinblick auf die Prozessskala, ist seine seelische Funktionsfähigkeit so einzuschätzen: Er drückt Gefühle und persönlich-gefühlsmäßige Meinungen nicht direkt aus, zeigt sie lediglich indirekt als Schweißperlen. Möglicherweise erkennt er sie gar nicht. Zumindest in diesem Einzelgespräch ist ihm sein unmittelbares und gegenwärtiges Erleben nicht zugänglich und damit bemerkt er die Inkongruenz zwischen Selbst und der gegenwärtigen Erfahrung nicht. Auch die Kommunikation über sich selbst ist so gut wie nicht vorhanden. Sätze wie „Ich hatte eine normale Kindheit" und „Mein einziges Problem ist das Saufen" demonstrieren dies. Dass ihn die Gespräche nicht stören, obwohl er sonst persönliche Gespräche und Fragen nicht mag, könnte im Sinne eines rigiden Konstruktes („Es stört mich nichts") verstanden werden, das ihn gleichzeitig davor schützt, sich in der Beziehung zur Therapeutin und mit ihr auseinandersetzen zu müssen und auch davor, dass beide sich nahe treten könnten. Sein Hauptproblem, „das Saufen", hat keinen Bezug zu ihm, es überfällt ihn und das soll abgestellt werden.

Welchen Sinn macht es für Patienten, sich in der beschriebenen unpersönlichen Weise zu verhalten? Als Antwort darauf soll die Protagonistin aus Christoph Heins Novelle „*Drachenblut*" (1985) zu Wort kommen, die, kurze Zeit nachdem ihr Freund erschlagen wurde, zu dem sie eine Beziehung hatte, die nicht verletzte, aber auch keine Gefühlsstürme hervorrief, in der Trennung ebenso wahrscheinlich war wie Zusammenbleiben in Distanz, Folgendes von sich sagt:

> „Ich bin gewitzt, abgebrüht, ich durchschaue alles. Mich wird nichts mehr überraschen. Alle Katastrophen, die ich noch zu durchstehen habe, werden mein Leben nicht durcheinander würfeln. Ich bin darauf vorbereitet. Ich habe genügend von dem, was man Lebenserfahrung nennt. Ich vermeide es, enttäuscht zu werden. Ich wittere schnell, wo mir das passieren könnte. Ich wittere es selbst dort, wo es mir nicht passieren könnte ... Ich bin auf alles eingerichtet, ich bin gegen alles gewappnet, mich wird nichts mehr verletzen. Ich bin unverletzlich geworden. Ich habe in Drachenblut gebadet, und kein Lindenblatt ließ mich irgendwo schutzlos ... Meine undurchlässige Haut ist meine feste Burg" (ebd.: 172 f.).

Die Patienten, um die es hier geht, haben nicht in Drachenblut gebadet, sie trinken stattdessen Alkohol.

Und irgendwann werden sie in Therapie geschickt - und da begegnen sie den Therapeuten, den Fremden. Diese sind sicher in ihrer Rolle als Helfer, Unterstützer und Begleiter. Sie haben eine hohe Bereitschaft, die innere Erlebniswelt des Patienten zu verstehen, sich ihm zuzuwenden, eine gute, nahe, tragfähige therapeutische Beziehung herzustellen. Sie stellen Fragen nach Gefühlen und gefühlten Bedeutungen, nach Verhaltensmotiven, Verhaltensweisen, Verhaltenskonsequenzen, Fantasien, Situationen usw. Und sie, die beschriebenen Patienten, die eigentlich keine Probleme haben, außer dem Alkoholtrinken, sitzen da und wollen im Grunde in sich selbst nichts verändern, weil sie die Notwendigkeit dafür nicht sehen. Sie wünschen sich Nähe, aber brauchen die Distanz; sie finden die Fremdheit der Situation unbehaglich, wollen und können dies aber nicht äußern; sie haben noch nicht die Erlaubnis gegeben, über Persönliches befragt zu werden, aber müssen sich schon durch das Fokussieren auf persönliche Probleme und Schwierigkeiten in Frage gestellt fühlen.

Verhalten Psychotherapeuten sich so, wie eben beschrieben, dann müssen die Patienten deren Vorstöße als Angriff erleben - als Angriff, der sich auf vier zentrale persönliche Bereiche richtet:

1. Der Angriff auf das eigene Fremde verbunden mit der Aufforderung „Öffne-dich!“
2. Der Angriff auf das Eigene und Vertraute verbunden mit der Forderung „Sei anders!“
3. Der Angriff auf den eigenen Wert mit der Eigenschaftszuschreibung „Du hast eine Störung“
4. Der Angriff auf die Privatsphäre mit der Behauptung „Dein Leben geht uns alle an!“

Manchmal werden sie dann noch mit Forderungen im Sinne therapeutischer Metaregeln konfrontiert, die da lauten können (vgl. Reisch 1994: 40):

- „Ich nehme dich als Gesamtpersönlichkeit an, aber nur wenn du introspektionsfähig bist“
- „Sprich vertrauensvoll über deine Gefühle, ich lasse dich im Unklaren, was dann passiert“
- „Du öffnest dich, ich öffne mich nicht“
- „Mach Nähe, ich bleibe distanziert“.

Auf all das reagieren sie in ihrer eigenen Weise: Sie bleiben stumm oder reden ohne Punkt und Komma, sie lenken ab, reden daneben, missverstehen, werten ab, lassen sich vordergründig auf das ein, was der Therapeut will, aber weichen aus, wenn es um sie geht. So bleiben sie in erträglicher Distanz zu dem Fremden, der dadurch Fremder bleibt und stellen doch das Maß an Nähe und auch an Vertrautem her, das sie vertragen, weil sie in der Behandlung bleiben und ihr Symptom als behandlungswürdig anerkannt ist und Aufmerksamkeit bekommt.

Diese Konstellation ist angetan, dass zumindest Fremdheit sich verfestigt, wenn nicht gar Beziehungsstörungen zwischen Patient und Therapeut entstehen. Dies zu verhindern ist ganz sicher Sache der Therapeuten. Dabei gewinnen das „bedingungsfreie Akzeptieren“, auf das Höger (2000) in seinem Beitrag ausführlich eingeht, sowie die Erfassung des inneren Bezugrahmens des Patienten besondere Bedeutung. Unter Letzterem wird die subjektive Welt des Individuums verstanden. Diese umfasst die gesamte Breite von Empfindungen, Wahrnehmungen, Bedeutungen und Erinnerungen, die der Gewahrwerdung zugänglich sind. Je genauer der innere Bezugsrahmen durch wertschätzendes und empathisches Verstehen erfasst wird, desto größer kann die Selbstempathie des Patienten werden. Reisch (1994) weist mit Recht darauf hin, dass Psychotherapeuten, die bei der Behandlung solcher Patienten, die ihnen und der Psychotherapie fremd gegenüberstehen, nur deren inneres Erleben verbalisieren, unter Umständen nicht oder nur eingeschränkt empathisch sind. Dies ist dann der Fall, wenn Patienten dieses innere Erleben nicht angesprochen haben wollen, wenn Patienten widersprüchliche Botschaften auf der Verhaltens- und Erlebensebene äußern und nur eine Seite dieser Botschaft einfühlend verstanden wird, wenn Empathie sich nur auf einen Teilbereich der Person bezieht, die anderen Teilbereiche aber ignoriert werden. Dies ist z. B. gegeben, wenn Empathie sich auf den direkt geäußerten Wunsch nach Nähe bezieht, nicht aber auf den versteckter geäußerten Wunsch nach Distanz. Dies ist auch gegeben, wenn Empathie sich auf indirekt gezeigte Gefühle, die der Patient nicht verstanden haben will, nicht aber auf den bewussten Teil der Persönlichkeit bezieht. Durch das genaue einfühlende Verstehen der wesentlichen und oft auch widersprüchlichen Fassetten des inneren Bezugsrahmens einer Person werden die Voraussetzungen geschaffen, die zur Verringerung von Fremdheit sich selbst und dem Therapeuten gegenüber führen. Problematisch wäre es jedoch, den Therapeuten zum Dreh- und Angelpunkt des Veränderungsprozesses machen zu wollen und ihm die alleinige Verantwortung dafür zu geben, dass beim Patienten Fremdheit dem Eigenen und dem Anderen gegenüber abgebaut wird. Das würde die aktive Rolle des Patienten an der Gestaltung der therapeutischen Beziehung und am Veränderungsprozess verleugnen und seine positiven Möglichkeiten zur Entwicklung seiner selbst vernachlässigen.

Patienten reagieren sehr deutlich auf das Fremde am Therapeuten und versuchen dieses zu verringern - entweder durch Verbündung untereinander oder durch Versuche, sich das Fremde vertraut zu machen. Bei beiden Reaktionen gibt es je eine für die Behandlung positive und je eine negative Variante.

Verbündung gegen Fremdes ist, sozialpsychologisch gesehen, eine Normvariante sinnvollen menschlichen Verhaltens. Es dient dem Schutz des Eigenen und Vertrauten. Im Rahmen stationärer Psychotherapie wird die Verbündung der Patienten dort sehr problematisch sein, wo sie die Ausgrenzung der Therapeuten bezweckt, wie z. B. beim Decken rückfällig gewordener Patienten oder beim Zurückhalten von wichtigen Kenntnissen und Meinungen über Mitpatienten zu deren vermeintlichen Schutze und Ähnliches mehr.

Dort jedoch, wo die Verbündung nicht der Ausgrenzung der Therapeuten, sondern sowohl einer intensiveren Verbindung als auch einem wachsenden Zusammenhalt der Patienten untereinander dient, ist sie hilfreich. Gerade Suchtkranke, die sich häufig ihres Suchtmittelkonsums schämen und die deshalb und auch aus anderen Gründen große Schwierigkeiten haben, sich anderen Menschen zu öffnen, können in der engen Verbindung zu Personen, die solche Schwierigkeiten aus eigener Erfahrung kennen, sich allmählich öffnen und werden dadurch fähig, Fremdheit sich selbst und dem Therapeuten gegenüber abzubauen. Dies belegen Ergebnisse der prozessbegleitenden Diagnostik, die wir durchführen. Ein Klinik-Gemeinschafts-Erfahrungsbogen (Tscheulin 1999) fragt nach den Erfahrungen, die von Patienten während einer Psychotherapie als hilfreich eingeschätzt werden. Fast durchweg wird von unseren Patienten als hilfreich erfahren, dass sie mit ihren Problemen nicht alleine sind, bei deren Lösung durch die Mitpatienten Unterstützung und Hilfe erfahren, dass sie Persönliches preisgaben und dennoch angenommen wurden, dass sie lernten sich anzuvertrauen, sich zu öffnen und mitzuteilen, dass sie angenommen wurden wie sie sind und in der Klinik ein herzliches und menschliches Klima vorfanden.

Das Vertrautmachen ist ebenfalls eine sinnvolle menschliche Reaktionsweise, die hilft, Fremdes zu eigenem Nutzen anzueignen. Bei der ungünstigen Variante werden dem Therapeuten Eigenschaften zugeschrieben, die der zuschreibenden Person vertraut sind und ihr helfen, den anderen als weniger fremd erscheinen zu lassen. Wenn Patienten es gewohnt sind, andere Menschen als potenziell bedrohlich oder gefährlich anzusehen und gelernt haben, diese Bedrohung oder Gefährdung durch Abwertungen, Infragestellungen und negative Eigenschaftszuschreibungen zu minimieren, so werden sie das auch mit dem für sie fremden Therapeuten tun. Der negativ „attribuierte" Therapeut wird für sie dadurch auf altbekannte Weise vertraut: Es bestätigt sich ein negatives Bild von ihm, das im Voraus als Tatsache angenommen wurde. Insofern begegnen sie in der Person des Therapeuten Vertrautem und können sich auf vertraute Weise verhalten. Bedauerlich nur, dass dadurch der Therapeut für sie ein Fremder bleibt und auch sie sich fern oder entfremdet bleiben. (Es wäre auch denkbar, dass Patienten ihren Therapeuten positive Eigenschaften zuschreiben, um Fremdheit zu minimieren. Dies wird mit dem Sich-Einlassen auf die therapeutische Beziehung verbunden sein und dann zur nachfolgend positiven Variante des Vertrautmachens gehören).

In psychotherapeutisch wünschenswerter Weise besteht das Vertrautmachen mit dem Fremden zunächst in einem Sich-Einlassen auf die Beziehung zu ihm und auf die damit verbundenen neuen Erfahrungen. Hierzu ein *Beispiel*:

Ein 47-jähriger Facharbeiter, der in einem Großbetrieb arbeitet. Er wuchs mit vier Geschwistern auf. Sein Vater ist Alkoholiker und hat zeitlebens die Familie und besonders die Mutter der Kinder tyrannisiert. Als der Patient in die Schule kam, wurde der Vater inhaftiert und war längere Zeit im Gefängnis. Er weiß bis heute nicht, warum der Vater dort war, kann jedoch seine Scham deutlich erinnern. Bis zur Entwöhnungsbehandlung ist diese Scham noch sehr ausgeprägt. Keiner der Behandler oder Mitpatienten weiß davon, obwohl er zu letzteren einen guten Kontakt hat und zu seiner Therapeutin auf eine vorsichtige Weise Nähe zu suchen scheint. Später sagt er über sich:

> „Früher habe ich nie über mich nachgedacht. Ich bin auf die Welt gekommen, und da war ich eben, da gab es nichts nachzudenken. Aber ich habe gelernt, sehr genau auf andere zu achten, die zu beobachten und festzustellen, welche Fehler die machen, oder ob die mir eins auswischen wollen. Wirklich vertraut habe ich meiner Mutter, vielleicht noch meinen Geschwistern, aber sonst niemandem. Ich hatte nicht vor, über mich zu sprechen ..."

Als er mit seiner Therapeutin über seine Scham wegen des Vaters spricht, geschieht dies fast zufällig, unvorhergesehen für sie und vielleicht auch für ihn selbst, jedenfalls ohne Vorankündigung. Was ist davor geschehen? Es kann nur vermutet werden: Er hat zugehört, zugesehen, beobachtet, versteckt getestet, viel von anderen erfahren und seinen Therapeuten allmählich für vertrauenswürdig befunden. Und unvorhergesehen spricht er, nachdem fast 10 Wochen stationärer Entwöhnungsbehandlung ins Land gegangen sind, zunächst nur in Einzelgesprächen über die belastenden vergangenen Erlebnisse. Und schließlich gelingt es ihm von sich aus, in seiner Gruppe über die verschwiegenen und mit Scham besetzten Erfahrungen zu berichten, Verständnis und moralische Unterstützung zu erfahren. Das wiederum macht es ihm möglich, mit seinen Geschwistern über ihre Kindheit und die traumatisierenden Erfahrungen zu sprechen.

Er konnte seine Einstellung verändern, die darin bestand, nicht über sich nachdenken zu wollen und Familiäres, Persönliches und Emotionales auszulassen. Er konnte erfahren, dass diese Einstellungsänderung eine Erweiterung seines Handlungsspielraumes, eine Verbesserung seiner Beziehungen zu ihm wichtigen Menschen und eine Veränderung in der Wahrnehmung und Bewertung und im Ausdruck seiner Gefühle bedeutete. Er war dem unscharf, vielleicht sogar verzerrt empfundenen Eigenen näher gekommen und konnte Teile davon „aneignen“ , d. h. diese in sein Selbstkonzept integrieren. Damit verbunden, aber dem auch vorausgegangen, war ein Abbau von Fremdheit der Therapeutin und der Therapie gegenüber, einfach weil er es nach gründlicher Prüfung gewagt hatte, sich auf das Fremde und Neue einzulassen.

Das sind die Leistungen unserer Patienten, ohne die deren Annäherung an eigenes Fremdes und den fremden Anderen nicht möglich wäre und die unseren Respekt verlangen. Duncan, Hubble und Miller, die sich mit so genannten „aussichtslosen Fällen“ beschäftigten, fassen dies so zusammen (1998: 238 f.):

> „... jede Befreiung aus der Aussichtslosigkeit [ist] ... daraus erwachsen, dass wir dem Klienten die Hauptrolle überließen. Wir haben gelernt, besser zuzuhören ... eingedenk der Worte des Weisen Ram Dass: Je stiller du wirst, desto mehr kannst du hören. Je besser uns dies gelang, desto mehr Raum hatten die Klienten, zu sein, wie sie sind, von ihren Fähigkeiten Gebrauch zu machen, Möglichkeiten zu entdecken ... und Verantwortung zu übernehmen.“

## Literatur


Behr, M., Esser, U., Petermann, F., Sachse, R. & Tausch, R. (Hrsg.) (1994): Jahrbuch für personenzentrierte Psychologie und Psychotherapie. Köln: GwG-Verlag.

Duden-Redaktion (Hrsg.) (1997). Duden. Bd. 7: Etymologie. Herkunftswörterbuch der deutschen Sprache. Mannheim: Duden

Duncan, B. L., Hubble, M. A. & Miller, S. D. (1998): Aussichtlose Fälle. Stuttgart: Klett-Cotta

Hein, C. (1985): Drachenblut. Darmstadt, Neuwied: Luchterhand

Höger, D. (2000): Der Patient als Fremder. In: B. Strauß & M. Geyer (Hrsg.) (2000): 414 - 423

Jaede, W. & Portera, A. (Hrsg.) (1993): Begegnung mit dem Fremden: Interkulturelle Beratung, Therapie und Pädagogik in der Praxis. Köln: GwG-Verlag

Jülisch-Tscheulin, B. (1988): Klientzentriertes Handeln bei alkoholabhängigen Unterschichtpatienten auf einer Entwöhnungsstation. In: Orientierung an der Person. Bd. 1: 71 - 78

Pfeiffer, W. (1993): Begegnung mit dem Fremden in Psychotherapie und Beratung. In: W. Jaede & A. Portera (Hrsg.) (1993): 15 - 26

Reisch, E. (1994): Verletzbare Nähe: Ein klientenzentrierter Weg zum psychosomatischen Patienten. München: Pfeiffer

Rogers, C. R. & Buber, M. (1960): Dialogue between Martin Buber and Carl Rogers. In: Psychologia 3: 208 - 221 (Deutsch 1992: Carl Rogers im Gespräch mit Martin Buber. In: Jahrbuch für personenzentrierte Psychologie und Psychotherapie 3: 184 - 201. Köln: GwG-Verlag)

Rogers, C. R. (1961): The process equation of psychotherapie. In: American Journal of Psychotherapy 15: 27 - 45

Strauß, B. & Geyer, M. (Hrsg.) (2000): Psychotherapie in Zeiten der Veränderung. Historische, kulturelle und gesellschaftliche Hintergründe einer Profession. Opladen: Westdeutscher Verlag

Takens, R. J. (1994): Wo sich Fremde treffen: Einige Bemerkungen zur therapeutischen Begegnung. In: M. Behr, U. Esser, F. Petermann, R. Sachse & R. Tausch (Hrsg.) (1994): 87 - 108

Tausch, R. (1968): Gesprächspsychotherapie. Göttingen: Hogrefe

Tomlinson, T. M & Hart, J. T. (1962): A validation study of process scale. In: Journal of Consulting Psychology 1: 74 - 84

Tscheulin, D. (1992): Wirkfaktoren psychotherapeutischer Intervention. Göttingen: Hogrefe
Tscheulin, D. (1999):Würzburger Leitfaden (WLF) zur Verlaufs- und Erfolgskontrolle psychotherapeutischer Intervention. Unveröffentlichtes Papier. Institut für Psychologie der Universität Würzburg
Walker, A. M., Rablen, R. A. & Rogers, C. (1960): Development of a scale to measure changes in psychotherapy. In: Journal of Clinical Psychotherapy 1: 79 - 85

# Der Patient als Fremder

*Diether Höger*

Der Patient als Fremder - auf den ersten Blick erscheint die Sache recht einfach. Er meldet sich beim Therapeuten an,[1] zumeist telefonisch, kommt zu einem Vorgespräch und ist dann natürlich für den Therapeuten zunächst noch fremd. Kommt es zur Therapie und entsteht zwischen beiden eine gute Beziehung, dann wird er zu einer bekannten, oft sogar vertrauten Person, die ihm gegenüber viel von sich preisgibt, oft mehr als bei anderen Menschen. Und ist die Therapie dann beendet, und der Patient geht wieder, dann bedauern wir oft den Abschied von einem guten Bekannten.

Das erscheint harmlos. Ähnlich unverfänglich ist es, wenn das Wort „fremd" zur bloßen Unterscheidung zwischen Ich und Nicht-Ich benutzt wird, etwa wenn Psychologen zwischen Fremd- und Selbstbild differenzieren, je nachdem, ob von der Vorstellung die Rede ist, die wir von einem anderen oder von uns selbst haben. In analogem Sinne kennen wir Fremd- und Selbstbeobachtung, Fremd- und Selbstratings oder auch Fremd- und Selbstverstärkung, je nachdem wer es ist, der da wen beobachtet, in Skalen einstuft oder für dessen Verhalten bekräftigt.

Ein neues, mehr oder weniger emotional geladenes Moment tritt allerdings hinzu, sobald die Bezeichnung „fremd" auf das Fehlen der Einheitsrelation im Sinne von Heider (1977) verweist, auf das Nicht-Zusammen-Gehören zweier Gegebenheiten, etwa wenn Herr Müller-Lüdenscheid in Loriots bekanntem Sketsch versucht, Herrn Dr. Klöbner mit dem Hinweis einzuschüchtern, dass dieser sich in einer „Fremdwanne" befinde. Solch betonter Verweis auf die fehlende Zusammengehörigkeit durch das Wort „fremd" kann mit zunehmender Intensität von der klaren Trennung zwischen eigenem oder fremdem Besitz über die deutliche Distanzierung wie in der Redensart „Das ist mir fremd!" reichen, bis hin zum „Fremdkörper", der naturgemäß dazu da ist, abgestoßen, ausgeschieden, und, sofern dies nicht möglich ist, „eingekapselt", in jedem Falle aber unschädlich gemacht zu werden.

Diese besondere Betonung der Andersartigkeit bringt eine neue, spezifische Qualität ins Spiel: Mit der Bezeichnung „fremd" wird hier das Unvertraute akzentuiert, das uns nach Boesch (1996) zugleich ängstigen, aber auch anziehen und faszinieren kann. In diesem Gegensatz vertraut versus fremd finden wir die Dualität wieder, wie sie zwischen der beruhigenden Sicherheit im Vertrauten einerseits (die aber auch den Charakter von Langeweile annehmen kann) und der mehr oder weniger großen Anspannung andererseits besteht, wie sie sich gegenüber allem Neuartigen einstellt und dort zwischen ängstlichem Vermeiden und neugierigem Angezogenwerden pendelt. Diese Dualität ist in der Bindungstheorie mit dem Begriff der sicheren Basis („secure base") konzipiert, die Schutz vor dem bedrohlichen Fremden ge-

---

[1] Ich bleibe der Einfachheit halber bei der männlichen Form und meine natürlich stets beide Geschlechter.

währt, von der ausgehend aber auch die neugierige Exploration des Unbekannten erfolgen kann (vgl. unter anderem Bowlby 1988), ebenso im kybernetischen Zürcher Modell des Sozialverhaltens (Bischof 1985) mit den beiden untereinander funktional eng verknüpften Verhaltenssystemen „Sicherheit" und „Erregung".

In welchem theoretischen Modell wir es auch fassen mögen, das Fremde in diesem Sinne bezeichnet, wie Boesch (1996: 90) es formuliert, „jenes noch-nicht-Erfahrene, das trotz möglicher Verlockungen unser Handlungspotenzial in Frage stellt; es beinhaltet die Möglichkeit des Unerwarteten, zuweilen sogar des Unheimlichen, auf jeden Fall aber einen Grad an Unsicherheit" und es betrifft damit in unmittelbarer und zentraler Weise unsere Person, da es unser Bedürfnis nach Kontrolle sowohl der uns umgebenden Welt als auch unserer eigenen Person tangiert.

Fassen wir zusammen:

- „Fremdes" bedeutet Unberechenbarkeit, es stellt unser Handlungspotenzial in Frauge und mobilisiert damit unser Kontrollbedürfnis.
- Es reizt einerseits zu erkundendem Verhalten und damit zur Erweiterung unseres Handlungspotenzials - sofern wir uns im Zustand ausreichender Sicherheit befinden.
- Anderenfalls, d. h. bei nicht ausreichender Sicherheit, neigen wir zum Vermeiden zusätzlicher Verunsicherung und damit zum Ausgrenzen des Fremden.

Beziehen wir dies als Therapeuten auf uns und unsere Patienten, dann können wir fragen:

- Wann stellen Patienten unser Handlungspotenzial und damit unser Kontrollbedürfnis in Frage?
- Was genau macht sie für uns unberechenbar?
- Wo finden wir bei uns im Umgang mit Patienten Anzeichen des Ausgrenzens, des Vermeidens?

Da ist beispielsweise der schweigsame Patient, der nichts oder nur sehr wenig von sich preisgibt, bei dem wir uns fragen, warum er überhaupt zu uns kommt, wenn er doch offensichtlich gar nichts von uns will. Wir kennen aber auch den redseligen Patienten, bei dem wir Mühe haben, überhaupt zu Wort zu kommen, oder den anhänglichen oder auch den fordernden Patienten, der mehr von uns will, als wir zu geben bereit oder in der Lage sind. Solche Patienten sind es, die uns daran hindern, unsere Vorstellung von einer „guten" Therapie zu verwirklichen, wie wir sie im Laufe unserer Ausbildung vermittelt bekommen haben. Wir erleben sie als mehr oder weniger „schwierig" und bezeichnen sie unter Kollegen auch so. Mit der spezifischen Art ihrer Symptome, Störungen oder sonstigen Eigenheiten stellen sie mit unserem therapeutischen Handlungspotenzial auch unsere professionelle Kompetenz in Frage, denn sie konfrontieren uns mit Phänomenen, auf die wir uns nicht ausreichend vorbereitet fühlen, die uns fremd sind.

Wieder droht uns die Kontrolle der Situation verloren zu gehen. Aber auf Grund unserer Ausbildung haben wir ja auch Möglichkeiten, derartige Verhaltensweisen einzuordnen. Beispielsweise können wir sie als „Widerstand“ bezeichnen. Damit machen wir sie zu etwas Bekanntem, das unser Handlungspotenzial nicht mehr in Frage stellt. Wir können dann überlegen, ob unsere Therapie überhaupt indiziert ist und brauchen dann unser erlerntes Handlungspotenzial - und damit uns selbst - nicht länger in Frage zu stellen. Denn es ist ja der Patient, der nicht zu unserem therapeutischen Rüstzeug paßt, nicht umgekehrt. So hat vor einiger Zeit Schulz (1981) auf clusteranalytischem Wege eine Gruppe von „Testnormalen“ identifiziert, d. h. Menschen, die zwar um Psychotherapie nachgesucht, sich aber in Persönlichkeitsfragebögen als völlig unauffällig und „normal“ dargestellt hatten. Sie bereiteten den sie behandelnden Gesprächspsychotherapeuten bei der Interaktion erhebliche Schwierigkeiten, waren mit der Therapie ziemlich unzufrieden und profitierten kaum davon, denn sie zeigten keinerlei Veränderungen. Der Schluss liegt nahe: Gesprächspsychotherapie ist für solche Patienten nicht indiziert. Aber: Haben wir es hier nicht mit einem Fall von Ausgrenzung zu tun? Waren vielleicht diese Patienten ihren Therapeuten einfach zu fremd? Hatten sie eventuell deren (wie sich zeigen lässt, unzureichende) Vorstellungen vom Klientenzentrierten Konzept und damit ihr Handlungspotenzial allzu sehr herausgefordert und sie damit an der Kontrolle der therapeutischen Situation behindert (vgl. Höger 1995)?

Patientenverhalten, das uns irritiert, können wir also entweder mit einem speziellen Etikett versehen und ihm so die Qualität des Bekannten verleihen. Das schützt vor Irritationen. Oder aber wir grenzen es aus. Nur: Schieben wir damit nicht etwas beiseite, distanzieren wir uns nicht von etwas, das wir nicht verstehen, das uns fremd ist, das sich unserer Kontrolle entzieht und das wir deshalb nicht an uns heran lassen wollen? Gewiss: es ist eindeutig ein Merkmal therapeutischer Kompetenz, Verhalten von Patienten kategorisieren zu können, um so unsere Grenzen einzuschätzen. Aber ist es nicht ebenso ein Merkmal wissenschaftlichen Vorgehens, Grenzen prinzipiell in Frage zu stellen, den Boden der Sicherheit zu verlassen um zu explorieren? Insofern ist es berechtigt zu fragen, wo wir vielleicht an Vertrautem starr festhalten und Fremdes unnötig vermeiden.

Wer je versucht hat, Studierenden die Grundlagen der Gesprächspsychotherapie nahe zu bringen, kennt das: Sobald die Akzeptanz des Patienten durch den Therapeuten als eine der notwendigen Bedingungen für therapeutische Veränderungen zur Sprache kommt, entstehen heiße Diskussionen. Regelmäßig wird dann der Vergewaltiger oder der Mörder ins Spiel gebracht, um zu belegen, dass man nun gewiss nicht jeden Menschen akzeptieren könne. Auch der Hinweis, dass bedingungsfreies Akzeptieren nicht mit Billigen zu verwechseln sei und dass bei Rogers im Original von „unconditional positive regard“ (Rogers 1959) die Rede ist, was so viel bedeutet wie bedingungsfreie Zuwendung und ungeteilt aufmerksame Beachtung, hilft hier nicht weiter. Zuwendung erscheint den Studierenden allenfalls dann vorstellbar, wenn sie sich auf die „positiven“ Entwicklungsmöglichkeiten eines Menschen bezieht, nicht auf dessen dunkle Seiten.

Angesichts der eher geringen Wahrscheinlichkeit, es im therapeutischen Alltag tatsächlich mit Mördern und Vergewaltigern zu tun zu bekommen, lässt die Regelmäßigkeit, mit der diese Diskussion entbrennt, die Vermutung aufkommen, dass es hier gar nicht um derartige Extremfälle geht, sondern ganz allgemein um die Antizipation der Schwierigkeit, sich auf andere Menschen einzulassen, sobald Fremdes oder für fremd Gehaltenes im Spiel ist. Und in therapeutischen Übungsgesprächen zeigt es sich dann auch recht schnell, wie ungeheuer schwer es den Studierenden in der Tat schon bei ungleich harmloseren Sachverhalten fällt, sich auf „Fremdes" einzulassen, etwa auf eine Gesprächspartnerin, die vorübergehend der Fantasie nachhängt, das Studium Studium sein zu lassen, einfach zu heiraten und Kinder zu haben. Eine solche Vorstellung einfach stehen zu lassen und sich ihr anteilnehmend zuzuwenden um zu verstehen, was sie für die Gesprächspartnerin bedeutet, bietet enorme Schwierigkeiten, erweist sich bei vielen sogar als unmöglich. Die Vermutung liegt nahe, dass hier etwas fremd erscheint, sich der Kontrolle entzieht und aus dem Bewusstsein verbannt werden soll.

Zugegeben, Studierende sind keine Therapeuten. In einer langen Ausbildung werden sie gegebenenfalls genügend Gelegenheit haben, ihre Fähigkeit und Bereitschaft zur Zuwendung zu erweitern. Aber fällt es nicht auch einem erfahrenen Therapeuten schwer, sich darauf einzulassen, wenn sich beispielsweise eine Patientin von ihrem gewalttätigen Partner getrennt hat, um nach kurzer Zeit wieder zu ihm zurückzukehren und die Beziehung wieder aufzunehmen? In der Tat ist dies die Nagelprobe: Versucht der Therapeut, dieses fremdartige, weil für ihn unverständliche Verhalten, zu korrigieren (und damit sich und sein eigenes Weltbild auf dem Status quo zu belassen), oder lässt er sich darauf ein und versucht, dessen Bedeutung für diese eine Patientin und ihre spezifische Situation zu verstehen, mit der Chance, seinen Horizont der Möglichkeiten des Verstehens zu erweitern?

Die von den verschiedensten Therapiekonzepten immer wieder von Neuem aufgegriffene Diskussion um die Nicht-Direktivität, wie sie im Klientenzentrierten Ansatz vertreten wird, scheint mir in Wirklichkeit die Manifestation einer ständigen Auseinandersetzung mit dem derartig beunruhigenden weil nicht kontrollierbaren Fremden im Patienten zu sein. Diese Vermutung wird gestützt durch die auch hier zumeist unsachlichen Begründungen, bei denen die eigentliche Bedeutung dieses Begriffs schlicht ignoriert wird und damit sehr an den Argumentationsstil bei dem Vergewaltiger (siehe oben) erinnert. Nicht-direktiv wird dann einfach gleich gesetzt mit „laisser-faire", d. h. einfach nichts zu tun und den Patienten seinem Schicksal zu überlassen - was natürlich nur zu leicht als verantwortungslos abgetan werden kann. In seiner ursprünglichen Bedeutung besteht das Prinzip „nicht-direktiv" vielmehr darin, jede Form der therapeutischen Hilfe so zu gestalten, dass sie die Eigenständigkeit und Integrität des Patienten als Person in jeder Hinsicht respektiert, auch und vor allem dort, wo er uns (und vielfach auch sich selber) mehr oder weniger fremd ist. Wo Nicht-Direktivität gelingt, ist sie das engagierte Sich-Einlassen auf das Fremde und für den Therapeuten Unkontrollierbare im Patienten.

Dies steht in klarem Widerspruch zum erklärten Programm des Mainstreams der gegenwärtigen Psychotherapieforschung, nämlich den Prozess der Psychotherapie beherrschbar zu machen, d. h. aufbauend auf einer soliden Ursachenforschung für einen Patienten mit einer bestimmten Störung in einer bestimmten Situation und unter den jeweils gegebenen Bedingungen die angemessene Intervention zu bestimmen und dieses Grundlagenwissen dem praktizierenden Psychotherapeuten bereitzustellen. Jedoch: Wenn im Zusammenhang mit lebendigen Prozessen die Beherrschbarkeit der Dinge zum Selbstzweck wird, haben wir allen Anlass, stutzig zu werden. Eigentlich wissen wir sehr gut, dass die Vorgänge im Bereich des Lebendigen nicht in dieser Weise beherrschbar sind. Wenn wir sie aber als dermaßen beherrschbar fantasieren, versuchen wir dann nicht, der eigenen Verunsicherung durch das den lebendigen Prozessen immanente Unberechenbare und Unkontrollierbare zu entgehen? Setzen wir an die Stelle der Auseinandersetzung mit der Unkontrollierbarkeit die Illusion der Kontrollierbarkeit?

Boesch (1996) macht auf eine Besonderheit des Wortes „Fremd“ aufmerksam: Es bezeichne nicht Äußeres wie „der Berg“, „der Stein“, auch nicht Inneres wie „Gefühl“, „Angst“, sondern etwas Äußeres zugleich mit der Art, wie wir darauf reagieren und es meine insofern eine Innen-Außen-Beziehung. So gesehen wäre „Fremd“ ein Aspekt der therapeutischen Beziehung, eines Themas, dem in der Psychotherapieforschung zurzeit große Beachtung zuteil wird. Jedoch fällt auf, dass der Begriff „Beziehung“ in der einschlägigen Literatur so gut wie nie explizit definiert wird, ganz so, als sei dessen Bedeutung dermaßen selbstverständlich, dass er keiner Definition bedarf. Wir sind also auf induktives Verstehen angewiesen. Und so finden wir beispielsweise in der umfassend angelegten internationalen Studie von Orlinsky, Willutzki, Meyerberg, Cierpka, Buchheim und Ambuehl (1996) über den „Beziehungsstil“ von Therapeuten, dass die Autoren darunter deren Selbst- und Idealbild verstehen und mit Begriffen wie „akzeptierend“, „engagiert“, „tolerant“, „warmherzig“, „freundlich“ operationalisieren, also Begriffen, die eine *interpersonelle Einstellung* beschreiben, außerdem mit „effizient“, „geschickt“, „systematisch“, „intuitiv“, also Adverbien des *technischen Vorgehens*.

Jedoch: Interpersonelle Einstellungen beschreiben keine Beziehung, denn sie enthalten keine Aussage über die jeweilige Reaktion des Beziehungspartners. Nach den Regeln der Logik sind Aussagen über Beziehungen stets zweistellig, d. h. sie müssen sich zugleich auf beide Beziehungspartner beziehen. „Heinrich liebt Gretchen“ sagt lediglich etwas über die Einstellung von Heinrich gegenüber Gretchen. Über die Beziehung zwischen den beiden wissen wir erst dann etwas, wenn wir erfahren, wie Gretchen ihrerseits zu dem in sie verliebten Heinrich steht. Angewandt auf die therapeutische Beziehung: Wir wissen über diese auf Grund der Beschreibung der Einstellung und des technischen Vorgehens eines Therapeuten so lange nichts, wie wir nicht wissen, wie der Patient seinerseits darauf antwortet. Erst beides zusammen macht die Beziehung aus.

Die Frage drängt sich auf: Warum wird bei der Erforschung der therapeutischen Beziehung der Patient als unmittelbar und gleichermaßen beteiligte Person dermaßen konsequent ausgeblendet? Was ist davon zu halten, wenn sowohl Gegner als auch viele Vertreter der Gesprächspsychotherapie die von Rogers (1957, 1959) beschriebenen *sechs* Bedingungen therapeutischer Veränderungen auf diejenigen drei (Kongruenz, Akzeptanz und empathisches Verstehen) reduzieren, die lediglich eine Haltung bzw. Einstellung, also ein Beziehungs*angebot* beschreiben, und ausgerechnet die sechste Bedingung konsequent unterschlagen, welche die therapeutische Beziehung erst als eine solche definiert? Sie setzt nämlich voraus, dass die akzeptierende Empathie des Therapeuten vom Patienten auch als solche wahrgenommen werden muss. Sollte da vielleicht das Unberechenbare, Fremde am Patienten eine Rolle spielen, welches wir lieber ausblenden, weil es uns verunsichert, unser therapeutisches Handlungspotenzial in Frage stellt?

In der einschlägigen Literatur lässt sich feststellen, dass regelmäßig von „Beziehungs*gestaltung*" oder dem „*Herstellen* einer guten Therapiebeziehung" die Rede ist, was nicht nur trainiert werden könne, sondern auch planbar sei. Folgt man diesem Zungenschlag, so wird die therapeutische Beziehung zum kontrollierbaren Produkt einer erlernbaren Fertigkeit des Therapeuten, der quasi als deus ex machina außerhalb des eigentlichen Geschehens bleibt, das er lenkt. Er ist zwar nicht wirklich „deus", weil fehlbar und stets des Lernens bedürftig (aber auch fähig), jedoch immerhin „ex machina", eben außerhalb des eigentlichen Beziehungsgeschehens und als Person von diesem unbeeinflusst - dank seiner therapeutischen Methodik, die er ja aus objektiven Forschungsergebnissen ableitet. Unkontrollierbares, Fremdes ist dabei nicht vorgesehen, und wenn, dann zumindest als potenziell Kontrollierbares.

Wenn wir jedoch von der eigentlichen Definition von Beziehung ausgehen, dann bedarf es des Zusammenspiels *beider* Personen, Therapeut *und* Patient. Der Therapeut kann die Beziehung nicht *gestalten*, sondern sich allenfalls *in sie begeben*, sich *auf sie einlassen* - oder auch nicht. Wenn Menschen Beziehungen tatsächlich „herstellen" könnten: Das Fehlen des Themas „unglückliche Liebe" würde in der Weltliteratur eine empfindliche Lücke hinterlassen. Denn das Ergebnis unzureichender, aber prinzipiell trainierbarer Fertigkeiten des Werbeverhaltens würde kaum jemandem zu Herzen gehen.

Was bedeutet dieses Ausklammern des Patienten? Ist er hier nur ausgeblendet worden, weil er als eigenständige Person die Berechenbarkeit und damit das Handlungspotenzial des Therapeuten in Frage stellt und damit verunsichert?

Wenn wir versuchen, das Fremde genauer zu verstehen, dann müssen wir - so Boesch (1996: 91) - Fremdes auch in uns selbst beachten. Denn „auch in uns selbst erleben und gestalten wir das Fremde, und auch im Außen nehmen wir Eigenes wahr ... Das Unerwartete und Unerwünschte geschieht nicht nur im Außen, sondern auch in uns", nicht nur körperlich als Fremdkörper, sondern als „jene Inhalte des Ich, die wir nicht als eigene zu erkennen wünschen". Schon das Kind erfährt aus der Reaktion seiner sozialen Umwelt, „dass eigene Impulse, Wünsche, ja sogar Freuden verwerflich sein können, und in dem Maße, als es sich mit seiner Umgebung identifiziert, oder sich an eigenen Sollwerten misst, ... geschieht es, dass ihm solch inneres Böses als nicht konsistent mit seinem Ich, also als fremd erscheint" (ebd.: 92).

Es geht also nicht nur darum, dass der Patient als eigenständige und somit unberechenbare Person fremd ist. Er konfrontiert uns Therapeuten auch mit eigenen Erfahrungen, die wir lieber ausblenden möchten. So bekommt die im Klientenzentrierten Konzept als eine der notwendigen Bedingungen therapeutischer Veränderungen beschriebene „Kongruenz des Therapeuten" ihre eigentliche Bedeutung. So weit sie lediglich mit „Echtheit" oder „Transparenz" übersetzt wird, beschreibt dies nur, wie ein solcher Therapeut von seinen Beziehungspartnern wahrgenommen werden kann, also eines der Vehikel für die oben erwähnte sechste der von Rogers postulierten Bedingungen für therapeutische Veränderungen (nämlich dass der Patient die akzeptierende Empathie des Therapeuten auch als solche wahr- und dem Therapeuten abnimmt). In ihrer ursprünglichen Definition (Rogers 1959) bedeutet Kongruenz jedoch, dass der Therapeut in seiner Beziehung zum Patienten vollen Zugang zu seinem eigenen Erleben hat, dass er alle Regungen, die dabei in ihm aufkommen, in seinem Bewusstsein symbolisieren kann, mit anderen Worten, dass er nichts von dem ausblenden muss, was der Patient in ihm auslöst.

Boesch (1996) hat seinen Beitrag über das Fremde und das Eigene im Zusammenhang mit Fragen interkulturellen Handelns und damit auch im Hinblick auf die Auseinandersetzung mit der Fremdenfeindlichkeit geschrieben. Als Therapeut den Patienten feindlich gegenüberzustehen, widerspricht dem therapeutischem Ethos. Wir sind gehalten - und haben uns dies auch in der Regel als ethische Norm zu Eigen gemacht - ihn nicht abzulehnen. Es ist aber wohl angebracht, auch über subtilere Formen der Irritation des Therapeuten durch den Patienten nachzudenken.

Im Grunde genommen befinden wir uns in einer ähnlichen Situation, wie sie Graumann und Wintermantel (1989) in Bezug auf die Geschichte der sozialen Diskrimination gegenüber Minoritäten beschrieben haben: Deren ursprünglich offene und aggressive Form sei inzwischen sozial unerwünscht und trete im Verhalten kaum noch in Erscheinung. Angesichts der nichtsdestoweniger nach wie vor existierenden Vorurteile und diskriminierenden Tendenzen schlagen sich diese in einer „modernen" diskriminierenden Sprechweise nieder, die eine abwehrende, defensive oder ambivalente Einstellung signalisiere. Diese diskriminierende Sprache habe die hauptsächliche Funktion zu distanzieren, Unterschiede zu betonen, abzuwerten, und zu stereotypisieren.

> „The victims are the ones we talk *about* but avoid talking to" (ebd.: 188).

Wir begegnen solch mehr oder weniger subtiler Diskrimination relativ direkt, wenn, wie Auckenthaler (1995) für gesprächspsychotherapeutische Supervisionsgruppen empirisch zeigen konnte, die Diskussion letztlich auf Kosten der Patienten geht: *„Im Zweifelsfalle für den Therapeuten."* Sie wird aber auch in distanzierenden Stereotypisierungen sichtbar, wenn wir uns auf die therapeutische Technik unter Vernachlässigung der Beziehung zurückziehen, oder den Patienten von seinem Leid isolieren, indem wir das Symptom oder die Krankheit von ihm als einem einzigartigem Individuum abtrennen, wenn er zum letztlich austauschbaren Träger der eigentlich zu behandelnden Symptomatik, z. B. „Depression" wird. Diagnosen können und sollen der Orientierung dienen, Übersicht verschaffen und so dem Verstehen des einzelnen Patienten dienen. Ihre Funktion kann aber auch sein, der Ungewissheit zu entgehen, die die therapeutische Beziehung mit sich bringt. Wir können uns sogar auf diesem Wege mit dem Patienten verbünden, um gemeinsam mit ihm das für ihn und uns Fremde in Gestalt seines unkontrollierbaren Erleben oder Verhaltens, eben des Symptoms zu bekämpfen.

In der Tat: Patienten leiden unter der fehlenden Kontrolle, der bedrohlichen Fremdheit der Welt und ihrer selbst. Als Therapeuten können wir ihnen vielleicht durch geeignete Techniken ein Stück ihrer Welt, zu der sie selbst ja auch gehören, kontrollierbar machen. Das kann sehr wichtig sein. Wie aber sollen *sie* lernen, mit der prinzipiell fehlenden Kontrollierbarkeit in vielen Bereichen ihres gegenwärtigen und vor allem auch künftigen Daseins zu leben, wenn *wir* als Therapeuten nicht in der Lage sind, uns auf das Fremde einzulassen, es auf uns zukommen zu lassen und in das therapeutische Geschehen mit aufzunehmen? Wer sich in die Welt begibt - und wer lebt, kommt darum nicht herum - begegnet unweigerlich dem Fremden.

Diese Grunderfahrung ist nicht nur dem Patienten, sondern auch dem Therapeuten zu Eigen. Entscheidend ist, wie er sich dazu stellt. Auch er kennt die Erfahrung von Angst, Trauer, Schmerz, von Unentschiedenheit, Ambiguität, Verwirrung und Hilflosigkeit. Das Ausmaß, in dem sie ihm als fremd und damit notwendig zu bekämpfen erscheinen, ist eine Funktion des Ausmaßes, in dem er solche inneren Erfahrungen vor der eigenen Wahrnehmung ausblendet.

Aber - so könnten wir fragen - gerade wenn Patienten unter fehlender Kontrolle leiden, muss dann nicht der Therapeut alles Verunsichernde aus der therapeutischen Beziehung fern halten? Wird er nicht, wenn er eigene Unsicherheiten und bisher verborgene innere Erfahrungen zulässt, für den Patienten zur Quelle von Verunsicherung? Ist es dann nicht seine zentrale therapeutische Aufgabe, alles Verunsichernde auch und gerade an sich selbst zu vermeiden?

Der entscheidende Punkt ist jedoch: Wenn Unsicherheit und Unkontrollierbarkeit ein zentraler Bestandteil des Lebens selber sind, dann haben wir gar nicht die Wahl, ob wir ihre Existenz zulassen oder nicht. Wir können allenfalls versuchen, sie nicht zur Kenntnis zu nehmen, sie auszublenden und so die Illusion der Kontrollierbarkeit der Welt aufrecht zu erhalten. Aber gerade dieses Ausblenden des Unkontrollierbaren, das Anklammern an das Bekannte und Vertraute, bedeutet Stagnation, d. h. verminderte Funktionstüchtigkeit der Person und deren Unfähigkeit, erstens sich den Wechselfällen und Veränderungen des Lebens anzupassen, d. h. mit Fremdem zurecht zu kommen und zweitens, sich weiterzuentwickeln, zu verändern, Unbekanntes zu wagen. Diese mangelnde Funktionstüchtigkeit der Person aber ist es, die den Störungen des Verhaltens und Erlebens zu Grunde liegt.

Angstsymptome unserer Patienten, die an mehr oder weniger begrenzte situative Kontexte gebunden sind, können wir beseitigen, wenn wir diese mehr oder weniger spezifischen fremden Situationen durch wiederholte Konfrontation zu vertrauten werden lassen, in denen unsere Patienten angemessene Fähigkeiten zu deren Bewältigung entwickeln können. Dies ist ein bedeutsames und legitimes therapeutisches Handlungsziel. Der Effekt einer Therapie wird jedoch umso umfassender und dauerhafter sein, je universeller sich in der Therapie die adaptive Kompetenz unserer Patienten entwickelt, je besser sie vorbereitet sind, sich dem Fremden und Unkontrollierbaren konstruktiv zu stellen. Ein solcher Effekt wird aber abhängen von der Bedeutung, die Unsicherheit und Unkontrollierbares für den Therapeuten selber haben, inwieweit er seinerseits in der Lage ist, sich ihnen auszusetzen, wie er mit Ängsten umzugehen vermag, ob er sie als fremd vermeiden muss. Je mehr er in der Lage sein wird, Fremdem und Unkontrollierbarem in der therapeutischen Beziehung Raum zu geben, ohne selbst den Halt zu verlieren und in Panik zu geraten, umso universeller und damit auch nachhaltiger wird der therapeutische Effekt sein. Um es mit Grawe (1988) als heuristisches Verständnis von Psychotherapie zu formulieren: „*Der Weg entsteht beim Gehen.*“

Die Erfahrung von Angst und Unsicherheit für den Patienten angemessen und damit konstruktiv zu dosieren, ist Sache des therapeutischen Könnens und beruht auf der Fähigkeit des Therapeuten zur Empathie. Es gilt einerseits, den Patienten nicht zu überfordern. Es gilt gleichzeitig aber auch, dass der Therapeut in der Lage ist, das Ausmaß an Fremdem, das jeder Patient in die therapeutische Beziehung einbringt, ohne Abwehr aufzunehmen. Mit anderen Worten: die Grenze des Ausmaßes an Fremden in der Therapie muss sich an der Abwehr des Patienten orientieren, nicht durch die des Therapeuten bestimmt sein. Inwieweit dies gelingt, wird nicht zuletzt in der methodischen Flexibilität der Therapeuten sichtbar werden, d. h. darin, inwieweit er in der Lage ist, seine eigene Handlungskompetenz in Frage stellen zu lassen, die sicheren Pfade seiner vertrauten therapeutischen Methodik zu verlassen, um sich dem Patienten und dem Fremden in ihm zuzuwenden, es anzunehmen, auch und gerade, wenn es verunsichert.

Die Essenz des Unterschiedes zwischen einer (Pseudo-)Sicherheit, die wir aus einer festgelegten deterministischen therapeutischen Methodik beziehen und einer anderen Sicherheit, die aus einer souveränen und zuverlässigen Kompetenz eines für Fremdes offenen Therapeuten entspringt, hat Václav Havel am 24. 04. 1997 im Deutschen Bundestag, zwar nicht im Hinblick auf Psychotherapie, sondern in Bezug auf unterschiedliche Begriffe von „Heimat", zwei verschiedenen Erscheinungsweisen des Vertrauten formuliert. Die Analogie wird, so glaube ich, unmittelbar deutlich und braucht nicht weiter kommentiert zu werden. Nach Havel [2] sehen die meisten Menschen

> „... die Heimat als eine praktisch abgeschlossene, feststehende, genau definierbare Struktur, die zu keinen weiteren Überlegungen anregt ... In seiner Ursprünglichkeit bezeichnet ... das Wort Heimat keine abgeschlossene Struktur, sondern das Gegenteil davon: eine Struktur, die öffnet."

Und Havel bemerkt weiter:

> „Die Auffassung von Heimat als einer abgeschlossenen Struktur birgt in sich die Gefahr, dass die Heimat eher als ein ungelüftetes Loch statt als Sprungbrett der menschlichen Entfaltung betrachtet wird, eher als eine Höhle, die den Menschen vor der Welt schützt, statt als Raum für seinen Kontakt mit ihr, eher als ein Instrument der Isolierung des Menschen von den anderen statt als ein Tor, das ihm den Weg zu den anderen öffnet."

## Literatur

Alexander, T. (Hrsg.) (1996): Psychologie interkulturellen Handelns. Göttingen: Hogrefe
Auckenthaler, A. (1995): Im Zweifelsfalle für den Therapeuten? - Ausgewählte Ergebnisse einer qualitativ-empirischen Untersuchung zur klientenzentrierten Supervision. In: J. Eckert (Hrsg.) (1995): 131 - 149
Bar-Tal, D., Graumann, C. F., Kruglanski, A. W. & Stroebe, W. (Eds.) (1989): Stereotyping and prejudice. Changing conceptions. Berlin, Heidelberg, New York: Springer
Bischof, N. (1985): Das Rätsel Ödipus. Die biologischen Wurzeln des Urkonflikts von Intimität und Autonomie. München: Piper
Boesch, E. F. (1996): Das Fremde und das Eigene. In: T. Alexander (Hrsg.) (1996): 87 - 105
Bowlby, J. (1988): A secure Base. Clinical applications of attachment theory. London: Routledge
Eckert, J. (Hrsg.) (1995): Forschung zur Klientenzentrierten Psychotherapie. Aktuelle Ansätze und Ergebnisse. Köln: GwG-Verlag
Graumann, C. F. & Wintermantel, M. (1989): Discriminatory speech acts: A functional approach. In D. Bar-Tal, C. F. Graumann, A. W. Kruglanski & W. Stroebe (Eds.) (1989): 183 - 204
Grawe, K. (1988): Der Weg entsteht beim Gehen. Ein heuristisches Verständnis von Psychotherapie. In: Verhaltenstherapie und psychosoziale Praxis 20: 39 - 49

2 Zitiert nach: Tschechisch-deutsche Arbeitsgruppe der evangelischen Kirche der Böhmischen Brüder und der Evangelischen Kirche in Deutschland (Hrsg.) (1998): 94 f.

Heider, F. (1977): Psychologie der interpersonalen Beziehungen. Stuttgart: Klett (Original 1958: The psychology of interpersonal relations. New York: Wiley & Sons)
Höger, D. (1995): Unterschiede in den Beziehungserwartungen von Klienten. Überlegungen und Ergebnisse zu einem bindungstheoretisch begründeten und empathiebestimmten differenziellen Vorgehen in der Klientenzentrierten Psychotherapie. In: GwG-Zeitschrift 100: 47 - 54
Koch, S. (Ed.) (1959): Psychology: a study of a science. Vol. 3. New York: McGraw Hill
Minsel, W.-R. & Scheller, R. (Hrsg.) (1981): Psychotherapie. München: Kösel
Orlinsky, D. E., Willutzki, U., Meyerberg, J., Cierpka, M., Buchheim, P. & Ambuehl, H. (1996): Die Qualität der therapeutischen Beziehung: Entsprechen gemeinsame Faktoren in der Psychotherapie gemeinsamen Charakteristika von PsychotherapeutInnen? In: Psychotherapie, Psychosomatik, Medizinische Psychologie 46: 102 - 110
Rogers, C. R. (1957): The necessary and sufficient conditions of therapeutic personality change. In: Journal of Consulting Psychology 21: 95 - 103 (Deutsch 1991: Die notwendigen und hinreichenden Bedingungen für Persönlichkeitsentwicklung durch Psychotherapie. In: C. R. Rogers & P. F. Schmid: Person-zentriert. Grundlagen von Theorie und Praxis. Mit einem kommentierten Beratungsgespräch von Carl R. Rogers. Mainz: Matthias-Grünewald-Verlag: 165 - 184)
Rogers, C. R. (1959): A theory of therapy, personality, and interpersonal relationships, as developed in the client-centered framework. In: S. Koch (Ed.) (1959): 184 - 256 (Deutsch 1987: Eine Theorie der Psychotherapie, der Persönlichkeit und der zwischenmenschlichen Beziehungen. Entwickelt im Rahmen des klientenzentrierten Ansatzes. Köln: GwG-Verlag)
Schulz, W. (1981): Klassifikation und Indikation in der Gesprächspsychotherapie. In: W.-R. Minsel & R. Scheller (Hrsg.) (1981): 184 - 220
Tschechisch-deutsche Arbeitsgruppe der evangelischen Kirche der Böhmischen Brüder und der Evangelischen Kirche in Deutschland (Hrsg.) (1998): Der trennende Zaun ist abgebrochen. Zur Verständigung zwischen Tschechen und Deutschen. Leipzig: Verlag des Gustav-Adolf-Werks

# VIII Traduttore - Traditore.
# Das Problem der Verständigung in der Psychoanalyse

# Vorbemerkung

*Helmut Thomä*

Der Ausdruck „*traduttore - traditore*“ ist ein italienisches Wortspiel. Es bedeutet: der Übersetzer als Verräter.

Dieses Thema gehört zu dem Kontext der Kritik von Bettelheim (1983) an der Übersetzung der Werke Freuds durch Strachey. Ein Autor namens Brandt (1977), der zugleich mit Bettelheim diese Kritik aufgebracht hat, hat dieses Wortspiel gewählt. Bettelheim und Andere sind davon überzeugt, dass die Krise der Psychoanalyse durch die *Standard Edition* erzeugt wurde. Die *Standard Edition* habe die Common language von Freud und seine humanistische Sprache ersetzt. Das heißt, wenn alle Englisch sprechenden Analytiker wieder deutsch sprächen, wäre die Krise der Psychoanalyse vorüber.

Nun zum Problem der Übersetzung: Die Krise ist nicht vorbei. Warum ist sie nicht vorbei? Weil Übersetzungen eines Textes oft auch seine Schwächen deutlicher machen. Das haben Horst Kächele und ich erlebt: Bei nicht ganz klaren, konfusen Stellen im deutschen Original unseres Lehrbuches (1985, 1988) kamen die armen Übersetzer und fragten: Was habt ihr da eigentlich gemeint? Es stellte sich nicht selten heraus, dass dies Schwachstellen waren. Das ist nichts Neues. Piaget hat einmal gesagt, dass er sein Werk besser verstanden habe, nachdem es ins Englische übersetzt wurde.

Ob wir unser Werk besser verstünden, wenn wir ungarisch, spanisch, polnisch, russisch oder rumänisch sprächen, weiß ich nicht, aber es ist keine Frage, dass Übersetzungen mit sich bringen, dass sie wortgetreu sein müssen, um den Text zu transportieren, zu übertragen. Es ist nicht die Aufgabe des Übersetzers, die Schwächen und die Widersprüchlichkeiten eines Textes zu kommentieren oder auszugleichen. Um die Probleme, die über die Übersetzung weit hinausgehen, also in der Sache selbst liegen, haben wir uns entschlossen, die Themen der Nachträglichkeit (Freuds „Nachträglichkeit“ wurde übersetzt als „deferred action“) und der Metaphern im Text Freuds und in Stracheys Übersetzung abzuhandeln.

## Literatur


Bettelheim, Br. (1983): Freud and man's soul. New York, London: Chatto & Windus

Brandt, L. W. (1977): Psychoanalyse versus psychoanalysis: traduttore, traditore. In: Psyche 31: 1045 - 1051

Thomä, H. & Kächele, H. (1985): Lehrbuch der psychoanalytischen Therapie. Bd. 1: Grundlagen. Berlin, Heidelberg, New York: Springer

Thomä, H. & Kächele, H. (1988): Lehrbuch der psychoanalytischen Therapie. Bd. 2: Praxis. Berlin, Heidelberg, New York: Springer

# Traduttore - Traditore.
# Das Problem der Verständigung in der Psychoanalyse

*Horst Kächele*

Nicht erst seit dem Brandt (1977) das italienische Wortspiel „*traduttore - traditore*“ auf die „*Standard Edition*“ angelegt hatte, wurde das Problem der verlässlichen Verständigung in der Psychoanalyse über die Sprachgrenzen hinweg diskutiert.

Das von uns, in Zusammenarbeit mit Mitarbeitern aus Ulm und um Ulm herum verfasste zweibändige „*Lehrbuch der psychoanalytischen Therapie*“ (Thomä & Kächele 1985, 1988 a) war von Anfang an als zweisprachiges Werk konzipiert. Es hat in wenigen Jahren große Teile der psychoanalytischen Welt erobert und in vielfältiger Weise die psychoanalytische Theorie, Klinik und Forschung angeregt. Die Bedeutung dieses Vorgangs kann kaum überschätzt werden, bedenkt man, in wie viele Richtungen sich die Psychoanalyse seit ihren Anfängen verzweigt hat. Fast jeder dieser Triebe brachte eigene Sprachblüten hervor. Nicht nur für gegenüber der Psychoanalyse aufgeschlossene Wissenschaftler aus anderen Disziplinen, sondern auch für Psychoanalytiker selbst ist es längst schwierig geworden, sich in diesem babylonischen Sprachengewirr zurechtzufinden. Umso dankbarer wurden die klare Sprache und die Orientierung, die das Lehrbuch gibt, aufgegriffen.

Für seine weltweite Verbreitung bedurfte es freilich noch weiterer Übersetzungsarbeit. Gleichzeitig mit der deutschsprachigen Ausgabe (ebd.) erschien die englischsprachige (1987 b, 1988 b). Inzwischen liegen in der westlichen Hemisphäre Ausgaben in Spanisch (1989, 1990 a), Italienisch (1990 b, 1993) und Portugiesisch (1992 a, in Vorb. c) vor. Eine französische Übersetzung ist trotz mehrerer Anläufe (noch) nicht zu Stande gekommen. Insbesondere die osteuropäischen Länder haben einen großen Nachholbedarf an psychoanalytischer Literatur, und hier hat sich dieser Text hilfreich zum Verständnis einer modernen Psychoanalyse erwiesen. Deshalb haben die Übersetzungen in Ungarisch (1987 b, 1991), Tschechisch (1992 b, 1996 c), Litauisch (1995), Polnisch (1996 a, 1996 b), Russisch (1997 a, 1997 b), Rumänisch (1999 c, 2000), Kroatisch (1999 a, 1999 b) - und eben erst begonnen, eine Übersetzung ins Armenische (in Vorb. a, in Vorb. b) - ein besonderes Gewicht, denn in diesen Ländern stehen für den Wiederaufbau der Psychoanalyse keine eigenständigen Lehrbücher zur Verfügung. Orientiert man sich an den Angaben über die Verbreitung dieser Sprachen in der „*Cambridge Enzyklopädie der Sprache*“ (1987), so ist das Ulmer Lehrbuch für über eine Milliarde Menschen in ihrer Muttersprache zugänglich (Pfäfflin 1994).

Die Arbeit des Psychoanalytikers hat viel mit Übersetzen zu tun. Nicht nur das averbale Ausdrucksverhalten soll verstanden, in Sprache übersetzt werden. Auch das, was der Patient sagt, hat häufig noch einen zusätzlichen, verborgenen Sinn, den es zu entschlüsseln gilt. In Psychoanalysen wird ungeschminkt gesprochen. Neben der von Berufeneren schon ausgiebig diskutierten generellen Schwierigkeit, wissenschaftliche Texte zu übersetzen, stellte dies für die Übersetzer des Lehrbuchs eine zusätzliche Herausforderung dar, galt es doch, bei der Übertragung einzelner Worte auch deren jeweilige Assoziationsfelder mit zu berücksichtigen. In den Verbatimprotokollen aus Psychoanalysesitzungen finden sich Wörter aus dem Kinderzimmer, Gassenjargon, Dialekt, Kraftausdrücke usw., eben all das, was die Alltagssprache so lebendig macht. Diese Sprachelemente müssen nicht nur übersetzt, sie müssen übertragen werden.

Das häufigste *Four-letter-word* der amerikanischen Umgangssprache - pikanterweise ist es in der ungekürzten Fassung des „*Webster's New Encyclopedic Dictionary*" (1994) nicht verzeichnet - entspräche im Schwäbischen wohl am ehesten dem französischen „*merde*". Wiewohl die beiden Wörter aus entwicklungspsychologischer Sicht sicher unterschiedlichen Phasen zuzuordnen wären, entsprechen sie sich, was Häufigkeit und Anlässe ihrer umgangssprachlichen Anwendung betrifft. Dies ist nur ein *Beispiel* dafür, wie sich der Übersetzer vom wortwörtlichen Sinn lösen muss, will er den Sinn des Textes richtig, nicht nur korrekt, wiedergeben. Vor diesem Hintergrund sind die Übertragungen des Lehrbuchs in andere Sprachen eigene Werke, Fortschreibungen des Originals, Weiterführung der Arbeit der Autoren.

Aus Anlass des Ost-West-Kongresses wurde ein Symposium zu diesem Thema organisiert, an dem neben dem Senior-Autor, Helmut Thomä, auch einige der Übersetzer in andere Sprachen teilgenommen haben: Edit Szerdahelyi und Janos Harmatta (Ungarn), Anna Kasanskaja (Russland) und Carmen Erena (Rumänien). Neil M. Cheshire (Großbritannien), der der Ulmer Arbeitsgruppe seit vielen Jahren kreativ verbunden ist, hat das Symposium mit einem elaborierten Text über „*Die Bedeutung von Freuds Metaphern in der Welt der Tatsachen*" (2000; in diesem Band) eröffnet.[1]

## Literatur

Brandt, L. W. (1977): Psychoanalyse versus psychoanalysis: traduttore, traditore. In: Psyche 31: 1045 - 1051

Cheshire, N. M. (2000): Wörtlich und metaphorisch verstanden. Die Bedeutung von Freuds Metaphern in der Welt der Tatsachen. In: B. Strauß & M. Geyer (Hrsg.) (2000): 430 - 438

Crystal, D. (Hrsg.) (1987): Cambridge Enzyklopädie der Sprache. Cambridge: Cambridge University Press (Deutsch 1995: Cambridge Enzyklopädie der Sprache. Frankfurt am Main: Campus)

Pfäfflin, F. (Hrsg.) (1994): Traduttore - Traditore - oder Pitfalls of translating psychoanalytic texts. Ulm: AG Media Lab

Strauß, B. & Geyer, M. (Hrsg.) (2000): Psychotherapie in Zeiten der Veränderung. Historische, kulturelle und gesellschaftliche Hintergründe einer Profession. Opladen: Westdeutscher Verlag

Thomä, H. & Kächele, H. (1985): Lehrbuch der psychoanalytischen Therapie. Bd. 1: Grundlagen. Berlin, Heidelberg, New York: Springer (1. korrigierter Nachdruck 1986; 2. korrigierter Nachdruck 1987; 2. Auflage 1997)

Thomä, H. & Kächele, H. (1987 a): A pszichoanalitikus terapia tankönyve. 1: Alapok Munkacsoportja. Budapest:

Thomä, H. & Kächele, H. (1987 b): Psychoanalytic Practice. Vol. 1: Principles. Berlin, Heidelberg, New York: Springer (Softcover reprint 1994. New Jersey: Jason Aronson)

[1] Das Symposium wurde von der Deutschen Forschungsgemeinschaft (DFG) großzügig unterstützt.

Thomä, H. & Kächele, H. (1988 a): Lehrbuch der psychoanalytischen Therapie. Bd. 2: Praxis. Berlin, Heidelberg, New York: Springer (1. korrigierter Nachdruck 1989; 2. korrigierter Nachdruck 1992; 2. Auflage 1997)
Thomä, H. & Kächele, H. (1988 b): Psychoanalytic Practice. Vol. 2: Clinical Studies. Berlin, Heidelberg, New York: Springer (Softcover reprint 1994. New Jersey: Jason Aronson)
Thomä, H. & Kächele, H. (1989): Teoria y Practica del Psicoanalisis. 1: Fundamentos Editorial. Barcelona: Herder
Thomä, H. & Kächele, H. (1990 a): Teoria y Practica del Psicoanalisis. 2: Estudios clinicos Editorial. Barcelona: Herder
Thomä, H. & Kächele, H. (1990 b): Trattato di Terapia Psicoanalitica. 1: Fondamenti teorici. Torino: Bollati Boringhieri
Thomä, H. & Kächele, H. (1991): A pszichoanalitikus terapia tankönyve. 2: Terápia Munkacsoportja. Budapest: Privat-Druck
Thomä, H. & Kächele, H. (1992 a): Teoria e prática da psicanálise 1: Fundamentos teóricos. Porto Alegre: Artes Médicas
Thomä, H. & Kächele, H. (1992 b): Ucebnice psychoanalytické terapie. Dil 1: Základy Avicenum. Praha: Pallata
Thomä, H. & Kächele, H. (1993): Trattato di Terapia Psicoanalitica. 2: Pratica. Torino: Bollati Boringhieri
Thomä, H. & Kächele, H. (1995): Psichoanalitine Terapija Pagrindai ir Klinikiniai Atvejai Vadovasi. Bd. 1, Kapitel 2 - 4. Vilnius: Privat-Druck
Thomä, H. & Kächele, H. (1996 a): Podrecnik terapii psychoanalitycznei. Tom 1: Podstawy. Pracownia Warszawa: Testow Psychologicznych Polskiego Towarzystwa Psychologicznego
Thomä, H. & Kächele, H. (1996 b): Podrecnik terapii psychoanalitycznei. Tom 2: Dialog psychoanalityczny. Warszawa: Pracownia Testow Psychologicznych Polskiego Towarzystwa Psychologicznego
Thomä, H. & Kächele, H. (1996 c): Ucebnice psychoanalytické terapie. Dil 2: Prtaxe. Praha: Pallata
Thomä, H. & Kächele, H. (1997 a): Sovremenny psikhoanaliz. Tom 1: Teoria. Moskva: Progress
Thomä, H. & Kächele, H. (1997 b): Sovremenny psikhoanaliz. Tom 2: Praktika. Moskva: Progress
Thomä, H. & Kächele, H. (1999 a): Psihoanaliticko Lijecenje.1: Nacela. Zagreb: Hrvatska Psihoanaliticka Grupa
Thomä, H. & Kächele, H. (1999 b): Psihoanaliticko Lijecenje. 2: Klinicke studije. Zagreb: Hrvatska Psihoanaliticka Grupa
Thomä, H. & Kächele, H. (1999 c): Tratat de Psihanaliza contemporana. Fundamente. Bukarest: Editura Trei
Thomä, H. & Kächele, H. (2000): Tratat de Psihanaliza contemporana. Practica. Bukarest: Editura Trei
Thomä, H. & Kächele, H. (in Vorb. a): Ardi Psichoanalisi Himunkner. Hator II: Klinikakan kirarum. Jerewan
Thomä, H. & Kächele, H. (in Vorb. b): Ardi Psichoanalisi Himunkner. Hator I: Teorja. Jerewan
Thomä, H. & Kächele, H. (in Vorb. c): Teoria e prática da psicanálise 2: Clinica. Porto Alegre: Artes Médicas
Webster's (1994): New Encyclopedic Dictionary. New York: Black Dog & Leventhal Publishers

# Wörtlich und metaphorisch verstanden. Die Bedeutung von Freuds Metaphern in der Welt der Tatsachen[1]

*Neil M. Cheshire*

Der Titel dieses Beitrags über die Bedeutung von Freuds Metaphern in der Welt von Tatsachen enthält eine Anspielung auf ein Buch, das Wolfgang Köhler, der ehemalige Professor für Psychologie an der Berliner Universität, mit dem Titel versah: „*Die Bedeutung von Werten in der Welt von Tatsachen*" (1938). Ich habe zwei Gründe diese Anspielung zu machen. Beide haben mit Erfahrungen zu tun, die ich als junger englischer Psychologiestudent beim Lesen der Übersetzung von Köhlers Buch machte.

Meine damaligen Erfahrungen haben direkt mit unserem Thema zu tun. Der erste Grund, dass ich auf das Buch von Köhler zurückgreife ist folgender: obwohl das Buch in Englisch geschrieben ist, war darin - und so ist es bis heute an englisch sprechenden Universitäten geblieben - von „*Gestaltpsychology*" die Rede. Wir wussten natürlich nicht - und so mag es auch heute noch sein -, wie man dieses Wort ausspricht. Sie können sich vorstellen, dass es uns noch größere Schwierigkeiten machte, solche technischen Bezeichnungen auszusprechen, wie *Prägnanz*, *Umwelt* und das von mir besonders favorisierte Wort *Bewusstseinslage*. Es liegt auf der Hand, dass der Grund dafür, die ursprünglichen deutschen Worte zu belassen, darin lag, dass es keinen entsprechenden englischen Ausdruck gibt, sei es ein einzelnes Wort oder eine Phrase mit dem gleichen Bedeutungsgehalt. So stand auch Strachey vor der Frage, die Helmut Thomä und ich (Cheshire & Thomä 1991: 450 b) anderswo diskutiert haben, nämlich Sigmund Freuds Begriffe nicht zu übersetzen, sondern im Original zu belassen. Dann würden wir wohl nicht sagen, „*traduttore - traditore*" sondern „*traduttore - disertore*" der Übersetzer als Fahnenflüchtiger oder besser gesagt „*traduttore - scioperante*", der Übersetzer im Streik.

Der zweite Grund meiner Anspielung auf Köhlers Buch ist wesentlicher. Damals begegnete ich zum ersten Mal dem Begriff der *Nachträglichkeit*. Es war lange bevor ich irgendetwas von Freud gelesen hatte und bevor ich (oder irgendjemand sonst in England) etwas von Jaques Lacan gehört hatte. Glücklicherweise führte Köhler das Konzept nicht als solches ein, sondern illustrierte es mit der Legende über den Reiter, der unwissentlich über den zugefrorenen Bodensee geritten war. Die Geschichte ist bekannt: Der Reiter erreicht schließlich in einem, jede Sicht behindernden, Schneesturm sicher Konstanz und erzählt dem Gastwirt, aus welcher Richtung er komme und erfährt nun, dass er 10 Kilometer über den zugefrorenen See geritten war. Von einem Schock getroffen, stirbt er auf der Stelle bei der rückblickenden Vergegenwärtigung der Gefahr, in der er sich befunden hatte.

---

[1] Unter Mitarbeit und in der Übersetzung von Helmut Thomä.

Von nun an werde ich einigen Fragen nachgehen, mit denen der Übersetzer konfrontiert ist, wenn er über Alternativen nachdenkt: Da ist einerseits die Möglichkeit, einen Begriff nicht zu übersetzen, also die *Nachträglichkeit* zu belassen. Zugleich gibt es das Problem der Janusköpfigkeit, also des Doppelgesichtes dieser Bezeichnung. Aus der Perspektive der kausalen Erklärung blickt die *Nachträglichkeit* in zwei Richtungen. Um diese Fragen beantworten zu können, muss auf Freuds positivistische Einstellung wenigstens kurz eingegangen werden.

Im angloamerikanischen Sprachraum wird Freud in der *Standard Edition* (SE), also in der Übersetzung von Strachey, gelesen und, die Psychoanalyse überhaupt in englischen Texten studiert. Verständlicherweise war deshalb Bruno Bettelheims (1983) Vorwurf, Stracheys Übersetzung sei in systematischer Weise irreführend, ziemlich beunruhigend.

Bettelheim vertrat den Standpunkt, dass die *Standard Edition* den Geist von Freuds Werk vermissen lasse. In der englischen Übersetzung werde Freuds Denken in einer seelenlosen, mechanistischen und pseudowissenschaftlichen Sprache vermittelt, die nicht zu Freuds persönlichem, umgangssprachlichen Stil passe.

Nach Bettelheim vermitteln die Übersetzer der *Standard Edition* den Eindruck einer mechanistischen Seelenlosigkeit, indem sie technische Neologismen erfanden, wie das „id", „ego", „superego", „cathexis" und „anaclitic" und damit Bezeichnungen ersetzten, die im Original einen persönlichen oder metaphorischen Charakter haben (*das Es, das Ich, das Über-Ich, Besetzung* und *Anlehnung)*. Tatsächlich waren jedoch Strachey und seine Kollegen einem Paradox ausgesetzt. Warum hat Freud, der (seit seinem 17. Lebensjahr) eine positivistische, empirische und naturalistische, wissenschaftliche Methode und Theorie vertreten hat, seine Ideen in der Sprache der Poeten und Redner zum Ausdruck gebracht?

Das sei so, meinen einige, weil Freud seine Ideen noch als vorläufig angesehen habe, und er seine Begriffe offen lassen wollte. Andere nehmen an, dass Freud sich von den objektivierenden Techniken des Neurobiologen weg bewegen wollte zu einer mehr intersubjektiven Einstellung des klinischen Psychologen, der sich mit der Erfahrung von Angst, Verlust, Konflikt, Schuld, Hemmung usw. zu befassen hat und auch deshalb, weil die symbolischen und unlogischen Qualitäten von Metaphern unmittelbar zum Unbewussten und der Sprache der Primärprozesse sprechen (Cheshire & Thomä 1991: 436 ff.).

Tatsache ist allerdings, dass Freud, so sehr er Breuers „talking cure" verpflichtet war und diese weiterentwickelte, eine empirische Einstellung, zur Entstehung und zur Validierung der zu Grunde liegenden Hypothesen aufrecht erhielt. Mehr als 15 Jahre nach den innovativen *„Studien zur Hysterie"* unterschrieb Freud ein positivistisches Manifest, das von führenden Wissenschaftlern wie Mach, Einstein, Popper-Lynkeus und Müller-Lyer unterschrieben wurde. Einige Jahre später, in den *„Vorlesungen zur Einführung in die Psychoanalyse" (1916/ 17)*, argumentierte Freud besonders gegen Pierre Janets Art und Weise, über das Unbewusste zu reden. Er insistierte gegen Janet, dass nach seinem theoretischen Schema Aussagen über das Unbewusste keine *Façon de parler* sei, sondern sich auf einen wirklichen kategorialen Inhalt bezögen. In einer späteren Kontroverse mit Oscar Pfister über Religionspsychologie schreibt Freud, dass er an einer Unterscheidung zwischen den verschiedenen

Gesichtspunkten festhalte: „Aber einen Unterschied halte ich fest", nämlich, dass seine Theorie der empirischen Widerlegung zugänglich sei, wenn sie falsch sei (Freud 1927: 376). Und er kritisiert seinen fiktiven Dialogpartner, weil dieser versuche den Begriff des „Unbewussten" zu literarisch zu formulieren. Zur gleichen Zeit (Freud 1926: 195) stellte er fest, dass er so viel Umgangssprache wie möglich benutze, seine Begriffe aber „wissenschaftlich brauchbar" sein müssten.

Warum hat also Freud gleichzeitig an der Metapher festgehalten? War es deshalb, weil Freud als kreativer Autor, dessen „idiotischer" (nämlich eigenwilliger) Stil schon zu Schulzeiten erkannt und anerkannt wurde, der als Mittsiebziger mit dem Goethe-Preis für Literatur ausgezeichnet wurde, den Rat des Aristoteles sich zu Eigen gemacht hat? Aristoteles hat nämlich den Literaten geraten, die Kunst der Metapher in aller erster Linie zu pflegen und zu meistern (*Poetics § 1459 a, 7 - 8 Rhetoric § 1410 d - 1413 b*). Zu erinnern ist natürlich hier an Johann Wolfgang Goethe. Freud hat Goethes Botschaft im letzten Abschnitt von „*Totem und Tabu*" (1912/ 13) aufgenommen. Als sich Faust daran macht, den ersten Satz aus dem Johannes Evangelium zu übersetzen, lässt Goethe ihn das griechische Wort *logos* nicht als „Wort", sondern als Tat übersetzen und lässt Faust ausrufen:

> „Mir hilft der Geist! Auf einmal seh ich Rat
> Und schreibe getrost: im Anfang war die Tat!"

Freuds englische Übersetzer versuchten den empirischen und tatsächlichen Verkehrswert einiger zentraler Begriffe zu erfassen. Sie glauben, den semantischen Kern in assoziationsfreien Neologismen finden zu können, deren Signifikanz *post hoc* in einem Kommentar erklärt werden kann. Vielleicht lässt sich die Sache weiter klären, wenn wir eine genaue Untersuchung der Art und Weise machen, wie Metaphern funktionieren. Der englische Literaturkritiker Richards (1936) hat angenommen, dass die rhetorische Wirksamkeit einer Metapher von zwei wesentlichen und verschiedenen Komponenten herrührt, die beide durch eine Wortform aktiviert werden. Auf der einen Seite gibt es eine deutliche und etwa wörtliche Botschaft oder Behauptung, die er den „Tenor" nennt. „Tenor" ist auf Englisch ein altes Wort für das Grundthema, sei es in der Musik oder sonst wo. Auf der anderen Seite ist in der Metapher ein Cluster emotionsgeladener Bilder und Assoziationen enthalten, die dazu dienen, die Botschaft zu transportieren. Diese Komponente nennt Richards den „Träger". Natürlich sind es gerade diese Gruppen von Assoziationen und halb bewusster Erinnerungsgebilde, die mit dem Träger verbunden sind, weshalb Metaphern direkt zum Unbewussten sprechen. Deshalb spielen sie eine so große Rolle in der Therapie. Darauf kann ich nicht eingehen. Ich zitiere einige wichtige Werke, nämlich das von Cox und Theilgard (1987) und von Siegelmann (1990). Es wird bekannt sein, dass die Bedeutung in Metaphern im „Ulmer Lehrbuch" (Thomä & Kächele 1985, 1988) besonders hervorgehoben wird.

Diese Unterscheidung ähnelt, ist aber nicht genau die Gleiche, wie jene zwischen „Denotation" und „Konnotation". Diese deckt sich in gewisser Weise mit Lakoffs und Johnsons (1980) viel späterer Unterscheidung von „Ziel" und „Quelle" von Metaphern (cp. Holland 1999). Lakoff und Johnson (1980) wiederum vertreten einen

Standpunkt, der an Rom Harrés (1970) Untersuchung von wissenschaftlicher Modellbildung erinnert.

Im Lichte dieser Unterscheidung möchte ich nun drei von Freuds auditorischen Metaphern betrachten und dann zur Strategie zurückkehren, an die sich die englischen Übersetzer gehalten haben.

Als Freud (1873) an seinen Freund Emil Fluss im letzten Schuljahr schrieb, dass er sich entschieden habe, Naturwissenschaften statt Jurisprudenz zu studieren, sagte er, er wolle *den ewigen Prozess der Natur belauschen*. Im Sinne von Richards ist der „Tenor" dieser Mitteilung, ich werde Naturwissenschaften studieren. Als Träger dieser Mitteilung fungieren verschiedenen Bilder des Belauschens von Konversationen anderer Leute in einem Restaurant, oder des Zuhörens von musikalischen Darbietungen in einem anderen Raum, mit einer vagen emotionalen Verknüpfung des Belauschens mit Eindringen in die private Sphäre durch einen unbeobachteten Zuhörer. Das Problem des Übersetzers ist es, ein Wort oder eine Phrase herauszufinden, die sowohl beides evoziert, nämlich den gleichen Tenor und den gleichen Träger hat. Es ist dann eine empirische Frage, ob englische Phrasen wie „listening-in" oder „eaves-dropping" hierfür geeignet sind.

Da wir hier in Weimar sowohl in der Stadt von Johann Sebastian Bach, als auch von Franz Liszt sind, möchte ich nun zwei von Freuds bemerkenswerten musikalischen Metaphern aufgreifen. Die eine hat mit der Therapie zu tun, die andere mit einer Hintergrundstheorie. Die beiden Metaphern sind deshalb bemerkenswert, weil Freud ja insistierte unmusikalisch zu sein (Cheshire 1996).

Als eine Analyse einer seiner Patientinnen gut lief, drückte dies Freud in einem Brief am 02. 11. 1901 folgendermaßen aus:

> „Es stimmt alles wieder einmal und das Instrument gehorcht willig dem meisternden Finger" (Freud 1901: 498).

Der Tenor ist eindeutig. Freud sagt hier wörtlich, dass er sein therapeutisches Mittel variiert und die beabsichtigte Reaktion des Patienten eintritt. Der Träger vermittelt ein Gefühl der Zufriedenheit und des Erfolgs der durch das Bild eines Musikers evoziert wird, der ein Instrument freudig spielt. Nun ist zu fragen, wieweit Freud dieses Gleichnis in die wörtlich genommene therapeutische Situation übertragen wissen möchte. Denn obwohl Musiker ihren Input oder ihre Berührung variieren, um Veränderungen in Ton und Lautstärke zu erreichen, es also Analogien zu therapeutischen Praktiken gibt, besteht ein wesentlicher Unterschied. Musiker versuchen im Allgemeinen (wenn auch nicht immer) eine Komposition zu reproduzieren, die bereits existiert (in ihrem Gedächtnis oder in den Noten), während der Analytiker versucht, die psychologische Musik zu entdecken, die im Patienten (d. h. im Instrument) liegt und nicht in der vom Analytiker vorgeschriebenen Melodie.

Dass manche Aspekte eines Trägers nicht zu der Situation oder dem Prozess passen, auf die sich eine Metapher bezieht, wird in der englisch sprachigen Wissenschaftsphilosophie als „Ära der negativen Analogie" oder „Disanalogie" bezeichnet (siehe Thomä & Kächele 1996: Kap. 1.4). Dieser Aspekt des Trägers einer Metapher kann natürlich für den Übersetzer Probleme mit sich bringen, auf die ich noch eingehen werde. Zunächst ist zu bemerken, dass einige Theoretiker, die das Gleichnis vom Therapeuten und vom Musikinstrument zu retten versuchen, sich darum bemüht haben, Freuds negative Analogie zu vermeiden, indem sie die Metapher zweifach verändert haben. Das Instrument, auf dem gespielt wird, wurde zu einem, dem man nur zuhört. Die zweite Veränderung macht den Therapeuten zum Instrument und nicht den Patienten.

Das neue Instrument, also der Analytiker als Instrument, wird zur „äolischen Harfe“. Dieses revidierte musikalische Gleichnis wird von Cox und Theilgaard (1987) zur Erklärung der Grundlage ihrer Diskussion mutativer Metaphern als den hauptsächlichen Wirkfaktoren für Veränderungen in der psychodynamischen Therapie vorgeschlagen. Die äolische Harfe war jene, die die Griechen an Bäumen aufhingen, so dass sie vom Wind gespielt werden konnte. Die äolische Harfe wird uns als ein ungewöhnliches Gleichnis eines passiven Analytikers präsentiert, das nur jenen gefallen wird, die den Einfluss des Analytikers und seine Aktivität, auch wenn er sich noch so passiv gibt, unterschätzen.

Bevor ich zur Frage der negativen Analogie im Zusammenhang mit einer von Freuds zentraler theoretischer Metapher, nämlich der so genannten *Besetzung,* zurückkehre, möchte ich noch erwähnen, was sonst noch beim Gebrauch von Metaphern schief gehen kann, und dem Übersetzer Schwierigkeiten bereitet. In der Metapher vom Analytiker als Instrumentalisten bemerkten wir, dass der „Träger“ einige Bilder und Assoziationen mit sich schleppt, die unpassend sind. Noch mehr ist man über eine andere musikalische Metapher überrascht, in der Freud einen Vergleich mit einem Sinfonieorchester zieht, um seine Meinungsverschiedenheit mit Carl Gustav Jung auszudrücken. In dieser Metapher scheint Freud nicht nur eine ungeeignete Ladung mit der Metapher mitzuschleppen, vielmehr scheint der Träger selbst ungeeignet zu sein.

In den letzten Seiten der *„Arbeit zur Geschichte der psychoanalytischen Bewegung“* (Freud 1914: 108) beklagt sich Freud, dass Jung die tatsächlichen Ergebnisse der Analyse ignoriere und sich stattdessen mit relativ nebensächlichen, kulturell bedingten, Phänomenen des Seelenlebens befasse. Ich zitiere:

> „In Wirklichkeit hatte man aus der Symphonie des Weltgeschehens ein paar kulturelle Obertöne herausgehört, und die urgewaltige Triebmelodie wieder einmal überhört.“

Das Problem hat mit den Obertönen zu tun. Es sieht so aus, als ob Freud einen Kontrast zwischen den Hauptthemen einer Symphonie auf der einen Seite im Auge habe und die weniger wichtigen, eher dekorativen Motive, die über diesen liegen und ihnen Variation und Farbe geben. Man spricht hier freilich nicht von Obertönen, obwohl eine unmusikalische Person dies annehmen könnte (Freud dachte sicherlich nicht an die Qualitäten von Ton, Farbe und Details der Tonhöhe). Was ich über den metaphorischen Träger zu sagen habe, den Freud hier konstruiert, dann sucht er Worte für „decoration“, „subsidiary motif“, „counter-subject“ oder die instrumentale Äquivalenz für *Diskant.* Der Diskant ist in der Choral-Musik eine hochgelegene Stimme, die über die Melodie geht; in diesem Sinn wurden die Obertöne von E. Lecourt (1992) in ihrem Buch über Freud und die Musik verstanden: „la partie chantée par la civilisation". Man könnte sagen, es macht praktisch nichts aus, wenn der Träger das falsche Gepäck, unpassende Konnotationen oder Obertöne mit sich schleppt, wenn nur die wörtliche Botschaft des Tenors klar ist. Aber warum bleibt dann Freud nicht bei wörtlichen Ausdrücken und warum geht er ein Risiko von Konfusionen ein? Freud gibt hierfür an, dass man nicht über neu-postulierte psychologische Prozesse sprechen könne, weil man hierfür keine Worte hat. Im zweiten Kapitel von „*Die Frage der Laienanaylse*" (1926: 22) schreibt Freud:

> „In der Psychologie können wir nur mit Hilfe von Vergleichungen schreiben, das ist nichts Besonderes, es ist auch anderwärts so. Aber wir müssen diese Vergleiche auch immer wieder wechseln, keiner hält uns lange genug aus. Wenn ich also das Verhältnis zwischen Ich und Es deutlich machen will, so bitte ich Sie, sich vorzustellen, dass Ich sei eine Art Fassade des Es, ein Vordergrund, gleichsam eine äußerliche, eine Rindenschicht desselben."

Als einen weiteren Grund, an der metaphorischen Sprache festzuhalten, nennt Freud an derselben Stelle folgenden:

> „Sie werden es wahrscheinlich beanstanden, dass wir zur Bezeichnung unserer beiden seelischen Instanzen oder Provinzen einfache Fürwörter gewählt haben, anstatt voll lautende griechische Namen für sie einzuführen. Allein wir lieben es in der Psychoanalyse in Kontakt mit der populären Denkweise zu bleiben und ziehen es vor, deren Begriffe wissenschaftlich brauchbar zu machen, anstatt sie zu verwerfen. Es ist kein Verdienst daran, wir müssen so vorgehen, weil unsere Lehren von unseren Patienten verstanden werden sollen, die oft sehr intelligent sind, aber nicht immer gelehrt. Das unpersönliche Es schließt sich unmittelbar an gewisse Ausdrucksweisen des normalen Menschen an. 'Es hat mich durchzuckt' sagt man; 'es war etwas in mir, was in diesem Augenblick stärker war als ich'" (ebd.).

Demgegenüber ist festzustellen, dass der Patient oder der psychoanalytische Theoretiker nicht im Stande ist, zu verstehen, was diese Metaphern meinen, wenn diese so viele verschiedene Bilder in ihrem Träger haben, dass man kaum sagen kann, welche Teile passen, und welche zum Bereich der Disanalogie gehören.

Genau in dieser Lage befanden sich die Übersetzer der *Standard Edition*, als es darum ging die Bezeichnung *Besetzung* zu übersetzen und hierfür mit Zustimmung Freuds den im griechischen beheimateten Neologismus „*cathexis*" erfanden und also doch voll lautende griechische Namen einführten. Der wörtliche Träger von *Besetzung* liegt darin, einen Prozess und einen Endzustand zu bezeichnen, bei dem die Libido eine Verbindung mit einem inneren seelischen Objekt herstellt. Freilich ist es keineswegs klar, welche der vielen Bilder im Gebrauch der Besetzung die Natur dieser Verbindung illustrieren sollte. Besetzte Telefonnummern, besetzte Sitze, Städte und Länder unter Besetzung, Rollenbesetzungen in einem Drama usw. Als Neologismus konnte Kathexis bezüglich der wörtlichen und denotativen Bedeutung de novo definiert werden, da sich keine empirischen Assoziationen mit diesem Neologismus verbinden. Wenn für den Tenor kein Träger da ist, kann diese Bezeichnung auch keine irreführenden Bedeutungen annehmen. Hier liegt aber auch der Pferdefuß: Wenn man ein neues bisher unbekanntes Wort erfindet, dessen Bedeutung man in Fußnoten oder Kommentaren erklärt, und an die Stelle eines alten bisher unbekannten, weil ursprünglich deutschen Ausdrucks, setzt, führt man eine vielschichtige Redundanz ein. Könnte man da nicht gleich durch Fußnoten und Kommentare erklären, welche Bedeutung das ursprünglich deutsche Wort hatte, wie man dies bei der Einführung der Gestaltpsychologie in die angloamerikanische Sprachwelt getan hat. Warum kann der Übersetzer nicht einfach streiken und nicht übersetzen, sondern das Original einführen? Tatsächlich hat Strachey dies einmal in der Übersetzung zu „*Die Frage der Laienanalyse*" (1926) getan. Andererseits würde diese Entscheidung unvermeidlich mit sich bringen, dass der Text nun als Übersetzung kenntlich wäre, was Strachey vermeiden wollte.

Der Punkt, wo Strachey streikt, befindet sich dort, wo Freud (1923: 230) aus Schillers Gedicht „*Die Weltweisen*" zitiert. In der Schlussstrophe heißt es:

> „Einstweilen, bis den Bau der Welt Philosophie zusammenhält, erhält sich das Getriebe durch Hunger und durch Liebe."

Freud diskutiert diese mächtigen Motive, und in der *Standard Edition* liest man: als Übersetzung von „wir geben diesen körperlichen Bedürfnissen den Namen *Triebe*" den englischen Satz „we give to these bodily needs the name *Triebe*" (SE 18: 255). Strachey fügt hier eine Fußnote hinzu über die möglichen Übersetzungen von Trieb, Instinkt usw. und macht den Leser auf andere Diskussionen darüber aufmerksam, warum das Wort „instinct" eingeführt wurde.

Ein weiterer Grund, nicht die Möglichkeit zu ergreifen, die ursprüngliche deutsche Bezeichnung durch eine Fußnote als generelle Strategie einzuführen war Stracheys (SE 1: IXX) Ehrgeiz, dass die *Standard Edition* in der Sprache eines englischen Wissenschaftlers mit breiter Bildung, geboren in der Mitte des 19. Jahrhunderts, präsentiert werden sollte. Ein solcher Autor würde nicht Deutsch für seine technischen Begriffe verwendet, wohl aber den Weg zu griechisch-lateinischen Neologismen gefunden haben.

Ich habe mich bisher noch zu wenig mit der Nachträglichkeit befasst. Aber meine Untersuchung, wie Freud den Begriff „Tenor und Träger" gebrauchte (und manchmal missbrauchte), zeigt uns, dass das Problem, das wir mit der Nachträglichkeit haben, eher ein logisches als ein linguistisches ist. Denn die Schwierigkeit liegt im wörtlichen Inhalt des Tenors und viel weniger im metaphorischen Träger.

Vorhin habe ich ausgeführt, dass der Begriff Nachträglichkeit manchmal einen Mechanismus nahe legt, der in die zukünftige Zeit verweist, wobei die kausalen Wirkungen einfach verzögert sind (wenn z. B. frühere Traumata oder Affekte anlässlich eines späteren Ereignisses wahrgenommen oder erlebt werden). Andererseits benutzte Freud den Ausdruck im Sinne eines Vorgangs, der anlässlich der späteren Entwicklung eine Person motiviert, retrospektiv einem früheren Ereignis eine bestimmte Bedeutung zuschreibt (Freud 1896: 449; Thomä & Cheshire 1991: 412). Beide Situationen haben ein Element von „afterwards-ness" in sich, wie Thomä und ich es ausgedrückt haben. Freud hat versucht, diese Bedeutung zu erfassen. Aber es gibt da einen Unterschied, der wichtiger ist als die Ähnlichkeit. Der Unterschied besteht darin, dass, im ersten Fall, die Wirkung hauptsächlich auf eine frühere Traumatisierung zurückzuführen ist. Die Reaktion auf ein späteres Ereignis wird pathologisiert als Konsequenz der primären Ursache. Es handelt sich also um eine multifaktorielle Genese im Sinne von Freuds Ergänzungsreihe. Er hielt daran fest, dass auch nicht erinnerbare früheste Traumata irgendwie wirksam bleiben.

Im zweiten Fall spielt das Zurückfantasieren eine Rolle. Es handelt sich hierbei um Zuschreibungen, um eine Attribution, die der Patient in der Therapie vollzieht. Schlimmstenfalls erfindet er Ursachen. Unseres Erachtens hat Freud die Bedeutung des Zurückfantasierens unterschätzt (siehe „der Reiter und der Bodensee").

Es ist diese „Zweibahnstraße", die Laplanche und Pontalis (1973) fälschlicherweise veranlasste, die Idee einer nach rückwärts gerichteten Kausalität aufzubringen. Diese Idee ermutigte den französischen Übersetzer Bourguignon (1989), die Nachträglichkeit mit *„l'effet d'après coup"* zu übertragen. Die bisherige französische Übersetzung *„l'effet après coup"* vermittelt den Eindruck einer einfachen Verzögerung einer bewirkten Aktion. Bourguignon und Mitarbeiter (1989: 82 ff.) führen durch die Hinzufügung von „de" eine Bezeichnung ein, die auch auf eine Umkehrung hinweist, nämlich von der Gegenwart in die Vergangenheit. Jetzt muss die Logik des Begriffs, nämlich der wörtliche Inhalt des Tenors geklärt werden, bevor die entsprechenden Wortformen in anderen Sprachen gefunden werden können. Wenn der Tenor zweischneidig ist, wie wir argumentiert haben, also versucht wird, einem Ausdruck zwei verschiedenen Funktionen zuzuschreiben, benötigen Übersetzer zwei verschiedene Wörter. Sonst werden sie zu Verrätern an Freud. Dann gilt „traduttore - traditore".

Zum Schluss versuche ich die verschiedenen Aspekte von *Nachträglichkeit* zu präzisieren. Es besteht ein logischer Unterschied zwischen den beiden Typen von Nachträglichkeit bezüglich dessen, was danach kommt. Im einen Fall wird das Trauma A vom Trauma B gefolgt. Was danach kommt, ist eine extreme, verzerrte oder pathologische Reaktion auf die Situation B, und zwar im Sinne einer verspäteten kausalen Aktion auf das Trauma A. Im anderen Fall wird ein ursprünglich neutrales Ereignis später als belastend oder traumatisch rekonstruiert. Dann ist es die Ursache und nicht die Wirkung, die später kommt. Das erworbene Verstehen oder die psychologische Entwicklung machen eine solche retrospektive Rekonstruktion möglich. Es sind also zwei verschiedene Arten von Nachträglichkeit involviert.

Übersetzer haben also eine Wahl. Entweder finden sie eine einzige Phrase oder ein Wort wie nachträglich und Nachträglichkeit, die eine Ähnlichkeit vortäuschen. In diesem Fall ist der Übersetzer dem Autor Freud gegenüber loyal, riskiert aber Freud den Theoretiker zu verraten. Entscheiden sich Übersetzer dafür die Theorie zu retten, indem sie zwei Bezeichnungen benutzen, um die logische Konfusion zu entwirren, werden sie zu Verrätern an Freud dem Autor. In jedem Fall gibt es einige Elemente von Verrat. Betrachtet man die Sache von einem positiveren Gesichtspunkt, ist es weniger ein Problem von *„traduttore - traditore"*, als eines von „traduttore - salvatore": der Übersetzer als Retter. Es bleibt die Frage: Was sollte gerettet werden?

## Literatur

Aristoteles (1965): Poetics/ Rhetorics. Edited by R. Kassel. Oxford: Clarendon Press

Bettelheim, B. (1983): Freud and man's soul. New York, London: Chatto & Windus

Bourguignon, A. (1989): Traduire Freud. Paris: Presses Universitaires de France

Cheshire, N. M. (1996): The empire of the ear: Freud's problem with music. In: International Journal of Psychoanalysis 77: 1127 - 1168

Cheshire, N. M. & Thomä, H. (1991): Metaphor, neologism and „open texture": implications for translating Freud's scientific thought. In: International Review of Psychoanalysis 18: 429 - 455

Cox, M. & Theilgaard, A. (1987): Mutative metaphors in psychotherapy: The Aeolian Mode. London: Tavistock

Freud, S. (1873): Brief an Emil Fluss vom 01. Mai 1873. In: S. Freud (1976): 116

Freud, S. (1896): Zur Ätiologie der Hysterie. GW I: 425 - 459

Freud, S. (1901): Brief an Wilhelm Fliess, 02. 11. 1901. In: S. Freud (1986)

Freud, S. (1914): Zur Geschichte der Psychoanalytischen Bewegung. GW X: 44 - 113

Freud, S. (1916/ 17): Vorlesungen zur Einführung in die Psychoanalyse. GW XI

Freud, S. (1912/ 13): Totem und Tabu. GW IX

Freud, S. (1923): „Psychoanalyse" und „Libidotheorie" GW XIII: 209 - 233

Freud, S. (1926): Die Frage der Laienanalyse. GW XIV: 287 - 296

Freud, S. (1927): Die Zukunft einer Illusion. GW XIV: 325 - 380

Freud, S. (1976): „Selbstdarstellung". Schriften zur Geschichte der Psychoanalyse. Herausgegeben und eingeleitet von Ilse Grubrich-Simitis (4. Aufl.). Frankfurt am Main: Fischer

Freud, S. (1986): Briefe an Wilhelm Fliess. Frankfurt am Main: Fischer

Freud, S. & Breuer, J. (1895): Studien über Hysterie. GW I: 75 - 312

Goethe, J. W. v. (1808): Faust: der Tragödie erster Teil. Stuttgart: Reclam

Harré, R. (1970): Principles of scientific thinking. London: Macmillan

Holland, N. N. (1999): Cognitive Linguistics. In: Internaional Journal of Psychoanalysis 80: 357 - 363

Köhler, W. (1938): The place of value in a world of fact. New York, Toronto, London: Mentor books

Lakoff, G. & Johnson, M. (1980): Metaphors we live by. Chicago, London: University of Chicago Press

Laplanche, J. & Pontalis, J.-B. (1973): The Language of Psychoanalysis. Translated by D. Nicholson-Smith. London: Hogarth

Lecourt, E. (1992): Freud et le Sonore: Le Tic-tac due Désir. Paris: L'Harmattan

Richards, I. A. (1936): The Philosophy of Rhetoric. London: Oxford University Press

Siegelmann, H. (1990): Metaphor and Meaning in Psychotherapy. New York: Guilford

Strachey, J. (1966): General introduction, and some technical terms. In: J. Strachey (Trans. & Ed. ) (1966): Vol. 1: XII - XXVI

Strachey, J. (Trans. & Ed.) (1966): Complete Psychological Works of Sigmund Freud. London: Hogarth

Thomä, H. & Cheshire, N. M. (1991): Freud's Nachträglichkeit and Strachey's deferred action: trauma, constructions and the direction of causality. In: International Review of Psychoanalysis 18: 407 - 427

Thomä, H. & Kächele, H. (1985): Lehrbuch der psychoanalytischen Therapie. Bd. 1: Grundlagen. (2. Aufl.). Berlin, Heidelberg, New York: Springer

Thomä, H. & Kächele, H. (1988): Lehrbuch der psychoanalytischen Therapie. Bd. 2: Praxis. Berlin, Heidelberg, New York: Springer

Thomä, H. & Kächele, H. (1992): Lehrbuch der psychoanalytischen Therapie. Bd. 2: Praxis (2. Aufl.). Berlin, Heidelberg, New York: Springer

Thomä, H. & Kächele, H. (1996): Lehrbuch der psychoanalytischen Therapie. Bd. 1: Grundlagen (2. Aufl.). Berlin, Heidelberg, New York: Springer

## Traduttore - Traditore?

*Carmen Erena*

Der Titel weist darauf hin, dass die Eigenheiten jeder Sprache manchmal keine optimale Übersetzung erlauben, so dass der Übersetzer gezwungen ist, den ursprünglichen Sinn zu verändern. In der Geschichte der Psychoanalyse ist bekannt, dass Stracheys Übersetzung von Freuds Werken kontroverse Diskussionen hervorgerufen hat. Die Streitfrage war, ob Strachey durch seine Übersetzung Probleme geschaffen hat (siehe z. B. Brandt 1977), oder ob die Probleme schon da waren und durch die Übersetzung erst ersichtlich wurden (siehe z. B. Thomä & Kächele 1985).

Mein Vorhaben ist, anhand von drei Beispielen einen Eindruck zu geben, welche *Probleme bei der Übersetzung von psychoanalytischen Begriffen ins Rumänische* aufgetreten sind und welche Lösungen wir gefunden haben. Anhand des Begriffs „Nachträglichkeit" versuche ich zu zeigen, dass Übersetzungen zur Klärung von Begriffen beitragen können.

- Als erstes Beispiel wähle ich das „*Es*", dessen Übersetzung in vielen Sprachen Probleme bereitet hat. Das „Es" wurde auf Rumänisch ursprünglich durch ein Wort übersetzt, welches eigentlich Selbst bedeutet. Das geschah in Anlehnung an einen rumänischen Philosophen, Noica, der im Selbst einen unpersönlichen Kern vermutete. Das Wort Selbst sollte also diesen unpersönlichen Charakter wiedergeben. Da aber das Selbst als psychoanalytischer Begriff eine völlig andere Bedeutung hat, wurde 1999, durch die Übersetzung des „*Lehrbuchs der psychoanalytischen Therapie*" von Thomä und Kächele (1999, 2000) ins Rumänische, ein anderes Wort für das Es eingeführt. Glücklicherweise konnten wir in der rumänischen Sprache ein unpersönliches Pronomen finden, das genau den selben Sinn hat wie das deutsche Pronomen „es", wie z. B. in den Sätzen; „*es* wird kalt"; „*es* mag sein".
- Dass nicht für alle Begriffe so eine Lösung gefunden werden konnte, wird aus dem zweiten Beispiel ersichtlich. Für den Begriff *Verleugnung* gibt es in der rumänischen Sprache kein adäquates Wort. Bis jetzt ist es nicht gelungen, eine bessere Lösung zu finden als den umständlichen Ausdruck „unbewusste Weigerung, die Realität zu akzeptieren".
- Das letzte Beispiel soll veranschaulichen, wie man den Übersetzungsschwierigkeiten durchaus eine positive Seite abgewinnen kann. Der Begriff „*Nachträglichkeit*" wurde ins Rumänische erst mit „retroaktive Bewertung" übersetzt, später wurde das dann durch „retroaktive Wirkung" ersetzt. Durch die Darstellung von Cheshire (2000; in diesem Band) wird deutlich, warum diese Verwirrungen entstanden sind. Freud hat nämlich den Begriff „Nachträglichkeit" tatsächlich für zwei verschiedene Bedeutungen verwendet. Die erste Bedeutung ist die einer „retroaktiven Bewertung" eines Ereignisses, die zweite die einer „verzögerten

Wirkung". Man kann erkennen, dass die rumänische Übersetzung erstmals nur die erste Bedeutung des Begriffs berücksichtigt hatte. Als dieser Fehler erkannt wurde, entstand die zweite Übersetzung, wobei sichtbar wird, das „retroaktive Wirkung" ein Versuch war, einen Ausdruck zu finden, in dem beide Bedeutungen wieder zu finden sind. Der Argumentation von Herrn Cheshire ist aber zu entnehmen, dass diese beiden Bedeutungen unvereinbar sind und dass ein solcher Kompromiss unmöglich ist. Demzufolge müssten die zwei verschiedenen Bedeutungen durch zwei verschiedene Begriffe ausgedrückt werden. Wie ist es dann möglich, dass Freud diese beiden Begriffe doch in demselben Wort vereinigen konnte? Wie Thomä und Cheshire (1991: 412) gezeigt haben, haben diese beiden Bedeutungen tatsächlich eine Gemeinsamkeit, nämlich die so genannte „afterwards-ness", die Tatsache, dass in beiden Fällen eine zeitliche Abfolge stattfindet. Für „afterwards-ness" gibt es ein rumänisches Wort, und demzufolge könnte „Nachträglichkeit" so übersetzt werden und die Einheit des Begriffs könnte so erhalten bleiben. Weil aber die Übersetzungsprobleme zu einer differenzierten Betrachtung des Begriffs geführt haben und die zwei verschiedenen Bedeutungen klar ausgearbeitet worden sind, ergibt sich jetzt die Frage, für welche der zwei Varianten man sich jetzt entschließt: Für das Äquivalent der „afterwards-ness" und die Einheit des Begriffs, oder die Spaltung des Begriffs in den zwei Bedeutungen? Diese Frage ist in der rumänischen Sprache durch ein Übersetzungsproblem zum Vorschein gekommen, aber sie betrifft gleichzeitig die Weiterentwicklung des Begriffs „Nachträglichkeit". Insofern kann man sagen, dass durch eine Übersetzung ein Begriff auch auf die Probe gestellt wird, so dass auch seine Schwächen zum Vorschein kommen können. Dadurch können Übersetzungen zu einer Weiterentwicklung von Begriffen anregen.

## Literatur


Brandt, L. W. (1977): Psychoanalyse versus psychoanalysis: traduttore, traditore. In: Psyche 31: 1045 - 1051

Cheshire, N. M. (2000): Wörtlich und metaphorisch verstanden. Die Bedeutung von Freuds Metaphern in der Welt der Tatsachen. In: B. Strauß & M. Geyer (Hrsg.) (2000): 430 - 438

Strauß, B. & Geyer, M. (Hrsg.) (2000): Psychotherapie in Zeiten der Veränderung. Historische, kulturelle und gesellschaftliche Hintergründe einer Profession. Opladen: Westdeutscher Verlag

Thomä, H. & Cheshire, N. M. (1991): Freuds „Nachträglichkeit" und Stracheys „Deffered Action": Trauma, constructs and the direction of causality. In: International Review of Psychoanalysis 18: 407 - 427

Thomä, H. & Kächele, H. (1985): Lehrbuch der psychoanalytischen Therapie. Bd. 1: Grundlagen. Berlin, Heidelberg, New York: Springer

Thomä, H. & Kächele, H. (1999): Tratat de Psihanaliza contemporana. Fundamente. Bukarest: Editura Trei

Thomä, H. & Kächele, H. (2000): Tratat de Psihanaliza contemporana. Practica. Bukarest: Editura Trei

# Verständigung und Missverständnis beim Übersetzen

*Anna Kasanskaja*

Übersetzen kann man entweder richtig oder falsch, aber es ist fast nie möglich zu sagen, dass eine Übersetzung die einzig richtige sei. Um sicher zu sein, muss eine feste Tradition existieren, deren Verletzung nur zu einem Missverständnis führen würde. Für die Psychoanalyse gibt es auf Russisch noch keine Tradition. Der Übersetzer trifft also eine Wahl: eine Entlehnung zu machen oder ein Äquivalent zu suchen, d. h. „unvollständig“ zu übersetzen oder „über-inklusiv“ zu übersetzen, in der Hoffnung, dass das neue oder alte Wort nachträglich den richtigen Sinn bekommt.

In Russland hatte dieses Problem immer eine schwerwiegende emotionelle Bedeutung. Früher hieß das, entweder ein Westler oder Slawophile zu werden, später - Kosmopolit oder Patriot. Letztes Jahrhundert war es merkwürdig, ein Slawophile zu sein, und nach dem Zweiten Weltkrieg war es wirklich lebensgefährlich, sich als ein Kosmopolit zu zeigen. Jetzt müssen wir wahrscheinlich eine Balance anstreben.

Die neu verfassten technischen Fachausdrücke sind meistens verständliche Metaphern aus der Schriftsprache, in der fremden Sprache sehen sie aber ungefügt oder „unmenschlich“ aus. Aber das Lesen der ausländischen Literatur von Fachleuten kommt oft der Übersetzung zuvor. Das Prinzip der Verunreinigung der Fachsprache wie auch der Verunreinigung der Alltagssprache ist durch den technischen Fortschritt unumgänglich. Aber das kann entweder nur zu einer Verunreinigung und Verarmung der Sprache führen oder eine gegenseitige Bereicherung der Sprache ergeben. Wahrscheinlich war es so mit der Psychoanalyse. Heute müssen wir das Lehrbuch von Thomä und Kächele (1985, 1988) nicht nur „geografisch“, d. h. von Deutsch ins Russische übersetzen, sondern auch „historisch“ von Österreich-Deutschland, über England-Amerika, nach Russland übertragen. Die russische berufliche Fachsprache enthält schon die entsprechende Paarung der Wörter wie Übertragung - Transfer, Deutung - Interpretation, Besetzung - Kathexis und so weiter. Das ist normal sowohl für Russisch als auch für Deutsch: denken Sie an Aeroplane - Flugzeug, Autor - Verfasser und so weiter. Übrigens, die ersten Übersetzer am Anfang unseres Jahrhunderts hatten keine solchen Probleme, sie hatten die metaphorischen Fachausdrücke von Freud gerade ins Russische übersetzt. Wir können die Entlehnungen im beruflichen „Slang“ nicht vermeiden. Das Problem erscheint aber, wenn dieser „Slang“ so etwas wie mittelalterliches Latein wird, so dass nur eine Illusion der Verständigung entsteht. Eine Entlehnung eines Ausdruckes muss sowieso metaphorisch erklärt werden. Hier kommen wir zu dem Problem von Verständigung und Missverständnis, d. h. zu den Fehlern des Übersetzens.

Das Konzept der Nachträglichkeit ist ein Versuch, etwas zu verstehen und zu erklären. (Also nachträglich einen neuen Sinn zu finden ist überhaupt kein Fehler.) Eine Projektion hingegen beruht auf einem Fehler. Ich studiere fehlerhafte Verwendung der Sprache, das ist mein wissenschaftlicher Bereich, und ich glaube, dass

Übersetzungsfehler im Prinzip ähnlich wie alle anderen Sprachfehler sind. Ich sehe, wie bei Sprachfehlern, drei Arten oder drei Ebenen von Fehlern bei der Übersetzung. Ich versuche am *Beispiel* der Projektion die Probleme der Übersetzung zu erklären: Diese spiegeln unsere Erfahrung mit dem Ulmer Lehrbuch (Thomä & Kächele 1997 b) wieder:

1. Die erste Ebene betriff *Fehler der Kausalität.* Man muss die Ursächlichkeit richtig übertragen. Das bedeutet, die Übersetzung muss den Stamm, nicht von dem originalen Wort natürlich, aber von der Redewendung oder Metapher behalten. Ein Übersetzer hat „lay-analysis" ins Russische wie „Analyse auf der Couch" übertragen. „Lay" wurde fehlgedeutet als von dem Verb „liegen" abstammend verstanden: „The patient lay on the couch." Das ist ein komisches Beispiel. Aber dasselbe Problem erscheint manchmal mit dem Fachausdruck „containment"; der ist manchmal wie „festhalten" oder „beherrschen" übersetzt, statt „enthalten". Das Wort „Nachträglichkeit" gibt natürlich immer Probleme, möglicherweise unlösbare Probleme bei der Übersetzung.
2. Die zweite Ebene betrifft *Fehler der Intentionalität.* Die Ursächlichkeit zu behalten ist nicht genug. Man muss auch die psychische Realität adäquat ausdrücken, d. h. man muss vermeiden, die innere Welt zu vergegenständlichen, d. h. das Gefühl darf sich nicht in Handlungen oder Wechselwirkungen der Objekte verwandeln. Die Metaphern müssen nicht konkretistisch klingen, sondern auf dem übertragenen Niveau bleiben. So behalten sie die Möglichkeit der verschiedenen Be-Deutungen. In dieser Art erscheinen die Metaphern lebendig, lassen die Nachträglichkeit und die Entwicklung im Denken des Lesers zu. Dieses übertragene Niveau äußert sich eigenartig in jedem Aspekt der Sprache, im Wortschatz und in der Syntax. Um das einfach zu erklären, nehme ich ein Beispiel von einem russischen Liedanfang des Jahrhunderts, das so klingt: „Wie kann ich dich vergessen, mein teurer Verlust?" Ich habe vor kurzem ein populäres „Re-make" gehört: „Wo kann ich dich finden, mein teurer Verlust?" In der Übersetzung der psychoanalytischen Theorie und Praxis müssen wir solche „Re-makes" vermeiden.
3. Auf der dritten Ebene betrachten wir den *Intentionskonflikt* - „traduttore" und „traditore". „Tradire" bedeutet das Geheimnis zu verraten. Wie bei einem Versprecher, verrät der „traditore" sein eigenes Geheimnis statt den Sinn von dem Verfasser zu äußern. Diese Beispiele sind meistens komisch, wie Versprecher und Verleser. Statt „herrliche Stunde" durch eine russische Tonanalogie erscheint in der Übersetzung „schrecklische Stunde", unterstützt von der englischen Verwechslung terrific - terrible. „Jede spontane und oft ganz banale Äußerung des Analytikers fühlt die Seele des Kandidaten mit Schrecken" - hatte ich in der ersten Fassung der russischen Übersetzung von dem Lehrbuch gelesen. In der deutschen Fassung lesen wir (Thomä & Kächele 1997 a: 376): „... warum eine spontane und für den Außenstehenden oft ganz banale Äußerung eines Analytikers seinem Patienten oder Lehranalysanden gegenüber einen Ehrenplatz im Schatz der Erinnerung einnimmt ..." Die Antwort auf die Frage, warum der „Schrecken" den „Ehrenplatz" eingenommen hat, findet man in der englischen Fassung: „horror" sieht aus wie „honour" - ein richtiger Verleser nach Freud.

## Literatur

Thomä, H. & Kächele, H. (1985): Lehrbuch der psychoanalytischen Therapie. Bd. 1: Grundlagen. Berlin, Heidelberg, New York: Springer

Thomä, H. & Kächele, H. (1988): Lehrbuch der psychoanalytischen Therapie. Bd. 2: Praxis. Berlin, Heidelberg, New York: Springer

Thomä, H. & Kächele, H. (1997 a): Lehrbuch der psychoanalytischen Therapie. Bd. 2: Praxis (2. Aufl.). Berlin, Heidelberg, New York: Springer

Thomä, H. & Kächele, H. (1997 b): Sovremenny psikhoanaliz. Tom 2: Praktika. Moskva: Progress

# Sprachverwirrung

*Edit Szerdahelyi*

Es ist eine sprachwissenschaftliche und sprachphilosophische Tatsache, dass die ungarische Sprache sich von den germanischen und indo-europäischen Sprachen unterscheidet. Sie ist eine finn-ugrische Sprache. Der Unterschied zwischen Ungarisch und Hochdeutsch, die Sprache der deutschen Psychoanalyse, ist analog dem Unterschied zwischen Hochdeutsch und den Dialekten. Ohne an sprachphilosophische Fragen zu rühren, kann man feststellen, dass die ungarische Sprache empfindungsvoller, sensueller ist als das Hochdeutsche. In der ungarischen Umgangssprache gibt es viel Schallnachahmung, Alliteration, bildliche Darstellung, die durch die grundlegendsten, kindlichen Strukturen der Sprache hervorgerufen werden, wie Agglutination, Regeln der Abstimmung der Selbstlaute usw. Die ungarische und die finnische Sprache haben viel mehr Synonyme zum Ausdruck der Gefühle als die anderen Sprachen. Dazu kommt noch, dass die moderne ungarische Sprache von Literaten ausgebildet wurde, die gerade diese sprachliche Sensualität entwickelt haben. Während die Weltliteratur in der ungarischen Übersetzung dank der Feder unserer berufenen Dichter manchmal schöner klingt als in der Originalsprache, und die Gedichte der ungarischen Literatur gerade wegen ihrer sprachlichen Sensualität in andere Sprachen kaum übersetzt werden können, knarrt die ungarisch-philosophische Sprache, sie ist voll von Germanismen und Spiegelwörtern (Wort-zu-Wort-Übersetzungen).

Ferenczi begegnete Freud im Jahre 1908. Wie seine Zeitgenossen mit bürgerlicher und adliger Abstammung, beherrschte er die deutsche Sprache wie seine Muttersprache. Er fing sofort mit der Übersetzung von Freud an und verpflanzte die Begriffe des Freud'schen Systems in die ungarische Sprache. Er selbst gehörte zur neuen Kultur. Dementsprechend beeinflusste die Psychoanalyse durch ihn die ungarische Literatur und Kunst. Er war bei der Übersetzung nicht alleingelassen, seine Schriftstellerfreunde halfen ihm in der Ausarbeitung der ungarischen Terminologie. In der ungarischen psychoanalytischen Literatur stammen etliche Ausdrücke von Ferenczi selbst und bestehen bis zum heutigen Tag. Einige Ausdrücke - wie z. B. die Besetzung und Gegenbesetzung - sind Spiegelübersetzungen.

Er hatte auch ein interessantes Wort - seitdem haben wir ein interessantes Problem: Freuds „Übertragung" übersetzte er als „indulatáttétel" - auf Deutsch etwa Leidenschaftsübertragung, Aufregungsübertragung, Erregungsübertragung, ein stärkeres Gefühl, das mehr mit den Affekten in Verbindung steht - obwohl erstens eine Gemütsbewegung im Deutschen gar nicht vorkommt (nur in der Konnotation), und zweitens nicht nur Affekte übertragen werden. Vielleicht stammten die Schwierigkeiten der ungarischen Psychoanalyse in der Handhabung der negativen Übertragung von Ferenczis Sprachgebrauch.

Im Allgemeinen verursacht die Behandlung der negativen Übertragung die behandlungstechnische Schwierigkeit für die Psychoanalytiker. Diese Erscheinung ist in der ungarischen Psychoanalyse überdeterminiert. Was bedeutet es? Die Affektübertragung ist gefährlicher, sowohl in positiver als auch negativer Form. Jede positive Form der Beziehung ist sehr gut ausgearbeitet in der ungarischen Psychoanalyse: starke, leistungsfähige, positive Beziehung, starke Gegenübertragung, die als Mutter-Erde alles ertragen kann. Seit Ferenczi haben wir eine masochistische Einstellung gegenüber der negativen Übertragung des Patienten anstatt sie zu analysieren. Idealiter bringt der Analytiker eine positive „Affektgegenübertragung" ein, und ist sehr betroffen, wenn er eine negative Affektgegenübertragung bei sich bemerkt. Wir erfahren diese Erscheinungen in den Fallseminaren und auch in der eigenen Praxis.

Unsere Generation versuchte bei der Übersetzung von Thomä und Kächeles Lehrbuch Ferenczis „Leidenschaftsübertragung" zu korrigieren, wir benutzen die Übertragung bereits ohne Ergänzung, aber unsere Analytiker der vorausgehenden Generation - abgesehen von Hidas - sprechen noch über Aufregungsübertragung wie es in der ungarischen Literatur seit Ferenczi üblich gewesen ist.

Wir haben kein gutes ungarisches Wort für den Begriff Selbst bzw. „self". Was wir empfohlen hatten, bürgerte sich nicht ein. Die Kollegen benutzen im ungarischen Text das deutsche oder das englische Wort.

Erös und seine Kollegen veröffentlichten jetzt Ferenczis Freud-Übersetzung wieder. Sie modernisierten Ferenczis Text. Sie gehen vorsichtig mit dem Text um, damit seine Eigenart nicht verloren geht, aber rotten die Archaismen aus. Viele Werke Freuds erscheinen in Neuübersetzungen. Wie die anderen Sprachen auch wurde die ungarische Sprache seit Ferenczi viel ökonomischer. Unsere Begriffe wurden auch kürzer und genauer.

Obwohl die ungarischen Analytiker die Debatten der deutschen Analytiker wie Bettelheim und andere bezüglich der Freud-Übersetzung gerade in Zusammenhang mit dem Gebrauch der Freud'schen Metaphern kennen, lässt uns das ein wenig kühl. Ferenczi und seine Freunde haben die schönen Freud'schen Metaphern in eine schöne ungarische Sprache übertragen, wir haben auch schöne ungarische Metaphern. Sie haben auch eine schöne historische Konnotation, sie leben auch seit der Jahrhundertwende. Mehrere Generationen ungarischer Analytiker haben diese Begriffe in ungarischer Sprache benutzt - Ferenczi, Balint, Hermann und viele andere.

Der Sprachgebrauch ist geblieben und die ungarische Psychoanalyse betont die Kraft der Beziehung in der analytischen Situation, und die Kraft der Gegenübertragung des Analytikers. Die Erscheinungen von Affektübertragung und Affektgegenübertragung, die von Ferenczis Werk aufgeworfen wurden, sind unbeantwortet geblieben. Während diese ungarischen Psychoanalytiker nach außen schweigen, wissen sie immer wohl, dass es um Affektübertragung geht.

Zwei eigene Beobachtungen möchte ich zu diesem Thema hinzufügen. Kein ungarischer Analytiker hat Freuds Metaphysik theoretisch weiterentwickelt. Die Kollegen wissen wohl, dass die ungarische Psychoanalyse gerade in der therapeutischen Situation immer vom Einfühlbaren, vom unmittelbar Beobachtbaren ausgegangen ist, von Ferenczi über Balint bis Hermann. Der ungarische Beitrag in der internationalen Psychoanalyse hat eine sensuelle Qualität in den Begriffen von Beziehung, Übertragung, Gegenübertragung, Mutter-Kind-Beziehung, Dual-Union, Anklammerungstrieb, sowohl im psychoanalytischen Denken, als auch in der Sprache. Wir beschreiben unsere Patienten in Fallseminaren viel mehr durch diese Begriffe als mit metapsychologischen Begriffen.

Die zweite Beobachtung habe ich mit Livia Nemes gemeinsam gemacht. Da bis vor kurzem keine ungarische Übersetzung des Gesamtwerkes von Freud zur Verfügung stand hat, las meine Generation Freud in der deutschen Originalfassung oder in englischer Übersetzung. Wenn ein Kollege im Seminar sein Referat mit den deutschen oder den ungarischen Begriffen hält, ist alles in Ordnung. Wenn er aber die englische Sprache beherrscht und auf ungarisch nach englischer Art lateinisiert, wie Strachey die Begriffe „ego“, „id“ und „superego“ benutzt, klingt es auf Ungarisch verflacht und gepanscht.

Ob wir die Freud'schen Begriffe mit unseren sensuellen ungarischen Ausdrücken auch verzerrten, ähnlich wie Strachey es mit der englischen Übersetzung der Freud'schen Metaphern nach lateinischer Art machte, weiß ich nicht. Oder kommt das sensuelle Denken der Ungarn auch in der ungarischen psychoanalytischen Sprache und Eigenart zum Ausdruck? Eigentlich fühlen wir es so, dass die Psychoanalyse in der Monarchie geboren wurde und mehrere Muttersprachen hat.

# IX Geschlechter- und Differenzfragen in der Psychotherapie

# Eigenes und Fremdes auf dem Weg der Identitätsfindung als Frau im Rahmen der lehranalytischen Beziehung

*Erdmuthe Fikentscher*

## Einleitung

*„Keiner fürchte zu versinken,*
*Der ins tiefe Dunkel fährt.*
*Tausend Möglichkeiten winken*
*Ihm, der gerne wiederkehrt."*

Dieser Vers aus dem Gedicht „*Wiedergeburt*" von Wilhelm Busch (Ausgabe 1996: 55) scheint mir auch eine gute Metapher zu sein, die Erfahrungen im psychotherapeutischen Ausbildungsprozess zwischen Angst, Frust und Lust einzufangen.

Die Auseinandersetzung mit theoretischen und praktischen Positionen dieser Thematik führte mich zwangsläufig (und auch mit persönlicher Entdeckerfreude) in die Entstehungsgeschichte der Psychoanalyse. Sigmund Freud entwickelte sie ja in einer bestimmten gesellschaftlichen und kulturellen Situation, die unter anderem gekennzeichnet war von einem Gefälle im Macht-/ Ohnmacht- und Abhängigkeits-/ Autonomieverständnis zwischen Mann und Frau sowie auch zwischen Arzt und Patient. Aber wie andere geniale Forscher stand er diesem vorherrschenden Zeitgeist in vielem entgegen und war ihm doch auch deutlich verhaftet, besonders was die Rolle von Frauen betrifft, auch wenn es bei ihm zu einem radikalen Wandel des Rollenkonzeptes und des Verständnisses der Beziehung zwischen Therapeut und Patient kam. Er überwandt das autoritäre Gefälle und stellte den Patienten neben den Therapeuten, damit beide an der Aufgabe zusammenwirken, das Reservoir unbewusster Vorstellungen und Affekte bewusst und bearbeitbar zu machen. Den Weg sah er im freien Assoziieren und Verbalisieren des Patienten und deutenden Spiegeln des Therapeuten. Der Blick geht heute in Richtung Ausweitung auf weitere Sinnesmodalitäten, wie später noch ausgeführt wird. Dieses Rollenkonzept sollte in der Ausbildung in besonderem Maße erlebt und verinnerlicht werden, denn immer wieder wird dem analytisch arbeitenden Psychotherapeuten vorgehalten, dass er seine Macht im Übermaß gebrauche, ja missbrauche.

Um diese Gefahren wissen wir in jeder Behandlung und Selbsterfahrung. Gleichzeitig hat wohl jeder von uns - und Frauen in besonderem Maße - die Erfahrung gemacht, dass echte Emanzipation nur im Nehmen und Geben stattfinden kann. Zeigt nicht schon die Sicht auf den heranwachsenden Säugling, dass erst mit dem Blick des Anderen - überwiegend der Mutter - der Säugling Antwort auf eigene Impulse erfährt, sein Bedürfnis nach Wahrgenommenwerden und zunehmend nach Bejahung - später Anerkennung genannt - darin seinen Widerhall findet oder auch nicht und die weitere Entwicklung und Entfaltung dadurch befördert oder gehemmt wird?

Freud fand nun, dass es in dem emanzipatorischen Prozess der Psychoanalyse nicht nur darum geht, verdrängte Konflikte des zu Analysierenden zu erkennen und zu deuten, sondern im Spiegel der Beziehung ebenso die eigenen, d. h. um ein guter Therapeut zu sein, muss ich auch viel über meine eigenen abgewehrten Konflikte wissen. Aber er hatte auch Sorge,

> „... [dass] der Analytiker in Folge der besonderen Bedingungen der analytischen Arbeit durch seine eigenen Defekte wirklich darin gestört wird, die Verhältnisse des Patienten richtig zu erfassen und in zweckdienlicher Weise auf sie zu reagieren. Es hat also einen guten Sinn, wenn man vom Analytiker als Teil seines Befähigungsnachweises ein höheres Maß an seelischer Normalität und Korrektheit fordert; dazu kommt noch, dass er auch eine gewisse Überlegenheit benötigt, um auf den Patienten in gewissen analytischen Situationen als Vorbild, in anderen als Lehrer zu wirken" (Freud 1937: 94).

Freud sah aber auch schon spezifische Gefahren:

> „Es scheint so, dass zahlreiche Analytiker es erlernen, Abwehrmechanismen anzuwenden, die ihnen gestatten, Folgerung und Forderungen der Analyse von der eigenen Person abzulenken ..., so dass sie selbst bleiben, wie sie sind, und sich dem kritisierenden und korrigierenden Einfluss der Analyse entziehen können" (ebd: 95).

Die Fragen um Sinn und Bedeutung, Nützlichkeit und Wirksamkeit der obligatorischen Lehranalyse oder anderer Formen von Selbsterfahrung in der psychotherapeutischen Aus- und Weiterbildung sind also nicht erst im Zusammenhang mit der Neuordnung von Sozial- und Berufsrecht im Psychotherapeutengesetz und davor mit der Einführung des Facharztes für Psychotherapeutische Medizin in die öffentliche Diskussion gekommen, sondern haben schon Freud in seinen letzten Jahren (1937) bewegt.

Heute wagen wir nicht mehr Begriffe wie Normalität und Vorbild als Begründung für die Notwendigkeit von Selbsterfahrung anzuführen, sondern wir reden eher von Beziehungsfähigkeit im Sinne der Zwei-Personen-Psychologie. Dabei ist festzustellen, dass besonders die auszubildenden psychoanalytischen Psychotherapeuten sich in einer langen Abhängigkeit und Kontrolle vom Lehranalytiker (und bisher auch in einer Verschulungssituation im Ausbildungsinstitut, das man nicht einfach wechseln konnte) befinden, die zugleich mit sozialen Einschränkungen und persönlichem Verzicht einhergeht. Die Forderung, diesen Prozess näher zu durchleuchten und den Mangel empirischer Daten zu beheben, haben in neuer Zeit neben Klaus Grawe, Michael von Rad und Horst Kächele (siehe Grawe, Donati & Bernauer 1994: 699 ff.; Rad & Kächele 1999) angemahnt und dabei auch auf die Notwendigkeit von mehr Flexibilisierung in diesem Ausbildungsteil zum analytischen Psychotherapeuten hingewiesen, was unter anderem im Mitteldeutschen Institut für Psychoanalyse und Tiefenpsychologie (MIP) in Halle (Maaz, Hennig & Fikentscher 1997) versucht wird.

Ich möchte mich im Folgenden zu 9 Aspekten lehranalytischer Beziehung und Erfahrung äußern, wobei ich nur Schlaglichter geben kann und vieles verknüpft ist, sich mehreren Gesichtspunkten zuordnen ließe:

1. Verschiedene und ähnliche Ausgangspunkte in der sozialen Erfahrung als Frau und in der Ausbildungssituation in Ostdeutschland
2. Katathymes Bilderleben als Initiator der Selbsterfahrung (Imaginationen als Schutz und Erweiterung im repressiven System)
3. Reflexionen der Erfahrungen als Lehranalytikerin
4. Mehrgenerationenperspektive
5. Die Rolle der Väter und Männer in der Familie
6. Behindernde Frauenbilder in der Familie
7. Gedanken zur Geschlechtsidentität: Beziehung zwischen Sexualität und Identität
8. Vom abgelehnten Mutterbild zur Identitätsentwicklung als Frau
9. Kredo zum Tagungsthema „Eigenes und Fremdes"

## 1 Verschiedene und ähnliche Ausgangspunkte in der sozialen Erfahrung als Frau und in der Ausbildungssituation in Ostdeutschland

In Ostdeutschland sind nach dem Umbruch 1989/ 90 in die Ausbildungsdiskussion verschiedene bedenkenswerte Besonderheiten eingebracht worden auf Grund der anderen Ausgangslage und der schnell zu leistenden Anpassung an bundesdeutsche Ausbildungsstandards. Eine Besonderheit war, dass viele psychotherapeutisch Tätige vor 1989 in verschiedenen Methoden ausgebildet worden sind und es eine weitgehend einheitliche, wenn auch nicht sehr prägnante Berufsidentität gab. Es hatte keine scharfe Trennung zwischen den beiden Richtlinientherapien psychoanalytische bzw. tiefenpsychologisch fundierte Psychotherapie und Verhaltenstherapie sowie den „Nichtrichtlinientherapien" bestanden, andererseits musste von vielen erst eine vertiefte methodische Kompetenz erworben werden. Gleichzeitig stand die Existenzsicherung (von Therapeuten und Patienten) im Vordergrund, da insbesondere die ambulante Behandlung durch Auflösung der Polikliniken neu zu organisieren war. Der Konkurrenzkampf zwischen den Geschlechtern um gute Stellen (z. B. in Kliniken) spielte erstmals eine offensichtliche Rolle (Einstellen von Frau mit Kindern oder Mann). Beide Aspekte, Methodenrolle und Organisation der Versorgung werden heute deutschlandweit überdacht.

An der psychotherapeutischen Entwicklung in Ostdeutschland (DDR), die spätestens seit dem Mauerbau in Berlin (1961) einen eigenständigen Weg gehen musste und nur auf sehr begrenzte und kurzfristige Kontakte zwischen West und Ost sowie auf das geschriebene Wort bauen konnte, kann die von Bell und Höhfeld (1995 b) im Buchbeitrag „*Psychoanalyse im Wandel*" gemachte Aussage, dass sich die Psychoanalyse zwischen den wechselvollen gesellschaftlichen Rahmenbedingungen und der individuellen Entwicklung und Geschichte gestellt sieht, gut verdeutlicht werden. Ich zitiere:

> „Sowohl die Außeneinflüsse mit ihren zum Teil grundlegenden Veränderungen als auch der stetige 'Drift' des inneren Rahmen führen zu einer oft kaum wahrnehmbaren Wandlung der Psychoanalyse, die der Reflexion bedarf" (ebd.: 7).

In Ostdeutschland ist also dieses Phänomen viel krasser erkennbar, da die spärliche psychoanalytische bzw. tiefenpsychologisch orientierte dyadische Pflanze oft besonderer methodischer Ummantelung bedurfte, wie es gerade im Raum Halle durch die Weiterentwicklung des Katathymen Bilderlebens geschah (Fikentscher & Bahrke 1997; Fikentscher & Küster 1999; Hennig 1990), dies hat aber auch eine methodische und inhaltliche Offenheit ermöglicht (darüber wäre durchaus zu diskutieren).

## 2 Katathymes Bilderleben als Initiator der Selbsterfahrung (Imagination als Schutz und Erweiterung im repressiven System)

Ende der 40er-Jahre wurde beim Experimentieren mit Tagträumen von Hanscarl Leuner (1955, 1970) ein methodisches Vorgehen entwickelt, das die unerschöpfliche Vielfalt des Imaginierens mittels bestimmter Standardmotive strukturieren und einer besseren Bearbeitung zugänglich machen konnte. In diesen Motiven spiegeln sich spezifische unbewusste Konfliktkonstellationen wider, wobei sich die katathymen Bilder gemäß dem Strom der sich jeweils wandelnden Gefühle, Stimmungen und Affekte verändern. Leuner sprach von „mobiler Projektion" (1994). Dieser indirekte Zugang zu inneren Konflikten bewährte sich vor 1989 sehr gut in der von Überwachung und paranoider Verdächtigung nicht freien Psychotherapielandschaft. Denn in den autoritären Staatssystemen des Ostblocks war der Spaltungsmechanismus in privates und öffentliches Denken und Sprechen eine Überlebensstrategie, was differenzierter zu reflektieren wäre. Der Erfahrungshorizont in einer bestimmten gesellschaftspolitischen und sozialen Realität hat also Psychotherapeuten nicht nur als Menschen und Staatsbürger geprägt, sondern auch die Art, wie Ausbildung realisiert wurde. So war nach der Umbruchsituation 1989/ 90 auch der konkrete Selbsterfahrungsprozess neu zu konzipieren. Das Alte und das Neue spielen dabei zwischen Lehranalysand und Lehranalytiker eine Rolle, was für beide ein spannender Prozess ist. Einige Aspekte des gesellschaftlichen Umbruchs sind in der Übersicht dargestellt (siehe Abbildung 1).

Die in der DDR sozialisierten Bürger waren durch das totalitäre Gesellschaftssystem an äußerst feste Strukturen gewöhnt, die der individuellen materiellen und geistigen Entfaltung sehr schnell Grenzen setzten. Besonders Eltern, die die Karriere ihrer Kinder fördern wollten, achteten auf äußere Anpassung, auch bei ärztlichen und psychologischen Berufswünschen als besonderen Auswahlfächern. Dieser Anpassungsmechanismus führte oft zu einer inneren Kontrolle auch ohne direkte äußere Drohung und erzeugte noch dort Konformität, wo Handeln nicht direkt kontrolliert werden kann, also auch im Denken und Fühlen im Ausbildungsprozess. Zeichen der Persistenz sind immer wieder festzustellen. Es wurden in der DDR eher depressiv-abhängige Strukturen und damit auch entsprechende Abwehrmechanismen gefördert als konstruktive aggressive Auseinandersetzungsmodi. Dieser behindernde Prozess spiegelt sich auch in den Lehrerfahrungen wider, je nach Ausgangssituation in den Primärfamilien. Das gesellschaftliche Umfeld und die Rollenvorstellungen (die durch die Veränderungen oft unscharf oder zwiespältig sind) haben auf die Identitätsbildung, also auch die weibliche, einen wesentlichen Einfluss.

*Gesellschaftspolitischer Umbruch*
*Wandel der ökonomischen und psychosozialen Bedingungen*

---

*Gesellschaftspolitischer Umbruch (Verhältnis Staat/ Individuum)*

- DDR - Bürger „Eigentum" des Staates, Grundversorgung, enger Bezugsrahmen
- BRD - Eigenverantwortlicher „mündiger" Bürger, zunehmende Separierung und Individualisierung, postmoderne Beliebigkeit

*Individueller Umbruch*

- Befreiung und Entfaltung versus Sinnentleerung, Entwertung bzw. Infragestellung der bisherigen Lebensgeschichte (Wertewandel, Werteverlust - z. B. durch Arbeitslosigkeit -, Identitätskrise, Lösung von unbrauchbarem Wissen und irrealen Idealen und Neuorientierung, Objektverluste)

*Wandel ethischer Werte*

- Zwei-Tageszeiten-Ethik: Arbeitswelt - Puritanische Moral<br>Freizeit - Hedonistische Moral

*Änderungen im Familien- und Lebenszyklus*

- Zwei-Generationen-Kernfamilie, nachelterliche Gefährtenschaft, leeres Nest, Status-, Orientierungs- und Verhaltensunsicherheit)

*Soziale Integration/ soziale Netzwerke*

- Unsichere Stellung des Einzelnen in der Familie, Verlust an Familien-, Berufs- und Freundeskontakten, bewusste Neugestaltung sozialer Beziehungen notwendig

*Erreichbarkeit der Kontaktpersonen*

- Gestiegene geografische Mobilität der Kinder und Freunde/ Bekannten
- Gestiegene soziale Mobilität zwischen den Generationen (Bildungs- und Ausbildungsstand, allgemeines Lebenswissen und Erfahrungsschatz teilweise entwertet)

*Geschlechtsspezifische Sozialisation*

- Sozialer Wandel (Berufsrolle, Familienrolle)

*Abbildung 1:* Gesellschaftlicher Umbruch - Wandel der ökonomischen und psychosozialen Bedingungen

Beispiele von Lehranalysen, auf die ich mich später beziehen möchte, spiegeln diese Besonderheiten ein Stück wider, besonders im Sinne multimodaler Erfahrungen, z. B. fand zunächst die dyadische Selbsterfahrung im Rahmen der Ausbildung im Katathymen Bilderleben statt, dann erfolgte die Umwandlung in analytische Lehrerfahrung, auch körpertherapeutische Selbsterfahrung ergänzte diese.

## 3 Reflexionen der Erfahrungen als Lehranalytikerin

Als Lehranalytikerin habe ich mich nie als objektive Beobachterin der seelischen Wirklichkeit des zu Analysierenden gefühlt, als Fachfrau für Prozesse und Strukturen, die sich im seelischen Binnenraum der zu Analysierenden abspielen, die ich ihnen zu spiegeln und zu deuten hätte, sondern ich verstehe mich zunehmend als Spurensucherin in zunächst sehr unbekanntem Terrain, in das ich zwar nicht verstrickt bin durch gemeinsame Vorerfahrungen und über das ich allgemeine Kenntnisse besitze, das ich aber mit Hilfe all meiner Sinneswahrnehmungen eben als Neuland erkunden und das Wahrgenommene austauschen und prüfen möchte.

Aber als Lehranalytikerin habe ich zu beachten, dass unsere Fantasien, Spiegelungen und Deutungen unserem Erfahrungshorizont entsprechen. Es besteht immer wieder die Gefahr, unbewusstes Material der uns Anvertrauten zu verzerren - durchaus in dem Bestreben der kritischen Klärung im dialogischen Prinzip. Das kann besonders durch passive Erwartungshaltung bzw. unbewusste Verweigerung, besonders bei negativer Mutterübertragung, schwierig werden. In der Analyse werden dann bestimmte Teilaspekte nicht sichtbar, vielleicht weil sie an anderen Orten, mit anderen Bezugspersonen (besonders mit Männern, z. B. Ersatzvätern in der Ausbildung oder im Alltag) ausgelebt oder bearbeitet werden. Oder wir verlieren uns im Labyrinth von abgewehrten und zugelassenen Wünschen und den entsprechenden Gegenübertragungsphänomenen. Deshalb ist es wichtig aufzuspüren, welche unbewussten Lebensbotschaften und Maxime der Lehranalysand und der Lehranalytiker jeweils mit auf den Weg bekommen haben. Es ist z. B. zu fragen: Wie war Macht und Abhängigkeit in den Primärfamilien verteilt zwischen Männern und Frauen, zwischen den Generationen, wie wurde Autonomie gefördert oder behindert; z. B.: Wurde die Mutter abgelehnt als Vorbild und der Vater als bessere Mutter angesehen, der im entscheidenden Augenblick dann doch eigenen Interessen nachging und das Kind der hexischen Mutter überließ, die reglementierte, einengte und dadurch dem Kind wieder nur die Chance ließ, sich mit dem Vater gegen sie zu verbünden, um so einen - wenn auch nur bedingten - Freiraum zu schaffen? Oder: Werde ich als Lehranalytikerin gesucht, damit die Muttererfahrungen korrigiert werden können? Das heißt, ich werde mit der Erwartung konfrontiert, dass ich einen weiten Raum zulasse, in dem die Analysandin ihre Erfahrungen machen kann, ich aber doch zum rechten Zeitpunkt da sein, spiegeln und Grenzen setzen soll. Ich sehe mich öfter in der Gefahr, entweder zu viel Raum zu lassen oder einzuengen. Erschwert wird dieser Prozess häufig durch das Bestreben der Analysandin, es mir möglichst Recht zu machen. Im Übrigen erlebte ich besonders vor 1989, dass die Imaginationen auch eine Art ungefährlichere Variante des Sich-Zeigens waren sowie ein guter Schutzmechanismus, in dem sich allmählich die eigenen Sehnsüchte der Analysandin entwickeln konnten, auch die erste Begegnung mit Mütterlichkeit und Weiblichkeit.

Während des Ausbildungsprozesses bewegen mich immer wieder Grundfragen:

- Was ist als Ausbildungsziel für diesen Kandidaten/ diese Kandidatin zu definieren?

- Was bedeutet das für den Umgang miteinander, wie kann ich das Entdecken und Aufspüren des Eigenen beim Anderen fördern, also dass sich Eigenes und Fremdes nicht mehr zu sehr vermischt, sondern anregt?
- Gibt es Inseln gemeinsamen Erlebens, gemeinsamer Wahrnehmung und gleicher Ziele - auch dann, wenn man der Frage nachgeht, woher kommt der Einzelne, wohin geht er danach?

Dabei ist es immer mein besonderes Bedürfnis, nicht die eigene Sichtweise dem Anderen aufzudrücken, sondern im Erspüren von Abgewehrtem und Konflikthaftem und Austausch über Worte, Körpersprache, Stimmungen, Bilder dann bei gemeinsamen Einfällen zu differenzierenden Worten, Begriffen, Zusammenhängen usw. zu finden. Die oben genannten Fragen helfen bei der Strukturierung. Ich möchte dabei meine Lust am genauen Hinsehen, Wahrnehmen und Reflektieren auch im Anderen fördern. Des Weiteren ist mir die Erfahrung wichtig geworden, dass die eigene Angst auch förderlich sein kann, nämlich die Angst, dass ich die Anderen zu unklar wahrnehme oder dass ich mich nicht klar verständlich machen kann, ich dann auch nicht verstanden werde und dadurch trotz Verständigungsbemühungen wechselseitig Unverständnis bleibt oder sich sogar neu bildet.

Insbesondere in der Lehrerfahrung von Frauen bewegen mich:

- Fragen der Lebensverwirklichung bei unterschiedlichen Soziobiografien
- Was trennt, was verbindet an Erfahrungen?
- Wie ist unter Frauen das Zulassen von Nähe möglich und was entsteht daraus?
- Wie geschieht der Umgang mit Verletzungen, Enttäuschungen, auch beim Versuch, sich die subjektive Wahrheit übereinander zu sagen, wie wird in einer aggressiven Auseinandersetzung miteinander umgegangen, und wie gestaltet sich die Subjektivität der jeweiligen Beziehung?

## 4 Mehrgenerationenperspektive

Als besonderes Anliegen in der Auseinandersetzung mit den Einengungen durch die jeweilige Familiengeschichte und zur Gestaltung der Drei-Personen-Psychologie habe ich mir angewöhnt, bei Patienten und Lehranalysanden nicht nur die Bilder von nahen Bezugspersonen und die latenten Konflikte mit Mutter und Vater sowie Geschwistern zu erkunden, sondern auch den „geheimen Botschaften“, die von Generation zu Generation in Familien weitergegeben werden, nachzugehen und dabei vor allem auf das Wechselspiel zwischen Männern und Frauen zu achten. Auch Rohde-Dachser (1991: 265) weist darauf hin, dass „angesichts des rapiden Wandels der weiblichen Geschlechtsrolle und des damit verbundenen Bruchs der Generationenkette Frauen durch die Einführung der Mehrgenerationenperspektive eine identitätsstützende und -bestätigende Rückbindung an ihren Ursprung wieder ermöglicht würde“.

Für ein Gesamtverständnis ist es häufig wichtig, die Machtspiele über mehrere Generationen zu entschlüsseln:

- Wer will oder hat Macht über wen und auf welche Weise, wie ist dabei die Geschlechterzuordnung?
- Wer spielt die tragende Rolle in der Familie?
- Glaubt die Lehranalysandin insgeheim, Retter der Familie sein zu müssen?
- Ist sie Träger einer Botschaft innerhalb der Familie und/ oder nach draußen?
- Wie steht es um Geben und Nehmen, Halten und Wachsenlassen als mütterliche Funktionen?

(Das sind nur ausgewählte Foci.)

Die Mehrgenerationenperspektive ist nicht nur hinsichtlich der Rollenverteilung wichtig, sondern auch hinsichtlich des Umgangs mit Abgewehrtem. So steht mir eine Lehranalyse vor Augen, in der deutlich wurde, dass die Großmutter ihre Scheidungswut bei der Tochter deponiert hatte, selbst depressiv wurde und sich von der Tochter versorgen ließ, die sich dadurch extrem eingeengt fühlte und bei dem Versuch, ein Stück Freiraum zu gewinnen, scheiterte und wiederum ihre Tochter (vor Lehranalysebeginn) durch schwere psychosomatisch-depressive Reaktionen an sich band.

Oder eine andere Konstellation, bei der die Großmutter der eigenen Tochter wenig an weiblichen Fähigkeiten und Fertigkeiten hatte mitgeben können, aber der Enkelin backen, kochen usw. beibrachte. Mutter und Großmutter waren im Hader, weil die Mutter nicht die Wünsche der Großmutter (Studium, geachtete berufliche Position) erfüllt hatte, sondern schon frühzeitig ein Kind bekommen hatte. Im Kontakt zur Enkelin konnte sie erstmals wieder ihre weichen, bewahrenden und nährenden Seiten zulassen und sich später in Altersweisheit und durch Anregungen der Enkelin mit den anderen Frauen der Familie aussöhnen.

## 5 Die Rolle der Väter und Männer in der Familie

Im Zentrum der Wahrnehmung steht oft das Potenzerleben des Vaters im familiären Raum und im sozialen Umfeld. Häufig sind Väter scheinbar potent, werden aber von der Mutter ständig depotenziert vor den Augen der Tochter. Dann etabliert sich der Vater oft auf Nebenschauplätzen als der Größte, kann dort - in seinem Beruf oder bei seinem Hobby - sein narzisstisches Größenselbst ausleben. In die Freizeit wird die heranwachsende Tochter mit involviert, sie soll den Vater als bewundernswerten Mann spiegeln und tut es häufig auch. Es kommt zur unbewussten Gegenidentifikation der Tochter mit dem Vater zum Schutz gegen den übergroßen Zugriff und die Kontrolle der Mutter. Großväter spielen im Hintergrund häufig entweder eine starre, normative Rolle oder es besteht die Möglichkeit, mit der Enkelin - vielleicht sogar auf humorige Weise - ein Bündnis zu schließen. Immer besteht jedoch die Gefahr, dass die Tochter auf das väterliche Pferd springt und nach seiner Dressur reitet, auch in dem abgewehrten Bedürfnis nach Schutz, nicht nur nach Anerkennung.

Eine Chance eröffnet sich immer dann, wenn die Analysandin innehält, sich zunächst auf sich orientiert und schaut, was passiert in mir, mit mir, durch mich und dann erst den Angeboten anderer nachgeht.

## 6 Behindernde Frauenbilder in der Familie

Es gibt in vielen Familien behindernde Frauenbilder, die die Möglichkeiten zu früher sichernder Identifizierung mit Mütterlichkeit, später mit Weiblichkeit einschränken. Die Rolle der Frau und Mutter findet sich besonders in der Vorstellung eingeengt, „Frau sein bedeute, dienstbar zu sein, für alle zur Verfügung zu stehen, dadurch keine eigene Bewegungsräume zu haben. Sie erfülle die Aufträge der Familiengenerationen und werte somit alle anderen auf". Die Töchter können dann durch die einseitige Perspektive nicht erfahren, dass sie in ihrem persönlichen Sein etwas Besonderes und Einmaliges sind. Nur durch die scheinbare Aufwertung durch den Vater, dem sie aber auch zu Diensten sein sollen (siehe oben), erleben sie sich als beachtenswerte Frau.

Diese Konstellation ist verführerisch und bedrohlich zugleich. Nicht ausgetragene Konkurrenz mit der Mutter, die ja in solchen Konstellationen schwach erlebt wird, führt dann zur Selbstüberhöhung und gleichzeitig Verunsicherung im Umgang mit weiblichen Attributen, die letztlich auch abgewertet werden. Die geheime Macht der Mutter über die Tochter durch deren unbewusste partielle Identifikation als Schutz gegen die Unzuverlässigkeit des Vaters, der Männer, muss dann erst entschlüsselt werden.

Eine weitere Metapher:

Frauen verstehen sich als Schwestern oder Mütter der Männer. Dabei findet die Aufwertung entweder durch den besseren Bruder oder den prächtigen Sohn statt. Auch hier gelingt keine originäre Identitätsbildung. In der Analyse ist die Begegnung mit Weiblichkeit, mit Begehren, Aushalten und Entwickelnlassen sehr wesentlich. Nicht das Austreiben von kindlichen, jugendlichen, störenden Impulsen fördert, sondern das Hinsehen, Betrachten und Erleben von ganz unterschiedlichen Schattierungen des Frauwerdens und -seins mit Möglichkeiten des Ausprobierens. Dabei spielt das Pendeln zwischen Autonomiestreben und Sehnsucht nach Nähe und Geborgenheit mit tiefer Furcht vor Verlassenheit eine entscheidende Rolle, wenn es um weitere Abgrenzung und Auseinandersetzung mit der Mutter geht.

Ein besonderer Aspekt ist die Fantasie „Frauen sind gefährlich", und das kann auf vielfältige Weise sein: als Konkurrenz, als erdrückend (manchmal auch in der äußeren Gestalt), als abhängig machende Versorgerin, als intrigant Fädenziehende.

Eine sehr prägende Erfahrung einer Lehranalysandin steht mir besonders vor Augen, die formulierte, „in meiner Familie war es so, dass die Frauen die dienstbaren Geister für ihre Männer waren, und sie schlugen durch ihre Tüchtigkeit alle Konkurrenz aus dem Feld. Sie depotenzierten die lebbare Weiblichkeit anderer Frauen." Es lohnt sich, die Frauenbilder in der Familie genauer anzuschauen, um bei der Spurensuche Selbstanteile zu entdecken und unbewusste, einengende Identifikationen zu bearbeiten.

## 7 Gedanken zur Geschlechtsidentität: Beziehung zwischen Sexualität und Identität

Die Auffassungen über die Sexualität und ihre Rolle im Leben einer Gesellschaft, eines Kulturkreises ist zwar Wandlungen unterworfen (z. B. oberflächlichem Sittenwandel), die Entwicklung bleibt jedoch an den harten Kern der menschlichen Natur gebunden, die ihre Grenzen hat: Ein Mann wird nie gebären können und eine Frau nie mit Samen befruchten. Es besteht in der gegenwärtigen Zeit jedoch ein Unbehagen der Geschlechter, dieses Phänomen betrifft insbesondere die innige Beziehung zwischen Sexualität und Identität. Früher war Sexualität und Geschlecht eine Einheit, jetzt hat das Geschlecht die Sexualität verschlungen unter der Losung:

> „Es ist nicht die Sexualität, die das Geschlecht bestimmt, sondern das Geschlecht, das die Sexualität organisiert" (Dimen 1995: 305).

Die Psychosexualität ist Ausdruck eines umfassenden gesellschaftlichen Wandlungsprozesses, der im 19. Jahrhundert begonnen hat. Die dort entstandenen Sexualitäts- und Geschlechtsregeln, -unterschiede und -rollen im Inneren der Kleinfamilie waren für die Entwicklung der industriellen Zivilisation grundlegend gewesen, sie hatten die fortschreitende „Individualisierung", die Zerstörung der vormodernen Lebensformen, die Beweglichkeit der männlichen Arbeit und die fortschreitende „Entzauberung" der Welt erlaubt und kompensiert (Elias 1984, 1986). Seit der zweiten Hälfte unseres Jahrhunderts haben verschiedene Prozesse ungestüm die Individualisierung auf die weibliche Bevölkerung ausgedehnt und die personale Präsenz teilweise von der Rollen- und Geschlechtsbindung gelöst.

In der gegenwärtigen Phase ist eine widersprüchliche Mischung verschiedener Bedürfnisse zu beobachten, die Unsicherheiten und Konflikte im Inneren jedes Geschlechts und zwischen den Geschlechtern sowie viele Paradoxe schafft und Identitätsbildung erschwert. So werden z. B. Liebesbeziehungen - und erst recht Mutterschaft und Vaterschaft - besonders wertvoll genau in dem Moment, in dem sie schwieriger werden auf Grund der Schwächung des vom Geschlechtersystem gebildeten Bindemittels, dadurch werden die Liebes- und Elternbeziehungen besonders belastet, einem enormen narzisstischen Druck ausgesetzt.

Ulrich Beck und Elisabeth Beck-Gernsheim (1990: 49) meinen, dass sich „in den Idealisierungen der modernen Liebesehe noch einmal der Weg der Moderne spiegele. Ihre Überhöhung ist das Gegenbild zu den Verlusten, die diese hinterlässt." Statt religiösem Halt, gesellschaftlicher Einbindung in eine bestimmte Klasse, in eine bestimmte Bindungsstruktur wird allein die Zweierbeziehung belastet, und diese muss die Leere, die anderswo herrscht, ausfüllen. Das kollektive System der Identitäten gerät in eine Krise, Probleme der Verantwortung in der Gegenübertragung werden aufgeworfen und betreffen die Wertesysteme und die Einstellungen gegenüber den stattfindenden Veränderungen.

So werden Ängste und Schuldgefühle bei Frauen, die mit der Auflösung der Verschmelzung mit dem Primärobjekt, der Annahme eines aktiven sexuellen Begehrens, dem Konflikt zwischen Autonomie und Abhängigkeit und dem so genannten Ödipuskonflikt zusammenhängen, durch kollektive Identifikationsmuster des Männlichen und Weiblichen aktiviert und neu gestaltet. Was in der analytischen Beziehung auftaucht, ist keine übergeschichtliche Essenz der Bezüge und der Affekte. Die Wahrnehmung der Geschlechtsunterschiede und die Konstruktion des Subjektes werden sofort in das Netz der Symbole eingefangen. Ihre Geschichte ist keine gerade Linie, die in einem Ort verdinglicht wird, der das Unbewusste heißt und nur mit der Kindheit zu tun hat, sondern ein offener und vielfältig beeinflusster Verlauf, mit Wechselbeziehungen zwischen unbewussten inneren und gesellschaftlichen äußeren Vorgängen. Dabei ist auch eine Wandlung der moralischen Maßstäbe zu beobachten. Otto F. Kernberg bemerkte (1994), dass das „Sittenpendel jüngst wieder zu einer puritanischen Haltung" zu schwingen scheint. Der Mythos des „befreiten" Körpers fällt am Ende mit dem des „entladenen" Körpers zusammen, also des von der Sexualität befreiten Körpers. Die Zusammenhänge zwischen Macht und Sexualität sind nicht in den Begriffen der Repression zu erfassen, sondern wesentlich komplizierter.

Die Sexualität als Tiefenstruktur des Seelenlebens bleibt also ein permanentes Problem auch im analytischen Entschlüsselungsprozess. Der Begriff „Psychosexualität" verbindet den Vorgang der Abfuhr mit der Sinnhaftigkeit, die theoretische Trennung von Sexualität und Objektbeziehungen scheidet das voneinander und ist vielleicht unbewusst Teil einer neuen Form der Repression. So ist zu beobachten, dass die Fantasie eines omnipotenten und undifferenzierten Gebrauchs des Körpers um sich greift, die sehnsüchtige Illusion einer utopischen Einheit vor oder jenseits der endlosen Arbeit an der ödipalen Sexualität.

## 8 Vom abgelehnten Mutterbild zur Identitätsbildung als Frau

Beim Erfassen des Mutterbildes ist es wichtig, dass die Analysandin nicht nur eigene Fantasien aufsteigen lässt, sondern auch Einfälle zu Rückmeldungen von anderen, besonders der Lehranalytikerin, bei der Klarifizierung helfen. Ein weiterer Kristallisationspunkt sind dabei die wahrgenommenen Erwartungen der Mutter an die Tochter, die sie z. B. als Wunscherfüllung eigener Träume hegt oder als „Gabe" an den Vater weiterreichen möchte bzw. an die Mitmenschen ihres Umfeldes, damit ihr Sozialprestige wächst. Häufig finden wir dann offene oder indirekt übersteigerte Leistungserwartungen.

Ich möchte das am *Beispiel* einer Lehranalysandin verdeutlichen, die mit der inneren Überzeugung kam, als „lebendige" Person für die Mutter nicht nur nicht wichtig, sondern geradezu bedrohlich gewesen zu sein. Oft hätte sie eine kalte, vernichtende Ablehnung gespürt, sie sei nur zur Erfüllung von Leistungserwartungen benutzt worden. In einer Stunde ging sie einem starken, irgendwie komischen Gefühl im Bauch nach, was sich allmählich zum Gefühl des Abgeschnittenseins herauskristallisierte, und dann kam der Einfall:

> „Meine Mutter hatte nichts Liebenswertes - nach Aussagen einer Freundin meiner Mutter. Ich schämte mich oft wegen ihres Verhaltens, wollte nie so wie sie werden. Ihre Beziehungen liefen fast nur über verpflichtende Leistungen, und ich war der Lückenbüßer. Ich durfte nichts Eigenes entwickeln. Ich musste wie gegen die Macht der Mutter leben. Mit dem Vater konnte ich mich schon mal verständigen, aber hinter dem Rücken der Mutter, ihr durften wir nichts davon erzählen. Außerdem

> habe ich mitgekriegt, dass die Mutter auch vieles hintenherum macht, jetzt vor allem über die Enkel Druck ausübt. Ich fühle mich dann so vorgeführt. Da fällt mir der häufige Satz meiner Mutter ein: 'Du darfst mich nicht blamieren.' So habe ich schon als Kindergartenkind meine Spritzenangst unterdrückt und war dann auch noch stolz auf meine Tapferkeit. Aber unter 'dieser festen Haut' konnte sich kein richtiges Leben entwickeln, konnte ich keine andere Luft schnuppern. Später habe ich gemerkt, dass ich immer sehr schnell in die Rolle des 'lieb und brav Spielens, die Wünsche anderer erfüllen' schlüpfte. Eigentlich kann ich das Gefühl des Freiseins gar nicht halten, selbst wenn ich es mir mal erkämpft habe. Vielleicht macht mich das so wütend, damit wehre ich wohl die Trauer ab."

In einer späteren Stunde äußerte sie:

> „Bei Verselbstständigungsfantasien kommt immer gleich der Gegenimpuls und ich fühle mich ganz schön ausgebremst, weil dann die Angst vor dem Alleinsein hochkriecht. Aber gleichzeitig spüre ich auch Sehnsucht nach Alleinsein, um auszuprobieren was ich allein kann, aber auch so ein Wünschen, was miteinander ginge. Aber ich möchte nicht immer den Schwarzen Peter zugeschoben bekommen. Ich möchte nicht nur 'sorgende Mutter' für andere spielen, sondern wünsche mir, dass meine Neugierde größer ist als meine Angst, damit ich den Mut zum Neuen bekomme. Noch ist es so, dass mich das anstinkt, dass ich eine Menge Frust spüre und noch nicht den Weg weiß, wie ich Frau, Mutter und berufstätig sein kann, ohne gleich ein schlechtes Gewissen zu haben, dass ich mich um die anderen mehr kümmern müsste. Andererseits merke ich, dass ich erst mal klären muss, was ich will, ehe ich Wirbel nach außen entfache. Ich möchte hier in der Stunde erst mal genießen können, dass ich Zeit für mich habe, fällt mir aber schwer zuzulassen. Ich möchte schon selbstständig und frei laufen können, falle aber immer wieder hin, habe Angst vor dem Schmerz ..."

... später:

> „In mir taucht jetzt das Bild 'Ich in einer Ritterrüstung' auf, wirkt so wie Schutz und Potenz, Leistung zeigen, aber ohne dann weglaufen zu können. Diese zwei bisher gelebten Varianten stinken mich an."

Ein weiteres Beispiel zeigt das negative Mutterbild sehr plastisch in einer Imagination:

Bei dem Wahrnehmen eines starken Druckgefühles und Schmerzen im Brustkorb, die sich weder durch Husten noch durch das Bemühen um Entspannung lockerten, kam der Lehranalysandin ein Bild:

> „Ich sehe so meine Bronchien an der Stelle, wo sie sich verzweigen. Da steckt etwas ganz Hartes und Festes drin."

Meiner Aufforderung, mal näher hinzuschauen und Formen und Farben wahrzunehmen, folgte unter anderem die Beschreibung, „das ist hart, groß und glatt - so wie reingerammt, wirkt so metallisch". Ich forderte sie auf, es mal ringsherum zu erkunden, wie es so am Untergrund, oben und an den Seiten ist. Nach längerem Schweigen kam die Beschreibung:

> „Da ist etwas wie ein Panzer. Der ist mit voller Wucht reingefahren und kann sich nun nicht mehr bewegen - weder vor noch zurück und drehen ist schon gar nicht möglich, so wie festgefahren. Da fällt mir ein, das der Blick meiner Mutter auch so was Bohrendes hatte, da fühlte ich mich immer wie festgenagelt und konnte nur noch versuchen, das zu machen, was sie wollte. Eigenes erstarb völlig."

In einer folgenden Stunde kamen wir auf die Imagination des Fahrzeuges in ihrem Inneren wieder zu sprechen. Bei der Lehranalysandin stellte sich ein Bild ein und sie beschrieb:

> „Jetzt habe ich den Eindruck, das ist wie ein Geländewagen, der erst mal alles erkunden will, ehe ich ihn irgendwo abstellen will. Der kann sich auch in der Größe der Umgebung anpassen und über Stock und Stein fahren. Er ist jetzt an einem See angekommen, muss Halt machen, da es ein sehr steiles Ufer ist. Das Wasser unten ist sehr fern, aber anziehend. Ich bin jetzt bei dem Geländewagen, lasse mich auf dem Boden nieder, es überfällt mich so eine träumerische Sehnsucht. Ich schaue mich um und sehe, wie ein Wasserfall, der zunächst wie ein schmales Rinnsal fließt, immer mehr anschwillt und kräftig hinabstürzt."

Gleichzeitig fließen bei Frau M. die Tränen immer mehr.

Am Ende dieser Stunde äußert sie:

> „Der Druck auf der Brust ist heute ganz weg, wie weggeschwemmt."

Patientinnen wie Lehranalysandinnen haben sich aber auch mit einem Mutterbild auseinanderzusetzen, das oft ganz blass und unscharf ist. Dazu kommen Beschreibungen wie,

> „... ich habe meine Mutter gar nicht richtig wahrgenommen, sie war eigentlich immer nur bemüht, uns gut zu versorgen und es dem Vater recht zu machen. Als Frau habe ich sie gar nicht mitbekommen. Sie hat mir da auch gar nichts gezeigt - weder in Richtung Mode, noch im Auftreten und schon gar nicht, wie man mit einem Jungen umzugehen hat."

Dadurch kann ebenso eine erhebliche Behinderung in der weiblichen Identitätsbildung erlebt werden, und das Finden eines eigenen originären Standortes wird so erschwert, weil es zunächst nur um den konträren Lebensentwurf zum mütterlichen Bild geht. Für mich als Lehranalytikerin bedeutet das, immer wieder darauf zu achten, nicht die bessere Mutter sein zu wollen, sondern vor allem die aufmerksame Begleiterin, die Übertragungs- und Gegenübertragungsgefühle möglichst genau entschlüsselt und Deutungsangebote zur vertieften Spurensuche und nicht wertend vornimmt. Gleichzeitig ist aber auch der Gefahr der eigenen Gesichtslosigkeit zu begegnen oder ich muss mich dem Schamgefühl und der Kränkung aussetzen, den idealisierenden Erwartungen nicht genügen zu können, vielleicht bei anderen (insbesondere bei den Ersatzvätern) dafür aus unbewusster Rache entwertet zu werden.

## 8 Kredo zum Tagungsthema „Eigenes und Fremdes"

Zum Abschluss möchte ich ein Kredo unter dem Thema der Tagung „*Eigenes und Fremdes*" formulieren:

Ich wünsche mir im Rahmen lehrtherapeutischer Beziehungen auf dem Weg zur Identitätsfindung als Frau ein gemeinsames Einlassen auf das Fremde, dem wir jeweils im Anderen begegnen und ein Zurverfügungstellen des Eigenen. Gerade dabei sollte der Umgang mit Idealen, Erwartungen, Enttäuschungen und Kränkungen - oft als Unsicherheit wahrgenommen - ein Signal für mehr Offenheit und direkteres Mitteilen in der Auseinandersetzung sein. In der Reflexion dessen, was im bisherigen Leben möglich und was nicht möglich war, kann Enttäuschung, Wut und vor allem Trauer über nichtgelebtes Leben, Nichterfahrenes und Nichtnachholbares gemeinsam durchlitten werden. Zunehmend sollten innere und äußere Gegensätze zugelassen und getragen werden mit einer für Neues aufgeschlossenen Haltung als Frau. Dabei muss ich mir eingestehen, dass unsere Sprache, die ja aus dem Impuls der Mitteilung, dem Glauben an die Mitteilbarkeit sowie der Ausdrucks- und Beziehungsfähigkeit lebt, immer wieder an eine Barriere gerät, vieles bleibt unbewusst und ungesagt. Erweiternd ist die Erfahrung, dass sich die Übertragungs- und Gegenübertragungsphänomene oftmals mittels anderer Signale zeigen, z. B. leibnaher Bedürftigkeit oder Schmerzen, die es ebenso zu entschlüsseln gilt. Aus dem „Meer des Unbewussten" treffen die „Überträger mit ihren verschiedenen Booten" zusammen. So wird das Fremde erschlossen und das Eigene erweitert. Als Frau verbinde ich dies mit Lust, Schmerzen, Freude und Hoffnungen, will es tragen und gestalten.

## Literatur

Beck, U. & Beck-Gernsheim, E. (1990): Das ganz normale Chaos der Liebe. Frankfurt am Main: Suhrkamp

Bell, K. & Höhfeld, K. (Hrsg.) (1995 a): Psychoanalyse im Wandel. Gießen: Psychosozial

Bell, K. & Höhfeld, K. (Hrsg.) (1995 b): Vorwort der Herausgeber. In: K. Bell & K. Höhfeld (Hrsg.) (1995 a)

Busch, W. (1996): Die schönsten Gedichte. Zürich: Diogenes

Dimen, M. (1995): The third step: Freud, the feminists and postmodernism (Übersetzung). In: American Journal of Psychoanalysis 55: 303 - 319

Elias, N. (1984): Über die Zeit. Frankfurt am Main: Suhrkamp

Elias, N. (1987): Wandlungen der Machbalance zwischen den Geschlechtern. In: Kölner Zeitschrift für Soziologie und Sozialpsychologie 38: 423 - 424

Fikentscher, E. & Bahrke, U. (1997): Integrative Psychotherapie - Ausgewählte Methoden. Lengerich: Pabst

Fikentscher, E. & Küster, H. (1999): Katathym-imaginative Psychotherapie (KiP) im Gruppensetting bei Ich-strukturell gestörten Patienten. In: H. Hennig & W. Rosendahl (Hrsg.) (1999): 71 - 80

Freud, S. (1937): Die endliche und die unendliche Analyse. GW XVI: 57 - 99

Grawe, K., Donati, R. & Bernauer, D. (1994): Psychotherapie im Wandel. Von der Konfession zur Profession. Göttingen: Hogrefe

Hennig, H. & Rosendahl, W. (Hrsg.) (1999): Katathym-imaginative Psychotherapie als analytischer Prozess. Lengerich: Pabst

Kernberg, O. F. (1994): Innere Welt und äußere Realität. Stuttgart: Verlag Internationale Psychoanalyse

Leuner, H. (1955): Experimentelles Katathymes Bildererleben als ein klinisches Verfahren der Psychotherapie. In: Zeitschrift für Psychotherapie und Medizinische Psychologie 5: 185

Leuner, H. (1970): Katathymes Bilderleben. Stuttgart: Thieme

Leuner, H. (1994): Lehrbuch der Katathym-imaginativen Psychotherapie. Bern: Huber

Maaz, H.-J., Hennig, H. & Fikentscher, E. (1997): Analytische Psychotherapie im multimodalen Ansatz. Zur Entwicklung der Psychoanalyse in Ostdeutschland. Lengerich: Pabst

Rad, M. v. & Kächele, H. (1999): Lehrtherapie (Editorial). In: Psychotherapie, Psychosomatik, Medizinische Psychologie 49: 73 - 74

Rohde-Dachser, C. (1991): Expedition in den dunklen Kontinent. Weiblichkeit im Diskurs der Psychoanalyse. Berlin, Heidelberg, New York: Springer

## Geschlechtsspezifische Unterschiede von Psychotherapiepatienten im Ost-West-Vergleich

*Tom-Alexander Konzag, Johannes Kruse, Ulrike Bandemer-Greulich, Erdmuthe Fikentscher und Wolfgang Tress*

### Einleitung

Der Einfluss gesellschaftlicher und geschlechtsspezifischer Faktoren auf die Genese und den Verlauf psychogener Erkrankungen ist seit jeher Gegenstand psychosozialer bzw. psychotherapeutischer Forschung. Im Gefolge des Aufeinanderprallens unterschiedlicher gesellschaftlicher Wertsysteme nach der Wiedervereinigung der beiden deutschen Staaten eröffnete sich in dieser Hinsicht ein besonders interessantes Forschungsfeld. Brähler und Geyer (1995) führen in ihrer „*Bibliografie Folgen der Wende und Ost-West-Vergleich im Bereich der psychosozialen Medizin*" allein 206 Publikationen zu diesem Themenfeld im Zeitraum von 1990 - 1995 auf. Eine Reihe von Veröffentlichungen befassen sich mit spezifischen Fragestellungen, z. B. dem „Stasi-Verfolgten-Syndrom" (Peters 1991), der Suizidsterblichkeit in beiden deutschen Staaten (Dinkel 1994) oder dem Einfluss des gesellschaftlichen Umbruchs auf Patientenbiographien (Konzag & Fikentscher 1993). Weiterhin gibt es zahlreiche vergleichende Untersuchungen an einzelnen Bevölkerungsgruppen, wobei es sich häufig um Studenten aus beiden deutschen Staaten (Schauenburg 1995) handelt. Einzelne Autoren postulieren weit reichende generelle Thesen über Zusammenhänge zwischen gesellschaftspolitischer Entwicklung sowie der Entstehung und dem Verlauf psychogener Erkrankungen in beiden deutschen Staaten (Maaz 1990; Speidel 1994). Vergleichende Untersuchungen an ost- und westdeutschen Psychotherapiepatienten sind hingegen eher selten (Geyer 1995; Geyer, Brähler, Plöttner & Schulz 1995).

Vor dem Hintergrund einer häufig pauschal geführten Diskussion von psychischen Unterschieden zwischen Ostdeutschen und Westdeutschen bzw. zwischen Männern und Frauen vergleicht die Studie ein poliklinisches Inanspruchnahmeklientel von Psychotherapiepatienten an den Universitätskliniken für Psychotherapie und Psychosomatik in Halle und Düsseldorf. In der ersten Auswertungsphase wurden die Ost-West-Stichproben miteinander verglichen, im zweiten Auswertungsschritt erfolgte der geschlechtsspezifische Vergleich zwischen männlichen und weiblichen Psychotherapiepatienten, in einer dritten Auswertungsebene werden die Patienten nach gesellschaftlicher Herkunft und Geschlechtszugehörigkeit, vier Subgruppen (ostdeutsche/ westdeutsche Psychotherapiepatienten; ostdeutsche/ westdeutsche Psychotherapiepatientinnen) zugeordnet und diese vier Subgruppen miteinander verglichen.

In die Untersuchung einbezogen wurden alle poliklinischen Patienten/ innen des Jahrganges 1993, welche in die Universitätsklinik für Psychotherapie und Psychosomatik in Halle überwiesen wurden. Insgesamt handelte es sich um 98 Fälle, welche das Inanspruchnahmeklientel der Poliklinik in diesem Jahr darstellten. Aus dem Pool der 1993 an die Universitätsklinik für Psychosomatische Medizin und Psychotherapie Düsseldorf überwiesenen poliklinischen Patienten/ innen wurde eine nach den Kriterien *Alter* und *Geschlecht* parallelisierte Vergleichsgruppe von 98 Fällen gebildet, wobei die Gruppe hinsichtlich Geschlecht und Alter repräsentativ für das poliklinische Gesamtklientel der Düsseldorfer Klinik war.

*Tabelle 1:* Soziodemographie

| | *Patienten/ innen Halle (N = 98)* | | *Patienten/ innen Düsseldorf (N = 98)* | |
|---|---|---|---|---|
| | *N* | *%* | *N* | *%* |
| *Geschlecht* | | | | |
| • Weiblich | 58 | 59.2 % | 58 | 59.2 % |
| • Männlich | 40 | 40.8 % | 40 | 59.2 % |
| *Alter* | | | | |
| • < 28 | 29 | 29.6 % | 29 | 29.6 % |
| • 28 - 32 | 23 | 23.5 % | 22 | 22.4 % |
| • 33 - 37 | 13 | 13.3 % | 13 | 13.3 % |
| • > 38 | 33 | 33.7 % | | |
| *Familienstand* | | | | |
| • Allein stehend | 43 | 43.9 % | 55 | 56.7 % |
| • Verheiratet | 45 | 45.9 % | 31 | 32.0 % |
| • Lebensgemeinschaft | 10 | 10.2 % | 11 | 11.3 % |
| *Stellung im Beruf* | | | | |
| • EU-Rentner | 3 | 3.1 % | 5 | 5.1 % |
| • Arbeitslose/ Sozialhilfe | 22 | 22.4 % | 16 | 16.3 % |
| • In Ausbildung (Lehrlinge, Schüler, Studenten) | 10 | 10.2 % | 9 | 9.2 % |
| • Arbeiter/ Angestellte | 56 | 57.1 % | 44 | 44.9 % |
| • Beamte | 1 | 1.0 % | 12 | 12.2 % |
| • Sonstige (Hausfrauen etc.) | 6 | 6.1 % | 12 | 12.2 % |

In der Tabelle 1 ist die Aufteilung der Patienten/ innen nach Geschlecht, Alter, Familienstand sowie Stellung im Beruf dargestellt.

Bei der Betrachtung der sozialen Daten fällt auf, dass mehr Patienten/ innen aus Düsseldorf in Lebensgemeinschaften leben als hallesche Patienten, während es sich bei den Ehen umgekehrt verhält. Eine Erklärungsmöglichkeit für dieses, auch in der Gesamtbevölkerung vorhandene Phänomen, ist die in der DDR existente Förderung der Ehe durch eine Reihe sozialpolitischer Maßnahmen.

Im Vergleich der beruflichen Stellung der Patienten zeigten sich ähnliche Verhältnisse bei den Gruppen mit Ausnahme einer höheren Zahl von Beamten und Selbstständigen in der Düsseldorfer Stichprobe, wobei auch dieser Fakt die allgemeinen sozialen Verhältnisse in Ost- und Westdeutschland widerspiegelt.

Die methodische Vorgehensweise operationalisierte die Konstrukte *Persönlichkeit, Symptomatik, soziales Netzwerk, Life-Events, Primärfamilie* und *individuelle Biografie.*

Das methodische Setting wird in der Abbildung 1 schematisch dargestellt.

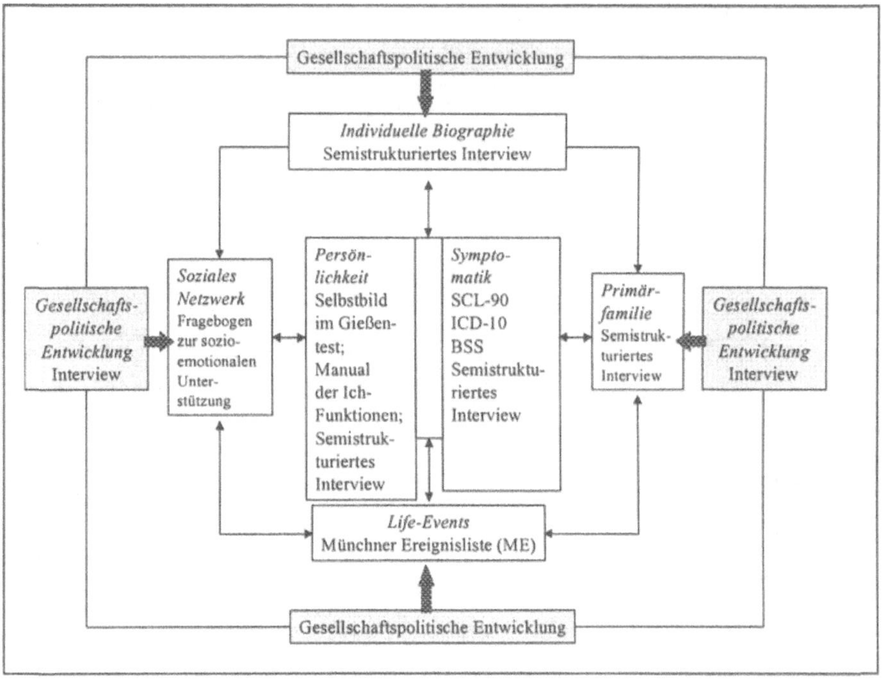


*Abbildung 1:* Das methodische Setting

Als Untersucher fungierten erfahrene ärztliche bzw. psychologische Assistenten der beiden Universitätskliniken, welche entweder eine tiefenpsychologisch fundierte Psychotherapieausbildung abgeschlossen hatten oder sich bereits in einem fortgeschrittenen Ausbildungsstadium befanden. Um die Vergleichbarkeit der erhobenen Befunde zu Gewähr leisten, wurden mit den Untersuchergruppen beider Kliniken Interratertrainings (unter anderem bezüglich der Diagnosestellung und der Befundung in den Fremdratings) durchgeführt.

Im Rahmen der statistischen Auswertung wurden vorwiegend arrythmetische Mittelwerte und Standardabweichungen verwendet. Für die konformatorische statistische Analyse wurden auf Grund des Skalenniveaus der Variablen für die Vergleiche zwischen den Orten nichtparametrische Verfahren eingesetzt. In diesem Zusammenhang wurde der U-Test nach Wilcoxon, Mann und Whitney angewendet, wenn angenommen werden konnte, dass die Voraussetzungen dafür erfüllt sind, ansonsten wurde der Kolmogorow-Smirnow-Test verwendet. Nominalskalierte Daten und die Einzelskalen des Beeinträchtigungsschwerescore (BSS) wurden unter Voraussetzung hinreichend großer Besetzungszahlen in allen Zellen mit dem $\chi^2$-Test nach Pearson getestet (Sachs 1992). Als Signifikanzniveau wurde dabei 5 % gewählt. Die Berechnung erfolgt mit dem Statistikprogramm SPSS, Version 6.1.

## 1 Ergebnisse des Ost-West-Vergleiches

Fasst man die Vergleichsergebnisse der Inanspruchnahmeklientele zusammen, ergibt sich ein mosaikartiges Bild von Gemeinsamkeiten und Unterschieden.

*Tabelle 2:* Psychotherapiepatienten Ost-West-Vergleich Gesamtstichprobe (N = 196)

| *Gemeinsamkeiten* | *Unterschiede* |
|---|---|
| • Diagnosespektrum ICD-10 | • Anzahl kritischer Lebensereignisse in Ausbildung und Beruf |
| • Selbstbild im Giessentest (GT) | • Wahrgenommene sozioemotionale Unterstützung |
| • Aktueller Beeinträchtigungsschwerescore (BSS) | • Lebenslanger Beeinträchtigungs-schwerescore |
| • Ursachenattribuierung | • Behandlungserwartung |

Während sich die Stichproben im Hinblick auf die Ergebnisse im Beeinträchtigungsschwerescore in den letzten 7 Tagen bzw. im letzten Jahr (Schepank 1995), im Diagnosenspektrum der ICD-10-Nomenklatur, in der Symptom-Checkliste (SCL-90 R; Franke 1992) und im Selbstbild im Gießen-Test (GT; Beckmann, Brähler & Richter 1990) sowie der Ursachenattribuierung nicht signifikant unterschieden, zeigten sich im lebenslangen Beeinträchtigungsschwerescore, bei der Anzahl kritischer Lebensereignisse im beruflichen Bereich (Maier-Diewald, Wittchen & Eilert 1983), bei der Beurteilung der sozioemotionalen Unterstützung (Wöller 1998; Wöller, Arendt, Kruse & Boström 1995; Wöller, Kruse, Reister, Richter, Arnolds & Kraut 1993) sowie hinsichtlich der Behandlungserwartungen (Schepank 1987, 1990) signifikante Differenzen.

Insgesamt scheinen sich die jahrzehntelangen unterschiedlichen gesellschaftlichen Einflüsse im phänomenologischen, klinisch-diagnostischen Bild der beiden Stichproben kaum widerzuspiegeln. Dagegen weisen die Gruppen im psychosozialen Bereich erheblich differierende Befunde auf. In diesem Zusammenhang kann angenommen werden, dass die feststellbare signifikant höhere Anzahl von kritischen Lebensereignissen bei der halleschen Vergleichsgruppe in der Sphäre *Ausbildung und Beruf* auf die Rasanz der gesellschaftlichen Wandlungsprozesse in Ostdeutschland zurückzuführen ist. Die günstiger beurteilte sozioemotionale Unterstützung in der halleschen Stichprobe steht im Einklang mit der von Brähler und Richter (1995) in der Normalbevölkerung gefundenen höheren Intensität des Erlebens von sozioemotionaler Verbundenheit in der ostdeutschen Stichprobe. Dazu psychodynamisch passend sind die Behandlungserwartungen der halleschen Patienten eher auf eine Gruppentherapie bzw. stationäre Psychotherapie und die Erwartungen der Düsseldorfer Patienten im Gegensatz dazu eher auf eine ambulante Einzeltherapie gerichtet.

Der Unterschied im lebenslangen Beeinträchtigungsschwerescore im Sinne einer lebenslangen schwereren Beeinträchtigung der Düsseldorfer Patienten gegenüber den halleschen Psychotherapiepatienten bei ansonsten gleichen klinisch-diagnostischen Befunden könnte einen Hinweis auf die frühere Kompensation von Persönlichkeitsdefiziten der halleschen Stichprobe durch die externen Halt gebenden Strukturen des Gesellschaftssystems der DDR darstellen. Möglicherweise kam es erst nach dem Wegfall der vorwiegend repressiv-versorgenden gesellschaftlichen Strukturen bei einer Reihe von Patienten dieser Gruppe zu einer Dekompensation der Persönlichkeit, weil defizitäre Ich-Funktionen und gestörte Objektbeziehungen erst in der neuen gesellschaftlichen Situation offenkundig wurden (Konzag & Fikentscher 1994).

## 2 Ergebnisse Geschlechtervergleich

In der Tabelle 3 findet sich der Vergleich der Geschlechtergruppen in Bezug auf die Diagnosekriterien der ICD-10-Nomenklatur dargestellt.

*Tabelle 3:* Geschlechtervergleich ICD-10-Diagnosen

| *Diagnosegruppen* | *Patientinnen (N = 116)* | | *Patienten (N = 80)* | | *Gesamtgruppe (N = 196)* | |
|---|---|---|---|---|---|---|
| | *N* | *%* | *N* | *%* | *N* | *%* |
| • Dysthymia (F.34) | 26 | 22.0 % | 17 | 21.3 % | 43 | 21.9 % |
| • Phobische und Angststörungen (F.40) | 33 | 28.4 % | 11 | 13.8 % | 44 | 22.4 % |
| • Zwangsstörung (F.42) | 4 | 3.4 % | 1 | 1.3 % | 5 | 2.6 % |
| • Anpassungsstörung (F.43) | 6 | 5.2 % | 3 | 3.8 % | 9 | 4.6 % |
| • Somatisierungsstörung (F.45) | 19 | 6.4 % | 14 | 17.5 % | 33 | 16.8 % |
| • Essstörungen (F.50) | 10 | 8.6 % | 1 | 1.3 % | 11 | 5.6 % |
| • Persönlichkeitsstörungen (F.60) | 12 | 10.3 % | 21 | 26.3 % | 33 | 16.8 % |
| • Sonstige Neurosen | 4 | 3.4 % | 2 | 2.5 % | 6 | 2.1 % |
| • Sonstige psychische Störungen | 2 | 1.8 % | 10 | 12.5 % | 12 | 6.1 % |

Es wird deutlich, dass die Patientinnen gegenüber den Patienten signifikant häufiger an phobischen Angststörungen leiden. Dagegen wurden bei den Patienten mehr als doppelt so viele Somatisierungsstörungen und Persönlichkeitsstörungen diagnostiziert als bei den Patientinnen. Die Diagnose Dysthymia war bei beiden Geschlechtern gleich verteilt.

In der Tabelle 4 erfolgt der Geschlechtervergleich der subjektiv empfundenen Symptomatik, welche mit Hilfe der SCL-90 R ermittelt wurde.

*Tabelle 4:* Geschlechtervergleich Symptom-Checkliste-Testwerte (SCL-90 R)

| | *Patientinnen (N = 116)* | | | *Patienten (N = 80)* | | | |
|---|---|---|---|---|---|---|---|
| *SCL-90-Skala* | *MW* | *SD* | *MD* | *MW* | *SD* | *MD* | *P* |
| • Somatisierung | 1.280 | 0.866 | 1.25 | 1.097 | 0.825 | 0.92 | - |
| • Zwanghaftigkeit | 1.447 | 0.809 | 1.30 | 1.504 | 0.960 | 1.30 | - |
| • Unsicherheit im Sozialkontakt | 1.432 | 0.923 | 1.22 | 1.315 | 0.910 | 1.11 | - |
| • Depressivität | 1.773 | 0.920 | 1.70 | 1.502 | 0.982 | 1.31 | 0.03 |
| • Ängstlichkeit | 1.687 | 1.001 | 1.60 | 1.377 | 0.935 | 1.30 | 0.04 |
| • Aggressivität | 1.226 | 0.901 | 1.00 | 0.999 | 0.810 | 0.82 | - |
| • Phobische Angst | 1.221 | 1.183 | 0.83 | 1.063 | 0.985 | 0.71 | - |
| • Paranoides Denken | 1.230 | 0.916 | 1.00 | 1.164 | 0.943 | 1.00 | - |
| • Psychotizismus | 0.891 | 0.722 | 0.70 | 0.818 | 0.681 | 0.70 | - |
| • GSI | 1.352 | 0.743 | 1.30 | 1.190 | 0.727 | 1.02 | - |
| • PSDI | 55.817 | 18.354 | 57.00 | 52.962 | 20.174 | 53.00 | - |
| • PST | 2.037 | 0.655 | 2.00 | 1.887 | 0.614 | 1.78 | - |

*Anmerkung: U-Test* $p \leq 0.05$.

Signifikante Unterschiede zwischen den Geschlechtern finden sich auf den Skalen Depressivität und Ängstlichkeit, wobei hier die Patientinnen eine stärker ausgeprägte Symptomatik angeben.

Es ist somit zu konstatieren, dass im Hinblick auf die Symptomatik sowohl bezüglich der diagnostischen Beurteilung wie auch im subjektiven Symptomerleben erhebliche Unterschiede zwischen den Geschlechtern bestehen. In den untersuchten Gruppen waren für die Patientinnen phobische und Angststörungen sowie Essstörungen eher der Anlass, eine psychotherapeutische Behandlung aufzusuchen, während bei den Patienten eher Somatisierungsstörungen und Persönlichkeitsstörungen vorlagen. Im Kontrast zu diesem geschlechtsspezifischen Befund war ein gesellschaftlicher Einfluss auf die Symptomatik nicht nachweisbar, so dass in diesem Bereich bei den untersuchten Gruppen von einer eindeutigen Dominanz der Geschlechtszugehörigkeit gegenüber gesellschaftspolitischen Einflüssen im Hinblick auf die differierenden Befunde ausgegangen werden muss.

Im Hinblick auf die Schwere der Symptomatik ist im Geschlechtervergleich eine signifikant stärkere sozialkommunikative Beeinträchtigungsschwere bei den Patienten zu verzeichnen, welche auch die Ursache für einen höheren Gesamtbeeinträchtigungsschwerescore gegenüber den Patientinnen bildet (Tabelle 5). Dieser Befund ähnelt den zeitgenössischen Ergebnissen der Geschlechterstereotypenforschung, wonach das weibliche Stereotyp gegenüber dem männlichen von vermehrter Soziabilität und Emotionalität geprägt ist (Alfermann 1996).

*Tabelle 5:* Geschlechtervergleich Beeinträchtigungsschwerescore (BSS) in den letzten 12 Monaten

| | *Patientinnen (N = 116)* | | | *Patienten (N = 80)* | | |
|---|---|---|---|---|---|---|
| *Beeinträchtigungsschwerescore (BSS; letzte12 Monate)* | *MW* | *SD* | *MD* | *MW* | *SD* | *MD* |
| • Körperliche Beeinträchtigungsschwere | 1.9 | 0.9 | 2 | 1.8 | 1.0 | 2 |
| • Psychische Beeinträchtigungsschwere | 2.5 | 0.8 | 2 | 2.6 | 0.8 | 3 |
| • Sozialkommunikative Beeinträchtigungsschwere | 2.1* | 0.9 | 2 | 2.5* | 0.9 | 3 |
| • Gesamtbeeinträchtigungsschwerescore | 6.4* | 2.0 | 6 | 6.9* | 2.0 | 7 |

*Anmerkung: U-Test* $p \leq 0.05$.

Die Untersuchungsergebnisse der Anzahl der kritischen Lebensereignisse bei den Geschlechtergruppen sind in der Tabelle 6 aufgeführt. Weder hinsichtlich der Gesamtanzahl der kritischen Lebensereignisse noch in der differenzierenden Auswertung der Anzahl der beruflichen Lebensereignisse und der privaten Lebensereignisse finden sich im Geschlechtervergleich signifikante Unterschiede. Hier ist bemerkenswert, dass sich dagegen im gesellschaftspolitischen Vergleich massive Unterschiede im Sinne einer wesentlich höheren Anzahl von beruflichen Life-Events bei der ostdeutschen Stichprobe gezeigt haben.

Im Folgenden wurde die wahrgenommene sozioemotionale Unterstützung bzw. der Qualität des sozialen Netzwerkes mit Hilfe eines Fragebogens zur Einschätzung der sozioemotionalen Unterstützung (Wöller 1998) aus 20 relevanten Items erfasst. Bei der Auswertung unterscheiden die Skalen ein pseudoautonomes distanziertes Beziehungsmuster und ein wertschätzendes hilfreiches Beziehungsmuster zur jeweils nächsten Bezugsperson und zu den generalisierten anderen Personen.

Die Auswertung der Ergebnisse in der Tabelle 7 macht deutlich, dass zwischen den geschlechtsspezifischen Gruppen im Gegensatz zu den nach gesellschaftlicher Herkunft geordneten Vergleichsgruppen keine signifikanten Differenzen bei der subjektiv wahrgenommenen sozioemotionalen Unterstützung durch die soziale Umgebung vorliegen.

*Tabelle 6:* Geschlechtervergleich Life-Events/ Münchener Ereignisliste (ME)

| | *Patientinnen (N = 116)* | | | | *Patienten (N = 80)* | | | |
|---|---|---|---|---|---|---|---|---|
| *Ort* | *Min* | *Max* | *MD* | *MW* | *Min* | *Max* | *MD* | *MW* |
| *Halle* | | | | | | | | |
| • Anzahl der Life-Events | 5 | 41 | 15.0 | 16.00 | 8 | 33 | 17.0 | 16.8 |
| • Berufliche Ereignisse | 1 | 11 | 4.0 | 4.69 | 1 | 11 | 5.5 | 6.0 |
| • Private Ereignisse | 2 | 25 | 9.5 | 10.50 | 2 | 19 | 10.0 | 10.5 |
| • Sonstige Ereignisse | 0 | 3 | 0.0 | 0.24 | 0 | 1 | 0.0 | 0.1 |
| *Düsseldorf* | | | | | | | | |
| • Anzahl der Life-Events | 0 | 30 | 12.0 | 12.64 | 3 | 28 | 13.0 | 12.7 |
| • Berufliche Ereignisse | 0 | 12 | 3.0 | 3.22 | 0 | 10 | 3.0 | 3.8 |
| • Private Ereignisse | 0 | 19 | 8.0 | 8.86 | 0 | 19 | 8.0 | 7.9 |
| • Sonstige Ereignisse | 0 | 1 | 0.0 | 0.02 | 0 | 0 | 0.0 | 0.0 |

*Anmerkung: U-Test* $p \leqq 0.05$.

*Tabelle 7: Geschlechtervergleich sozioemotionale Unterstützung*

| | *Patientinnen (N = 116)* | | | *Patienten (N = 80)* | | |
|---|---|---|---|---|---|---|
| *Sozioemotionale Unterstützung* | *MW* | *SD* | *MD* | *MW* | *SD* | *MD* |
| • Pseudoautonomes Muster/ Wichtigste Bezugsperson | 12.2 | 3.7 | 12 | 12.2 | 3.4 | 12 |
| • Hilfreiche Beziehung/ Wichtigste Bezugsperson | 15.7 | 3.9 | 17 | 16.7 | 3.1 | 17 |
| • Pseudoautonomes Muster/ Andere Personen | 14.1 | 3.6 | 14 | 14.0 | 3.2 | 14 |
| • Hilfreiche Beziehung/ Andere Personen | 13.1 | 3.7 | 13 | 12.8 | 3.4 | 13 |

*Anmerkung: U-Test* $p \leqq 0.05$.

Hinsichtlich der Attribuierung der Krankheitsursachen füllten die Patienten einen Fragebogen mit 18 fünfstufig skalierten Items aus. In der Vergleichsuntersuchung lagen bei der Beantwortung von 15 Items keine signifikanten Unterschiede vor. Die Krankheitsursachenattribuierungen *Innere Ängste, Probleme in Partnerschaft und Familie* sowie *Allgemeine Stressbelastung* wurden von den Patientinnen signifikant häufiger als Krankheitsursache angegeben als von den Patienten (Tabelle 8).

Betrachtet man die Ursachenattribuierung als eine Rangreihe, so sind die Attribuierungen *Innere Ängste, Allgemeine Lebensprobleme* und *Fehlendes Selbstver-*

*trauen* mit den höchsten Mittelwerten bei beiden Geschlechtergruppen vertreten. Die größten Unterschiede in den Rangreihen finden sich bei den Items *Finanzielle Schwierigkeiten* und *Auseinandersetzungen*, welche von den Patienten wesentlich häufiger als Krankheitsursachen genannt werden als von den Patientinnen.

*Tabelle 8:* Geschlechtervergleich Krankheitsattribuierung

| *Geschlecht* | *Weiblich (n = 116)* | | | *Männlich (n = 80)* | | |
|---|---|---|---|---|---|---|
| *Ursachenattribuierung* | *MW* | *SD* | *MD* | *MW* | *SD* | *MD* |
| • Körperliche Erkrankung | 2.0 | 1.33 | 1.0 | 1.9 | 1.22 | 1.0 |
| • Kreislauf | 1.9 | 1.17 | 2.0 | 1.8 | 1.17 | 1.0 |
| • Wetter | 1.9 | 1.19 | 1.0 | 1.7 | 1.09 | 1.0 |
| • Ungesunde Lebensweise | 1.9 | 1.23 | 1.0 | 2.0 | 1.06 | 2.0 |
| • Innere Konflikte | 3.9 | 1.28 | 4.0 | 3.6 | 1.40 | 4.0 |
| • Innere Ängste | 4.0* | 1.25 | 4.5* | 3.7* | 1.33 | 4.0* |
| • Probleme | 3.9 | 1.33 | 4.0 | 3.7 | 1.29 | 4.0 |
| • Fehlendes Selbstvertrauen | 3.3 | 1.50 | 3.0 | 3.3 | 1.42 | 4.0 |
| • Partnerschaft/ Familie | 3.1 | 1.50 | 3.0* | 2.7* | 1.41 | 3.0 |
| • Kein Verständnis der Umwelt | 2.3 | 1.23 | 2.0 | 2.2 | 1.27 | 2.0 |
| • Auseinandersetzungen | 2.3 | 1.20 | 2.0 | 2.0 | 1.13 | 2.0 |
| • Berufliche Schwierigkeiten | 2.5 | 1.47 | 2.0 | 2.7 | 1.53 | 3.0 |
| • Allgemeiner Stress | 3.0* | 1.30 | 3.0* | 2.7* | 1.19 | 3.0* |
| • Umweltbelastungen | 1.8 | 1.05 | 1.0 | 1.7 | 0.94 | 1.0 |
| • Finanzielle Schwierigkeiten | 1.8 | 1.12 | 1.0 | 2.2 | 1.39 | 2.0 |
| • Gesellschaftliche Bedingungen | 2.2 | 1..23 | 2.0 | 2.3 | 1.34 | 2.0 |
| • Erbanlagen | 1.7 | 1.12 | 1.0 | 1.7 | 1.04 | 1.0 |
| • Schicksalsschläge | 2.2 | 1.44 | 1.0 | 2.1 | 1.28 | 2.0 |

*Anmerkung: U-Test* $p \leq 0.05$.

# 3 Ergebnisse des Subgruppenvergleichs ostdeutsche/ westdeutsche Psychotherapiepatientinnen und ostdeutsche/ westdeutsche Psychotherapiepatienten

Auf Grund der Fülle der Ergebnisse beim Vergleich der durch die Ergebnisverknüpfung *Gesellschaftliche Herkunft* und *Geschlechtszugehörigkeit* entstehenden vier Subgruppen kann im Folgenden nur auf einige markante Befunde eingegangen werden.

Der Vergleich der vier Subgruppen in Bezug auf Diagnose, subjektiv erlebte Symptomatik und Beeinträchtigungsschwerescore erbrachte keine gegenüber den Gesamtgruppenvergleichen weiter differenzierende Ergebnisse. Ebenso verhielt es sich bei dem Subgruppenvergleich der Anzahl der kritischen Lebensereignisse.

Demgegenüber ließen sich bei der wahrgenommenen sozioemotionalen Unterstützung weiterführende relevante Unterschiede feststellen. So wurde von den Düsseldorfer Psychotherapiepatientinnen eine hilfreiche Beziehungsqualität zur wichtigsten Bezugsperson signifikant negativer beurteilt als von den halleschen Psychotherapiepatientinnen und den beiden Psychotherapiepatientengruppen. Auch die Qualität hilfreicher Beziehungen zu anderen Bezugspersonen wurde von den Düsseldorfer Psychotherapiepatientinnen signifikant ungünstiger beurteilt als von den halleschen Psychotherapiepatientinnen. Ähnlich ungünstig beurteilen die Düsseldorfer Patienten die wahrgenommene sozioemotionale Beziehung zu anderen Personen, allerdings sind hier die Unterschiede nicht signifikant. Die Tendenz, dass pseudoautonome Beziehungsmuster verstärkt angegeben werden, zeigen im Vergleich beide Düsseldorfer Subgruppen gegenüber den halleschen Subgruppen in ähnlicher Weise (Tabelle 9).

*Tabelle 9:* Geschlechtervergleich sozioemotionale Unterstützung

| | *Patientinnen (N = 116)* | | | | | |
|---|---|---|---|---|---|---|
| | *Halle (N = 58)* | | | *Düsseldorf (N = 58)* | | |
| *Sozioemotionale Unterstützung* | *MW* | *SD* | *MD* | *MW* | *SD* | *MD* |
| • Pseudoautonomes Muster/ Wichtigste Bezugsperson | 11.93 | 4.19 | 12.0 | 12.46 | 3.10 | 12.5 |
| • Hilfreiche Beziehung/ Wichtigste Bezugsperson | 16.57* | 3.59 | 18.0 | 14.93* | 4.01 | 16.0 |
| • Pseudoautonomes Muster/ Andere Personen | 13.96 | 3.55 | 14.0 | 14.32 | 3.65 | 14.0 |
| • Hilfreiche Beziehung/ Andere Personen | 13.98* | 3.39 | 14.0 | 12.26* | 3.90 | 12.0 |
| | *Patienten (N = 80)* | | | | | |
| | *Halle (N = 40)* | | | *Düsseldorf (N = 40)* | | |
| *Sozioemotionale Unterstützung* | *MW* | *SD* | *MD* | *MW* | *SD* | *MD* |
| • Pseudoautonomes Muster/ Wichtigste Bezugsperson | 11.68 | 3.14 | 11.5 | 12.71 | 3.63 | 12.5 |
| • Hilfreiche Beziehung/ Wichtigste Bezugsperson | 16.98 | 3.00 | 18.0 | 16.36 | 3.31 | 17.0 |
| • Pseudoautonomes Muster/ Andere Personen | 13.55 | 2.68 | 14.0 | 14.38 | 3.61 | 14.5 |
| • Hilfreiche Beziehung/ Andere Personen | 13.58 | 3.17 | 14.0 | 12.08 | 3.53 | 13.0 |

*Anmerkung: U-Test* $p \leq 0.05$.

Im Vergleich der Krankheitsursachenattribuierungen, zeigen sich bei einzelnen Attribuierungen gravierende Unterschiede zwischen den Subgruppen (Tabelle 10).

So werden von den Düsseldorfer Patientinnen im Unterschied zu den halleschen Patientinnen hochsignifikant häufiger Schwierigkeiten in Partnerschaft/ Familie, Auseinandersetzungen sowie Schwierigkeiten in Beruf/ Ausbildung als Krankheitsursachen verantwortlich gemacht.

*Tabelle 10:* Ost-West-Patientinnenvergleich Ursachenattribuierung

| | *Patientinnenvergleich Halle (N = 58) / Düsseldorf (N = 58)* | |
|---|---|---|
| *Attribuierung der Symptomatik* | *Keine signifikanten Unterschiede* | *Signifikante Unterschiede* |
| | • Körperliche Erkrankungen<br>• Kreislauf<br>• Wetter<br>• Ungesunde Lebensweise<br>• Innere Konflikte<br>• Ängste<br>• Mit Problemen nicht fertig werden<br>• Mangelndes Selbstvertrauen<br>• Stress<br>• Umwelt<br>• Finanzen<br>• Gesellschaft<br>• Erbanlagen<br>• Schicksal | • Partnerschaft/ Familie (p = 0.01)<br>• Auseinandersetzungen (p = 0.03)<br>• Schwierigkeiten in Beruf/ Ausbildung (p = 0.03) |

*Anmerkung: U-Test* $p \leqq 0.05$.

Bei den Psychotherapiepatienten fällt dagegen auf, dass die halleschen Patienten gegenüber ihren Düsseldorfer Geschlechtsgenossen hoch signifikant häufiger die gesellschaftlichen Bedingungen als krankheitsverursachenden Faktor ansehen (Tabelle 11).

*Tabelle 11:* Vergleich Ursachenattribuierung

| | *Patientenvergleich Halle (N = 40) / Düsseldorf (N = 40)* | |
|---|---|---|
| *Ursachenattribuierung der Symptomatik* | *Keine signifikanten Unterschiede* | *Signifikante Unterschiede* |
| | • Alle anderen Attribuierungen | • Gesellschaftliche Bedingungen (p = 0.01) |

*Anmerkung: U-Test* $p \leqq 0.05$.

In den übrigen Ursachenzuschreibungen unterscheiden sich die Subgruppen wenig.

## 4 Zusammenfassung

Die Zusammenschau der vorliegenden Ergebnisse erlaubt folgende Schlussfolgerungen:

1. Bei den untersuchten Psychotherapiepatientengruppen bestehen geschlechtsspezifische Unterschiede bei der diagnostischen Zuordnung sowie der subjektiv wahrgenommenen psychischen Symptomatik. Bei den Patientinnen sind phobische und Angststörungen sowie Essstörungen überrepräsentiert, bei den Männern liegen dagegen öfter Somatisierungs- und Persönlichkeitsstörungen vor. Subjektiv leiden die untersuchten Patientinnen häufiger als die Patienten unter Angst und depressiven Symptomen, obwohl die Anzahl der affektiven Erkrankungen gleich verteilt ist. Die gesellschaftliche Herkunft spielt bei dieser Thematik keine Rolle.
2. Die Anzahl der kritischen Lebensereignisse ist bei den halleschen Psychotherapiepatienten wesentlich höher als bei der Düsseldorfer Vergleichsgruppe. Die Geschlechtszugehörigkeit zeigt hierbei keinen Einfluss auf die Ergebnisse. Es ist anzunehmen, dass es sich bei diesem Phänomen um die Widerspiegelung der gesellschaftspolitischen Wende in Ostdeutschland handelt. Die wahrgenommene psychosoziale Unterstützung wird von der halleschen Vergleichsgruppe signifikant positiver beurteilt als von der Düsseldorfer Vergleichsgruppe. Das Ergebnis steht im Einklang mit anderen Untersuchungen - z. B. von Brähler und Richter (1995) - in welchen ebenfalls eine höhere Intensität des Erlebens von sozioemotionaler Verbundenheit bei ostdeutschen Stichproben festgestellt wurde. Weiterführende Subgruppenvergleiche machen deutlich, dass insbesondere die Düsseldorfer Psychotherapiepatientinnen die Qualität ihrer sozioemotionalen Unterstützung negativ beurteilen. Möglicherweise überlagern sich hier geschlechtsspezifische und gesellschaftliche Faktoren. Weitere Aufschlüsse zu den Hintergründen dieses interessanten Detailbefundes sollen durch qualitative Auswertung der vorhandenen Klartextinterviews erhellt werden.
3. Ebenso wie bei der wahrgenommenen Qualität der sozioemotionalen Unterstützung überlagern sich auch bei den Ergebnissen zur subjektiven Krankheitsattribuierung gesellschaftliche und geschlechtsspezifische Faktoren. In prägnanter Zusammenfassung kann konstatiert werden, dass die Psychotherapiepatientinnen Ängsten, Partnerschafts- und Familienproblemen sowie allgemeinen Stressbelastungen eher eine Verantwortung für ihre Krankheitssymptomatik zuschreiben, während die Psychotherapiepatienten häufiger finanzielle Probleme und Auseinandersetzungen als Ursache ansehen. Differenziert man die Gruppen weiter, machen spezifisch die halleschen Psychotherapiepatienten häufiger die gesellschaftlichen Bedingungen für ihre Symptomatik verantwortlich, während die Düsseldorfer Psychotherapiepatientinnen sehr häufig aktuelle psychosoziale Probleme in ihrem unmittelbaren Umfeld als Krankheitsursache angeben.

Die referierten, teilweise sehr ausgeprägten Unterschiede zwischen den Vergleichsgruppen bei Einzelaspekten dürfen bei der Gesamtinterpretation nicht darüber hinwegtäuschen, dass bei den untersuchten Stichproben Gemeinsamkeiten überwiegen. Auf Grund dessen muss vor Generalisierungen und Vereinfachungen, welche den Blick auf die reale Beziehungswirklichkeit der Patienten/ innen eher verstellen als zu erhellen, gewarnt werden. Andererseits ergibt sich aus den Untersuchungsergebnissen die Notwendigkeit, die differenten psychosozialen Erwartungen und Erfahrungen der untersuchten Patientengruppen sowohl bei der Erarbeitung von Psychogeneseeinsicht und Psychotherapiemotivation sowie in der psychotherapeutischen Behandlung als wesentlichen Faktor einzubeziehen, um eine entsprechende Authentizität des Behandlungsprozesses zu Gewähr leisten.

## Literatur

Alfermann, P. (1996): Geschlechterrollen und geschlechtstypisches Verhalten. Stuttgart: Kohlhammer

Beckmann, D., Brähler, E. & Richter, H.-E. (1990): Der Gießen-Test (GT). Bern: Huber

Brähler, E. & Richter, H. E. (1995): Deutsche Befindlichkeiten im Ost-West-Vergleich. In: Psychosozial 59: 7 - 20

Brähler, E. & Geyer, M. (1995): Bibliografie Folgen der Wende und Ost-West-Vergleich im Bereich der psychosozialen Medizin. In: Psychosozial 59: 71 - 76

Brähler, E. & Wirth, H. J. (Hrsg.) (1995): Entsolidarisierung - die Westdeutschen am Vorabend der Wende. Opladen: Westdeutscher Verlag

Dinkel, R. H. (1994): Die Suizidsterblichkeit in den beiden deutschen Staaten in langfristiger Perspektive. In: Psychomed 6: 103 - 106

Franke, G. H. (1992): Eine weitere Überprüfung der Symptom-Check-Liste (SCL-90 R) als Forschungsinstrument. In: Diagnostica 38: 160 - 167

Geyer, M. (1995): „Sie nehmen die Kälte nicht wahr" - „Westdeutsche" aus der Sicht eines „Ostdeutschen". In: E. Brähler & H. J. Wirth (Hrsg.) (1995): 217 - 237

Geyer, M., Brähler, E., Plöttner, G. & Scholz, M. (1995): Gesellschaftlicher Umbruch - individuelle Antworten. Veränderungen ausgewählter sozialer und gesundheitlicher Parameter nach der Vereinigung im Ost-West-Vergleich. In: E. Brähler & H. J. Wirth (Hrsg.) (1995): 201 - 216

Konzag, T. A. & Fikentscher, E. (1993): Halt und Verlust - der Einfluss des Gesellschaftssystems auf Patientenschicksale. In: Psychologische Beiträge 35: 26 - 29

Konzag, T. A. & Fikentscher, E. (1994): Objektbeziehung und Regression in der stationären Therapie frühgestörter ostdeutscher Patienten/ innen. In: F. Lamprecht & R. Johnen (Hrsg.) (1994): 576 - 583

Lamprecht, F. & Johnen, R. (Hrsg.) (1994): Salutogenese - ein neues Konzept für die Psychosomatik. Frankfurt: VAS-Verlag

Maaz, H.-J. (1990): Der Gefühlsstau. Berlin: Argon

Maier-Diewald, W., Wittchen, W. & Eilert, K. (1983): Münchener Ereignisliste (MEL). München: Max-Planck-Institut für Psychiatrie

Peters, U. H. (1991): Über das Stasi-Verfolgten-Syndrom. In: Fortschr. Neurol.Psych. 59: 251 - 265

Sachs, L. (1993): Angewandte Statistik. Berlin, Heidelberg, New York: Springer

Schauenburg, H. (1995): Selbstbild, Werthaltungen und psychische Befindlichkeit von Studierenden in Ost- und Westdeutschland nach der Wende. In: E. Brähler & H. J. Wirth (Hrsg.) (1995): 169 - 189

Schepank, H. (1987): Psychogene Erkrankungen der Stadtbevölkerung. Eine tiefenpsychologisch-epidemiologische Feldstudie in Mannheim. Berlin, Heidelberg, New York: Springer

Schepank, H. (1990): Verläufe. Seelische Gesundheit und psychogene Erkrankungen heute. Berlin, Heidelberg, New York: Springer

Schepank, H. (1995): Der Beeinträchtigungs-Schwere-Score (BSS). Göttingen: Beltz Test

Speidel, H. (1994): Tabus von heute - Probleme von morgen. In: Psychotherapie, Psychosomatik, Medizinische Psychologie 44: 145 - 152

Wöller, W., Kruse, J., Reister, G., Richter, E.; Arnolds, S. & Kraut, D. (1993): Kortisolbild und emotionale Unterstützung bei Patienten mit Asthma bronchiale. In: Psychotherapie, Psychosomatik, Medizinische Psychologie 43: 171 - 177

Wöller, W., Arendt, G., Kruse, J. & Boström, J.(1995): Wahrgenommene soziale Unterstützung bei HIV-positiven Männern in Abhängigkeit vom Krankheitsstadium. In: Psychotherapie, Psychosomatik, Medizinische Psychologie 45: 208 - 214

Wöller, W. (1998): Maladaptives Kranheitsverhalten bei Asthma bronchiale. Göttingen: Vandenhoeck & Ruprecht

# Übertragungs- und Gegenübertragungsprobleme auf Grund entwicklungspsychologischer Differenzen der Geschlechter [1]

*Almuth Sellschopp*

## Einleitung

Der Einfluss des Geschlechts des Analytikers auf Prozesse von Übertragung und Gegenübertragung wird erst in jüngerer Zeit ernst genommen.

Bis vor kurzem galt Freuds Auffassung, dass die „Anatomie das Schicksal" (1912) sei. Nun gilt: Die Anatomie, der angeborene Geschlechtsunterschied ist nur die eine Hälfte des Schicksals. Wir wissen heute, dass neben den biologischen Faktoren seelische und soziale Einflüsse weit entscheidender für die Entwicklung von Kerngeschlechtsidentität („core gender identity") und Geschlechtsrolle („gender role identity") sind. Sie formen sich durch geschlechtsspezifische Interaktionen mit den primären Beziehungspersonen. Hier haben Untersuchungen der Säuglingsbeobachter (Dornes 1998; Galenson & Roiphe 1976; Lemche 1993; Olesker 1990) auf unterschiedliche Verschiedenheit weiblicher und männlicher Säuglings- und Kleinkindentwicklung (Reifungsgeschwindigkeit, Körperbildfokussierung, Unterschiede der motorischen und sprachlichen Sensibilität) hingewiesen.

## 1 Übertragung-Gegenübertragung und die Person des Analytikers

Aus psychoanalytischer Sicht stehen natürlich die Prozesse im Mittelpunkt - die auch später in Übertragungs- und Gegenübertragungsentwicklungen von Bedeutung sind. Die also, die als Folge der von außen erlebten und eigengestalteten Interaktionen sich als überdauernde Erfahrungsmuster im Inneren und dann im Umgang mit der Welt konstellieren. Die Ergebnisse dieser Beobachtungen haben die feministische Kritik untermauert, die zu einer grundlegenden Revision der „Psychologie der Frau" (Deutsch 1944) geführt hat. Dabei ist die Theorie der weiblichen (Sexual-) Entwicklung gründlich umgeschrieben worden, deren volle Integration in Behandlungen allerdings noch auf sich warten lässt. Mit Recht ist darauf hingewiesen worden, dass die veränderten Auffassungen in Bezug auf die weibliche Entwicklung zu den revolutionären Neuschöpfungen der psychoanalytischen Theorie in einem veränderten soziokulturellen Kontext gehören. Da ich auf den Aspekt soziokultureller Veränderungen nicht weiter eingehen werde, sei auf einige veränderte soziokulturelle Bedingungen z. B. besonders für Frauen hingewiesen, mit denen sie in den westlichen Gesellschaften konfrontiert werden: Verschiebung der Erstgeburten in das 3. Jahrzehnt und später; Reduktion des elterlichen Einflusses zu Gunsten öffentlicher

---

[1] Teile dieses Beitrages sind bereits in Nr. 9/ 10 (1999) der Zeitschrift *„Psyche"* erschienen.

Dienstleistungsbereiche; Verschiebung/ Aufhebung fester Bindungen; Verschiebung von Intimitätsschranken in der Öffentlichkeit; Zunahme verschiedenster Bindungsarten, -formen und -motiven; stärkere Identifikation mit professionellen Kompetenzen.

Sicher spielen diese Aspekte auch eine Rolle für die Entwicklung von dadurch veränderten Übertragungs- und Gegenübertragungsprozessen. Grundlegender sind jedoch die entwicklungspsychologischen Konzepte, die zur Ausbildung der frühen Weiblichkeit (primäre Feminität) führen.

Bevor ich auf diese Konzepte näher eingehe, möchte ich auf die zweite revolutionäre Veränderung der Psychoanalyse, die die Behandlungstechnik betrifft, kurz eingehen: Es ist die schulübergreifende Erkenntnis, dass der Einfluss der Person des Analytikers und die Auswirkungen seiner Gegenübertragung und seiner Theorie auf den Behandlungsverlauf von großer Bedeutung sind und in Freud's Ein-Personen-Psychologie und im intrapsychischen Konfliktmodell weit unterschätzt wurden. Wenn der Patient den Therapeuten als Experten aufsucht, so erwartet er sich Heilung vor allen Dingen auch von seinem Wissen über Entstehung und Heilung seelischer und psychosomatischer Erkrankungen. Er schreibt - wie auch die Öffentlichkeit - die Fortschritte der therapeutischen Wirksamkeit der psychoanalytischen Methode dem Gewinn neuer Erkenntnisse zu. Da in die professionelle Person die private Existenz und die persönliche Lebenserfahrung - oft schwer trennbar - mit eingehen, besitzt es großes Gewicht, ob der Therapeut sich darüber im Klaren ist, welche Plausibilität oder Validität die sein therapeutisches Denken und Handeln bestimmenden Theorien z. B. über die weibliche Entwicklung haben. Im Rückblick muss man sich mehr als wundern, dass Analytiker - Frauen waren ja lange in der Minderzahl - Patientinnen nach einer Theorie behandeln konnten, die heute als überholt gilt.

Kerz-Rühling (1991), Klöß-Rotmann (1993), Rohde-Dachser und Mitarbeiter/ -innen (1993) sowie viele andere Autorinnen haben darauf hingewiesen, wie unreflektiert männliche und weibliche Erklärungsmuster in Abhängigkeit vom Geschlecht des Therapeuten - kurzum so genannte theoretische Vorlieben - seine Interventionen, seinen Sprachstil in Behandlungen bestimmen. Generell will mir im Übrigen scheinen, dass der Stil solcher Untersuchungen sich in der Bewertung der Ergebnisse wandelt: Von einem berechtigten Protest gegen Penisneid-assoziierte „Verdikte“ in Bezug auf die Kommunikationsstrukturen von Frauen in Analysen hin zur Betonung der Andersartigkeit und Differenz männlicher und weiblicher Übertragungs- und Gegenübertragungsprozesse.

Grundlage dieser Arbeiten ist ein neueres Verständnis von Feminität und Bisexualität für die weibliche Entwicklung. Die Tatsache, dass die weitaus meisten Arbeiten hierzu aus der Feder von Analytikerinnen stammen, macht ihr größeres Interesse an diesem Thema deutlich. Die Gründe sind nahe liegend: Analytikerinnen interessieren sich für Entwicklungstheorien von Frauen, weil sie von erlebten Widersprüchen zu ihrer eigenen Erfahrung besonders stark berührt werden. Hinzu kommt, dass Frauen in ihrem Lebenslauf in Bezug auf körperliche Veränderungen und deren Bedeutung sichtbarer betroffen sind als Männer.

Ob das größere Interesse an der weiblichen Entwicklung von Analytikerinnen auch den Schluss zulässt, dass Frauen mit bestimmten Problemen z. B. der frühen Entwicklung auch bei Frauen in der Behandlung besser aufgehoben sind - wie Freud (1931) es für den Fall der problematischen Mutter-Kind-Beziehung annahm - muss offen bleiben. Wichtig für das Gelingen von Behandlungen wird in jedem Fall sein, ob die neueren Erkenntnisse zur Entwicklung von Analytikern rezipiert werden.

Mit dem Konzept der primären Feminität wird die Auffassung Freuds (1925) revidiert, nach der Mädchen um die ödipale Zeit den Unterschied zwischen den Geschlechtern mit dem Gefühl des unwiederbringlichen Verlustes registrieren und - wenn sie nicht in eine männliche Protestidentifikation ausweichen - durch die Regression auf den Wunsch, ein Baby zu haben (vom Vater), die resignative Entwicklung beschließen mit allen Folgen moralischer und intellektueller Einschränkung (keine ausreichende Überich-Entwicklung, Verbleiben im „ödipalen Hafen", Neugierverzicht).

## 2 Die primäre Feminität

Die primäre Feminität, wie sie bereits von Horney (1933) und später von Stoller (1976) vertreten wurde, ist in den letzten Jahren als Konzept unentbehrlich geworden (z. B. Fast 1991; Lloyd Mayer 1995; Poluda-Korte 1993). Deutlich wird aus den Beobachtungen vieler Autorinnen, dass es von Anfang an nicht das kleine traurige Mädchen gibt: Der Wunsch, männlich zu sein, und das Vergnügen an der eigenen Weiblichkeit sind keine sich ausschließenden Entwicklungslinien. Auch das Mädchen beschäftigt sich schon sehr früh mit dem eigenen Körper und den daraus gefundenen Quellen von Lust und Selbstzufriedenheit mit den damit verbundenen entsprechenden tatsächlichen und fantasierten Beziehungen zu Mutter und Vater. Die Tatsache, dass schon früh Beziehungen zu beiden Geschlechtern aufgenommen werden, scheint zur Entwicklung der primären Feminität zumindestens scheinbar in einem gewissen Spannungsverhältnis zu stehen. Bei genauerer Betrachtung kindlicher Spiele zeigt sich, dass deren bisexueller Charakter mehr mit einer Offenheit in der Fantasie, mit Kreativität zu tun hat, als mit biologischen Voraussetzungen, von denen Freud ausging. Nach einer Phase der primären Identifizierung, die für beide Geschlechter gleich ist, bewältigen beide auch in gleicher Weise die Erfahrung, sich vom anderen zu unterscheiden. Irene Fast (1993) hat darauf hingewiesen, dass das Erlebnis der Andersartigkeit der frühen Zeit zugehörig ist. Erst nach dem 18. Monat tritt das Kind in die wichtigste Phase, die bis zum Ende des 2. Lebensjahres anhält. In ihr wird in Fantasiespielen die Notwendigkeit der Beschränkung auf das eigene Geschlecht und die Erfahrung von Differenz zum anderen Geschlecht gelernt: Dies macht sich paradigmatisch beim Jungen an der Einsicht der Notwendigkeit eines Verzichts auf Gebärfähigkeit und beim Mädchen an der Erkenntnis der Penislosigkeit fest. Nach Fast (ebd.) ist das Erlebnis der Differenzierung mit intensiver Trauer und der Aufgabe narzisstischer Illusion in dem Gefühl, alles haben zu können, verbunden. Neid und Rivalität richten sich jetzt besonders auf den gegengeschlechtlichen Elternteil und prägen jetzt beginnende leidenschaftlich vehemente Auseinandersetzungen. Begreift man, wie Fast (ebd.), das Lernen der eigentlichen Geschlechtsidentität als Prozess der Differenzierung, darf nicht übersehen werden, dass sich in dieser Phase auch das Fantasiesystem des Kindes entwickelt, das das ganze Leben über erhalten bleibt. Damit erhält das Kind die Möglichkeit, immer mehr zu fantasieren, als es machen kann, was sich bevorzugt an Fantasien von Geschlechtsdifferenz festmacht und dort äußert. Das Lernen von Differenzen kann also nicht bedeuten, dass dieser Prozess im Inneren mit dem Ausschluss des anderen Geschlechts endet. Deutlich wird allerdings, dass das Differenzlernen für beide Geschlechter in der frühen Entwicklung unterschiedliches Gewicht besitzt, z. B. eine stärkere und frühere Abgrenzung des Jungen von der Mutter erfordert. Vielleicht hängt es hiermit zusammen, dass es auch in der klinischen Literatur eine nuanciertere und vielgestaltigere Sicht auf weibliche Genital- und Sexualängste gibt im Vergleich zu monotonen männlichen Kastrationsangst. Neben den Interaktionsverschiedenheiten im Umgang mit dem Primärobjekt Mutter sind hier auch Unterschiede des Körperbilderlebens zu erwähnen. Weibliche Ängste sind als Angst vor Penetration, Vergewaltigung, Entbindung, Offenheit, Diffusität, Verlassensein, Verführung, Bindung und Trennung, vor Erregung, Funktionsverlust, Berührung und anderem zu beschreiben.

Aber das spielerische und fantasievolle Ausgestalten mädchen- und jungenhafter Rollenbeziehungen findet seine Einschränkung zum einen an der anatomischen Festlegung des Geschlechts, zum anderen an den psychosozialen Geschlechtsbestimmungen, die durch den Einfluss der Eltern vorgenommen werden. Dieser wird durch jeweils unterschiedliche mütterliche und väterliche Reaktionsweisen auf Mädchen und Jungen von Geburt an wirksam. Um nur ein äußerliches Indiz für den Versuch der sozialen Einflussnahme zu nennen, sei an die blauen und die rosa Farben für Buben respektive Mädchen erinnert.

Unter dem Gesichtspunkt der frühen elterlichen, besonders aber mütterlichen Prägung ergibt sich für die weibliche bzw. männliche Entwicklungslinie eine Sicht, die sich von der Freuds unterscheidet.

Freud hat die weibliche Entwicklung als besonders kompliziert angesehen, weil er davon ausging, dass das Mädchen durch die Notwendigkeit des Objektwechsels, wie er meinte, gerade im Zusammenhang mit der Notwendigkeit der definitiven Identifizierung mit der Mutter (damit auch der Bewältigung der Wiederannäherungsphase und der negativ-ödipalen Situation) grössere Konflikte zu bewältigen hat. In „*Massenpsychologie und Ich-Analyse*" (1921) führt Freud aus:

> „Es ist leicht, den Unterschied einer solchen Identifizierung vor einer Objektwahl in einer Formel auszusprechen. Im ersten Fall ist der Vater das, was man sein, im zweiten, das, was man haben möchte. Es ist also der Unterschied, ob die Bindung am Subjekt oder am Objekt des Ichs angreift" (GW XIII: 115).

Diese beiden unterschiedlichen Formen der Beziehung - Sein und Haben - gelten in gleicher Weise auch für die Beziehung zur Mutter. Danach hätte das Mädchen die Mutter durch den Vater auszuwechseln, während der Junge bei der Mutter als Objekt qua Frau bleiben könne. Unter dem Gesichtspunkt der Identifikation ist Freuds Theorie des Wechsels in gewissem Sinne falsch, denn primäre Weiblichkeit und primäre Identifikation geben dem Mädchen im günstigen Fall ein Gefühl tieferer Sicherheit.

Zwar müssen sich auch Jungen mit der Mutter identifizieren, sich aber später befreien, um sich durch die Identifikation mit dem Vater als Mann fühlen zu können. Geht man davon aus, dass sich auch männliche Kinder mit der Mutter identifizieren, wird der Kampf vieler Männer später gegen ihre eigene Weiblichkeit verständlicher. Der Vorrang der dauerhafteren Identifikation von Mädchen mit ihren Müttern verändert die bisherige psychoanalytische Entwicklungspsychologie entscheidend. Die Relativierung der Bedeutung des Objektwechsels führt auch zu einer Revision der frühen Beziehungen von Mädchen und Jungen zum Vater. Für die weibliche Entwicklung ist dabei besonders wichtig, dass es unter dem Gesichtspunkt der primären Feminität zu einer Relativierung der Bedeutung des so genannten Penisneides kommt und zwar in der schon früh von Horney (1933) vertretenen Weise, dass nicht mehr so neidisch ist, wer sich eine grundlegende Sicherheit als Mädchen erworben hat. Natürlich ist es auch zu einer Relativierung des Penisneides im Kontext von soziokulturellen Veränderungen gekommen, die patriarchale Strukturen betreffen. Allerdings führt dies gleichzeitig zu erheblichen Rollenunsicherheiten von Frauen. In der Zeit des Patriarchats als wesentlicher Voraussetzung für den sozial determinierten Penisneid (der Mann als Muster des Menschen) waren Rollen zementiert. Der Feminismus hat Frauen nicht nur befreit, sondern konfrontiert sie mit einer Fülle von Aufgaben, die früher klarer auf beide Geschlechter verteilt waren (z. B. allein erziehende Mütter, Verbindung von Beruf, Kindererziehung und Hausfrau). So ergibt sich die paradoxe Situation für Frauen in unserer Zeit: Der echte Zugewinn an Sicherheit aus erfahrener primärer Feminität und die große Zunahme an Freiheiten der Lebensgestaltung (Beruf und Sexualleben betreffend, z. B. Bedeutung der Pille) wird durch eine Fülle von Aufgaben und Anforderungen belastet. Es wird hier deutlich, dass es keinen geringen Unterschied macht, ob man im kindlichen Spiel der Fantasie bisexuelle Spiele macht und in fantasievollen Möglichkeitsformen probiert, oder ob man als erwachsene Frau oder Mann nolens volens eingeschränkte Geschlechtsrollen und -identitäten lebt. Der Chance, die die Vielfalt weiblicher, jedoch inkompatibler Lebensziele und -entwürfe bietet, steht daher die Gefahr gehäuften Scheiterns gegenüber. Diese Situationen werden in der psychotherapeutischen Arbeit oft nur am Rande behandelt.

## 3 Von der primären Feminität zur Heterosexualität

Meine abschließende klinische Vignette geht im Kontext meines Themas auf die notwendige Entwicklung der primären Feminität bei einer zum Behandlungsbeginn 35-jährigen Frau ein. Bei dieser Patientin spielt das Problem inkompatibler Lebensentwürfe durchaus eine zentrale Rolle, das weniger durch spätere soziokulturelle Bedingungen erzeugt wurde, als durch eine frühe Mutterbeziehung, die ein Gefühl tiefer Auswegslosigkeit in Bezug auf ihre weiblichen Möglichkeiten erzeugte.

Bevor ich das klinische Beispiel darstelle, möchte ich die schlichte Tatsache erwähnen, dass es vier Kombinationen geschlechtsspezifischer Dyaden in der Therapie gibt:

1. Frau - Mann
2. Frau - Frau
3. Mann - Mann
4. Mann - Frau.

Dyadenspezifische Beschreibungen von Übertragungs- und Gegenübertragungsmustern zeigen, dass zumindestens am Beginn einer Analyse geschlechtskonkordant vom Analytiker und vom Patienten initiierte, sich wiederholende Muster hergestellt werden: also mütterliche Übertragungsmuster eher bei Frauen, väterliche und ödipale eher bei Männern. Auch scheint die Länge der Behandlung und die Schwere der Störung einen Einfluss auf die Ausprägung geschlechtsspezifischer Übertragungs- und Gegenübertragungsmuster zu nehmen. Therapeutische Dyaden sind aber immer auch „Triaden minus eins" (Thomä & Kächele 1997: 295), weil Dritte potenziell anwesend sind. Dabei geht es nicht nur um Personen. Das Dritte ist auch das Neue, was aus der therapeutischen Beziehung hervorgeht. Den „Dritten im Bunde" zu berücksichtigen, erfordert also unbedingt eine flexiblere Handhabung von Übertragungs-, aber vor allem Gegenübertragungsbereitschaften. In Bezug auf die Möglichkeit in der Gegenübertragung „bisexuell" flexibler zu sein, also auch gegengeschlechtliche Übertragungen auf sich zu ziehen, wird besonders die Frau-zu-Mann-Dyade immer wieder unter dem Aspekt diskutiert, warum sie zum einen die am wenigsten häufige Dyade ist, und zum anderen durch „reduktionistische Phänomene" auffällt - wie neben der geringen Frequenz dem Ausbleiben von erotisch-sexuellen und auch väterlichen Übertragungselementen, die sie von der komplementären Mann-zu-Frau-Dyade erheblich unterscheiden. Im Gegenteil wurden „happy end"-Lösungen dieser Beziehungen - der Patient heiratet seine Therapeutin - beliebter Stoff filmischer Inszenierungen.

Ich komme nun zur klinischen Vignette, der ich die Überschrift „Von der primären Feminität zur Heterosexualität" gegeben habe.

Als mir Susi überwiesen wird, teilt mir der vorbehandelnde Psychiater außer der Diagnose der Depression auch etwas mit, was, wie er glaubt, der Ursprung der Erkrankung sei: „Eine vergiftete Nabelschnur." Er wollte damit zum Ausdruck bringen, dass es sich um eine tief greifende Störung der frühen Mutter-/ Kind-Beziehung handelt. Die Patientin kann heute noch nicht Mutter sagen. Hoffnungslosigkeit beherrscht zutiefst ihr Leben. Eine Ehe, die sie nach dem Tod der geliebten Großmutter einging, ist gescheitert.

Vielfacher Wohnungswechsel zu näheren oder weiteren Verwandten begleiteten die Entwicklung der Patientin nach der Scheidung der Eltern. Die Mutter machte eine Ausbildung und war für die Patientin in heutiger Sicht eine Karikatur. Sie legte Wert auf die Titel, die Anerkennung als tüchtige Frau, die Bedeutung des Öffentlichen, das in ihr Leben trat. Die Patientin lebte als Jüngste in sich zurückgezogen. Sie beobachtete viel. Sie entwickelte die Fantasie, nicht in die Familie geboren zu sein, nach der Geburt verwechselt worden zu sein. Dabei entwickelte sie eine sensible Moral für Ungerechtigkeiten innerhalb der Geschwistersituation, die später zu einer tiefen Wunde führte. Eine spätere Benachteiligung hat für die Patientin exemplarische Bedeutung. Bei der Scheidung der Eltern entschloss sich die etwa 10-jährige Susi bei der Mutter zu bleiben, um nicht von der geliebten Großmutter getrennt zu werden. Sie verlor den Vater und dessen große finanzielle Mittel, die der Schwester zuflossen und später dieser ganz zugeschlagen wurden. Hass und Neid auf die Schwester erfüllten von nun an ihr Leben und den Anfang der Analyse. Ihr Neid richtete sich auch auf alles Männliche, verbunden mit einem tief sitzenden Gefühl der Ausweglosigkeit, des Gefängnisses, der Bewegungslosigkeit. Besonders die größere Beweglichkeit des Ehemannes (Bergsteigen, Berufstätigkeit) und die Schwierigkeit der Patientin, ihn für sich zu erobern, eigene Aktivitäten auch in der Sexualität zu entwickeln, führten zu immer größerer Trägheit mit starker Gewichtszunahme (90 kg bei Behandlungsbeginn).

Nach der Scheidung, die zu Beginn der Behandlung sehr rasch vom Ehemann eingeleitet wurde („Er weiß, ich habe ja jetzt Sie"), entwickelte sie eine intensive Abneigung gegen das, was sie „normale Männer" nannte und identifizierte sich mit eher feministischen Ideen sozialer Verbesserung (über Stichwort „Mutter Teresa"). Ihre während der Ehe eingeschlafene Sexualität wird auch in der Analyse am Anfang nur randständig und verächtlich erwähnt. Sie nimmt an Gewicht ab, dabei immer orientiert an der Figur der Analytikerin. Sie legt sich ein betont männliches, etwas liebloses Äußeres sowie einen kurzen Haarschnitt zu und trägt beständig Hosen. In ihrer Arbeit geht sie auf Konfrontation mit Männern, die sie bewusst verachtet und bekämpft. Dies verstehe ich auch als Ausdruck des kleinen Mädchens, sich von der Mutter nicht geliebt zu fühlen, nicht so viel wert zu sein, obwohl sie sich damals für sie entschied. Sie versucht männliches Begehren in der Analyse zu imitieren, um ihr Gefühl, zurückgestellt worden zu sein bei der Mutter im Vergleich zum Bruder zu überwinden. Gleichzeitig signalisiert sie damit auch, dass Männer nicht wirklich attraktiv sind. Gegen jede Intervention der Analytikerin, bei der sie das Gefühl hat, sie könnte ihren Mann, ihren Bruder, Arbeitskollegen im positiven Licht erscheinen lassen, beharrt sie auf deren Minderwertigkeit.

Sehr deutlich ist, dass ihre Verhaltensänderung und auch ihre Symptombesserung sich orientieren an dem Bild, was sie von mir als selbstständige berufstätige Frau hat. Darüber hat sie sich genau informiert. Sie tastet meinen Körper in der Fantasie ab. Susi inszeniert im Spiel eine Kleinfamilie, indem sie zum „Jungen" (Teddy) während der Analyse ein Mädchen (Teddy) „hinzuadoptiert". Auch beschäftigt sie die dringende Frage, ob ich sie mag, warum ich sie als Analysandin angenommen habe, ob man mich hat drängen müssen, ob sie erwünscht ist und immer wieder, ob sie bleiben darf. Ihre Qualen der Sehnsucht nach der Analytikerin, ihre Bewunderung, weil sie für sie Ein und Alles ist, ihre Suche nach Trost und ihr Wunsch, ganz eins mit ihr sein zu wollen, kämpfen in ihr immer wieder mit großer Empfindsamkeit, nicht richtig angefasst worden zu sein, starkem Neid auf andere (Patienten) und zunehmend auch Wut in Fantasien über mich, in denen sie sich verraten fühlt., vor allem aber auch immer wieder mit intensivem Werben, das sie in die Hand nehmen möchte, um das Gefühl zu haben, nicht nur angenommen zu sein, sondern auch von sich aus unsere Beziehung formen zu können.

Susi arbeitet ihr ambivalentes Mutterbild an mir durch mit dem unbewussten Ziel, die misslungene primäre Identifikation nachzuholen. Ich denke, dass eine Analytikerin rascher und ohne weiteres Dazutun Identifikationen ermöglichen kann, die nachträgliche Defizite der primären Identität auszugleichen in der Lage sind. Wahrscheinlich ist hierfür das reale Geschlecht des Analytikers in seiner Einwirkung auf die Übertragung am Anfang von Gewicht, auch wenn der Analytiker als Mann keine inneren Probleme hat, die gegengeschlechtliche Rolle zu übernehmen. Hinzu kommt aber, dass Männer es vermutlich etwas schwerer haben, weibliche und mütterliche Identifikationen konfliktfrei zu tolerieren und Probleme haben mit der Anerkennung der primären Identifikation. Liegt es am Rande gesagt auch daran, dass Männer, obwohl sie sich als Jungen in gleicher Weise primär mit der Mutter identifizieren, kaum, so scheint es, wenn man die Literatur anschaut, über ihre primäre Maskulinität nachgedacht haben. Frauen haben es auch leichter, weil auch bei schwer, das heißt in ihrer Mutterbeziehung und damit in ihrer primären Feminität gestörten erwachsenen Frauen sich, möchte man fast sagen von Natur aus, eher ödipale Konstellationen, d. h. ein heterosexuelles Spannungsfeld bei einem männlichen Therapeuten zumindest initial entwickelt.

Aber auch in einer Frau-zu-Frau-Dyade besteht die Gefahr, dass die ersehnte Identifikation in der Übertragung defensiv verwendet wird und der Abwehr oraler Aggressionen, also des Mutterhasses, dient. Wie sehr an der Idealisierung der Analytikerin festgehalten werden muss, zeigt sich dann spätestens am Ende der Therapie durch das Auftreten von depressiven, schwer zu bearbeitenden Trennungsreaktionen. Die große Schwierigkeit, die Aggressionen in der Mutterbeziehung angemessen zu bearbeiten und sich so auch aus der primären Identifikation zu lösen, wird erheblich erschwert, wenn es in dieser Weise zu einem geteilten Mutterbild kommt, in dem der Hass auf die Männer verschoben wird. Hierzu möchte ich abschließend noch eine *kleine Vignette* aus der Behandlung von Susi bringen.

Die positive Identifizierung mit mir im Erleben von Susi, die lange Entwicklung von Vertrauen, ermöglichte ihr das Bewusstwerden ihrer Aggressivität. Denn sie träumte: „Ich bin auf dem Friedhof mit einer Frau am Grabstein gestanden. Es hat mir jemand, ein männliches Wesen, ohne dass ich es zunächst gemerkt habe, mit einer Spritze, die Gift enthielt, in den Hintern gepiekst. Dann spürte ich es und er konnte den Inhalt nicht hineinspritzen, weil ich den Po zusammengekniffen habe. Die andere Person sagte, das ist ja ganz schön listig von dem Stecher." Den Traum kommentierte sie mit: Der Stecher sei „der Teufel in mir", der nicht zugelassen werde, weil er die gute Entwicklung behindere, die sie nimmt, was sie nicht zulassen wird. Mit dieser Bemerkung nahm die Patientin ihre projizierten Selbstanteile zurück. Ich ermutigte sie, in unserer Beziehung davon mehr zuzulassen.

Denn mir fiel sofort die große Diskrepanz zwischen dem Liebesbrief, den sie mir am Anfang derselben Stunde überreichte, und den bedrohlichen Aspekten des Traumes auf (gefährliche Spritze, Grab). Indem sie das Böse auf sich selbst beziehen wollte und vom „Teufel in mir" sprach, schwelgte die Patientin - wie so oft in Reaktionsbildung zum Bedrohlichen - sehnsuchtsvoll in Fantasien der Harmonie und reinen Liebe zu mir.

Ich gehe zunächst auf reale kleine Enttäuschungen ein, also auf die Spannung zwischen ihrem schwärmenden Idealisieren in dieser Stunde und dem Tagesrest als schmerzhaftes Pieksen in den Sitzungen davor. Um den Widerstand zu unterlaufen, mit dem sie häufig vermeidet, überhaupt Sexualität zu erwähnen, interpretiere ich direkt die sexuelle Bedeutung, was ihr sofort einleuchtet. Sie bringt als Erinnerung eine a tergo-Szene mit ihrem Mann in der Duschkabine, die ihr heute noch sehr frivol erscheint. Es gelingt ihr, mich etwas einzubeziehen in ihr naives Getue mit Männern. In dieser Stunde gelingt es noch nicht, die vielfachen Gefahren, die in der „Spritze“ enthalten sind und die dadurch im Traum abgemildert werden, dass der Vollzug unterbleibt, zur Sprache zu bringen. Immerhin konnte die Patientin schon vom „Teufel in mir“ sprechen und damit das Böse, sei es nun „männlicher“, sei es „weiblicher“ Natur einbringen. Der Traum macht deutlich, dass die Patientin sowohl mir als auch sich durchaus männliche Funktionen zuschreibt und diese im Verhalten mit mir durchspielt, in dem für sie auch die eigene phallische Aggressivität eine Rolle spielt, indem sie immer wieder als Liebhaber versucht, mich zu erobern. Diese unbewussten Motive werden zum Teil kaschiert durch eine sehr intensive Kontrolle meiner ganzen Lebenssituation und meiner Umgebung und dadurch eben auch zugleich ausgedrückt. Ihre große Schwierigkeit, Aggressivität in der Beziehung zu mir zuzulassen, wird auch dadurch deutlich, dass sie zu den Patientinnen gehört, die unbedingt versuchen, ihr negatives Männerbild mit der Analytikerin zu teilen und die Männer verteufeln: Frauen sind unschuldige Opfer von Männern und werden wie bei Susi in Fantasien von Güte, Reinheit und Idealisierung den bösen Männern gegenübergestellt, eine Gefahr für die Gegenübertragung, sich „unter Frauen“ zu solidarisieren.

Vorrangig ist für Susi - die Behandlung läuft noch - mit mir Erotik von Frau zu Frau so durchzuspielen wie mit ihrer Teddyfamilie. Diese wird als Idylle ohne Vater gelebt. Er gehört eben zu den bösen Männern, die nur „das Eine wollen“. Deutlich ist, dass elementare, lustvolle Triebhaftigkeit von ihr vermieden wird. Gerade deswegen ist es wichtig, im weiteren Fortgang der Analyse die Triebhaftigkeit z. B. im vollständigeren Abtasten des Körpers zu intensivieren. Wichtig wird auch sein, anzuerkennen, dass hinter ihrem intensiven Liebeswerben, ihrem sinnlichen Gurren und Tätscheln der dadurch verdeckte intensive Neid steckt, auch haben zu wollen, mehr sein zu können, sich entwickeln zu können. Wichtig ist mir, darauf hinzuweisen, dass wie bei Susi sehr oft in Frau-zu-Frau-Dyaden der Männerhass Folge des geteilten Mutterbildes ist. Männer dürfen nicht „spritzen“ im Bilde des Traums, weil sie den aggressiven Anteil aus der Mutterbindung (böse Brust) übernehmen müssen, so dass die Bedrohlichkeit der Aggressivität und die Abwehr z. B. von Susi, irgendetwas an sich machen zu lassen, unbewusst aufeinander durch projektive Identifikation bezogen sind.

## Schlussbemerkung

Zurück zum Anfang. Auch in Bezug auf den Analytiker, den Therapeuten, ist die Anatomie nur die Hälfte des Schicksals: insofern sein reales Geschlecht als Teil seiner Realität die Behandlungssituation mitbestimmt. Neben seiner Biologie sind es seine interaktionellen geschlechtsspezifischen Lernerfahrungen, die den therapeutischen Prozess bestimmen. In der moderaten Intersubjektivitätstheorie wird deshalb folgerichtig der Gegenübertragung des Analytiker/ der Analytikerin ein zentraler Platz eingeräumt. Damit verknüpft sich die Forderung, in der eigenen Arbeit unbedingt auch in der Gegenübertragung Fortschritte in der Theoriebildung einzubeziehen, insbesondere solche, die zeigen, dass es zwischen männlicher und weiblicher Entwicklung auch Differenzen gibt, die zu integrieren sind in jede einzelne Behandlung. Im Mittelpunkt der theoretischen Fortschritte steht die primäre Feminität. Sie reicht für beide Geschlechter bis in die allerfrühesten Anfänge der Entwicklung zurück und verbindet sich mit der Bereitschaft zur Entfaltung von Vertrauen und zwischenmenschlicher Resonanz, die auch in späteren therapeutischen Prozessen eine wesentliche Rolle spielt.

## Literatur

Alves, E. M. (Hrsg.) (1993): Stumme Liebe. Freiburg: Kore
Deutsch, H. (1944/ 45): Psychologie der Frau. 2 Bde. Bern: Huber
Dornes, M. (1998): Der kompetente Säugling. Frankfurt am Main: Fischer
Fast, I. (1991): Von der Einheit zur Differenz. Frankfurt am Main: Fischer
Freud, S. (1912): Über die allgemeinste Erniedrigung des Liebeslebens. GW IV: 90
Freud, S. (1921): Massenpsychologie und Ich-Analyse. GW XIII: 115 - 121
Freud, S. (1925): Einige psychische Folgen des anatomischen Geschlechtsunterschiedes. GW XIV: 19 - 30
Freud, S. (1931): Über weibliche Sexualität. GW XIV: 518 - 530
Galenson, E. & Roiphe, H. (1976): Early female development. In: Journal of the American Pychoanalytic Association 24: 29 - 57
Horney, K. (1933): Zur Frage des weiblichen Masochismus. In: K. Horney (1977): 191 - 219
Horney, K. (1977): Die Psychologie der Frau. München: Kindler
Kerz-Rühling, J. (1991): Psychoanalyse und Weiblichkeit. In: Zeitschrift für Psychoanalytische Theorie und Praxis 6: 291 - 317
Klöß-Rotmann, L. (1993): Wie lautlos ist die Sprache der Frauen ? In: E. M. Alves (Hrsg.) (1993): 189 - 222
Lemche, E. (1993): Das Körperbild in der psychoanalytischen Entwicklungspsychologie. Freiburg: Klotz
Lloyd Mayer, E. L. (1995): Primary feminity. In: Journal of the American Psychoanalytical Association 43: 17 - 38
Olesker, W. (1990): Sex differences during the early separation-individuation process: implications for gender identity formation. In: Journal of the American Psychoanalytical Association 38: 325 - 346
Poluda-Korte, E. S. (1993): Der „lesbische Komplex". In: E. M. Alves (Hrsg.) (1993): 73 - 132
Rohde-Dachser, C., Baum-Dill, B., Brech, E., Grande, T., Hau, S., Jockenhövel-Poth, A. & Richter, A. (1993): „Mutter" und „Vater" in psychoanalytischen Fallvignetten. In: Psyche 47: 613 - 646
Sellschopp, A. (1999): Primäre Feminität und das Geschlecht des Analytikers in Übertragung und Gegenübertragung. In: Psyche 53: 1042 - 1070
Stoller, R. (1976): Primary feminity. In: Journal of the American Psychoanalytical Association 24: 59 - 78

Thomä & Kächele, H. (1997): Lehrbuch der psychoanalytischen Therapie. 2 Bde (2. Aufl.). Berlin, Heidelberg, New York: Springer.

# Geschlechtsspezifische Unterschiede im Therapieverlauf und Therapieerfolg bei stationärer Psychotherapie

*Cornelia Schadeberg, Ulrike Bandemer-Greulich und Tom-Alexander Konzag*

## Einleitung

Die psychotherapeutische Behandlung an der Klinik für Psychotherapie und Psychosomatik der Martin-Luther-Universität Halle-Wittenberg beruht auf einem integrativen Konzept, welche psychodynamisch orientierte Einzel- und Gruppentherapie, Körpertherapie und Gestaltungstherapie umfasst. Je nach Diagnose werden zusätzlich individuelle Therapieelemente vereinbart. Im Rahmen einer Evaluationsstudie werden zu vier verschiedenen Messzeitpunkten von Patienten und Therapeuten Testinstrumente ausgefüllt. Am Anfang (T0), nach 2 (T1) und 6 (T2) Wochen, sowie am Ende der Therapie (T3) werden von den Patienten Fragebögen zu allen Therapieformen (z. B. Kommunikative Bewegungstherapie, Maltherapie, Einzel- und Gruppenpsychotherapie usw.) und der Beziehungsfragebogen von Luborsky (siehe Bassler & Hoffmann 1993) beantwortet. Analoge Fragebögen werden von den Therapeuten ausgefüllt. Zum Entlassungszeitpunkt sind außerdem speziell entwickelte Evaluierungsfragebögen parallel von Patienten und von Therapeuten auszufüllen.

## 1 Patientenklientel

In die Studie wurden 279 stationär behandelte Patienten der Jahre 1995 - 1998 einbezogen. Es waren alle stationären Patienten dieses Zeitraumes, welche länger als 2 Wochen in der Klinik weilten und mit denen eine Therapievereinbarung abgeschlossen wurde. Die vorliegende Untersuchung beschäftigt sich speziell mit geschlechtsspezifischen Gemeinsamkeiten und Unterschieden innerhalb des Patientenklientels. Zur Testung der Unterschiede zwischen weiblichen und männlichen Patienten wurde der $\chi^2$-Test (zweiseitig) verwendet. Die Auswertungen erfolgten mit dem Statistikprogramm SPSS Version 6.1.

Wie in fast allen psychotherapeutischen Kliniken kamen mehr weibliche als männliche Patienten zur stationären Behandlung, insgesamt wurden 202 Frauen und 77 Männer in die Studie einbezogen. Dabei ist der Anteil sehr junger Frauen (bis 25 Jahre; 24 %) etwas höher als der entsprechende Männeranteil (17 %).

Bei den Angaben zum Familienstand fallen anteilig mehr ledige (52 %) und weniger verheiratete Männer (25 %) im Vergleich zu den Frauen (37 % zu 43 %) auf (Chi-Quadrat = 9.3; FG = 3; p = 0.025; nach Herausnehmen der Verwitweten). Dies spiegelt sich auch in den Angaben zur festen Partnerschaft der Patienten wieder; 65 % der Frauen haben einen festen Partner, während nur 52 % der Männer dies bejahen (Chi-Quadrat, FG = 1; p = 0.05). Der Anteil männlicher Patienten, welche noch bei den Eltern wohnen, ist etwas größer als der entsprechende Anteil der Frauen (7 % zu 17 %).

Bezüglich der erworbenen Berufsablüsse unterscheiden sich männliche und weibliche Patienten nicht.

*Tabelle 1*: Erwerbstätigkeit vor Klinikaufnahme nach Geschlecht

| | *Voll erwerbstätig* | *Teilzeit erwerbstätig* | *Nicht erwerbstätig* | *Arbeitslos* | |
|---|---|---|---|---|---|
| • Männer | 33 | 1 | 8 | 35 | *77* |
| | 43 % | 1 % | 10 % | 45 % | |
| • Frauen | 81 | 23 | 29 | 66 | *199* |
| | 41 % | 12 % | 15 % | 33 % | |

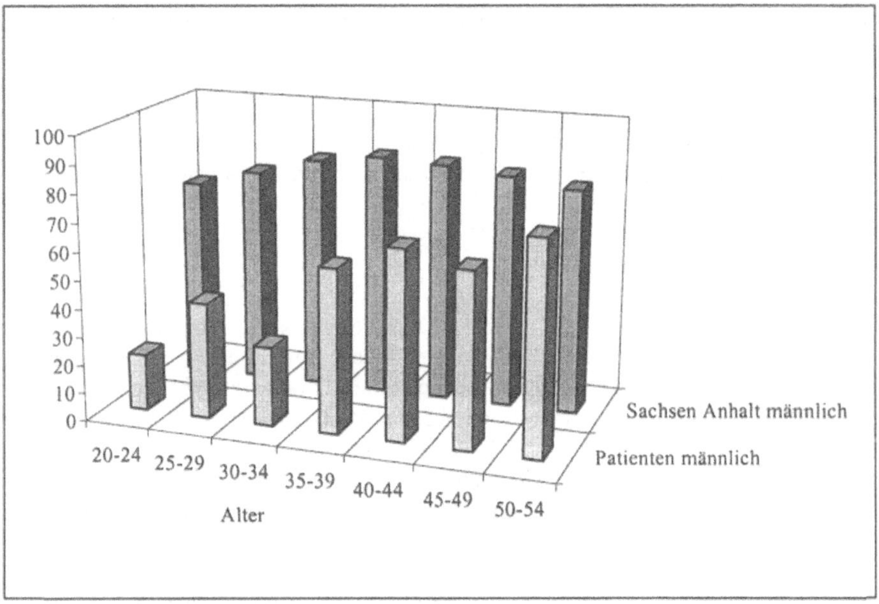


*Abbildung 1 a:* Erwerbstätigkeit im Vergleich Sachsen-Anhalt 1996 und männlichen Patienten 1995 - 1998

Bei der Erwerbstätigkeit vor Klinikaufnahme (Tabelle 1) fällt der höhere Anteil teilzeitbeschäftigter Frauen auf; dieses verwundert nicht, da eine Teilzeitarbeit für Männer unüblich ist. Vergleicht man aber den Anteil erwerbstätiger (Voll- und Teilzeit) Patienten, differenziert nach Altersgruppen und Geschlecht, mit der Erwerbstätigenquote von Sachsen-Anhalt (Abbildungen 1 a & 1 b), so fällt doch auf, dass der Anteil Erwerbstätiger in der Patientengruppe in allen Altersgruppen niedriger ist. Während in Sachsen-Anhalt je nach Altersgruppe zwischen 70 % und 85 % der Männer erwerbstätig sind, sind es bei unseren männlichen Patienten je nach Altersgruppe ein Fünftel bis zwei Drittel (Durchschnitt 44 %). Dabei sind allerdings die geringen Fallzahlen in der Gruppe der männlichen Patienten zu beachten. Bei den Frauen liegt der Anteil teil- und vollzeitbeschäftigter Patientinnen (53 %; durch teilzeit höher) ebenfalls 10 - 30 % unter dem entsprechenden Anteil für Sachsen-Anhalt.

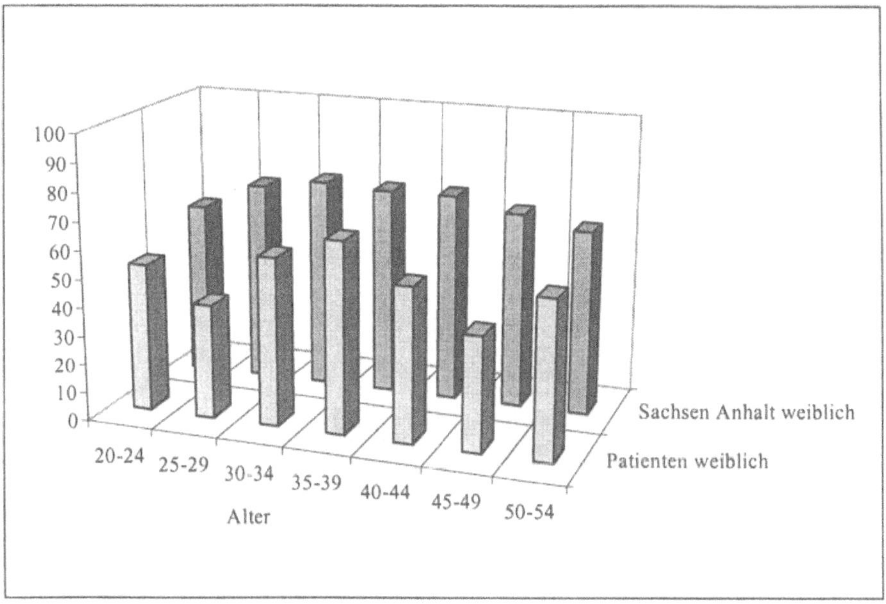


*Abbildung 1 b:* Erwerbstätigkeit im Vergleich Sachsen- Anhalt 1996 und weiblichen Patienten 1995-1998

Bei Krankschreibungen, welche länger als ein viertel Jahr dauerten, unterscheiden sich die Geschlechter nicht. Der Anteil der Frauen, welche nicht oder bis einen Monat krankgeschrieben waren, ist gegenüber den Männern leicht erhöht. Während diese häufiger zwischen 1 Monat und einem viertel Jahr krankgeschrieben waren.

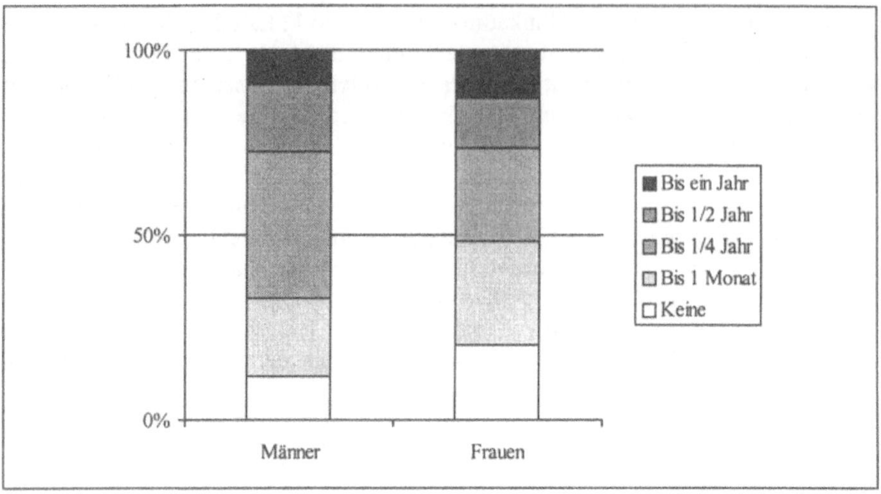


*Abbildung.2*: Krankschreibung in den letzten 12 Monaten nach Geschlecht

Bei der Dauer der Beschwerden im Geschlechtervergleich (Abbildung 3) zeigt sich im Trend eine etwas kürzere Dauer der Beschwerden der Frauen. Dies könnte damit zusammenhängen, dass sowohl Frauen selbst, als auch Ärzte bei Patientinnen eher eine Psychogenese in Erwägung ziehen als bei Männern und sie damit eher psychotherapeutische Hilfe erhalten als Patienten.

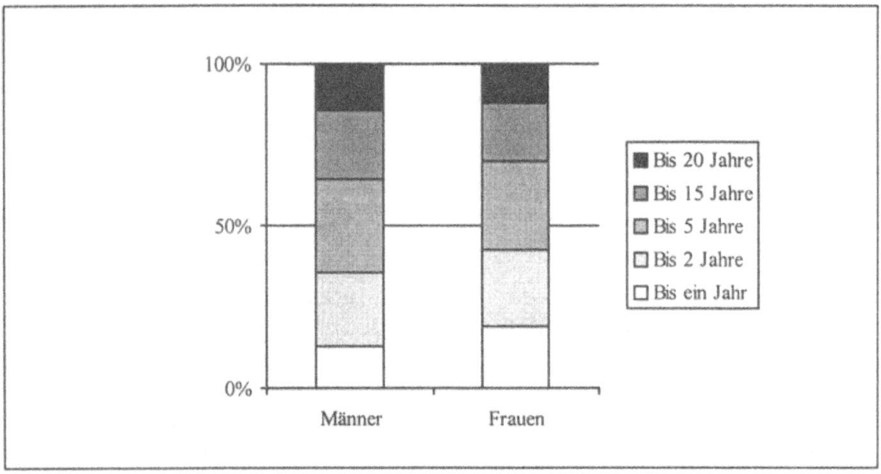


*Abbildung 3*: Dauer der Beschwerden nach Geschlecht

Bei der subjektiven Einschätzung der Krankheitsgenese steht der psychische Aspekt bei beiden Geschlechtern im Vordergrund. Dabei ist zu berücksichtigen, dass unsere Patienten bereits eine ambulante Vordiagnostik durchliefen, sowie nur die Patienten in die Studie einbezogen wurden, mit denen eine Behandlungsvereinbarung zu Stande kam. Damit kann im Allgemeinen von einer ausreichenden Motivation der Patienten zur Psychotherapie ausgegangen werden. Dies spiegelt sich auch in der Therapiemotivation wieder, welche von 73 % der Männer und von 70 % der Frauen hoch bzw. sehr hoch angegeben wird (3 und 4 bei einer Skala von 0 (nicht) bis 4 (sehr) motiviert).

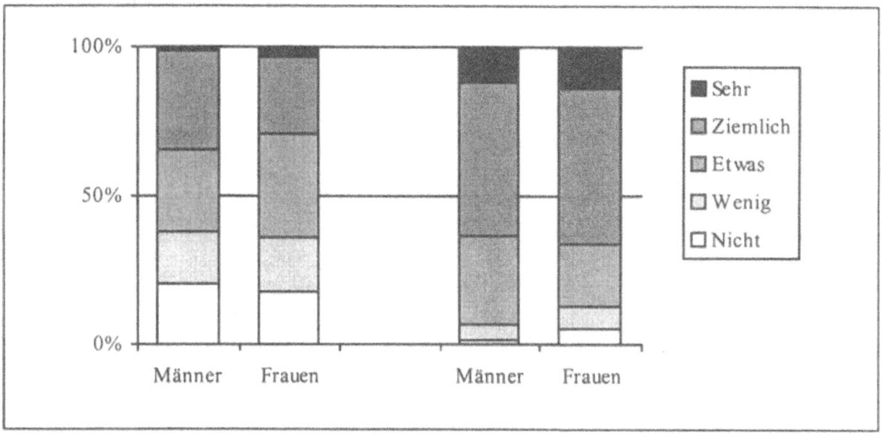


*Abbildung 4*: Wie krank fühlen Sie sich körperlich (linke Balken) bzw. seelisch (rechte Balken)?

*Tabelle 2*: Diagnosen nach Geschlecht

| | *Männer* | | *Frauen* | |
|---|---|---|---|---|
| | *N* | *%* | *N* | *%* |
| • Essstörungen | 1 | 1 % | 33 | 16 % |
| • Angststörungen, Dystymia, Somatoforme Störungen | 18 | 23 % | 40 | 20 % |
| • Narzistische Persönlichkeitstörungen | 22 | 29 % | 36 | 18 % |
| • Borderline-Persönlichkeitsstörungen | 6 | 8 % | 20 | 10 % |
| • Abhängige und ängstliche Persönlichkeitsstörungen | 18 | 23 % | 42 | 21 % |
| • Sonstige Persönlichkeitsstörungen | 9 | 12 % | 23 | 11 % |
| • Sonstige Diagnosen | 3 | 4 % | 8 | 4 % |
| | *77* | | *202* | |

Bei den Diagnosegruppen sind bei den Frauen die Essstörungen wesentlich häufiger als bei den Männern. Dafür wird bei den männlichen Patienten eine narzisstische Persönlichkeitsstörung häufiger diagnostiziert (Tabelle 2).

## 2 Fragebögen zur Wirksamkeit der Therapieformen

Mittels eines Therapieformenfragebogens wird zu 3 verschiedenen Messzeitpunkten (2 Wochen - T1; 6 Wochen - T2; am Ende - T3) die subjektiv erlebte Wirksamkeit der einzelnen Therapien durch die Patienten beurteilt. Eine parallele Bewertung wird von den jeweiligen Therapeuten vorgenommen. In diesem Beitrag wird nur die patientenseitige Einschätzung dargestellt. Die therapeutenseitige Einschätzung wird in weiteren Publikationen diskutiert (Bandemer-Geulich & Schadeberg 1997; Konzag & Fikentscher 1998)

Die Patienten beurteilen dabei die Wirksamkeit folgender Therapieformen: Mal- und Gestaltungstherapie, Musik- und Tanztherapie, Kontakt mit den Schwestern, Einzelpsychotherapiestunden, Gruppenpsychotherapiestunden, Rollenspiel, Videogruppe, Joga, Stationsgruppe, Autogenes Training, Gymnastik, Kommunikative Bewegungstherapie, Konzentrative Entspannungstherapie.

## 3 Geschlechtsspezifisch differenzierte Behandlungsverläufe

### 3.1 Mal- und Gestaltungstherapie

Bei der Mal- und Gestaltungstherapie (Janssen 1982) erwarteten wir entsprechend des männlichen Stereotyps (unter anderm eher kognitiv/ rationale Verhaltensmuster), dass die männlichen Klienten diese Therapieform als weniger wirksam erlebten. Zu allen drei Messzeitpunkten ist in Abbildung 5 eine geschlechtsspezifische Differenz vorhanden. Dabei nimmt zum Entlassungszeitpunkt die Anzahl der Patienten, welche Malen und Gestalten als wirksam bewerten, zu.

### 3.2 Einzelpsychotherapie

Überraschend gestaltete sich die Auswertung der Einzelpsychotherapie (Abbildung 6). Das männliche Klientel bewertete die dyadische Beziehung insgesamt weniger wirksam. Als ein Hintergrund dafür ließe sich vermuten, dass sich auf Grund der Ablöseproblematik, die sich in den soziodemographischen Daten z. B. in der Wohn-und Familiensituation abzeichnet, die dyadische Beziehung zu den vorwiegend weiblichen Therapeuten besonders schwierig gestaltete.

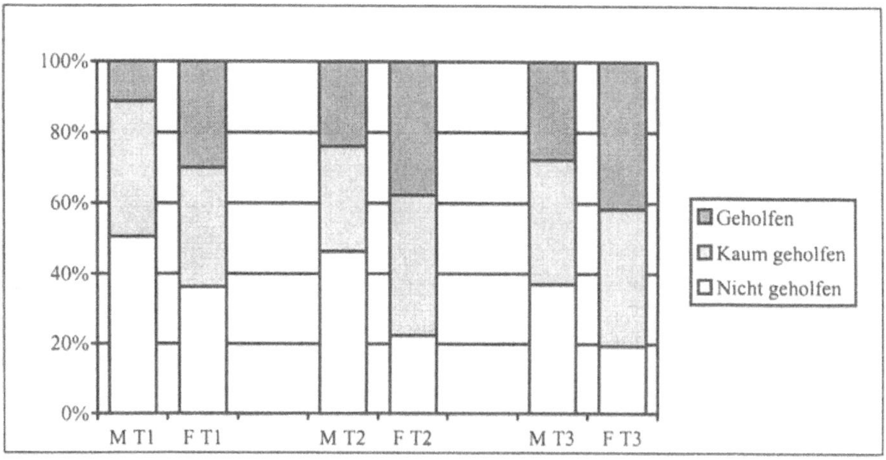


*Abbildung 5*: Mal- und Gestaltungstherapie - Patienteneinschätzung der Wirksamkeit

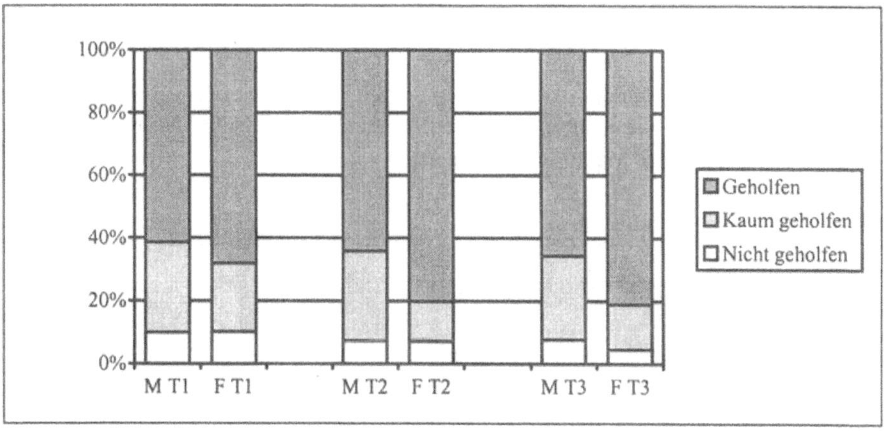


*Abbildung 6*: Einzelpsychotherapie - Patienteneinschätzung der Wirksamkeit

### 3.3 Gruppenpsychotherapie

Von der Gruppenpsychotherapie können beide Geschlechter etwa gleich profitieren. Es geht um Konkurrenz, Auseinandersetzungsfähigkeit, die Bearbeitung von Selbst- und Fremdwahrnehmung und das Erleben der Auswirkung innerer psychischer Konflikte auf die interpersonalen Beziehungen (Rüger 1993). Am Ende der Therapie zeichnet sich bei den Männern ein Rückgang des Wirksamkeitserlebens ab. Möglicherweise gelingt den Männern die Bearbeitung des Abschiedthemas weniger.

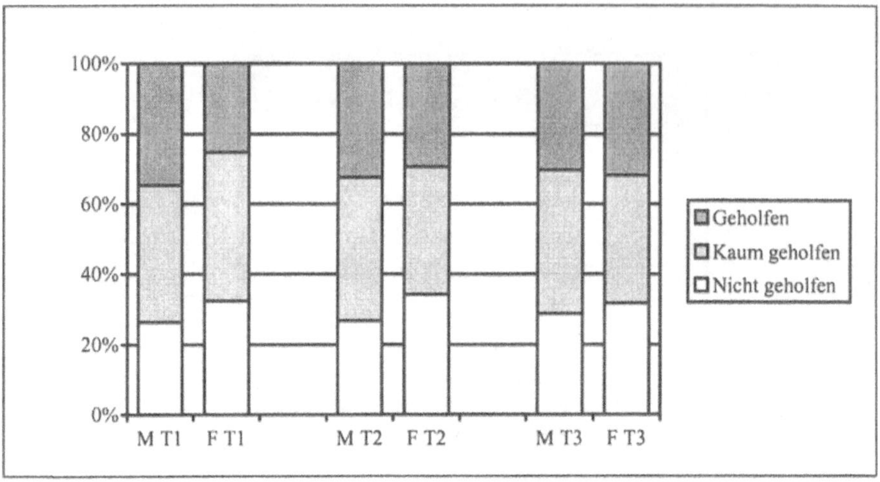


*Abbildung 7*: Gruppenpsychotherapie - Patienteneinschätzung der Wirksamkeit

## 3.4 Kommunikative Bewegungstherapie

Unterschiede in den Wirksamkeitsprofilen zeigen sich auch in der Kommunikativen Bewegungstherapie, die jedoch geringeren Ausmaßes sind als bei der ebenfalls nonverbalen Therapieform Malen und Gestalten.

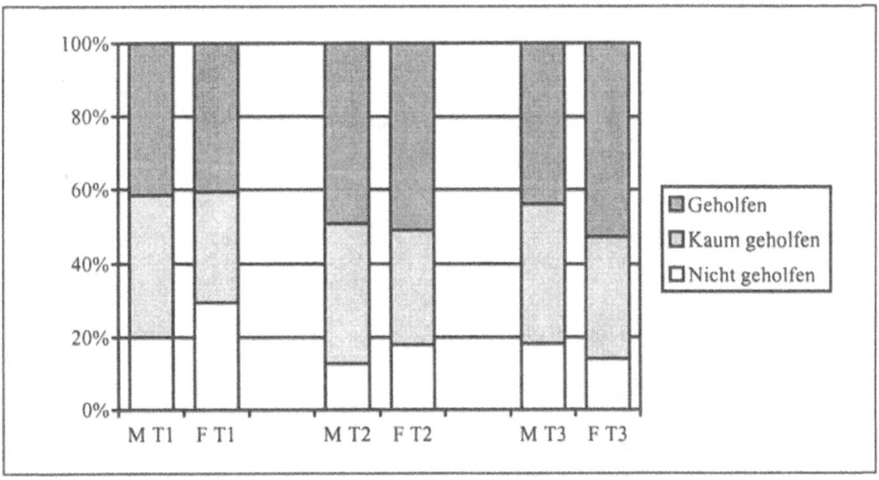


*Abbildung 8:* Kommunikative Bewegungstherapie - Patienteneinschätzung der Wirksamkeit

Bei Männern und Frauen nimmt das Wirksamkeitserleben mit fortschreitender Therapiedauer erheblich zu, wobei es am Ende den weiblichen Klienten offenbar gelingt, sich tiefer in diesen Therapieprozess einzulassen. Im Gegensatz zur Mal- und Gestaltungstherapie ist eine rationalisierende und intellektualisierende Abwehr bei dieser Therapieform noch schwieriger aufrecht zu erhalten, was sich teilweise verunsichernder auf die männlichen Patienten auswirken könnte.

## 3.5 Rollenspiel

Im Rollenspiel lassen sich verhaltenstherapeutische und psychodynamische Aspekte miteinander verbinden (Lohmann 1986). Es zeigt sich zu den Messzeitpunkten T1 und T2 eine Differenz zwischen männlichen und weiblichen Klienten, die sich jedoch zum Entlassungszeitpunkt bei insgesamter Zunahme der Wirksamkeitsbeurteilung vermindert.

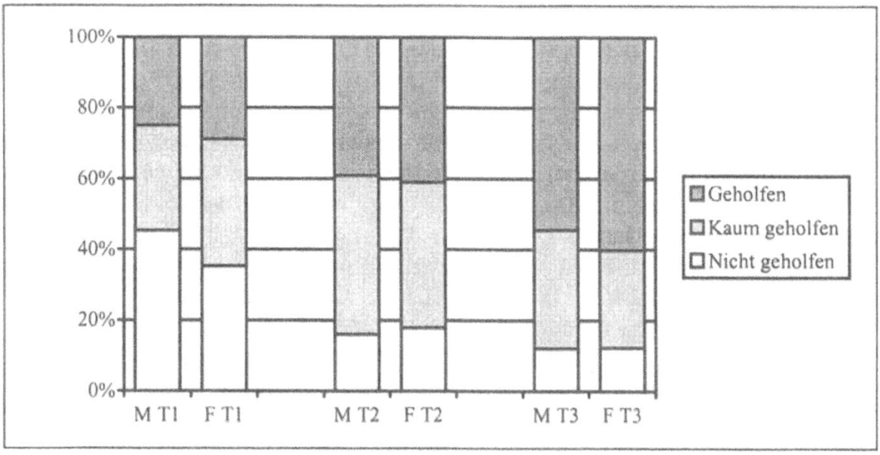


*Abbildung 9*: Rollenspiel - Patienteneinschätzung der Wirksamkeit

## 3.6 Kontakt mit dem Pflegepersonal

In der Abbildung 10 wird die Einschätzung der Wirksamkeit des Kontaktes zu den Krankenschwestern dargestellt. Hier zeigt sich zu dem Zeitpunkt T1 ein deutlicher Unterschied, der sich gegen Ende der Therapie nach gegenläufigem Prozess (geringe Zunahme bei den Frauen, geringe Abnahme bei den Männern) ausgleicht. Eine Hypothese dafür ist, dass sich Patientinnen gegenüber den Schwestern anfangs in einer eher konkurrierenden Beziehungssituation befinden, während Patienten das Beziehungsangebot zu Beginn der Therapie hilfreicher erleben.

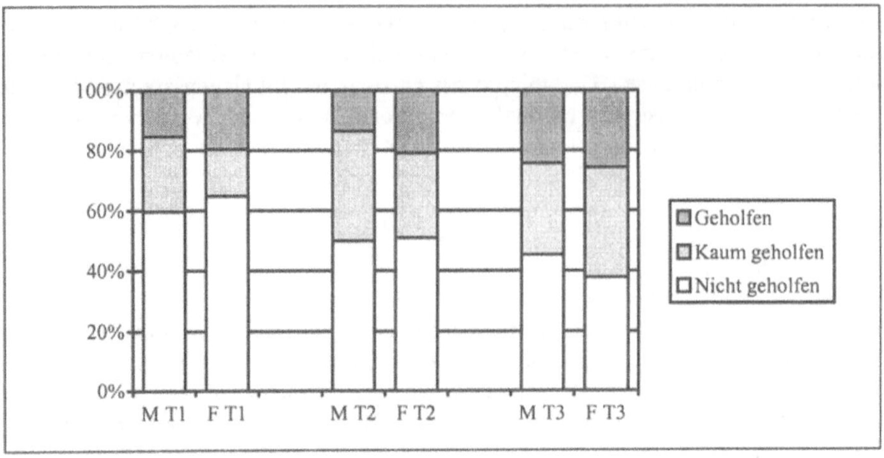


*Abbildung 10*: Kontakt mit Schwester - Patienteneinschätzung der Wirksamkeit

## 4 Geschlechtsspezifische Unterschiede im Therapieerfolg

Alle Patienten wurden nach Abschluss der stationären Behandlung bezüglich des Behandlungserfolges drei Gruppen zugeordnet: erfolgreiche Gruppe, teilweise erfolgreiche Gruppe und erfolglose Gruppe. Diese Einteilung basierte auf der Auswertung von Evaluierungsfragebögen, welche den Therapieerfolg bezüglich der Symptomatik, der intrapsychischen Veränderung und der zwischenmenschlichen Beziehungsfähigkeit einschätzen. Diese parallelisierte Einschätzung wird von Therapeut und Patient unabhängig voneinander vorgenommen. In die Beurteilung fließen die Einschätzungen des Behandlungserfolges durch den Patienten und durch den behandelnden Psychotherapeuten auf jeweils drei Ebenen ein (Tabelle 3).

*Tabelle 3*: Evaluierungsbogen

| *Therapeut* | *Patient* |
|---|---|
| • Haben sich bei dem/ der Patienten/ in die Krankheitssymptome verändert ? | • Gibt es Veränderungen bei Ihren Krankheitssymptomen? |
| • Hat sich die gefühlsmäßige Beziehung des/ der Patienten/ in zu sich selbst verändert? | • Gibt es Veränderungen in der gefühlsmäßigen Beziehung zu sich selbst? |
| • Hat der/ die Patient/ in die gefühlsmäßige Beziehung zu anderen Menschen verändert? | • Gibt es Veränderungen in der gefühlsmäßigen Beziehung zu anderen Menschen? |

Die Einschätzung erfolgt auf einer fünfstufigen Skala: *deutlich gebessert, etwas gebessert, nicht verändert, etwas verschlechtert, deutlich verschlechtert.*

Für jeden Patienten bilden die sechs Beurteilungen, durch den Therapeuten und sich selbst, am Ende der Therapie die Grundlage für die Zuordnung in eine der drei Therapieerfolgsgruppen. Für Patienten, bei denen mindestens zweimal die Urteile *deutlich gebessert*, maximal zweimal *nicht verändert* und in keiner Ebene *verschlechtert* auftreten, wird die Therapie als *erfolgreich* (*Gruppe 1*) betrachtet. Für Patienten mit *teilweisen Therapieerfolg* (*Gruppe 2*) müssen mindestens zweimal die Urteile *etwas gebessert*, maximal dreimal *nicht verändert* und in keiner Ebene *verschlechtert* vorliegen. Alle anderen Patienten wurden der *erfolglosen Gruppe* (*Gruppe 3*) zugeordnet. Von den untersuchten Patienten wurden 37 Frauen und 10 Männer erfolgreich therapiert, 77 Frauen und 32 Männer konnten Teilerfolge erzielen, während 79 Frauen und 29 Männer als erfolglos zu betrachten sind.

*Tabelle 4*: Therapieerfolgsgruppen

| | *Erfolgreiche Gruppe (1)* | *Teilweise erfolgreiche Gruppe (2)* | *Erfolglose Gruppe (3)* | |
|---|---|---|---|---|
| • Männer | 29<br>41 % | 32<br>45 % | 10<br>14 % | *71* |
| • Frauen | 79<br>41 % | 77<br>40 % | 37<br>19 % | *193* |

Es bildet sich ab, dass mehr teilweise erfolgreiche Behandlungserfolge bei den Männern als bei den Frauen zu verzeichnen sind, die Männer also insgesamt erfolgreicher abschließen.

Eine Erklärung könnte - mit Hinblick auf die Verteilung der Diagnosegruppen - darin liegen, dass die gehäuft bei den männlichen Probanden aufgetretenen narzisstischen Persönlichkeitsstörungen durch die therapeutische Zuwendung eine höhere Selbstwertstabilisierung erfahren.

Parallel zu den Evaluierungsfragebögen führten wir den Gießen-Test (GT; Beckmann, Brähler & Richter 1990) und der Symptom-Checkliste (SCL-90; Derogatis 1977) durch. Anhand der Prä-post-Effektstärke der Differenz des Selbst- und Idealbildes im Gießen-Test und der Prä-post-Effektstärken in der Symptom-Checkliste wurde die vorgenommene Erfolgsgruppeneinteilung bestätigt.

In der Symptom-Checkliste (Tabelle 5) zeigten Männer als auch Frauen die höchsten Effektstärken auf der Skala Depressivität; in der Gruppe der teilweise erfolgreichen treten Differenzen auf. Bei den Frauen findet sich Depressivität wieder an erster Stelle, bei den Männern die Phobie, Rang 2 nahm die Zwanghaftigkeit ein. In der Gruppe 3 dominierte die höchste Effektstärke auf der Skala Somatisierung, bei den Frauen die Skala Phobie. Insgesamt ließ sich bis auf die Gruppe der Erfolglosen bei den weiblichen Klienten eine höhere Effektstärke registrieren.

*Tabelle 5*: Prä-post-Effektstärken der Symptom-Checkliste (SCL-90) nach Erfolgsgruppen und Geschlecht (jeweils höchste Effektstärken kursiv gesetzt)

| | *Erfolgreiche Gruppe (1)* | | *Teilweise erfolgreiche Gruppe (2)* | | *Erfolglose Gruppe (3)* | |
|---|---|---|---|---|---|---|
| *Skala* | *Männer (N = 29)* | *Frauen (N = 79)* | *Männer (N =32)* | *Frauen (N = 77)* | *Männer (N = 10)* | *Frauen (N = 37)* |
| • Somatisierung | 0.71 | 0.66 | 0.30 | 0.41 | *0.24* | 0.13 |
| • Zwanghaftigkeit | 0.73 | 0.87 | 0.37 | 0.48 | 0.00 | - 0.11 |
| • Unsicherheit im Sozialkontakt | 0.66 | 0.71 | 0.27 | 0.32 | 0.02 | - 0.24 |
| • Depessivität | *0.92* | *1.11* | 0.30 | *0.57* | 0.08 | 0.13 |
| • Ängstlichkeit | 0.57 | 0.88 | 0.24 | 0.46 | 0.18 | 0.14 |
| • Aggresivität/ Feindseligkeit | 0.37 | 0.61 | 0.10 | 0.13 | - 0.16 | - 0.29 |
| • Phobische Angst | 0.72 | 0.72 | *0.40* | 0.37 | - 0.01 | *0.19* |
| • Paranoides Denken | 0.54 | 0.48 | 0.10 | 0.07 | - 0.10 | - 0.04 |
| • Psychotizismus | 0.80 | 0.61 | 0.12 | 0.33 | 0.07 | 0.08 |
| • GSI | 0.88 | 0.97 | 0.32 | 0.56 | -0.02 | 0.05 |

Im Gießen-Test (Tabelle 6) lagen bei den erfolgreichen Männern die Skalen Depressivität und Durchlässigkeit, bei den Frauen der gleichen Erfolgsgruppe die Depressivität und soziale Resonanz im Vordergrund. In der Gruppe 2 bildet sich diese Verteilung ähnlich ab, in der erfolglosen Gruppe ändert sich das Verhältnis. Hier wird die Skala emotionale Durchlässigkeit bei den Männern und soziale Resonanz bei den Frauen mit der höchsten Effektstärke besetzt.

*Tabelle 6*: Prä-post-Effektstärken der Selbst-Idealbild-Differenzen des Gießen-Testes (GT) nach Erfolgsgruppen und Geschlecht (jeweils höchste Effektstärken kursiv gesetzt)

| | *Erfolgreiche Gruppe (1)* | | *Teilweise erfolgreiche Gruppe (2)* | | *Erfolglose Gruppe (3)* | |
|---|---|---|---|---|---|---|
| *Skala* | *Männer (N = 29)* | *Frauen (N = 79)* | *Männer (N = 32)* | *Frauen (N = 77)* | *Männer (N = 10)* | *Frauen (N = 37)* |
| • Soziale Resonanz | 0.49 | 0.35 | 0.15 | 0.02 | - 0.21 | - 0.16 |
| • Dominanz | 0.34 | 0.26 | - 0.27 | - 0.10 | 0.06 | *0.25* |
| • Kontrolle | 0.26 | 0.22 | 0.14 | *0.13* | 0.21 | 0.09 |
| • Grundstimmung | *0.75* | *0.87* | *0.20* | 0.12 | 0.54 | 0.10 |
| • Durchlässigkeit | 0.65 | 0.20 | - 0.11 | - 0.15 | *0.57* | - 0.43 |
| • Soziale Potenz | 0.53 | 0.32 | 0.02 | - 0.06 | 0.08 | - 0.32 |

Auffällig ist, dass die Skala Depressivität in beiden Tests in der erfolgreichen Gruppe beider Geschlechter die höchste Effektstärke aufweist. Dahinter zu vermuten ist eine Minderung des Leidensdruckes. Bei den männlichen Patienten könnte dies unter anderem im Zusammenhang mit einer verbesserten emotionalen Durchlässigkeit, die den zweiten Platz in der Effektstärkenwertung einnimmt, stehen. Bei den Frauen wäre in ähnlicher Weise eine Verbindung zu den Skalen Ängstlichkeit und soziale Resonanz möglich, z. B. durch das Erleben von Akzeptanz und Anerkennung in der Patientengruppe.

## 5 Zusammenfassung

Zusammenfassend lässt sich in Hinblick auf die Wirksamkeitsbeurteilungen beobachten, dass ähnliche Bewertungen bei der Gruppenpsychotherapie, eher Unterschiede bei der Mal- und Gestaltungstherapie, der Kommunikativen Bewegungstherapie und der Einzelpsychotherapie vorliegen. Diese Ergebnisse regen zu Fantasien an. So könnte man vermuten, dass Männer eher von der Gruppentherapie profitieren. Bei Frauen wäre es möglich, dass sie die Körpertherapien auf Grund größerer Körperbezogenheit mehr für sich nutzen.

Ein überraschender und bedeutsamer Befund besteht in der Tatsache, dass die männlichen Patienten, welche stationäre Psychotherapie in Anspruch nehmen, d. h. ausreichend motiviert sind, tendenziell einen besseren Therapieerfolg erzielen als die Patientinnen. Die unterschiedlichen Wirksamkeitsbeurteilungen sind sicherlich nicht ausschließlich geschlechtsspezifischen Differenzen zuzuordnen. Auch existieren vermutlich innerhalb der Geschlechter weitere Subgruppen, die unterschiedliche Identifikationsmuster internalisiert haben. Es bedarf an dieser Stelle weiterführender Untersuchungen, um diese Subgruppen zu erfassen und um anschließend entsprechende Rückschlüsse für therapeutische Strategien zu entwickeln.

## Literatur


Adler, R. H., Herrmann, J. M., Köhle, K., Schonecke, O. W., Uexküll, T. v. & Wesiack, W. (Hrsg.) (1996): Psychosomatische Medizin. München: Urban & Schwarzenberg

Bandemer-Greulich, U. & Schadeberg, C. (1997): Evaluierung begleittherapeutischer Zugangswege in der stationären Psychotherapie. In: E. Fikentscher & U. Bahrke (Hrsg.) (1997): 101 - 118

Bassler, M. & Hoffmann, S. O. (1993): Die therapeutische Beziehung im Rahmen von stationärer Psychotherapie. In: Psychtherapie, Psychosomatik, Medizinische Psychologie 43: 325 - 332

Beckmann, D., Brähler, E. & Richter, H.-E. (1990): Der Gießen-Test (GT). Bern: Huber

Derogatis, L. R. (1977): SCL-90. Administration, Scoring und Procedures. Manual for the R(evised) Version and other Instruments of the Psychopathology Rating Scale Series. Johns Hopkins University School of Medicine

Fikentscher, E. & Bahrke, U. (Hrsg.) (1997): Integrative Psychotherapie - ausgewählte Methoden, Lengerich: Pabst

Heigl-Evers, A., Heigl, F. & Ott, J. (Hrsg.) (1993): Lehrbuch der Psychotherapie. Stuttgart, Jena: Fischer

Janssen, P. L. (1982): Psychoanalytisch orientierte Mal- und Musiktherapie im Rahmen stationärer Psychotherapie. In: Psyche 36: 541 - 570

Konzag, T. A. & Fikentscher, E. (1998): Stationäre Psychotherapie - Phasen der therapeutischen Beziehung bei strukturell schwergestörten Patienten. In: Psychotherapeut 43: 369 - 376

Kordy, H. & Kächele, H. (1996): Ergebnisforschung in der Psychotherapie und Psychosomatik. In: R. H. Adler, J. M. Herrmann, K. Köhle, O. W. Schonecke, T. v. Uexküll & W. Wesiack (Hrsg.) (1996): 490 - 501

Lohmann, R. (1996): Suggestive und übende Verfahren. In: R. H. Adler, J. M. Herrmann, K. Köhle, O. W. Schonecke, T. v. Uexküll & W. Wesiack (Hrsg.) (1996): 450 - 463

Ministerium für Arbeit, Soziales und Gesundheit des Landes Sachsen-Anhalt (Hrsg.) (1998): Gesundheitsbericht des Landes Sachsen-Anhalt 1997

Müller-Braunschweig, H. M. (1996): Körperorientierte Psychotherapie. In: R. H. Adler, J. M. Herrmann, K. Köhle, O. W. Schonecke, T. v. Uexküll & W. Wesiack (Hrsg.) (1996): 464 - 476

Rüger, U. (1993): Gruppenpsychotherapeutische Methoden. In: A. Heigl-Evers, F. Heigl & J. Ott (Hrsg.) (1993): 439 - 457

Schonecke, O. W. & Muck-Weicht, C. (1996): Methoden der Verhaltensmodifikation. In: R. H. Adler, J. M. Herrmann, K. Köhle, O. W. Schonecke, T. v. Uexküll & W. Wesiack (Hrsg.) (1996): 409 - 427

Seer, P. (1996): Übende und entspannende Verfahren. In: W. Senf & M. Broda (Hrsg.) (1996): 211 - 213

Senf, W. & Broda, M. (Hrsg.) (1996): Praxis der Psychotherapie. Stuttgart, New York: Thieme

# Missbrauch und Misshandlung in der Kindheit und Autoaggressionen in der Adoleszenz. Ein Vergleich junger Frauen aus Deutschland und Frankreich

*Sonja Thier, Corinne Martin, Denis Grabot, Jean Tignol und Hertha Richter-Appelt*

## Einleitung [1]

Beinahe alle Psychotherapeutinnen und Psychotherapeuten, die sexuell traumatisierte Patientinnen behandeln, berichten davon, dass ein Großteil dieser Patientinnen sich immer wieder absichtlich selber verletzt. Und auch diejenigen Ärzte und Psychologen, die in ihrer täglichen Arbeit mit solchen Patientinnen konfrontiert sind, die sich selber Verletzungen und Wunden am Körper zuführen, konstatieren übereinstimmend, dass viele dieser Frauen von sexuellen Traumatisierungen in der Kindheit berichten.

Dennoch wurde dem Zusammenhang zwischen sexueller Traumatisierung und Autoaggressionen in der Missbrauchsdebatte der letzten Jahrzehnte vergleichsweise wenig Aufmerksamkeit geschenkt (Eckhardt 1997). Als Folgen kindlicher sexueller Traumatisierungen wurden bevorzugt Phänomene wie Essstörungen, Depressionen, Angst, Substanzmissbrauch, psychosexuelle Störungen, somatische Beschwerden und zwischenmenschliche Probleme untersucht. Erst in den letzten 10 Jahren zeigt sich sowohl im deutschsprachigen als auch im europäischen Raum ein Zuwachs der wissenschaftlichen Arbeiten, die sich mit selbstschädigenden Verhaltensweisen befassen.

Studien zum sexuellen Missbrauch in der Kindheit sind mit Vorsicht zu betrachten. „Den sexuellen Missbrauch" als einheitliches Phänomen gibt es nicht (vgl. Richter-Appelt 1997). Oft werden unter sexuellem Missbrauch nur Situationen mit aktiven sexuellen Handlungen verstanden. Diese können jedoch die unterschiedlichsten Formen annehmen (z. B. Handlungen ohne Körperkontakt wie gegenseitiges Zeigen der Genitalien bis hin zu Handlungen mit Körperkontakt wie Anal-, Oral- und Genitalverkehr). Von daher unterscheiden sich die in verschiedenen Untersuchungen erhobenen Prävalenzraten von sexuellem Missbrauch zwischen den Ländern Europas und sogar innerhalb der einzelnen Länder erheblich. Unterschiedliche Definitionen von sexuellem Missbrauch und verschiedenartige Messinstrumente machen eine Vergleichbarkeit der Studien bisher kaum möglich (vgl. Harten 1995). Hierauf wies auch Finkelhor (1994; deutsch 1997) bei seinem Vergleich von

---

[1] Die Hauptstudie dieses umfangreichen Forschungsprojektes wurde von der Deutschen Forschungsgemeinschaft (DFG) gefördert (Projekt Ri-558: Leitung Prof. Dr. Hertha Richter-Appelt). Die Pilotstudie und die Folgestudie in Frankreich wurden von der Charles Hosie-Stiftung, Hamburg, und der Deutschen Gesellschaft für Sexualforschung (DGfS), Hamburg, unterstützt.

Prävalenzstudien zum sexuellen Missbrauch aus 21 verschiedenen Ländern (davon 14 europäische) hin. Interkulturelle Untersuchungen, die einen Vergleich auf Grund einer gemeinsamen Definition und eines standardisierten Messinstrumentes Gewähr leisten, wurden bislang fast ausschließlich im anglo-amerikanischen Sprachraum durchgeführt (Russell, Schurman & Trocki 1988; Wyatt & Riederle 1994). Auch Untersuchungen aus europäischen Ländern beziehen sich in ihren Vergleichen meist auf die USA (de Paul, Milner & Mugica 1995; Sariola & Uutela 1994).

Da es kein einheitliches Phänomen des sexuellen Missbrauchs gibt, kann es auch kein einheitliches Bild der Folgen eines sexuellen Missbrauchs geben, bzw. wie Beitchman, Zucker, Hood, da Costa und Akman (1991) betonen, existiert kein „post-sexual-abuse-syndrome". Selbst wenn also in vielen klinischen und nicht-klinischen Untersuchungen Zusammenhänge zwischen der Missbrauchserfahrung und Symptomen im Erwachsenenalter aufgezeigt werden konnten, so sagen diese Befunde eigentlich nichts über einen kausalen Zusammenhang aus, da eine Menge anderer konfundierender Variablen für die Ausbildung der Symptome ursächlich sein könnten (vgl. Neumann, Houskamp, Pollock & Brière 1996).

Heutzutage geht die Forschung der differenzierteren Frage nach, ob nicht andere Faktoren wie soziodemographische, familiäre oder psychodynamische entscheidend dafür sind, ob und wie gravierend Folgeschäden nach der Erfahrung von Kindesmissbrauch auftreten. So konnten Rind und Tromovitch (1997) mittels einer Analyse von sieben verschiedenen nationalen Studien aus den USA, Kanada, Großbritannien und Spanien zur Erhebung von sexuellem Missbrauch unter anderem zeigen, dass Kindesmissbrauch nicht notwendigerweise persistierende psychische oder physische Probleme nach sich zieht, dass die eventuell in der Folge auftretenden Belastungserscheinungen nicht unbedingt von einem intensiven Ausmaß sein müssen und dass Aussagen über kausale Zusammenhänge zwischen der Missbrauchserfahrung und den späteren psychologischen Folgen in der Allgemeinbevölkerung auf Grund des Vorhandenseins konfundierender Variablen nicht sicher zu treffen sind. Mit der größten Sicherheit ließ sich jedoch aus ihrer Analyse die Schlussfolgerung ziehen, dass sexuelle Kindesmisshandlungen in Verbindung mit anderen Faktoren wie körperlicher Gewalterfahrung oder familiärer Belastungen sehr gravierende Schäden verursachen können.

Gerade der letzte Punkt, dass sexueller Missbrauch selten als ein isoliertes Phänomen, sondern häufig in Kombination mit anderen Misshandlungsformen wie emotionaler Vernachlässigung und körperlicher Misshandlung auftritt, wurde ebenfalls lange Zeit in der Forschung vernachlässigt.

## 1 Methode

### *1.1 Ziel der Untersuchung*

Das Ziel der hier vorliegenden Arbeit ist die Darstellung ausgesuchter Ergebnisse einer umfangreichen Fragebogenstudie, die sich auf die möglichen Zusammenhänge zwischen sexueller Traumatisierung und körperlicher Misshandlung in der Kindheit und späterem autoaggressiven Verhalten (Selbstmordgedanken, Suizidversuche, selbstverletzendes Verhalten) beziehen. Hierbei werden Daten einer in Deutschland erhobenen Stichprobe (Richter-Appelt, Kolb, Becker & Kawski 1995) den Ergebnissen einer Untersuchung an einer französischen Stichprobe gegenübergestellt.

In dem umfangreichen Forschungsprojekt wurden junge Erwachsene nach ihren Kindheitserfahrungen im Umgang mit dem eigenen Körper und der Sexualität befragt. Es wurde untersucht, inwiefern sich junge Männer und Frauen, die in der Kindheit körperliche und/ oder sexuelle Misshandlungen erfahren haben, untereinander und vor allem auch von hinsichtlich Missbrauch und Misshandlung unauffälligen Kontrollpersonen unterscheiden. Neben der Überprüfung von Gruppenunterschieden war das Hauptanliegen der Untersuchung zu testen, welche Zusammenhänge bei Berücksichtigung mehrerer Variablen einen signifikanten Beitrag zur statistischen Vorhersage von körperlicher Misshandlung und sexuellem Missbrauch leisten (Richter-Appelt & Tiefensee 1996 a, 1996 b). Weiterhin sollte überprüft werden, ob es sich bei den gefundenen Ergebnissen um auf andere Länder „generalisierbare" Ergebnisse handelt.

## *1.2 Stichproben*

In *Deutschland* wurden 1993 3000 Fragebögen vorwiegend an Studentinnen und Studenten verschiedener Hamburger Hochschulen verteilt. Insgesamt kamen 1085 Fragebögen zurück (36 %), von denen 616 von Frauen in die Auswertung eingehen konnten. Da 76 Frauen nicht eindeutige Angaben zu Missbrauchserfahrungen machten, wurde diese Gruppe von Frauen a priori aus der Datenanalyse herausgenommen, so dass die untersuchte deutsche Stichprobe letztendlich aus 540 Frauen bestand. Das Durchschnittsalter der Gesamtstichprobe der deutschen Frauen betrug 24.6 Jahre (SD = 3.6). Ungefähr drei Viertel aller Befragten waren Studentinnen und ca. 90 % hatten ein Abitur als Schulabschluss. 61 % der Frauen lebten in einer festen Partnerschaft und 9 % der Frauen hatten mindestens ein Kind.

In *Frankreich* wurden 1998 673 Fragebögen an Studentinnen verschiedener Fakultäten der Universität Bordeaux verteilt. Aus ökonomischen Gründen wurde diesmal der Fragebogen nur an Frauen verteilt, da die Untersuchung in Deutschland gezeigt hatte, dass sich bei beiden Themen „Sexuelle Traumatisierungen" und „Autoaggressionen" mehr Frauen als betroffen melden. Von daher hätte man um ein Vielfaches mehr an Fragebögen verteilen müssen, um Teilstichproben mit einer genügend großen Anzahl von männlichen Betroffenen zu erhalten, die eine sinnvolle statistische Datenauswertung erlaubt hätten. Insgesamt kamen 324 auswertbare Fragebögen zurück (48 %). Das Durchschnittsalter der Gesamtstichprobe der französischen Frauen betrug 20 Jahre (SD = 1.8). 95 % aller Befragten waren Studentinnen und 99 % hatten ein Abitur als Schulabschluss. 53 % der französischen Frauen lebten in einer festen Partnerschaft und weniger als 1 % der Frauen hatten mindestens ein Kind.

### 1.3 *Untersuchungsinstrumente*

Für die Datenerhebung in Deutschland wurde ein umfangreicher Fragebogen entwickelt, der neben demographischen Daten auch sexuelle Erfahrungen, körperliche Umgangsformen, Aspekte der sozialen und familiären Situation, die Partnerschaftsbeziehung der Eltern (bzw. der Elternfiguren) und die Beziehung der Eltern zum Kind umfasst. Außerdem wurden Probleme und Krankheiten in der Kindheit (vor dem 12. Lebensjahr) und Probleme, Symptome und Krankheiten im Jugend- und Erwachsenenalter erhoben. Im Rahmen der letzten beiden Aspekte wurde das Vorkommen autoaggressiver Verhaltensweisen erfasst, indem die Teilnehmerinnen beantworten sollten, ob folgende autoaggressive Vorkommnisse nach dem 12. Lebensjahr auf sie zutrafen: Selbstmordgedanken, Selbstmordversuche und Selbstverletzungen. Unter selbstverletzenden Verhaltensweisen werden dabei übereinstimmend mit der Literatur potenziell bewusste Handlungen verstanden, die zur Schädigung des eigenen Körpers führen sollen ohne dabei eine Selbsttötung zu intentionieren.

Für die Datenerhebung in Frankreich wurde der Fragebogen übersetzt, gekürzt und neu überarbeitet, so dass sowohl die Erkenntnisse aus der vorangegangenen deutschen Befragung, als auch landesspezifische Besonderheiten aus Frankreich bezüglich wissenschaftlicher Untersuchungen zum sexuellen Kindesmissbrauch Berücksichtigung finden konnten. Die relevanten Fragen zur Erhebung der Missbrauchs- und Misshandlungserfahrungen und der Probleme im späteren Leben blieben aber weitestgehend identisch, um eine Vergleichbarkeit der verschiedenen Stichproben zu Gewähr leisten.

Mit Hilfe eines festgelegten Kriterienkataloges wurden die untersuchten Personen anhand der Angaben im Fragebogen in unterschiedliche Gruppen unterteilt, je nachdem ob sie in der Kindheit (vor dem 12. Lebensjahr) Erfahrungen des sexuellen Missbrauchs oder der körperlichen Misshandlung gemacht hatten.

Als körperlich misshandelt wurde eine Frau eingestuft, wenn sie bis zum 12. Lebensjahr häufige leichte (z. B. Ohrfeigen), manchmal schwere (z. B. Schläge mit Gegenständen) oder mindestens einmalige sehr schwerwiegende körperliche Gewalterfahrungen (z. B. Verbrennungen) erlitten hatte.

Als sexuell missbraucht galt eine Frau, die mindestens eine sexuelle Handlung vor ihrem 12. Lebensjahr als Missbrauch bezeichnete oder die mindestens eine sexuelle Handlung bis zum Alter von 12 Jahren erwähnte, die von den Ratern als Missbrauch eingestuft wurde.

Für eine solche Fremdeinschätzung einer Missbrauchshandlung musste die sexuelle Handlung entweder Körperkontakt mit der anderen Person einschließen, der als negativ erlebt wurde, und/ oder aber unter Anwendung von Druck oder Gewalt, bzw. gegen den Willen des Kindes erzwungen worden sein.

Sexuelle Handlungen reichten dabei von Handlungen ohne Körperkontakt, wie z. B. gegenseitiges Zeigen der Genitalien, bis hin zu Kontakthandlungen wie Oral-, Anal- und Genitalverkehr.

## 2 Ergebnisse

### *2.1 Häufigkeiten der Misshandlungsformen*

Erstaunlich wenige Unterschiede zeigten sich bei der Prävalenz der verschiedenen Misshandlungsformen in der deutschen und der französischen Stichprobe (Tabelle 1).

*Tabelle 1:* Absolute und prozentuale Häufigkeiten von sexuellen Missbrauchserfahrungen und körperlichen Misshandlungen in der Kindheit von Frauen

| | | *Stichprobe aus Deutschland (N = 540)* | | *Stichprobe aus Frankreich (N = 324)* | |
|---|---|---|---|---|---|
| | | *N* | *%* | *N* | *%* |
| • Sexuell missbraucht und körperlich misshandelt | (SMKM) | 42 | 8 % | 11 | 3 % |
| • Sexuell missbraucht | (SM) | 26 | 5 % | 31 | 10 % |
| • Körperlich misshandelt | (KM) | 98 | 18 % | 66 | 20 % |
| • „Unauffällig“ | (UA) | 209 | 69 % | 216 | 67 % |

8 % der *Frauen aus Deutschland* waren in der Kindheit von beiden Misshandlungsformen betroffen; „nur“ sexuell missbraucht waren 5 % und „nur“ körperlich misshandelt 18 % der Frauen aus der deutschen Stichprobe. Hinsichtlich Missbrauch und Misshandlung unauffällig waren 69 % der deutschen Teilnehmerinnen. Diese Gruppe wurde aus auswertungsökonomischen Gesichtspunkten für die weiteren Berechnungen zufällig auf 209 Frauen reduziert.

Insgesamt waren also 13 % der deutschen Teilnehmerinnen nach unserer Definition als sexuell missbraucht bezeichnet worden und 26 % der deutschen Teilnehmerinnen als körperlich misshandelt.

Auch von den *Frauen aus Frankreich* waren insgesamt 13 % nach unserer Definition als sexuell missbraucht bezeichnet worden und 24 % als körperlich misshandelt.

3 % der französischen Teilnehmerinnen waren in der Kindheit von beiden Misshandlungsformen betroffen; „nur“ sexuell missbraucht waren 10 %, „nur“ körperlich misshandelt 20 % und hinsichtlich Missbrauch und Misshandlung unauffällig waren 67 % der Frauen aus der französischen Stichprobe.

## 2.2 *Häufigkeiten der autoaggressiven Verhaltensweisen*

Ähnlich wie bei der Prävalenz der Misshandlungsformen fällt beim Vergleich der beiden Stichproben der geringe Unterschied der Auftretenshäufigkeiten von autoaggressiven Verhaltensweisen auf (Tabelle 2).

*Tabelle 2:* Absolute und prozentuale Häufigkeiten autoaggressiver Verhaltensweisen nach dem 12. Lebensjahr von Frauen

| | *Stichprobe aus Deutschland (N = 375)* | | *Stichprobe aus Frankreich (N = 324)* | |
|---|---|---|---|---|
| | *N* | *%* | *N* | *%* |
| • Selbstverletzungen | 27 | 7 % | 9 | 3 % |
| • Suizidgedanken | 144 | 30 % | 70 | 22 % |
| • Suizidversuche | 21 | 6 % | 17 | 5 % |

In der *deutschen Stichprobe* haben etwa 7 % der Frauen nach ihrem 12. Lebensjahr selbstverletzende Verhaltensweisen ausgeübt, 30 % der Frauen hatten nach ihrem 12. Lebensjahr Suizidgedanken und 6 % haben schon mindestens einen Suizidversuch unternommen.

In der *französischen Stichprobe* haben sich 3 % der Frauen nach dem 12. Lebensjahr Selbstverletzungen zugefügt, 22 % der Frauen hatten nach ihrem 12. Lebensjahr bereits Selbstmordgedanken und 5 % der Frauen haben schon mindestens einen Suizidversuch unternommen.

## 2.3 *Zusammenhänge zwischen sexuellem Missbrauch, körperlicher Misshandlung und autoaggressiven Verhaltensweisen*

### 2.3.1 Selbstverletzende Verhaltensweisen

Abbildung 1 stellt den Zusammenhang zwischen den unterschiedlichen Missbrauchsgruppen und dem Vorkommen von selbstverletzendem Verhalten ab der Adoleszenz bei der französischen und der deutschen Stichprobe dar. Zur besseren Vergleichbarkeit werden die Daten trotz der zum Teil geringen Gruppengrößen in Prozentwerten dargestellt.

Auch wenn der Vergleich der beiden Stichproben auf den ersten Blick Unterschiede vermuten lässt, so sind diese Differenzen jedoch statistisch nicht signifikant. Hingegen treten auch hier wieder erstaunliche Parallelen zwischen den Ländern auf:

Bei beiden Stichproben neigten diejenigen Frauen, die in ihrer Kindheit sexuell und körperlich misshandelt worden waren, später am häufigsten zu selbstverletzenden Verhaltensweisen (32 % bei den Frauen der deutschen und 18 % bei den Frauen der französischen Stichprobe). Am zweit häufigsten wiesen die „nur" sexuell missbrauchten Frauen beider Stichproben selbstverletzendes Verhalten auf (8 % bei den deutschen und 13 % bei den französischen Teilnehmerinnen). Die „nur" körperlich misshandelten deutschen und französischen Frauen zeigten in 7 % bzw. 3 % der Fälle selbstverletzendes Verhalten.

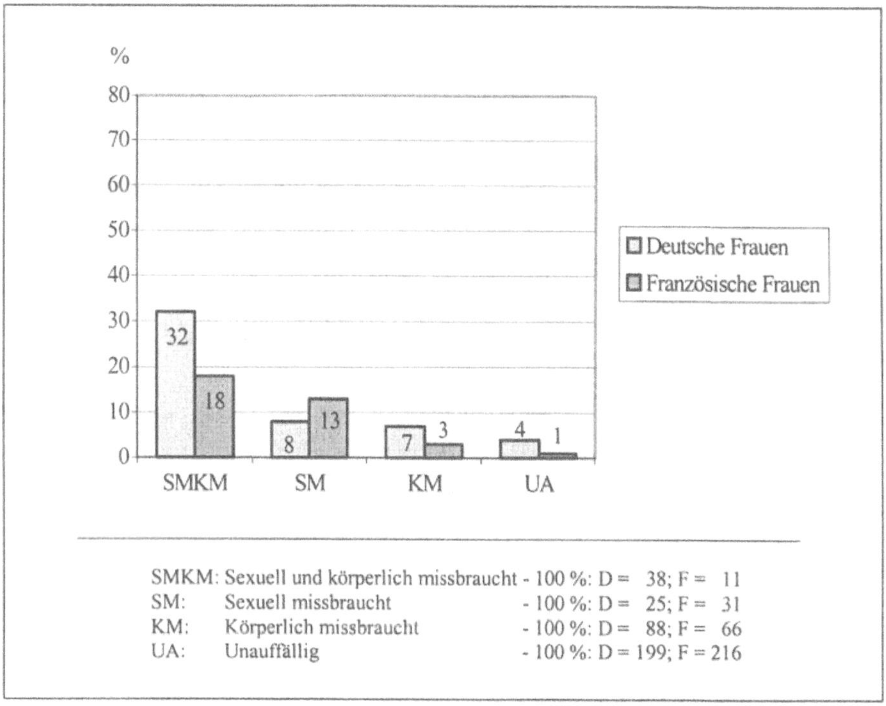


*Abbildung 1:* Selbstverletzende Verhaltensweisen bei Frauen mit unterschiedlichen Misshandlungerfahrungen (Prozentwerte)

Bei den Frauen der deutschen Stichprobe fällt allerdings der Sprung von den „nur" von einer Misshandlungsart betroffenen Frauen zu den von beiden Formen Betroffenen auf, während bei den Frauen der französischen Stichprobe der Sprung eher zwischen den sexuell missbrauchten und den körperlich misshandelten Frauen liegt.

### 2.3.2 Suizidgedanken

Auch der Zusammenhang zwischen Missbrauchserfahrungen in der Kindheit und dem Vorkommen von Selbstmordgedanken ab der Adoleszenz, der in Abbildung 2 dargestellt ist, ist bei den Frauen der deutschen und der französischen Stichprobe, die von beiden Misshandlungsformen betroffen sind, am größten (74 % bzw. 46 %).

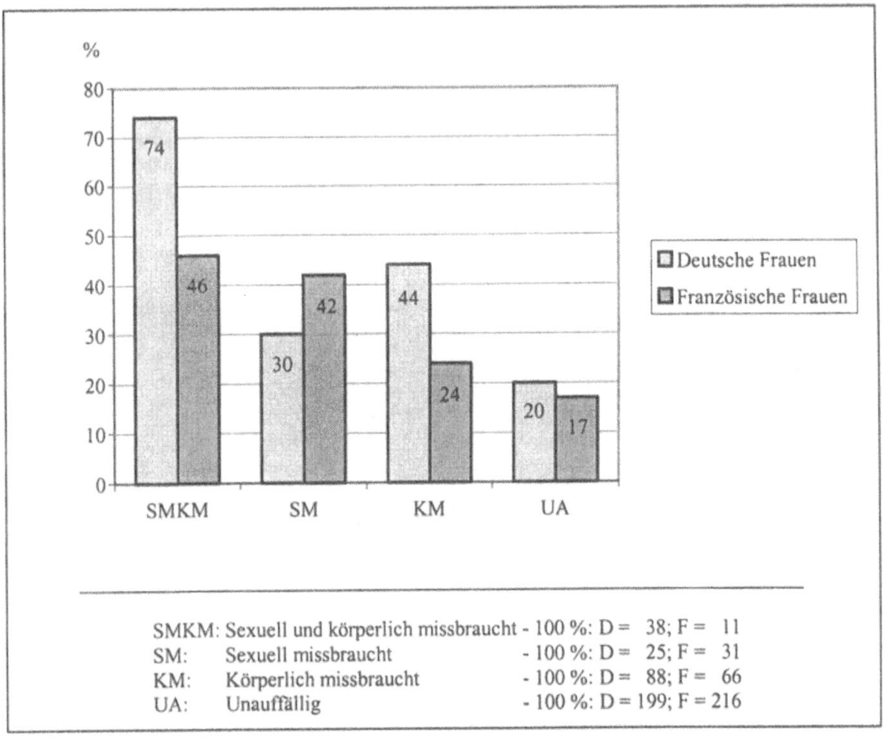


*Abbildung 2:* Suizidgedanken von Frauen mit unterschiedlichen Misshandlungserfahrungen (Prozentwerte)

Wie bei den selbstverletzenden Verhaltensweisen liegt auch hier bei der deutschen Stichprobe wieder ein Sprung zwischen den von beiden Misshandlungsformen betroffenen und den von einer Misshandlungsart betroffenen Frauen vor. Jedoch hatten mehr körperlich misshandelte Frauen aus Deutschland Suizidgedanken (44 %) als sexuell missbrauchte (30 %), während bei der Stichprobe der Frauen aus Frankreich wieder deutlich mehr sexuell missbrauchte Frauen von Selbstmordgedanken betroffen waren als körperlich misshandelte (42 % bzw. 24 %). Dies sind auch die einzigen Unterschiede zwischen den Teilstichproben, die signifikant sind ($\chi^2 = 6.62$; $p \leq 0.05$).

### 2.3.3 Suizidversuche

Wie in Abbildung 3 ersichtlich wurden auch Selbstmordversuche in beiden Stichproben am häufigsten von denjenigen Frauen ausgeübt, die von beiden Misshandlungsarten betroffen waren (19 % bei den Frauen der deutschen und 27 % bei den Frauen der französischen Stichprobe).

Am zweithäufigsten führten die „nur" sexuell missbrauchten Frauen Suizidversuche durch (13 % bei den Frauen der deutschen und 10 % bei den Frauen der französischen Stichprobe), vor den Frauen, die in ihrer Kindheit „nur" körperlich misshandelt worden waren (7 % bei den Frauen aus Deutschland und 8 % bei den Frauen aus Frankreich). Hier fällt lediglich bei der französischen Stichprobe ein Sprung zwischen den Frauen, die von beiden Misshandlungsformen betroffen waren, und denen, die „nur" von einer Misshandlungsart betroffen waren, auf.

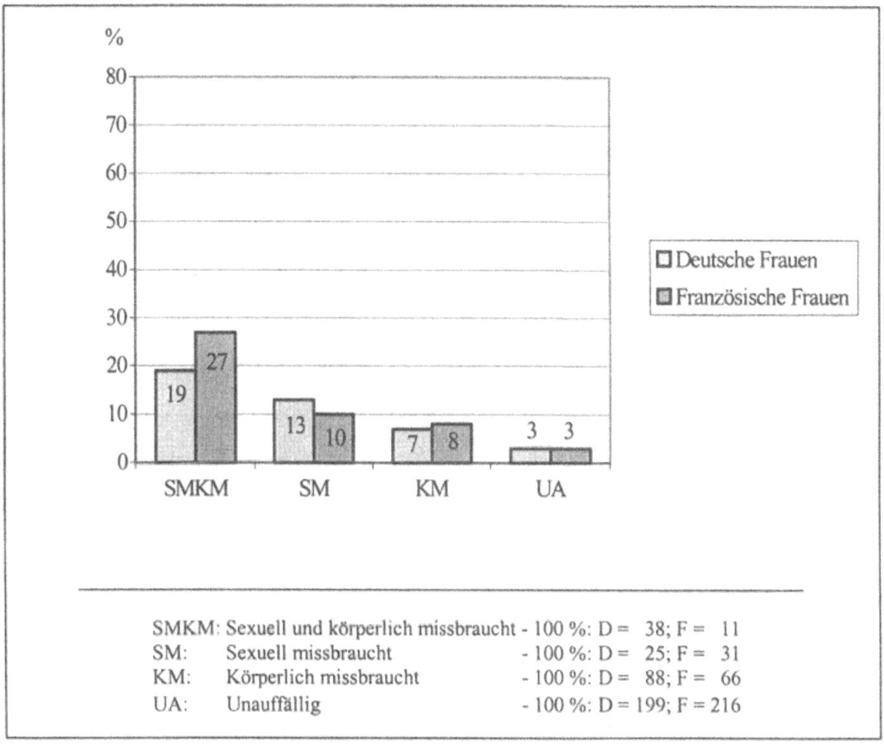


*Abbildung 3:* Suizidversuche von Frauen mit unterschiedlichen Misshandlungserfahrungen (Prozentwerte)

## 3 Diskussion

Insgesamt gesehen unterscheiden sich die Frauen der deutschen und der französischen Stichprobe viel weniger als man vielleicht annehmen würde. Auffällig ist die identische Häufigkeit von 13 % an Frauen, die in beiden Ländern Erfahrungen mit sexuellem Missbrauch in der Kindheit gemacht hatten.

Wie anhand der hier vorgestellten Untersuchung gezeigt werden konnte, tendieren Frauen aus beiden Ländern, die in ihrer Kindheit Erfahrungen mit sexuellem Missbrauch und/ oder körperlicher Misshandlung gemacht haben, ab der Adoleszenz wesentlich häufiger zu autoaggressivem Verhalten, als Frauen, die nicht solche Erfahrungen in der Kindheit erlitten haben.

Sehr eindrucksvoll lässt sich an den dargestellten Ergebnissen aber auch erkennen, dass Frauen sowohl aus Deutschland als auch aus Frankreich, die beide Misshandlungsformen erlitten hatten, durchgängig eher zu den verschiedenen autoaggressiven Verhaltensweisen tendieren, als Frauen, die „nur" von einer Misshandlungsform in der Kindheit betroffen waren, auch wenn dieser Unterschied bei der deutschen Stichprobe stärker zu Tage trat als bei den französischen Frauen.

Im Umgang mit betroffenen Patientinnen bedeuten die hier vorgestellten Ergebnisse, dass von 10 Frauen, die zu selbstverletzendem Verhalten neigen, man bei der Hälfte bis zwei Drittel der Frauen davon ausgehen kann, dass diese in ihrer Kindheit sexuell missbraucht worden sind.

Da die Ergebnisse dieser nicht-klinischen Stichprobe nur bedingt generalisierbar sind, sind weitere Untersuchungen an klinischen Stichproben erforderlich.

## Literatur

Amann, C. & Wipplinger, R. (Hrsg.) (1997): Sexueller Missbrauch. Überblick zu Forschung, Beratung und Therapie. Ein Handbuch. Tübingen: dgvt

Beitchman, J. H., Zucker, K. J., Hood, J. E., da Costa, G. A. & Akman, D. (1991): A review of the short-term effects of child sexual abuse. In: Child Abuse and Neglect 15: 537 - 556

Buchheim, P., Cierpka, M. & Seifert, T. (Hrsg.) (1997): Sexualität - zwischen Phantasie und Realität. Berlin, Heidelberg, New York: Springer

de Paul, J., Milner, J. S. & Mugica, P. (1995): Childhood maltreatment, childhood social support and child abuse potential in a Basque sample. In: Child Abuse and Neglect 19: 907 - 920

Eckhardt, A. (1997): Offene und heimliche Selbstbeschädigung. In: U. T. Egle, S. O. Hoffmann & P. Joraschky (Hrsg.) (1997): 259 - 270

Egle, U. T., Hoffmann, S. O. & Joraschky, P. (Hrsg.) (1997): Sexueller Missbrauch, Misshandlung, Vernachlässigung. Stuttgart: Schattauer

Finkelhor, D. (1994): The international epidemiology of child sexual abuse. In: Child Abuse and Neglect 18: 409 - 417 (Deutsch 1997: Zur internationalen Epidemiologie von sexuellem Missbrauch an Kindern. In: G. Amann & R. Wipplinger (Hrsg.) (1997): 72 - 85)

Harten, H.-C. (1995): Sexualität, Missbrauch, Gewalt. Opladen: Westdeutscher Verlag

Neumann, D. A., Houskamp, B. M., Pollock, V. E. & Brière, J. (1996): The long-term sequelae of childhood sexual abuse in women: A meta-analytic review. In: Child Maltreatment 1: 6 - 16

Richter-Appelt, H., Kolb, J., Becker, C. & Kawski, S. (1995): Körperliche Misshandlungen und sexuelle Traumatisierungen aus der Sicht junger Erwachsener. Forschungsbericht für die Deutsche Forschungsgemeinschaft (DFG). Hamburg

Richter-Appelt, H. & Tiefensee, J. (1996 a): Soziale und familiäre Gegebenheiten bei körperlichen Misshandlungen und sexuellen Missbrauchserfahrungen in der Kindheit aus der Sicht junger Erwachsener: Ausgewählte Ergebnisse der Hamburger Studie (Teil I). In: Psychotherapie, Psychosomatik, Medizinische Psychologie 11: 367 - 378

Richter-Appelt, H. & Tiefensee, J. (1996 b): Die Partnerschaft der Eltern und die Eltern-Kind-Beziehung bei körperlichen Misshandlungen und sexuellen Missbrauchserfahrungen in der Kindheit aus der Sicht junger Erwachsener: Ausgewählte Ergebnisse der Hamburger Studie (Teil II). In: Psychotherapie, Psychosomatik, Medizinische Psychologie 12: 405 - 418

Richter-Appelt, H. (1997): Sexueller Missbrauch ist keine Diagnose. Eine kritische Auseinandersetzung mit der aktuellen Diskussion. In: P. Buchheim, M. Cierpka & T. Seifert (Hrsg.): 77 - 89

Rind, B. & Tromovitch, P. (1997): A meta-analytic review of findings from national samples on psychological correlates of child sexual abuse. In: The Journal of Sex Research 34: 237 - 255

Russell, D. E. H., Schurman, R. A. & Trocki, K. (1988): The long-term effects of incestous abuse. In: G. E. Wyatt & G. J. Powell (Eds.) (1988): 119 - 134

Sariola, H. & Uutela, A. (1994): The prevalence of child sexual abuse in Finland. In: Child Abuse and Neglect 18: 827 - 835

Wyatt, G. E. & Powell, G. J. (Eds.) (1988): Lasting effects of child sexual abuse. Newbury Park: Sage

Wyatt, G. E. & Riederle, M. (1994): Sexual harassment and prior sexual trauma among African-American and white American women. In: Violence and Victims 9: 233 - 247

# X Berufspolitische Perspektiven

# Praxisstrukturen und Honorierungsmodelle

*Karin Bell*

## Einleitung

Bis heute sind wir Zeugen, selten Mitgestalter und zumeist Opfer vergangener und andauernder Gesetzgebungsverfahren für eine Reform des Gesundheitswesens. Zumeist in der Absicht zur Kostendämpfung entworfen, enthielten und enthalten alle Gesetze immer auch strukturelle Veränderungen, die einer verbesserten Versorgung dienen sollen. Mit diesen strukturellen Verbesserungen sind allerdings häufig, zumindest implizit, Hoffnungen auf Einsparungen verbunden.

Neben diesen Gesetzgebungsverfahren stellen die 1992 erfolgte umfangreiche Reform der ärztlichen Weiterbildung und das Psychotherapeutengesetz weitere wichtige in den letzten Jahren eingetretene strukturelle Veränderungen dar.

Die Niederlassung von hauptberuflich als Ärztliche Psychotherapeuten tätigen Kolleginnen und Kollegen auf der Basis der Bereichsbezeichnungen Psychotherapie und Psychoanalyse wurde durch die Einführung einer Pflichtweiterbildung als Voraussetzung für die Zulassung zur vertragsärztlichen Versorgung problematisch. Die Einführung einer Gebietsbezeichnung für zukünftig hauptberuflich psychotherapeutisch tätige Ärzte bot sich an.

Gleichzeitig sollte der 1992 eingeführte „Facharzt für Psychotherapeutische Medizin" Ausdruck der gewachsenen Professionalisierung, Differenzierung und hohen Qualifizierung des Faches Psychotherapie und Psychosomatik sein. Diese Entwicklung hatte nämlich bislang keinen entsprechenden Niederschlag in der ärztlichen Weiterbildungsordnung gefunden.

Im Gebiet Psychotherapeutische Medizin wird nun eine breite psychotherapeutische Kompetenz zur Behandlung unterschiedlicher Krankheitsbilder erworben, die sich auf ein umfassendes diagnostisches Spektrum mit der Fähigkeit zur Differenzialindikation für unterschiedliche Methoden und zur Durchführung verschiedener therapeutischer Anwendungsformen erstreckt.

Gleichzeitig fand auf dem Deutschen Ärztetag 1992 die obligatorische Eingliederung definierter psychotherapeutischer Kenntnisse in das psychiatrische Fachgebiet statt. Hinzu kommt die ebenfalls 1992 beschlossene stärkere Betonung der psychosomatischen Kompetenz in einzelnen Gebieten, unter anderem in der Allgemeinmedizin oder Gynäkologie. In fast allen Fachgebieten wird die Diagnostik und Behandlung psychosomatischer Erkrankungen des Fachgebiets bei mindestens fünf Patienten gefordert.

Auch im Bereich der Versorgung durch Psychologische Psychotherapeuten und Kinder- und Jugendlichenpsychotherapeuten wird die Umsetzung der nach dem Psychotherapeutengesetz obligatorischen Ausbildungs- und Prüfungsverordnung zu einer anderen beruflichen Identität führen. Wurden bisher die meisten Psychologischen Psychotherapeuten in schulengebundenen Instituten ausgebildet, die allenfalls einen kurzen Blick über den Zaun anboten, so wird dieser Blick auf das breite Spektrum psychotherapeutischer Möglichkeiten jetzt zur Pflicht. Auch die Einbeziehung der psychologischen Lehrstühle, die traditionsgemäß ein anderes Verständnis von Psychotherapie hatten als die privaten Ausbildungsinstitute, wird sich bemerkbar machen.

Diese Entwicklung wirft eine Reihe von grundsätzlichen Fragen auf:

- Wie ist das Verhältnis von Basiskompetenz und Expertentum?
- Wie kann man Basiskompetenz begrenzen und wie verhindert man eine Zersplitterung des Expertentums in immer zahlreichere Einzelbereiche?
- Wie wirkt sich die unter Umständen indikationsbezogene Spezialisierung auf die innere Einstellung des Fachpsychotherapeuten aus: hat (braucht?) er eine Grundorientierung oder wendet er „Methoden" an?
- Kann man auf die Identifizierung mit einer therapeutischen Grundorientierung im Sinne einer inneren Ausrichtung an einem Menschenbild verzichten?

## 2 Praxisstrukturen

Professionalisierung, Methodendifferenzierung und unterschiedliche Arbeitsschwerpunkte legen nahe, auch über Strukturen nachzudenken, die diese Weiterentwicklungen für die ambulante Versorgung verfügbar machen.

### *2.1 Bestellpraxis ohne offene Sprechstunde*

Bisher findet diese überwiegend in Einzelpraxen statt, die als Bestellpraxis ohne offene Sprechstunden organisiert sind. Die Nebenwirkungen sind bekannt: Patienten warten zu lange auf notwendige Beratungsgespräche, in denen die zu Grunde liegende Krankheit diagnostiziert und therapeutische Schritte erörtert werden können.

Außerdem ist die Kooperation mit niedergelassenen Kollegen anderer Fachgebiete oft ungenügend, wenn Psychotherapeuten an den normalen innerärztlichen Kommunikationsstrukturen nicht teilnehmen. Dies gilt sowohl für Konsile als auch für diagnostische Untersuchungen mit anschließendem Arztbrief.

Es gibt allerdings auch gute Gründe dafür, dass Kolleginnen und Kollegen an dieser Praxisstruktur, die sich überwiegend auf Richtlinienpsychotherapie spezialisiert, festhalten:

- Die Investitionen z. B. für Praxisgröße und Personal und das dadurch verursachte unternehmerische Risiko sind überschaubar.
- Mit offenen Sprechstunden können zwar etwas mehr Punkte „erwirtschaftet" werden: dem stehen aber deutlich höhere Kosten, z. B. für Personal gegenüber.
- Bei einer Bestellpraxis ist eine den persönlichen Bedürfnissen angepasste Vergabe der Arbeitszeit möglich: es kommt weder zu Leerlauf noch zu Überlastung.

Man muss derzeit davon ausgehen, dass die Bereitschaft zu einer Änderung der Praxisstrukturen bei den niedergelassenen Kolleginnen und Kollegen unterschiedlich gross ist. In gut versorgten Gebieten ist sie wahrscheinlich geringer als - der Not und Verantwortung gegenüber den Patienten gehorchend - in unterversorgten Gebieten. Dies mag sich allerdings wieder ändern, wenn Gebiete überversorgt sind und das „offene Haus" einen Wettbewerbsvorteil verspricht.

Auch Persönlichkeitsfaktoren spielen eine Rolle. So bevorzugen manche Kollegen die Überschaubarkeit einer Bestellpraxis während andere an den Herausforderungen der offenen Sprechstunde, die in ihrer Vielfalt an die Tätigkeit in der somatischen Medizin erinnert, Gefallen finden.

### 2.2 *Sprechstundenpraxis*

Die Sprechstundenpraxis stellt ein erweitertes Versorgungsangebot zur Verfügung. Eine minimale Variante dieser Versorgungsform ist eine Bestellpraxis mit zusätzlichen so genannten Sprechstunden, d. h. einigen Stunden in der Woche, zu denen Therapeut oder Therapeutin ohne Voranmeldung erreichbar sind. Dies lässt sich allerdings unter praktischen Gesichtspunkten nur schwer in eine sonst reine Bestellpraxis integrieren. Unter einer Sprechstundenpraxis im eigentlichen Sinne verstehe ich daher auch mehr: tägliche Erreichbarkeit für Patienten sowie zusätzliche feste Bestellzeiten. Eine solche Praxisstruktur stellt zwangsläufig vermehrte Anforderungen. Unterhaltungs- und Investitionskosten sind deutlich höher, da ein Eingangsbereich, Wartezimmer, Untersuchungszimmer und unter Umständen Labor und Apparate ebenso erforderlich sind, wie zumindest in Teilzeit die Anwesenheit einer Sprechstundenhilfe.

Diese Praxisstruktur entspricht der vieler psychiatrisch-psychotherapeutisch tätiger Kollegen. Auch Fachärzte für Psychotherapeutische Medizin halten es für notwendig, ihr Praxisprofil in dieser Richtung zu verändern und über die reine Richtlinienpsychotherapie hinaus auszuweiten.

Insbesondere werden Kriseninterventionen, vermehrte Hinwendung zu somatopsychischen Erkrankungen und interdisziplinäre Kooperation für wichtige, versorgungsrelevante Verbesserungen gehalten.

Auffällig ist auch der Wunsch nach einer Ausweitung der somatischen Diagnostik, d. h. einer stärkeren Verankerung des Facharztes in der somatischen Medizin.

Aufgaben einer solchen Praxis wären unter anderen allgemeine diagnostische Abklärungen und Fragen der Indikationsstellung bereits im Vorfeld der Richtlinienpsychotherapie wie z. B. Fragen der stationären Behandlung, sozialmedizinische Fragestellungen zu Arbeits-, Berufs- und Erwerbsfähigkeit, Rehabilitationsmaßnahmen, Selbsthilfegruppen, Entspannungstechniken. Außerdem gibt es Patienten, die mit einer niedrigschwelligen Betreuung gut begleitet werden können und mit einer Richtlinienpsychotherapie entweder überfordert oder überversorgt wären.

Durch Richtlinienpsychotherapie überfordert sind manche Patienten mit schweren Persönlichkeitsstörungen, die durch eine lockere Anbindung an die Praxis zumindest teilweise stabilisiert werden können. Auch ehemalige Patienten nach Langzeittherapie brauchen häufig nur eine kurze Beratung.

Überversorgt wären z. B. viele Patienten in Schwellensituationen und in Krisensituationen, z. B. anlässlich einer Operation oder einer schweren körperlichen Erkrankung. Wie Erfahrungen aus der Krebsmedizin zeigen, verursachen schwere körperliche Erkrankungen psychische Veränderungen, deren Bearbeitung den Krankheitsprozess günstig beeinflusst.

Intensivmedizin, Reproduktions- und Transplantationsmedizin, Dialyse und Diabetesbehandlung könnten z. B. durch die verstärkte Einbeziehung seelischer Faktoren effizienter und humaner gestaltet werden. Eine Intensivierung der Konsiliartätigkeit würde die zur sekundären Prävention wertvollen Kenntnisse im Hinblick auf psychosoziale Risikofaktoren nutzen, z. B. im Sinne der psychotherapeutischen Beratung von Patienten in Belastungssituationen vor Ausbruch einer psychosomatischen oder psychoneurotischen Erkrankung im engeren Sinne.

### *2.3 Die Praxisgemeinschaft und die Gemeinschaftspraxis*

Der Zusammenschluss von Kollegen erweitert das Behandlungsangebot und vereinfacht eine Umsetzung der in der Weiterbildung erworbenen Kompetenzen in der Niederlassungspraxis.

So könnten z. B. unterschiedliche Behandlungssettings (Einzeltherapie, Gruppentherapie, Paar- und Familientherapie, Entspannungsmethoden, Kunst- und Bewegungstherapie) angeboten werden und in der Kollegengruppe ein auf die Bedürfnisse des Patienten abgestimmter einheitlicher Behandlungsplan erarbeitet werden, ohne dass Abstinenzprobleme entstehen. Diese mehrdimensionalen Behandlungen lassen sich wegen der notwendigen Koordination am besten in einem Team durchführen. Zudem ermöglicht ein Team schulenübergreifende und auf die Bedürfnisse des Patienten abgestimmte kombinierte Behandlungsangebote, z. B. von Verhaltenstherapie und psychodynamischer Psychotherapie, wie sie z. B. bei Essstörungen oder in der Psychotraumatologie indiziert sein können.

Im Sinne der tertiären Prävention können diese Praxen Patienten nach Beendigung der Behandlung die Organisation von leiterlosen Selbsthilfegruppen ermöglichen, die vom Praxisteam beratend begleitet werden.

Es gibt unterschiedliche rechtliche Rahmenbedingungen für den kollegialen Zusammenschluss:

Die Praxisgemeinschaft ist eine Nutzungsgemeinschaft, die der Kostenersparnis durch gemeinsame Nutzung von Räumen und Apparaten dienen soll. Der einzelne Arzt bleibt Vertragspartner des Patienten und rechnet seine Leistungen getrennt ab. Die unmittelbare gemeinschaftliche Berufsausübung mit gemeinsamer Verantwortung gegenüber den Patienten und gemeinsamer Abrechnung wird als Gemeinschaftspraxis bezeichnet. Normalerweise sind diese Verbindungen Gesellschaften im Sinne des Bürgerlichen Gesetzbuches (BGB). Seit dem 01. 07. 1995 gibt es zudem die Rechtsform der Partnerschaftsgesellschaft. Diese neue Rechtsform richtet sich spezifisch an die Angehörigen freier Berufe. Ärzte werden in der Ausgestaltung dieser Rechtsform durch die Berufsordnung beschränkt: ärztliche Partnerschaftsgesellschaften d. h. Berufsausübungsgemeinschaften müssen an einem Praxissitz erfolgen. Es gilt das Verbot der Zweitniederlassung (außer in versorgungsnotwendigen Fällen). Die Partnerschaft darf sich nur auf die derzeitigen Partner beziehen und keine ausgeschiedenen Mitglieder im Namen führen. Die Partnerschaft muss der jeweiligen Kammer angezeigt werden. Neu ist die Möglichkeit des freien Zusammenschlusses bei eigenverantwortlicher, selbstständiger Tätigkeit mit bestimmten Angehörigen anderer freier akademischer Berufe, z. B. Psychotherapeuten und Sozial- und Heilpädagogen sowie anderen staatlich anerkannten Berufen im Gesundheitswesen wie Logopäden, Ergotherapeuten, Hebammen und Physiotherapeuten. Auch diese so genannte medizinische Kooperationsgemeinschaft bedarf der Genehmigung durch die Ärztekammer. Die Partnerschaft setzt einen Partnerschaftsvertrag und die Eintragung in das Partnerschaftsregister beim Amtsgericht voraus. Die Partnerschaft ist teilrechtsfähig, sie hat z. B. einen geschützten Namen, kann klagen oder verklagt werden, sie kann Eigentum erwerben und haftet mit ihrem Vermögen.

Diese Praxisstrukturen könnten unter dem Gesichtspunkt „so viel ambulant wie möglich" noch weiterentwickelt werden. So wäre es denkbar, im Rahmen dieser medizinischen Kooperationsgemeinschaften das Behandlungsangebot so auszugestalten, dass eine stationäre oder tagesklinische Behandlung vermieden werden kann.

Zur Erprobung dieser Strukturen bieten sich Modellprojekte an. Manche Kollegen ergreifen auch selbst die Initiative und erproben Versorgungsmodelle unter Ausnutzung der derzeit vorgegebenen Abrechnungsmöglichkeiten.

### 2.4 *Kooperative Strukturen*

Im 2. NOG waren Möglichkeiten für Modellprojekte und Strukturverträge vorgesehen, die die Chance bieten sollten, über die Kassenärztlichen Vereinigungen mit den Krankenkassen neue Modelle auszuhandeln und auszuprobieren.

Modellvorhaben „zur Verbesserung der Qualität und der Wirtschaftlichkeit der Versorgung" sind in den § 63 - 65 SGB V geregelt. Ärztliche Leistungen konnten als Modellvorhaben nur zwischen Krankenkassen und Kassenärztlichen Vereinigungen abgeschlossen werden. Modellvorhaben bieten die Möglichkeit, neue Untersuchungs- und Behandlungsmethoden unter wissenschaftlicher Begleitung für einen Zeitraum von 8 Jahren auszuprobieren. Es muss sich um Leistungen handeln, die nicht vom Bundesausschuss der Ärzte und Krankenkassen abgelehnt worden sind. Modellvorhaben sollten initiiert werden, wenn 50 % der die Voraussetzung erfüllenden Vertragsärzte dies befürworten. Derzeit laufen unter anderem folgende Modellprojekte: Umweltmedizin, Naturheilverfahren, Akupunktur, Anthroposophische Medizin, Kunsttherapie, Homöopathie (Quelle Fokus 5: 01. 02. 1999). In der Gesundheitsreform 2000 ist geplant, Modellvorhaben ohne Einbeziehung der Kassenärztlichen Vereinigungen auch mit einzelnen Leistungserbringern oder Gruppen von Leistungserbringern vereinbaren zu können. Die Quorumsregelung soll entsprechend entfallen.

Strukturverträge (§ 73 a SGB V) sind zeitlich nicht befristet. Allerdings begrenzt das GKV-SolG die Mittel für die Strukturverträge. Neue Verträge fallen unter die Gesamtvergütung. Nur für Verträge, die vor dem 30. 11. 1998 geschlossen wurden, stehen zusätzliche Mittel (0.6 % der Gesamtvergütung) zur Verfügung. Nach der Gesundheitsreform 2000 sollen Strukturverträge entfallen und durch die Regelung integrierter Versorgungsformen ersetzt werden.

Bei der Beschreibung der Strukturverträge wird ausdrücklich auf die Möglichkeit vernetzter Praxen hingewiesen. Als Eckpunkte vernetzter Praxen gelten: verbindliche fachübergreifende (haus- und fachärztliche) Netzkonferenzen, Erarbeitung einer rationalen Pharmakotherapie, fallbezogene Diskussion von Krankenhauseinweisungen, Kooperation mit ambulanten Pflegediensten, Erarbeitung gemeinsamer Leitlinien in Qualitätszirkeln, indikationsspezifische Betreuungskonzepte, verbesserte Präsenz, Kostenmanagement, Nutzung moderner Kommunikationstechniken, z. B. ISDN, Erarbeitung einer gemeinsamen Dokumentation.

Diese Eckpunkte sind in den bisher bestehenden „Netzwerken" in unterschiedlichem Ausmaß verwirklicht. In Rendsburg, Südbaden und Ried wird hervorgehoben, wie positiv sich der regelmäßige interkollegiale Kontakt auf die Patientenversorgung auswirkt. Folgeuntersuchungen bereits bestehender Netze ergeben eine hohe Patientenzufriedenheit, unterschiedliche Bewertungen bei den Netzbetreibern, jedoch keine wesentlichen Kosteneinsparungen.

In der geplanten nächsten Gesundheitsreform entfallen Strukturverträge. Sie werden Teil der integrierten Versorgung (§ 140 a), in der die gleichen organisatorischen Grundanforderungen wie ehemals bei den Strukturverträgen gelten sollen, allerdings muss eine hausärztliche Versorgung eingeschlossen sein. Die integrierte Versorgung erhält ein eigenes Budget und die Verantwortung für die „Gewährleistung der Qualität und Wirtschaftlichkeit der vertragsärztlichen Versorgung sowie der ärztlich verordneten oder veranlassten Leistungen insgesamt oder für inhaltlich definierte Teilbereiche"[1] d. h. dass diese Verantwortung sich auch auf die Verordnung von Arznei, Verband- und Heilmitteln und weitere Leistungsbereiche erstrecken kann, somit Managed-Care-Strukturen Eingang finden.

Managed-Care-Strukturen wurden in den USA als das Mittel einer verantwortungsbewussten und kostengünstigen Gesundheitsversorgung propagiert. Die erheblichen Nebenwirkungen dieses hoffnungsvollen Ansatzes werden jetzt langsam deutlich: das System entwickelte sich zu einer ausschließlich an Kosten-Nutzen-Gesichtspunkten orientierten Zwangsjacke, gegen die sich allmählich sowohl Patienten als auch Leistungserbringer zur Wehr setzen.

Die Beteiligung von Psychotherapeuten an vernetzten Praxen und insbesondere an der integrierten Versorgung wirft eine Reihe von Fragen auf. Einerseits könnte dies dazu führen, Berührungsängste und Vorbehalte gegenüber der von Somatikern zum Teil noch als Außenseitermethode betrachteten Psychotherapie zu mindern. Das bekannte Kooperationsdefizit zwischen der somatischen und der psychosomatischen Ebene könnte verringert und eine breit angelegte psychosomatische Basisversorgung

1 Fraktionsentwurf eines Gesetzes zur Reform der gesetzlichen Krankenversicherung ab dem Jahr 2000 (GKV-Gesundheitsreform 2000). Deutscher Bundestag; 14. Wahlperiode.

durch somatisch tätige Ärzte durch Spezialisten mit vertiefter psychotherapeutischer Behandlungskompetenz und speziellen Praxisstrukturen erweitert werden.

Das Konzept fachübergreifender Netze, an denen sich auch Psychotherapeuten beteiligen können, wird jedoch auch kritisch gesehen. Allgemeine kritische Bewertungen von Netzstrukturen betreffen z. B. Fragen der Eignung eher für ländliche, überschaubare Gebiete, während in Großstädten Gefahren der Bildung von „Mini-Kven“ mit eigenem Budget und innovationsfeindlicher Kostenminimierung gesehen werden. Zudem sei nicht festgelegt, welche Folgen im Netz in Hinblick auf Kollegen gelten, die sich nicht oder unzureichend nach den gemeinsamen Leitlinien richten. Ein Netz enthalte eine Eigendynamik im Hinblick auf Kostenreduzierung, wenn diese mit Bonusanreizen an die beteiligten Ärzte verknüpft wird. Wer zu wenig spare, gerate unter Umständen in Konflikt mit den Standards im Netz. Auf die radikale und grundsätzliche Kritik an der integrierten Versorgung, die sich weniger gegen die Struktur an sich sondern gegen den vorgesehenen Ausschluss der Kassenärztlichen Vereinigungen und die Etablierung unter einem Globalbudget richtet, soll hier nicht eingegangen werden.

Bisher liegen noch keine veröffentlichten Ergebnisse über Beteiligung, Rolle und Einfluss von Psychotherapeuten an fachübergreifenden Netzen vor. Diese könnten Aufschluss darüber geben, welche Rolle dem psychotherapeutischen Bereich im Netz zugestanden wird. Spezifische Probleme der Anonymität (versus Datenaustausch im Netz), der individuellen Behandlungsplanung (versus Netzstandards) und der durch Psychotherapie entstehenden kurzfristigen Kosten (versus Bonus und Zusatzzahlungen bei Einsparungen) eröffnen ein nicht unproblematisches Feld möglicher Konflikte.

Vor- und Nachteile der Beteiligung an integrierten Strukturen müssen von daher sorgfältig abgewogen und im Einzelfall ausgehandelt werden.

### *2.5 Verzahnung ambulant-stationär*

In den integrierten Strukturen ist auch eine Verzahnung von ambulantem und stationärem Bereich vorgesehen. Hier gelten die gleichen Fragen wie sie oben bei den vernetzten Strukturen aufgeführt wurden. Allerdings kann man sich grundsätzlich die Frage stellen, ob nicht im psychotherapeutischen Bereich eine Durchlässigkeit der beiden Sektoren sowohl für Patienten als auch für ambulante und stationär tätige Kollegen von Vorteil wäre.

Unter der Voraussetzung einer wohnortnahen stationären Versorgung könnten schwer kranke Patienten an die Klinik angebunden bleiben und dort im multiprofessionellen Team weiter betreut werden.

Im Gegenzug könnten ambulant tätige Kollegen bei notwendig werdenden stationären Einweisungen ihre Patienten im Krankenhaus weiter behandeln, während diese gleichzeitig vom stärker geschützten stationären Rahmen und den zusätzlichen Angeboten profitieren. Dies würde sowohl die in der Psychotherapie wichtige Kontinuität der therapeutischen Beziehung Gewähr leisten als auch die notwendige Kommunikation zwischen den Behandlern. Die Verzahnung und damit auch stärkere persönliche Bekanntheit ambulant und stationär tätiger Kollegen könnte auch zu besseren Lösungen für die Schnittstellenproblematik beim Übergang aus der stationären Behandlung führen.

## 3 Honorierungsmodelle

Lange Zeit galt in der vertragsärztlichen Vergütung die Einzelleistung als Goldstandard aller Vergütungsmodelle. Sie sollte die Differenziertheit und Qualität der Versorgung belegen und ermöglichte zudem Qualitätsstandards für die Leistungserbringung festzulegen.

In Zeiten der Budgetierung ist die Einzelleistungsvergütung allerdings an ihre Grenzen gelangt. Mengenausweitungen mit den bekannten Nebenwirkungen beförderten das Nachdenken über neue Vergütungsstrukturen.

So sind die bisherigen EBM-Reformen im Wesentlichen als Versuche zu betrachten, die Mengenausweitung in den Griff zu bekommen.

Praxisbudgets beruhen auf fallbezogenen Budgets (Fallpauschalen), die auf der Grundlage der durchschnittlichen Betriebsausgaben je Arztgruppe und einem einheitlich für alle Arztgruppen festgestellten Ansatz für das Arzteinkommen auf der Grundlage der durchschnittlichen Fallzahl der jeweiligen Arztgruppe errechnet wurden.

Zusatzbudgets errechnen sich auf der Grundlage des regional ermittelten Punktzahlbedarfs der diese Leistungen abrechnenden Ärzte.

Bei der Weiterentwicklung des EBM ist eine Veränderung der Praxisbudgets vorgesehen, die dann für alle Arztgruppen gelten sollen. Es soll einen hausärztlichen und einen fachärztlichen Versorgungsbereich geben.

Das Budget wird auf der Grundlage einer bundeseinheitlich ermittelten durchschnittlichen Fallpunktzahl mit regionaler Anpassung ermittelt. In die Leistungsbewertung sollen sowohl die Häufigkeiten als auch eine Relation des Aufwandes der einzelnen Leistungen zueinander einfließen.

Die Leistungsbeschreibungen folgen dem gesetzlichen Auftrag zur Komplexierung, d. h. einer Zusammenfassung von Leistungen auf Grund des diagnostisch/ therapeutischen Geschehens. Es wird Eingangsberatungs- und Untersuchungskomplexe sowie Komplexe für Folgekontakte geben. Gesprächsleistungen werden zeitgebunden. Diagnostik und Therapie erfolgen als Komplexe oder Einzelleistungen.

Diese Komplexe sind die Bausteine des Fachgruppenbudgets und der qualifikationsgebundenen Zusatzbudgets.

Für die Richtlinienpsychotherapie ist bisher keine Budgetierung (außer durch die Zeitvorgaben) vorgesehen. Für übrige Versorgungsleistungen wird es Budgets geben. Schwierigkeiten im Psychotherapiebereich entstehen dadurch, dass außerhalb der Richtlinienpsychotherapie kaum Leistungen abgerechnet wurden, sodass die Ausgangswerte in den budgetrelevanten Aufsatzjahren ausgesprochen niedrig sind. Um Psychotherapie und insbesondere fachärztliche Psychotherapie nicht auf einem Entwicklungsstand festzuschreiben, der durch eine strukturell bedingte Mängelverwaltung gekennzeichnet ist, sollte deswegen bei den Berechnungen von modellhaften Versorgungsstrukturen ausgegangen werden.

Betrachtet man den Versorgungsbereich Psychotherapie ganz allgemein, so fallen hier - obwohl fast alle Leistungsanbieter auf ein identisch kleines Spektrum von Gebührenordnungspositionen zurückgreifen - erhebliche Unterschiede auf. Bei einer Ende 1997 durchgeführten Umfrage der DGPM ergab der Rücklauf von fast 100 Ärztinnen und Ärzten für Psychotherapeutische Medizin bereits innerhalb dieser Fachgruppe erhebliche Schwankungen bei Fallwerten, Fallzahlen und Praxiskosten. Dies kann nicht verwundern, werden doch z. B. Psychoanalytiker mit ihrem spezifischen Tätigkeitsschwerpunkt ein anderes Praxisprofil zeigen (geringe Fallzahl, hoher Fallwert) als Ärzte, die offene Sprechstunden anbieten und dadurch eine Anlaufstelle für Diagnostik und Therapie für eine größere Patientenanzahl vorhalten (hohe Fallzahl, entsprechend kleinerer Fallwert).

Von einigen Fachgruppen, z. B. den Urologen gibt es Vergütungsmodelle mit einer indikationsbezogenen Komplexbildung, deren Erprobung von den Niedergelassenen bisher abgelehnt wurde. Auch für psychotherapeutische Leistungen ist ein Entwurf erarbeitet worden, der so genannte Bewertungsmaßstab für Psychotherapeutische Leistungen. Er sieht ebenfalls einen Eingangskomplex, indikationsbezogene Diagnostikkomplexe und indikationsbezogene Therapiekomplexe vor, wobei sich die Indikationen wie folgt verteilen: Neurosen, Persönlichkeitsstörungen, Psychosomatosen und somatoforme Störungen, somatische Krankheiten mit psychopathologischer Konfliktverarbeitung. Für die einzelnen Krankheitsgruppen steht ein Quartalsbezogenes Zeitbudget je Fall zur Verfügung.

Vorschläge für Vergütungssysteme gibt es inzwischen auch vom Sachverständigenrat für die Konzertierte Aktion im Gesundheitswesen. Vorgeschlagen wird ein modulares Vergütungssystem, das die Vorteile verschiedener Vergütungssysteme miteinander verknüpfen soll. Neben einer betriebswirtschaftlich kalkulierten Grundpauschale zur teilweisen Abdeckung der monatlichen fixen Praxiskosten enthält es eine fallzahlabhängige Grundvergütung, Komplexgebühren für arztgruppenspezifische Leistungen und Zusatzqualifikationen, zusätzliche Budgets für besonders aufwändige Spezialleistungen und ein erfolgsorientiertes Bonussystem.

## 4 Schlussbemerkung

Zusammenfassend ist zu sagen, dass durch die anstehenden und bereits erfolgten Reformen im Gesundheitswesen eine Vielzahl neuer Strukturen und Vergütungsregelungen zur Vertragsgestaltung entstehen, die entweder verpflichtend oder optional gestaltet, die bisherige einheitliche Vergütungslandschaft ablösen. Regionalen Strukturen kommt mehr Bedeutung zu als zentralen. Welche Bedeutung die Kassenärztlichen Vereinigungen in Zukunft haben werden, bleibt abzuwarten, ihr Einfluss scheint jedoch eher abzunehmen.

Die neuen Strukturen eröffnen einen bisher nicht da gewesenen Gestaltungsraum. Dieser birgt Chancen und Risiken. Er kann einen Selektionsprozess mit „Vorfahrt für die Tüchtigen“ in Gang setzen, der Nachteile für die Kollegen bringt, die weniger assertiv sind und weiter arbeiten wollen wie bisher. Er kann aber auch genutzt werden, um die Versorgung der Patienten und die Sicherstellung mit qualitätsgesicherter Psychotherapie zu verbessern. Dies gilt allerdings nur für den Fall, dass den Psychotherapeuten für die von ihnen zu leistende Versorgung ausreichende Mittel zur Verfügung gestellt werden. Es wäre jedenfalls ein Illusion zu glauben, dass ein zu kurz geratenes Tischtuch durch noch so raffinierte Schnittmuster in der Versorgungsstruktur oder im Honorierungssystem passend gemacht werden könnte.

# Welche Auswirkungen hat das Psychotherapeutengesetz auf die zukünftigen psychotherapeutischen Konzepte und Behandlungsansätze?

*Wolfgang Schneider*

## Einleitung

Das Verhältnis zwischen den Fächern der Medizin und der Psychologie weist viele unterschiedliche Fassetten auf; tendenziell war es jedoch immer eher belastet. Gleiches gilt weitgehend für das Verhältnis von Ärzten und Psychologen. Im wissenschaftlichen Bereich hat es in der Vergangenheit entweder wenig Berührungspunkte zwischen Psychologen, die an ihren psychologischen Instituten geforscht und gelehrt haben und Ärzten gegeben oder die Kooperationen vollzogen sich in Universitätskliniken oder -instituten, die von Ärzten geleitet worden sind, so dass die beruflichen Hierarchien zumeist eindeutig waren und wenig Konflikte aufgeworfen haben.

Anders verhielt es sich im Bereich der Klinischen Psychologie, die sich nach der Entwicklung der Verhaltenstherapie in den 50er-Jahren in der Bundesrepublik Deutschland als eigenständiges wissenschaftliches und klinisches Fachgebiet Ende der 60er- und in den 70er-Jahren zunehmend konfiguriert hat.

Wie präsent die Klinische Psychologie bereits in den 70er-Jahren war, bildet sich in den damaligen Aktivitäten zur Einführung eines Psychotherapeutengesetzes ab. Psychologen arbeiteten im Versorgungsbereich insbesondere in Psychiatrischen Kliniken, wo sie vor allem auf psychiatrischen Allgemein- oder Langzeitstationen supportive psychotherapeutische Angebote vorhielten. Andere therapeutische Handlungsfelder für Psychologen stellten psychiatrische Ambulanzen sowie der Bereich der Psychologischen Beratung in den unterschiedlichsten Institutionen dar. Spezifische psychotherapeutische Abteilungen existierten Anfang der 70er-Jahre nur in einer kleinen Zahl und hatten eher den Charakter von Modellinstitutionen; psychosomatisch/ psychotherapeutische Kliniken entwickelten sich verstärkt erst mit den 70er-Jahren. Dies sowohl im Rehabilitationssektor als auch im universitären Bereich, nachdem das Fach der Psychosomatik und Psychotherapie 1970 in die Ärztliche Approbationsordnung aufgenommen worden war.

Die Psychotherapie in der Psychologie wies in den 60er- und 70er-Jahren insbesondere zwei Hauptströmungen auf. Einerseits die Verhaltenstherapie, die mit ihren empirischen Standards und Methoden in den 70er-Jahren rasch an den klinisch-psychologischen Instituten Fuß fasste, obschon damals sicherlich der Fundus an klinisch und wissenschaftlich gleichermaßen ausgebildeten Psychologen eher begrenzt war und zum anderen die Gesprächspsychotherapie sowie andere Humanistische „erfahrungsbezogene“ Therapieansätze, die aus den USA „herüberschwappten“ und häufig eine hohe Akzeptanz und ein großes Interesse forcierten, da sie gut zu den demokratischen und libertinären, dem Individuum zugewandten, Idealen der BRD zum Ende der 60er- und in den 70er-Jahren passte.

Auf lange Frist muss konzediert werden, dass sich die Gesprächspsychotherapie als therapeutische Methode in den klinischen Versorgungskontexten nicht hat verankern können, ihre Bedeutung wohl eher auf dem Gebiet der Beratung gelegen hat. Demgegenüber hat sich die Verhaltenstherapie sowohl im klinisch-psychiatrischen Bereich wie auch in der Psychosomatik und Psychotherapie zunehmend verankern können. Auch im ambulanten Bereich haben Verhaltenstherapeuten in den 80er-Jahren eine zunehmende Verbreitung gefunden. Die ärztlichen Psychotherapeuten haben sich demgegenüber sehr eng an der Psychoanalyse orientiert. Der Psychoanalyse in Deutschland ist es jedoch nicht gelungen, in nennenswerter Weise in die stationäre psychiatrische Versorgung Einzug zu nehmen, so dass eigentlich bis auf wenige Ausnahmen (z. B. die Berliner Klinik von Simmel) erst nach dem Zweiten Weltkrieg Psychotherapiekliniken aufgebaut wurden, die von Psychoanalytikern gegründet wurden. Ärztliche Psychotherapeuten wurden dann im Schwerpunkt an den psychoanalytischen Instituten weitergebildet und orientierten sich in ihrer professionellen Identität an den dortigen Leitbildern.

Über die Implementierung der Zusatztitel Psychoanalyse und Psychotherapie sowie der Anfang der 90er-Jahre vollzogenen Entwicklung in der ärztlichen Weiterbildung (Arzt für Psychotherapeutische Medizin, Psychiatrie und Psychotherapie bzw. Kinder- und Jugendlichenpsychiatrie/ -psychotherapie) vollzog sich die weitere Professionalisierung der Psychotherapie in der Medizin. Die psychotherapeutischen Handlungskonzepte wurden so unter weitgehender Orientierung an der Psychoanalyse weiter differenziert. Seit den 80er-Jahren gab es dann eine doch eher vorsichtige Hinwendung von Ärzten auch zu verhaltenstherapeutischen Behandlungskonzepten, wobei festgestellt werden muss, dass die Zahl ärztlicher Verhaltenstherapeuten sowie auch ihre wissenschaftliche Bedeutung im Verhältnis zu den psychologischen Verhaltenstherapeuten nach wie vor als eher gering einzuschätzen ist. Allerdings muss doch gesehen werden, dass Ansätze der verhaltenstherapeutischen Arbeit mit Patienten mit körperlichen Erkrankungen eher von ärztlichen Verhaltenstherapeuten vorangetrieben worden sind, wenn auch häufig in Kooperation mit psychologischen Therapeuten.

Seit den 70er-Jahren entwickelte *die Auseinandersetzung zwischen den therapeutischen Schulen deutlich an Schärfe*. Die Auseinandersetzung zwischen der Verhaltenstherapie und der Psychoanalyse entsprach weitgehend *einer Auseinandersetzung zwischen den beiden Berufsgruppen - den Psychologen und den Ärzten*. Mir ist bewusst, dass ich hier psychologische Psychoanalytiker etwas in die Ecke dränge, jedoch hat sich gerade auf der Ebene der Auseinandersetzung zwischen den Berufsgruppen und ihrem Versorgungsanspruch diese Polarisierung meines Erachtens deutlich akzentuiert. Im Übrigen haben Psychologen oftmals nur allzu gern ihre Identität als Berufsgruppe zu Gunsten einer Identität als Psychoanalytiker aufgegeben und tun dies auch heute noch gern, obschon durch die Einführung des Psychotherapeutengesetzes diese Tendenz gemildert worden ist.

Die Psychotherapievergleichsforschung unterstützte die verhaltenstherapeutische Position in der Vergangenheit über die Favorisierung störungsspezifischer Behandlungsmodelle, die bei einer großen Zahl von unterschiedlichen Störungsmustern besonders effizient sein sollen. Diese Argumentation: „Wir können's doch besser und billiger ..." ist so seit Mitte der 80er-Jahre zunehmend zu hören gewesen. Auch Klaus Grawe in seinem berufspolitischem Engagement zu Anfang der 90er-Jahre hat wiederholt Partei für die Verhaltenstherapie bezogen (Grawe, Donati & Bernauer 1994).

Die *Geschichte der psychologischen und ärztlichen Psychotherapeuten ist unter einer organisations- oder institutionspsychologischen Brille sowohl auf der Mikro-Ebene (in der einzelnen Klinik oder Praxis) als auch auf der Makro-Ebene (im Gesundheitsversorgungssystem) eine Geschichte von Macht, Konkurrenz, Entwertungen und ideologisierten Eigen- und Fremd-Zuschreibungen.* Die hauptsächlichen Auguren oder Akteure würde ich denken, haben in der Vergangenheit und auch heute noch zu wenig Informationen über die Konzepte und die Handlungsmodelle des anderen gehabt und dies gilt auch heute noch allzu oft.

Für mich, der doch beide Seiten ganz gut kennt, haben sich doch immer wieder überraschende Indolenzen oder blinde Flecken auf der Seite der Selbstreflexion wie der Perspektive des anderen gezeigt. Viele ärztliche Psychoanalytiker oder analytisch orientierte Psychotherapeuten haben schlicht keinen Begriff über die Psychologie als akademische Wissenschaft. So werden entwicklungspsychologische oder persönlichkeitstheoretische Modelle der akademischen Psychologie gar nicht rezipiert, d. h., der psychotherapeutische Horizont geht in der Psychoanalyse auf; einen Blick über deren Zaun gibt es nur begrenzt.

Auf der anderen Seite stellt sich für einen Teil der Psychologen das Problem komplementär dar. Hier ist das ausschließliche Bezugssystem die Verhaltenstherapie, die Psychoanalyse und psychodynamische Konzepte werden weitgehend „links" liegen gelassen. Allerdings ist mir immer wieder der Eindruck entstanden, dass auch eine Vielzahl von klinischen Psychologen ein gutes Gespür für die Bedeutung des Beziehungsaspektes sowie der Übertragungskonstellationen für die Therapie haben. Bei dieser Gruppe herrscht meines Erachtens eine gute Sensibilität für die Vielzahl an therapeutischen Notwendigkeiten und Dringlichkeiten unserer Patienten.

*Vignette: Ich treffe eine mir bekannte verhaltenstherapeutisch arbeitende Psychotherapeutin auf einer psychodynamisch orientierten Psychotherapieweiterbildung und frage diese erstaunt, was sie denn hier täte. Sie antwortet, dass sie sich hier ein wichtiges Rüstzeug für die Therapie holen würde - die Arbeit an der und mit der Beziehung. Ich sage, dass sie dies nur nicht ihren Chef wissen lassen solle, worauf sie entgegnet, dass dieser wohl wisse, wie wichtig die Aspekte der Übertragung und Gegenübertragung für die Psychotherapie seien, man spreche jedoch nicht offiziell darüber.*

Diese Sicht scheint jedoch von einer großen Zahl von Professoren der Klinischen Psychologie nicht geteilt zu werden. Hier stellt sich häufig das Problem, dass diese insgesamt nur wenig Patienten gesehen und behandelt haben und wenn überhaupt, nur Patienten, die ein ausgesprochen marginales Feld der Klinischen Probleme im Bereich der Psychiatrie, Psychosomatik und Psychotherapie abbilden.

Was mich immer wieder überrascht, ist doch die fehlende Sensibilität der „Betroffenen" für ihre eigenen Skotome. In der Neuropsychologie nennen wir das Phänomen, dass jemand eine eigene „Behinderung" nicht realisiert, Neglect. Auf diesem Hintergrund erwachsen dann auch harte programmatische Positionen, die unverrückbar davon überzeugt sind, dass ihre Methode das Nonplusultra sei und andere therapeutische Konzepte und Erfahrungen eigentlich keine Relevanz aufweisen würden. Ergänzend dazu kommt ein fehlendes Gespür für die Frage der Validität der empirischen Forschungsergebnisse.

Insbesondere in den USA haben wir auf Grund der spezifischen psychotherapeutischen Versorgung - eine stationäres psychotherapeutisches Angebot existiert nahezu nicht - sicherlich bei allen klinischen Studien erhebliche Selektionseffekte auf Seiten der Patienten anzunehmen. Dazu gehört z. B. die bessere Motivation der Studienpatienten sowie eine nicht repräsentative Schichtzugehörigkeit (vorrangig Mittelschicht oder es werden Studenten behandelt). Problematisch ist, dass diese Schwierigkeiten des Transfers von Aussagen auf klinische Felder eigentlich wiederum nicht kritisch reflektiert werden.

So stellt sich insbesondere für die aus empirischen - oftmals kontrollierten - Studien gewonnenen Befunde das Problem der Übertragbar- bzw. Anwendbarkeit in den klinischen Alltag. Bestimmte methodische Prinzipien wie z. B. der Einsatz von Psychotherapiemanualen, die zu einem mehr oder weniger strukturiertem Vorgehen führen, erschweren die Anwendung im konkreten Fall unter Umständen weiter. Dazu kommt ergänzend hinzu, dass Therapeuten sich im klinischen Handeln mehr und mehr von den ehemals erlernten Denk- und Handlungsmodellen entfernen (Praxisshift) und auch Ergebnisse der Psychotherapieforschung kaum oder gar nicht rezipieren.

## 1 Wie sieht der Klinische Alltag im stationären und im ambulanten Bereich aus?

Eine Großzahl von psychodynamisch orientierten Kliniken weist komplexe Behandlungsangebote auf, in die auch verhaltenstherapeutische Modelle so weit als möglich integriert werden; verhaltenstherapeutisch orientierte Kliniken weisen einerseits in der Regel ein breites Arsenal an Behandlungsmethoden auf; zum anderen wird vielfach auch dort eine beziehungsorientierte Arbeit vorgehalten, die oftmals nicht im Konzept der Klinik oder Therapieform expliziert worden ist. Diese Entwicklungen zeigen, dass der klinische Alltag als Korrektiv wirkt. Unsere stationären Behandlungskonzepte werden durch die Anforderungen seitens der Patienten, die Art ihrer Störung und ihrer Behandlungszugänglichkeit beeinflusst und zum anderen auch durch die sozial-administrativen Rahmenbedingungen seitens der Kostenträger oder auch der Gesetzgebung, wie im Fall der Rehabilitation (Symptomorientierung, Zeitbegrenzung der Therapie, Ziele der Rehabilitation wie z. B. die Wiederherstellung der Leistungsfähigkeit). Auch ambulant arbeitende Psychotherapeuten werden vielfach pragmatisch versuchen, den komplexen therapeutischen Anforderungen zu begegnen. Jedoch sind multimethodale Ansätze auf Grund der oftmals fehlenden individuellen Kompetenz des Einzelnen auf Grund einer monistisch ausgerichteten Ausbildung wie Praxis kaum möglich. Es fehlen dann Vernetzungen oder Kooperationen in der ambulanten Versorgung, die eine Zusammenarbeit zwischen Therapeuten unterschiedlicher Ausrichtung in *einem multimethodalen psychotherapeutischen Gesamtbehandlungsplan* ermöglichen würden. Auch Körpertherapeuten, Ergotherapeuten oder Kreativtherapeuten könnten in diesem Gesamtbehandlungsplan eine relevante Funktion spielen, sind jedoch kaum verfügbar und in der Richtlinienpsychotherapie nur schwer routinemäßig in den therapeutischen Prozess einzubinden.

Aber auch tagesklinische Ansätze, die eine richtungsweisende Erweiterung für ein multimethodales Behandlungssetting aufweisen könnten, sind kaum verfügbar. Diese Situation spiegelt nicht nur inhaltliche „Vorlieben" oder mangelnde Aufmerksamkeit für diese Fragen wider, sondern vor allem auch administrativ verankerte Versorgungsbedingungen, die insbesondere über finanzielle Aspekte alltagsrelevant werden.

## 2 Wie soll es in der Psychotherapie und mit den Psychotherapeuten weitergehen?

Die veränderten berufsrechtlichen Bedingungen sollten zum Anlass genommen werden über wissenschafts- und berufspolitische Fragen einmal grundsätzlich nachzudenken. Allerdings sind beide Perspektiven nicht unabhängig voneinander. Eine tatsächlich sachorientierte Reflexion des aktuellen Standes der Psychotherapie erfordert einen Zugang der nicht oder möglichst wenig durch professions- oder schulenorientierte Faktoren ideologisiert ist.

Es liegen eine Vielzahl von empirischen Ergebnissen aus der Diagnostik- und Psychotherapieforschung vor, die geeignet sind, eine patientenbezogene Problemformulierung vorzunehmen und für diese angemessene therapeutische Vorgehensweisen zu entwickeln. Dabei sollten die diagnostischen Perspektiven in Abhängigkeit von der konkreten Fragestellung selbstverständlich auch Sichtweisen unterschiedlicher psychotherapeutischer Ansätze (Schulen) berücksichtigen, so weit diese für das Problemverständnis und die Problemlösung von Relevanz sind.

Wissenschaftlich heißt, dass empirische Standards so weit als möglich zu berücksichtigen sind. Allerdings sollte eine subjektorientierte Haltung, mit der auch qualitative und einzelfallbezogene Forschungsansätze verbunden sind, genügend berücksichtigt werden. Notwendig wird ein inhaltlicher Austausch zwischen den Schulen und eine Diskussion darüber, bei welchen Problemen und unter welchen Bedingungen Ansätze der Methodenkombination oder gar -integration notwendig und hilfreich sind. Hier wäre dann auch zu prüfen, welche Veränderungen für die Therapie wie für den Patienten sich aus den Methodenkombinationen ergeben.

Die Entscheidungen für dieses oder jenes Vorgehen sollten dann so weit als möglich, in einem gemeinsamen Prozess zwischen dem Therapeuten und dem Patienten entwickelt werden. Natürlich können diese Prozesse durch viele Faktoren behindert werden (z. B. Widerstand, Vorurteile); allerdings sehe ich es so, dass insbesondere aus psychodynamischer Sicht dieses Vorgehen, dass potenziell auf Seiten des Patienten „Passivität" und „Abhängigkeit" zu Gunsten von „Eigenverantwortlichkeit" und dem „Erleben von Selbstwirksamkeit" im therapeutischen Prozess evozieren kann, vernachlässigt wird. Die Motive liegen einmal in theoretischen Positionen über den psychoanalytischen Prozess begründet (z. B. die Rolle der Regression und der Übertragung) und zum anderen im Selbstverständnis der Psychoanalytiker.

Gegenstand der Diagnostik sind nicht nur die Psycho(somato-)pathologie, sprich die Symptomatik, sondern auch die psychosozialen Hintergründe und Rahmenbedingungen der psychischen Störungen, die aus psychodynamischen, verhaltenstherapeutischen oder auch aus systemischen Perspektiven betrachtet und analysiert werden können. Diese Faktoren können sowohl für die Ätiologie als auch für den Verlauf der Störung von Bedeutung sein. Darüber hinaus spielen für die Therapieplanung die kognitiven, erlebens- und handlungsbezogenen Ressourcen oder Kompetenzen des Patienten eine Rolle. Vor allem auch die Prozesse der Krankheitsbewältigung des Patienten, seine Veränderungsmotivation aber auch die psychosozialen Umgebungsfaktoren, die für die Krankheitsentwicklung wie für den Behandlungsprozess hinderlich oder förderlich sein können, stellen wichtige diagnostische Kriterien für die Indikationsstellung wie für die Therapieplanung dar. Diagnostik und Therapie verlaufen prozesshaft und sind nicht oder nur eingeschränkt voneinander getrennt. *Der Fokus im diagnostischen wie im therapeutischen Vorgehen verändert sich in Abhängigkeit von unterschiedlichsten Variablen. Zu diesen zählen Patientencharakteristika, Therapeuten- und Therapievariablen sowie Umgebungseinflüsse, die zueinander in einer vielfältigen Wechselbeziehung stehen können.*

Um dieser so definierten Aufgabe auch nur annäherungsweise gerecht zu werden, müssen die unterschiedlichsten Probleme flexibel und kunstvoll untersucht und behandelt werden. Dies macht eine möglichst umfassende Berücksichtigung des gesamten Potenzials an Wissen und Kompetenzen über Psychotherapie notwendig. *Eine enge Ausrichtung an zwei Grundorientierungen der Psychotherapie ist so aus wissenschaftlichen, klinischen und versorgungspolitischen Gründen nicht angemessen, da sie eine Verkürzung des Reflexions- und Handlungshorizontes bedeutet.* Dies gilt nicht nur für die aktuelle therapeutische Arbeit und Konzeptualisierung des Versorgungssektors sondern vor allem auch für die zukünftigen wissenschaftlichen Schwerpunktsetzungen.

So bewerte ich die Position des Wissenschaftlichen Beirates zur Psychotherapie bei der Bundesärztekammer doch eher skeptisch, wenn dieser tatsächlich die Beibehaltung der zwei Grundorientierungen favorisiert, wie es sich aktuell andeutet. Aber auch die Hereinnahme von zwei weiteren Grundorientierungen in die Richtlinienpsychotherapie, z. B. der Systemischen Therapie und der Gesprächspsychotherapie, löst das grundsätzliche Problem nicht. Wissenschaftlich aber auch versorgungspolitisch ist nicht die Frage der Anzahl an Grundorientierungen in der Richtlinienpsychotherapie problematisch, sondern letztlich die „Richtlinienpsychotherapie“ selbst. Die Einengung auf zwei Grundverfahren ist einerseits wissenschaftlich und klinisch nicht haltbar und resultiert zum anderen tendenziell aus einem „Etikettenschwindel“. Unter dem Label der einen oder anderen Grundorientierung werden dann Verfahren angeboten und abgerechnet, die nicht oder nur eingeschränkt aus diesem Kontext kommen (z. B. Psychodrama oder Gestaltpsychotherapie für die Psychoanalyse) oder systemische Gruppenangebote für die kognitiv-behaviorale Verhaltenstherapie.

Gerade das Konzept der kognitiv-behavioralen Verhaltenstherapie eignet sich auf der inhaltlichen Ebene in besonderer Weise dazu Alles-und-Jedes was therapeutisch oder wissenschaftlich en vogue ist, zu okkupieren. Dieser Ansatz sieht programmatisch das gesamte Wissen der empirischen Psychologie als seine Basis an (Margraf 1996).

## 3 Wie soll die Aus- und Weiterbildung inhaltlich strukturiert sein?

Es sollte in der Aus- und Weiterbildung sowohl im theoretischen als auch im praktischen Bereich genügend Sensibilität und Wissen über die reale Breite, Vielfältigkeit und Heterogenität psychotherapeutischer Denk- und Handlungsmodelle vermittelt werden, die einer eingeengten und selbstbezogenen Perspektive im psychotherapeutischen Handeln vorbeugen. Auch eine Ausbildung mit psychodynamischem Schwerpunkt sollte Bezug nehmen auf relevante *empirische Forschungsergebnisse* in ihrer Bedeutung für die Theorienbildung wie für den diagnostischen wie psychotherapeutischen Prozess. Diese umfassen sowohl Befunde, die in einem engen Zusammenhang mit psychoanalytischen Themen stehen (z. B. die Bindungsforschung oder die Affektforschung) aber auch empirische Ergebnisse, die aus grundlegend unterschiedlichen Theoriebezügen (z. B. Lerntheorie) stammen. Essenziell sind natürlich die Befunde der empirischen Psychotherapieeffekt- und Wirkforschung. Für den verhaltenstherapeutischen Schwerpunkt geht es wohl demgegenüber darum, eine stärkere Berücksichtigung des Subjekts in seinen Erlebens- und Ausdrucksformen im Gesamt seiner individuellen Entwicklung vorzunehmen. Auch eine erweiterte Konzeptualisierung des Beziehungsaspektes in der Psychotherapie über die „unterstützenden, ratgebenden und anleitenden" Funktionen hinaus, die den Patientenerwartungen und -haltungen im Sinne des psychoanalytischen Übertragungsgeschehens Rechnung trägt, würde den therapeutischen Prozess umfassender verstehbar werden lassen.

Man könnte nun fragen, ob es aktuell noch von Bedeutung sei, in einem Therapieschwerpunkt auszubilden. Diese Sichtweise teile ich jedoch zurzeit ausdrücklich nicht. Erstens ist der Wissensstand über die differenzielle Wirksamkeit von psychotherapeutischen Methoden nicht so weit fortgeschritten, dass wir einen rational begründeten „Maßnahmen-Katalog" unterschiedlichster therapeutischer Vorgehensweisen für die verschiedensten therapeutischen Problemstellungen zur Verfügung hätten, der eine genügende Sicherheit bei der differenziellen Indikationsstellung zur Psychotherapie vermitteln würde. Auch die Vielfalt an störungsspezifischen Methoden gibt uns nicht die Gewissheit, für die jeweilige Störung oder Diagnose leicht eine adäquate Behandlungsmethode selektieren zu können. Die Indikationsstellung orientiert sich an unterschiedlichen Faktoren und Bedingungen, unter denen die Art der vorliegenden Störung einer neben anderen sein kann. Damit soll nicht ausgesagt sein, dass störungsspezifische Ansätze nicht eine besonders hohe Effektivität aufweisen würden (z. B. bei Angstbehandlungen oder der Depressionstherapie). Aber auch Patienten mit „reinen" und monosymptomatischen Störungsbildern können sich vielfältig auf der Ebene von Persönlichkeitscharakteristika (wie z. B. Frustrationstoleranz, Beziehungsfähigkeit, Selbstreflexion. Belastbarkeit), der Krankheitsverarbeitung und der Behandlungsmotivation wie der Therapieziele unterscheiden. Da alle diese Faktoren indikationsrelevante Merkmale darstellen, müssen diese im Prozess der Therapieplanung berücksichtigt werden.

Psychotherapie ist nicht in erster Linie eine Technik; sie impliziert Menschenbilder, Vorstellungen über die Entwicklung der Persönlichkeit, Konzepte über die Entstehung von psychischen Störungen, formuliert Ziele therapeutischer Veränderungen, sucht nach Ressourcen auf Seiten des Betroffenen, gestaltet die Therapeut-Patient-Beziehung in einer charakteristischen Weise. Unterschiedliche psychotherapeutische Perspektiven lassen sich nun nicht einfach rational herunterdeklinieren und dann ineinander fügen. Sie implizieren vielfältige „Bruchstellen“ und Spannungsbögen, die ein leidenschaftsloses Nebeneinander unterschiedlicher Methoden und Theorien verhindern. Prozesse des Ineinanderfügens oder der Kombination/ Addition von therapeutischen Techniken erfordern klinische Erfahrungen, ein „sicheres“ konzeptionelles Bezugssystem sowie Fantasie und Geschick bei der Konfiguration mehrdimensionaler und multimethodaler Behandlungspläne. Diese Fähigkeiten müssen in einem längerdauernden Prozess des klinischen Handelns und der Reflexion über dieses erst erworben werden. Didaktisch erscheint es mir so sinnvoller, im Rahmen der Psychotherapieausbildung zuerst mit einem stringenten Bezug auf einen theoretischen Ansatz sowie die davon abgeleiteten Krankheits- und Behandlungskonzepte zu beginnen. Auch auf der Ebene des praktischen Handelns scheint mir ein Vorgehen, das erst einmal einen Ansatz schwerpunktmäßig akzentuiert, sinnvoll. Zur Sozialisation des Psychotherapeuten gehören auch Prozesse der Identifikation mit „therapeutischen Grundpositionen und Leitbildern“ oder Bezugsgruppen (Ausbildungskandidaten wie Mitglieder des psychotherapeutischen Institutes), die letztlich auch essenzielle Bausteine der eigenen psychotherapeutischen Identität darstellen. Das Kunststück einer angemessenen und zeitgemäßen Psychotherapieausbildung besteht darin, einerseits genügend theoretische und praktische Sicherheit und Identität im therapeutischen Handeln zu entwickeln und gleichzeitig Offenheit für andere Verständnis- und Vorgehensweisen zu fördern. Gerade dies ist in der Vergangenheit vielfach vernachlässigt worden.

Zentral zu vermitteln bleibt in der Psychotherapieausbildung, dass es letztlich einige zentrale Problemstellungen im diagnostischen und therapeutischen Prozess gibt, die von unterschiedlichen therapeutischen Ansätzen verschieden interpretiert und beantwortet werden. Zu diesen gehören:

- *Die Ebene der Störung (Symptomatik) oder behandlungsbedürftiger psychosozialer Problemstellungen*: Von Interesse sind die Dimensionen des Schweregrades und des Verlaufs (z. B. Chronifizierung) der Störung. Die Syndromatik kann sowohl eine Aussagekraft für etwaige zu Grunde liegende psychische Entwicklungsbedingungen (z. B. können multiple und im Längsschnitt wechselnde Symptome einen Hinweis auf eine Persönlichkeitsstörung darstellen) als auch therapeutische Zielplanungen und Vorgehensweisen aufweisen. Dies bedeutet, dass auch bei einer psychodynamischen Schwerpunktsetzung in der Ausbildung die Bedeutung von störungsspezifischen Maßnahmen vermittelt werden sollte.
- *Psychosoziale Hintergrund- und Rahmenbedingungen*: Diese umfassen die spezifischen Konzepte zur Persönlichkeits- und Krankheitsentwicklung (z. B. Konfliktmodell, Annahmen zu strukturellen Defiziten, maladaptiven Lernprozesse, kognitive und emotionale Stile), die in der Regel als Bezugspunkt für ätiologische Konzepte verwandt werden. Darüber hinaus sind jedoch auch die Prozesse der Krankheitsverarbeitung, der Veränderungsmotivation von Interesse. Für die Therapieplanung sind die persönlichen Ressourcen des Patienten (z. B. affektive Belastbarkeit, kognitive Flexibilität, soziale Kompetenzen, verfügbare Handlungskompetenzen) von besonderem Interesse. Diese können einerseits die Vo-

raussetzung für spezifische therapeutische Vorgehensweisen darstellen; andererseits kann eine Förderung problemrelevanter und allgemeiner Ressourcen ein wichtiges therapeutisches Ziel darstellen.

- *Berücksichtigung des psychosozialen Umfeldes*: Dieses soll sowohl in seiner Bedeutung für die Entstehung der Störung, die Krankheitsverarbeitung und Psychotherapiemotivation des Patienten reflektiert werden. Weiterhin ist z. B. zu prüfen, ob das therapeutische Vorgehen eine punktuelle oder längerfristige Einbindung eines Partners oder der Familie indiziert und welche potenziellen Probleme im Laufe einer Behandlung für das Umfeld des Patienten entstehen können.

Diese Zielgrößen sind „schulenübergreifend" relevant. Die Erklärungsmuster der verschiedenen Therapieansätze für einzelne Aspekte unterscheiden sich in der Regel; manche Gesichtspunkte werden von der einen oder anderen Perspektive stärker betont oder vernachlässigt und es werden differente therapeutische Antworten gegeben. Es sollte jedoch in einem Ausbildungscurriculum möglich sein und wir zielen im Rahmen unserer Psychotherapieweiterbildung darauf ab, diese diagnostischen Problembereiche unter Berücksichtigung unterschiedlicher Erklärungsansätze vertiefend herauszuarbeiten. In einem nächsten Schritt müssen die grundlegend geeigneten therapeutischen Maßnahmen bzw. Vorgehensweisen sowie die relevantesten Kriterien ihrer Auswahl (hier geht es um das Problem der differenziellen Indikationsstellung) herausgearbeitet werden. Es geht uns dabei nicht darum, dass wir glauben für alle Problemstellungen und Vorgehensweisen die „richtige Antwort" gefunden zu haben, unsere Erkenntnisse werden vorläufig sein und sich verändern. Wichtig ist uns, einen Problemhorizont und Reflexionsprozess zu initiieren der „offen" genug ist, kompetent mit den komplexen therapeutischen Fragestellungen umzugehen; dazu gehört insbesondere die Aufgabe einer differenziellen Indikationsstellung und Therapie(Ziel-)planung.

## 4 Welche Art der Institutionalisierung soll eine zukünftige Psychotherapieausbildung haben?

Die Psychotherapieausbildung sollte möglichst eng an staatliche und universitäre Institutionen angebunden sein. Diese Art der Institutionalisierung würde eine Integration der Ausbildung in das stationäre, teilstationäre und ambulante Versorgungsfeld fördern. Diese Anbindung konfrontiert den Ausbildungskandidaten mit einem breiten Spektrum von Patienten, für die eine breite Palette von unterschiedlichen therapeutischen Methoden angezeigt ist.

Auch ein enger Bezug zu somatischen Fachdisziplinen ist im Rahmen dieser Ausbildungsinstitutionen eher möglich. Ein Zugang, der gerade für die Psychosomatik relevant ist. Auch die Möglichkeit in interdisziplinären Gesamtbehandlungskontexten zu arbeiten, stellt einen Vorzug von staatlich verankerten Aus- und Weiterbildungsinstituten dar.

Darüber hinaus bieten vor allem Universitätseinrichtungen aber auch nicht-universitäre psychotherapeutische und psychosomatische Kliniken oftmals einen engeren Bezug zu wissenschaftlichen Entwicklungen im Fach als dies bislang von privaten Ausbildungsinstituten geleistet worden ist. Erforderlich sind im Rahmen der Ausbildung auch genügend materielle Ressourcen (Verfügbarkeit von Bibliotheken, Zugang zu Literatur, didaktisches Material), die auch eher von klinischen Institutionen und insbesondere den Universitätsabteilungen vorgehalten werden. Ebenso weisen diese Einrichtungen in der Regel zunehmend Erfahrungen in der Qualitätssicherung auf, die ebenfalls einen essenziellen Baustein der Psychotherapieausbildung darstellt.

Gleichzeitig haben natürlich die „privaten" Institute sowohl im Bereich der psychoanalytischen Ausbildung wie in der Verhaltenstherapie eine lange Erfahrung und Tradition sowie entsprechend qualifizierte Ausbilder, auf die zukünftig nicht bei der Psychotherapieausbildung verzichtet werden kann und sollte. Für die psychodynamisch orientierten Verfahren - nur für diese kann ich es beurteilen - muss auch formuliert werden, dass in einer Reihe von „privaten" Ausbildungsinstituten ein überaus kreatives Potenzial an Ausbildern zur Verfügung steht, das geeignet ist, eine stromlinienförmige automatische Anpassung der Psychotherapie an die gesellschaftlichen Verwertungszusammenhänge kritisch zu hinterfragen. Die Mitte zu finden, zwischen klinischen Rahmenbedingungen und administrativen Zwängen sowie dem widersprüchlichen Interesse bzw. den widerstreitenden Motiven des Einzelnen als dessen Ausdruck Symptome und psychosoziale Probleme auch gesehen werden können, stellt nach wie vor eine zentrale Aufgabe der Psychotherapie dar.

## Literatur

Grawe, K., Donati, R. & Bernauer, F. (1994): Psychotherapie im Wandel. Von der Konfession zur Profession. Göttingen: Hogrefe

Margraf, J. (1996): Lehrbuch der Verhaltenstherapie (2 Bde.). Heidelberg, Berlin, New York: Springer

# XI Forensische Psychotherapie als neues Aufgabenfeld

# Vorbemerkung

*Kerstin Buchholz und Friedemann Pfäfflin*

Bei der Zusammenstellung der Beiträge über Forensische Psychotherapie wurde darauf geachtet, dass Ost und West sowie Psychotherapeuten mit ärztlichem Hintergrund und Psychologische Psychotherapeuten jeweils gleichermaßen vertreten sind. Kerstin Buchholz ist Psychiaterin und kommissarische Leiterin der Abteilung Forensische Psychiatrie und Psychotherapie am Sächsischen Krankenhaus für Psychiatrie und Neurologie in Arnsdorf, wo auch Stefan Reinhold als Psychologischer Psychotherapeut arbeitet. Lutz Gretenkord ist Leitender Diplompsychologe an der Klinik für Forensische Psychiatrie in Haina, Hessen, und Friedemann Pfäfflin, Psychiater und Psychoanalytiker, leitet die Sektion Forensische Psychotherapie der Abteilung Psychotherapie und Psychosomatische Medizin am Universitätsklinikum Ulm, Baden-Württemberg.

Pfäfflins Beitrag skizziert das neue Arbeitsfeld Forensische Psychotherapie im Überschneidungsfeld zwischen Forensischer Psychiatrie und allgemeiner Psychotherapie und erläutert dessen breit gefächerte Aufgaben. Nicht nur Straftäter- und Opferbehandlung, sondern auch Institutsbegutachtung, freiwillige Gerichtsbarkeit sowie sozial-, betreuungs- und versicherungsrechtliche Fragen werden forensisch-psychotherapeutisch erschlossen und schließlich rechtliche Fragen der Psychotherapie selbst. Kerstin Buchholz skizziert den gesetzlichen Auftrag von Maßregelvollzugskliniken, in denen psychisch kranke Rechtsbrecher im gerichtlichen Auftrag untergebracht sind, und diskutiert die dort bereitgehaltenen Behandlungsmöglichkeiten. Lutz Gretenkord setzt sich mit dem neuerdings wieder sehr strittig diskutierten Schweigerecht und der Offenbarungspflicht von Therapeuten auseinander und differenziert verschiedene Modelle der Einbindung von Therapeuten in Sicherheits- und Vollzugslockerungsentscheidungen bei gerichtlich untergebrachten Patienten. Stefan Reinhold stellt an einem klinischen Beispiel dar, was für eine Herausforderung die Behandlung eines Sexualstraftäters für den Therapeuten darstellen kann.

# Forensische Psychotherapie. Kontext und Überblick

*Friedemann Pfäfflin*

## Einleitung

Der Einladung der Herausgeber, in ost-westlicher Kooperation ein Forum zum Thema *„Forensische Psychotherapie“* zu organisieren, folgte ich gerne:

1. Weil wir sehr viel voneinander lernen können.
2. Weil der diesbezügliche Austausch erst langsam in Gang gekommen ist und weiterer Anregungen bedarf.
3. Weil ich mich mit Forensischer Psychiatrie und Psychotherapie im Ost-West-Vergleich schon seit längerer Zeit beschäftige.

## 1 Eine Herausforderung zwischen Ost und West

Von Letzterem soll beispielhaft zuerst berichtet werden. Im Jahr 1993 drehte Ernst Klee, ein Autor, der sehr viel über die Psychiatrie während der NS-Zeit geschrieben hat, eine Reportage mit dem Titel: *„Die Hölle von Ueckermünde“*, die am 14. 04. 1993 in der ARD ausgestrahlt wurde. Sie handelte vom psychiatrischen Alltag in zwei Anstalten der ehemaligen DDR, Arnsdorf in Sachsen und Ueckermünde in Mecklenburg-Vorpommern. Klee war von den Mitarbeitern der am kleinen Oder-Haff an der polnischen Grenze gelegenen Anstalt in Ueckermünde eingeladen worden in der Hoffnung, er würde mit seiner Reportage auf die Missstände und die Not dieser Einrichtung hinweisen und dadurch deren Reformbestrebungen unterstützen. Der Effekt des Films war jedoch zunächst ein ganz anderer. Zuschauer erstatteten Anzeige gegen die Anstaltsleitung und den aufsichtsführenden Minister des Landes Mecklenburg-Vorpommern. Die gezeigten Szenen waren so alarmierend, dass der Sozialausschuss des Mecklenburg-Vorpommerschen Landtags in Schwerin zur Beratung zusammengerufen wurde. Dabei stellte sich heraus, dass sowohl der Sozialminister als auch dem Sozialausschuss angehörige Parlamentarier, die den Minister in seiner Tätigkeit kontrollieren sollen, die Anstalt früher besucht hatten, ohne gegen die dortigen Verhältnisse wirkungsvoll einzuschreiten. In der Beratung richtete sich die Ablehnung der Mehrheit der Abgeordneten jedoch weniger gegen die im Film gezeigten Zustände als vielmehr gegen den Filmautor. In der Laien- ebenso wie in der psychiatrischen Fachpresse löste die Reportage ein lebhaftes Echo aus. In der Leipziger Volkszeitung vom 16. 04. 1993 stand z. B.:

„Offensichtlich bereitete ihm (d. h. dem Dokumentarfilmer) sein Voyeurismus ... satanisches Vergnügen" (zitiert nach Klee 1993: 18 f.).

In der Konsequenz leitete die Staatsanwaltschaft Stralsund Vorermittlungen ein. In deren Rahmen wurde mir eine Kopie des Films zugeschickt mit der gutachterlich zu klärenden Frage, ob das dort Gezeigte als Anfangsverdacht für weitere Ermittlungen ausreiche. Innerhalb der Staatsanwaltschaft war man sich bewusst, dass Ermittlungen in einer psychiatrischen Anstalt zu großer Unruhe unter Mitarbeitern, Patienten und Angehörigen führen können. Es bestand die Befürchtung, den durch die Reportage verursachten Skandal durch Ermittlungen vor Ort noch weiter zu eskalieren.

Darüber hinausgehend war die Sache heikel, weil ein aus dem Westen kommender Journalist eine Reportage angefertigt hatte über Zustände in Anstalten in den neuen Bundesländern und nunmehr auch noch ein westlicher Gutachter beauftragt wurde. Sollte man sich auf einen solchen Auftrag überhaupt einlassen? Der Staatsanwaltschaft selbst war klar, dass es ein schwieriger Auftrag war. Ausdrücklich fragte sie danach, ob die in der Reportage gezeigten Szenen (nur) aus westlicher Sicht anstößig waren oder ob man sie auch unter den besonderen Bedingungen der früheren DDR als problematisch einzuschätzen hätte. Gezeigt wurden unter anderem eine Szene aus dem Alltag einer Behindertenstation, in der gleichzeitig 10 - 15 Patienten „getopft", d. h. zur Toilette gebracht wurden, sowie Szenen, in denen sich Patienten an den Haaren zogen und über den Boden schleiften, ohne dass Personal eingriff, und schließlich wurde ein Patient in einer Isolierzelle angetroffen, obwohl im Mitarbeitergespräch wenig zuvor erklärt worden war, dass Isolierzellen nicht mehr in Gebrauch seien.

Zur Vorbereitung des Gutachtens wurde der Film im Kreis der Mitarbeiter der Abteilung Psychotherapie des Universitätsklinikums Ulm gemeinsam angesehen, einmal ohne Ton und einmal mit Ton, weil das einen großen Unterschied machte, und anschließend diskutiert. Der Kommentar enthielt Bemerkungen, wie z. B., dass sich im Jahr 3 nach der Wende noch gar nichts geändert habe, oder Vergleiche mit dem „Euthanasie"-Programm der NS-Zeit. Wir verglichen die gezeigten Szenen mit unseren eigenen Erfahrungen in der Psychiatrie in der alten BRD und im westlichen Ausland aus Zeiten vor der Psychiatriereform im Westen, zogen Filme über Leros hinzu, jener Insel voll psychiatrischer Patienten in der Nähe Athens, wo die Zustände zum Teil noch viel, viel schlimmer waren, und kamen nach ausgiebigen Beratungen schließlich zu dem im Detail begründeten Ergebnis, der Anfangsverdacht sei berechtigt und rechtfertige weitere Ermittlungen.

Viele Monate später wurde ich aufgefordert, zu einer gemeinsam mit der Staatsanwaltschaft durchzuführenden Begehung der Anstalt in Ueckermünde zu kommen. Das ist für einen Psychotherapeuten ebenso wie für einen psychiatrischen Gutachter ein ungewöhnlicher Auftrag. Begründet war er damit, dass die Staatsanwaltschaft Rat brauchte, wonach sie im Einzelnen eigentlich forschen sollte, welche Akten sie einsehen müsste, welche Fragen an Mitarbeiter zu stellen seien. Einer der schwer wiegenden Vorwürfe im Film war gewesen, die Patienten würden mit Medikamenten „abgefüllt". Dieser Kommentar hatte die Darstellung einer ganz normalen Medikamentenausgabe auf Station begleitet, bei der die Patienten aus kleinen Bechern die in Flüssigkeit aufgelöste Medikation zu sich nehmen. Der Betrachter des Films konnte freilich nicht beurteilen, welche Medikamente in welcher Dosierung verabreicht wurden. Vor diesem Hintergrund war unter anderem die Klärung der Frage wichtig, welche Art von Medikamenten in welcher Dosierung dort verbraucht wurden. Aus den Nachforschungen über die Tötung psychiatrischer Patienten während der NS-Zeit weiß man, dass die damals häufig angewandten Überdosierungen, mit denen Patienten vergiftet wurden, in den Einzelakten (selbstverständlich) nicht dokumentiert worden waren. Dass Patienten vergiftet wurden, weiß man vor allem aus Zeugenaussagen. Ein indirekter Beweis hätte sich darüber hinausgehend allenfalls über die Errechnung des Gesamtverbrauchs einzelner Stationen im Vergleich mit den in den einzelnen Krankenakten dokumentierten und summierten Einzeldosierungen führen lassen. In Ueckermünde wurden daher sämtliche Apothekenbestellungen der betroffenen Stationen gesammelt und ausgewertet.

Ein interessantes Ergebnis im Zuge dieser Auswertung war, dass es erstens sehr schwierig war, im Westen Vergleichsdaten für den Medikamentenverbrauch entsprechender Stationen zu finden, weil die meisten Anstalten derartige Daten nicht zur Verfügung stellen. Nur von zwei Anstalten, die vergleichbare Patientenpopulationen hatten, erhielten wir schließlich entsprechende Zahlen. Das weit wichtigere Ergebnis aber war, dass in den beiden westlichen sozialpsychiatrischen Modelleinrichtungen der Medikamentenverbrauch um das Doppelte bzw. Dreifache höher lag als in Ueckermünde.

Auf weitere Einzelheiten der umfangreichen Begutachtung kann hier nicht eingegangen werden (vgl. ausführlich Pfäfflin 1996). Wichtig ist aber festzuhalten, dass die Begutachtung schließlich zur Einstellung des Ermittlungsverfahrens beitrug und dass parallel dazu die Bestrebungen zur Reformierung der Anstalt mit großem Nachdruck vorangetrieben wurden. Mitarbeiter, Patienten und deren Angehörige waren jedoch in der Zeit vor dem Einstellungsbeschluss erheblichen Belastungen ausgesetzt. Man kann an diesem Beispiel ablesen, dass psychiatrische Begutachtung für die Begutachteten sehr beängstigend sein kann, zumal viel davon abhängt, und dass es deshalb sinnvoll ist, auch psychotherapeutische Gesichtspunkte mit zu berücksichtigen, wenn man sich überhaupt auf solche Arbeiten einlässt.

## 2 Anfänge Forensischer Psychotherapie

An der Abteilung Psychotherapie und Psychosomatische Medizin des Universitätsklinikums Ulm wurde 1995 eine Sektion Forensische Psychotherapie gegründet. Es ist die einzige Einrichtung dieses Namens in Deutschland. Kaum angekündigt, rief die Bezeichnung Kritik hervor, dahingehend, die adjektivische Verbindung von Psychotherapie mit Forensik beinhalte sprachlich eine Denaturierung von Psychotherapie. Wenn der Psychotherapeut nämlich im gerichtlichen Auftrag tätig werde, verrate er den psychotherapeutischen Auftrag, der immer nur von der leidenden Person, dem Patienten, ausgehen könne.

Es lohnt, über diesen Einwand nachzudenken. Niemand nimmt offenbar Anstoß an der bei uns schon lange geläufigen Bezeichnung „Forensische Psychiatrie“. In England gibt es daneben eine lange Tradition von „forensic psychotherapy“, in der es um die Behandlung von Delinquenten geht (Cordess & Cox 1998; vgl. Böllinger 1979). Diese Behandlungstradition gibt es selbstverständlich auch bei uns, wenn auch nicht unter dem Namen Forensische Psychotherapie. Erinnert sei an Aichhorns (1925) Buch „*Verwahrloste Jugend*" und die von Eissler (1949) herausgegebene Festschrift zu Aichhorns 70. Geburtstag mit dem Titel „*Surchlights on delinquency*". Im Goethe-Jahr muss man an Eissler erinnern, der im Frühjahr 1999 hochbetagt in New York starb und uns eine Biografie Goethes unter psychoanalytischen Gesichtspunkten hinterließ (1983/ 1985), die unübertroffen ist und gleichermaßen als exzellente Goethe-Interpretation wie als Lehrbuch der Psychoanalyse zur Lektüre empfohlen werden kann . Eissler gilt vor allem deshalb als „orthodoxer" Psychoanalytiker, weil er Abstinenz und technische Neutralität als Grundvoraussetzungen für analytische Behandlungen so sehr betonte. Allerdings wies er schon früh darauf hin, dass in der Behandlung bestimmter Patienten Modifikationen des Behandlungssettings und der -technik, so genannte Parameter, erforderlich sind (Eissler 1953), weil diese Patienten mit dem klassischen Setting überfordert seien, ein Gedanke, der bereits von Freud (1925) im Vorwort zu Aichhorns Buch formuliert worden war.

Anknüpfend an Aichhorns Empfehlungen, man müsse die sadomasochistischen Bedürfnisse verwahrloster Jugendlicher frustrieren und dürfe sich durch deren erneutes delinquentes Verhalten nicht zu aggressiven und strafenden Antworten provozieren lassen, sondern müsse sich vielmehr darum bemühen, gemeinsam mit den Zöglingen zu verstehen, was sie zu ihren Handlungen bewogen hatte, empfahl Eissler (1953) für die Behandlung von Delinquenten die Berücksichtigung von drei weiteren Prinzipien:

1. Erstens solle der Therapeut zunächst die Rolle eines omnipotenten, wohl wollenden Menschen einnehmen. Dieses Prinzip knüpft an die Hypothese an, dass der delinquente Patient in frühen Lebensphasen ein Trauma, eine katastrophale Erfahrung in einer Situation gemacht hat, in der er vergeblich Hilfe und Schutz von einer Person erwartete, die er mit Allmacht ausgestattet hatte. Später pendelt er zwischen Allmachts- und Ohnmachtsgefühlen hin und her, fühlt sich einer feindlichen Welt ausgeliefert, die ihn bedroht, und weicht der dadurch ausgelösten Panik durch aggressives Verhalten aus. Die Nichtwiederholung der traumatischen Erfahrung führt zur Vorstellung des Wohlwollens des Therapeuten, d. h. der delinquente Patient kann einen Teil seines eigenen Omnipotenzerlebens auf den Therapeuten projizieren, was er bei seinen Eltern und anderen Autoritätspersonen früher nie hatte verwirklichen können.
2. Als zweites Prinzip nennt Eissler: Der Therapeut muss im Stande sein, den delinquenten Patienten zu überraschen. Dieses Prinzip beruht auf der Hypothese einer Fixierung in einer Entwicklungsphase, in der das Kind durch Neuheit seiner Erfahrungen fasziniert ist. Nur das Neue besitzt einen positiven emotionalen Wert für den Delinquenten, weshalb für ihn Langeweile so schwer auszuhalten und Introspektion kaum zu bewerkstelligen ist. Diese Überlegungen finden in neueren neurobiologischen Untersuchungen ihre Bestätigung, die zeigen, dass bestimmte Patientengruppen mit Persönlichkeitsstörungen unterstimuliert sind, an Langeweile leiden, weshalb es wichtig ist, ihnen neue Anreize zu setzen, da-

mit sie sich auf Psychotherapie überhaupt einlassen können (vgl. Herpertz in Druck).
3. Eisslers drittes Prinzip fordert, dass der Therapeut dem delinquenten Patienten zu irgendeinem Zeitpunkt der Behandlung eine reale Befriedigung gibt, deren Gültigkeit dieser anerkennt.

Die Anwendung dieser drei Prinzipien lässt die Reduktion der Symptome bzw. des Agierens erwarten, ebenso die Ersetzung von Aggression durch Angst. Ist dies erreicht, haben die Patienten eine korrigierende emotionale Erfahrung gemacht, dann kann die weitere Behandlung den allgemeinen Regeln von Psychotherapie folgen (Pfäfflin 1997 a).

## 3 Aufgabenfelder Forensischer Psychotherapie

Grob vereinfachend kann man als Aufgaben Forensischer Psychotherapie nennen:

1. Die vielfältigen Beiträge, die Klinik und Forschung diesbezüglich sowohl in der Psychiatrie als auch in der Psychotherapie entwickelt haben, zusammenzuführen.
2. Diese Beiträge weiterzuentwickeln.

Wie die folgende Aufstellung zeigt, geht es dabei nicht ausschließlich um die Behandlung von Straftätern.

### *3.1 Strafrecht*

Die meisten Psychotherapeuten haben damit nur selten zu tun. Psychotherapeuten und insbesondere Psychoanalytiker werden von Gerichten nur ungern als Gutachter bestellt, weil sie im Verdacht stehen, sie verstünden den Klienten zu gut, identifizierten sich zu sehr mit dessen Opferrolle und erschwerten dadurch das Bestrafen. Indem sie in ihrer Argumentation mit Unbewusstem operierten, öffneten sie darüber hinaus Spekulationen Tür und Tor und erschwerten die Überprüfbarkeit ihrer Ausführungen.

Diese Einwände sind nicht einfach von der Hand zu weisen, wenn sie sich auch eher auf trivialisierte und letztlich missverstandene Konzeptionen von Psychoanalyse beziehen. Im Missverständnis der Psychoanalyse werden unbewusste Beweggründe höher bewertet als bewusste. Verstehen wird mit Entschuldigen gleichgesetzt. Tatsächlich geht es in analytischen Psychotherapien und Psychoanalysen genau umgekehrt darum, unbewusste Beweggründe bewusst zu machen. Ein Täter soll sich gerade nicht mehr damit herausreden können, dass ihm irgendetwas unterlaufen oder ein Impuls urplötzlich und unbeabsichtigt über ihn gekommen ist, sondern er soll Verantwortung für sein Tun übernehmen. Um dieses Ziel zu erreichen, bedarf es des psychotherapeutischen Prozesses, der nicht gleichzusetzen ist mit dem Prozess, den das Gericht dem Täter macht, und in dessen Rahmen es bei der Beurteilung der Schuldfähigkeit nach den § 20 und 21 des Strafgesetzbuches (StGB) um viel gröbere Raster geht.

Der Rekurs auf das Unbewusste ist ohnehin zweischneidig. Ebenso wie man sich zur Bagatellisierung gravierender Taten darauf beziehen mag, könnte er auch zur Verschärfung von Beurteilungen missbraucht werden. Ist ein Autofahrer z. B. zu schnell gefahren oder hat er gar eine rote Ampel übersehen, mag man in einer Psychotherapiesitzung mit ihm erörtern, ob diese Handlungen aus unbewussten aggressiven Motiven gespeist gewesen sein mögen, vielleicht sogar eine unbewusste Tötungsabsicht dahinter stand. Strafrechtlich sind solche Überlegungen wenig hilfreich. Gerichte können sich darauf nicht stützen und etwa anstatt der für das Überfahren der roten Ampel vorgesehenen Geldstrafe einschließlich der zu vergebenden Punkte in der Flensburger Verkehrssünderkartei eine Verurteilung wegen versuchten Totschlags aussprechen. Die Fantasien von Psychotherapeuten mögen voller krimineller Energien stecken und die der Patienten natürlich auch. Auf so schwankenden Boden darf sich die Justiz jedoch selbstverständlich nicht begeben. Wenn Psychotherapeuten im Strafprozess als Gutachter mitreden wollen, müssen sie deshalb zunächst die Sprache der Forensischen Psychiatrie und des Rechts lernen.

Umgekehrt gilt für Psychiater, die vor Gericht Diagnosen stellen und Psychotherapie empfehlen, dass sie dies häufig tun, ohne zu wissen, wie Psychotherapie eigentlich geht. Insbesondere in den Maßregelvollzugskliniken arbeitende Psychotherapeuten kennen das Problem der Fehleinweisungen, die von Gerichten auf Grund psychiatrischer Gutachten ausgesprochen werden.

Die Forderung ist daher nahe liegend, dass nur der als Gutachter im Strafverfahren tätig werden soll, der etwas von psychotherapeutischen Prozessen versteht und ihre Verläufe kennt. Umgekehrt muss man von Psychotherapeuten, die mit Straftätern arbeiten wollen, fordern, dass sie wissen, was im Gerichtssaal vor sich geht. Sie sollten sich daher der Herausforderung, als Gutachter tätig zu werden, regelmäßig stellen.

Im strafrechtlichen Kontext gibt es auf internationaler Ebene und insbesondere in Kanada, den USA und England seit etwa 2 Jahrzehnten eine Entwicklung, die sich an den traditionellen psychotherapeutischen Fachverbänden vorbei vollzog, die teilweise gar keinen Kontakt mehr hat zu den traditionellen psychotherapeutischen Schulen. Es ist dies die Entwicklung zu eigenständigen Schulungs-, Trainings- bzw. Behandlungsprogrammen für Sexualstraftäter, mancherorts durchgeführt von Beamten des Strafvollzugs. Zum Teil sind diese Programme sehr erfolgreich. Allerdings bleiben vor allem bei Tätern mit dissozialen Persönlichkeitsstörungen die Ergebnisse noch weit hinter den Erwartungen zurück. Diese Patientengruppe stellt eine große Herausforderung für psychodynamisch orientierte Psychotherapeuten dar.

Eingedenk des Rahmenthemas „Eigenes und Fremdes" wird man freilich mit Postulaten zurückhaltend sein müssen. Wenn sich Psychotherapeuten scheuen oder weigern, mit Straftätern zu arbeiten, mag es zwar ein Leichtes sein, ihre zur Begründung angeführten Argumente zu widerlegen. Meist ändert sich an ihrem Verhalten dadurch noch nichts. Denn die Widerstände gegen diese Klienten sind oft tiefer verankert. Zu Beginn meiner Berufstätigkeit weigerte ich mich, Pädophile zu begutachten. Irgendwie schien mir einfühlbarer, dass jemand eine gefährliche Körperverletzung, vielleicht sogar einen Mord an einem Erwachsenen begangen hatte; warum aber jemand sexuelle Handlungen an Kindern beging, wollte ich nicht verstehen und lehnte es daher ab, entsprechende Gutachten- oder gar Behandlungsaufträge zu übernehmen. Irgendwann war es dann nicht mehr zu vermeiden, und ich entdeckte, dass sich diese Patienten nicht grundsätzlich von anderen Patienten unterschieden. Lege ich die eigenen Erfahrungen zu Grunde, die die Arbeitsaufnahme mit solchen Patienten erst sehr verzögert ermöglichten, erscheint es mir sinnvoll, die Behandlung von Straftätern in der Weiterbildung von Psychotherapeuten fest zu verankern.

Bei den Therapeuten stellt sich hier dieselbe Frage der Motivation, Straftäter zu behandeln, wie sie sich umgekehrt bei den Straftätern stellt, deren Therapiemotivation von Therapeuten allzu gern und leichtfertig in Abrede gestellt wird. Es ist zwar richtig, dass nur wenige der Straftäter, die nach der Verurteilung eine gerichtliche Auflage zur Psychotherapie bekommen oder in den Maßregelvollzug zur Behandlung eingewiesen werden, vor Begehung der Straftat eine Behandlung suchten oder jetzt freiwillig in Behandlung kommen. Dennoch ist es abwegig, von Zwangstherapie zu sprechen. So weit in der öffentlichen Diskussion dieser Terminus gebraucht wird, bedient er sadistische Bedürfnisse. Denn unter Zwang im psychiatrischen und psychotherapeutischen Sinne verstehen wir eine Symptomatik, unter der der Betroffene leidet und die er als sinnlos erlebt. Sicher ist es möglich, ja es ist sogar wahrscheinlich, dass sich das subjektive Leiden im Laufe eines psychotherapeutischen Prozesses verstärken kann. Ziel der Behandlung ist jedoch nicht, den Patienten leiden zu lassen, sondern sein Leiden zu verstehen, es dadurch zu mildern und ihn zu befähigen, dass er andere nicht mehr leiden lässt.

Dass die meisten Straftäter keine eigene primäre Behandlungsmotivation haben, sondern die Behandlung nur unter Auflagen beginnen, steht einer günstigen Prognose nicht im Wege. In der psychoanalytischen Diskussion wurde Behandlungsmotivation bisher oft zu eng und eindimensional gefasst. Die Untersuchungen Dahles (1995) sowie die Behandlungserfolge des Maßregelvollzugs insgesamt belegen nachhaltig, dass auch unter Auflagen begonnene Behandlungen Erfolg versprechend sind (Pfäfflin 1997 b).

### 3.2 *Viktimologie*

Anfang Juni 1999 fand in Istanbul die 6. Europäische Konferenz für posttraumatischen Stress und dessen Behandlung statt. An ihr nahmen mehr als 600 Therapeuten teil. Der Zulauf zu Opferschutztagungen ist bemerkenswert. Offenbar ist es für Psychotherapeuten leichter, sich mit den Opfern einer Posttraumatischen Belastungsstörung (seit 1980 im Diagnostischen und Statistischen Manual - DSM - der Amerikanischen Psychiatrischen Vereinigung - APA - als Diagnose eingeführt) zu identifizieren, Eigenes in ihnen zu entdecken und Sympathie für sie zu entfalten.

Wie nahe jedoch Opfersein und Täterschaft beieinander liegen können, mag das folgende *klinische Beispiel* illustrieren:

Im vergangenen Jahr musste ich einen Bäckermeister begutachten, der sich selbst wegen sexueller Handlungen, begangen vor Jahren an einem Neffen und an Nachbarskindern, angezeigt hatte. Derartige Selbstanzeigen sind ausgesprochen selten, und das Gericht veranlasste deswegen sofort die Begutachtung, wohl auch, um zu prüfen, ob diese Anzeige überhaupt ernst zu nehmen sei. Wegen massiver Albträume, in denen er erlebt, wie er von einem oder von mehreren Männern auf brutale Art und Weise vergewaltigt wird, hatte er in den vergangenen Jahren drei längerfristige stationäre Aufenthalte in psychiatrischen und psychosomatischen Kliniken gehabt und dort seine Überzeugung vorgetragen, es handele sich bei den Albträumen vermutlich um Erinnerungen an ihm im 11. und 12. Lebensjahr real Widerfahrenes, denn für diesen Zeitraum habe er eine vollkommene Erinnerungslücke, wisse nicht, mit welchen Kameraden er in der Klasse war, welche Lehrer er hatte, wie er seine Geburtstage verbracht hatte usw. Er hatte die regelmäßig wiederkehrenden Albträume notiert, eine Folge von zirka 30 Geschichten, mit sehr ähnlichen Abläufen, notiert in einem Buch, das so angelegt schien, als sei mit weiteren Ausgestaltungen zu rechnen. Jede einzelne der Geschichten liest sich wie ein sadomasochistischer Text. In der Gegenübertragung schwankte ich zwischen der Seite, die ihm glaubte, dass ihm das in seinen Geschichten Festgehaltene widerfahren war, und der Seite, dass mir die Ausgestaltung der perversen Abläufe wie ein Psychoseäquivalent erschien. Wenn er die Albträume schilderte, fühlte man sich als Zuhörer gequält. Es war schwierig zu unterscheiden, was sein Sadismus war, den er auf diese Art und Weise inszenierte, und was sein wirkliches Leiden. Beschränkt man sich hier auf die gutachterliche Frage, ob die Voraussetzungen der Schuldfähigkeit zu den Zeiten der selbstangezeigten Taten vorlagen, verfehlt man das eigentliche Leiden des Patienten, der die Selbstanzeige auf den Weg gebracht hatte, um endlich von den Alpträumen befreit zu werden. Den Realitätsgehalt seiner „Nachhallerinnerungen" wird man erst in einem längerfristigen therapeutischen Prozess ausloten können.

### *3.3 Sozialrecht und Versicherungsmedizin*

Spricht man von Forensischer Psychotherapie, assoziieren die meisten Psychiater, Psychotherapeuten und Juristen nur Straftäter- oder Opferbehandlung. Das Sozialrecht wird normalerweise ausgeklammert. Psychotherapeuten werden in sozialrechtlichen Fragen meist erst dann zu Rate gezogen, wenn Leiden über Jahre chronifiziert ist. Die meisten sozialrechtlichen Begutachtungen werden vorgenommen von Fachärzten für Innere Medizin, Chirurgie, Orthopädie, Allgemeinärzten und anderen Fachärzten. Strittige Verfahren ziehen sich häufig über Jahre hin, ohne dass sich die Prozessparteien einigen können. Wenn alles nichts mehr hilft und der Patient noch immer um Erwerbsunfähigkeits- oder Berufsunfähigkeitsrente kämpft, wird schließlich der psychotherapeutische Mediziner als Feigenblatt hinzugerufen. Je mehr man in solche Verfahren einsteigt, desto interessanter erweist sich die Materie aus der Sicht unseres Fachgebietes. Man entdeckt dort nämlich Patienten, die durch die psychiatrische Diagnostik oder durch die Vorgehensweise der anderen somatischen Fächer auf eine Schiene gesetzt wurden, die ihnen nichts anderes übrig zu lassen scheint, als sich immer nachhaltiger als Leidende zu präsentieren, damit ihr ursprüngliches Anliegen, das viel geringer gewesen sein mag als das, was im Verlauf des Verfahrens daraus geworden ist, endlich ernst genommen wird. Das sozialgerichtliche Verfahren selbst wird damit zu einer Quelle zusätzlichen Leidens. Es ist schwierig, die Patienten dort wieder herauszuholen. Jahrelange psychopharmakologische Behandlungen und unzählige stationäre Aufenthalte könnten vermutlich vermieden werden, wenn sich Psychotherapeuten rechtzeitig einmischten und frühzeitig in solchen Entwicklungen andere Weichen stellten, indem sie die Klagen der Patienten ernst nehmen und ihnen Raum geben, so dass die Patienten selbst in Frage stellen können, ob ihnen mit den anvisierten konkretistischen Zielen der Frühberentung oder der Anerkennung von Berufs- und Erwerbsunfähigkeit wirklich gedient ist und davon eine Linderung ihres Leidens erwartet werden kann. Aus psychotherapeutischer Sicht unterscheiden sich dabei sozialgerichtliche Verfahren im Kontext gesetzlicher Renten- und Unfallversicherungen nicht wesentlich von jenen der privaten Assekuranz, die zivilrechtlich abgehandelt werden.

### *3.4 Freiwillige Gerichtsbarkeit*

Es handelt sich in diesem Kontext vor allem um ausagierte interpersonelle, nicht um intrapsychisch durchgearbeitete Konflikte, die insbesondere in Familiengerichts-, Scheidungs-, Sorgerechtsverfahren und dergleichen ausgetragen werden. Die punktuellen Begutachtungen, die von der Forensischen Psychiatrie in solchen Zusammenhängen erstellt werden, tragen in der Regel wenig zur Konfliktlösung bei, anders als dies von psychotherapeutischen Interventionsangeboten zu erwarten wäre.

Im Rahmen der freiwilligen Gerichtsbarkeit stellt sich für forensische Psychotherapeuten ein weiteres Aufgabenfeld, nämlich die Begutachtung nach Transsexuellengesetz, die immer stärker formalisiert wird. Verschiedene Fachverbände der Sexualmedizin haben inzwischen Standards zur Begutachtung und Behandlung Transsexueller herausgegeben (Becker et al. 1997), die immer mehr formalisieren, wie man mit diesen Patienten umgehen soll, was sie alles erfüllen müssen, damit sie eine Vornamens-, eine Personenstandsänderung bzw. die Kostenübernahmeerklärung ihrer Krankenversicherung für eine geschlechtsangleichende Operation bekommen. Je mehr solcher Regeln man aufstellt, desto stärker muss sich der Identitätswiderstand der Patienten aufbauen, und sie müssen umso mehr behaupten, dass sie dem jeweils anderen Geschlecht angehören, können keine eigenen Zweifel entwickeln. Aus Sicht der Forensischen Psychotherapie kann es dagegen sinnvoll sein, nicht gegen den Identitätswiderstand der Patienten anzulaufen, sondern sich vielmehr mit ihnen zu verbünden und ihnen eventuell sogar schon im Erstgespräch fast im Sinne einer paradoxen Intervention zu sagen: „Sie werden von mir ein Gutachten für die Geschlechtsumwandlung erhalten. Darum brauchen Sie hier nicht zu kämpfen“, um damit eine Entspannung herzustellen, die ein konstruktives Gespräch ermöglicht.

### *3.5 Betreuungsrecht*

Im Jahr 1992 wurde in Deutschland das Betreuungsrecht eingeführt und damit das frühere Vormundschaftsrecht abgelöst. Im Betreuungsgesetz finden sich etwa 20 verschiedene Anlässe, in denen Gutachter tätig werden können, z. B. bei der zivilrechtlichen Unterbringung oder der Feststellung der Geschäftsfähigkeit. Vielfach handelt es sich um Behinderte oder mehrfach Behinderte, oft aber auch um geriatrische Patienten. Trotz der bahnbrechenden Arbeiten von Radebold (1992) ist die Gerontopsychotherapie noch ein weitgehend vernachlässigtes Feld, in dem sich häufig zusätzlich zu den psychotherapeutischen auch forensische Fragen stellen, deren adäquate Bearbeitung eine dankbare Aufgabe ist. Radebold zeigte in eindrucksvoller Weise, wie sehr Eigenes und Fremdes, oder anders ausgedrückt, Gegenübertragungsreaktionen beitragen zu dem unter Psychotherapeuten noch immer verbreiteten Vorurteil, ältere Menschen seien psychotherapeutisch nicht mehr erreichbar, sondern bereits so festgefahren, dass sie sich nicht mehr verändern könnten. Wenn im mittleren Lebensabschnitt stehende Psychotherapeuten Jüngere behandeln, können sie immer sagen: „Das habe ich auch schon erlebt, diese jugendliche Eifersuchtskrise kenne ich, in die depressive Reaktion des Patienten kann ich mich einfühlen.“ Schwieriger ist es, sich in die ältere Generation einzufühlen, weil wir nämlich alle geprägt sind von den Erfahrungen mit den eigenen Eltern, die man meist als abgeschlossene Personen erlebt hat, die im Prinzip keine Konflikte haben und sich alles leisten können, nicht nur finanziell, sondern auch sonst, so dass man ihnen gar nicht gönnt, dass sie sich verändern können. Sie haben einem so viel angetan, dass man ihnen keine eigenen Konflikte einräumt, an denen sie leiden und die zu bearbeiten sich lohnt. Vermutlich aus diesen Gründen wird bei und für die Alten im Betreuungsrecht so viel administrativ geregelt, sie werden abgeschoben, man gibt sich allzu schnell mit der Meinung zufrieden, da könne man sowieso nichts mehr machen, obwohl vielleicht eine lebensgeschichtliche Sperre vorliegt und ein unbearbeiteter, aber bearbeitbarer Konflikt.

### *3.6 Recht und Psychotherapie*

Ein spezifisches Psychotherapierecht gibt es nicht, aber im Rahmen von Psychotherapie stellen sich viele rechtliche Fragen, von denen hier nur zwei beispielhaft genannt werden sollen, die zeigen, dass sich hier ebenfalls wichtige Aufgabenfelder der Forensischen Psychotherapie auftun.

#### 3.6.1 Leistungspflicht von Krankenkassen für Psychotherapie

Im Rahmen des Sozialrechts und der Versicherungsmedizin (vgl. Abschnitt 3.3) hatten wir verschiedentlich Gutachten in Verfahren zu erstellen, in denen Patienten die Kosten für analytische Psychotherapie einzuklagen suchten. Die über mehrere Anträge erreichbare Bewilligungsobergrenze in der Richtlinienpsychotherapie liegt in der Regel bei 300 Stunden. Zwar klagen die meisten Analytiker und auch andere Therapeuten im kollegialen Gespräch gerne über solche Obergrenzen, aber sie nehmen sie doch meist hin, denn sie ersparen ihnen weitere Antragstellung, die Darstellung des bisher Erreichten sowie die Begründung, warum noch weiterhin Behandlung erforderlich ist. Am liebsten ist ihnen, wenn der Patient die zusätzlichen Stunden privat bezahlt, womöglich auf die Hand. Das ist aber nicht in Ordnung. Wenn es wirklich eine Krankheit ist, die behandelbar ist, dann sollte man auch die entsprechenden Kosten bei der Kasse einklagen. Wie das folgende *Beispiel* zeigt, sind solche Verfahren nicht aussichtslos:

Einer der in Ulm begutachteten Patienten hatte zum Zeitpunkt des Eingangs des Gutachtenauftrags bereits etwa 700 Stunden analytische Psychotherapie gehabt, von denen die Kasse jedoch nur 300 übernommen hatte. Sowohl sein Therapeut als auch er selbst, der an einer narzisstischen und zwanghaften Charakterstörung litt, hielten die Fortsetzung für erforderlich und Erfolg versprechend, doch konnte es sich der Patient, dem der Therapeut mittlerweile bereits viele Sitzungen gestundet hatte, nicht leisten, die weitere Behandlung aus eigener Tasche zu bezahlen. Statt ein Gutachten nach Aktenlage zu machen, hörten wir sowohl den Patienten als auch den Therapeuten in getrennten, auf Video aufgezeichneten Untersuchungsterminen an. Jeder erhielt eine Kopie der Videoaufzeichnung seines Gesprächs mit der Empfehlung, sie gemeinsam noch einmal anzuschauen und miteinander die Fortschritte und Hemmnisse der bisherigen Behandlung zu besprechen. Nach unserer Beurteilung hatte es sich bis zur etwa 500. Behandlungsstunde um notwendige Krankenbehandlung gehandelt, bei den verbleibenden 200 Sitzungen um nicht von der Kasse zu übernehmende Selbstfindung. Diese Beurteilung war auch für den Patienten nachvollziehbar und akzeptabel.

Sozialgerichtsverfahren dauern erfahrungsgemäß lange, so dass die Behandlung, als die Sache schließlich bei Gericht verhandelt wurde, mittlerweile bis zur etwa 900. Stunde fortgeschritten war. In der mündlichen Gerichtsverhandlung erklärte der Patient, er sei, abweichend von dem, was er den Gutachtern gesagt hatte, nach eigener Beurteilung seines inzwischen erreichten Fortschritts doch bis etwa der 700. Stunde krank im Sinne des Sozialgesetzbuchs gewesen. Das Gericht legte uns die Sache zur erneuten Beurteilung vor, und wir wiederholten die getrennten Explorationen von Therapeut und Patient mit Videoaufzeichnungen. Dabei erfuhren wir, dass die frühere Begutachtungssituation sowie das dadurch in Gang gesetzte Gespräch über die Videoaufzeichnungen im Sinne einer externen Supervision des Therapieprozesses sowohl vom Therapeuten als auch vom Patienten als außerordentlich hilfreich erlebt worden waren, so dass sich im weiteren Verlauf der Behandlung der Dialog erheblich vertieft und der Patient noch unerwartet große weitere Fortschritte zur Gesundung gemacht hatte, die sehr eindrucksvoll waren und dem Gericht in der Differenz der zu unterschiedlichen Terminen aufgezeichneten Videodokumentationen auch plausibel gemacht werden konnten. Unser Vorschlag, die Kasse solle insgesamt 800 Behandlungssitzungen übernehmen, wurde von dieser im gerichtlichen Vergleich akzeptiert. Auf den Vergleich ließ sich die Kasse ein, weil die Sachlage so überzeugend für die Notwendigkeit der Behandlung sprach, dass andernfalls ein entsprechendes Gerichtsurteil zu erwarten gewesen wäre, das sich im Sinne einer

Präzedenzentscheidung auch auf andere Verfahren hätte auswirken können.

### 3.6.2 Missbrauch in Psychotherapien

Zum 01. 01. 1998 trat eine Änderung des StGB (Neueinfügung des § 174 c StGB) in Kraft, wonach sexueller Missbrauch in Beratungs-, Behandlungs- und Betreuungsverhältnissen mit Freiheitsstrafe bis zu 5 Jahren bestraft werden kann. Noch gibt es zur Anwendung dieser Neuregelung keine breiteren Erfahrungen, doch ist offensichtlich, dass sich die Forensische Psychotherapie damit wird beschäftigen müssen. Wie geht man therapeutisch um mit Psychotherapeuten, die in diesem Bereich straffällig werden? Was werden Straf- und Maßregelvollzug machen, wenn sie plötzlich Psychotherapeuten als Patienten haben, die ihre eigenen Patienten zuvor missbraucht haben?

## 4 Offene Fragen

Während der Schwerpunkt der Forensischen Psychiatrie über Jahrzehnte bei diagnostischen und damit letztlich bei statischen Beurteilungen lag, geht es in der Forensischen Psychotherapie vor allem um Dynamik. Sicher interessiert, wie die Störungen aussehen (Deskriptive Diagnostik), die es zu behandeln gilt, ebenso wie die Frage, woher sie kommen (Ätiologie). Weitaus wichtiger aber ist die Frage, wie die Störungen zu überwinden sind (Prognose). Es geht um die Auflösung von Wiederholungszwängen und um die Eröffnung von Perspektiven. Die Täter-Opfer-Dialektik ist ein Thema, das Psychotherapeuten ständig beschäftigt. Um den Patienten zu verstehen, muss man sich zumindest teilweise mit ihm identifizieren können. In der Regel ist die Identifikation mit der Täterseite schwieriger als jene mit der Opferseite. Wenn er nicht ewig Patient bleiben soll, muss er aber aus der Opferrolle herauskommen. Viele forensische Patienten stellen die Frage: „Was hat man mir getan?", stellen sich dar als Opfer; und wenn sie Hilfe erwarten, dann allenfalls solche, die den Freiheitsentzug beendet und die Behandlungsauflage aufhebt. Ist die Behandlung gelungen, können sie diese Position hinter sich lassen und Verantwortung für ihr Leben übernehmen.

An und von forensischen Patienten können Therapeuten viel lernen. So weit diese Patienten straffällig wurden, haben sie ausagiert, was viele andere in der Fantasie erledigen. Warum war es ihnen nicht gelungen, auf der Ebene der Fantasie zu bleiben, ihre aggressiven Impulse zu symbolisieren? Wie entstehen innere Welten, in denen Konflikte ausgehalten und gelöst werden können, ohne dass sie in destruktiver Weise agiert werden müssen?

Um solche Fragen zu beantworten, werden in der Sektion Forensische Psychotherapie in Ulm tonbandprotokollierte Psychotherapieverläufe aus forensischen Settings (Maßregelvollzug, Justizvollzugsanstalten sowie ambulante Psychotherapien unter gerichtlichen Auflagen) mit schriftlichem Einverständnis der Beteiligten untersucht, um Wirkfaktoren im psychotherapeutischen Prozess zu identifizieren

(Pfäfflin & Mergenthaler 1998). Es ist bemerkenswert, dass die Bereitschaft von Patienten, solche Aufzeichnungen vornehmen zu lassen, deutlich größer ist als diejenige von Therapeuten. Jenen Kolleginnen und Kollegen, die sich bereits an diesen Untersuchungen beteiligen, sei an dieser Stelle ausdrücklich gedankt, andere, die sich zukünftig daran beteiligen wollen, sind herzlich dazu eingeladen.

## Literatur

Aichhorn, A. (1925/ 1987): Verwahrloste Jugend. Die Psychoanalyse in der Fürsorgeerziehung (10. Aufl.). Bern: Huber

Becker, S., Bosinski, H., Clement, U., Eicher, W., Goerlich, T., Hartmann, U., Kockott, G., Langer, D., Preuss, W., Schmidt, G., Springer, A. & Wille, R. (1997): Standards der Behandlung und Begutachtung von Transsexuellen der Deutschen Gesellschaft für Sexualforschung, der Akademie für Sexualmedizin und der Gesellschaft für Sexualwissenschaft (vielfältig veröffentlicht, am einfachsten zugänglich im Internet http://www.symposion.com/ijt/)

Böllinger, L. (1979): Psychoanalyse und die Behandlung von Delinquenten. Heidelberg, Karlsruhe: C. F. Müller

Clement, U. & Senf, W. (Hrsg.) (1996): Transsexualität. Behandlung und Begutachtung. Stuttgart: Schattauer

Cordess, C. & Cox, M. (Eds.) (1998): Forensic psychotherapy. London: Jessica Kingsley

Dahle, K.-P. (1995): Therapiemotivation hinter Gittern. Zielgruppenorientierte Entwicklung und Erprobung eines Motivationskonstrukts für die therapeutische Arbeit im Strafvollzug. Regensburg: Roderer

Eissler, R. (Ed.) (1949): Searchlights on delinquency. New psychoanalytic studies dedicated to Professor August Aichhorn on the occasion of his seventieth birthday, July 1947, 1948. New York: International University Press

Eissler, R. (1953): The effect of the structure of the ego on psychoanalytic technique. In: Journal of the American Psychoanalytic Association 1: 104 - 143

Eissler, R. (1983/ 1985): Goethe. Eine psychoanalytische Studie. 1775 - 1786 (2 Bde.). Frankfurt am Main: Stroemfeld/ Roter Stern

Freud, S. (1925): Geleitwort. In: A. Aichhorn (1925): 7 - 8

Herpertz, S. (in Druck): Impulskontrolle und Affektregulation bei Persönlichkeitsstörungen. Erscheint in: Psychotherapie, Psychosomatik, Medizinische Psychologie

Klee, E. (1993): Irrsinn Ost - Irrsinn West. Psychiatrie in Deutschland. Frankfurt am Main: Fischer

Pfäfflin, F. (1996): Nachtrag zur Fernsehreportage „Die Hölle von Ueckermünde“. In: Recht & Psychiatrie 14: 167 - 178

Pfäfflin, F. (1997 a): Günstige und ungünstige Rahmenbedingungen für die Psychotherapie im Maßregelvollzug. In: Forensische Psychiatrie und Psychotherapie, Werkstattschriften (WsFFP) 4: 143 - 156

Pfäfflin, F. (1997 b): Angst und Lust. Zur Diskussion über gefährliche Straftäter. In: Recht & Psychiatrie 15: 59 - 67

Pfäfflin, F. & Mergenthaler, E. (1998): Was passiert in Psychotherapien? Zur Definition, Operationalisierung und Messung von Einsicht. In: Forensische Psychiatrie und Psychotherapie, Werkstattschriften (WsFFP) 5: 21 - 40

Radebold, H. (1992): Psychodynamik und Psychotherapie Älterer. Berlin, Heidelberg, New York: Springer

# Psychotherapeutische Behandlungsstrategien im Maßregelvollzug

*Kerstin Buchholz*

Therapie und Psychotherapie insbesondere ist durch den gesetzlichen Auftrag einer Maßregelvollzugs-Einrichtung im Rahmen des § 63 StGB wesentlich mitbestimmt. Durch diesen gesetzlichen Auftrag, also der Besserung auf der einen Seite und der Sicherung auf der anderen Seite sind sowohl der Aufbau als auch die innere Struktur einer derartigen Abteilung in gewisser Weise vorgegeben.

*Gesetzlicher Auftrag einer Maßregelvollzugs-Abteilung geregelt im § 61 Strafgesetzbuch (StGB):*

*Maßregeln der Besserung und Sicherung*:

1. Unterbringung in einem psychiatrischen Krankenhaus (§ 63 StGB)
2. Unterbringung in einer Entziehungsanstalt (§ 64 StGB)
3. ... , 4. ..., 5. ..., 6. ...

1. *Besserung*

Diagnostik
Behandlungsplanung
Therapie
Rehabilitation
Weiterführende Betreuung
Heime
Nachsorge

2. *Sicherung*

Gesicherte Rahmenbedingungen
Lockerungen
Gefährlichkeitsprognose
Erprobungsrisiko

*Abbildung 1*: Gesetzlicher Auftrag einer Maßregelvollzugs-Abteilung geregelt im § 61 StGB: Maßregeln der Besserung und Sicherung

Unter dem Auftrag der Besserung fallen zunächst diagnostische und therapeutische Maßnahmen wie:

- Eine ausführliche Eingangsdiagnostik; (daraus folgend eine zu erstellende)
- Behandlungsplanung
- Eine im weitesten Sinne durchzuführende Therapie
- Die Rehabilitation in Vorbereitung auf eine eventuelle Entlassung.

Demgegenüber steht der zweite Teil der gesetzlich definierten Aufgabe, nämlich die Sicherung. Somit entsteht für die Maßregelvollzugs-Abteilung zunächst der Auftrag, gesicherte bauliche Rahmenbedingungen für die Unterbringung der Probanden vorzuhalten. Hierzu gehören auch Entscheidungen über Gewährung von Freizügigkeiten wie Lockerungen. Dazu gehört letztlich auch das Tragen des Risikos der abzugebenden Gefährlichkeitsaussage (siehe Abbildung 1).

Zu dieser gesetzlich definierten formalen Ausgangslage kommt hinzu, dass sich Dritte für die Art und den Fortgang der therapeutischen Arbeit interessieren - und hierzu teilweise sogar berechtigt sind. Die Stellung des Psychotherapeuten zwischen den Kräften oder „Stühlen" haben Beier und Hinrichs (1996) im Rahmen der „*Sankelmarker Thesen zur Psychotherapie mit Straffälligen*" herausgearbeitet - sie trifft gleichermaßen für Therapie im Strafvollzug wie im Maßregelvollzug zu (siehe Abbildung 2).

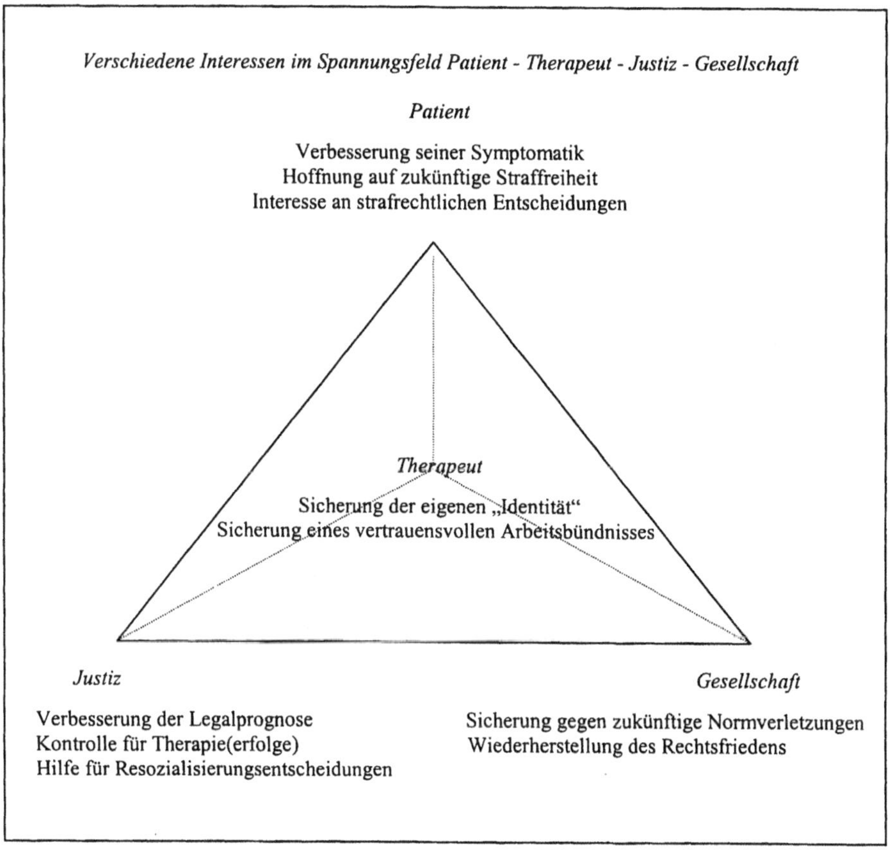


*Abbildung 2*: Verschiedene Interessen im Spannungsfeld Patient - Therapeut - Justiz - Gesellschaft (nach Beier & Hinrichs 1996)

Aus den genannten vorgeschriebenen Gegebenheiten folgt, dass eine Therapie unter Sicherheitsbedingungen und Außenkontrolle stattzufinden hat, und dies erfordert die Schaffung eines therapeutischen Klimas unter Berücksichtigung der jeweiligen Gefährlichkeit des Betroffenen.

Aus diesen aufgezeigten Rahmenbedingungen ergeben sich erhebliche Besonderheiten einer solchen Abteilung im Vergleich zur allgemeinen Psychiatrie oder zur so genannten „normalen" psychotherapeutischen Behandlung. Es kommt in der Maßregelvollzugs-Abteilung zu einer Verschmelzung von Strafe (die meisten Klienten haben eine Begleithaftstrafe), Sicherung und Besserung. Daraus folgt, dass die stationäre Behandlung in den Maßregelvollzugs-Einrichtungen ungleich länger dauert als sonst üblich - sie nimmt im Durchschnitt mehrere Jahre in Anspruch.

Die Einweisung erfolgt im Gegensatz zur „normalen" Psychotherapie unabhängig von der Frage der Behandelbarkeit der Störung des Patienten. Es erfolgt gleichfalls bei fehlender Behandelbarkeit keine Entlassung. Wir befinden uns zwangsläufig in der klassischen Zauberbergsituation: Therapie zum Zwecke der Minimierung der Gefährlichkeit des Patienten für die Gesellschaft - aber Therapie soll möglichst nicht in der Gesellschaft oder gar mit der Gesellschaft stattfinden, sondern hinter den Mauern. Die Patienten, die wir vorfinden, sind gesellschaftlich stigmatisiert und der Therapeut, der diese Patienten über lange Zeit begleitet, ist es plötzlich auch.

Im Rahmen einer fortschreitenden Therapie ergeben sich für den Untergebrachten kaum oder nur sehr eingeschränkte Möglichkeiten, normale Lebenserfahrungen zu sammeln, statt nur der therapeutischen Erfahrungen. Die im geschlossenen Raum gemachten Erfahrungen entsprechen in weiten Teilen keineswegs den Realitäten, die den Patienten dann jedoch bei drohender Entlassung oder nach der Entlassung erwartet. Als Auswirkung entsteht als durchaus hausgemachtes Phänomen eine hochgradige Hospitalisierung.

Zu Beginn einer Behandlung und im Verlauf einer Behandlung bleiben über lange Zeiträume für beide Beteiligten - sowohl für den Therapeuten als auch für den Patienten - die Erfolgsaussichten der Therapie unklar. Diese verschwommenen Aussichten hängen einerseits mit den besonderen Störungsbildern bzw. mit dem besonderen Schweregrad der Störungsbilder, andererseits jedoch maßgeblich auch mit der geschlossenen Situation bzw. der zunehmenden Hospitalisierung der Klienten zusammen.

Außer den soeben genannten Rahmenbedingungen des Maßregelvollzuges unterscheidet sich die Diagnoseverteilung einer Maßregelvollzugs-Einrichtung ebenfalls erheblich von der einer „normalen" psychotherapeutischen Einrichtung oder der allgemeinen Psychiatrie.

Der Patient weist meist nicht nur eine psychische Erkrankung auf, sondern eine Kombination verschiedener Störungsbilder. Zusätzlich erschwerend und besondere Behandlungskonzepte herausfordernd sind die hinzukommenden Ausbildungs- und Sozialisationsdefekte.

Zur Verdeutlichung der unterschiedlichen Diagnoseverteilung in den Maßregelvollzugs-Abteilungen sei eine Aufstellung vorgestellt, die sich einerseits auf die als hauptsächlich erscheinende Erkrankung bezieht und gleichzeitig aber im Rahmen der Zweiterkrankung auf mögliche (es gibt sicherlich noch eine Vielzahl mehr) Kombinationen von Zweiterkrankungen hinweist (siehe Tabelle 1).

*Tabelle 1*: Behandlungsrelevante Syndrome bei Maßregelvollzugspatienten

| *Krankheit* | *Zweiterkrankung* |
|---|---|
| • *Psychosen* | • Substanzmissbrauch |
| • *Hirnorganische Störung* | • Substanzmissbrauch<br>• Verhaltensstörungen |
| • *Sexuelle Deviation* | • Substanzmissbrauch<br>• Minderbegabung |
| • *Persönlichkeitsstörung* | • Sexuelle Deviation<br>• Minderbegabung<br>• Substanzmissbrauch |
| • *Oligophrenie* | |

Zusätzlich zu den Mehrfacherkrankungen kommen so genannte Defizite (siehe Tabelle 2 a):

- Ausbildungsdefizite
- Soziale Defizite
- Fehlende Selbstwahrnehmung und -kontrolle.

*Tabelle 2 a*: Defizite bei Maßregelvollzugspatienten

| *Ausbildungs-defizite* | *Soziale Defizite* | *Fehlende Selbstwahrnehmung und -kontrolle* |
|---|---|---|
| • *Schulabschluss* | • Selbstversorgung | • Impulsivität |
| • *Lehrabschluss* | • Umgang mit Anderen | • Fehlende Empathie |
| • *Weiterbildung* | • Umgang mit offiziellen Stellen<br>• Bewältigungsstrategien<br>• Freizeitgestaltung | • Aggressivität<br>• Rückzug |

Es ergibt sich daraus die Notwendigkeit, zusätzlicher Behandlungsangebote, psychagogischer Angebote, pädagogischer und sozial-edukativer Maßnahmen, in der Regel von Sozialarbeitern zu übernehmen, die hierzu eine über ihr sonstiges Standardausbildungsniveau weit hinausgehende Zusatzausbildung und Engagement benötigen (siehe Tabelle 2 b).

*Tabelle 2 b*: Zusätzliche Behandlungs*angebote*

| *Zusätzliche Behandlungsangebote* |
|---|
| • Psychagogische Angebote<br>• Pädagogische Angebote<br>• Sozial-edukative Maßnahmen |

Aus dem Zusammenhang zwischen Diagnosenverteilung und verübten Straftaten ergeben sich spezifische psychotherapeutische Behandlungsangebote bei gleichzeitig zunehmend notwendiger Spezialisierung der Therapeuten auf so genannte syndromorientierte Therapie wie z. B. die Sexualtherapie.

Erfahrungsgemäß sind sämtliche psychotherapeutischen Methoden, so wie gelernt und vermittelt, im Maßregelvollzug als standardisierte Methoden nicht anwendbar. Sie sind prinzipiell erheblichst zu modifizieren. Psychotherapiemodelle, die für so genanntes nicht delinquentes Klientel irgendwann einmal entwickelt worden sind, sind auf unser delinquentes Klientel nicht einfach übertragbar, sondern quasi in Eigeninitiative und mit eigener Anreicherung, sprich auch Bereitschaft zu unkonventionellen Wegen und Experimentierfreude, zu variieren und den besonderen Gegebenheiten unseres Klientels erheblich anzupassen.

Sowohl für die Patienten als auch für den Psychotherapeuten ergeben sich im Rahmen der Behandlung über der Therapie schwebende Vorzeichen: Für den Patienten beschrieb dies Kette (1987: 252) mit folgenden Worten:

> „Der Behandlung innerhalb der Mauern fehlt die grundlegende Voraussetzung für psychologische Veränderung: die Freiwilligkeit."

Das schwebende Vorzeichen für den Psychotherapeuten schildert Kreuzberg (1999: 28) mit sicherlich etwas überhöhten Worten:

> „Der forensische Psychiater deutscher Prägung ist ein schutzbedürftiges Wesen. ... Meist beweist er seine Notwendigkeit ironischerweise durch die katastrophalen Folgen seines Wirkens."

Hier erlangt er in der Gesellschaft Beachtung wie Verachtung.

Bereits zu Beginn der Therapie mit der Beschreibung des Therapieziels ergeben sich gleichsam zwei Gegensätze, die wir versuchen, einander zu nähern:

Einerseits die Therapieziele: Der Gesetzgeber verlangt die Minimierung der Gefährlichkeit, die Öffentlichkeit hingegen verlangt „Heilung". Andererseits sind Therapiegrenzen gesetzt durch einerseits die Voraussetzungen, die der Patient für die Durchführung einer Therapie mitbringt (Diagnosestruktur, Defizite) und andererseits setzt gleichzeitig die Institution an sich der Therapie Grenzen. Das gesetzlich festgelegte Behandlungsziel steht allerdings nicht nur im Zusammenhang mit der Krankheitsprognose, sondern auf Grund der genannten Defizite ist es auch abhängig von sozialen Rahmenbedingungen. Zwischen beiden Gegensätzen sind die Therapieansätze auszumachen (siehe Abbildung 3).

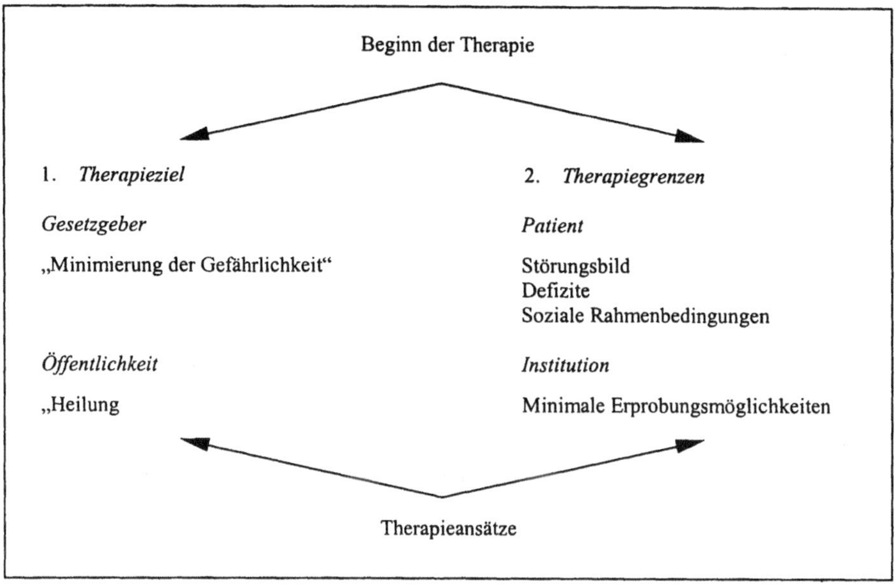


*Abbildung 3*: Therapieansätze

Am Anfang der Suche nach den Therapiemöglichkeiten steht die genaueste Anamneseerhebung, verbunden mit einer Diagnosenstellung. Es ist keinesfalls möglich, die Diagnosenstellung aus dem Strafrechtsgutachten unkritisch zu übernehmen.

Entsprechend der aufgefundenen Defizite ist die Therapie vielschichtig zu organisieren und muss neben der Psychotherapie im eigentlichen Sinne:

- Stützen
- Ressourcen finden und aufbauen
- Soziale Fertigkeiten anlegen
- Soziale Kompetenzen trainieren
- Unter Umständen Gruppenfähigkeit testen und fördern.

Motivationsarbeit steht am Beginn eines jeden Therapieprozesses - der Motivationsprozess ist nicht die Voraussetzung für die „eigentliche“ Behandlung, sondern ist Bestandteil der Therapie und muss als therapeutisches Problem aufgefasst werden.

Besonders wichtig in dieser Hinsicht sind die, mag es auch banal klingen, allseits bekannten klassischen therapeutischen Basisvariablen sowie das Gebot nach Klarheit und Nachvollziehbarkeit des therapeutischen Vorgehens für den Patienten.

Inhalt der Motivationsbehandlung und letztlich Voraussetzung für jegliches weitere Vorgehen ist, die Motivation des Patienten nicht allein nur im Hinblick auf *unser* weiteres therapeutisches Vorgehen hin zu beeinflussen, sondern vor allem dieses Vorgehen in Einklang mit anderen wesentlichen Lebensbereichen des *Betroffenen* zu bringen. Das heißt, unsere Ziele oder die Ziele, die wir meinen, uns auch unter dem Druck der Justiz und insbesondere der Öffentlichkeit setzen zu müssen, diese Ziele müssen unter allen Umständen auch mit den Möglichkeiten der Klienten übereinstimmen. Syndrombezogene Psychotherapie im eigentlichen Sinne setzt oft erst im späteren Verlauf einer Unterbringung ein. Problempunkte, wie die vom Juristen stets geforderte „Deliktaufarbeitung“ sind oft erst möglich, wenn eine stabile Beziehung hergestellt ist und längere Zeit Bestand hatte, darüber können Jahre vergehen oder benötigt werden.

Hier ergibt sich für Außenstehende oftmals die Frage: Meint das „Schonung“ des Patienten durch „liebevolle Zuneigung“?

Verständnis und Geduld von Seiten der Therapeuten sind für eine Behandlung im Maßregelvollzug schon nötig - damit ist jedoch ausdrücklich keine Distanzlosigkeit gemeint. Wenn jedoch keine Empathie vorhanden ist, dann können auch keine Grenzsetzungen vermittelt werden, bzw. sie werden nicht verstanden und folglich nicht eingehalten. Es ergibt sich für den Therapeuten eine Gradwanderung zwischen Echtheit, Empathie und Distanz - bei allem in jahrelanger Therapie entstandenem Verständnis über das „So-geworden-Sein“ darf nie die Delinquenz vergessen werden, die Gefährlichkeit, die Prognose, die am Ende vom Therapeuten abverlangt wird.

Gerade aus Letzterem folgt für den Psychotherapeuten die Forderung nach Transparenz und zwar in Richtung des Patienten und in Richtung des therapeutischen Teams.

Psychotherapie mit psychisch kranken Rechtsbrechern findet nicht im luftleeren Raum statt. Viele an der Therapie beteiligte Personen müssen auch über den Patienten in Informationsaustausch treten:

- Einerseits, um Lücken und Defizite in der Therapie zu erkennen
- Andererseits um Spaltungstendenzen vorzubeugen, denn diese können unter Umständen gefährlich werden
- Um sich bei einer abzugebenden Prognose, quasi die „Selbstevaluation“ der Therapie, auf eine breite Basis stützen zu können.

Der Patient muss aber wissen, dass es die totale therapeutische Schweigepflicht innerhalb des Behandlungsteams nicht gibt. Der Psychotherapeut im Maßregelvollzug ist kein „Einzelkämpfer“ in der Tiefe des Schweigens - er muss Einblick gewähren können in sein Tun.

Die sich in unserer Abteilung ergebenden *Therapieansätze* sind überwiegend verhaltenstherapeutisch orientiert. Dies meint nicht, dass tiefenpsychologische Vorgehensweisen nicht erforderlich oder möglich sind. Oft entsteht eine Kombination beider Ansätze.

Lerntheoretische Prinzipien finden Eingang in den Stationsalltag, wobei die frühere ursprüngliche Maxime „überwiegender Verzicht auf sozial bestrafendes Verhalten“ hier streckenweise schwer einzuhalten ist (siehe Lockerungsentzug bei Missbrauch derselben).

Kognitiv-behavioristische Methoden wie soziales Kompetenztraining müssen auch vom Pflegepersonal oder Sozialarbeitern übernommen werden. Auch hier muss bei allen gegebenen Möglichkeiten einschränkend festgestellt werden, dass der Erprobung im realen Leben institutionelle Grenzen gesetzt sind. Trainingsprogramme müssen auch dazu dienen, Defizite - und zwar auch einfachste Wissensdefizite - auszugleichen, wie z. B. in Form einer einfachen Sexualaufklärung.

Im Bereich der angesprochenen kognitiv-behavioralen Methoden existieren vor allem im englischsprachigen Raum (USA und Kanada) eine Fülle von Trainingsprogrammen zur Behandlung von Gewaltstraftätern, die klar strukturiert und in festem Rahmen zeitlich genau umrissen durchzuführen sind. Nach Kenntnis einiger dieser Trainingsprogramme ist jedoch unter anderem zu fragen: Sind es tatsächlich die irrationalen Überzeugungen der *Rational-Emotiven-Therapie* (RET) nach Ellis (z. B. 1977) , die unsere Patienten zur Straftat trieben? Haben sie die Voraussetzungen, z. B. mit diesem Verfahren etwas anfangen zu können? Werden Sie verstehen, was wir von ihnen wollen?

Zur Anwendung kommen jedoch Elemente aus Trainingsprojekten in Jugendhaftanstalten, z. B. das „*Modellunterstützte Rollentraining*" (MURT) nach Steller, Hommers und Zienert (z. B. 1978) oder das „*Training sozialer Verhaltensweisen*" nach Pielmaier (1980).

Diese Programme haben zum Ziel, das Verhaltensrepertoire von Patienten in Richtung nicht-krimineller Verhaltensweisen zu erweitern und arbeiten mit Rollenspielen anhand klassischer Alltagssituationen.

Auch hier ist, in Abhängigkeit von der Größe der Einrichtung, die Inhomogenität der Gruppen zu beachten. Strukturierungen müssen zum Teil aufgegeben werden, weil der Patient bei seinen Fähigkeiten abgeholt werden muss, denn anders als in Haftanstalten sind eben nicht *nur* soziale Defizite der Grund seines Hierseins.

Die Erfahrungen nach mehreren Jahren psychotherapeutischer Tätigkeit lehrt uns, dass Therapeuten im Maßregelvollzug nicht nur bei geistig Minderbegabten viel aktiver im Prozess tätig werden als es sonst üblich ist, nämlich erklärend, praktische Lebenserfahrung vermittelnd (z. B. was überhaupt Eifersucht ist) und ermutigend.

Multiple Störungsmuster oder Verhaltensstörungen verlangen nach integrativen Ansätzen. Einzelstörungen sind zwar nicht von der Gesamtperson loszulösen oder abzutrennen, müssen aber oftmals nacheinander thematisiert werden und unterschiedlich angesprochen werden. Zur Illustration: Es ist z. B. absolut unmöglich, für einen Patienten ein so genanntes SORK-Schema zu erstellen. Es entstehen mehrere bis viele Schemata, die mehr oder weniger miteinander verwoben sind. Manche Schemata entfallen auch nach der erfolgreichen Behandlung der ersten drei Störungsbilder.

Zuletzt sei auf die Besonderheit der „Rolle der Zeit" bei einer psychotherapeutischen Behandlung im Maßregelvollzug hingewiesen: Sie hat positive Aspekte im Sinne der Chancen für den Patienten und negative Aspekte für den Therapeuten im Sinne der Therapiedurchführung über sehr lange Zeiträume.

## Literatur


Beier, K. M. & Hinrichs, G. (Hrsg.) (1995): Die Sankelmarker Thesen zur Psychotherapie mit Straffälligen. In: Monatsschrift für Kriminologie 79: 25 - 37

Ellis, A. (1977): Die Rational-Emotive Therapie: Das innere Selbstgespräch bei seelischen Problemen und seine Veränderung. München: Pfeiffer

Kette, G. (1987): Rechtspsychologie. Wien: Springer

Kreuzberg, K. (1999): Die Paradigmen der Psychiatrie und der Maßregelvollzug. In: Recht & Psychiatrie 17: 28 - 35

Pielmaier, H. (Hrsg.) (1980): Training sozialer Verhaltensweisen. Ein Programm für die Arbeit mit Jugendlichen. München: Kösel

Steller, M., Hommers, W. & Zienert, H. J. (Hrsg.) (1978): Modellunterstütztes Rollentraining (MURT). Verhaltensmodifikation bei Jugenddelinquenz. Berlin, Heidelberg, New York: Springer

# Schweigen und Offenbaren in der Forensischen Psychotherapie

*Lutz Gretenkord*

*„Forensic psychologists are responsible for a fundamental and reasonable level of knowledge and understanding of the legal and professional standards that govern their participation as experts in legal proceedings.*

*Forensic psychologists have an obligation to understand the civil rights of parties in legal proceedings in which they participate, and manage their professional conduct in a manner that does not diminish or threaten those rights."*

(Specialty Guidelines for Forensic Psychologists [III. C), III. D)]. Committee on Ethical Guidelines for Forensic Psychologists, American Psychology-Law Society, American Academy of Forensic Psychology.)

## Einleitung

In den USA gibt es seit Anfang der 90er-Jahre ethische Richtlinien für forensische Psychologen, die als Gerichtsgutachter oder in Einrichtungen des Justizvollzugs arbeiten. Sie wurden von einem Komitee erstellt, das von der American Psychology-Law Society (der Division 41 der American Psychological Association; APA) und der American Academy of Forensic Psychology etabliert wurde. Sie sind - über die allgemeinen ethischen Richtlinien der APA hinaus - als spezifische Hilfe für die Arbeit in diesem Bereich gedacht. In den Auszügen, die diesen Ausführungen als Motto vorangestellt sind, wird dargelegt, dass es wichtig ist, dass der Psychologe ein gründliches Verständnis der gesetzlichen Regeln hat, die hier relevant sind, insbesondere muss er die Rechte aller Beteiligten kennen und sein Handeln danach ausrichten.

Dem wird niemand widersprechen wollen. Daher möchte ich im ersten Teil meines Beitrages zunächst einige grundlegende Begriffe ins Bewusstsein rufen und dann auf einige neuere Regelungen eingehen, die sich mit den Problemen des Schweigens und Offenbarens in der Forensischen Psychotherapie befassen.

In einem zweiten Teil möchte ich auf die Problematik eingehen, die mit der Rollenverquickung vieler forensischer Psychotherapeuten - Therapeut, Gutachter, Entscheidungsträger - und den dadurch verursachten Konflikten bezüglich der therapeutischen Verschwiegenheit verbunden ist.

# 1 Grundlagen

Zunächst soll noch einmal auf die grundlegenden Begriffe, um die es in diesem Beitrag geht, eingegangen werden. Dabei stütze ich mich weitgehend auf die „*Sankelmarker Thesen für die Psychotherapie mit Straffälligen*“, die von Juristen, Psychiatern und Psychologen gemeinsam erarbeitet wurden und vor 4 Jahren veröffentlicht wurden (Beier & Hinrichs 1995). Es dürfte sich um die bisher umfangreichsten und differenziertesten Ausführungen zu diesem Thema handeln.

## *1.1 Schweigepflicht*

Vor Durchführung einer Psychotherapie auch im forensischen Bereich - so wird es in den „Sankelmarker Thesen“ gefordert - ist der Patient aufzuklären und ausdrücklich darauf hinzuweisen, dass der Therapeut der Schweigepflicht des § 203 StGB unterliegt. Wenn der Patient seinem Therapeuten „Geheimnisse“ anvertraut, darf dieser sie nicht weitergeben. Ein Verstoß gegen dieses Gesetz wird immerhin mit Freiheitsstrafe bis zu 1 Jahr, bei Bereicherungs- oder Schädigungsabsicht mit bis zu 2 Jahren geahndet.

## *1.2 Offenbarungsbefugnis*

Eine Schweigepflichtsverletzung liegt nicht vor, wenn ein Patient seine Einwilligung in die Geheimnisoffenbarung gegeben hat. Im Strafvollzug oder Maßregelvollzug liegt sie auch nicht vor, wenn der Therapeut gegenüber der Staatsanwaltschaft und der Strafvollstreckungskammer Auskünfte erteilt, die diese für die Entscheidung benötigen, ob ein Patient aus dem Freiheitsentzug zu entlassen ist. Letzteres ist so ausdrücklich in zwei Maßregelvollzugsgesetzen geregelt, dem Hamburger (in § 36 Abs. 5) und dem Saarländischen MVollzG (in § 31 Abs. 6); in den Gesetzen der anderen Bundesländer gibt es dazu keine Ausführungen.

Der Therapeut ist auch dann befugt, Therapiegeheimnisse zu offenbaren, wenn er davon überzeugt ist, dass bei dem Patienten eine hochgradige Bereitschaft zur Begehung schwerer Straftaten besteht, auch wenn dieser nicht konkret irgendwelche Straftaten ankündigt. Es kann sich dann auf einen „rechtfertigenden Notstand“ (§ 34 StGB) berufen.

## *1.3 Offenbarungspflicht*

Es gibt zwei Situationen, in denen der Therapeut eine *Offenbarungspflicht* hat:

1. Dies gilt, wenn der Patient den Therapeuten von der Schweigepflicht entbindet. Dann muss der Therapeut vor Gericht aussagen, er kann sich auch nicht auf das Zeugnisverweigerungsrecht berufen (§ 53 StPO Abs. 2).

2. Der Therapeut muss es auch offenbaren, wenn der Patient „glaubhaft“ die Begehung eines Kapitaldeliktes konkret ankündigt, also z. B. Mord oder Brandstiftung (§ 138 StGB).

## 2 Neue Regelungen

In jüngerer Zeit wurden einige neuere gesetzliche Bestimmungen erlassen, die für unser Thema relevant sind.

### *2.1 4. StVollzGÄndG vom 26. 08. 1998*

Am 01. 12. 1998 ist das 4. Strafvollzugsänderungsgesetz in Kraft getreten. Das Strafvollzugsgesetz enthält nunmehr - in § 182 - genauere Bestimmungen zum „Schutz besonderer Daten“. In Absatz 2 heißt es:

> „Personenbezogene Daten, die den in § 203 Abs. 1 Nr. 1, 2 und 5 des Strafgesetzbuchs genannten Personen [hierzu gehören z. B. Ärzte, Psychologen und Sozialarbeiter] von einem Gefangenen als Geheimnis anvertraut oder über einen Gefangenen sonst bekannt geworden sind, unterliegen auch gegenüber der Vollzugsbehörde der Schweigepflicht.“

Damit ist ausdrücklich klargestellt, dass die berufsspezifische Schweigepflicht auch innerhalb der Anstalt - das kann eine Justizvollzugsanstalt, aber auch eine Einrichtung des Maßregelvollzugs sein - und auch gegenüber der Anstaltsleitung wirkt (Preusker & Rosemeier 1998: 323; Thorwart 1999: 12).

Dann heißt es allerdings im zweiten Satz:

> „Die in § 203 Abs. 1 Nr. 1, 2 und 5 des Strafgesetzbuchs genannten Personen haben sich gegenüber dem Anstaltsleiter zu offenbaren, so weit dies für die Aufgabenerfüllung der Vollzugsbehörde oder zur Abwehr von erheblichen Gefahren für Leib und Leben des Gefangenen oder Dritter erforderlich ist.“

Hinsichtlich der „Gefahren für Leib und Leben“ bestand bisher schon ein Offenbarungs*recht*: Wenn etwa ein Gefangener dem Psychologen anvertraute, dass er beabsichtigt, einen Beamten niederzuschlagen und zu flüchten, dann durfte der Psychologe dies dem Anstaltsleiter mitteilen, ohne befürchten zu müssen, wegen Verletzung der Schweigepflicht belangt zu werden (rechtfertigender Notstand nach § 34 StGB). Allerdings ist aus diesem Offenbarungs*recht* nunmehr eine Offenbarungs*pflicht* geworden, was aber in der Praxis wohl keinen sehr weit reichenden Unterschied macht, so zumindest werten es Preusker und Rosemeier (1998: 324).

Neu und umstritten ist aber der erste Teil dieses Satzes, dass dem *Anstaltsleiter* „Geheimnisse“ offenbart werden *müssen*, so weit dies für die Aufgabenerfüllung der Vollzugsbehörde erforderlich ist.

Dieser Passus wird von verschiedenen Seiten scharf kritisiert:
Hartmann (1999: 71), ein Psychotherapeut, meint dazu, dass damit „die Schweigepflicht - und mit ihr untrennbar verbunden eine Beurteilungsabstinenz - als eine es-

senzielle Voraussetzung für wirksame Psychotherapie außer Kraft gesetzt" wird. Er befürchtet, dass „der Anstaltsleiter eine umfassende Zugriffsmöglichkeit auf alle Inhalte einer Psychotherapie zugebilligt" bekommt.

Thorwart (1999: 12), ein Jurist, vertritt die Meinung, dass der in § 182 StVollzG ausdrücklich bekräftigte Grundsatz der Verschwiegenheitspflicht auch innerhalb von Institutionen durch diesen Satz - die Auskunftspflicht gegenüber dem Anstaltsleiter - ad absurdum geführt werde. Er befürchtet, dass nahezu alle Geheimnisse, die in Zusammenhang mit begangenen Straftaten oder Vollzugslockerungen stehen, offenbart werden müssen, z. B. die Einstellung des Gefangenen zu den von ihm begangenen Delikten oder seine Gefühle und Fantasien gegenüber Mitgefangenen oder Angehörigen; dadurch werde die Tätigkeit der Psychotherapeuten im Vollzug grundsätzlich in Frage gestellt.

Auch Wulf (1998: 190), ebenfalls Jurist, interpretiert, dass nur noch ein ganz geringer Anwendungsbereich für die innerbehördliche Schweigepflicht von Anstaltspsychologen bleibe.

Die vielleicht schwersten Geschütze gegen die Neufassung des Gesetzes führt Böllinger - Jurist und Psychotherapeut - (1999) auf. Zustimmend zitiert er Kamann (1998), der von einem „Schildbürgerstreich" spricht, das Ende des Resozialisierungsgrundsatzes gekommen sieht und befürchtet, dass Therapeuten zu „Schließern" gemacht würden. Nach Böllingers Auffassung verstößt der § 182 Abs. 2 Satz 2 StVollzG in mehrfacher Hinsicht gegen das Grundgesetz, gegen das Grundrecht auf körperliche Unversehrtheit, gegen das Verhältnismäßigkeitsprinzip, gegen den Gleichbehandlungsgrundsatz und die Therapiefreiheit des Therapeuten (1998: 142 f.).

Allerdings gibt es auch abweichende juristische Interpretationen. So führen Preusker und Rosemeier (1998: 325) - Juristen im sächsischen Justizministerium - aus, dass mit dieser gesetzlichen Neuerung nicht beabsichtigt war, „unabhängig vom Einzelfall eine allumfassende Informationspflicht der Psychologen zu begründen". Offenbar bestehe aber seitens des Gesetzgebers die Erwartung, dass sich in der psychotherapeutischen Arbeit Erkenntnisse gewinnen ließen, auf die im Vorfeld von Vollzugsentscheidungen nicht verzichtet werden könne. Anders als beim Anstaltsarzt sei die Aufgabe des Psychologen die Reduzierung der Rückfallgefahr, so dass er in stärkerem Ausmaß der Aufgabe des Justizvollzuges verpflichtet sei. Die Güterabwägung, ob die Weitergabe von therapeutischen Geheimnissen „erforderlich" - wie vom Gesetz gefordert - sei, müsse in erster Linie der Therapeut selbst vornehmen. Das Persönlichkeitsrecht des Gefangenen sei so schützenswert, dass der Vollzugsbehörde grundsätzlich auch zugemutet werden müsse, auf die Erkenntnisquelle des Schweigepflichtigen zu verzichten.

> „Die Geheimnisoffenbarung ist daher nur als letztes Mittel zulässig, wenn die Aufrechterhaltung zentraler Funktionszusammenhänge der Anstalt bzw. des Strafvollzuges auf dem Spiel stehen" (ebd.).

Auch Volckart (1998: 193), Richter am Oberlandesgericht, der sich seit Jahren intensiv mit Vollzugsfragen auseinandersetzt, betont, dass für die Offenbarung „eine besonders hohe und mithin ausreichende Schwelle vorgeschrieben" sei. (Allerdings zitiert er das Gesetz etwas anders, statt des Wortes „erforderlich“ geht er von „unerlässlich“ aus; es handelte sich wohl um einen später abgeänderten Entwurf.)

Wenn sich schon die Juristen nicht einig sind, so mein Fazit als juristischer Laie, gehe ich davon aus, dass der Psychotherapeut im Justizvollzug durchaus einen gewissen Gestaltungsraum hat, innerhalb dessen er nach bestem Wissen und Gewissen handeln muss.

Zur Verdeutlichung dieser Auffassung soll ein Beispiel von Böllinger (1999: 153) aufgegriffen werden. Nehmen wir an, der Patient im Justizvollzug äußert in der Therapie „schlimme Fantasien“. Diese werden womöglich von Therapeuten und von Juristen verschieden bewertet: Der Jurist schließt auf Handlungsbereitschaft und schlägt Alarm. Für den Therapeuten ist das eine Möglichkeit, die Problematik des Patienten zu bearbeiten, er sieht keine Gefahr, dass diese Fantasien in die Tat umgesetzt werden. In diesem Fall, so denke ich (anders als Böllinger), dass er dem Anstaltsleiter diese Fantasien nicht berichten darf, da weder die Aufgabenerfüllung der Anstalt noch Leib und Leben von irgendjemandem gefährdet sind.

Ich bin jedenfalls nicht davon überzeugt, dass die neue Regelung die Vollzugspraxis grundlegend umkrempeln wird. Vielleicht wäre es gut, wenn alle Beteiligten über ein arabisches Sprichwort nachdenken würden: Hast du ein Geheimnis, ist es dein Gefangener. Lässt du es frei, bist du sein Gefangener.

Einige andere Neuregelungen sollen noch erwähnt werden:

### *2.2 Psychotherapeutengesetz*

Seit dem 01. 01. 1999 ist das Psychotherapeutengesetz in Kraft. Die „Psychologischen Psychotherapeuten“ und die „Kinder- und Jugendlichentherapeuten“ werden in den Kreis der Personen aufgenommen, die ein Zeugnisverweigerungsrecht haben (§ 53 StPO). Für viele im Vollzug tätige Psychologen, die die Voraussetzungen für die Approbation zum Psychotherapeuten nicht erfüllen, ändert sich allerdings nichts.

### *2.3 Dienstanweisung des Sächsischen Gesundheitsministeriums vom 22. 12. 1998*

Als erstes Bundesland hat Sachsen mit einer Dienstanweisung, die am 01. 01. 1999 in Kraft gesetzt wurde, eine detaillierte Regelung zum Umgang mit Patientendaten in Maßregelvollzugs-Einrichtungen getroffen (Recht & Psychiatrie 1999).

Hier ist etwa festgelegt, dass der Zugriff auf die ärztlich-psychologischen Krankendokumentationen und die Pflegedokumentationen den Therapeuten, deren fachlichen Vorgesetzten und dem Pflegepersonal der jeweiligen Patienten vorbehalten ist (V. 1.), keineswegs dürfen also alle Mitarbeiter der Einrichtung Einblick nehmen.

Der Schweigepflicht unterliegende Sachverhalte dürfen nur weitergegeben werden, wenn auf Grund anderer Bestimmungen eine Offenbarungsbefugnis besteht. Wörtlich: „Im Zweifel entscheidet der leitende Arzt des Maßregelvollzugs“ (VIII. 1.). Mit diesem Satz ist offenbar impliziert, dass die Schweigepflicht des Therapeuten dem Anstaltsleiter gegenüber nicht gilt, analog der oben erörterten Offenbarungspflicht dem Leiter einer Justizvollzugsanstalt gegenüber.

Die Schweigepflicht gilt auch für Stellungnahmen und Gutachten für die Staatsanwaltschaft und die Strafvollstreckungskammer. Anders als in den Maßregelvollzugs-Gesetzen von Hamburg und dem Saarland, anders auch als in den „Sankelmarker Thesen" vorgeschlagen, ist hier vorgeschrieben, dass in die Stellungnahmen für Gerichte oder Staatsanwaltschaften nur dann „Patientengeheimnisse" mit aufgenommen werden dürfen, wenn der Patient den Therapeuten, der dann als Gutachter tätig ist, von der Schweigepflicht entbunden hat.

> „Verweigert dies der Patient, teilt dies der Gutachter in der Stellungnahme mit und verweist auf die eingeschränkte Aussagekraft des Gutachtens. Wenn die Berufung des Krankenhauses auf die Schweigepflicht zu einer sachlich nicht gerechtfertigten Fortdauer der Maßregelvollstreckung führt, sollte im Interesse des Patienten auf eine Entbindung von der Schweigepflicht hingewirkt werden" (Dienstanweisung des Sächsischen Gesundheitsministeriums: Datenschutz im Maßregelvollzug vom 22. 12. 1998, VIII. 2.; zitiert nach Recht & Psychiatrie 1999: 100).

Wenn also die Therapeuten eine Entlassung für geboten halten, der Patient aber hartnäckig die Entbindung von der Schweigepflicht verweigert, könnten sie ein Problem haben. Es wird sicherlich interessant sein zu erfahren, wie sich diese Regelung in der Praxis auswirken wird.

## 3 Verschiedene Modelle im Umgang mit der therapeutischen Verschwiegenheit

Meiner Meinung nach sind die besprochenen neuen Bestimmungen insofern zu begrüßen, als die gesetzlichen Grundlagen für die psychotherapeutische Tätigkeit im forensischen Bereich damit klarer formuliert sind.

Was das Gewicht und den therapeutischen Nutzen der therapeutischen Verschwiegenheit in der Praxis betrifft, gibt es verschiedene Auffassungen und verschiedene Vorgehensweisen, auf die ich im Folgenden eingehen möchte (siehe auch Gretenkord 1995, 1998). Dabei habe ich vor allem Institutionen des Maßregel- und Justizvollzugs vor Augen.

Es geht hier darum, was der Therapeut der Institution über die Therapieinhalte mitteilt, und was er selbst von der Institution über den Patienten erfährt.

### *3.1 Der „nicht-integrierte Therapeut"*

Das eine Extrem wird in forensischen Kliniken in den Niederlanden praktiziert. Es gibt Patienten, die von externen Psychotherapeuten behandelt werden, die keinerlei Austausch mit den Klinikmitarbeitern pflegen („nicht-integrierte Position"; Blankstein 1989). Die Institution erfährt nichts über die Therapie, und der Therapeut erfährt nichts über das Verhalten des Patienten in der Institution.

Diese konsequente Trennung bietet eine Reihe von Vorteilen:

1. Der Patient kann offen über seine Probleme sprechen, ohne befürchten zu müssen, dass diese anderen zu Ohren kommen oder sich negativ auf Vollzugsentscheidungen auswirken, was eine gute Voraussetzung für das Entstehen einer vertrauensvollen therapeutischen Beziehung ist. Die Therapie stellt eine „Oase" (Winick 1994) in einer totalen Institution dar, in der Intimität und Privatsphäre des Patienten ansonsten stark eingeschränkt sind.
2. Es ist durchaus vorstellbar, dass nur in einem solchen „Sanktuarium" (Blankstein 1989) Probleme angesprochen und damit der therapeutischen Arbeit zugänglich gemacht werden, wie etwa sadistische oder sexualdeviante Fantasien.
3. Der Therapeut wird nicht mit der Institution identifiziert, welcher der Patient vielleicht abwehrend und misstrauisch gegenübersteht.
4. Schriftliche Aufzeichnungen über Therapieinhalte gibt der Therapeut nicht aus der Hand. Schriftliche Aufzeichnungen in einer Institution sind in der Regel einer ganzen Reihe von Personen zugänglich. (Das gilt auch, wenn die Dienstanweisung des Sächsischen Gesundheitsministeriums strikt beachtet wird.)
5. Der Therapeut kann sich ganz auf den Patienten, auf die Therapie konzentrieren. Es geht um die Weiterentwicklung eines Menschen mit psychischen Problemen und nicht um Besuchsregelungen, Ausgang oder Entlassung aus dem Freiheitsentzug. Für den Patienten ist es nutzlos, den Therapeuten entsprechend funktionalisieren zu wollen (Cox 1974).
6. Der Therapeut hat regelmäßig und zuverlässig Zeit für den Patienten. Ist er in einer Institution tätig und mit administrativen Aufgaben betraut, ist es für ihn sehr schwer, Störungen fern zu halten und sich von den täglichen Entscheidungszwängen zu lösen (Cox 1974, 1992).

### *3.2 Das integrierte Modell*

Das Gegenstück zum nicht-integrierten Modell ist das „integrierte Modell". Hier nimmt der Therapeut in der Institution mehrere Rollen - Therapeut, Gutachter, Administrator - gleichzeitig ein.

Am Beispiel der Klinik für forensische Psychiatrie Haina, welche die psychisch gestörten Rechtsbrecher (§ 63 StGB) des Bundeslandes Hessen behandelt, soll die Praxis etwas ausführlicher dargestellt werden.

Jeder Patient hat einen „Therapeuten", der Arzt, Psychologe oder Sozialpädagoge sein kann. Er führt in der Regel Einzelgespräche mit dem Patienten, koordiniert die verschiedenen Therapiemaßnahmen, führt die Krankengeschichte, korrespondiert mit Gerichten und Behörden, hält Kontakt zu den Angehörigen und ist Ansprechpartner des Patienten für alle anfallenden Probleme.

Der Therapeut ist an Vollzugsentscheidungen ganz maßgeblich beteiligt. Wenn es um Lockerungen oder den Entlassungszeitpunkt geht, bespricht er dies mit dem Pflegeteam und anderen beteiligten Mitarbeitern, des Weiteren mit dem zuständigen Oberarzt. Er selbst trifft zwar nicht die Entscheidung, das tut letztlich der ärztliche Leiter der Maßregelvollzugs-Anstalt. Aber seine Meinung hat erhebliches Gewicht.

Dass durchaus auch der Inhalt von Therapiegesprächen erörtert wird, wenn er für die Entscheidung relevant ist, gilt als selbstverständlich.

Aber auch unter diesen Bedingungen wird der Therapeut nicht alles, was er von dem Patienten erfährt, anderen mitteilen. Er wird mit der Zeit ein Fingerspitzengefühl dafür entwickeln, was er wem schriftlich oder mündlich weitergibt. Auch unter diesen Umständen, das zeigt die Praxis, kann eine therapeutische Beziehung entstehen, so dass Therapeut und Patient gemeinsam daran arbeiten, künftige Straftaten zu vermeiden.

Die integrierte Position hat ebenfalls eine Reihe von Vorteilen:

1. In Zwangsinstitutionen tätige Therapeuten sind oft der Meinung, dass die strikte Trennung zwischen kustodialen und therapeutischen Aufgaben vermieden werden sollte (Eickmann 1984), dass „die beiden wichtigen therapeutischen Tugenden, nämlich die des einfühlenden Verstehens und die der Grenzsetzung" zusammen gehören (Lohse 1993: 32 f.).
2. Möglicherweise ist der Patient überfordert, wenn er sich auf verschiedene für ihn maßgebliche Personen einzustellen hat, so dass er „beziehungsirre" (Schleusener 1977) wird. Bei dem nicht-integrierten Modell hat der Patient neben dem Psychotherapeuten in der Institution mindestens eine weitere Kontaktperson, mit der er auch eine vertrauensvolle Beziehung eingehen sollte, die aber vielleicht ganz andere Erwartungen an ihn hat.
3. Die innerseelische Neigung zum „Agieren", zum „Spalten", wird nicht strukturell verfestigt. Wenn der Patient die ihm widerfahrenden vermeintlichen Schikanen der „bösen" Anstalt schildert und das empathische Verstehen des „guten" Therapeuten - welcher der Institution vielleicht tatsächlich kritisch gegenübersteht - als Zustimmung erlebt, kann dies eine realitätsgerechte Auseinandersetzung mit der Umwelt erschweren. Spaltungstendenzen können dazu führen, dass sich verschiedene Mitarbeitergruppen feindlich gegenüberstehen (Blankstein 1994) oder verschiedene Therapeuten gegeneinander ausgespielt werden (Rauchfleisch 1981). Dies wiederum kann sich negativ auf den Erfolg der Therapie auswirken.
4. Es erscheint durchaus denkbar, dass die Abgabe von Stellungnahmen über einen Patienten im Einzelfall „das therapeutische Arbeitsbündnis stärken [kann], wenn der Therapeut dem Patienten in einer bestimmten Situation, z. B. durch eine gut begründete positive Stellungnahme, eine reale Gratifikation verschafft" (Pfäfflin, Roß, Sammet & Weber 1998: 158).
5. Der Therapeut kann die Struktur der Institution mit beeinflussen. Im Allgemeinen wird heute die Meinung vertreten, dass die gesamte Institution nach therapeutischen Gesichtspunkten ausgerichtet sein sollte, dass auch die „Basisbehandlung" sehr wichtig ist (Goudsmit & Reicher 1980; Steller 1994).
6. Der integrierte Therapeut kann die „Macht", die ihm als Entscheidungsträger zur Verfügung steht, therapeutisch nutzen. Vollzugslockerungen können als „Verstärker" eingesetzt werden. Dies erscheint gerade im Maßregelvollzug oft unverzichtbar, da bei diesen Patienten Leidensdruck und Therapiemotivation oft gering bis nicht vorhanden sind und an ihre Stelle etwas anderes treten muss (se-

kundäre Motivation). Selbstverständlich sollte es nicht darum gehen, durch Gewährung von Vergünstigungen anstaltsangepasstes Wohlverhalten zu erreichen. Vielmehr sollen durch pädagogisch-psychagogische Maßnahmen delinquenzverhindernde Verhaltenstendenzen (z. B. produktives Freizeitverhalten, Einhalten von Absprachen, Hilfsbereitschaft) bekräftigt und delinquenzfördernde Verhaltensweisen (z. B. Suchtmittelmissbrauch, Konfliktbearbeitung durch manifeste Aggressionen) eingedämmt werden (Müller-Isberner 1992; siehe auch Marle 1994: 59; Reinhardt 1999: 66; Schalast 1992: 98).

7. Der integrierte Therapeut kann andere Mitarbeiter - Pflegepersonal, Ergotherapeuten usw. - in die therapeutische Arbeit mit einbeziehen. Moderne Psychiatrie ist multiprofessionelle Teamarbeit (Gunn & Taylor 1993 a: 863). Forensische Psychiatrie kann nicht, so etwa Adshead (1994: 87), in einem sozialen Vakuum stattfinden.
8. Wenn Psychotherapie und die übrigen Aktivitäten nebeneinander herlaufen, ist die Gefahr größer, dass die Institution einen eher kustodialen Charakter hat. Schlimmstenfalls werden die Bemühungen der Psychotherapeuten von unverständigem Personal sabotiert und konterkariert (Mechler & Wilde 1976). Das wäre etwa so, als wenn das Pflegepersonal in einem Krankenhaus einem Patienten, der wegen Diabetes behandelt wird, Sahnetorte in jeder gewünschten Menge besorgen würde.
9. In der Psychotherapie gewonnene Erkenntnisse können für prognostische Zwecke genutzt werden. Damit verringert sich die Gefahr, dass der optimale Zeitpunkt für Lockerungen oder die Entlassung versäumt wird. Die Gefahr von Fehlentscheidungen mit unter Umständen katastrophalen Folgen sinkt. Bei manchen Patienten (z. B. äußerlich angepassten und unauffälligen Sexualdelinquenten) ist es schwer, Fortschritte festzustellen, wenn keine therapeutische Beziehung besteht. Dann würde der Patient sozusagen zu Unrecht seiner Freiheit beraubt, obwohl die delinquenzbedingenden Faktoren aufgearbeitet sind. (Eine andere Meinung vertritt Böllinger 1999: 149 f.: Man könne - so interpretiere ich seine Ausführungen - auf die Stellungnahme des Therapeuten verzichten, denn das Anstaltspersonal in Verbund mit einem speziell eingesetzten Diagnostiker habe im Vergleich zu einem Therapeuten die größere prognostische Kompetenz. Davon bin auch ich überzeugt, das schließt meines Erachtens aber nicht aus, dass in Einzelfällen der Therapeut prognoserelevante Dinge erfährt, die anderweitig nicht bekannt werden.)
10. Durch die integrierte Position wird verdeutlicht, dass der Therapeut Teil des Systems ist. Der Patient soll nicht lernen, dass der Therapeut ein guter Mensch in einer schlechten Welt ist, sondern dass es auch unter Juristen, Ärzten und Psychologen verlässliche Menschen gibt, die ihm helfen wollen, seine Probleme besser zu lösen.

### *3.3 Teilintegrierte Modelle*

Durchaus verbreitet sind Modelle, die die Vorteile der beiden eben geschilderten Vorgehensweisen zu verbinden suchen, bzw. die Nachteile zu vermeiden trachten. Solche teilintegrierten Modelle sind:

1. Der Therapeut ist Angestellter der Institution, erfährt alles über „die anderen 23 Stunden" des Patienten, gibt selbst aber nichts über die Therapie preis. Damit wird die Gefahr vermieden, dass der Patient dem nicht-integrierten Therapeuten ein verzerrtes Bild vom Anstaltsalltag vermittelt, was eine realitätsbezogene Arbeit erschweren kann. Dies ist die „semi-integrierte" Position des Therapeuten (Blankstein 1989: 3).
2. Der Therapeut ist Mitarbeiter der Einrichtung, er ist sowohl als Psychotherapeut wie auch als Entscheidungsträger tätig, aber nie bei dem selben Patienten. Er verfasst Berichte über den Therapieverlauf für seine Patienten. Dies ist die Vorgehensweise in den Sozialtherapeutischen Anstalten Gelsenkirchen und Kassel.
3. Der Therapeut ist Angestellter der Institution, hat keinerlei Entscheidungsbefugnisse, tauscht jedoch mit den entscheidungsbefugten Psychiatern Informationen aus. Dies ist etwa im Broadmoor-Hospital bei London der Fall (Cox 1974: 10).
4. Der Therapeut ist nicht Angestellter der Institution, ist nicht an Entscheidungen beteiligt und gibt Berichte über den Therapieverlauf ab. Dies ist etwa im Landeskrankenhaus Moringen der Fall, einer der großen spezialisierten Maßregelvollzugs-Kliniken, wo in großem Umfang mit externen Psychotherapeuten gearbeitet wird.

## 4 Art der Therapie und Störungsbild des Patienten

Die Probleme der Verschwiegenheit, mit denen der Therapeut im forensischen Bereich konfrontiert ist, können sicherlich nicht unabhängig von der Art der Therapie und dem Störungsbild des Patienten gesehen werden.

Wenn wir das, was Psychotherapeuten tun, auf einer Dimension von mehr oder weniger rein übenden, pädagogisch ausgerichteten Therapieformen auf der einen Seite bis zur „reinen Psychotherapie", am besten verkörpert durch die klassische Psychoanalyse, auf der anderen Seite ansiedeln, so liegt auf der Hand, dass die Vertraulichkeit und die Schweigepflicht desto wichtiger sind, je mehr man sich dem Pol der „reinen Psychotherapie" nähert.

Aber wie viele Patienten gibt es im Maßregelvollzug oder im Strafvollzug, bei denen die Durchführung einer solchen Therapieform indiziert ist?

In einem Editorial der Zeitschrift „*Recht & Psychiatrie*" (1994: 48) wurden Kriterien genannt, die für die Aussichtslosigkeit einer psychoanalytisch orientierten Psychotherapie sprechen, etwa Intelligenzdefizit, Psychose, tief greifende Persönlichkeitsstörung mit oder ohne hirnorganische Schädigung, keine Einsicht in die eigene Persönlichkeitsstruktur, ergebnislose vorangegangene Behandlungen, ein hohes Gewaltpotenzial und „keine ernst zu nehmende Motivation". Die Patienten, bei denen keines dieser Merkmale zu finden sind, sind aber in der forensischen Psychiatrie oder im Strafvollzug nur sehr selten anzutreffen. Diese auserlesenen Patienten dürften am ehesten von einer „reinen Psychotherapie" profitieren, und hier haben die Abstinenzregel und die Vertraulichkeit durchaus ihren Sinn.

Je mehr die Patienten jedoch mit den oben genannten Problemen behaftet sind, desto mehr treten die Nachteile einer strikten Trennung der Funktionen des Therapeuten hervor. Viele straffällig Gewordene sind in desolaten Verhältnissen aufgewachsen, bei ihnen sind gravierende Sozialisationsmängel festzustellen. Diese können am ehesten durch soziotherapeutische und pädagogische Maßnahmen in einer klar strukturierten, transparenten und konsistenten Umgebung kompensiert werden. Das Problem der therapeutischen Verschwiegenheit steht hier in aller Regel nicht im Vordergrund.

## Schlussbemerkungen

In Deutschland sind keine Fälle bekannt, in denen Psychologen in Justizvollzugsanstalten wegen Verletzung der Schweigepflicht oder wegen der Berufung auf ein nicht-existentes Schweigerecht belangt worden wären (Wulf 1998: 186).

Das heißt aber nicht, dass dieses Problem nicht existiert, und zu Recht ist es in letzter Zeit zunehmend diskutiert worden. Wohl jeder Therapeut, der längere Zeit in einer Zwangsinstitution arbeitet, wird sich irgendwann fragen, ob er eine bestimmte Information, die ihm der Patient anvertraut hat, weitergeben darf, soll oder muss.

Verhaltensanweisungen für alle denkbaren Konfliktfälle wird es nicht geben können. Aber durch die neueren Gesetze und Verordnungen, durch spezielle Richtlinien wie die „Specialty Guidelines" für forensische Psychologen und Leitlinien wie die „Sankelmarker Thesen" ist mehr Klarheit in die Problematik gekommen.

Abschließend möchte ich die beiden Punkte hervorheben, die mir am wichtigsten erscheinen.

Das wichtigste Prinzip ist - und davon ist in praktisch allen einschlägigen Veröffentlichungen und Gesetzen, Verordnungen oder Leitlinien die Rede - dass Therapeut und Patient die Spielregeln kennen, dass vor der Durchführung einer Psychotherapie alle Beteiligten wissen, wo die Grenzen der Schweigepflicht liegen.

Am nächstwichtigsten scheint mir zu sein, dass eine Vertrauensbasis da sein muss - eine Vertrauensbasis nicht nur zwischen Therapeut und Patient, sondern auch zwischen Patient und Justiz, zwischen Therapeut und Justiz sowie zwischen den Mitarbeitern einer Institution untereinander.

Ich möchte daher folgendes Fazit ziehen:

Wichtiger als die Art der Regeln ist, dass die Regeln allen Beteiligten bekannt sind.

Kontrolle ist gut, Vertrauen ist besser. Gesetze und Vorschriften sind erforderlich, sie können aber Vertrauen nicht ersetzen. Ohne ein Minimum an Vertrauen zwischen Therapeut, Patient und Justiz ist Psychotherapie im forensischen Bereich zum Scheitern verurteilt.

## Literatur


Adshead, G. (1994): Confidentiality and the Psychotherapist - Easing the Tension. In: S. N. Verdun-Jones & M. Layton (Eds.) (1994): 85 - 87

Beier, K. M. & Hinrichs, G. (Hrsg.) (1995): Psychotherapie mit Straffälligen. Stuttgart, Jena: Fischer

Blankstein, J. H. (1989): The special position of the psychotherapist in residential forensic treatment. Unveröffentlichter Vortrag auf dem 10. International Congress of Law and Mental Health in Jerusalem, Juni 1989

Blankstein, J. H. (1994): Some central issues in management of Forensic Hospitals. In: S. N. Verdun-Jones & M. Layton (Eds.) (1994): 167 - 169

Blau, F. & Kammeier, H. (Hrsg.) (1984): Straftäter in der Psychiatrie. Stuttgart: Enke

Böllinger, L. (1999): Ein Schlag gegen das Resozialisierungsprinzip. Offenbarungspflicht der Therapeuten im Strafvollzug. In: Zeitschrift für Sexualforschung 12: 140 - 158

Casselman, J., Bobon, D., Cosyns, Wilmotte, J., Arteel, P., Depreeuw, W., de Ruyver, B., Janssen, V., Mormont, C. & Snacken, S. (Eds.) (1992): Law and Mental Health. Historical, legal, diagnostic and therapeutic aspects. Leuven: International Academy of Law and Mental Health

Cox, M. (1974): The psychotherapist's anxiety: liability or asset? With special reference to the offender-patient. In: The British Journal of Criminology 14: 1 - 17

Cox, M. (1992): Forensic psychotherapy: en emergent discipline. In: J. Casselman, D. Bobon, P. Cosyns, J. Wilmotte, P. Arteel, W. Depreeuw, B. de Ruyver, V. Janssen, C. Mormont & S. Snacken (Eds.) (1992): 335 - 342

Eickmann, F. (1984): Psychologisch-pädagogische Behandlungskonzepte. In: F. Blau & H. Kammeier (Hrsg.) (1984): 58 - 77

Goudsmit, W. & Reicher, J. W. (1980): Sozialtherapie schwerstgestörter Delinquenten auf psychoanalytischer Grundlage. In: V. Sigusch (Hrsg.) (1980): 247 - 265

Gretenkord, L. (1995): Sollte der Therapeut zu „63er-Patienten" Beurteilungen abgeben? In: K. M. Beier & G. Hinrichs (Hrsg.) (1995): 124 - 144

Gretenkord, L. (1998): Der Therapeut als Doppelagent - Zum Rollenkonflikt des Psychotherapeuten in einer forensischen Institution. In: E. Wagner & W. Werdenich (Hrsg.) (1998): 68 - 80

Gunn, J. & Taylor, P. J. (1993 a): Ethics in Forensic Psychiatry. In: J. Gunn & P.J. Taylor (1993 b): 857 - 884

Gunn, J. & Taylor, P. J. (1993 b): Forensic psychiatry: clinical, legal and ethical issues. Oxford: Butterworth-Heinemann

Hartmann, T. (1999): Zu den Rahmenbedingungen von Psychotherapie mit (Sexual-)Straftätern im Regelstrafvollzug. In: Recht & Psychiatrie 17: 70 - 79

Justizvollzugsanstalt Kassel II (Hrsg.) (1993): Aktuelle Probleme der Sozialtherapie. Dokumentation der 4. überregionalen Tagung für Mitarbeiter der Sozialtherapeutischen Einrichtungen im Justizvollzug vom 25. - 27. 10 1993 in Willhelmshöhe

Lohse, H. (1993): Konsequenz als Handlungsmaxime in einer Sozialtherapeutischen Einrichtung - Reaktionen auf Konflikte aus therapeutischer und organisatorischer Sicht. In: Justizvollzugsanstalt Kassel II (Hrsg.) (1993): 13 - 33

Kamann, U. (1998): Therapeuten in Uniform? Das Ende der Schweigepflicht im Strafvollzug. In: Betrifft Justiz 55: 321 - 322

Kühne, A. (Hrsg.) (1992): Aktuelle Beiträge zur Rechtspsychologie. Bonn: Deutscher Psychologen Verlag

Kröber, H.-L. & Dahle, K.-P. (Hrsg.) (1998): Sexualstraftaten und Gewaltdelinquenz. Verlauf - Behandlung - Opferschutz. Heidelberg: Kriminalistik-Verlag

Marle, H. J. C. v. (1994): Psychodynamische Aspekte der klinischen Behandlung von Gewalt- und Sexualverbrechern. In: Forensische Psychiatrie und Psychotherapie 1: 55 - 65

Mechler, A. & Wilde, K. (1976): Psychoanalytisch orientierte Arbeit mit Strafgefangenen. In: Monatsschrift für Kriminologie 59: 191 - 205

Müller-Isberner, R. (1992): Die Behandlung psychisch kranker Rechtsbrecher in Hessen. In: Zeitschrift für Strafvollzug und Straffälligenhilfe 41: 363 - 368

Pfäfflin, F., Roß, T., Sammet, N. & Weber, M. (1998): Psychotherapie mit Straftätern. In: H.-L. Kröber & K.-P. Dahle (Hrsg.) (1998): 153 - 168

Preusker, H. & Rosemeier, D. (1998): Umfang und Grenzen der Schweigepflicht von Psychotherapeuten im Justizvollzug nach dem 4. Gesetz zur Änderung des Strafvollzugsgesetzes. In: Zeitschrift für Strafvollzug und Straffälligenhilfe 47: 323 - 328

Rauchfleisch, U. (1981): Dissozial: Entwicklung, Struktur und Psychodynamik dissozialer Persönlichkeiten. Göttingen: Vandenhoeck & Ruprecht

Recht & Psychiatrie (1994): Editorial: Zum 10-jährigen Bestehen des Westfälischen Therapiezentrums Marsberg „Bilstein“. In: Recht & Psychiatrie 12: 47 - 48

Recht & Psychiatrie (1999): Dokumentation: Dienstanweisung des Sächsischen Gesundheitsministeriums: Datenschutz im Maßregelvollzug vom 22. 12. 1998. In: Recht & Psychiatrie 17: 98 - 102

Reinhardt, K. (1999): Sicherung durch Therapie, Therapie durch Sicherung. Ein Beitrag zur Grundlegung von Psychotherapie im Maßregelvollzug. In: Forensische Psychiatrie und Psychotherapie 6: 57 - 74

Schalast, N. (1992): Zur Bedeutung der Frustration in der forensischen Sozialtherapie. In: A. Kühne (Hrsg.) (1992): 93 - 101

Schleusener, J. (1977): Das Verhältnis der therapeutischen und der kustodialen Aufgaben in der Sozialtherapeutischen Anstalt. Bundeszusammenschluss für Straffälligenhilfe: 30 - 34

Sigusch, V. (Hrsg.) (1980): Therapie sexueller Störungen (2. Aufl.). Stuttgart: Thieme

Steller, M. (1994): Behandlung und Behandlungsforschung - Einführung. In: M. Steller, K.-P. Dahle & M. Basquè (1994): 3 - 12

Steller, M., Dahle, K.-P. & Basquè, M. (1994): Straftäterbehandlung. Pfaffenweiler: Centaurus

Thorwart, J. (1999): Juristische und ethische Grenzen der Offenbarung von Geheimnissen: Anmerkungen zur aktuellen Gesetzgebung und zu juristischen sowie beziehungsdynamischen Aspekten der innerinstitutionellen Schweigepflicht. In: Recht & Psychiatrie 17: 10 - 16

Volckart, B. (1998): Schweigen und Offenbaren der Therapeuten im Strafvollzug gesetzlich geregelt. In: Recht & Psychiatrie 16: 192 - 194

Verdun-Jones, S. N. & Layton, M. (1994): Mental health law and practice through the life cycle. Burnaby, B. C.: Simon Fraser University

Wagner, E. & Werdenich, W. (Hrsg.) (1998): Forensische Psychotherapie. Wien: Facultas-Universitätsverlag

Winick, B. J. (1994): The right to refuse mental health treatment: a therapeutic jurisprudence analysis. In: International Journal of Law and Psychiatry 17: 99 - 117

Wulf, R. (1998): Innerbehördliche Offenbarungs- und Schweigepflichten psychotherapeutischer Fachkräfte im Strafvollzug. In: Recht & Psychiatrie 16: 185 - 192

# Falldarstellung

*Stefan Reinhold*

## Einleitung

Der Patient befindet sich seit November 1994 im Sächsischen Krankenhaus Arnsdorf, Klinik für Forensische Psychiatrie. Er wurde wegen sexuellen Missbrauchs von Kindern zu einer Freiheitsstrafe von 3 Jahren verurteilt, gleichzeitig wurde die Unterbringung in einem psychiatrischen Krankenhaus gemäß § 63 StGB angeordnet.

## 1 Symptomatik

Der Patient gibt multiple, wiederholt auftretende und häufig wechselnde körperliche Symptome an (Schmerzen im linken Hoden, Schmerzen im Unterleib, Appetitlosigkeit, Erbrechen, Ein- und Durchschlafstörungen, Miktionsbeschwerden, Durchfall, Unverträglichkeit mehrerer verschiedener Speisen, Magenbeschwerden, Kopfschmerzen, Benommenheit, Taubheitsgefühl, Fremdkörpergefühl und Trockenheit in beiden Augen). Gleichzeitig äußert er Mutlosigkeit, Lustlosigkeit und fühlt sich schlapp, müde und ausgelaugt. Er gibt andauernde und umfassende Gefühle von Anspannung und Besorgtheit sowie starke Angst vor körperlicher Gewalt an. Gefühle von Unsicherheit, Minderwertigkeit und Angst vor Zurückweisung und Kritik bestimmen das Verhalten des Patienten. Beziehungen werden nur dann aufgenommen, wenn ein unkritisches Akzeptiertwerden garantiert ist. Die Kommunikation ist geprägt vom Benennen unterschiedlichster Symptome bis zur Überbetonung potenzieller Gefahren oder Risiken alltäglicher Situationen.

Der Patient kommt mit dem Wunsch nach Aufklärung der körperlichen Erkrankungen, deren Bestätigung und endgültigen Behandlung zur Therapie. Er wünscht die Bestätigung der unterschiedlichen Diagnosen durch mehrere Ärzte.

Des Weiteren wünscht der Patient bezüglich der homosexuell-pädophilen Orientierung therapeutische Betreuung zugleich aber auch die eigene Kastration.

## 2 Entwicklung und Krankheitsanamnese, Lerngeschichte

Der Patient besucht von 1964 - 1972 die Polytechnische Oberschule und beendet die Schule mit dem Abschluss 8. Klasse. Es schließt sich von 1972 - 1975 eine Lehre als Autolackierer an, ab 1975 arbeitet er als Möbellackierer. Haftaufenthalte wegen einschlägiger Delikte: 1976 - 1978, 1979 - 1982, 1983 - 1986, 1987 - 1987, 1988 - 1992, 1993 - 1994. Maßregelvollzug: ab 1994.

Der Patient lebt bis zu seiner ersten Inhaftierung im 19. Lebensjahr mit seiner Großmutter, Mutter, Schwester und deren Mann im Haushalt der Großmutter. Der leibliche Vater ist dem Patienten zwar bekannt, es besteht aber kein Kontakt. Die leibliche Mutter erlebte der Patient als „ruhige, saubere, arbeitsame Person“, die sich aus allem rausgehalten hat. Sie wurde von ihrer Mutter, der Großmutter des Patienten regelmäßig geschlagen. Die 7 Jahre ältere Schwester beschreibt er als „nett, aber hinterlistig“. Sie ist von der Großmutter „gehegt und gepflegt, aber nie geschlagen worden“. Vor der Großmutter hat er Angst gehabt, hat sie zugleich aber auch „geachtet“. Fehler wurden seitens der Großmutter immer nur zwei Personen zugeschrieben: dem Patienten und seiner Mutter. „Ich habe mehr Druck gekriegt als zu Essen. Ein Tier wurde besser behandelt, ich bekam nur Schläge.“ Die Zeit im Haushalt der Großmutter hat der Patient „wie ein lebendes Gefängnis“ erlebt.

Etwa im 9. Lebensjahr beginnt die Großmutter nach Aussage des Patienten, ihn grundlos zu prügeln und zu züchtigen.

Im Alter von 13 - 14 Jahren gelegentlich und ab dem 15. Lebensjahr etwa 1 Jahr lang täglich wird der Patient durch seinen Schwager unter Gewaltanwendung sexuell missbraucht. Versuche sich seiner Mutter und seiner Großmutter anzuvertrauen scheitern und führen zu weiteren Züchtigungen durch die Großmutter.

Durch die Restriktionen im Elternhaus, durch die häufigen auch grundlosen körperlichen Züchtigungen durch seine Großmutter wurde der Patient bis zum 19. Lebensjahr in einer Abhängigkeit gehalten, die Entwicklung von Vertrauen, Selbstwertgefühl und Selbstbestimmtheit unmöglich machten. Die sexuellen Übergriffe in der Pubertät durch den Schwager und das Nichtanerkennen der Übergriffe durch die eigene Familie, stützen diese Entwicklung. So bestand neben der materiellen und psychischen auch eine sexuelle Abhängigkeit.

Der Patient macht die Erfahrung, dass der Kontakt mit Erwachsenen immer mit einem Risiko verbunden ist, da er die Situationen nicht mehr kontrollieren kann und jeder Zeit mit Gewaltanwendung zu rechnen ist. Er erlebt, dass Gewaltanwendung scheinbar grundlos geschehen kann und erkennt, dass das Ansprechen von Bedürfnissen, Konflikten (sexueller Missbrauch) und das Äußern einer eigenen Meinung zu körperlicher Züchtigung und nicht zur Lösung von Konflikten führt. Das Erdulden von Konflikten (sexueller Missbrauch) hingegen aber zumindest kurzfristig zur Minimierung der körperlichen und psychischen Leiden führt.

Somit konnte der Patient das Ansprechen und Verbalisieren von Bedürfnissen und Emotionen nicht hinreichend erlernen und verarbeitet aktuelle Konflikte durch Somatisieren. Somit können einerseits die innerpsychischen Spannungen abgebaut werden und andererseits erhält der Patient in den Phasen verstärkten Somatisierens Zuwendung durch die Familie bzw. es erfolgt keine körperliche Züchtigung durch die Großmutter bzw. es erfolgen weniger sexuelle Übergriffe durch den Schwager und die Symptomatik geht zurück.

Im 18. Lebensjahr wendet sich der Patient Jungen im Alter zwischen 12 und 15 Jahren zu. Von Jungen in dieser Altersgruppe geht für den Patient keine Gefahr aus. Sie waren meist „ruhig, anständig und keine Rüpel“. Ihre Erziehung war in Ordnung. Sie stellten keine Forderungen an den Patient, und sie waren ihm körperlich unterlegen. Eigene Bedürfnisse mussten nicht mit den Bedürfnissen anderer abgewogen werden. Vor Erwachsenen hingegen hatte der Patient „immer Angst“, da er

„nicht wusste wie die Menschen wirklich waren“ und ihm ein unkritisches Akzeptiertwerden nicht garantiert werden konnte. Erwachsene Sexualpartner sprach der Patient deshalb aus Angst niemals an: „Bei Erwachsenen muss man immer Risikofaktoren beachten.“ Hierbei führt er die Erpressbarkeit und eventuelle körperliche Übergriffe durch Missverständnisse mit möglichen Sexualpartnern an.

## 3 Diagnosen

- Somatisierungsstörung (ICD-10 : F45.0)
- Ängstlich (vermeidende) Persönlichkeitsstörung (ICD-10 : F60.6)
- Homosexuelle Pädophilie (ICD-10 : F66.81/ F65.4).

## 4 Therapieziele

1. Herstellung einer therapeutischen Beziehung
2. Bearbeitung der Selbstwertproblematik
3. Bearbeitung der Somatisierungsstörung:
    - Bearbeitung des Traumas „sexueller Missbrauch“ als Ursache der Störung
    - Erhöhung der sozialen Kompetenzen des Patienten als Voraussetzung für die adäquate Lösung von Konflikten.
4. Bearbeitung der Sexualproblematik:
    - Depathologisierung der eigenen Sexualität
    - Sexuelle Aufklärung
    - Bearbeitung des Traumas „sexueller Missbrauch“ als Ursache der Störung.
5. Bearbeitung der Persönlichkeitsstörung
6. Deliktbearbeitung.

## 5 Behandlungsablauf

### *5.1 Herstellung der therapeutischen Beziehung*

1. Es wird eine ausführliche psychologische und medizinische Diagnostik durchgeführt und eine ausführliche Anamnese, einschließlich des deliktischen Geschehens erhoben.
2. Die Somatisierungstendenzen werden angenommen und die vielfältigen somatischen Symptome besprochen, um die dahinter stehenden Glaubenssätze und Ängste zu explorieren.

3. Dadurch wird die Angst vor einer Krebserkrankung und die Angst vor einem bevorstehenden körperlichen Übergriff, letztlich mit Todesfolge, deutlich. Diese Ängste werden auf ihren Realitätsgehalt geprüft.
4. Das subjektive Erklärungsmodell des Patienten über die Entstehung seiner Symptomatik wird erfasst.
5. Ein psychologisches Erklärungsmodell der Entstehung der Symptomatik wird erarbeitet. Dieses psychologische Erklärungsmodell wird über den gesamten Therapieprozess immer wieder aktualisiert und thematisiert.
6. Es wird begonnen, die Sexualität des Patienten zu depathologisieren.
7. Die Schuld- und Schamproblematik wird bearbeitet.

## *5.2 Bearbeitung der Selbstwertproblematik*

1. Ressourcenorientierte Stabilisierung des Patienten:
   Da der Patient nach wie vor gehetzt, getrieben und angespannt wirkt, wird ein ressourcenorientiertes Vorgehen gewählt. Es werden mit hypnotherapeutischen Mitteln besondere Ereignisse, die für bestimmte Fähigkeiten und Fertigkeiten des Patienten stehen, in der Biografie gesucht, und dann als Entspannungsbilder eingeführt. Diese Bilder hat der Patient dann täglich geübt und zur Entspannung und zur Verbesserung des Selbstwertgefühles genutzt.
2. Ein Training sozialer Kompetenzen wird an aktuellen Problemen des Stationssettings aber auch an typischen Verhaltensweisen des familiären Settings durchgeführt. Dabei stehen die Aspekte „Forderungen und Wünsche äußern“ als auch „sich abgrenzen können“ im Vordergrund. Dies erfolgt in Einzelsitzungen, da der Patient auf Grund der Angstsymptomatik und der Selbstwertproblematik noch nicht gruppenfähig ist.

Etwa nach der 30. - 40. Sitzung war der Patient in der Lage, kurzfristig Blickkontakt zum Therapeuten zu halten. Gleichzeitig erklärt er sich bereit, bei bestehender Vertrauensproblematik ambulante Dienste der Abteilung Physiotherapie zum Erlernen von weiteren Entspannungstechniken in Anspruch zu nehmen. Nach 34 Sitzungen gibt der Patient erstmalig in der Visite gutes Befinden an.

## *5.3 Bearbeitung der Somatisierungsstörung*

Da während des Trainings sozialer Kompetenzen deutlich wird, dass es dem Patienten in vielfältigen Situationen, nämlich immer dann, wenn es um sehr ich-nahe Probleme ging (wie Abgrenzung gegenüber einem Familienmitglied oder Forderung gegenüber einem Familienmitglied stellen) nicht gelingt, die besprochenen Inhalte umzusetzen, sondern trotz vorhandener Kompetenz eine emotionale Barriere besteht, werden die der emotionale Blockade zu Grunde liegenden Konflikte bearbeitet.

Da unserer Meinung nach die Unfähigkeit, eigene Bedürfnisse wahrzunehmen, zu verbalisieren und sozial kompetent durchzusetzen, ursächlich mit dem erlebten

Trauma im Zusammenhang steht und dem Patienten der Zugang zu diesen Fähigkeiten über die kognitive Bearbeitung der Somatisierung nicht möglich ist, wird mit der Bearbeitung des Traumas begonnen.

### 5.3.1 Bearbeitung der Traumata

1. Die Bearbeitung der Traumata wurde mit einer Kombination von Hypnotherapie und Verhaltenstherapie durchgeführt. Bei dieser Methode soll der Patient sich mit dem sexuellen Missbrauch in der Imagination auseinandersetzen. Dabei wurden zwei Ziele verfolgt: Zum einen konnte der Patient in dissoziierter Form befindensneutral Informationen über das tatsächliche Geschehen aus seiner Kindheit erhalten, da diese Erinnerungen meist emotional überformt und verzerrt sind. Zum anderen kann der Patient in der Imagination in die konkreten Situationen der Kindheit hineinwechseln und dort die emotionale Befindlichkeit erleben, das Geschehen selbst beeinflussen und damit sein Erleben verändern.
2. Die Therapiesitzungen mit den Konfrontationsübungen wurden auf Tonband aufgenommen. Der Patient konfrontierte sich täglich mit diesen Inhalten um durch Habituation den Erregungszustand zu minimieren und damit den Handlungsspielraum in der jeweils nächsten Imaginationssitzung zu vergrößern.
3. In den Missbrauchssituationen selbst kann der Patient als 13-jähriger Junge die erarbeiteten Handlungsstrategien ausprobieren und anwenden, d. h. sich selbst verteidigen, Hilfe holen und abgrenzen. Beispielsweise offenbart er sich einem Freund, nimmt er einen Freund als Stütze mit in die Missbrauchssituation, verteidigt er sich selbst, schildert er einer befreundeten Familie und deren Sohn den sexuellen Missbrauch, zeigt er seinen Schwager bei der Polizei an. Nach den einzelnen Imaginationssitzungen reagiert der Patient verstärkt mit Somatisierungen, so dass sich jeweils mehrere Sitzungen zum Annehmen der Somatisierungen und Aktualisieren des psychologischen Erklärungsmodells der Symptomatik anschließen.
4. Teilweise müssen die oben genannten Strategien erst in separaten Sitzungen erarbeitet werden, damit sie dann in der Imagination angewendet werden können.

### 5.3.2 Auseinandersetzung mit der Familie

Strategien des Durchsetzens eigener Bedürfnisse gegenüber seiner Großmutter, Mutter, Schwester und seinem Schwager werden erarbeitet und in der Imagination angewendet. Beispielsweise berichtet er seiner Mutter vom sexuellen Missbrauch, konfrontiert er die Mutter mit der Enttäuschung, die er erlebt hat, als er ihr das erste Mal über den Missbrauch berichtet hat und sie ihm nicht glaubte, konfrontierte er die Großmutter mit dem Missbrauch und ihrem Verhalten bei der Offenbarung und deren körperliche Übergriffe, konfrontiert er den Schwager mit dem Missbrauch und äußert, dass er diesen nicht wollte.

In weiteren Rollenspielen wird trainiert wie der Patient bei einer nächsten Ausführung seiner Schwester und seiner Mutter von dem sexuellen Missbrauch durch den Schwager berichtet. Es schließt sich eine Phase der Befürchtungsarbeit an. Zu folgenden Schlüssen kommt der Patient:

- „Das Risiko muss ich eingehen, dass ich alles aufgebe“
- „Ich kann die Vergangenheit nicht bewältigen, wenn ich das ganze nicht bearbeite“
- „Ich habe ein Recht auf mein Leben, ich will die Unterstützung aus meiner Familie“
- „Ich will aus dem Kreislauf raus, sie sollen nicht nur an meiner gesundheitlichen Verbesserung teilhaben, sondern auch an dem Missbrauch“.

Die Konfrontation der Schwester und Mutter im Rollenspiel wurde wieder mit Kassette aufgenommen und der Patient konfrontiert sich täglich mit der Kassette.

Bei den Konfrontationen in den Einzelsitzungen wurden sowohl die Örtlichkeit gewechselt als auch der Zuhörerkreis variiert. Im Resultat dieses Therapieschrittes konnte der Patient seinen Eltern eine so bespielte Kassette übergeben, um sie über den Missbrauch aufzuklären.

Als wichtigste Punkte der bisherigen Therapie äußert der Patient:

- „Ein Lebensziel ist wieder da“
- „Ich habe gelernt, mit den Umständen, die gewesen sind, zu leben“
- „Ich kann mit geradem Blick gehen“
- „Ich muss mich nicht verstecken“
- „Man kann darüber sprechen, das habe ich früher nie gemacht“.

### 5.3.3 Soziales Kompetenztraining

1. Training an aktuellen Problemen (siehe Selbstwertsteigerung)
2. Rollenspiele (siehe Bearbeitung von Traumata).

## *5.4 Bearbeitung der Sexualproblematik*

Aus heutiger Sicht glaube ich, dass ich nunmehr zu schnell zum nächsten Therapieziel übergegangen bin. Angespornt durch die bisherigen Fortschritte wollte ich gleich an der Sexualproblematik weiter arbeiten. Der Patient konnte sich aber nach dem vorherigen sehr intensiven Therapieabschnitt auf dieses Tempo nicht einlassen, so dass die nächste Zeit am ehesten mit einem Suchprozess zu beschreiben ist. Der sich durch ein ständiges Wechseln der Themen auszeichnete, so dass bei keinem Thema wirklich länger verweilt wurde. Gleichzeitig verstärkten sich die Somatisierungstendenzen beim Thema Sex. Folgende Themen wurden angesprochen:

### 5.4.1 Suchprozess

1. Wie drückt sich die eigene Sexualität in den Delikten aus (Deliktbearbeitung)?:

   - Sexualität und sexuelle Fantasien; Orientierung auf Männer, Frauen, Jugendliche
   - Was passierte im Vorfeld der Delikte und während der Delikte?
   - Verantwortungsübernahme: „Ich hatte Lust“.

2. Opferproblematik

   - Gefühle der Opfer, welche Signale nicht beachtet?
   - Fiktive Briefe an die Opfer (zirka 10 Stück)
   - Welche Beziehung, wie sah die Beziehung zu den Opfern aus (gleichberechtigt, Machtgefälle)? Nach der Traumaarbeit standen verschiedene Gefühlsmodalitäten für die Opfer zur Verfügung, da er sich selbst als Opfer erlebte.

Um die Sexualität des Patienten weiter zu depathologisieren und das Selbstwertgefühl zu stärken, wird eine Körperkonfrontation einschließlich sexueller Aufklärung und Vermittlung von Selbstbefriedigungstechniken begonnen. Um die Arbeit an den sexuellen Fantasien zu unterstützen wird Bildmaterial genutzt.

### 5.4.2 Körperkonfrontation

1. Der eigene Körper soll durch eine Spiegelkonfrontation besser kennen gelernt werden: Kopf (Haare, Stirn, Nase, Augen, Wangen, Kinn), Hals, Schulter-Nacken-Bereich, Arme, Hände, Oberkörper, Rücken, Glied, Gesäß, Beine, Füße.
   Wie sehen die Körperteile aus, was bedeuten sie für mich? (Glaubenssätze hinterfragen; Einstellung zur Männlichkeit.)
2. Durch das Benutzen eines Massageöls soll eine Beziehung zu den einzelnen Körperteilen hergestellt werden. Mit dem Massieren des eigenen Körpers wird einerseits gewährleistet, dass der Patient bei der Übung bei jedem Körperteil hinreichend lange verweilt und andererseits Kontakt zu sich selbst herstellen kann.
3. Sexuelle Aufklärung einschließlich dem Kennenlernen von eigenen erogenen Zonen und der Vermittlung von Selbstbefriedigungstechniken zum Erreichen einer schmerzfreien Selbstbefriedigung (Schmerz durch Trauma und Operation, Bestrahlung).
4. Da bei der sexuellen Stimulation des Analbereichs in Verbindung mit der Vorstellung von erwachsenen Männern negative Emotionen auftreten (Missbrauchssituationen werden aktiviert), werden in einem nächsten Schritt diese Emotionen bearbeitet. Mit einer gesonderten Technik können die einzelnen Modalitäten dieses negativen Gefühls differenziert, benannt, in einem neutralen Rahmen erzeugt und schrittweise abgebaut werden.

5. Danach trainiert der Patient, dieses „bösen Bildes“ schrittweise abzubauen und durch ein „gutes Bild“ zu ersetzen:

- Gutes Gefühl: entspannt, wohlige Wärme, Glücksgefühl, Zufriedenheit, sich-hängen-lassen (Sonnenbild)
- Böses Bild: unruhig, hat Schmerzen, Herzklopfen, kühles Gefühl, fühlt sich total fertig.

Im Zusammenhang mit dieser Übung sieht der Patient Parallelen zwischen seinen eigenen Gefühlen und den Gefühlen der Kinder, die er missbraucht hat.

#### 5.4.3 Mögliche Sexualpartner

1. Mit Bildmaterial werden Vorstellungen über sexuelle Partner konkretisiert
2. Die Themen Vertrauen und Kontrolle bezüglich Sexualpartner, eigene Vorurteile über Homosexualität und eigene Männlichkeit werden thematisiert
3. Der Patient ist in seinen Zukunftsvorstellungen bezüglich Sexualpartner noch unsicher. An diesem Thema arbeiten wird zurzeit.

### *5.5 Deliktbearbeitung*

1. Im Rahmen der Stationsgruppe offenbart der Patient sein Delikt vor den anderen Patienten.
2. Deliktspezifische Gruppe - Sexualstraftäter:
   In der deliktspezifischen Gruppe werden die eigene Biografie, Konflikte in der Familie, auf Station oder im Freundeskreis und die Delikte mit psychodramatischen Mitteln bearbeitet, vorrangig wird dabei an den Emotionen gearbeitet.
3. Deliktbearbeitung:
   Jedes einzelne Delikt wird durchgearbeitet nach Befindlichkeit von Täter und Opfer und Entscheidungsmöglichkeiten sich gegen den Missbrauch zu entscheiden. An diesem Thema wird gerade gearbeitet.

Der Patient ist nunmehr seit dem 15. 02. 1999 im betreuten Wohnen unserer Klinik untergebracht. In dieser Wohnform werden nur noch stichpunktartig Kontrollen durchgeführt und die Patienten müssen eigenverantwortlich ihren Tag strukturieren.

Er beteiligt sich nach wie vor an der täglichen Arbeitstherapie, an der Einzeltherapie, der Stationsgruppe, der deliktspezifischen Gruppe und nimmt das physiotherapeutische Angebot wahr.

Es ist zu verzeichnen, dass der Patient zunehmend besser in der Lage ist, Kritik zu äußern, Ansprüche und Bedürfnisse anzumelden und diese einzuklagen. Im Gegensatz zu der früher vorherrschenden, eher zurückhaltenden devoten Art des Umgangs innerhalb der Station ist das Verhalten des Patienten jetzt durch Dominanz, starker Lautstärke und das Äußern von Kritik gekennzeichnet. Gleichfalls ist eine Verbesserung der generellen Befindlichkeit zu verzeichnen. Der Patient erscheint aufgehellt, aufgelockert und zukunftsorientiert. Er kann Blickkontakt zu Männern und Frauen halten. Er hat Kontakt zu seiner Familie aufgenommen und diese hat sich für ihn und gegen den Schwager entschieden. Er beginnt sich weiter nach außen zu orientieren in Richtung eigene Wohnung und Arbeitssuche.

# XII Psychotherapeutische Utopien für den Alltag

# Das Kind als Utopie.
# Der Umgang mit Aggression und Ambivalenz in der Schwangerschaft

*Dorothea Lenkitsch-Gnädinger*

## Einleitung

Da wir uns mit Utopien befassen wollen, will ich keine gesicherten Forschungsergebnisse berichten, sondern meine Hypothesen darlegen. Es gibt Phänomene in der Schwangerschaft, für die ich bisher in der Literatur keine befriedigenden Erklärungen gefunden habe. Mir ging es, ähnlich wie Elmar Brähler, der im Buch „*Schwangerschaft, Geburt und der Übergang zur Elternschaft*" (Brähler & Unger 1996) bedauert, dass das Erleben von Schwangeren in der wissenschaftlichen empirischen Forschung schwer zu erfassen sei und zusätzlich anderer Methoden wie Einzelfallbeschreibung oder in sich geschlossener sozialwissenschaftlicher oder philosophischer Abhandlungen bedürfe.

Wir in Kassel stehen am Beginn einer Studie, in der wir 40 schwangere Paare untersuchen und die Entwicklung der Kinder in einer Längsschnittstudie weiter verfolgen werden. Meine Erfahrung mit Schwangeren beschränkt sich - außer der Selbsterfahrung - auf 8 von mir durchgeführte Behandlungen mit Schwangeren, 4 Analysen, 4 Therapien, sowie 10 Interviews mit schwangeren Paaren im 6. - 8. Monat.

## 1 Das Kind als Utopie

Betrachtet man die Definitionen von Utopie, so fällt auf, dass sie einen Doppelcharakter hat. Auf der einen Seite versteht man darunter etwas, was es nirgends je gegeben hat, etwas nicht Existierendes, Erdachtes (Meyers Enzyklopädisches Lexikon 1981: 2722), einen zwar erwünschten, aber unrealistischen Idealzustand. Auf der anderen Seite steht die Hoffnung auf Realisierbarkeit, die Erfahrung, dass Fortschritte möglich sind, von denen man nicht zu träumen wagte. Ernst Blochs utopisches Wollen und Bewusstsein, „der Traum nach vorwärts" (Bloch 1985), gehören zum Sein des Menschen. Doch liegen Hochgefühl und Depression nah beieinander. Die klassische idealistische Vorstellung im Sinne von „in Zukunft wird alles besser" ist seit den beiden Weltkriegen einer mehr fatalistischen Vorstellung gewichen. Utopie wird dann beispielsweise wie bei Aldous Huxleys „*Brave new world*" (1992), grauenhaft, ängstigend, unmenschlich - „in Zukunft wird alles schlechter" (vgl. Brockhaus-Enzyklopädie 1974: 338).

Der Utopiebegriff hat einen Innen- und einen Außenaspekt. Als innerer Aspekt ist er eine menschliche Notwendigkeit, wir brauchen positive, hoffnungsvolle Erwartungen an die Zukunft, das Gefühl der Sinnhaftigkeit für das eigene Tun. Der andere Aspekt ist die Beurteilung von außen, die Beurteilung der Utopie als Illusion, als realitätsfern, als undurchführbar usw.

Diese Ausführungen lassen sich auf die Fantasien übertragen, die sich Eltern während der Schwangerschaft und darüber hinaus von ihrem Kind machen. Das Kind bekommt in ihrer Fantasie utopischen Charakter. Es soll narzisstischen Wünschen seiner Eltern entsprechen, klüger, schöner, erfolgreicher sein. Es soll Lücken füllen, die geliebte Menschen durch Tod hinterlassen haben. Es symbolisiert den Fortschritt. Auf der anderen Seite gibt es apokalyptische Ängste: Darf man heute noch Kinder in diese kaputte Welt setzen, ist das zu verantworten? Müssen unsere Kinder nicht scheitern und untergehen am Erbe ihrer Väter und Mütter?

Der Außenaspekt ist wahrnehmbar, wenn andere die werdenden oder frisch gebackenen Eltern mit ihrer narzisstischen Verliebtheit belächeln, die im Säugling schon die berühmte Pianistin oder den begnadeten Fußballer sehen.

Aus der Säuglingsforschung wissen wir, dass Eltern eine positive Utopie - sprich Besetzung - von ihrem zukünftigen Kind entwickeln müssen, damit es gedeihen kann. Doch muss die Utopie flexibel sein, dem Kind für Eigenes Raum lassen (Klitzing 1998; Pines 1997; Schleske 1993).

Die Schwangerschaft ist der Ort, wo sich „Eigenes" und „Fremdes" vermischt, wo jenseits der körperlichen Prozesse auch eine seelische Integration gelingen muss. Dazu gehört, dass weder das Eigene noch das Fremde entwertet wird, beides Bestand hat nebeneinander und etwas Neues, Anderes daraus entstehen darf.

Lassen Sie uns diesen Prozess genauer verfolgen.

Konflikte in der Schwangerschaft lassen sich in drei Bereiche einteilen, die sich zeitlich abfolgen und vage mit dem hormonellen Verlauf einhergehen. Als Erstes muss die Schwangerschaft akzeptiert werden, wobei dieser Konflikt häufig in verschiedenen körperlichen Beschwerden seinen Niederschlag findet. Danach gibt es in der Regel eine angenehm erlebte Zeitspanne, gekennzeichnet durch die intensive innere Auseinandersetzung mit dem kommenden Kind. Die dritte Phase ist wieder häufig von körperlichem Unwohlsein und großer Müdigkeit überschattet. Sie endet mit der Trennung von Mutter und Traumkind; das reale Kind erscheint.

## 2 Typischer Konflikt zu Beginn der Schwangerschaft: Ambivalenz

Ein *Fallbeispiel*: Eine Patientin, die bereits länger in Analyse ist, kommt eines morgens in die Stunde und sagt wie unter Schock:

> „Es ist etwas passiert. Eine Katastrophe. Nichts ist mehr wie es war. Ich bin schwanger!"

Mich überrascht wie unglücklich sie wirkt. Sie hat sich sehnlichst ein Kind gewünscht und dieses Projekt nach mehreren Monaten gerade enttäuscht aufgegeben, weil es nicht „geklappt" hat. Mit dieser Eröffnung fügen sich meine Wahrnehmungen der letzten 3 Wochen sinnvoll zusammen: Sie ist auf neue Art hübscher und weicher geworden, hat aber intensive Zweifel an ihrer Partnerschaft bekommen. Im Kontrast zu ihrer Befindlichkeit ist mein Gegenübertragungsgefühl ganz anders, ich muss mühsam meine Freude über diese Schwangerschaft im Zaum halten, die angesichts ihrer Zerknirschung so unangebracht erscheint. Ich spüre den heftigen Impuls, alle Schwierigkeiten vom Tisch zu fegen, höre dann aber, dass ihr Partner begeistert reagiert. Seine depressive Stimmung, eben noch Anlass für sie, an ihm zu zweifeln, ist weggeblasen. Hat er die Kränkung über die ausbleibende Schwangerschaft depressiv verarbeitet? Die Patientin gibt sich ihren angstvollen Fantasien hin: Sie wird unförmig dick und bekommt wie ihre Mutter Krampfadern und geschwollene Beine.

Das Fallbeispiel verdeutlicht den Ambivalenzkonflikt. Die schöne Utopie, dass es wunderbar sein wird, ein Kind zu haben, war eben noch in ihrem Schwangerschaftswunsch enthalten und ist ihr verloren gegangen. Das Verlorene findet sich beim Partner und mir wieder. Die andere Seite, das Erschrecken, die Zweifel, die Angst vor diesem „point of no return" bestimmt jetzt ihr Erleben. Häufig mag es umgekehrt sein: Die Umgebung einer Schwangeren reagiert erschrocken bis ablehnend, während die Schwangere selber vor Glück strahlt und die Gefahren nicht zu sehen scheint.

Mit der Schwangerschaft wird die Partnerschaft unausweichlich: Auch wenn man sich vom Partner trennt, bleibt er der Vater dieses Kindes und lebt in ihm weiter. Damit steht eine verbindlichere Prüfung der Partnerschaft und des Partners an. Solange die Patientin zwar schwanger ist, aber bewusst nichts von der Schwangerschaft weiß, kann sie sich der Illusion hingeben, sie hätte noch die Wahl, könnte sich auch für einen anderen Partner entscheiden. Diese Illusion erleichtert ihr die Entscheidung, weil sie einen, wenn auch imaginären Handlungsspielraum lässt. Mit dieser Prüfung geht einher eine Neuverteilung der Rollen in der Partnerschaft: Die Rollen müssen erweiterbar sein auf Vaterschaft und Mutterschaft hin.

Ähnlich wie in der Pubertät gerät der Körper in der Schwangerschaft außer Kontrolle. Die Schwangere fühlt sich selbst entfremdet. Die Patientin beschreibt das mit ihrer Vorstellung von Unförmigkeit und Hässlichkeit. Ihre Angst zu verblühen, alt zu werden, „eine Mutter" zu werden, wobei zunächst das Bild der heutigen, alten Mutter auftaucht und an ihre eigene Vergänglichkeit erinnert.

Gnadenlos fällt die Schwangere, gleichgültig, ob sie das Kind austrägt oder nicht, aus der Rolle der ewigen Tochter. Mit der eigenen Möglichkeit, Mutter zu werden, tritt sie aus dem bisher festgelegten Rahmen. Die Auseinandersetzung mit der eigenen Mutter beginnt auf einer neuen, gleichberechtigteren Ebene. Aber auch dies erschreckt, mobilisiert heftige, regressive Wünsche nach Umsorgt-Werden, angesichts der Angst, dies nun für immer zu verlieren, stattdessen selber die sorgende Mutter zu werden, die Befürchtung, dieser Rolle nie mehr entrinnen zu können.

Möglicherweise liegt hier die Ursache, warum die Frage nach der Gewichtszunahme in der Schwangerschaft solch eine große Rolle spielt. Männliche Frauenärzte lassen sich leichter zu besonderer Strenge verleiten, haben den Impuls, die Frauen vor einem Entgleiten dieser Wünsche zu schützen. Das berühmte „Essen für zwei" ist Ausdruck dieser virulent gewordenen regressiven Versorgungswünsche. Verleugnet führen sie zu Ersatzhandlungen, wobei übermäßiges Essen die bekannteste ist.

Es gibt eine gesellschaftliche Erwartung, dass eine Schwangere erfreut und glücklich sein muss. Ein Drittel aller Frauen, die sich ein Kind gewünscht haben, sprechen ablehnend über die entstandene Schwangerschaft (Schleske 1998). Man muss davon ausgehen, dass der Prozentsatz wesentlich höher ist, weil diese Gefühle häufig inakzeptabel sind und verschwiegen werden.

Für Außenstehende ist es häufig erschreckend, wie wenig die Frauen zu Beginn der Schwangerschaft mit dem werdenden Kind identifiziert sind. Es scheint für sie noch nicht zu existieren. Die Frau ist zu sehr mit sich, dem Erlebnis der eigenen Fruchtbarkeit und den daraus resultierenden Veränderungen beschäftigt (Brazelton & Cramer 1990; Cramer 1991; Soulé 1990).

Eine mögliche Erklärung für dieses Phänomen bei Erstgebärenden kann sein, dass es sich in diesem Stadium der beginnenden Schwangerschaft nicht um eine Auseinandersetzung mit dem realen Fetus handelt, sondern um eine Wiederbelebung von Fantasiebildern, die noch aus der Zeit stammen, als das kleine Mädchen sich vom eigenen Vater ein Kind gewünscht hat. Die Tatsache der eingetretenen Schwangerschaft mobilisiert diese alten Wünsche und die damit verbundenen Schuldgefühle. Der Partner ist nun nicht der Vater, ist ein Fremder. Verwirrt muss innerlich geklärt werden, ob denn diese Schwangerschaft im Gegensatz zu damals „erlaubt" ist oder ob es auch hier um Schuld geht: Schuldgefühle dem Vater gegenüber, der Mutter gegenüber, aber auch dem Partner gegenüber, ob er denn eigentlich gemeint oder nur ein schaler Ersatz ist. Es kann die unbewusste Frage auftauchen, ob man für diese Vermessenheit nicht doch bestraft wird, ob einem dieses Kind nicht doch noch geraubt wird, weil man es nicht haben durfte, nicht verdient hat.

Die Phase der erhöhten Ambivalenz kennzeichnet etwa die ersten 3 Monate. Es ist die kritische Zeit mit einer hohen Wahrscheinlichkeit, das Kind doch noch zu verlieren. Sie wird überwunden durch die wachsende Zuversicht in die eigenen Fähigkeiten, ein Kind austragen zu können. Während dieses Prozesses ist das ungeborene Kind relativ wenig besetzt. Bei Frauen, die sich einer Amniozentese unterziehen, dauert die Ambivalenz länger. Erst wenn sie das Ergebnis in den Händen halten, die Bestätigung, dass alles in Ordnung ist, fällt eine schwere Last von ihnen ab und sie beginnen sich innerlich auf das Kind einzulassen. Zu groß war die Angst, von diesem Fötus verletzt und narzisstisch gekränkt zu werden.

## 3 Typischer Konflikt in der Mitte der Schwangerschaft: Hochgefühl und Absturzgefahr

Je nachdem wie gut es der Schwangeren gelang, die eigene Schwangerschaft zu akzeptieren, verlaufen die folgenden Monate mehr oder weniger komplikationslos. Dies ist abhängig von ihrer eigenen Lebensgeschichte, von einer hilfreichen und förderlichen Umgebung, von der Qualität ihrer Partnerschaft. Die meisten Frauen erleben jetzt die glücklichste Zeit der Schwangerschaft, verbunden mit einem Hochgefühl. Möglicherweise hängt dieses Hochgefühl damit zusammen, dass die Wunscherfüllung eingetreten ist. Der infantile, ödipale Wunsch nach einem fantasierten

Kind vom Vater ging endlich, nach langjährigem Aufschub, in Erfüllung. (Bürgin & Klitzing 1995; Klitzing 1998; Lebovici 1984; Soulé 1990 und andere). Auch wenn es häufig schwerfällt, über diese Fantasien zu sprechen, um einer Enttäuschung durch das reale Kind vorzubeugen, beschäftigt sich die Schwangere intensiv mit dem „imaginären Kind" (Lebovici 1984). Hier tauchen die bewussten und unbewussten Fantasien auf, die später ihre Beziehung zum realen Kind bestimmen werden - im Guten wie im Schlechten.

In diesem Hochgefühl wird das Kind als Teil von ihr selbst fantasiert, es sind symbiotische Bilder, die alte Wunden kitten sollen. Wenigstens zeitweise lässt sich in der Fantasie die Verschmelzung mit einem anderen leben. Man ist nie allein und steht in ständigem inneren Austausch mit jemandem, der keine eigenen Wege geht. Für manche Frauen sind dies bedrohliche Vorstellungen, für andere das Glück schlechthin.

Doch diese Idylle bekommt leicht Risse. Das Kind meldet sich im Mutterleib mit Eigenbewegungen und eigener Rhythmik. Auch hat diese selige Verschmelzung ihren Preis. Vielleicht gehört das magische Denken der Schwangeren (Pines 1997; Schleske 1998) hier hinein. Kraft ihrer Fantasien macht sie das ungeborene Kind vollkommen. Gibt es reale Probleme, Störungen, Komplikationen in der Entwicklung des Fetus, erschrickt sie, glaubt in diesem regressiven Zustand, es könne nur an der Macht ihrer Gedanken liegen. Forscht sie in sich, so entdeckt sie plötzlich auch andere, aggressive, ablehnende Gefühle und ist entsetzt. Wenn sie nicht vor sich zum Monster werden will, muss sie ihre Idealisierung ein Stück aufgeben, den ambivalenten Gefühlen Raum verschaffen und beides integrieren lernen. So verschafft sich das reale Kind Stück für Stück Platz im Denken seiner Mutter.

Es ist noch wenig erforscht, welche Rolle der werdende Vater bei all diesen Prozessen spielt. Mein Eindruck ist, dass er der Mutter seines zukünftigen Kindes aus diesen regressiven Verstrickungen heraushilft und durch seine liebevolle Anwesenheit deutlich macht, das dieses Kind kein Inzestkind sein wird, kein Fantasiekind. Er bringt das Fremde, das Andere in die Beziehung mit ein, was sie davor schützt, in ihren Fantasien zu ertrinken. Gleichzeitig bietet er die Chance, manche der Phantasien mitzuteilen und zu teilen.

So gestärkt kann die Schwangere auch die innere und äußere Auseinandersetzung mit der Mutter wagen, deren Mütterlichkeit einer erneuten Prüfung unterziehen. In der Regel wird die Schwangere eine neuartige, liebevollere Beziehung zur eigenen Mutter entwickeln. Sie kann ihr nun vieles verzeihen, sieht die Mutter in milderem Licht. Oder es setzt eine wie auch immer geartete Distanzierung ein.

All diese Reifungsschritte laufen unter einem unaufhaltsamen zeitlichen Druck ab. Das Kind reift heran, ungeachtet der Bedürfnisse der werdenden Mutter nach Aufschub, nach mehr Zeit.

Je starrer ihr inneres Bild vom Kind bleiben muss, je idealer oder je ablehnender, umso mehr Schwierigkeiten wird die Mutter bei der Beziehungsaufnahme zum Säugling haben (Klitzing 1998). Die Starre hängt aber damit zusammen, wie weit die werdende Mutter in der Lage ist, sozial wenig akzeptierte Gefühle sich zuzugestehen und zu integrieren und wie gut oder wie schlecht die Erfahrungen des eigenen Bemuttert-Werdens gewesen sind.

In Psychoanalysen von Schwangeren tauchen Momente mörderischer Wut gegen das ungeborene Kind auf. Werden solche Gefühle nicht ausgehalten, sondern verdrängt oder abgespalten, können sie sich in körperlichen Symptomen niederschlagen. Lassen sich diese inneren Konflikte ansprechen und bearbeiten, verschwinden auch die Symptome wie vorzeitige Wehen wieder. Diese aggressive Kraft im Sinne von Selbsterhaltung wird bei der Geburt gebraucht werden. Sie muss dann zur Verfügung stehen, um die Trennung zu vollziehen, die außerordentlich schmerzhaft ist.

## 4 Typischer Konflikt zum Ende der Schwangerschaft: Traumkind und reales Kind

Mit der inneren Vorbereitung auf die Geburt, „fällt die Schwangere endgültig aus der Welt". Der Körper mit seinen Bedürfnissen und Beschwerlichkeiten drängt alles andere an den Rand. Das Weltgeschehen ist unwichtig. Wenn sie Glück hat und aus ihren inneren Konflikten siegreich hervorgegangen ist, gelingt es ihr, sich mit Hilfe ihres Partners an die Seiten ihrer archaischen Weiblichkeit anzubinden. Sie kann diese archaische Kraft benutzen, um sich vom inneren Bild des Traumkindes zu trennen. In dieser seligen Traumwelt zu verharren, kann für Mutter und Kind tödlich sein. Geburtsstillstände und ausbleibende Wehen können bedeuten, dass die Gebärende noch nicht bereit ist, ihr utopisches Kind aufzugeben und sich dem realen Kind zu stellen.

Doch es gibt noch andere mögliche Hindernisse, die den Übergang schwer machen. Sie haben mit der spezifischen Lebensgeschichte der Schwangeren zu tun wie beispielsweise depressive Ängste oder ein böses mütterliches Introjekt.

Ein *Fallbeispiel*: Eine junge 22-jährige Frau, die ihr erstes Kind erwartet, setzt sich in der Analyse sehr intensiv mit der bevorstehenden Geburt auseinander. Sie hat sich verschiedene Kliniken angesehen und darauf mit dem Gefühl von Verzweiflung reagiert. In jeder der Kliniken gibt es Hebammen oder Ärztinnen, die sie nicht mag. Sie sagte:

> „Wenn ich zufällig hinkomme und diejenige hat Dienst, dann wird das nichts. Dann stoppt die Geburt, dann mache ich dicht."

Hintergrund sind ihre Konflikte mit älteren Frauen, die in verschiedenen Lebensbereichen immer wieder auftauchen. Sie spürt sehr deutlich, dass hiervon die größte Gefahr für sie ausgeht und reagiert entsprechend, indem sie sich auf die Suche nach zwei ihr sympathischen jungen Hebammen macht, die einer Hausgeburt mit ihr zustimmen.

Ich erzähle dieses Beispiel nicht, weil ich eine Verfechterin der Hausgeburt bin, sondern weil es für diese Frau so wichtig ist, einen konfliktfreien Raum für sich zu finden, indem es ihr möglich ist, ihr Kind zu bekommen. Wie dieser Raum nun aussieht, kann von Frau zu Frau sehr verschieden sein. Es kann beispielsweise eine geplante Kaiserschnittgeburt bedeuten.

Für die meisten Frauen scheint das Erlebnis der Geburt traumatisch zu sein. Häufig gipfelt es im ausgesprochenen oder unausgesprochenen Vorwurf:

> „Warum hat mir niemand vorher gesagt, wie schlimm es wirklich ist. Warum all das Gelaber von der schmerzfreien Geburt, der Geburt als Orgasmus! Welch' ein Betrug!"

Azoulay (1998) kommentiert erbost, dass Frauen auf eine schmerzarme Geburt bei uns vorbereitet würden, wo doch jeder wisse, das dies nicht möglich sei. Das Geburtsereignis in seiner Heftigkeit und Ungezügeltheit wollen wir durch unsere medizinische Herangehensweise glatt bügeln, was uns aber nur scheinbar gelingt. Dafür ist die Zeit des medizinischen Fortschrittes zu kurz, die Zeit, in der es bei der Geburt für Frauen um Leben und Tod ging, noch zu nahe. Die Fortschritte der Medizin sind ein Segen, aber sie nehmen der Geburt nichts von der archaischen Wucht.

Dennoch zweifle ich, dass allein physischer Schmerz die Desillusionierung und Traumatisierung erklärt. Ist der Geburtsverlauf nicht doch davon bestimmt, wie gut sich eine Frau von ihrem Traumkind verabschieden kann und wie weh das tut? Die meisten Frauen berichten über einen Moment bei der Geburt, wo sie „aufgeben", ohne zu sagen, was eigentlich, und kurz darauf kommt das reale Kind.

Wie oft wird der Satz: „Nein, so habe ich es mir nicht vorgestellt. So ein Kind will ich nicht!" wohl gedacht werden? Wie viele Kinder gleichen ungeliebten Schwiegermüttern, verhassten kleinen Brüdern oder kränken die Mütter mit einem sichtbaren Makel? Wie geht die frisch gebackene Mutter damit um? Wird sie am Ende gar die Realität verleugnen und weiter dem Bild des Traumkindes anhängen ohne das eigene Kind je genau anzusehen? Es gibt eine Reihe von Forschungen, die sich damit beschäftigen (z. B. Bürgin 1995; Cramer 1991; Emde 1989 usw.).

Doch wenn man Glück hat, erscheint das reale Baby dann so wunderbar, wie man sich sein Traumkind gar nicht hat vorstellen können, und alle Ängste und Schmerzen sind vergessen. Sieht man genauer hin, so erscheint das Traumkind versteckt und unauffällig hinter dem realen Kind und hilft ihm, den Wünschen seiner Eltern zu entsprechen.

## 5 Zusammenfassung und Ausblick

Vorbereitet und angestoßen durch klinische psychoanalytische Erfahrungen, zielen meine Interviews von Paaren im Rahmen eines größeren Forschungsvorhabens an der Gesamthochschule Kassel auf die Erforschung der Fantasien, die Schwangere von ihrem Kind während der Schwangerschaft haben.

Erste Untersuchungen erlauben es, einen Prozess zu skizzieren, der mit Ambivalenz beginnt, sich fortsetzt mit manischer Abwehr im Hochgefühl respektive mit depressiven Ängsten und einmünden soll in die Integration von Eigenem und Fremden, in einer schmerzlichen Trennung vom Traumkind, gemildert durch die Freude über das reale Kind.

## Literatur


Azoulay, I. (1998): Die Gewalt des Gebärens: Streitschrift wider den Mythos der glücklichen Geburt. Düsseldorf, München: List

Bitzer, J. & Stauber, M. (Eds.) (1995): Psychosomatic obstetrics and gynaecology. Bologna: Monduzzi Editore S. p. A.

Bloch, E. (1985): Das Prinzip Hoffnung. Frankfurt am Main: Suhrkamp

Brähler, E. & Unger, U. (Hrsg.) (1996): Schwangerschaft, Geburt und der Übergang zur Elternschaft, empirische Studien. Opladen: Westdeutscher Verlag

Brazelton, T. B. & Cramer, B. G. (1990): Die frühe Bindung: Die erste Beziehung zwischen dem Baby und seinen Eltern. Stuttgart: Klett-Cotta

Brockhaus-Enzyklopädie (1974): Bd. 19. Mannheim: FA Brockhaus

Bürgin, D. (Hrsg.) (1998): Triangulierung: Der Übergang zur Elternschaft. Stuttgart: Schattauer

Bürgin, D. & Klitzing, K. v. (1995): Prenatal representations and postnatal interactions of a threesome (mother, father, baby). In: J. Bitzer & M. Stauber (Eds.) (1995): 185 - 188

Call, J. et al. (Eds.) (1984): Frontiers of Infant Psychiatry. Vol. II. New York: Basic Books

Cramer, B. G. (1991): Frühe Erwartungen. Unsichtbare Bindungen zwischen Mutter und Kind. München: Kösel

Emde, R. N. (1989): The infants relationship experience: Developmental and affective aspects. In: A. Sameroff & R. Emde (Eds.) (1989): 33 - 51

Huxley, A. (1992): Brave new world. Stuttgart: Reclam

Klitzing, K. v. ( Hrsg.) (1998): Psychotherapie in der frühen Kindheit. Göttingen: Vandenhoeck & Ruprecht

Lebovici, S. (1984): Comments concerning the concept of fantasmatic interaction. In: J. Call et al. (Eds.) (1984): 323 - 331

Meyers Enzyklopädisches Lexikon (1981): Bd. 32. Mannheim: Bibliografisches Institut

Pines, D. (1997): Der weibliche Körper. Eine psychoanalytische Perspektive. Stuttgart: Klett-Cotta

Sameroff, A. & Emde, R. (Eds.) (1989): Relationship disturbances in early childhood: A developmental approach. New York: Basic Books

Schleske, G. (1993): Wechselspiel bewusster und unbewusster Fantasien schwangerer Frauen über ihr Kind unter der besonderen Berücksichtigung der transgenerationalen Perspektive. In: Kinderanalyse 4: 341 - 372

Schleske, G. (1998): Interaktion zwischen imaginärem und realem Kind - Von der Schwangerschaft zur frühen Mutter-Kind-Beziehung. In: D. Bürgin (Hrsg.) (1998): 69 - 79

Soulé, M. (1990): Das Kind im Kopf - Das imaginäre Kind. In: J. Stork (Hrsg.) (1990)

Stork, J. (Hrsg.) (1990): Neue Wege im Verständnis der allerfrühesten Entwicklung des Kindes: Erkenntnisse der Psychopathologie des Säuglingsalters. Stuttgart: Frommann-Holzboog

# Befriedigtes Altern. Eine Utopie?

*Hartmut Radebold*

U-Topia, griechisch der Nicht-Ort wird umgangssprachlich mit unrealistisch, träumerisch oder realitätsblind gleichgesetzt.

> „Eine Weltkarte, in der das Land Utopia nicht verzeichnet ist, verdient keinen Blick, denn sie lässt die eine Küste aus, wo die Menschheit ewig landen wird. Und wenn die Menschheit da angelangt ist, hält sie Umschau nach einem besseren Land und richtet ihre Segel dahin. Der Fortschritt ist die Verwirklichung der Utopien" (Wilde 1891; zitiert nach Brockhaus-Enzyklopädie 1994: 15).

Definiert man die Phasen des Alterns als Zeit nach dem 60. Lebensjahr, so wird die Gesellschaft der Bundesrepublik Deutschland seit mindestens 15 Jahren mit dramatischen demographischen Veränderungen konfrontiert, die sich in dem dreifachen Phänomen des Alterns manifestieren: Immer mehr Menschen werden alt, immer mehr Ältere werden noch älter und die Relation von Jüngeren zu Älteren verschiebt sich ausgeprägt zu Gunsten der Letzteren. Zurzeit macht der Anteil der über 60-Jährigen bereits über 20 % der Gesamtbevölkerung aus und nach der mittleren Bevölkerungsprognose des Statistischen Bundesamtes werden sie im Jahre 2030 ein Drittel der Gesamtbevölkerung stellen.

Die Alterswissenschaften unterscheiden längst mindestens zwei Gruppen Alternder, nämlich die *jungen Alten* (zwischen 60 und 75 Jahren) und die *alten Alten* (ab 75 Jahren). Dabei sind unsere bisherigen Vorstellungen über das Alter als letzte Lebenszeit mit vielfältigen Verlusten von Beziehungspersonen mit nachfolgender Vereinsamung, mit vielfältigen physischen und psychischen Krankheiten (in Form der Multimorbidität) mit nachfolgenden Einschränkungen bei Aktivität, Beweglichkeit, Hören, Sehen und geistigen Funktionen, eindeutig eher - wenn auch nicht ausschließlich - diesem zweiten Abschnitt des Alterns zuzuordnen.

Der erste Abschnitt des Alterns konfrontiert heute die westlichen Industriegesellschaften - ähnlich wie nach der letzten Jahrhundertwende die Adoleszenz als Moratorium zwischen Kindheit und Erwachsenenzeit - mit einer in unserer Kulturgeschichte bisher unbekannten Lebenssituation, die sich für einen zunehmend großen Teil dieser Gruppe durch folgende Merkmale charakterisieren lässt:

- Die jetzt diese Lebensphase erreichenden Kohorten erweisen sich im Längsschnittvergleich zu früheren als gesünder und mit höherem Bildungsniveau ausgestattet.
- Sie verfügen über größere materielle Ressourcen und sind immer mehr bereit (trotz aller Transferleistungen an die nachfolgenden Generationen), diese für sich, insbesondere für ihre Interessen, Freizeitaktivitäten und Bedürfnisse, zu verwenden. Damit entfallen frühere altruistische Idealbilder.

- Sie befinden sich in der Phase der ebenfalls bisher unbekannten nachelterlichen Gefährtenschaft von möglichen 10 - 15 Jahren, d. h. in einer fortbestehenden (oder auch neuen) Partnerschaft nach dem Auszug der letzten Kinder und vor der Verwitwung. Heute besteht die Möglichkeit neuer Beziehungen; die Kriegsverluste an Männer sind entfallen.
- Nach einem kürzeren oder längeren - teilweise auch schwierigen - Übergang aus dem Berufsleben kann diese Phase akzeptiert und zunehmend - immer mehr auch gesellschaftlich anerkannt - genossen werden.
- Die Alterssoziologen sagen die Herausbildung einer *bunten Gesellschaft* voraus mit vielfältigen, bisher nicht bekannten und erprobten Lebensformen bei einer zunehmenden Tendenz zur Individualisierung (Rosenmayr 1996).
- Parallel zu dieser möglichen Entwicklungschance lässt sich auch eine Verunsicherung mit regressiven Verhaltensweisen und verstärkter Abwehr vermuten, da unserer Gesellschaft durch die bisherigen Generationen der Eltern und Großeltern für diese unbekannte Situation keine erprobten und damit anzustrebenden Modelle zur Verfügung stehen. Dieser Hinweis bezieht sich insbesondere auf die Männer, für die in den vom Zweiten Weltkrieg stark betroffenen Ländern auf Grund der hohen Raten von Kriegstoten (in Deutschland Maximum im Jahrgang 1920 mit 41 %) insgesamt Männer als Vorbild auch in den letzten 40 Jahren fehlten.

Man kann diesen Abschnitt als zweites Moratorium infolge der unbewussten Angst vor dem Älterwerden mit fast wahnhafter Orientierung an der Jugendlichkeit (Jaeggi 1996) ansehen oder wirklich als ersten Abschnitt des Alterns. Aus der Perspektive meines Themas verdeutlichen die dargestellten Aspekte jedoch eine - in unserer Kulturgeschichte - erstmalige und umfassende Chance eines befriedigten, gemeinsamen oder individuellen Alterns zwischen dem 60. und 70./ 75. Lebensjahr.

Fast alle Wissenschaften befassen sich längst, theoretisch und auch praktisch, mit dem Phänomen des Alterns und insbesondere mit seiner spezifischen heutigen Form, wie die rasch zunehmende und kaum noch zu überblickende Fülle von Publikationen (z. B. Jansen, Karl, Radebold & Schmitz-Scherzer 1999), Forschungsprojekten und auch Kongressen belegen. Alltagssprachlich formuliert: „*Alter ist in*" - jetzt auch endlich in der Bundesrepublik Deutschland. Eine Gruppe, die der PsychotherapeutInnen, und eine Wissenschaft allerdings - nämlich die Psychoanalyse als unsere eigene - halten sich vornehm zurück oder verweigern sich sogar der Befassung mit dem Phänomen des Alterns überhaupt und insbesondere des heutigen Alterns - nimmt man wiederum Publikationen, Kongresse, Forschungsprojekte und hier zusätzlich Behandlungen über 60-Jähriger als Kriterien (Heuft & Teising 1999; Radebold 1997 b; Teising 1998).

Psychotherapie mit älteren Erwachsenen verlangt den Aufbau und die Gestaltung einer stabilen, vertrauensvollen und akzeptierenden Beziehung. Daher kann man die therapeutische Nichtbefassung mit dieser Gruppe als Angst vor einer direkten Beziehung eben mit den über 60-Jährigen und möglicherweise als Ausdruck von noch weiteren bestehenden eigenen Ängsten interpretieren. Meine nachfolgenden Hinweise stützen sich auf Beobachtungen bei der Gruppe der psychoanalytischen Kolleginnen und Kollegen, gelten aber meines Erachtens für alle psychotherapeutischen

Schulen. Für die Kognitive Verhaltenstherapie belegen drei Arbeiten der letzten Jahre ebenfalls ihre Nichtbefassung mit der Psychotherapie über 60-Jähriger. Bei über 1500 Krankenkassenanträgen in Berlin fanden sich lediglich 2 für über 60-Jährige (Linden, Förster, Oel & Schlütelborg 1993); in dem Sonderheft der „*Zeitschrift Klinische Psychologie*“ über das Altern 1998 findet sich überhaupt kein psychotherapeutischer Behandlungsbericht. Eine Analyse von Fallberichten weist nach, dass praktisch keine über 60-Jährigen erwähnt werden (Baumann & Perst 1999).

Insgesamt lassen sich folgende Gründe für die auffallende Nichtakzeptanz benennen (Radebold 1987, 1988, 1992, 1997 a):

- Kulturgeschichtlich (verkörpert durch das Alte Testament) besteht ein strenges Verbot, die „Blöße der Alten“ aufzudecken.
- Die fehlende Wissenvermittlung während Aus- und Weiterbildung (insbesondere auch an den psychoanalytischen Institutionen).
- Die *umgekehrte* unbewusste Übertragungskonstellation auf Grund der unübersehbaren Altersrelation in der anfänglichen Interaktion mit Älteren.
- Die fehlende Akzeptanz lebenslanger Entwicklung nach der Adoleszenz im Sinne einer Nutzung der erworbenen Persönlichkeitsstruktur, also auch selbstverständlich während der Abschnitte des höheren und hohen Alterns.
- Die Konfrontation mit den vielfältigen Verlusten (an wichtigen Beziehungspersonen, physischen, psychischen und sozialen Funktionen) sowie mit den Bedrohungen, Beschämungen, Kränkungen und Attacken des Alterns, die durch unsere älteren Patienten vermittelt werden.
- Die Angst vor dem eigenen Älterwerden (Ohlmeier 1998).
- Die Auswirkungen unserer Geschichte: Die bisherigen Generationen der Älteren waren die für den Zweiten Weltkrieg und insbesondere für das Dritte Reich verantwortlichen Generationen.

Zusätzlich entscheidend erscheint mir für die bisherigen Generationen von Psychoanalytikerinnen und Psychoanalytikern die weit reichende unbewusste - daher umso stärker wirksame - Identifizierung mit den Ansichten und der Biografie von Sigmund Freud. Schon früh beschrieb er seine Probleme mit und seine Ängste vor dem Älterwerden und entwickelte eine Altersphobie. Seine Behandlungserfahrungen mit über 40-jährigen (charakterneurotischen) Patienten waren offenbar enttäuschend. Ab dem 45., spätestens jedoch ab dem 50. Lebensjahr empfand er sich als alter, resignierender Mann. Er lebte und erlebte sein Altern stoisch im Zigarrenrauch gehüllt am Schreibtisch sitzend, arbeitend, korrespondierend, mit dem Wunsch „im Harnisch lass uns sterben, wie König Macbeth sagt“ (Freud am 06. 03. 1910 in einem Brief an Pfister; zitiert nach Schur 1972). Entsprechend hielt er lebenslang in seinen wissenschaftlichen Aussagen (1898, 1937) an der These einer weit reichenden Unbehandelbarkeit Älterer fest „auch eine Altersstufe in der Nähe des 5. Dezeniums schafft ungünstige Bedingungen für die Psychoanalyse“ (1904) - heute würde er wohl auf Grund der demographischen Veränderungen und seiner aufgestellten Kriterien zumindestens Patienten bis zum 60. Lebensjahr behandeln (Radebold 1994).

So übernahmen und übernehmen die nachwachsenden psychoanalytischen Generationen einerseits vermittelt mit der *psychoanalytischen Muttermilch* und andererseits weitgehend unreflektiert oder kritisch durch die Institute oder Fachgesellschaften hinterfragt diese Ansichten Freud als väterliches Gesetz.

Ein weiteres Indiz mit der weit reichenden, unbewussten Identifikation mit dem alternden Freud bietet das bekannte Bild des 70-jährigen Freud - streng und weise, mit geschnittenem Bart, Zigarre rauchend -, welches in vielen psychoanalytischen Praxen hing und noch hängt - kein anderes. Bis heute geht es um den „*Freud in den Freudianern*“ (Junker 1991). Dieses unbewusste Leitbild etabliert und zementiert ein eindeutiges Vorbild für das Altern, eben:

- Lebenslang und damit bis zum Tode hinter der Couch zu sitzen und Patienten zu behandeln sowie wissenschaftlich zu arbeiten.
- Sich in Maßen um (sofern noch lebend) Partnerin/ Partner, Kinder, Schüler kümmernd.
- (Implizit) keinen weiteren, anderen oder sogar privaten Interessen, Bedürfnissen und Wünschen eben nach dem 60. Lebensjahr nachzugehen, sie zuzulassen oder sie sogar (zu zweit oder allein) zu verwirklichen.

Die unbewusste Orientierung an diesem Vorbild hat für unsere Profession fatale Konsequenzen:

- Alternde Patienten werden nicht behandelt und wenn, wird ihnen durch den psychoanalytischen Behandler als Gesetzgeber (Loch 1974) vorbewusst das dargestellte Altersbild auferlegt. Keinesfalls werden die Suche nach weiteren Entwicklungsmöglichkeiten, das Kennenlernen neuer Lebensformen oder Bedürfnisse als Aufgabe ihrer Behandlung verstanden und entsprechend angegangen.
- Die bisherigen psychoanalytischen Generationen orientierten sich an diesem einseitigen und eingeengten Bild für ihr Älterwerden. Sie vermieden ganz offensichtlich - schaut man sich in dem Kreis der Kolleginnen und Kollegen um - neben Praxis, Wissenschaft und Institut weitere wichtige und befriedigende Erfahrungen zu machen (auch für die zweite Phase des Alterns entscheidend). Sie schufen sich so - wohl auch zur Abwehr der eigenen Ängste vor dem Alter - einen quasi alterszeitlosen Raum.
- Außerdem vermittelten sie den jetzt nachfolgenden Generationen von Analysanden und Schülern dieses Modell als einzig anzustrebendes Vorbild.

Viele - zugegeben bei weitem nicht alle - Angehörige der heutigen Generation der Älteren sind dabei, an der Küste eines - wenn auch individuell unterschiedlich definierten - befriedigten Alterns für 10 - 15 Jahre Lebenszeit zu landen. Die Gruppe der Psychoanalytikerinnen und Psychoanalytiker muss aufpassen, dass sie nicht aus Angst vor vermuteten Riffen, unbekannten Strömungen und notwendigen eigenen Segelmanövern auch vor dieser Küste lebenslang oder zu lange auf dem vertrauten Schiffsboden des Berufes kreuzt und sich dadurch eine mögliche - bestimmt nicht garantierbare - Chance befriedigten Alterns vergibt.

## Literatur


Baumann, U. & Perst, A. (1999): Der Gerontosektor: Stiefkind der Klinischen Psychologie/ Psychotherapie. In: Zeitschrift für Gerontopsychologie und -psychiatrie 12: 129 - 136

Brockhaus-Enzyklopädie (1994): Bd. 23. Mannheim: FA Brockhaus

Freud, S. (1898): Die Sexualität in der Ätiologie der Neurosen. GW I: 491 - 516

Freud, S. (1904): Die Freudsche psychoanalytische Methode. GW V: 3 - 10

Freud, S. (1937): Die endliche und die unendliche Analyse. GW XVI: 59 - 99

Heuft, G. & Teising, M. (Hrsg.) (1999): Alterspsychotherapie - Quo vadis? Opladen: Westdeutscher Verlag

Jaeggi, E. (1996): Viel zu jung, um alt zu sein. Reinbeck: Rowohlt

Jansen, B., Karl, F., Radebold, H. & Schmitz-Scherzer, R. (Hrsg.) (1999): Soziale Gerontologie. Weinheim: Beltz

Junker, H. (1991): Von Freud in den Freudianern. Tübingen: edition discord

Linden, M., Förster, R., Oel, M. & Schlütelborg, R. (1993): Verhaltenstherapie in der kassenärztlichen Versorgung. In: Verhaltenstherapie 3: 101 - 111

Loch, W. (1974): Der Analytiker als Gesetzgeber und Lehrer - legitime oder illegitime Rolle. In: Psyche 28: 431 - 460

Ohlmeier, D. (1998): Vom Älterwerden des Psychoanalytikers. In: Teising, M: (Hrsg.) (1998): 281 - 292

Radebold, H. (1987): Das bundesrepublikanische Desinteresse an Altersfragen - späte (unbewusste) Folge unserer politischen Vergangenheit? In: Fragmente 25: 112 - 116

Radebold, H. (1988): Warum behandeln wir als Psychoanalytiker keine Älteren? In: Psychosozial 11: 44 - 53

Radebold, H. (1992): Psychodynamik und Psychotherapie Älterer. Berlin, Heidelberg, New York: Springer

Radebold, H. (1994): Freuds Ansichten über die Behandelbarkeit Älterer. In: Zeitschrift für Psychoanalytische Theorie und Praxis 9: 247 - 259

Radebold, H. (Hrsg.) (1997 a): Altern und Psychoanalyse. Göttingen: Vandenhoeck & Ruprecht

Radebold, H. (1997 b): Psychoanalyse und Altern - zwei einander Fremde beginnen den Dialog. In: H. Radebold (Hrsg.) (1997 a): 5 - 20

Rosenmayr, L. (1996): Altern im Lebenslauf. Göttingen: Vandenhoeck & Ruprecht

Schur, M. (1972): Sigmund Freud. Leben und Sterben. Frankfurt am Main: Suhrkamp

Teising, M. (Hrsg.) (1998): Altern: Äußere Realität, innere Wirklichkeiten. Psychoanalytische Beiträge um Prozess des Alterns. Opladen: Westdeutscher Verlag

# Psychoanalytische Therapie in China heute. Ein Erfahrungsbericht über eine Herausforderung

*Antje Haag*

## Einleitung

Als ich 1987 gefragt wurde, ob ich an einem Workshop über westliche Therapierichtungen in China teilnehmen wolle, hatte ich die Vorstellung, dass dies eine ziemlich verrückte Idee sei. Wie war es möglich, psychotherapeutische Methoden, die hier in Europa und in den USA entwickelt worden sind und die sich aus einem an westlichen Werten orientierten Menschenbild entwickelt hatten, in einer Kultur vorzustellen und auch dort Interesse zu finden, die eine für uns so fremde Entwicklung hatte? Meine Kenntnisse über China waren dürftig. Nur vage wusste ich von den für Land und Menschen so katastrophalen Folgen der Kulturrevolution, von den traumatischen gesellschaftlichen Umstürzen, die dieses Land in diesem Jahrhundert durchgemacht hatte. Ich hatte auch wenig Vorstellungen über den das Land seit über 2000 Jahren beherrschenden „Willen zur Ordnung" (Weggel 1997: 12) des Konfuzianismus, der gleichsam die „Auslöschung des Ego" (Weggel 1997: 16) als Grundprinzip auf seine Fahnen geschrieben hatte. Dass ich dann zusagte, als Dozentin für Psychoanalyse mitzufahren, kam dann aus großer Neugier darauf, wie das Instrument Psychoanalyse in einer für mich völlig fremden Gesellschaft zu gebrauchen wäre, und ich kam mir gleichzeitig vor wie eine Abenteurerin. Aber ich hatte auch ein gewisses Unbehagen, bürgerliche und möglicherweise unpassende kulturelle Errungenschaften in eine Welt zu exportieren, die für diese so wenig geeignet schien.

Dieser Beitrag gibt mir eine gute Gelegenheit, meine Erfahrungen einmal zusammenzufassen und den Leser mit auf dieses Abenteuer, das sich dann als *so* abenteuerlich nicht erwies, einzuladen. Bevor ich über unser inzwischen sehr erfolgreiches Projekt informiere, werde ich kurz über die Rezeption psychoanalytischen Denkens in China berichten. Dieser kurze Abriss basiert auf einer Zusammenstellung des chinesischen Kollegen Yang Huayu (1997).

Yang (1997) unterscheidet drei Phasen der Verbreitung der Psychoanalyse in China:

1. Die *erste Phase* in den 20er- bis 40er-Jahren dieses Jahrhunderts entwickelte sich nach dem Ende der Quing-Dynastie 1911, die eine Demokratisierung bzw. Verbürgerlichung mit Orientierung an westlichen Geisteshaltungen zur Folge hatte und Psychoanalyse bei den Intellektuellen zunehmend auf Interesse stieß. 1930 wurde die „*Einführung in die Psychoanalyse*" übersetzt, im gleichen Jahr veröffentlichte Zhu (vgl. Yang 1997) einen Überblick über die Bedeutung der Psychoanalyse für Psychopathologie, Literatur und Kunst. Gegen Ende dieser Zeit spielte der Philosoph und Schriftsteller Adolf Josef Storfer, Analysand von

Sigmund Freud, Mitglied der Wiener Psychoanalytischen Gesellschaft und Mitherausgeber der „*Imago*“ eine gewisse Rolle. Er war 1938 als einer der zirka 18000 Emigranten vor den Nazis nach Shanghai geflohen und gab die „*Gelbe Post*“ heraus, eine Zeitschrift, in der er psychoanalytisches Denken auf die chinesische Kultur anwendete (vgl. Bremm 1990).

2. Die *zweite Phase* fällt ab 1949 bis in die 70er-Jahre. Vor dem Hintergrund der Machtübernahme der Kommunistischen Partei und Gründung der Volksrepublik China 1949 brach das Interesse an der Psychoanalyse ab. Diese wurde als antimaterialistisch, reaktionär und idealistisch angesehen. Westliches Denken wurde als schmutzig und vulgär wahrgenommen, was sich insbesondere auch auf die Bedeutung der Sexualität in der Psychoanalyse bezog. Dennoch wurden noch einzelne Werke Freuds Anfang der 60er-Jahre übersetzt. Psychologie und Medizin orientierten sich jedoch vorrangig an der Sowjetunion und speziell an Pawlow, bis es in den 60er-Jahren zu einer radikalen Abwendung von der Sowjetunion kam. Während der Kulturrevolution 1966 - 1976 wurde Psychotherapie und sogar auch die Psychiatrie durch ideologische Erziehung ersetzt. Die so genannte „Mao-Bibel“ wurde zur Grundlage des auf diese Weise gleich geschalteten chinesischen Seelenlebens. Das korrekte politische Bewusstsein war identisch mit seelischer Gesundheit. Medikamente waren verpönt, den Ärzten wurde ihre Kompetenz abgesprochen, der wissenschaftliche Austausch mit dem Ausland stagnierte - bis zum Fall der Viererbande 1976.
3. Die *dritte Phase*, die Anfang der 80er-Jahre begann, steht im Zusammenhang mit der langsamen Öffnung nach Westen und einem neuen wissenschaftlichen Austausch. Freuds Werke wurden wieder übersetzt, so unter anderem die „*Traumdeutung*“, „*Das Ich und das Es*“ sowie „*Jenseits des Lustprinzips*“. Ebenfalls übersetzt und verfügbar wurden Werke von Carl Gustav Jung, Alfred Adler, Anna Freud und Erich Fromm. Filme nach psychoanalytisch beeinflussten Werken wie z. B. von Stefan Zweig fanden starkes Interesse. Unter den jungen Intellektuellen wurde die Beschäftigung mit psychoanalytischen Schriften geradezu zur Modeerscheinung. Wie im Deutschland der 70er- und 80er-Jahre war dabei das Interesse an der Psychoanalyse unter den Geistes- und Sozialwissenschaftlern zunächst stärker als in der ohnehin jungen Fachdisziplin Psychiatrie, wo sich die Vorstellung, psychische Probleme seien „entweder Erscheinungen organischer Hirnschäden oder Folge ‘falscher’ Ideen oder ‘Klassengefühle’“ (Zhao 1993: 107) lange - zum Teil bis heute - hielt. Erst durch ausländische Besucher angeregt begannen sich Psychiater und Psychologen zunehmend für westliche Psychotherapiemethoden zu interessieren.

Unsere erste Reise nach China fand - auf Initiative zweier deutscher chinakundiger Psychologinnen (Margarete Haas-Wiesegart und Annkatrin Scheerer) - 1988 nach Kunming/ Yünnan statt, finanziell unterstützt von der Hamburger Stiftung für Wissenschaft und Kultur, der Volkswagen-Stiftung und dem Deutschen Akademischen Auslandsdienst. Etwa 200 Psychiater und Psychologen aus unterschiedlichen Provinzen - die Kollegen hatten zum Teil tagelange Zugreisen auf sich nehmen müssen - nahmen an den von Verhaltenstherapeuten, Psychoanalytikern und Familientherapeuten angebotenen Vorträgen und praxisbezogenen Seminaren teil. Die Resonanz war überaus positiv. 1990 wurde auf Initiative der chinesischen Teilnehmer an unseren Symposien die erste Sektion „Psychotherapie" der chinesischen Mental-Health-Organization gegründet. Nach drei Symposien, 1988, 1990 und 1994, wurde ein Ausbildungsprojekt für die drei Therapierichtungen geplant, das 1997 begann und in zweimal jährlich stattfindenden Blocks abgehalten wurde. Träger war die 1992 gegründete Deutsch-Chinesische Akademie für Psychotherapie, die vom Bundesministerium für Wissenschaft und Forschung mitgetragen wird.

Ich möchte nun über meine Erfahrungen mit meinen 18 Schülern, 14 Männern und 4 Frauen im Alter von Mitte 20 bis Ende 50 berichten.

Die meisten haben ihre medizinische oder psychologische Ausbildung nach der Kulturrevolution begonnen, in einem sich wieder dem Westen öffnenden Klima. Dieses bildet sich deutlich in der Gruppe ab. Während die älteren Kollegen in bestimmten kulturfremden, für psychoanalytisches Denken spezifischen Aspekten, über die ich später berichten werde, schwer, kaum oder auch gar nicht eingehen konnten, war dieses bei den jüngeren Kollegen differenzierter. Gleichwohl war es für mich, die ich jetzt seit über 10 Jahren immer wieder in China war, eindrucksvoll zu sehen, wie schnell sich der gesellschaftliche Wandel vollzieht, wie viel bunter die Menschen von Jahr zu Jahr schon in ihrer Kleidung sind und wie unbefangen sie im Umgang miteinander und mit uns erscheinen.

Die Ausbildung war sehr praxisbezogen und fokussierte auf psychodynamisch orientierter Psychotherapie. Mit psychoanalytischer Theorie und der Theorie der Technik tun sich - wie ja überall - die Kandidaten schwer, so dass neben der Erarbeitung speziell vorgegebener Themenbereiche die Falldiskussion im Zentrum der Arbeit stand. Allen wurde eine Sequenz psychoanalytischer Selbsterfahrungsgespräche angeboten. Bevor ich auf die Besonderheiten eingehe, möchte ich kurz und sehr grob konfuzianisch tradierte Lebenseinstellungen vorstellen, auch wenn diese nicht unbekannt sein dürften.

Den westlichen Werten Individualismus und Selbstentfaltung steht in China bis heute - wenngleich im Umbrauch, wie ich zeigen werde - die Unterordnung unter Eltern und Familie, eine strenge Hierarchisierung sozialer Zusammenhänge, die auch durch die Kulturrevolution nicht beeinflusst wurde, entgegen. Die Familie und die Arbeitseinheiten bestimmen über das Schicksal des Einzelnen. Abhängigkeit, Konformität, Harmonie in Beziehungen, Bescheidenheit bzw. die Unterdrückung eigener Wünsche bestimmen die Ideale - was ebenso heißt, dass Konflikte und Spontaneität unterdrückt bzw. Impulse kontrolliert werden (Pearson 1993). Liebesheiraten sind eine moderne Errungenschaft, viele Ehen werden, insbesondere auf dem Lande, auch heute noch vermittelt, Heiratsgenehmigungen müssen von den Arbeitseinheiten eingeholt werden. Das bedeutet auch, dass Ehen mehr durch Pflichten und Verantwortung den Eltern und Kindern gegenüber zusammengehalten werden, als durch affektive Bindungen. Oft haben die Ehepartner starke Bildungsunterschiede, was insbesondere bei den studierten Frauen, die mit Arbeitern oder Bauern verheiratet sind, neuerdings zumindest zu Problemen führt. Während der Kulturrevolution gehörte die Intelligenzia zum Kleinbürgertum bzw. zur „stinkenden 9. Klasse". Generationskonflikte gab es bis vor einigen Jahren kaum, ebenso Proteste von Adoleszenten gegen die Eltern (siehe auch Lonji: 182 ff.). Ehen hätten in China - so ein dortiger Kollege - „low quality but high stability".

So ist die außerordentliche Brutalität bei der Unterdrückung der Studentenproteste sicher nicht nur darauf zurückzuführen, dass hier Kritik an einer repressiven Parteipolitik, sondern auch die Revolte gegen eine Jahrtausende alte Ordnung niedergeschlagen werden musste.

Die Erziehung zur Einordnung in Familie, Gruppe, Arbeitseinheit und die dazu notwendige Konformität wird durch die Entwicklung eines ausgeprägten Schamgefühls ermöglicht. Ein Kind, das sich nicht anpaßt, bringt Schande über die Familie (Tang 1992), stört die Harmonie nach außen. Chinesische Mütter warnen ihre Kinder vor dem Ausgelachtwerden oder böser Nachrede, die dann die ganze Familie betrifft.

Scham wird gleichsam zu sozialer Schuld. Und Schamangst ist nicht selten Ursache für neurotische Störungen (Tao 1995), was wir aus unseren Erfahrungen bestätigen können. Sehr viel stärker noch als bei uns werden psychische Störungen als „Charakterschwäche" angesehen und psychiatrische bzw. psychotherapeutische Behandlungen sind (noch) ausgesprochen stigmatisierend.

Wurmser (1990) hat sich mit der Ursache der Schamangst in China auseinandergesetzt. Er beschreibt den geringen Schutz, den das Private, Intime hat. An Stelle der Privat- sphäre spiele das Leben in der Öffentlichkeit eine viel größere Rolle. So werde die Verletzung formalisierten oder ritualisierten Verhaltens vom Gefühl der Erniedrigung und Schande begleitet. Scham schütze also in viel höherem Grade das Soziale als das Private. So wird auf die Wahrung des Gesichtes besonderes Gewicht gelegt - bzw. die Angst, das Gesicht zu verlieren, regelt die zwischenmenschlichen Beziehungen. Dieses schafft bei westlichen Gesprächspartnern nicht selten Konfusionen und Irritationen und betrifft natürlich insbesondere auch die Therapeut-Patient-Beziehung, wie ich zeigen werde. Dazu gehört auch die Schwierigkeit, „Nein" zu sagen, um den anderen nicht zu verletzen. (Dass sich das „Nein" dann aber doch über passiven Widerstand durch die Hintertür durchsetzt, ist eine andere Sache).

Die chinesische Sozialisation ist ausgesprochen „oral" organisiert. So behauptet der chinesische Soziologe Sun Lonji in seiner sozial-psychoanalytischen Arbeit über die chinesische Gesellschaft, dass sie „das körperliche Bedürfnis nach Sättigung zum vorrangigen Lebensinhalt macht" (1994: 80). In der Tat spielt Versorgung des anderen, Sicherheit-Geben und Füttern eine große Rolle in den zwischenmenschlichen Beziehungen. Wenn wir fragen: „Wie geht es?", fragen die Chinesen: „Hast du gut gegessen?", und in der Tat hat das Essen eine für westliche Besucher, z. B. mich, gelegentlich etwas sehr Bedrängendes. Es wäre ein Fauxpas, eine Mahlzeit auszulassen und stattdessen einen Extra-Supervisionstermin anzubieten, wie ich es versucht habe. Essen geht immer vor. Als ich mich nach dem letzten Seminar von meinen Kursteilnehmern verabschiedete, bedankten sie sich für die gute analytische Milch, die ich ihnen gegeben hätte und gaben ihrer Hoffnung Ausdruck, dass sich meine Brüste bis zum nächsten Kurs wieder füllen mögen, weil sie mich vielleicht zu stark ausgesaugt hätten.

Winnicott (1974; siehe auch Tang 1992) spricht von dem so genannten falschen Selbst bei Gesunden, das auf Identifikationen aufgebaut ist und das sich in der Organisation einer höflichen und gesitteten gesellschaftlichen Haltung repräsentiert. Dies ist in China besonders stark ausgeprägt. So habe ich es wiederholt erlebt, dass meine chinesischen Schüler theoretische Sachverhalte, die ich ihnen schon am Anfang meinte, ausreichend vermittelt zu haben, schlecht oder nicht verstanden hatten, was sie aber nicht äußerten, eben, um ihr Gesicht nicht zu verlieren. Ich habe aber den Eindruck, dass diese Phänomene mit zunehmender Vertrautheit - oder auch zunehmender Kompetenz und Verständnis psychoanalytischen Denkens - geringer geworden sind.

Diese kurz skizzierten kulturellen Besonderheiten mögen Ihnen ein Gefühl dafür geben, in welches Abenteuer wir uns als westliche Psychoanalytiker begeben haben, unsere Therapieformen nach China zu transplantieren. Einer unserer chinesischen Kollegen, der Anfang der 90er-Jahre in Heidelberg am Institut für Familientherapie bei Helm Stierlin promoviert hat, hat die unterschiedlichen therapeutischen Zugangsweisen für die Familientherapie beschrieben, seine Befunde lassen sich aber ohne Weiteres verallgemeinern. Zhao Xudong (1993) beschreibt chinesische Therapeuten als moralisch, kontrollierend, aktiv, manipulierend, den Patienten in Abhängigkeit haltend. Die therapeutische Haltung, die er im Westen erlebt hat, beschreibt er als distanziert, wertfrei, neugierig. Während in China Individuation unterdrückt werde, so werde im Westen Kreativität und Eigenständigkeit gefördert. In China würden Ambivalenzen durch „entweder-oder" beseitigt, im Westen sei es das Ziel, diese in einem „nicht nur, sondern auch" zu ertragen.

Ich möchte nun demonstrieren, wie sich die kulturellen Unterschiede in meiner Arbeit mit den chinesischen Kollegen widerspiegeln.

Ich greife - eher willkürlich - drei Aspekte heraus, die für viele chinesische Therapeuten besonders schwer zu handhaben sind, wo gleichsam, geht man von einem traditionellen chinesischen Menschenbild aus, Welten aufeinander prallen. Es gibt unter den chinesischen Kollegen natürlich auch solche, die sich im Rahmen der allgemeinen gesellschaftlichen Liberalisierung von den alten Werten auch distanzieren können bzw. zwischen ihren Einstellungen und psychoanalytischen Grundannahmen trennen können. Das läuft aber weitgehend auf einer rationalen Ebene. Die von mir ausgewählten Beispiele sollen dazu dienen, das Fremde aus der Perspektive der Ausbildung in psychoanalytisch orientierter Therapie deutlicher zu machen. Die von mir ausgewählten Problembereiche manifestieren sich alle in der Übertragungs-, besser: Gegenübertragungsbeziehung, die ja das Hauptinstrument in der analytischen Therapie sind.

## 1 Das Gesicht wahren: Nichtwahrnehmen negativer Gegenübertragung

Im Jahre 1990 wird mir folgende *Fallgeschichte* präsentiert:

Ein älterer Psychiater aus Kanton, Dr. L., wird von einer Kollegin im Krankenhaus um die Therapie ihres Partners gebeten, der an einer schweren Angstneurose leidet und das Haus nicht mehr verlassen kann. Die Konsultation wird unter dem Deckmantel eines Privatbesuches im Hause des 35-jährigen Patienten, der sich mit seinen Ängsten zum Unmut seiner Frau weitgehend arrangiert hat und nie selbst um Hilfe gebeten hätte, durchgeführt. Das Paar ist - es hat einen 2-jährigen Sohn - immer noch nicht verheiratet, was die Kollegin sehr belastet. Der Patient war während der Kulturrevolution nach Macao geflüchtet, wo er seine Frau kennen gelernt hatte und wo auch die Eheschließung stattfinden müsste. Anfang der 80er-Jahre kam er zurück nach Kanton, wo er kurz darauf seine Angstsymptomatik entwickelt, begleitet von der Vorstellung, als ehemaliger Flüchtling beobachtet und verfolgt zu werden - trotz seiner geschäftlichen Erfolge. In Gegenwart des Arztes geht es dem Patienten gut, es kommt zu unregelmäßigen Kontakten im Hause des Patienten, der ihn aber auch gelegentlich in ein 5-Sterne-Hotel zum Essen einlädt. Eines Tages bietet der Patient seinem Arzt eine Stelle als Firmenberater in der Position eines Subdirektors - unter ihm, einem 20 Jahre jüngeren! - an. Trotz des guten finanziellen Angebots lehnt der Doktor ab: „Ich habe ihm gesagt, ich wolle lieber Doktor bleiben." Die Frage einiger Gruppenmitglieder, ob dieses Ansinnen, als Älterer unter einem Jüngeren zu arbeiten, was gleichbedeutend mit einem Affront ist, ihn nicht gewundert, wenn nicht sogar geärgert habe, wird lächelnd übergangen.

Als Dr. L. gebeten wird, den Patienten zu beschreiben, bezeichnet er ihn als einen selbstsicheren Mann, der sich anderen gegenüber äußerst kritisch und abwertend verhalte und der schlechte Beziehungen zu anderen Menschen habe. Er sei auch in keiner Weise therapiemotiviert. Trotz dieser eher negativen Charakteristika ist es unmöglich, Dr. L. zu bewegen, der Gruppe zu schildern, wie er selbst den Patienten erlebt und welche Gefühle er empfindet. Obwohl die negative Gegenübertragung im Raum steht, ist es nicht möglich, diese zu thematisieren. Dr. L. lächelt freundlich und teilt mit, dass er nur einen einzigen Wunsch habe, nämlich den, dass dem Patienten so bald wie möglich geholfen werde.

An dieser Stelle wird deutlich, wie stark kulturimmanente Aspekte letztlich verhindern, dass psychoanalytische Grundelemente, wie z. B. die Reflexion der Gegenübertragung, verstanden werden. Es zeigt sich hier auch ein deutlicher Generationsunterschied: einige jüngere Kollegen lachen über die emotionale Blindheit von Dr. L., auch dieses quittiert er mit einem freundlichen Lächeln.

## 2 Der Umgang mit der Sexualität

Alle Teilnehmer haben die auf Chinesisch verfügbaren Werke Freuds gelesen, was einer der Gründe ist, weshalb in der Diskussion triebpsychologische Deutungen - zum Teil abenteuerlicher Art - eine große Rolle spielen. Gleichzeitig wird immer wieder deutlich, wie stark auch die Ängste der Teilnehmer vor den Liebeswünschen ihrer Patienten sind, die häufig als sexualisiert missverstanden und moralisch verurteilt werden. So missinterpretiert eine Kollegin, nachdem eine verzweifelte, bedürftige junge Patientin auf die Freundlichkeit der Kollegin mit einem Gefühlsausbruch sagt: „Ich liebe Sie" und versucht, die Kollegin zu umarmen, diese als homosexuelle Attacke. Dieses erschrickt die Therapeutin so sehr, dass sie glaubt, die Therapie nicht übernehmen zu können.

Sexuelle Aufklärung findet in China praktisch nicht statt, Eltern sprechen mit ihren Kindern nicht über Sexualität, auf meine diesbezügliche Frage reagierten meine Schüler verständnislos bis amüsiert. 1992 erschien ein auf über 20000 Fragebögen basierender Bericht: „*Die Sexualkultur im heutigen China*", eine Art Kinsey-Report, aus dem hervorgeht, dass über 80 % der Städter, über 90 % der Landbevölkerung zum ersten Mal mit dem späteren Ehepartner sexuellen Kontakt haben. Masturbation gilt weithin als schädlich und unmoralisch. Insbesondere die Frauen sind unzufrieden mit dem fehlenden männlichen Einfühlungsvermögen und mangelnden Kenntnissen über mögliche Sexualpraktiken (Scheerer 1993).

Vor Sexualität wird aber gewarnt. So erlebten wir 1990 auf einem Spaziergang am Chinesischen Meer in Tsingtao, wie die Menschen - insbesondere die Männer - in eine Pagode strömten. Neugierig und in Erwartung eines festlichen Ereignisses schlossen wir uns ihnen an. Was wir zu sehen bekamen, waren Dias von durch Geschlechtskrankheiten zerstörten Sexualorganen.

Das folgende *Beispiel*, in dem sich auch die Problematik der jetzt in großer Geschwindigkeit besonders durch US-amerikanische Filme erfolgenden „Akkulturation“ zeigt, möge der Fall eines jungen Psychiaters aus Kunming verdeutlichen:

Der 24-jährige Patient, ein Student, klagt über nicht näher definierte Depressionen und Verstimmungen. Er ist sehr höflich, wirkt eher weich und wenig durchsetzungsfähig, vermeidet Augenkontakt, muss sich sehr überwinden, seine Geschichte zu erzählen, tut dies unter erheblichem Leidensdruck.

Er ist das vierte Kind seiner Eltern, die eine lieblose Ehe führten. Er sagt: Wenn er - nach drei Schwestern - ebenfalls als Mädchen geboren worden wäre, wäre es zur Scheidung der Eltern gekommen. Den Vater habe er als streng und leistungsfordernd erlebt, er sei selten zu Hause gewesen. Der Patient sagt, dass er sich immer einen größeren Bruder gewünscht habe. Als er 16 war, habe er zusammen mit zwei Freundinnen seiner Schwestern im Fernsehen eine amerikanische Sex-Show gesehen, die ihn sehr „interessiert“ habe, wie er sagt. Er habe dann unmittelbar danach mit den beiden Mädchen „sexuelle Kontakte“ gehabt, wobei unklar bleibt, wie sich diese gestaltet haben. Seitdem habe er starke Schuldgefühle, habe sich zurückgezogen, immer voller Angst, den beiden Mädchen wieder zu begegnen. Er habe sogar beinahe die Prüfung zur Universität nicht bestanden, so stark sei er von seinen Skrupeln und Schamgefühlen gepeinigt gewesen. Er habe - obwohl sich einige Mädchen um ihn bemüht hätten - keinen Kontakt mehr gehabt, habe große Angst vor Mädchen und Sexualität.

In der Gruppendiskussion über diesen Fall geht es hoch her, wobei die meisten Kollegen den Kontrollverlust des Patienten zunächst heftig verurteilen. Erst in einer längeren Diskussion, in der die ganze problematische Lebenssituation eines unter Frauen in einer lieblosen Atmosphäre aufgewachsenen Pubertierenden, der durch die kulturfremde, völlig unchinesische Stimulation seinen Triebdurchbruch nicht kontrollieren kann und wahrscheinlich spielerischen Sexualkontakt hatte, deutlich wird, wird der Patient als „innocent“, unschuldig erklärt. Ich erfahre dabei, dass kindliche Doktorspiele in China unbekannt sind.

In den Fallgeschichten wurden im Vergleich zu dem westlichen Krankheitsspektrum ungleich mehr konversionsneurotische Störungen vorgestellt - wie z. B. Sehstörungen oder Nackensteifigkeit bei jungen Patienten. In der Analyse fanden sich dann - wie in Wien vor 100 Jahren - konflikthaft verarbeitete, hoch schambesetzte sexuelle Wünsche bzw. Ängste vor diesen.

## 3 Abstinenz

In einer Kultur, in der das soziale Netzwerk so bestimmend und einflussreich ist und Abgrenzung mit Ausgrenzung identisch, muss therapeutische Neutralität und Abstinenz zu besonderen inneren Konflikten führen. So stehen die Kollegen immer in einem Dilemma, wenn sie gebeten werden, Verwandte, Freunde oder Bekannte zu therapieren bzw. Angehörige ihrer Kollegen. Diese an andere zu verweisen, würde als grobe Unhöflichkeit gelten. Wie stark die Grenzen zwischen privatem und professionellem Raum verwischen können, soll folgende, für uns kurios anmutende Geschichte zeigen:

Der Kollege, Prof. C., ein etwa 40-jähriger leitender Psychologe eines Universitätskrankenhauses, wird von einem Kollegen gebeten, sich um einen beiden bekannten Medizinstudenten zu kümmern, der einen schweren Waschzwang entwickelt habe. Auch in diesem Fall wird die Konsultation als privater Besuch fingiert. Der Therapeut fährt mit dem Vater des Patienten in eine zirka 80 Kilometer entfernte Stadt, wo die Familie ein festliches Mahl zubereitet hat. Der Kollege muss seinen Plan, nach 1 Stunde zurückzufahren, aufgeben und die Einladung annehmen. Nach dem Essen ist es zu spät, zurückzufahren. Der Vater des Patienten nimmt für den Therapeuten und seinen Sohn ein Hotelzimmer, wo beide einziehen und wo in einer langen Nachtsitzung die Behandlung beginnt, auf Wunsch des Therapeuten nur unterbrochen von einer 15-minütigen Fernsehsendung. Um 5.00 Uhr schlafen beide erschöpft auf dem Doppelbett ein, um 6.00 Uhr weckt der Vater des Patienten sie.

Diese Episode ist insofern interessant, als es sich um einen Kollegen handelt, der in der Gruppe ein relativ gutes psychoanalytisches Verständnis zeigt und ein besonders aktiver und interessierter Teilnehmer ist. Es zeigt sich, wie stark die kulturimmanente Schwierigkeit ist, sich einen inneren und äußeren Freiraum für psychotherapeutische Arbeit zu schaffen.

In der sich an diese Fallvorstellung anschließende Diskussion zum Thema Abstinenz zeigt sich, dass - obwohl dieses wiederholt angesprochen worden war - kaum jemand den eigentlichen Sinn verstanden hat. Erst, als ich deutlich machen kann, dass eine gewisse Distanz zum Patienten auch dem Schutz des Therapeuten dient, dass z. B. in einer sich entfaltenden negativen Übertragung persönliche Beziehungen gestört werden können, reagieren viele erleichtert.

Abstinenz wird natürlich besonders in einer Kultur, in der die Identifikation mit den Versorgungswünschen der Mitmenschen sehr stark ist, zu einer besonderen Herausforderung. So stellte sich bei meiner zufälligen Nachfrage heraus, dass manche Therapeuten ihre Patienten 2 Stunden pro Tag therapieren, zum Teil sechsmal in der Woche, gelegentlich auch sonntags. Auf mein Erstaunen antwortete eine Kollegin, dieses tue sie, weil sie glaube, dass ihre Patienten dies brauchten. Dass sich so natürlich extreme Abhängigkeiten entwickeln, die dem grundsätzlichen Ziel einer Autonomieentwicklung in der Therapie diametral entgegenstehen, ist für Chinesen zunächst einmal schwer nachzuvollziehen.

Eine Frage hat mich während dieser faszinierenden Zeit meiner Lehrtätigkeit in China immer wieder bewegt: Ist diese Transplantation der Psychoanalyse eigentlich in Anbetracht der großen Unterschiede in den kulturellen Prämissen sinnvoll? Für die Psychoanalyse als Humanwissenschaft muss man diese Frage wohl uneingeschränkt mit einem „Ja“ beantworten - aber Psychoanalyse als Therapie? Dass sie bei den chinesischen Kollegen von den angebotenen Therapieformen auf das größte Interesse stieß, hat uns 1997, als wir unser Ausbildungsprojekt begannen, sehr erstaunt. Inzwischen habe ich ein wenig mehr verstanden. Bei uns hat die Psychoanalyse nach ihrem Verbot während der Nazizeit, nach einer Latenzphase des Aufbaus in den 60er-Jahren als aufklärerische Wissenschaft einen großen Aufschwung genommen und auf Gesellschafts- und Geisteswissenschaften erheblichen Einfluss ausgeübt. In einem 1990 verfassten Artikel beschreibt Huo Daton, wie die Intellektuellen nach dem Zusammenbruch der Kulturrevolution mit dem Verlust aller Identifikationsmuster auf der Suche nach neuen Ufern waren. Diese Suche nach Neuem, die einherging mit einem großen Interesse an westlichem Denken und westlichen Lebensformen, traf zusammen mit einer ökonomischen und wissenschaftlichen Öffnung sowie einer Horizonterweiterung bei Verkleinerung des Globus. Selbst eher zurückhaltend im Umgang mit technischen Neuerungen, wurde ich von meinen Schülern dazu gezwungen, per E-Mail zu supervidieren. Mit den meisten kann ich mich jetzt spontan, d. h. ohne Übersetzer, auf Englisch unterhalten, was vor 2 Jahren noch nicht möglich war. Über Internet beziehen sie ihre Literatur, über Fernsehen und Filme werden sie mit westlichen Umgangsformen, die vor wenigen Jahren noch tabuisiert wurden, konfrontiert. Schon der äußere Wandel in China ist atemberaubend, so, dass es dem Besucher nicht selten wehtut. Als Beispiel denke ich nur an das Verschwinden der alten, schönen Holzhäuser und Märkte, die gnadenlos niedergerissen werden, um marmornen Konsumtempeln Platz zu machen. Gleichwohl bietet sich derzeit aber auch ein Bild, in dem die verwestlichte Moderne mit Traditionellem in friedlicher Koexistenz lebt. Neben den neuen Hochhäusern haben noch Schneider, Schuster und Drucker ihre kleine Werkstatt, und die traditionelle und die westliche Medizin koexistieren friedlich. Dass diese Entwicklung sich nicht nur auf einer Einbahnstraße befindet zeigt, dass die chinesische Medizin bei uns als alternative Heilmethode einen festen Platz hat.

Inwieweit die chinesische Seele sich den Veränderungen anpaßt, ist noch ungewiss. Xu Taoyuan (1998), ein Psychiater der älteren Generation, drückt es so aus:

> „In dem Wandlungsprozess von der Planwirtschaft zur Marktwirtschaft wird sich die Lebensweisheit des chinesischen Menschen verändern.“

Konkurrenzdruck, Arbeitslosigkeit, eine vertiefte Kluft zwischen Arm und Reich, steigende Scheidungsraten, Entfremdung der Generationen, Ein-Kind-Familie und letztlich Individualisierung - all dies sind anstehende soziale Probleme, die einen großen Bedarf an Psychotherapie nach sich ziehen. Nicht zuletzt die Verarbeitung der psychischen Folgen der Kulturrevolution ist eine Aufgabe, der sich chinesische Psychotherapeuten stellen müssen (Gerlach & Haag 1999). Statistiken sagen für die 1.2 Milliarden Chinesen künftig einen Bedarf von 2 - 3 Millionen Psychotherapeuten voraus (Küch 1998).

Was die psychoanalytische Therapie angeht, so glaube ich, dass sie eines Tages ihren Platz in China finden wird. Sie wird - entsprechend der kulturellen Wurzeln Chinas - ihre eigene Form finden. Dieses wird Gegenstand späterer Forschungen sein. Das, was ich beschrieben habe, ist sozusagen eine historische Momentaufnahme in einer Übergangszeit aus westlicher Sicht. Die Lösung des Ödipuskonfliktes, die im traditionellen China mehr in der Unterwerfung unter den Vater als in Rivalität und Auseinandersetzung mit ihm stattfindet (Gerlach 1995), wird sich ändern. So sind die älteren Kursteilnehmer, die theoretisch viel wissen, dennoch den jüngeren in der Praxis bzw. Behandlungstechnik aus psychoanalytischer Sicht deutlich unterlegen, weil sie sehr viel stärker im alten chinesischen Denken verwurzelt sind. Und die jüngeren lassen es die älteren deutlich spüren. Wenn ich 2-mal im Jahr die chinesischen Kandidaten erlebt habe, war ich jedes Mal überrascht über ihre Bemühungen, ihre Gegenübertragung zu reflektieren und therapeutisch einzusetzen, auch ihre blinde Flecken gegenseitig zu korrigieren und interaktionelle Prozesse auf einer sehr viel tieferen Ebene, d. h. unter Einbeziehung unbewusster Aspekte zu verstehen, alles emotionale Kompetenzen, die ich am Anfang des Programms kaum für möglich gehalten hätte. Wenn mir unser Projekt nun die einmalige Chance gab und gibt, den Wandel einer Gesellschaft an ihrer Schnittstelle in ihren Auswirkungen auf die menschliche Seele durch die psychoanalytische Brille zu beobachten, so tue ich das aber nicht ohne ein Gefühl von Trauer. Es ist zu befürchten, dass der Preis für die zunehmende Individualisierung der chinesischen Gesellschaft hoch ist. Ich glaube, dass viele westliche Chinabesucher sich im Reich der Mitte so wohlfühlen, weil dort noch Werte vorherrschen, die bei uns nur noch selten angetroffen werden: Höflichkeit und Respekt, Fürsorglichkeit, eine überwältigende Gastfreundschaft, Aufmerksamkeit und Bezogenheit. Wenn es den Chinesen gelingt, diese Werte zu bewahren, so können wir nur von ihnen lernen.

## Literatur


Bremm, C. (1990): Wer war Adolf Joseph Storfer? In: Das neue China 17: 22 - 24

Cheng Lly, Baxter, A. & Cheung, F. (Eds.) (1995): Psychotherapy for the Chinese II. Department of Psychiatry. The Chinese University of Hongkong

Gerlach, A. (1995): China. In: P. Kutter (Ed.) (1995): 94 - 102

Gerlach, A. & Haag, A. (1999): Trennungstraumata in der chinesischen Kulturrevolution. In: A. Schlösser & K. Höhfeldt (Hrsg.) (1999): 359 - 371

Huo Daton (1990): Vom Marxismus zur Psychoanalyse. In: Das neue China 17: 18

Küch, S. (1998): Es wird eng auf der Couch in China. In: TAZ vom 22./ 23. 08. 1998

Kutter, P. (Ed.) (1995): Psychoanalysis International. A guide to psychoanalysis throughout the world. Vol. 2: America, Asia, Australia, further European countries. Stuttgart: Frommann-Holzboog

Longji, Sun (1994): Das ummauerte Ich. Leipzig: Kiepenheuer

Pearson, V. (1993): Families in China: An undervalued resource for mental health? In: Journal of Family Therapy 15: 163 - 186

Scheerer, A. K. (1993): Sieben Chinesinnen. Gespräche über Körper, Liebe, Sexualität. Hamburg: Klein

Schlösser, A. & Höhfeldt, K. (Hrsg.) (1999): Trennungen. Gießen: Psychosozial

Tang, N. M. (1992): Some psychoanalytic implications of Chinese philosophy and child rearing practices. In: The Psychoanalytic Study of the Child 47: 371 - 389

Tao Lin (1995): Sense of shame and psychotherapy. In: Cheng Lly, A. Baxter & F. Cheung (Eds.) (1995): 107 - 116

Tseng Wen shing (1995): Psychotherapy for the Chinese: Cultural adjustments. In: Cheng Lly, A. Baxter & F. Cheung (Eds.) (1995): 1 - 22

Weggel, O. (1997): China im Aufbruch. München: Beck

Winnicott, D. W. (1974 a): Ich-Verzerrung in Form des wahren und des falschen Selbst. In: D. W. Winnicott (1974 b): 182 - 199

Winnicott, D. W. (1974 b): Reifungsprozesse und fördernde Umwelt. München: Kindler
Wurmser, L. (1990): Die Maske der Scham. Berlin, Heidelberg, New York: Springer
Xu Taoyuan (1998): Psychotherapie und chinesische Kultur. Vortrag, gehalten am 12. 05. 1998 in Shanghai
Yang Huayu (1997): The three periods of development of psychoanalysis in china. Vortrag, gehalten am 03. 08. 1997 in Hamburg
Zhao Xudong (1993): Die Einführung systemischer Familientherapie in China als ein kulturelles Projekt. Dissertation Heidelberg
Zhao Xudong (1997): The east-west differences of therapeutic relations from chinese view. Vortrag, gehalten am 21. 06. 1997 in Hamburg

# Hoffnungen für das neue Jahrtausend. Ist eine Verständigung zwischen den Generationen möglich?

*Jürgen Israel*

> *„Einmal stritt ich mich mit unserer seligen Mutter. Sie wurde heftig und wollte mich nicht mehr anhören ... Schließlich sagte ich zu ihr: Sie können mich eben nicht verstehen, wir gehören nun einmal zu zwei verschiedenen Generationen. Ich habe sie damit furchtbar gekränkt, aber ich dachte: Was kann man dabei machen? Die Pille ist bitter, aber sie muss geschluckt werden! Nun, und jetzt sind wir eben an der Reihe, und unsere Nachfolger können uns sagen: Ihr gehört nicht zu unserer Generation, schluckt die Pille!" (Turgenjew 1862).*

Schwierigkeiten in der Verständigung zwischen den Generationen hat es zu allen Zeiten gegeben, auch in Epochen, da die Entwicklung so langsam verlief, dass es schien, es gäbe gar keine Veränderung.

Bereits antike Schriftsteller klagten über die Sittenlosigkeit, die Leichtlebigkeit, die fehlende Ehrerbietung Älteren gegenüber und über Glaubensverfall. Besonders groß waren die Verständigungsschwierigkeiten in Umbruchzeiten, so beim Übergang von der Antike zum Christentum und am Beginn der Neuzeit, als die geschlossene Welt des christlichen Mittelalters in vielerlei Hinsicht auseinander brach. Ich erinnere nur an die - von Europa aus gesehen - Entdeckung Amerikas, die Erkenntnis von der Kugelgestalt der Erde und ihrer Stellung innerhalb des Planetensystems, an die Reformation, wodurch die christliche Glaubenswelt erneut gespalten wurde. Dennoch blieben die Ständestruktur sowie der Gottesglaube prinzipiell erhalten.

Beginnend mit der Französischen Revolution 1789 nahmen die Traditionsabbrüche und damit die Verständigungsschwierigkeiten zwischen den Generationen zu, verschärften und beschleunigten sich. In der ersten Hälfte des 19. Jahrhunderts zerfielen die patriarchalischen Familien- und Arbeitsstrukturen. Die tägliche Arbeit der Väter verlagerte sich immer stärker nach außen, in Bereiche, die der Familie fremd blieben. Die christlichen Glaubenswahrheiten wurden nicht mehr fraglos hingenommen. Die bisherigen geistigen, geistlichen, kulturellen und ökonomischen Grundlagen verloren ihre Gültigkeit; und nur die wenigsten Menschen waren darauf vorbereitet.

In der Gegenwart nun scheinen die Verständigungsschwierigkeiten besonders groß zu sein:

1. Weil sich die soziale, ökonomische, kulturelle und geistige Situation so schnell verändert, dass bei den unter 40-Jährigen bereits ein Altersunterschied von 10 Jahren einen Unterschied im Lebensgefühl bedeutet.
2. Weil zum ersten Mal in der Menschheitsgeschichte sichtbar wird, dass die kommenden Generationen werden bezahlen müssen, was wir und die Generationen vor uns verschuldet haben.

3. Weil zum ersten Mal die Vernichtung allen Lebens auf der Erde möglich erscheint und nicht als Gericht Gottes, sondern als Ergebnis menschlicher Entscheidungen und menschlichen Handelns.

Das heißt, noch nie waren die nachfolgenden Generationen durch die älteren Generationen so belastet. Wir übergeben eine zerstörte Natur und eine ungerechte Welt.

Freilich gab es nie eine gerechte Welt. Aber nach dem Dreißigjährigen Krieg, nach Pestepidemien, nach Erdbeben, Hochwasser und Vulkanausbrüchen waren auch viele Tote zu beklagen, und viele Menschen waren ihrer Lebensgrundlagen beraubt; ich muss die schweren Schicksale nicht ausmalen, aber es war gewiss, dass die Wiesen wieder grün und die frisch gepflanzten Bäume wachsen würden, dass das Leben weiterginge, schwer und gefährdet, aber es wäre Leben. Und es war mehr als nur eine Hoffnung, es war Gewissheit.

Heute kann kein realistisch denkender Mensch von Gewissheit reden, wenn es um den Bestand der Menschheit geht, allenfalls von einer zaghaften Hoffnung.

So viel zum europäischen und teilweise globalen Hintergrund, vor dem sich Verständigung oder Nichtverständigung ereignet.

Jeder weiß, dass sich spätestens seit dem Ende der 60er-Jahre die Entwicklung hin zu einer enttraditionalisierten Gesellschaft beschleunigt und verstärkt. Die gesamte europäisch-abendländische Kultur in ihrer einigermaßen geschlossenen Gestalt geht zu Ende. In immer schnellerem Tempo und teilweise auch mit regelrechtem Befreiungspathos (Medard Kehl) hat sich die moderne Kultur von ihrer christlichen Vergangenheit abgelöst. Die Wertsetzungen der abendländischen Kultur, ihre Grundsätze des Zusammenlebens in der Gesellschaft und im persönlichen Bereich haben ihre Bedeutung bereits weithin verloren und verlieren sie immer weiter. Ihre Bedeutung ist schwer vermittelbar.

Traditionsbewahrung hieß immer auch Konsensbewahrung. Wenn Traditionen an die nachrückenden Generationen nicht oder nur teilweise weitergegeben werden, ergeben sich daraus zwangsläufig Verständigungsschwierigkeiten zwischen den Generationen, spätestens dann, wenn die jüngere Generation artikulationsfähig wird.

Selbstverständlich wird Konsens nicht nur über Traditionen hergestellt, aber in unserem Zusammenhang wollen wir uns darauf beschränken.

Die europäische Kultur und Zivilisation sind weithin geprägt durch griechische Philosophie, römische Staatsauffassung und durch den christlichen Glauben. Der Traditionsabbruch geschieht auf vielen Ebenen. Er besteht unter anderem darin, dass nur noch wenige der unter 30-Jährigen die alten Sprachen kennen, sich in alter Geschichte, Mythologie und in der Bibel auskennen, dass sie nicht wissen, was es mit dem Satz „Am Anfang war das Wort" auf sich hat und nicht wissen, was die Gretchenfrage bedeutet; der weitergehende Traditionsabbruch besteht darin, dass sie die dahinter stehenden Haltungen, Einsichten und Gestaltungsmöglichkeiten weder kennen noch anerkennen.

Der jungen Generation, und hier sind die Unterschiede zwischen West- und Ostdeutschland gering, werden dadurch große Bereiche der europäischen und amerikanischen Überlieferung unverständlich. Das Verständnis beschränkt sich auf Äußerlichkeiten. Dass ihnen etwas wichtiges verloren gehe, ist nur sehr schwer vermittelbar. Wir alle kennen Beispiele, da KZ-Aufseher sich mit Häftlingen über Goethes „*Iphigenie*" oder Ähnliches unterhielten und daneben die größten Grausamkeiten der Geschichte verübten. Die so genannte humanistische Bildung hatte sie nicht zu Humanisten gemacht. Worin soll dann der Sinn einer solchen auf die abendländischen Werte gründenden Tradition liegen?

Aber das sind, so bedauerlich es für den Liebhaber von traditioneller Kunst und Kultur sein mag, Verständigungsschwierigkeiten lediglich über kulturelle Traditionen, über die zur Gänze auch früher nur die Gebildeten verfügten.

Ein anderer Traditionsabbruch, der sich nicht aus Bildungsunterschieden ergibt, entsteht aus geänderten Lebensverhältnissen. Ich will dies an drei *Beispielen* verdeutlichen:

1. Nehmen wir das Feuer. Für frühere Generationen war es lebensspendend, lebensnotwendig, Beheimatung, aber auch Lebensbedrohung; kein Bereich des Lebens kam ohne Feuer aus. Heut gehört ein offenes Feuer zu den Dingen, die das Leben verschönen (Kaminfeuer, sommerliches Grillen, festliches oder geselliges Kerzenlicht). Selbst für Menschen, die ihre Wohnungen noch mit Ofen heizen, besitzt das Feuer nicht mehr diese umfassende Bedeutung. Und kaum ein Kind in Mitteleuropa weiß noch, was Feuer tatsächlich bedeutet hat.
2. Der gesamte agrarische Bereich ist selbst für Kinder, die auf Dörfern aufwachsen, in seiner umfassenden Bedeutung nicht mehr erkennbar. Sie wissen nur noch wenig davon, dass die einzelnen Bereiche der Landwirtschaft aufeinander bezogen sind, dass sie voneinander abhängig sind, dass sie vom Wetter abhängen, letztlich nicht verfügbar sind und unsere Lebensgrundlage bilden.
3. Und als Drittes der Begriff Magd, der eben mehr ist als die Beschreibung einer sozialen Stellung. Er ist auch ein Bild unter anderem für Selbstlosigkeit, Mütterlichkeit, Verlässlichkeit sowie für Ausgebeutet-Werden und für Unbedankt-Bleiben.

Auch diese Beispiele machen deutlich, dass weite Bereiche der überlieferten Kultur nur noch teilweise und in ihrer Tiefe schwer verständlich geworden sind.

Der größte und am wenigsten zu überbrückende Traditionsabbruch in Mittel- und Westeuropa aber entstand durch die ökonomischen, sozialen und mentalen Veränderungen. Jahrtausendealte Tugenden und Erfahrungen scheinen wertlos geworden zu sein. Ich möchte auch hier wieder drei *Beispiele* anführen:

1. Ein großes Erziehungsziel war Sparsamkeit. Strümpfe wurden gestopft und nicht weggeworfen. Aber heute ist, wenigstens bei den Menschen, die Arbeit haben, Zeit kostbarer als das Geld für neue Strümpfe. Auch der sparsamste Mensch kann nicht jede Tüte aufheben, die er bekommt. Schulden zu machen war verpönt. Heute gilt es als normal. Im Gegenteil, wer heute keine Schulden macht, kann sich bei der Geldentwertung und den steigenden Preisen als der schlechtere Sparer erweisen.
2. Wer weiß heute noch, was Keuschheit ist? Kaum ein Mensch erwartet, dass Jugendliche vor der Hochzeit ohne sexuelle Erfahrungen bleiben. Im Gegenteil gilt

es weithin als richtig, sich auch auf diesem Gebiet auszuprobieren. Da Sexualität äußerlich folgenlos bleiben kann, also nicht zwangsläufig zur Schwangerschaft führt, gibt es für Enthaltsamkeit keine schlüssige Begründung.

3. Strebsamkeit hatte früher den Sinn, eine gute Ausbildung und damit eine gute Anstellung und ein gesichertes Einkommen zu erreichen. Heute gibt es im Bereich der Arbeit überhaupt keine Sicherheit mehr. Eine lange und schwierige Ausbildung garantiert keine Anstellung im erlernten Beruf. Deshalb scheint es sinnvoller, schnell Geld zu verdienen als lang sich auszubilden. Nebenbei sei angemerkt, dass diese Einstellung in Deutschland dazu geführt hat, dass es auf bestimmten Gebieten bereits einen Mangel an Fachkräften gibt.

Der Konsens zwischen den Generationen ist geringer geworden. Aber Niklas Luhmann hat meines Erachtens zu Recht darauf hingewiesen, dass der Konsens durch Institutionalisierung früher erfolgreich überschätzt wurde.

Zusammenfassend können wir sagen, die junge Generation hat sich weithin von den Grundlagen und Tugenden des christlichen Abendlands verabschiedet. Sie verstehen sich nicht mehr von selbst. Die alten Erfahrungen und Verhaltensweisen helfen oft nicht nur nicht, sondern sie sind oft sogar kontraproduktiv.

Diese Einsicht führt dazu, dass die Achtung vor dem Alter verloren geht. An ihre Stelle treten oft Vorwürfe den Älteren gegenüber. Nach einer Emnid-Umfrage von 1998 antworteten 40 % der Befragten, das Verhältnis zwischen den Generationen habe sich in den letzten 10 Jahren verschlechtert. Wir sind immer noch im Vorfeld unseres Themas, bei einer Zustandsbeschreibung.

Die erste Frage muss lauten, wollen wir diese Verständigung überhaupt? Das ist keine rhetorische Frage; denn wenn wir Verständigung zwischen Generationen tatsächlich wollen, verlangt uns dieser Wunsch einiges ab.

Wir müssen erstens, wie in jeder anderen Beziehung auch, hinhören und hinsehen, was ist.

Das gilt, und damit verweise ich auf das eingangs Gesagte, für den Zustand der Welt und für das Leben der Jugendlichen. Wir müssen auch sehen und hören, wie sie leben und denken, und wir dürfen die Nicht-Kenntnis der uns werten Traditionen nicht moralisch beurteilen (d. h. meistens: verurteilen), und wir müssen uns bemühen, eine Sprache zu gebrauchen, die dem Rechnung trägt.

Zum Sehen und Hören, was ist, gehört auch Folgendes:

1. Die junge Generation ist an einer Verständigung zwischen den Generationen erst einmal interessiert. Ein Theologie-Professor berichtet, dass der Generationenkonflikt zu den Themen gehört, die Jugendliche wünschen, im Konfirmandenunterricht behandelt zu bekommen. Dieser Wunsch werde immer wieder und vehement vorgetragen. Darin äußert sich nicht nur Leidensdruck, sondern auch ein echter Wunsch nach Verständigung. Bezeichnenderweise kämen die Blockaden dann von den Eltern. Eine Folge davon ist wiederum, dass sich die Jugendlichen wehren. So gibt es seit kurzem eine Stiftung für die Rechte zukünftiger Generationen.

2. In einem Jahrhundert mit den Erfahrungen zweier menschenverachtender Ideologien ist die junge Generation zu recht skeptisch. Dass alles Überkommene hinterfragt wird und sich legitimieren muss, ist verständlich. Diese Haltung macht die Verständigung zwar nicht leichter, bequemer, aber sie ist dem Zustand der Welt angemessener als eine Haltung, die alles fraglos übernimmt.

Diese skeptische, fragende Haltung reicht vom Persönlichsten, Intimsten bis zum öffentlichen Leben und zur Strukturierung der Weltgemeinschaft.

So wird die Institution Ehe hinterfragt; und selbst die Kirchen können die alten Vorstellungen nicht mehr aufrechterhalten.

Die junge Generation fragt sich zu Recht, ob die repräsentative Demokratie in der Form, in der sie sich seit der Französischen Revolution durchgesetzt hat, in unserer horizontal strukturierten Massengesellschaft noch sinnvoll sei. Die Nachwuchssorgen der Parteien sind doch nicht nur Ausdruck von Desinteresse an Politik, sondern auch und viel mehr Ausdruck von Skepsis und Misstrauen dieser Demokratieform gegenüber.

Damit sind wir bereits beim nächsten Punkt, dass sich die junge Generation auf anderen als den herkömmlichen Wegen für Gerechtigkeit, Frieden und die Bewahrung der Schöpfung einsetzt, eben nicht in Parteien und großen Organisationen. So kann sie gründlicher und radikaler denken und handeln, dadurch muss sie weniger Rücksichten auf die Meinungen anderer nehmen, und oft sind es auch so strukturierte Verbände, dass in ihnen keine „Karriere“ angestrebt werden muss und dass eine Karriere außerhalb nicht an Wohlverhalten innerhalb der sachbezogen arbeitenden Gruppe gebunden ist. Die Lösungsvorschläge in diesen Gruppen sind oft unkonventionell, radikal und gründlich und so der Situation angemessen. Hier schlägt sich freilich auch die zunehmende Ausdifferenzierung der Gesellschaft nieder.

Dass es z. B. Zivildienstleistende in so großer Zahl gibt, ist auch ein Zeichen für den nüchternen Blick auf die Weltsituation. Hier soll nicht Zivildienst gegen Dienst in einer Armee ausgespielt werden, sondern in unserem Zusammenhang ist die Tatsache interessant, dass viele junge Männer nicht gedankenlos das tun, was Männer jahrhundertelang getan haben.

Unter Jugendlichen ist ein großes Gerechtigkeitsgefühl auszumachen. Jeder wird Beispiele für soziales und ökologisches Engagement unter Jugendlichen kennen.

Um tatsächlich wahrzunehmen, was ist, müssen wir erkennen, was an unseren Lebensauffassungen Ideologie ist. Ideologie dürfen wir nicht zum Maßstab nehmen für das, was wir wahrnehmen und erleben. Ideologie besitzt auch eine Schutzfunktion, und als solche bleibe sie jedem unbenommen. Aber für das Erkennen des Anderen, des Fremden ist sie unbrauchbar. Sie führt zu einer verengten Sicht. Wer ideologisch sieht, sieht nichts neues.

Dieser ideologiefreie Blick ist aber nicht nur nötig, wenn wir auf das Leben der Jugendlichen schauen, sondern auch, wenn wir unser eigenes Leben und den Zustand der Welt betrachten.

Erst wenn wir einsehen und eingestehen, was wir angerichtet haben und was wir hinterlassen, können wir auf die Geschichte verweisen, nicht als Erfolgsgeschichte, aber auch nicht nur als Leidensgeschichte und als Geschichte von Verfehlungen, sondern auf Geschichte als Gedächtnis der Menschheit und nicht als erbauliche oder abschreckende Exempelsammlung zum beliebigen Gebrauch.

Wir müssen, wenn wir auf Geschichte und Geschichtserfahrungen verweisen, leise sein.

Als Zweites müssen wir uns fragen, wenn wir die Verständigung zwischen den Generationen tatsächlich wollen, wozu wir sie wollen, was wir damit bezwecken. Geht es uns darum, unsere Lebenserfahrung und die der Generationen vor uns weiterzugeben, oder wollen wir auch uns in Frage stellen lassen? Verstehen wir Verständigung zwischen den Generationen als Übermittlung unserer Vorstellungen an die Jüngeren oder wirklich als Austausch? Jürgen Habermas hat in anderem Zusammenhang erklärt, ihm sei Verständigung wichtiger als die Wahrheit. Hier soll nicht über die Berechtigung dieses Satzes gestritten werden. Aber er weist in seiner zugespitzten Formulierung auf das Problem hin, dass Verständigung nur dann möglich ist, wenn sich die Menschen, die sich um Verständigung mühen, der Relativität ihrer Wahrheiten bewusst sind.

Der dritte Punkt im Verständigungsprozess ist für uns Ältere vermutlich der schwierigste und schmerzlichste. Wir sind gekränkt, wenn unsere Lebenserfahrung und unsere Lebensleistung nicht gefragt und anerkannt werden. Wir können nicht erwarten, dass Lebenserfahrung und Lebensleistung von den nachrückenden Generationen gewürdigt und bewundert werden. Das ist eine Kränkung, und wir müssen uns darüber klar sein und dürfen aus dieser Kränkung heraus nicht die anderen Lebenskonzepte verurteilen.

Daraus folgt viertens, dass wir uns Wehleidigkeit und Selbstmitleid nicht gestatten sollen, aber auch kein Anbiedern, Anbiedern auch als Selbstdenunziation verstanden. Verständigung kann nur geschehen, wenn alle am Verständigungsprozess Beteiligten klare Standpunkte haben und formulieren.

Wenn es die Konflikte zwischen den Generationen nicht gäbe, gäbe es auch keine Hoffnung auf Veränderung, d. h. auch: keine Hoffnung auf, das große Wort sei mir gestattet, auf Verbesserung der Welt.

Alle hier genannten Schwierigkeiten im Verständigungsprozess zwischen den Generationen sind groß und schwer, aber lösbar und auszuhalten. Die eigentliche Schwierigkeit besteht aber darin, dass Generationen heranwachsen, die sich nicht mehr artikulieren können. Das hängt weithin damit zusammen, dass wir zunehmend weniger miteinander reden und weniger lesen.

In früheren Zeiten wurde auch wenig gelesen. Aber gesprochen wurde miteinander. Das allgegenwärtige Fernsehen lässt viele Lebensgemeinschaften, viele Familien verstummen. Es wird kaum noch vorgelesen und wirklich erzählt.

1995 lasen in der Bundesrepublik Deutschland junge Menschen 25 % weniger Bücher als noch 1990. Nur noch 9 Minuten am Tag werden für den Blick ins Buch, aber 136 Minuten für den Blick auf den Fernsehbildschirm verwandt. Bis zu 15 % der Lehrstellenbewerber werden abgelehnt, weil sie nicht ausreichend lesen und schreiben können.

> „Das Fenster für die Sprachentwicklung schließt sich mit etwa 10, für die Entwicklung der Lesefähigkeit mit 13 - 15 Jahren“ (Klaus Ring; Geschäftsführer Stiftung Lesen).

Die Zahl der Kinder nimmt zu, deren Sprachzentren sich nur mangelhaft ausgebildet haben, weil sie als kleine Kinder sich zu wenig bewegt haben, d. h., weil sie vor dem Fernsehgerät stillgesetzt wurden.

Hier liegt die eigentliche Schwierigkeit und die alle Berufe übergreifende Aufgabe. Nicht das Fernsehen soll verteufelt werden, sondern zum Miteinanderreden, zum Erzählen und zum Vorlesen soll ermuntert werden, die Berufe, die mit Kindern umgehen, aber auch die Eltern und Großeltern und die gesamte Gesellschaft.

Wohin es führt, wenn immer größere Teile der Gesellschaft verstummen und dumpf werden, muss hier nicht eigens ausgeführt werden.

**Verzeichnis der Autoren**

*Bandemer-Greulich*, Ulrike, Dr., Martin-Luther-Universität Halle-Wittenberg, Medizinische Fakultät, Klinik für Psychotherapie und Psychosomatik, Julius-Kühn-Straße 7, 06097 Halle

*Bell*, Karin, Dr., Brücker Mauspfad 601, 51109 Köln

*Beutel*, Manfred, Prof. Dr., Klinikum der Justus-Liebig-Universität Gießen, Klinik für Psychosomatik und Psychotherapie, Ludwigstraße 76, 35392 Gießen

*Biermann-Ratjen*, Eva-Maria, Dipl.-Psych., Loehrsweg 1, 20249 Hamburg

*Bleicher*, Franz, Dr., Psychosomatische Klinik Bad Neustadt, Salzburger Leite 1, 97616 Bad Neustadt/ Saale

*Breuninger*, Helga, Dr., Leiterin des Forschungsbereichs der Breuninger Stiftung GmbH, Eduard-Pfeiffer-Straße 121, 70192 Stuttgart

*Breyvogel*, Wilfried, Prof., Universität/ Gesamthochschule Essen, Fachbereich II: Erziehungswissenschaft, Psychologie und Sport, Universitätsstraße 2, 45147 Essen

*Buchholz*, Kerstin, Dr., Sächsisches Krankenhaus für Psychiatrie und Neurologie Arnsdorf, Abteilung Forensische Psychiatrie, Hufelandstraße 15, Postfach 1165, 01475 Arnsdorf

*Cheshire*, Neil M., Dr., Arfon CMHT, 26, College Road, Bangor/ Wales, Gwynedd LL57 2AN, U. K.

*Diederichs*, Peter, Prof. Dr., Corneliusstraße 12 c, 10787 Berlin

*Dietzel-Papakyriakou*, Maria, Prof. Dr., Universität/ Gesamthochschule Essen, Institut für Migrationsforschung, Universitätsstraße 2, 45141 Essen

*Erena*, Carmen, Dr., Universitätsklinikum Ulm, Abteilung Psychotherapie und Psychosomatische Medizin, Am Hochsträß 8, 89081 Ulm

*Erim-Frodermann*, Yesim, Dr., Rheinische Kliniken am Universitätsklinikum Essen, Klinik für Psychotherapie und Psychosomatik, Virchowstraße 174, 45147 Essen

*Ersfeld-Strauß*, Katharina, Dipl.-Psych., Frauenplan 7, 99423 Weimar

*Federn*, Ernst, Prof. Dr., M. S. W., Kolingasse 20/ 11, A-1090 Wien, Österreich

*Fikentscher*, Erdmuthe, Prof. Dr., Martin-Luther-Universität Halle-Wittenberg, Medizinische Fakultät, Klinik für Psychotherapie und Psychosomatik, Julius-Kühn-Straße 7, 06097 Halle

*Friedrich*, Hannes, Prof. Dr., Abteilung für Medizinische Soziologie, Universität Göttingen, Waldweg 37, 37073 Göttingen

*Frohburg*, Inge, Prof. Dr., Humboldt-Universität zu Berlin, Institut für Psychologie, Lehrstuhl für Psychotherapie, Oranienburger Straße 18, 10178 Berlin

*Fürstenau*, Peter, Prof. Dr., Institut für Angewandte Psychoanalyse, Grafenberger Allee 365, 40235 Düsseldorf

*Gauck*, Joachim, Dr., Bundesbeauftragter für die Unterlagen des Staatssicherheitsdienstes der ehemaligen DDR, Postfach 218, 10106 Berlin

*Geyer*, Michael, Prof. Dr., Universität Leipzig, Klinik und Poliklinik für Psychotherapie und Psychosomatische Medizin, Karl-Tauchnitz-Straße 25, 04107 Leipzig

*Geyer*, Siegfried, PD Dr., Medizinische Hochschule Hannover, Abteilung Allgemeinmedizin, Arbeitsbereich Medizinische Soziologie OE 5443, 30625 Hannover

*Grabot*, Denis, Service Universitaire de Psychiatrie, Université Bordeaux 2, C. H. Ch. Perrens, Bordeaux, Frankreich

*Gretenkord*, Lutz, Dipl.-Psych., Klinik für Forensische Psychiatrie Haina, Hoher-Lohr-Weg 10, 35114 Haina

*Grosser*, Alfred, Prof. em., Institut d'études politiques, Paris, Frankreich

*Haag*, Antje, Dr., Winterhuder Kai 14, 22299 Hamburg

*Hagehülsmann*, Ute, Dipl.-Psych., Wiemkenstraße 25, 26180 Rastede-Ipwege

*Henningsen*, Franziska, Dr., Südendstraße 26, 12169 Berlin

*Höger*, Diether, Prof. Dr., Universität Bielefeld, Fakultät Psychologie und Sportwissenschaft, Postfach 8640, 33501 Bielefeld

*Israel*, Jürgen, Dr., Waldfließstraße 51 a, 15366 Neuenhagen bei Berlin

*Jülisch-Tscheulin*, Beate, Dr., Semmelstraße 20, 97070 Würzburg

*Kächele*, Horst, Prof. Dr., Universitätsklinikum Ulm, Abteilung Psychotherapie und Psychosomatische Medizin, Am Hochsträß 8, 89081 Ulm

*Kasanskaja*, Anna, Dr., Info Center for Psychotherapy Research, Leninsky Prospect 13, apt. 101, 117071 Moskau, Russland

*Kayser*, Egon, Dr., Psychosomatische Klinik Bad Neustadt, Salzburger Leite 1, 97616 Bad Neustadt/ Saale

*Kohut*, Thomas A., Prof. Dr., Department of History, Williams College, 012760 Williamstown, MA, USA

*Konzag*, Tom-Alexander, Dr., Martin-Luther-Universität Halle-Wittenberg, Medizinische Fakultät, Klinik für Psychotherapie und Psychosomatik, Julius-Kühn-Straße 7, 06097 Halle

*Koraus*, Hans-Joachim, Dr., Hardenbergstraße 21, 04275 Leipzig

*Krause*, Rainer, Prof. Dr., Universität des Saarlandes, Institut für Psychologie, Lehrstuhl für Klinische Psychologie, Postfach 1150, 66041 Saarbrücken

*Kruse*, Johannes, PD Dr., Heinrich-Heine-Universität Düsseldorf, Klinik für Psychosomatische Medizin und Psychotherapie, Bergische Landstraße 2, 40629 Düsseldorf

*Lenkitsch-Gnädiger*, Dorothea, Dipl.-Psych., Kurhausstraße 30, 34131 Kassel

*Lichtblau*, Kerstin, Rheinische Kliniken am Universitätsklinikum Essen, Klinik für Psychotherapie und Psychosomatik, Virchowstraße 174, 45147 Essen

*Martin*, Corinne, Service Universitaire de Psychiatrie, Université Bordeaux 2, C. H. Ch. Perrens, Bordeaux, Frankreich

*Nedelmann*, Carl, Dr., Blumenau 92, 22089 Hamburg

*Oesterle-Stephan*, Anna-Katrin, Dipl.-Psych., Stubenrauchstraße 40, 12161 Berlin

*Pfäfflin*, Friedemann, Prof. Dr., Universitätsklinikum Ulm, Abteilung Psychotherapie und Psychosomatische Medizin, Sektion Forensische Psychotherapie, Am Hochsträß 8, 89081 Ulm

*Radebold*, Hartmut, Prof. Dr., Habichtswalder Straße 19, 34119 Kassel

*Reimer*, Christian, Prof. Dr., Klinikum der Justus-Liebig-Universität Gießen, Klinik für Psychosomatik und Psychotherapie, Friedrichstraße 33, 35392 Gießen

*Reinhold*, Stefan, Dr., Sächsisches Krankenhaus für Psychiatrie und Neurologie Arnsdorf, Abteilung Forensische Psychiatrie, Hufelandstraße 15, Postfach 1165, 01475 Arnsdorf

*Reulecke*, Jürgen, Prof. Dr., Universität/ Gesamthochschule Siegen, Fachbereich I: Geschichte „Adolf Reichwein", 57068 Siegen

*Richter-Appelt*, Hertha, Prof. Dr., Universitätskrankenhaus Hamburg-Eppendorf, Klinik für Psychiatrie und Psychotherapie, Abteilung Sexualforschung, Martinistraße 52, 20246 Hamburg

*Rieber-Hunscha*, Inge, Dr., Ginnheimer Landstraße 167 a, 60431 Frankfurt am Main

*Rommelspacher*, Birgit, Prof. Dr., Alice-Salomon-Fachhochschule für Sozialarbeit/ Sozialpädagogik, Alice-Salomon-Platz 5, 12627 Berlin

*Schade*, Jochen, Dr., Funkenburgstraße 24, 04105 Leipzig

*Schadeberg*, Cornelia, Dr., Martin-Luther-Universität Halle-Wittenberg, Medizinische Fakultät, Klinik für Psychotherapie und Psychosomatik, Julius-Kühn-Straße 7, 06097 Halle

*Schneider*, Wolfgang, Prof. Dr. Dr., Universität Rostock, Klinik für Psychosomatik und Psychotherapeutische Medizin, Gelsheimer Straße 20, 18147 Rostock

*Schwabe*, Christoph, PD Dr., Nr. 32 - Alte Schmiede -, 04626 Vollmershain

*Sellschopp*, Almuth, Prof. Dr., Technische Universität München, Klinikum rechts der Isar, Institut für Psychosomatische Medizin, Psychotherapie und Medizinische Psychologie, Langerstraße 3, 81675 München

*Senf*, Wolfgang, Prof. Dr., Klinik für Psychotherapie und Psychosomatik, Rheinische Kliniken am Universitätsklinikum Essen, Virchowstraße 174, 45147 Essen

*Simon*, Annette, Wolfshagener Straße 83, 13187 Berlin-Pankow

*Stelzner*, Axel, Prof. Dr., Institut für Virologie, Klinikum der Friedrich-Schiller-Universität Jena, Winzerlaer Straße 10, 07740 Jena

*Strauß*, Bernhard, Prof. Dr., Klinikum der Friedrich-Schiller-Universität Jena, Institut für Medizinische Psychologie, Stoystraße 3, 07740 Jena

*Strupp*, Hans H., Distinguished Professor of Psychology, Emeritus, Vanderbilt University, Department of Psychology, 301 Wilson Hall, Nashville, TN 37240, USA

*Szerdahelyi*, Edit, Márgit körut 5/ A, H-1024 Budapest, Ungarn

*Thier*, Sonja, Dipl.-Psych., Universitätskrankenhaus Hamburg-Eppendorf, Klinik für Psychiatrie und Psychotherapie, Abteilung Sexualforschung, Martinistraße 52, 20246 Hamburg

*Thomä*, Helmut, Prof. em. Dr., Abteilung Psychotherapie und Psychosomatische Medizin, Universitätsklinikum Ulm, Am Hochsträß 8, 89081 Ulm

*Tignol*, Jean, Prof., Service Universitaire de Psychiatrie, Université Bordeaux 2, C. H. Ch. Perrens, Bordeaux, Frankreich

*Treplin*, Vera, Mischenrieder Weg 18, 82234 Weßling

*Tress*, Wolfgang, Prof. Dr. Dr., Heinrich-Heine-Universität Düsseldorf, Klinik für Psychosomatische Medizin und Psychotherapie, Bergische Landstraße 2, 40629 Düsseldorf

*Werthmann*, Hans-Volker, Prof. Dr., Theodorenstraße 12 A, 65189 Wiesbaden

GPSR Compliance

*The European Union's (EU) General Product Safety Regulation (GPSR) is a set of rules that requires consumer products to be safe and our obligations to ensure this.*

*If you have any concerns about our products, you can contact us on ProductSafety@springernature.com*

In case Publisher is established outside the EU, the EU authorized representative is:

Springer Nature Customer Service Center GmbH
Europaplatz 3
69115 Heidelberg, Germany

**Batch number: 10809468**

Printed by Printforce, the Netherlands